新编21世纪政治学系列教材

中国政治制度史

第四版

柏桦 著

History of Chinese
Political Institutions

中国人民大学出版社
·北京·

内容简介

中国政治制度史是中国历史和中国传统文化不可分割的基本组成部分，它既是历史学研究领域一门重要的专门史，也是政治学、法学、经济学、行政管理学的重要分支，不但具有重要的学术价值，而且是各个学科都应该了解的基本知识。《中国政治制度史（第四版）》在第三版的基础上进行了较大的修改，从宏观、动态的角度，全面系统地介绍了中国历代政治制度，分中国政治制度的形成与发展、王权和皇权制度、议会政党与元首制、中枢辅政制度、中央政务体制、地方行政体制、司法审判制度、监察制度、军事制度、财政经济制度、科教文卫与选拔制度、文书玺印符节制度、行政辅助与特别授权制度、职官管理制度等共 14 章 50 节，各自分别列有专题，进行跨越朝代的综合叙述。这些专门问题的演变过程凸显了各自发展脉络和在不同时期的特点。本书荟萃作者数十年研究中国政治制度史的心得体会，兼顾学术性与可读性、通俗性与准确性，深入浅出，切情入理，既可作为高等院校相关专业教材，也是一部知识容量丰富、学术品味很高的学术专门史读物。

作者简介

柏桦　历史学博士（中国）、文学博士（日本），安徽理工大学马克思主义学院、人文社会科学学院双聘教授、博士生导师。自1979年始，在中国人民大学、中央民族大学、日本大阪大学学习和工作，曾任中国人民大学档案学院助教、讲师、副教授，日本和歌山大学经济学部非常勤讲师，日本大阪大学文学部客员研究员，南开大学法学院、周恩来政府管理学院双聘教授、博士生导师。研究领域为中国政治制度史、中国法律制度史。主要研究成果包括《明代州县政治体制研究》《明清州县官群体》《中国古代政治法律制度史析》等专著33部和学术论文160余篇。在中央电视台12频道《法律讲堂（文史版）》栏目做讲座《明清妙判》《明清奇案》《明清御批案》等400余集次。

总序

改革开放是新中国成立以来的又一次革命。过去 40 多年的改革开放已经给中国带来革命性变化。这种革命性变化不仅体现在经济、政治等层面的现实生活上，而且还体现在因现实的变迁而带来的理论上的创新和发展以及由此带来的政治学学科建设上的成就方面。

在我国，计划经济体制已经让位于社会主义市场经济体制，同时由经济变革带来的政治体制上的变化也是有目共睹的。首先，在民主法治建设上，政治的制度化正在加强，其中一个重要标志就是终身制的废除和退休制度的形成。其次，在国家结构上，过去在计划经济时期的简单的单一制已经转变为更加复杂的国家结构关系。中央与地方、地方政府与地方政府之间的关系有了更多的市场经济特征。再次，在国家与社会之间的关系上，过去是“大政府（国家），小社会”，现在正向“大政府（国家），大社会”的方向变化。最后，在意识形态上，过去那种对待马克思主义、毛泽东思想的封闭、激进而又教条的态度已经转变为开放、理性而又灵活的态度，因而形成了引导改革开放事业的中国特色社会主义理论体系。所有这些变革，都是我们在 40 多年前所无法想象的。当然，在政治进步的同时，存在的问题也不容回避。那就是迫切需要建立一套约束政府权力、使人民群众的真实意愿和利益诉求能够得到顺畅表达的机制，以便从根本上保证社会的稳定与和谐。这些问题的解决，不仅需要实际工作者在体制创新方面的实践，更需要政治学学科的发展和政治学专业人才的智慧与理论贡献。

我国的政治变革既是对政治学研究工作的挑战，又是促使政治学发展的良好机遇。我国的政治学在这种压力与机遇并存的环境中正在快步前进。首先，在学科分类上，政治学已经从法学中独立出来而成为一级学科。其次，在学科分支上，政治学从马克思主义政治理论、制度史、思想史发展成为学科门类更加丰富、更加有特色的一门学科，诸如新政治经济学、政治社会学、政治心理学、政治文化、政治学方法论等。再次，在研究方法上，从单一的阶级分析法发展成为以历史唯物主义为基础的多元化方法论，诸如行为主义、理性选择主义以及方兴未艾的新制度主义。最后，在问题研究上，无论是深度还是广度，我国政治学界都取得了可喜的成就，为中国的政治发展和政治变革做出了自己应有的贡献。当然，在看到成绩的同时，也不能无视发展中的不足。作为中国政治学学科建设和发展的见证人，我们不能不为政治学发展中的结构性缺失而忧心忡忡。比如，就专业刊物而言，不要说与经济学、法学和历史学比较，就是和政治学的二级学科国际关系比较，政治学专业刊物的数量也是少之又少。这种现象严重制约了我国政治学的发展，很多优秀的研究成果只能散见于综合性学术刊物和大学学报。

中国政治学学科发展的基础是高校政治学专业建设。自 1980 年恢复政治学专业以来，政治学系或政治与行政管理学系已经成为很多高校的普遍性建制。而且在各高校政治学专业竞相发展的过程中，我们很高兴地看到各个高校的政治学学科建设，无不生机勃勃，成就斐然。其中特别值得一提的是中国人民大学。人所共知，中国人民大学一直是中国近代政治制度的研究重镇。同时，中国人民大学在学科发展中非常注重教材建设，经过专业优化组合的“新编 21 世纪政治学系列教材”在全国享有很高的声誉，是我国很多高校政治学专业和行政管理学专业的必备教科书。从已经出版的教材来看，我认为，“新编 21 世纪政治学系列教材”具有如下特点：

第一，体系上的创新性与独特性。教科书固然应该有通用的内容，但是在教材林立的今天，千篇一律而了无特色的教材是难以立足的，也难以为社会所认可和接受。“新编 21 世纪政治学系列教材”中的每一本教材在体系上的创新性与独特性都是很突出的。

第二，内容上的研究性与新颖性。体系上的独特性应该由内容上的研究性与新颖性构成。教科书不但要介绍一般性的概念和理论，还应该容纳最新的理论研究成果以及对有关理论成果的看法与评价。该系列教材的一个重要特征是，这些教材都是作者们基于自己多年的教学与研究心得而撰写的具有新意的研究性作品。一本好的教科书之所以享有盛名，就在于其因体系上的独特性和内容上的研究性而形成的权威性。

第三，观点上的全面性与选择性。教科书是一种通论性的著作，因而包容的学术观点、理论应该尽量全面。但是，在信息爆炸的时代，一本书企图容纳所有的观点是不可能，也是不必要的。因为有的观点不过是个别学者的偶发奇想而不具有普遍性。这就需要撰写者去伪存真，认真取舍。我很高兴地看到，本系列教材在追求观点的全面性时，也没有忘记选择性原则。

第四，方法论上的马克思主义原则性与包容性。我国的社会科学研究离不开马克思主义的基本方法论，尤其离不开历史唯物主义的指导，政治科学更是如此。但是马克思主义并不是凭空产生的，它是在吸纳人类精神文明优秀成果的基础上产生的，马克思主义的发展同样少不了与其他理论流派的碰撞以及对人类文明成果的借鉴与扬弃。封闭的马克思主义是没有生命力的，坚持马克思主义并不排除对其他理论流派的介绍与分析。正是基于这样的指导思想，本套教材在介绍马克思主义政治学的同时，能运用历史唯物主义的基本原理兼容并蓄地介绍和分析其他理论流派。

本套教材的上述特点决定了它们不但是有关专业的教师和学生必备的教学和学习用书，也是政治学研究者的重要参考书籍。虽然具有上述优点和特征，但是十全十美的社会科学著作是不存在的，因此，本套教材中的缺点与不足在所难免。衷心希望专家学者、广大读者积极批评、热情指正！

赵宝煦

导论

中国政治制度史是以历代政治制度为研究对象的一门学科，是以现代政治理论为指导，以政治制度的历史发展变化为主线，分专题研究中国历史上的职官、行政、法律、军事、监察、经济等各方面的制度，以及历代颁行的典章法令及其嬗变的专门史，包括了官制史、行政制度史、法律制度史、军事制度史、经济制度史、政治思想史、行政管理史等多方面内容。中国政治制度史又不同于这些专门史，在于它以政治制度的发展为主线，着重分析历代政治制度在不同时期和不同历史条件下对国计民生的正负面影响，从历代政治制度产生、发展、变革中总结历史经验教训。

中国政治制度史，在学术上主要有两层含义：一是作为历史概念使用，二是作为学科概念使用。

作为历史概念，是指中国政治制度发展的历史本身，是一种历史的存在，在这个意义上，中国政治制度史与中国政治史、中国法制史、中国经济史、中国科技史、中国文化史等一样，指的是过去存在过的历史事实。

作为学科概念，中国政治制度史则是指研究历史上的政治制度、政治文化、政治思想、有关重要政治事件和人物的活动，传播政治制度史知识的现代专门学科。

中国政治制度史作为人文社会科学领域的一个分支，其特点就在于处在政治学、法学、经济学、行政管理学、社会学与历史学多重交叉之中，既有各个学科的特点，又有史学的性质。也就是说，中国政治制度史既是历史学的一个分支、一种专门史，同时又是政治学、法学、经济学、行政管理学、社会学领域的一个重要基础学科。

中国政治制度史是研究中国历代国家政权性质、政体构成形式，以及有关国家各种典章制度，具有专门史与人文社会学科的综合基础性质。任何政治制度都不是独立存在的，它与社会发展有着密切的联系，几乎涉及社会生活的各个重要方面。政治制度管理着不同时期国家社会生活的一切方面，设置有专门机构，建立有专门规章，分别进行系统的管理。因此，政治制度史又必然与社会学、法学、军事学、行政管理学、经济学、民俗学、民族学、宗教学、文学艺术、伦理学、心理学等学科有着密切的联系。从这个意义来讲，政治制度史应该是人文社会科学的重要基础学科之一。

从广义范围理解，政治制度主要包括国体和政体，体现着国家的阶级内容和政权的构成形式。从狭义范围理解，政治制度就是指国家的政治体制，是不同时期统治阶级的统治政策和采取的方式。

政治制度作为上层建筑最为重要的一部分，它的覆盖面可谓极其宽广，由此也决定了中国政治制度史研究内容的宽广。概括起来应有：（1）中国历史上的政治活动及其效果，包括政治体制、社会背景、政治理论根据、政权结构、政治运行过程，以及由此而产生的各种形式的制度。（2）中国历史上的政治状况，包括国家机关的组织结构、形式，职、权、责、利的划分和运用，以及互相配合、密切相关的行政、立法、司法、军事、监察、考试、选举、政党、财政、文教卫生、礼仪、民族、文书、职官管理等制度。（3）中国历史上的政治制度对历史和现代产生过的不容低估的影响。（4）中国历史上产生过的政治思想和有关政治的各种学说。（5）中国历史上的法律制度、经济制度、社会活动及文化传统。（6）历史上对于政治制度的妥善运用，对统治环节和行政的监察，对官吏的培养、任用、考核等管理。（7）中国政治制度史是世界文化遗产的一部分，有必要将之纳入世界范围进行评价，而国外学术界对中国政治制度史的看法，也应该是中国政治制度史研究必须注意的方面。《中国政治制度史（第四版）》以各种专门制度分别作为专题叙述，突出已经发生的嬗变，叙述发展变化的过程，结合中国历史的发展实际和各时期社会政治的态势，尽可能做出客观的评估。

政治制度是人们在社会政治生活、社会物质生活、精神文化生活中形成和完善的，既有人们对历史相沿积久而成的政治文化传承，又有因时代变迁而导致的新政治制度的形成和演变，具有承传性、变革性、创新性等多元社会文化的特征。中国几千年的文明传统是在一代又一代地传承、变革、创新，现代是历史的延续，新文明只有在旧文明基础上进行开拓才能有所发展。溯本求源，了解历史上的政治制度，不但可以提高认识事物的能力，而且可以改善知识结构。

综观历史，任何一个朝代的政治制度都有其独特性，政治、文化、社会与经济内涵十分丰富，其外延与影响深远。理解一个时代政治制度的形成、演变及发生、发展过程，既可以了解该时代诸多政治人文、自然环境、社会经济、社会心理、科学技术等互动的结果，又可以发现时代的特点和规律。可以说不了解历史的政治制度，就很难理解现行国家政治制度。

目录

第一章　中国政治制度的形成与发展

第一节　原始社会政治制度的萌芽 …… 002
第二节　中国古代政治制度的发展历程 …… 013
第三节　中国近代政治制度 …… 025
第四节　中华民国的政治制度 …… 032

第二章　王权和皇权制度

第一节　王权制度 …… 040
第二节　霸主和集权制度 …… 051
第三节　皇帝制度 …… 056
第四节　王位与皇位继承 …… 075
第五节　宗室制度 …… 085
第六节　后宫制度与外戚政治 …… 090
第七节　宫省制度与宦官政治 …… 101

第三章　议会政党与元首制

第一节　君主专制向君主立宪的转变 …… 115
第二节　政党制度 …… 120
第三节　议会制度 …… 127
第四节　中华民国元首制度 …… 141

第四章　中枢辅政制度

第一节　贵族辅政制 …… 155

第二节 君主专制政体辅政制 …… 160
第三节 中华民国内阁与五院制 …… 181

第五章 中央政务体制

第一节 中央政务体制的发展 …… 199
第二节 变通与变革中央政务体制 …… 213
第三节 中央政务运行机制 …… 224

第六章 地方行政体制

第一节 历代疆土与地方行政机构 …… 233
第二节 特别行政区与基层组织 …… 258
第三节 少数民族地区行政机构 …… 272

第七章 司法审判制度

第一节 司法行政机构 …… 279
第二节 诉讼制度 …… 289
第三节 审判与执行制度 …… 308

第八章 监察制度

第一节 监察行政 …… 323
第二节 监察的职能 …… 337
第三节 监察法规与方法 …… 341

第九章 军事制度

第一节 兵役制度 …… 354
第二节 军事编制与兵种配制 …… 361
第三节 军事管理制度 …… 371

第十章 财政经济制度

第一节 财政行政体制 …… 378
第二节 经济行政体制 …… 383
第三节 财政收支制度 …… 387

第十一章 科教文卫与选拔制度

第一节 科技机构与管理 …… 397
第二节 文教卫生机构与学校 …… 403
第三节 选拔与考试制度 …… 411

第十二章　文书玺印符节制度

第一节　文书制度 …… 431
第二节　玺印制度 …… 441
第三节　符节制度 …… 446

第十三章　行政辅助与特别授权制度

第一节　行政辅助人员 …… 452
第二节　中华民国公务员制度 …… 465
第三节　特别授权制度 …… 470

第十四章　职官管理制度

第一节　任用制度 …… 484
第二节　考课制度 …… 490
第三节　奖惩制度 …… 496
第四节　等级和俸禄制度 …… 506
第五节　休假、退休和抚恤制度 …… 522

后　记 …… 540

第一章

中国政治制度的形成与发展

重点问题

1. 中国政治制度史发展的根本特点。
2. 酋邦制理论与国家形成理论的异同。
3. 宗法制对早期国家政治制度的影响。
4. 风俗习惯与政治法律制度的关系。
5. 霸主专制与君主专制的异同与特征。
6. 儒家控制治理模式与法家强制治理模式的区别。
7. 晚清政治制度变革的教训与启示。
8. 中华民国政治制度阶段划分的学术意义。
9. 中华民国政治制度的形成与特点。

中国早在传说时代，就已经出现了政治文明。据传说记载，黄帝时期“内行刀锯，外用甲兵”（《商君书·画策》），并且“师出以律，否臧凶”（《易·师第七》），还设官有120员。有关刀锯、律和120名官员的具体内容和职掌，因为没有留下当时的文字记载，仅凭一些难断真伪的传说，很难准确判断。公元前21世纪建立起来的夏王朝，情况就逐渐明朗了，据现代考古的新发现，已经完全可以确定有夏王朝的存在。夏王朝已经有国家机构，出现了一批以公职为特征的职业官吏，不但有了“禹刑”的“五刑之属三千”，还有一定数额的官员。“夏百二十员，殷二百四十员，周六万三千六百七十五员。”① 官员数目虽然不能说准确，也不能以之作为当时官制的基本依据，但官员不断增

① 杜佑．通典：卷19：职官一．北京：中华书局，1992：480.

加的趋势确实是事实，也符合国家发展规律。

以前研究三代的政治制度时，主要依据尚有真伪争论的典籍，所以很难反映历史的真实面貌。随着考古新发现，以考古结合文献，以实物证实传说，走上了研究三代政治制度的正确道路。

春秋战国时期存留的文献较多，虽然各国政治制度不尽相同，但典籍能够提供许多线索，再结合考古新发现，就可以破解许多谜团。当时虽然存在不尽相同的政治制度，但其中也有相互吸收、因袭和创新，为了解先秦乃至三代政治制度提供了比较可靠的依据。

秦统一中国，在全国范围内确立了君主专制的中央集权制度，形成比较完整的政治制度。所谓“秦变周官，汉遵嬴旧，或随时适用，或因务迁革，霸王之典，义在于斯，既获厥安，所谓得其时制者也”①。政治制度由分散而趋于统一，不断因循前代而创新，也符合社会发展的必然规律。

第一节　原始社会政治制度的萌芽

研究中国政治制度史，必须从华夏民族形成开始。民族的形成，阶级的产生，政权的出现，国家的形成，国家机器的不断完善，这是世界各个文明古国共有的历史发展过程。不溯其源，难清其流。

一、三皇五帝

任何一个民族对自己远祖早期活动都有一定的传说，这些传说既有人物，又有事件和地点，而且还多与神话相联系，甚至包括开天辟地、创造人类、屠龙斩鲸、抗拒或控制宇宙等等，可谓五光十色，似幻还真。骤然听闻，类似无稽之谈，难以称之为历史。但仔细考察，这乃是远古先民代代相传的重要遗留，不乏是对真实历史的想象和加工重塑。

大致从春秋战国时开始，中国古代传说中的“三皇五帝”，开始构成为远古历史的基本架构。传说当然不免有后人附会，进而掺杂一些神话和想象，使失实成分的比例增大。应该承认，传说乃是在真实的基础上产生的，虽然经过岁月流逝而使真实变成神话，但毕竟还保留有一些真实的痕迹，这也是学术界普遍认同的。

对于传说的资料，应该采取存其大体，注重其发展规律，而不要局限在具体的人和事的情节上。摩尔根曾经谈到应该如何对待传说中的人物和史实：“无论罗马那七位所谓的国王究竟真有其人或是神话人物，无论归功于他们的任何立法活动究竟实有其事或是出自虚构，这对于本文研究的问题来说均无关紧要”，因为“人类进步的事件不依靠特殊的人物而能体现于有形的记录之中，这种记录凝结在各种制度和风俗习惯中，保存在各

---

① 房玄龄，等．晋书：卷24：职官志序．北京：中华书局，1974：723．

种发现和发明中”[1]。这无疑是拨开神话传说迷雾的一把钥匙，因为把传说纳入社会发展的总体之中，并加以区别和检验，有助于走出各种误区。中国有关“三皇五帝”的传说，也是体现在有形的记录中，更是凝结到各种制度和风俗习惯中。

所谓“三皇”，一种说法为天皇、地皇、人皇（泰皇），另一种说法为燧人氏、有巢氏、神农氏。前说在宇宙中天、地、人是最为可贵，故可以并列为皇，而人皇最贵；后说则反映人类最早经历过的几个重要发展阶段。所谓的五帝，目前有三种说法：一说为伏羲（太昊）、神农（炎帝）、黄帝、尧、舜，另一说是黄帝、颛顼、帝喾、帝尧、帝舜，还有一说是少昊、颛顼、高辛、尧、舜。古人把五帝与天上五方之帝联系起来，天上有东方苍帝名灵威仰、南方赤帝名赤熛怒、中央黄帝名含枢纽、西方白帝名招拒、北方黑帝名汁光纪，也有认为五个天帝就是太昊、炎帝、黄帝、少昊、颛顼的。这种说法不一和与天道观念的结合，反映出在国家形成过程中的冲突和战争，有着曲折和反复变化的复杂情况。

原来分散生活在黄河和长江中下游沿岸的先民们，与其他地区的先民发展历程大体相同。他们以渔猎和采摘植物果实为生，因为生产力低下，经常受到恶劣气候和猛禽野兽的侵袭。在饥饿和死亡的威胁下，他们往往群居在一起，以便增强防卫和猎食的能力。“其民聚生群处，知母不知父，无亲戚、兄弟、夫妻、男女之别，无上下、长幼之道，无进退揖让之礼”（《吕氏春秋·恃君览》）。为了生存而追逐水草果实和猎物，过着非常困苦的游荡生活，经历了原始社会中的前氏族公社、母系氏族公社、父系氏族公社三个阶段。他们“男女杂游，不媒不聘”（《列子·汤问》），从父母与子女之间、兄弟姐妹之间杂乱性交的血亲婚配，发展为按照辈分来限定性交对象的血缘家庭，再发展为脱离原始群居的乱婚，禁止兄弟和姐妹之间及旁系亲属间的性交关系，实行族外婚。从乱交到有限制的内婚制、族外婚，每迈进一个阶段都意味着巨大的进步，渐渐走进氏族社会。这一过程大概开始于距今三四万年前，结束于六七千年前，历时数万年之久，大体上相当于传说中的天地人“三皇”时期。

燧人氏、有巢氏、神农氏，都以氏为名，明显地反映着先民生活和文化发展的几个重要阶段。称燧人、有巢、神农，显然是后人对某一阶段有代表性的先驱者的共同尊称，而不是对某一卓越人物的个人称谓。因为原始群体根据实际生活体会，用手兼用脑的摸索及选定某种生活和生产方式，都必然经过相当长的过程才能确定下来，不可能是某一个人所能凭空创造的。

燧人氏的传说，反映了先民们从茹毛饮血到食用熟食的转变。生吃动物或植物果实，不但口味不好，而且容易引发疾病，甚至危害生命。先民们偶然取食到经过天然火灾烧烤过的动、植物，惊奇地发现，不论是味道还是对身体健康方面，熟食远比生食优越。发现火到取得火和保存火种，经历了很漫长的过程。“有圣人作，钻燧取火，以化腥臊。”（《韩非子·五蠹》）将这一发明和推广的事情放在某个“圣人”身上，正表明这是历史发展的一个过程。西方传说中的上古时期，有普罗米修斯偷取天火到人间，改变了人们的生活，因此受到极大的赞颂和纪念。燧人氏就是中国的普罗米修斯，他比普罗米

---

① 摩尔根．古代社会．杨东莼，等译．北京：商务印书馆，1997：302.

修斯更伟大，因为他不是偷火，而是自己取火，所依靠的是人类自身的聪明才智。

有巢氏的传说，反映先民们从没有定居的迁徙到半定居和定居的转变。原始群体长期为追逐食物而迁徙，栖息于丛林洞穴之中，随时都可能受到毒蛇猛兽的侵袭。火的发明，虽然使先民增强了防御和进攻能力，但不能保证持久的安全。当时“人民少而禽兽众，人民不胜禽兽虫蛇，有圣人作，构木为巢，以避群害”（《韩非子·五蠹》）。先民们“构木为巢”，不但增加了安全的程度，而且使他们过上半定居或定居的生活。定居就有可能圈养禽兽而使之变为家畜、家禽，而采集的植物果实掉落在定居处附近，又有可能使他们发现种植和收获。伏羲氏、神农氏的传说，也是在这种半定居或定居生活中出现的。

传说中的伏羲氏是育成家畜、家禽的首创者，还发明渔网以捕鱼，制作八卦和结绳以记事。有人将伏羲氏列为“三皇”之一，把神农氏放在“五帝”之首，其实这样的划分并没有实际意义，因为“一切的进步都要依靠社会整体的工作才能产生，但人们对此归功于个别人物者太多，归功于群众智慧者太少。总的说来，我们承认人类历史的实质与观念的发展有不可分割的关系，而观念是由人民创造出来的，它表现在人民的制度、风俗习惯和各种发现中”①。这些归功于“圣人作”的事情，主要反映先民们从蒙昧落后走向文明的一种过渡，并不是一个朝代。

《白虎通义》云：“古之人民，皆食禽兽肉，至于神农，人民众多，禽兽不足，于是神农因天之时，分地之利，制耒耜，教民耕种，神之化之，使民宜之，故谓之神农氏。”定居使先民们有了比较安定的生活条件，人口自然会有增加。人口的增加，又必然会导致食物的不足，开发新的食物资源便成为先民们共同关切的问题。传说中的“神农尝百草”，就是先民们寻找和开发新食物资源的实践过程。经过探索，先民们了解到各种不同作物的生长习性，开始进行栽培，在栽培过程中又发明和使用农具，这正是人类发展的一个重要历程。先民们在三四万年间的生存过程中，跨越了野蛮时代，从人类的初级阶段走向高级阶段，蒙昧晦暗的上古历史已经出现一线文明的曙光。

五帝虽然也是处于传说时代，但是古代文献对他们的事迹叙述较多，又有考古发现可以证实的内容，这就使人们具有条件去探寻这段历史的痕迹，探索中国古代走向文明社会的轨迹。

司马迁的《史记》之首便是《五帝本纪》，他以黄帝、颛顼、帝喾、帝尧、帝舜为五帝，没有把炎帝列入其中，但炎帝却是这段传说历史中颇具影响的人物。

中国原始社会末期的部族分野，大致有三大集团，一个是华夏集团，分别由三个亚集团组成，即黄帝和炎帝两大分支；近东方的华夏、东夷混合集团的高阳氏（颛顼）、有虞氏（舜）、商人支系；接近南方，与苗蛮集团融合的祝融氏等支系。另一个是东夷集团，由太皞、少皞、蚩尤等部组成。还有一个苗蛮集团，由三苗、伏羲、女娲、驩兜等部族组成②。这三大集团先后形成大联盟或大酋邦，传说中的黄帝时期有黄河流域下游的太皞、少皞部落联盟或酋邦，黄河中上游的黄帝、炎帝部落联盟或酋邦，黄河以南的

① 摩尔根．古代社会．杨东莼，等译．北京：商务印书馆，1997：302.

② 徐旭生．中国古史的传说时代（修订本）．北京：文物出版社，1985：37-120.

苗蛮部落联盟或酋邦。这些联盟或酋邦内部及联盟或酋邦之间经常进行战争，经过几百年的发展，在黄河流域形成陶唐氏、有虞氏、有夏氏的部落联盟或酋邦，尧、舜、禹相继为这个联盟或酋邦的首领。

被列为“五帝”之首的黄帝，不论是从拥有资源、武装力量，还是活动区域，在当时都占优势。黄帝姬姓，又名公孙轩辕，传说他与炎帝都是少典氏的儿子，其后各自发展，分别兼并和融合了许多氏族，建立起强大的部落。黄帝部落最早活动在今陕西的北部，炎帝部落则发祥于今陕西的西南部，他们为了寻找更好的生存领地，分别由西向东发展。黄帝部落沿北洛河、渭水和黄河北岸，穿过中条山、太行山脉，延伸到今河北省西北部。炎帝部落则顺着渭水和黄河两岸，逐步发展到今河南及河南、河北、山东三省交界的地域。在向东发展的过程中，炎黄部落不断壮大，成为中原地区最强大的部落。

炎黄部落在迁徙过程中，不断与其他部落发生冲突，在冲突过程中有战争，也有联合，在联合过程中产生了部落联盟或酋邦。首先是炎帝部落与以蚩尤为首的东夷部落发生战争，炎帝一度不支，向黄帝部落求援，结成炎黄部落联盟或酋邦，合力与蚩尤决战于逐鹿之野，在暴风雨中进行了残酷的战斗，终于杀死蚩尤，取得胜利。战后，炎帝和黄帝部落因势力范围冲突而分裂，许多氏族弃离炎帝而归顺于黄帝。炎帝不服，便与黄帝大战于阪泉（今河北怀来县），黄帝获胜而统一中原，成为当时最大的部落联盟或酋邦，所以称“黄帝时万诸侯”①。司马迁在叙述黄帝的事迹时指出：“轩辕之时，神农氏世衰，诸侯相侵伐，暴虐百姓，而神农氏弗能征。于是轩辕乃习用干戈，以征不享，诸侯咸来宾从。”② 由此可见，是经过战争征服，才有诸侯宾从，部落联盟或酋邦也就不断扩大。

部落联盟或酋邦是依靠强大的实力来维持的，当实力发生变化之后，联盟或酋邦的解体或重新组合是不可避免的。黄帝之后数百年，陶唐氏、有虞氏、有夏氏相继结成大的部落联盟或酋邦，尧、舜、禹分别为盟主或首领。

部落联盟或酋邦都有自己的势力范围。随着联盟或酋邦的扩大，势力范围也不断地扩张，经常爆发战争。一般说来，对外战争与内部矛盾之间有一种密切的联系，而对外战争与内部矛盾则是时代发生变化的动力。正是战争的推动力把部落联盟或酋邦引上国家的道路，而内部矛盾则促使联盟或酋邦组织转变为国家机构。

尧、舜、禹时期，与南方苗蛮部落联盟或酋邦之间的战争持续不断。“尧伐驩兜，舜伐有苗”（《荀子·议兵》）；“尧战于丹水之浦，以服南蛮”（《吕氏春秋·召类》）；不久南蛮又不服，舜“乃修教三年，执干戚舞，有苗乃服”（《韩非子·五蠹》）；这种“服”是在武力压迫之下的屈从，自然是暂时的，因此禹又“亲把天之瑞令，以征有苗”（《墨子·非攻》）。战争的持续不断，弱小的氏族与部落被吞并了，强大的氏族与部落更强大了，而战争要求集中权力、物质和资源。在这种情况下，联盟或酋邦的军事首领权力也相应增强了，这些“博得了声誉的军事领袖，在自己周围集合一队掠夺成性的青年人”③，充当自己的亲信，出现所谓的“扈从队制度”，而这种制度却导致了军事首领的

① 司马迁．史记：卷28：封禅书．北京：中华书局，1959：1393.

② 司马迁．史记：卷1：五帝本纪．北京：中华书局，1959：3.

③ 马克思，恩格斯．马克思恩格斯文集：第4卷．北京：人民出版社，2009：163.

性质发生变化。

对外战争使军事首领的地位得到提高，而军事首领地位的提高，必然会威胁联盟或酋邦首领的地位。尧、舜、禹“禅让”的传说，是后人对先祖的崇敬和美好叙述，这样以礼“禅让”出权力和地位，本来是不存在的。事实上，新的符合众望的首领代替已经失去民望、阻碍历史进步的旧首领，本来是历史进步的标志。“舜偪尧，禹偪舜，汤放桀，武王伐纣。此四王者，人臣弑其君者也，而天下誉之”（《韩非子·五蠹》）。当然，在内部矛盾冲突中，如果联盟或酋邦首领希望维持自己的权力，就必须有自己的扈从和听从他指挥调动的人，这就导致了联盟或酋邦组织发生根本性的变化。

二、原始社会组织

恩格斯认为：“国家的本质特征，是和人民大众分离的公共权力。”[①] 这种公共权力是在父系氏族社会时出现的，与人民大众分离的时期应该在部落联盟形成的同时，“当部落结为联盟，逐渐成为凌驾于社会之上的权力时，国家就从原始社会中脱胎而出了”[②]。这就明确了公共权力的出现是在父系社会，当这种权力与人民大众完全分离时，也就出现国家。

从考古发现可以看出，早在50万年前，猿人就已经聚族而居。现代科学研究证明，在猿猴群中有首领，这个首领是经过拼搏获得的，他有指挥全群的权力，常常率领本群侵入别群的领地或与侵入领地的外群作战。猿猴首领是经常变换的，通常是由身强力壮的猿猴向首领挑战，胜者成为首领，败者则沦落到最底层，学者称之为等级森严的群体。高于猿猴的猿人群，最初也应该与猿猴群相同，首领是要经过争夺才能取得，因为身强力壮，才能率领本群寻觅和开拓生存环境。猿人成为人，智商高于所有的动物，强壮的身体不再是争夺首领的唯一条件，能够谋划和率领本族群更好地生活，就演变成为充当首领的先决条件。传说中的燧人氏、有巢氏、神农氏、伏羲氏，从使用火、巢居、农业到捕鱼，都是勇气和智慧的结合，而更重要的条件是智慧。智慧和勇气相结合的首领，容易为本人群所接受和推戴，因为他能够率领本人群开辟更好的生活环境。

原始人群是在血缘基础上形成的群体，一般称为原始氏族。原始氏族为了本族的生存，就要保护自己的生存领地，开拓新的生存空间，因此不可避免地要与外来和邻近的氏族发生冲突。在冲突过程中，有的氏族逃离、分散或消失，有的氏族则联合、结盟或合并。这种冲突导致原始氏族的发展，而血缘和婚姻的作用，使氏族扩大或分衍出另一氏族。这种因血缘或婚姻分裂结合的氏族，很容易结成联合体，形成胞族或姻族。胞族和姻族的发展使氏族活动空间进一步扩大，以至发展成为部落。在部落与部落相互争夺生活空间时，一些部落为自身利益相互联合起来，进而形成部落联盟或酋邦。唯物主义史观认为：氏族—胞族—部落—部落联盟，是原始社会组织发展的轨迹。人类学和社会学则认为：游团—部落—酋邦—国家，是社会演进的模式。

---

① 马克思，恩格斯．马克思恩格斯文集：第4卷．北京：人民出版社，2009：135．

② 郭沫若．中国史稿：第一册．北京：人民出版社，1976：138．

（一）原始氏族与游团

原始氏族作为原始社会的基本社会组织，发挥过重要的社会职能。氏族除了以当时的传统习惯和道德来调节氏族成员间的关系，维护氏族的利益，还设有相应的管理机关来履行氏族的社会职能。这种管理机关是由氏族全体成员选举产生的氏族酋长或首领、全体成员临时选举产生的临时军事酋长或首领、各家族首领（长老）组成的氏族议事会所构成的。氏族酋长负责领导生产、管理生活、处理氏族内部及外部关系，氏族军事酋长负责保护本氏族的生存领地和指挥对外战争，氏族议事会负责处理氏族内部和对外事务的谋议。原始氏族的重大事情，基本上是由氏族全体成年男女参加的民众大会来讨论决定，这就是人们常说的原始民主制。

游团是一种地域性的狩猎采集集团，“因为外婚和单方婚居这两个规则关系，游团常常是由一群彼此有亲属关系的男女及其配偶和未婚子女所构成的亲族”①。以中国文化分期来说，应该属于旧石期时代和中石器时代。

原始胞族是由两个以上氏族自然结合起来的联合体，是从一个氏族分裂而又重新组合起来的。原始姻族是通过联姻结合起来的联合体，是人类发展到族外婚时期产生的。胞族和姻族没有管理机关，但有胞族和姻族所公推的胞族长或姻族长，以及共同的祭司，具有一定的社会职能。胞族长和姻族长负责组织和主持胞族、姻族的节日和宗教集会，主持参加本胞族或姻族重要成员的婚丧活动，确认胞族、姻族内各氏族首领的选举，调解胞族、姻族内各氏族之间的纠纷，参加胞族、姻族内各氏族及部落的议事会，组织胞族、姻族各氏族之间的相互支援活动。

（二）原始部落与酋邦

原始部落是氏族组织的联合体，由若干氏族、胞族、姻族联合而成，部落内部存在不同的血缘关系，有自己的名称和固定的领土范围，有共同的宗教信仰和语言，实际上是一个规模较大的亲族集团。部落设有酋长或首领、军事酋长或首领、部落议事会。早期的部落酋长是由部落议事会推选有威望的氏族首领担任，由部落全体成年人进行表决，后来演变为完全由部落议事会推选，乃至以实力争夺。从神话传说难以推断当时的情形，但一些发展较晚的部落可以提供佐证。如北魏始祖拓跋力微，最初依附于没鹿回部大人窦宾，取得窦宾信任，得以扩充所部。窦宾死后，拓跋力微杀窦宾二子，“尽并其众，诸部大人悉皆款服，控弦上马二十余万”②，最终以武力争得部落首领。部落是从游团演进而来的地方群，“实际上是靠氏族、年龄阶级、秘密结社、战士和宗教结社这一类与他们相交的团体而组合在一起的”。以中国文化分期来说，应该属于仰韶文化。

部落酋长负责处理部落的日常事务，召开部落议事会，实施议事会决定的事项，主持宗教祭祀和节日大典，对紧急事务有权进行应急处理。

部落军事酋长初期是由部落议事会临时推选有威望的氏族首领担任，后因部落之间

---

① 张光直．中国青铜时代．北京：生活·读书·新知三联书店，1999：66.

② 魏收．魏书：卷1：序帝纪．北京：中华书局，1974：3.

的战争频繁，军事酋长逐渐成为固定的职位，权力日益增大，地位也极为重要，常常是部落酋长的争夺者。拓跋力微开始是窦宾部落的军事首领，后来以武力夺取部落首领的地位，而在拓跋力微临死时，控制力减弱，诸部大人叛逃，造成“诸部离叛，国内纷扰”① 的局面，首领的地位险些落入他人之手。辽太祖耶律阿保机先“为本部夷离堇，专征讨，连破室韦、于厥及奚帅辖剌哥”②，以后又接连获胜而扩大势力，最终以军事酋长而取得部落首领地位。

部落议事会由各氏族的首领和胞族长、姻族长组成。负责调节各氏族、胞族、姻族之间的关系，确认氏族、胞族、姻族首领的选举或推选，部落的重大事情，如战争、讲和、缔结联盟、推选部落首领等，都必须由议事会做出决定。如拓跋力微虽然基本控制了部落，但与中原魏晋王朝交往的事情，也要遍告诸大人，通过议事会决定。初期的议事会成员一律平等，事务多用民主方式协商讨论；后期议事会成员开始有一定的分工。据文献传说：“少皞氏以鸟名官，凤鸟氏为历正，玄鸟氏司分，伯赵氏为司至，青鸟氏为司启，丹鸟氏司闭，祝鸠氏为司徒，鴡鸠氏为司马，鳲鸠氏为司空，爽鸠氏为司寇，鹘鸠氏为司事”，“五雉为五工正”，“九扈为九农正”（《左传·昭公十七年》）。部落议事会出现分工，议事会成员也就变成固定的贵族，以血缘世袭，乃是氏族贵族。部落议事会有相当重要的作用，常常能左右部落酋长，如金王朝先祖完颜石鲁在为部落首领时，以“生女直无书契，无约束，不可检制”，便“欲稍立条教，诸父、部人皆不悦，欲坑杀之”③。部落酋长与氏族贵族之间的矛盾斗争，自然导致部落权力结构发生变化。

部落民众大会是部落全体成年男女所参加的表决集会，父权制时期则是全体成年男子参加。表决方式多采取投票的方式，这种投票多用不同的草、石块、牛羊骨、鸟羽等来表示，最后由议事会来裁决。氏族社会的晚期，民众大会多受酋长的操纵，作用明显降低。

原始社会末期，恩格斯称之为军事民主制时期，是原始社会向国家的过渡时期。这个时期，部落之间的战争频繁，一些部落为了共同的利益，往往结成联盟，进而形成一种组织，就是部落联盟或酋邦。部落联盟设有联盟首领、联盟军事首领、联盟议事会、联盟民众大会，其作用与部落组织所设略同，只是民众的表决权逐渐被削弱以至丧失，代之而起的是由氏族贵族掌握实权。基于人类学和考古学的发展，中国史学界目前比较赞成中国原始社会到国家的过渡是经由酋邦制，而并非是军事民主制的部落联盟④。

酋邦制与军事民主制不同，它是一种尖锥体的分层社会系统，是以酋长为中心，“因为整个社会通常相信是一个始祖传递下来的，而且酋长这个位置的占据者是在从这个假设的祖先传下来的这个基础之上选出来的，所以在这个网内的每一个人都依他与酋长的关系的远近而决定其阶层”。例如，传说中的黄帝氏族与炎帝氏族同出于少典氏和有蟜氏，而尧、舜、禹的始祖都是黄帝。尧、舜时所设主要官员也都是出自一个始祖，并依

---

① 魏收．魏书：卷1：序帝纪．北京：中华书局，1974：5.

② 脱脱，等．辽史：卷1：太祖纪上．北京：中华书局，1974：2.

③ 脱脱，等．金史：卷1：世纪．北京：中华书局，1975：4.

④ 谢维扬．中国国家形成过程中的酋邦．华东师范大学学报，1987（5）；中国早期国家．杭州：浙江人民出版社，1995．童恩正．中国北方与南方古代文明发展轨迹之异同．中国社会科学，1994（5）.

据亲疏关系而分出远近和高低。酋邦制与部落联盟的区别在于酋邦首领议事的作用加强，没有通常所说的民众大会，而是各部酋长的议事会，有政治分级和亲属制度。酋邦是具有初步不平等的分层社会，“地方群组织成为一个尖锥体形的分层的社会系统，在其中以阶层的差异（以及其伴有的特权和责任）为社会结合的主要技术。这个分层式的系统以一个地位和位置即酋长为其中心”。以中国文化分期而言，应该属于龙山文化。国家是酋邦的发展继续，“是一种更大的社会，有更复杂的组织”①。以中国文化分期而言，应该属于三代，常用历史分期则是奴隶社会。

酋邦制是处于国家形成前夕的某些民族实际存在的制度和体制，“酋邦的特征是其联系经济、社会和宗教等各种活动的一个中心的存在。在若干较大复杂的酋邦里，这种中心里可能不但有长驻的酋长，而且有多多少少的行政助理（通常来自酋长的近亲）、服役人员，甚至职业性的手工匠”②。越来越多的考古发掘证明，“中国由史前到文明、由部落到国家也是经过由酋邦制发展而来的”③。酋邦制的概念提出，“显然是人类学和民族学研究中的一项重要成就，它通过人类学中具体的民族实例，给我们展现了阶级社会之前的分层社会的一种具体情景，呈现了由史前向文明的转变过程中社会组织结构的某些形态”，而这些形态借助于考古学的发展，“可以依据遗迹的地层叠压关系确定其时代的早晚和先后顺序，从而观察到社会的发展和变化”④。新的研究和理论既丰富了古代政治理论，又为国家出现以前的经济政治体制提供多点化观察和研究经验。

部落联盟或酋邦时期，部落联盟民众大会和联盟或酋邦议事会的作用日渐消退。这一方面是由于部落联盟或酋邦活动的地域扩大，人口大量增加，召开民众大会愈来愈困难；另一方面，部落联盟或酋邦日益扩充和强大，先后以“五帝”为代表的联盟或酋邦首领权威日益增强，以至被后人认为是最早的帝王，他们在许多事务上已经可以独断专行，根本不用听取民众大会的意见，而由少数氏族贵族组成的联盟或酋邦议事会，也逐渐为主要首领所控制，这些“帝”已经被认为是元首。传说黄帝已经区分君臣上下之义，并且有了刀锯与甲兵，分别用于内外。所谓“内行刀锯”，就是对本联盟或酋邦的各部落首领和民众拥有强制以至镇压之权。随着联盟或酋邦的发展，联盟或酋邦首领的地位及权威得以树立，相传禹在会稽大会诸侯（各部落首领），防风氏因为不来赴会，便被禹下令处死。

联盟或酋邦的事务增加，仅靠联盟或酋邦首领是很难具体处理全部重要事务的，于是便产生出专门从事管理的部门和人员，出现了与人民大众相分离的公共权力，也就是具有国家雏形的社会组织。传说黄帝已经设官分职，“官名皆以云命为云师。置左右大监，监于万国”。“云”应该是黄帝时期的图腾，左右大监应当是该部落联盟或酋邦的重要首领，那么“举风后、力牧、常先、大鸿以治民”⑤，应该是该部落联盟或酋邦的各部落首领。传说黄帝曾经发动过多次大的战争，部落联盟或酋邦在取得战争胜利的过程中，

---

① 张光直．中国青铜时代．北京：生活·读书·新知三联书店，1999：66，97．
② 同①92．
③ 童恩正．中国北方与南方古代文明发展轨迹之异同．中国社会科学，1994（5）．
④ 李学勤．中国古代文明与国家形成研究．昆明：云南人民出版社，1997：13．
⑤ 司马迁．史记：卷1：五帝本纪．北京：中华书局，1959：6．

都发挥过重大的作用。

尧、舜、禹时代是部落联盟或酋邦发展的成熟阶段，以公职为特征的管理机构雏形，应该是在此一时期出现的。据传说，这时有主管农业的“稷”，主管手工业的“共工”，主管林、牧、渔、猎的“虞”，主管教化的“司徒”，主管刑狱的“士”，主管祭祀的“秩宗”，主管承上宣下的“纳言”，以及分管十二州的“州牧”，合计有 22 名主官。这些主官应该是各部落的首领或联盟或酋邦议事会的成员，虽然还不能算是国家机构，但已经出现了等级差别，有“百官时序，宾于四门，四门穆穆，诸侯远方宾客皆敬”① 的描述，基本上反映出当时的现实。古文献曾经描述舜看到百官尽忠职守，百业俱兴，喜而作歌云：“股肱喜哉，元首起哉，百工熙哉”。主管刑狱的皋陶则和而歌云：“元首明哉，股肱良哉，庶事康哉”。舜嘉奖大禹时说：“吁，臣哉邻哉，邻哉臣哉！”“臣作股肱耳目。予欲左右有民，汝翼”（《尚书·益稷》）。这种君臣关系虽然是经后世儒家加以美化，但也不能够掩盖历史的真实，毕竟还有“舜臣尧，宾于四门，流四凶族混沌、穷奇、梼杌、饕餮，投诸四裔，以御魑魅”（《左传·文公十八年》）的记载，具有国家雏形的社会组织已经有国家的职能。

部落联盟或酋邦首领由各部落酋长公推，但前提是该首领必须具有一定的实力作为后盾。如北魏始祖拓跋力微为部落联盟或酋邦首领时，“祭天，诸部君长皆来助祭，唯白部大人观望不至，于是征而戮之，远近肃然，莫不震慑”②。联盟或酋邦首领拥有实力，就能操纵联盟或酋邦议事会。传说“禹合诸侯于涂山，执玉帛者万国”（《左传·哀公七年》），正反映这种现实，拓跋力微就是在诸部大人已经震慑的情况下，把自己要与曹魏和亲的事直接告诉诸部大人，诸部大人再也没有敢反对的。

部落联盟或酋邦首领既然是各部落公推的，在很大程度上要受到联盟或酋邦议事会的制约。传说中的舜，在重要事务决策上，都要征求联盟或酋邦议事会的意见。例如：“禹、皋陶、契、后稷、伯夷、夔、龙、倕、益、彭祖自尧时而皆举用，未有分职”。舜欲进行分工，首先是谋于四岳，做出决定之后，还要征求被任命者的意见，最后才做出决策。

部落联盟或酋邦出现之后，民众的表决权渐渐丧失，即便有民众大会，往往只成为联盟或酋邦首领所操纵和利用的工具。如金朝先祖完颜乌乃古为生女真部落联盟或酋邦首领时，不想受辽王朝的控制，又不敢公然拒绝辽王朝的册封，乃诡使人扬言：“主公若受印系籍，部人必杀之。”③ 民众的舆论和影响力，基本上受到首领的操纵。

传说时代的禹，当是中国原始氏族部落联盟或酋邦发展的顶峰。据《史记·夏本纪》所载：“禹之父曰鲧，鲧之父曰帝颛顼，颛顼之父曰昌意，昌意之父曰黄帝。”从这个世系来看，禹的先祖世代为部落首领，该部落有一定的实力，这实力正是禹取得部落联盟或酋邦首领的重要条件。传说禹在担任联盟或酋邦首领前后，曾经负责治水、征三苗、分所属部落为九州、任土作贡。这些重大工作成就使禹的威望提高，权力范围扩大，为世袭王权奠定基础，也为国家产生准备了必要的物质条件。

---

① 司马迁. 史记：卷 1：五帝本纪. 北京：中华书局，1959：21.

② 魏收. 魏书：卷 1：序帝纪. 北京：中华书局，1974：3.

③ 脱脱，等. 金史：卷 1：世纪. 北京：中华书局，1975：5.

按照联盟或酋邦首领选举的习惯，禹死后应该让位给东夷部落首领“益”，而禹的儿子“启与支党攻益，而夺之天下”（《战国策·燕策》），将传统的联盟或酋邦首领选举制改变为世袭君主制，从此中国从“天下为公”的“大同”社会，进入“天下为家”的“小康”社会①。

“天下为公”的“大同”社会是无序而经济不发达的社会，“天下为家”的“小康”社会是有序而经济得到发展的社会。古人所讲的“天下为公”的“大同”社会，实际上是指尚未出现财产私有的原始社会，这种社会建立在生产水平低下的基础上，物质匮乏，除勉强维持生活外，很难有剩余的产品可供私有。在这种条件下，原始氏族的民主制和首领选举制，只能是奠立在领袖人物尚未能够享有特殊利益前提下的权力平等和平衡的基础上，也不可能出现专职的管理人员。古代政论家和哲学家把这种尚未发生特权和私有的社会形态加以理想美化，实际上是发泄对现实社会的不满。他们忽略原始社会的落后、贫困和必然要进行根本性变革的发展规律，也没有看到社会在进步。“小康”是建立在经济发展的基础上，适应经济发展社会的需要，就要建立一定的制度以进行规范，这种制度是“治人之情，故失之者死，得之者生”，“天下国家可得而正也”（《礼记·礼运上》）。如果没有制度或制度不能正常执行，则“众以为殃”的动乱必然会导致社会无序。“天下为家”的“小康”社会是历史发展的必然，私有财产制度与国家的出现，是适应社会发展潮流的必然结果，也是历史的巨大进步。

“天下为公”的“大同”社会与“天下为家”的“小康”社会的另一区别在于世袭君主和公职机构的出现，以及对公职人员的管理。

相传舜在22名职官人选确定之后说：“咨！汝二十有二人，钦哉，惟时亮天功。三载考绩，三考黜陟幽明。”（《尚书·舜典》）要求这22人不可违误自然规律，按照天意办事，对他们三年一考查，三考分出高下，然后进行奖赏或惩罚。这种通过考核评定优劣的原则，可以看作是中国最早出现的吏律、吏法和职官管理制度。

在地方上，按照地域划分居民体制开始取代传统按血缘划分的旧制。据《尚书·舜典》所讲，舜时“肇十有二州，封十有二山”。这种划分实际上已经突破原有按血缘划分居民的氏族部落领地，变成广大的地区。虽然这种大地区仍然是以血缘氏族为主要依据，大地区的“牧”也还是该地部落首领，但终究是突破了血缘的界限。

相传部落联盟或酋邦时已经出现刑罚，《尚书·舜典》曰：“象以典刑（象，法也。法用常刑，用不越法），流宥五刑（以流放之法宽五刑），鞭作官刑（以作为治官之刑），扑作教刑（不勤道业则挞之），金作赎刑（出金以赎罪）。眚灾肆赦，怙终贼刑”（眚，过。灾，害。肆，缓。贼，杀也。过而有害，当缓赦之。怙奸自终，当刑杀之）。用刑罚来镇压“蛮夷猾夏，寇贼奸宄”，乃是当时社会发展的必然结果。

---

① 《礼记·礼运》：“大道之行，天下为公，选贤与能，讲信修睦。故人不独亲其亲，不独子其子。使老有所终，壮有所用，幼有所长，鳏、寡、孤、独、废疾者皆有所养。男有分，女有归。货恶其弃于地也，不必藏于己；力恶其不出于身也，不必为己。是故谋闭不兴，盗窃乱贼而不作，故外户而不闭，是谓大同。”“今大道既隐，天下为家，各亲其亲，各子其子，货力为己，大人世及以为礼。城郭沟池以为固，礼义以为纪；以正君臣，以笃父子，以睦兄弟，以和夫妇，以设制度，以立田里，以贤勇知，以功为己。故谋用是作，而兵由此起，禹、汤、文、武、成王、周公，由此其选也。此六君子者，未有不谨于礼者也。以著其义，以考其信，著有过，刑仁讲让，示民有常。如有不由此者，在执者去，众以为殃，是谓小康。”

对外战争和公职人员的出现，就需要各种资源和人力，司马迁认为："自虞、夏时，贡赋备矣。"① 这基本上符合当时社会发展状况。考古发现这个时期已经出现非常精细的打制玉器及精致的瓷器、大型的夯土工程以及少数的铜器，而这些都是国家出现的重要经济前提。

部落联盟或酋邦时期出现的首领争夺、以公职为特征的管理机构以及对公职人员监督管理，实际上已经出现凌驾社会之上的权力，已经具备了国家机关的雏形。联盟首领或酋邦从争夺变为世袭，公职人员从不明确的分工变为有明确分工的公职机构，原始社会向国家的过渡基本完成，王朝也就随之产生了。

三、习惯到制度的转变

习惯是人们在社会生活中，经过长期实践而形成并共同信守的行为规范，是人类社会普遍存在而又非常独特的文化现象，具有地缘性、民族性、传承性、社会性和自发性的特征。由于这些特征的存在，习惯可以通过国家的认可，变成制度和法律，但在没有得到国家认可的时候，习惯仅仅是一种习尚，还没有广泛的约束性。从民族形成到国家出现，也是部分习惯转变为制度和法律的过程。

原始社会解体过程是动荡的历史，解体前的人们为生存而劳作，彼此相安而按照习惯的规则生活；解体中的人们为了私欲而奔忙，以是否有利于自己的私利为转移；解体后的人们为了贪欲而拼搏，追求权势而又必须屈服于权势。

原始社会解体过程中，平均主义被打破了，财富刺激了人们的贪欲，以掠夺财富和争夺经济领域为主要目的的战争此起彼伏，给各氏族、部落带来巨大的损失。战争获得胜利的一方取得对失败一方的支配权力，胜利方首领的威信也得到提高。战争需要强权，在战争中越战越强的部落联盟或酋邦首领变成强权代表，"天下有不顺者，黄帝从而征之"，高辛氏"仁而威，惠而信，修身而天下服"，尧"信饬百官，众功皆兴"②，舜在摄行天子之政时，就已经流四凶、举八恺八元，权力不断增大，王权的萌芽出现了。从表面上看，部落联盟或酋邦首领凌驾于各个部落之上，是貌似公允的第三势力，实际上是以强权来建立新的社会秩序，出现了"不如言，刑从之"③，逐渐成为与民众相对立，拥有专制权力的首领，并向王权制度迈进。

部落联盟或酋邦首领以强权为基础，依靠宗教和军事力量来维持自己的强权，使神权与强权有机地结合在一起，并以之"总一海内而整齐万民"，于是"人道经纬万端，规矩无所不贯"④，对社会进行了重新规范，固有的习惯逐渐被改造，有些习惯在强权认可的情况下，开始具有制度的效用。

在氏族社会，氏族内部和氏族部落间的矛盾冲突，是依靠风俗习惯进行调节或通过战争加以解决。随着私有制和贫富分化的出现，社会矛盾日益增加，氏族内部矛盾也日

① 司马迁. 史记：卷 2：夏本纪. 北京：中华书局，1959：89.

② 司马迁. 史记：卷 1：五帝本纪. 北京：中华书局，1959：17.

③ 同①81.

④ 司马迁. 史记：卷 23：礼书. 北京：中华书局，1959：1157.

益复杂，氏族部落间的矛盾呈现扩大趋势，依靠固有的风俗习惯和无原则的战争，已经不足以解决矛盾，两种势力开始对变化了的社会起到规范作用，这就是强权的暴力和神明的威慑力。

中国历史的发展不是神权与政权分立，而是两者完美的结合，政权利用神权来为自己服务，神权借助政权力量而存在。基于此，政权不是顺从神权，而是改造神权，如黄帝“制服蚩尤，以制八方。蚩尤没后，天下复扰乱不宁，黄帝遂画蚩尤形象以威天下。天下咸谓蚩尤不死，八方万邦皆为殄伏”①。颛顼“乃命南正重司天以属神，命火正黎司地以属民，使复旧常，无相侵渎，是谓绝地天通”（《国语·楚语下》）。对于习惯也是一样，不是完全摧毁习惯，而是逐步改造习惯，使之有利于政权。如舜时“历山农者侵畔，舜往而耕者让；河滨渔者争坻，舜往期年而渔者让；长东夷之陶者窳，舜往期年而器以牢”②。“原始习惯并未经过国家机关大规模整理、认可，而是继续作为社会的平衡器，在国家状态下发生作用。”③ 原始习惯延续时间很长，在制度中往往能够看到遗留的痕迹。比如说神明裁判，在中国远古传说中有一种名叫獬豸的神兽，据说能够判断是非曲直，在五帝时期曾经用来担任裁判。东汉王充针对儒者所讲“觟䚦（即獬豸）者，一角之羊也，性知有罪。皋陶治狱，其罪疑者令羊触之，有罪则触，无罪则不触”的事情，进行辩驳说：“或时觟䚦之性，徒能触人，未必能知罪人，皋陶欲神事助政，恶受罪者之不厌服，因觟䚦触人则罪之，欲人畏之不犯，受罪之家，没齿无怨言也。”④ 进入文明社会的门槛，出现执法人员以后，很长时间还沿用这种方法办案，既可见国家机关对原始习惯的因袭和利用，也可以看到习惯还在发挥作用。后世执法官吏所戴的帽子，称为獬豸冠，仍然是这种习惯的遗留，仅是作为国家状态下的一种习惯象征而已。

从中国政治制度起源来看，都是在旧有习惯上发展起来的，起着调整社会的作用，具有传承性、社会性和自发性的特征。在强权暴力和神明威慑力的双重作用下，政治制度就具有了突变和创新。因为这种创新是在强权下出现的，所以重点体现在政治权力和刑罚上。政权主要致力于维护政治权力和完善刑罚制度，社会生活矛盾则用从习惯发展起来的礼治去调节，也就决定了中国古代政治制度是以政治权术为中心，以刑罚体系为重点，走上重人治、轻法治的道路。

第二节　中国古代政治制度的发展历程

中国早期国家没有经历过像古希腊时期的城邦制度或罗马人的共和制度，而是直接实行君主制，建立起王朝。所谓的“王朝”，是中国历史上一代政权的简称，也是阶级社会所必然发生的政治现象。王朝的基本结构是具备一定数量的武装力量，拥有一套维护统治阶级利益的政治机构和法律制度，君主作为王朝最高的政治代表和权力执掌者，高

① 李昉，等. 太平御览：卷 79：皇王部引《龙鱼河图》. 北京：中华书局，1960：368.
② 李昉，等. 太平御览：卷 81：皇王部引《朝子》. 北京：中华书局，1960：377.
③ 叶孝信. 中国法制史. 上海：复旦大学出版社，2002：3.
④ 王充. 论衡·是应篇. 上海：上海人民出版社，1974：270.

居于社会之上，并且由一家一姓世代相袭。在君主家天下的前提下，君主专制制度不断完善；在因循前代的基础上，“其所制名，多依前代之法”①。可以说中国古代政治制度虽然代有变化，但是沿革清晰。

一、早期国家的政治制度

夏、商、周三代是中国国家形成到完善的时期，从部落制母胎中脱离出来的国家，遗留有较深的原始氏族社会痕迹，作为国家治理所必须具备的政治制度，乃是在逐渐消退那种痕迹的情况下不断完善起来的。

一些夏史研究成果认为：“夏代已是成熟的国家，有统一的国王和百官，有统一的刑律和贡赋，有统一的常备军；有广阔的国土供民安居，并可实行分封；夏中央王朝直接控制着广阔的地域；外族方国入朝面君比较容易。”② 遗憾的是至今还未能发现完整的夏文字，这就给今天的人们了解夏代社会的情况增加了困难，但夏作为中国第一个国家形态已经成为定论，虽然不能准确无误地描绘出夏代政治制度的情况，但也能够通过古文献和考古发掘勾画出大概情况。

公元前 16 世纪，商汤攻灭夏，建立商王朝。司马迁《史记·殷本纪》所叙述帝系中的各帝，在甲骨文中都得到印证。以史籍结合甲骨文字，研究商王朝的政治制度，仍是当代学者努力探索的问题之一。

公元前 11 世纪，武王联合西部各部落，大举伐纣，一举灭商而建立的周，无论是古文献还是考古发现，都有明确的记载，早期国家政治制度也在此时期得到进一步的发展和充实。

早期国家存在着严重的宗法性。宗，就是人们对共同祖先的崇拜，这是国家从血缘关系发展为政治关系所产生的一种必然现象。在这种情况下，“立爱惟亲，立敬惟长，始于家邦，终于四海”（《尚书·伊训》）的统治原则得以确立。早期国家政治制度就是在宗法制的“亲贵合一”前提下出现的。

早期国家的君主专制制度并不完善。夏代的“启伐有扈”“五观之乱”“太康失国”“少康中兴”“孔甲乱夏”“夏桀陨国”等事件证明，夏代君主虽然集政治、军事、司法、财政大权于一身，但也受到多方面的制约，继承制度还处在混乱状态之中。商代的“伊尹放太甲于桐宫”“殷有九世之乱”“盘庚迁殷”“武丁中兴”“殷纣亡国”等事件证明，商代君主比夏代君主的权力要集中，虽然也受到某些制约，但在摆脱制约的同时，君主专制制度趋于成熟。

作为公共权力主要执行者的官员，是与国家同时产生的。相传夏后启讨伐有扈氏时，“乃召六卿”。“六卿”亦称“六事之人”，是王委任的至亲贵族，他们分别掌管各方面的政务。据文献记载，六卿为司空（主土木工程）、司徒（主民政财政）、士正（主司法）、共工（主百工）、虞（主山泽）、秩宗（主祭祀），另有纳言（主承上宣下），也有称为是

---

① 魏徵，等. 隋书：卷 28：百官志下. 北京：中华书局，1973：773.

② 李绍连. 夏是中国历史上第一个统一的奴隶制大国//夏商文明研究. 郑州：中州古籍出版社，1955.

天、地、春、夏、秋、冬六官的。无论是六卿还是六官，都是后人根据《尚书》的记载和结合其他古文献而推论的，现在没有考古印证，存在与否，都不能确定。不过“《尚书》许多篇章是后人据传说追记，事有出入，但亦不可以因此全然否定其中所记官名官制的存在”①。夏代形成国家，在这一点已经基本能得到共识，既然是国家，作为国家基本特征的公共权力就应该存在，而作为体现公共权力的政治制度也应该存在。比如说，掌管农、畜牧业的“牧正”，掌管车辆制造的“车正”，管理王族饮食后勤的“庖正”，主管税收的“啬夫”等官员的出现，应该是与当时的社会生产力发展水平一致的。

商代的职官名称及其职掌，在文献中和甲骨文及金文中多有反映，基本上能够勾画出商代官制的架构，即“内外服”之分。在朝廷和商王直接统治区域里担任官吏的，称为“内服”；在商王直接统治区域以外的地方诸侯、伯、甸等和地方官吏，称为“外服”。作为中央王朝职官的“内服”官主要有宰、卿事、多尹、御事、事、巫、卜、臣等，按照不同的业务可以分为三个类别：

第一类是国家政务官员，如卿事、尹等。其中卿事还划分几个部门，如司徒、司马、司空等，号称“六大五官六府六工”②，他们是国家的主要行政官。主要行政官下辖一些事务官，如御事、事、多尹和众多的小臣等，分管各项具体的事务。

第二类是宗教事务官，即巫、卜等职，设有太卜、太祝等机构，以体现“国之大事，在祀与戎”（《左传·成公十三年》）的治国方针。甲骨卜辞中有许多是反映占卜人员参与事务决策的，有人便据此说商朝是“神权政治”，但他们忽略占卜最后裁决的人是王而非巫、卜，何况同一件事参与占卜的并不限于一人，占卜的结果也不相同，这就给裁决者以选择的余地。留给裁决者决定，也就不能说完全是神来左右，实际上占卜者的占卜只是供裁决者参考，不能起决定作用，更兼在权势的作用下，占卜者往往也是顺从或窥测权势，很难起到决定作用。

第三类是王家服务官员，如宰职是王家服务官员的主管，下辖一些主管音乐的师、宗工，管理酿造以供应王室酒醋的酒正，分管各种杂事的小臣们。王家服务官员因常在王左右，容易取得王的信任和重用，常有僭越本职而侵夺国家政务的事。如商汤时的伊尹，太戊时的伊陟，武丁时的傅说，都是因为接近王而取得信任，成为重要辅政大臣的。

有关西周的官制，前人多依据《周礼》，实际上《周礼》只不过是战国时代的儒生参照古制，并加以主观臆断而编造的一部管理国家的蓝图，在没有得到新的考古发掘资料加以证实之前，还不能据以为信，应该依据金文中出现的官名，参考一些历史文献来探讨西周官制。

西周官制实际上是在商代基础上完善的，按不同的业务分工，也应该分为三类，不过，西周在制度上把宗教事务纳入行政系统，宗教事务官地位和作用明显降低，不能单独成为一类，实际上只有两类。

第一类是政务官。西周早期是由“卿事寮”和“太史寮”执掌国家各项政务。卿事

---

① 聂崇岐．中国历代官制简述//宋史丛考：上册．北京：商务印书馆，1947：30.

② 《礼记·曲礼下》曰：“天子建天官，先六大，曰大宰、大宗、大史、大祝、大士、大卜，典司六典。天子之五官，曰司徒、司马、司空、司士、司寇，典司五众。天子之六府，曰司土、司木、司水、司草、司器、司货，典司六职。天子之六工，曰土工、金工、石工、木工、兽工、草工，典制六材。”

寮之下有司士（徒）、司马、司工（空），号称“三右”，也称“三事大夫”，分管国家民政、军政和手工业等事务。太史寮之下有太史、太祝、太卜，号称“三左”，分管宗教祭祀及文字册命等事务。三右三左合称“六大”，也称“六卿”，是国家主要的政务官员。“六卿”之下各有一定的僚属，分管各项具体事务。早期的两寮不分伯仲，共同掌管国家政务，如周公为卿事寮之首，召公为太史寮之首，共同辅政，但到中晚期，卿事寮的作用显著提高，三事大夫已经称为“三有司”，下辖的机构渐渐增多，僚属人数也远远超过太史寮，尤其是在卿事寮之下增加“司士”一职，拥有监督百官的权力，太史寮所属也在其监督范围之内。卿事寮的权限扩大，导致太史寮的地位下降，也说明巫、史、卜、祝等宗教神职的作用降低。当社会进入更文明阶段时，实际社会行政事务的重要性就会超过宗教事务，虽然宗教事务在一定程度上还有影响，但它已经不能起主要作用。

第二类是王家事务官。西周的王家事务总管也是宰，下辖史、士、御、守宫、小臣等一批官吏和机构。王家事务官因接近王，在王权不断加强的情况下，他们的地位也日渐引人注目。西周王家事务官属不断增多，尤其是内史尹的设置，将册命和监察权收归内廷，而原来主管此事的太史寮则成为一般册命和文书保管的机构。王家事务官的地位提高和大量侵夺国家各项政务，反映出王权的增长。

据《史记》讲，赋税制度从舜、禹时就已经出现，至夏王朝时已经完备，这也是国家的特征。“为了维持这种公共权力，就需要公民缴纳费用——捐税。捐税是以前的氏族社会完全没有的。但是现在我们却十分熟悉它了。”[①]《尚书·禹贡》云：“禹别九州，随山浚川，任土作贡。”这是根据九州土地不同的情况而制定的不同税收标准。此外，诸侯和各方国也要向夏王朝贡献土特产，是“禹成五服，齿革羽毛器备”。《孟子·滕文公上》说：“夏后氏五十而贡，殷人七十而助，周人百亩而彻。其实皆十一也。”注云：“民耕五十亩，贡上五亩。耕七十亩，以七亩助公家。耕百亩者，彻取十亩以为赋。虽异名而多少同，故曰皆十一也。”此外还有手工业和商业税收，如调均和关市之征等，说明贡赋制度不断完善。

军队是国家的重要支柱，从夏启用车兵攻伐有扈氏，到少康有众一旅[②]，军队无论是在装备和编制上都有很大的发展。早期国家军队编制和士兵的征集，大多是按照族群和所辖领地，除少数常备用于护卫的武装之外，士兵只有在战争中才临时征集。如《尚书·汤誓》说：“我后不恤我众，舍我穑事，而割正（征）夏。”这反映出在伐夏战争中征集军人的情况。这些征集的军人虽然不是脱离生产的职业常备军，但他们农闲时要进行军事训练，军事管理也是由贵族来担当，承担着支撑国家的作用。

“夏有乱政，而作禹刑”，“商有乱政，而作汤刑”，“周有乱政，而作九刑”，这些“刑”的具体内容现在还无法了解，但无论是从文献上还是考古上，都可以确定当时有比较系统的刑罚制度，而墨、劓、刵、宫、大辟五刑至少在商代已经形成，故后人认为“刑名从商”（《墨子·尚贤下》）。在西周时，国家制定法律已经针对不同政治条件来区分成轻、中、重三典，“刑新邦（新征服的地区）用轻典。刑平邦（周故地和早已征服的地

---

① 马克思，恩格斯．马克思恩格斯文集：第4卷．北京：人民出版社，2009：190．

② 《尚书·甘誓》曰：“左不攻于左，汝不恭命；右不攻于右，汝不恭命；御非其马之正，汝不恭命。”这是针对车兵所下的训令。关于少康有众一旅，各家注释都为军事组织，其编制为500人。

区）用中典，刑乱邦（殷贵族反叛和奴隶、平民反抗的地区）用重典”（《尚书·吕刑》，郑玄注）。不但有了完整的刑罚制度，而且有了“卿制大极而神民不违”（《墨子·非攻下》）的职官管理制度。随着国家的巩固和发展，以刑赏为主要控制手段的职官管理制度也日益完善和成熟起来。

早期国家官制是建立在亲贵合一的基础上，血缘亲族是任官从政的先决条件，世袭罔替，代代相承。在贵族参政、议政、辅政的情况下，官员的权力界限也不分明。如西周主管政务的卿事寮可以辅政，也可以将兵作战，还可以主持重要的祭祀大典；而太史寮也可以辅政、将兵。官员有一定的分工，但没有清楚的职权界限，这是贵族政治的必然现象。另外，一些原本不是贵族的人，因为接近权力中心，取得王的信任，也可以逐步参与政务，如周厉王信任卫巫，“使监谤者，以告，则杀之”①。这种由君主直接使用的人不断增多，渐渐打破亲贵合一的界限，使政治结构发生了变化。

二、争霸时期的政治制度

公元前770年，周平王在西方戎、狄的威胁下，迁都于雒邑，周天子“共主”地位也就一去不复返，代之而来的是春秋时期霸主政治和战国时期群雄政治。

春秋初期，在中国还存在140多个诸侯国，其中较为强大的有齐、晋、秦、楚、鲁、郑、宋、卫、陈、蔡。春秋后期，江南的吴、越势力也进入中原角逐。这12个诸侯在春秋时期互相争夺霸主的地位，进行兼并战争。当时“政出方伯”，大国争霸，礼乐征伐不再由天子出，霸主权力取代天下共主的周天子，君主专制的雏形出现了。

公元前403年，“三家分晋”②，齐、燕、赵、魏、韩、秦、楚七雄争战的局面基本形成。社会经济的发展和大动荡，迫使各国进行社会改革。改革的结果是大大加强了君主的权力，以君主为中心的专制集权体制确立。

从霸主到君主，是专制主义中央集权制形成到确立的过程。在周王朝统治下，“天子建国，诸侯立家，卿置侧室”（《左传·桓公二年》），诸侯国对天子之国有拱卫、纳贡的义务，是天子的屏藩，卿则是诸侯的屏藩。然而，平王东迁，天子的力量微弱已经显而易见，不尽义务的诸侯也就日见增多，一些强大的诸侯乘机而起。齐桓公（前685—前643年）首倡“尊王攘夷”，在位期间“兵车之会三，乘车之会六，九合诸侯，一匡天下”③，称起霸主。而后晋、楚、吴、越，相继“为强伯”，号称“春秋五霸”。这些霸主从以“尊王攘夷”的名义为号召以聚合各弱小的诸侯，到把自己的意志强加给弱小诸侯国，对不顺从者则以武力征服，甚至将之吞并。

霸主们为了完成霸业，急需具有文韬武略的人才，故此在任官用人上毅然打破世卿世禄制，大力启用认为有才能和可靠的人。如齐桓公用管仲，晋惠公及晋文公重用宦者

① 司马迁．史记：卷4：周本纪．北京：中华书局，1959：142.

② 春秋战国的分期，目前有三种说法：一是以孔子所作《春秋》为准，即公元前722—前481年为春秋，而后为战国，但大多数人还是以平王东迁为春秋之始。二是依据《史记·十二诸侯年表》结束的公元前476年，或《史记·六国年表》开始的公元前475年为战国之始。三是以韩、赵、魏“三家分晋”为战国之始，即前453年。

③ 司马迁．史记：卷32：齐太公世家．北京：中华书局，1959：1491.

履鞮，三年不鸣、一鸣惊人的楚庄王“听政，所诛者数百人，所进者数百人”[①]。在这种情况下，这些霸主除会合诸侯而称盟主之外，在本国已经确立起自己至高无上的地位，开始走向君主专制的舞台。

春秋时期的霸主们，虽然已经显示出自己的实力，但还没有完全摆脱宗法制的束缚，主要政务还是依靠身为贵族的卿大夫，在“政逮于大夫”的情况下，就会出现“社稷无常奉，君臣无常位”（《左传·昭公三十二年》）的政治现象，宗法政治体制不但限制君主的权力，而且威胁着君主的位置。因此，一些夺取政权的卿大夫，便以史为鉴，逐渐摆脱宗法制的束缚，任用自己信任的人掌握要职而不再给予分封，减少世袭官员，出现非世袭的职业官吏群体，君主的权力逐渐集中，君主专制的倾向也日见显著，“礼崩乐坏”的局面催生了新制度。

所谓的“礼崩乐坏”，即是原来的以血缘构成的宗法制受到破坏，原来的社会意识已经不适应社会的发展，而新的社会意识已经深入人心，并通过权力使之达到合法化，新的政治治理形式也不可避免地出现，并且显示出强大的威力。

战国时期，七雄并争，他们为扩充或保卫疆土，就必须扩充财源、动员人力，而财源和人力分别掌握在贵族手中。作为君主，如果想保持其权力，就必须拥有他自己的资源、军队和职官，必须将分散在各贵族手中的财力和人力夺取过来，更需要集中权力。正是这种连绵不断的战争，促使战国七雄都无例外地进行社会改革和政治改革。

战国七雄政治改革的重点，无一例外地是废除以分封制为代表的世袭制，由君主直接掌管官吏的任免权，推行郡县制，以消除贵族在地方的世袭统治权。在这种情况下，以中央集权为特征的官僚政治体制初步形成，君主的权力空前提高，逐步向统一的中央专制主义集权政治体制靠近。在“兵刑合一”的前提下，将法律条文公开向人们宣布，这就是成文法的公布。

所谓的“兵刑合一”，也就是将暴力统治赤裸裸地显示出来，镇压无论是来自新的还是旧的反抗，实际上是巩固“礼崩乐坏”后所出现的社会新秩序。在这种情况下，以法律来确定合法化的问题显得突出。成文法的颁布是在这种社会变革中出现的，尤其是李悝《法经》的出现，改变了原来以“五刑之属三千”的以刑罚来确定罪的传统，确立了根据罪行大小判刑轻重的法律体系，实现了“刑”向“法”的转变。

从刑到法的转变，表明中国古代立法技术上有了明显的突破。以前是以刑罚来判定罪名，现在是以罪名来判定刑罚，无疑是重大突破。这一突破还表明法律作为一种理性化、常规化的合法方式，来改变“兵刑合一”的军政体制，并以合法公开的形式来维持国家秩序，使国家与社会走向分离。本来“法”与“刑”都是维护统治秩序的手段，但两者有着根本上的不同。

刑只是作为维持现存等级秩序和利益分配的暴力，因此在社会急遽发展时，既跟不上社会的变化，也难以规范已处在变化中的社会，而法则是可以先于社会而设置。虽然法有时也跟不上社会的变化，但它可以进行调整更订，借以保持规范社会的职能，使国家组织凌驾于社会之上。也正因为如此，法家所宣传的“法治”和“霸道”深受各国的青睐。于

---

① 司马迁．史记：卷40：楚世家．北京：中华书局，1959：1700．

是乎，秦有了《秦律》，齐有了《七法》，楚有了《宪令》，赵有了《国律》，韩有了《刑符》等。

在诸强争霸、战争频仍的社会，法家的“法治”和“霸道”思想确实给一些国家在竞争上带来优势，但这种适应于乱世的思想及治理方式，很难在和平局面下通行。国家总不能始终处在战争的烈火之中，即使是在战火之中，也需要有一个喘息和积蓄力量的时间。法家思想的缺陷，给人以攻击的把柄，“百家争鸣”则从各方面探讨“治道”，为君主专制中央集权制度提供了理论依据。

春秋时期，诸侯争霸，各诸侯为了能在竞争中保持优势，便因时因地因人因事地对本国官制进行较大的权宜变更。

齐、鲁、蔡等原为周的封国，官制也仿照周王室，一般都有“三有司”“史”“宰”三个主要系统。在竞争环境下，权力集中更便于应付紧急事态，因此，原为周王朝封国的各诸侯，毫无例外地扩大辅臣的权力，使他们能够控制和协调三个系统，以辅臣为主体的辅政机构便应时而出现。

宋、楚等不是周王朝直系的诸侯国，各自按照原有的习惯设立官职。如宋“六卿三族降听政，因大尹以达”。所谓六卿是大司马、太宰、司徒、司城、右师、左师，他们是由至亲贵族担任的。所谓三族是一般贵族，分别担任各种事务性的职务。大尹则是重要辅臣，必须是君主信得过的至亲贵族。楚国主要执政是莫敖，由宗室成员担任；后又增设令尹以主行政，司马以主军政。令尹和司马是重要的职位，由楚王任命，其人选并不局限于宗室贵族。

三代的官员职责并不分明，春秋仍然没有显著的改变。比如说三有司，既管理政务又统兵作战。楚国的令尹和司马在表面上是有分工，而在实际上也是军、政不分。如楚康王（前559—前545年在位）时，“公子围为令尹，主兵事”①，而另一位公子弃疾（楚平王）虽为司马，但其所作所为却大都是行政事务。值得注意的是，在春秋末年已经出现将、相的区别，官分文武的趋势已经显见。

在贵族世袭制下，高级职务基本上是世袭，但一些重大的政务运作，不是高级职务本人所能完全办理，他们之下有一批职务不显赫，却负责具体事务的人，掌握着政权运作不可缺少的重要环节。这些人是“小宗”或庶子，也就是“士”。这些“士”可以称为小贵族阶级，早在西周就出现从“士”中选拔职官的制度，而春秋时期的一些诸侯开始从这些“士”之中选拔一些人充当要职，战国时期的国君则无不从这些“士”中选拔人才。这些原本没有世袭特权的“士”进入高级统治层，也就打破传统的世袭体制。这种经过选拔、不享受世袭、领受俸禄的职官出现，最终导致官僚制度出现。

“士”是有知识有才能和善谋断的人，在那个时代，他们的主要知识是掌握“礼乐”，自然就成为传统文化的承担者。“士”也是多方面文化和历史的创造和承传人，如谋士、勇士、力士、斗士、战士、侠士、武士、儒士、道士、壮士等等。随着社会的发展，社会分工也逐渐发达，原来从事各种事业的人，逐渐演变成各种专门的职业，成为各行各业的人。各行各业有父子相传的，也有师徒传授的，唯独那些掌握“礼乐”知识的士人，

① 司马迁．史记：卷40：楚世家．北京：中华书局，1959：1703．

他们所学不足以为生，只有为国家所用，才是他们的出路。因此，他们最关心国家大事，希望国家采用见解并让他们付诸实行。国家也需要这些人出主意和效力，于是有了各种各样的选拔人才制度。也正因为国家的重视，士人有了出路，他们的知识得以运用和传承，进而成为一种群体，也就是所谓的“士人”，而现在人们习惯称之为“知识分子”。实际上古代“士人”与现代知识分子完全不同，因为现代知识分子掌握各方面的知识，可以应用到社会各个方面，而不是在局限于读书做官。

士人脱离不开国家，自然也就关注国家，更不希望国家变成只有不讲情面的法律、没有发展眼光的思想，更不愿意法律脱离社会现实。这些文化的创造和传承者，便积极参与国家事务，纷纷提出自己的看法，出现了百家争鸣的局面。在百家争鸣中，最能影响国家的也不过是儒、法、道、墨、杂、阴阳、名、兵、纵横等几家而已，而关系到国家能够长治久安的，实际就是儒、法两大家。儒、法之间斗争是最激烈的，在激烈的斗争中，儒家与法家提出针锋相对的看法。比如说，法家要崇法，儒家要正名；法家讲治法，儒家讲治人；法家为霸道，儒家为王道；法家尚政统，儒家尚道统；等等，在相互斗争中，他们中间产生共同点，而且是互相渗透。

法家在争霸时期占了上风，他们通过国家采用法律形式作为强硬手段，把国家意志全面渗透到社会中，实现国家对社会资源的全面控制，最终实现“富国强兵”，法家成为统一天下的成功者。法家运用法律改变社会，集中资源以实现国家意志，而违反国家意志则受到严厉的镇压。商鞅变法实施的郡县制和军功制，正是依靠法律合法推行的模式而取得成功，并使秦统一天下，建立中央集权帝国。

西周建立起来的天子—诸侯—卿大夫的分封等级制度，在春秋时期尚未得到改变，诸侯之下的卿大夫都拥有采邑，在自己的采邑内享受世袭统治权，这也是卿大夫能与国君相抗衡的权力来源和根本。作为君主，要想巩固自己的权力，就必须削夺这些卿大夫的权力，而削夺的最好办法是除掉其来源和根本所在，那就是将这些采邑收归国有，便产生了地方行政系统——郡县制。

据史所载，最早把县作为一级行政单位的，应该是在公元前688年前后。一是秦武公十年（前688年）灭掉邽戎和冀戎，设立上邽县（今甘肃天水市西南）；次年灭掉杜、郑，设立杜县（今西安市东南）和郑县（今陕西华县）。二是楚文王二年（前688年）灭掉申国，以之为县（今河南南阳）。这时的县具有由王直辖的性质，即使不久也有一些县恢复为世袭采邑，但总的说来，还是摧毁了原有的世袭体系，开创出地方政治治理体制的新格局。一种重要的行政制度在其奠定过程中，有过一些反复，乃是正常现象，但它绝不可能导致旧制的全面复辟，郡县制的推行是无法阻遏的。当君主的权力足以控制政治局势，就会把这些有实用而先进的创例推广到全国，这就是秦孝公（前361—前338年在位）时的商鞅变法（前356年）所全面推行的地方行政制度——郡县制。这时的郡县长官已没有世袭特权，完全受中央节制，他们的权力只是作为中央权力的延伸。把领土制改变为行政区，中央集权体制也就形成了。秦国设立郡县行政区的做法，很快便传播到各国，除齐国之外，其余诸雄毫无例外地设置了地方行政区。

在中央权力延伸到所有的国土时，一批职业官吏在“主卖官爵，臣卖智力”的前提下进入官府。作为政权主宰的君主，不可能以个人能力而事必躬亲，需要有人来辅助他管理这些官吏。在魏文侯（前445—前395年在位）和秦惠文王（前337—前325年在位）时，出现一种身为百官之长的“相”职及统领诸军的“将”职①，随着这种职务的出现，以系统方式分别统率文武官吏的制度形成了。如文官“相”之下有御史（史官）、执法（司法）、司徒（农业）、司空（工程）、廷尉（刑罚）、少府（财政）等；武官“将”之下有国尉（中央武官）、都尉（地方武官）、中尉（京城武卫）、司马（军事和军事行政）等。官分文武，不但便于中央管理，充分发挥其职任，而且给君主全面控制国家机器提供便利。

当权力高度集中在君主手上之时，靠近君主的人，因为接近权力中心，就比较容易获得大小不同的职位和权力，乃至利用君主的权力而胡作非为。春秋战国时期，在宫廷内部服务的宦者及接近君主的后妃干政行为和活动，已经引起当时社会的瞩目。

春秋战国时期政治制度发展的动因来自各国对改进本身军政、民政、财政工作的考虑，也来自互相兼并战争的需要。战争是当时社会发展的动力，战争需要资源、人力，需要能够指挥运用军队的将领，需要提高官府的工作效率，因为战争的胜利，不但需要掌握战机韬略，而且也需要拥有更多的人员和充足资源及粮食储备。春秋战国时期经济和社会的迅猛发展与战争密切相关，而经济和社会的发展也必然促进政治制度的发展。

三、皇权专制制度下的政治制度

公元前221年，秦国兼并六国，建立起一个“地东至海暨朝鲜，西至临洮、羌中，南至北向户，北据河为塞，并阴山至辽东”② 的统一大国。为了统治这个幅员辽阔的国家，秦始皇建立了更加完备的君主专制主义中央集权制度。这个制度基本上为以后各个朝代所因袭，并且不断地得到完善。

秦以后各朝代的政治结构主要共同点是皇权专制，专制皇权无所不及。皇权是以皇帝独裁专制行使最高统治权的政治概括，是由一套能够保证皇帝顺利行使权力的制度所构成的。这套制度保证皇权至高无上，使之具有绝对的权威性和独断性。

保证皇权顺利行使的制度是在集中当时社会文明所能及的各种政治、经济、文化、伦理道德等各方面制度和思想情况下制定的，随着社会的发展，保证皇权顺利行使的制度也在不断地完善。

皇权的主体是皇帝，皇权专制本来是皇帝专制。在理论上，皇帝可以随心所欲地行使自己的权力，独裁决断一切军政大事，主宰着每一个人的生死，而在事实上，不是所有的皇帝都能随心所欲。他们当中有受制于权臣、外戚、宦官、母后、强藩的，有懦弱无知而智力不健全的，有荒淫放荡而不理政事的，各有不相同的经历和素质，掌握和控制政权的能力差距很大，再加上各种限制皇权任意行使的制度规范，皇帝也不可能为所欲为。皇帝制度在中国存在过两千余年，虽然表现各有不同，但却一直发挥着举足轻重的作用，这种作用就是皇权。

---

① “相”和“将”在此之前就已经出现，但作为全国性最高文武官职，应该是在战国时期。

② 司马迁．史记：卷6：秦始皇本纪．北京：中华书局，1959：239.

皇权是专制政体的核心，由各种制度来保证其行使，因此，皇权是不可超越的，神威是不可测的，但人为的因素，又使皇帝周围的各方面政治势力染指其间，即使是庸才懦夫，只要借制度之便而能够利用和控制皇权，就能一呼百应，为所欲为，左右当时的政治。历史上有许多皇帝没有控制政权的能力，出现过许多权臣当道、外戚专权、宦官弄权、女主专政等情况，但这并不意味着皇权的消失，而是皇权的一种变态形式。也就是说，秦以后的政治制度是以皇权为中心，是围绕着皇权制定和运转的，只有弄清皇权的本质和具体作用，才能真正理解中国古代政治制度。

秦统一中国，建立起比较完整的官制，这套官制从皇帝及于中央朝廷，从中央朝廷下达到地方政权，形成一个结构严密、完整的治理体系，并且直接影响以后各朝代的官制。

秦以后的地方行政区划，有过郡县或州县两级制；有州、郡、县或路、府（州）、县，道、府（州）、县三级制；有省、路、府（州）县或省、道、府（州）、县（州）四级制。地方行政区划从两级制到四级制，由大及小的层层划分，是政治制度日益完备的表现。自秦以后，县一直作为基础行政区存在，县以下的乡里、里甲、保甲、乡镇等基层行政组织，历代都没有纳入行政区划内，其实这些基层组织也有一定的管辖区域，在古代政治中发挥着巨大的作用。

秦的法律曾经促成统一和强大，但因为过分残暴，过分苛刻，难以为社会持久服从和接受，因此在反秦大起义过程中，曾经遭受到毁灭性的摧毁。经过西汉王朝百余年的发展，总结秦的勃兴和覆败原因，才确立起钦定的儒家政治治理模式。秦王朝迅速崩解，说明单纯依赖法律的合法暴力是不足以建立稳定社会秩序的，而稳定的社会秩序需要有一种社会基础，这种基础则是社会的结构。中国古代的社会结构是建立在自给自足的小农经济基础上，生老病死于自然村很少迁徙的人们，习惯于本地的生活，也习惯于本地的风俗，血缘关系和长老权威发挥很重要的作用。因此，适应这种社会结构的思想意识形态便显得非常重要。儒家思想恰恰就是在继承传统中出现，并且在这种社会结构中得以发展升华。

儒家不同于法家，它是在维护原有社会结构和批评暴力统治过程中形成的理论。从孔子、孟子对暴君的严厉批评，对苛政的切齿痛恨，可以看出儒家重视社会民生；从荀子王道与霸道的评判中，可以看到儒家更重视道德的作用。董仲舒的天人感应论把法家崇尚的政统纳入道统当中，说明汉儒已经把法家的一些思想吸收进来，加以改塑揉化，经过废黜百家，独尊儒术，当时的儒术已经不是传统的儒家，乃是经过融合后又经朝廷认可的钦定儒家思想。正是在这种钦定思想指导下的政治治理模式，规范了两千年的中国社会。

钦定儒家思想虽然与“法家模式”有很大的区别，但也兼容了法家一些内容。钦定儒家思想认为国家的主要目的是支持和维护道德、社会和文化秩序，最终达到天下和谐与太平。为了这个目的，要求统治者先要修身、齐家，然后治国、平天下，要求统治阶级具有德行。与此同时，还要求统治阶级节制欲望、节俭生活、抑制对外扩张的野心。另外还要求减轻人民的负担，使人民在和谐太平的气氛中去关心自己的基本生活需要，而不是反对和干预社会。这样，人民便会被引导到遵守国家提倡的行为规范准则上，不管他们是否明白规范准则的具体内容，只要求他们不生事、不闹事，成为国家的顺民。

钦定儒家思想希望出现一种“儒家模式”的治理形式，即国家对社会的治理主要在维持社会治安、对外进行军事防御。为了保证国家财政收入的稳定，维护国家的“本”业，也就是农业，实行一些丈量土地、水利、户口登记。即便如此，钦定儒家思想还认为这些不过是不得已为之的辅助手段，仍然要限定到一定的范围，必须实行轻徭薄赋与休养生息。由此可见，钦定儒家思想所希望达到的治理，仅是以维持社会秩序为目的，可以说没有更为积极的目标，这样就给民众社会留下很大的空间，因为国家主要通过意识形态，而不是用制度组织将国家与民众社会整合在一起。如果严格按照“儒家模式”，就会出现国家正式政治制度只能消极地规范社会，属于保守型而不是进取型，只有在意识形态规范不了的情况下，才允许采取强硬的手段，是以礼防范于未犯法之前，用刑惩处既犯法之后。这种“儒家模式”，主要依靠道德礼教来维持社会本身的秩序，因此在一些地方出现所谓户婚、田土、钱债等纠纷，都被认为是小事，只要不告到官府，也就是民不告而官不纠，允许民众用自己习惯的方式去解决，如某些家法、族规、乡规民约等，还会被官府所支持。提倡饿死不做贼、冤死不告状。民众没有诉讼，是官府所期望的，不使用国家法律来制裁则是最理想的社会。

尽管希望建立一种“儒家模式”的治理制度，在实际上还不得不与“法家模式”交织在一起。在“儒家模式”的治理下，国家与民间社会的联系和交涉，往往是通过宗族、豪族、士绅阶层的中介，宗族、豪族、士绅阶层在很大程度上控制一定范围的意识形态，一定程度地左右着政治制度正常实施，出现“宁负二千石，无负豪大家”① 的局面，甚至这些宗族、豪族、士绅阶层“凌虐平民，肆行吞噬，有司稍戢，则明辱暗害，无所不至”②。国家虽然在很大程度上是依靠宗族、豪族、士绅阶层来维持社会的正常秩序，但也不能够听任宗族、豪族、士绅阶层坐大而不顾。在可能的情况下，国家总是要完善乡里、村社、里甲、保甲等地方基层组织，适当的时候还采取打击豪强的措施，尤其是每一个新王朝的初期，都是采取强力镇压的方式，企图将国家的权力直接强加到每一个人，使全社会纳入国家操作范围。

由于王朝的合法统治秩序是建立在以地缘关系结合血缘关系的乡里组织基础上，血缘关系则变得十分重要。地缘和血缘在先秦的区别并不大，只是在生产发展，人口迁徙，同一村落居住的人不一定同属一个宗族的情况下，地缘组织才相对独立起来。秦汉的乡里组织是在地缘和血缘相结合的情况下建立起来的。这种组织一是靠自然形成的长老权威来推行教化，二是通过行政权威来进行组织，刑德兼用，再加上当时人们主要是依靠土地谋生，很少迁徙，乡里组织比较稳定。因为血缘关系占有相当重要地位，所以乡里的宗族豪右势力相当强大。这些宗族豪右兼并土地，建立庄园，收养私从佃客，当社会动乱时，更进一步建立坞堡，荫庇人口，私建武装。宗族豪右的势力发展必然严重冲击乡里制度，从而与国家利益发生直接冲突。因此，国家在力所能及的时候，便强制恢复和加强乡里制度，并使之与政权能够控制的豪右权威相结合。正如王夫之所说：“令五百

---

① 班固. 汉书：卷90：酷吏严延年传. 北京：中华书局，1962：3668.

② 张萱. 西园闻见录：卷97：恤民·前言引赵南星曰. 北京：哈佛燕京学社，1940.

家而置乡正，百家而置里长，以治其辞讼，是散千万虎狼于天下，以攫贫弱之民也。”① 当然，国家是不能坐视豪右拥有强权，宋代在收回乡里初级审判权时，也就收回行政管理权。元明清乡里组织一如宋代，其组织不纳入行政系统，却在地方上发挥实际的行政效能，时人称此制有息盗贼、广教化、移风俗等“三善”②，“凡禁暴戢奸，化民成俗，皆由于此”③。构建能够由官府控制的乡里基层组织，也是王朝强大的重要标志。

乡里组织遵照地方官府的政令以管辖部民、完纳赋役、清查户籍、维持地方治安，并把族规家法糅合于乡规民约之中，同样起着不容忽视的政治效能。地方官府不但承认这些乡规民约，还大力提倡。除关系到国家治乱的盗贼案件，乡里宗族对一些事关风化的民事纠纷，尤其是婚丧事件，有权以乡约族规来处置，甚至可以判处族人死刑（如沉塘、压土袋等），不必经官，这在当时认为是合乎情理的事情。这种地缘与血缘相结合的基层组织，在国家权力和族长权力的双重作用下，很容易走向一种豪强与官府结合又默契配合的统治形式，宗族豪族士绅阶层等所谓的地方精英，实际上发挥着很大的作用。这也正是如西方评论中国古代王朝总是从“治理模式”转向“控制模式”的一种原因，因为“控制模式”依赖在公共领域中稳定的宗族、豪族、士绅阶层来控制广大农村社会。

“控制模式”的官府，允许民间、民族按照自己的方式约束自己，因此常常会出现“因俗而治”的治理形式。在这种政治治理形式之下，总的前提是维护亲亲谊谊、尊卑上下等级，长老的地位也因此得到确立，所以在官方颁行制度和政令与民间风俗习惯相交会的领域里，常常柔性地采用民间风俗习惯来进行调处，而这种调处在原则上也是为国家所默许和支持的。至于民族方面，这方面的自主权力就更大了，他们可以遵从本民族的习惯，按照自己的方式处理本民族事务。这是历来被认为对中央政权和有关民族都有利的高明策略。当然，某一民族如果威胁到国家的主要利益，触动国家不容许染指的根本政治制度，即危害到国家安全，国家也不会坐视不理。发生这种情况，民族问题大多是以暴力形式来解决，将之纳入镇压或强行改变的范围，历史上的改部落为州郡，改羁縻府州为国家府县，改土归流等，都是在这种冲突中产生的，虽然是历史的进步，却也有变革的阵痛。当然，也有在文化交融中顺其自然改变的，历史上的以汉法制汉人、以夷法制夷人，逐渐融合为一，便是如此。

在皇权专制下，王朝更迭初期通常是采用法家的“强制模式”，在政权稳定后，又会逐渐转向推行儒家的“控制模式”，即所谓马上得天下，不能以马上治之。这种钦定儒家“控制模式”依赖着宗族、豪族、士绅阶层来控制广大的乡村社会，而恰恰是这样的乡村社会结构维持着古代政治制度的存在，是统治者赖以实行统治的社会基础，也是中国两千年政治制度虽然代有因革，但万变不离其宗的主要原因。

---

① 王夫之．读通鉴论：卷19：隋文帝．北京：中华书局，1975：1440.

② 张萱．西园闻见录：卷98《缉奸》引吴应宾曰：“愚以为保甲之行有三善焉。夫盗贼之所以滋者法网疏，而奸宄之出入靡所稽也；今使同保之中钩校而互察之，捕奸者有赏，不发奸者有罚，人情鲜不自爱，谁肯苟容者？如是则奸宄何所入？奸宄无所入则盗贼不禁而自息；保甲之善一也。民生无常业则纵，纵则易去而为奸；今保甲既行，令各开其丁男之数与其衣食之业、出入远近之期，悬书于门，即有游惰作奸，不得而隐；保甲之善二也。无事而相与励众、读法、劝善、规过，足以成礼俗而消讼争，有事则相望相助，患难相恤，亲睦之情既洽，则德让之化可兴；保甲之善三也。”

③ 徐栋．保甲书：卷2：成规上饬行保甲，清道光二十八年（1848年）楚兴国李氏刊本。

进入19世纪，儒家“控制模式”受到西方政治文化的冲击。除了外力因素外，中国内部也发生变化，因为支持儒家“控制模式”的宗族、豪族、士绅阶层中的一些精英也开始发生变化，并逐渐形成具有影响力的政治阶层，期望使用他们的方式改造社会，或用革命来变革社会。儒家“控制模式”在危机四伏的情况下，不得不寻找新的出路，“变亦变，不变亦变。变之变者，变之权操诸己，可以保国，可以保种，可以保教。不变而变者，变之权让诸人，束缚之，驰骤之”①。无论是统治者自愿还是不自愿，社会的变革是不可避免的，政治制度也必然发生质变。

第三节　中国近代政治制度

1840年鸦片战争将中国卷入世界发展潮流之中，伴随着世界形势的发展，清末开始改变已经延续两千年的政治制度，这既标志着中国本土的政治制度开始动摇，也标志着中国古代政治制度开始向近代国家治理体系的转变。

一、中西政治制度碰撞和抗争

中国与西方世界交往的历史悠久，闻名世界的“丝绸之路”，不仅是中西交通史上的佳话，也是极其重要的政治经济和文明交流。唐代的长安是国际化大都市，西货充盈，胡贾塞路，使者道路相望，太学留学生满室。元代的驿站四通八达，欧亚大陆交通畅通无阻，商人、使者络绎不绝。明初郑和下西洋，最远曾经到过非洲南端的马达加斯加岛。可以说在16世纪以前，中国与外部世界的接触一直处于主动地位，中国的物质财富和科学技术也领先于西方。然而，自16世纪以降，中国却推行闭关锁国的政策，而西方国家由于文艺复兴和宗教改革的推进，科学文化和物质财富获得空前发展，与此同时又滋长着物欲横流和扩张征服的野心，西方人凭借船坚炮利而来到中国，不仅取得了对中国交往的主动权，谋取到巨大的经济利益，而且还企图将自己的意志强加给中国，中西政治制度的碰撞和抗争也就开始了。

中西政治的碰撞应该从葡萄牙进入澳门开始。葡萄牙人在1557年前后获得中国地方当局的许可，在澳门建立起居民点，并凭借贸易的优势迅速发展起来。明王朝不承认澳葡地方的存在，本能地拒绝与之交往，1574年在莲花茎设立一道闸门，“那道葡萄牙人称之为‘困门’的闸门定期开放，以便将粮食运入澳门。那里，人们在一个用栅栏围起来的集市中出售这些粮食。集市结束后，闸门又关闭起来，并在上面贴上六张盖有大印的封条。闸门上铭刻着华文‘畏威怀德’四字。这个定期集市每五天举办一次，后来改成两星期一次。中国人凭借对粮食的控制，成功地使葡萄牙人不敢越轨”。然而，在1582年时，两广总督戴燿接受贿赂，“这戏剧性的一幕对中国官僚来说是无耻的，因

① 梁启超．变法通议//郑振铎．晚清文选：卷下．北京：中国社会科学出版社，2002：56.

为他们给予澳门的葡萄牙殖民地以合法地位”①。为了应付这种情况，明王朝针对澳门，一方面加强地方管制，由香山县丞专管澳门事务；一方面派参将统领二千兵丁进行防范，并且责成“海道每年巡历濠境一次，宣示恩威，申明禁约”②。故此“终明之世，此番固未尝为变也”③。在中葡交往过程中，中方一直占有主动。

鸦片战争之后订立了许多不平等条约，在这些不平等条约中，列强们无不要求享有领事裁判权。对于这种领事裁判权，清王朝开始并没有认识到是什么屈辱，因为“在道光时代的人眼光中，不过是让夷人管夷人。他们想那是最方便、最省事的办法”④。然而，随着列强的军事渗透和领事裁判权的扩大，西方人的傲慢使中国人感到极大的耻辱。西方人“一旦移居东方，则视人如豕，偶不如意，即拳足相加。其意若曰：‘此乃苦力国也，殴一苦力，与殴一人类不同’，于是积习成性，居中国越久，离人道益远”⑤。一些蛮横的西方人，利用军事力量和领事裁判权来欺侮中国人，向清朝廷的权威提出挑战，而清王朝迫于列强的势力，只得顺从列强，上下官吏唯洋人马首是瞻。如“太原一郡之州县官无他政之可办，惟是办理教案，听教民之指挥而已。当此之时，差役四出，恫吓乡民，乡民恐惧，贿役求免，而役遂出无厌之求，闾巷何以能安乎”⑥。列强在与中国的冲突中，西方的民族、国家和主权观念也影响中国，领事裁判权变成了中国国家和民族的耻辱，各阶层的顽强抗争遂不可避免。

西方的冲击也带来了西方思想，这种思想导致国人传统思想发生变化，逐渐从传统中分化出反传统的新式知识分子，原来对清王朝的忠诚，开始转为对朝廷和现行制度的怀疑失望，甚至批判。

自鸦片战争以来，随着国内社会政治危机日益加深，一些有识之士的忧患意识也日益强烈，他们不忍让国家和民族沉沦，不甘心忍受侵略的欺凌，或效命于疆场以致力抵抗，或著书立说以希望唤起社会的共识，或倡导兴办工商业以图实业救国。在艰难的摸索过程中，一些具有政治敏感性的中国人已经感觉到形势的严峻和险恶：内则国势陵夷，吏治腐败，财政拮据，法律黑暗，社会风气颓废；外则强敌屡逼，战端迭开，丧权辱国，割地赔款，列强瓜分在即；无论是内还是外，都需要讲究自强和御敌之道。

鸦片战争的惨败，烽烟未息，相继又爆发了第二次鸦片战争，而太平天国兴起，清王朝陷入内外交困的地步。面对前所未有的严峻形势和新出现的问题，统治集团不得不考虑如何镇压国内的反抗和应付外来的侵逼，尤其是一部分掌握实权的人物，从自己参与指挥镇压和对外交涉中逐渐体会到，有必要向西方学习先进技术，兴起师夷之长技的洋务运动，借以实现中兴王朝的愿望。由于他们仍然坚信中国传统政治制度有无可比拟的优越性，学夷之技，绝不能用夷法来变华夏，只能用华夏之法来变夷。他们认为，只要引进吸收西方某些先进的军事、经济、科学技术，将之依附在中国原有王朝体制下，

---

① 张天泽．中葡早期通商史．香港：中华书局，1988：113-115．
② 明神宗实录：卷557：万历四十五年五月辛巳条．
③ 张廷玉，等．明史：卷325：外国佛郎机传．北京：中华书局，1974：8434．
④ 蒋廷黻．中国近代史．长沙：商务印书馆，1938：27．
⑤ 杨荫杭．老圃遗文辑．武汉：长江文艺出版社，1993：741．
⑥ 刘大鹏．退想斋日记．太原：山西人民出版社，1990：97．

便可以重振天朝威风。这种以官方主持的洋务运动，虽然收效不大，但毕竟是开展了中西的交流。

洋务运动历经30余年，虽然开了一时风气，并为中国近代工商业奠定一定基础，中国民族工商业也有了一些发展，但国势却未见起色，官吏们贪污腐化，吏治腐败，民族工商业常常受到内外两方面的压力。基于此，出现一些早期的改良主义者，他们痛心于官商的垄断、洋商的倾销，痛心于国内的政治腐败和经济凋敝、列强吞噬中国和瓜分利益，愈来愈希望能够改变现状，希望开辟一条能够走向富国强民的道路，进而在政治上出现一种要求改良的思潮，即早期的改良主义者。

早期改良主义者中的一些代表人物，经历着从旧式士大夫向近代化知识分子的转变。他们目睹时事的艰难，个人又经历坎坷曲折，逐渐从依赖清王朝和洋务救国的失败中认真反思，并由表及里地，对中国的国情与外国的社会经济、政治制度进行权衡比较，痛感某些传统“经世济民”措施已经无力适应变化了的时局，以旧式的官僚作风主持洋务运动也难以振作，因此从新的视角提出一些医国方案。他们的看法已经触及政治学说、政治制度的一些重要方面，要求除去偏见，仿行新法，改弦更张，这在当时是有很大感染力的，无论是在胆识还是见解上，都难能可贵。他们的看法影响深远，不但改变了传统观念，而且为以后的维新运动做好了舆论准备。虽然他们还没有摆脱尊崇君上的理念，甚至对西方政治制度有本能上的畏惧，但他们的宣传已经使更多的人认识到唯有变法才有出路。

这些人都怀有一颗爱国之心，痛恨国家积弱积贫，反复警示说，若不图挽救，则“国将不国”，亡国灭种的厄运将迫在眉睫，呼吁有“一息尚存，尚思报国”①，希望图强、御侮，振奋民族精神。他们都有从政和办理洋务的经历，对西方社会了解较多，能够看到“循西洋之法以求日进于富强”的维新道路，但也不能放弃“天朝上国”的威严，因此进一步提出“中学为体，西学为用”的口号。他们也都看到当时的官府机构臃肿，吏治腐败。机构重叠，职权责利的界限不清，也最容易造成官吏们弄权作弊，扰乱社会经济。指出在一个衙门之内，官员、幕友、书吏、衙役，人人只知道营私谋利，有法不依，“惟知耗民财，殚民力，敲骨吸髓，无所不至，囊橐既饱，飞而扬去”②。尤其是遇到词讼，官吏们唯视当事人有无关系权势，案件有无油水，在繁杂如牛毛的律例、事例、则例、章程中，可以上下其手，以谋私利，以取民财。他们认为必须大力整治，“无论君主君民共主，一言以蔽之，以法治国而矣，此固古哲先王之所不料，抑亦后世法家所不能知者矣”③。提出“以法治国”的维新纲领，“草成明治维新史，吟到中华以外天”④，希望能够仿照日本一样维新图强。

1894年，中日甲午战争的惨败，洋务派苦心经营30余年的军事势力竟然不堪一击，不但没有以洋务争回权利，反而更加丧权辱国；不但列强驻军于中国腹里地区，而且舰艇横行于中国内河，海关也控制在洋人之手。在这国将不国、民将为亡国奴的关头，酝

① 王韬．弢园尺牍．北京：中华书局，1959：93.

② 王韬．弢园文录外编：卷1：重民下．上海：上海书店出版社，2002：13.

③ 黄遵宪．日本国志：卷5：刑法志．上海：上海古籍出版社，2001.

④ 黄遵宪．黄遵宪诗选·奉命为美国三富兰西士果领事留别日本诸君子．北京：中华书局，2008.

酿 30 余年的改良主义，终于在戊戌变法的运动中走上历史舞台。

戊戌变法的代表人物是康有为（1858—1927）、梁启超（1872—1929）。他们建议在君主立宪的前提下实行三权分立，即立法、司法、行政，由不同的部门掌管，分别履行职权和承担责任，并且相互制约。方案是效仿日本明治维新，建立一个君主立宪的国家体制。在光绪皇帝的支持下，康有为建议设立制度局，下辖法律、税计、学校、农商、工务、矿政、铁路、邮政、造币、游历、社会、武备等 12 个分局，用以具体筹办政制的事务。但这种设想还没有来得及实践，就被以慈禧太后为首的顽固保守势力镇压下去，百日维新梦想被粉碎，以光绪瀛台泣血，康梁流亡海外，义士血染菜市口刑场的结果而告终了。

戊戌变法虽然失败，但教育了人民，也使这些知识分子分化，发展为革命和保皇两派，新的斗争开始揭开中国近代史上光辉一页。戊戌变法标志着中国人第一次全面提出近代化的纲领，是一次重要改良性质的实践，它恰似漫漫黑夜里的一声惊雷，惊醒了沉睡的人们，引发起深思，众见咸同，认为必应振发而起，挽回颓败已极的国运。一时思潮澎湃，各抒己见，并且分别见诸行动。传统的势力虽然在抗争中暂时获胜，但恰恰是他们失败的开始。

从鸦片战争到戊戌变法这 50 多年间，中国传统君主专制的政治体系受到前所未有的冲击，风云急转，其统治基础已经受到前所未有的震撼，绝难逃避崩解的命运了。

中西政治制度优劣比较的冲突，使中国传统政治原则的合法性受到冲击。政治、军事、外交上的接连失败，“天朝”的威严扫地；农民反抗和统治阶层内部的分离倾向，都使朝廷的尊严受到挑战，“钦定儒家模式”在制度上的缺陷越来越明显了。太平天国和捻军持续 19 年，波及中国大部分地区，因为镇压反抗，不得不倚靠以汉族官僚地主组成和指挥的湘军、淮军，中央集权的专制体制已经难以约束地方豪强，地方势力不断增强，军队和财政体制也发生变化，王朝统治的绝对化遇到挑战，“钦定儒家模式”已经出现严重的危机，变革已经不是统治集团所能够左右的了。

二、清末新政与制度变革

清王朝镇压了戊戌变法以后，又与外国势力一起镇压了义和团。以慈禧太后为首的清王朝不惜牺牲国家利益，竟然以“量中华之物力，结与国之欢心”的无耻行径，签订了丧权辱国的《辛丑条约》。为了摆脱屈辱，保存已经岌岌可危的政权，也为了安抚国内的情绪，以老谋深算、富有统治经验的慈禧太后为首的清统治集团，不得不匆忙将 6 年前被血腥镇压的戊戌志士的变法主张接过来，改口说也要推行新政，实际上是要捞一根救命稻草，赚取一剂赎命救身汤。故此，还在西安流亡时（1901 年 1 月 29 日）便颁布了一道“变法革新”上谕，内言：“法令不更，痼习不破，欲求振作，当议更张。著军机大臣、大学士、六部九卿、出使各国大臣、各省督抚，各就现在情形，参酌中西政要，举凡朝章国故、吏治民生、学校科举、军政财政，当因当革、当省当并，或取诸人，或求诸己，如何而国势始兴，如何而人才始出，如何而度支始裕，如何而武备始修。各举所知，各抒己见，通限两个月，详悉条议以闻。”这道上谕颁布，标志着清末宣布实行新政，各种制度也要逐步进行改革。从 1901 年到 1911 年，清王朝新政内容主要有：

第一，政治制度方面。中心内容是宣布预备立宪和进行国家政体和官制的改革，允诺改变沿袭数千年的君主专制制度，逐步改行君主立宪制度。之所以这样做，有着严峻的背景。一是国势危殆，海内外有识之士，要求改革和仿行外国立宪体制的呼声高涨；二是要求从根本上推翻清王朝腐朽统治的言论四起，特别是自 1905 年孙中山先生倡建的革命同盟会成立以来，相继发动了多次革命和暗杀活动。当此革命派和立宪派崛起，已发展为不可轻视的政治力量，全国人心动荡，统治岌岌可危的时期，清王朝不得不采取宣布立宪以搪塞，并由于形势的急遽发展，被迫采取和陆续补充了一些措施，加快了进行立宪的表态。在发布上引谕旨之后，清王朝先是派遣考察政治五大臣出国，其后又正式宣布预备立宪和改革官制，成立宪政编察馆，颁行《钦定宪法大纲》和《九年筹备清单》，成立各省咨议局和全国性的资政院，等等。

第二，军事制度方面。淘汰绿营、防勇等旧式军队，编练新军，颁定新军制，划分兵种，制定了招募、训练、给养、军器等制度，开设武备学堂和各种军事学堂，派遣大量留学生出国学习军事，首次设置海军部。改革的本意在加强军事势力以巩固政权，但军事离不开政治。由于清王朝的政治腐败，各级官僚均结党营私，所编练的新军基本上成为各省督抚手中的工具，新军不但成为清王朝的掘墓人，也成为军阀割据的本钱。

第三，行政制度方面。从建立外务部开始，陆续设立商部、巡警部、学部、邮传部等，废除满汉复职制度，实行单一领导，其后，又成立责任内阁，设立总理大臣，使行政机构有了一些近代的迹象，但清王朝并没有放弃任何带实质性的统治权力。在内部权力再分配的情况下，中央朝廷出任重要实职的大臣，皇族亲贵和满族官员的比例，不但没有削减，反而更有增加。在中央朝廷与各省地方实力派总督、巡抚等的关系上，又极力要削弱地方权力。当时，内廷外朝的关系极为复杂和微妙，勾心斗角，使用阴谋诡计，无非都是要在权力分配上各自做自己的文章。这种行政的改革，只能增加财政支出，清王朝为了解决财政以及权限分割等一系列问题，又极力加强对地方的控制，因而激化了中央与地方的矛盾，地方的离心力逐渐扩大。辛亥革命枪响，各省纷纷独立，清王朝完全失去地方的依托。

第四，教育制度方面。宣布废除八股文和废除科举制度，使新式学堂教育快速发展，学堂教育不但成为选拔官吏的重要途径，而且逐渐制度化、正规化，文教事业开始迅速发展。选派留学生出国，鼓励自费留学，学成归国者给予功名，新型人才逐渐融入社会。1905 年科举制度的废除，标志着传统社会政治人才选拔制度的解体，促使新式学堂教育迅速得到发展。教育制度的改革，使新式知识分子不断增加和社会地位提高，既成为近代新知识、新观念的载体，也成为推动中国社会向近代化转变的主力军。

第五，法制方面。参照西方各国的法律，先后修订了《大清刑律草案》《大清现行新刑律》《大清商律草案》《大清民律草案》《大清刑事诉讼法》《大清民事诉讼法》等法律。中国自古以来一直是以行政法和刑法作为主要法律，从来没有专门的商法、民法。清末法律修订，改变了传统的法律结构。实行司法与行政分离，推行司法独立，将刑部改为法部，专管司法行政；将大理寺改为大理院，专管审判。同时在地方也拟筹建高等、地方、初级审判厅作为专门审判机构，又设立法政学堂，用以培养专门人才。与此同时，又配套实行监狱改良，变革监狱功能，设立罪犯习艺所，废除刑讯制度等。这种依照西方进行的改革，实际上只是一种被迫移植，实际上并没有触动实质，要改变已沿袭数千年的司法制度，绝不是颁行几部新法律条文而能见效的。各地的执法人员绝不肯轻易放弃权力，当时不少“离省僻远之州县，恃大府之耳目难周，竟有恣意酷虐，变本加厉者矣”①。为了镇压革命，清朝廷也一再要求“州县治盗，格杀勿论”；“就地正法，便宜行事”。酷刑依旧有，惨况依然在。邹容毙命于狱中，徐锡麟被剖腹挖心，州县官乃至乡绅都可以断人生死、屠灭门户。在广阔的中华大地，除了几个大城市渲染出有限的新法气象外，更多的地区尚不知新法为何物。

第六，奖励实业方面。晚清朝廷宣布实行新政，一方面是富强的国家主义意识已经成为共识，另一方面是绅商阶层势力和民权意识的日益扩大，保护工商业和民权成为绅商阶层一致的要求，而且当时的绅商阶层已经初步构成自己的保护网。例如，有些商会自己成立的商事裁判所规定：“凡商号一切诉讼案件，概归商务裁判所办理。”“以和平处理商事之纠葛，以保商规”，使商人“免受官府之讼累，复固团体之感情”②，基本上达到“商会有评论曲直之权，无裁判商号诉讼之权，今若如此，俨然公庭”③。没有刑讯，以查清事实，实行调节为主，已经接近现代的诉讼制度。在地方自治的风潮下，有些商会竟然组建起自己的武装，成立商团。正因为绅商阶层的压力，商事的立法颇为顺利地取得进展。与此同时，清朝廷还颁布了一些奖励章程，对创办实业有卓越贡献的人赐以爵位。由于工商实业的政治和社会地位不断提高，很快发展起一些仿照西方资本主义模式的股份制公司，翻译引进了一些西方商业经营运作的理论，民族资本主义得到明显的发展。

围绕着新政，必然产生空前的治国理论冲突和实力较量，除了革命派坚持彻底推翻清王朝统治之外，在推行立宪运动上还组合为三方面的力量：一是清朝廷的顽固派，二是朝廷和地方官府中倾向于立宪的实力派，三是新兴绅商阶层和海内外坚定主张实行君主立宪制的立宪派。在三方面矛盾冲突中，实力派为了战胜顽固派，就与绅商阶层和海内外立宪派建立联合，正是这种联合，才会出现规模庞大、风起云涌的请愿活动，借以对朝廷和顽固派施加压力。请愿活动的发展，又促使各种民间团体纷纷兴起，政党的雏形出现了，使一些工人、农民、商人、知识分子也参加到推行新政这一政治领域中。

三、清末政治制度变革启示

清末新政是清王朝在内外交困的形势下迫不得已而进行的，是想仿效日本的明治维新，通过君主立宪以挽救传统的政治权位，希望以此得到西方列强和国内各阶层的认可，以确保君主统治的合法性。近代化政治制度变革结局不以统治者的意志为转移，反而促进了传统社会向近代社会转变，使传统政治制度走上崩解的历史不归路。

清末由朝廷主持的立宪运动是以传统政治权威的合法性为基础，通过传统官僚政治

① 编辑部序论．论治外法权不合于国际法理．东方杂志，1906，3（9）．
② 四川成都商会商事裁判所规则．华商联合报，1910（17）．
③ 保定商会设所裁判讼案．华商联合报，1909（8）．

手段而进行的自上而下并有限度的变革，其本身的局限性和绝不可能进行彻底的自我完善，给人们留下了几点启示：

第一，以官方为主导的新政是在世界形势的推动下进行的，原本就带有被动的性质。在民族危机下，强国成为上下的共识。强国需要借助国家的权威力量来集中分配社会资源，以适应近代化的发展和缓解列强的欺凌，这就给传统专制体制的自我完善带来机遇，带来某些变革转型和自我完善的奢望，出现以清朝廷为主体的自上而下的政治制度变革有其客观必然性。近代因素的成长和新社会力量的出现，不但暴露传统政治体制的弊端，而且使新社会力量扩大政治参与的要求日益强烈，他们要求进入政治领域，以群策群力的方式融入政治体制改革，希望参与政治决策。传统政治体制与近代政治在民族存亡问题的认识上有共同点，但在政治体制问题的认识上存在矛盾。维持和加固皇权统治，维护中央集权政治体制，与近代化形势背道而驰，不但人民不会答应，也得不到列强的支持，清末“皇族内阁”的惨败正宣示传统政治体制已经无力进行自我完善。扩大人民的民主权力，偏重于民权建设，却在近代化影响还不充分的情况下展开，国民素质还没有达到近代化的要求，革命派曲高和寡，而其他各种政治势力又各怀野心，也没有建立民权的有力行动，最终只能导致社会的无序，清王朝覆亡以后的军阀混战则表明了这一点。

第二，自上而下的政治体制改革需要中央能够集中权力，以便有效地统筹规划，合理地分配社会资源，对改革中遇到的问题进行具体干预，这就需要强大的财政支持。在强国的前提下进行政治体制改革，对列强的利益是一种威胁，列强不希望有一个强大的中央集权大国成为与自己抗衡的势力，也就不可能在财政上予以支持。近代化的发展已经使各地在经济发展上出现不平衡，形成不同的地方利益，地方分权的倾向已经很严重，列强出于自身的利益，又在很大程度上支持不同的地方势力，使地方势力快速发展。清王朝在缺乏财政的情况下，不考虑实际情况，急于借政治体制改革来削弱地方权力，而地方势力为了扩大权力也竭泽而渔地扩大财政收入，中央和地方都在增加苛捐杂税，不但加剧工商业者经营危机和不满情绪，也激起人民的强烈反抗。清王朝非但没有达到集权的目的，反而使地方势力分离倾向加剧，不但没有取得列强们的谅解，还失去地方势力的支持，政治体制改革的效果实际上成为泡沫，内外矛盾也日益激化。

第三，政治体制改革需要社会力量的支持。在传统政治体制弊端日益显露的情况下，需要政治体制改革，而改革必然需要新的社会力量支持。清朝廷支持的近代政治体制改革却不是努力吸收和鼓励新的社会力量，而是试图整合规范新的社会力量，控驭之并使之融入传统社会旧统治体系之中。比如说，清朝廷实行新政时曾经痛感人才的贫乏，大力兴办新式学堂，派遣士人出洋留学，客观上造就了新式知识分子，却将这些新式人才安插于传统的政治体制下，不但使新式人才无法融入近代政治体制改革当中，而且激使他们转成为现政权的反对力量。近代政治体制改革毕竟不同于传统政治体制，编练新军，成立自治会、咨议局、资政院，废除科举，奖励实业，修订法律等，虽然是在传统政治体制下进行的，但毕竟有近代化的特点，这些新型部门和制度必然会从根本上动摇传统社会的政治基础，不但未能成为官办立宪的支柱，反而演变成为瓦解旧统治秩序的力量。既然清王朝无力使政治体制改革回归到传统体制，也不可能使新式人才融入到传统政治秩序当中，新的社会力量与传统社会的分离对立，使清王朝无力招架，最终被由政治体制改革所引发的各种政治势力合力推翻。

在传统政治体制下进行的近代化政治体制改革，新与旧的矛盾是不可避免的，能否处理好新与旧的矛盾是改革的关键。清王朝没有把握机遇和妥善地解决这些矛盾，一味地追求制度形式上的改革，仍然借改革谋苟延统治的私利，也就决定它的政治体制改革不可能成功。

第四节 中华民国的政治制度

1911 年武昌起义，许多省宣布脱离清王朝而独立。12 月 2 日，独立各省都督代表通过了《中华民国临时政府组织大纲》和“如果袁世凯反正，当公举为临时大总统”的决议，确立新成立的国家为共和政体，政府组织模式为三权分立。1911 年 12 月 29 日，孙中山当选为中华民国临时大总统。实力派军阀袁世凯则凭借政治手段迫使清帝溥仪退位，于 1912 年 2 月 14 日当选为第二任临时大总统。中华民国的成立不但从根本上改变了中国传统政治形态的基本精神，而且标志着现代政治制度的确立。然而，新政权与旧传统的矛盾、中央政权与地方势力的矛盾，革命势力与反动势力之间从局部对抗到全面战争，再加上日本帝国主义的侵略，使中华民国始终处于动乱之中，现代政治制度虽然确立，却始终不能完善和发挥作用。

一、中华民国政治制度的发展阶段

1912 年至 1949 年的 38 年被称为中华民国时期，虽然是一个时期，在政治制度上存在明显的阶段性。因此，无论是从历史研究的角度，还是从政治制度研究的角度，都有意识地将这些明显的阶段分开叙述。

从历史研究来看，国内研究者一般将辛亥革命到中华民国成立为一个阶段（1911 年 10 月—1912 年 6 月），从资产阶级革命开始，叙述到南京临时政府；北洋军阀统治时期为一个阶段（1912 年 6 月—1927 年 4 月），从北洋军阀的形成到倾覆，在这个阶段里还进行分期，即袁世凯帝制之前、实行帝制、军阀混战、军阀统治倾覆，中间还要讲二次革命、护国战争、张勋复辟、新文化运动、南方国民革命、北伐战争等；南京国民政府统治时期为一个阶段（1927 年 4 月—1937 年 7 月），这是国民党勉强统一的 10 年时期，主要政治事件是国民党新军阀混战、“围剿”苏区、“九一八”事变、“一·二八”事变等；抗日战争时期为一个阶段（1937 年 7 月—1945 年 8 月），主要是抗日时期的战争情况、国共合作、国民党统治加强等；中华民国覆亡为一个阶段（1945 年 9 月—1949 年 10 月），主要集中在国民党的专制统治、全面内战、制宪国大、国统区的政治经济危机等方面①。国外研究者一般将袁世凯时期划为一阶段（1912—1916 年），以革命后政治

① 张宪文. 中华民国史纲. 郑州：河南人民出版社，1985.

风云为线索，谈及新秩序的结构、二次革命、袁世凯的独裁到帝制活动等；北京政府时期为一个阶段（1916—1928 年），认为这个时期是立宪共和国和军阀时代。在同一阶段里，一般单独讲述 1927 年以前的中国共产主义运动和 1923—1928 年的国民革命，分析马克思主义对中国的影响、中国共产党建立及早期活动，叙述广州国民革命政府、武汉国民革命政府到南京国民政府的建立过程。南京 10 年的国民党政权为一个阶段，分析权力的巩固、中央与地方的关系、国民党派系、国民党政权的结构和主要成就，对这一时期政权进行总体评估等。在同一阶段，单独将共产主义运动列出，从中国共产党的成立到第二次国共合作前，分析共产党的领导、中华苏维埃的创建、白区的地下活动及土地革命、农民运动等。抗日战争时期为一个阶段（1937—1945 年），讲述战争初期的战役和战略，分析中国战争动员，政治、经济的发展及外国的军事援助等。与此同时，将这一时期的中国共产主义运动单独列出，分析抗日民族统一战线从建立到破裂的过程、中国共产党与苏联、美国的关系，讲述抗日根据地建立的过程、共产党的组织机构等。国共冲突时期为一阶段（1945—1949 年），从国共谈判开始，分析国民党统治衰落的原因、美国对中国的政策，讲述三年内战经过和共产党力量壮大的过程。与此同时，将 1949 年以前的毛泽东思想单独列出。在阶段历史分析的过程中，将思想史、文学史、国际关系史、中国资产阶级等作为专门问题列目，进行某些问题的集中分析。从外国学者的研究当中，大致可以看到他们将北洋军阀、国民革命、国民党、共产党、资产阶级等单独分析，基本上是受中国学者在 20 世纪 60—80 年代研究的影响，试图在原有北洋军阀、国民革命、国民党政权、共产党政权研究的基础上进行整合①。

从政治制度研究来看，国内研究者一般是以南京临时政府、北洋政府、广州国民政府、中华苏维埃政权、南京国民政府、抗日民主政权、解放区政权为界限，在对政权的性质和组织形式进行分析的同时，讲述各政权的立法、司法、行政、监察、人事等制度。在政治制度研究分野上，逐渐形成中华民国临时政府、中华民国北京政府、中华民国（南京）国民政府、革命根据地新民主主义政权的总体划分，增加政党政治、议会制度、政治思想等内容。在政府方面，除对南京临时政府没有什么区分之外，在中华民国北京政府方面存在北洋政府、北洋军阀政府、临时执政府、张作霖军政府的区别。在中华民国国民政府方面，存在着护国军政府（1916 年 5 月—1917 年 7 月）、护法军政府（1917 年 8 月—1921 年 4 月）、广州中华民国政府（1921 年 4 月—1922 年 7 月）、广州大元帅大本营（1923 年 3 月—1925 年 6 月）、广州国民政府（1925 年 7 月—1926 年 12 月）、武汉国民政府（1926 年 12 月—1927 年 7 月）、南京国民政府（1927 年 4 月—1949 年 9 月）的区分。革命根据地新民主主义政权方面存在中华苏维埃政权、抗日民主政权、人民民主政权，或工农民主政府、抗日民主政府、人民民主政府的区分。在 20 世纪 80 年代以后，有些研究者认为，讲述中华民国政治制度，就应该包括整个中华民国内出现过的政治制度，尤其是日本帝国主义侵略中国时所扶植的汉奸、蒙奸、满奸等傀儡政权也应该涉及，如伪满洲国、伪蒙古联合自治政府、伪华北临时政府、伪维新政府、汪伪政府等，这些伪政府本不为中国人民所承认，但这些民族败类不顾人民利益，卖身求荣，给当时社

---

① 费正清. 剑桥中华民国史. 杨品生，等译. 北京：中国社会科学出版社，1993.

会带来很恶劣的影响，揭露这些民族败类的丑恶，使人们牢记那段历史，本是历史学家义不容辞的责任，所以一些政治制度史著作，一般将这些伪政权作为附录简要论述。

除了分段按政权性质来进行研究之外，许多研究著作是从现代史的角度来进行分析的，以为中华民国仅是现代史的一部分，也就不能成为一个历史时期。从整体意义上看，现代史是近代史的衔接，很难有明显的界限。在近代史问题上，有研究者提出“以现代化为主题叙述中国近代史”①。既然以现代化为主题，就不可避免地涉及近现代的界限。现在的现代史基本还是从近代以来开始，近代与现代的分水岭，有1912年中华民国成立说，有1919年五四运动说，有1927年南京国民政府成立说，有1949年中华人民共和国成立说，每种说法都各自有一定的理由。既然不能统一，现代史著述中也不免在行文上以近现代连称，没有清楚的界限。

在以现代化为主题研究中国近现代史的情况下，有研究者认为应该将中国社会性质变化的革命过程和现代化过程结合起来进行研究，这样在中国政治发展主题上就是国家的控制能力，“独立、统一、民主、富强，是中国近现代政治发展目标，但独立在其中占有重要地位，是统一、民主、富强的前提”。在国家实现主权独立完整的情况下，通过法制来实现国家的控制。如果仅从20世纪来看，中国政治发展可以区分：对国家控制能力重要性的初步认识阶段，时间是20世纪初到1927年；蒋介石通过专制独裁统治加强国家控制能力阶段，时间是从1917年到1949年；中国共产党通过中央集权领导现代政治变迁的阶段，时间是1949年以后②。通过对这三个阶段情况的分析，可以把握中国近现代政治发展的主线，进而分析其政治发展的基本特征，揭示其内在的联系和发展规律。

无论如何划分时期或阶段，中国近现代史是翻天覆地变化的历史，是从衰败走向复兴、从分裂走向统一的历史，是从半殖民地半封建社会走向社会主义社会、从君主专制走向人民民主的历史，是充满了艰难险阻、起伏不定、行程曲折，但总是冲破阴霾，向着独立、统一、民主、富强道路前进的历史。因此，沿着这些线索研究中国近现代政治制度史，就成为当代研究者孜孜以探索的问题。

中国现代化的历史证明，制度变革与文化传统之间存在很深的矛盾，其演变必然有复杂的历程。制度的变革虽然是在变革历程之内，却是清楚可见的，时间分明。作为一种制度的变革开始及发展历史，从变革开始来叙述是顺理成章的，但作为制度的成型，还是应该以叙述完整制度为准，故此以中华民国各项政治制度作为论述的中心内容。至于革命根据地的新民主主义政权，应该是中华人民共和国政治制度变革的开始，属于中华人民共和国政治制度史范畴；伪政权不为中国人民所承认，虽然说有必要揭露这些民族败类的丑恶嘴脸，但也不应该将它们列入中华民国的研究范畴。

二、中华民国政治制度发展

辛亥革命推翻了清王朝的统治，推翻了帝制，建立了共和政体。人们欢欣鼓舞，希

---

① 胡绳．马克思主义与改革开放．北京：中国社会科学出版社，2000：148.

② 关海庭．20世纪中国政治发展史论．北京：北京大学出版社，2002：22-24.

望能够在动荡和革命之后，建立一个全新的现代化国家。民国元年颁布的《中华民国临时约法》，向人们描述了这个新国家的面貌。按照独立各省都督代表的允诺，在这个新国家里，人民可以享受一系列政治和法律上的权利。这里有代表民意、行使立法权的国会，有国会选举产生并受国会制约的总统，有三权分立，有司法独立：一幅美好的政治图画展现在人们面前。

与宪法井然有序的规定形成鲜明对比的是当时的政治现实。现实极其混乱，一方面是军阀势力对政权的操纵，赤裸裸地争夺权力，使政治舞台一片乌烟瘴气。另一方面是“也许中国人对于宪法制度下政治家的正直诚实的期望高得不切实际。正常的政治妥协被视为叛逆，策略上的转变被当成缺乏原则的证据”①。宪法没有达到人们的期望值，却成为政治家手中的政治斗争工具。

从 1911 年 10 月武昌起义到 1914 年 1 月国会被强令解散，是所谓“政党政治”的时代。政党，在晚清政治体制中被拒绝排斥，在民国初年的共和体制中却被恶性地发挥，“集会结社，犹如疯狂，而政党之名，如春草怒生，为数几至近百”②。有人研究统计，当时大约有 312 个政党、政团组织活跃在中央到地方的政治舞台上③。这些政党组合往往以个人利益和人情关系强为结合而成，根本没有明确的政治纲领，更“未能以一种主义，为政治求根本之改造。各党所谓政纲仅为文饰之工具，政纲自政纲，政争自政争，以致政治日趋反动，使袁世凯造成专擅之政治，竟至帝制自为，反叛国民，政党政治，实属厉之阶也”④。许多政党不是为了国家的利益，只是为了派别和个人利益来“聚党徒，广声气，持党援，行倾轧排挤之惯技，以国家为孤注”⑤。

从传播西方政治文化到《中华民国临时约法》的出现，政党学说从萌发到形成，已经成为当时最时髦的话题；共和制度的确立，更给政党以发展的空间，实行政党政治很快便成为民国初年风靡一时的潮流。这种对西方民主政体观念的传播及形式上的移植，实际上与当时的社会历史条件相冲突。从晚清皇权专制转向民主共和，本来需要经历全面的社会变革，需要整个社会政治、经济、思想文化和心理等方面的调整和革新，但在当时的历史条件下，资本主义的政治经济和社会基础十分薄弱，军阀及专制势力雄厚，传统政治统治根基未除，缺乏支撑民主政治制度的社会经济、政治和思想文化的基础。在这种历史条件下出现“党中见党，派复有派；主义模糊，政纲雷同是为政党一般特色。巧构言辞，人身攻击；惟利是趋，惟势是从是为党争普遍状态”⑥。种种恶劣现象沉渣泛起，有其无可避免的根源。有研究者总结指出：“民初政党政治的兴起与初步发展，标志着政治主体的近代化、政党化，政治形态由皇权政治转向政党政治。但是，历史证明，西方的竞争性政党政治制度与模式在中国是行不通的”⑦。

从民国初年到北洋军阀主政时期，基本上是采取硬性移植西方制度的办法来确立中

---

① 费正清．剑桥中华民国史：上卷．杨品生，等译．北京：中国社会科学出版社，1993：310.

② 善哉．民国一年来之政党．国是，1913（5）.

③ 张玉法．民初政党的调查与分析．近代史研究所集刊，1974（5）.

④ 杨幼炯．中国政党史．北京：商务印书馆，1937：84.

⑤ 谢彬．民国政党史．上海：上海学术研究总会，1927：2.

⑥ 杨德山．中国近代资产阶级政党学说研究．北京：人民出版社，2002：129.

⑦ 关海庭．20 世纪中国政治发展史论．北京：北京大学出版社，2002：127.

华民国的政治制度体系，没有认真研究实际的社会差距和可接受的程度。淮橘为枳，只能是失败的尝试。总统制、责任内阁制、君主立宪制、地方自治制等西方有过的政体形式，都曾经被引入过，但最终只能作为野心家挂羊头卖狗肉、高举洋式进步幌子以兜售其私利的工具，成为军阀夺权、个人独裁的遮羞布。到最后，图穷匕首见，北洋军阀终于撕下面具，“政党被禁止，国会被解散，‘约法’被抛弃，他们（民族资产阶级）所向往的资产阶级共和国的幻梦，终于破灭”①。不能建立梦想中的资产阶级共和国，就必须建立适合当时国情的国家，孙中山“建国三时期”的学说提出了如何建立理想的民族国家的设想。

孙中山“建国三时期”学说即是将国家政治制度建设分为军政、训政、宪政三阶段。在军政时期是“军政府督率国民扫除旧污之时代”，因此“军队与人民同受于军法之下”，“地方行政，军政府总揽之，以次扫除积弊”。规定军政原则上以三年为限，而实际上各地区却难以划一，况且军政与训政的区别又不大。训政时期是“军政府授地方自治权于人民，而自总揽国事之时代”。那时将解除军法，实行约法，“凡军政府对于人民之权利义务，及人民对于军政府之权利义务，悉规定于约法，军政府与地方议会及人民各循守之，有违法者，负其责任”。原规定训政以六年为期，而实际上直到1948年，为了调和国民党内部各派系的斗争，更为了镇压如火如荼的人民革命战争，国民政府才匆匆宣布解除训政实行宪政，而宪政还没有实现，国民党在大陆的统治就被推翻了。所谓宪政时期是“军政府解除权柄，宪法上国家机关分掌国事之时期”。在提出三时期理论的同时，孙中山又强调权能分治，即人民是政权的享有者，有选举、罢免、创制、复决四项权利，这是直接民权；政府有立法、行政、司法、考试、监察五项治权。这样便人民有权、政府有能，进而达到“民权政体，凡事都是应该由人民做主”；政府则成为由专门家和有能力的人组成“为人民谋幸福的万能政府”②。建国由政党包办，“一切军国庶政，悉由本党负完全责任”③。以党建国、以党治国成为孙中山的追求。

孙中山“要本党现在的党员，人格高尚，行为正大。不可居心发财，想做大官；要立志牺牲，想做大事，使全国佩服，全国人都信仰”。“要诸君注重宣传，教本党以外的人都明白本党的主义，欢迎本党的主义，然后本党施行主义便无阻力，便无反抗。”“到了全国人民的心理都被党统一了，本党自然可以统一全国，实行三民主义，建设一个驾乎欧美之上的真民国。”④ “我这三民主义，五权宪法，也可以叫做孙文革命；所以服从我，就是服从我所主张的革命；服从我的革命，自然应该服从我。”⑤ 孙中山对自己的政治道德、政治能力十分自信，他的“以人治党”“以党治国”思想，用自己的政治威信来推行，应该说取得了一定效果，更何况他“全心全意地为改造中国而耗费了毕生的精力，真是鞠躬尽瘁，死而后已”⑥，无论生前死后都受到人们的景仰。孙中山这种建立在个人

---

① 编写小组. 中国近代史. 北京：中华书局，1977：528.

② 孙中山全集：第9卷：三民主义，民权主义. 北京：中华书局，1986：323.

③ 孙中山全集：第5卷：中国国民党总章. 北京：中华书局，1985：276.

④ 孙中山全集：第8卷：在广州中国国民党恳亲大会的演说. 北京：中华书局，1986：283.

⑤ 孙中山全集：第5卷：在上海中国国民党本部会议的演说. 北京：中华书局，1985.

⑥ 毛泽东. 纪念孙中山先生. 人民日报，1956-11-12.

权威上的政治设想，也就决定了他的继承者必然要走向“一党专制”和“以人治国”的道路，实行国民党一党专政和个人独裁体制。

1927年，国民政府定都南京，开始了为期10年勉强维持统一的局面，而在国民党一党专政的情况下，中华民国政治制度体系非但没有得到完善，反而走向政治党化，实行党在国上的所谓“党治”体制。政治党化和“党治”体制是当时国民党对整个社会事务全面控制的主要方面，也是孙中山首倡“以党治国”方针的形式延续。在当时的历史条件下，这种做法有其历史的必然性，但“整个‘党治’体制施行期间，基本上是人民无权，中国国民党有权；党员无权，党的领袖专权。初期，由于领袖之间实力基本相当，这种体制类似于专制寡头政体。到了后期，随着党内集权制的形成和对领袖盲目崇拜现象的产生，以及‘全国党化’、‘全党特务化’政策的推行，它就与中国古代王朝的专制集权体制别无二致”①。在这种情况下，政治制度的结构形式虽然类似现代国家，但在实际上却成为国民党实行统治的工具，根本没有起到现代政治制度所应该起到治理社会的作用，只是继承了中国专制政治的传统，采用了部分资本主义政权的管理形式，又吸取法西斯主义个人独裁制的特点，是专制主义、资本主义和法西斯主义混合的一种政治制度。

中国现代政治制度自中华民国开始以宪法形式加以确立以来，各种政治力量在内外矛盾的困扰下，寻找现代政治制度发展的真正方向，进行各种尝试，探索现代政治制度的发展路径，在中国现代政治制度发展历程上留下深刻的印迹。

中国现代政治制度自出现以来，受到世界上三种政治治理模式的影响：一是德、意、日法西斯主义的独裁治理模式，在20世纪30年代曾经盛极一时，对当时的中国有很深的影响，是蒋介石政府所刻意追求的目标。二是英、美式的资产阶级民主治理模式，从兴中会、强学会到以后的资产阶级自由主义者，都将此作为追求的目标。三是苏联的社会主义国家治理形式，经过中国共产党人的不懈努力，中国人民终于选择了这种治理形式。

三、中华民国政治制度特点

中华民国政治制度在38年之间历经各个发展阶段，虽然号称是共和政体，却也缺少共和政体所应该具有的根本特征，一直都在随着政治形势而发生变化，各种政治与军事势力无不打着共和的旗号，而实质上都希望独揽权力，故此寡头政治一直占上风，也使这个时期政治制度具有独特的特点。

第一，资产阶级政治体制硬性移植的失败，导致政治混乱，政治制度变革难以成功。1911年10月10日在武昌爆发的辛亥革命，使清王朝的统治趋于崩溃，在15个省纷纷宣告独立或自治的情况下，孙中山从国外回来，1912年1月1日，成立南京临时政府，实行资产阶级民主共和制，建立起不完全的三权分立体制。自南京临时政府成立之日起，各省都督、孙中山革命党、袁世凯势力之间的矛盾一直是政治斗争的焦点，虽然此时颁

① 杨德山．中国近代资产阶级政党学说研究．北京：人民出版社，2002：294．

布众多政策与法令，组织构建中央各部及临时参议院，却一直处在帝国主义及袁世凯势力的高压之下，2 月 13 日孙中山被迫向临时参议院提出辞职，让位于袁世凯。为了限制袁世凯专权，孙中山与各省都督及都督代表，制定《中华民国临时约法》7 章 56 条。4 月 1 日，孙中山正式退职，临时参议院迁往北京。短短的三个月时间，南京临时政府既没有精力，也没有能力构建新的政治制度，硬性移植也没有经过实践，而在权力争夺过程中，各种政治势力也不会真心关注政治制度的建构，其政策与法令也难以行之南京以外，在新的政治理念没有被接受的情况下，必然也导致政治制度建构与实施方面的混乱。

第二，新旧政治势力斗争，使专制制度得以恢复，政治制度变革徒有其表。按照《中华民国临时约法》（简称《临时约法》）规定，应该实行责任内阁制，与袁世凯所期望的大权独揽格格不入，新旧政治势力在此问题上的斗争处于白热化，表面上看是《临时约法》之争，实际上是权力之争，更是军事实力上的较量。北洋军阀凭借政治与军事势力，一直左右着政局。袁世凯先是废除《临时约法》而公布《中华民国约法》，使大总统拥有绝对的权力，后是在别有用心的军阀及一些列强怂恿下称帝，83 天以后，在国内外一致反对的情况下，宣布退位而恢复《临时约法》所规定的责任内阁制，让自己的亲信段祺瑞担任国务总理。随着袁世凯去世，权力争夺空前激烈，军阀势力围绕总统制、责任内阁而展开无原则的竞争，不惜以兵戎相见，实际上都想实行军事独裁，所谓的资产阶级民主共和制，只不过是各种政治势力所打的旗号而已。奉系军阀张作霖进入北京以后，自称大元帅，连这种旗号都不打了，直接实行军阀统治。不能说北洋时期在政治制度方面没有建树，至今留下大量法规章程，从文字上看确实具有资产阶级共和制的特征，而实际上根本没有付诸实施，即便是有形式上的推行，也因为军阀混战，天下大乱，不可能有实质上的内容。社会无序，人们不得不屈服于军阀的淫威。

第三，以党治名义而实行独裁统治，寡头政治一直影响政治制度的发展。1927 年是大革命胜利而又失败的年代，蒋介石政权取代了北洋军阀统治，也取代了革命，全面推行“党治”体制，造成日后 22 年的独裁统治。国民党“党治”体制的独裁统治出现有其必然的原因：一是在军阀割据、战火连绵的时代，人民渴望国家统一和生活安宁，因此有一定的社会和群众基础；二是孙中山先生的人格魅力和高尚精神，使得他所建立的国民党在民众中有很深的影响，有比较雄厚的政治基础；三是蒋介石政权通过血腥手段进行“清党”，在“宁可错杀三千，也不放过一个”的政治淫威下，大多数人民不得不屈服于国民党的威权。蒋介石将法西斯主义与中国传统文化相结合，在党内制造对领袖的个人迷信和崇拜，任人唯亲、唯派、唯系，因人立法度，因事设规章。国民党利用执政的地位，在国家财政系统外有自己的经济组织，形成庞大的“党产”，并衍生出蒋、宋、孔、陈“四大家族”，“国产”变“党产”，“党产”入私家，许多官员以中饱私囊为己乐事，阻碍社会经济的正常发展，政权被推翻也是必然的。在国民党“党治”独裁体制下，无论其如何标榜自己的政治制度多么现代，终究缺乏现代政治制度的基本内涵，不但融合了传统的专制体制，而且实行独裁、个人崇拜和个人权威制度。

中华民国存在的 38 年，除了在抗日战争爆发之前形式上统一之外，基本上都是军阀割据，这种状态使政治制度难以推行到全国。即便是如此，至少在形式上实现了政治转型，君主专制政体不得人心，资产阶级民主共和制逐渐为人们所接受。因为以军事势力为转移，独裁制则是各路军阀梦寐以求的，军阀们在不得已的情况下屈服于更强大的势力，本身就难以凝聚在一起，即便是有所谓的资产阶级民主共和形式，也很少能够有实质的内容。纸面上的理想与现实的差距甚大，政治制度设计与具体实施也不可能是合拍的。关注当时的现实，了解具体实施，才能够真正理解中华民国政治制度的实质问题。

第二章

王权和皇权制度

重点问题

1. 王权的强化过程与王权体现形式。
2. 王权体现形式与霸主权力体现形式的异同。
3. 中央集权制度的形成与特点。
4. “君临之术”的理论与实施。
5. 皇帝名位制度的主要内容及特点。
6. 皇权的内容与皇帝制度的特点。
7. 王位与皇位继承对当时社会政治的影响。
8. 作为皇权变态形式的权臣、母后、宦官、外戚专权。
9. 宫省制度与历代官制发展的关系。

从夏代创建王权制度到秦统一中国建立皇帝制度，王一直是最高统治者的专称。王权制度在我国实行了1 800余年，发展充分而影响深远，体现着中国古代以王权为中心的政治体系长期延续的特点。公元前221年，秦始皇在战国群雄兼并战争中取得最后胜利，把中央集权制度推向全国，使中国这样一个地域辽阔、人口众多的大国置于皇权专制统治之下，专制主义中央集权制度趋于定型，以后历代王朝无不沿袭，成为中国古代政治的核心内容和相沿不替的传统。

第一节　王权制度

夏、商、周，号称“三代”，是紧随着以黄帝、炎帝、尧、舜、禹为代表的“五帝”

之后的另一历史阶段。以“三代”代替“五帝”，意味着仅具有国家雏形的部落联盟或酋邦组织已发展为具有鲜明的阶级统治性质、组织比较严密的国家政治实体。“王和帝代表着两个不同的历史时期。黄帝的帝和帝尧、帝舜的帝一样，实际上是中国原始社会部落联盟军事首长的称谓；而夏、商、周的王则是奴隶社会的专制君主。”① 也就是说，王权的形成和发展，乃是夏、商、周三代的主要标志。

一、王权制度的形成过程

夏、商、周三代都是实行王权专制。作为一种制度，它并不是一朝一夕所能出现的。在王权确立之前，有一个漫长的形成过程。

夏初的100多年，国家体制尚未完全稳定，依然保留部落联盟或酋邦制的某些特点。从“帝”演变为“王”，其权威又远远超过“帝”，就必须废弃旧传统而树立新体制，在新旧交替的过程中，也必然会出现反复。

据古文献记载，夏启在正位之前，曾与另一主要竞争者伯益互相攻击，启取得了大多数部落首领的拥戴，联合一起攻打伯益，终于杀掉伯益，分其人民，启才堂而皇之地“即天子之位”。这种行径引起部族内外另一些首领的不满，首先发难的竟是夏本族的有扈氏，他要求启放弃世袭最高统治权。启当然不肯放弃手中的权力，便率领部众讨伐有扈氏。双方大战于“甘”地，以启大获全胜而结束。此举震慑了本来还不顺服的一些部落，它们也不得不表示顺从，于是“天下咸朝”，从而使夏王朝有了根基。启在位十余年去世，儿子太康即位，因每日宴饮游乐，不恤民间疾苦，民怨沸腾，东方的有穷氏首领后羿乘机攻入夏，“因夏民以代夏政”（《左传・襄公四年》），迫使太康出逃，出现“太康失国”。后经仲康、相、少康三代人的发展才渐渐复苏，少康趁后羿的臣子寒浞杀死后羿引发内乱之际，率军攻破寒浞，并将之杀死，才重新恢复夏王朝的统治地位，史称“少康中兴”。

有扈氏逆社会发展潮流，顽固地要保留已经不适应社会发展潮流的联盟首领“禅让制”，故《淮南子・齐俗训》说：“昔有扈氏为义而亡，知义而不知宜也。”这句话说得很好，不识时宜而恋栈于所谓的“义”，当然是失道寡助，必蹈身死族灭的厄运。后羿则是在夏王朝尚未巩固之际，凭借自己的军事实力夺取了政权，但得位之后便忘乎所以，“不修民事而淫于原兽”，耽于享乐和射猎，最终被自己的亲信寒浞杀死。寒浞“恃其谗慝诈伪而不德于民”（《左传・襄公四年》），又导致众叛亲离。少康既拥有自己祖先禹和启的光辉为旗帜，又有自己所辖的“一旅之师”和姻亲部族的支持，明智地高举起伸张正义、讨伐淫乱的大旗，比较容易地取得夏遗民和原来从属于夏的各部族支持，故能重新夺回政权。

自少康以后，夏王朝传世十二代，直到桀时为商汤所灭，王位传承没有大的变故，王位世袭制的王朝也就从此确立起来，再经商、周两代的完善，王权已经得到制度的保障。

---

① 金景芳．中国奴隶社会史．上海：上海人民出版社，1983：2．

夏王朝初建，最高统治者被称为“后”，如“夏后启”“夏后相”，或者直接称为“夏后氏”。“后”，当初的意思是生育，亦即祖先的意思。唐兰先生认为：《白虎通义·杂录》说：“夏称后者，以揖让受于君，故称后。”《孟子·滕文公上》赵岐注也说：“夏禹之世号夏后氏。后，君也。禹受禅于君，故夏称后。”儒家从“禅让”说出发，解说“后”为“君”王。《说文》：“后，继体君也。”段玉裁注说：“《释诂》、《毛传》皆曰：后，君也。许（慎）知为继体君者，后之言后也，开创之君在先，继体之君在后也。析言之如是，浑言之，则不别矣。”许氏谓后乃后之假借，即开创之君在先，继体之君在后，后即后，为君后。虽然前人释“后”为君，尚保存古义，但未详“后”何以为“君”之本意。按殷墟甲骨文有“毓”字，常有“上甲至于多毓”用语，学者解释“毓”为“后”，即殷祖先上甲至多位殷王的集称。“毓”甲骨文写作“”，乃女人产子并有水液之状，其造字本义来源甚古。在民知其母不知其父的原始社会，年长而有威望的老祖母——众人的“毓”者，为氏族的生存和繁衍做出了贡献，自然成了氏族的核心而被拥戴为“毓”（即后），成为氏族的首领。随着女权制的倾覆和父权制的确立，“毓”作为氏族部落首领的专用语仍被沿用下来，只不过是巾帼让了须眉，即后（毓）改由男子担任了，内容发生了深刻变化而已。诸如一些父系氏族部落首领，如“后稷”“后羿”等，“后”又成了父系氏族首领的专称。进入阶级社会以后，夏王朝的最高统治君主袭用了“后”的称号，但此时的“后”已完全失去了植根于民众之中的民主精神，转变成为高居于民众之上的阶级社会世袭君主了①。夏王朝最初几个君主不称“王”而称“后”，反映出国家刚刚从氏族社会组织脱胎出来，还带有浓厚的氏族社会组织痕迹。当时的君主称“后”，是以祖宗的身份来行使统治权力，号令各部族，依然保留着部落联盟或酋邦时期的某些特点。因此，无论是在夏内部还是其他部落，为争夺最高统治地位而进行的斗争都是相当激烈的。直到少康重建夏朝，国家才完全确立起来，至此，夏的最高统治者才进一步称“王”。

从历史发展来看，专制主义起源于人类氏族社会。氏族社会晚期出现的部落联盟或酋邦，其军事首领就是专制君主的前身。由于社会生产力的发展，剩余产品的增加，以掠夺为目的的部落战争“成为经常的职业”，就使军事首领的权力不断加强，这些“博得了声誉的军事首领，在自己周围集合一队贪图掠夺品的青年人”，充当自己的亲信，出现了所谓的“扈从队制度”②，进而促进王权的产生和巩固。

从“王”字形成来看，它在周代钟鼎铭文中像战斧之形，古文字学家吴其昌解释为：“王字之本文，斧也。”③ 可见战斧是军事统帅权的象征，也表明军权是王权的主要构成。所以“夫王者，能攻人者也”（《韩非子·五蠹》），“制生杀之威，谓之王”（《战国策·秦策三》）。王同军事密切相关，一是说明最早的君主是由部落联盟或酋邦军事首领转化过来的，二是说明早期的国家重要职能是“唯祀与戎”，祭祀祖先和率军作战被并列为“国之大事”，是家长制和军事实力相结合的产物。

王权又起源于父权社会，恩格斯认为：“由子女继承的父权制，促进了财产积累于家庭中，并且使家庭变成一种与氏族对立的力量。”以财产私有出现为特点的父权制，是王

① 安阳殷墟五号墓座谈纪要．考古，1977（5）．

② 马克思，恩格斯．马克思恩格斯选集：第4卷．北京：人民出版社，1972：104．

③ 周法高．金文诂林．香港：香港中文大学出版社，1974：206．

权产生的经济基础。我国古代君主之所以被称为"君"，就是父权制的集中反映。从文字学的角度来看，"君"字从"尹"从"口"，表示他是诸尹中最尊贵者，可以用口指挥。"尹"字在甲骨文中与"父"字近形，父而执仗，则代表权力。

王也称为"天子"，表示自己是上帝的元子，元子只有一人，故王经常自称"余（予）一人，"自殷武丁以迄帝辛，'余一人'与'一人'者，已为国王一人所专用的称号"①。宗教神学在中国古代社会并不发达，也从来没有过神权政治或神权国家，但有"天"和"天命"的概念，可是这个概念并不是以之论证神和上帝的权威，而是作为君主权力的源泉。夏后启讨伐有扈氏，说自己是"恭行天罚"（《尚书・甘誓》）；商汤伐纣，说"有夏多罪，天命诛之"，"予畏上帝，不敢不正（征）"（《尚书・汤誓》）；周取代商是"皇天上帝，改厥元子"（《尚书・召诰》）。他们都是天子，"天子作民父母，以为天下王"（《尚书・洪范》），就使王具备了上帝元子和民之父母的双重身份，理所当然是最高权力执掌者。

因为中国没有形成像西方教会那种无所不包、无所不管的神权系统，所以"王"很快地被推到与神并列的位置，甚至本身就是神。人类对神的崇拜属于原始宗教范畴，但神的崇拜和国家发展联系起来以后，人们观念上的神便与人间世俗的统治相结合了。正因为有了人间的君主，才有了神间的上帝。孔子曾经说过："夏道尊命，事鬼敬神而远之"，"殷人尊神，率民以事神"，"周人尊礼尚施，事鬼敬神而远之。"（《礼记・表记》）神逐渐成为君主权力的一部分，乃至被君主所利用。君主受命于天和上帝，更加神圣不可侵犯。

早期国家的重要政治活动是祭祀，但祭祀的对象主要是宗庙社稷。宗庙是古代帝王、诸侯、大夫、士为维护宗法制而设立祭祀祖宗的场所。王的宗庙建立在国都的中心。社稷是土地神和谷神，代表着人们赖以生存的土地和食物，也建立在国都的中心。所谓的祭天、祭地、祭祖先，其实是包括了天、地、人。由于王权专制程度不断加强，导致"王"的字义内涵不断增加。这时的"王"，三横代表天、地、人，一竖则是一个贯通于天地人之间、合神人于一体的人，这个人就是"王"。也就是说，天地人间都属于王，只有他才能通天地而治人民，故《说文解字》讲："王，天下所归往也。"在这种情况下，王被认为是天地人的主宰，是最高权力的象征。因此，"夫擅国之谓王，能专利害之谓王，制生杀之威之谓王"②。在王被认为应该拥有至高无上的权力、国家和臣民都是王的私有财产和附属物时，王权的绝对专制也就形成了。高度发展的王权，是在国家进入成熟阶段出现的。

二、王权的体现形式

王是早期国家的最高统治者，是国家的代表和象征。在原则上，王可以对国家大政做出最终决断，这主要表现在命官封爵、征收赋税、指挥军队、裁决大政、判决重大刑罚、对贵族和全体臣民的奖惩生杀，对后嗣和后妃的废立等方面。此外，对诸侯国有宗

① 胡厚宣．释"余一人"．历史研究，1957（1）．

② 司马迁．史记：卷79：范雎列传．北京：中华书局，1959：2411．

主地位，有权调遣诸侯方国的首领，对不服从的诸侯方国进行征伐。

为保证王权的行使，一套围绕王权形成和发展的统治机构也逐渐建立和完善起来，王通过这些统治机构和所属人员，按照一定的工作程式来行使自己的权力，主要体现在如下几个方面：

第一，王自称是作为上天和祖宗授予统治权的人间代表。

夏、商、周三代的“王”都十分强调“君权神授”，都有意将神权、宗法权和王权紧密地联系在一起。王号称“天子”，表示自己是上帝的元子，如果是改朝换代，则是“改厥元子”，这是因为“天与贤则与贤，天与子则与子”（《孟子·万章上》），无论何种选择，都是上天的意志。王也号称为“天下父母”，表示自己是所有人的长辈，“天子作民父母，以为天下王”（《尚书·洪范》）。就是说，高居王位的人是由上天选择的，是任何人也不能抗拒的，如果反抗，就是“逆天”，要受到天诛地灭；而充当王的人又是全体臣民的“父母”，作为子女的臣民是不能违反父母的君主之命，如果违反，就是有悖天理，有失人伦，必须受到严酷的惩罚。

由于原始社会的自然崇拜与祖先崇拜往往混而为一，故此，当时的敬神和敬祖是密不可分的。中国古代由于地理和社会发展等方面的原因，对于神的崇拜往往侧重于对生殖、祖先等具体的崇拜，而又特别看重血缘关系。对血缘关系的重视顺理成章地发展为宗法制，这种与统治权力密切关联的宗法制在早期国家中占有重要的地位。由血缘关系衍生为政治关系，血缘与政治相结合，更是中国早期国家所独具的特点之一。

早期国家的重要政治是祭祀，但所祭祀的主要对象是天地、宗庙、社稷。天地是自然存在，“天子祭天，诸侯祭土”（《公羊传·僖公三十一年》）；“天子祭天地，诸侯祭社稷”（《礼记·王制》），天地支撑着王权的神圣，而得到祖宗的支持和庇护，正是王赖以存在的精神支柱和权力来源。社稷是人们赖以生存的物质象征，是王的统治基础和权力的保障。夏后启在讨伐有扈氏的誓师词说：“用命，赏于祖；不用命，戮于社。”（《尚书·甘誓》）实际上已经把祖、社归纳为主宰一切的“天”之内，而“天”又是王命所在的精神源泉。盘庚迁殷，国人反对，盘庚以“天其永我命于兹新邑”（《尚书·盘庚》），就是说，这样大规模的移民，是奉天命而行的，不容许有异议或抗拒，因此实行强制迁移。正如朱凤翰先生所推论的，“上帝与祖神的关系是宾主关系，且多临时性质。上帝的权威似没有能统率商人的祖先神灵，上帝只是在神格上高于祖神而已。”也就是说，“商王创造了上帝，却没有充分地利用上帝的权威来为自己的统治服务。因此，商王对上帝只有贞卜而没有祭祀”[①]。在祖先和“天”并列的夏商，祖先似乎高于“天”，但到祖先已经不能为改朝换代提供充分理由时，“天”便成为最好的权力来源。夏、商、周三代统治者无不侈谈“天命”，至西周则成为神化政权的最重要理论工具。

统治者创造了“天”，带领臣民敬天。他们的一切言论都表明，王不仅是为了“天”或“天命”才降生于人间，而且是“天”或“天命”作为王的守护神而存在于虚无缥缈的幻境之中，完全是为了证明王权神圣。以神权为政治服务的“天”或“天命”观，对后世影响极为深远，周以后历代王朝统治者无不将“天”或“天命”奉为法宝。

① 李瑞兰. 中国社会通史·先秦卷. 太原：山西教育出版社，1996：523.

第二，王以宗族长兼国家元首的身份实行统治，并且在强化宗法制的基础上巩固自己的统治地位。

宗法“乃是一种宗庙之法，必然与宗庙制度、祖先崇拜、血缘关系、尊卑制度有关”①，是由原始的父系家长制血缘组织质变和扩大而成的制度。宗法制在夏、商、周的政治体系中占有极其重要的地位，这是国家从血缘关系发展为政治关系所出现的必然现象。

综观夏、商、周三代宗法制的发展，一直是随着王权的加强而不断向系统和严密方面发展。

夏王朝是姒姓家族占据统治地位。《史记·夏本纪》说：“禹为姒姓，其后分封，用国为姓，故有夏后氏、有扈氏、有男氏、斟寻氏、彤城氏、褒氏、费氏、杞氏、缯氏、辛氏、冥氏、斟戈氏。”至于夏代是否已存在分封，迄今还是有争论的问题，但谁也不能否认夏代存在宗族制。也就是说，上述诸姓都是夏的宗亲，有些辅助夏王朝以分理诸事，另一些则作为屏藩，拱卫着夏王朝，并拥有一定数量的土地和人民，有一定军政实力。如夏后相被后羿夺位之时，破墙出走而投奔同姓斟寻氏，并得到保护，后羿也没有能力逼迫斟寻氏交出后相，而相之子少康也是靠同姓的支持而重建夏王朝的，说明宗族制在当时起到很重要的作用，是王权的重要支柱。

商王朝是我国现在第一个有确凿文字记载的朝代，由于商与夏基本上处于同一历史发展时期，有着基本相同的特征和较多的共性。甲骨文中有不少“族”的名称，诸如王族、子族、多子族等。它们都是以血缘为基础的集团，亦是商王朝基本社会组织。族的族长称族尹，其职位是世袭的。族之内又有宗氏、分族和类丑等几个层次。宗氏是嫡长房的族众，即大宗；分族是长房以外的诸庶弟的族众，即小宗；类丑是附属于他们的奴隶②。也有人说类丑是支族，因为在《左传》杜预注云：“丑，众也。”孔颖达疏云：“将其族类人众。”一个宗族繁衍滋生，必然会分化为若干支族。这样的等级构成一种族属关系，也就是亲疏远近的关系，因此“商王国内的基本社会组织不是农村公社，而是父权宗族组织”③。这种宗族组织乃是西周时期出现层次分明而等级森严的宗法制度起源。

宗法制度与政治统治密切结合，规章齐备，并取得预期效果，正式开始于西周时期。

西周初期，因周武王猝死，其弟周公旦摄政。周公大力推行分封诸侯以组成分布全国的统治网络。周公以王的名义，将王族的兄弟叔侄及其他贵族、异姓亲属、元老功臣和臣服的异族贵族，分封到指定的区域进行统治。其中，管、蔡、郕、霍、鲁、卫、毛、聃、郜、雍、曹、滕、毕、原、酆、郇 16 国，都是周文王的儿子；邘、晋、应、韩 4 国，则是周武王的儿子；凡、蒋、邢、茅、胙、祭 6 国，乃是周公的后代。据说，当时分封 71 国，姬姓独占了 53 国，而且主要分封在沿黄河两岸的腹要之地。此外，分封最重要的功臣姜尚在夷人故地齐营丘，以阻挡和镇压东夷。西周所以将王族贵胄等分封到各地，掌握地区性的军政实权，最重要的目的是要求他们拱卫中央。出于同一目的，对商代遗留，主要是武王伐纣时采取观望和支持态度的一些部族进行分化瓦解，也分封一

① 王玉哲．中华远古史．上海：上海人民出版社，2000：566．

② 杨伯峻．春秋左传注．北京：中华书局，1981：1536．

③ 朱凤翰．商周家族形态研究．天津：天津古籍出版社，1990：216．

些国家，使他们继续“居其宅，田其田”和“宅尔邑，继尔居”（《尚书·多士》），但同时把王族管叔、蔡叔、霍叔分封到殷人腹地，对他们分而监管之。对于那些曾经抵抗周进军的商嫡亲贵族的族众则被分散到各个姬姓诸侯国，成为各诸侯国的属民。可见，西周初年实行的分封制，首先是着眼于政治，着重在稳定统治地位。

宗法制的特点在于区分嫡庶长幼、大宗小宗和昭穆顺序的宗庙制度。嫡长子继承在商代后期已经确立，这种嫡长子继承制的出现，使政治上一人独尊的专制制度更加巩固。大宗的地位在宗族中最高，是嫡长相传的，负有专责祭祀祖先和承袭祖先的财产，大宗统于上，小宗统于下，大宗的社会地位最高；周代制度，只要是天子，就是大宗①。宗庙制度是对祖先祭祀和宗族成员地位的规定，按昭穆顺序在宗庙排列先祖的排位，在太祖之下，昭为子辈在左，穆为孙辈在右，“所以别父子、远近、长幼、亲疏之序，而无乱也”（《礼记·祭统》）。按规定，所有的重要礼节和政治上的重大典礼都要在宗庙内举行，所有的政治和军事大政都要在宗庙内请示和报告，“无非表示听命于祖先，尊敬祖先，并希望得到祖先的保佑，得到神力的支持”②。在宗法制下，宗族组织与国家政权的结合更加紧密，周王集君统、宗统于一身，王权制度也随之巩固和发展起来。

第三，王通过使用誓、诰、命、令等文书或口谕以行使王权。

誓、诰、命、令等，是王通过文书或口头的形式下达，用以宣示意图，推行决策，以及对诸侯和官吏人等进行动员或训勉惩戒。在五帝时期，广泛使用这样形式的条件还未具备，而三代则日趋普遍，并且形成制度。

誓、诰、命、令是针对不同的对象，从不同角度而分别使用的命令指示方式。

誓，主要用于进行大规模军事行动之前或在战况激烈之际，对将士进行激励动员和告诫的言词。在《尚书》中收载有《甘誓》《汤誓》《泰誓》《牧誓》等，是夏、商、周三代在进行最重要的军事行动时，由王发布的誓师词。如禹征伐三苗，“乃会群后，誓于师曰：‘济济有众，咸听朕命’”（《尚书·大禹谟》）。启与有扈氏大战于甘，“乃召六卿”（《尚书·甘誓》）而立词誓师；商汤伐纣，公开宣称“有夏多罪”（《尚书·汤誓》），颁布誓师词；周武王攻商，“乃作泰誓，告于众庶”（《尚书·泰誓》），至商郊牧野，“武王左杖黄钺，右秉白旄”③，发布《牧誓》。总而言之，都是为了强调进行战争的必要性，坚定将士们的信心，调动将士们的战斗积极性。

诰，主要用于申明意图，贯彻政策，并对所属进行训诫。西周初年所使用的诰文很多。武王伐纣，高举顺应天意的神幡说：“天休于宁王，兴我小邦周”（《尚书·大诰》）；在取得胜利之后，分封康叔于殷地之前，摄政的周公告诫他必须保持文王的施政方针，“明德慎刑”，要敬德保民，切记“天乃大命文王殪戎殷，诞受厥命越（与）厥邦厥民”（《尚书·康诰》）的艰辛。周公摄政，实际上是代行王权，他发布的诰文主要是针对

---

① 王国维的《殷周制度论》指出：“天子、诸侯，虽无大宗之名，而有大宗之实。笃《公刘》之诗曰：食之饮之，君之宗之。《传》曰：为之君，为之大宗也。《板》之诗曰：大宗维翰。《传》曰：王者，天下之大宗。又曰：宗子维城。《笺》曰：王者之嫡子，谓之宗子。是礼家之大宗限于大夫以下者。诗人直以称天子、诸侯，惟在天子、诸侯，则宗统与君统合，故不必以宗名。”观堂集林．北京：中华书局，1959：461-462.

② 杨宽．西周史．上海：上海人民出版社，1999：433.

③ 司马迁．史记：卷4：周本纪．北京：中华书局，1959：122.

各级诸侯，当然也包括未成年的周成王在内。周公反复引证历史为鉴，要求成王和各宗亲们必须吸取夏桀、商纣因骄奢淫逸而蹈于覆亡的教训，强调“我不可不监于有夏，亦不可不监于有殷”（《尚书·召诰》）。特别要记住殷末时期自纣以下“荒腆于酒”，导致“天降丧于殷”（《尚书·酒诰》）的下场，必须珍惜来之不易的政权，保持周祚的长久不衰。凡此种种，都说明诰文涵盖的内容是重要而广泛的。孔子在编纂《尚书》时，收录这些诰文，并就其内容说：“周监于二代，郁郁乎文哉！吾从周。”（《论语·八佾》）

命，主要用于是“册命”，即授予诸侯、卿大夫、士等一定职衔的文书。经过周王册命之后，贵族内部的等级关系便得到确定。根据各级贵族不同的等级地位，册命的仪式手续，以及因而享受的待遇都有明确的规定，尊卑不容混淆。《周礼·春官·典命》在记述贵族的等级方面，“上公九命为伯，其国家、宫室、车骑、衣服、礼仪，皆以九为节；侯、伯七命，其国家、宫室、车骑、衣服、礼仪，皆以七为节；子、男五命，其国家、宫室、车骑、衣服、礼仪，皆以五为节”。至于周王及公、侯、伯、子、男属下的臣子，亦因所服务的贵族尊卑和本人的身份而受不同的册命，“大国三卿，皆命于天子”；“次国三卿，二卿命于天子，一卿命于其君”；“小国二卿，皆命于其君”（《礼记·王制》）。《周礼·春官·宗伯》云：“王之三公八命，其卿六命，其大夫四命”；“公之孤四命”，“其卿三命，其大夫再命，其士一命”；“侯、伯之卿、大夫、士亦如之”；“子、男之卿再命，其大夫一命，其士不命”。周王对近臣和大小诸侯及其官属的管理，就是通过这种册命来控制的。

令，就是王采取命令的方式，用以处理国政，有时也用于指派某些人员担任某些职务，范围相当广泛。例如，周成王时，周公年老退休，由周公的儿子“明”来接替职务，当时任命的命令被铭刻在器皿上，称为《矢令彝》。铭文云：“王令周公，子明保，尹三事、四方，受卿事寮。”这是王的命令，而“明公朝至于成周，出令：舍三事令，众卿事寮，众诸尹，众里君，众百工，众诸侯，侯，田（甸），男，舍四方令”[①]，这是“明”所发布的命令。

除了上述几种形式之外，还有训、召、呼等文体或口谕。政令文书的出现和形成制度，说明西周上承夏商，下启后世，已经发展为一个成熟的国家，王朝体制也基本成型。夏商史迹尚多掩映在考古文化之中，而西周的物质文明和政治制度，不但为人们所熟习，而且直接影响到后世。

第四，通过“会盟”“巡狩”“朝聘”等方式以控制各诸侯国。

“会盟”，是夏商周三代王权的重要表现形式之一。王发布命令，召集各诸侯到指定的地点来接受王的指示和安排。相传“禹朝诸侯之君于会稽之上，防风之君后至，而禹斩之”（《左传·成公三年》），在这一次会盟，禹宣布了朝贡的内容和方式，并因斩防风君首级而建立起来威信，有效地震慑来朝的各诸侯。夏商周三代的会盟很多，如“夏启有钧台之享，商汤有景亳之命，周武有孟津之誓，成有岐阳之蒐，康有酆宫之朝，穆有涂山之会”（《左传·昭公四年》），都是有名的大会盟。这种会盟“皆所以示诸侯礼也，诸侯所由用命也”（《左传·昭公四年》）。通过会盟来申明王对诸侯的君臣名分，明确宗主关系，确定朝贡义务，对不服从者加以声讨乃至进行征伐，可见会盟的主要目的是为

① 刘义峰. 令方彝断代论. 南方文物，2015（4）.

了加强王国的统治。会盟成功与否，要看王朝当时的政治、军事实力，夏启、商汤、周武王时，王朝势力强大，各诸侯不敢不恭谨赴会，接受王的盟誓，听从王的约束和驱役；当王朝势力出现衰败的征象，诸侯们就不会俯首帖耳，乃至抗拒王朝。如“夏桀为仍之会，有缗氏叛之；商纣为黎之蒐，东夷叛之；周幽为大室之盟，戎狄叛之”（《左传·昭公四年》）。这三个君主在位时国势已衰，君主的权威也有所下降，虽然还在发号施令，但已经是政令不出家门，势力范围已经缩小了。

“巡狩”也是夏商周三代体现王权的重要内容。《白虎通义》曰：“巡者循也，狩者牧也，王者为天循行以牧人也。恐远近不同化，幽隐有不得所者，故必视见。五年再闰，天道大备，故五岁一巡狩”。五岁一巡狩在三代是否成为持久的制度，现在尚无确切的证据，但古代帝王巡狩的事例很多。古代类书把巡狩的功效归纳为省方、述职、观风、展义、布德、施教、考职、赋政、陈诗、观礼、风行、雨施、天动、神行、四维、五载、祀四岳、柴三辰、巡东作、秩西成、审铨衡、同律度、祀五帝、禋六宗、备天官、运法驾、修五礼、问百年、宣声教、抚黎元、同遐迩、察风俗等众多事类①。一般讲巡狩之源，都从《尚书·舜典》的“岁二月，东巡守”开始，巡狩目的主要是视察地方工作情况，并且实施奖惩，其视察和监督的内容，可谓无所不包，部落联盟首领或酋邦盟主的权力已经渗透到各个层面。这种制度为三代所承袭，“天子巡狩诸侯，不仅掌握了地方侯、伯的情况，而且大规模兴师动众，也是震慑方国的军事大演习”②。巡狩在三代并没有形成严格而定期的制度，虽然《周礼》讲周王五年一巡狩，视察诸侯所驻守的地方，但是否严格执行是值得怀疑的。历史记载周王巡狩的事例很多，如周昭王的南巡狩，周穆王的西巡狩，周共王的泾上游等。因为巡狩具有军事性质，因此常常具有征讨地方反叛势力、扩张王朝统治区域的内容。例如：昭王南巡狩，主要是南征荆蛮，“昭王南征而不复”（《左传·僖公四年》），死在路上，故《诗·小雅·采芑》有“蠢尔荆蛮，大邦为雠”的记载。周穆王西巡狩，主要征伐犬戎，“得四白狼四白鹿以归”③，有研究认为“白狼”“白鹿”是犬戎部落的图腾，也就是说周穆王掠获了八个部落。也有一些王是借巡狩为名以嬉游纵欲的，如周共王巡狩，主要是游玩，他在泾上游时，因为与密康公争夺三个女人，不但杀掉密康公，而且还灭掉密国④。

“朝聘”，是天子与诸侯、诸侯与诸侯之间的一种政治交往方式。诸侯亲自觐见天子称为“朝”，派遣卿觐见天子称为“大聘”，派遣大夫觐见天子称为“小聘”。春秋时礼崩乐坏，诸侯之间的交往也开始称为朝聘，而在西周时是不许可的。西周朝聘有严格的制度，“诸侯朝于天子曰述职”，“一不朝则贬其职，二不朝则削其地，三不朝则六师移之”（《孟子·告子下》）。当时规定：“诸侯之于天子也，比年一小聘，三年一大聘，五年一朝”（《礼记·王制》）。另一说是西周外服有侯、甸、男、采、卫、要六等，侯服一年

① 徐坚．初学记：卷13：礼部上·巡狩第七．北京：中华书局，1962：330.

② 李学勤．中国古代文明与国家形成研究．昆明：云南人民出版社，1997：380.

③ 司马迁．史记：卷4：周本纪．北京：中华书局，1959：136.

④ 司马迁．史记：卷4：周本纪：“共王游于泾上，密康公从，有三女奔之。其母曰：‘必致之王。夫兽三为群，人三为众，女三为粲。王田不取群，公行不下众，王御不参一族。夫粲，美之物也。众以美物归女，而何德以堪之？王犹不堪，况尔小丑乎！小丑备物，终必亡。’康公不献，一年，共王灭密。”北京：中华书局，1959：140.

一朝，甸服二年一朝，男服三年一朝，采服四年一朝，卫服五年一朝，要服六年一朝（《礼记·王制》郑玄注）。朝聘具有一套庄严而烦琐的礼节，用以区别尊卑上下，但主要目的还是向王朝汇报工作，接受王朝的考核及指示。因此，朝聘是体现王权的最重要的组成部分，一旦诸侯不朝，王朝的地位也就发生危机。如周穆王西征而失去西方各部族的支持，“自是荒服者不至”。周厉王实行专制，“诸侯不朝”。周幽王烽火戏诸侯，“诸侯益亦不至”[1]，而申侯竟联合犬戎进攻王国，杀死幽王而另立新王。

三、对王权的制约

不论是在正常统治时期，还是处于非常时期，王权都会受到各种制约。各方面的制约有时使王失去应有的权力，有时会使王权的威望受到限制和削弱而徒有形式，有时甚至导致王朝的覆灭和更替。

第一，王权受到原有和相继发展起来的地方势力制约。

夏商周三代是“天子建国，诸侯立家，卿置侧室”（《左传·桓公二年》）。夏王朝是建立在得到原来大多数氏族首领拥戴的基础之上，王朝的存在并没有改变他们内部原有的自治形式，氏族首领仍然拥有一定的政治势力范围，王朝只是依靠军政力量的绝对优势把他们聚集在自己的旗帜下，变成王朝的附属国家，也就是侯、伯等方国。王朝有时把他们的首领废除，用武力夺取他们的土地和人民，侯、伯之国相互进行兼并也是常有的现象。在相互兼并的过程中，王朝和一些方国所统治的疆域不断扩大，彼此的军政财力也不断地集中。相传“禹会诸侯于涂山，执玉帛者万国”（《国语·鲁语下》），但其后“万国”的数量不断减少，夏王朝就是建立在这种高度分散而又不断集中的方国基础上，至商汤建国，已经变成 3 000 诸侯；到西周初年，则兼并成 1 800 余国，及至西周末年则减为 1 200 国，这是必然的趋势。在战争、仇杀、联姻、联盟的交替变换之中，有的方国通过兼并和联盟而发展壮大起来了，有了与王朝相抗衡的政治军事势力。

三代王朝是建立在诸侯对天子拱卫、纳贡、听从调遣的政治基础上，要保持这种关系，就要求王朝拥有绝对的政治军事优势，当发展起来的诸侯拥有了与王朝相抗衡的政治军事势力时，这种不稳定的隶属关系就会导致敌对关系。如商汤原本只是拥有方圆七十里土地的小诸侯，能动员的人力物力有限，但在战争、联盟的情况下发展壮大起来，竟打着“天命”的旗帜，联合 500 诸侯进攻夏王朝而建立新王朝[2]。周灭商也是沿着这个轨迹，以一个百里“小邦周”，发展成有 800 诸侯归附的大方伯，也是打着“天命”的旗帜进攻殷王朝而建立新王朝。

早期国家有着较多的原始氏族社会残存内容，但原来部落制时期盛行的民主在很大程度上还得以保留，因此，诸侯国君对王朝政治有一定的参与权，王有听取诸侯国君建议的道义上责任，对重大事务的决策也有协商制度，所谓“君所谓可而有否焉，臣献其否以成其可；君所谓否而有可焉，臣献其可以成其否”（《左传·昭公二十年》）。当然以

---

① 司马迁. 史记：卷 4：周本纪. 北京：中华书局，1959：148.

② 《帝王世纪》曰：“夏桀无道，罪谏者，汤使人哭之，桀囚汤使于夏台而后释之。诸侯由是咸叛桀附汤，同日供职者五百国，三年而天下咸服。”

君主的意志为主是协商的重要前提，但当诸侯拥有与王朝相抗衡的实力时，诸侯的建议往往会左右君主的意志。

早期国家的王权自建立之日起，就受到潜在地方敌对势力的威胁，而彼此政治军事势力的消长是决定王权能否充分发挥的重要因素。王朝的更替，并不意味着王权的消失，而是反映着新王朝拥有远超过旧王朝的实力和威权，新的王权在不断削弱地方敌对势力的基础上更加强化。

第二，王权受到贵族元老的制约。

三代都是从原始社会脱胎出来的，所以五帝时期存在的公众议事和首领议事的习惯仍有部分保留，故此三代的王还不可能像后代的皇帝那样专制。如夏后启在决定讨伐有扈氏之前，先要召集“六卿”会议；商王盘庚决定迁都时，曾经分别召集大臣会议和民众会议，对他们“敷心腹肾肠”，披肝沥胆地说明迁都的正确性和必要性。

在宗法制盛行的当时，亲贵的势力在王朝政治中发挥着重要作用，有时亲贵的权力竟高居于王之上。如商初的开国元勋伊尹，以嗣位王太甲的行为不正、德行有亏、不能遵守乃祖汤的遗训为名，把太甲囚禁在“桐宫”，令其悔过，伊尹自己摄行王权；三年之后，太甲“悔过自责反善”，愿意改过自新，伊尹才把他接回王宫，交回权力。在帝武丁时，有贤臣祖己“训王”，要武丁修政行德，达到“殷道复兴”①。西周初年，周成王因年纪幼小，尚缺乏裁夺政事的能力，周公旦“乃摄政当国”。周厉王被国人所逐，召公和周公共同摄政，号称“共和”；一说公伯与和伯代行天子政②。这些事实说明，勋贵参与政治的制度在很大程度上曾制约着王权，使王不能“一人肆于民上，以从其淫”（《左传·襄公十四年》）。勋贵摄政并不意味王权的消失，而是王权的一种补充形式。

三代勋贵对王的行为活动和施政方针，可以提出不同的意见，其最普遍方式就是“谏诤”，能否生效，则取决于王是否接受或采纳。夏桀骄奢淫乱而好杀，不少大臣提出谏诤，而桀置若罔闻，概不接受。当诸侯纷纷反夏，形势极为险恶之时，大臣关逢龙拿着王家的历史档案图籍向桀进谏，竟被桀处死；太史令终古当进谏无效之后，便携带那些王家历史档案图籍投奔商，为商灭夏提供重要的情报。殷纣步夏桀后尘，杀戮和放逐谏诤的大臣。周厉王则以死罪止谤，“防民之口，甚于防水”（《国语·周语》），听不得反对意见。虽然这三位君主的下场都不好，但是可以看出贵族议政制已经不能起到决定作用的发展趋势。

第三，王权受到天地、鬼神、祖先等宗教信仰的限制。

三代的君主都利用权力控制宗教，使宗教为自身统治服务，但宗教还没有和王权融为一体，神权有时还处在与王权平行，甚至高于王权的位置。在这种情况下，一旦有人把天地、祖先、上帝搬出来，往往会影响王的决策，制约王权的行使。如殷帝武乙因为不敬事天神而遇祸，被广泛地宣传，因为“帝武乙无道，为偶人，谓之天神。与之博，令人为行。天神不胜，乃戮辱之。为革囊，盛血，印而射之，命曰射天。武乙猎于河渭之间，暴雷，武乙震死”③。再如商太甲是以“不遵汤法”，被伊尹放逐桐宫；周武王以

① 司马迁．史记：卷3：殷本纪．北京：中华书局，1959：103.
② 司马迁．史记：卷4：周本纪．北京：中华书局，1959：144.
③ 同①104.

纣“自弃其先祖肆祀不答”[①] 为理由起兵；周穆王要西征，祭公谋父也是搬出“先王”之制来加以劝谏的。

王权与宗教之间是既相适应又相矛盾的，宗教虽然在一定程度上可以限制王权的发挥，但王对宗教的利用却往往能增强王的权威。如盘庚迁殷，部众曾经以祖制来阻拦，盘庚以“今不承于古，罔知天之断命”（《尚书·盘庚上》）为由，力排众议，果断地迁了都，以天命与祖先争，王取得胜利。“天命”是虚无缥缈的，王命才是实实在在的，“尔尚敬逆天命，以奉我一人”（《尚书·吕刑》）。这种天命系于人事的思想，成为后世论证君主权力的来源，也是君主权力至高无上的根据。

王权在发展过程中受到诸方面制约是历史发展的必然，随着社会的发展和国家制度的演变，王权在逐渐摆脱各种束缚中得到加强，向君主专制体制迈进。

第二节 霸主和集权制度

春秋战国时期的政局特点是王室衰微，西周王朝鼎盛一时的“美好”时光已经消逝，仅存徒有虚名的“天子”称号，而一些诸侯国却发展壮大起来，有些打着“尊王攘夷”的旗帜开始争霸，在建立霸业的同时逐渐形成霸主政治。在频繁的战争中，一些诸侯国出于生存和发展的需要，纷纷变法以加强国力和集中权力，中央集权制度在孕育发展之中。

一、霸主出现与权力体现形式

周平王在诸侯的护卫之下，来到成周，虽然还残存有方圆六百里的国土，但已远不及原来的王畿千里，更何况诸侯已经看到王室的衰微，纷纷向王室索求土地，至周襄王（前651年—前619年在位）时，“王所有者，河内、武陟二县，及河南府之洛阳、偃师、巩县、嵩、登封、新安、宜阳、孟津八县，汝州之伊阳、鲁山，许州府之临颍县，与郑接壤而已”（《春秋大事表》）。按西周分封制度，“天子之地一圻，列国一同”（《左传·襄公二十五年》）。一圻是方千里，一同是方百里，西周初期分封的诸侯领地都没有超过方百里的，而现在的诸侯自相兼并，疯狂扩展领土，其中齐桓公并国三十有五（《荀子·仲尼》），晋献公并国一十七、服国三十八（《韩非子·难二》），楚庄公并国二十六、开地千里（《韩非子·有度》），秦穆公兼国一十二、开地亦千里（《韩非子·十过》），这些大国竟然拥有数圻土地，占地十倍于王室，甲兵更雄武过于周王六师，王和诸侯的实力已经颠倒过来。但是西周几百年的制度，影响还是很深远的，强大的诸侯国虽然拥有傲视王室的实力，因诸强并立，互相制衡，他们之中任何一个要想取代王室，必然会成为众矢之的，之所以标榜“尊王”，实际上是想成为取代王权的霸主。

首先是齐国桓公任用管仲为辅佐，整顿内政，发展经济，国力得到充实。在管仲的

---

① 司马迁. 史记：卷4：周本纪. 北京：中华书局，1959：122.

建议下，齐桓公打出“尊王攘夷”的旗帜，把一些小国从戎狄蹂躏下拯救出来，又抵挡楚国的北进，进而得到诸侯们爱戴。公元前651年，齐桓公大会诸侯于葵丘（今河南兰考县），周天子也派人参加。会上歃盟立誓云：“初命曰：诛不孝，无易树子，无以妾为妻。再命曰：尊贤育才，以彰有德。三命曰：敬老慈幼，无忘宾旅。四命曰：士无世官，官事无摄，求士必得，无专杀大夫。五命曰：无曲防，无遏籴，无有封而不告。曰：凡我同盟之人，既盟之后，言归于好。”这份盟词以遵守伦理、关切民生、尊重和重用人才等美德为名，要求各诸侯歃血为盟共同遵守，实际上是以申明天子禁令为名而推行盟主的权威，体现出盟主具有裁断和强制的权力。从盟词上还可以看到，齐桓公是无可争议的盟主，对诸侯可以称“命”，俨然是以上临下，名实相符的霸主自此产生了。继齐桓公之后，晋文公、秦穆公、楚庄王、晋悼公、吴王阖闾、越王勾践等相继称霸。

霸主权力体现形式与王权体现形式有相同之处，也有不同之点。相同之处是把“礼乐征伐自天子出”，变为“礼乐征伐自诸侯出”，这样，霸主实际上就基本取代了王应该拥有的权力。不同之点是霸主还必须“挟天子以令诸侯”，而且地位也不稳定，总是随着政治经济和军事势力的兴衰而更迭。

霸主权力是不断发展的，齐桓公称霸时，强调“仁”，以道德的力量来维持同盟国的关系，一般不把自己的意志强加于人。故此，齐桓公与鲁庄公会于阿（今山东东阿）时，鲁国武士曹沫挟持齐桓公订立盟约，让他退回强占鲁国的土地。齐桓公在胁迫下订立了盟约，脱离险境之后并未毁约，还是信守盟约，没有采取报复行动。公元前597年，楚庄公击败晋军之后，霸主权力便发生根本的变化，他们不再以什么“仁义”来召集盟友，而是把自己的意志强加给弱小国家，在武力威胁之下举行会盟，对不服从者，索性征服吞并。

霸主一方面争取在更广阔的范围内取得霸权，一方面又在自己的统治区域里谋求发展，而这些都是建立在实力之上，实力又必须由霸主自己掌握，那就要集中权力。从齐桓公宣称“士无世官，官事无摄，求士必得”开始，原有的世官世族世禄制就发生危机。新的选用人才方式的出现，与原有的世官世族世禄制的冲突则日益激化。整个春秋时期，以臣弑君者有36起，以臣逐君者有13起，一些原为霸主的国家被实力强大的世族控制了，乃至瓜分国土或取代原有的君主。如晋国统率三军的六卿火并，相互屠杀，他们之间的斗争导致了公元前453年瓜分晋国，并成为三个政体，即赵、魏、韩三家统治。齐国的田氏，在齐景公去世后，以武力废除嗣君，另立新主（齐悼公）。公元前386年，齐国的君统世系终究被田氏所篡夺，绵延数百年的姜尚世系不再血食。

内讧和篡权是春秋时期的特点，它预示着未来的变化，那就是权力必将集中到君主一人手中，所实行的乃是中央集权制度。

二、中央集权制度形成与君权体现形式

春秋时期的社会变革有如急风暴雨，旧传统和新风尚、旧制度和新规定、旧观念和新意识，在暴风雨中混杂一起。战国时期的社会变革则有如大浪淘沙，在荡涤污泥浊物之后，也就使“三代”的传统社会退出了历史舞台，一个新的社会模式出现了。

战国时期是中国社会经济飞速发展的时代，铁器和牛耕、水利和土地开垦、商业发

达和手工业进步、人口增加和民族融合，都是社会经济发展的重要因素，而经济的发展却决定性地促进社会结构的变化。

经济发展是战国社会变革的动因，而它的动力则是战争。战国时期，各国之间相互兼并，以强凌弱、弱肉强食的现象，令人触目惊心。各国“争地以战，杀人盈野；争城以战，杀人盈城”（《孟子·离娄上》）。交战双方常常是以数十万军队激战于一地，死亡率高得惊人。如公元前293年，秦将白起大破韩魏联军于伊阙，斩首24万。公元前279年，秦攻楚，主将白起引水灌鄢城，“水溃城东北角，百姓随水流，死于城东者数十万，城东皆臭，因名其陂曰臭池”（《水经注·沔水注》）。公元前273年，白起败魏军于华阳，斩首15万。公元前260年，秦赵长平之战，秦军坑杀赵卒40余万。为了战争，各国动员了所有能动员的人力、物力，秦、楚最为强大，各有带甲百万、车千乘、骑万匹，其他国家也有数十万军队。大规模战争需要专门的指挥人才和训练有素的军队，还必须有充实的物质基础。在这种情况下，拥有战车和武器而具有贵族血统的武士们，无论是数量还是质量，都不可能适应大规模的战争。那些世袭的贵族们也显然担当不了战争的指挥责任，世卿世禄所分散的物质储备，也显然不利于集中使用。战争逼迫各国寻求新的出路，变法迫在眉睫。

首先变法的是魏国。魏文侯（前445年—前396年在位）在强敌包围之下，不惜重赏以招揽人才，一时间如子夏、田子方、段干木、李悝、吴起、西门豹、乐羊子等，都投到他的麾下。魏文侯延揽人才，并积极听取他们的意见。他师事段干木，“立倦而不敢息”（《吕氏春秋·下贤》）。采纳李悝“夺淫民之禄，以来四方之士”的建议，按照“食有劳而禄有功”（《说苑·政理篇》）的原则来选拔官吏。“淫民”就是指世卿世禄的贵族们，他们无功无能而拥位受禄，只有毅然剥夺他们世代承袭的爵禄来招聘人才、赏赐功劳，才能实现“有功必赏，有罪必罚”的治国原则。李悝还作《法经》六篇，实行以法治国，刑罚不分高低贵贱。使用吴起改革军事制度，招募士兵，采用新编制和考核训练制，实行军功受赏入仕制度。这样，军人不再是具有高贵血统武士的专职，庶民也可以从军，并可以在夺取胜利和征服领土的过程中立功受赏，既可以改变身份，又可以获得财富。在名利的刺激下，军人作战勇敢，军队战斗力提高。任用西门豹为邺令（今河北临漳县西南），兴修水利而发展农业，既增加国家粮食储备，又把采邑改变为地方行政区。经过这些变制改革，魏国在政治、军事、经济上都得到较大的发展，成为战国初期强盛的国家。

其次变法的是楚国。楚悼王（前401年—前381年在位）任用从魏国逃难而来的吴起为相，采用在魏国曾经行之有效的变法，压制贵族，强制剥夺一些贵族累世享有的特权，贬废一些贵族，并把他们迁移到边远荒凉地区，规定贵族的封邑再传三代之后即收归国有。选练能战之士，与士卒同甘共苦。整顿吏治，要求官吏“私不害公，谗不蔽忠，言不取苟合，行不取苟容，行义不顾毁誉”（《战国策·秦策三》）。收权、强军、清官场，楚国的国力因此迅速增长。是时楚国围魏救赵，大败魏军，接着“南平百越，北并陈蔡，却三晋，西伐秦”①，曾经风云一时。

---

① 司马迁．史记：卷65：吴起列传．北京：中华书局，1959：2168.

此后，变法图强便成为各国共同的特点。如韩昭侯（前 362 年—前 333 年在位）任用申不害为相，委任他主持改革，推行“建功而与赏，因能而受官”（《韩非子·外储说上》）的任官授赏制度。齐威王（前 356 年—前 320 年在位）任用邹忌为相，田忌、孙膑为将，大力改革政制军制，为齐国能在东方称“帝”打下基础。赵武灵王（前 325 年—前 299 年在位）进行军事改革，改用胡服，重视骑射，灵活机动的骑兵使赵国扩展许多领土。燕昭王（前 311 年—前 277 年在位）任用乐毅为亚卿，实行“察能而授官”，采用“不以禄私其亲，功多者授之；不以官随其爱，能当者处之”（《商君书·强民》）的办法，提高了统治效能，使原本衰弱的燕国强盛起来，曾经一度攻下齐国七十余城。

七国之中，秦国变法最彻底，这并非偶然。一是因为秦国所处之地很少受到外来攻击，社会生活比较稳定；二是因为秦国所处的地区经济并不发达，基本上是依靠垦殖而扩大管辖区域；三是本国贵族势力也并不强大，没有与君主抗衡的能力。在这种情况下，秦国的改革阻力较小，比较容易实施。早在秦穆公（前 659 年—前 621 年在位）时，就曾经任用虞人百里奚、晋人由余等为谋士，向东西发展，扩地千里，成为雄踞西北的强国。不拘资格、不问来历地使用人才，可以说是秦国的传统，而当改革的大潮来临时，这些人才都发挥着至关重要的作用。

商鞅变法，是历史上有名的重大事件，也是秦国告别传统而开拓新道路的重要转折点。一个失意落魄的卫国公子来到秦国寻求发展，偶然的机遇使他得到秦孝公（前 361 年—前 338 年在位）的赏识，并在秦孝公的支持下，开始大规模地两次变法。第一次约是在公元前 359 年实施，重点内容是建立起什伍为编制的户籍制度，实行连坐法，把全民编组成准军事组织，而以每一家庭作为税收的基础。创立军功爵位等级制度，鼓励垦荒和农业生产，把在战争中没有立过战功的贵族贬为庶民乃至奴婢，而对立有战功者，即便不是贵族，也是赏赐爵位、土地、住宅、钱财、奴婢等。第二次大概在公元前 350 年，即迁都咸阳后实施的，这次宣布废除不分家的大家族制，以增加国家的编户；建立县制，重新划分疆土，统一度量衡。商鞅变法把全国上下都纳入战争的体制，虽然商鞅本人受到旧勋贵保守势力的迫害，被车裂而死，但他的变法方略却无法被取缔，仍然被奉为国策。秦国的战争体制成为制胜之本，此后，秦国北征匈奴先去后顾之忧，南下巴蜀而进逼楚、魏，步步为营，开拓疆土，吞并六国已成必然之势。

综观战国列强的变法，虽然各有不同，但基本趋向却是一致的，那就是要求建立中央集权制度。

中央集权制度构成的三个主要条件是：君主独揽大权而君权至高无上，以中央政权有力管辖地方的行政制度，以君权强力统率的官僚制度。

战国时期的各国君主，完全摆脱共主的束缚，从独霸一方到公元前 323 年分别称王，根本没有把周天子放在眼里。公元前 249 年，秦国吞并了东周，周王国世系便告结束。兼并战争使各国不约而同地加强对军民的统一指挥调动权，以便充分使用本国的人力物力。在这种情况下，君主权力得到空前的提高，君主独揽军政大权，不再受任何法律制度和政治行为的约束。

地方行政区划分和行政官员任免权均控制在中央而集权于君主。郡县制与分封制有着根本的区别，它不是世袭的领地，而是作为国家政权的延伸，必须接受中央朝廷的考核、检查和监督；郡县长官不是世袭的世卿，无论是功还是过，都会导致他们上下流动，或留任升迁，或罢职免官，职权没有永久性。郡县长官只有按中央的命令，才拥有征集赋税和训练地方军队的权力，却没有支配赋税和调动军队的权力。郡县不是采邑，而是国家行政区，不是依靠族群来管理治下之民，而是依靠户籍和乡里基层组织来统辖所属人民。

官僚制度不同于世官制，官僚没有世袭的特权，他们是在“主卖官爵，臣卖智力”（《韩非子·外储说右下》）的情况下卖身投靠的，在“臣尽死力以与君市，君垂爵禄以与臣市”（《韩非子·难一》）的买卖和雇佣关系下，他们只能沦为君主的臣仆。这种买卖和雇佣关系不是公平的，君主掌握选拔、使用和赏罚权力，官僚只有尽力、效忠和接受委任，主动权完全操在君主手中。

官僚制度和地方行政制度是维系君主专制和中央集权的两大支柱，在这种情况下，君权的体现形式发生很大的变化。主要表现在如下几个方面：

第一，“官分文武，惟王之二术也”（《尉缭子·原官篇》），君主通过设官分职以控制官僚机构。战国时期，各国基本上完成文武分职的设官制度，这种制度不但适应当时军政事务增加的需要，更重要的是构成文武相互监督的态势以便于君主控制。文武分职使总理军政大权的权臣难以形成势力，而君主却便于利用和制造他们之间的矛盾，运用“君临之术”以驾驭他们。

第二，制定符节玺印制度，以便于约束和控制军队及官僚。所谓“符节”，乃是政治和军事的凭证信物，有若干种类，用于调动军队、发布命令、出征出使、证明身份等。所谓“玺印”，乃是君主和官员的权力凭证，君主的印信称为玺，官员的图章称为印。这种制度的出现，使君主更便于行使权力，也便于对官僚实行控制，即便是那些“怀黄金之印，结紫绶于要（腰）”的宰相、公侯、将军等显赫人物，如今也要“揖让于人主之前”①。一旦被解除印绶，便立即成为庶民，甚至沦为罪囚。符节玺印乃是中央集权制度的重要体现形式，以后各代都不断加以完善，成为政治制度的重要构成内容之一。

第三，完善考核赏罚制度以约束和控制官僚及军队。战国各国以西周、春秋时期的朝聘、巡狩制度为基础，制定一套自上而下的考核制度，最为突出的是“上计”制度，也就是各级行政官员率先考察下属，并把本部门或本地区发生的各种事情填写在“计书”上，岁终派人送到中央，接受君主和辅政大臣的考核，然后按功过进行奖惩，是所谓“岁终奉其成功，以效于君；当则可，不当则废”（《荀子·王霸》）。君主掌握考核奖惩大权，便能有效地控制官僚机器。

战国时期，不但在制度上保证君主权力，在统治手段上也形成一整套理论，这就是“君临之术”。所谓“君临之术”，乃是指君主驾驭和考察群臣的手段。对于“君临之术”，集法家大成者韩非有系统的论述，他认为：“术者，因任而授官，循名而责实，操生杀之柄，课群臣之能者也，此人主之所执也”（《韩非子·定法》）。君主只要站稳文、武、威、德“四位”，握紧生、杀、富、贫、贵、贱“六柄”的根本，运用“众端参观，必罚明威，信赏尽能，一听责下，疑诏诡使，挟知（智）而问，倒言反事”等“七术”（《管

① 司马迁．史记：卷79：蔡泽列传．北京：中华书局，1959：2418.

子·任法》）；观察政治上的“权借在下，利异外借，托以似类，利害有反，参疑内争，敌国废置”等“六微”（《韩非子·内储说上》）；以“亲爱近习莫之得闻”（《韩非子·难三》）的隐秘幽深而变化莫测的“术”临视天下，便可以成为一条张牙舞爪而凶恶可怕的“龙”。秦始皇使用了，诛强臣、逐太后、杀嫪毒，牢牢把握大权，最终统一全国。龙本身有很大的弱点，“夫龙之为虫也，柔可狎而骑也。然其喉有一逆鳞径尺，若有人婴（撄）之者，则必杀人。人主亦有逆鳞，说（悦）者能无婴人主之逆鳞，则几矣”（《韩非子·说难》）。如龙的君主看起来凶猛无比，也有他的致命弱点，正是这个弱点，使君主身边的各种政治势力得以乘虚而入。“人臣有五奸，而主不知也。为臣者，有侈用财货以取誉者，有务庆赏赐予以移众者，有务奉下直曲怪言伟服瑰称以眩民者。”（《韩非子·说疑》）这就不得不使君臣关系陷于微妙紧张而互相猜疑防范的气氛当中，既不能言语沟通，又不能坦诚相待。君主身边的政治势力还利用“同床、在旁、父兄、养殃、民萌、流行、威强、四方”之“八奸”（《韩非子·八奸》）来壅蔽、眩惑、欺骗、驱遣君主。以此之故，在君主专制形成之时，就出现后妃、外戚、权臣、宦官等擅用君权以谋私利，甚至颠覆君主的现象。伴随着君主专制程度的加强，这些现象日益突出，乃至成为君主专制的一种孳生形态。

集权制度出现有其政治、经济和历史背景，“在黑格尔那里，恶是历史发展的动力借以表现的形式。这里有双重的意思，一方面，每一种新的进步都必然表现为对某一神圣事物的亵渎，表现为对陈旧的、日渐衰亡的、但为习惯所崇奉的秩序的叛逆；另一方面，自阶级对立产生以来，正是人的恶劣的情欲——贪欲和权势欲成了历史发展的杠杆”①。那些贪图权势，追求个人利益的人们把君主推到权力的顶端，而自己从君主那里尽可能分惠到合法或非法的利益；君主本人则为了扩大自己的权力，辟土地、兼天下、成王业，表现出更大的贪欲。他们的贪欲把千百万人驱入战场，让他们去寻求赏赐和荣誉。“统治者的目的是要保全自己的权势，无暇多顾为人民谋福的事。法家压根儿就没假设过统治者与子民之间的利害协调。”② 法家的成功，既加强了君主专制，也成就了中央集权，却没有解决长治久安的问题。

第三节　皇帝制度

秦始皇“建皇帝之号，立百官之职”③，使得“海内为郡县，法令由一统”④，不但具有划时代的意义，而且也为后代奠定了一个基本的政治体制格局。自秦以后两千余年的中国历史，尽管因为朝代更换而在制度上迭有增补甄汰，但秦王朝制定的君主专制中央集权体制却基本未变，梁启超所讲“二千年之政，秦政也”，大体上是合乎事实的。

---

① 马克思，恩格斯．马克思恩格斯选集：第4卷．北京：人民出版社，1972：233.

② 费正清．费正清论中国．台北：正中书局，1994：55.

③ 班固．汉书：卷19上：百官公卿表上．北京：中华书局，1962：722.

④ 司马迁．史记：卷6：秦始皇本纪．北京：中华书局，1959：236.

一、王朝最高首脑——皇帝

提起古代政治制度，绝不能回避开各该时期的皇帝。皇帝这个怪物在中国政治制度史上占有不可替代的地位，是由当时的历史条件，特别是由当时的社会情况所决定的。皇帝高居国家机器的最顶端，是一切统治权力的象征和执掌者，一切文武官位的设置或撤除，各级官府的架构规模、权限、典章制度的颁布和修订，一切文武大小官员的任命、管理、监督、奖惩及执行的尺度，都要通过皇帝才能拍板裁定。从理论上讲，皇帝是专制王朝的核心和主宰，享有号令臣民，控制和指挥全副国家机器的权力。

在中国历史上曾经出现过多少皇帝？由于计算统计的标准不同，所得出的数字也有差别。据粗略的统计，从秦始皇到末代皇帝宣统，共有 280 多人①。这 280 余人中，掌权的时间长短各有不同，有些人执政年月较久。例如，秦始皇嬴政在位 37 年，西汉武帝刘彻在位 54 年，梁武帝萧衍在位 48 年，唐玄宗李隆基在位 43 年，北宋仁宗赵祯在位 41 年，南宋理宗赵昀在位 40 年，明太祖朱元璋在位 31 年，明世宗朱厚熜在位 45 年，明神宗朱翊钧在位 48 年，清圣祖玄烨在位 61 年，清高宗弘历在位 60 年、还当了 3 年掌握实权的太上皇。但也有不少短命皇帝。例如，秦始皇的孙子公子婴继位刚 46 天便国亡人降；西汉末帝刘婴，2 岁登基，5 岁便被王莽废黜；唐顺宗李诵在位 8 个月而夭亡；唐敬宗李湛在位 2 年而被宦官刘克明等杀害；明仁宗朱高炽在位 8 个月而亡，明光宗在位仅 1 个月便一命归西；末代皇帝溥仪的宣统年号不过存在 3 年。

由上可见，有些皇帝主政长达半个世纪上下，其在历史上所起的作用当然会大。至于那些被弑、被篡、被废立或早殇的皇帝，在位多者二三年，少者一二月，其影响和作用自然会小。当然，这不过是从统治时期的长短来看，更重要的应该是看他们实际掌握的权力，看他们运用权力的手段和社会效果。

回溯历史，对曾经拥有皇帝位号的人物逐一进行查考评价，就不难发现，确有少数皇帝在他掌权期间，既有武功，又有文治；既有雄才大略，又有安邦定国之谋；他们能够较好地驾驭国家机器，在一定程度上尚能符合当时社会发展的要求，或多或少推动过历史的前进，史家称颂有关时期为“治世”，有“文景之治”“贞观之治”“仁宣之治”“康雍乾之治”等等。有极少数皇帝，甚至能够因时变法，维新改革，其中有的即使终归失败，赍志以殁，仍然不愧是统治集团中较有识见、较有胆略的政治代表。绝不应因为这些人身为皇帝，便简单地将他们定性为反动分子。当然，历史上多数的皇帝，或是昏聩荒唐，或是庸碌无为，或是颟顸无能，或是骄奢淫逸，甚至是酷虐嗜杀，残民以逞，顽固地推行保守反动的政策，悖逆社会发展的潮流。至于那些甘心卖国求荣，甘为儿皇帝，甘为傀儡的人，则是公认的民族败类，难逃史家的斧钺。

① 齐召南的《历代帝王年表》、万国鼎的《中西对照历代纪年图表》、翦伯赞的《中外历史年表》，各说不同，数字有差异，应该以确实发挥皇帝作用者为准。

二、皇帝名位制度

名是名号、名义；位是地位、位置，实际上乃是将名加以物化的具体措置。以此来看，皇帝名位制度应该包括皇帝的名号，以及将皇帝地位加以神化的各种物化表现形式。

（一）皇帝的名号

公元前221年，秦兼并了六国，实现了全国的大统一，秦王嬴政认为王的名号对他已经不适用，于是令丞相、御史曰："寡人以眇眇之身，兴兵诛暴乱，赖宗庙之灵，六王咸伏其辜，天下大定。今名号不更，无以称成功，传后世。其议帝号。"当时的丞相王绾、御史大夫冯劫、廷尉李斯等大臣与博士商议之后，上书称："今陛下兴义兵，诛残贼，平定天下，海内为郡县，法令由一统，自上古以来未尝有，五帝所不及。臣等谨与博士议曰：'古有天皇，有地皇，有泰皇，泰皇最贵。'臣等昧死上尊号，王曰泰皇。"嬴政在审议群臣的上书之后下令："去泰，著皇，采上古帝位号，号曰皇帝。"并且重申："朕为始皇帝。后世以计数，二世三世至千万世，传之无穷。"① 可见，议定皇帝的名号，乃是嬴政的起意，经过群臣和博士们的讨论和建议，最后由嬴政个人裁定。至于自他为始皇帝而传之千万世，无非是他个人的意愿，实际上刚及二世便国破家亡了。

秦始皇"自以德兼三皇，功包五帝"（蔡邕：《独断》），将三皇五帝名号合而为一，号称"皇帝"，这是旷古以来所未有，被认为是最崇高的名号，一经出现，便被历代王朝所接受，一直沿用了两千余年。

皇帝已经是最崇高的尊号，但高居于皇位的统治者并不能以此为满足，他们希望取得更尊贵的推崇，而皇帝底下的官僚们，出于本身利益上的动机，便在适当时机就会顺应皇帝的欲望，公开进行吹捧，使皇帝名号又增加新的内容，那就是尊号，也称为徽号。

尊号出现在唐高宗李治当政时期②，当时社会正发生相当大的变动。陈寅恪先生认为："自高祖、太宗创业至高宗统御之前期，其将相文武大臣大抵承西魏、北周及隋以来之世业，即宇文泰'关中本位政策'下所结集团之后裔也。自武曌（则天）主持中央政权之后，逐渐破坏传统'关中本位政策'，以遂其创业垂统之野心。"③ 旧的集团政治势力在一定程度上受到摧毁时，新的集团政治势力便会兴起。旧集团政治势力希望能保住它们的既得利益，新集团政治势力则希望取得和扩大自己的利益。他们都要追求个人的权益，都有求宠于皇权，都谋求取得皇帝的青睐和重用。在这种情况下，新旧集团政治势力都会不约而同地拜倒皇权脚下，献计献策，而谄媚吹捧则是它们在争夺自身利益时共同使用的手段。

唐高宗李治接受群臣的公开吹捧，被尊为"天皇大帝"。"皇者，天人之总，美大之

① 司马迁．史记：卷6：秦始皇本纪．北京：中华书局，1959：236.

② 西汉哀帝在位时，曾经自称陈圣刘太平皇帝，被认为是尊号之始。笔者认为，尊号不是自称的，是群臣尊奉的，故以唐高宗为始。

③ 陈寅恪．唐代政治史述论稿．上海：上海古籍出版社，1980：18.

称也。”“帝者天号也，德配天地。”① “皇者，煌煌也，道烂然显明；帝者，谛也。”“皇，君也，美也，大也，天人之总，美大之称也。”② 本来皇帝已经拥有至尊至贵的称号了，但无有底止的虚荣心和无可遏制的权力欲，促使他们不满足所有的君主都能称呼的皇帝名号，总想在皇帝行列中突出自己，总想尊上加尊，荣上加荣，而善于观风使舵的官僚们自然会不遗余力地竭尽迎合之能事。武则天以女主自为皇帝，为了保住皇位，她残酷地剪除异己，甚至不惜屠戮自己亲生骨肉。虚荣心使她喜欢亲倖们对自己的吹捧，权力欲使她不择手段地巩固自己的地位，而那些希望谋取私利的臣僚们，正好乘隙而进。688年，武则天被尊为“圣母神皇”；690年，又被尊为“圣神皇帝”；693年，再被尊为“金轮圣神皇帝”；694年，更被推为“越古金轮圣神皇帝”；695年，续加号“慈氏越古金轮圣神皇帝”和“天册金轮大圣皇帝”；705年，被赶下台的武则天被上尊号为“则天大圣皇帝”。自此以后，群臣上尊号便成为一种制度。

唐玄宗李隆基以后，在位皇帝常常多次接受群臣奉上的尊号，唐玄宗本人就被6次奉上尊号。开元元年（713年）上尊号为“开元神武皇帝”，开元二十七年（739年）加尊号“开元圣文神武皇帝”，天宝元载（742年）再加为“开元天宝圣文神武皇帝”，天宝七载（748年）又加为“开元天宝圣文神武应道皇帝”，天宝八载（749年）续加号为“开元天地大宝圣文神武应道皇帝”，最后在天宝十三载（754年）加至“开元天地大宝圣文神武证道孝德皇帝”。每次增加两字，也是务求一尊再尊，荣上加荣。上尊号制度盛行于唐、五代、宋、元，因此在位皇帝常常多次被群臣上尊号，累加至数十字的也不罕见。

尊号实际上是谥号延伸到活着的皇帝，既能够满足在位者的虚荣心，又给臣下以巴结求宠而捞求名利的机会。因此，每逢元旦或喜庆之日，便由群臣上书奉上尊号，皇帝假意推辞，乃至书三上、五上，方才应允。在上尊号的过程中，一些富裕的百姓也曾经参加奉上尊号的行列，如武则天时就有“魏王武承嗣等二万六千余人上尊号”③。宋徽宗时，还曾经出现富民为上尊号而五上书的事情，在推请和谦辞“继天兴道敷文成武睿明皇帝”尊号的过程中，金人的铁骑已经进入河北，尔后兵指汴京，徽宗和钦宗俱被俘虏囚押往北，最后的下场竟是身死在五国城。

由于尊号与谥号有相同之处，实际上也有对皇帝在位时进行评价的意义，虽然这些评价都是肉麻的吹捧，但还是有品评皇帝在位功过是非的味道。以臣下来品评君主的功过是非，这对于高度集权的皇帝来说，乃是绝对不能够容忍的事。因此，到明代朱元璋当了皇帝，便宣布废除上尊号的制度。清入关以前，努尔哈赤曾经被上尊号为“覆育列国英明皇帝”；皇太极曾经被上尊号为“宽温仁圣皇帝”。入关以后则因明制，上尊号制度只行于皇太后及皇太妃等。康熙在位，群臣多次请上尊号，蒙古王贝勒、达赖喇嘛、礼部、廷臣、王大臣等也迭次请上尊号，康熙帝都未应允，因为他明白“君臣之间，全无功绩可纪。倘复上朕尊号，加尔等官秩，则徒有负愧，何尊荣之有”④。“若称尊号，

① 徐坚．初学记：卷9：帝王部·总叙帝王．北京：中华书局，1962：195.

② 李昉，等．太平御览：卷76：皇王部·叙皇王上．北京：中华书局，1960：354.

③ 司马光．资治通鉴：卷205：则天后延载元年（694年）．北京：中华书局，1956：6494.

④ 清圣祖实录：卷99，康熙二十年十二月癸巳条。

颁赦诏，即入于矜张粉饰矣”[①]，因为“帝王事业，贵始终如一，不以徽号为贵。上世无论矣，即明代亦无受尊号者，后人并不非之”[②]。身为帝王，“若夸耀功德，取一时之虚名”[③]，实际上是自取其辱。“至于请上尊号，特虚文耳，于朕躬毫无裨益。史书所载加上尊号等事，徒为先儒所讥，有何善处而欲行之”[④]。况且帝王“若侈陈功德，加上尊号，以取虚名，无益治道”[⑤]。当康熙帝年及七十，而在位六十年时，内外群臣再次上“圣神文武钦明浚哲大孝弘仁体元寿世至圣皇帝”尊号，但他并没有糊涂，批驳群臣曰：“从来所上尊号，不过将字面上下转换，此乃历代相沿陋习，特以欺诳不学之人主，以为尊称，其实何尊之有？当时为臣下者劝请举行，以致后人讥议往往有之”。对于请上尊号者，康熙帝则认为：“微贱无耻之徒，谓举行庆典，必有殊恩，邀望非分。若奸诈辈得邀殊恩，则军前功罪，轻重颠倒，钱谷混乱不明。更有甚者，人知六十年庆典，必有殊恩，故杀故犯者不少”[⑥]。康熙帝可谓明白人，始终没有接受尊号，也看出请上尊号的人们各自怀有私心。此后乾隆帝与道光帝都曾经被群臣上尊号，因为康熙帝没有接受，他们自然也不敢接受。

上尊号的传统长盛不衰，其间既反映出皇帝制度下的君臣关系，也可以看到麇集在皇帝周围的各种政治势力，无不从尊号上谋求政治与经济利益。作为皇帝，通过尊号得到的是“天王圣明”形象，而上尊号者，则在“天王圣明”之下以满足自己的私欲和野心。

（二）皇帝的名位

名位不同于名号。名号只是一种称呼，仅有尊敬的意义，没有具体内容。名位则是具有实在的内容，旨在突出名号的尊严，将名号延伸为现实的政治统治。名位的内容既广泛又具体，在国家政治和社会现实中发挥着极为重要的作用。

秦始皇时，丞相王绾、廷尉李斯等在奉上皇帝的名号时，就提出“命为制，令为诏，天子自称曰朕”等具体内容，以突出君主神圣的地位，保证皇权的行使，这就是始创名位制度的滥觞。

名位制度在汉代得以确立和充实，当时规定：“汉天子正号曰皇帝，自称曰朕。臣民称之曰陛下。其言曰制诏。史官记事曰上。车马衣服器械百物曰乘舆。所在曰行在所。所居曰禁中，后曰省中。印曰玺。所至曰幸。所进曰御。其命令一曰策书，二曰制书，三曰诏书，四曰戒书”（蔡邕：《独断》）。由此可见，这些内容都是皇帝至尊至贵身份地位的具体表现形式，亦为皇权行使至尊权力提供制度上的保障。从秦始皇去世到汉高祖，不过短短二十几年时间，中间还经历秦末农民大起义，皇帝名位制度就得以确定，并且基本上为以后历代王朝所承袭，足见这套制度是多么适应皇权专制体制的需要。

---

① 清圣祖实录：卷112，康熙二十二年九月丁未条。
② 清圣祖实录：卷183，康熙三十六年夏四月癸卯条。
③ 清圣祖实录：卷210，康熙四十一年十二月壬辰条。
④ 清圣祖实录：卷245，康熙五十年三月庚寅条。
⑤ 清圣祖实录：卷252，康熙五十一年十一月己亥条。
⑥ 清圣祖实录：卷291，康熙六十年三月乙丑条。

皇帝名位制度主要包括三个方面内容：一是称谓方面的专用词语，借以表现皇帝与众不同的崇高地位。二是衣食住行方面的专用名称和格式，借以突出皇帝的神圣。三是政令运作上的专用凭据，如玺印、诏书、口谕等规制，借以保证皇权的行使。这三个方面实际上也是皇帝制度的重要构成，与当时的社会经济和政治军事有着密切的关系，更关系到历代王朝的政治制度变化。

皇帝名位制度旨在突出皇帝的权威，确认皇帝统治的合法性，保证皇权的顺利行使。因此，在皇权专制的情况下，名位制度得到不断扩大和发展。

第一，与皇帝有血缘和婚姻关系的人都有了专用的称呼。如皇帝的父亲称“太上皇”，母亲称“皇太后”，祖母称“太皇太后”，妻称“皇后”，妾称“妃、嫔、贵人”，子称“皇太子”“皇子”，姑称“大长公主”，姐妹称“长公主”，女称“公主”，孙称“皇孙”，皇族子弟称“宗室”，女婿称“驸马”等。这些称呼虽然历代都有一些变化，尤其是少数民族政权，因为语言习惯等方面的原因，称呼和书写也迥异，但其实际意义却是相同的。第一家庭、第一家族的所有成员，都被赋予尊崇而突出的专用称谓，实际上是为了突出皇帝的尊严。

第二，年号的出现和更改。年号是历代帝王纪元所确立的名号。汉代以前的帝王没有年号，一般认为是创始于汉武帝建元元年（前 140 年），“自古帝王，未有年号，始起于此”①。也有认为“自元鼎（前 116 年—前 111 年）以前之年，皆有司所追命；其实年号之起在元鼎，故元封改元（前 110 年）则始有诏书也”②。不论“元鼎”还是“元封”，都说明年号制度是创始于汉武帝，自此以后，如果有所谓祥瑞，或发生重大变故以及新皇帝即位，都要立号改元，有的皇帝在位时曾经改元十余次，也有一年之间数次改元，没有什么严格的限制。年号制度初创时期，制定和更改年号多集中在出现祥瑞和自然界有较大变故的时候，随着社会的发展，年号设定逐渐与当时政治联系在一起。如汉武帝在位时期采用过的建元、元光、元朔、元狩、元鼎、元封、太初、天汉、太始、征和等年号，大多是因为有祥瑞出现；后汉时期的建武、永平、永元等年号，则与当时求取兴盛升平的政治观点有一定关系；唐宋时期的贞观、太平兴国、靖康等年号则完全依据不同时期不同的政治情况。年号与当时的政治情况密相联系，往往反映出当时的时局和皇帝治理国家的意向和心理动态。明清时代，年号已经固定在一帝一号。明英宗先为正统，复辟后为天顺，是因为经过土木之变，景泰帝代位，英宗复辟的事变，是特别例子。因此每当原来的皇帝去世，便由嗣位皇帝与权贵大臣们审时度势，制定并颁布新的年号，这时的年号与皇帝的实际地位、政治统治意图、国家形势等的联系更为密切。例如，明太祖朱元璋年号定为“洪武”，体现他以武定国的尚武思想；而继位者朱允炆定年号为“建文”，则意在建立文治；明成祖朱棣夺取帝位，定年号为“永乐”，意想造就永远安乐的局面。又如，清文宗奕詝去世，其子穆宗载淳年幼即位，由慈安、慈禧两太后垂帘听政，因此确定年号为“同治”。由此可见，皇帝年号的内涵和更替，与各该时期的政治局势、皇帝本人的处境和特点，以及皇帝的统治意向等都有一定联系。其实年号确立的情

---

① 班固．汉书：卷 6：武帝纪．北京：中华书局，1962：156.

② 司马光．资治通鉴：卷 17：汉武帝建元元年（前 140 年）．北京：中华书局，1956：549.

况非常复杂，其始于方士的无稽之谈，所以祥瑞常常是确立年号和改元的依据。随着年号制度的不断完善，因此要求年号不能够使用前代已经有过的，要求开创。如宋太祖赵匡胤在议定改元的原则时提出："勿用前代旧号。"群臣按照他的要求，议定了"乾德"年号，结果被采纳。翰林学士卢多逊与史称"寡学术"的宰相赵普一起奏事，卢多逊故意讲乾德为"从古未有"，于是赵普也从旁称赞，这时卢多逊讲乾德乃是"伪蜀时号也"。所谓伪蜀，即前蜀，其前蜀后主王衍曾经以"乾德"为年号，使用过6年。闻此，赵匡胤命人查阅史册，果然无误，于是便将赵普找来，用笔墨涂在其脸上，赵普一天不敢洗脸，直到第二天奏事的时候，在赵匡胤命令下才敢洗去。一个亡国之君所使用的年号，被一个刚刚建立而期待万世一系君主所采用，当然是有忌讳的，所以后来改元为"开宝"，期待王朝能够达到唐代开元、天宝时代的全盛。再如"永乐"年号，前凉张重华就曾经使用过（346—353年），五代时南汉义军首领张遇贤也使用过（942—943年），宋代方腊起义也以之为年号（1120—1121年），此外还有隋末大乱时，左翊卫郭子和结集地方士人杀郡丞自立为永乐王。明人在拟定"永乐"年号时没有考虑避讳，但时人不敢指摘，这些在强势之下依附于朱棣的文人们，欺朱棣不懂历史，拟上所谓的"僭伪"政权的年号，实际上是指斥朱棣夺权不正，幸好朱棣不明白，如果明白，不知会有何举动。另如"天顺"，金末"红袄军"首领杨安儿曾经以为年号（1214年）；年仅9岁的孛儿只斤阿速吉八（一为喇实晋巴），是在位仅一个月便不知所终的元朝第11位皇帝，其年号也为"天顺"；在浙江造反起事的李珍，也定年号为"天顺"（1456年）。英宗朱祁镇复辟则采用"天顺"（1457－1464年）为年号，此前不是短命，便是"僭伪"的年号被使用，也可以见到刚刚复辟以后大臣们的心态。还有"正德"，761年，术士长塞镇将朱融，与左武卫将军窦如玢等谋奉李珍作乱，曾经以"正德"为年号；大理国段思廉以之为年号（约1059—1063年），西夏王李乾顺也以之为年号（1127—1134年）；号称学问博大精深的首辅刘健，有神童之誉的次辅李东阳，状元出身的次辅谢迁，居然没有注意，却以为这是"惟正道是遵，惟古训成宪是守"，可以使新君正身其德，进而正人之德的得意之作，幸而此时文字狱已经不盛行，不然不知道要有多少好事之徒会恶意中伤他们了。随着年号的制度化，其宣政统、明正朔、申皇威、履王道、纪始元的意义被刻意突出了，奉朝廷正朔也成为人们的理念。

第三，庙号、谥号、陵寝号等制度，把名位制度延伸到死去的皇帝和皇帝的祖先，以表示皇位的正统性和延续性。

庙号是皇帝死后受到后世祭祀、在太庙中位置的称号。按照古代的宗庙制度，是对同受祭祀的前几代先祖建立的庙堂，即所谓的九庙、七庙等。"庙以藏主，列昭穆"，被称为祖先的神位设在庙堂之中，以接受后裔和群臣的朝拜、祭祀和乞求保佑，这是宗法制的体现。庙号是按嫡传世系编排的，"祖有功而宗有德"，能够享有庙号，就意味着被推崇入帝统系列。西汉时期，刘邦因为建朝立国，所以"功最高"，因此被尊庙号为"高祖"；汉文帝兴礼修文，与民休息，德高而安汉室，故被尊庙号为"太宗"。因为太庙中的神位有限制，并不是每一位死去的皇帝都能得到这种庙号的"殊荣"。西汉12帝，被称为"祖"或"宗"者仅5帝。东汉13帝，被称为"祖"或"宗"者仅7帝。两晋前后15帝，被称为"祖"或"宗"者仅6帝。可见当时对庙号的要求比较严格。并不是每一位皇帝都能建宗立庙的庙号制度，除了表明帝统之外，还在某种程度上对已经死去的皇帝政绩和行事进行评价，同时也用来告诫在位的皇帝，如果没有突出的政绩，死后可能会不能进入帝统，接受不了后人的祭祀。这种在庙号待遇上有所区别的做法，当然会招致在位皇帝的猜疑和反对，因为他们对自己死后能否取得庙号和在太庙中的位置感到担心，也认为是与皇帝至高无上的权位相悖，必然会采取各种办法加以限制或取消这种做法，最后不得不走向折中。隋唐以后，皇帝庙号制度发生了根本的改变，那就是所有的皇帝都能取得庙号，开国者或有重大贡献者，称“祖”，其余全部称“宗”，不再按世系和政绩来排位，用以加强皇帝的绝对权威，确立在位皇帝皆不容指摘的绝对地位。所有的皇帝都能取得庙号，意味着庙号的贬值，但它依然是皇帝确立正统的重要工具。如明朝嘉靖皇帝因正德皇帝无子，以近支宗室被拥立为帝，为了确认正统，便追尊原为兴献王的先父为“兴献皇帝”，强加庙号为“睿宗”，将一个死藩王硬挤入先皇序列，用以衬托外藩列入帝统的正当；嘉靖还将以“靖难”篡位的朱棣庙号，从“太宗”提升为“成祖”，实际上也是为了借朱棣篡统的历史事实来确认自己的正统。清代虽然出现太祖（努尔哈赤）、世祖（顺治）、圣祖（康熙）三个“祖”的庙号，却也是严格按照开国和有重大贡献的准则实施的，体现庙号制度进入完善的时期。“祖有功，宗有德，存至公之义，非其人不居，盖三代立礼之本也。”① 即便是当了皇帝，就要被称为“祖”或“宗”，但祖和宗前面的字还是具有褒贬意思，不但有群臣对死去皇帝的看法，也有新即位君主的认识，在庙号确定过程中还有群臣与新君主的较量。以清乾隆帝“高宗”庙号而言，是嘉庆帝与军机大臣共同议定的，开始认为乾隆帝“继统绪则为守成，论功业则兼开创，自宜崇称祖号”。但是还是以为“万年之后，当以称宗为是”。于是按照“谥法肇纪立极曰高”，定庙号为“高宗”。历史上被称为高宗者有：商襄王武丁，汉元帝刘奭，南朝齐明帝萧鸾，南朝梁昭明太子萧统，南朝陈宣帝陈顼，北魏文成帝拓跋濬，唐李治，宋赵构等。从他们的功绩来看，不是王朝中衰，就是阴险毒辣，要不就是昏聩无能。被汉宣帝称为“乱我家者”的刘奭“牵制文义，优游不断，孝宣之业衰焉。然宽弘尽下，出于恭俭，号令温雅，有古之风烈”②。史评唐“高宗溺爱衽席，不戒履霜之渐，而毒流天下，贻祸邦家”③。宋“高宗恭俭仁厚，以之继体守文则有余，以之拨乱反正则非其才也”，更何况“其始惑于汪、黄，其终制于奸桧，恬堕猥懦，坐失事机。甚而赵鼎、张浚相继窜斥，岳飞父子竟死于大功垂成之秋。一时有志之士，为之扼腕切齿。帝方偷安忍耻，匿怨忘亲，卒不免于来世之诮”④。至于南朝萧鸾大杀高武子孙，南朝陈宣帝陈顼以篡位而得，北魏拓跋濬因父兄被杀而为群臣拥立，因而“高宗”也不是什么好的庙号，却被嘉庆帝冠于乃父，其不可解之事甚多。将这些庙号进行纵向比较，再结合当时庙号决定的过程，既可以看到新旧交替时的政治情况，又可以看到对前皇帝的评价，更隐含着新旧势力的较量。

谥号在西周时期就已经盛行，是人死后按其生平事迹进行评价褒贬给予的称号，“谥

① 刘昫. 旧唐书：卷25：礼仪志五. 北京：中华书局，1975：955.

② 班固. 汉书：卷9：元帝纪赞. 北京：中华书局，1962：299.

③ 欧阳修，宋祁. 新唐书：卷5：高宗纪赞. 北京：中华书局，1975：154.

④ 脱脱，等. 宋史：卷32：高宗纪赞. 北京：中华书局，1977：612.

者，行之迹也；号者，功之表也”（《逸周书·谥法解》），当时并不是只有帝王才能专用的。秦始皇认为：“如此，则子议其父，臣议其君也，甚无谓。朕弗取焉。自今已来，除谥法。”① 实际上是为了捍卫帝王的尊严，不许群臣和后人对他随便加以评议，更不容指摘自己的过失。西汉时期，吕后当权，为了确立自己的正统地位，便恢复原来谥法，在吹捧丈夫刘邦的同时，也提高自己的地位。按当时的规定，帝王的谥号先由礼官进行初议，再由群臣会议。上奏以后，由嗣位皇帝进行裁定颁布。隋代以前，给帝王追加的谥号，多少还保留一些古风，虚夸的成分较少。如西汉孝惠皇帝，依据《谥法》：“柔质慈民曰惠”，而“孝子善述父之志，故汉家之谥，自惠帝以下皆称孝也”②。这种评价不但符合汉惠帝的生平，也突出汉代“以孝治天下”的特点。隋炀帝的“炀”是烘干和火烧很旺的意思，转申为佞悻当政，蒙蔽国君③，其取意却与隋炀帝本人的事迹相差不多，只是用奸臣蔽主的意思，委婉地为隋炀帝开脱。也就是说，隋以前的谥号基本上还能反映已故帝王一生的功过和个人行为特点，只是用词比较隐晦，字数也仅有一二字。唐代以后，谥号不再局限于一二字，比较隐晦的词变得更加隐晦。大量使用溢美的谀词和颂扬的语句，谥号中保留的古风已经荡然无存。如酿成“安史之乱”，使唐王朝走下坡路的唐玄宗李隆基的谥号竟然是“至道大圣大明孝皇帝”，根本看不到“率情背礼，取乐于身。夷涂不履，覆辄攸尊”④，多情纵欲皇帝的原貌。亡国之君宋徽宗的谥号居然是：“体神合道骏烈逊功圣文仁德宪慈显孝皇帝”，除了“逊功”之外，全是颂扬之词。明武宗是一个典型的浪荡皇帝，一生不务正业，“耽乐嬉游，匿近群小”⑤，建豹房，蓄蕃僧，自号大庆法王，可谓劣迹昭彰，但所得的谥号却是：“承天达道英肃睿哲昭德显功弘文思孝毅皇帝”。继武宗之后的世宗，一生揽权好猜疑，性好杀戮，又特别迷溺祥瑞神仙，宠信方士神棍以干政，“若其时纷纭多故，将疲于边，贼讧于内，而崇尚道教，享祀弗经，营建繁兴，府藏告匮，百余年富庶治平之业，因以渐替”⑥，他的谥号竟然是：“钦天履道英毅圣神宣文广武洪仁大孝肃皇帝”。明穆宗“未能振肃朝纲，矫除积习”⑦，谥号为“契天隆道渊懿宽仁显文光武纯德弘孝庄皇帝”。谥号字数愈来愈冗长，用词愈来愈浮夸。诸如此类的谥号，实际上是在搞文字游戏，不但背离古代立谥以劝惩的本意，而且助长阿谀奉承的风气。谥号不仅仅是限于君主，除规定的王公大臣可以得到谥号之外，民间还有私谥，但君主的谥号自汉代以来就成为皇帝制度的重要内容。本来谥号制度中有美、平、恶之分，其美者如文、武、景、烈、昭、宣、穆等，其平者如哀、怀、愍、悼、平等，其恶者如炀、厉、灵、幽、荒等，基本上是按照行迹，被恶谥者，多是失国者。由于恶谥是对死者的贬低，在为死者讳成为传统的宋代，便不立恶谥，只作美谥、平谥，

---

① 司马迁. 史记：卷6：秦始皇本纪. 北京：中华书局，1959：236.

② 司马光. 资治通鉴：卷12：汉惠帝元年. 胡三省注引应劭、师古曰. 北京：中华书局，1956：409.

③ 《战国策·赵策三》：卫灵公近雍疸、弥子瑕。二人者，专君之势以蔽左右。复途侦谓君曰：“昔日臣梦见君。”君曰：“子何梦?”曰：“梦见灶君。”君忿然作色曰：“吾闻梦见人君者，梦见日。今子曰梦见灶君而言君也。有说则可，无说则死!”对曰：“日并烛天下者也，一物不能蔽也。若灶则不然，前之人炀，则后之人无从见也。今臣疑人之有炀于君者也，是以梦见灶君。”君曰：“善!”于是因废雍疸、弥子瑕，而立司空狗。

④ 刘昫. 旧唐书：卷7：睿宗纪赞. 北京：中华书局，1975：162.

⑤ 张廷玉，等. 明史：卷16：武宗纪. 北京：中华书局，1974：213.

⑥ 张廷玉，等. 明史：卷18：世宗纪二. 北京：中华书局，1974：250.

⑦ 张廷玉，等. 明史：卷19：穆宗纪. 北京：中华书局，1974：258.

谥号的行迹内涵也就不明显了。即便是如此，谥号盖棺定论的内涵还多少有所保留，有时还能曲折地反映出已故皇帝的功过和特点。孟子认为谥号百世不能够更改的原则，在唐代不断追加的情况下也被破坏，清代嘉庆年间规定后世不再加谥，也是传统的回归。

陵寝号是加给安葬皇帝陵墓的称号，一般是根据皇帝生前的功过和世系加以命名。开国的皇帝一般称“长陵”，以后的皇帝则要参照其生前事迹和世系来命名，尊崇安泰的内涵较多，如茂、义、昭、乾、康、景、显节、高平等陵。也有以所处之地命名的，如汉文帝的霸陵、魏文帝的首阳陵、东吴孙权的蒋陵等。死去的皇帝对现行政治已经没有干涉能力，但陵寝号的确定却与在位皇帝的正统地位息息相关。以“孝陵”而言，历史上有北周武帝宇文邕、明太祖朱元璋、清世祖爱新觉罗福临。如果说福临的陵号仿照明制，具有开国皇帝的寓意，但朱元璋的陵号则在宇文邕已有陵号确定的，究竟是以何为本呢？史载宇文邕“沉毅有智谋”，没有即位时“常自晦迹，人莫测其深浅”，即位以后“克己励精，听览不怠”。以性格而言，宇文邕“性既明察，少于恩惠”，与朱元璋有类似之处；以志气而言，宇文邕“必使天下一统”，也与朱元璋相同；宇文邕“用法严整，多所罪杀，号令恳恻，唯属意于政，群下畏服，莫不肃然”，与朱元璋也有相同之处，可见建文帝群臣对朱元璋既有褒、也有贬的用意所在。开国皇帝一般称“长陵”，以后的皇帝则要参照其生前事迹和世系来命名，但也有违反常规的。以“长陵”来说，历史上有汉高祖刘邦、魏孝文帝拓跋宏、明成祖朱棣三人称之，“长”（读为 zhǎng）的内涵是“教诲不倦，以道教之也”，于排行也是第一，因此有开国的意义。汉高祖刘邦为“长陵”，其名实相当；北魏孝文帝拓跋宏改变姓氏为“元”，也具有开创的意义。问题是明成祖朱棣的陵号为什么定为“长陵”？这位原本为燕王的朱棣，在夺嫡称帝之后，就把其兄朱标原来“孝康皇帝”的谥号改变为“懿文皇太子”，其庙号“兴宗”取消了，陵号也被剥夺了，实际上是确立自己的正统地位。朱棣俨然以正统自居，其后人又把他的陵寝号定为“长陵”，一百多年以后又被追认为“成祖”，其具有开创的寓意当中，却蕴藏着许多现实和历史的政治背景。以“大礼议”而著称的明世宗朱厚熜，追认朱棣为成祖，其去世以后又被加陵号为“永”，而历史上西魏文帝元宝炬、武周显祖武华、前蜀高祖王建、南唐烈祖徐知诰、金世祖完颜劾里钵等陵号都为“永”。深明礼制的明代臣僚们，何尝不知道“永”字应该为祖所用，而将之给予朱厚熜。清人则将葬在辽宁新宾的四世祖称为永陵，才回归“永”的本意。在诸多陵号中，值得一提的是“献陵”。历史上有唐高祖李渊、金穆宗完颜盈歌、西夏惠宗秉常、明仁宗朱高炽。如果说李渊被儿子李世民逼为太上皇，其陵号为“献”，有“虽多能不至大道”的意味；那么金穆宗完颜盈歌没有称帝，金熙宗给其加的“献陵”有“贤德有成”之赞；西夏惠宗秉常 7 岁即位，一直受制于梁太后，直到 23 岁才得以亲自理政，而 26 岁病死，其子乾顺即位才 3 岁，自然陵号的决定权在权臣梁乙逋，对其有“惠无内德”之讥。但令人不解的是最后一位皇帝溥仪，居然也被清皇室后裔追尊为“献陵”，还迁葬于河北省易县清西陵附近，是夸其“博闻多能”，抑或是与汉献帝失国同论，若果真如此，则陵号与谥号无所区别，即不符合“谥者行之迹也”的要求，又乏“庙者安先人之精神也，陵者藏祖考之休魄也”的寓意。陵号经过汉代创立制度，历代不断完善，不但成为皇帝的专有，还具有了命名的规范，也使其具有了叙世、褒贬、寄思等具有政治意义的内涵，有许多现实和历史的政治背景蕴藏在其中。

皇帝名位制度涉及的范围是广泛的，所有的专门称呼和实际表现，都是以突出皇帝至高无上的地位为宗旨，对死去的皇帝的尊崇，实际上也是为了突出在位皇帝，历史为现实服务，在每朝每代都有它新的寓意和内容。

（三）皇帝名位制度的特点

皇帝名位制度涉及当时社会生活的各个方面，一般是从多角度对皇帝进行推崇，实际上是为了确保皇帝的绝对权威，其特点既鲜明又突出。

第一，皇帝名位制度集中反映了皇权专制的本质。皇权专制最主要的特点就是规定由一人独制天下，而名位制度则是从各个角度上尽可能加以强调。皇帝是至尊的称号，皇帝所使用的名词及器物都有独占的专用称谓，任何人都不允许僭越，否则就要受到严厉的制裁。这种旨在利用名位来表明皇帝其人既立足于社会，又凌驾于社会之上，具有特殊权势和地位的制度，在现实中发挥重要作用。

第二，皇帝名位制度渗透了天命观念，以天人合一来证明皇帝是唯一至尊，并且有意营造皇权专制神秘化。不厌其烦地从天命角度来论证皇权合理，把皇帝统治意图和一应措置都诿称为上天的意志，仗天命以立威严，借天命以成人事，挟天命以制臣民。因为有了天命，皇帝就可以用奉天伐罪的名义去诛杀异己，就可以用承天践祚的理由来作威作福。在皇帝的年号、谥号、尊号、宫省等名位制度中，几乎都使用天、地、运、道等词语，借以表明皇帝既是奉天承运来行使权力的，又是天命所归的。在人民群众处于尚未觉醒的情况下，借助神秘的迷信来加强皇权专制统治，不但具有一定欺骗作用，而且影响是很大的，“就直到二千年后的今天，对于‘老天爷’的信仰也依然是根深蒂固地存在于民间，只要有一‘替天行道’的狂信者出现，便立刻可以造成一种教派”①。

第三，皇帝名位制度全面贯注了以君臣父子、等级上下为中心的礼法思想，以三纲五常等伦理学说作为重点内容。西汉政论家贾谊给皇帝上的《治安策》讲道：“人主之尊譬如堂，群臣如陛，众庶如地。故陛九级上，廉远地，则堂高；陛亡级，廉地近，则堂卑。高者难攀，卑者易陵，理势然也。故古者圣王制为等列，内有公、卿、大夫、士，外有公、侯、伯、子、男，然后有官师小吏，延及庶人，等级分明，而天子加焉，故其尊不可及也。”皇帝无可置疑地被推到高居于社会等级的最顶端，把握最高权力，“所持以别贵贱、明尊卑者，等级、势力、衣服、号令也”②。名位制度正是严格地按照权力和等级规定而制定的，从言语到行止、居处到用具、章服到诏令、玺印到文书，无不确定有专用名称。从名位制度中的年号、尊号、谥号等经常采用天、德、圣、孝、仁、义、智、文、武等精选的文字来看，都是按照儒家的伦理道德标准，集中体现了君臣、父子、夫妇之间服从和被服从的政治伦理关系。名位制度极力渲染皇帝不仅是专制权力的拥有者，也是伦理道德的表率，竭力塑造“天王圣明”的形象。

总之，皇帝名位制度不仅具有礼节仪式方面的作用，而且还集中反映着皇帝特有的身份地位，把皇帝塑造成“天王圣明”的超人，实际上都是围绕着如何拱卫皇帝的政治

① 郭沫若著作编集出版委员会．郭沫若全集·历史编：第一卷．北京：人民出版社，1982：362．

② 贾谊．新书：卷1：等齐．北京：中华书局，1912．

权力。这样多种意义的综合，乃是皇帝制度的外部表现形式，也是皇帝制度不可分割的重要组成部分。

三、皇帝权限与行使

在皇权专制制度下，皇帝权力被宣称是无限的。在通常的情况下，一切行政、军事、立法、司法、文教等大权，无不由皇帝掌握运用；对一切文武官员和勋贵人等的任免、赏罚、生杀予夺大权，也无不取决于皇帝，是“天下之事无大小，皆决于上”[①]。皇帝权威虽然是无所不统，但在行使权力时，还是必须通过一定的人员和机构，并按照一定的程式进行，这就要求必须建立一套能充分行使皇权的办事机构和规章。

（一）皇权行使方式

皇帝行使权力主要是采用批答章奏，对臣僚奏事采用审议复核的方法。在贯彻意图方面，则使用诏、令、谕、旨等专用文书形式，由一定的承传机构下达发布，交各职能部门执行。为保证各职能部门严格执行皇帝旨意，又设有一套层层监控的监督和监察网络。

审阅和批答奏章是皇帝掌握社会和了解军政讯息、进行决策的基本途径，也是皇帝处理军国事务的主要方式，工作量极大。如秦始皇每天要处理120斤重的竹简文书；明太祖朱元璋每天处理文书上千件；清世宗雍正皇帝在位近13年，其亲手批示的奏折现存竟有数万件之多。奏事有章、奏、书、启、表、册、书、记、疏、议、行状、札子、揭帖、题、封事等文种的区别。不同的文种各有不同的使用范围和作用，不允许混淆错用。

奏事文件形成于被规定有上奏权的官府部门和文武官员、勋臣贵戚之手，通过指定的途径呈交给皇帝，经皇帝审议批示后，再使用诏、令、谕、旨、朱批、口谕等形式下达或公布。

除了使用文件上奏之外，一定范围的文武大臣和勋臣贵戚还可以面奏，即当面向皇帝反映情况和陈述意见，以供皇帝参考或采纳。

奏事有不实之处，皇帝可以随时指定有关部门或直接派人进行“簿责”，即按照皇帝批示对所奏之事进行核实和驳斥，甚至给予严厉的处罚。

对于重要政事，皇帝难以抉择的时候，可以召集与这些政事有关的大臣，举行规模大小不同的会议讨论，称为“朝议”“廷议”“会议”“集议”等，由与会者提出不同的参考意见，然后由主持会议的大臣具衔上奏，听由皇帝裁决。也有的皇帝亲自主持或参加的朝议和廷议，如果皇帝当时能够裁决，即当场拍板，发布指令；不能马上裁决的，将众人意见“留中”，留待以后处理。

按制度规定，皇帝应该定期举行“常朝”，接受群臣奏事，当面发布指令。常朝的时间，历代有不同的规定，或五天、或十天、或半月、或一月一朝。勤奋的皇帝往往是每天召见群臣，而懒惰的皇帝往往至期便宣布“免朝”。长时间不见群臣的皇帝，在历史上

---

① 司马迁. 史记：卷6：秦始皇本纪. 北京：中华书局，1959：258.

也很多，但政务照样要以皇帝的名义处理，这样，作为协助皇帝处理文书的机要秘书人员和部门的重要性便显得十分重要。

（二）保证皇权行使的组织机构

皇帝为了顺利地行使统治权，必须设置一定的行政组织机构，这些机构主要包括顾问、辅政、机要和秘书机构，日常行政事务机构，监察机构等。

顾问、辅政、机要和秘书机构是辅助皇帝处理各种事务，负责上承下宣、传达和贯彻执行皇帝指令的关键所在。任何皇帝以个人的体力和精力，即使是“衡石量书”，昼夜不眠地日理万机，也绝不能亲自处理完所有的军、政、财、文、法等事务，故此必须设置辅助办事的部门或人员。这些部门或人员是皇帝的辅助和信息政令的中枢，他们参与和掌握机密，负责推行有关全局性的政令，有时还被授权（或篡权）直接处理重大要政。中枢的权力膨胀，往往会对皇权构成威胁，乃至成为对抗或取代皇权的政治势力。因此，他们既是皇帝最信任和重用的，又是皇帝最不放心和严格控制的机构和人员。

身居九重深宫的皇帝，要实现对疆域辽阔帝国的全面监控，确保自身的独断权力，就必须绝对统率和指挥从中央朝廷到各级地方行政系统一应官吏和庞大军队。要实现对全副国家机器的控制，又必须提纲挈领地严密掌握住御前的辅政机构和人员，要求他们保持绝对的忠诚，能够彻底贯彻自己的意志和指令。对于皇帝来说，能否有效地控制政令中枢的辅政机构，便成为能否维护和强化皇权的最基本标志。皇帝与辅政之间存在着权力划分和增减，有着既相统一又相矛盾的关系。为此，历代执政者苦心孤诣地设计了许多应对的办法，以期皇帝能最有效地控制中央枢机。从秦汉的三公到明清的内阁和军机处这两千多年的中枢宰辅制度演变过程来看，皇帝控制这套班子的办法是：有意识地削夺和分散宰辅的实际权力，使他们相互牵制与制约；使用品位较低的官员和亲信侍从来参与机要，在中央政务处理上构成内外相互制约的两套政令班子，并且充分利用这两套班子之间的矛盾来实现对全体臣僚的控制。

日常行政事务机构是办理国家各种日常事务的部门，负责将皇帝的指令付诸具体实施。秦汉的九卿，隋唐的六部、九寺、五监，明清的部、院、寺、监、府等中央行政和事务机构，就是这样的部门。政令、行政、事务，三者本来是一个完整的整体，是有机配合的关系。然而，历代统治者却总是在防止臣僚擅权的前提下考虑设官分职，有意识地将三者割裂开来，使任何一个部门都不可能拥有真正独立的职权。各部门之间也缺少明晰的权责划分，使他们相互之间构成一种相互制衡的关系，有意造成机构重叠、职权交叉、相互渗透的态势，以便于皇帝控制和掌握，这乃是中国古代日常行政事务机构设置的重要特点。

监察机构是用以监督、监察中央和地方各级官府及官员是否恪守国家政纪法纪，有无滥用职权、渎职、失职，有权对他们进行弹劾和奏请处分的部门。监察系统是单线垂直型的，由皇帝直接控制和掌握。监察机构与行政、司法、军事等部门分立，但又紧密地结合在一起，从监察的角度介入和配合各部门的工作。监察人员直接对皇帝负责，不但加强了皇帝对臣僚们的监控，而且在一定程度上减少了统治集团内部的腐败，成为国家机器有效运行的润滑剂。

（三）君临之术

皇帝要想牢固保持并充分行使权力，既不容许削弱或废弃上述机构，但又绝不容许它们越权，绝不容许侵扰到皇权行使，极力防范被架空，以致权柄他移，就必须采取一些手段。

机构的设置，只是在制度层面上保证，而在实际运作过程中，还存在如何运用、控制和防范的问题。为此，历代忠于皇权利益的政治家、思想家，无不对此耗费苦心。他们经过不断的实践和总结，不约而同地将之集中到“权”和“术”之上，认为“天下所以奉者君也，君之所以尊者权也”①，权力是中心。君主若失去权力，也就不能成为真正的君主；有了权力而不会运用，仍然不是真正的君主。

对权力的运用称为“术”，要求君主在独自把持各种权力的情况下，以生杀荣辱来驾驭臣下。也就是说，君主统治地位是奠立在牢固执掌权力的基础之上，没有权力，也就丧失了至尊的地位；若是不会运用权力，权势也必然旁落，至尊的地位也必然被削弱甚至架空。这种权力的运用方法和手段，被称为“君临之术”。

所谓的“君临之术”，在皇权专制统治中起到重要的作用：

第一，可以及时了解和掌握政治全局，调整官制，予夺权势。

尽可能地集权于上而巧妙地分权于下，是皇权专制的一贯原则。按此原则为取舍，就需要不断地调整官制和修改工作规章制度，力图防止任何部门或个人专擅权力，尽可能杜绝任何可能与皇权统治相抗衡的势力出现，并且有意识地使各部门之间的职、权、责混淆不清，以造成相互牵制的态势。历代存在的官无常制、职无常守、一职多官、一官多职，职衔与实际权责相脱离的政治现象，主要是皇帝一再调整官制、重新分配权力所造成的。

皇权专制政体所实行的是“人治”而不是法治，各机构因人而设、因事而立，也因人而废、因事而除。在皇权运用过程中，皇帝往往使用身边亲近信任的人担负实际责任，以掣肘国家正式机关，乃是常见的现象。在中国古代历史中，经常出现以内侍、贵戚来监督和逐渐取代重臣，以近侍部门取代或削夺一些国家机关的职能，以至逐渐演变为新的国家机关，甚至取代一些原有的机关。如此循环往复，几乎成为一种规律性的表现，就是以皇帝为核心控制权力做法的体现。

在皇权专制与官贵集团之间以及官贵自身之间存在着各种矛盾，皇帝便利用手中的权力，将荣誉、地位、俸禄与实际权势分离开来，安抚一部分旧官贵，笼络一批新官贵，以换取他们驯服和共同支持；又利用和制造官贵之间的矛盾，以便在矛盾中加以控制，是善于运用权术的皇帝惯用手段。

第二，采取各种手段来实现君主对社会全体臣民的全面监控。

皇帝除掌握监察权力，用层层监督的手段监视和控制内外官吏，还普遍建立特种稽查部门，采用连坐告密、遣吏巡行、特别侦缉、密奏传呈、检核簿册、举劾案章等监察方法，运用各种政治手段和讯息渠道来刺探和检查臣僚中的朋党集团和异己力量，了解

---

① 吕祖谦. 宋文鉴：卷93：持权论. 北京：中华书局，1992.

和掌握臣民的不满和反抗活动，对之进行严厉的惩处和镇压。在此基础上，监察制度不断完善，监察的职权和对象也日益扩大，形成分别以监察中央各级官吏、地方官吏、刑狱、军事、财政、文教等为主的，针对各种不同对象和重点，禁网严密的监察体系。这种监察体系在皇帝直接控制之下，时常制造政治恐怖，使人人自危，道路以目。

第三，使用严刑峻法，强迫各系统各部门绝对按照皇帝的意志和指令办事；倡导纲常伦理，以维护政治统治秩序。

一切由皇帝发出的诏、令、谕、旨、诰等，都是神圣不可侵犯的，臣民只有无条件地服从，不允许有任何违反和异议，“敢有议诏及不如诏者，皆腰斩”①。以严刑峻法来维护皇权统治，迷信暴力统治，是皇帝们惯用的手段。这种手段虽然可以维持暂时的政治稳定，但难以长治久安。因此，“德主刑辅”便成为皇帝们必须掌握的权术。这种权术乃是说起来浅显、用起来高深的统驭学问。朱元璋曾讲过：“为治之道有缓急，治乱民不可急，急之则益乱；抚治民不可扰，扰之则不治。故烹鲜之言虽小，可以喻大，治绳之说虽浅，可以喻深”②。水可载舟、亦可覆舟的道理，虽然是浅显易见，却又是很高深的权术，是谋求长治久安的治理之道。

“君临之术”强调君主单方面的绝对控制，是以暴力为基础，以伦理道德为辅，再添加各种权变手段，就成为一门高深的学问。如果使用不当，往往是负面作用突出，所谓弄巧成拙，画虎不成反类犬。在皇权专制下，君臣之间、大小官僚之间、各种政治势力之间，总是存在着各种矛盾和冲突。君主建立的各种制度，采取的各种措施，都有可能为臣僚所利用和破解，甚至反过来损害君主专制。君用权必使臣，臣有权必由君；君统臣以权术，臣事君以权变，正是当时君臣关系的写照。在皇权专制下，君臣、上下、左右的政治和人际关系网络中，到处是陷阱，步步有危机，无论是君还是臣，略有松懈疏忽，便有罹难致祸的危险。集权与擅权夺权，保位与篡位，颠覆与反颠覆，总是层出不穷。

（四）皇权的运用

皇权专制政治的特点是以一人独制天下。从秦始皇开始，皇帝对统治大权就抓得很紧，所谓“履至尊而制六合，执棰拊以鞭笞天下”③，不肯放弃丝毫的权力。他们自视为天下之主，认为：“非人君之治，斯民亦何措安？其育之之道大，在人君持守断行焉。”④要求所有的臣民，一定要知道“君臣大器，千古名节，时刻不可忘”⑤。他们千方百计独揽大权，“太阿从不下移”⑥。深知一旦大权旁落，皇位即将不保，祖宗也将不血食，皇族则会流离失所。因此，保持权力和运用权力便成为历代皇帝最关注的问题之一。

皇权，历来被古代的政论家、史学家们解释为至高无上而无所不统的绝对权力，全

① 王应麟. 西汉会要：卷17：诏令章奏. 上海：上海人民出版社，1977：172.
② 余继登. 典故纪闻. 北京：中华书局，1981：87.
③ 司马迁. 史记：卷6：秦始皇本纪. 北京：中华书局，1959：280.
④ 张德信，毛佩琦. 洪武御制全书. 合肥：黄山书社，1995：164.
⑤ 中国第一历史档案馆藏：《朱批奏折》，雍正三年十二月在河南道员沈廷正奏折上的朱批。
⑥ 赵尔巽，等. 清史稿：卷319：于敏中传. 北京：中华书局，1977：10751.

体臣民都是皇权统治和奴役的对象，没有平等可言，因为在中央集权制度下，一切制度都是按照“君者，出令者也。臣者，行君之令而致之民者也。民者，出粟米麻丝、作器皿、通财货以事上者也”①。这样的权利和义务分配原则，要求下级服从上级，地方服从中央，最后一切听命于君主，否则便是“有违行君之令”和“欺君乖上”，而罪不容诛。国家官员在君主面前，永远是处在被管理和被驱策的地位，绝不能按自己的意图或根据客观条件而运用独立的治理权，皇帝却可以无限制地滥用权力，以至“屠毒天下之肝脑，离散天下之子女”②。因此，中国古代政治制度的演变史，实际上就是皇权意志不断膨胀的过程。

正因为对皇权缺乏有效的制约和限制，在历史上才会出现不少皇帝滥用权力，给社会造成巨大的危害。当然，皇权滥用的结果又多是使皇帝本身及其政权受到历史的惩罚。

首创皇帝制度，实现大一统，曾经对历史进步做出过巨大贡献的秦始皇，在踏平六国之后，仍然满足不了极度膨胀的政治野心，而“内兴功作，外攘夷狄，收泰半之赋，发闾左之戍”。十多年间，巨大的征发劳役不断：击匈奴，修长城；开灵渠，戍五岭；修筑驰道、直道、五尺道；修建阿房宫、骊山墓以及空前规模的迫迁豪民。为了炫耀权威和满足私欲，不恤民力，过度征调赋税和徭役，迅速激化了社会矛盾。为了镇压人民的反抗，使用诸如夷三族、枭首、车裂、剖腹、镬烹等残酷刑罚，“连相坐之法，造参夷之诛”。“偶语诗书者弃市，以古非今者族”③，开创中国文字狱的先河。秦始皇一连串的暴政，使他自置身于即将爆发的火山之上，尸骨未寒而烽烟四起，秦之速亡，实与秦始皇滥用权力有关。

隋文帝杨坚建立大一统的王朝，国家昌盛，人民富足，史称当时太仓之粟足支国用五十年。而继位的隋炀帝穷奢纵欲，迷溺酒色，又喜好游幸，在全国各处建立许多离宫，营建东都洛阳，应征劳役常在二百万以上，而死者十占四五；又不考虑实际情况，几乎同时下令开凿广通渠、通济渠、邗沟、江南河、永济渠等五条运河；再发河北十余郡丁男凿太行山，发丁男百余万筑长城，不顾民生，极粗暴地使用民力；另一方面，他又先后三次调动百余万军队出征高丽，“旌旗万里，征税百端，猾吏侵渔，人不堪命”；人民流离失所，转死沟壑，忍无可忍，纷纷起来反抗。“于是相聚萑蒲，蝟毛而起，大则跨州连郡，称帝称王；小则千百为群，攻城剽邑，流血成川泽，死人如乱麻，炊者不及析骸，食者不遑易子。”④ 最后隋炀帝本人被臣下宇文化及杀死，王朝也随之倾覆。隋由极盛而陷于速亡，治局急转为乱局，实与隋炀帝滥用皇权而倒行逆施有直接的关系。

自秦始皇实行文化专制以来，历代都有文人因文字触犯统治者某些忌讳而惹祸杀身。兴文字大狱，其出发点也在于维护皇帝的权威和自尊。朱元璋把群臣贺表之中的“作则垂宪”“仪则天下”的“则”读为“贼”，竟把原本出自阿谀的人一一杀戮，实际上是由他疑神疑鬼自尊兼自卑的心理所致。清初的几起重大文字狱，主要是为了摧残汉族知识分子及人民的反清意识；至于雍正皇帝制造的文字狱，则重点在打击政敌；乾隆皇帝所

① 韩愈．韩昌黎先生集：卷11：原道．上海：上海中华书局，1920.
② 黄宗羲．明夷待访录·原君．北京：北京古籍出版社，1955.
③ 司马迁．史记：卷6：秦始皇本纪．北京：中华书局，1959：255.
④ 魏徵，等．隋书：卷4：炀帝纪下．北京：中华书局，1973：96.

罗织的文字狱，则要表现他高明过人的“君威叵测”。不管他们的动机是出于什么，都是滥施皇权，毁坏中国文化。

清初思想家唐甄痛恨专制政治，对皇权滥施所造成的罪恶痛心疾首，认为“自秦以来，凡为帝王者，皆贼也”。他们在“天下既定，非攻非战”的情况下，却造成“百姓死于兵与因兵而死者十五六”的场面，而“暴骨未收，哭声未绝，目眦未干，于是乃服衮冕，乘法驾，坐前殿，受朝贺，高离宫，广苑囿，以贵其妻妾，以肥其子孙。彼诚何心，而忍享之”①！他痛快淋漓地指出，皇帝滥用权力曾经给社会带来过极大的灾难，而不顾人民的死活，最终也会得到报应。

除滥用权力的皇帝之外，也有一些皇帝在运用权力中出现过严重失误，不但使本王朝的统治受到损害，而且给社会带来灾难。例如，汉高祖刘邦、晋武帝司马炎、明太祖朱元璋，在他们夺取政权之后，都曾经错误地认为秦的速亡是由于未分封皇族分镇要地，以至在反抗朝廷的变乱出现之时，没有人来相助。于是便分封兄弟子侄为藩王，赐给他们要地和重兵，却都没有料到这种血缘关系在权力欲望面前会变得更凶残，野心更炽烈。刘邦死后，吴王刘濞等“七国之乱”的烽火即在江南燃起。司马炎死后，连续 16 年的“八王之变”更断送了西晋王朝。朱元璋死后，燕王朱棣发动的“靖难之役”激战了 4 年，终于改变了皇统，而兄弟之间猜疑也导致皇族内部矛盾重重。

在中国历史上，并不是每一位皇帝都能把握和运用自己应该有的权力，在皇位被架空的情况下，皇权往往被他身边的各种政治势力所窃据。统治集团的内部构成是相当复杂的，他们为了各自的经济利益和不同的政治目的，麕集在皇帝周围，构成各种政治势力。这些政治势力，既是皇权的支持者，有时又是皇权的觊觎者，皇帝与这些政治势力之间有着一种相互利用和制约的关系。这些人要想发展自己的政治势力，满足自己的私欲和野心，就必须依附于皇权。他们当中有一些人野心膨胀，竟然图谋瓦解分割，甚至篡代皇权。对于皇帝来说，发觉潜在威胁皇权的各种政治势力，必然会采取手段对付。皇帝往往通过扶植一种政治势力以牵制另一种政治势力，作为在现实政治斗争中巩固自己地位的必要权术之一。如果皇帝能够在统治集团内部保持各种政治势力的平衡，能维系一部分对他效忠而又有力的人佐助，政局就相对稳定。如果皇帝不能使各种政治势力保持平衡，明显地偏袒、迷惑或受制于一方，就会造成权力的倾斜。正如韩非子所讲：“乱之所生六也：主母、后姬、子姓、弟兄、大臣、显贤。”（《韩非子·八经》）这些人无时无刻不在觊觎皇帝手中的权力。两千多年来，他们之中一些具有代表性的人物，都曾经在政治舞台上扮演过弑君篡位的角色。

秦始皇自以为可以延续皇统于千秋万世，孰料身死沙丘之后，宦官赵高便挟持丞相李斯，发动宫廷政变，逼杀他的长子扶苏，扶立胡亥为二世。赵高“指鹿为马”，残杀不顺从的文臣武将，变本加厉地继续推行虐民政策，把秦王朝推上迅速覆灭的道路。汉高祖刘邦死后，吕后垄断权力；汉武帝晚年，“数宴后庭，或潜游离馆，故请奏机事，多以宦人主之”②；此后，外戚、宦官政治几乎成为两汉政治的重要特征。军阀混战、权臣当

---

① 唐甄．潜书：下篇：室语．北京：中华书局，1963：197．

② 范晔．后汉书：卷 78：宦者列传序．北京：中华书局，1965：2508．

道，政治势力对比发生巨大变化，挟天子以令诸侯，在拥兵于阙下的情况下，皇帝只能战战兢兢、忍气吞声地活着，甚至不得已而发出“禅让”的诏令。权臣、后妃、宗室、外戚、宦官专权，是皇权专制政体制下孵育出来的特殊政治势力，又是皇权专制的一种变态形式，与皇帝制度有着密不可分的关系。

四、皇帝制度的特点

皇帝制度化，使皇帝拥有至高无上的权力，而作为制度化的首脑，也要受到制度的制约，诸如官僚制度、贵族势力、法律制度、军事制度等。除此之外，也不能够脱离社会，而社会习俗、宗教信仰、政治理念、人民群众等，也能够限制皇权的发挥，故此皇帝制度的特点十分鲜明。

第一，神权被皇权进一步利用，借用神的威灵，突出皇帝至高无上的至尊地位。

秦统一六国，秦始皇自称是“赖宗庙之灵”，进而又采用邹衍“五德之运”的学说，利用天人感应论，“以为周得火德，秦代周，从所不胜，为水德”①。自此，五行相克的学说便成为新王朝取代旧王朝的政治理论依据，“帝王之兴，必俟天命；苟有代谢，非人事也”②。汉武帝时，董仲舒发展了儒家的君权神授说，给皇权披上一层神秘的外衣。君权与神权的结合，加强了皇权不可侵犯的神圣性。侮君、轻君即等于侮神、轻神，理应被诛灭。当时一般社会意识都认为皇帝是真龙天子，是秉承天命的圣哲；皇帝本人更是对此大力宣扬。凡登上皇帝宝座的人，都是“奉天承运”，是皇天上帝授权处理人间政务的最高代表，他们“上为皇天子，下为黎庶父母，为天牧养元元”③。因此，这些皇帝总是有“龙德在田，奇表见异”，他们夺得皇帝宝座又是“斯乃非止人之谋，抑亦天之所赞也”④。一切说教都是为了论证皇帝权力理应独尊无二，理应成为天下的“至尊”。在反复论证之后，皇帝之上除了只有一个虚无缥缈而又人格化了的“天”之外，再不容许有敢于超越或干扰其权力的任何力量存在。

基于皇帝“至尊”的地位，当时的社会物质文明和精神文明都用来集中体现皇帝的尊严。规模宏大的都城，雄伟壮观的皇宫，重檐高基的宫殿，富丽开阔的苑囿，肃穆庄严的陵寝，华美精致的手工艺品，威武雄壮的仪仗，十二旒倒垂的冠冕，昂首盘绕的龙袍，等等，从特殊建筑物到一切吃穿用具，都成为伸张皇帝权力的象征。

精神文明是人类精神生产和精神生活的结晶，历代统治者无不对它加以改造利用，大力宣传顺昌逆亡，灌输尊君奉上的理论。凡是与统治密切关联的政治思想、伦理道德等，更是在统治阶级严格控制之下。从秦始皇“焚书坑儒”，到明清“文字狱”；从汉代的“儒术独尊”，到明清严禁“异端邪说”，都说明极端专制政体与文化专制是不可分割的整体。文化专制用来欺骗和愚弄人民群众，压制任何异己思想，以保证皇帝政治上的绝对权威和永恒性；而极端专制政体又必然使用一切权力和手段以推行文化专制，企图

---

① 司马光．资治通鉴：卷7：秦始皇帝二十六年（前221年）．北京：中华书局，1956：235.
② 严可均．全上古秦汉三国六朝文：卷127：晋武革命论．北京：中华书局，1958.
③ 班固．汉书：卷72：鲍宣传．北京：中华书局，1962：3089.
④ 魏徵，等．隋书：卷2：高祖纪赞．北京：中华书局，1973：55.

倚仗之并作为阻遏异端思想泛滥的堤防，维持万马齐喑式的“稳定”。

第二，皇帝在全国范围内拥有“至高无上”权威和“绝对”权力。

皇帝独一无二的名号确立后，即宣布在全国只能有一个君主。“天无二日，民无二主”，皇帝自置于至高无上的尊贵地位，拥有政治上的独断权。“天下事无大小皆决于上”，为了维护权力，秦始皇甚至“以衡石量书，日夜有呈，不中呈不得休息”①。其所以这样做，无非是为了严格掌握和运用权力，以期维持“乾纲独揽”“太阿不可倒持”“臣下唯面奏取旨”② 的绝对专制局面。所追求的乃是“令出惟行，大权从无旁落”③，乃以至于成为“家法”。如清乾隆帝所讲：“况乾纲独断，乃本朝家法。自皇祖皇考以来，一切用人听言，大权从无旁假，即左右亲信大臣，未有能荣辱人，能生死人者。”④ 当然，任何事情都不是绝对的，现实政治并不可能完全遵照主观理想而运行。从秦到清的两千多年中，也出现过不少皇帝权力受凌夷、无力或无能执行权柄的现象。这些人或由于年幼庸弱，或由于当时的形势和政治力量对比的变化，因而受制于母后、外戚、宦官、权臣、地方割据势力，导致权力萎缩或丧失。但这并不是皇权制度整体的消亡，而是高度皇帝集权的孳生物。由于皇帝是一切权力的化身，母后、外戚、宦官、权臣、地方割据势力，只要能控制或挟制皇帝，便可以呼风唤雨，窃权弄柄，乃至左右全国政局。

第三，全体官僚都是皇帝的臣仆，庞大的官僚机构都是执行皇帝意旨的机构。

作为最高统治者的皇帝，拥有至高无上的政治权力，主要表现在对全国一切土地资源人口财富的完全占有，“天下一家，何非君土？中外之财，皆陛下府库”⑤。皇帝视全国全社会为自己一姓一家的“莫大之产业”⑥，拥有绝对的支配权，全体臣民必须无条件服从。然而，天下如此之大，事务如此之多，无论皇帝是何等的“超人”，也不可能事事“钦定”亲裁。因此，建立一套以皇权为中心的、从中央到地方层层控制的统治机构，并要求这套机构和全体臣僚绝对听命于皇帝，使他们即使“远在千里之外，不敢易其辞”（《韩非子·有度》），便成为履行皇权统治必不可少的一环。

在皇权专制下，所有国家机构都是皇帝实行统治的重要工具，设置和使用各级官吏以保证国家机构的运转，也就成为体现皇权统治的必然形式，官僚政治就是在这样的基础上恶性发展起来的。“在这种形式下，官僚或官吏，就不是对国家或人民负责，而只是对国王负责。国王的语言，变为他们的法律，国王的好恶，决定了他们的命运（官运和生命）结局，他们只要把对国王的关系弄好了，或者就下级官吏而论，只要把他们对上级官吏的关系弄好了，他们就可以为所欲为的不顾国家人民的利益，而一味图所以自利了。”⑦ 君主专制与官僚政治相结合，一直与皇帝制度相始终。

皇帝制度中的一切规定和程序，都是为了保证皇权的顺遂运行。皇权在理论上并不受任何规定和程序的约束，在实际上也没有真正有效的措置来防范和制约它的滥用，这

---

① 司马迁．史记：卷 6：秦始皇本纪．北京：中华书局，1959：258.

② 黄佐，廖道南．殿阁词林记：卷 9：几务．文渊阁四库全书．

③ 梁章钜，朱智撰．何英芳点校．枢垣纪略：卷 14．北京：中华书局，1984.

④ 清高宗实录：卷 323，乾隆十三年八月辛亥条。

⑤ 顾炎武撰，黄汝成释．日知录集释：卷 10：财用．石家庄：花山文艺出版社，1990.

⑥ 黄宗羲．明夷待访录·原君．北京：北京古籍出版社，1955.

⑦ 王亚南．中国官僚政治研究．香港：时代文化出版社，1948：8.

就造成皇帝个人在一定的历史发展阶段中起到过难以代替的正面或负面的作用，有时甚至影响到历史发展的进程。对于皇帝制度，必须因时因事因人进行有根有据的具体评价，必须将典章制度、人物、事件等有机结合起来，做动态而非静止的研究，乃是研究皇帝制度的基本出发点。

第四节　王位与皇位继承

“五帝官天下，三王家天下。家以传子，官以传贤。”① 家天下的特点就是世袭罔替。历代统治者相继完善的王位和皇位继承制度，既有从家天下方面考虑来保护君位继承的一面，也有从维护君主自身统治权力传承方面考虑严格限制继承者身份的一面，更有安抚国家各阶层利益以稳定政局和社会的一面，这就使继承制度除具有极其重要内容之外，还有复杂的政治关系。

一、王位继承

自五帝以后，中国历史开始了“家天下”的局面，作为家天下的重要内容之一，就是建立了王位继承制度。

夏代从启至桀，共历 13 代 16 王。从王位继承顺序来看，有的是传子，有的是传弟，基本上是以传子为主。传子是不是传长子、嫡子，由于资料匮乏，尚难以推定。

商代从汤至纣，共历 17 代 31 王。汤制定了兄终弟及再传兄子的制度，即兄死后由弟继承，弟死后由少弟继承，直到同辈诸弟全不在世，再由长兄之子继承。这一制度本身存在严重的缺憾和危机，不切实际。首先是兄王去世之后遍传同辈诸弟，等到传遍诸弟，长兄之子一是可能来不及等待，二是很难得到叔辈的青睐，三是叔辈是否还允许可能即位的长兄之子存活。其次是最高统治权力遍传各人之手，各人是否都能够恪遵规定，和平地将权位递交给下一传人，在权力具有独占性及排他性的情况下，也是很难实现的。果然，汤死后，继承王位的诸弟就不肯把王位交还长兄的儿子，而直接传位给自己的儿子。因此，争夺王位继承权的激烈斗争造成了“九世之乱”，直到帝康丁以后，才基本确立传子制度，后来又发展为嫡子继承制。嫡子继承制之所以能顺利推行，因为它能有力地保证王位继承的顺利，减少因王位继承而引起的纷争。在商代后期，在位的王于生前就确定自己的继承人，称之为“小王”。

周代的王位继承制度基本是承袭商制，但有了比较重要的发展，这就是在“文王世子制”的基础上确立了嫡长继承制度。所谓的“文王世子制”，就是周文王在位时确立武王为世子，文王不在国内，武王便以世子的身份代行王政。这种世子制度在当时还是处在初创阶段。武王死后，由周公旦摄政 6 年，返位于成王以后，嫡长子继承和预先册立太子的制度才得以确立。

---

① 班固．汉书：卷 77：盖宽饶传．北京：中华书局，1962：3247．

根据嫡长子继承制度，择立太子的标准是："立嫡以长不以贤，立子以贵不以长"（《公羊传·隐公元年》）。也就是说，在后妃所生的诸子中，必须确定嫡后所生诸子的优先继承地位，而且要确定嫡后所生的长子作为首位继承人；如果嫡后没有生子，则在众多妃嫔所生的庶子之中选择，其优先考虑则是妃嫔的家世和本人的素质，而不考虑其是否年长。这种嫡长子继承制的确立，是王位传承制度的完善，具有重大的积极意义，使政治上"家天下"而又一人独尊的专制制度更加巩固。因此一经出现，便在其后约三千多年的时间内一直被尊为正统定规。

世子确立以后，一定的教育培养措施也随之出现。比如说，由王选择有才能的重臣担任师、傅，负责对世子的教育，传授"治道"；设立一定的东宫官属，作为世子日后即位的官员储备等等，以期保证世子能够顺利继位。

王位继承顺序的演变过程，反映统治集团是在不断地总结经验和教训，力图摸索出一种既能够保持最高统治权力的顺利交替，又能够避免因内部交讧而引起动乱的有效办法。王位继承同王权归属问题一样，必然成为政治斗争的焦点，王身边的各种政治势力，在觊觎王手中权力的同时，也无时无刻不在极度关注着王位的传承，以及由此对本身利害权益的影响。在权欲面前，那种"父慈、子孝、兄良、弟悌、夫义、妇听、长惠、幼顺、君仁、臣忠"（《礼记·礼运》）的政治伦理和社会道义，往往被抛于脑后。所以，伴随着王位继承而出现的父子反目、兄弟相残、宫闱喋血、诸侯交攻、宫廷内讧，始终没有停息过。

二、皇位继承

皇位继承是历代统治者最关心的问题之一，因为它关系到政权的连续和稳定。皇位继承局限于血缘系统范围，嫡长继承应该是最优先的选择。然而，历史往往不按人为规定的轨道行进。皇位继承意味着接替最高权力，在权欲的驱使下，血统并不能禁绝对权力觊觎的野心，也阻止不了各种因争夺皇位继承而出现的阴谋活动，更阻止不了各种政治势力的角逐。

秦始皇嬴政将皇帝名位制度化，但他本人刚死，宦官赵高即挟持丞相李斯伪造遗诏，迫令理应继位的长子扶苏自杀，拥立容易受控制的少子胡亥为二世皇帝，率先冲击嫡长子继承制。汉代开国皇帝刘邦，由于宠幸戚夫人，也动过废长立幼的念头；汉武帝刘彻因有人诬陷太子刘据"蛊惑"，竟然逼杀之，还加以恶谥为"戾太子"。两汉外戚专权，多贪立幼子以便于自己控制。魏晋南北朝的权臣当道，也无不废长立幼，以期控制或逼迫其"禅让"。唐代宦官专权，"立君、弑君、废君，有同儿戏"[①]，先后当权的宦官居然拥立过 7 帝（穆、文、武、宣、懿、僖、昭），谋杀 4 帝（顺、宪、敬、文），占整个唐代皇帝总共 20 帝的半数以上。

为了取得皇位继承权，不但继承顺序被打乱，而且血亲之间的残杀也变得异常凶残，父子、兄弟、夫妇等人伦关系被抛之九霄云外，而且互为仇雠，不共戴天。例如，南朝刘宋文帝刘义隆被太子刘劭杀死；其三子孝武帝刘骏则自立为皇帝，率兵征讨其兄，不

---

① 赵翼．廿二史札记：卷 20：唐代宦官之祸．北京：中华书局，1984：449.

但杀死刘劭，连刘劭4个未成年的儿子也未能幸免，都暴尸于市，投尸于江，以致刘劭死前感叹说："不图宗室一至于此！"[①] 刘骏之子刘子业因其父管教较严，竟怀恨在心，继位之后竟欲掘其父陵而暴其尸；刘子业被废，文帝十一子明帝刘彧被拥立，竟残杀孝武帝的14个儿子和自己的4个弟弟。南齐萧昭业为皇太孙时，令女巫诅咒其祖父早死；东昏侯萧宝卷用草编成其父的模型，北向而斩之，并悬首于苑门。隋炀帝杨广为夺帝位而弑其父，再杀其兄逐其弟。唐太宗李世民不但杀死其兄太子李建成和其弟李元吉，还把他们的后代斩尽杀绝。武则天不但诛杀他妃所生的皇子，还将自己生育、相继被立为太子的儿子李弘和李贤杀害。北宋太祖赵匡胤是否被其弟（太宗）赵光义杀死，至今还是千古疑案。西夏和辽代的后族和皇族争权，相互残杀，更是史不绝书。南宋高宗赵构为保持皇位，拒绝迎回被金兵掳去的父兄（徽、钦二帝）。金代海陵王（废帝）完颜亮杀堂弟完颜亶（熙宗）而自立，其弟完颜雍（世宗）又趁完颜亮南征之际而自立。元世祖忽必烈为争夺汗位，与其弟阿里不哥血战漠北。明成祖朱棣以"靖难"为名夺得皇位，而他的儿子汉王朱高煦为争夺继承权而发动叛乱，导致其孙宣德皇帝不得不亲自率领大军征讨，叔侄兵戎相见；正统皇帝朱祁镇因"土木之变"被瓦剌也先俘虏，其弟朱祁钰（景泰帝）被拥立为帝，但得位后便废兄子而立己子，阻挡也先送回朱祁镇，不遂，便将朱祁镇禁锢在"南宫"，而朱祁镇又趁朱祁钰病危，在一些臣僚的簇拥下复辟，再立己子朱见深（成化）为继承人。清代康熙皇帝一度立长子为皇储，又因其"肆思虐众，暴戾淫乱"，而宣布废储，此后废而复立，复立而再废，犹豫不定，致使其他诸子纷纷竞争，进而引发雍正时期的兄弟相残，也导致皇位继承制度发生根本变化。

由上可见，历代都存在争夺皇位继承的斗争，而在争夺中，谁也没有把宗法规定放在眼里，嫡长继承制并未成为制止动乱的堤防。在权欲的作用下，什么父子、夫妇、兄弟、叔侄等亲亲之谊，三纲五常的伦理道德，全被踩在脚下，肆意蹂躏。

如果从另一角度来观察，不难看到皇位继承采用嫡长制的原则，其本身也存在着严重的缺憾。因为法定只有皇帝最亲近的血亲才有继承皇位的资格，而这些所谓嫡系的"龙子龙孙"，几乎都是生育在宫禁之中，长成于阉宦之手，自幼习惯于骄奢享受，对社会和民生休戚一无所知，对兵韬政略更是一窍不通。让这样的人担任统一中央集权的帝国首脑，要求他们妥善地处理国家政务，实在是极不容易。"童昏狂暴，接踵继出"[②]，当然和他们的成长环境有关。清初的思想家唐甄曾经指出："帝室富贵，生习骄恣，岂能成贤！是故一代之中，十数世有二三贤君，不为不多矣！其余非暴即暗，非暗即辟，非辟即懦。"具体的区别是"懦君蓄乱，辟君生乱，暗君召乱，暴君激乱"。这些懦、辟、暗、暴君的存在，最终会影响政局，"其如斯民何哉"！乃是人民深受其害，而纵观历史，"治世十一二，乱世十八九"，因此"君之无道也多矣，民之不乐其生也久矣"[③]。无道之君居多，与皇位继承制度息息相关。

以血缘为基础的皇位继承制，其消极方面是很明显的，而突出嫡长子的地位，使之成为天经地义的皇位继承人，则更加深了上述的恶果。如果这位嫡长是婴幼病弱、低能

---

① 沈约．宋书：卷99：二凶刘劭刘濬传．北京：中华书局，1974：2439.

② 赵翼．廿二史札记：卷11：宋齐多荒主．北京：中华书局，1984：244.

③ 唐甄．潜书：上篇：鲜君．北京：中华书局，1963：66.

白痴，或者昏聩糊涂、暴戾狂狷，让他接替皇位，必然是对王朝根本利益的损害，也会给社会民生带来危害。由于嫡长子以“小天子”自居，大多不求上进，只知侈情享乐，殷殷企望早日正位，视尚居皇位的父祖为仇敌，许多宫廷丑剧、悲剧、闹剧，多是由此而演出的，许多黯主昏君也是沿着这条轨道而成长定型的。

三、选立继承人的标准

因时代不同，各王朝选立皇位继承人的标准也有所不同，对皇位继承人应具有的素质和社会政治等条件也各有差异。总的来看，选定的标准和条件主要有如下几个方面：

第一，按照“立嫡以长不以贤，立子以贵不以长”的传统原则和本民族的风俗习惯来择立皇位继承人。

按照儒家的政治理论，皇权既然是由天授予，当然是终生的、世袭的，皇统是不能随便改变的“万世一系”。“家以传子，官以传贤”，是家天下的根本原则。这种原则与宗法制度紧密结合，便确立了嫡长子继承制。历代王朝基本上接受了这项原则，即在皇帝正妻皇后所生诸子中，确立长子为继承人；如果嫡长子早殇而有子，则立长子之子；长子无子则由嫡次子顺序继承；在皇后无子的情况下，选择庶子中的长子为继承人；皇帝无子，则依照亲疏昭穆顺序选立继承人。在当时朝野上下，都认为这样可以避免纠纷，保持继承顺序的稳定。

中国是一个多民族的国家，每个民族历史的发展进程并不相同，各有着本民族固有的特点。当由少数民族统治中国部分或全部地区时，无可避免地要把本民族的习俗保留或移植过来。在皇位继承问题上，各少数民族本身的传统习惯曾起过相当重要的作用。例如，北魏初期的皇位继承采取八部大人推举制；辽代的皇位继承在相当时期内保留氏族社会选举首领的习俗；金代初期曾实行兄终弟及、弟再传兄子的制度；蒙古建国，依照蒙古族少子守家的习俗，保留少子继承汗位的制度；满族入关前，汗位由固山王、贝勒等亲贵公推。上述事例说明，在这些少数民族中，原始氏族军事民主制的遗存还很浓厚，只有在他们进入中原，接受了汉族的传统文化后，才逐步改变原有的皇位继承习惯。

历史并不会按照任何人主观规定的轨道发展。因为皇位继承意味着接替最高权威和荣华富贵，而皇权的独占性和绝对的排他性，又不能使权力占有欲顺从固有的传统。任何礼教的、宗法的、传统的全部规定，都无法遏制觊觎皇位者的野心，无法限制住各种争夺阴谋的产生。历史上因皇位继承而引起的宫闱喋血，骨肉相残，乃至军事政变和社会动乱层出不穷，正说明在权欲面前，并不讲究什么亲亲之谊。以礼教、宗法、伦常和传统习俗混合编成的继承顺序，在权力的争夺中显得十分脆弱。

第二，根据本王朝的政治需要，从王朝本身存在和发展考虑，择立堪任政事和胜任统治的继承人。

“天下之命悬于太子。”有些比较明智的统治者，能着眼于本王朝的根本利益，为维护“祖宗基业”，有时能够打破传统的继承顺序，在诸子中选择才能较为出众、堪任政事、胜任统治的皇子为继承人。这样的例子在历史上间有出现。如北魏太武帝拓跋焘，册立太子拓跋晃之后，经常带领他参加征战，经过多次考查，才最后确立他的继承地位。

"自是太子所言军国大事，多见纳用，遂知万机"①，此后又常常让太子监国理政。又如，北宋仁宗赵祯，本来自有子嗣，却选中其身份仅为宗子的赵曙（英宗）为继承人，因为赵曙"好读书，不为燕嬉亵慢，服御俭素如儒者"，把赵祯所赐赠的教言，都"书之屏风以自戒"，因此赵祯认为其"贤知可付者"②，居然不顾群臣的反对，毅然选定这位侄子为皇位继承人。当然，能够割舍私恩，选立贤良为继承人的皇帝毕竟是极少数，但他们这种举动，无论从本王朝的利益，还是实际的社会效果，都是一种明智之举。因此，引起一些有识之士的高度重视，认为"授子以贤"是"或图长久"的"古今不易之典令"③，赞扬改变传统的继承方式，但在传统高压下，能够取得成功者很少。

建立皇储是从维护王朝统治秩序的安定、政权的延续以及消除内乱等角度来考虑的。然而，历史上争夺皇位继承引起的动乱从来没有停息过，往往威胁到王朝的统治，而统治者却找不到适当的方法来消弭祸患于萌芽之中，直到清代雍正时期，才建立起一种秘密建储制度④。

雍正帝是经过异常酷烈的皇族内部倾轧斗争才跻身于皇帝之位的。在他即位之前，对于历代王朝沿用的嫡长继承制弊端和危害，就有较为深刻的认识。因此，在即位之后，除了采用非常残忍屠戮迫害的办法来锄灭作为政敌的诸弟之外，还从根本上废除了以嫡长制为前提的公开预立皇储制度。雍正帝认为，预立皇储不但未能起到加强统治的作用，而且流弊甚大。如果嫡长子在婴幼时期即被册立为太子，长成后发现他原本是庸碌荒唐的人，不可能承担重任，也不能够驾驭全局，也难以进行更改。揆诸旧史，被立为太子的人，由于已经成为法定的继承人，大多数失去激励上进之心，再加上臣下阿谀奉承，更助长其骄纵怠懈之习，还会使皇族内部的父子兄弟之间矛盾激化，攻讦猜疑更难遏止。

雍正帝为了消除历史上皇室中相继发生过的诸子争立，相互结党倾轧，甚至演成残杀内讧的弊端，也为了本王朝的根本统治利益和加强皇帝绝对的权力，采用了经过认真审核甄别，然后确定继承人的办法，那就是秘密建储制度。这项制度是由在位的皇帝在诸子中选定一人为继承者，预先亲自写好册立名单的密旨两道，密储在特别制作的锦匣内。其中一道保藏在紫禁城乾清宫正中高悬的"正大光明"匾额后面，另一道随身携带，作为必要时勘对之用。在选择过程中，任何人不得参与，被选人也不分嫡、庶、长、幼，完全由在位皇帝本人决定。这份密旨要等到皇帝临去世或去世后才予公布，新皇帝随即宣布登位。雍正帝决定由本人开始实行，责令后世的皇帝必须恪守。

密建皇储制度从根本上否定长期通行的嫡长继承制度，对典制规章和传统礼俗观念是一次重大的变革。从其政治效果来看，这种制度有着明显的优越性。首先，取消宗法制在皇位继承问题上的决定作用；其次，皇帝对继承人的选择范围扩大，强调品德才能，对所有的皇子都有激励上进的作用；再次，基本上消除因皇位继承所发生的政治纷争。

---

① 李延寿．北史：卷2：魏恭宗景末帝纪．北京：中华书局，1974：64.

② 脱脱，等．宋史：卷13：英宗纪．北京：中华书局，1977：253.

③ 魏收．魏书：卷4下：太武帝纪．北京：中华书局，1974：96.

④ 对于目前流行的秘密建储制度是雍正皇帝首创的说法，有人提出质疑，并引用《魏书·西域传·波斯国》《旧唐书·西戎传·波斯国》中记载，以证明秘密建储制度是很早前在波斯实行过的制度，认为秘密建储制度应该是世界文化交流的结果。王光尧．对秘密建储制度发明权的质疑．明清论丛：第4辑．北京：紫禁城出版社，2003：427-429.

清代从雍正以后几届政权交替，乾隆、嘉庆、道光、咸丰，都没有发生什么倾轧争夺皇位的事件，交替过程也没有发生什么重大政治风波。可以说，这是在总结中国历史上皇位继承问题的经验教训基础上，具有新意和开创性的突破，也比较适应极端君主专制政治的需要。雍正帝不失为皇位继承制度的卓越改革者。

第三，迫于形势，不得不以所谓“有功于社稷”，已经拥有重大军政实力的皇子为继承人。

在皇帝诸子当中，有的曾经佐助其父夺取天下，或曾经帮助其父平定内乱外患，他们在未被确立为继承人之前，就已经参与或主持军国大事，建立了引人注目的功勋，这样的皇子往往会被“认定”为继承人。如隋炀帝杨广在为晋王时，曾为行军元帅，在大举伐陈的战役中克敌制胜，并能妥善处理善后事务，把被认为是陈国奸邪的罪魁，凡是“有害于民，斩之右阙下，以谢三吴”[①]，博得贤明的声誉。正是在这样的基础上，他才能与权臣杨素合谋，成功地陷害皇太子杨勇，夺取得皇位继承权。唐太宗李世民以秦王的身份，“数平剧寇，功冠天下”，唐高祖李渊“屡许以为太子”[②]，用以安抚和鼓励，而与此同时，实际上又已经确立了嫡长子李建成为太子。李渊的犹豫不决和态度暧昧，终于造成骨肉相残的“玄武门之变”，最后不得不承认李世民为继承人的既成事实。唐玄宗李隆基是睿宗李旦庶出第三子，但在诛除韦后、平定内乱和拥立李旦继位等大政上，均建立了殊勋，并且掌握了军政实权，当时的太子李宪知道无法与之抗衡，被迫自请让位给李隆基。在文武大臣阿附、大势已定的情况下，李旦只好以“圣庶抗嫡”的名义易储。由此可见，功勋卓著、实力雄厚而拥有人望的皇子，往往可以凭借实力优势而打破嫡长继承的常规。

从各民族发展来看，在它们进入中原前后的统治时期内，尚处于原始军事民主制或早期国家的形态，在由弱到强的发展过程中，军事势力的有无或大小，自然成为能否取得最高统治权的重要先决条件。如辽代初期的世选制、蒙古忽里勒台推选制、满族的议政王大臣公推制等，都是以势力为后盾的。例如辽代开国皇帝耶律阿保机去世，由皇后述律氏主持的“世选”，是在她与次子德光指挥的宫卫包围下举行的。是时，皇后述律氏让阿保机二子“倍”和“德光”乘马立于帐前，令各部酋长“择可立者执其辔”[③]，在强势力的压迫下，各部酋长只有争相为德光执辔。倍落选后并没有服气，他的儿子兀欲（辽世宗）便以武力夺回皇位，正是这场斗争的继续。再如，成吉思汗选定拥有一定势力而又有才能的窝阔台为继承人，并交“忽里勒台”议定，但同时又考虑到蒙古的习俗，把大部分军队交给最小的儿子拖雷，成为以后拖雷一支争夺汗位的本钱。满族入关前，议政王大臣推选实力雄厚的努尔哈赤第八子皇太极承继汗位。这些都是根据实力而决定的，有着复杂的政治斗争。

第四，“内援外助”是保证皇位继承的重要条件，也是择立继承人的主要标准。

在几个国家政权同时并存的情况下，各国之间经常以婚姻的形式结成盟好。因此，选择对方国家嫁过来的女子所生儿子为继承人，就往往成为插手对方国家政务，保持双

---

① 魏徵，等．隋书：卷3：炀帝纪．北京：中华书局，1973：60.
② 欧阳修，宋祁．新唐书：卷2：太宗纪．北京：中华书局，1975：26.
③ 司马光．资治通鉴：卷275：后唐天成元年（926年）．北京：中华书局，1956：8993.

方良好关系的政治手段。继承人因有母家势力为后盾，其他要争夺继承地位但缺乏强大背景的诸子，就不得不考虑实力对比悬殊的不利因素，不敢持续对抗。当然，这种选择是在对方国家强大的前提下才能成为先决条件，若是对方国家弱小，这种条件便不存在了。册立对方国家嫁过来的女子所生儿子为继承人，往往要通告对方，有时还会进行各种密谋策划。

在国内几种政治势力的角逐中，皇位继承者总要得到其中最强大政治势力的援助。例如，汉高祖刘邦欲改易太子，改立宠妃戚夫人之子赵王如意以代替早已确立为太子的刘盈，但受到重臣们的一致反对，刘邦只有无可奈何地对宠妃戚夫人说，太子“羽翼已成，难动矣”。并且作歌云：“鸿鹄高飞，一举千里。羽翼以就，横绝四海。横绝四海，又可奈何？虽有矰缴，尚安所施”①。在掌握有军政强大实力的功勋集团支持下，太子刘盈终于保住嗣君的位置。历代的权臣、外戚、宦官等势力，往往为巩固和扩大自身的政治利益而策立太子，扶立新主。这说明，册立太子，选择继承人，绝不是皇帝一人的家事，也绝不是定章成规所能束缚的，而是关系到内外政治形势和各方面政治势力的消长。

在历史上，有些皇帝能够凭自己好恶来决定继承人，这是由于在位皇帝具有控制全局的实力，无须顾忌各种政治势力反对。然而，在储位未定或难定之际，各种政治势力又无不对皇帝施加影响，诸如权臣欺君擅权，后妃以色惑主，外戚把持朝纲，宦官挟君弄权等，因为各有所属，各有所亲，各有所谋。因此，“听哲妇之言，惑邪臣之说，溺宠废嫡，托付失所”② 的事情便经常发生；“定策帏帘，委事父兄，贪孩童以久其政，抑明贤以专其威”③ 的事例也不绝于史册；权臣当道，擅行废立，史亦不乏其人；为争夺皇位继承而造成的骨肉相残，父子相疑，宫闱妒忌，朝臣分党，乃至兵变、政变，亦不乏其事。这表明，皇位继承问题一直是各种矛盾斗争的焦点，有极其复杂的政治背景和各种政治阴谋的较量。

四、君位继承的保护和防范措施

在历史上，君主“驾崩”前后到新主即位这一新旧交替时期内，宫城内往往紧锣密鼓地上演君位争夺的政治格斗戏，激烈而残酷。诸血亲、后妃、宦官、权臣中怀有野心者，无不把这段时间作为攫取君位或控制君主的大好时机。他们策划拥立、废立的政变，制造伪诏假谕以欺骗视听，或勾结外国和军阀，或调遣心腹死党，不惜血腥屠戮。其中著名于史籍的事件，诸如，春秋齐桓公得病时，“五公子各树党争立。及桓公卒，遂相攻，以故宫中空，莫敢棺。桓公尸在床上六十七日，尸虫出于户”④，乃是“尸染蛆虫”；战国楚悼王死，“宗室大臣作乱而攻吴起，吴起走之王尸而伏之。击之徒因射刺吴起并中悼王”⑤，则是“尸箭如猬”；赵武灵王时诸公子争夺继承权，公子成和李兑围赵武灵王

---

① 班固．汉书：卷 40：张良传．北京：中华书局，1962：2036.
② 魏徵，等．隋书：卷 2：高祖纪赞．北京：中华书局，1973：55.
③ 范晔．后汉书：卷 10：皇后纪序．北京：中华书局，1965：401.
④ 司马迁．史记：卷 32：齐太公世家．北京：中华书局，1959：1494.
⑤ 司马迁．史记：卷 65：吴起列传．北京：中华书局，1959：2168.

主父于沙丘宫，“主父欲出不得，又不得食，采爵鷇而食之，三月有余而饿死沙丘宫”①，是“饿死沙丘”；秦代宦官赵高伪造遗诏，拥立少子胡亥为秦二世，为“胡亥诈立”；西汉吕后专权，封吕氏为王，几乎改变皇统，为“诸吕乱政”；霍光迎立昌邑王刘贺，又因刘贺不惟命是听而废之，迎立汉宣帝，为“霍氏废立”；公元6年，王莽拥立孺子刘婴而实际窃据皇位，为“王莽居摄”；东汉外戚、宦官“定策帷帘”“贪立幼主”；西晋有皇族为争夺政权而引起的动乱，自291—306年，历经16年的“八王之乱”；东晋南北朝的世家大族，凭借自身的势力，常常挟制皇帝的“权臣挟主”；南北朝时，为争夺和维护皇权，经常杀戮宗室，如南朝刘宋孝武帝有28个儿子，被明帝杀死16个，以后又被后废帝刘子业杀死12个，就连年仅4岁的东平王刘子嗣也未能幸免，乃是“宗室绝嗣”；隋炀帝杨广杀父篡位，残兄害弟，不容至亲一人与之并存的“杨广弑父”；618年，隋炀帝在江都被禁军将领宇文化及等杀死，拥立秦王杨浩为帝，不久又杀杨浩而自立为帝，改国号为许的“宇文弑君”；626年7月2日，李世民率领尉迟恭等在皇宫北面的玄武门发动政变，杀死太子李建成、齐王李元吉和他们的子嗣，争得皇位继承权的“玄武门之变”；唐太宗李世民在自己继承人的问题上，几度陷入苦恼，曾经从床上“自投于地”；武则天先后立自己儿子中宗、睿宗为帝，690年则自立为帝，改国号为周，是为“武氏建周”；唐代中后期，皇帝多被宦官拥立，是“宦官拥立者十帝”，占唐代皇帝的半数；宋太宗赵光义是否杀死乃兄宋太祖赵匡胤，至今还是历史疑案的“烛影斧声”；1224年，权臣史弥远诈称遗诏，拥立宋理宗为帝的“史弥远称诏”；金、元两代，凡被册立为太子者，没有一个能继承皇位，是“太子无一享国者”；1399年，朱元璋第四子燕王朱棣自称“靖难”而起兵，4年后夺得皇位的“靖难之役”；1457年，明英宗在宦官曹吉祥、将领石亨、官僚徐有贞等的支持下，乘景帝重病，发动政变，夺宫门而登奉天殿复辟的“夺门之变”；清代康熙诸子“结党争立”“慈禧立幼”等等，可谓史不绝书，而所有这些历史热点，都是在君位继承这个特定的时期和条件下发生的。新旧交替，乃是各种政治势力重新组合，也是夺取最高统治权而进行殊死斗争的关键时期。长期酝酿的矛盾一旦爆发，胜利者登基嗣位，失败者则沦为逆子蟊贼，难逃囚禁和诛灭。

一连串的骨肉相残、夺权乱政的事件，使在位的统治者感到心惊胆战。清康熙帝甚至预言，自己尸骨未寒，诸子或已弄兵于乾清宫外。作为统治者，他们总想防范或消除这些祸乱，维护正常的统治秩序。为此，采取过一些相应的措施来加以防范。

第一，重视对太子的教育和培养，为太子选定师、傅，设立东宫官属，并给以一定从政实践的机会。

“太子之善，在于早谕教与选左右。”② 自西汉时起为太子设立太傅、少傅，至西晋以后形成以太子太师、太傅、太保、少师、少傅、少保的“三师三少”东宫师傅制，历代变化不大。师、傅的职责在于辅导教育太子，传授知识和“治道”原则，提高其素质，以期使之成为理想的继承人。除师、傅之外，历代还为太子设立一套模仿朝廷的东宫官属，一般有詹事、春坊、寺、卫率府等侍从、护卫人员。设置这些东宫官的目的，是为

① 司马迁．史记：卷43：赵世家．北京：中华书局，1959：1815.
② 班固．汉书：卷48：贾谊传．北京：中华书局，1962：2251.

了让太子熟悉政情，掌握为君之道。一旦继位，这套班子往往很快地会转为新皇帝的重要辅佐亲信。有时，太子还招揽一些有才能的人为宾友，依托宾友的声望来扩大自己的影响，使自己地位得到巩固。如汉高祖刘邦的太子刘盈用张良之计，卑词安车请来商山四皓，使刘邦认为刘盈羽翼已成，打消废立太子的念头。为培养太子的理政能力，有些皇帝还有意识地让太子参与一些军国事务，采取监国、将兵、参政、任职等方式，让太子得到从政的实践经验。

以上措施对太子地位的稳定、培养和提高实际治理能力有一定的积极作用，也有利于维护新老交替的稳定和基本国策能继续推行，太子也会因上述措施而扩大势力，博取声誉，熟悉政务，从而掌握实权。但太子的势力过分膨胀，声名过隆，插手政事过多，又往往会引起在位皇帝的猜疑，害怕儿子抢班夺权，害怕发生逼宫和强迫“禅让”。在权力的作用下，在位皇帝对权位的考虑，往往会超过父子之情，因此也出现了许多限制措施。例如，有些皇帝对东宫官进行限制，所谓“储闱之建，随宜制官，以备僚寀，多以他官兼领”，实际上就是不让太子拥有自己强有力的谋士集团，故此“惟以监门率府副率为环卫阶官”①，注意削弱太子的护卫力量，不允许发展成为可观的武装力量。在位皇帝之所以不愿意太子拥有一定实力和影响力的东宫官属，实际上是不愿意在朝廷之外再出现一个带有威胁性而等待接班的“小朝廷”。基于此故，宋代以后的东宫官属实际上仅具虚名，太子的三师三少也成为褒奖功勋臣僚的虚衔，不赋予实权，也没有教育太子的实在职责；同时还规定东宫官不许向太子称臣。清代建立秘密建储的制度，也就没有太子之位，东宫官已经变成国家机构，如詹事府成为中央朝廷的学术研究和储才机关，诸皇子同受教育，专门辅导太子的职位已不复存在。

对太子进行教育，乃是很难的事情，即便是在位君主选定的师傅，这些师傅面对未来的君主，当然是心存顾忌，而太子也必然轻视师傅，正常教育也就难以实行。唐甄认为对太子的教育应该严厉，“凡教太子，有过必挞。臣待师傅，亢不受命，则挞之；不敬大臣，不礼群臣，则挞之；今日闻言，明日不能行，则挞之；出而荒游，不知农事，则挞之；出而荒游，不知民穷，则挞之；出而荒游，不知物土，则挞之；出而荒游，不知人劳，则挞之”②。他希望君主用鞭挞的方法教育太子，便能够严父出孝子，有利于江山万代，殊不知君主也是人，具有人的弱点，护犊心切，岂肯鞭挞，而师傅更不敢显示出师道尊严，若是严师，则有可能教育不成，反而积成仇恨。如张居正为万历帝师傅，曾经严厉对待，而张居正死后的清算，未尝没有当年受到师傅责难的怨恨，故此太子教育成功的不多，也难怪嗣君多昏主了。

第二，托孤、建藩，以期匡正和藩卫新主。

在太子年幼或低能的情况下，皇帝经常采取“托孤”的形式，委任大臣辅佐新主。从汉武帝刘彻立幼子刘弗陵，使霍光“行周公之事”，辅助幼主即位，到明代弘治皇帝临终前夕，亲自嘱托大学士刘健、李东阳、谢迁三人为“顾命大臣”；清代咸丰皇帝遗诏任命载垣、端华、肃顺等“摄政八大臣”，几乎代代都有“托孤”之举。托孤对于新主即位

① 脱脱，等. 宋史：卷162：职官志二. 北京：中华书局，1977：3826.

② 唐甄. 潜书：上篇：太子. 北京：中华书局，1963：71.

后的地位稳定和维持原有的政策方针是非常必要的，如诸葛亮辅佐蜀汉后主刘禅，“鞠躬尽瘁，死而后已”，保证了蜀汉政权的延续。如果托孤非人，也给篡权者提供可乘之机，王莽代汉、司马篡魏、隋杨代周，都是显例。“辅政者，危亡之本，恶得托周公之义，以召祸于永世哉。”[①] 不少受命托孤之臣，不是包揽权势，挟制新主，便是被斥贬杀戮，非此即彼，权势不可假人，在此表现极为突出。

鉴于秦“孤立而亡”和权臣专擅朝政，汉、晋、隋、唐、明等朝代初期，都曾经大封同姓和诸子为王，分藩镇抚天下，试图“用宗室以为天子屏藩”[②]，期望他们拱卫皇室，维护中央集权，使新主能得到宗亲的支持和保护。依靠宗亲，是早期国家的特点，辽、金、元等朝的早期，无不赋予宗亲较大的军政实权。事实证明，在确定皇位继承的同时，又大力培植和加强宗亲的军政力量，乃是一项从根本上互相冲突的政策。这些宗亲往往依恃其政治、经济、军事势力以威胁中央，架空朝廷，甚至阴谋取而代之，直至发动兵连祸结的大动乱。

第三，消除妨碍君位继承的政治势力，以期继承者能在安定的环境下实行统治。

各种政治势力在君权的卵翼下，除了不断发展自己的政治实力以外，在一定程度上还会对君权构成威胁，威胁到君位继承人的顺利继位。对此，历代统治者曾经采取过一些防范措施。

母后、外戚、宦官、宗亲、权臣、功臣等，都是依附于君权的。在依靠君权的前提下，他们又各自形成政治势力。在新旧交替时期，这些政治势力总希望能拥立对自己有利的新君，以期保持或扩大自己的政治和经济利益。有鉴于前史的惨痛教训，如何限制和制衡这些现存的势力，便成为在位君主最为焦灼和头痛的问题。

对于母后和外戚，许多朝代都曾经明令禁止他们干政。如魏文帝曹丕就曾下诏曰：“夫妇人与政，乱之本也。自今以后，群臣不得奏事太后，后族之家不得当辅政之任，又不得横受茅土之爵。以此诏传后世，若有背违，天下共诛之。”[③] 以后各代君主虽然都承认这项原则，并表示遵守，但由于各时期不同的历史背景，也有由于母强子弱，或企图依靠外戚以制衡权臣等等原因，后世母后和外戚干政的事件仍然不断发生。

对于女主，有些皇帝曾经采取过极端的措施。如汉武帝刘彻立幼子刘弗陵为太子，又怕“主少母壮，女主骄蹇，淫乱自恣，莫能禁”[④]，决定先将其母赐死。北魏道武帝拓跋珪效法汉武帝，立子嗣必先杀其生母，他认为：“昔汉武帝将立其子而杀其母，不令妇人后与国政，使外家为乱”的做法乃是“为长久之计”[⑤]。为杜绝母后擅权，采取杀戮嗣君生母的残忍手段，原来是以一套奠安社稷、消除隐患于未然的政治理论为依据的。这种做法虽然在中国历史上比较罕见，但却反映出统治者对女主干政的高度警惕和不惜采取极端手段加以限制的思想。

对于诸皇子和宗亲，采取崇其位而削其权的办法，使他们“分封而不锡土，列爵而

---

① 王夫之．读通鉴论：卷10：蜀先主．北京：中华书局，1975：741．

② 顾炎武撰．黄汝成释．日知录集释：卷22：郡县．石家庄：花山文艺出版社，1990．

③ 陈寿．三国志：卷2：魏书·文帝纪．北京：中华书局，1959：80．

④ 司马光．资治通鉴：卷22：汉武帝后元元年（前88年）．北京：中华书局，1956：745．

⑤ 李昉，等．太平御览：卷148：皇亲部．北京：中华书局，1960：723．

不临民，食禄而不治事”①。认为这样就可以减少他们对皇位的觊觎。对于宗亲实行分藩还是削藩，统治者经常陷入自我矛盾之中，这也是“家天下”无可回避的问题。

对于宦官，往往采取限制他们的官爵，禁止他们干预政事。如朱元璋铸铁牌于宫中，明令“内臣不得干预政事，预者斩”。东汉和唐代末年，都曾经大杀宦官，一些没有胡须的无辜者也遭受杀戮。不过，许多皇帝还是认为：“中人无外党，精专可信任，遂委以政。”② 东汉中叶、唐代中叶、明代中叶以后，许多宦官受到重用，他们擅权、弄权，乃至专权，宦官政治成为当时的特点。

新皇帝即位之际，与其共事的往往都是老一辈的文武大臣及皇族长辈，这些人从资历、经验、权势以及政治影响来说，都远胜过新君主，新君主驾驭他们显然存在困难。正如汉高祖刘邦拟派太子领兵攻打叛乱的英布，有人就认为诸将与刘邦的资历差不多，使太子率领他们，“无异使羊将狼”③。唐太宗李世民对太子李治说：“李世勣才智有余，然汝与之无恩，恐不能怀服。”④ 这充分反映统治者对功臣宿将们的猜疑。朱元璋曾经让太子朱标拾捡扔在地上布满棘刺的木杖，太子朱标有些为难，朱元璋便从除去棘刺而便于拾起讲起，说自己屠戮诸臣，就是为他除棘刺。对这些功臣宿将，君主既不能不有所倚重，但又随时随事而怀疑戒备之，恐怕他们一旦尾大难掉，势力坐大，绝不能授人以柄。老君主健在，对功臣宿将们，基本上还能控制，一旦老君主去世，继位的新君主则往往难以控制。在“一兵之籍，一财之源，一地之守，皆人主自为之”⑤ 的情况下，不允许有君主控制不住的势力来左右形势。出于对自身地位和“家天下”的考虑，有些君主便采取大批诛戮功臣的极端做法，以期解决此一特定难题。西汉初、明初所出现屠戮功臣的历史悲剧，就是在这样的背景下出台的。当然，也有些君主采取了比较温和的手段，用只崇其位而削其权，厚赐美女财帛，给他们以优厚的政治和经济待遇，却不许功臣再握重兵，再掌大政。北宋初年宋太祖赵匡胤“杯酒释兵权”就是这样的典型。

第五节　宗室制度

宗法制度与古代政治有着千丝万缕的联系，与继承制度、君主专制的联系最为密切。所谓的“宗”，就是人们对共同祖先的崇拜，进而成为具有血缘关系的宗族体系。“立爱惟亲，立敬惟长，始于家邦，终于四海”（《尚书·伊训》）统治原则的出现，是国家从血缘关系发展成为政治关系产生的必然现象，以宗法为基础的宗室分封制度，在中国历史上曾经产生过重要影响。

---

① 张廷玉，等．明史：卷120：诸王传赞．北京：中华书局，1974：2659.

② 班固．汉书：卷93：佞幸石显传．北京：中华书局，1962：3726.

③ 班固．汉书：卷40：张良传．北京：中华书局，1962：2034.

④ 王谠．唐语林：卷5：补遗．北京：中华书局，1958.

⑤ 顾炎武撰．黄汝成释．日知录集释：卷8：法制．石家庄：花山文艺出版社，1990.

一、宗室分封——君主专制的痼疾

西周灭商，推行“封建”制度。所谓的封建，就是“封诸侯、建藩卫”。为了与社会发展史上的封建制度相区别，这里行文用分封制度。西周确立王位由嫡长子继承之后，为了抑制兄弟之间的争端，便确立分封制度。“封建亲戚，以藩屏周”（《左传·僖公二十四年》），所分封的诸侯在封国内享有世袭的特权，对天子有朝贡和提供军赋、力役的义务，有责任拱卫王室。

据说西周初期分封四百余国，臣服八百余国，藩服、荒服的有近六百国，是“周初尚有千八百国”。分封国中有天子同姓、功臣勋戚、前代后裔，臣服国则是被征服的周边小国，藩服、荒服乃是边远之国。后来经过不断兼并，“而见于《春秋》经传者，百有七十焉”（《左传·哀公七年》）。这百七十余国，与天子同姓者十之六，天子勋戚十之三，前代后裔十之一，宗室分封占有的比例最大。

西周宗法分封目的在于建立以天子宗族为主干，以天子勋戚为辅翼的政治体系，以期利用宗亲关系来维护天子的正统地位。《吕氏春秋·审分览·慎势》云：“立天子，不使诸侯疑焉；立诸侯，不使大夫疑焉；立嫡子，不使庶孽疑焉。疑生争，争生乱。是故诸侯失位，则天下乱；大夫无等，则朝廷乱；妻妾不分，则家室乱；嫡孽无别，则宗族乱。”因此在确立宗法的基础上实行分封制，以期达到“求定息争”的效果。然而，事与愿违，诸侯凭借自己相对独立的统治权，经常与天子发生冲突。周平王东迁之后，天子尊严不复，诸侯之间的兼并战争持续了500余年。

秦灭六国，取消分封制度，实行郡县制度，宗室失去封国的政治依托。汉高祖刘邦在统一以后，却错误地认为，秦没有分封宗室以为屏藩是它孤立速亡的原因之一。因此，他专门分封了一批同姓诸侯王，让他们领兵分据各战略和赋税要地，借以控制郡县，要他们成为中央王朝的捍卫力量。为此与群臣约定，“非刘氏不王，若有亡功非上所置而侯者，天下共诛之”①，有意加强宗室的力量，提高宗室的地位。自此以后的二千余年间，历代统治者为了笃厚“亲亲之谊”和“屏藩王室”，或大封宗藩，或厚给岁禄，以保证子孙繁衍，进而形成一支庞大的宗室藩封队伍。

这种以血缘为纽带，以政治统治为依托的宗室分封制度，既不能实现统治者“求定息争”和“捍御侮者，莫如亲亲”（《左传·僖公二十四年》）的政治设计，又不能使血缘关系起到“维城宗社”的作用，更不能够实现“敦厚亲谊”，反而成为君主专制政体的痼疾。

二、宗室分封与管理

分封宗室是依照宗法制的原则，由亲及疏，但历代的方法不一。有的朝代依据嫡长世袭原则，世代相传；有的朝代则采取比较节制的逐代降等方法，一般都是以五世为度。

---

① 班固. 汉书：卷18：外戚恩泽侯表. 北京：中华书局，1962：678.

例如，唐代宗室分封有九等，以王、郡王（嗣王）、国公、开国郡公、开国县公、开国县侯、开国县伯、开国县子、开国县男为顺序。“皇兄弟、皇子，皆封国为亲王；皇太子子，为郡王；亲王之子，承嫡者为嗣王，诸子为郡公，以恩进者封郡王；袭郡王、嗣王者，封国公。”① 依此顺序，一世为国亲王，按嫡传二世为嗣王，三世为国公，四世为郡公，嫡传九世而降为庶民。非嫡传者，二世为郡公，三世为县伯，四世为县男，五世而降为庶民。女系方面：皇姑为大长公主，姊妹为长公主，女为公主，皇太子女为郡主，亲王女为县主。

嫡长世袭相传是一种恩荫世袭制。例如明代制度：皇帝之子皆封为亲王，亲王嫡世相传；亲王诸子封为郡王，郡王亦嫡世相传；郡王诸子授镇国将军，再嫡世相传；镇国将军诸子授辅国将军，再嫡世相传；辅国将军诸子授奉国将军，再嫡世相传；奉国将军诸子授镇国中尉，再嫡世相传；镇国中尉诸子及后世，世授奉国中尉。也就是说，凡是宗室都有封爵，并享受国家的宗禄。另外，亲王之女封郡主，郡王之女封县主，镇、辅、奉国将军之女封郡君、县君。由此一再翻番，使享有宗爵而食宗禄的人数急剧增加。仅明太祖朱元璋第五子周王朱橚，到明代后期，其世系就有亲王 1 位，郡王 46 位，镇、辅、奉国将军 1 349 位，中尉 2 559 位，郡、县主君 1 265 位，庶人（因故被废）15 名。朱元璋有 24 个儿子，除皇太子朱标及燕王（永乐帝）以外，到明后期，这 22 个王已经繁衍两万多名男性宗室，再加上其他皇帝的诸子支系，宗室食禄人数已经有十余万②。如何供养这些宗室，便成为明代难以解决的财政和社会问题。

有些朝代是采取逐代降等和世代承袭相结合的方法，是吸取前代滥封痼疾、适当进行节制的明智做法。例如清代的制度：分和硕亲王、多罗郡王、多罗贝勒、固山贝子、奉恩镇国公、奉恩辅国公、不入八分镇国公、不入八分辅国公、镇国将军、辅国将军、奉国将军、奉恩将军 12 等，有功封、恩封、考封之别。功封是有特殊功勋的极少数亲王，可以世袭罔替。恩封是国有大庆时，对一些宗室进行的升等加封。考封是按照世系依次降等，以至降为不入等的“闲散宗室”，其待遇仅比一般满族人略高。因此，清代宗室的繁衍速度和数量都远较明代为低，高级宗爵数量一直受到限制，拥有亲王、郡王衔的更少。据统计，宗室人数从努尔哈赤时的 6 人到乾隆朝为 4 067 人，只有 8 名世袭亲王。

宗室根据分封的不同等级，可以享有不同的政治和经济待遇。如唐代亲王都开府设官，配备有傅、咨议参军、友、文学、东西阁祭酒、长史、司马等数十人的属官编制。领兵的亲王还另设亲事府，配置典军、副典军等军官，统领亲事军和帐内军等千余人。郡王、国公、公主等也有一定的属官编制。在经济上，宗室主要是享受食邑，从万户至三百户，共分为九等，所属人户的赋税收入归其所有。再如，明代的亲王除王府设官之外，还有护卫甲士 3 000～19 000 名不等，如果收回护卫，就是对亲王很大的处罚。按照洪武二十八年（1395 年）规定：亲王岁给禄米 10 000 石，郡王 2 000 石，镇国将军 1 000 石，辅国将军 800 石，奉国将军 600 石，镇国中尉 400 石，辅国中尉 300 石，奉国中尉

---

① 欧阳修，宋祁. 新唐书：卷 46：百官志一. 北京：中华书局，1975：1188.

② 王世贞撰. 魏连科点校. 弇山堂别集：卷 1：宗室之盛. 北京：中华书局，1985：6.

200 石。

历代在中央都设有宗正官，分别称宗正、宗正寺、大宗正府、宗人府等，主管宗室事务。宗正官的主要职责是“掌皇九族之属籍，以时修其玉牒，书宗室子女嫡庶、名封、嗣袭、生卒、婚嫁、谥葬之事。凡宗室陈请，为闻于上，达材能，录罪过”[①]。历代宗正官的职权变化不大，职官排位也都在最前列，乃是尊崇皇宗。宗室有犯罪的，司法部门不能单独审理，要先通报宗正官，由宗正官派人会同司法部门审理。有些朝代还规定由宗正官单独审理，并在各地设立宗师官专门管理宗室事务。在制度和实际上，有些朝代赐予宗室以优先入仕的特权，但也有一些朝代则规定，除特别允许之外，宗室不得入仕或从事工、农、商等职业，让他们过着纯粹的寄生生活。

三、宗室制度与君主专制

历代统治者为保证自己的国祚长久，常常寄希望于宗亲相爱的宗法制，分封同姓，尤其是亲生儿子为王，将他们立为外藩，要求这些藩国屏卫王室。但事与愿违，在权欲面前，这种血缘关系往往是最不足依靠的，并且经常导致骨肉相残。如何解决这个矛盾，在统治阶级内部曾经引起长期的争论。

第一，主张封国建藩有利于国者。他们认为：“前代国祚所以长久者，莫若封诸侯以为磐石之固。秦并六国，罢侯置守，二代而亡；汉有天下，郡国参建，亦得年余四百。魏、晋废之，不能永久。封建之法，实可遵行。”[②] 以为是“众心未附，利建同姓，维城宗社”[③]。应该承认，在历史上，宗室诸侯王维护正统，在反对篡权的斗争中曾经起到一定作用。如西汉宗室诸侯王与功勋集团合谋铲除诸吕；唐中宗时，韦后内乱，临淄王李隆基与太平公主联合，率禁军诛除韦后党羽，立睿宗李旦为帝，宗室亲王在这次政变中曾经起到重要作用。在西汉、隋、唐、明等朝代初期，大封宗亲镇抚各地，对平定动乱、镇压旧政权的反抗也曾经起到一定作用。有些史学家认为东汉、曹魏、唐、宋等朝的灭亡，是因为没有宗室的佐助，是经过削藩造成的，因为“强藩尽而又无以制异姓之奸”[④]，进而赞扬封国建藩。

第二，主张封国建藩不利于国者。他们认为三代分封是出于不得已，“非公之大也，私其力于己也。秦革之者，其为制，公之大者也。其情私也，然而公天下之端自秦始”。认为历史上“有叛国，无叛郡”[⑤]。再加上“若封建诸侯，则卿大夫咸资俸禄，必致厚敛”[⑥]，更何况“封君列国，藉庆门资，忘其先业之艰难，轻其自然之崇贵，莫不世增淫虐，代益骄侈”[⑦]。他们不但奢侈腐化，而且争夺权力。如西汉诸侯王因封地辽阔，能支配的人力物力雄厚，稍加限制便联合兴兵，酿成“七国之乱”；西晋大封同姓，却出

---

① 张廷玉，等．明史：卷 72：职官志一．北京：中华书局，1974：1730.
② 刘昫．旧唐书：卷 63：萧瑀传．北京：中华书局，1975：2401.
③ 魏徵，等．隋书：卷 43：宗室王传赞．北京：中华书局，1973：1218.
④ 方孝儒．逊志斋集：卷 4：周官．上海：上海中华书局，1936.
⑤ 柳宗元．柳河东集：卷 3：封建论．上海：上海人民出版社，1974.
⑥ 司马光．资治通鉴：卷 193：唐太宗贞观五年（631 年）．北京：中华书局，1956：6089.
⑦ 刘昫．旧唐书：卷 72：李百药传．北京：中华书局，1975：2574.

现16年的“八王之乱”；隋代杨广夺嫡杀父，唐朝李世民发动“玄武门之变”杀兄戮弟，明朝燕王朱棣的“靖难之变”等，致使这一派论者以为应该以史为戒，“古之法不可用于今，犹今之法不可用之古也”[①]。他们认为分封有百害而无一利，主张摒弃封国建藩的制度。

第三，认为宗室不可能不分封，关键在于如何管理。他们认为：“救土崩之难，莫如建诸侯；削尾大之势，莫如置守宰。”[②] 对那些强大的宗藩，“不削，朝廷纲纪不立；削之，则伤亲亲之恩”[③]。所以他们主张采取折中的办法，“欲天下之治安，莫若众建诸侯而少其力”[④]。这些“宗王襁褓即裂土而爵之。然名存实亡，无补于事”[⑤]。可以给宗室以很高的政治和经济待遇，但不能给他们实际的军政权力，这样便可以使“宗室子孙莫虑不王，下无倍畔之心，上无诛伐之志”。既保全了“亲亲之厚谊”，又达到“诸侯之君不敢有异心辐辏并进而归命天子”[⑥] 的目的。

上述论点都涉及宗室制度与君主专制之间的共同利益和必然存在的矛盾，而任何一种看法和措施，都不能从根本上妥善处理宗室与君主专制之间的关系和矛盾。在受宗法制度影响极为深刻的中国古代社会，对于最高统治者来说，宗室问题既可以为利，又可以为害，如果处理得当则会趋利避害，而趋利避害乃是最重要的，即便是基于一家一姓统治的考虑，也应该建立在有利无害的基础上。

因为君主拥有至高无上的权威，所以君位便成为诱发某些人觊觎的野心，在历代的夺位篡权斗争中，宗室近亲又往往扮演着重要的角色。在争夺最高权力的厮杀中，宗族血亲们所表现出来的凶残，令人难以想象。王莽有四个儿子，除一个早死，其余三个均被其亲手杀死，还杀掉了孙子和唯一的侄子。西晋“八王之乱”，司马氏“三十六王咸陨身于锋刃。祸难之极，振古未闻”[⑦]，有些王还遭受肢解、火烤等酷刑折磨。南朝刘宋孝武帝有28个儿子，经过子孙们的互相残杀，就连年仅4岁的东平王刘子嗣也未能幸免，结果无一幸存。南朝齐明帝将高帝萧道成、武帝萧赜的子孙斩杀殆尽，毒酒、屠刀、酷刑，无所不用其极。隋炀帝杨广弑父杀弟，不容兄弟一人与之并存。唐太宗李世民射兄杀弟，不容有实力的至亲存在。贵为皇后的唐中宗韦后和女儿安乐公主被枭首于市，以皇后、公主之尊，竟被悬首暴尸，成为绝无仅有之例。曹植在其兄魏文帝曹丕的逼迫下，哀痛欲绝地写下“煮豆燃豆萁”的著名《七步诗》，但他并未完全道出兄弟相煎何急的根本原因，清代史学家赵翼却一语破的：“其意但贪帝王之尊，并无骨肉之爱也。”[⑧] 在权力面前，即便是父子兄弟，往往也会反目成仇。

争夺皇位和皇权的斗争，是具有全局性质的重大政治事件，往往会因此酿成全国性的大动乱，给社会带来巨大的灾难。西汉吴楚七国之乱，吴王刘濞下令征国中62岁以

---

① 范祖禹．唐鉴：卷4：太宗二．上海：上海古籍出版社，1980.

② 欧阳修，宋祁．新唐书：卷78：宗室传赞．北京：中华书局，1975：3538.

③ 张廷玉，等．明史：卷143：高巍传．北京：中华书局，1974：4058.

④ 班固．汉书：卷48：贾谊传．北京：中华书局，1962：2237.

⑤ 脱脱，等．宋史：卷244：宗室传序．北京：中华书局，1977：8665.

⑥ 同④.

⑦ 房玄龄，等．晋书：卷59：诸王传论．北京：中华书局，1974：1627.

⑧ 赵翼．廿二史札记：卷3：王莽自杀子孙．北京：中华书局，1984：75.

下、14 岁以上的所有男子参战，共计征发 20 余万众，结果一半死于战场，另一半被朝廷军队擒杀，战区的人民死于沟壑者难以数计。西晋“八王之乱”，持续了 16 年，“数十万众，并垂饵于豺狼”①，人民流离失所，不但破坏了北方地区的社会经济，并直接引起此后 300 多年的战乱和分裂。

对于宗室采用厚给其禄，不给其权，虽然能在一定程度上防止宗亲对最高权力的觊觎，但会给专制王朝带来很大的经济负担。以明代为例，宗室的大量繁衍，国家给宗室提供的禄米也不断增加。如嘉靖四十一年（1562 年），地方每年供应京师的粮食为 400 万石，在京的宗室禄米却应该支付 853 万石，亏空多达一半以上；山西存留粮为 152 万石，宗禄应该支付 312 万石；河南存留粮为 84.3 万石，宗禄应该支付 192 万石。中央和地方官府渐渐支付不起迅猛增长的宗禄，常常出现拖欠。那些宗藩们依恃特权，又无生计，对所在地官员施展淫威讹诈需索。如万历时“潞城府将军俊埴、俊柳，因事食粮大同，知县朱可进有所左右，俊柳不忿，纠各宗打入县门。可进越墙奔诉军门，各宗即将（巡抚）张志孝围住，具逼志孝责治可进，众汹汹喧呶，欲打志孝”②。宗人的人数增加，“有众居一城之中，而不得从四民之业；富贵逸乐，固罕遵乎礼法；疏远固穷，多混迹于舆台；生计窘于无聊，而骄心生于有恃，其势足以自逞；而贫之不能自安，故奉法循礼者固有，放辟邪侈者尤多，往往胁制官府，鱼肉小民，恬然以为分固然。而绳之则有投鼠之嫌，纵之又成骑虎之势”③。那些低层宗室“常号呼道路，聚诟有司。守土之臣，每惧生变。夫赋不可增，而宗室日益蕃衍，可不为寒心”④。明王朝廷捉襟见肘，处于两难，增赋则民不堪，必奋起反抗；减禄则宗室不服，亦必激起事端。

历代统治者重亲亲之道，善待宗室，却“位重而愈疏，禄多而愈贫”，不但使绝大多数低下层宗室的正常生活受到限制，而且使他们无可避免陷入贫困化，以致“为宗属者大抵皆溺于富贵，妄自骄矜，不知礼义。至其贫者，则游手逐食，靡事不为，名曰天枝，实为弃物”⑤。朝廷阻塞他们竞争和谋生的道路，使他们的聪明才智得不到发挥。为了生存，他们当中甚至有假冒民人，带同妻女卖身为奴，甘心下贱者。“亲亲之谊”已经变成为专制王朝政治和经济的沉重包袱，成为君主专制政体自身难以克服的痼疾，统治者面对两难之局，实在是一筹莫展。

第六节　后宫制度与外戚政治

古代社会是以男子血统为中心，构成宗法家支关系，以婚姻为纽带构成姻戚关系。帝王和贵族们实行的是一夫一妻多妾制，这种制度既表明男女之间的社会地位不平等，又保证帝王和贵族们由政治权力衍化而来的对妇女人身占有及纵欲享乐的合法特权，更

① 房玄龄，等. 晋书：卷 59：诸王传论. 北京：中华书局，1974：1627.
② 张萱. 西园闻见录：卷 47：宗藩后·住行·宁府将军. 北京：哈佛燕京学社，1940.
③ 张萱. 西园闻见录：卷 47：宗藩后·前言. 北京：哈佛燕京学社，1940.
④ 孟森. 明清史讲义. 北京：中华书局，1981：95.
⑤ 顾炎武撰. 黄汝成释. 日知录集释：卷 9：宗室. 石家庄：花山文艺出版社，1990.

重要的是要保证本身血统的繁衍延续。帝王和贵族们妻妾成群，为维护独占成群妻妾的特权，在把妻妾视为自己占有物的同时，又要求她们对自己忠贞不贰。

一、后妃制度

私有制出现以后，对女性的占有数量多少便成为特权大小的标志，故早期的婚姻目的是以经济、政治为主，其次是生殖，最后才是恋爱。当血统继承占主要地位时，生殖渐居首位，政治和经济则居其次，恋爱仍是最次。只有在社会高度发展的情况下，才会将恋爱放在首位，其次才言及生殖、经济、政治。这就是社会学家所宣称的婚姻发展三个阶段[①]。中国古代是宗法社会，婚姻主要目的是广延血统、繁衍子孙，其间虽也常有一些恋爱的插曲，但被认为不是婚姻关系的主流。在宗法血缘关系基础上，将女性的嫡庶地位区别开来，则是婚姻与政治、经济、生殖融合在一起的具体安排。

妻，齐也，与丈夫齐体也，在名义上有与丈夫基本相同的地位；妾，接也，则是一种补充。两者地位截然不同，必然导致她们的子女在身份、权益和继承地位上的差异。

早期国家由于王位继承的规定还没有完全确立，对嫡子和嫡后的规定也不十分严格，天子二妻并列的现象是常见的。如夏少康出逃到有虞氏，虞思把两个女儿同时嫁给少康，并没有什么嫡庶之分。在商代，有王的妻妾参与政事的记录，并出现“妇好”那样领兵的将帅。然而，在商末却出现“启母贱，不得嗣。少子辛（纣），辛母正后，辛为嗣”[②]，已经存在明显的嫡庶贵贱之分。可见在嫡子继承制确立的同时，等级分明、身份有别的后宫嫡庶制度也随之建立起来。

一般说法，周代开始制定六宫，形成三夫人、九嫔、二十七世妇、八十一御妻，加上正后，共计121名的后宫制度。此制是否实行，目前尚难以定论。不过，从西周至战国所出现后宫位号中的后、妃、夫人、嫔、世妇、女御、姬、七子、八子、女史等名号来看，后宫已经具有一定规模，嫡庶制度也是十分严格的。

按照礼制规定：“天子之与后，犹日之与月，阴之与阳，相须而后成者也。”因此，“天子听男教，后听女顺；天子理阳道，后治阴德；天子听外治，后听内职”，才能达到“教顺成俗，外内和顺，国家理治”（《礼记·昏义》）的目的。后的高贵地位，是妃、嫔们所不可以比拟的。

在母以子贵、妻以夫荣的社会里，妇女法定地位只能被限于对男性的依赖之上。帝王为了满足自己的淫欲和出于广延后嗣的考虑，多纳后妃被认为是理所当然，认为只有这样才能“阴教聿修，继嗣有广”，而“广继嗣，孝也；修阴教，礼也”[③]。从继承制度上考虑，必须保证君主后嗣不断，还要保证继承人有秩序地排列。因此，区分众后妃的尊卑贵贱等级，被认为是“正嫡庶，广继嗣，息妒忌，防淫匿，塞祸乱”（《白虎通义》卷4《嫁娶》）的必要措置。

“古者天子后立六宫，三夫人、九嫔妃、二十七世妇、八十一御妻”（《礼记·昏义》）

---

① 陈顾远．中国婚姻史．北京：商务印书馆，1936：6．

② 司马迁．史记：卷3：殷本纪．北京：中华书局，1959：105．

③ 魏收．魏书：卷18：临淮王孝友传．北京：中华书局，1974：423．

的后妃设置，是将后比拟为君主，夫人比拟为三公，嫔妃比拟为九卿，世妇比拟为二十七大夫，御妻比拟为八十一元士。可见，宫内后妃的等级区别无非是朝廷君臣等级区别的折射，都是以君主为核心、以君权为依托、以政治身份地位为主要标志来排列的。

君主是专制政体的核心，后宫则是突出君主最高特权的重要表现形式之一。秦灭六国，将“所得诸侯美人钟鼓”① 充入后宫，规定“帝母称皇太后，祖母称太皇太后，适称皇后，妾皆称夫人”②。按规定，皇后和太后可以像君主一样取得尊号、谥号，有统率妃嫔和女官、执行宫中纪律的权力，但不能干预朝政。然而，在皇帝幼小、昏庸、懦弱或皇嗣中断的情况下，太后有权以监护人的名义，监督和选立后嗣，甚至临朝称制、垂帘听政。太后临朝称制，其权力与皇帝相等，是合法地暂时代行皇权。从秦昭襄王母宣太后“始摄政事”，到清末慈禧太后“垂帘听政”，两千多年间，出现过一些有名的临朝称制的母后，她们短则临朝几年，长则达几十年，在历史上产生过很深远而实际的影响。也有些后妃在皇帝昏庸、荒淫、疏懒的情况下，凭借专房之宠，直接或间接侵夺皇权，“挟天子之威福，胁制四海”，乃至制造出许多蛊惑倾陷、宫廷妒杀的政治变故。这些都必然与当时的政治斗争密切相关，后妃们的特殊政治身份和所生活的特定环境，给她们创造了政治机遇。

历代妃嫔名号前后出现过千余种，并且根据名号的不同，区分成若干等级。不同等级享有不同政治、经济、礼仪等方面的待遇。有子女的妃嫔，在君主死后，可以随有封爵的子女一起生活，享受原在宫中的等级待遇，并加封号为王太妃或太夫人。没有子女而已经取得一定封号的妃嫔，在君主死后，要固守宫中或到陵寝去伴灵守位，直到死后才可以在君主陵寝周围得到一抷土安葬。在历史上，曾经有一些“开明”的君主在“晏驾”之前，或新君主即位之初，将自己或先君的妃嫔中所谓“后宫无子者”遣出另嫁，但也只限于所谓“世妇”之列以下。有不少朝代，甚至保留有妃嫔殉葬的陋习，一些妃嫔往往被迫接受生祭或随葬。由此可见，在封闭的后宫之内，不但体现着严格的等级制度和政治内涵，而且反映着专制统治的残酷暴虐和灭绝人性。

二、女官制度

为使皇后能够“母仪天下”，把后宫之内的妃嫔和宫女们组织起来，设置了一定的女官机构进行管理，以保证“内治”的稳定，乃是历代的共同点。

后宫妃嫔除了应该严格遵守规定的等级生活之外，还各有一定的职事分工，以保证“内治”原则的实现。所谓“夫人”一级，是佐助皇后，“坐而论妇礼者也，其于内则无所不统”，其位置则如外朝的三公；所谓“嫔妃”一级，是“掌九御四德”，分管诸事，其位置则如外朝的九卿；婕妤、美人、才人等“世妇”一级，则分管“赞导后之礼仪”，“掌率女官修祭祀宾客之事”，“掌序宴寝”等事，其位置则如外朝的大夫；七子、八子、女御等“御妻”一级，则分管各种具体的操作事务，其位置则如外朝的元士③。这种设

① 司马迁．史记：卷6：秦始皇本纪．北京：中华书局，1959：239.
② 班固．汉书：卷97上：外戚传序．北京：中华书局，1962：3935.
③ 魏徵，等．隋书：卷36：后妃传序．北京：中华书局，1973：1106.

计和分工，一如外朝的百官设置，地位也是类比，还不能算是明确的女官。

秦汉时期，后宫中的女官名目只有女御长、宫长、中宫学事史、女史等为数不多的官职，具体分工和职掌也未有明确的记载。魏晋以后，“拟外百官，备位置内职”①，使后宫之内的妃嫔、宫女等递相统摄，管理宫廷内部之事。对女官设置有明确的记载和规定，诸如：官一品的“后宫通尹，准录尚书，紫极户主，光兴户主”；官二品的“后宫列叙，准尚书令，铨六宫”；官三品的“后宫司仪，准左仆射，铨人士。后宫司政，准右仆射，铨人士”；官四品的“后宫都掌治职，置二人准左右丞，位比尚书，铨人士”；官五品的“后宫通关参事”；官六品的“中台侍御执卫”；官七品的“合堂帅、御清帅、监夜帅”等，其定额多达数百人，还有许多无定数者。这些女官统领诸多宫女，模仿外朝，办理后宫之内的各种事务，自此以后女官制度渐趋完备。

隋唐时期，以妃为正一品，以嫔为正二品，以美人为正三品，以才人为正四品，这些乃是皇帝所幸过的妃嫔，而模仿朝廷六部二十四司的女官，则不是皇帝所幸过者，乃是佐助后妃办理后宫各种事务。如尚宫辖司记、司言、司簿、司闱四司，“掌导引中宫”；尚仪辖司籍、司乐、司宾、司赞四司，“掌礼仪起居”；尚服辖司宝、司衣、司饰、司仗四司，“掌供内服用采章之数”；尚食辖司膳、司醖、司药、司饎四司，“掌供膳羞品齐之数”；尚寝辖司设、司舆、司苑、司灯四司，“掌燕寝进御之次序”；尚功辖司制、司珍、司彩、司计四司，“掌女功之程课”。其制与外朝六部等通，并仿外朝御史台，设立宫正，“掌戒令、纠禁、谪罚之事”。这六局二十四司及宫正司，共拥有正五品至正七品女官 183 名、女史 89 名的编制，并且各有官印和办公衙署，有较为严格的运行规制，俨然是宫内的一个微型官府。

这种六局二十四司外加宫正司的女官制度，曾经长期因循，只是各朝代在人员编制上各有增减。明代永乐以后，重用宦官，把许多女官之职并入宦官衙署，仅存尚服一局及所统辖的司宝、司衣、司饰、司仗四司。清代取消女官之职，宫中事务由内务府管辖，女官事务也由宦官接替。

三、后妃专权与外戚政治

宗法社会的婚姻关系，是将政治、经济、生殖结合为一体的行为。就君主而言，广继嗣是多纳后妃的原因之一，而被册立为后妃的家族，大多数在社会上便拥有了一定的政治和经济地位。就后妃而言，自身家族的兴衰和本人的子嗣前途都系于一身，自然极力争取君主的宠幸。在这种情况下，君主对得宠后妃及其家族的信任，往往超过自己的血亲。

从后宫的角度看，后妃属于离君主最近的人。后宫设禁防嫌，除君主一人之外，不允许成年男子留宿。基于防嫌和为君主、后妃们生活服务的需要，后宫内有众多的宫女和宦官进行服务和管理。封闭的后宫禁苑，给后妃们影响君主提供了方便，而君主专制又为后妃们参政或专权创造了条件。

---

① 沈约．宋书：卷 41：后妃传序．北京：中华书局，1974：1270.

从后妃对君主的影响来看，后妃参政或专权，只有在下述情况下才有可能：一是“狐媚偏能惑主”①，后妃在以色得宠的情况下参政或专权。二是太后“欲久国政，贪立幼年”②，在君主幼小、昏庸、懦弱或君嗣中断的情况下，太后便可以监护人的名义，监督或选立后嗣，甚至临朝称制，垂帘听政，合法地暂时代行君权。三是具有强盛的家族，因家族的支持，比较容易参政或专权，“自古受命帝王及继体守文之君，非独内德茂也，盖亦有外戚之助焉”③。

后妃参政或专权，往往要与外戚政治联系在一起，在共同利益的驱使下，互相勾结。后妃依靠外戚的政治势力而专权用事，外戚则攀龙附凤而仰仗后妃的荣宠得以入朝参政。有些外戚凭借裙带关系获得权势，进而吸引一些依附的官僚吏属和私家门客，构成较为强大的政治势力。这种因色宠和裙带关系而出现的后妃专权和外戚干政，因其本身的局限，在政治上的表现往往是比较狭隘，其特点也非常明显：

第一，宫闱争宠献媚不但助长统治者的生活腐化，而且加剧政治上的腐败，同时还会极大程度地扭曲人的本性。

中国古代传统观念是反对或禁止妇女参政，所谓“牝鸡无晨，牝鸡司晨，惟家是索”（《尚书・牧誓》）。后妃也不例外。设立皇后，是“后，君也，天下尊之，故谓之后”（《白虎通义》卷4《嫁娶》）。其目的不在尊崇皇后，而是在于尊崇皇帝。皇后之所以别于妃嫔，是为了“嫡庶之别，所以辨上下，明贵贱”④。皇后之所以称后，是“后之言，后也，言在夫之后也”（《礼记・昏义》郑玄注）。设立众多妃嫔，不仅是为了“广继嗣之统”，也是为了满足君主的淫欲。后妃设置带有强烈的依附性，自始至终处于被支配、被奴役和被玩弄的地位。她们深居后宫，被锁困在宫墙之内。然而，在实际生活中，她们不可能没有自己的思想愿望，也会不甘仅作为泄欲和传宗接代的工具。妃嫔们的等级高低是与她们家族的荣辱、子嗣的有无和安危连在一起的，这些问题无时无刻不在萦绕着她们的身心，使她们自觉或不自觉地卷入宫廷政治的旋涡之中。

在“母以子贵，妻以夫荣”的古代社会，能具有临朝称制权力的只有太后。要谋取太后的资格，一是必须保持皇后的位置而不被废黜，二是争取自己所生的儿子成为皇位继承人而能顺利即位，这两者都需要取得君主的支持。

综观历史，皇后能保持爱宠、能始终保住位置者不及一半，而被废黜、逼死者却占一半以上。身为皇太子而能平平安安，不经曲折而继位者也不很多。这主要是由于帝王多是喜新厌旧，有人进谗诋毁，也有后妃之间的争宠妒忌和各种政治势力的影响，但很大程度上是取决于后妃的美色和取得欢心的手段。汉武帝刘彻以一曲“北方有佳人，绝世而独立，一顾倾人城，再顾倾人国”的新声，而将李延年的妹妹召入宫中，册为夫人。这位李夫人生子不久而病，刘彻前去探望，她蒙被不见，却把自己的儿子和兄弟托付给刘彻。李夫人的妹妹责怪李夫人这种做法，说她不顾家族。李夫人说：“所以不欲见帝者，乃欲以深托兄弟也。我以容貌之好，得从微贱爱幸于上。夫以色事人者，色衰而爱

① 骆宾王．骆宾王文集：卷10：代徐敬业以武后临朝移诸郡檄．上海：上海古籍出版社，1994.

② 范晔．后汉书：卷10：皇后纪序．北京：中华书局，1965：401.

③ 班固．汉书：卷97上：外戚传序．北京：中华书局，1962：3933.

④ 房玄龄，等．晋书：卷3：武帝纪．北京：中华书局，1974：63.

弛，爱弛则恩绝。上所以恋恋顾念我者，乃以平生容貌也。今见我毁坏，颜色非故，必畏恶吐弃我，意尚肯复追思闵录兄弟哉！”① 以色邀幸争宠，是后宫内的一种必然现象。

在君主专制制度下，君主的行为和在后宫发生的事情，往往会影响到国民生计和社会安定，甚至引发政治动乱，进而给社会带来危害。因为君主在“云鬓花颜金步摇，芙蓉帐暖度春宵。春宵苦短日高起，从此君王不早朝”（白居易：《长恨歌》）的情况下，必然导致国事的荒废。在“第裯既交，则情与爱迁；颜辞媚熟，则事为私夺”② 的情况下，又很容易导致权移外戚，甚至引起战乱。如唐代中期以后诸帝，“色荒志怠，惟耽乐之从。是以任用非人而不悟，酿成大祸而不知，以至渔阳鼙鼓，陷没两京，而河朔三镇，从此遂失。唐室因以不竞，追其祸始末，始非色荒之贻害也”③。

在历史上，几乎每个朝代的中衰和灭亡，或多或少都被指有“女祸”因素。作史者为尊者讳，便将罪魁之名强加于后妃，这固然是一种偏见，但也不能否认，有些后妃确实在衰败亡国过程中起到过消极的有害作用。如夏“桀既弃礼义，淫于妇人，求美女积之于后宫，收倡优、侏儒、狎徒能为奇伟戏者，聚之于旁。造烂漫之乐，日夜与妹喜及宫女饮酒，无有休时，置妹喜于膝上，听用其言”④。殷纣王“好酒淫乐，嬖于妇人。爱妲己，妲己之言是从”⑤。周幽王宠幸褒姒，“褒姒不好笑，幽王欲其笑万方，故不笑。幽王为烽燧大鼓，有寇至则举火。诸侯悉至。至而无寇，褒姒乃大笑”⑥。隋炀帝“所至唯与后宫流连耽湎，惟日不足，招迎姥媪，朝夕共肆丑言，又引少年，令与宫人秽乱，不轨不逊，以为娱乐”⑦。皇后萧氏“见帝失德，心知不可，不敢厝言”。一味顺从炀帝，在国势不支、人人欲反的形势下，她不但不规劝炀帝，反而劝别人说：“天下事一朝至此，势已然，无可救也。何用言之，徒令帝忧烦耳”⑧。这几个亡国之君，生活上淫邪放荡，为满足自己精神上的任性和愉悦，不惜玩弄他人命运于掌中，主宰他人生死祸富于瞬间。夏桀诛关逢龙、叱责终古；商纣王醢九侯、脯鄂侯、剖比干、制炮烙之法；周幽王废申后、逐太子、戏诸侯；隋炀帝锄诛骨肉、屠戮忠良、驱除谏官。在权欲的驱使下，他们恣意妄为，滥用民力。夏桀筑倾宫、饰瑶台、作琼室、立玉门、酒池行舟；商纣王聚戏于沙丘苑台、注酒为池、悬肉为林、使男女裸逐其间、以为长夜饮；周幽王裂缯撕帛、杂列百戏、以博褒姒一笑；隋炀帝筑周圆二百之西苑、裁帛为花叶，东西游幸、役民常过百万。他们之所以这样做，在很大程度上是为了在后妃面前炫耀自己至高无上的权力，这种炫耀不但导致他们亡国，也给社会带来很大的破坏。有些后妃一方面作为被摆布和被玩弄的对象，另一方面对腐败和动乱起到催化作用。

“后宫粉黛三千色”，怎样才能“三千宠爱在一身”呢？在君主喜新厌旧而又喜怒无常的情况下，后妃们便各自施展手段，使几千年后宫里的媚道蛊惑、妒忌仇杀等凶残丑

---

① 班固．汉书：卷97上：外戚传序．北京：中华书局，1962：3952.
② 欧阳修，宋祁．新唐书：卷76：后妃传序．北京：中华书局，1975：2468.
③ 赵翼．廿二史札记：卷19：唐诸帝皆有女宠．北京：中华书局，1984：435.
④ 刘向．列女传：卷7：夏桀妹喜传．南京：江苏古籍出版社，2003.
⑤ 司马迁．史记：卷3：殷本纪．北京：中华书局，1959：105.
⑥ 司马迁．史记：卷4：周本纪．北京：中华书局，1959：148.
⑦ 魏徵，等．隋书：卷4：炀帝纪．北京：中华书局，1973：95.
⑧ 魏徵，等．隋书：卷6：后妃传．北京：中华书局，1973：1113.

闻不绝于史册。值得注意的是，后妃们在争宠夺爱的过程中，绝少有人敢于触犯使她们备受凌辱的君主，却将刻骨妒恨加之于自己的同类，而且手段之凶酷残忍，常常令人发指。如汉高祖吕后“断戚夫人手足，去眼煇耳，饮瘖药，使居鞠域中，名曰‘人彘’”①。晋惠帝皇后贾南风“性酷虐，尝手杀数人。或以戟掷孕妾，子随刃堕地”②。武则天争夺皇后位置，竟然亲手杀死亲生女儿以诬陷王皇后，招致王皇后和萧良娣被废为庶人而囚禁冷宫，武则天再令人将她们各杖一百，“截去手足，投于酒瓮中，曰：‘令此二妪骨醉！’数日而卒”③。宋光宗皇后李凤娘，性妒悍，“帝尝宫中浣手，睹宫人手白，悦之。他日，后遣人送食盒于帝，启之，则宫人两手也”④。比明宪宗朱见深大 19 岁的万贵妃，因为自己不能生育，却嫉妒别人生育，使“掖庭御幸有身，饮药伤坠者无数”⑤。凡此等等，见于史册者不在少数。

后宫秽乱，后妃争宠夺爱，助长了君主生活的腐化，而生活的腐化往往会导致政治上腐败。晋武帝司马炎在“平吴之后复纳孙皓宫人数千，自此掖庭殆将万人。而并宠者众，帝莫知所适，常乘羊车，恣其所之，至便宴寝。宫人乃取竹叶插户，以盐汁洒地，而引帝车”⑥。荒淫至此，哪还有什么心思和精力去处理政事！

当然，君主的喜怒无常和持有最高权势，后妃们的荣辱性命和家族安危，都系于君主爱憎一念之中，后妃们迫于皇威，采取阿媚取宠多是不得已而为之。例如，北齐武成帝高湛逼迫其嫂文宣帝皇后李祖娥和他发生性关系时说：“若不许我，当杀尔儿！”后来李祖娥怀孕，经不起惊吓和羞辱，生女不举，高湛横刀诟曰：“尔杀我女，我何不杀尔儿！”当着李祖娥的面把她的儿子杀死，“后大哭，帝愈怒，裸后乱挝挞之，号天不已。盛以绢囊，流血淋漉，投诸渠水，良久乃苏”⑦。北周宣帝宇文赟皇后杨丽华，“性柔婉，不妒忌，四皇后及嫔御等咸爱而仰之。帝后昏暴滋甚，喜怒乖度。尝谴后，欲加之罪。后进止详闲，辞色不挠。帝大怒，遂赐后死，逼令自引决”⑧。唐高宗李治的王皇后和萧良娣被废，“后母柳氏、兄尚衣奉御全信及萧氏兄弟，并配流岭外”⑨。正是：“宫殿沈沈月欲分，昭阳更漏不堪闻。珊瑚枕上千行泪，不是思君是恨君”（唐·刘皂：《长门怨》）。这些不幸的妇女，虽然曾处于宫闱高位，但其实又因生活在帝王身边，所受凌辱及迫害又最深，她们必须将自己的真情和心性隐藏起来，被迫接受各种不测的命运，无处申诉，亦无从控诉，这正是君主专制和不合理的后妃制度所促成的。

第二，太后临朝称制，有时是由于越位揽权，有时是为了君主专制政体的需要。但在权势的诱惑下，她们贪立幼主，擅行废立，使用各种阴谋诡计，力图保持临朝称制的格局，继续掌握大权，往往会引起政治和社会的动乱。

---

① 班固．汉书：卷 97 上：外戚传序．北京：中华书局，1962：3938.
② 房玄龄，等．晋书：卷 31：后妃惠贾皇后传．北京：中华书局，1974：964.
③ 刘昫．旧唐书：卷 51：后妃高宗废后王氏传．北京：中华书局，1975：2170.
④ 脱脱，等．宋史：卷 243：后妃光宗李皇后传．北京：中华书局，1977：8654.
⑤ 张廷玉，等．明史：卷 113：后妃万贵妃传．北京：中华书局，1974：3524.
⑥ 房玄龄，等．晋书：卷 31：后妃武帝胡贵嫔传．北京：中华书局，1974：962.
⑦ 李延寿．北史：卷 14：后妃北齐文宣皇后李氏传．北京：中华书局，1974：521.
⑧ 同⑦529.
⑨ 欧阳修，宋祁．新唐书：卷 76：后妃高宗废后王氏传．北京：中华书局，1975：3473.

太后，这个位置来之不易。由争宠夺爱力保皇后位置不失，更保护住子嗣不被别人陷害，直到君主驾崩、儿子继位，才能正位为太后，中间的辛苦实在太多，对已取得的特权绝不肯轻易割弃。于是乎，贪立幼主便成为她们保持尊位的最佳选择。如西汉元帝皇后王政君，“历汉四世为天下母，飨国六十余载，群弟世权，更持国柄”①。她在成帝去世后，一立庶孙刘欣，是为哀帝，再立9岁的庶孙刘珩，是为平帝，三立曾孙刘婴，竟是两岁的孺子，由王莽居摄。东汉自章帝以后的10位皇帝，即位的年龄都很小，大者十余岁，幼者出生仅百余日，太后立幼的用心可谓昭然若揭，故史论东汉“皇统屡绝，权归女主，外立者四帝，临朝者六后，莫不定策帏帘，委事父兄，贪孩童以久其政，抑明贤以专其威”②。再如，北魏宣武皇后胡氏为太后，“内为朋党，防蔽耳目，明帝所亲幸者，太后多以事害焉”。因此，母子之间“嫌隙屡起”。胡太后为自安计，竟然毒死自己亲子明帝，改立年纪未及3岁的临洮王子钊为帝，这样泯灭人性、蔑弃人伦的非常做法，既残忍又不择手段，使“天下愕然”③。清代慈禧太后在自己儿子同治皇帝载淳死后，选定年仅4岁的姨甥兼侄子载湉嗣位，即光绪帝。她在衰病之年，仍不肯选立长主，却定策选立年仅3岁的溥仪继位，是为宣统皇帝。由此可见，太后立幼是为了自己把持朝政，继续保住权势，是她们深思熟虑的选择。

太后临朝称制是君主专制政体在必要时采取的一项重要制度，它关系到最高统治权力在新旧交替时期的稳定和本姓王朝的国祚延续。基于这种考虑，史家对太后临朝的评价也是着眼于政治大局，在权衡利害的情况下，采取具体史实具体分析的态度，着重对具体人物，即某一太后临朝功过进行客观评价，而鲜及太后专权的政治手段。如西汉吕后专权，曾经不择手段地采用残酷的铁血政策，而司马迁评论说：“孝惠皇帝、高后之时，黎民得离战国之苦，君臣俱欲休息乎无为，故孝惠垂拱，高后女主称制，政不出房户，天下晏然。刑罚罕用，罪人是希。民务稼穑，衣食滋殖。”④ 将其列入《本纪》，承认其君主的地位。对身处国势危弱，内忧外患频仍，垂帘听政时期，一再屈服于洋人，签订过许多丧权辱国条约的慈禧太后，《清史稿》论曰：“及文宗末造，孝贞、孝钦两皇后躬收政柄，内有贤王，外有名将相，削平大难，宏赞中兴。不幸穆宗即世，孝贞皇后崩，孝钦皇后听政久，稍稍营离宫，修庆典，视圣祖奉孝庄皇后，高宗奉孝圣皇后十不逮一，而世顾窃窃然有私议者，外侮迭乘，灾祲屡见，非其时也。”⑤ 对她的所作所为，置于当时的国内国际大环境之中，持论平和，还是比较公正的。

史家对太后临朝制度未持截然否定的态度，这是因为深切了解这种制度乃是君主专制制度的组成部分，是必要时的补充，实关系到政权的延续，其利弊与君主专制制度密不可分。不过，女主专权临朝在传统观念下终究是名分不正。在名不正则言不顺、言不顺则事不成的社会舆论下，女主专权临朝必然非常困难，有时不得不采用强制或阴谋手段。如东汉安帝死，阎太后“欲久专国政，贪立幼年，与（兄弟阎）显等定策禁中，迎

① 班固．汉书：卷98：元后传．北京：中华书局，1962：4035.
② 范晔．后汉书：卷10：皇后纪序．北京：中华书局，1965：401.
③ 李延寿．北史：卷13：后妃北魏宣武皇后胡氏传．北京：中华书局，1974：505.
④ 司马迁．史记：卷9：吕太后本纪．北京：中华书局，1959：412.
⑤ 赵尔巽，等．清史稿：卷214：后妃传论．北京：中华书局，1977：8933.

济北惠王子北乡侯懿为嗣”，是为少帝。不久，少帝病死（乃是疑案），太后与阎显“秘不发丧，更征诸王子，闭宫门，屯兵自守”[①]，他们反复权衡，考虑更立何人对自己最为有利。东汉冲帝死，外戚梁冀也“与太后定策禁中”[②]，拥立年仅8岁的质帝。但质帝少而聪慧，不甘受人控制，当面指斥梁冀为“跋扈将军”，结果被梁冀毒死，另立桓帝。一年之内，三易其主，当然要引发起政治危机。桓帝死，外戚窦宪也与太后“定策禁中”，拥立年龄不足12岁的灵帝。在一连串政治阴谋之下，政局极为混乱，东汉衰亡已无可挽救。

密谋禁中，定策帷帘，矫造遗诏，策立懦弱，稍有不慎，就有可能引起政治反弹，动乱波及全社会，给人民带来灾难。如东汉临朝六后，贪立幼主，都重用外戚和宦官，反复而剧烈的权力争夺，使人心浮动，不知所从，动乱四起，社会不堪重负，东汉王朝也终于走上土崩瓦解的道路。西晋贾后专权，以太子非自己所生而将之杀死，成为诸王兴兵的理由，进而引发长达16年的“八王之乱”，混战不休，“祸难之极，振古未闻”[③]。武则天临朝，徐敬业等在扬州起兵，几乎造成一场大规模的战乱。辽代后族与皇族的激烈火并，“祸及皇子王孙，殃及社稷江山”[④]。

女主专权不应一概否定，但在男尊女卑观念极深的古代社会，女主专权又很难为社会所接受。对女主来说，处处隐藏着危机。要巩固自己的权力，保住自己的地位，对于反对者，或者以高官厚禄安抚之，或者以身家性命迫胁之。但过多施用高官厚禄，又容易使权贵臣僚们认为女人好欺，一再讹诈索取，欲壑难填；而实行强权，却能掩盖自己的所谓名分不正，对社会也有一时震慑作用。如西汉元后以母后的身份主政，便“世禄去王室，权柄外移，是故临朝娄（屡）诛大臣，欲强主威”[⑤]。为了除掉反对者，女主们往往诛戮大臣以立威。这样，既清除了政敌，又防堵官民之口。如东汉质帝被毒死，太尉李固等朝廷重臣们竟“伏尸号哭”，非要弄个水落石出。这样，不但引起太后的不满，连外戚梁冀也心神不安，便对李固下手，先免其官，再捕之下狱，一时间“内外丧气，群臣侧足而立”[⑥]。再如，清同治初年，载垣、端华、肃顺等顾命赞襄政务王大臣，阻挠慈禧太后垂帘听政，慈禧便以同治皇帝的名义颁发上谕云：“总因朕冲龄，皇太后不能深悉国是，任伊等欺朦，能尽欺天下乎？又何以服天下公论？”[⑦] 先将三人解职，再断然议罪处死，使臣下悚惧忧惶，连手握重兵的曾国藩也不得不表示“服皇太后之英断，为自古帝王所仅见”，并且“钦悚久之”[⑧]。作为女主，屠戮最甚，则非武则天莫属了。武则天初谋皇后之位，即将开国元勋长孙无忌、褚遂良、于志宁、上官仪等人一一逐杀；改制称帝后，更顾虑人心不附，“乃阴忍鸷害，肆斩杀，怖天下。内纵酷吏周兴、来俊臣等数十人为爪吻，有不慊若素疑惮者，必危法中之。宗室侯王及它骨髀臣将相骈颈就鈇，

① 司马光．资治通鉴：卷51：汉安帝延光四年（125年）．北京：中华书局，1956：1636.
② 司马光．资治通鉴：卷52：汉冲帝永嘉元年（145年）．北京：中华书局，1956：1701.
③ 房玄龄，等．晋书：卷59：八王传论．北京：中华书局，1974：1627.
④ 蔡美彪．辽代后族与辽季后妃三案．历史研究，1994（2）.
⑤ 班固．汉书：卷11：哀帝纪赞．北京：中华书局，1962：345.
⑥ 司马光．资治通鉴：卷53：汉质帝本初元年（146年）．北京：中华书局，1956：1710.
⑦ 故宫博物馆明清档案部．清代档案史料丛编．北京：中华书局，1978（1）：102.
⑧ 曾国藩．曾文正公手书日记．南京：凤凰出版社，2010.

血丹狴户，家不能自保"①，"其贤士大夫不免者十八九"②。又广开密告之门，鼓励告密攻讦，使"人人屏息，无敢议"，就连她亲生儿子李弘和李贤，也被她因利害冲突而处死。

第三，以血缘和裙带关系构成的后妃和外戚集团，具有狭隘性和排他性，他们把持政权，不惜造成"名贤戮辱、便孽党进"的政治局面，加速了专制王朝腐朽的进程。

太后临朝称制，一般是不直接面对百官，故有"垂帘听政"之说。在这种情况下，她们"称制下令，不出房闱之间"③，不是委信于亲党外戚，便是寄命于宦官或权臣，这样间接地发号施令，难免存在隔阂，造成权柄他移，古代史家认为："三代以来，《春秋》所记，王公国君，与其失世，稀不以女宠。汉兴，后妃之家吕、霍、上官，几危国者数矣。"④ 专制君主们也认为："夫妇人与政，乱之本也。"⑤ 究其主要原因，也就在于后妃参与政治容易使权柄他移。

权柄他移在君主专制制度下，极容易酿成祸乱。西汉元帝王皇后四世专权，王姓外戚势力也由此不断扩大，造成"王莽篡汉"。由于王莽推行违反历史发展规律、违背人民意愿的改制，造成"四海之内，嚣然丧其乐生之心，中外愤怨，远近俱发，城池不守，支体分裂，遂令天下城邑为墟"⑥ 的纷乱局面。东汉临朝六后，不是委事父兄，便是寄命刑人，使外戚和宦官势力恶性膨胀，相继擅权，促使政治更加黑暗，社会危机日益加深。

古代妇女大多被禁锢于家庭之内，尤其是后妃，她们幼时养育于父母之家，足不出户，接受的是驯顺从夫的教育。未及成年，又被选入宫中待召，接受的是柔媚侍奉人君的训导。深宫幽闭，使她们很少接触社会，难免孤陋寡闻，缺少政治主见。她们一旦大权在握或荣宠及身，很容易想到自己生活圈内接触最多和最熟悉的人，那就是娘家的父兄子侄和宫中为她服务的宦官侍女。在处理重大或危难问题时，只好"定策帷帘，委事父兄"，或是"委用刑人，寄之国命"⑦，极易造成权柄他移。

君主对宠后艳妃家族的信任，往往比对自己的血亲更信任，这是婚姻政治行为的体现。外戚恃后妃之亲而获得显贵地位，又因"椒房之宠"入朝参政，依靠的是裙带关系。裙带关系本身具有狭隘性，属于极端自私的范畴。在这种情况下，外戚封官受爵，握权干政，并不需要什么真才实学。如汉文帝窦皇后之弟窦安国，"年四五岁时，家贫，为人所略卖，其家不知处。传十余家至宜阳，为其主人入山作炭"⑧，从小为奴，本身缺乏教育，更谈不上有什么才能，但因窦皇后之故，不但脱离了奴籍，而且被封为章武侯，步入权贵的行列。唐代的杨国忠，本来是一个市井无赖，仅仅因堂妹杨玉环受唐明皇之宠，

---

① 欧阳修，宋祁. 新唐书：卷76：后妃武则天传. 北京：中华书局，1975：3481.
② 欧阳修，宋祁. 新唐书：卷3：高宗纪赞. 北京：中华书局，1975：79.
③ 范晔. 后汉书：卷78：宦者列传序. 北京：中华书局，1965：2509.
④ 班固. 汉书：卷98：元后传. 北京：中华书局，1962：4035.
⑤ 陈寿. 三国志：卷2：魏书·文帝纪. 北京：中华书局，1959：80.
⑥ 班固. 汉书：卷99：王莽传. 北京：中华书局，1962：4194.
⑦ 范晔. 后汉书：卷78：宦者列传序. 北京：中华书局，1965：2509.
⑧ 班固. 汉书：卷97上：外戚传. 北京：中华书局，1962：3944.

就被任命为宰相，身领四十余使而“居朝廷，攘袂扼腕，公卿以下，颐指气使，莫不震慑”①。由于他们自身的狭隘，一朝得势，便大刮裙带之风，宠树亲党，以至任人唯亲，任人唯佞。如西汉元后临朝，重用王氏子弟，兄弟“五人同日封，故世谓五侯。太后同产唯（王）曼蚤卒，余毕侯矣”。不但封爵，而且授以实权，“王氏子弟皆卿大夫侍中诸曹，分据势官满朝廷”②。东汉和帝时，外戚窦宪专权，“窦氏父子兄弟并为卿、校，充满朝廷”③。桓帝时，外戚“梁冀一门，前后七侯，三皇后，六贵人，二大将军，夫人、女食邑称君者七人，尚公主者三人，其余卿、将、尹、校五十七人”④。转相连引，仅梁冀妻孙寿一门，“孙氏宗亲冒名为侍中、卿、校、郡守、长吏者十余人”⑤。

以裙带关系构成的政治集团，不但狭隘，而且极端自私，更表现出异乎寻常的贪婪。如梁冀专擅威柄，“其四方调发，岁时贡献，皆先输上第于冀，乘舆乃其次焉。吏民赍货求官、请罪者，道路相望”⑥。杨国忠秉政，“远近馈遗阉稚、歌儿、狗马、金贝，踵叠其门”⑦。他们不但公开受贿，而且千方百计敲诈勒索，中饱私囊。如武则天时，武攸宁、武三思当国，“置句使，苛取民赀产，毁族者凡十七八，呼天白冤”⑧。为了攫取财富，他们不惜使用暴虐手段。梁冀与妻孙寿等亲党，“各遣私客籍属县富人，被以它罪，闭狱掠拷，使出钱自赎，赀物少者至于死徒”。又“遣客出塞，交通外国，广求异物。因行道路，发取伎女御者，而使人复乘势横暴，妻略妇女，殴击吏卒，所在怨毒”。还“或取良人，悉为奴婢，至数千口，名曰‘自卖人’”⑨。他们疯狂地追逐财富，过着奢侈腐化、荒淫糜烂的生活。西汉王氏外戚，“五侯群弟，争为奢侈，赂遗珍宝，四面而至；后庭姬妾，各数十人，僮奴以千百数，罗钟磬，舞郑女，作倡优，狗马驰逐；大治第室，起土山渐台，洞门高廊阁道，连属弥望”⑩。梁冀与其妻孙寿，“对街为宅，殚极土木，互相夸竞，金玉珍怪，充积藏室”；又“多从倡伎，酣讴竟路，或连日继夜以骋娱恣”⑪。杨国忠姐弟五家，“竞开第舍，极其壮丽，一堂之费，动逾千万；既成，见他人有胜己者，辄毁而改为”⑫。这样竞奢斗侈，必然更贪污腐化，败坏朝廷风气，激化社会矛盾，进而给朝政和社会带来无穷后患。

以裙带关系构成的政治集团，在极端自私的情况下，又带有强烈的排他性，这表现为嫉贤妒能、排斥异己。他们一方面“贪孩童以久其政，抑明贤以专其威”⑬；一方面“附顺者拔擢，忤恨者诛灭”⑭。在东汉临朝多年，颇有贤名的和熹邓太后，尚且“擅国

---

① 司马光. 资治通鉴：卷216：唐玄宗天宝十一载（752年）. 北京：中华书局，1956：6915.
② 班固. 汉书：卷98：元后传. 北京：中华书局，1962：4018.
③ 司马光. 资治通鉴：卷48：汉和帝永元四年（92年）. 北京：中华书局，1956：1533.
④ 司马光. 资治通鉴：卷54：汉桓帝延熹二年（159年）. 北京：中华书局，1956：1742.
⑤ 司马光. 资治通鉴：卷53：汉桓帝和平元年（150年）. 北京：中华书局，1956：1718.
⑥ 同④1743.
⑦ 欧阳修，宋祁. 新唐书：卷206：外戚杨国忠传. 北京：中华书局，1975：5849.
⑧ 欧阳修，宋祁. 新唐书：卷206：外戚武三思传. 北京：中华书局，1975：5840.
⑨ 范晔. 后汉书：卷34：梁冀传. 北京：中华书局，1965：1182.
⑩ 班固. 汉书：卷98：元后传. 北京：中华书局，1962：4023.
⑪ 司马光. 资治通鉴：卷53：汉桓帝和平元年（150年）. 北京：中华书局，1956：1718.
⑫ 司马光. 资治通鉴：卷216：唐玄宗天宝七载（748年）. 北京：中华书局，1956：6892.
⑬ 范晔. 后汉书：卷10：皇后纪序. 北京：中华书局，1965：401.
⑭ 班固. 汉书：卷99：王莽传. 北京：中华书局，1962：4045.

昵私”，郎中杜根、成翊世上书劝她归政于安帝，她竟“令盛以缣囊，于殿上扑杀之”①，而“张禹、尹勤、梁鲔、徐防、张敏、李修、司马董、马英，皆以庸劣之才，取容邓氏，而致三公”②。这种“名贤戮辱，便孽党进”的政治现象，体现出后妃专权和外戚集团的狭隘和自私，以及强烈的排他性，成为他们共有的特性。

女主专权、外戚与政，在历史上被称为“女祸”“外戚之祸”，因为后妃专权、外戚与政的结果，轻则出现政治昏暗，使国势由盛转衰；重则出现国祚倾移，乃至改朝换代。因此，一些明智的统治者对他们严加防范，但总不能从根本上消除这种现象，这也是君主专制政体难以克服的弊病。

第七节 宫省制度与宦官政治

在中国古代丰富的历史文化遗产中，气势恢弘、金碧辉煌的帝王宫殿建筑群，可谓是具有特色的文化。这些巍峨耸立的禁城深宫，既是帝王们至高无上地位和权力的物化象征，也是朝廷号令的策源地，同时也是帝王与后妃们生活行乐的场所。正因为这是政治的中心，一套完整的宫省制度起到至关重要的作用。宦官伴随着宫省制度的形成而出现，作为一种腐朽的政治势力而登上历史舞台，并且成为专制主义中央集权政治的重要组成部分。在各种政治势力角逐中，宦官凭借接近君主的优势，取得君主信任，权力不断扩大，乃至窃权弄柄，成为“手握王权，口含天宪”的掌权者。宦官以君权为后盾，以宫省制度为依托，以依附的文武官僚为党羽，形成特殊的势力，参与各种政治斗争，往往打破各种政治势力之间的平衡，使政治斗争更加惨烈，以至于引起社会的动荡。

一、宫省制度

宫省是宫城的建筑，这种建筑的特殊格局在于突出君主至高无上的地位。崇宫室以威四海，是统治者建筑宫省的本义，以宫省为核心而建立起来的制度，则又是炫耀权力的象征。

宫省，按照现在一般的解释，是设于皇宫内的官署或宫中禁卫。这种解释过为笼统，而且忽略了它的重要内涵，那就是宫是皇宫的前部，省是皇宫的后部，而前后部明显界限的出现与君主专制发展有密切的关系。

根据考古发掘，河南偃师二里头宫殿遗址，当属我国现今发现的最早宫殿遗址，虽然现今尚未能确定这个遗址是属于夏文化还是早商文化，但从已发现的主体殿堂来看，中间可能是统治者处理日常政务的场所，东西两厢为居处寝室，这与后代各王朝的前朝殿、后寝宫的建筑格局有很大区别，也就是说，还没有宫和禁的区别。

商代宫殿遗址多有发现，尤其是安阳小屯村遗址所发现的遗址，是“沿着与子午线

---

① 司马光. 资治通鉴：卷50：汉安帝建光元年（121年）. 北京：中华书局，1956：1609.

② 王夫之. 读通鉴论：卷7：汉和帝. 北京：中华书局，1975：482.

大体一致的纵轴线，有主有从地组合为较大的建筑群。后来在中国封建时代的宫室常用的前殿后寝和纵深的对称式布局方法，在奴隶制的商朝后期宫室中已经略具雏形了”①。也就是说，至少在商代中期，王宫已经分成前后两个部分，在前面部分设有殿堂和庭院，称之为前庭，是商王召集会议、举行祭祀和处理政务的地方。后面部分有宫室和廊庑，是王与后妃居住的地方，为他们服务的亲信随从也居住在内。这些亲信随从因为经常在王和后妃的左右，容易取得信任，已经有以内廷人员身份介入政治的现象。

周代进一步完善宫室制度，使之融合于礼制之中。由于现在西周的宫室遗址尚未勘探，故多以《周礼·考工记》《春秋三传》《礼记》等书的记载来谈周代宫室建制，认为天子之宫，“左祖右社，面朝后市”，“内有九室，九嫔居之”，“外有九室，九卿朝焉”（《周礼·冬官·匠人》）。对外有进行防御和揭示政令的阙（如故宫的午门），向内依次为皋门、库门、雉门、应门、路门。王在宫内处理政务，分为大朝、外朝、内朝，其内朝又有君主与群臣治事的“治朝”和君主平日治事的“燕朝”，燕朝之后是六寝、六宫。六寝是君主与后妃饮食起居处，六宫是王后治理内事之朝。库门之内有三槐九卿的官署，是外朝的所在地。大朝在阙门举行，非大庆大典，不举行大朝。这种五门三朝制是否完全符合西周的实际情况，学术界尚未有定论，但它直接影响后世，尤其是隋唐以后的宫城建制。

秦代宫殿群是先后建立起来的。秦始皇修建的新宫，位于各宫的中心，是大朝所在，原先的咸阳旧宫则作为正寝和后宫，其余诸宫多为离宫别馆。这时的宫殿建筑尚未有机地结合在一起，宫和禁的区别也还不太严格。当秦始皇兴建朝宫时（前殿为阿房宫）时，政务区和生活区虽然还结合在一起，但宫和禁的区别则已经显现出来了，故史有秦二世用赵高之计，“乃不坐朝廷见大臣，居禁中”② 的记载。

西汉长安未央宫是大朝所在地，前殿是该宫的主建筑，百官在这里朝见君主。“殿内两侧有处理政务的东西厢。这种在一个殿内划分为三部分，兼大朝、日朝的方法与周朝前后排列三朝的制度有所不同。”③ 前殿之后有门墙相隔，是皇帝和后妃的生活区，即使是王公大臣，未经皇帝特旨也不允许入内，故称“禁中”。另外，长乐宫、桂宫、明光宫、北宫、建章宫等，是太后、太子所居和皇帝的离宫别馆，建筑布局与未央宫基本相同。东汉建都洛阳，建有南、北二宫，除阁道相属之外，布局也与西汉基本相同。

曹魏皇宫分为三个层次和东西两组主要建筑，坐北朝南。皇宫前部分称为皇城，其西侧有钟、鼓楼等建筑；东侧有中央各主要部门的衙署。中部称为宫城，西侧主要建筑是文昌殿，也就是正殿，是大朝所在地，用以朝会群臣，宴享宾客，凡国家举行大典礼、议论大政，都在这里举行；东侧主要建筑是听政殿，为日朝所在地，是皇帝与群臣处理日常政务的所在地；中央主要衙署排列于听政门外，便于百官入内奏事，故此地称为政令中枢。后部是后宫掖庭，为皇帝和后妃的生活区，称为禁省、禁中或省中。曹魏皇宫开创了禁省、宫城、皇城这种由内及外的布局。“这种布局方式可能从东西厢扩充而成，

---

① 刘敦祯．中国古代建筑史．北京：中国建筑工业出版社，1984：31.

② 司马迁．史记：卷87：李斯列传．北京：中华书局，1959：2558.

③ 同①49.

后来为两晋、南北朝沿用了约三百余年，到隋朝才废止。”① 也就是说，宫、省的严格划分，至曹魏时得以确立。

隋唐皇宫都是按照一个中轴线和左右对称的格局，依照《周礼》所载三朝制度，以皇城、宫城、禁省逐次进深的方法建筑的。以唐代长安皇宫为例，最前面是一座皇城，东西长 2 820.3 米，南北宽 1 843.6 米，城内有太庙、太社、六省、九寺、御史台、四监、十六卫等建筑和官署衙门。皇城以北是宫城，两城之间有一条宽 300 步的横街，面对横街的宫城正门是承天门。凡年节大庆在此接受群臣朝贺，外国藩邸进表、颁发诰敕教令、献俘等大典，皇帝均御承天门临朝受贺，群臣外藩于横街排列，接受检阅；此处称为“大朝”，亦称“外朝”。承天门之内便是太极门，门内有座大殿，叫作太极殿，是皇帝会见群臣处理政务所在，称为“中朝”，亦称“日朝”。太极殿位居宫城的中心，故此殿又称“太极宫”。太极殿面向南，殿前东边是门下内省、弘文院等官署，殿前西边是中书内省、舍人院等官署。太极殿后面是两仪门，正对两仪门的是两仪殿，是皇帝日常办公的地方，称为“常朝”，亦称“内朝”。自两仪门以内为禁省，属于后宫。宫城西侧为掖庭宫，是妃嫔居住地；东侧为东宫，是皇太子居住地。这样，宫城之内的前后层次分明，建筑格局制度化。

明清皇宫建筑是在总结历代经验的基础上建造的，最具有代表性，因为保存完好，既能清楚地看出整个布局，又能给人们以感官上的认识。

明清皇城四向开门。南为大明门（清改为大清门，即今前门），门内有一座重门，称承天门（清改为天安门），北为地安门，西为西安门，东为东安门。皇城内建有宫城、宫苑（中南海、北海、景山等）、太庙（今劳动人民文化宫）、社稷（今中山公园）、寺观、官署衙门、仓库等。

明清宫城呈长方形，四角建有造型精致而独特的角楼，以护城河为隔离带。前以午门为界，后以玄武门为界，南北全长 960 米。横轴以南部分，西有西华门，东有东华门，东西宽 760 米。

宫城的午门，不仅是宫门，也是皇帝接受献俘大礼和颁布诏令的所在，习惯上称为“大朝”。午门之内是太和门，门内有一个面积为 2.5 公顷的庭院，面临庭院是雄伟壮观的太和殿，朝会大典就在太和殿前庭院举行，称为“外朝”或“中朝”。太和殿后是中和、保和二殿，与太和殿合为前宫三大殿。三大殿之后是乾清门，门内便是皇帝和后妃的生活区，称为禁省或禁中。禁省的中轴线建有乾清宫、交泰殿、坤宁宫，为禁内的三大宫。皇帝一般在乾清宫处理日常事务，称为“内朝”。这是沿用《周礼》《礼记》的外、中、内三朝制度。从大清门、天安门、端门、午门至太和门，共计五门，沿用皋、库、雉、应、路的五门制度。其太庙、社稷，沿用左祖右社制度。

从以上宫城建筑发展来看，宫城之内分前后两组建筑是从商代中期以后开始的。前廷和后宫的严格划分，似应从周代开始，但宫城之内划分宫中、禁中（西汉元帝时避外戚王禁之讳，改为省中，自此才有宫省之称），应是在秦汉时期才确立。从曹魏时期宫和省建制的制度化，到隋唐以后的宫城按中轴纵深布局，宫和省的区分日趋明朗。

---

① 刘敦祯．中国古代建筑史．北京：中国建筑工业出版社，1984：50.

宫省严格区分与职官设置和职权划分有密切的关系。禁省是宫城的最深部，这里设有为君主和后妃生活服务的机构和人员，习惯上称为省内官、省官、内官、中官、内侍官、内朝官等。前廷是宫城的前部分，这里有一些为君主办事机构和人员，称为宫官、中朝官、廷官、殿阁官等。中央各主要部门衙署设置在宫城的四周（主要在宫城前），以便及时承命处理政务，这些部门和人员称为朝官、外朝官、外廷官、中都官、京官等，是国家正式职官。

从这样的设官规模来看，外廷官是国家行政事务的主体，管理着国家各种政务，从秦汉的三公九卿到明清的部、院、寺、监、府系列，都是外廷机构。宫中官承担着宿卫、生活服务、佐理朝政、执行政务等职责；早期的宫中官多隶属于外廷官，由于佐理朝政、执行政务的职责使他们的地位逐渐提高，最终使一些人演变成为政令的中枢，机构也逐渐演变成为辅政部门。禁省官是为君主和后妃生活服务的，主要是宦官和女官，其政治和社会地位比宫中官和外廷官要低许多，但他们接近君主，容易取得君主的信任，有时亦掌握实际大权。

历代典章制度在叙述职官制度时，都是先公后卿，在宰辅之后，再依次排列中央各部门，并将各种官职、下属机构及官吏分别附列于各部门之下。这种排列顺序是以外廷官为主线，宫中官、禁省官，或分列于诸公卿之下，或在较后的位置辟一专目，给人以一种主次分明、尊卑有序、秩序井然的感觉。如果从君主专制的角度，以宫省制度为基点来看，就可以看出这种排列只是一种级别高低和隶属关系的排列，不能反映出谁远谁近、谁亲谁疏、谁荣谁枯、谁对谁进行制约、谁居咽喉要地、谁为闲散之职、谁掌机要大权、谁只是奉命执行等诸多现实存在的政治关系。

宫省制度是围绕着君主建立起来的制度，其核心当然是君主。在君主专制制度下，离君主远近，往往成为有无政治权力的关键。外廷官虽然主持国政，但离君主最远，朝阙远隔，非奉召不能面觐直陈，与君主的关系存在一定距离，易于因疏远而产生隔阂，甚至猜疑。宫中官身在宫中，离君主较近，接近君主的机会也较多，因此比外廷官容易取得君主的信任，古代的辅政机构多从宫中官演变为外廷官，逐渐引入正式的枢要序列，原有的外廷官往往被架空，仍保留虚衔，也就在情理之中。禁省官虽然多是宦官和女官，但离君主最近，旦夕相守，窥测爱憎，也最容易取得君主的信任。按韩非的“以疏远与近爱信争，其数不胜也；以新旅与习故争，其数不胜也；以反主意与同好争，其数不胜也；以轻贱与贵重争，其数不胜也；以一口与一国争，其数不胜也”（《韩非子·孤愤》）的五不胜原则，外廷官、宫中官、禁省官之间的权力不断转移置换是无可避免的，中国古代的职官制度基本上也是沿着这样的轨迹发展的。

二、宦官组织的形成和发展

宦官是在宫禁内苑中服侍帝王及后妃生活男人的总称。“天文有宦者四星，在帝座之西”，说明不论从传说中的天文现象，抑或在现实皇室政治中，宦者都是帝王身边的亲信之人。最初的宦者不完全是经过阉割的男人，一些未成年的男子和有族姓的士人内侍也称宦者。郑玄注《周礼》时，将宦者和阉竖分别解释，指出宦者、阉、竖是三种人。东汉“中兴之初，宦官悉用阉人，不复杂调它士”[①]，此后宦官才成为是经过阉割之后，在帝王和后妃身边服务的男人的专门称呼。

宦官从部分使用阉人到悉用阉人的发展过程，可以上溯至夏、商，尽管那时宦官不完全是阉人，但毕竟是杂用阉人，而且是悉用阉人的前奏。

“夏有乱政，而作禹刑。”禹刑之中有无宫刑，因无文字可考，难以定论。商王朝是一个有文字可考的大国，有关宫刑的记载也出现在甲骨文中。从“庚辰卜，朕剢羌，不其（死）”[②] 的记载，可以看出商王朝通过战争掠获异族男子俘虏，往往施以宫刑以供役使而不予处死。这些被阉割的人一般是作为家内奴隶来役使，故《周礼·秋官·司刑》云：“宫者使守内。”周代宫禁内苑中役使宦者，大多是被施以宫刑的人，应该是沿袭商代的传统。

受宫刑的奴隶变成宦官，应从周代开始。“周官有宫正、宫伯（皆主王宫，中官之长）、宫人（掌王之六寝）、内宰（理王宫内之政令，以阴礼教六宫）、阍人（掌守王宫）、寺人（掌王之内人及女官）。”[③] 此外，还有内小臣，“掌王后之命，正其服位”；内竖，“掌内外之通令，凡小事”。这些都是根据《周礼》的成说，《周礼》成书较晚，但上述八种官称在其他文献也曾出现，可以证明这些宦官组织确实存在。这时的宦官虽不完全是阉人，但其中有些人已经被特别说明是阉者，如《诗·小雅·巷伯》序云：“巷伯，奄官。”郑玄注：“巷伯，内小臣也。奄官掌王后之命，于宫中为进，故谓之巷伯。”杜预云：“巷伯即寺人。”阉者为官，在当时的地位是很微贱的，其职权范围也仅仅是统率阉竖宫人，在王宫内苑进行侍从、杂役、看门守夜，并没有参理朝政的权力。值得注意的是，一部分宦官因在周王及后妃左右趋炎附势、阿谀逢迎，取得信任，便开始受到重用。如《诗·小雅·巧言》云：“彼何人斯，居河之麋。无拳无勇，职为乱阶。”《诗·小雅·巷伯》云：“捷捷幡幡，谋欲谮言。岂不尔受，既其女迁。”有些宦官靠着谄媚取宠，排挤同列，以至谗毁大臣，在政治舞台上逐渐露出头角。

君主居住在九重深宫，定期赴前朝会见群臣处理政务，不是朝会的日子，各种章奏文书要传送于内，由君主批核后再传送于外。由于门阍有禁，一般人不能进入内宫，便有宦官“掌王之内政宫令、审门间、谨房室、必重闭”（《周礼·天官·内宰》），他们因为看守宫闱，也就区分出内外，因为接近君主，传达政令也是在所难免。当时负责政令承传的责任，原则上是内竖，即未成年的男子承担；内竖成年之后，要退出后宫，如果还留在后宫，就要接受阉割手术。如春秋齐桓公时，竖刁就是“自宫以适君”[④]。阉割后的内竖，因其承传责任未变，实际上是将承传责任已转移给阉宦，是“宦人之在王朝者，其来旧矣”[⑤]。

秦汉时期，宦官组织隶属于少府、大长秋等卿，其中少府属下的宦者、黄门、钩盾、永巷（掖庭）、御府、内者等令、丞所管辖的官署，统领诸宦者及内竖管理宫中各种生活

① 范晔．后汉书：卷78：宦者列传序．北京：中华书局，1965：2509．
② 罗振玉．殷墟书契前编．日本永慕园影印本，1913．
③ 杜佑．通典：卷27：职官·内侍省．北京：中华书局，1992：775．
④ 司马迁．史记：卷32：齐太公世家．北京：中华书局，1959：1492．
⑤ 范晔．后汉书：卷78：宦者列传序．北京：中华书局，1965：2507．

事务。这些部门的长官虽然还没有明确规定必须由阉人担任，但已经有一部分阉人充当其中的职务，正处在逐步过渡的过程中。

东汉的宦官全部由阉人担任，促使宦官组织成为专门的独立部门。在隶属关系上，宦官组织虽然还是归少府统辖，但已经加上“文属”的字样，表示宦官组织相对独立。东汉的宦官机构虽然有所省并，但增加了中常侍（掌侍左右，出入内宫，赞导众事，顾问应对）、黄门（掌侍左右，受尚书事，上在内宫，关通中外，及中宫门下众事）、中黄门冗从仆射（主中黄门冗从，居则宿卫，直守门户；出则骑从，夹乘舆车）、中黄门（掌给事禁中）等管理政务承传和武装宿卫的机构和人员，在制度上给予宦官登上政治舞台提供了便利。

大长秋名义上是隶属于皇后管辖的卿，是主管内宫事务的官员。大长秋属下有中长秋、私府、永巷、仓、厩、祠祀、食官等官署，由宦者充任。汉代制度，皇太后别宫居住，按照居住的宫名而设少府、太仆、卫尉等官，号称“太后三卿”，俱由宦者充任，位秩稍逊于九卿。东汉隶属于皇后的官属都加“中宫”二字，是宦者的专职。中宫最高长官为大长秋（职掌奉宣中宫命），统领中宫仆（主驭）、中宫谒者令（主报中章）、中宫尚书（主中文书）、中宫私府令（主中藏币帛）、中宫永巷令（主宫人）、中宫黄门冗从仆射（主黄门冗从）、中宫署令（主中宫请署天子敕）、中宫药长等官署。在女主临朝，“称制下令，不出房闱之间，不得不委用刑人，寄之国命”的时候，在皇帝信任宦官而委以重任的时候，一些宦官的权势便急剧膨胀，成为“手握王爵，口含天宪”的掌权者。

魏晋惩惕东汉宦官为祸，长秋官改为由士人担任，减少宦官的人数，罢去宦官兼主政务的官职和官署，加强对宦官的控制和管理。北魏时，除设立长秋官之外，增设内侍长一职，掌顾问、拾遗、应对，部分恢复宦官的参政权，宦官势力又开始抬头。北齐增设中侍中省，与长秋寺共掌诸宦官。隋合并为内侍省（曾经改为长秋寺），成为独立的宦官机构，与尚书、内史、门下、秘书同为“五省”而并列。

唐设内侍省，省署设在皇城北侧，紧靠宫城。内侍省设有内侍（掌内供奉、宣制令）、内常侍（通判省事）、内谒者监（掌仪法、宣奏、承敕令及外命妇名帐）、内给事（掌承旨劳问，分判省事）、谒者（掌诸亲命妇朝集班位）、典引（掌出入导引）、寺伯（掌纠察宫内不法）、寺人（掌皇后出入执御刀冗从）等显耀之职，都由宦官担任。此外，内侍省还统属“五局”，均由宦者管理，“掖廷局掌宫人簿籍；宫闱局掌宫内门禁，其属有掌扇、给使等员；奚官局掌宫人疾病死丧；内仆局掌宫中供帐灯烛；内府局主中藏给纳”①。除此之外，还有太子内坊局，也是宦官管理，“掌东宫阁内及宫人粮廪”②。唐代初期，虽然设置了较为庞大的宦官组织机构，赋予宦官一定承敕宣奏权，但没有给他们实际上的权力，因此宦官在政治上的作用还不明显。到唐玄宗时，因宠信宦官高力士，“每四方进奏文表，必先呈力士，然后进御，小事便决之”。从此，宦官的权力和作用便由轻入重，逐渐担任供奉、监军、出使、教坊等要职。安史之乱后，皇帝“不欲武臣典重兵，其左右神策、天威等军，欲委宦者主之”。由此，宦官便“内则参秉戎权，外

① 刘昫．旧唐书：卷184：宦者传序．北京：中华书局，1975：4753.

② 欧阳修，宋祁．新唐书：卷47：百官志二．北京：中华书局，1975：1224.

则监临藩岳”①，军政大权在手，内侍省则俨然以“北司”的名义凌驾于各机构之上。

宋代有入内内侍省和内侍省，号称“前后省”。两省各有分工，而入内内侍省最为亲近。按规定：“通侍禁中、服役亵近者，隶入内内侍省。拱侍殿中、备洒扫之职、役使杂品者，隶内侍省。”两省分别设有都知、押班、供奉官、黄门等职，有160人职官定员编制。此外，皇帝还经常委派宦官在编制之外担任临时的官职，俗称“内使”，而且其职掌涉及政治、军事、外交、经济、文教等各个领域。南宋时，将两省合并为一，职官编员最多曾经达到250人，但对宦官的监督限制较严，缩减了许多编外人员，明令“中官只令承受宫禁中事，不许预闻他事”②。

辽代有著帐郎君和著帐娘子，其成员是籍没的奴隶，类似唐宋的宦官和宫女，分隶于各宫斡鲁朵（即宫卫）；此外，南面官中有内侍省，统领诸宦官。金代的宦官分别隶属于宣徽院、长秋寺、卫尉寺等部门，长官都是由士人担任，宦者仅承担部分服务性的职务。元代的宦官分别隶属于侍正府、中政院，以及皇太后的长信、长秋、长宁、长庆、宁徽等寺，长官和所属部门的各级官员，均由蒙古亲近担任，宦官仅能担任副职。辽、金、元是少数民族建立的王朝，在官制上既承袭汉族政权的部分名称，又保留自身民族的特点。从设官来看，这三个王朝都对宦官有严格的限制，但在实际上，官制并不能约束宦官，因为君主宠信的宦官常常被委以临时职任，有些还被授予大将军、三公等尊荣的官爵。

明代宦官组织直接归皇帝统辖，机构极为庞大，计有十二监、四司、八局，统称二十四衙门。十二监是指：司礼监，主要掌内外章奏文书，照阁票批朱；内官监，掌营造宫室陵墓及铜锡器用；御用监，掌造办御用器物；司设监，掌卤簿仪仗帷幕；御马监，掌草场、牧马及象房；神宫监，掌太庙洒扫；尚膳监，掌宫内御膳筵席；尚宝监，掌符玺印信；印绶监，掌宫中图籍及诸符验；直殿监，掌宫内殿廊扫除；尚衣监，掌御用冠服靴履；都知监，初掌各监文书往来督催，后改掌驾前清道、警戒。四司是指：惜薪司，掌薪炭；铜鼓司，掌出朝铜鼓及内乐杂戏；宝钞司，掌造粗细草纸；混堂司，掌沐浴。八局是指：兵杖局，掌造军器；银作局，掌打造金银器饰；浣衣局，掌洗衣及罪废年老宫女；巾帽局，掌宫内所用靴帽；针工局，掌造宫中衣服；内织染局，掌染织；酒醋面局，掌宫内食用酒糖酱及面豆等；司苑局，掌瓜果蔬菜。

除二十四衙门之外，还有：内供用府，掌贮油米腊香料；司钥库，掌贮制钱；内承运库，掌贮金银珠宝；甲字库，掌贮丹朱水银诸物；乙字库，掌贮奏本等用纸；丙字库，掌贮丝绵布匹；丁字库，掌贮生漆桐油；戊字库，掌贮弓箭盔甲；承运库，掌贮黄白生绢；广盈库，掌贮罗纱；广惠库，掌造贮巾帕梳刷钱钞；赃罚库，掌没收官私财物；御酒房，掌造御酒；御茶房，掌奉御茶、瓜果及御膳；牲口房，掌收养异兽珍禽；刻漏房，掌报时刻；更鼓房，掌有罪内官以司更鼓；甜食房，掌造办甜点；弹子房，掌弹弓泥丸；灵台，掌观天文灾祥；涤作厂，掌造各色绶丝带；盔甲厂，掌造军器；安民厂，掌造铳炮火药；京城、皇城、宫城诸门正，掌晨昏启闭及关防出入；东厂，掌刺缉刑狱之事；

① 刘昫．旧唐书：卷184：宦者传序．北京：中华书局，1975：4754.

② 脱脱，等．宋史：卷166：职官志六．北京：中华书局，1977：3941.

西厂，职掌同东厂，不常设；内行厂，掌同东厂，设而又废；京营，监管京城诸营军；文书房，掌收发登记章奏谕旨；礼仪房，掌宫内吉礼；御前近侍，掌随朝捧剑；南京、天寿山、承天府守备，掌该地护卫；各省镇守，掌监各地方军政，嘉靖时革除；南京、苏州、杭州织造，掌织造御用龙衣；广东、福建、浙江市舶司，掌通商，后仅留广东一司；仓场监督，掌监全国各仓、场；诸陵神宫监，掌各陵看守洒扫。

上述机构，最多曾经统领过十多万名宦官。此外，还有许多不常设，而实际上拥有很大权力的受命监军、采办、粮税、矿、关等难以统计的御派职务，其人员曾经遍布天下，权力凌驾于诸司衙署之上。明代宦官组织涉及领域之广，规模之大，都是前所未有的，实际上已经成为皇帝直接统属下的，与中央国家机关几乎平行而又相为表里的另一套统治机构，其实际权限甚至超过国家机关。

清王朝初年，宦官归内务府管辖。入关后，曾建立宦官十三衙门，即司礼监、御用监、御马监、内官监、尚衣监、尚膳监、尚宝监、司设监、尚方司、惜薪司、钟鼓司、兵杖局、织染局，是明代二十四衙门的省并。康熙时，鉴于宦官为祸，废除十三衙门，将宦官重归内务府管辖，内务府下设敬事房，专门管理宦官事务；内务府的慎刑司，对不法宦官有先拿后奏权；比较有效地限制宦官权力的扩大。

三、宦官专权的政治局面

中国历史上宦官为祸最烈是东汉、唐、明三个王朝，这三个王朝是宦官政治势力发展的高峰，也是其必归于衰落的结局。这三起三落的发展过程，不但有其起因，而且各有其特点。

第一次起落　一些宦官由阿谀谄媚而受信任，因趋炎附势而插手政事，逐渐成为掌握部分实权、甚至军国大权的人物。

伴随君主后宫嫡庶制度的确立，“宫者使守内，以其人道绝也”（《周礼·秋官·掌戮》）的宦官，便因此在君主和后妃身边出现了。他们的地位虽然微贱，但身处九重深宫，与拥有至高无上权威的君主朝夕相处，使他们当中极少数的人有机会向君主逢迎阿谀，取得欢心，进而窃取到军、政、财等方面的大权。有些宦官头子在权力到手之后，其冷酷险恶都超过常人。他们一方面肆行掠夺盘剥以满足贪婪欲望；另一方面则使用各种手段以排斥不愿归附追随的百官，甚至加以抑免囚禁、谴戍杀戮。这些宦官头子，利用君主昏聩多欲和专擅权力、太阿之剑不容倒持的心理，在政治舞台上扮演过重要角色。

早在西周时期，宦官擅权已经初露端倪，《诗·小雅》中《巧言》《巷伯》两首诗中，曾经反映出在宦官之间、宦官与权贵之间的斗争和矛盾，生动地记述某些宦官阿谀奉承，“巧言如簧，颜之厚矣”，无所不用其极地投君主之好，逐渐摆脱奴隶地位，迂回地步入政坛。

春秋战国时期，随着周王室的衰微，与分封、宗法、礼乐制度密切相关的世卿世禄制遭到破坏，政自天子出演变为政由诸侯出，而后又相继出现政自大夫出、政自臣宰出的现象，最后形成“主卖官爵，臣卖智力”的官僚制度，君主的地位与权力得以加强。在“君设其本，臣操其末；君治其略，臣行其详；君操其柄，臣常其事”（《申子·大体篇》）的情况下，权力高度集中于上。在高度集权君主身边的宦官，便凭借君主的权力，开始作为一种特殊的政治势力崭露头角，引起时人的注意。这一时期在各国较有名气而又在政治上发挥作用的宦官有：齐国的寺人貂（即竖刁）、贾举、夙沙卫，晋国的寺人披（勃鞮、阉楚、伯楚）、孟张，鲁国的枪柏，宋国的惠樯、伊戾、寺人柳，卫国的寺人罗、雍渠，楚国的管苏，赵国的缪贤，秦国的景监、嫪毐。这些宦官毫无例外地凭借接近君主的特殊条件，以媚上欺下的本领谋取得君主信任，在各种政治势力角逐中，窃取到一定权力，再凭借这些权力左右政局，蛊惑或挟制君主，甚至废立太子，制造政变，造成的种种弊端，已经起到促成祸乱的作用。

秦汉时期，宦官成为国家机关的正式组织，虽然已成为完全独立的政事机构，服务于后宫仍然是他们的主要职责，还未自成系统。值得注意的是，当时已经有由宦官掌管的监狱，如掖庭诏狱、暴室狱、黄门北寺狱等。虽然这些监狱在规定上还不是对外管制全国官民的部门，但在皇帝的直接命令之下，已可以不经过朝廷的司法机关，直接把重要的人犯关押在内。又设由宦官掌管的，占全国财赋收入 1/3 的财经机构，如中黄藏、考工室、织室、尚方、御府等。还有负责承宣事务的中车府、中书宦者，尤其是在东汉出现中常侍、小黄门等宦官职任，从体制上使负责这方面事务的宦官得以参与政治。东汉时，宫禁的宿卫更改由宦官负责，使宦官拥有值宿护卫的武装。这样，宦官的职任便不仅仅局限于在后宫内服务了，已经顺理成章地扩大到国家政务各个方面，宦官政治势力兴起有了组织上的保障。

在“天下之事无大小皆决于上”的政治局面下，宦官政治势力凭借接近君主的有利条件，便能够运用这些尚未定型的组织机构，在政坛上开始呼风唤雨。从寺人貂填塞宫门饿杀齐桓公，到赵高矫诏立胡亥为二世皇帝，甚至“指鹿为马”，掀起一次又一次关系全局的政治波澜。对此，已经引起一些有为的君主和大臣们的注意。西汉初年，开国功勋集团使以丞相、御史大夫为首的官僚机构正常运转，在一定程度上制止宦官参与政治，但自汉武帝以后，功勋集团衰落，外戚集团兴起，中书宦者逐渐插手政治，宦官政治势力又再抬头。东汉扩大宦官机构，宦官“才任稍广”，从“给事殿省，出入卧内，受宣诏命”，发展到“请奏机事，多以宦人主之”，以至君主“所与居者，唯阉宦而已”①。这样，在政事上，宦官可以“顾问应对”“赞导众事”“省尚书事”②，参与国家各项政务。在财政上，宦官受命管理皇室币藏和山海池泽的税收，垄断财源。在司法上，宦官可以假君主之命，直接逮捕贵戚大臣等人犯并囚禁于他们管辖的诏狱之中进行刑讯拷问。在军事上，宦官掌握省禁宿卫武装，利用严格出入的制度，在禁省内屠戮大臣，即使是权势显赫而拥有重兵的外戚权臣，如阎显、梁冀、窦武、何进等，也只能束手受擒，难逃宦官宿卫的斧钺。东汉中后期的君主以借用宦官清除外戚势力为得计，不断扩大宦官所辖的武装，逐渐授予重大兵权。汉灵帝中平五年（188 年）增设西园八校尉，以宦官蹇硕为统帅，开宦官将兵之例，是宦官为祸第一次高潮。

宦官专权，加剧了统治阶级内部的矛盾，因而导致袁绍等人大闹皇宫，“勒兵捕诸宦

---

① 范晔. 后汉书：卷 78：宦者列传序. 北京：中华书局，1965：2509.

② 司马彪. 续汉书志：卷 26：百官志. 北京：中华书局，1965：3577.

者，无少长皆杀之，凡二千余人，或有无须而误死者”①。宦官在乱军大肆诛杀之下，从为祸的高峰上跌落下来，第一次为祸告一段落。

从第一次起落过程来看，宦官是在君主专制制度不断扩张的过程中，凭借地处宫闱、接近君主的有利条件，以媚上欺下的权术，逐渐摆脱微贱的地位，进而成为君主周围的一种特殊政治势力。在君主的羽翼下，逐步掌握了政治、军事大权，又借此反过来挟制君主，废立储君，参与和制造朝廷高层的政变，进而打乱专制王朝的正常秩序，造成朝政紊乱，酿成社会动乱。

第二次起落　在君主与官僚集团的矛盾斗争中，宦官往往由君主宠信得以掌握军政大权，又演变成予夺任情，有时甚至能够凌驾皇权之上，废立由己的专权者。

东汉末年宦官之祸，引起统治集团的重视，对宦官干政开始采取严格限制，宦官政治势力有所削弱。虽然在三国两晋南朝也曾经多次出现过宦官垄断政事、陷害大臣、残害忠良的事件，但很快就都被镇压下去。这一是由于政治形势多变，战争频繁，宦官缺少扩展势力的政治环境。二是因为世家大族的力量足以挟持君主而制裁天下，宦官难以全面操纵政治。三是宦官组织的压缩，士人担任主官，宦官则难以成气候。

北魏王朝是鲜卑拓跋氏所建。拓跋部凭借质朴武勇威力强大的骑兵，完成北方的统一。在中原社会政治、经济和文化的影响下，很快便从早期国家过渡到成熟的专制国家。为了适应新的历史条件，北魏统治者在不断完善国家政权的过程中，也必然遭遇到鲜卑贵族和官僚集团中的保守势力的反对。在这种情况下，统治者除了依靠鲜卑贵族和官僚集团中的亲信势力之外，御前那些“忠顺”的宦官也自然成为统治者所信任的对象。在君主信任和重用下，北魏的宦官不仅近侍帷幄，而且兼任中外文武职官，控驭中枢，甚至位居宰辅，成为当时令人瞩目的政治势力。如宦官宗爱在太武帝拓跋焘（424—452年在位）时，任职中常侍，爵封秦郡公，因得到太武帝的殊宠而专权，又因专权而弑杀太武帝，拥立拓跋余，以拥立功而为大司马、大将军、太师、都督中外诸军事，领中秘书，封冯翊王，一时间“位居元辅，录三省，兼总戎禁，坐召公卿，权恣日甚，内外惮之”②。在引起拓跋余疑虑之时，宗爱又先下手杀死拓跋余，改立拓跋濬。宗爱本人最终因树敌过多，而且恶贯满盈而被处五刑、夷三族，却没有因此而根除掉宦官干政的环境，继此之后，又出现过许多专权的宦官。尤其是刘腾，内废太后，外诛宰辅，致使“八坐、九卿，旦造（刘）腾宅，参其颜色，然后方赴省府，亦有历日不能见者。公私属请，唯在财货。舟车之利，水陆无遗；山泽之饶，所在固护；剥削六镇，交通互市。岁入利息以巨万计。又颇役嫔御，时有征求；妇女器物，公然受纳。逼夺邻居，广开室宇。天下咸患苦之”③。刘腾等人倒行逆施，不但败坏了政治，而且激化社会矛盾，最终导致北魏国家的分裂。

隋唐时期，宦官主管的内侍省成为独立的机构，与主管政务的三省并列，直接对君主负责，在制度上给宦官政治势力的膨胀创造了条件。虽然唐初规定：内侍省不置三品

① 司马光. 资治通鉴：卷59：汉灵帝中平六年（189年）. 北京：中华书局，1956：1901.
② 魏收. 魏书：卷94：阉宦宗爱传. 北京：中华书局，1974：2013.
③ 同②2028.

官，而且七十余年“权未假于内官，但在阁门守御，黄衣（八、九品服）廪食而已”①。但经过武则天、中宗朝的发展，宦官增至三千余人。唐玄宗时，五品以上的宦官就已经有千余人，稍受恩宠者即加为三品将军。最受宠爱的高力士、杨思勖等人，或参与机要，或持节讨伐，或奉使传宣，或监军主政，一时间“委任华重，持节传命，光焰殷殷动四方”②。安史之乱爆发，唐代君主对地方节度使和朝廷百官失去信任，靠近身边的宦官更成为最可信任的人物。当天下兵马副元帅（元帅由皇帝自兼）郭子仪率九节度使征讨史思明的关键时刻，唐代宗竟派宦官鱼承恩为观军容宣慰处置使，以左右军政，权在诸将之上。唐德宗“不欲武臣典重兵”，凡拥有军权，握兵众多者几乎全部罢免，改置左右神策军护军中尉两员、中护军两员，悉由宦官担任，分掌禁军，“自是神策亲军之权，全归于宦者矣”③。有了军权，宦官权势更盛，其“中尉之权倾于天下，人主废立，皆出其可否”④。唐代宗时，又置内枢密使，以宦官为之，执掌机要，承受奏章，传宣诏旨，实际操纵政务。

唐代君主利用宦官参政掌禁兵，借以控制臣下，抑制地方藩镇势力，取得一时的政治效果，也使宦官权力恶性膨胀，“威权日炽，兰锜将臣，率皆子蓄，藩方戎帅，必以贿成，万机之与夺任情，九重之废立由己”⑤。宦官不但控制住朝廷大权，而且视君主如傀儡，玩弄于股掌之上，甚至随意生杀，以致宦官拥立者七帝（穆、文、武、宣、懿、僖、昭），杀死者四帝（顺、宪、敬、文），演变成宦官之祸连绵不断，进而达到第二次宦祸高潮。虽然有几位君主试图援引朝臣，求助藩镇，想摆脱宦官的控制，以扭转宦官专权的政局，但结果都以失败告终。直至朱温率军入朝诛杀宦官，才结束宦官专权的局面，李唐王朝也就随之覆亡。

从第二次起落过程来看，宦官是在君主与朝臣宿将之间矛盾日益尖锐的过程中钻空子，赢得君主信任而走上政坛。有些君主认为“中人无外党，精专可信任”，依靠他们可免被颠覆之虞。如唐玄宗让高力士知内侍省事，“于是四方奏请皆先省后进，小事即专决，虽洗沐未尝出，眠息殿帷中，徼幸者愿一见如天人然”。而唐玄宗却认为：“力士当上，我寝乃安。”⑥ 能够取得专典禁军重任，是宦官专权的基础。凭借此基础，宦官才可以内控君主和朝臣，外结藩镇和重将，随时调动和集结重兵，直接威胁皇权，生杀由己，擅行废立。在宦官手握强权之下，朝野虽然对他们切齿痛恨，却很难形成强大反击的政治力量。这一阶段的重大变化，与宦官政治势力第一次起落大不相同。第一次起落时，官僚们群起反对，虽身受其害而不悔；而这次起落，大多数官僚不是联合反对，而是屈服于权宦，争先献媚，邀取青睐，助长了宦官的专横贪酷，扩大了他们的声势。

第三次起落 在高度君主集权制度下，宦官被君主重用而侵夺国家正规行政系统的权力，逐渐成为擅作威福、恃势害人，使群臣屏息、朝野怨嗟、中外骇听的贪暴者。

---

① 刘昫. 旧唐书：卷 184：宦者传序. 北京：中华书局，1975：4754.
② 欧阳修，宋祁. 新唐书：卷 207：宦者传序. 北京：中华书局，1975：5856.
③ 魏收. 魏书：卷 94：阉宦刘腾传. 北京：中华书局，1974：2028.
④ 刘昫. 旧唐书：卷 44：职官志三. 北京：中华书局，1975：1905.
⑤ 同③2028.
⑥ 欧阳修，宋祁. 新唐书：卷 207：宦者高力士传. 北京：中华书局，1975：5858.

朱全忠尽诛唐朝宫中的宦官，在他所建立的后梁王朝，完全废除宦官之职，但宦官制度并没有彻底根除，许多宦官流亡于藩镇诸国，在同时并立、各大小不同的朝廷中发挥作用。五代十国处在国家分裂割据时期，战争频繁，政权兴亡更替短促，宦官政治势力就寄生于其间。

宋王朝建立，君主专制中央集权制再一次得到全面加强，也给宦官政治势力再逐步发展创造了条件。虽然宋王朝的宦官没有发展到全面专权，但宦官参与国家政务之多，任用范围之广，却超过以往各代。从《宋史·宦者传》52名宦官传记上看，这时的宦官已经不是局限于后宫生活服务，而是在君主授权之下，普遍参与各种政治、经济、军事、外交、司法、文教等各个领域的活动。史论宋王朝宦官参政不及祸的原因是“祖宗之法严，宰相之权重，貂珰有怀奸慝，旋踵屏除，君臣相与防微杜渐之虑深矣”①。实际上这是君主专制中央集权制度比较完善的体现，宦官不能对君权构成威胁，却能给当时社会带来很大的祸害。如宋徽宗时，被当时人目为“六贼”的蔡京、王黼、童贯、朱勔、梁师成、李彦等人，除蔡京、朱勔之外，其余四人均是宦官。他们内外勾结，扰乱朝政，强取“花石纲”，掠夺民田，滥发纸币，狂增税收，激起人民的反抗，引发以宋江、方腊为首的大起义，而继之则是金军南侵；在内忧外患相结合的情况下，导致北宋王朝的覆灭。

辽、金、元三朝，给事内廷的多是贵胄子弟，相对限制了宦官势力的膨胀。史家对此有过分析性的评价：“前世宦者之祸尝烈矣，元之初兴，非能有鉴乎古者，然历十有余世，考其乱亡之所由，而初不自阉人出，何哉？盖自太祖选贵臣子弟给事内廷，凡饮食、冠服、书记，上所常御者，各以其职典之，而命四大功臣世为之长，号四怯薛。故天子前后左右，皆世家大臣及其子孙之生而贵者，而宦官之擅权窃政者不得有为于其间。”②这三个朝代在制度上没有赋予宦官权力，在管理上也没有为宦官设置职权独立的机构。不过，随着“汉化”程度的加深和政治形势的变化，宦官也时时在政治上发挥作用。如辽代宦官赵安仁与辽兴宗耶律宗真（1031—1054年在位）谋迁钦哀太后于庆州守陵，以解除太后摄政。钦哀太后在赵安仁犯死罪时，曾经以言相救，遇到赵安仁背恩反噬，也无可奈何，只能痛心指责赵安仁：“汝负万死，我尝营救。不望汝报，何为离间我母子耶！”③ 金代海陵王（1149—1160年在位）宠信宦官梁珫，非但不听人劝说，反而大言道：“人言宦者不可用，朕以为不然。后唐庄宗委张承业以军，竟立大功，此中岂无人乎？”④ 他听从宦官之言，悍然发动对南宋的战争，结果是引发国内政变，军队反叛，自己被乱军杀害，皇帝的名号也被剥夺。元顺帝（1333—1368年在位）时，宦官朴不花与丞相搠思监“相为表里，四方警报，将臣功状，皆抑而不闻，内外解体，然根株盘固，气焰薰灼，内外百官趋附者十之九”⑤。不但酿成一场统治集团之间的大内讧，也使各地起义军能够从容发展壮大。在内讧外攻之下，元王朝也就归于覆亡。

---

① 脱脱，等．宋史：卷466：宦者传序．北京：中华书局，1977：13599.
② 宋濂，等．元史：卷204：宦者传序．北京：中华书局，1976：4550.
③ 脱脱，等．辽史：卷109：宦官赵安仁传．北京：中华书局，1974：1481.
④ 脱脱，等．金史：卷131：宦者梁珫传．北京：中华书局，1975：2808.
⑤ 宋濂，等．元史：卷204：宦官朴不花传．北京：中华书局，1976：4553.

明太祖朱元璋鉴于汉唐宦官乱政的教训，置宦官不足百人，并且严格限制宦官干政，规定宦官不得兼文武职衔，不得穿外臣冠服，不准与外臣交往，不许读书识字等，还在宫门设置“内臣不得干预政事，预者斩”的铁牌，以示警戒。然而，朱元璋晚年，宦官建制已经有十二监、七局、二司等二十一衙门，确立了宦官的独立行政体系，奠定以后二十四衙门的规模，给宦官再度在政治舞台上兴风作浪打下基础。

朱元璋死后，皇族内部因为争夺皇位，发生“靖难之变”。朱元璋第四子燕王朱棣，以“清君侧”为名，挥军攻打其侄建文帝。是役，朱棣买通建文帝身边的宦官，为他通消息，送情报，在政变中起到一定作用。所以，朱棣即位以后，对宦官比较信任，授予他们出使、镇守、监军、专征等职权。由于宦官组织是直属于皇帝的独立体系，在皇帝的重用下，很快便侵夺了正规国家机关的一部分事权。尤其是与政事有关的司礼、尚宝、印绶等监，因负责“章奏文书，照阁票批朱”，以及负责管理皇帝的玺印符节，发放诏敕文书，很快便在实际上发挥出重大作用。其中司礼监权势最大，其掌印太监号称“元辅”，秉笔、随堂太监也号称“众辅”。按规定，司礼监只是根据皇帝的旨意做一些书写工作，可是到后来，竟然拥有对内阁所拟谕旨的最终裁定权。明代自宪宗以后，皇帝多不临朝治事，内阁大学士数年甚至二十余年不能面见皇帝，各种文书诏令均由宦官承转，司礼监便在事实上变成凌驾于内阁之上的领导，俨然成为皇帝的政治代理人。因为皇帝所批示的文件，多是以谕旨形式下达，内阁以及其他国家机关只有执行的义务，而没有表示异同的权力。宦官批朱是以圣谕的形式下达，内阁草拟圣旨只能以草稿的形式上奏，这样便形成有明一代监、阁共同辅政的政治格局。

宦官之所以能掌握全面而特殊的权力，当然是一定政治形势的产物。永乐十八年（1420 年），明成祖朱棣为进一步打击异己势力，设立东厂，成为威权最大的侦缉和特种刑狱机构，并指定由宦官主持，由司礼监掌印太监兼领，称为“提督东厂”，“东厂权重，视总宪（都察院），兼次辅”①。这种特务机构执行侦缉、逮治、刑讯，上及朝臣，下至百姓，都在其管制范围之内，宦官的威权也因此急剧增长。成化十三年（1477 年），又增设西厂，由权宦汪直提领，使“公私骚扰，道路以目，朝臣亦皆惴惴不自安”。双重特务组织，“炯察益苛，人不堪命，至有破家毁族者，势焰熏灼，天下闻而畏之”②。正德时（1506—1521 年），又增设内行厂，把东、西厂也纳入被侦缉的范围之内。一时间，宦官马永成掌管东厂，谷大用掌管西厂，刘瑾掌管司礼监兼管内行厂。他们“毛举官僚细过，散布校尉，远近侦伺，使人救过不赡”③。刘瑾被诛以后，西厂和内行厂废，但“一瑾死，百瑾生”④，宦官势力继续发展，向为祸的高峰挺进。

明代中叶以后的各皇帝多以懒惰著称，一味纵容和重用宦官，以致作恶多端的权阉辈出。这一是由于君主专制制度的高度发展，君主任意使用非正规的机构侵夺甚至取代正常国家机构的职权。二是因为君主直接控制宦官机构，而这些机构本身已经涉及国家政务的许多领域，具有国家第二行政系统的职能。宦官权力凌驾于国家行政机构之上，

① 刘若愚. 酌中志：卷 16：内臣职掌纪略. 北京：北京古籍出版社，1994.

② 王世贞撰. 魏连科点校. 弇山堂别集：卷 92：中官考三. 北京：中华书局，1985：1764.

③ 张廷玉，等. 明史：卷 305：宦官刘瑾传. 北京：中华书局，1974：7787.

④ 王世贞撰. 魏连科点校. 弇山堂别集：卷 90：中官考一. 北京：中华书局，1985：1720.

形成极不正常的政治局面。

清王朝以明为鉴，采取许多措施以防范宦官干预政治。首先，对宦官机构进行改革，使宦官失去自成系统的行政组织，既防止宦官队伍扩大，又使宦官难以进入政治领域。其次，制定比较完备的法规条例，对宦官严加管束，尤其是赋予内务府大臣先处置后奏报权，使宦官失去依托。再次，明令朝臣不许交结宦官，不允许宦官离京去外省办理事务，允许朝臣对不法宦官实施诛责。最后，因为阉宦失去权力，已经不再是令人羡慕的职位了，以至于“宫内四十八处总管，各管宫殿一处，形容枯槁，衣服褴褛，个个与穷寡妇无异”①。虽然在清末出现过安德海、李莲英、小德张之类颇有权势的人物，但终未形成宦官专权的局面，这几个权势灼灼的人物，也没有在政治上形成过可以左右全局的政治势力。总的说来，有清一代限制宦官擅权是较前些朝代有成效的。

从第三次起落过程来看，宦官权力的消长几经反复，在君主信任、重用和赋予特权的情况下，曾堂而皇之走上政坛，逐渐成为在君权支持下的第二行政系统。职能在不断扩大和正规化的基础上，广泛地侵入政治、经济、军事、司法、外交、文教等各个领域；一些宦官俨然成为皇帝的代理人，如明代正德时期的刘瑾被时人视为“站皇帝”；天启时期的魏忠贤当权，“尽内廷外廷之人，而只知有忠贤，不知有皇上”②。在那时，朝野为之蹙首，人臣朝不保夕，行人道路以目，敢于与宦官直接斗争的官僚士大夫百不及一二，大部分是“不知廉耻者，多与之交结，有馈以金宝珠玉，加以婢膝奴颜者”③。百般逢迎，舔痔吮疽，充儿充孙，并不以为羞耻，甚至遍在全国为权阉设立生祠，朝夕膜拜，尊称九千岁，这更是前所未有的。宦官权势熏天，在此特定时期，曾经达到了顶点。但也应看到，在君主专制制度不断加强的总趋势下，宦官政治势力对君权的依附程度却更为加深。他们只有依附和借助君权，才有可能存在和发展，绝无与君权抗争，甚至取代君权的余地。故此，宦官政治势力这次兴起的来势虽然凶猛，却没有出现敢于擅立君主的情况，所谓“高皇帝收天下之权，以归一人，即狼戾如（王）振、（刘）瑾者，一鞶而忧，再鞶而危，片纸中夜下而晨就缚，左右无不鸟散兽窜，是以能为乱而不能为变也”④。这种只能为乱而不能为变，正是宦官政治势力这次起落最明显的特点。

中国最后一个专制王朝——清王朝对宦官严加管束，堵塞宦官擅权乱政的渠道，若偶有涉及政治的，便予以谴斥诛逐。制止宦官参与政治，乃是清代君臣的基本共识，也表明宦官政治必然走向没落，是两千年宦官制度走向末路的标志。

---

① 何刚德．春明梦录：卷上．上海：上海古籍出版社，1983：13.

② 沈国元．两朝从信录：卷22//续修四库全书：第356册．上海：上海古籍出版社，1995：55.

③ 王世贞撰．魏连科点校．弇山堂别集：卷92：中官考三．北京：中华书局，1985：1758.

④ 王世贞撰．魏连科点校．弇山堂别集：卷90：中官考一．北京：中华书局，1985：1720.

第三章

议会政党与元首制

重点问题

1. 清末君主立宪政体实验的性质与历程。
2. 资政院、咨议局设置对中央和地方政治格局的影响。
3. 民国初年政党制度对当时社会的影响。
4. 国共两党两次合作形式与实质内容。
5. 中华民国政党制度走向一党专制的过程。
6. 中华民国议会制度发展历程及特点。
7. 虚权元首与实权元首的主要区别。
8. 《动员戡乱时期临时条款》与总统制的关系。
9. 中华民国元首制发展变化及特点。

鸦片战争以后，中西政治文化经历了对立、冲突、调和、融合阶段，传统的政治体制也开始发生了变化，即便是迫不得已变革，也已经有了近代化的迹象。辛亥革命的成功，使资产阶级民主共和制度在硬性移植下得以确立，但在传统制度影响下，北洋军阀、新军阀以军阀把持的政权，始终没有完成向现代化的转变，也就决定了中国政治制度现代化的道路是不平坦的，即便是有现代化的形式，也不可能发挥现代政治制度的作用。

第一节　君主专制向君主立宪的转变

晚清变局的重要特点，就是朝野都要求变革旧的政治体制，打破皇权独尊无上的僵死体系，长期禁锢和封闭的堤防也被冲毁。清末政治改革中企图仿行立宪，就是在这样的形势和背景下出现的。仿行立宪，虽然是清王朝试图通过政治制度的变更以自救，但改变了“祖宗成宪”，公开宣告要采取君主立宪政体。这种“政治制度改革是一场不彻底的改革，假立宪中有真改革，它对推动中国政治近代化、加速中国社会新陈代谢有一定的促进作用”①。所谓“真改革”的重要内容，是宣布预备立宪和进行官制改革。在官制改革中，最值得注意的是在中央和地方分别设立仿照西方议会体制的议事部门，即中央的资政院和各省的咨议局，借以表示向近代化的君主立宪政体靠拢。

一、咨议局和资政院

西方资本主义国家的三权分立，以议会为立法机构，内阁为行政机构，大理院或裁判所为司法机构。在立宪的呼声中，三权分立成为立宪的主题。1906 年 10 月，清王朝宣布行宪之后，同意将立法权交议会行使，议会有权对内阁的工作进行检核，同意或否决，甚至弹劾。在议会成立之前，先设立资政院作为过渡机构。1907 年 9 月 20 日，清王朝颁布《资政院议员选举章程》，宣布设立资政院，并先在各省设立咨议局。

1908 年 7 月 22 日，清廷批准了《各省咨议局章程》及《咨议局议员选举章程》。章程规定于 1909 年在各省设立咨议局。《各省咨议局章程》共 12 章 62 条，对咨议局的组织、性质、地位和权限等进行规定，其中心内容是关于咨议局的权限：（1）议决本省应兴应革事件。（2）议决本省岁出入预算事件。（3）议决本省岁出入决算事件。（4）议决本省税法及公债事件。（5）议决本省担任义务之增加事件。（6）议决本省单行章程规则之增删修改事件。（7）议决本省权利之存废事件。（8）选举资政院议员事件。（9）申覆资政院咨询事件。（10）申覆督抚咨询事件。（11）公断和解本省自治会之争议事件。（12）收受本省自治会或人民陈请建议事件。事件列了不少，但要害之处是所有决议一律要经督抚批准、公布、施行，而咨议局又没有选举和任命督抚的权力。在所有议员都要受制于本省总督和巡抚的情况下，咨议局只能作为督抚的附庸，即使议论激昂，决议在案，也无付诸实行的保证，不过是几只嘈叫的跛脚鸭，很难在政治上发挥作用。

在中央设立的资政院，被称为“议院之先声”。为此，订立怎样形式，赋予资政院多大权力，便成为朝野争执、社会舆论关注的中心。《资政院院章》在 1908—1911 年，先后四次公布，三次修订。第一次公布的《资政院院章》是 1908 年 7 月 8 日，本来定为 10 章，因时间匆忙，仅公布第一章总纲，第二章选举，一共 15 条。第二次公布《资政院院章》是 1909 年 8 月 23 日，共 10 章 65 条及附加 2 条，实际 67 条，其章名是：总纲，选举，职掌，资政院与行政衙门之关系，资政院与各省咨议局之关系，资政院与人民之关系，会议，纪律，秘书厅官制，经费。第二次修改而第三次公布《资政院院章》是 1911 年 7 月 3 日，第三次修改而第四次公布《资政院院章》是 1911 年 11 月 20 日，两次修改都是为了限制资政院实际的权力，以便使资政院成为清王朝得心应手的御用工具。

第二次公布的《资政院院章》规定了资政院职权：（1）议决国家岁出入预算事

① 谢俊美. 政治制度与近代中国. 上海：上海人民出版社，1995：291.

件。(2) 议决国家岁出入决算事件。(3) 议决税法及公债事件。(4) 议决新定法典及嗣后修改事件，但宪法不在此限。(5) 议决其余奉特旨交议事件。这些职权“表面上看来好像已具有外国资产阶级议会的某些权责。但其中三分之二的条文在于财政税收，其目的是为增加朝廷收入，加重人民负担，企图把横征暴敛经过资政院这个议事机关而披上合法的外衣。在立法方面没有制定修改宪法的权力，在与行政关系方面，掌握实权的军机处对资政院不负任何责任。资政院不是上下议院，它不具有国会的性质非常明显”①。这种名不符实，当然会招致朝野上下的反对，进行修改也是必然的。

1911 年 7 月 3 日修改的《资政院院章》，是因为军机处撤销及皇族内阁成立，原来与军机大臣、部院衙门对等关系的条款必须修改，同时也对资政院的权力增加了许多限制。如资政院临时会议改为“由特旨召集”，资政院改变议事日程、处理各省咨议局与督抚的争议，均需要经内阁同意或请旨裁夺等，实际上还是将之作为御用机构来看待，根本没有独立的权力。

1911 年 11 月 20 日修改的《资政院院章》是在武昌起义已经爆发、各省纷纷宣告“独立”和拥戴共和的局面下颁布的。当时皇族内阁已经垮台，袁世凯为总理大臣的责任内阁已经出现。虽然明确了资政院与内阁的对等地位，议决事件也不必要“请旨裁夺”，只需“请旨颁布”即可，但始终没有达到议会权制的要求。时人称资政院“其制略似国会，然国会之权限，规定于议院法，资政院院章绝不见有责任之政府”。“以法制言，议院为独立机关，而资政院不然；以效力言，议院议决之案，经君主裁可，大臣署名而实行，而资政院不然；以责任言，议院议决之案，对之负责任者为内阁，而资政院不然”。“夫议院乃民权所在，然其所谓民权者，不过言之权，而非行之权也。议政之权虽在议院，而行政之权仍在政府。”②

即便如此，资政院在中国近代政治制度发展史上还是发挥过一定的作用，因为“代议机构的建立为各省精英提供了对中央政府表示久已有之的怀疑的渠道，结果旨在为中央政府提供支持和建立更强大共识的机构，反而导致地方对朝廷的集权动机表示疑虑。贯穿上述一切的是，不断扩大的参与规模和对于敌视性国际环境更强烈的意识，促使危机加剧起来”③。有些议员们敢于慷慨陈言，抨击朝廷，弹劾军机大臣，甚至也涉及皇帝，在专制政体的一潭死水中掀起民主波澜，“它们利用了预期能得到的言论自由的宪法保障。中国过去从来没有人像现在这样坦率直言过”④。以前丝毫不敢指斥皇帝，怨恨朝廷，如今可以畅所欲言，而不会被治罪，清王朝的权威受到冲击，社会变革也因此加快了。

二、《钦定宪法大纲》

就政治制度变革而言，清末新政所谓最重要成果就是 1908 年颁布的《钦定宪法大

---

① 韦庆远，高放，刘文源. 清末宪政史. 北京：中国人民大学出版社，1993：392.
② 故宫博物院明清档案部. 清末筹备立宪档案史料：上册. 北京：中华书局，1979：634、631、668.
③ 罗兹曼. 中国的现代化. 南京：江苏人民出版社，1995：296.
④ 埃利斯. 革命中的中国. 展望（美国），1911-10-28.

纲》，不但以宪法的形式确定要实行君主立宪制，而且使宪政成为当时热门话题，许多热血青年及民众也投身于宪政，被誉为宪政运动。

《钦定宪法大纲》由庆亲王奕劻等上奏，慈禧太后亲自裁定。内容基本抄自 1898 年日本帝国宪法。该大纲分两部分共计 23 条。第一部分是“君上大权”，计 14 条，可以概括为 7 个方面：（1）大清皇帝统治大清帝国，万世一系，永永尊戴。君上神圣尊严，不可侵犯（第 1、2 条）。（2）君上有统率陆海及编定军制之权；有宣告戒严之权（第 6、8 条）。（3）君上有设官制禄及黜陟百司之权；有爵赏及恩赦之权（第 5、9 条）。（4）君上有钦定颁行法律之权，有发布命令之权；有发代法律之诏令之权；有召开、闭开、停展及解散议院之权（第 3、11、12、4 条）。（5）君上有宣战、讲和、订立条约及派遣使臣与认受使臣之权（第 7 条）。（6）君上总揽司法大权（第 10 条）。（7）皇室经费应由君主制定常额；皇室大典应由君上督率皇族及特派大臣议定（第 13、14 条）。第二部分是“附臣民权利义务”，计 9 条。臣民权利有 6 条，即言论、著作、出版、集会、结社、财产、居住、人身等自由和诉讼权利，依法定资格担任官吏及当议员的权利。臣民义务有 3 条，即纳税、当兵和遵守法律。

对于这部大纲的性质和意义，现在学界仍存在许多争议。有的认为：“这份文件虽称宪法大纲，但看不出对皇权有哪些限制和减损，倒像是对皇帝原有权力的总结”①，因此没有什么实质上的意义。也有的认为：“就《钦定宪法大纲》的性质，并不具有根本法的法律效力，只不过是为将来编纂正式宪法时设立的一个框架准则”②，在当时的社会生活中起不到任何作用。还有的认为：“《钦定宪法大纲》的颁布，在中国史上具有重大意义”，并以西方学者的论点来证实“由于大纲规定是二元制的君主立宪政体，所以‘君上大权’的规定，从法律角度说，是符合君主立宪的政治原则的。大纲的颁布是中国政治制度史上的里程碑”③。可以说这是一个得到批评大于肯定的宪法大纲，但谁也没有否认它在中国政治制度近代化过程中的作用，因为它标志着中国传统政治体制已经发生了重大变化。

在《钦定宪法大纲》出台前后，朝野对宪政的热情空前，不但在统治集团内部发生诸多争议，致使统治集团形成立宪派、维新派、保皇派，而士绅及新式学堂的参与，吸引士农工商都来参与。由于清王朝所要实行的君主立宪制带有明显的政治功利性和保守性，其根本不想改变皇权专制体制，自然会引起社会的不满，革命派也因此不断扩大影响，积蓄力量来推翻清王朝的统治。在预备立宪过程中，出现国会请愿活动，其发起者虽然是绅士阶层，但是有商人、学生的积极参与，以至于工人、农民、市民等都积极响应，前后出现四次大规模的请愿活动，参加人数越来越多。1910 年 10 月 7 日，国会请愿代表团第三次上书，奉天旅京学生赵振清割左腿之肉，牛广生割右臂之肉，“各将肉在书上摩擦数遍，血涔滴肉跃纸上，惨不忍睹”④。这种激情感染朝野上下，请愿活动在全国范围展开，驻外使臣先后发电力争，各地报纸亦群起向清廷施压，各省督抚更联衔电奏，

---

① 徐祥明，等. 中国宪政史. 青岛：青岛海洋大学出版社，2002：82.

② 韦庆远，高放，刘文源. 清末宪政史. 北京：中国人民大学出版社，1993：257.

③ 谢俊美. 政治制度与近代中国. 上海：上海人民出版社，1995：295.

④ 呜呼血泪青年. 民立报，1910-10-14.

以至于第四次请愿号称有百万人。朝野对宪政的关心，使宪政逐渐深入人心，也为中华民国建立奠定了基础。

三、《宪法重大信条十九条》

1911年10月10日，发生了辛亥革命，各省纷纷响应，尤其是陆军第二十镇统制官张绍曾、第二混成协协统兰天蔚等人10月30日上奏带有“兵谏”性质公开书，他们一方面电奏，一方面在滦州集结，大有兵临城下之势，清王朝不得不认真对待。11月3日，立即抛出仅用三天就拟订成的《宪法重大信条十九条》，以为缓兵之计。

《宪法重大信条十九条》的内容是：(1) 大清帝国皇统万世不易。(2) 皇帝神圣不可侵犯。(3) 皇帝之权，以宪法所规定者为限。(4) 皇位继承顺序，于宪法规定之。(5) 宪法由资政院起草议决，由皇帝颁布之。(6) 宪法改正提案权属于国会。(7) 上院议员，由国民于有法定资格者公选之。(8) 内阁总理大臣由国会公举，皇帝任命。其他国务大臣，由总理大臣推举，皇帝任命。皇族不得为总理大臣及其他国务大臣并各省行政长官。(9) 总理大臣受国会弹劾时，非国会解散即内阁辞职。但一次内阁不得为两次国会之解散。(10) 陆海军直接皇帝统率，但对内使用时，应依国会议决之特别条件，此外不得调遣。(11) 不得以命令代法律，除非紧急命令，应特定条例外，以执行法律及法律所委任者为限。(12) 国际条约，非经国会决议，不得缔结。但媾和宣战，不在国会开会期中者，由国会追认。(13) 官制官规，以法律定之。(14) 本年度预算，未经国会议决者，不得照前年度预算开支。又预算案内，不得有既定之岁出，预算案外，不得为非常之财政处分。(15) 皇室经费之制定及增减，由国会议决。(16) 皇室大典不得与宪法相抵触。(17) 国务裁判机关，由两院组织之。(18) 国会议决事项，由皇帝颁布之。(19) 以上 (8)、(9)、(12)、(13)、(14)、(15)、(18) 各条，国会未开以前，资政院适用之。

皇帝权力必须“以宪法规定为限”，“宪法由资政院决议”，“宪法改正属于国会”，皇权被宪法所取代，皇权合法性的基础完全丧失，这虽然是出于无奈，毕竟是否定了君主专制，也意味着清王朝必然走向寿终正寝的不归路。《宪法重大信条十九条》公布之后的5天，11月8日，便“选举”袁世凯为总理大臣，由皇帝任命。袁世凯于1912年2月12日便逼迫清帝溥仪退位，3月10日出任中华民国临时大总统。

清末预备立宪乃是在内外逼迫的情况下，统治者所不得已的选择，乃是一种权变，即便是有一些政治上的改良，其目的还是在于维护清王朝万世一系的统治。清王朝统治集团已经意识到君主专制难以进行统治，实行君主立宪制，或许能够保住大清江山，其自觉与不自觉的改革，使朝野对宪政倍加关注，也迫使清王朝不得不进行有限度的改革。中央设置资政院，各省设置咨议局，县以下实行乡镇自治，都是新制度的尝试。无论是《钦定宪法大纲》，还是《宪法重大信条十九条》，都在一定程度限制了皇帝权力，并且试图设置国会，承认人民的政治地位和社会地位，不自觉地向政治宪政化迈进，两千多年的君主专制必然会土崩瓦解。

第二节　政党制度

政党首创于欧美，是近代民主政治发展的产物。一般认为，政党是由具有共同利益的特定阶级、阶层中部分成员构成的以谋取和运用政权为目的的政治组织。谋取政权是政党作为一个政治组织区别于一般政治社团组织的主要特征。也有认为："政党是近代以来人类政治生活中，围绕政治共同体（国家或地区）的公共权力而展开活动的相对稳定（有目标、纲领、纪律、组织）的团体。它是社会生产力和生产关系发展到一定时期的产物；是人类政治发展到一定阶段的产物；在某种特定的环境中，它又是民族和政治危机的产物。"① 近代中国人是在西学东渐中开始接触并接受西方政党观念的，而政党政治在中国则滥觞于中华民国创立初年。

一、民国初年的政党政治

在近代社会思潮的冲击下，西方的政党观念通过各种渠道在中国传播开来，在传播过程中，政党政治逐渐被中国人所接受。在争取政治民主化的过程中，政党组织开始出现。以孙中山为代表的"革命党人"组织的中国同盟会，领导辛亥革命，推翻清王朝，建立了中华民国。但在中华民国建立之后，对于"革命党"的定义和作用有认识上的分歧，在"革命党"非政党的呼声中，主张取消者有之，主张改组者有之，主张保存者有之，而立宪派在促成立宪的过程中，由资政院议员组成三个政党：宪政实进会、辛亥俱乐部、宪友会，意图协助清王朝推行君主立宪。这种带有现代政党组织性质的、公开的政治活动出现，揭开民国初年的政党政治序幕。

民国成立后，各种政治势力和利益集团，纷纷结党，一时政党林立，民国政党政治大张旗鼓地开幕了，以后又不断演化。近人杨幼炯将民国政党的演变划分为五个时期：一为政党之结胎时期，起于1892年，止于辛亥革命；二为两党（国民、进步）对立时期，1912年至1913年；三为政党消灭时期，1913年11月至1916年8月；四为小党分立时期，是政党最腐败时期，1916年8月至1923年北伐前夕；五为中国国民党党治时期，自1924年开始②。

根据《民国初年政党演变图》③ 来看，民初的政党、政团组织虽然多至数百，但经过演变、整合，在1912年8月国民党成立时，基本形成为国民党、共和党、统一党、民主党四党并存的局面。

国民党是以同盟会会员为主干，以及同盟会衍生出来的政治力量组建而成的，以孙中山为理事长，黄兴、宋教仁等为理事，宋教仁为总务部主任干事并代理理事长。在宋教仁的主持下，国民党力主建立政党内阁制，与野心篡权的袁世凯对立。

---

① 杨德山．中国近代资产阶级政党学说研究．北京：人民出版社，2002：8．

② 杨幼炯．中国政党史．北京：商务印书馆，1937．

③ 李剑农．中国近百年政治史（1840—1926年）．上海：复旦大学出版社，2002：325．

共和党以立宪党人为主体，黎元洪为理事长，张謇、章太炎、程德全等为理事。共和党奉行国家统一主义，但反对国民党，与国民党对立，是袁世凯的御用党。

统一党主要由清末立宪派各团体组成，也吸收一些革命党人，1912 年 5 月 9 日曾经并入共和党，但在同年 5 月 17 日，章太炎又宣布独立。8 月，章太炎“厌政党生活，宣告脱党”，尔后由王赓、汤化龙、朱清华等主持党务。统一党号称要建成责任内阁制度，但它一切要仰袁世凯的鼻息，甚至连党的经费也全靠袁氏资助，所以只能依照袁氏的要求，一度主张建立所谓无党派归属而拥有实权的总理负责制。

民主党也是以立宪党人为主，先是汤化龙任干事长，后由梁启超任党魁。民主党号称是第三党，以普及政治教育为宗旨，实际上与共和党、统一党有相近的政治观点，所以在国会选举后与共和党、统一党合并为进步党。

这样在民初就形成国民党为一方，共和、统一、民主三党为一方的对抗格局，在中华民国政坛上出现了两党制的发展趋势，但在当时的社会历史条件下，并不可能形成真正的两党制。因为与国民党相对峙的党派，实际上是袁世凯的政治势力，它们所追求的也只是争取入阁和制宪，并没有认真的纲领和共识的主张，其成员仅是以之作为跻身政坛、取得官缺地位的工具，所以在内阁组建的过程中，袁世凯利用了进步党后又将之踢开，而随着国会的解散，袁氏的“政治会议”就取代了政党。

袁世凯死后，国会恢复，各种形形色色的党派又复活了，“此时实为变党为朋之最盛时期，大半以金钱势力为结合，无一定之主张，故结果给国人以至坏之印象”①。不少政党头目只具有政客身份而毫无政治立场，他们为了个人利益，朝秦暮楚，在贿选政府成立过程中又丧失了人格。

历史证明，西方那种竞争性政党政治制度与政党模式，在当时中国是行不通的。这一是因为当时中国薄弱的资本主义经济基础，还缺乏政党政治存在的物质基础。二是当时中国社会军阀势力和传统专制政治势力强大，没有广大的民众支持，缺乏政党政治开展的社会和政治基础。三是政党派系纷争，无论是资产阶级政党，还是各种政客组成的政党，为了党派及个人利益，“以个人之利害或一党派之利害为本位者，其结果必失败；能使吾侪知权术之为物，决不足以驭人，而惟足以自毙”②，为了自身的利益，不得不屈服或曲意逢迎袁世凯专制独裁。四是在政党化合为两党时，国民党激进，进步党保守，虽然具有两党制的典型特征，但民主政治在中国本来就没有经验，两党对民主政治也缺乏必要的经验和修养，以至互相指责，冲突不断，意气用事，造成鹬蚌相争而渔翁得利之局面。五是在对政党政治还不熟悉的情况下，政党成为谋取高位而维护自己利益的工具，一时间出现数百个党，称得上政治家者屈指可数，而官本位又极易导致政治腐败。所以政党中国化的过程，也只能是从民初的“政党政治”发展为孙中山的“以党治国”，这也是中华民国社会政治、经济、文化等方面综合发展的结果。

---

① 杨幼炯．中国政党史．北京：商务印书馆，1937：6．

② 梁启超．五年来之教训．大中华，1916：2（10）．

二、中国国民党一党专政制

1919 年 10 月 10 日，孙中山将中华革命党改组为中国国民党，宣布了新的政治纲领。在政治制度方面，宣布成立国民政府，以“五权宪法”来建设中华民国，并确立“军政、训政、宪政”三时期的建设程序，明确提出了“以人治党”“以党治国”的主张。

所谓“以人治党”，是“党所重的是有一定的主义；为要行一定的主义，就不能不重在人”。“党本来是人治，不是法治”。“党之所以能够团结发达，必要有二个作用：一是感情作用，二是主义作用；至于法治作用，其效力甚小”。“党用人治的长处很多，人治力量乃大”。这种“人治”来自领袖的聪明才智和道德力量，“我这三民主义，五权宪法，也可以叫做孙文革命；所以服从我，就是服从我所主张的革命；服从我的革命，自然应该服从我”①。因此在《中国国民党章程》中确立了“总理”的权威，“是通过‘圣化’领袖的方式——依靠对领袖本人及其主义的‘忠实’——来建立党内的以‘以人治党’，领袖独裁为核心内容的各种规章制度的”②。

所谓“以党治国”，是“应该先由党造出一个国来，以后再去爱之”。“党有力量，可以建国。故大家应有此思想与力量，以党建国”。建国之后再治国，“现尚有一事可为我们模范，即俄国完全以党治国，比英、美、法之政党，握权更进一步；我们现在并无国可治，只可说以党建国。待国建好，再去治他”③。所以中国国民党的理论家便提倡“于建国治国过程中，本党始终以政权之褓母自任”。当国民党掌握政权以后，便以法律形式确立了“以党治国”的原则。依照国民党的解释，全国只有一个合法政党，即中国国民党，人民必须“服从拥护中国国民党”，“始得享受中华民国国民之权利”。在这种情况下，中国国民党既代表人民，又代表国家，“中国国民党全国代表大会代表国民大会，领导国民行使政权”，“国民政府只是在党指导下一个最高行政机关”，“一切权力全操于中国国民党，由中国国民党决定以后才交国民政府去施行，没有一件事情可以经过国民政府自由去行动”。一切法律的制定、官员的任命、政策的确立、权力的行使，“皆由党集中，由党发施”④。

1928 年 10 月 3 日，国民党中央第 172 次常务会议通过了《训政纲领》，指出“中华民国于训政时期，由中国国民党全国人民代表大会领导国民行使政权”。国民党全国代表大会闭幕时，“以政权付托中国国民党中央执行委员会执行之”。国民党负责“训练国民”，并逐渐推行“选举、罢免、创制、复决四种民权”。国民党中央政治会议负责“指导、监察国民政府重大国务之执行”，有权修正和接受《国民政府组织法》和《中国国民党章程》⑤。国民党的一党专制是呈阶段式发展的。

第一阶段，自南京国民政府成立到抗日战争爆发。这一时期，国民党中央执行委员

---

① 孙中山全集：第 5 卷．在上海中国国民党本部会议的演说．北京：中华书局，1985.

② 杨德山．中国近代资产阶级政党学说研究．北京：人民出版社，2002：270.

③ 孙中山全集：第 9 卷．关于组织国民政府案之说明．北京：中华书局，1986.

④ 胡汉民，孙科．训政大纲提案说明书．革命文献：第 22 辑．台北：正中书局，1960.

⑤ 参见上海《民国日报》1928 年 10 月 4 日。

会政治会议发挥国民党的具体职能。

中国国民党中央政治委员会设于1924年7月，是国民党总理、大元帅孙中山的咨询机构，1928年10月改为“中国国民党中央执行委员会政治会议”。其主要组成人员有：中央执行委员会委员、中央监察委员会委员、国民政府委员。按照国民党中央执行委员会政治会议《暂行条例》规定：政治会议为全国实行训政的最高指导机关，对中央执行委员会负责；讨论与议决建国纲领、立法原则、施政方针、军事大计及国民政府委员、五院正副院长与委员、各部会部长及委员长、各省政府委员与主席及厅长、各特别市市长、驻外大使与特使及公使、各特派官吏的人选；但不直接发布命令和办理政务，其决议交国民政府执行，而国民政府必须向其负责。

国民党中央执行委员会政治会议本身的组织比较简单，除委员之外，由委员推选一人为主席，由主席任命秘书长一人，有秘书和办事员若干人。1930年，中央执行委员会政治会议的委员改为由中央执行委员会和中央监察委员会互推产生，名额不得超过两个委员会委员的半数；其下除设秘书长之外，还有政治报告组、经济组、外交组、财政组、教育组及其他专设的组，每组有委员5～9人。1935年，中央执行委员会政治会议改为“中央执行委员会政治委员会”，确立了主席负责制，这时汪精卫为主席，蒋介石为副主席，因此规定“遇有非常紧急之事项，主席、副主席得先行决定处置，于处置后报告于会议追认”①，是主席与副主席拥有同等的权力。其下设有秘书处，有正副秘书长各一人，还有法制、内政、外交、国防、财政、经济、教育、土地、交通等九个专门委员会，各设委员9～15人。在国民党派系争夺中，蒋介石逐渐控制局势，向进一步独裁迈进。

第二阶段，抗日战争时期，以国防最高委员会统一指挥党政军，并代行中央执行委员会政治委员会的职权，从而形成党政军一体化的集权体制。

随着日本帝国主义的步步进逼，1931年1月，国民党中央执行委员会政治会议曾经决议设立国防委员会。1936年7月，国民党五届二中全会通过《国防会议条例》，基于国家当时的形势，要求切实做好国防问题。1937年2月，国民党五届三中全会主席团提出重新设立国防委员会的提案。3月4日，国民党中央执行委员会政治委员会第37次会议通过《国防委员会条例》，以国防委员会为全国国防最高决定机关。8月11日，国民党中央执行委员会政治委员会第51次会议通过《国防最高会议组织条例》，前设之国防会议及国防委员会撤销，而以国防最高会议为国防最高决定机关。11月16日，国民党中央执行委员会常务委员会第59次会议决定：“政治委员会停止开会，其职权则交由国防最高会议代行”，“国防最高会议乃承袭了政治委员会之地位，享有最高政治指导之权力”②。在进入战争状态时，开始实行以军领政。1939年1月28日，国民党五届五中全会议决设置国防最高委员会，统一党政军领导，并推出《国防最高委员会组织大纲》，完全进入战时的管理体制。

根据《国防最高委员会组织大纲》，国防最高委员会委员长由国民党总裁，即蒋介石担任，由总裁提议，以于右任、居正、孔祥熙、孙科、戴传贤、王宠惠、何应钦、白崇

① 《中央执行委员会政治委员会组织条例》于1935年12月12日通过。

② 钱端升，等. 民国政制史. 上海：商务印书馆，1947：210.

禧、陈果夫、邹鲁、叶楚伧等 11 人为国防最高委员会常务委员，张群为秘书长。国防最高委员会统一指挥党政军，国防最高委员会委员长对于党政军一切事务，有不依平时程序、以命令为便宜措施之权。除将国民政府各部会纳入国防最高委员会领导之下外，国防最高委员会还有直属机构。其相继建立的直属机构有总动员委员会（后改为国家总动员设计委员会，再为国防最高委员会中央设计局所取代）、国民精神总动员委员会（后业务交中央执行委员会社会部接办，再由行政院国家总动员会议接办）、中央设计局、党政工作考核委员会、宪政实施协进会、第二期战时行政考察团、对敌经济封锁委员会、物价审查委员会等。其权限既大又具体："对国防最高委员会拥有如此之广泛、强大，却又具体而微的权力，时人曾云：'如果说重庆是抗战的司令塔，则国防最高委员会便是抗战的司令部'"①。在党政军集权一体化的统治下，蒋介石独裁地位也得以确立。

第三阶段，从抗战胜利到国民党政权在大陆的溃败。国民党在保证一党专制又要表现"民主"的姿态下，发动内战，妄图消灭共产党、扑灭如火如荼的人民谋取解放的斗争，为此拉拢一些政党，并在形式上修正党政关系。

抗日战争时期，国共两党结成统一战线，共同抗日，但在合作过程中充满了矛盾和斗争，所以在抗日战争结束后不久统一战线就彻底瓦解了。不过，在内外压力下，建立联合政府的呼声已经突破了国民党专制的樊篱。在内，爱国民主人士一致要求和平民主建国，反对国民党专制和独裁统治；在外，一些国家要求中国组成联合政府，如美国总统罗斯福在开罗会议期间，曾经要求蒋介石"与延安的共产党人组成联合政府"②。共产党提出这个政府"需要在广泛的民主基础之上，召开国民代表大会，成立包括更广大范围的各党各派和无党无派代表人物在内的同样是联合性质的民主的正式的政府，领导解放后的全国人民，将中国建设成为一个独立、自由、民主、统一和富强的新国家"③。

在内外压力下，国民党的决策层开始意识到一党专制导致"人民对政的不满，则归因于党"，而国民党自身又不能对从政的党员进行有效监督，是"犯了莫大的错误"，也曾经表示"本党党部在训政时期所办理有国家性质之工作，应于本届（六届）代表大会后陆续移归政府办理"④，但就是不肯放弃一党专制。1943 年 1 月 11 日，蒋介石发表《中国之命运》，声称在国民革命成功之后，建国工作便真正开始，并认为"今后的命运全在内政"。这些"内政"是由国民党发动的，只要"全国国民无条件服从国民党"，建国工作就会成功；要人民"精诚团结，奉公守法"，团结在国民党周围；还含沙射影地攻击，那些"欺诈虚伪，毁法乱纪，仍如过去之封建军阀武力割据，破坏统一，妨碍建设"的势力，必须予以铲除，"即在此抗战期间，而不出于这二年之中"，就要付诸行动⑤。无论从其基本指导思想看，还是从具体行动看，国民党都要控制政权，所以联合政府是不可能出现的，民主也不可能实行，中国人民要谋求解放，只有推翻国民党独裁统治这一条出路。

---

① 孔庆泰，等. 南京国民政府政治制度史. 合肥：安徽教育出版社，1998：469.
② 同①673.
③ 毛泽东. 毛泽东选集：第 3 卷. 2 版. 北京：人民出版社，1991：1029-1030.
④ 蒋介石. 现阶段党务方案//中国国民党中央委员会. 革命文献：第 80 辑，1979.
⑤ 蒋中正. 中国之命运. 台北：正中书局，1943.

总之，在国民党一党专制下，国民党不仅以党治国，而且是以党员治国，全面控制政权，这完全违背了孙中山的“以党的主义治国”，最后达到宪政国家的政治设计，更违反了中国人民长期以来追求政治民主化和国家现代化的发展意愿。

三、国共两党合作制

两党制是指国家政治舞台上存在着两个举足轻重而又势均力敌的政党，通过控制国会中的多数议席或争取组阁，用轮流上台的方式交替掌握政权。两党合作制则不然，它是指两个性质、政治纲领互异的政党在特定历史条件下，实行政治上联合的一种形式，是两个政党为了完成共同的现实或历史重任在政治上的联合，其方式或共同掌握政权，或在统一的前提下实行“一国两制”。

1919 年 10 月 10 日，孙中山将中华革命党改组成中国国民党，他认为：“吾党组党，自革命之同盟会以至于中国国民党，由秘密的团体而为公开的政党。”可以公开吸收革命青年来参与救国，试图使国民党获得新生，“然综数十年已往之成绩而计效程，不得不自认失败”①。正在此时，共产国际和新成立的中国共产党向孙中山伸出援助之手。“孙中山深信中国共产党是一个新的伟大革命力量，从（1922 年）9 月起，即开始进行改组国民党的工作”②。国共两党以孙中山“联俄、联共、扶助农工”的新三民主义为政治原则，达成第一次合作。

中共二大曾经就与国民党建立统一战线的形式进行过讨论，共产国际和中国共产党曾经向孙中山提出“党外联合”的建议，孙中山则认为应该采取“党内联合”的形式进行合作。于是，中共中央遂做出中共党员以个人身份加入中国国民党的决议。

1924 年 1 月 20 日，中国国民党第一次全国代表大会在广州召开，以个人身份参加国民党的共产党员李大钊、谭平山、于树德、毛泽东、林伯渠、王烬美、夏曦等参加了会议，通过了《中国国民党第一次全国代表大会宣言》、《中国国民党章程》及《组织国民政府之必要案》等重要文件和议案。根据《中国国民党章程》规定，选举了中国国民党第一届中央执行委员会，共产党员李大钊、谭平山、于树德等 3 人名列 24 名委员之中，毛泽东、瞿秋白、张国焘等名列 17 名候补委员之中，其中谭平山还被选入常务委员之中。中国国民党第一届中央执行委员会常务委员会（中央党部）下设秘书处和组织、宣传、工人、农民、青年、妇女、军事、海外等部。

这时的党政关系是：由国民党行使最高权力，组建政府，任免政府官员；政府执行党的主义、方针、政策，接受党的指导监督，向党负责。在这种情况下，国共两党通过国民党的权力机构和由国民党组织的政府来共同行使权力。这是一种以党代政的体制，中国国民党中央执行委员会下设的政治委员会（简称中政会），原本是“调查国内外之政治经济状况，并研究国外经济改革计划”③ 的组织，在 1924 年 7 月以后，逐渐成为“党政之间的连锁机关”，负责有关政府立法、司法、行政方面的决策、指导和监督。“政治

① 邹鲁. 中国国民党史稿. 台北：台湾商务印书馆，1976：315.

② 张宪文. 中华民国史纲：第 1 册. 郑州：河南人民出版社，1985：197.

③ 同①350.

委员会是各机关所有人在内的，有什么事情大家都在政治委员会内充分讨论，讨论之后，或交中央执行委员会去执行，或交国民政府去执行。”① 由此可以看到，中政会在实际上是政治核心，而这个核心之内，共产党员占少数（最初7人之中只有谭平山，后由瞿秋白接替，后增加的5名特派政治委员中，只有李大钊），且还分散在外地，实际上也不能参与讨论和决策。

不对等的两党合作制是极易发生危机的，在发生意见冲突时，更不能公正对待。“中山舰事件”之后，1926年5月15日，中国国民党中央执行委员会通过《整理党务案》，军权在握的蒋介石，便“开个人独裁之渐，启武人专横之端”②，国共两党合作制开始瓦解，1927年4月12日的武力“清党”事件和7月15日的“马日事变”，使国共两党的合作彻底破裂了。

1936年12月，爆发了震惊中外的西安事变，在中国共产党积极斡旋和各界爱国人士强烈呼吁下，蒋介石被迫允诺：改组国民党和国民政府，驱逐亲日派，容纳抗日人士；释放上海爱国领袖和一切政治犯，保证人民自由权力；停止“剿共”政策，联合红军抗日；召集各党各派各界各军的救国会议，决定抗日方针；与同情中国抗日的国家建立合作关系等。西安事变的和平解决，意味着国共两党将重新合作。

1937年2月10日，中共中央致电国民党五届三中全会，提出“五项国策，四项保证”。2月15日，国民党五届三中全会召开的当天，宋庆龄、何香凝、冯玉祥等14人提出“恢复孙中山先生手订之联俄、联共、扶助工农三大政策案”；21日，会议通过实际接受中共主张的决议案，“虽然没有提出坚定的抗日方针，没有批评自己过去的错误政策，没有根本放弃反共立场，并对中国共产党有许多污蔑之词，但不可否认，其政策已开始转变”③。这种政策上的转变，标志着国共合作抗日民族统一战线的初步形成。

1937年7月7日，卢沟桥事变爆发。7月15日，中国共产党向国民党提交《中国共产党为公布国共合作宣言》，9月23日，蒋介石发表《对中国共产党宣言的谈话》，实际上承认了中国共产党的合法地位，也标志着第二次国共合作正式形成。

第二次国共合作形式与第一次不同，它是实行“一个国家，两种制度”的原则。“现在国民党对待民众的一套，还是十年来的一套，从政府机构，军队制度，民众政策，到财政、经济、教育等项政策，大体上都还是十年来的一套，没有起变化。”“现在的政府还是国民党一党专政的政府，不是民族民主的统一战线的政府。”④ 在这种情况下，中国共产党承认国民党中央政府为中国合法政府，并自认其政府为国民政府的地方政府；国民党则在事实上承认中共领导的政府合法存在，将陕甘宁边区作为直隶于行政院的“中华民国特区政府”。中国共产党在特别行政区内，实行新民主主义的政治制度。

由于这次两党合作还是在不平等的前提下实现的，不但没有一个可以为两党所共同信守的共同纲领和合作的具体形式，而且在原则问题上还存在着重大分歧，也就决定了第二次国共合作，在“还不是一个坚固的统一战线”的情况下，必然走向破裂。

---

① 《中国国民党第二次全国代表大会会议记录》，南京第二历史档案馆存。

② 民国日报，1927-03-30.

③ 张宪文．中华民国史纲．郑州：河南人民出版社，1985：463.

④ 毛泽东．毛泽东选集：第2卷．2版．北京：人民出版社，1991：366、370.

第三节 议会制度

中华民国成立，中国第一部资产阶级宪法性质的法律——《中华民国临时约法》问世，“中华民国之主权属于国民全体”，不但否定了君主专制制度，而且宣告资产阶级民主共和国的政治体制将代替专制政治体制。不久，革命果实被袁世凯窃取了，他打着“拥护共和”的旗帜搞独裁，披着“尊重民意”的外衣搞帝制，虽然最终弄得身败名裂，但这种高举“共和民主”旗帜而行独裁专制的手段，却是衣钵有继，随后一幕幕活话剧相继出演，使中华民国议会制度的虚假和欺骗性质特点暴露无遗。

一、参议院（临时参议院）

1912 年 1 月 28 日，参议院在南京成立。根据《中华民国临时政府组织大纲》规定，参议院行使立法权，具有国会的性质。参议员是由各省都督府派遣的，在参议员没有到达之前，由各省都督府代表临时充任。1912 年 4 月 29 日，参议院迁往北京。为了便于区分，后人习惯上把这一时期的参议院称为“临时参议院”。

依《中华民国临时政府组织大纲》规定，参议员由各省都督府各派遣 3 人担任，没有统一规定参议员产生的办法，而且参议员还可以由别人代理。参议院在南京开院时，共有 43 名参议员和参议员代理参加。《中华民国临时约法》（简称《临时约法》）颁布后，参议员的产生方式改为“各地方选派”，权在各省，或公选，或指派，由各省自定，每省以 5 名为限。在当时的政治形势下，各省都督拥兵自重，民选难以实行，把参议员的委任权交给各都督府，实际上是迁就地方势力，更何况《临时约法》的制定者也主要是各省都督府的人。至于各省议员的选派方式，有都督指派的，有旧咨议局推举的，有临时省议会选举的，品流复杂，良莠不一，但毕竟是披挂着民主色彩的外衣。参议院迁往北京时，参议员已经增加到 130 人。

参议院为一院制，设议长、副议长各一人及全院委员长一人。参议员以记名投票的方式，选举林森为议长、王正廷为副议长、李肇甫为参议院委员长；参政院迁往北京后则改为吴景濂、汤化龙、谷钟秀担任。有常任委员会和特别委员会，常任委员会有法制、财政、庶务、请愿、惩罚等五个委员会；特别委员会根据特别事务确定各委员会，其委员长由该会委员互选产生。还有秘书厅，为办事机构。

《临时约法》和《参议院法》规定：参议院自行集会、开会、闭会，会期自成立至解散为止，由议长提议并经参议员过半数以上同意，可以休会，但休会不得超过 15 天。除特殊情况外，开会须有参议员半数出席，通过决议须有出席会议的参议员过半数同意；但在临时大总统提出问题时，须有 4/5 以上出席，3/4 以上通过；国务员提出问题时，须有 3/4 以上出席，2/3 以上通过。这是为了限制袁世凯及其党羽滥用职权而特别修订的。凡法律案、财政案或其他重大议案，一般经过三读程序方得议决。会议采取公开形式，允许旁听，有《参议院旁听规则》可依。开会时，政府人员可随时到会发言，但不得因此中止参议员演说。各委员会审议议案时，政府有关人员可到会陈述意见，经议长同意，也可以就某些问题进行说明。

参议员享有特殊的法律保护，在院内的言论及表决于院外不负责任；除现行犯及关于内乱外患的犯罪之外，非经参议院许可，不得逮捕；可以自由发表意见，即使是所属委员会已经通过的决议，仍可以发表不同意见。

《临时约法》的基本原则是为了限制总统的权力，因此参议院的权力得以扩大。按照《临时约法》的规定，参议院的主要职权有：(1) 立法权：议决一切法律案及大总统制定的各种官制、官规。(2) 同意和否决权：承诺或否决大总统提出的任命国务员、外交大使、公使及宣战、媾和、缔约、大赦等事项。(3) 财政权：议决临时政府的预算、决算和全国的税法、币制、度量衡制的准则，募集公债及国库应该负责的契约。(4) 选举权：选举临时大总统、副总统。(5) 弹劾权：弹劾临时大总统、副总统及国务员。(6) 质问权：向国务员提出质问并要求其出席答复。(7) 建议咨请权：受理国民请愿，向政府提出关于法律及其他事件的建议，答复政府的咨询，咨请政府查办违法官吏。(8) 调阅文件权：为审查事件，向政府要求报告、调集文书。(9) 独立办事权：开会、休会、闭会、自行集会，不受政府干涉，自设警卫。

与同时期其他资本主义国家的议会相比，参议院的权力无疑是比较大的，不但传统内阁体制下的总统行政权力因与议会共同行使而被削弱了，而且责任内阁下的总统对于议会的唯一制约权，即不信任和解散权也被省略了。总统的权力被议会所替代，三权分立条件下的分权和制衡原则也就不存在了，参议院便成为具有特殊权力和地位的集团，是“数十百议员皇帝”，“其尊与帝国之君相似”①。

作为临时国会的参议院，自 1912 年 1 月 28 日在南京成立，中间经过一次改选，至 1913 年 4 月 8 日在北京自行解散。在其存在的时间里，先后开会 220 次，议决 230 余案。参政院存在时间虽然短暂，但其活动却具有重要的意义。

第一，参议院是中国历史上第一个民意机构，是辛亥革命的积极成果。参议院制定的中国第一部具有民主、进步意义的资产阶级宪法性文件《中华民国临时约法》，创设了法统，成为中华民国的象征。虽然《临时约法》对军阀的约束作用有限，但在相当长的时间内，军阀政客还是以《临时约法》为招牌，“护国运动”和“护法斗争”也是高举《临时约法》的旗帜。这充分显示参议院创设的法统不但得到人民的认同，也具有法定的威慑作用。至于参议院先后议决的《统一政府组织办法六条》(1912 年 3 月 6 日)、《参议院法》(1912 年 4 月 1 日)、《中华民国国会组织法》(1912 年 8 月 10 日)、《参议院议员选举法》(1912 年 8 月 10 日)、《众议院议员选举法》(1912 年 8 月 10 日) 等一系列法规，使初建的中华民国政治生活有法可依，有了法治化和制度化的征兆。

第二，参议院是中国历史上第一个资产阶级立法机构，在维护资产阶级共和制度、发展资本主义过程中起到重要作用。参议院存在期间，议决 230 余案，其中许多经公布而形成法律。参议院的权力也得到充分的发挥，如参议院在北京时，内政部提请增加次长一人，被参议院否决；陆军总长段祺瑞擅自增设总务厅长，被参议院议决裁去；在议

① 章炳麟. 代议然否论. 民报，1918-10-24.

决《官俸法》时，参议院将原案中的国务总理及各部总长的官俸分别减少25％和16％之多；还曾经多次通过《弹劾国务总理失职案》《弹劾陆军总长案》《咨请查办参谋总长案》等一系列弹劾案，迫使政府改变态度，凸显了参议院的作用。

第三，参议院作为第一个资产阶级立法机关，不可避免地存在着局限性，而历史、国情和政治态势则促使参议院性质发生变化。参议院同袁世凯进行过一定的斗争，但又选举袁世凯当总统；参议院议决过指令袁世凯南下就职的《统一政府组织办法六条》，却又在袁世凯的压力下妥协而同意迁回北京；参议院力图用法律限制袁世凯独裁，但又承认袁世凯已掌握军政实权，无法剥夺。对以袁氏为代表的旧恶势力，一再妥协让步，再加上袁世凯软硬兼施采用分化瓦解手段，促使参议院逐步走上蜕化变质的道路。

总之，资产阶级革命党人在限制袁世凯个人集权和独裁方面做出了很大的努力，在参议院制度方面也有一些创造性。“这种矫枉过正的法律防备方式所产生的危机影响却是显而易见的：一是资产阶级的民主分权思想和袁世凯本人倒向民主共和的初衷——个人集权思想，有着根本性的冲突，当这种冲突逐渐激化并导致袁世凯、北洋集团与资产阶级的代议制度发生尖锐矛盾时，毫无实力支撑的资产阶级的内阁民主制度也便岌岌可危了；二是资产阶级革命党人对于袁世凯的个人集权的防范是以破坏西方传统的三权分立下的权力制约、平衡为代价的。”① 毛泽东在《中国革命和中国共产党》《新民主主义论》《纪念孙中山先生》等一系列文章中指出：由于中国国情所造成的资产阶级的软弱性和妥协性，他们提不出切合国情的政治纲领和政治手段，是注定要失败的。在新的历史时期来重新审视民国初年的参议院制度，就可以发现，在当时的历史条件下，这种新的制度不适合中国国情，与中国的民族文化传统、道德观念等也不适应。参议院仅在限制袁世凯专制独裁方面做过一定努力，具有积极的意义，却没有去考虑国家机器如何正常运转，确立国家长治久安的机制，这表明西方的政治制度模式生硬移植入中国是行不通的，也表明中国必须选择具有中国特色政治制度的发展道路。

二、变化无常的国会

中华民国国会，是继参议院之后的立法和权力机关，成立于1913年4月8日，采用两院制，这是第一届国会，史称“旧国会”。此后有袁世凯的政治会议、约法会议、参政院，段祺瑞的第二届国会（安福国会）、善后会议，南方的“非常国会”和“护法国会”。走马灯似的轮换，随着不同的掌权者而变换规则，在十几年的风风雨雨中，这种号称建立在三权分立基础上的议会制度，终于先后宣告破产了。

（一）第一届国会

根据《中华民国国会组织法》规定，国会由参议院和众议院构成。两院议员均由选举产生，皆为公开竞选。各派政治力量为争夺国会议席，也纷纷重新组合，共和党、国民党、民主党、统一党等相继成立，并进行激烈竞选，袁世凯以刺杀国民党领袖宋教仁

① 郭剑林. 北洋军阀简史. 天津：天津古籍出版社，2000：114.

相对抗，贿选、夺票、抢票、改票等非法活动极其猖獗。选举结果，国民党占两院议席的 392 席，其他三党占 223 席，跨党或无所属者占 255 席。就议员的成分结构看，主要有资本家、自由职业者、政治活动家、新政府官吏、前清王朝官员、绅士等。

参、众两院各设议长、副议长一人，由议员互选。参议院正、副议长任期二年，众议院正、副议长任期三年。参议员任期六年，每二年改选 1/3。众议员任期三年，到期全部改选。第一届国会成立时，张继、王正廷当选为参议院正、副议长；汤化龙、陈国祥当选为众议院正、副议长。议长的职权仅是维持院内秩序，整理议事，对外代表本院。两院均设秘书厅，由议长任命秘书长一人掌管院内一切事务；各设警卫长一人，统领巡官、巡警，负责院内警卫。

参、众两院各设全院委员会、常设委员会、特别委员会，共设两院联席委员会。参、众两院开会时，由议长或十名以上议员提议，即可召开全院委员会，由全院委员会委员长主持。参议院常设委员会有法制、财政、内务、外交、军事、交通、教育、实业、预算、决算、请愿、惩戒、院内审计等 13 个委员会。众议院常设委员会有法典、预算、决算、外交、内务、财政、军事、教育、实业、交通、请愿、惩戒、院内审计等 13 个委员会。特别委员会为两院审查特别事件而设，委员由两院议长指定或互选。两院联席委员会若需要两院共同做出决定或履行有关职责时，由两院推选一定数额的委员所组成的。

国会每年会期为四个月，称为“常会”，必要时可以延长。除开会式和闭会式由两院联合举行外，两院分别议事。议案提案权属于政府和议员，审议法律、财经等重大议案，采用三读审议程序，但有议长要求或议员十人以上连署提议，经议决后，可以省略三读程序。

参、众两院的职权是相等的，国会对法律等各种重大议案的同意，必须经过参、众两院分别议决才能成立。根据《中华民国国会组织法》和国会通过的《议院法》规定，参、众两院职权分共同行使（共行）和单独行使（专行）两类。

两院共行职权有：议决法律案，议决预算、决算案，议决国税法、币制、度量衡法，议决公债和国库负担的其他契约，议决对大总统、内阁、国务员的弹劾案，同意大总统提出的宣战、媾和、缔结条约，宣告大赦及对国务员、大使、公使的任命等。

两院专行职权有：分别向政府提出建议，分别向政府提出质问和咨询，分别咨请政府查办违法受贿官吏，分别受理人民请愿，分别答复政府咨询，分别制定本院院内法规，分别做出可否逮捕本院所属议员的决定。

凡遇需要两院共行职权的议案，如有一院否决，同一国会会期中不得再提出。预算、决算案应先经众议院议决。制定宪法和选举大总统的职权，则用两院联合的方式共同行使。

国会议决的事件，交大总统公布施行。大总统不同意国会议决之事，可行使否决权，于收到议案后十日内声明理由，咨送众议院要求复议。若复议时两院各有到会议员 2/3 以上仍维持原议，大总统应立即公布国会议决之事。

参、众两院是仿照西方议会制国家的制度而设置的，是为了在立法上形成权力互相制衡的关系，更重要的是为了防止大总统专权，所以当时国会不仅享有西方一些国家国会的一般职权，还享有它们所不具备的某些特权。由于议员进入国会就能够谋取荣华富贵，所以很少有人以国事为重，“参众两院成立以来，无日不以意气为事，置国事于不顾，负吾民之重托。月余以还，殊无成绩可言，况其间一开常会，正常事虽不多觏，而拍案叫骂，挥拳捣乱，固千篇一律，书不胜书焉”①。民初国会的党争和种种腐败现象，遭到社会舆论的严厉指责，不但严重地损害了民初议会和议员们在国民中的威望和尊严，而且更为严重的是已经使人们对于刚刚兴起的资产阶级民主共和制度产生了怀疑和忧虑，甚至是失望。“这种不成熟的议会制度和政党制度所造成的民初中央政治的矛盾激化，恰恰正是推动着袁世凯不断走向独裁和集权的重要动因。”②

第一届国会开幕不久，袁世凯就利用国民党议员内部的矛盾和妥协性，进行分化瓦解，并操纵共和、民主、统一三党合并为进步党，强迫两院通过“先举总统，后定宪法”的提案，这个明显违反总统选举法的提案竟然毫不费力地得以通过，并唆使军警及收买地痞流氓“请愿”，威胁国会选举他做大总统，闹出中国民主史上一幕最荒唐的丑剧。从早 8 时到晚 10 时，经过三轮投票，议员们在“饥肠辘辘，受饿难耐”的情况下，袁世凯终于以 507 票对 179 票，战胜黎元洪，当选为中华民国首任正式大总统。至此，国会已经从《临时约法》规定的民意机关、立法机关、制宪机关，沦为袁世凯专制独裁的工具。大总统位置一到手，袁世凯认为国会对他没用了，随即下令解散国民党，取消国民党议员的资格，迫使两院中止议事。1914 年 1 月 10 日，袁世凯正式下令解散早已名存实亡的国会，接着又下令停办各省议会、省自治会，辛亥革命以来资产阶级革命党人惨淡经营的民主制度便被摧毁净尽。

1916 年 6 月，袁世凯死后，大总统黎元洪和国务总理段祺瑞于 8 月 1 日恢复国会，这就是第一届国会第二次常会，实际上又沦为北洋军阀内部“府院之争”的工具。1917 年 6 月，张勋复辟，强迫黎元洪解散国会，这是第一届国会第二次解散。1922 年 8 月 1 日，直系军阀曹锟恢复国会第二次常会，9 月 18 日常会结束后，于 10 月 11 日开始国会第三次常会。其实这批议员早已经超过任期，在曹锟的唆使和贿选下，他们当然不肯放弃发财的机会，竟然置法律于不顾，投票通过什么《延长国会任期案》，选举曹锟为大总统，规定自己的任期到总统选举完成后才结束。这批过期议员不顾廉耻，弄出“贿选总统”和“贿选宪法”，落得了“猪崽议员”的臭名声。1924 年 11 月，曹锟兵败被囚，第一届国会在事实上被取消。

第一届国会作为中国历史上第一个形式上民选的立法和民意机构出现，在 11 年半的发展历程中，一步步蜕化变质，最终堕落为全国人民所不齿的“猪崽国会”，这说明与中国当时社会政治土壤完全不相适应的所谓议会民主制度，是不可能成功的。

（二）政治会议

政治会议召集于 1913 年 11 月 5 日。其最初称行政会议，本是政府下令召集研究国家行政问题的机构，袁世凯别有用心地把持了这个会议，毫无法律依据地扩大它的职权，使之成为抵制和对抗国会的机关。1913 年 11 月 26 日发表《政治会议组织令》，规定每省

---

① 参众两院纪略. 神州女报，1913（4）.

② 郭剑林. 北洋军阀简史. 天津：天津古籍出版社，2000：166.

派遣 2 人，计 44 人；大总统特派 8 人，国务总理特派 2 人，中央各部特派 19 人，蒙藏代表各 8 人，总共 80 人。以 35 岁以上，有 10 年以上行政经验，品学兼优而明世界大势者为限。其主要权限有：关于民国之建设，以议决政治问题为范围；关于行政上有议决革新之事项，回应政府咨询的议决之事项。“政治会议为一种特别的组织，大总统之所以召集本会，在使全国邃于学识，富于经验之人才，萃于一室，共谋国利民福”①，实际上是袁世凯的御用机关。1914 年 1 月 9 日，政治会议议决解散国会；1914 年 2 月 4 日又议决解散各省议会；1914 年 1 月 24 日议决成立约法会议；在完成这些集权的决议以后，政治会议于 1914 年 6 月 20 日结束，由政治会议的儿子——约法会议所接替。

（三）约法会议

袁世凯本来想利用政治会议来改造约法，但政治会议有名不正言不顺之嫌，“于是袁氏再令政治会议，议定所谓造法机关的组织，名曰‘约法会议’；所以约法会议，就是由政治会议所产生的儿子”②。变换名称，而实际性质完全没有改变。

根据 1914 年 1 月 26 日公布的《约法会议组织条例》，议员除各省分别出 2 人外，京师出 4 人，蒙、藏、青海联合派 8 人，全国商会联合会派 2 人，共计 61 人。其资格限定在年满 35 岁的男子，还必须具备以下条件之一者：（1）曾任或现任高等官吏五年以上而确有成绩者。（2）曾在国内外专门以上学校，习学法律、政治之学三年以上毕业，或有清举人以上出身，习法律、政治之学而确有心得者。（3）硕学通儒，富于专门著述而确有实用者③。这些条件透露出阴暗的用心，即针对参加辛亥革命的资产阶级代表，因为他们不具备五年以上“高等官吏”资格或“硕学通儒”的名望，完全被排挤在外，符合者仅是前清的官僚、绅士、军人和王公贵族以及甘于投靠的文人。

约法会议设正、副议长各一人，有秘书厅为办事机构，采用一院制。约法会议的主要任务是制定一部适合袁世凯个人独裁的《约法》和附属法规，所以在一个多月时间内，就炮制出《中华民国约法》，即“袁记约法”。此后又炮制了《约法会议议员选举施行细则》《约法会议议事细则》《大总统选举法》等附属法律、法规。其中《大总统选举法》规定大总统任期为 10 年，没有连任限制，新总统候选人由现任大总统提名，其名额以三人为限，由现任总统预先书于嘉禾金简，藏之金匮石室，临选时取出。因为没有规定不允许推荐亲属，所以给袁世凯终身专制独裁并传之子孙提供了法律的依据。袁世凯临终时，这个被修改过的金简打开，上书黎元洪、徐世昌、段祺瑞，则可见这个法规还是发挥作用的。约法会议于 1915 年 3 月 18 日结束。

（四）参政院

根据《中华民国约法》（1914 年 5 月 1 日）规定，设置立法院为立法机关，设参政院为大总统咨询机关。立法院受大总统领导，决定立法院开会、停会、闭会之权属于大总统，大总统经参政院同意可以解散立法院。就是这样一个有名无实的立法院，最终也没

---

① 杨幼炯．近代中国立法史．北京：商务印书馆，1936：180.

② 李剑农．中国近百年政治史（1840—1926 年）．上海：复旦大学出版社，2002：367.

③ 东方杂志，1913：10（9）.

有成立，最后由参政院代行其权了。

参政院的参政基本上是大总统特任、简任的，其条件是：(1) 有勋劳于国家者。(2) 有法律、政治专门学识者。(3) 有行政经验者。(4) 硕学通儒有经世著述者。(5) 富于实业学识经验者。根据上述条件，许多清朝遗老遗少、官僚、政客、军人相继入选，最后特任黎元洪为议长，汪大燮为副议长，张国淦为秘书长，林长民为代秘书长。

按照《参政院组织法》(1914 年 5 月 14 日公布)，参政院的职责是"应大总统之咨询，审议重要政务"，仅是总统府的咨询机关。6 月 29 日，袁世凯让参政院代行立法院职权，于是参政院的职权扩大：一是大总统交议的各项事务的同意权，如大总统解散立法院、大总统不能召集立法院时发布与法律有同等效力的"教令"、大总统的紧急财产处分、宪法案、大总统决定不公布立法院复议的法律案、法律的疑义解释、行政官署与司法官署权限争议事件等。二是处理大总统咨询和征求意见的事项，如缔约、设置行政官署、整理财政、教育和扩充实业及其他事件。"参政院之设，形式似英伦之内阁，但其命运之长短，一经大总统之意旨为转移，中国政体，已近于专制独裁之流，无可讳言。"① 参政院所有权力是来自大总统的赋予和认可，而非来自法律，参政院仅是大总统的附属机关，故被称为是"袁记立法机关"。在这种情况下，一些参政员拥戴大总统袁世凯登上皇帝宝座，袁世凯死后，参政院 (1916 年 6 月 29 日) 便偃旗息鼓，猪崽参政们迅作鸟兽散。

(五) 第二届国会

1917 年张勋复辟失败后，以"再造共和"功臣自居的国务总理段祺瑞，拒绝恢复被解散的第一届国会，便援民国元年的成例，召集参议院来"改善"法律。遵照他的旨意，修订《国会组织法》和《选举法》，以利于产生为他所用的新国会。1917 年 11 月 10 日，这个由各省行政长官派人组成的参议院开幕，但它的职任仅是为了修改《国会组织法》和《选举法》。1918 年 2 月 17 日，段祺瑞公布了这个临时参议院炮制的《修正中华民国国会组织法》《修正参议院议员选举法》《修正众议院议员选举法》。3 月，段祺瑞指使皖系政客王揖唐、曾毓隽等在北京安福胡同设立俱乐部，组成皖系军阀政客集团，争夺国会议席。1918 年 8 月，新国会开幕，且自称第二届国会。

第二届国会仍设全院委员会、常任委员会、特别委员会，与第一届国会的组织结构和职权基本相同。议员名额减少到 574 人，由于南方革命势力抵制，两湖和陕西又发生战乱，来到国会的仅有 400 余人，其中"安福俱乐部"成员却有 380 人，故被称为"安福国会"。1918 年 9 月，"安福国会"选举徐世昌为大总统。1919 年 8 月，"安福国会"又炮制出一部《中华民国宪法草案》(民八宪草)。1920 年 7 月，皖系军阀在直皖战争中失败，8 月 3 日，"安福俱乐部"被强令解散，"安福国会"也随之结束。

(六) 善后会议

1924 年，第二次直奉战争结束，段祺瑞就任临时政府总执政，于 12 月 24 日公布

---

① 王毓祥. 中国之将来. 东方杂志，1915：12 (8).

《善后会议条例》，规定善后会议参加人员必须是：有大勋劳于国家者，即孙中山和黎元洪；讨伐贿选及制止内战各军最高首领，即各省军阀首领；各省区及蒙、藏、青海的军民长官；有特殊之资望、学术、经验，由临时执政聘请或派充者。会议议题有四项，即国民代表会议组织法、军制改革、整理财政、临时执政交议的事项，声称要解决时局纠纷，筹议建设方针。因为国势动荡，善后会议无法善后，结果只能是军阀之间的分赃。

1925 年 2 月 1 日，善后会议在北京召开，由于国民党人和孙中山的抵制，黎元洪、唐绍仪、梁启超、章太炎、朱启钤、岑春煊等政界名流也未出席，在 166 名会员中，仅有 86 人到会，不足法定人数的 2/3，后经段祺瑞多方拉拢，才算凑齐法定人数，于 2 月 13 日召开第一次大会。

善后会议自 2 月 13 日至 4 月 20 日，共计召开 22 次会议，其间军阀、官僚、政客争权夺利，吵闹不休，最终通过所谓的《国民代表会议条例》《军事善后委员会条例》《财政善后委员会条例》，于 4 月 21 日收场。此后，执政府召集国宪起草委员会，又炮制出一部《中华民国宪法草案》（民十四宪草）。

（七）临时参政院

1925 年 4 月 7 日，段祺瑞执政府为了装点政治门面，经所谓国务会议议决，设立临时参政院，作为辅佐执政的咨询机关。4 月 13 日公布《临时参政院条例》。5 月 3 日，又公布《各省区法定团体会长互选参政程序令》。临时参政院由参政组成，设院长、副院长各一人，由执政在参政中委派。临时参政院设秘书厅，由执政派秘书长一人管理。临时参政院实际是善后会议的延续，其职权有议决权和建议权两种。议决权除一般的议决之外，还规定省自治暂行条例，执行善后会议及军事、财政两个善后委员会议决事项等。

善后会议既未能平息纠纷，又因北洋军阀迭起内讧，南方革命势力也壮大起来挥师北伐，北洋军阀也就再也顾不上什么民主、共和了，赤裸裸的军事斗争使北洋军阀独裁达到顶峰，也使它走向灭亡。

三、国民参政会与国民大会

国民党取得全国执政地位以后，在法律上禁止了其他政党存在，但实际上除国民党之外，还是有一些政治组织和职业团体，或秘密、或公开地活动，参与政治或谋取政权，已经具有政党性质。除共产党之外，以在野党自称的中国青年党、国家社会党、第三党、乡村建设派、中华职业教育社、全国各界救国会等已经公开活动，他们运用出版、集会、游行、请愿等合法的方式和手段，攻击国民党的一党专制，要求国民党开放政权，还政于民，希望加入政权，在社会上已经有相当影响力。日本帝国主义侵华战争的日益扩大，将中华民族推到生死存亡的危机之中，中国社会各阶级、阶层、党派、团体一致要求抗御外侮，也迫使国民党改变策略，提出“对于国内任何党派，只要诚意救国，愿在国民革命抗敌御侮之旗帜下共同奋斗者，政府自无不开诚接纳”①，给这些政党以参与政

① 蒋介石．对中国共产党宣言的谈话．中共党史教学参考资料：第 8 册．北京：中共中央党校出版社，1983.

治的机会。

（一）国民参政会

1931 年“九一八”事变，使中国人民预感到民族危亡在即。11 月 22 日，蔡元培在国民党第四届全国代表会上提出组织国难会议的临时动议。12 月 28 日，国民党四届一中全会决议：“国难会议由国民政府于半个月内召集，讨论御侮、救灾、绥靖各事宜。”历经周折，1932 年 4 月 7 日才在洛阳召开国难会议的预备会议，次日便开正式会议。与会者虽然大多是国民党指定的，但毕竟开始聘任“富有学识、经验、资望”的人士参加。由于未取得国民党保证开放政权的承诺，许多民主人士还是拒绝与会，通电声明各项主张。如上海张耀曾、黄炎培、史量才等曾经通电指斥国民党“行一党专政之制，杜绝民众政治上合作之途，以致党员斗争于内，民众睽离于外，全国嚣然于前”[①]。中国青年党领袖之一的李璜则认为南京国民政府“首先有个成见，认为主张抗日的人是在安心捣政府的蛋，而要谈政治，就是有意夺政府的权”[②]。凡此，都给国民党施加压力，迫使它稍作让步。

在国难会议上，许多人士要求国民党缩短训政时间，建立中央的民意机关。1932 年 5 月，国民党中央执行委员会政治会议第 309 次会议决议：主管训政事情的中央民意机关为“国民参政会”，此后历经周折，在 1932 年底推出《国民参政会组织法》和《国民参政会会员选举法》，虽然“国民参政会”并没有按预定的 1933 年召开，但“国民参政会”名称及职权范围的确定，乃是爱国人士争取早日实行宪政的结果。

1937 年卢沟桥事变爆发后，蒋介石在庐山召集了中国青年党、国家社会党、乡村建设派、中华职业教育社、全国各界抗日救国联合会等党派的代表和学者 150 余人，召开暑期谈话会，7 月 17 日，发表了“庐山谈话”。这时已经建立国共合作，因此“庐山谈话”标志着以蒋介石为首的南京国民政府与中国共产党和其他各党派、社会团体、各界人士在开始“共商国是”。

1938 年 4 月 7 日，国民党五届四中全会通过《国民参政会组织条例案》，规定国民参政会为国民政府于抗战期间为集思广益与团结全国力量而特设的咨询机关，从各机关、各经济和文化团体及海外华侨中选出，由国民党中央执行委员会审议决定。国民参政会名额为 150 人（后不断增加，在 1944 年时为 290 人），参政员任期一年，国民政府认为必要时，可以延长一年。国民参政会的主要职权是议决政府提交的有关内政外交方针，听取政府施政报告并向政府提出询问，向政府提出建议案，接受政府委托的考察任务，组织调查委员会进行调查研究，并将结果提交政府（1940 年），初步审查国家的预算（1944 年）等。凡提出建议案，必须有参政员 20 人以上连署才能成立，出席会议的参政员半数以上提出才能立案。

国民参政会设主席团，由 5～7 人组成，由参政员选举产生，开会时主席团互选一人主持会议。国民参政会每三个月（后改半年）开会一次，会期十天，必要时可以延长或

① 中国第二历史档案馆. 中华民国史史料长编：第 31 册. 南京：南京大学出版社，1993：555.

② 李璜. 学钝室回忆录. 中华民国史事纪要，1932-04-12.

临时召开，在国民参政会存在期间，共计召开过13次会议。闭会期间，设置由25名参政员组成的驻会委员会，每两个星期开一次例会，以听取政府各项报告，促进议决案和考核的实施，在国民参政会决议范围内行使调查和建议权。驻会委员会分设军事国防、外交、财政经济、内政、文化组，每组五人，互推一人为召集人。驻会委员会有建议权，但需三名委员连署方能提出，有过半数驻会委员出席和有出席委员半数以上通过才能提交政府办理。驻会委员会因工作需要，可以向政府机关征集资料或要求政府派人出席会议和汇报情况。驻会委员会设秘书处，由政府派正、副秘书长，秘书3～5人可由国民参政会议长派充，秘书处下分文书、议事、总务、警卫组。

第一届国民参政会有200名参政员，其中国民党89人，共产党7人，青年党6人，救国联合会派6人，中华职业教育社3人，乡村建设派2人，国家社会党5人，社会民主党1人，第三党1人。虽然在人数上国民党占据绝对优势，但毕竟给其他党派提供了一个参政和议政的合法场所，提供了表达自己政治见解的合法讲坛，因此受到比较普遍的欢迎。如青年党参政员曾琦认为："参政会虽然不是纯粹民意机关，但至少是准民意机关"，"参政会的召开，是由一党专政，进到各党并存的表现"，是一种"民主的曙光"。国家社会党参政员张君劢说："这次参政会能不能由此树立中国民主制度之基础，还要看政府怎样去做。"国家社会党参政员罗隆基则说参政会是"北伐以来破天荒的一种新设施"，希望"在野党应诚心诚意拥护政府"。第三党参政员章伯钧认为参政会"可称战时民意机关，人选也相当满意"，可以"使政府党与在野党之间，以及各党派之间的相互关系得以改善"，希望"全国民众继续努力，从半民意机关过渡到完全的民主政治的实现"。救国会参政员沈钧儒、史良等"觉得多少能反映人民的意见"，希望"政府当局对参政会的决议案尽量采纳，切实执行，打破过去决而不行、行而不彻的积弊"。职业教育社参政员黄炎培则"希望大家要使整个参政会有所成就，而不谋一集团的功名"。乡村建设派参政员梁漱溟要求各党各派加强沟通，求得彼此情意相通①。共产党则多次宣言表示"中国共产党对于拥护三民主义，拥护蒋委员长，拥护国民政府的诚心诚意"②。

13次国民参政会，共计提出建议案2 600余件，听取了国民政府关于政治、军事、财政、经济等方面的许多工作报告，进行过难以数计的口头和书面询问，参加过许多调查，到各前线慰问抗战将士，曾经发挥过积极作用。尤其是中国共产党的参政员在参政会中团结民主党派和无党派人士的参政员，在进行反对国民党一党专制、消极抗战和反共反民主政策斗争的同时，扩大共产党的影响，取得了更多人的支持，更使参政会具有了进步性。然而，"国民参政会既没有成为中国国民党结束党治与开放政权的象征，也没有成为民主政治的基础和实施民主的曙光，更没有成为战时民意机构或准民意机构等等，甚至连'团结全国力量，集中全国之思虑与识见'的基本目标也没有实现"③。不容忽视的是，国民参政会毕竟为在野党进入政治领域提供了合法的场所，可以与国民党直接进行面对面的斗争。

---

① 新华日报，1938-06-24—07-27.

② 中共扩大的六中全会政治决议案，1938-11-06.

③ 孔庆泰，等. 南京国民政府政治制度史. 合肥：安徽教育出版社，1998：580.

（二）政治协商会议

抗日战争胜利后，中国国民党正式承认了各党派的合法存在，允许各党派公开活动。1945年8月28日，中国共产党主席毛泽东率领中共代表团飞抵重庆，与国民党进行了“重庆谈判”，并在当年10月10日签订了《政府与中共代表会谈纪要》，即《双十协定》，决定召开由中国国民党、中国共产党、民主同盟、社会贤达等四方面人员组成的政治协商会议，以协商国是。原计划四方面人员各9人，共36人，党派代表由各党派自行推选，社会贤达由国共两党共同商定，因国民党进行离间，使青年党退出民主同盟，并可以单独推荐5名代表，于是变成国民党9人，共产党7人，青年党5人，民盟9人，无党派社会贤达9人。1946年1月10日至31日，五方面的38名代表在重庆举行了政治协商会议，即旧政协。为期三周的政治协商会议经过十次全体会议和多次分组会议，通过了关于政府组织问题的协议、和平建国纲领、关于国民大会问题的协议、关于宪法草案问题的协议、关于军事问题的协议等五项决议案。就协商内容而言，有利于人民而不利于国民党的独裁统治，所以是“中国民主革命一次伟大的历史胜利”，也是“中国在全国范围内即将开始脱离国民党一党专政，而走上国家制度民主化的第一步”①。

参加政治协商会议的五个方面人员，实际上代表了当时社会存在着的三种政治力量：“国民党代表大地主大资产阶级，坚持一党专政；共产党代表无产阶级和广大人民群众利益，希望建立一个举国一致的民主联合政府；民主同盟、无党无派人士则代表民族资产阶级以及上层小资产阶级，试图在中国推行资产阶级民主制度”②。三种政治力量，三种主张。在反对国民党一党专制和实现民主和平问题上，中间派一部分势力与共产党的要求是一致的，但在建立民主联合政府方面还存在分歧；国民党则要求中共先交出武装，再由政府给一点民主，实现“军事国家化”和“政治民主化”。在民主的许诺下，中间派一部分势力，如青年党则完全倒向国民党，许多中间派也持观望态度；中间派总体认为政治协商会议是“千载一时的机会，实现中国的民主”③，欲在会议上一显身手，但缺乏实际力量，因此不断向国共两党方面倾斜，分化出拥共派、拥国派和中间派。随着国共两党军事势力的变化，各种政治势力对政治前途有了不同的选择，政治协商制度被彻底破坏，在野党也发生了分化。青年党和民主社会党决定追随国民党，希望在南京国民政府内捞取一官半职，走上了反共的道路。民盟中的一些民主党派和其他民主党派，则在政治上选择了支持和同情中国共产党，他们反对内战，揭露南京国民政府的黑暗，投身于民主斗争，最终走上了新民主主义道路。

在国民党一党专制的根本政治制度制约下，在军权支配政局的年代里，民主协商制度是很难发挥作用的，政治协商会议通过的协议不断被撕毁，违背国情和民心的反共全面内战，终于在蒋介石“消灭共产党”的狂妄叫嚣中开始了。

---

① 延安权威人士在政协会议闭幕时发表的评论．解放日报，1946-02-01.

② 张宪文．中华民国史纲．郑州：河南人民出版社，1985：650.

③ 中国民主同盟临时全国代表大会的政治报告，1945-10-01.

（三）国民党包办的国民大会

孙中山“权能分治”学说中，把权力分成“政权”和“治权”两部分。政权简称“权”，是驾驭政府的力量，它应该属于人民；治权简称“能”，也就是管理职能，属于政府。孙中山认为西方的三权分立并不完善，所以提出“五权宪法”的思想，即五权分立。他认为西方官吏都是通过选举和委任两个途径来任职的，选举可以作弊，委任则难免任人唯亲，只有增加考选权，才能保证有合格的官吏使用；只有增加监察权，才能对不合格的官吏进行罢免。五权分立的基础是人民主权，人民拥有选举、罢免、创制、复决权，其体现形式就是国民大会。

孙中山创构的国民大会这一组织形式，并不是马上实行，而是要经过“军政、训政”阶段，训导人民学会行使权力后才实行。按照这个设计，国民党在取得全国政权后，即做出承诺，“训政”以六年为期，在1935年将召开国民大会而“还政于民”。

1932年12月，国民党四届三中全会决定于1935年召开国民大会，议定宪法，并由立法院制定有关法律。1936年5月5日，南京国民政府公布了《中华民国宪法草案》（五五宪草），之后又相继公布了《国民大会组织法》《国民大会选举法》《国民大会选举法施行细则》等，并于7月成立国民大会选举总事务所，选举持续数年，到1940年才选出950名代表①。国民大会推迟召开的原因是借口正在抗日战争期间，难以正常召开会议，但其实这只是一个幌子，其体现的是国民党谋求保持一党专制，蒋介石谋求保留个人独裁的意图。

在抗日战争期间，人民的民主要求日益高涨，国民党也每每以召开国民大会来搪塞。1944年，蒋介石第三次宣布要召开国民大会；1945年3月，国民党为争取政治主动权，又宣布要召开国民大会，并邀请各党派代表及社会贤达来进行政治协商；1945年10月10日，国民党与共产党签订了《双十协定》，确定实行宪政、和平建国、召开国民大会等方针。

1946年1月，在政治协商会议上，国民党坚持1936年包办选出的国大代表中所指定的国民党中央委员、候补中央委员、监察委员、区域、职业、军队、华侨等1 200名代表的有效性。中国共产党和民主同盟则认为这1 200名代表是国民党单方面产生的，不能代表民意。经过斗争，双方各自让步，中国共产党和民主同盟同意保留这1 200名代表，但要增加各党派和社会贤达代表700名，东北、台湾地区代表150名，并通过《国民大会案》。

1946年6月下旬，蒋介石发动全面内战后，悍然撕毁政协协议，决定于11月12日召开国民大会，并要求各党派迅速提交出席代表名单。中国共产党和民主同盟反对由一党政府单独召开的国民大会，拒绝参加大会。由于中国青年党、民主社会党及一些无党派人士倒向国民党，宣布推迟三天的“国民大会”终于在11月15日开幕了。在政治协商会议上确定的国民大会代表是2 050名，与会者仅1 381名，其中80%以上是国民党党员。经过40天的会议，12月25日，通过了由蒋介石亲自修改的《中华民国宪法》，这届“制宪国大”也就完成了任务。

---

① 国民大会选举总事务所工作报告，1940-06-15. 第二历史档案馆藏档，第1号全宗第13号卷.

《中华民国宪法》规定：于宪法公布三个月后制定并公布《国民大会组织法》等一系列法规，准备召开“行宪国大”。1947年3月31日，《国民大会组织法》《国民大会代表选举罢免法》公布了。《国民大会代表选举罢免法》规定：国民大会代表名额为3 035名，其中各县市及同等选区的代表2 167名，蒙古各旗盟代表57名，西藏40名，边疆地区各民族34名，华侨65名，职业团体487名，妇女团体168名，内地生活习惯特殊者17名。

《国民大会代表选举罢免法》规定：凡居住在中国土地上的国民，年满20岁，都有选举权。年满23岁，都有被选举权。有下列情形之一者，取消选举权和被选举权：（1）犯刑法内乱外患罪，经判决确定者；（2）曾服公务而有贪污行为，经判决确定者；（3）褫夺公权尚未复权者；（4）受禁治产之宣告者；（5）有精神病者；（6）吸食鸦片或其代用品者。选举先提候选人，或政党提名候选人，或由500名以上选民连署提名候选人，经过登记后，可以公开竞选。中央设选举总事务所，设委员3～5人，组成选举委员会，指导全国办理选举事务，政府指派委员到各省、市、县及同等区域，蒙、藏地区，华侨、职业团体、妇女团体，均设选举事务所，由政府指派3～5人组织选举委员会，办理选举事宜。从规定上已经看出南京国民政府是在控制选举，而国民党中央执行委员会于1947年8月制定的《各省市县选举指导办法》《指导本党同志参加竞选实施办法》，更是明目张胆地争夺和控制选举权，实行国民党包办。

1947年11月22日，南京国民政府公布《国民大会筹备委员会组织规程》，特派孙科等15人为筹备委员，组成筹备委员会。12月25日，又公布《训政程序结束法》，宣布1948年为“行宪年”，声称已经选出国民大会代表2 042名，超过代表总额的2/3，定于在3月29日召开国民大会，要求代表于1948年3月19日开始报到。3月28日晚，报到代表1 694人，不足法定代表人数3 035名的2/3，南京国民政府便以“惯例”，认为报到之数已达合法集合人数之半，可以开会。

1948年3月29日至5月1日，所谓第一届国民大会在南京召开了，出席大会的代表有2 841名，由于法定选举出的代表为2 961人，出席人数近96%，所以号称是“团结的大会”。大会召开了六次预备会议、历时五天，在一片争吵打闹中选出所谓的“主席团”。在正式会议上，这些自以为手握选举权的代表们，逢场作戏地要求政府向他们汇报工作，回答他们的质询。蒋介石不得不率军政要员，依次向国大代表做了政治、军事、经济、外交等一系列施政报告，回答了代表们的质询，共同串演了一轮假民主的闹剧。代表们感恩图报，竟通过了王世杰、莫德惠、胡适、谷正纲等721人提出的《动员戡乱时期临时条款》等反动法例，取消了《中华民国宪法》中对总统权力的限制，算是给予国民党的政治回报。

总统竞选似乎没有什么悬念，在4月19日总统选举投票中，有2 765名代表投票，蒋介石独得2 430票，居正得296票，蒋介石也因此由国民政府主席摇身一变为总统。副总统的选举却异常激烈，从4月23日至29日，共计进行四次。第一次是在孙科、于右任、李宗仁、程潜、莫德惠、徐傅霖（民主社会党）六人中选举，到会2 648名代表投票结果，六人都没有过半数。第二次在得票居前的孙科、李宗仁、程潜三人中选举，结果三人都没有过半数。于是，三人同时宣布退出选举，国民党中央常委会紧急劝说三人继续参选，并进行第三次投票，还是无人过半数。第四次选举是在前得票前两名的孙科、李宗仁中选举，李宗仁以 1 438 票当选，孙科以 1 295 票败北。

国民党包办的国民大会只是为了“制宪”和“行宪”，名为代表国民行使“选举、罢免、创制、复决”权，实际是国民党利用的工具，其代表既不代表民意，也没有行使应有的权力。首先，国民大会没有常设机构，不能对政府进行经常性的监督，其“罢免”和“复决”权无从办理。其次，国民大会六年召开一次，不过是为了六年任期总统的选举而设，其“选举”权非常狭隘，“创制”权更无从说起。

四、议会制度的评析

从 1912 年至 1949 年，中华民国存在的 38 年间，一个个号称议会，拥有立法、咨询、权力性质的机构，在不同的情况下，以不同的形式登上本来就污浊不堪的政治舞台。这些号称议会的机构，无不打着民主的旗帜，不但掩盖着专制独裁，也践踏着民主，给本来就内有饥馑动乱、外受强敌侵扰，危亡迫在眉睫的国家带来更多的灾难。民国的议会制度一再地遭受军阀们的摧残、玩弄，不但没有连贯性，而且缺乏适应性、自主性，更没有制度化，人们常常以“历史的悲剧”来形容这些议会，但谁也不能忽略议会制度也确曾给中国带来过一些民主的气氛和憧憬，使中国人民知道追求民主可以有遵循的途径和合理的吸收外来体制。

第一，议会制度在民国难以实行的根本原因在于资本主义经济和政治基础相对薄弱。

议会制度是建立在资本主义经济基础之上，是民主政治发展到一定历史阶段的产物。相对于以血缘关系和君臣依附关系为基础的君主专制政治体制而言，在国家政治生活中，议会所反映和代表的社会政治力量和阶级，往往是控制国家政权机关的一种政治力量，体现资产阶级的整体利益，调节和制衡资产阶级各集团、阶层的经济与政治关系，反映着利益上的分配。英国工业革命后，资产阶级逐渐成为社会经济的主导，在政治上则要求与其经济地位相适应的政治权利，议会经过三次大改革，才确立政党议会和责任内阁。中国在辛亥革命以后，资本主义经济发展缓慢，直到 1949 年，近代工业才占当时国民总收入的 10%，其中大多数还是官僚资本。“民族资本主义有了某些发展，并在中国政治的、文化的生活中起了颇大的作用；但是，它没有成为中国社会经济的主要形式，它的力量是很软弱的，它的大部分是对于外国帝国主义和国内封建主义都有或多或少的联系的。”① 议会制度要求一定的资本主义经济和政治基础，而民族资本主义既缺乏经济实力，又没有成熟的政治组织，所以不具备运用议会的条件和能力。在帝国主义、专制主义和官僚资本主义势力非常强大的条件下，民族资本主义不可能，也没有能力运用议会制度来限制强权垄断。

第二，议会制度只是形式上的移植，没有考虑近代中国社会的历史条件。既然脱离了中国社会现实，也就不可避免地陷入中国传统政治体制的窠臼。

议会制度是从西方学习来的经验，但这种经验要在当时的中国实现，却缺少其所赖

① 毛泽东．毛泽东选集：第 2 卷．2 版．北京：人民出版社，1991：630.

以生存的社会环境和条件，移植这种制度，实际上是无源之水、无本之木。历史也证明这种制度在中国行不通。孙中山根据西方三权分立而创制的“五权宪法”，既有国民大会，又有立法院、行政院、司法院、考试院、监察院，本意是要分权制衡，但这种权力的分散，事实上却是“一院（行政院）独大”，其他四院仅作为陪衬，恰恰为蒋介石集权带来了方便。谁都不能履行“五权”的职能，不能发挥实在的作用，这正是中国古代政治体制最为隐秘而具有决定意义的内在机制再版。

第三，议会制度在中国缺少政治文化基础，在引进介绍中也没有明确的标准，版本各有不同，人们的价值取向在一知半解中更倾向各取所需。

“政治文化可视为一个国家民族、族群、团体长期形成的心理取向，在其成员中潜移默化地影响或支配他们的政治行为。”① 政治文化既有当代的政治价值取向，也受到传统政治文化的影响，在现实与传统的冲突中，当人们摆脱不开眼前困惑的时候，又目睹到所谓议会政治云云不过是连续上演的闹剧，便信心沮丧，幻想破灭，很容易回到传统当中。国民党元老，长期担任监察院院长的于右任有感而言：“古圣贤所以成就事业的仁慈忠勇牺牲的精神，我们要从艰难患苦中去表现。”② 他不讳言，要从传统中获得力量。近代以来，西方文明虽然猛烈冲击了中国政治体制和意识形态体系，但传统政治文化仍然沉积在大多数中国人心灵之中。当西方议会制度在中国的反复试验均告失败之后，圣贤政治、权威观念、效忠尽节等政治意识往往沉渣泛起，仍然作为思想文化的主流，也就削弱了议会制度在政治文化和政治力量方面的支持。

第四节 中华民国元首制度

终中华民国之世，全国始终没有完成实质上的统一，但从国家形式上看，仍然是单一制国家，国民政府是国家最高行政机关，包括国家元首和执行政务的各级行政机关。从法律形式来看，国家元首应该是国家最高代表，具有最高行政权，由他来直接指挥行政，并履行职责。

政府的概念有广义和狭义之分。广义的政府是行使立法、司法、行政三权的各种机关；狭义的政府则是国家政务的管理机关，即通常所说的行政机关。在中华民国统治时期，广义和狭义的政府概念都不能界定其性质，政府都受政治军事实力所制约。按照孙中山的理论，国民政府仅是“总汇各权之一权政府”，实行“三权分立”或“五权分立”。可是，无论是北洋军阀，还是南京国民政府，在各权之上都有最高权力的制约。在北洋军阀统治时期，大总统、执政、大元帅等，都有自己的辅政班子；在国民党统治时期，国民党中央执行委员会是名副其实的权力机关，而在蒋介石统治时期，号称一党专制，实际上是个人独裁，所以人们常常称之为“蒋介石政府”，无论蒋介石充当总统、大元帅、国民政府主席，还是党总裁、军事委员长，都是实际的元首。最高权力集中在一人

---

① 关海庭. 20世纪中国政治发展史论. 北京：北京大学出版社，2002：130.

② 于右任. 国难中之国难//皇帝子孙之元气. 北京：东方出版社，1998：78.

之身，所有国家或党的机构都成为辅政机构，用现代政府的概念是很难加以界定的，用传统政体去理解，就是独裁政府。

一、元首的产生和任期

在现代国家概念中，国家元首是一个国家对内对外的最高代表，是国家机关管理体系的组成部分。中华民国并没有完成实质性的现代化过渡，仅在形式上把当时几乎所有的各种国家元首制度引进来，还运用西方的政治辞令加以解释。由于共和制度很快深入民心，国家元首不再是经过朝代更换和继承制度产生，因此在形式上有了元首产生制度；共和制度没有国家元首终身制，所以出现任期制和继任制。

武昌起义，各省争相独立，在1911年12月29日，各省都督府代表在南京组织总统选举会，根据每省一票，得票满2/3以上当选的原则，17省代表投票，孙中山以16票当选为临时大总统，黎元洪当选为副总统。这是在战时状态出现的元首选举，虽然还说不上是民主选举，但已经有现代选举制的内涵，而且孙中山是以“公仆”身份向全国宣誓的。“以国家元首而自称‘公仆’，充分显示了资产阶级共和国和封建帝制的根本区别。对两三千年来一直受着‘天子’、‘君父’一类欺骗的中国人民来说，实在是耳目一新。”①

由于各省都督府代表有议在先，若袁世凯反正，即公举其为临时大总统，因此孙中山临时大总统的任期就是在袁世凯反正后。1912年2月12日，袁世凯逼迫宣统皇帝逊位；2月15日，临时参议会便组织新临时大总统选举，还是采取每省一票的原则，一致选举袁世凯为临时大总统，依法重新改选黎元洪为副总统；3月10日，袁世凯在北京宣誓就职，誓词云：“民国建设造端，百凡待治，世凯深顾竭其能力，发扬共和之精神，涤荡专制之瑕秽，谨守宪法，依国民之愿望，达国家于安全强固之城，俾五大民族同臻乐利。凡此志愿，率履勿渝。候召集国会选定第一期大总统，世凯即行辞职。谨掬诚悃，誓告同胞。”袁世凯是经过政治交易产生的临时大总统，按照《中华民国临时约法》规定，在10个月内由临时大总统召集国会，由国会制定宪法，宪法公布后，选举正式大总统以组织正式政府，因此袁世凯最多任期为10个月。

为了限制袁世凯独裁，1912年8月，同盟会改组为国民党，在宋教仁主持下，为争取在国会成为第一大党而努力，终于在第一届国会选举中获胜，国民党成为国会中的多数党。宋教仁以组织国民党的责任内阁为己任，拒绝袁世凯的收买，结果袁世凯指使赵秉均派杀手在上海火车站将其刺杀。数月之后，孙中山发动“二次革命”失败，孙中山、黄兴等革命党人被迫流亡日本。袁世凯并没有因此立即解散国会，而是强迫国会选举他为正式大总统。1913年10月6日，国会议员在刺刀的威逼下，选举袁世凯为中华民国第一届大总统。

1913年10月5日由国会通过的《大总统选举法》规定：大总统任期为5年，可以连选连任，但连任以一次为限。在资格上规定：中华民国人民，完全享有公权，年满40岁

---

① 黄季陆．总理全集：下册：电文．成都：成都近芬书屋，1944：8.

以上，并居住在国内 10 年以上者，得被选为大总统。在选举上规定：由两院议员组成的总统选举会有成员 3/4 以上出席，以无记名投票的方式投票，得票满 3/4 以上者当选。如无人当选，须再次投票，仍无人当选，则以第二次投票时得票多者二人进行第三次投票，以得票过半数者当选。

上述规定，在一定程度上限制了海外归来的革命党人被选举为大总统的权利，但同时也限制了袁世凯所期望的终身制，所以在 1914 年 12 月 29 日公布的《修正大总统选举法》中，袁世凯政府对相关的条目进行了修订。大总统的选举资格改为在国内居住 20 年以上，大总统任期改为 10 年，得连选连任，并不受连任次数限制。在选举程序上，改为由两院议员互选的 100 名人组成的总统选举会选举，由现任大总统推荐三人参选，“大总统选举会，除就被推荐三人投票外，得对现任大总统投票”，投票改为记名，以得票满投票人 2/3 以上当选。这种程序为袁世凯担任终身大总统铺平了道路，同时在他合法运用推荐权下，也可以走向“合法”世袭了。即便如此，也不能满足袁世凯的愿望，他最后竟然黄袍加身，当起了皇帝。

1916 年 6 月 6 日，袁世凯一命归西，留下一个破烂的摊子，一群野心家赤膊上阵，为争夺这个摊子打得不可开交。袁世凯一死，实际上已经形成军阀割据，但在北京争夺中央领导权的，主要是三个派系，即以段祺瑞、徐树铮为首的皖系，以冯国璋、曹锟、吴佩孚为首的直系，以张作霖为首的奉系。他们毕竟不如袁世凯有势力和影响，所以不敢从形式上彻底否定《临时约法》，只是在《临时约法》的旗帜下，采取他们认为便利的形式来操作程序。

1916 年 6 月 7 日至 1917 年 6 月 30 日，是控制实权的皖系与徒有虚名的大总统明争暗斗时期，即所谓的“府院之争”。袁世凯死后，副总统黎元洪继任大总统，恢复国会和 1912 年的官制，实行责任内阁。黎元洪自身没有什么势力，仅仅是徒拥虚衔的元首，而皖系首领段祺瑞担任国务总理，凭借武力独揽实权，最终双方矛盾激化。1917 年 5 月 23 日，黎元洪下令免去段祺瑞的总理职务，6 月 13 日解散国会。皖、直系的军阀借机宣称独立，向黎元洪施压，长江巡阅使张勋作为调停人，率领五千辫子军入京，却于 6 月 30 日发动政变，拥立清废帝溥仪复辟，黎元洪则逃进日本使馆。

1917 年 7 月 1 日至 12 日，张勋复辟帝制，溥仪再度登基，但在讨逆军的进攻下，张勋逃入荷兰使馆，溥仪再度退位。已经覆灭了的帝制，其沉渣一再泛起；废黜的皇帝还生存在世，死灰复燃的野心也不会消失，何况皇帝制度在当时还有影响力，在适当的时候，就会有人利用。此后日本帝国主义所扶植的满洲国，溥仪又一次被推上皇帝宝座，足以说明这个问题。

1917 年 7 月 13 日，段祺瑞赶走张勋，再度出任国务总理，而直系军阀首领冯国璋和北洋老政客徐世昌先后担任总统，这本来是一种利益上的分配，但谁都认为不公平。段祺瑞掌握实权，又组织以皖系政客为主的“安福国会”，无论是总统，还是责任内阁，都在段祺瑞掌握之中，这当然会引起其他派系的反对。1920 年 7 月 14 日，蓄势待发的战争，终于在直、皖军阀之间展开了，直系在奉系的策应下，把皖系打败，段祺瑞也只好下台。

1920 年 7 月 24 日，直系和奉系的军队开入北京，北洋政府便落在直、奉系手中，而双方为了争夺权力，扩张实力和地盘，又明争暗斗。1922年4月29日，第一次直奉战争爆发，奉系战败，退出关外，直系控制政权，恢复黎元洪的大总统职位，其依然是虚衔元首。但直系军阀还不满意，1923年6月，直系军阀首领曹锟逼走黎元洪，打着“民意”的旗帜实行贿选，“猪崽国会”在威胁和贿赂下，选举曹锟为大总统。曹锟于10月10日登上总统宝座，并公布中华民国史上的第一部正式宪法，被称为“贿选宪法”。1924年9月，第二次直奉战争爆发，直系将军冯玉祥临阵倒戈，10月24日回师北京，囚禁贿选总统曹锟，指定黄郛组织摄政内阁，但遭到国内外政治势力的反对。11月20日，冯玉祥、张作霖分别去天津会见段祺瑞，希望他回来收拾残局。

1924年11月21日，段祺瑞接受冯、张的推举，通电全国，表明自己接受临时政府总执政的职务。他三天后赶赴北京上任，推出《中华民国临时执政府制》，明确规定临时总执政总揽军民政务，统率海陆军，对外代表中华民国，企图实行独裁。但此时的段祺瑞已经今非昔比，手中没有军事势力，只能是仰人鼻息。1926年3月18日，军警在执政府门前枪杀请愿的群众，造成“三一八”惨案，激起全国上下的愤怒。段祺瑞又与直、奉军阀相勾结，企图驱逐冯玉祥的国民军。4月9日，国民军包围执政府，段祺瑞逃入东交民巷。4月15日，国民军退出北京。4月18日，直系军阀吴佩孚下令逮捕皖系政客。20日，段祺瑞下野，再度逃往天津。

段祺瑞下台后，北洋政府由奉、直系控制，双方在权力分配上总不能取得平衡，先后以颜惠庆、杜锡珪、顾维钧主持内阁，实际上是由吴佩孚的大帅府和张作霖的总司令部控制。1926年冬到1927年上半年，直系军阀被国民革命军打败，势力一蹶不振，奉系便独控北洋政府。1927年6月18日，张作霖索性成立“中华民国军政府”，自称“中华民国陆海军大元帅”，声称自己代表中华民国行使统治权，统率海陆军，直接任命国务总理和各部总长，俨然以独裁者自居。1928年6月，在国民军的进攻下，张作霖放弃北京，在退回关内的路上被日本帝国主义炸死，北洋政府和北洋军阀统治也随之结束。

北洋军阀政权一直没有达到真正的统一，尤其是在袁世凯实行帝制以后，以“反袁护法”为旗号的政权和反对北洋军阀统治的政权一直存在，而且不断发展壮大，最终进行北伐战争，向南北统一的路程迈进，完成中华民国元首制度的嬗递。

1916年5月8日，独立的西南各省在广东肇庆成立中华民国军务院，采用抚军合议制，唐继尧和岑春煊为正副抚军长，负责执行和贯彻抚军们议决的各项事务。军务院以拥立黎元洪为大总统为名，要“指挥全国军事，筹办善后庶政”①。由于抚军是各省拥有军政实力的军阀担任，抚军长的权力始终没有冲出自己的势力范围，也没有将其政权视为是全国性的政权。袁世凯死后，黎元洪继任大总统，军务院遂于7月14日撤销。

1917年9月1日在广州成立的护法军政府，采用的是大元帅制，由孙中山担任大元帅，期望实行集中权力的制度，以便于统一指挥。由于是军事时期的特殊情况，没有规定大元帅的任期、职权范围和继任制度。然而，孙中山本人只是在西南军阀的虚假支持下，仅拥有一支并不强大的海军，是一个毫无实权的大元帅，因此也始终没有集权在手，反而遭到西南军阀们的种种排挤和反对，被迫在1918年5月4日向非常国会提出辞职。

---

① 护国军政府宣言：第5号，1916-05.

随后护法军政府的国会非常会议便决定废除大元帅制，改为总裁合议制，轮流担任主席，实行战时集体元首制。5 月 20 日，国会两院联合会投票选出孙中山、唐绍仪、伍廷芳、岑春煊、陆荣廷、唐继尧、林葆怿为总裁，首任主席是岑春煊，孙中山只不过是总裁之一。无奈之下，孙中山只好出走上海，军政府便实际上控制在桂系军阀手中。

1920 年 8 月，孙中山依靠广东军阀陈炯明赶走桂系军阀，再次返回广州，重任大元帅。1921 年 4 月，广州成立中华民国政府，改行总统制，护法议员以记名投票制选举孙中山为大总统，让其总揽政务，代表中华民国，统率海陆军，任免文武官员，发布政府命令。孙中山试图再集中权力，以实现其建立民主共和国的理想，但终因没有自己的军事势力而未果。1922 年 6 月陈炯明发动叛乱后，他无力收复广州，只好又退到上海。

1923 年春，滇桂联军打败陈炯明，孙中山第三次到广州组织政府，提出："现在的政府为革命政府，为军事的时期政府。"① 这次孙中山不想再受军阀们的左右，尽可能把权力集中在手，遂成立大元帅大本营，自任大元帅，把行政、立法、司法、军事等权力集中在一身，并着手建立自己的军队。在联俄、联共、扶助农工三大政策的前提下，依据苏联模式改组国民党，把国民党"变成了一个中央集权的、分等级的、官僚化的和具有绝对权威的、必然要将其控制扩大到国家和军队的所有部门与机构的政党"②。孙中山正在努力建立有效能政府的时候，北京冯玉祥政变，邀孙中山赴北京商讨联合事宜。1925 年 3 月 12 日，孙中山在北京去世，胡汉民代理大元帅。

由于孙中山去世，1925 年 7 月 1 日在广州建立的国民政府没有采用个人元首制，而是采取民主集中委员合议制的集体元首制。这是因为"总理若在，大家都愿意听他独裁，总理不在之后，实无人能够承继他的，则委员制实为适应时势的要求"③。政府由国民政府委员会总揽全国政务，政府委员会推举 5～7 人组成常务委员会处理日常事务，常务委员会设主席一人，负责召集委员会或常委会会议。国民政府受国民党中央执行委员会领导，政府委员和常务委员及主席也归其任命，实际上是以党治国。

1927 年，以蒋介石为首的国民党新军阀，背叛孙中山的联俄、联共、扶助农工三大政策，4 月 18 日，以血腥手段建立了南京国民政府，"没有宪法的根据，没有经过民选。它的'合法性'不以法律为根据，而依靠外国的承认和国内的一些大的政治势力的拥护"④。尽管它的组织形式是按照孙中山五权宪法思想设立的，表面上与孙中山的设计没有冲突，但在政权实质和实际运作上已发生了根本的蜕变。

按照孙中山的政治设计，要经过军政、训政、宪政三个时期。军政时期是集中兵力扫除国内障碍，促进国家统一；训政时期是使人民接受如何使用民权的训练；宪政时期则制定宪法，实行全国大选，"国民政府则于选举完毕之后三个月解职，而授政于民选之政府，是为建国之大功告成"⑤。南京国民政府标榜要遵照孙中山的遗志，按照这个顺序来建立政府组织，其实只是套用这样的形式，建立以蒋氏为主的专制和独裁。

---

① 孙中山全集：第 9 卷：关于组织国民政府案之说明. 北京：中华书局，1986：102.

② 谢和耐. 中国社会史. 耿升，译. 南京：江苏人民出版社，1995：553.

③ 政治周报：第 5 期. 政治周报社，1925：16.

④ 陈志让. 军绅政权：近代中国的军阀时期. 北京：生活·读书·新知三联书店，1980：5.

⑤ 孙中山全集：第 9 卷：国民政府建国大纲. 北京：中华书局，1986：129.

在习惯上，人们都把南京国民政府与蒋介石联系起来，因为他一直在南京国民政府中起主要作用。在确立个人独裁的统治地位之前，他曾经遭受反对派的攻击，并两次被迫下台，但每次都能东山再起，“蒋介石的得势在很大程度上应归功于他那非凡的善于利用矛盾的本领、广施策略和玩弄政治交易的天才；他事实上可以与最狡猾的军阀们齐名了。但他获胜的深层原因却在于其对手们的软弱和分裂，同时也是由于经济和政治力量的自然作用对中国命运的支配”①。蒋介石个人独裁制的确立是有其发展过程的。

1927 年 4 月至 1928 年 10 月，南京政府实行国民政府委员合议制，蒋介石虽然仅是政府委员之一，但他掌握和控制军队，制衡全局。故此，在 1928 年 2 月召开的国民党二届四中全会上通过的《国民政府军事委员会组织大纲》中，便确立了蒋介石的军事委员会主席位置。他接着进行第二次北伐，并且攻占北京，11 月间，东北军阀张学良同意易帜，完成名义上的统一，使他的地位得到进一步巩固。

1928 年 10 月至 1948 年 5 月，南京政府实行国民政府委员合议制和五院制，国民政府主席和国民政府主要官员都由国民党中央执行委员会选任或批准。国民政府主席为国家元首，对外代表国民政府，并兼陆海空军总司令。国民政府主席的产生、任期和权力大小因人而异。在谭延闿任国民政府主席时，“公布法令及其他关于国务之文书，由主席及常务委员二人以上之署名；其与各部有关者，并由各该主管部部长连署；以国民政府名义行之”②；任期是三年，但没有连选连任的规定。蒋介石任国民政府主席，则改为“公布法律，由国民政府主席署名，以立法院院长副署行之。发布命令，由国民政府主席署名，主管院院长之副署行之”③，任期也是三年，但得连选连任。1931 年 12 月，蒋介石被迫辞去国民政府主席一职，由林森接任，则“国民政府主席为中华民国元首，对内对外代表国家，但不负实际政治责任，并不兼其他官职”④，任期则变为两年，可以连选连任一届，后以行宪为由得以再度连任。1943 年 8 月，林森病故后，蒋介石又担任国民政府主席，则“国民政府公布法律，发布命令，由国民政府主席依法署名行之”⑤，任期改为三年，连选连任，无届数限制，并规定在以后依法当选的总统就任时始能解职。

1948 年 5 月至 1949 年南京政府覆灭期间，实行的是总统制。按《中华民国宪法》规定，“总统为国家元首，对外代表中华民国”，“中华民国国民年满四十岁者，得被选为总统或副总统”。总统由国民大会代表选举，在选举票上所列之候选人中，以无记名投票方式，圈选一人为总统，以得代表总额半数以上票者为当选。总统、副总统任期为六年，连选得连任一次。1948 年 4 月 19 日，“行宪国大代表”在总统候选人蒋介石和居正二人中圈选，蒋介石得 2 403 票，居正得 269 票，蒋介石由国民政府主席变为总统。再经过一番折腾争斗，李宗仁当选为副总统。

1949 年 1 月 21 日，国民党政权已经濒临土崩瓦解，蒋介石在国内外的压力下，宣布“引退”，由副总统李宗仁代行总统之职，但蒋介石仍然以国民党总裁的身份控制实权。7

---

① 谢和耐．中国社会史．耿升，译．南京：江苏人民出版社，1995：554.

② 荣孟源．中国国民党历次代表大会及中央全会资料：上册．北京：光明日报出版社，1985：520.

③ 同②923.

④ 荣孟源．中国国民党历次代表大会及中央全会资料：下册．北京：光明日报出版社，1985：119.

⑤ 同③851.

月 16 日在广州成立的国民党非常委员会，蒋介石任主席，李宗仁任副主席，蒋介石控制着实权，妄图进行最后挣扎。

二、元首的名称和职权

按照现代政府理论，国家元首在国家体系中，存在有行政职责和没有行政职责之分，因此有虚权和实权之别。一般来说，兼任行政职责而确实能够指挥政务者为实权元首；不兼任行政职责，仅在名义上代表国家者为虚权元首。从中华民国发展历史来看，其元首的名称和职权相当混乱，同一名称有实权和虚权之别，同一制度有不同的实际内容，一切都以政治权术为核心，以政治和军事势力为依托。

（一）临时大总统

《中华民国临时政府组织大纲》（1911 年 10 月 13 日通过）规定：临时大总统“有统治全国之权”，“有统率海陆军之权”，“得参议院同意，有宣战、媾和及缔结条约之权”，制定官制官规、任免文武职员、任命国务各员及外交使节等权也须得参议院通过，但参议院制定法律须交临时大总统公布，如不同意，得交回参议院复议。从某种意义上来说，这时的临时大总统是实权国家元首，兼任政府首脑、军事最高统帅，在没有设立法机关的情况下，所公布的命令具有法律效力，对参议院也有督责权。

《中华民国临时约法》规定：临时大总统拥有国家元首的地位，规定的职权有 14 条，主要是“代表临时政府，总揽政务，公布法律”，“为执行法律或基于法律之委任，得发布命令，并得使发布之”，“统率全国陆海军”，“得依法律宣告戒严”等。但临时大总统制定的官职官规、任免文武官员、对外宣战媾和以及缔结条约、宣告大赦等重要事项，必须经参议院议决或同意。除此之外，临时大总统提出法律案、公布法律、发布命令时，必须有国务员副署方能生效。另外，参议院对临时大总统有弹劾权，弹劾后，由最高法院组织特别审判庭审理。按照这种规定，临时大总统是虚权国家元首，必须通过责任内阁来实现治国的权力。临时大总统权力被限制在有限的范围内，当然引起独裁欲极强的袁世凯的不满，在几个月之间，他蔑视法规，连连更换内阁总理，把内阁变成自己掌中之物，内阁不但不能限制他，他还可以随时踢开内阁，其权力大为膨胀。

（二）大总统

在大总统的名义下，也有实权和虚权之分。“我们知道袁氏是一个贪恋最高名位，乘机窃权的人；而他窃取权位的术策，起初总是务求实在，不露形迹，必等实权完全把握在手中，然后才露出真面来；他推倒清室，攫取总统，是用的这种方法，图谋帝制，也是用这种方法。”① 袁世凯是在增修《临时约法》情况下就职的大总统，其增修的 7 项是：（1）外交大权应归诸总统，凡宣战、媾和、缔结条约，无庸经参议院同意。（2）总统制定官制官规及任用国务员、外交使节，无庸经参议院同意。（3）采用总统实权

① 李剑农．中国近百年政治史（1840—1926 年）．上海：复旦大学出版社，2002：366．

制。（4）正式宪法应由国会以外之国民会议制定，由总统公布，正式宪法之起草权亦应归于总统及参议院。（5）人民公权之褫夺恢复，总统应自由行之。（6）总统应有紧急命令权。（7）总统应有财政紧急处分权。在这种前提下，袁世凯公布了《中华民国约法》，也就是“袁记约法”。根据“袁记约法”，废除责任内阁，实行总统制。大总统为国家元首，总揽统治权。大总统发布与法律同等效力的教令、缔结条约、宣告大赦等要经立法院同意，但立法院始终没有成立，由参议院代行其职权，而“袁记约法”规定参议院“依大总统之咨询，审议重要政务”，实际上是大总统的咨询机构。废除国务院之后，袁世凯在总统府内设政事堂、大元帅统率办事处、翊卫处等机构，将实际政务都收归总统府。“袁记约法”还规定大总统制定官制、官规，任命文武官员，宣战、媾和、缔结条约（变更领土和增加人民负担者除外）等不受立法机构限制。实际上是几乎将所有权力都归纳到袁世凯一人之手，无君主之名，而有君主之实。

袁世凯死后，“袁记约法”被废除，其后继者基本在《临时约法》的范围内行使职权，是虚权国家元首。但“军阀政府的特点是以军权为中心，由军权支配一切，政治只是军事的附庸。因此，北洋政府的大总统有时属于最大的军阀头目直接居位，则不只内阁制无从发挥作用，甚至连形式也不存在，总统的权力可以无限扩张（如袁世凯）。若由几派军阀头目分掌权力，则不免发生‘府院之争’，而以实力的大小来定胜负（如段祺瑞之于黎元洪、冯国璋）。若大总统是由几派军阀相持不下而暂时妥协来支持傀儡，则只能各方面应付以求苟全，看最大实力者的眼色行事（如徐世昌和黎元洪‘复位’）。总之：法律上的总统和事实上的总统有很大的距离，就制度来说明只能反映局部的乃至表面的某些情况”①，因此无法用制度来表述这一时期大总统的职权。

1921年4月在广州成立的中华民国政府，孙中山为大总统，后世称之为“非常大总统”。既然是“非常大总统”，当然不受《临时约法》的限制，更何况“非常大总统”是在集权的情况下出现的，所以是实权元首。

（三）临时总执政

临时总执政是北洋军阀以重造“法统”名义设立的临时政府元首。根据《中华民国临时执政府制》规定：临时总执政总揽军民政务，统率海陆军，对外代表中华民国，任命国务员，召开国务会议议决国务。此外还规定了临时总执政在行使职权时，必须有国务员副署，但国务员的任命归临时总执政，副署也就成为形式。制度设计是没有任何限制的元首独裁制，“在表面上执政不是总统，实际上执政的职权绝无限制，比起以前的总统来，要自由得多了。不过段祺瑞现在已经失去运用这种职权的能力，一方面被各派武力所宰制玩弄，一方面中国国民党人不信任他”②，制度与现实完全脱节。

（四）大元帅

按照法规，这是在特殊条件下出现的实权元首。1917年、1920年、1923年，孙中

① 钱实甫. 北洋政府时期的政治制度：上册. 北京：中华书局，1984：60.

② 李剑农. 中国近百年政治史（1840—1926年）. 上海：复旦大学出版社，2002：585.

山三次就任大元帅，1925 年胡汉民代理大元帅，除第一次是非常国会记名投票选举之外，其余都是在特殊情况下出现的。虽然大元帅在名义上集行政、立法、司法、军事等权力于一身，但“当时广东的大元帅府，里里外外，无处不是敌人；内部的骄兵悍将，东南两路军阀，短视的商民，帝国主义的金钱、武器和阴谋，四方八面压迫着”①，不可能做到真正的集中权力。

1927 年 6 月 18 日，张作霖自称“中华民国陆海军大元帅”，还发布了《中华民国军政府组织令》，规定大元帅代表中华民国行使统治权，统率海陆军，直接任命国务总理和各部总长，国务院和各部是辅助大元帅执行政务的机关，俨然以独裁者自居，也不要什么法律依据，纯粹是军阀强权蔑法的表现。

（五）总裁会议

总裁会议是在西南军阀相互争斗时出现的集体元首制。1918 年 5 月 4 日，孙中山向非常国会通电辞职，但是军政府改组到了成为事实的时期，非常国会遂将大元帅制改为七总裁合议制，由七总裁中公推一人为主席总裁。根据国会非常会议通过的《修正军政府组织大纲》，总裁会议代表军政府总揽政务，有军队指挥权、任免文武官吏权、外交权，其下设的政务院为总裁会议的执行机关。这种“表面上很昭示一种大公的形式，但是实际上的重心全在桂系（唐继尧因为远在云南，不能亲自列席）。而隐于桂系幕下，假岑春煊为偶像，持之为舞”②，所谓的集体元首制只不过是桂系反对孙中山集权、企图实行个人独裁制的工具。

（六）国民政府委员会

国民政府委员会是在孙中山去世之后，广州军政府被迫实行的集体元首制。1925 年 1 月，汪精卫在第二次全国代表大会上报告说：“总理逝世之后，本党不复有总理了；推之以党治国的理论，则国家亦不复有元首了。而且就现世界来说，也推委员制为比较好。”在这种方针下，1925 年 7 月 1 日公布《国民政府组织法》规定：“国民政府受中国国民党之指导与监督，掌理全国政务，以委员若干人组织会议。”1927 年 3 月 30 日，武汉国民政府公布《修正中华民国政府组织法》更明确地规定：“国民政府受中国国民党执行委员会之指导与监督掌理全国政务”，“未经中央执行委员会议决之重要政务，国民政府无权执行”。这样，国民党中央是决策机构，国民政府仅是国民党中央的执行机构，因此国民政府委员会仅在名义上具有立法、司法、行政等权力，是虚权的集体制元首。

（七）国民政府主席

在国民政府委员会制时有主席一名，地位与其他委员平等，仅负责召集和主持会议，武汉军政府为了限制独裁，取消主席制。1927 年 4 月至 1948 年 5 月，南京国民政府主席元首制有实权元首和虚权元首两种情况。

---

① 李剑农．中国近百年政治史（1840—1926 年）．上海：复旦大学出版社，2002：569.

② 同①467.

1927 年 4 月 18 日在南京成立的国民政府，没有对广州国民政府公布的《国民政府组织法》进行修改，仍然实行委员合议制，以胡汉民为首主持。这时的南京国民政府具有“民国其表而专制其实、党治其表面而派治其实、派治其表面而人治其实三大特色”①。虽然在名义上实行委员合议制，实际已经向个人独裁过渡。

1928 年 2 月 7 日南京国民政府公布《国民政府组织法》规定：国民政府以中央执行委员会推举之委员若干人组成，并推定其中 5～7 人为常务委员，于常务委员中推一人为主席。即日，谭延闿被推定为国民政府主席，按规定，主席权力是有限的，不能在国家发布的各种文书上单独署名，实行的是委员和主管部长连署制。

1928 年 10 月 3 日公布《国民政府组织法》规定：国民政府主席为中华民国海陆空军总司令，代表国民政府接见外使并举行或参与国际典礼；为国务会议主席，与五院院长在经国务会议议决公布之法律和议决发布之命令上共同署名；主席因事故不能执行职务时，由行政院院长代理，国民政府主席的职权明显扩大了。10 月 8 日，国民党中央执行委员会常务委员会第 173 次会议选任蒋介石为国民政府主席。1930 年 11 月 8 日，蒋介石又被推为行政院院长，这样“蒋介石集中央执行委员会常务委员（时中常会不设主席）、中央执行委员会政治会议主席、国民政府主席、中华民国陆海空军总司令、行政院长五高职于一身，党政军三大权于一己”②。在派系林立的国民党内，他当时也还未拥有完全独裁的势力。经过国民党上层的激烈较量，蒋介石不得不让出国民政府主席位置，元首制也随之发生根本变化。

1931 年 12 月 15 日，蒋迫于国民党派系的压力，不得不辞去国民政府主席本兼各职，12 月 30 日公布经过修改《国民政府组织法》，明确规定国民政府主席不负政治责任，仅是国家礼仪活动的代表和象征，变成名副其实的虚权元首。

1943 年 8 月 1 日，林森病故，行政院长蒋介石“依法”代理国民政府主席。为适应人事的重大变动，9 月 10 日，便通过和颁布《修正国民政府组织法案》。在这个法案中明确规定：国民政府主席为中华民国元首，对外代表中华民国；为海陆空军大元帅；任期三年，连选连任；因故不能视事时由行政院院长代理；国民政府公布法律、发布命令，由国民政府主席依法署名行之；国民政府主席由国民党中央执行委员会选任；五院院长、副院长，由国民政府主席提请国民党中央执行委员会选任；国民政府主席对国民党中央执行委员会负责，五院院长对国民政府主席负责；宪法实施后，依法当选之总统就任，始能解职。9 月 13 日，蒋介石当选为国民政府主席，兼行政院院长，而他本人原来就是国民党总裁，于是乎就出现国民党总裁蒋介石提名国民政府主席蒋介石，国民政府主席蒋介石提名行政院院长蒋介石；行政院院长蒋介石对国民政府主席蒋介石负责，国民政府主席蒋介石对国民党总裁蒋介石负责；国民政府主席蒋介石因故不能视事，由行政院院长蒋介石代理之。其独裁统治表现可谓达到极致，还美其名曰共和体制。

（八）总统

总统制是南京政府覆灭前实行的元首制。依 1948 年 5 月 5 日公布《中华民国宪法》

① 孔庆泰，等．南京国民政府政治制度史．合肥：安徽教育出版社，1998：52.

② 同①186.

规定，总统的主要职权有：（1）军令权。得统率陆海空军，但军政权属行政院所属的国防部，国防部对立法院负责。（2）公布法令权，但须有行政院院长副署。（3）外交权，得行使缔结条约及宣战媾和权，但须受行政院会议和立法院及国民大会的限制。（4）宣布戒严权，但须经立法院通过或追认。（5）赦免权，但须行政院会议及立法院会议决定之。（6）任免权，国家文武官员由总统任免，但须受立法院、监察院的限制及行政院副署权的限制。（7）权限裁判权，得解决院与院之间的权限争议之事。

可以看出，总统的职权很广泛，但没有实际的权力，蒋介石自然不愿意当这个虚权国家元首。于是，蒋介石亲信在所谓的国民大会上通过《动员戡乱时期临时条款》，赋予总统紧急命令权，其效力已经超过宪法，总统不但是实质上的元首，而且施行独裁统治，被人民称为“独夫”“民贼”。

1949 年 1 月 21 日，蒋介石在军事溃败和内外交困的重重逼迫下，宣布“引退”，由副总统李宗仁代行总统之职。只讲“引退”，没有讲辞职，所以没有按法律履行权力转交仪式，这就为他有朝一日回来重新掌权留下了伏笔。

三、中华民国元首制的特点

中华民国存在的 38 年间，其元首制可谓变化多样，出现过个体元首制、集体元首制，有过实权元首，也有过虚权元首，其名称也多种多样。从政治制度角度来看，这表明中国传统政治体制向现代政治体制演变道路的迂回曲折，也说明移植西方政治制度实验的挫折。从历史发展的角度来看，中华民国有五个历史转折期：1912—1920 年是专制向共和制的转折期，1921—1927 年是革命力量形成发展期，1927—1936 年是政治力量分裂期，1937—1945 年是国共合作抗日和民主意识发展期，1946—1949 年是旧中国向新中国转变期①。历史现象非常复杂，政治斗争激烈，社会发展曲折，这在中华民国元首制的发展变化过程中表现非常突出，主要有以下几点：

第一，元首选举形式总是以军事势力为后盾的，也就决定了中华民国元首制的变化总是随军权易手而转移。

大总统作为北洋政府的国家元首，产生方式是“选举”，并在形式上规定任期和继任制度，但在事实上却没有一位元首是公正选举出来的，也没有一位元首能够依法任满而正常改选，而历任元首在实权和虚权之间徘徊，也都是以军事势力为转移的，所以称为北洋军阀政府。从北洋政府元首制的发展变化，可以看出当时虽然还挂着“中华民国”的招牌，号称“共和”，但实际上都是以军事势力为后盾。元首不管是出自推选还是贿选，都是在强权保护之下，依仗强权庇护上台的。一旦失去军事势力，这些元首便成为傀儡或阶下囚。为此，大小军阀无不以发展自己的军事力量为首要目标，而支持军队给养和装备需要大量的财力，而且必须取得一定的外国力量支持，于是，他们毫无例外地对外卑躬屈膝，有奶便是娘，不惜出卖国家和人民的利益；对内则实行恐怖统治，有枪就是草头王，不择手段地扩展财源，杀人放火，贩毒走私。刚刚从专制统治下解脱出来

① 张海鹏. 民国史研究的现状与几个问题的讨论. 近代史研究，2002（4）.

的中国人民，非但没有享受到“共和”的好处，而且陷入军阀独裁的黑暗统治之中。

蒋介石走向独裁之路，完全凭借军事实力。在抗日战争之前，他以武力把国民党内各派政敌，如西山会议派、改组派、胡汉民派等赶下台，又在新军阀战争中击败桂、冯、阎等地方实力派。在政治和军事斗争中，蒋介石获得了很高的声誉，也得到许多人的拥护，在大致掌控全局的前提下，其领袖的地位得以确立。1938 年 3 月，在武汉召开的国民党临时全国代表大会，决议“确立领袖制度”，设置国民党总裁。这种设置，不仅让国民党人多年来鼓吹的“领袖独裁制”获得实现，而且宣告“一元化领袖制”确立。蒋介石膺任国民党总裁后，成为国民党名符其实的最高领袖。而在国民党以党统政的原则下，亦成为全国最高行政领袖。再加上其军事统帅权，使得当时中国的党、政、军大权全掌控于蒋介石一人之手，归于一元化的领导。人们总是把南京国民政府和蒋介石直接联系起来，也说明蒋介石当时曾经起过不容轻估的历史作用。

第二，军阀割据和派系林立是中华民国元首制缺乏稳定的主要原因。

从辛亥革命成功到袁世凯取得政权，中国都没有达到实质上的统一，由于帝国主义划分势力范围而培育的大大小小地方军阀，一直是分割一方，而袁世凯死后，每一派都缺少绝对的实力，便进入军阀割据的混乱时代。声称以“武力统一”的军阀，号称“恢复法统”，争取夺得元首的位置，希望是高居实权元首之位；主张“联省自治”和“护法”的军阀，既然得不到元首的位置，便希望出现虚权元首；而军阀内部分裂或势力相当时，都想分一杯羹，就寄希望于实行集体元首制。在这种情况下，无论实行什么模式的元首制都绝不能令所有军阀满意，结果必然是政治夺权、武力夺位连续不断。在剧烈政治斗争和激烈内战声中，元首制焉能保持稳定。

1924 年以前，“中国政治问题表面上所争的，只是一个‘法’字。自所谓法统恢复后，那些坐在法统椅子上的先生们演出卖身的活剧，制成一部‘遮羞的宪法’，从此没有人理会这个‘法’字了”。1924 年 1 月，“中国国民党在广州开第一次全国代表大会，宣告改组，可说是中国政治新局面的开始”①。改组的国民党实际上并不团结，国民党各派和南方军阀势力都很强大，各不相让，只是由于孙中山的个人威信，才勉强确立了领袖制，以维持表面上的一致。孙中山的过早去世，使尚未统一的国民党派别之争表面化、军阀之争公开化。

在派别复杂、军阀分据的政治和社会背景下，蒋介石逐渐建立起自己的嫡系部队。蒋介石使用这些嫡系部队，“不仅是为了对抗外敌，更直接的目的是为了对付地方军阀和共产党军队，而蒋介石划分嫡系与非嫡系的标准是是否忠于他本人。这就使其嫡系部队成为一支脱离社会、脱离国家，只服从蒋介石一人，支撑蒋介石个人政治权力的军队。其结果是不仅加深了嫡系与非嫡系的地方军队之间的矛盾，同时，由于不能完全按功行赏，也使嫡系部队之间矛盾重重，相互倾轧”②。在这种情况下，实权元首与虚权元首的转变在很大程度上取决于派系斗争的结果，也取决于蒋介石自身实力的兴衰。

第三，无论是南方政权，还是北洋军阀政权，其元首制的发展变化过程都有相同的

① 李剑农. 中国近百年政治史（1840—1926 年）. 上海：复旦大学出版社，2002：537.

② 关海庭. 20 世纪中国政治发展史论. 北京：北京大学出版社，2002：171.

特点，那就是向集权制发展。

在国家处于四分五裂的情况下，没有广大人民群众的参与，空谈民主制是不可能完成统一的，而在没有民主制作为基础的情况下，走向集权乃是当时的大趋势。

中华民国初建时，民主共和的社会基础薄弱，“人民已习专制久，茫然不知共和为何事，内阁、议会为何物”①。许多鼓吹共和的人其实也不知共和制度应该是什么样子，更不知道应该采取什么步骤、从什么渠道来建立共和制度。旧官僚和军队支撑的军阀政治势力，在政治权力结构中仍然占据主导地位。在这种社会背景和政治条件下，专制主义依然有很大的市场，集权政治体制就会得到认可。然而，随着社会的发展，人民群众认识的进步，人们看到了共和制度确立的希望，尤其是以“科学”和“民主”为主张的五四启蒙运动兴起，逐渐形成了以保守主义、自由主义和激进主义为代表的三大思想理论和政治派别，各派政治力量也都在探讨中国政治发展的出路。蒋介石所要建立的是集权主义的独裁政治模式，资产阶级自由主义者主张建立的是英美式政治模式，共产党则选择了苏联式的社会主义发展模式。

资产阶级自由主义者的主张是在缺乏社会基础和政治实力的情况下提出的，其最终失败也是必然的。“青年孙中山接受的是民族文化教育，封建文化不可能不渗入他的心田。孙中山所代表的中国资产阶级与封建阶级有着千丝万缕的联系，传统政治的影响难以避免。”② 蒋介石则声称：“本党遵奉总理遗教，实施建国程序，暂定一党专制之制。”③在当时，蒋介石已掌有实在军权，利用战争期间和传统文化的残存影响，加以社会上民主基础还很薄弱，更由于国际上强权政治的影响，中华民国走上集权的政治体制道路并非偶然。

总之，中华民国元首制度，在形式上抛弃了世袭制、终身制，有了共和制、民主制的某些形式和特征。然而，在实际运用中，却变相地成为终身制，甚至向世袭制发展。元首必须有强大的军事力量为依托，没有军权就是虚权元首，有了军权就是实权元首，甚至不管有没有元首的名义，掌握军权者也就是实际的元首。军头们是元首当然可以指挥一切，不是元首仍然可以指挥元首。在强权政治下，制度因人而设，因人而改，每次元首的变动都有新的或修改过的《组织法》出台，一切都在人治的范围内。从君主专制向现代民主转变过程中出现的独裁统治违背了现代政治的发展规律，它貌似强大，但实质上却是落后过时而且脆弱的，它既不能依靠法治对地方实行有效控制，又不能提高人民的福祉，更不能调动人民参政的积极性。因此，推翻专制独裁统治，“将中国建设成为一个独立、自由、民主、统一和富强的新国家”④，就成为历史发展的必然。

---

① 刘以芬. 民国政史拾遗. 民国史料笔记丛刊. 上海：上海书店出版社，1998：3.

② 刘伟，饶东辉. 中国近代政体发展史. 武汉：华中师范大学出版社，1998：193.

③ 国闻周报，1930，7（10）.

④ 毛泽东. 毛泽东选集：第3卷. 2版. 北京：人民出版社，1991：1030.

第四章

中枢辅政制度

重点问题

1. 贵族辅政制与早期国家的发展。
2. 宰相开府辅政制的形成与消亡。
3. 中外朝官的划分与古代职官制度发展。
4. 宰相参议辅政制与皇权的关系。
5. 宰相奉命拟旨辅政制的出现与改造。
6. 双轨与多轨辅政制并存的主要原因。
7. 责任内阁与辅政内阁的区别。
8. 五院辅政制与国民政府的关系。
9. 辅政制度发展规律及其特点。

中国古代自国家出现便走上君主专制的道路，国家是“靠部分地改造氏族制度的机关，部分地用设置新机关来排挤掉它们，并且最后全部以真正的国家机关来取代它们而发展起来”①。在这种情况下，早期的国家社会组织内部与社会组织之间的血缘纽带并没有切断，支撑君主专制的社会支柱则是宗亲贵族，社会组织结构则表现为亲贵合一，只有宗亲贵族才能参加国家管理，贵族辅政成为早期国家必然实行的辅政体制。

随着社会的发展及君主权力的不断加强，贵族辅政体制受到官僚辅政的冲击。官僚制的出现，促进君主集权制度的发展，同时也使官僚逐渐代替贵族在新的国家权力机构中发挥作用，在官僚和贵族交替或共同辅政制度过程中，彼此之间的斗争非常激烈，官

① 马克思，恩格斯．马克思恩格斯选集：第4卷．2版．北京：人民出版社，2012：123.

僚辅政在君主的支持和袒护下，逐渐占据了上风，贵族辅政制则走向衰亡。

专制主义中央集权制，要求天下事无大小皆决于君主，而君主又不可能总揽所有大小政务，必须有人辅助，这样的人选便是身为百官之长的、称之为“相”“相国”“丞相”职名的人。这些人辅助君主，同时也需要另设官属来辅助自己，就必要设置一定的衙署和官吏，宰相开府辅政制也因之形成。

在君主专制制度下，既要求这些辅助人员能够体现君主的统治意图，又要求他们在执行政务时不得超越君主，不能具有独立的、有可能分割皇权的权力，不允许以宰相开府名义纠合亲信，更不允许形成与皇权相抗衡的政治力量。皇权和相权一直没有清晰的划分，他们之间的矛盾冲突自始至终存在。

鸦片战争之后，中国被卷入世界漩涡，在西方列强坚船利炮的冲击下，统治阶级中一些有识之士和资产阶级改良派寻求改良维新，而迫于内外压力，清王朝曾经建立过短命的责任内阁制。中华民国的成立，共和体制得以确立，政权结构发生变化，有代议机构、行政机构和在形式上平行的司法机构等，在法理上有三权分立，有五权宪法，但实际上却是权力集中，在权力集中的情况下，承担辅政职责的除内阁、行政院等法定机构之外，还有作为集中权力下的辅助机构，实行双轨或多轨辅政制。

第一节 贵族辅政制

贵族辅政是早期国家的主要辅政制度，这是古老的血缘关系在新的国家形式下继续发挥重要作用的体现，也是从部落联盟或酋邦制向国家制度转变过程中的必然现象。从部落制到国家，部落制的残余在很大程度上被保留下来，在国家与部落势力的对立和斗争中，国家凭借政治上的实力和优势，逐渐占据了上风，而新兴的政治势力在国家政权的扶植下，逐渐取代旧贵族的势力。

一、夏商周三代贵族辅政制

据文献记载，早在部落联盟或酋邦时期就有名为“四岳”的辅政人员，他们是联盟议事会或酋邦的主要成员，对联盟或酋邦事务有一定的发言权。传说中的舜为联盟或酋邦首领时，主要事务都要“谋于四岳”。所谓的“四岳”，是指禹、皋陶、契、后稷，都是重要的部落首领。按照分工：禹主管平水土，皋陶主管兵刑，契主管教化，后稷主管农业，分别执管当时主要的政务。凡联盟或酋邦的重要政务，都必须有他们参加决议。《史记·五帝本纪》中曾经叙述“四岳”推荐人才方面的情况，他们可以互相推荐，也可以推荐别人。这次议事会的结果，推荐禹为司空以理水土，弃为稷以播时百谷，契为司徒以敬敷五教，皋陶为士以作五刑，垂为共工以主百工，益为虞以主山泽之利，伯夷为秩宗以主三礼，夔为典乐以教稚子，龙为纳言以出入政令，分工清晰，职任明确，既反映出当时国家的政务已由简入繁，生产、礼仪、刑法各有专业，又可以看到四岳参加决策和氏族贵族参与部落事务的情况。

夏代辅政人员有“六卿”“三正”“四辅臣”“三老五更”等。所谓“六卿”，是《尚书·甘誓》中所讲夏启在与有扈氏大战于甘之前“乃召六卿”议事，“六卿”的具体名称未详，各家注解在没有考古证实之前，难以据而为信，但可以推测“六卿”辅助夏启进行决策，而且是一方面的军事统帅。所谓“三正，指奴隶制王朝的大臣、官长”①。还有一说“三正”是指牧正、庖正、车正，如依此说，三正则是具体事务官，并非是大臣。夏启在宣布有扈氏的罪恶时，说他“怠弃三正”，就是指斥他不听“三正”的意见，不尊重“三正”的职任，正说明“三正”在早期国家的重要地位。“四辅臣”则是指疑、丞、辅、弼，“前曰疑，后曰丞，左曰辅，右曰弼”②，应该是王跟前的重臣，又是重要的宗亲贵族。“三老”是“道成于三，谓天地人也。老者，旧也，寿也”。“五更”是“训于五品”“五世长久，更相代，言其能以善道改更己也”③。显然，这些具有辅政性质的官都是重要宗亲贵族和具有相当实力的权贵，他们是世袭的。《史记·夏本纪》讲斟寻氏、有男氏、彤城氏、褒氏、费氏等都是姒氏宗亲，他们参与夏王朝的决策。从早期国家发展情况来看，贵族辅政制在当时是确实存在的。

《尚书·君奭》中列举殷商五位盛世之君在位时的六七位大臣，其中有商汤时的伊尹，太甲时的保衡，太戊时的伊陟、臣扈、巫咸，祖乙时的巫贤，武丁时的甘盘，说他们“率惟兹有陈，保乂有殷”，充分肯定了他们的政绩，这些人分别用尹、保、臣、巫为官名，显然都是重要的辅政大臣。

“尹”是治理的意思，也是最古的官名之一④。“尹”本身没有职位高低之别，只有从前面带的名称才能区分出职位，如族尹、右尹、多尹等。“臣”本来是地位低贱的奴隶，社会地位低下，后来被官员作为谦卑的自称。“巫”是一种神职，男性为觋，女性为巫，不分男女则总称为巫。“保”在甲骨文中写为“奭”，有保育和辅弼的意义⑤。这些人不一定因为血缘亲近才取得辅政地位，主要是凭借本身的能力和王的信任而跻身于辅政行列的。

伊尹亦被称为“相”，当时还有一位“右相”仲虺，是商的同姓贵族。“相”应该不是商代的官名，最早期的“相”只是赞襄、辅助之意。虽然在《史记·殷本纪》中有“帝太戊立，伊陟为相”，帝武丁赏拔从事版筑苦役的奴隶傅说，“举以为相，殷国大治”，但不是正式的官名。即便如此，这些被称为“相”的人，还是重要的辅政大臣，而辅政大臣又不是专任一人，但得到君主信任的辅政大臣却可以发挥个人的作用，乃至影响或代替君主决策。如伊尹相汤，已经在很大程度上影响汤的决策，汤去世后，他放汤之子太甲于桐宫而一度代行王权。傅说也因得到武丁的信任，得以推行各种政治措施，正如武丁所讲：“得傅说以来，升以为公，而使朝夕规谏，曰：若金，用女（汝）作砺；若津

---

① 顾颉刚，刘起釪.《尚书·甘誓》校释试论.中国史研究，1979（1）.

② 司马迁.史记：卷2：夏本纪.北京：中华书局，1959：80.

③ 杜佑.通典：卷20：职官二.北京：中华书局，1992：502.

④ 文字学家认为：“尹之初宜为官尹字，殆象以手执笔之形，盖官尹治事，必柬簿书，故引申得训治也。”李孝定.甲骨文字集释：第3卷//台北“中央研究院历史语言所”.史语所专刊之五十，1970.

⑤ 古文字学家考证，奭、保、傅、姆、辅、弼等字声义相近。奭的篆字在“大”的两边各置同一物件，写作火、皿、五、口等形。这几个字都有母妃、辅弼、保姆的含义。参见：李孝定.甲骨文字集释：第四卷；段玉裁.说文解字注：第四；朱骏生.说文通训定声·颐部：第五.

水，用女作舟；若天旱，用女作霖雨。启乃心，沃朕心；若药，不瞑眩，厥疾不瘳；若跣，不视地，厥足用伤。”这样高度的推崇和信任，当然能使傅说畅通无阻地行使辅政决策的权力。

商代后期出现“三公”制，当时以西伯姬昌、九侯、鄂侯为三公，没有讲他们的具体官称，西周则继承这种制度。对于三公的具体名称，向来是各家解说不一，比较普遍的说法是太师、太傅、太保。

西周初期，成王年幼继位，当时太公望为太师，周公旦为太傅，召公奭为太保，他们都是周王的重要辅佐，实际上是总宰一切政务的执政官。由于太公望率先回到自己的封地齐国，所以由周、召二公执掌朝政。这种情况一直延续，周、召二公的后代亦长期辅政，他们分别统领卿事寮和太史寮。周公摄政时，曾经以冢宰的名义统领二寮，冢宰则成为最尊贵的辅政人员。西周宗法制是政治的核心，直至西周晚期出现的共伯、番生、毛公、虢伯等执掌朝政，他们都是姬姓，与宗法制保持着密切的关系。

早期国家君主专制是以内外贵族联合为基础的，君主以武力震慑和宗亲感情来笼络异姓贵族和安抚宗亲贵族，并且依靠这些贵族来维护统治，担任辅政的官员一般都是拥有较大实权的贵族，他们既辅佐王决断国家大政，又拥有自己的封地和军队，因此也能制约王权的发挥。如伊尹、周公摄政，周、召二公“共和”① 摄政行天子事，实际上是暂时代理王权。随着王权专制的加强，贵族辅政制受到冲击。殷商时出现了个别家内奴隶、神职人员也能跻身于辅政行列的现象，已经可以看出君主身边的人容易参与朝政，并逐渐形成为规律，即用近人。西周后期出现的由家臣宰职演化出来的冢宰，能够统领二寮，更说明内臣从参政到主政的发展已具有普遍性。

二、秦汉以后早期国家贵族辅政制

早期国家普遍实行贵族辅政制，是历史发展必经的过程，有其必然存在的原因。秦汉以后，中国北方的一些少数民族在进入国家发展阶段时，都曾经出现过类似三代的贵族辅政制。

南北朝时期的北魏拓跋氏创业之初，诸大人不但参决政事，而且能够左右拓跋氏对继承人的选定。拓跋氏在问鼎中原时，开始官分南北两部，置两部大人统领。道武帝拓跋珪建国之初，采用的仍然是南北两部制，增设了都统长、幢将及外朝大人等官。“其都统长，领殿内之兵，直王宫；幢将员六人，主三郎卫士直宿禁中者。自侍中已下、中散已上，皆统之，外朝大人，无常员。主受诏命，外使，出入禁中，国有大丧大礼皆与参知，随所典焉。”② 面对当时的天文灾变和强大的贵族势力，道武帝“一欲防塞凶狡，二欲消灾应变，已而虑群下疑惑，心谤腹诽”，多次更改官号。他强调“古置三公，职大忧重，故曰‘待罪宰相’，将委任责成，非虚宠禄也。而今世俗，佥以台辅为荣贵，企慕而求之。夫此职司，在人主之所任耳，用之则重，舍之则轻。然则官无常名，而任有定分，

---

① 共和元年，即公元前841年，是我国有确切纪年的开始。

② 魏收．魏书：卷113：官氏志．北京：中华书局，1974：2972.

是则所贵者至矣，何取于鼎司之虚称也”[①]。于是在备置百官的同时，又设置八部大夫、散骑常侍、待诏等官。“其八部大夫于皇城四方四维，面置一人，以拟八座，谓之八国常侍。待诏侍直左右，出入王命。”[②] 实际上是委任自己的亲信和贵族共同辅政，借以分散贵族长期控有的大权。在君权不断加强的情况下，贵族辅政制不断被削弱，而内廷官的作用却不断提高，也就为以后全面改制打下基础。

阿保机建立的辽王朝，在统一契丹八部的基础上逐渐向南推进，至其子耶律德光（927—947 年在位）灭掉后晋，才初步确立“以国制治契丹，以汉制待汉人”[③] 的南北两面官制度，而在此之前，实行的是夷离堇制。夷离堇是契丹语，即首领之意。早期的契丹各部落首领都称夷离堇，功勋卓著的则被公推为大于越，阿保机在没有成为可汗时曾经担任过大于越。阿保机被八部大人公推为可汗之后，八部大人，即各部夷离堇对契丹国政务拥有很大的参与权。本来契丹部可汗是九年一替代，阿保机不但不实行替代，而且开始称号皇帝，在不断削弱各部势力的同时，大力加强本部的势力。922 年，阿保机分迭剌部（自己直辖部落）为五院部（亦称北府、北院）、六院部（亦称南府、南院），各置夷离堇一人，分别由外戚和皇族“世选”担任。贵族辅政制基本与辽王朝相始终，《辽史》用“后族为相自此始”“宗室为南府宰相自此始”[④] 等来表述。有贵族辅政和贵族特权的存在，就“不能把辽王朝即契丹帝国描绘成皇权高高在上、皇帝独裁权世袭权已经确立、建立在中国式官僚制度之上的国家，毋宁认为它还保留着许多北方民族原有的部族制国家的残余。我们必须把辽国看作是建立于妥协之上的政治集团，那种妥协是在以耶律氏为首的势力与新旧势力之间达成的”[⑤]。辽代皇权的确立，在相当长时间没有摆脱旧贵族势力，但新兴的贵族依附朝廷，已经有取代旧贵族辅政的趋势。

完颜阿骨打是在部族制基础上建立金王朝的，原有的勃极烈制度也就保存下来。勃极烈为女真语，即治理众人的意思。根据不同的职务，在勃极烈前面加上职权地位的名号，如都（最高）勃极烈（阿骨打改称皇帝后便不存在了）、谙班（尊贵、都勃极烈的继承者）勃极烈、国论（贵、亦称国相）勃极烈、胡鲁（统领）勃极烈、移赉（第三）勃极烈等，这些人都是贵族，他们与皇帝共理政事，“虽有君臣之称，而无尊卑之别”[⑥]，体现出早期国家贵族辅政体制的特点。

元昊建立西夏王朝，官制设置上很大程度受到唐宋制度的影响，但又在相当程度保留有党项民族的习惯。位居辅政之首的是国相，担任者均是外戚。由于在官制设置上受中原的影响，担任国相者往往兼任尚书令或中书令。因为担任国相者多是母舅，外戚加贵族身份使他们在当时很有权势，夏仁宗（1140—1193 年在位）时，曾经出现过被封为楚王的外戚国相任得敬篡国事件，最终“以谋篡伏诛”[⑦]。

---

① 魏收．魏书：卷 2：太祖纪．北京：中华书局，1974：38．

② 魏收．魏书：卷 113：官氏志．北京：中华书局，1974：2972．

③ 脱脱，等．辽史：卷 45：百官志序．北京：中华书局，1974：685．

④ 脱脱，等．辽史：卷 1：太祖纪．北京：中华书局，1974：4．

⑤ 岛田正郎．辽代北面中央官制的特色与世官制的意义//日本学者研究中国史论著选译：第 8 卷．北京：中华书局，1992：376．

⑥ 徐梦莘．三朝北盟会编：卷 166：金虏节要．上海：上海古籍出版社，1987．

⑦ 脱脱，等．宋史：卷 486：夏国传．北京：中华书局，1977：14026．

成吉思汗初建立蒙古帝国，政治结构还比较简单，所谓“元太祖起自朔土，统有其众，部落野处，非有城郭之制，国俗淳厚，非有庶事之繁，惟以万户统军旅，以断事官治政刑，任用者不过一二亲贵重臣耳”①。对于这些亲贵重臣，成吉思汗给他们以很大权力，他把功臣失吉忽都忽（《元史》为失吉忽突忽）称为“六弟”，让他为大断事官，并对他说：“现在我对一切人民树立了我的权力，你替我做耳目。任何人不得违反你的判决。你审判一切盗贼诈伪事件。可杀的杀，可赦的赦。凡断了的事，写在青册上面。”②蒙古帝国的国家形成以后，使脱离人民大众的公共权力日益明显，那就是建立“怯薛”制和“札鲁忽赤”制的基础上。

对于“怯薛制”，国内外的研究比较深入，既有论文，又有专著③。怯薛是以宿卫名义出现的，但其作用却不局限于宿卫。在蒙古帝国时期，“它有皇室的侍卫、家务机构、帝国的中央军、中央主要行政机构、质子营、中央军校等多重性质”④。可以说它是蒙古汗国的内廷机构，在大汗权力不断加强的情况下，内廷官插手国家各方面政务也同步增加，并在当时政治上发挥着重要作用，故元代人认为：“国家之初，任才使能，惟其所置，以成天下之务者多矣。制度修明，见用之亲切者，惟公卿大人之子弟，见闻于家庭，熟习于典故，而又宿禁近，密勿周慎，出纳辞令，有非疏远微贱、草茅造次之所能及者矣。”⑤

“札鲁忽赤”也就是断事官，“国初未有官制，首置断事官，曰札鲁忽赤，会决庶务。凡诸王、驸马、投下、蒙古、色目人等，应犯一切公事，及汉人奸盗诈伪、蛊毒、厌魅、诱掠、逃驱、轻重罪囚，及边远出征官吏，每岁从驾分司上都，存留住冬诸事，悉掌之”⑥。最早出任此职的是成吉思汗异母弟别里古台，继任者是成吉思汗的义弟失吉忽突忽。《元史》在叙述他们的事迹时说“国初，尝以相臣任之”⑦。有学者曾经根据《蒙古秘史》来分析札鲁忽赤的权力有审理诉讼、决断刑罚；调查全国户口，造成青册，以为兵赋根据；以青册及可汗的裁决，把土地与人民分封给皇族及功臣；将可汗裁决过事例和判例存档备案，以为遵循依据；作为可汗的耳目，监察所有贵族；等等⑧。实际上已掌握行政、司法、监察大权，是可汗的重要辅佐。

努尔哈赤在统一女真诸部过程中，建立了八旗制度，并在诸贝勒拥戴的基础上登上大汗之位，实施八和硕贝勒共治国政。所谓“八和硕贝勒共治国政”，就是说当时的八和硕贝勒有权推举新大汗，也可以废斥大汗；一切军政事务，大汗必须与诸贝勒共同商议决断。皇太极就是由诸贝勒共同推举的，在初即位的几年时间内实行的也是大汗与三大贝勒分直管理国政，在朝会上与他们一起南面接受群臣朝贺，直到他独揽大权，自称“宽温仁圣皇帝”，改国号为大清时（1636 年），八和硕贝勒才俯首称臣，共治国政的做

---

① 宋濂，等. 元史：卷 85：百官志一. 北京：中华书局，1976：2120.

② 格鲁塞. 蒙古帝国史. 龚钺，翁独健，译. 北京：商务印书馆，1989：153.

③ 如箭内亘. 元朝怯薛考. 刀江书院，1966；萧启庆. 元代的宿卫制度//台北政治大学. 边政研究所年报，1973.

④ 王明荪. 元代的士人与政治. 台北：台湾学生书局，1992：41.

⑤ 虞集. 雍虞先生道园类稿：卷 21：左丞相平阳公王宣抚江闽序. 北京：北京图书馆出版社，2006.

⑥ 宋濂，等. 元史：卷 87：百官志三. 北京：中华书局，1976：2188.

⑦ 宋濂，等. 元史：卷 117：别里古台传. 北京：中华书局，1976：2125.

⑧ 札奇斯钦. 说元史中的“札鲁忽赤”并兼论元初的尚书省//边政研究所年报，1970（1）.

法宣告终止，但“议政王大臣制度”还是保留下来。

议政王大臣制度是努尔哈赤以费英东、额亦都、何和理、扈尔汗、费扬古等开国重臣为五大臣，让他们与诸贝勒一起参决政务，“凡军国重务皆命赞决焉”[①]。皇太极时设八大臣（固山额真）与诸贝勒共同议政，目的是提高大汗权力，削弱诸贝勒的实力。皇太极称帝后，打破原来只有王、贝勒议政的格局，将贝子也吸收进来，还增加了议政大臣。这样，议政王大臣会议的权力分散了，皇帝的控制能力加强了。清入关以后，虽然沿用明制而建立起官僚系统，但议政王大臣会议仍起着相当重要的作用。在皇权专制下，议政王大臣会议权力过大必然妨碍皇权的发挥，历经康、雍、乾三帝的不断削夺，议政王大臣会议逐渐有名无实，一变为议政大臣会议而无“王”了，二变为仅保留“议政王”虚有其名的尊荣衔头，最后在乾隆五十六年（1791 年）完全取消。

由上可见，早期国家的辅政官员多是从部落制脱胎出来的首领，血缘和亲缘关系是成为能够担任辅政的重要条件。在从松散的部落制脱胎为国家时，君主面临的是原来存在各部落的分裂和背叛，打乱原来各部落的建制，吞并和征服背叛的部落，建立君主的权威，则是早期国家君主的共同特点之一。在这种情况下，血缘和亲缘则成为当时君主的重要依靠对象，贵族辅政制也就成为早期国家奠立君主制过程中必然伴生的政治现象。

第二节　君主专制政体辅政制

在君主专制制度下，君主拥有至高无上的权威，但也需要有人来辅佐。在君主世袭的情况下，不免会出现君主幼小、昏庸、懦弱无能的现象，更凸显辅佐人员的作用。这种辅佐，有来自宗亲、母后、外戚、宦官等亲嬖的，也有来自顾命、摄政、宰相、权贵等大臣的，通常称为辅政。辅政大臣拥有很大的权势。如果他尽忠职守而不生邪念，史家称之为“良臣”或“忠臣”；如果他谋私行利而行为不端，史家称之为“佞臣”或“奸臣”；如果他擅权倾主而生谋位之心，史家称之为“权臣”或“逆臣”。

一、宰相开府辅政

宰相开府辅政制，是指作为百官之长的宰相可以设置相府，自辟僚属，依照皇帝的意图，独立行使权力。宰相府根据需要，设置各种职能机构，各有分工，按照不同的职责来贯彻执行皇帝和宰相的指示。宰相府的人员基本上由宰相任免，皇帝对宰相的用人权也很少干预，以致“今自有秩以上至诸大吏，下及王左右，无非相国之人者”[②]。因此，宰相府人员多随宰相的更换而变动。由于以宰相为首长的宰相府有比较独立办理政务的权力，故当时宰相的权力很大。宰相开府辅政制主要出现在隋代以前。它们的名称代有不同，但实际职任基本相同，如西汉的丞相、太尉、御史大夫，东汉的太尉、司徒、

① 昭梿. 啸亭杂录：卷 2：五大臣. 北京：中华书局，1980.

② 司马迁. 史记：卷 79：范雎列传. 北京：中华书局，1959：2412.

司空，魏晋南北朝的二相、八公等。

春秋时期，各国普遍设立总理全国军政事务的长官，担任者多是贵族，但已经出现有非本国贵族来承担此职的现象，贵族辅政制正开始向宰相开府辅政制转变。战国时期，以文武分职的官僚制度确立，以相和将分别为文武职官之首。相是百官之长，君主对此的选用非常谨慎。由于贵族制度衰落和中央集权，大批寻求职位的士们纷纷来到各国谋求发展，各自以才华识见和策略为君主所赏识，跻身于官僚之列，但更多的人则无缘见到君主，便退而下之，投奔到各国权贵的门下。如齐国的孟尝君、赵国的平原君、魏国的信陵君、楚国的春申君、秦国的吕不韦等，各自都有数千门客，有些门客便成为这些权贵门下的谋士。一些权贵能被重用为相或将，得以开府施政，这些门客便在相或将的府内佐助主人办事，君主对相和将的用人权也不直接干预，宰相开府辅政制度初步形成。

秦及西汉的官制规定丞相、太尉和御史大夫为宰相职。实际上太尉仅作为武将最高荣誉职务，而且不常设，因此，承担宰相职责的是丞相、御史大夫，当时称为二府。

西汉丞相府的规模较大，拥有丞相司直、丞相长史等由皇帝直接任命的高级官属，以及相府政务中枢的黄阁，另设 15 曹以分管各项政务，属官多时达 360 余人①。有关丞相诸曹设置，周道济《汉代宰相机关》统计有：东、西、议、辞、奏、贼、决、集、侍、户、法、尉、兵、金、仓 15 曹。劳干《汉代的政制》统计有 15 曹，缺少户曹，而以黄阁充其数。曾资生《中国政治制度史》第二册所统计的 15 曹，也缺户曹，把黄阁纳入诸曹。钱穆《中国历代政治得失》统计为 13 曹，缺少议、集、侍 3 曹，也把黄阁算为一曹。他们的统计都是参考东汉公府诸曹制度，而没有注意到西汉丞相府实际有什么曹，在《汉书》中可考见者，仅有东、西、集、奏、议、侍 6 曹。公府的门阁涂黄色，故称黄阁。黄阁是公府的办公厅，主管内外传递及文书处理，实际上与诸曹不是一个系统。作为“掌丞天子，助理万机”的丞相，领导这套机构实行治理权。丞相有总领百官、主持朝政、召集朝议、决定国家军政大事、封驳诏书、任免和选用官吏、主管郡国上计、考课案劾百官、对上谏诤和对下执行诛罚等权力，凡国家要政均有参与权，但按照规定，他不能独断专行，大事必须上奏皇帝批准，而且还要受到御史大夫的监督。

御史大夫是丞相的副职，但具有特殊的地位，因为他不但辅助丞相总理国政，而且还主管监察。在政务方面，开设御史府，拥有一定员额的掾属，分曹治事，核查丞相诸曹的事务。在监察事务方面，则按上卿的职务，分领官署，其下设丞、中丞、侍御史、御史等官，负责保管各种律令图籍及各方面监察事务。这样，御史大夫与丞相既有平行的关系，又有统属的关系。这种设置和职权分工，已经有让他们既相互制衡，又必须听命于皇帝的政治寓意，体现出中国古代政治理论中十分重视权力分配和制约的特点。

丞相、御史大夫开府辅政制在汉武帝时期发生变化。汉武帝为提高专制权力，除先后任免过十余名丞相之外，还重用中朝官，以外戚统领宫廷官辅政，丞相、御史大夫渐渐变成事务性的职务。汉成帝时正式设置大司马（原太尉）、大司徒（原丞相）、大司空（原御史大夫）为三公官，也不过是徒拥虚名的荣誉之职，已经失去辅政的作用。

① 据《汉旧仪》卷上载：“武帝元狩六年，丞相吏员三百八十二人。”而在叙述吏员分工和职掌时，实际人数只有 362 人。

东汉时，以太尉、司徒、司空为三公，分别开府，设有诸曹、黄阁，以及数目大致相同的掾属和御属。曹是职能部门的名称，类似后代的司、处、科等。三公诸曹有明确的分工，史载："西曹，主府史署用。东曹，主二千石长吏迁除及军吏。户曹，主民户、祠祀、农桑。奏曹，主奏议事。辞曹，主辞讼事。法曹，主邮驿科程事。尉曹，主卒徒转运事。贼曹，主盗贼事。决曹，主罪法事。兵曹，主兵事。金曹，主货币、盐铁事。仓曹，主仓谷事。"黄阁是直接秉承该府公指示以处理日常事务的部门，类似现代的办公厅（室）；该部门设有主簿"省众事"，另有"阁下令史，主阁下威仪事；记室令史，主上章表报书记；门令史，主府门"。三公府内除长史（秩千石）由朝廷任用之外，其余均由该公自行选用。按规定，分管诸曹的掾、史、属定员，太尉 24 人，司徒 31 人，司空 29 人；分管诸曹和公府文书的令史、御属的定员，太尉 23 人，司徒 36 人，司空 42 人。三公吏员合计 188 人，只是西汉丞相吏员的一半[①]，由此可见东汉的三公职权远不及西汉。典章规定三公合为宰相，对国家大政有议论和谏诤权，对官吏有考课权，分别统属九卿。按规定：太尉主天，负责领导太常、光禄勋、卫尉三卿；司徒主人，负责领导太仆、廷尉、大鸿胪三卿；司空主地，负责领导宗正、大司农、少府三卿。由于此时政务基本上都由尚书台控制，三公只有宰相之名，而无宰相之实，却要承担天灾人祸等"灾变"的责任，宰相开府辅政制已经走向没落。东汉末年，曹操自任丞相，挟天子以令诸侯，其丞相府员属实际上承担国家政务的全盘运作，其所以称开府，不过是沿袭旧称，已经篡夺了大权，不再是什么辅政了。这是宰相开府辅政制的变局。

魏晋南北朝时期，宰相开府辅政制虽然名义上还存在，却总是随着权势所转移。在世家大族把持朝政，地方都督、刺史们拥兵自重的情况下，军政阀阅们常常依恃手中的实力，挟天子以令天下，实际上控制了国家的大权。在这种情况下，政务运作就不是按典章规定的制度进行，而是随着权势而转移。按规定：相国、丞相为二相，太宰、太傅、太保、太尉、司徒、司空、大司马、大将军为八公，都可以开府辅政，但权力的大小，则取决他们个人的政治军事势力。如曹魏嘉平四年（252 年），司马师为大将军、侍中、持节、都督中外诸军事、录尚书事，便"命百官举贤才，明少长，恤穷独，理废滞"[②]，实际上垄断了朝政，集军政大权于一身，他的府属实际上严密控制着全国各方面的政务。这时的宰相和相府在名义上虽然还保留，但实际的权力俱已被剥夺净尽。但到司马氏地位巩固后，却给自己加上丞相、相国的官衔，大权集于一身，其相府机构就演变为实际掌握国家全权的机构。司马氏对于曹魏政权已不存在什么辅政问题了。

魏晋南北朝时期的二相、八公都各自开府，他们都是拥有实权的人物，随着权力的扩大，他们一般先是在公位上递次升迁，然后升为丞相，再为相国，大凡为相国的人，都是实权派，大多是会取代旧王朝而自立，成功者登基称祖，失败者身亡家灭。如司马昭（211—265 年，追尊为晋文帝）、王导（276—319 年，东晋丞相，时称"王与马，共天下"）、刘裕（356—422 年，南朝宋武帝）、萧道成（427—482 年，南朝齐高帝）、陈霸先（503—559 年，南朝陈武帝）、高欢（496—547 年，东魏实际主政者）、宇文

① 司马彪. 续汉书志：卷 24：百官志. 北京：中华书局，1965：3562-3577.

② 房玄龄，等. 晋书：卷 2：景帝纪. 北京：中华书局，1974：26.

泰（505—556年，西魏实际主政者）等，都曾经以位为丞相、相国而专权，积蓄实力，实现野心，养成取代旧王朝之势，他们所开府内的属员，实际上是自己的臣僚，而本人则肆无忌惮地行使皇权。这种类型的丞相或相国，不过是过渡到建立新王朝的阶梯。

魏晋南北朝时期的宰相开府辅政制实际上已经不存在，而是变成宰相开府执政制。正如东晋叛臣韦华对前秦权臣姚兴所讲："晋主虽有南面之尊，无总御之实，宰辅执政，政出多门，权去公家，遂成习俗，刑网峻急，风俗奢宕。"[①] 不仅是东晋，整个魏晋南北朝时期，大都处在这种状况之中。这个时期在人为和权势的作用支配下，辅政机制很难达到君主集权的要求，宰相执政而不辅政，已经威胁到皇权的存在，宰相开府辅政制的消亡也就不可避免了。

宰相开府辅政，原则上应该遵照皇帝的诏书和面谕办事。皇帝的诏书由内廷机构转送到相府，宰相收到诏书后，应该核对此诏书是否符合法律、制度，尤其是祖制。对符合者，便由宰相签署，交府员负责分发，或交付给有关政务部门，或转送地方官府去实施。如果认为不符合制度或当前形势，则可以封驳，请皇帝再加考虑，甚至对皇帝进行谏诤。宰相平时以章奏汇报政务，也可以在定期朝见皇帝时直接请示。凡军国大政，高级官员的任免，都要请示皇帝批准，对皇帝认为应该商酌之事，宰相应该按照指定的范围，主持大小不同的朝议或集议，提出意见供皇帝参考。

开府辅政的宰相权力虽然很大，但其职位仅是最高行政官，不能世袭。对宰相的任免权完全掌握在君主手中，而宰相职位是按照分权制约的原则设置的。因此，宰相不但受到制度上的制约，而且受到人事的束缚，其权力受到很大的制衡。

由于历史上君权和相权没有清晰的划分界限，相权与君权的冲突无可避免。在权力交错和冲突中，担任相职的人往往成为这方面的牺牲品。国有大失误，自然界有大灾异，人事有大纠纷，君主虽然有时会下"罪己诏"，但承担责任的则是宰相。轻者免职，重者赐其"自裁"，甚至抄家灭族。在历史上，开府施政的宰相善终者不多，他们不是被荣升虚职而削夺掉权力，便是沦为阶下囚而身遭戮辱。当然也有少数开府施政宰相发动政变成功，成为新王朝的君主，但他们必是掌握军政实权的权臣，实际上早就成为君权的代理人，改朝换代只不过是实至名归，顺理成章地篡夺政权到手。

开府辅政的宰相本来是根据分权制约的原则设置的，但在发展过程中又出现了因相权膨胀而变成君权的障碍，甚至对君权构成威胁。因此，无论是在位的君主，还是以权臣谋位创建新王朝的君主，都想方设法抑减、监督或分散相权。他们一方面采取在相府中安排司直、长史等由君主直接任命高级府僚的措施，以插手和监督相府的工作，借以掌握讯息，消除隐患。另一方面则有意重用侍从近臣，赋予这些侍从近臣直接奉诏处理政务重权，以逐步收回或取代开府辅政宰相的实权。

这种君权与相权潜在的政治斗争，一直以不同的表现形式，在中国政治制度史上存在过两千年。由侍从近臣侵夺或取代相权，历来是辅政制度发展变化的主要规律之一，其根源则在于维护和加强君主专制。宰相开府保持相对独立的施政制度，显然是与君主专制制度格格不入，因此也无法持久存在。随着君主专制制度的加强，宰相开府辅政制

① 房玄龄，等. 晋书：卷117：载记第十七. 北京：中华书局，1974：2980.

也无可避免地会被取缔。

二、宰相参议辅政

处理国政，不可能没有辅政机构，辅政机构也不可无人主持，也就是说相职不可能废除，但相权要受到限制。削减相权，使相权不能掌握在一二人之手，还要使他们既受到制约又必须受到监督。在这种前提下，宰相参议辅政制便告出现，而且不断得到完善。

宰相参议辅政制的形式，从汉武帝时才开始出现，一直到明初仍采用这种辅政制度。当然，贵族辅政制和宰相开府辅政制也间或实行，而且经常是在双轨或多轨辅政体制中并存。例如，西汉的中朝官尚书与丞相开府辅政制并存，东汉禁省官、尚书、三公等辅政制并存，魏晋南北朝三省交互辅政与权臣开府辅政并存，隋唐三省、中书门下、翰林承旨、枢密等辅政制的演变和并存，宋代“二府三司”、翰林承旨辅政制以及后来发展的“平章军国事”等辅政制度并存，辽代南北面官和舅氏辅政制并存，西夏番汉官及宗亲舅氏辅政制并存，金代从勃极烈、三省到一省辅政制的转变，元代一省制及枢密、御史台、宣政院等多轨辅政制并存等。

汉武帝刘彻为强化皇帝个人的权力，压抑以丞相为首的公卿大臣们的权力，有意重用侍中、大夫等文武侍臣，擢升原在宫中主管收发文书的尚书掌管机要。为了政务和管理上的需要，又任用外戚为大司马，以领或录尚书事的名义主管尚书事务，使原隶属于少府的尚书地位得以破格提高。与此同时，汉武帝再从朝官中选拔出一些有才能的人，以“加官”的名义进入宫中，分管尚书事务；从随从警卫郎官之中选拔一些有才能的人来管理尚书的具体事务。凡涉及军国的重要政务，让尚书先行参议，提出可行性建议，而公卿大臣们往往未能与闻。在这种情况下，在宫中服务的中朝官和尚书工作人员分班值宿，随时听候皇帝的召见，呈送奏章或面奏。因主管尚书事务的是亲信外戚，汉武帝又赋予他们以披阅奏章、提出初步处理意见的职权，尚书的地位便逐渐引起时人重视。汉武帝去世之后，身为中朝官首领的大司马、大将军，都兼领或录尚书事，基本成为实际权力操纵者。为了便于处理政务，尚书开始分曹治事，与丞相府诸曹对口分工，实际上掌握代表皇帝颁布诏令于公卿，并且承传披阅公卿们的奏章，其权力更引人注目。至东汉时，“选举诛赏，一由尚书。尚书见任，重于三公”①。在尚书处理政务时，开府宰相的权力基本上被尚书取代，开府辅政制与尚书辅政制并存，而在政令承传上，“当时事无巨细，皆是尚书行下三公，或不经由三公，径下九卿”②。形成了中朝官尚书组织与开府宰相双轨辅政制，而尚书的地位日渐提高。

汉武帝在重用中朝官尚书的同时，晚年“游宴后庭，故用宦者”③，任用宦官为中书谒者令，负责承传诏令奏章。中书谒者涉及政事，使辅政体制发生明显的变化。原来中朝官直接面对皇帝，现在则在中朝官与皇帝之间增加一层中转，权力结构也就发生变化。

---

① 范晔．后汉书：卷46：陈忠传．北京：中华书局，1965：1565.

② 黎靖德．朱子语类：卷8：论官．北京：中华书局，1983.

③ 班固．汉书：卷93：佞幸石显传．北京：中华书局，1962：3727.

汉宣帝刘询为剥夺霍氏的权力，命中书直接去司马门（宫门）收取上奏的封事文书，“不关尚书，益不信人”①，把霍氏架空，并委派中书宦者代为起草诏令，尚书降为仅作为誊正诏令和颁布于外的中转机构，其主要权力又转移到中书，因此，中书便成为“国家枢机”和“百官之本”②。中书掌握国家枢机，对于以控制尚书而把持朝政的外戚来说，无疑是重大的打击，因此，在外戚势力强大时，就不能容忍政治之本旁落到他人之手。汉成帝建始四年（前 29 年），在王氏外戚专政的情况下，废除了中书，政治之本仍然控制在由外戚操纵的尚书手中。尚书和中书职任的转移再转移，都是因为政治斗争，也集中反映皇权与相权之间的矛盾。

东汉时，有以侍中、黄门侍郎为首的侍中寺，以中常侍、小黄门为首的东寺，以中黄门冗从仆射率领部分宦者武装的西寺，称为禁中三寺。禁中三寺只有侍中寺由士人掌管，其余都掌握在宦者手中。按照当时的政治运行关系，公卿奏章先付尚书，尚书披阅后而提出处理意见，再交侍中呈递给皇帝，皇帝批复和发布的诏令亦按此途径传出。汉章帝元和（84—86 年）时，“侍中郭举与后宫通，拔佩刀惊上”③。这个事件发生之后，侍中寺迁出禁中，禁中便只有由宦官组成的东、西寺了，侍中寺的政令承传职责也就由宦官承担起来，宦官的权力更为扩大。在皇帝与外戚的斗争中，皇帝往往利用宦官消灭外戚势力，宦官的势力更急速膨胀，再加上东汉“临朝者六后”，女主在形式上不接见公卿，更为他们专权创造了方便条件。于是，由中常侍、小黄门等组成的东寺，“直接通命两宫”，上传下达，全由宦官，使他们成为“手握王爵，口含天宪”④ 的实际当权者，乃至“天朝政事，一更其手”⑤。

从曹魏开始，相继出现尚书、中书、门下三省，此后长期存在。虽然在魏晋南北朝时期三省分工还缺乏明确的规定，但毕竟在制度上确立了宰相参议辅政制度，而且渐渐成为辅政制度的主体。

曹魏尚书台虽然继承东汉的制度，但它已经成为独立的中央机构。东汉时期，尚书台在形式上隶属于少府，实际上是半独立机构，官署设在宫内。曹魏尚书台则完全独立，官署也迁到宫外。尚书台统领二十余曹，管理全国各种事务，实际上已经取代三公府而直接处理国事。尚书台长官尚书令和尚书仆射，号称“宰相”和“副相”，成为“总齐机衡，允厘六职，朝政之本也”⑥。至南朝刘宋时，尚书台改称为尚书省。北魏皇始元年（396 年）也设立尚书省。魏晋南北朝时期，各王朝根据事务多寡，尚书台或省下设二十至三十余曹不等，南北朝后期，基本上确定了六部二十四司的规模。

由于尚书迁到宫外，魏文帝曹丕将原来在魏王府典尚书奏事的秘书监改为中书监，官署设在宫内，替代原来尚书的位置，主管出纳政令。晋以后监改为省，中书监和中书令仍为长官。因为中书“掌赞诏命，记会时事，典作文书，以其地在枢近，多承宠任，

---

① 班固．汉书：卷 68：霍光传．北京：中华书局，1962：2954．
② 班固．汉书：卷 78：萧望之传．北京：中华书局，1962：3284．
③ 司马彪．续汉书志：卷 26：百官志注引蔡质《汉仪》．北京：中华书局，1965：3593．
④ 范晔．后汉书：卷 78：宦者列传．北京：中华书局，1965：2509．
⑤ 范晔．后汉书：卷 43：朱穆传．北京：中华书局，1965：1472．
⑥ 房玄龄，等．晋书：卷 34：羊祜传．北京：中华书局，1974：1014．

是以人因其位，谓之凤凰池”[①]。由于辅政的权力逐渐集中到中书省，中书省内也分设局、署，与尚书诸曹相对应，承办各方面的诏令奏章。

东汉末年，宦官势力被清除之后，侍中寺又进入禁中，改称为侍中省。魏文帝黄初元年（220年），将秦制的散骑、汉制的中常侍合并为“散骑常侍”，置“散骑省”于禁中。这样，禁中便有侍中、散骑二省，共同“掌侍从左右，关通内外”[②]。由于二省距离皇帝最近，也容易信任，有些侍中居然担当起“综理万机”的责任，与中书省构成制衡之势。东晋哀帝司马丕（362—365年在位）时，禁中二省合并为门下省，设侍中、散骑常侍、给事黄门侍郎、给事中等官，“掌侍从左右，摈相威仪，尽规献纳，纠正违阙，监令尝御药，封玺书”[③]等生活和政治事务。门下省官员接近皇帝，便取得“万机大小多管综之”[④]的机会。北朝的门下省职权最重，“参决军国大政，万机之事，无不预焉”[⑤]，实际上起到主要作用。

三省的根源都来自汉代，在不断发展变化过程中，出现了三省交互辅政。马端临在讲述三省制度始末的时候认为：“魏晋以来，中书、尚书之官始真为宰相，而三公遂为具员，其何故也？盖汉之典事尚书、中书者，号为天子之私人。及叔季之世，则奸雄之谋篡夺者，亦以其私人居是官。”[⑥]君主用私人，正是三省在具体权力分配和行使上不能划一的根本原因，君主和权臣偏向某方，某方便加重权力，总的趋势是权力由内向外扩张。

隋代正式确立了尚书、门下、内史三省正副长官均为宰相的三省制度，但三省的具体分工和运行机制还不明确。“隋代虽置三公，以高官不除。其秉国钧者，惟内史、纳言，而尚书令事无不统，即不预机事，亦称政本之地。”[⑦]三省虽同时参与辅政，但实际地位和权力并不平衡，轴心是在尚书。尚书号称都省、台阁，国家大政及“朝之众务，总归于台阁”[⑧]，门下、内史只居于“参掌朝政”的辅助地位。如果破格拜授三公，三公则不再开府施政，而是“坐于尚书都省”办公，这说明隋代功臣集团的势力比较强大，他们能够支撑着朝官辅政制度的存在。

唐代中书出令、门下封驳、尚书执行的三省制度是人们公认比较健全的辅政体制，典章制度和所有的政治制度史，也无不以此制为唐代的规范。朱熹认为：“唐初每事先经由中书省，中书做定将上，得旨再下中书，中书付门下。或有未当，则门下缴驳，又上中书，中书又将上，得旨再下中书，中书又下门下。若事可行，门下即下尚书省，尚书省但主书填‘奉行’而已，故中书之权独重。”[⑨]其所依据的乃是《唐六典》，这种明著

---

① 杜佑．通典：卷21：职官三·中书省：“荀勖守中书监、侍中，比赞朝政。及迁尚书令。勖久在中书，专管机事，失之甚愠，人有贺者，勖怒曰：‘夺我凤凰池，诸公何贺焉！’”房玄龄，等．晋书：卷39：荀勖传：“勖久在中书，专管机事。及失之，甚罔罔怅恨。或有贺之者，勖曰：‘夺我凤皇池，诸君贺我邪！’及在尚书，课试令史以下，核其才能，有暗于文法，不能决疑处事者，即时遣出。”可见中书的实权是高于尚书，而尚书则处理具体事务。

② 李昉，等．太平御览：卷221：引《汉官仪》．北京：中华书局，1960：1050．

③ 朱铭盘．南朝梁会要·职官·门下省．上海：上海古籍出版社，1984：297．

④ 房玄龄，等．晋书：卷45：任恺传．北京：中华书局，1974：1285．

⑤ 魏收．魏书：卷21下：彭城王勰传．北京：中华书局，1974：571．

⑥ 马端临．文献通考：卷49：职官三．北京：中华书局，1986：450．

⑦ 永瑢．历代职官表：卷3：内阁撰者案．清光绪二十二年（1896年）广雅书局刻本．

⑧ 魏徵，等．隋书：卷28下：百官志下．北京：中华书局，1973：773．

⑨ 黎靖德．朱子语类：卷128：法制．北京：中华书局，1983．

于典章的制度，在实际上并未真正全面实行。按规定，三省长官对重大政务应共同议论于门下省的政事堂，遇有意见分歧，皇帝理所当然成为最高裁定者。“凡军国大事，则中书舍人各执所见，杂署其名，谓之五花判事。中书侍郎、中书令省审之，给事中、黄门侍郎驳正之。”这种典型的宰相机构参议辅政制，实际上为了防止宰相个人专权。然而，三省之中，尚书省长官既参与决策，又主持政务实施，权力较大。如唐初，李世民拥有实力，以皇子身份兼尚书令，实际上控制住整个政局。其后即位，尚书省便不再设令，而以左右仆射为实际长官。这位曾经以尚书令起家的君主，不希望尚书省权力过大，便以他官加上“参预朝政”“参知机事”等名目，进入政事堂参政，如果尚书左右仆射不加此名，也就不能进入政事堂议政。“自高宗已后，为宰相者必须加‘同中书门下三品’，虽品高者亦然；惟三公、三师、中书令则否”①，实际上取消了尚书仆射的议政权力。这样，除三公、三师、中书令可以直接进入政事堂议事之外，其他官未加“同中书门下”之名，是不能进入政事堂议事的，三省都成为执行机构，由多人构成的宰相参议班子担当起辅政职责。唐代所谓的三省制度，实际上并未执行，故此宋神宗时模仿《唐六典》设置三省职官，并没有取得效果，“而事多稽滞”②。

继同中书门下三品之后，又出现“同中书门下平章事”，是唐“太宗用宰臣，天下事皆先平章，谓之平章事”③。这乃是商议军国事务的术语，逐渐转化为官名。中书门下之职成为宰相的名，政事堂也从门下省迁至中书内省。中书、门下二省都设有内外省，内省设在宫城，外省设在皇城。担任宰相的官员轮流在中书内省的政事堂值守，皇帝下达旨意，值守宰相立即会同值班的中书舍人草拟诏敕，门下内省负责承传。唐玄宗开元十一年（723 年），政事堂改称“中书门下”，设吏、枢机、兵、户、礼刑等五房，分管庶务，多人宰相制度和宰相事务机构确立，也使三省实际上都变成执行机构，所谓的中书出令、门下封驳、尚书执行的三省制度，也就成为典章上的纸面规定。

在君主专制制度下，决策大权只能属于君主，宰相的职责只在于忠实执行君令。“君不出令，则失其所以为君；臣不行君之令而致之民，则失其所以为臣。”④ 三省制、中书门下制，是把拟定诏敕的责任归于臣下，而且又有严格的封驳审核制度，很有可能被认为是限制皇权的发挥。皇帝为了防止臣下擅权，摆脱臣下的掣肘，便将拟定诏敕的责任交给自己信任而且亲近的人。因此，在中书门下制确立之后，很快就出现“北门学士”。

唐代“自太宗时，名儒学士时时召以草制，然犹未有名号；乾封（666—668 年）以后，始号‘北门学士’”⑤。当时北门学士的地位还没有引起朝野重视。到“上元（674—676 年）中，（弘文馆学士刘祎之）与（著作郎）元万顷等偕召入禁中，论次新书凡千余篇。高宗又密与参决时政，以分宰相权，时谓‘北门学士’”⑥，才开始引起人们的注目。北门是皇宫的后门，入门便是禁中。皇帝选择一些有见识和文才的人在这里

① 欧阳修，宋祁．新唐书：卷 46：百官志一．北京：中华书局，1975：1182.
② 黎靖德．朱子语类：卷 128：法制．北京：中华书局，1983.
③ 刘昫．旧唐书：卷 173：李珏传．北京：中华书局，1975：4505.
④ 韩愈．韩昌黎集：卷 1：原道．北京：商务印书馆，1933.
⑤ 同①1183.
⑥ 欧阳修．宋祁．新唐书：卷 117：刘祎之传．北京：中华书局，1975：4250.

“待诏”，随时听候传唤。开始议论的主要还是学术问题，渐渐演变为“朝廷疑议表疏，皆密使参处，以分宰相权”①。说明君主又开始建立新的、自认为更可靠的秘书机构，不久这套秘书机构便以翰林学士院的名义出现了。

翰林学士院源于北门学士，是唐玄宗在学士中挑选一些人为“翰林供奉”，与中书省集贤院学士们分掌制诏书敕；开元二十六年（738 年），改供奉为“学士”，别置翰林院于禁中，专掌“内命”。唐肃宗李亨以翰林学士在禁中值守，负责撰写诏书。至此，翰林学士院便成为由皇帝直接控制的最高秘书机构，学士“选用益重，而礼遇益亲，至号为‘内相’，又以为天子私人”②。这个秘书机构常紧随在君主左右，“天子在大明宫，其院在右银台门内。在兴庆宫，院在金明门内。若在西内，院在显福门。若在东都、华清宫，皆有待诏之所”。还在学士中间“择年深德重者一人为承旨，所以独承密命故也”。翰林学士承旨，实际是皇帝的亲信，也是“内相”的首领，因此，“为学士承旨者，多至宰相焉”③。按规定，唐代诏敕用黄、白麻纸书写，“高宗以白纸多虫蛀，尚书省颁下州县并用黄纸”④。翰林学士“凡拜免将相，号令征伐，皆用白麻”⑤，在制度上并没有把翰林学士草拟的诏旨作为正规文书，但实际上已经起到正规文书的作用，后来翰林学士院设置了书诏印，在制度上便成为完全意义的正规文书⑥。翰林学士院用白麻书写的诏敕号称“内命”，中书门下用黄麻纸书写的诏敕号称“外命”，都具有法定的效力。翰林学士院的“内命”不经中书门下而直接向下传达，这就使政令传发的途径变为两途，形成双轨辅政制。

唐代中后期，皇帝重用宦官，让这些阉人执掌禁军，掌管机务，传达诏令，出使监军，宦官政治势力大为膨胀。唐代宗李豫（763—779 年在位）时，开始以宦官充当“内枢密使”，公然让宦官参与国家政事。枢密使在禁中办公，执掌机密，随时参与政治决策，把握实际权力。枢密使出现后，在名义上是“内外之臣，事犹一体，宰相、枢密共参国政”。但在实际上，枢密使在宰相“堂状后贴黄指挥公事”⑦，代表皇帝“批纸尾”，成为皇帝的代理人。枢密使经常去中书门下，“出斜封文书，令宰相发之，宰相承命而已”⑧。唐宪宗元和（806—820 年）时，在内廷东侧的宣徽殿设置宣徽南北院使，亦以宦官主之，“其大朝贺及圣节上寿，则宣徽使宣答”⑨。宣徽使所掌管的事务非常繁重，其中有一项“口宣”圣旨的任务，使他们成为皇帝的代言人。他们经常假皇帝之命，到中书门下或翰林学士院，乃至直接到各机构去传宣所谓“圣旨”，权势显赫。

由上可见，唐代自中书门下制确立以后，相继出现翰林学士承旨、枢密使等，他们都承担有辅政职责，并且构成一种内中外三层次的辅政体制。中唐以后，宰相、中书门

---

① 欧阳修，宋祁．新唐书：卷 201：文艺元万顷传．北京：中华书局，1975：5744.

② 欧阳修，宋祁．新唐书：卷 46：百官志一．北京：中华书局，1975：1184.

③ 刘昫．旧唐书：卷 43：职官志二．北京：中华书局，1975：1854.

④ 冯贽．云仙杂记：卷 9：黄纸写敕．北京：商务印书馆，1939.

⑤ 同②1194.

⑥ 李肇．翰林志：“近朝大事直出中禁，不由两省，不用六宝，并从权也。元和初，置书诏印，学士院主之。”

⑦ 李肇．国史补：卷下：宰相判事：“宰相判四方之事有堂案，处分百司有堂帖，不次押名曰花押。黄敕既行下，有小异同曰贴黄，一作押黄。”

⑧ 司马光．资治通鉴：卷 250：唐懿宗咸通二年（861 年）．北京：中华书局，1956：8902.

⑨ 司马光．资治通鉴：卷 242：唐穆宗长庆三年（823 年）．胡三省注．北京：中华书局，1956：7825.

下、翰林学士承旨、神策军使、内枢密使，经常在宫内的延英殿共同议政，既成为多轨辅政，又存在沟通协调，但发言的分量和对政务的影响，则总是随着实际权力的高低为转移。这里既包含着皇帝建立新辅政体制的探索，也反映着各种政治势力的互相角逐。

经过五代的分裂，北宋趋于统一，君主专制制度得到加强，辅政机构也围绕着皇权的提高，进行较大的调整。以中书门下政事堂为宰相府，掌管行政事务；以枢密院为枢府，掌管军国机务；以三司为计省，掌管财政；进而构成“二府三司”的辅政体制。与此同时，翰林院迁出宫外，其人员都成为朝官，但翰林学士承旨草写“内命”的职责依然存在。“翰林学士官谓内制，掌王言大制诰诏令赦文之类；中书舍人谓之外制，亦掌王言，凡诰词之类。”① 朝廷有意建立两种传发政令的渠道，推行多轨辅政体制，这当然最便于君主控制和利用。但辅政权力分散，也不利于国家政务的处理，容易造成机构臃肿、遇事推诿、工作效率低下等弊病。后不断权衡利害，增删修订，故辅政制度变化较为频繁。“宋宰相官名前后凡五变，同平章事一也，左右仆射二也，太宰、少宰三也，复为左右仆射四也，左右丞相五也。执政官由参政改左右丞，由左右丞复改参政，亦凡两变。”② 这不仅反映出宰相名称的变化，而且暴露出在实行多轨辅政制中机构重叠、职责混淆不清、效率相互抵消等严重问题。如何集中处理政务，使辅政权力相对集中，便被提上议事日程，自北宋中叶便应此需要出现“平章军国事”制度。

首先是宋哲宗（1085—1100 年在位）以太师文彦博为“平章军国重事”、司空吕公著为“同平章军国事”，序在宰臣之上，五日或两日一朝。其次是蔡京、王黼以太师总三省事，三日一朝，赴都堂治事，将辅政权力集中到某些权臣身上。再次是在开禧元年（1205 年），韩侂胄拜平章之职，讨论典礼和裁决政务，亦以“平章军国事”为名。“边事起，乃命一日一朝，省印亦归其第，宰相不复知印。其后，贾似道专权，窃位日久，尊宠日隆，位皆在丞相上。”而在北宋后期和南宋初期，蔡京、秦桧都“以三公任真相”③。以上事例虽然有权臣专制的因素，但在某种程度上也反映出在政治军事形势日益严峻的情况下，国家事务需要及时集中处理，“三省之政合乎一”④，成为必然的趋势。

辽代设立南北两面官，北面官负责管理北方各民族的事务，南面官负责管理汉人、渤海人的事务。北面官中的北、南宰相府和北、南枢密院是实际的宰相，任职者不是皇族便是后族。南面官中的三省虽有宰相之名，而无宰相之权，因为三省都在南枢密院管辖之下。有辽一代，汉人任大丞相而主管南面官事务者，只有赵延寿、高勋、韩德让三人，都是得到特殊信任的人物。赵延寿是引契丹南下的元勋，高勋则定策迎立景帝有功，韩德让是承天太后的情夫。事实上，辅政核心总是归契丹皇族和后族所掌握。

金代宰辅机构是在海陵王（1149—1161 年在位）时期确立的，以尚书省为辅政的主体。尚书省主要长官尚书令一般是由皇太子或亲信宠臣兼任，常常是阙其职而不任命。这样，尚书省设左右丞相、左右平章政事、左右丞、左右参政等 8～12 人为正副宰相之职，意在使他们相互牵制，以期减少辅政权力过分集中，受宠信的主要长官易于专擅权

---

① 赵升. 朝野类要：卷 2：两制. 北京：商务印书馆，1939.
② 永瑢. 历代职官表：卷 3：内阁撰者案. 清光绪二十二年（1896 年）广雅书局刻本.
③ 脱脱，等. 宋史：卷 161：职官志一. 北京：中华书局，1977：3772.
④ 马端临. 文献通考：卷 50：职官四. 北京：中华书局，1986：458.

力。与此同时，设置枢密院，“掌凡武备机密之事”[①]。把军事统率和管理权从辅政权中划分出来，分别对皇帝负责，也便于皇帝亲自控驭。

元代虽然大体上承袭金制，但有较大的调整，其体制确立是在忽必烈时期，故有些学者称之为“忽必烈模式”[②]。元代实行中书一省制。尚书省虽一度设立，但前后只有4年。元代辅政体制的功能较金代更有效率，运用迅速灵活。它是以中书省为政治之本，以枢密院为军政之纲，设立御史台以监察军政系统，构成行政、军政、监察等三个互不统属，又较为协调的系统。“中书省纲维百司，总裁庶政，凡钱谷、铨选、刑罚、兴造，罔不司之”[③]，所有奏章都要经过中书省上达下传，只有枢密院、御史台所上奏章不必经由中书省，有权直接向皇帝奏陈情况和请示。这三个系统并列，分别对皇帝负责，当然有利于皇帝从多方面掌握讯息，为控制政治大局提供便利。正如忽必烈所说：“中书朕左手，枢密朕右手，御史台是朕医两手的。”[④] 辅政权力由此高度集中，但也无可避免地造成权力偏重。忽必烈时，权臣阿合马掌权达20年之久，连皇太子都感觉到他的威胁。按规定，中书省不但有“综理政务”之权，而且中央和地方各级官府上报给皇帝的奏章都要“先关白中书省”，而一切以皇帝名义发出的谕旨诏令，也要经由中书省下达，中书省不但成为皇帝与国家机关之间的中转站，而且还有权先行提出处理意见，甚至先决后奏，又会与高度的皇权专制发生冲突。

明太祖朱元璋建国初期，沿袭元代制度，建立中书省，设置左右丞相。嗜权如命的朱元璋，对来自任何方面对皇权的侵扰，都深怀警惕，当然不能容忍中书省这样的间隔，更不能容忍丞相专擅权力，便以左丞相胡惟庸“专生杀黜陟，以恣威福，内外诸司封事奏事，惟庸先取视之，有病己者辄匿不闻”[⑤]，实有专擅之疑，进行大幅度改制和屠戮。洪武十三年（1380年），朱元璋诛杀胡惟庸，“词所连及坐诛者三万余人”[⑥]。伴随着大屠杀，又宣布永远撤销中书省和废除丞相制度，宰相参议辅政制也就寿终正寝。

三、宰相奉命拟旨辅政

明洪武十三年（1380年）九月，在朱元璋宣布永远废除丞相制度半年以后，一度设置过所谓“四辅官”，乃是以四季为名，选一些耆儒之臣，分季协助皇帝复核人事、司法及文书等事务，试图建立新的辅政制度。为了防微杜渐，朱元璋别出心裁地规定这些“四辅官”以“一月内分司上中下旬”的办法，让他们分别轮班视事，不让他们久任，或对重大案件始终其事。朱元璋需要的是能听自己命令，按照自己意志办事的辅政班子，但这些老朽书生，无论是在政治阅历，还是精神体力上，都很难适应日理万机的需要，再加上工作没有连续性，更不易体会朱元璋实际意愿。于是，有些人因畏祸而告老还乡，

---

① 脱脱，等. 金史：卷55：百官志一. 北京：中华书局，1975：1239.

② 王明荪. 元代的士人与政治. 台北：台湾学生书局，1992.

③ 宋濂，等. 元史：卷32：文宗纪一. 北京：中华书局，1976：707.

④ 叶子奇. 草木子：卷3下：杂制篇. 北京：中华书局，1959.

⑤ 谷应泰. 明史纪事本末：卷13：胡蓝之狱. 上海：上海古籍出版社，1994.

⑥ 张廷玉，等. 明史：卷308：奸臣胡惟庸传. 北京：中华书局，1974：7908.

有些人则因犯过遭疑而被诛杀，“四辅官”制度实在维持不下去。洪武十五年（1382 年）七月，宣布废除“四辅官”制度。“四辅官”制度旋兴旋废，短期试行的失败，也促使朱元璋探索新的辅政制度。

朱元璋把那些老朽儒生斥退之后，便使用一些新进士及在翰林院、詹事府工作的学士、编修、检讨、修撰、侍读等年轻低职人员，给予殿、阁学士的头衔和正五品官的待遇，用“翰林院兼平驳诸司文章事某官”的名义，“详诸司奏启”。之所以这样做，是因为这些人“职卑位微”，无力对皇权造成危害，更何况朱元璋“方自操威柄，学士鲜所参决”①，这些人不过是以近身侍从的身份做一些文书处理工作，权力仍完全掌握在朱元璋手中。

朱元璋“肇迹民间”，“备历艰难，饱谙物态”，作为开国之君，挟有极高的权威，又具有丰富的政治、军事经验和才能，更何况他勤于政事。据统计，在洪武十七年（1384 年）九月的八天中，朱元璋批阅的公文有 1 660 件，内含 3 391 件事②。除了批阅公文，还召集各种会议，参加各种典礼，紧密掌控着治国的大权。他虽然废寝忘食，仍绝不让秘书人员参与决策，可谓集皇权和相权于一身。这样高度集权和事必躬亲地把持全部统治职能，是在特定的情况下出现的，不可能维持长久，一旦情况发生变化，其运行机制也必然要发生变动，而这种变动只能是循序渐进的。

明太宗朱棣“靖难”成功后，任命黄淮、解缙、胡广、杨荣等七人为大学士，每天都到宫内协助皇帝办理机务。史称：“阁臣之预机务自此始。然其时，入内阁者皆编、检、讲、读之官，不置官属，不得专制有司，诸司奏事，亦不得相关白。”③ 这是朱棣打着恢复祖制的旗帜，在朱元璋创建的框架上试行的一种过渡形式，实际上已经逐步改变祖制。

从朱棣精选的内阁人员来看，已经赋予这些秘书人员以重托。被朱棣最早选入内阁的“七学士”，解缙是早已闻名的神童、才子，不但才华横溢，而且锋芒毕露，在政治上有见解和胆识，曾经受到朱元璋的赏识，希望他“大器晚成”④。黄淮是洪武末年的中书舍人，熟悉中枢政事，有行政才能，“性明果，达于治体”⑤。胡广善书法，有文采，性格又随和缜密，永乐帝“每勒石，皆命书之”⑥。杨荣具有干才，思想锐捷，以警敏著称，遇事既有预见又有定见，“谋而能断”⑦。杨士奇少年早孤，家极贫，曾经有过颠沛流离的生活经历，当过农村私塾先生，是从社会低层以布衣身份走上仕途的，由于有社会经历和磨炼，故对人宽厚，能容人之短、荐人之长，在复杂的政务面前能保持清醒和冷静，“奉职甚谨，私居不言公事，虽至亲厚不得闻”⑧。金幼孜是一位青年学者，专攻

---

① 张廷玉，等. 明史：卷 72：职官志一. 北京：中华书局，1974：1729.
② 吴晗. 朱元璋传. 北京：生活·读书·新知三联书店，1965：296.
③ 同①1734.
④ 张廷玉，等. 明史：卷 147：解缙传. 北京：中华书局，1974：4119.
⑤ 张廷玉，等. 明史：卷 147：黄淮传. 北京：中华书局，1974：4124.
⑥ 张廷玉，等. 明史：卷 147：胡广传. 北京：中华书局，1974：4125.
⑦ 张廷玉，等. 明史：卷 148：杨荣传. 北京：中华书局，1974：4141.
⑧ 张廷玉，等. 明史：卷 148：杨士奇传. 北京：中华书局，1974：4131.

《春秋》，擅长经史，且有急才，奉命拟写重要文告，能够“据鞍起草立就”[①]。胡俨是一个学究型人物，“少嗜学，于天文、地理、律历、医卜，无不究览”，“能以师道自任”[②]。可以说，这七位学士在当时都是出类拔萃的人物，而且各有所长，显然与洪武时期的老朽儒生不同。

初选的人才华横溢，朱棣对他们放手重用。在有关和战、立储、用人、征调和蠲免赋役等重大军国事务上，大都征求学士们的意见，有意识地吸收他们参与国家核心机密，把他们作为腹心。朱棣认为：“六卿治政务，翰林职论思、典词命，皆朝夕左右者也。”[③]在实际政务处置上，十分重视内阁学士们的意见。史载：“时上念机务殷重，欲广聪明，措天下于理也，乃开内阁于东南门，简诸臣为耳目。复每日百官奏事退，内阁臣造扆前密勿谟画，率漏下数十刻。诸六部大政，咸共平章。秩五品，因恩礼赐赉，率与尚书并。”[④] 这些学士在级别上虽然不高，但能够参与机密，“预机务，出纳帝命，率遵祖宪，奉陈规诲，献告谟猷，点简题奏，拟议批答，以被顾问”[⑤]，实际上已经承担起部分辅政的责任。

朱棣死后，继位的洪熙帝朱高炽虽然在位仅八个月，却在乃父基础上更提高内阁的地位，赋予学士们以重大的责任。如朱高炽启用曾经在东宫担任教职的杨溥，为他另立弘文阁，亲授阁印说：“朕用卿左右，非止学问，欲广知民事，为治道辅。有所建白，封识以进。”[⑥] 在赋予学士们权力的同时，还提高他们的政治地位。“进杨荣太常寺卿，金幼孜户部侍郎，兼大学士如故；杨士奇为礼部左侍郎兼华盖殿大学士，黄淮通政使兼武英殿大学士俱掌内制；杨溥为翰林学士。”[⑦] 太常寺卿和各部侍郎是正三品官，从正五品连升四级（明代官制，分为九品十八级，故此从五品拔擢为三品，是连升四级），显然是特殊提拔，提高了学士们的行政地位，也表示阁权渐崇渐重。

朱高炽死后，宣德帝朱瞻基即位，内阁大学士不但兼有各部尚书衔，而且有的升至三孤，即少师、少傅、少保，政治地位已经高于各部尚书。“迨仁、宣朝，大学士以太子经师恩，累加至三孤，望益尊。而宣宗内柄无大小，悉下大学士杨士奇等参可否。虽吏部蹇义、户部夏原吉时召见，得予各部事。然希阔不敌士奇等亲。自是，内阁权日重，即有一二吏、兵之长与持是非，辄以败”[⑧]，内阁制度在此时则趋于定型。

内阁制度确立之后，内阁大学士便奉命处理诸如征调或减免赋税，参与审判刑狱以及处理有关人事、军政等重要政务，掌握了票拟权。

所谓票拟，也叫作票旨、条旨，对于来自全国各方面的奏章，在呈递皇帝批示以前，先由内阁学士“用小票墨书，贴各疏面以进”[⑨]。这实际上就是“票拟批答”，代拟好

---

① 张廷玉，等. 明史：卷147：金幼孜传. 北京：中华书局，1974：4126.
② 张廷玉，等. 明史：卷147：胡俨传. 北京：中华书局，1974：4128.
③ 明太宗实录：卷69：永乐五年秋七月乙卯条.
④ 涂山辑. 新刻明政统宗：卷7：成祖文皇帝//四库禁毁书丛刊史部002. 北京：北京出版社，1997：260.
⑤ 孙承泽. 春明梦余录：卷23：内阁. 北京：北京古籍出版社，1992.
⑥ 张廷玉，等. 明史：卷148：杨溥传. 北京：中华书局，1974：4143.
⑦ 张廷玉，等. 明史：卷8：仁宗纪. 北京：中华书局，1974：109.
⑧ 张廷玉，等. 明史：卷72：职官志一. 北京：中华书局，1974：1729.
⑨ 永瑢. 历代职官表：卷3：内阁. 北京：清光绪二十二年（1896年）广雅书局刻本.

“御批”的稿本供皇帝采纳。在君主专制政体下，这种掌握代替皇帝起草批示意见的职权，其重要意义可想而知。所谓“代言之司”，所代表的乃是具有绝对权威的“皇言”。“各衙门章奏留皆送阁下票旨，事权所在，其势不得不重。”随着权势的加重，内阁大学士中也顺序划分为首辅、次辅、群辅，而首辅“偃然汉唐宰辅，特不居丞相名耳”①。虽然是这样说，但内阁与汉唐辅政制度仍有本质上的区别。

首先，内阁是奉旨办事，只有得到皇帝的批示后才能办理。当时“人尝谓辅臣拟旨，几于擅国柄，乃大不然”。实际上，皇帝对辅臣所拟谕旨有全权批驳的权力。例如，明世宗朱厚熜对内阁诸臣就经常心怀惕疑，为有意炫示皇权威严，辅臣拟旨之后，“帝一一省览篡定，有不留数字者。虽全当帝心，亦必更易数字示明断。有不符意，则驳使再拟，再不符意，则谯让随之矣，故阁臣无不惴惴惧者”②。内阁学士们只有奉命拟旨，没有建议决定权。在汉唐时期，宰相对皇帝的旨意有封驳权，如果皇帝发布的谕旨有违祖制，宰相除谏诤之外，还可以拒绝发布。封驳皇帝的谕旨，这在明清两代是绝不可能的。

其次，内阁只是拟旨，不能直接指挥中央和地方各级官府，中央和地方各级官府也没有向内阁汇报政务的义务，而汉唐中央和地方各级官府上报事务的副本都要交宰相处存查。这种不能直接插手中央和地方各级官府的政务，乃是宰相奉命拟旨辅政制不同于前三种辅政制最明显的特征之一。

内阁作为皇帝的贴身秘书和助手，对当时政治有一定的影响，但在宣德（1426—1435年）以后，大多数皇帝躲进深宫，与内阁学士们商讨政务的情况越来越少，渐渐地与内阁疏远起来，后来甚至出现内阁大学士多年见不到皇帝的现象，他们已经不再是贴身秘书，或者是实际地位和权势已经衰退，或者是暗底下窃篡部分权力，出现过像严嵩那样的“奸臣”。

皇帝不见内阁成员，而内阁又不能代替皇帝统治帝国，皇帝又不能没有贴身秘书，在这种情况下，明王朝皇帝们选中在深宫陪伴他们的太监来充当贴身秘书，这就是宦官组织中的司礼监秉笔太监。

明王朝一切权力都归皇帝，各级官僚机构事无大小都要向皇帝报告，按照事务性质的不同，使用“题本”或“奏本”上报，得到皇帝的批复后才能照圣旨执行。从理论上，皇帝应该阅读所有的题奏，亲自做出批示。但皇帝一人确实难以胜任，故有必要由皇帝直接指挥的秘书分担一部分事务。内阁建立之后，送入宫中的题奏一般发送内阁，由内阁大学士阅览后，用墨笔在纸条上拟旨，贴在题奏上交皇帝审定，皇帝在所拟旨上用朱笔批改，便具有法律效力。在内阁被信任和重用的情况下，皇帝很少改动内阁的票拟，故内阁被认为有很大的权力。内阁的票拟不经皇帝批朱，实际上只是一种建议，真正决定权还是掌握在皇帝的手中。问题在于，不是所有的皇帝都能信任内阁并全部阅览内阁的票拟，往往委用身边的司礼监秉笔太监分担一部分事务。司礼监秉笔太监的本来职责是“掌章奏文书，照阁票批朱”，但在实际运作中，秉笔太监并不总是“照阁票批朱”，而是按照自己的私欲私利，擅作主张。司礼监因为掌握了批朱权，“内阁之票拟，不得不

---

① 张廷玉，等. 明史：卷109：宰辅年表序. 北京：中华书局，1974：3305.
② 谈迁. 国榷：卷64. 嘉靖帝评赞. 北京：中华书局，1958.

取决于内监之批红，而相权转归之寺人。于是朝廷之纪纲，贤士大夫之进退，悉颠倒于其手”①。中枢辅政实际成为内阁和司礼监双轨制，而司礼监的实权却高于内阁。

无论是内阁，还是司礼监，都是作为皇帝的辅助，他们能够在政治上发挥作用，都取决于皇帝。如果皇帝信任内阁，内阁首辅的权力就偏重；皇帝信任太监，司礼监秉笔便权势熏灼；要是皇帝刚愎自用，内阁和司礼监也只有承命而已。

清入关以后，恢复明代的内阁制度，设大学士、协办大学士、学士等员，并设立满本房、汉本房、蒙古房、票签处、诰敕房等办事机构，成为拥有 288 人正规编制的、规模庞大的辅政机关。这时的内阁不同于明代，只是办理一般事务，重大和机密的事务，则由议政王大臣会议办理。康熙帝执政以后，议政王大臣会议的作用逐渐降低，皇帝直接处理各项政务，同样需要机要秘书，而内阁已经不再具有机要秘书处的功能。康熙帝在皇宫内乾清宫旁边的南书房设立办事处，选调一些翰林官入直，“谕旨或有令南书房翰林撰拟，是时南书房最为亲切地，如唐翰林学士掌内制也”②，成为新的机要秘书处。

雍正帝继位不久，正值西北用兵，为紧急处理军务，雍正四年（1726 年）在皇宫隆宗门内设立军需房，选内阁中书之谨密者入直缮写。军需房后改军机房，再改为军机处。因为军机处“地近宫庭，便于宣召。为军机大臣者，皆亲臣重臣。于是承旨出政，皆在于此矣”③。军机处设首席军机大臣一人，另有军机大臣、军机大臣上行走、军机大臣上学习行走、军机章京等若干人，均在内阁大学士、六部尚书、侍郎、郎中、中书等朝官中挑选，不设书吏等具体办事人员，以保证办事的机密程度。

雍正帝创建军机处，乃是中国古代政治制度史的一大发展，论者多给予较高的评价。“清代议政体制之运行，至雍正朝设立军机处逐渐改变”④。“世宗（雍正）的集中权力是很巧妙的，并不是像以前的枝枝节节，他只设了一个军机处，于是就把以前内阁及八旗的权力，整个拿来”⑤。军机处自出现以后，便成为参与议政、负责传达皇命、职任办理和监督机密文书运转的御前机要办公中枢，是由皇帝直接统领的行政总汇，故“军国大计，罔不总揽。自雍、乾后百八十年，威命所寄，不于内阁而于军机处”⑥。军机处不设衙门，不颁发关防，不准以军机处的名义独立发文和直接指挥各级军政部门，一切重要文件均应以“军机大臣奉上谕”“军机大臣寄信”等形式下达。因此，军机处只是一个力求准确贯彻皇帝意图的御前机要处，不是有权威的宰相府。至此，宰相奉命拟旨辅政制达到顶峰。

有清一代一直实行多轨辅政制，在乾隆五十六年（1791 年）撤销议政王大臣会议之前，议政王大臣会议参议重大的政务，内阁主持日常事务，南书房和军机处则主管机密事务。议政王大臣会议撤销之后，军机处办理重要的机密事务，内阁办理一般性日常公务，二者之间既有分工又有配合。

---

① 张廷玉，等．明史：卷 72：职官一．北京：中华书局，1974：1730.

②③ 赵翼，撰．李解民，点校．檐曝杂记：卷 1：军机处．北京：中华书局，1982：1.

④ 傅宗懋．清代军机处组织及职掌之研究．嘉新水泥公司文化基金会，1967：95.

⑤ 李宗侗．清代中央政权形态的演变．历史语言研究所集刊：第 37 本上册．1967：143.

⑥ 赵尔巽，等．清史稿：卷 176：军机大臣年表序．北京：中华书局，1977：6229.

四、清末责任内阁

鸦片战争以后，清王朝原来的一套政治制度，既抵御不了列强的侵略和瓜分，又不能有效地对国内进行控制和镇压，显然不适应日益变化的政治局势。在内忧外患的情况下，清王朝被迫进行一些政治改革，以期巩固其日益衰颓的统治。辅政制度因涉及中枢权力，改动较晚，而且是在迫不得已的情况下反复调整的。

1906年，清王朝迫于全国人民的压力，被迫宣布实行宪政，声言要进行较大规模的调整和改革，而是否成立责任内阁作为中枢辅政体制中心，则是当时争论最多、争斗最剧烈的事情。

1906年拟议的内阁，是仿照日本政治体制的内阁，即由皇帝选派内阁总理大臣，由总理大臣出面组阁，提出内政外交的政策方针、施政纲领，总理大臣对本届内阁承担责任。在建立议院之后，内阁工作应取得议院多数的支持信任，否则就要下台。这种资本主义的内阁模式，与中国传统辅佐皇帝工作的内阁有明显区别，与皇权专制更是格格不入，在慈禧太后还能控制大权、掌控王朝大局的情况下，当然不会同意，最终被否决了。这种主张仅仅是几个大臣，如袁世凯、奕劻、载沣等一厢情愿的建议。1908年，慈禧太后与光绪皇帝双双去世，清王朝统治的形势更加恶化，尚是孩童的宣统和代理人载沣，已经很难再拥有慈禧那样的权威，皇权衰微与国内形势发展，使载沣不得不一再退让，在内外压力下，被迫同意成立责任内阁。

从1910年11月3日，摄政王载沣召开的御前会议形成决议，到1911年5月8日颁布《内阁官制》，千呼万唤始出来的责任内阁，以任命庆亲王奕劻为内阁总理大臣，大学士那桐、徐世昌为协理大臣的方式出现了，权力争夺的斗争仍然激烈地持续进行。

奕劻内阁的组织机构，是根据清廷颁布的《内阁官制》《内阁办事暂行章程》《内阁属官官制》《内阁法制院官制》等法规建立起来的①。这四个法规经摄政王载沣等人会同廷臣，几经斟酌修订，反映出当时权力的争夺和妥协。

内阁设总理大臣一人、协理大臣二人、各部大臣十人，共十三人，统称国务大臣。"国务大臣辅弼皇帝，担负责任"。内阁总理大臣"为国务大臣之领袖，秉承宸谟，定政治之方针，保持行政之统一"。协理大臣协助总理大臣平章内外政事，与总理大臣同为特旨简任，"每日入对，各部大臣分班值日，如有召见及国事请对者，得会同内阁总理大臣或协理大臣入对。其关于各部主管事件，得由该部大臣入对者，得随时会同入对"。因为规定各内外大臣涉及所管事务时，必须"请对"、"入对"和"恭请圣裁"，实际上还是要保证皇帝对全国的控制，"责任内阁"还是处在辅政的地位。奕劻内阁十三名国务大臣，其中满员九人，汉员四人，满员约占70%，比过去军机大臣和各部尚书满汉各半的传统规定，反而大为增加了；而九个满员中，皇族又占六人。这也是有清二百多年来，在中央官额分配中从来未有过的，怪不得时人嗤之为"亲贵内阁""皇族内阁"，一经出现就招致朝野反对。

---

① 故宫博物院明清档案部. 清末筹备立宪档案史料：上册. 北京：中华书局，1979：561-574.

内阁设有政事堂，为内阁会议公所，国务大臣会议为内阁最高权力机构。经由内阁会议制定和议决的事件有：法律案及敕令案并官制；预算案及决算案；预算外支出；条约及重要交涉；奏任以上各官之进退；各部权限之争议；特旨交发及议院移送之人民陈请事件；各部重要行政事件；按照法令应经阁议事件；内阁总理大臣或各部大臣认为应经阁议事件。

内阁设阁丞一人，“承内阁总理大臣之命管理阁务，监督指挥各厅局并进退本阁委任各官”，类似现代政府的秘书长，统领本阁的承宣厅、制造局、叙官局、统计局、印铸局，以对总理大臣负责。

承宣厅类似现代政府机关的办公厅，主管颁发保管谕旨及法律法令，收发呈递折奏事件和阁议事件，请用御宝和收掌阁印，管理本阁公牍、图书、档案和会计。

制造局主管制造勋章、佩带、贺表、封赏等有关奖赏封赠的物品制造。

叙官局负责内外各官升迁任免、考试处分等事务，是主管人事的机构。

统计局负责各部属、非部属统计事件，刊行统计年鉴及报告事件，与各国交换统计数据等事务。

印铸局负责官方法令文书、官报的印刷刊行和册宝、印信、关防、图记等铸造颁发。

除一厅四局之外，还有一个直隶于内阁总理大臣的法制院，负责法律的撰拟、审查复核、增删改废，是立法机关。

与“责任内阁”同时出现的“弼德院”，由陆润庠、荣庆任正副院长。弼德院类似各国的枢密院和长老院，除正副院长之外，还有三十二名顾问大臣，均由皇帝“特旨简任”或“候旨兼任”。其主要职责是“备充皇帝的顾问”，凡涉及皇帝和皇室问题及皇帝顾问的事件，要由弼德院议决。1911 年 7 月 10 日，任职刚及两月的陆润庠被免职，专职去教皇帝读书，荣庆任院长，邹嘉来为副院长。7 月 17 日，《弼德院办事及议事细则》7 章 37 条出笼。“从弼德院有关问题的设计和争议中，一个腐败王朝的勾心斗角，分崩离析，又一次得到了充分暴露。”①

西方资产阶级国家责任内阁只是政体的一种形式，权力分配和运用也不一致。清王朝“责任内阁”形式上近似于日本的内阁制，但并没有君主立宪国家内阁制的精神和原则。清王朝不但没有对政权放松任何控制，反而借此机会进一步加强了满族贵族的专权。

奕劻内阁存在不到半年，武昌起义就爆发了，全国相继响应，清王朝在惊恐之余，期望有实力的袁世凯来收拾残局，以期保住清王朝不被推翻。1911 年 11 月 1 日，清廷以裕隆太后和皇帝的名义，任命袁世凯为内阁总理大臣。清皇室明知袁世凯阴险狡诈，居心叵测，为了能镇压革命，只好饮鸩止渴，孤注一掷，咬牙忍气起用袁世凯。袁世凯则充分利用此一特殊形势，纵横捭阖，不到两个月时间，便把清王朝的军、政大权都拿到手中，并以此为本钱来要挟革命力量，攫取辛亥革命的胜利果实。

五、辅政制度发展规律及特点

在君主专制制度下，君主与辅政的关系，在统治集团看来，一个是首脑，一个是贯

---

① 韦庆远，高放，刘文源. 清末宪政史. 北京：中国人民大学出版社，1993：488.

彻首脑意旨的筋脉手足。君主所期望的是才能和忠诚兼备的辅政，故歌之曰："股肱喜哉，元首起哉，百工熙哉。"辅政所期望的是圣明的君主，故和而歌之曰："元首明哉，股肱良哉，庶事康哉。"（《尚书·益稷》）事实上，有才能又忠诚的辅政和圣明的君主是很难结合在一起的矛盾对立双方，因此，君主与辅政之间的矛盾是始终存在的。在中国古代，君主专制是相对稳定的，君主权力总的趋势是不断集中和加强；辅政制度则是不断变化的，辅政权力总的趋势是不断削弱和分散。

第一，辅政制度的发展变化始终围绕君权进行。

在君主专制制度下，出令决断之权直接归君主独掌，辅政工作仅限于秉承君主的旨意，贯彻君主的意图以助理万机。由于全国事务纷繁，君主事实上不可能事必躬亲，也不可能亲拟诏敕，亲传口谕，必须借助辅政部门来草制、传宣诏令，承传、处理各方面送来的章奏。这些工作本来都是君主权力的体现，但辅政人员在操作中，难免篡窃君权。一是有野心的辅政可能会利用这些工作之便，虚君擅权；二是庸庸碌碌、尸位素餐的辅政有充分条件来搪塞职责，欺上瞒下。这两种危险的存在，使一些君主寝食难安。随着君主专制程度的不断提高，君主在牢牢控制出令决断权的同时，尽量把草拟诏敕、传宣诏令、批阅奏章等重要工作交给自己的亲信，也就出现"臣仆用事"的现象。

从历史上看，许多尊贵的官名及其实际职责的演变，无不沿着"君主用臣仆"的轨迹发展。例如，"太师"，原为乐官，吹律以听军声，君主出征，太师参帷幄以进音律，因为身为近侍，常常会了解到君主的意念，并且出一些主意，渐渐地发展为王者之师。"太保"，本为阿保，也就是保姆，是从媵臣中选出来的，后来竟发展为王者之师。"太傅"也是保姆，男称傅父，女称傅母，后来也变成王者之师。"宰"，本意原为罪人奴隶，在商代晚期的甲骨文中，宰多因跟随商王畋猎、祭飨而受到赏赐，并能自做铜器以记载所受荣宠①，显然既是商王的近臣，又是参与内廷事务的普通官员。史载伊尹曾经为宰，是"以滋味说（悦）汤"而得到赏识，其后成为重要的辅政。"相"的本义是省视，本来是傧相、陪同；在公元前547年，齐景公即位之初，以崔杼为右相，庆封为左相，这是最早以"相"作为官名。"宰"和"相"结合，后来则成为位列百官之长辅政之首的尊称。由此可见，在百官之中处于"总领"地位的，几乎全是由君主的亲近侍从中发展过来的。

由君主私臣演变为正式的政务官，由对君主的生活照顾演变为执掌部分国政，由内廷供奉待诏演变为执掌机密，辅政制度正是循着这样的规律发展的。"魏晋以来，中书、尚书之官始真为宰相，而三公遂为备员，其故何也？盖汉之典事尚书、中书者，号为天子私人。及叔季之世，奸雄之谋篡者，亦以私人居是官。"② 辅政用"私人"，正是"臣仆用事"的体现。从辅政的名称变化来看，一直是围绕着君主，这不但说明君权对辅政权发展起到决定性的影响和制约，也说明君主日益凌驾于国家机器之上。

第二，君权和辅政权的矛盾是促使辅政制度本身不断发生变化的主因。

君权与辅政权一直是相辅相成、相克相制的。君主依靠辅政治理国家以巩固统治，

---

① 罗振玉. 三代吉金文存. 八·一九·一. 京都：中文出版社（日本），1971.

② 马端临. 文献通考：卷49：职官三. 北京：中华书局，1986：450.

辅政则依靠君主的信任重用而得到高职显爵。然而，历史上君权和辅政权之间从未有过一条清楚的分界线。基于此，君权与辅政权的矛盾也就经常出现。这主要表现在权力之争和政见分歧之上。

君主不得不依靠辅政帮助处理政务，又必然对辅政严加防范：不依靠，则万机之下，君主难以一身亲裁；不防范，则辅政权力逐渐扩大，会威胁到君主的地位。辅政不得不依赖君主的信任而助理万机，又不得不受君主制约：不依赖，则其位其命难保；不受制约，则职权所在往往会逾越君臣关系的底线，爆发危机，而且关系到国家安危和政局稳定。君主和辅政之间，不论在政见、权限和个人因素等方面，总是难以完全协调。例如西汉第一任丞相萧何，功居第一，又以计诛韩信而进位相国，“益封五千户，令卒五百人一都尉为相国卫”。褒扬恩宠似乎一时无二，但汉高祖刘邦的真正用心被谋士召平看破，他告诫萧何说：“祸自此始矣。上暴露于外而君守于中，非被矢石之事而益君封置卫者，以今者淮阴侯（韩信）新反于中，疑君心矣。夫置卫卫君，非以宠君也。愿君让封勿受，悉以家财佐军，则上心说（悦）。”萧何听从召平的劝说，才幸免此次大难。不久，他又听人劝说，“多置田地，贱贳贷以自污”，而躲过第二次大难。然而，出于国家财政上的考虑，萧何建议把上林苑的空地出租给民人耕种，立刻被刘邦“以自媚于民”的罪名，械系在廷尉狱中。虽然刘邦听从群臣劝说，没有治萧何之罪，还说了“吾故系相国，欲令百姓闻吾过也”①。用这类假惺惺的自责假话，用以掩遮自己疑忌狠忍的内心。凡此种种，已足使萧何更加“恭谨”了。刘邦与萧何的突出事例，已足可见身为辅政，实居危地。

“君不见，左纳言，右纳史，朝承恩，暮赐死。行路难，不在水，不在山，只在人情反复间。”② 在伴君如伴虎的君主专制制度下，“权门要路身是灾，散地闲居少祸胎”③。然而，作为辅政，由于职权所在，要路所居，不得不处理各种政务，也就难免与君主发生政见上的碰撞和权力上的冲突。如西汉时的丞相申屠嘉、周亚夫等，在重大决策上总是“固争之”，常使“上默然而沮”④；田蚡“荐人或起家至二千石，权移主上”⑤，必然招忌招疑。武则天不通过中书门下，迳行下发敕书，凤阁（中书）侍郎刘祎之提出异议，认为：“不经凤阁鸾台（中书门下），何名为敕！”⑥ 明代中书省左丞相胡惟庸，依宰相职权行事，“生杀黜陟，或不奏径行”⑦。这样发展下去，不但辅政个人的政治命运和身家性命受到威胁，而且会引起辅政体制的变化。申屠嘉、周亚夫先后蒙冤而死，促使以功勋集团为支柱的丞相辅政体制动摇，而中朝官制度却逐渐形成。田蚡失宠，辅政的用人和推荐权力便被收回。刘祎之被贬，“内命”的草麻和斜封墨敕成为合法敕书，与中书门下“外命”的黄敕共行。胡惟庸被杀，不但撤销了中书省，而且宣布永远废除丞相制度。为维护和加强君权，不断防范和削弱辅政的权力，又不断建立新的辅政体制，乃是君权

① 司马迁．史记：卷53：萧相国世家．北京：中华书局，1959：2019．
② 白居易．白居易集：卷3：太行路．顾学颉，校点．北京：中华书局，1979．
③ 白居易．白居易集：卷65：闲卧有所思．顾学颉，校点．北京：中华书局，1979．
④ 班固．汉书：卷40：周亚夫传．北京：中华书局，1962：2061．
⑤ 班固．汉书：卷52：田蚡传．北京：中华书局，1962：2380．
⑥ 司马光．资治通鉴：卷203：武则天垂拱三年（687年）．北京：中华书局，1956：6444．
⑦ 张廷玉，等．明史：卷308：奸臣胡惟庸传．北京：中华书局，1974：7906．

和辅政权矛盾的具体表现。

第三，社会的发展和各种政治势力的兴衰是辅政制度发展变化的重要原因。

辅政制度不是孤立存在的，也不是某一君主出于臆想而设计的产物，乃是奠基在各时期社会经济和政治总体之上的政治制度，必然与当时社会发展和政治势力的兴衰紧密相关。

以血缘为纽带的氏族，是人类的最初社会组织，经过漫长的历史发展过程，在部落联盟或酋邦时期形成了国家雏形的社会组织。在此基础上形成的早期国家，明显带有原始民主制的残余，受此影响，君主以父权家长的身份，运用君主的强制力来维系本部族（国）的统治，以共主的身份和强大的军事力量为后盾，在征服和震慑的基础上，迫使其他部族（国）臣服和负担象征性的贡赋。在这种情况下，国家组织内部与社会组织之间的血缘纽带占着主要地位，支撑君主专制的社会支柱则是宗亲贵族的拥戴支持，其辅政体制必然是贵族辅政制。诸如夏代的“三正”“四辅臣”制，鲜卑族的“八部大人”制，契丹族的“夷离堇”制，党项族的“番官”制，女真族的“勃极烈”制，蒙古族的“库里勒台（藩王会议）”制，满族的“议政王大臣会议”制等，都是宗亲贵族辅政制。在血缘关系仍占主要地位的当时，这种辅政体制在实际中发挥过重要作用。

随着社会生产的发展，政治制度也发生相应的变化。与血缘关系密切相关的世卿世禄制，随着战争和集权，逐渐遭到破坏，代之而来的是具有军功和雇佣性质的官僚制度。官僚制度以按才能任官和文武分职为重要标志，文武分职，辅政权力分散，既可以起到相互制约和监督的作用，又有效地防范和制止大臣揽权造成对君权的威胁。

在君主专制制度下，君主是统治集团的核心，围绕着君主所形成的各种政治势力，既是君权的支持者，有时又是君权觊觎者，甚至是窃取和颠覆者。其间关系复杂，纵横捭阖。由此决定了君主与这些政治势力之间存在着一种相互利用又相互排斥的关系。各种政治势力为了捍卫和扩大自身的利益，无不采取各样冠冕堂皇的名义和借口，利用拉拢结盟或使用各种阴谋诡计以进行倾轧，排斥异己，制造各种政潮和政变。在诸种矛盾中，又以君上大权是否能保持绝对权威，抑或被分割和篡夺最为突出。君主和各种政治势力之间的争斗不息，其焦点又多集中在辅政制度上。君主的好恶和各种政治势力的消长较量，必然会引起辅政体制的变化。例如，西汉初期，大批功臣宿将结成的政治势力，保证了丞相、御史二府辅政体制的相对稳定。但随着时间的推移，这些功臣家族经过两三代传承，大多数已成为纨绔膏粱子弟，实际政治势力便大为削弱。此时，一些新起的官僚和受宠信的外戚，凭借自己的才能和裙带关系，逐渐取得了优势，辅政权也就逐步转移到他们手中。汉武帝以后中朝控制外朝的政治局面，正是这种政治力量对比变化的反映。再如，九品中正制实行，“九品访人，唯问中正。故据上品者，非公侯之子孙，则当涂之昆弟也”①。士族门阀政治势力得以内领朝政，外督刺史，占据政治上的优势，“宰辅执政，政出多门，权去公家，遂成习俗”②，保证了权臣辅政体制的延续。科举制度的确立，使大批来自民间的士子进入仕途，其中一些人跻身于高位。唐中叶以后，为

① 房玄龄，等. 晋书：卷48：段灼传. 北京：中华书局，1974：1347.

② 房玄龄，等. 晋书：卷117：姚兴载记上. 北京：中华书局，1974：2980.

宰相者多是进士出身，以至引发官宦世家与新进士权贵之间的矛盾激化，最终是新权贵占据优势。以宋仁宗（1022—1063 年在位）时期的 13 次科举来看，“进士四千五百七十人，其甲第之三人凡三十有九，其后不至于公卿者，五人而已”①。新权贵的不断出现，为双轨或多轨辅政制长期并行创造了条件。所谓“甲第之三人”，即指科举考试被录取为进士甲榜的头三名，他们都是成为新权贵的首选者。

19 世纪中叶开始，中国社会进入一个新的发展阶段，以政治制度变革为中心的改良和革命，使传统的君主专制制度逐渐退出历史舞台。在政治制度变革中，传统、革命、温和、改良、暴力的冲突与交融，使中国近代的政治体制具有融合与迂回发展的特点，辅政制度必然随而急遽演变，不断调整自己的位置。从清末新政到“仿行立宪”，再到“预备立宪”，是在特殊的政治和社会背景下展开的。这里既有清王朝为维护自己“国祚之永续”的考虑，也有广大士庶为挽救民族和社会危机的考虑。清王朝一方面要笼络人心，平息国内的反抗；另一方面则期望借助改制以“富国强兵”，恢复天朝威望。因此，所采取的步骤和方法都不在如何学习西方的民主，而是以维护王朝利益为取舍，也就不得不偷换、削减、改变君主立宪中的民主内涵。在近代西方的民主政体中，君主立宪的基本特征是以责任内阁制为核心，以三权分立为基本权力操作方式，制衡君主专制的冲突焦点在国会和责任内阁。清王朝对资政院议员的资格和职权严加限制，实质上是要将责任内阁转变成专制君主的辅政机关，其“皇族内阁”的组成与保留军机处就充分表明其用心所在。既然将责任内阁制融入传统的宰辅体制，顽固保留传统宰辅体制的主要功能，就自行撕毁了所谓采取“责任内阁”辅政，以“仿行立宪”的遮羞布，也加速了清王朝的覆灭。1912 年 2 月 12 日，裕隆太后抱着 6 岁的溥仪在中南海养心殿被迫宣读了退位诏书，这也是君主专制政体向时代宣示的诀别书。诏曰：“今全国人民心理多倾向共和，南中各省既倡议于前，北方诸将亦主张于后，人心所向，天命可知。予亦何忍因一姓之尊荣，拂兆民之好恶。是用外观大势，内审舆情，特率皇帝将统治权公诸全国，定为共和立宪政体，近慰海内厌乱望治之心，远协古圣天下为公之义。”君主专制政体终于向时代告别了，传统的辅政制度也宣告结束。

第四，统治集团对国家机器的调整，也是辅政制度变化的重要原因。

在社会经济和政治不断发展的情况下，原有的辅政体制往往不能适应需要，促使统治集团不得不一再进行必要的调整。例如，汉武帝时期，经济繁荣，国力强大，更兼刘彻本人雄才大略，故在他直接指挥下，内外政策发生剧变，原有的辅政体制显然不适应新的形势需要。按照旧制，丞相一月一朝或两朝，只有在朝见时才能向君主奏报政务，而且在朝见时，君主必须冠礼相见，礼仪烦琐，完全不符合汉武帝的性格，也不利于对朝政的及时处理。在对匈奴用兵时，军书旁午，岂容一月一报？况且军事机密，不容宣泄，更不宜于正式朝会上公开宣诏。汉武帝首次对匈奴用兵，在马邑（今山西朔县）设伏，就是在公卿集议的情况下制定的。设伏本来是军事绝密，要求高度保密，然而公卿集议，喧声嘈杂于外，一个边塞尉史尚且知道这次重大行动。结果尉史被俘，走漏消息，三十万大军无功而返。因此汉武帝委任大将军卫青侍中，由尚书直接承旨草

① 脱脱，等. 宋史：卷 155：选举志一. 北京：中华书局，1977：3616.

拟军政要令，避开公卿集议，才能够取得多次对匈奴作战的胜利，而形势和政务需要则促使辅政体制发生实质上的变化。

统治集团对辅政体制调整的基点在于集中权力和提高效能，以适应日益发展变化的社会和日益复杂的政治局势。然而，集中权力和提高统治效能本身也存在矛盾。随着社会经济政治的急遽演变，特别是在不同时期出现的不同形势下，必然更加促辅政体制的频繁变化。自唐代确立三省辅政运行机制，到清代军机处、内阁的双轨辅政制，这中间先后出现中书门下，翰林学士知制诰承旨，枢密、宣徽、三司使制，二府三司制，平章军国重事制，一省制，四辅官制，内阁制等众多变化，中间还穿插有恢复贵族辅政和具有民族特点的辅政制。这一方面既存在行政效率不尽如人意的问题，要在调整之后再调整，“方今天下大于古，而事益繁，取决一省，犹曰有壅，况三省乎”①，决定统治集团必须要调整；另一方面也存在辅政“专权乱政”，“往往病及于国君者，其故在擅专威福”②。因为要夺回被窃据的权力，存在必须进行改组之后再改组的问题。这都是统治集团不断调整辅政体制的原因。

统治集团对辅政制度的调整，目的在于试图建立一种既能够对君权没有威胁损害，又能够监督辅政者保持忠诚驯服，兼能够保持高度保密而具有工作效率的体制。从明代的内阁到清代的军机处，统治集团的这种探索基本完成。清代军机处人员精简，制度严密，转奏和下达旨意迅速而准确，是当时世界各国之中最有效能的中枢辅政机构。

第三节 中华民国内阁与五院制

中华民国辅政制度比较混乱，北洋政府责任内阁与辅政内阁时而变更，地位也不稳定，一切都是以军事势力为后盾，依靠的是派系关系，玩弄的是政治阴谋手段，权力更迭无序，在依靠战争和阴谋来实现统治的情况下，辅政制度既缺乏稳定的机制，也充分地反映出权力争夺。南京国民政府基于五权制度的原则，设置立法、行政、司法、考试、监察五院，共同掌握国民政府的权力，实际发挥作用的行政院也要视独裁权力为转移。

一、北洋政府责任内阁与辅政内阁

孙中山在辛亥革命前所设想的政府是总统制，而宋教仁则主张建立责任内阁制。孙中山认为：“责任内阁制度平时不使总统当政治之要冲，故以总理对国会负责，断非此非常时期所宜也。孙文既为各位推举置信，自不应再设此防制之法度。”③ 他说服了宋教仁等，采用了集权于总统的总统负责制。

按照1911年12月27日《修正中华民国临时政府组织大纲》，以临时大总统为国家元首和政府首脑，不设国务总理，由临时大总统直接领导各部，行政各部部长直接对临

① 宋濂，等. 元史：卷160：高鸣传. 北京：中华书局，1976：3759.

② 黄佐. 南雍志：卷10：谟训考下. 台北：伟文图书出版社，1976.

③ 胡汉民. 胡汉民自传. 台北：传记文学出版社，1996：36.

时大总统负责，受元首任免，辅佐临时大总统，总理各部事务。这实际上是总统负责制下的三权分立，总统的权力和地位很高，“这一点，对于一个充满着极端的权力欲望的旧体制熏陶下的袁世凯来说却是具有极其特别意义的——因为权力的动机毕竟是这一时期推动袁世凯由君主立宪转向民主共和的真正杠杆”①。当袁世凯迫使清廷退位，接任临时大总统，而且又不肯来南京就职时，以孙中山为首的革命党人只好退而求其次，希望通过责任内阁制来削弱袁世凯的权力，仅用一个月时间，便用参议院全体议员起立表决的方式通过了《中华民国临时约法》（简称《临时约法》）。

根据《临时约法》，中华民国临时政府改总统制为责任内阁制，总统权力不但要受到参议院议决权和同意权的限制，而且还要受到责任内阁副署权的限制，这与袁世凯同意就任临时大总统的初衷完全相反，争斗当然不可避免。

1912 年 3 月 13 日，袁世凯提名唐绍仪为中华民国首任内阁总理。3 月 26 日，唐绍仪出席南京参议院会议，29 日提出由袁世凯所圈定的国务员人选，除交通总长梁浩如未通过之外，其余 9 人获得通过，即：外交总长陆征祥（胡惟德暂署），内务总长赵秉钧，陆军总长段祺瑞，海军总长刘冠雄，财政总长熊希龄，司法总长王宠惠，教育总长蔡元培，农林总长宋教仁，工商总长陈其美（王正廷暂署）。此外，交通总长由唐绍仪兼署（后改施肇基代理）。

这届内阁带有明显的政治妥协色彩，各派势力可以说是均分了内阁的职务。唐绍仪既是北洋中坚，又是同盟会新会员；陆征祥、施肇基是无党派人物；熊希龄是君主立宪分子和湖北代表；赵秉钧、段祺瑞、刘冠雄是北洋系；王宠惠、蔡元培、宋教仁、陈其美、王正廷是同盟会会员。看起来好像是同盟会略占上风，但内务、陆军、海军、财政、司法等要权基本掌握在北洋派系，同盟会仅得到无关政局的几个冷清部门。尽管如此，因为《临时约法》基本原则是限制总统权力，唐绍仪在同盟会阁员的支持下，在一定程度上可以限制袁世凯破坏《临时约法》的行为。

唐绍仪（1860—1938），字少川，广东香山人，是 1874 年的官费留美学生之一，哥伦比亚大学文科毕业。回国后，历任天津海关道、外务部侍郎、署邮传部尚书、铁路总公司督办、奉天巡抚、赴美专使等职，甲午战争时与袁世凯结成莫逆之交，因此袁世凯派他参加南北议和。由于唐绍仪有留美经历，受过西方民主的教育，所以偏向共和，也因此引起袁世凯的不满，被袁世凯免去首席代表资格，唐、袁之间的关系也紧张起来。袁世凯一方面不经唐绍仪副署而发布任免官员的命令，一方面唆使北洋系的阁员为难唐绍仪，迫使唐绍仪于 1912 年 6 月 27 日辞去内阁总理的职务，以致王宠惠、蔡元培、宋教仁、王正廷、施肇基、熊希龄纷纷辞职，这样除外交总长陆征祥代理内阁总理之外，只剩下北洋派系赵秉钧、段祺瑞、刘冠雄，仅仅 123 天，第一届中华民国责任内阁就这样结束了。

唐绍仪等辞职之后，袁世凯提名陆征祥组织内阁。陆征祥（1871—1949），字子欣，是同文馆毕业的职业外交官，自认为与国内政治无涉，意欲组成“超然”内阁，而争名夺利的议员们只是忙于争论新的内阁人选，对于内阁关键的“副署权”却没有人过问。

---

① 郭剑林. 北洋政府简史. 天津：天津古籍出版社，2000：105.

在袁世凯动用军警的胁迫下，1912年7月26日，参议院表决通过了陆征祥内阁，即外交总长由陆征祥兼任，内务总长赵秉钧，陆军总长段祺瑞，海军总长刘冠雄，财政总长周学熙，司法总长许世英，教育总长范源濂，农林总长陈振先，交通总长朱启钤，工商总长刘揆一。陆征祥上任伊始，便遭到一些参议员的弹劾，一气之下，称病住入医院，不再办理政事。8月20日，内务总长赵秉钧代理总理。8月下旬，陆征祥再次受到弹劾而提出辞呈，9月22日获得批准。这个“超然”内阁实在不能超然世外，也没有发挥什么作用，便转向“北洋派”内阁了。

1912年9月22日，袁世凯任命赵秉钧为内阁总理，陆征祥内阁原班人马全都保留，但控制权却在袁世凯，连国务会议也在总统府内召开，责任内阁已经是徒有虚名了，而资产阶级革命党人的注意力却放在国会选举上，希望通过国会选举去组织什么政党内阁。9月25日，袁世凯、黎元洪、孙中山、黄兴等协商签署《内政大纲》，又称“四巨头宣言”云：“一、立国取统一制度；二、主持善恶之真正公道，以正民俗；三、暂时收缩武备，先储备海陆人才；四、开放门户，输入外资，兴办铁路矿山，建置钢铁工厂，以厚民生；五、提供、资助国民实业，先着手农林工商；六、军事、外交、财政、司法、交通皆取中央集权主义，其余斟酌，各有情况，兼采地方分权主义；七、迅速整理财政；八、竭力调和党见，维持秩序，为永久之根本。”① 从“四巨头宣言”中可以看出，以孙中山为首的革命党人再一次对袁世凯妥协让步，而袁世凯却借此向个人专制独裁迈进，他一方面向帝国主义大借外债，扩充北洋军队；一方面进行整军、裁兵，大量遣散南方各省革命党人控制的武装，革命党人却幻想以政党内阁来控制政权。

1912年8月，同盟会改组为国民党，在宋教仁主持下，开始为政党内阁而奔波。经过宋教仁的不懈努力，1913年2月，国民党在第一次国会选举中大获全胜，宋教仁提出的政党内阁似乎指日可待。袁世凯“现在不怕国民党以暴力夺取政权，就怕他们以合法的手段取得政权”②，因此视宋教仁为眼中钉、肉中刺，在收买不成的情况下，指使国务总理赵秉钧派凶手于1913年3月20日夜在上海火车站将宋教仁刺杀。“宋案”的发生，表明袁世凯绝不允许真正的责任内阁制存在。

袁世凯操纵共和、民主、统一等三党合并为进步党，又威胁和利诱国民党的议员，把国会变成自己的工具。1913年9月，袁世凯提名进步党人熊希龄组阁，成立一个所谓的“第一流人才内阁”。他们是总理兼财政总长熊希龄，陆军总长段祺瑞，海军总长刘冠雄，内务总长朱启钤，外交总长孙宝琦，交通总长周自齐，司法总长梁启超，教育总长汪大燮，农商总长张謇。

熊希龄（1870—1937），字秉三，清进士，当过出洋考察宪政五大臣的参赞，当时踌躇满志，欲一展报负，孰不料仅梁启超能够与他合作，而其他人则各有心思，非但“第一流人才内阁”运转不灵，还被袁世凯利用了，不但副署了解散国民党、取消国民党籍国会议员资格的命令，还同意设立政治会议，导致支持者全无，在北洋军人实力派欺凌下，自己不得不挂冠而去，《临时约法》所确定的、革命党人所追求的责任内阁制也自此

---

① 临时政府公报：第149号，1912-09-25.

② 陶菊隐. 北洋军阀统治时期史话. 北京：生活·读书·新知三联书店，1957：154.

消失了。“平心而论，熊、梁未尝不抱着一种政治理想。他们第一想引导北洋军阀势力渐入宪政的轨道，第二想把中国的地方制度加以根本的改革”①，但他们不知政治之风险，更不会权术，被袁世凯玩弄于股掌之间也是必然的。

袁世凯在1914年5月1日公布的《中华民国约法》中规定将责任内阁制改为总统制。在总统府内设政事堂，以国务卿为首长，“赞襄大总统政务”；设左右丞各一人，“襄助国务卿与问政事”；参议八人，以审议法令；有机要局、法制局、铨叙局、印铸局、主计局、司务所等。“机要局的权力远在各部之上，主计局则把财政部和审计处的职权一并网罗而去。各部总长除例行公事外，一切须经国务卿核准。简括的说，政事堂就略同于前清的军机处，国务卿就略同于前清的军机大臣了”②，当时任国务卿的徐世昌也被时人目为“徐相国”。

总统府还特设海陆军大元帅统率办事处，由参谋总长、陆军总长、海军总长及袁世凯特派高级军官组成。统率办事处设总务厅及一、二、三所。统率办事处的权力除军事之外，内政、外交、交通、财政等方面事务也在会议之中，至时召集该部总长列席而已。统率办事处是总统独裁制的重要机构，没有首长，实际上由袁世凯所控制，袁世凯已经与君主无异了。

内阁制被废除之后，原来的行政各部内阁成员资格也就消失了，变成了辅政机关，时人称之为“辅政内阁”。这个“辅政内阁”的国务卿是徐世昌，外交总长孙宝琦（1915年1月改为陆征祥），内务总长朱启钤，财政总长周自齐（1915年4月改为周学熙），陆军总长段祺瑞（1915年5月由王士珍署），海军总长刘冠雄，司法总长章宗祥，教育总长汤化龙（1915年10月改为张一麐），农商总长张謇（1915年4月改为周自齐），交通总长梁敦彦。国务卿是政事堂首长，政事堂是隶属于大总统的非独立机构，各部总长也不是国务员，而成为了总统直属机构的办事员。

袁世凯逐渐走向帝制，北洋军阀内部也逐渐走向分裂，称帝83天的袁世凯又被迫取消帝制，宣布恢复责任内阁制，以期消除全国人民对他的憎恨。1916年4月23日，袁世凯推出的“责任内阁”名单是：国务总理兼陆军总长段祺瑞，外交总长陆征祥，内务总长朱启钤，财政总长周学熙，海军总长刘冠雄，司法总长章宗祥，教育总长张一麐，农商总长周自齐，交通总长梁敦彦，参谋总长王士珍，审计院长庄蕴宽。

段祺瑞（1865—1936），字芝泉，安徽合肥人，北洋武备学堂毕业，曾经留学德国，协助袁世凯创办北洋军，被袁世凯视为亲信，现在则乘机逼迫袁世凯交出军政大权，甚至要求袁世凯退位。在内外交困和全国人民的一片叫骂声中，1916年6月6日，袁世凯一命归西，北洋军阀则分裂为皖、直、奉三大系及若干小系，他们争夺中央和地方权柄，除采取政治阴谋外，还常常兵戎相见，中华民国再次进入灾难的深渊。

1916年6月，黎元洪以大总统令，特任段祺瑞为国务总理，组织内阁，待国会恢复时予以追认。6月30日段祺瑞特任唐绍仪为外交总长、许世英为内务总长、陈锦涛为财政总长、程壁光为海军总长、张耀曾为司法总长、孙洪伊为教育总长、张国淦为农商总

---

① 李剑农．中国近百年政治史（1840—1926年）．上海：复旦大学出版社，2002：363.
② 同①369.

长、汪大燮为交通总长、段祺瑞自兼陆军总长，实际上是皖系军阀所把持。责任内阁制客观上为段祺瑞扩张势力提供了法律上的便利，段祺瑞也意图凭借军事势力实行“内阁专政”，视大总统黎元洪为傀儡和盖章机器，而黎元洪积极争取美国的支持，拉拢其他军阀，与段祺瑞明争暗斗，“府院之争”推开帷幕。

“府院之争”是黎元洪依恃国会与段祺瑞的争斗，其焦点有三：一是关于徐树铮就任国务院秘书长的问题。徐树铮（1880—1925），字又铮，安徽萧县人，1905 年由段祺瑞保送去日本士官学校学习，1910 年回国，为段祺瑞的参谋，号称“小扇子军师”，1914 年被段祺瑞提升为陆军次长，深得段祺瑞信任。段祺瑞任国务总理，提名徐树铮为国务院秘书长，遭黎元洪反对，段祺瑞竭力疏通和逼迫，徐树铮得以出任，开始与黎元洪交恶，也使黎元洪与皖系军阀段祺瑞的矛盾表面化和激烈化。二是制定宪法问题，国会中拥护段祺瑞是以梁启超为首的研究系议员，他们主张中央集权，占多数的国民党议员，以唐绍仪为首组成的益友社则主张地方分权，双方在国会中争辩，以致出现会场斗殴。三是参加第一次世界大战问题。段祺瑞借口参战，勾结日本，借款扩军；美国不欲日本占先，由原先支持黎元洪参战变为支持黎元洪反对参战；在“对德宣战案”提交国会审议时，段祺瑞组织“公民团”“督军团”胁迫国会予以通过，反遭国会及国内多方的不满。1917 年 5 月 19 日，段祺瑞以督军团的名义要求黎元洪解散国会，黎元洪因有美国暗中支持，不予理睬，于 5 月 23 日下令免去段祺瑞的总理职务，以外交总长伍廷芳代行总理，并请李经羲出任总理来组阁。因为皖系军阀鼓动北洋各省独立，李经羲在天津租界请求黎元洪调徐州安徽督军张勋入京保驾。张勋却借机扶清废帝溥仪复辟，7 月 1 日，恢复宣统年号。黎元洪逃往日本使馆，宣布由在南京的副总统冯国璋代理总统，任命段祺瑞为总理。段祺瑞在天津马厂誓师，组织讨逆军讨伐张勋，7 月 12 日，迫张勋逃入荷兰使馆。

段祺瑞以再造共和元勋的身份，重新组阁，实行责任内阁制。7 月 17 日公布的阁员有：段祺瑞为国务总理兼陆军总长、汪大燮为外交总长、汤化龙为内务总长、梁启超为财政总长、林长民为司法总长、张国淦为农商总长、范源濂为教育总长、曹汝霖为交通总长、刘冠雄为海军总长。段祺瑞废除了《中华民国临时约法》，而组织皖系政客控制的“安福国会”，要用武力统一全国，使皖系一统天下。“从前黎段时期，段握有实力，黎不过政客利用而已，尚是以虚击实；冯段既各有力量，则是以实击实”①，直系与皖系军阀开始势同水火。

1917 年 11 月 16 日，段祺瑞要挟冯国璋，提出辞去总理职务，不料冯国璋于 3 日后同意段祺瑞辞职，以汪大燮代理总理，汪因为没有背景，代理 10 天后辞职，冯国璋便请北洋元老王士珍署理总理、以陆征祥为外交总长、钱能训为内务总长、王克敏为财政总长、江庸署理司法总长、刘冠雄为海军总长、田文烈为农商总长、曹汝霖为交通总长、荫昌为参谋总长，段祺瑞的内阁被改造了。段祺瑞不服，纵容徐树铮勾结奉系军阀，将冯国璋控制在手中，王士珍在无奈的情况下，化装逃往天津，冯国璋只好请段祺瑞重新组阁。1918 年 3 月 23 日，经过政治交易，段祺瑞再度出任总理。3 月 30 日，公布内阁

① 张国淦．中华民国内阁篇．北洋军阀史料选辑：上册．北京：中国社会科学出版社，1981．

成员：外交总长陆征祥、内务总长钱能训、陆军总长段芝贵、海军总长刘冠雄、教育总长傅增湘、司法总长朱深、农商总长田文烈、交通总长兼署财政总长曹汝霖。段祺瑞自觉势力孤单，还希望借助直系的力量以达到武力统一之目的，殊不料新起直系军阀势力吴佩孚与他公然对抗。在各种政治势力的逼迫下，段祺瑞辞去总理职务，以参战督办、边防督办的名义掌握皖系军队，控制着政权。

1918年10月10日，国会选举徐世昌为总统。新总统徐世昌批准段祺瑞辞去总理职务，特任内务总长钱能训暂行兼代国务总理。内阁问题一直是各派的争论焦点，没有军阀势力为背景的钱能训在"国内纷扰，难期统一，外患频仍"的情况下①，于1919年8月13日提出辞职。徐世昌以龚心湛代理国务总理，9月24日，徐世昌又批准龚心湛辞职，以陆军总长靳云鹏兼代国务总理。靳云鹏是段祺瑞的四大金刚之一，是张作霖的儿女亲家，自认为可以拉拢各派，在11月4日通过的内阁成员中：靳云鹏自兼陆军总长、田文烈为内务总长、陆征祥为外交总长、周自齐为财政总长、曾毓隽为交通总长、朱深为司法总长、夏寿康为教育总长、张志潭为农商总长、萨镇冰为海军总长。此名单一经公布，即遭到皖系及各省军阀的反对，段祺瑞对靳云鹏也加以训斥，靳云鹏只好更改名单，交参众两院通过。12月3日最终通过的阁员为：靳云鹏自兼陆军总长、田文烈为内务总长、陆征祥为外交总长、李思浩为财政总长、曾毓隽为交通总长、朱深为司法总长、田文烈兼教育总长、傅乐棻代理农商总长、萨镇冰为海军总长。这样的内阁仍得不到皖系的满意，而且靳云鹏还想树立自己的威信，在内政外交上想摆脱段祺瑞的控制，但他既乏军事实力，又无财政，内外都不配合，维持下去是很困难的。

1919年秋冬直皖之争开始，皖系逼靳云鹏辞职，直系却拥靳云鹏在任，在各种矛盾交织下，靳云鹏辞职，于1920年5月14日获准，由萨镇冰代理总理。7月14日，皖系兵败。7月19日，段祺瑞通电下野。8月9日，徐世昌再次任命靳云鹏为内阁总理。8月11日公布的内阁成员有：靳云鹏自兼陆军总长、颜庆惠为外交总长、张志潭为内务总长、周自齐为财政总长、萨镇冰为海军总长、董康为司法总长、范源濂为教育总长、王乃斌为农商总长、叶恭绰为交通总长。这是奉、直系联合的内阁，但奉系占优，直、奉系之间的矛盾已经在一触即发之际。

1920年以后的北洋政府实际上已经对全国失去控制，在持续四年多的"联省自治"风潮中，军阀们割据一方，与北洋政府的统一论调相反，而北洋政府又没有能力统一，便于1920年11月17日宣布筹办地方自治。这种妥协也不能得到各省军阀的满意，而直、奉系之间的战争又开始了。1922年4月29日，第一次直奉战争爆发，5月5日，奉军兵败退出关外。直系军阀逼总统徐世昌退位，让黎元洪复位。1923年6月13日，黎元洪被逼下台，高凌霨代行总统。1923年10月10日，贿选总统曹锟上台。1924年9月，第二次直奉战争爆发，10月24日，冯玉祥囚禁曹锟。11月2日，曹锟宣告退位，段祺瑞出任执政。自1926年4月20日，段祺瑞下野逃往天津，北洋政府实际上没有了元首。1926年12月，张作霖进入北京，以安国军总司令名义指挥政府。1927年6月18日，张作霖以"中华民国陆海军大元帅"的名义组织安国军政府。1928年6月3日，张

① 顺天时报，1919-08-13.

作霖退出北京，4日被炸死在皇姑屯，军政府被国民革命军接收，南京国民政府宣告“统一”，北洋政府终结。12月29日，张学良宣布东北易帜，南京国民政府完成形式上的统一。

军阀之间的战争、元首的频繁更换、政治派别的纷争，都会影响到内阁。靳云鹏以后的内阁总理变更如下：1921年12月18日，靳云鹏辞职，颜庆惠代理总理。1921年12月24日，梁士诒出任国务总理。1922年1月25日，梁士诒托病请假，颜庆惠暂时兼代总理，4月8日，周自齐任国务总理。6月11日，总统黎元洪特任颜庆惠为国务总理。7月31日，王宠惠任国务总理，11月25日，王宠惠内阁集体辞职。11月29日，汪大燮任国务总理，12月10日，王正廷兼代国务总理。1923年1月4日，张绍曾任国务总理，6月6日辞职。6月20日，李根源代理总理，8月28日，内务总长高凌霨代行总理职权。1924年1月12日，孙宝琦任国务总理，7月2日，孙宝琦辞职，顾维钧兼代总理。9月14日，顾维钧辞去兼代总理，颜庆惠兼代总理。10月31日，颜庆惠辞去兼代总理，黄郛兼代总理。1925年11月25日，黄郛内阁总辞职，12月26日，段祺瑞任许世英为国务总理，1926年1月7日，许世英组阁，2月20日，许世英辞职，贾耀德代行国务总理，4月20日，贾耀德辞职，胡惟德代理总理。5月13日，颜庆惠任总理并组阁，6月22日，颜庆惠辞职，杜锡珪代理国务总理，10月1日，杜锡珪辞职，外交总长顾维钧兼带国务总理，政府处于瘫痪状态。1927年1月，顾维钧改组内阁，实际上是张作霖的附属机关。1927年6月19日，张作霖任命潘复为国务院总理，辅助大元帅执行政务。

北洋政府内阁制随着政局和军阀势力的力量对比而不断变化，因此具有鲜明的特点：

首先，号称责任内阁，实际没有内阁的责任，也缺乏责任内阁制的基本形成程序和权力运行机制。按照《临时约法》规定的责任内阁制，内阁应该对国会负责，而实际上国会是各种政治派别争夺权力的角斗场，在军阀势力的影响和强权干涉下，国会没有形成真正意义上的政党制度，也不是民意机构，内阁不是严格意义上的国会公选，也不是对国会负责，而是对掌握军事实力的军阀头子负责，内阁总理也多由军阀头子指定。责任内阁要求在内阁更迭时，全体阁员辞职以表示责任，而北洋政府的内阁更迭多不是全体辞职，往往是一些阁员或总理的更换，以完成某种权力上的分配与均衡，军阀政客之间的争权夺利在此表现得淋漓尽致。

其次，内阁更迭频繁，时而责任，时而辅政，既缺乏稳定的机制，又没有明确的标准，更缺少法律的依据。《临时约法》有意识地加大国会的权力，试图用责任内阁限制总统权力，使内阁与总统的职权界限不清，在实际运作过程中，国会、总统、内阁则难以合作，这样就给军阀操纵提供了机会，也给强权介入提供了借口。“袁记约法”使总统府上升到国家政务的中枢位置，内阁成为辅政机构。在袁世凯死后，虽然是常常高举“护法”旗帜，责任内阁也是政坛斗争的焦点，但中央政权在军阀手中更替，战火连绵不断，列强介入，政治动荡。在崇尚实力统一中国的当时，如果元首是实力雄厚的军阀头子，内阁便降为办事机构；如果内阁总理是有实力的人物，则内阁专权而左右政局。在强权和利益的压迫与诱惑下，国会成为政治斗争的工具；总统、内阁、国会，表面上都打着合法的旗帜，实际上都没有按照法律运行，法律仅仅是军阀和政客手中的工具。凡此，不但与内阁制精神背道而驰，而且缺乏法律的保障。

最后，军阀割据，国家处于分裂状态，地方势力在很大程度上影响内阁制的稳定。北洋军阀分裂、南方军阀割据，列强为瓜分中国而各自寻找代理人，使国家处于四分五裂的状态，呈现出许多半独立性质的小朝廷。这些地方势力在列强的支持下，为了维护自己的利益，动辄通电公然反对现有的内阁或提议由某人组阁，一次联合通电或军人集会，就能够使元首易人、内阁更迭，根本没有稳定的政局。袁世凯死后，30余次内阁变更，都是在列强支持下的各派军阀掌控之下进行的。

作为西方民主制度重要组成部分的内阁制度，从引进中国的那一天起就失去了民主内涵，既给各种政治势力争夺权利搭建了政治舞台，又给它们披上了合法的外衣。责任内阁的设计在于限制总统权力，"在实践中，国务院（内阁）只能起执行政务，而无法实现责任内阁制下内阁决定大政方针、制约总统权力的强有力作用"①。设计上的缺陷和实践过程中的权力争夺，不但给各种政治势力争斗提供了借口，也给它们提供了瓜分权力的机会。在军阀割据、国家四分五裂的情况下，当时相对薄弱的资本主义经济和政治基础，在颇为强大的军阀势力和列强的阻遏下，依靠责任内阁来实现某种民主政治制度，既不现实，也不实际，历史发展也证明了这一点。

二、南京国民政府五院制

1928年10月，根据国民党中央常务委员会通过的《训政纲领》，制定和公布了《中华民国国民政府组织法》，这种基于五权制度原则而设定的国民政府在10月10日宣告成立。根据该法规定，立法院为国民政府的最高立法机关，行政院为最高行政机关，司法院为最高司法机关，考试院为最高考试机关，监察院为最高监察机关，五院共同掌握国民政府的最高权力，是国民政府的核心和基本机构。

（一）立法院

1928年10月8日公布的《中华民国国民政府组织法》第三章内容是立法院，规定立法院"有议决法律案、预算案、大赦案、宣战案、媾和案、条约案及国家其他重要事项之权"。与此同时，通过《立法院组织法》，规定了立法院的组成和具体权限。

立法院设院长和副院长各一人，由国民党中央执行委员会选任，1947年改为立法委员互选。院长的主要职权有：(1) 拟定立法委员具体人选名单，提请国民政府任命，后改限定名额选举。(2) 为立法院会议主席，院长因故不能出席会议时由副院长代理。(3) 指挥全院事务及其所属机关，维持院内秩序，整理议事程序。(4) 指派秘书处职员专任会议记录。(5) 认为有必要时，可以更改议案的排列顺序。(6) 原定议事日程因故不能开议，已经开议而不能议完时，可以决定变更议事日程。(7) 指定院会日期，核定和决定1/3以上立法委员连署向其他各院所提出的质询。(8) 立法院会议表决可否的人数相同时，由院长来决定。(9) 对已经为立法院会议否决或废弃的议案，可以提请复议，而复议案不得为司法院会议否决。(10) 院长因故不能执行职务时，由副院长代理。

---

① 谢俊美. 政治制度与近代中国. 上海：上海人民出版社，2000：384.

立法院下设各种委员会，主要有内政及民族事务、外交及侨务、科技及资讯、国防、财政、预算及决算、教育及文化、交通、司法、法制、卫生环境及社会福利等委员会，各设委员长以召集会议。立法院认为必要时，可以增设特种委员会。如1929年1月29日，立法院第10次院会指定傅秉常等五人组成民法起草委员会，马寅初等五人组成商法起草委员会，吴尚英等五人组成土地法起草委员会，吕志伊等五人组成地方自治法委员会，邵元冲等五人组成劳工法起草委员会；1931年12月，又指定刘克俊等九人组成刑法起草委员会；历时数年，于1935年4月5日完成上述法典的起草，任务完成后，特种委员会解散。

立法院置特任秘书长一人，承院长之命处理本院事务，并指挥监督所属职员；副秘书长一人，承院长之命襄助秘书长处理本院事务。立法院下设有秘书、编译、统计等处，各设处长、科长、科员等。秘书处掌理会议记录、文书收发与保管、文书撰拟与誊录、立法委员及本院职员任免及考核情况登记、典守印信、布置会议及庶务等项。编译处掌各国法制的编译、立法参考资料的收集、本国法律的编辑与刊行及其他编译事项。统计处掌调查编辑全国的法律、政治、经济、社会等各项统计与编辑刊行统计年鉴及单行本报告表册等事项，1931年4月，其主要职责移交国民政府主计局（后改统计局）。随着立法事务的不断增加，最终司法院下属有秘书处、议事处、公报处、总务处、资讯处、法制局、预算中心、国会图书馆等机构。

（二）行政院

行政院是最高行政机关，设正副院长各一人，各部委首长若干人、主管部委政务委员若干人。正副院长由国民政府委员担任，院长有指挥院务，监督所属机关，提请国民政府任命所属各部部长、次长、各委员会正副委员长，主持院会等职权，院长因故不能行使权力，由副院长代理。

根据1928年10月20日公布的《行政院组织法》，行政院由内政、外交、军政、财政、农矿、工商、教育、交通、铁道、卫生等十个部，建设、蒙藏、侨务、劳工、禁烟等五个委员会组成。经国务会议及立法院决议，可以增加、裁撤各部委及其他机关。南京国民政府的各部委的增加、裁撤相当频繁，经常进行大规模的调整，显示出组织结构的不合理。

行政院有正副秘书长各一人，统领秘书处。秘书长承院长之命处理本院事务，并指挥监督所属职员。副秘书长承院长之命襄助秘书长处理本院事务。正副秘书长均列席行政院会议。秘书处掌管会议记录、文书收发及保管、文书分配撰拟及编制、典守印信、出纳及庶务等，有科长、科员、书记官、雇员等百余人分管各种事务。行政院设政务处主管行政院会议、审核院属各机关行政计划及工作报告等事项，其政务处长得列席行政院会议。1947年取消政务处。此外还有会计室、统计室、人事室等机构，以及各种临时性增设处理专门事务的委员会。

1948年6月1日，“宪政”行政院成立，其下属机构变化不大，增加了参事8～12名，掌撰拟法案及命令，审核行政法规，审核所属机关行政计划及工作报告，调查、设计及编审等事项。为辅助参事办理上述事务，设编审10～20人，书记官10～20人，雇员 15～25 人。

行政院会议由正副院长、各部部长、各委员会委员长组成，院长出任主席。会议得议决立法院的法律案、预算案、大赦案、宣战案、媾和案、条约案及其他重要国际事项案，荐任以上行政和司法官吏任免案、陆海空军少尉以上军衔官的授予及少校以上军职的任免、各部及委员会之间不能解决的问题、其他依法律或行政院长认为应该交付会议议决的事项等。

1928 年 10 月 25 日成立的行政院在名义上是国民政府的最高行政机关，实际上仅仅是国民政府的一个组成部分，五院院长都是参加国务会议的国务员，行政院长也不过是协调各部委行政的办事人员。1943 年 9 月，蒋介石以元首身份兼任行政院长，政治中心则移至行政院，行政院便成为名副其实负有政治责任的最高行政机关。因为在“中国国民党统治下的中国政治，是蒋介石担任什么职务，就搞什么制！蒋介石任国民政府主席时行主席独任制，任行政院长时行院长揽权制，任军事委员会委员长时行委员长独裁制”①。

1931 年 12 月 30 日公布的《修正中华民国政府组织法》规定：“行政院所有命令及处分，其关于一般行政者须经全体部长之副署。”一般认为这是集体领导，但就行政院会议的运作方式来看，实际上是首长负责制，更何况行政院议决政务之前要请示国民党中央执行委员会，得到批准方能议决。因此，行政院若不是蒋介石掌权，则仅仅是执行机构而已。

（三）司法院

司法院为国民政府最高司法机关，根据 1928 年 10 月 8 日公布的《中华民国国民政府组织法》规定，司法院掌理司法审判、司法行政、官吏惩戒及行政审判，有关特赦、减刑、复权等事项提请国民政府核准施行，司法部主管事项可以用议案形式交立法院，有统一解释法令及变更判例的权力，有监督国立大学法律系科及批准私立法政学校设立的权力。

1928 年 11 月，由国民党中央执行委员会选任王宠惠、张继为正副院长。司法院下设机构则有所变化：1928 年时，将司法行政署改为司法行政部，司法审判署改为最高法院，行政审判署改为行政法院。1930 年时，以中央公务员惩戒委员会隶属之，司法行政部则改隶行政院，司法院则成为“最高审判机关”。1934 年，司法行政部复归司法院，则又称“最高司法机关”。1942 年，司法行政部再改隶于行政院，虽仍称“最高司法机关”，其权力也仅限于“掌理民事、刑事、行政诉讼之审判，及公务员之惩戒”。1948 年 4 月，为了镇压人民的反抗，设立特种刑事法庭。1948 年 5 月，司法院增设大法官会议，由 17 名大法官组成。这样，司法院前后所辖机构有司法行政部、最高法院、行政法院、中央公务员惩戒委员会、特种刑事法庭、大法官会议；其直属机构有秘书处，设正副秘书长，承办院内各种事务。

司法行政部设部长、政务次长、常务次长各一人，下设民事、刑事、总务、监狱等

---

① 孔庆泰，等. 南京国民政府政治制度史. 合肥：安徽教育出版社，1998：197.

司及监狱官审查、法权研究等委员会、法官训练所等直属机构，设秘书、参事、会计等室为办事机构。

最高法院由院长、庭长、推事、书记官、检察署长等组成，是终审机关。其下有民事审判厅、刑事审判厅、判例编纂委员会、检察署等机构。

行政法院是司法院直辖的中央行政诉讼机构，下有若干个法庭，由院长、庭长、评事、书记官等组成，接受人民对官府的不当处分和违法行为而提出的控告，审理行政诉讼。

中央公务员惩戒委员会是对公务员违法、渎职、失职等行为进行惩戒的机构，由委员长一人，委员和书记官等组成，负责一般政务人员的惩戒处分。

特种刑事法庭是一种临时性质的法庭，始称特种刑事临时中央法庭，主要是审判共产党人、革命者、爱国人士及一些涉外案件，1948 年则正式称为中央特种刑事法庭。

大法官会议是 1948 年正式确立的，包括司法院正副院长，共有 17 人，负责审理解释宪法及统一解释法令案件。大法官任职资格有五项：曾任最高法院法官 10 年以上而成绩卓著者；曾任立法委员 9 年以上而有特殊贡献者；曾任大学法律主要科目教授 10 年以上而有专门著作者；曾任国际法庭法官或有公法学或比较法学之权威著作者；研究法学，富有政治经验，声望卓著者。上述各项资格中任何一项的人数，都不能超过大法官人数的 1/3，任期 9 年。

司法院虽为“五权分立”的一个重要机构，也是国民党标榜“司法独立”的标志，但司法院上有国民政府，“在审判机关之上设立一个机关，却又谈什么审判独立、司法独立，岂不是掩耳盗铃”[①]。在政府的领导下，在国民党一党专制下，以蒋介石的手谕，国民党会议随时可以决定法律，更改司法程序，“司法独立”根本就是一句空话。

（四）考试院

考试院为国民政府最高考试机关，根据 1928 年 10 月 8 日公布的《中华民国国民政府组织法》规定，考试院主管考选、铨叙事宜，对主管事项可以向立法院提出议案，对公务员任用中不合规定资格者可以径行降免。

1928 年 10 月 20 日，国民政府公布《考试院组织法》。1930 年 1 月 6 日，考试院成立，戴传贤、孙科为考试院首任正副院长。

考试院设正副院长各一人，由国民党中央执行委员会选任，没有任期限制。1943 年改为国民政府主席提名请国民党中央执行委员会选任。1946 年改为总统提名，经监察院同意任命，任期六年。

考试院下设考选委员会（后改考试委员会），掌理全国考选事项。委员会设特任委员长一人综理会务，监督所属职员并执行考选委员会议决事项；设简任副委员长一人，辅助委员长处理会务，委员长因故不在则代理委员长之职；其下有秘书处，后改为四个处，处下有科室，主管日常事务。设考试委员若干人（1947 年额定为 19 人），任期六年，其任职资格为：曾任考试委员声誉卓著者；曾任典试委员长而富有贡献者；曾任大学教

---

① 郭宝平．民国政制通论．太原：山西人民出版社，1995：198.

授10年以上，声誉卓著，有专门著作者；高等考试及格20年以上，曾任简任职满10年，并达最高级，成绩卓著而有专门著作者；学识丰富有特殊著作或发明或富有政治经验，声誉卓著者。

考试院下有铨叙部，设部长、次长各一人，主管在职公务员分发、成绩考核等登记以及任免、资格、调动、晋升、降职、薪俸、奖恤、退休等审查事项。所属有秘书处、参事处、登记司、甄核司、育才司，司处下有室、组、科等组织，分别管理各种事务。1947年后规模扩大，有政务次长、常务次长，以及总务、登记、甄核、考功、奖恤、典职等六司和公务员甄别初审委员会。

考试院内有法规委员会、秘书处、参事处、人事处、会计室、统计室、机要室、政风室等机构，分管院内各种事务。

为保证考试竞争的公平性，避免作弊和考试内容泄露，每次考试则按考试性质临时组成高等考试、中央普通、地方普通等典试委员会，由委员长一人和委员若干人组成，设有秘书处、襄试处、监试委员等。自典试委员会成立之日到成绩发榜公布，所有参加典试工作的人员都必须与外界隔离，以保证考试工作的顺利进行。

（五）监察院

监察院为国民政府最高监察机关，根据1928年10月20日公布的《监察院组织法》，监察院依法行使弹劾、审计权；1947年以后则扩大为同意、弹劾、纠举及审计权。

监察院设院长一人，综理院务；副院长一人，协助院长，院长因故不能视事时代理院长。院长和副院长由国民党中央执行委员会从国民政府委员中选任，1948年则改为由监察委员互选产生。

监察院的主体是监察委员，最初为19～29人，后增加至39～49人，抗战结束后又增至74人，1947年底则达到223人。监察委员负责对全国各机关各级公务员，包括监察委员在内的监察，行使弹劾权，并可以担任各监察区的监察使。按照《监察院组织法》规定，监察委员必须年满35岁，且具有如下资格之一：曾任中央民意代表一任以上或省市议员二任以上，声誉卓著者；任简任司法官10年以上，并曾任高等法院、高等法院检察署以上司法机关司法官，成绩优异者；曾任简任公务员10年以上，成绩优异者；曾任大学教授10年以上，声誉卓著者；国内专门职业及技术人员高等考试及格，执行业务15年以上，声誉卓著者；清廉正直，富有政治经验或主持新闻文化事业，声誉卓著者。

1930年，全国划分14个监察区，1934年6月增至16个。第一区江苏，第二区安徽、江西，第三区福建、浙江，第四区广东、广西，第六区河北，第七区河南、山东，第八区山西、陕西，第九区辽宁、吉林、黑龙江，第十区云南、贵州，第十一区四川，第十二区热河、察哈尔、绥远，第十三区甘肃、宁夏、青海，第十四区新疆，第十五区西康、西藏，第十六区蒙古。1945年台湾光复后，台湾与福建为一监察区，浙江单独为一监察区。1946年，西康与四川合并为一监察区，东北三省各自为一监察区，至此全国有19个监察区。1940年，监察院设立战区巡察团，在各战区进行巡回监察，1946年撤销。

每个监察区都设监察使署（1947年以后改为监察委员行署），派一名监察使，由监察院长在监察委员中提名，经国民政府任命，“承监察院之命，综理全署事务”①，是监察院的派出机构。

监察院下设审计部，掌理审核政府所属全国各机关的决算、预算，监督政府所属全国各机关预算的执行，核定政府所属全国各机关收入命令及支付命令，稽察政府所属全国各机关的假借权势滥行职权和贪污受贿行为，以及其他的不法行为或不忠于职守的行为。监察院的直属机构有秘书处、参事处、人事室、统计室、会计室等。

1947 年，监察院根据行政院各部委的设置增设了内政与地政、外交侨务、国防、财政与粮政、经济资源农林水利、教育、交通、司法、社会卫生、蒙藏等 10 个委员会，以便对应监察行政院各部委的工作。

（六）五院制与国民政府的关系

中国国民党实行“五院制”是基于孙中山的“五权宪法”而确立的。孙中山“五权”分立是在西方“三权分立”的基础上提出的，他认为：外国实行立法权、司法权和行政权的分立是不大完全的，而中国原有的科举考试制度和御史监察制度是很好的制度，如果“采用外国的行政权、立法权、司法权，加入中国的考试权和监察权，连成一个很好的完璧，造成一个五权分立的政府。像这样的政府，才是世界上最完全、最良善的政府”②。但是孙中山在建立政权的实践过程中，确立了“以党治国”的方针，在中国国民党第一次全国代表大会上，抛弃五权制的资产阶级共和国方案，转而赞同几个革命阶级联合专政的人民共和国方案，在组织形式上也主张仿效苏联，采取民主集中的委员合议制，在实行过程中又确立领袖制，“恰恰是通过‘圣化’领袖的方式——依靠对领袖本人及其主义的‘忠实’——来建立党内的以‘以人治党’，领袖独裁为核心内容的各种规章制度的”③。在这种情况下，南京国民政府虽然采用“五权分立”的原则，确立“五院制”的政府模式，但在实施过程中却不可能真正达到分立，民主集中的委员合议制与领袖制成为国民党派系斗争的焦点。

首先，在民主集中委员合议制的前提下进行“兄弟分赃”。1928 年 6 月，随着东北张学良易帜，南京国民政府完成形式上的统一，但中国国民党内各派系之间的争斗却不断加剧。1928 年 2 月国民党二届四中全会对国民政府进行改组，汪精卫、胡汉民被排挤在外，但他们争雄之心不死，试图夺回权力；桂、阎、冯三大实力派军阀势力则因蒋介石“裁兵”而害怕削弱自己的势力；蒋介石则希望通过集权而建立自己的独裁统治。在各派系之间难以协调的情况下，国民党的“理论家”胡汉民和孙科推出了《训政纲领》，其核心内容是“以党治国”和“提前试行五权制度”。根据胡汉民、孙科的《训政大纲提案说明书》，“就党与政府之关系言，党必求其完固之重心，政府必求其有适宜之组织；就权与能之关系言，党为训政之发动者，须有发动训政之全权，政府为训政之执行者，须有执行训政之全责；就党与政府二者在训政时期与人民之关系而言，则党之目的在以政权逐步授诸全国之民众，政府之目的在于逐步受国民全体直接之指挥与监督”。也就是

① 《监察使署组织条例》，1942 年 2 月 7 日修正公布，中国第二历史档案馆藏档，第 1 号全宗第 4729 号。

② 孙中山．孙中山全集：第 9 卷．北京：中华书局，1986：351.

③ 杨德山．中国近代资产阶级政党学说研究．北京：人民出版社，2002：270.

说，国家政权先托付给国民党，由国民党的权力机关行使职权，教育和训练人民学会行使政权，这样国民党中央政治会议和国民政府五院不但承担起了责任，而且能安排许多“有功的人物”，各派系均能得到利益，因此有人称《训政纲领》是“兄弟分赃协定”。

其次，从民主集中委员合议制走向领袖制，《中华民国国民政府组织法》不断修订，五院渐渐成为对蒋介石个人负责的办事机关，形成五院分工辅政体制。

1928 年 2 月 4 日，国民党二届四中全会最初制定的《中华民国国民政府组织法》强调委员合议制。国民政府受中央执行委员会指导监督，掌理全国政务。国民政府委员由中央执行委员会推举产生，再由政府委员在委员中推举五至七人为常务委员，常务委员推举一人为主席。重大国务由委员会讨论决定，一般政务由常务委员执行，“公布法令及其他关于国务之文书，由主席及常务委员二人以上署名；其与各部有关者，并由各该主管部部长连署；以国民政府名义行之”①。

1928 年 10 月 3 日，国民党中央执行委员会常务委员会第 172 次会议重新通过的《中华民国国民政府组织法》（1928 年 10 月 8 日公布）虽然也强调委员合议制，但突出了“主席委员”的地位，“国民政府设主席委员一人、委员十二至十六人”，一些条款内还专门使用“国民政府主席”一词。主席的权责虽然没有扩大，但地位突出了。

1930 年 11 月 17 日，国民党三届四中全会通过的《中华民国国民政府组织法》（修正案）开始突出主席的地位，因为蒋介石担任了国民政府主席兼行政院院长，所以修正案向蒋介石倾斜。根据修正案，国民政府委员组成的会议称国民政府会议，行政院会议称国务会议；公布法律改为以国民政府主席署名，立法院院长副署；发布命令改为主席署名，各主管院院长副署。这样委员合议制的集体负责制变成个人负责制。刚刚在中原大战中打败冯玉祥、阎锡山的蒋介石，很想借三届四中全会的时机召开国民会议，制定约法，选举总统，以便实现个人独裁，也就撕毁了“兄弟分赃协定”，这激起汪精卫、胡汉民等国民党元老和地方实力派的强烈反对。胡汉民同意召集国民会议，但他认为国民会议无权代替国民大会来制定约法和选举总统。1931 年 2 月 28 日，蒋介石扣押胡汉民，将其软禁在南京汤山，引起国民党内部的分裂。5 月，胡汉民派及其他反蒋派别云集广州，另立国民党中央和国民政府。蒋介石为缓和矛盾，表示国民会议只制定约法，不提总统问题。

1931 年 6 月，国民党三届五中全会修正通过《中华民国国民政府组织法》，进一步削弱国民政府委员会的职权，突出了国民政府主席的权力。国民政府主席对内对外代表国民政府，兼中华民国陆海空军总司令。国民政府五院院长、副院长、陆海空军副司令及直属国民政府的各院、部、会长，由国民政府主席提请，国民政府依法任免之。国民政府公布法律、发布命令，由国民政府主席依法署名行之。国民政府主席蒋介石大权集中，国民政府委员合议制名存实亡。

1931 年 12 月，蒋介石在各方面的压力下，不得不辞去国民政府主席一职。12 月 25 日，国民党四届一中全会通过《关于中央政制改革案》，国民政府主席成为虚职元首，五院各自对国民党中央执行委员会负责。26 日又修改通过了《国民政府组织法》，明确了

① 荣孟源. 中国国民党历次代表大会及中央全会资料：上册. 北京：光明日报出版社，1985：520.

行政院负责制，规定国民政府委员不得兼任各院及部会首长，即使有国民政府委员合议制，也变得无足轻重。28 日，孙科就任行政院院长，“蒋介石胜利地收服了汪精卫，逼走了胡汉民，玩弄了孙科”，“从 1931 年春到 1932 年的国民党内部的联合反蒋运动，在蒋所布置的天罗地网下宣告失败了，也无非又重复一次过去多少回联合反蒋失败的经验。于是国民政府的‘蒋主席’变为军事委员会的‘蒋委员长’，行政院的‘孙院长’变为‘汪院长’”①，形成蒋主军、汪主政的政府体制，国民党政权开始走向法西斯化。

1943 年 8 月 1 日，国民政府主席林森去世，蒋介石出任国民政府主席。9 月，国民党五届中央执行委员会第十一次全体会议通过《修正国民政府组织法案》，国民政府主席成为实职元首，五院院长由国民政府主席提名，对国民政府主席负责，蒋介石的独裁也达到顶峰。

1948 年 5 月，南京政府实行总统制，将五院的权力集中于总统，五院院长对总统负责，成为总统下的办事机构，五院不但失去分权制衡的寓意，而且失去独立的资格，成为一种“分权辅政体制”，与传统的政治体制相差无几。

三、中华民国辅政制度的特点

由君权神授到君主立宪，从民主共和再到人民共和，是中国近现代政治与政治制度观念不断演变的过程。近现代政治体制由专制政体向民主政体的演变过程中，辅政制度一直是发展变化的重点。新型辅政制度与传统辅政制度有本质上的区别，虽然在发展过程中仍然与传统辅政制度有相同的特点，但毕竟不同于传统辅政制度，其发展变化当然也有了新的特点：

第一，君主立宪和民主共和制都是从外国引进来的，而作为这种制度重要组成部分的辅政制度在引进过程中，很快地就失去原有的内涵，这不仅仅反映了中国国情对政治制度的决定性影响，也反映了政治体制各有机部分之间复杂的政治关系，进而可以说明只有具有中国特色的政治制度才会有无限生命力和发展前景。

从清末新政到“仿行立宪”，再到“预备立宪”，这是在特殊的政治和社会背景下展开的。这里既有清王朝为维护自己“国祚之永续”的考虑，也有挽救民族和社会危机的考虑。清王朝一方面要笼络人心，平定国内的反抗；另一方面则期望借助改制以富国强兵，恢复天朝往日的威风和尊严。因此，所采取的步骤和方法的基点都不在如何学习西方民主，而是以维护王朝利益为取舍，也就不得不改变君主立宪中的民主内涵。在近代西方的民主政体中，君主立宪的基本特征是以责任内阁制为核心，以三权分立为基本权力操作方式，与君主专制的冲突焦点在国会和责任内阁，清王朝对资政院议员的资格和职权严加限制，而寄希望将责任内阁改变成专制君主的辅政机关，“皇族内阁”的组成与军机处保留则充分表明这一点。既然将责任内阁制融入传统的宰辅体制，传统宰辅体制的某些特点也就决定“责任内阁”断送王朝的统治。1911 年 11 月 1 日，袁世凯得到内阁总理大臣的位置，“清廷一切自卫的壁垒，尽行撤毁，只留下一个孤儿，一个寡妇，被玩

① 孟曦. 关于“非常会议”和“宁粤合作”. 文史资料选辑：第 9 辑. 北京：中华书局，1960：110.

弄于袁世凯掌股之上，等待最后的降服”①。1912 年 2 月 12 日，裕隆太后抱着 6 岁的溥仪在中南海养心殿宣读了退位诏书，君主专制政体向时代告别了，君主专制制度在中国也失去存在的合法性。然而，传统社会的遗留物还深深地积淀在大多数中国人的心灵深处，贤人政治、等级观念、个人效忠、权威理念等政治意识，使新的政治体制建立和运用缺乏应有的文化环境和支持力量，也使本来就脆弱的新制度举步维艰。在北洋政府时期，各大军事派系集团根据自己的政治、经济和军事实力，交替控制中央政权，内阁成为他们分配权力和争夺权力的中心，也成为军阀刺刀上的玩物。南京国民政府五院制“并非由于理论的发展与制度的建设，而是国民党内矛盾发展所致”②，是一批国民党元老争夺权力，最后达成了“兄弟分赃协定”，但元老、权威和个人效忠，既不能使“分赃”均匀，又不能使制度完善，最终不是争权夺利，就是实行个人独裁。

引进西方制度，希望使中国很快富强起来，能够与世界列强平等，是近现代仁人义士所追求的目标。在这种情况下，一些人认为只要搬来西方制度，便可以迅速达到目的，因而忽视了中国的现状和实际政治能力。以资产阶级民主为目标取向的资产阶级共和国方案，之所以在中国实现不了，根本原因在于脱离了中国的国情。责任内阁制、五院制之所以成为军阀瓜分权力、争夺地盘的合法舞台，是因为脱离了当时的国情；建立独裁统治也违反了当时国情，所以才有 20 余年的反独裁斗争。

第二，中国近现代辅政制度在大变动时代由旧质向新质的迈进和过渡中，面临新旧交替的各种矛盾，在古今并存和中西文化冲突与交融中，辅政制度在适应当时社会经济、政治文化、政治意识的同时，逐渐形成渐进式发展的特色。

中国近现代是一个由半殖民地、半封建和半资本主义社会形态日益向现代化社会转型的过渡时代，所面临的是新旧交替时期各种矛盾并存的现实。新旧交替既有完全对立的一面，也有部分统一的一面，还有不断改进的一面，因此常常会存在形式与内容的不统一，也决定新的制度确立是不可能一帆风顺的。各种矛盾并存也会给新制度的实现带来各种问题，事实证明，只有顺应历史潮流的发展，才能不断地化解矛盾、解决问题。例如，按照《临时约法》实行责任内阁制，大总统不负实际政治责任，国务总理居行政首长地位，直接对国会负责，其目的是限制袁世凯的政治权力和野心，却没有考虑国家机器的正常运转。在西方正常的责任内阁体制下，内阁的成员任命不必经过国会事先讨论与同意；内阁对国会不信任时，有权请求元首下令解散国会。《临时约法》规定，内阁任命每一个阁员均须得到国会同意，而国会却享有不被解散之权。这样，除造成“数百议员皇帝”专政之外，还促成内阁与国会的长期对立，不但给元首操纵政治提供了机会，也给军阀干政提供了口舌，致使社会动荡，阁潮迭起，府院之争不已，战争连绵不断。孙中山鉴于“三权分立”的流弊，设计出“五权分立”方案，但他的“忠实信徒”却偷梁换柱，将“五院制”政府逐渐演化成与传统的政治体制相去无几，带有封建法西斯集权特征的政府体制。反动统治者惯于采取欺骗的方法，人民有时也盲目追求和迷信。那种新瓶装旧酒的方式，虽然能够欺骗于一时，终不能久远，以致被历史所唾弃。

① 李剑农．中国近百年政治史（1840—1926 年）．上海：复旦大学出版社，2002：282.

② 陈瑞云．中国现代政府．长春：吉林文史出版社，1988：201.

辅政制度本身既包括有形规则，即规章、制度、法律等，也包括无形规则，即习惯、道德、意识形态等。有形规则决定着无形规则，无形规则对有形规则起着反作用。新的辅政制度是引进外来文化而出现的有形规则，而辅政思想却受到传统体制影响，其无形规则不但具有相对的独立性，而且表现出明显的滞后性。例如，北洋政府和南京国民政府都以“民意”为招牌，在组织程序和组织形式上也保持相对的稳定，但各派系军阀的争权夺利始终没有停息。如果元首是拥有实力的大军阀，作为辅政的内阁便降为元首的办公机构；如果内阁总理实力最强，作为辅政的内阁便成为执政。元老鼎立，五院成为利益集团分赃调和的工具；蒋介石独裁统治确立，五院则沦为元首的属衙。这些都与现代辅政制度的精神背道而驰，也显示出无形规则的影响力。

第五章

中央政务体制

重点问题

1. 早期国家政务体制与文武分职。
2. 中朝官尚书政务管理体制的形成与发展。
3. 王莽与北周“复古”效果迥异的原因。
4. 诸使差遣负责制与现行管理体制的关系。
5. “因俗而治”政务体制与国家治理概念。
6. 部院寺监府政务系列的政务运行机制。
7. 政务机构与辅政及君主的关系。
8. 总统府与部委关系及以党统政。
9. 中央政务管理体制发展规律及特点。

据政书记载，古代官员是有额定编制的，唐（尧）60 员，夏 120 员，殷 240 员，周 63 675 员，汉自丞相至佐史 130 285 员，后汉 7 567 员，晋 6 836 员，南朝宋 6 836 员，南朝齐 2 103 员，北魏 7 764 员，北齐 2 322 员，北周 2 989 员，隋 12 576 员，唐 18 805 员，宋 24 000 员，辽官数无考，金 19 700 员，元 16 435 员，明 24 683 员；清康熙年间，不包括八旗武职，文武官员定额 15 600 员；道光末年，包括八旗武职有 26 372 员。这些数目当然不会精确，尤其是除了周、汉之外，其余朝代不计算胥吏，而胥吏数目至少是官员的 10 倍以上，但可以看出国家统治机器不断完善扩大的客观规律，而在设官分职上既有因袭又有变革的发展过程，反映出政治制度在不断发展和政治学说的日益成熟。

第一节　中央政务体制的发展

在中国漫长的历史发展进程中，中央行政体制变化很大。一方面是在制度上存在因袭传承的关系，虽然代有因革增损，但名称多承袭前代，而赋予新的内容。另一方面是必须回应社会的发展，“大地既通，万国蒸蒸，日趋于上，大势相迫，非可阏制，变亦变，不变亦变”①，在新旧交替过程中，制度也必须不断进行调整改造。秦始皇统一六国，在秦国的基础上勒定中央集权制度，确立了三公九卿制。汉因秦制而略有变革，在社会及政治发展过程中，出现中朝官制度，中央政务也随之发生一些改变。魏晋南北朝在汉制的基础上不断设立新的机构，出现省、监、台、卿、卫等，事务有所分割，权力却有所制约。隋唐勒定三省六部体制，进而成为政务的核心，即便还有省、监、台、卿、卫等机构，其政务运行体制也与前代大不相同。金、元实行一省制，政务管理相对集中，但同时存在各种机构，政务运作也具有新的特点。朱元璋废除丞相制度，直接面对六部，也就形成以六部为主体的中央政务管理体制。晚清进行政治体制变革，顺应社会发展的中央机构出现，也是大势所趋。

一、早期国家中央政务体制

据《左传·昭公十七年》载：少昊挚（尧的哥哥）已经开始设官分职，出现了司徒、司马、司空、司寇、司事等官职。注家认为：司徒主教民，司马主法制，司空平水土，司寇主盗贼，司事主农事；除“五司”之外，还有掌管历法的历正，管手工业的工正，管农事的农正等职位，其公共管理机构已经有一定的规模和分工。到了尧舜时代，这种公共管理机构又有所增加，先后出现负责辅佐的“四岳”，专管农业的“稷”，专管手工业的“共工”，专管林、牧、渔、猎的“虞”，主管教化的“司徒”，主管平水土的“司空”，主管刑狱的“士”，主管祭祀的“秩宗”，主管呈上宣下的“纳言”，主管教育的“典乐”，主管12州的“牧”，共计22人，外加辅助人员，故史称有官60员。此外，还制定了五等刑罚，即所谓“天讨有罪，五刑五用哉”②。虽然这些公共管理机构是由各部落首领分任，他们各自拥有比较独立的权力，但已经出现君臣从属关系的迹象，“三岁一考功，三考黜陟，远近众功咸兴”③，具备了国家雏形的特征。

夏代有“六卿”，亦称“六事之人”，是王委任的左右至亲贵族，分别掌管各方面政务。据古文献记载，六卿为司空（主管土木工程）、司徒（主管民政财政）、士正（主管司法）、共工（主管百工）、虞（主管山泽）、秩宗（主管祭祀），另设纳言（主管承上宣下）；也有认为是天、地、春、夏、秋、冬六官的，都是根据《尚书》记载和结合古文献推测的。《尚书》多是后人据传说追记的，有些不一定是事实，但也应该承认其中有真实

① 梁启超．变法通议．何光宇，评注．北京：华夏出版社，2002．

② 司马迁．史记：卷2：夏本纪．北京：中华书局，1959：77．

③ 司马迁．史记：卷1：五帝本纪．北京：中华书局，1959：39．

内容，所记官名官制也有考古证明存在。因为现有确凿的史实证明，夏代已经形成国家，它必然存在分管各项事务的官员。诸如掌管农、畜牧业的“牧正”，掌管全国车辆制造的“车正”，掌管王族饮食后勤的“庖正”，主管驾御战车的“御”，主管宣示命令的“遒人”，主管天文历法档案的“太史”，主管卜筮的“官占”，负责王生活娱乐的“瞽师”“御龙”，以及主管收税和监察的“啬夫”等，与当时的社会生产力发展水平是一致的。

商代的职官名称及其职掌，在古文献和甲骨文中多有反映。商代国家机构有“内外服”之分，在朝廷和商王直接统治区域担任官吏的称为“内服”；在商王直接统治区域以外的地方诸侯、伯、甸等和地方官吏称为“外服”。其“内服”官主要有宰、卿事、多尹、御事、事、师长、多亚、巫、卜、臣等，号称“百僚庶尹”（《尚书·酒诰》），说明设官员的数量由少渐多，官制由简渐繁。

“宰”是总管事务官员的职称，在商代晚期的甲骨文和金文中常有记载。“宰”的活动，多是跟随商王田猎、祭飨，有时受到赏赐，并能够自作铜器以记荣宠，有一定政治地位，显然既是商王的近臣，又是参与内廷事务的官员。史载伊尹曾经为“宰”，并“以滋味说（悦）汤”①，因而受到赏识，可见早期的“宰”是属于王家生活服务范围的官员，后来逐渐转化到国家政务方面，才有了冢宰、太宰、少宰等的区分。

“卿事”原为“乡事”，即飨事之义，是主持王室宴飨事务的。古文献中正式出现“卿事”是在《尚书·微子》，至西周已经写为“卿士”了。由此看来，“卿事”也是从内廷发展出来的政务官。

“多尹”也就是“诸尹”，是王朝分管各项政务的官员。从甲骨卜辞中可知他们从事督率农田耕垦、土建工程、军事活动，对于商王所关心的吉凶祸福等也可以参与议论，地位较高，有时可以称为“多君”。古代“君”与“尹”可通用。这一批“多君”对王朝政事有发言权，是辅佐大臣下的政务官，分别主持各项事务，其中有总领诸事的“尹”被后世认为是“相”，属于辅佐大臣。

“御事”在甲骨文中写作“邻史”。“史”即是“事”；“御”字原义是迎、讶；“御事”也就是迎受政事。甲骨卜辞常见“叶王事”“叶朕事”，是由其他侯国调遣来接受差事的，故写作“呼某人御事”，或“某御事”。他们遵照指示和派遣，为王服务是主要的责任。

“事”是王室自身的事，也是官名。其职责为分管各方面的事务，如“东事”“南事”“北事”等，也有合称为“三事”的，并且有“大事”“小事”之分，还出现“大事寮”。这些“事”因负责的事务大小轻重不同而有职位高低之分。

“师长、多亚”是军事性的职官，“邦伯、师长，百执事之人”（《尚书·盘庚下》），其地位相当高，可以与诸侯并列为“百执事”，甲骨文中有“左师、中师、右师”。“亚”是高级武官，“惟亚惟服”（《尚书·酒诰》），号称“亚旅”，应该是师以下的武职，甲骨文中经常出现“亚任”“亚侯”“马亚”“多马亚”，反映出当时文武分职还未明确。

“巫”“卜”是神职官员，女性称“巫”，男性称“觋”。其职位也有高低之分。“巫”位高者可以参与占卜命龟和祭祀，位低者仅主管求雨、降神、治病等。商代有过名为

① 司马迁．史记：卷3：殷本纪．北京：中华书局，1959：94．

“巫咸”的人，被目为辅政大臣，而且“治王家有成”①。“卜”也称贞人、占人，从甲骨卜辞上看，商代后期有贞人百余名，掌管王朝的占卜事宜，运用沟通人神的法术，对商王的政治决策起到一定参谋作用。

“臣”的本义是奴隶、家奴，除了官员自谦的称呼之外，还有在“臣”的前面加上一些名称的，便成为分管各项事务低级官员了。如主管各种服务奴隶的“小臣”，主管农业生产奴隶的“小耤臣”，主管服务生活服务奴隶的“小众人臣”，主管养马奴隶的“小多马臣”等。“臣”的地位虽然不高，但有一定的实职实权，被称为“王臣”的，可以与“百执事”并列。

可以说，商代中央王朝的“内服”官已经比较完整，研究者曾经将之分为八个方面。即：(1) 宫内事务管理机构。主要负责管理侍卫、杂务，由“小臣”“臣正”等负责。(2) 狩猎、武事管理机构。主要负责管理马政、武器、征伐及狩猎事务，由“师长”“多马”“多射”“亚箙”“多犬”等负责。(3) 宗教事务管理机构。负责管理祭祀、占卜等事务，由“多卜”“卜”“祝”“巫”等负责。(4) 宗族事务管理机构。负责管理王室宗族事物，由“宗”负责。(5) 文秘事务管理机构。负责管理文书档案记载等事，由“史”“作册”等负责。(6) 庶民事务管理机构。负责管理庶民及奴隶，由“宰”“尹”“小众人臣”等负责。(7) 器械制造事务管理机构。负责掌管制造器械、用具等，有“工”“多工”等。(8) 负责经济管理的“六府”，即司土、司木、司水、司草、司器、司货等，是“主藏六物之税者”。上述机构的名称现在还难以完全确定，但存在因职分工的情况已可推定。

其实，商代中央官员已可以按照不同的业务分为国家政务官、宗教事务官、王家服务官等三个类别：国家政务官是卿事、尹等，统领“六府五官”以办理国家各项政务，其下有御事、事、多尹、小臣等，分隶于各政务部门，分管各种具体事务。宗教事务官是巫、卜、祝等，有太卜、太祝等机构。王家服务官是以宰职为首，其下有众多小臣，还有主管音乐的师、宗工，主管酿造和供应酒的酒正，主管手工业的“百工”等众多以王室为服务对象的官职。王家服务官是值得注意的一部分人，这些人在王的左右，容易取得王的信任，常常侵夺国家政务，有取代国家政务官的趋势。

二、两寮六大到文武分职

西周官制是在商代的基础上完善的，业务分工更加细致，常见于古书和青铜器铭文中的官名已经有百余种，可以确认当时存在的机构也有数十个。

西周早期是由“卿事寮”和“太史寮”执掌国家各项政务。“卿事寮”之下有司土（徒）、司马、司工（空），号称“三右”，也称“三事大夫”，分管国家民政、军政和手工业等事务，其下各有一定的僚属。“太史寮”之下有太史、太祝、太卜，号称“三左”，分管宗教祭祀及文书册命等事务。三左三右合称“六大”，也称“六卿”，是国家主要行政官员。除“两寮六大”之外，还有主管宗族事务的“公族”，以及自成体系的王家

① 司马迁．史记：卷3：殷本纪．北京：中华书局，1959：100.

事务官系统，以“宰”为总管，下辖史、士、御、守宫、内史、小臣等众多官员和机构。

西周中晚期，“卿事寮”的作用显著，“三事大夫”改称“三有司”，下辖机构增多，尤其是增加了“司士”一职，主管澄清吏治，是专门监督百官的机构。“卿事寮”的权限扩大，导致“太史寮”的地位下降，巫、史、卜、祝的作用逐渐降低，说明当社会生活已进入更文明的阶段，对实际社会行政事务处理的重要性已经超过一般对鬼神的祈求和占卜。当然，在西周时期，巫、史、卜、祝的地位和作用仍是不容低估的。值得注意的是，以“宰”为首的王家事务官地位逐渐提高，其下官属和所管的事务不断增加，尤其是“内史尹”的设置，将册命和监察权收归内廷，而“太史寮”仅管一般册命并保管文书①。

“两寮六大”和王家事务官的分工是比较清晰的，但在实际运行过程中，王家事务官却经常侵夺国家各项政务，后来还出现“冢宰”这样的大臣，凌驾于“两寮六大”之上。内廷官统驭外廷官，内臣参政而统驭外臣的“臣仆用事”现象在西周已经很明显，反映着王权专制的加强。

春秋时期，王室衰微，地方诸侯争霸，各诸侯国因时、因地、因人、因事，对本国的官制有较大增裁变更，以提高本国职官的适用性。诸如，齐、鲁等原为周的封国，官制仿周王室，一般有“三有司”“史”“宰”这三个主要系统，但为适应已经变化了的政治形势，各国君的辅臣地位便大为突出，作用日益明显。宋、楚等不是周直系的诸侯国，就各按自己的习惯和需要设置官职。如宋“六卿三族降听政，因大尹以达”（《左传·哀公二十六年》）。三族是贵族，他们除担任各方面职务之外，还各自有统辖的领地；六卿是大司马、太宰、司徒、司城、右师、左师，也是由亲信贵族担任；虽然这些贵族还有较大的独立性，但在君权不断加强的情况下，要接受“大尹”的管辖。楚国有执政的“莫敖”，由宗室成员担任；后又设“令尹”主行政，“司马”主军政，任命权归楚王。列国根据自己的发展，不断地变更制度，在春秋后期，基本摆脱了周王朝旧制的束缚，总的趋向是为了便于扩大本国势力，有利于集权。

春秋中期出现的官僚制，经过反复，在后期已经确立以文武分职为重要标志的官僚体系。这种制度在战国时期得到高度发展。文官以“相府”为百官之长，所统领的有御史（史官）、执法（司法）、司徒（财政农业）、司空（土木工程）、司寇、士师、廷尉（刑罚）、内史、少府（王室财政）、行人、主客（礼仪外交）等。武官以“将军府”为诸军之首，有大将军、上将军、左右将军、裨将军等，还有国尉（中央武官）、都尉（地方武官）、中尉（京师武卫）、司马（军事和军事行政）等。值得注意的是，在宫廷内部为君主服务的宦者势力，在专制主义中央集权体制下开始显示出干政的能力，活跃于政治舞台。

战国时代各国官制发展的动因是来自对本国军政、民政、财政和社会治安的考虑，也来自诸国之间的争强制胜，为在制度上发挥优长而甄别淘汰劣弱庸冗，在当时的军制、政制中，也存在一个相互比较和竞争的问题。当时策士们对政治制度的议论层出，成为

① 因《周礼》是战国至秦汉儒生追述前代官制的，在没有新资料证实之前，还不能完全据以为信。所述西周官制，主要是依据金文所见官名而择要论述。

百家争鸣中的一个主要内容，其积极成果是促使秦汉时期君主高度中央集权和三公九卿制的形成，将国家管理制度推向系统化和严密化；其消极成果是催发君主专制制度和理论的形成和巩固，而且贯彻到中国两千年的古代社会，作为规范政局和统领人们思想的牢固体系，成为长期难以突破的樊篱。

三、三公九卿与中朝官尚书

三公九卿制形成于战国，确立于秦汉时期。

所谓三公，即丞相、太尉、御史大夫。丞相"掌丞天子，助理万机"，辅助皇帝处理全国政务；太尉协助皇帝总领全国军事；御史大夫掌监察并帮助丞相处理政务。西汉末年改丞相为大司徒，太尉为大司马，御史大夫为大司空。东汉时则以太尉、司徒、司空为三公，共同辅助皇帝决策和推行统治。按规定，"凡国有大造大疑，则与司徒、司空通而论之，国有过事，则与二公通谏争之"；并按照天、地、人来划分责任，分别领导九卿，称为"宰相"。

所谓"九卿"，实际并不只是九个，而是泛指朝廷各部门的主要官员，因此也称为"诸卿"或"列卿"。从总体上看，诸卿设置和机能体现了国家政务的诸多方面和分工制约，既突出显现中央集权制的特点，也可以看到社会的发展概况。

（一）九卿

太常，为诸卿之首，曾经称过奉常和秩宗，由战国时期各国所设的宗祝、太卜等官职演变而来，秦始置。基本职责是掌管宗庙礼仪，并兼管教育，负责选拔博士和博士弟子。汉代太常卿多以皇族或外戚充任，属员总编制多时达340余人。西汉属官有太乐、太祝、太宰、太史、太卜、太医、均官、都水、诸庙寝园食官、雍太宰、雍太祝等。东汉略有省并，属官有太史、博士祭酒、太祝、太宰、太乐、高庙、世祖庙、先帝陵等。

光禄勋，由战国时期各国所设的郎中演变而来，故秦及汉初称郎中令，汉武帝时改称。掌管宫殿门户守卫和传达事务。其下设有丞、掾、主事等属员，另辖有郎中将、中郎将、羽林郎，还有掌顾问应对的光禄大夫、谏议大夫；掌传达与司仪的仆射、谒者等，西汉属官有大夫、郎、谒者、期门、羽林、议郎、中郎、侍郎、郎中等。其所属的各种郎官，时称"三署郎"，不仅是皇帝的亲近侍卫，也是朝廷的后备官员。东汉属官有五官中郎将、左中郎将、右中郎将、虎贲中郎将、羽林中郎将、羽林左监、羽林右监；还有文属的奉车都尉、驸马都尉、骑都尉、光禄大夫、太中大夫、中散大夫、谏议大夫、议郎、谒者仆射、常侍谒者、谒者、灌谒者等。

卫尉，战国时秦国始置，秦汉因之，汉代一度改为中大夫令。职在统领卫士护卫宫阙。西汉属官有公车司马、卫士、旅贲、诸屯卫等。东汉属官有公车司马、南宫卫士、北宫卫士、左右都、宫掖门等。

太仆，秦始置，汉因之，王莽时曾更名为太御。其职责主要是负责管理国家马政和皇帝乘舆，皇帝出行，太仆要亲自驾车。西汉属官有大厩、未央、家马、车府、路軨、骑马、骏马、龙马、闲驹、橐泉、騊駼、承华、牧橐、昆蹏、边郡六牧师菀等。东汉属官仅有考工、车府、未央厩。

廷尉，秦始置，汉景帝时改为大理，汉武帝时复称，王莽改为作士，东汉复旧。主要职责是掌管刑狱，其属官有正、监、平等官，负责司法事务，所属有廷尉诏狱。西汉有中都官狱二十六所，东汉仅有诏狱。

大鸿胪，战国时齐国设主客、大行等官，秦统一后置典客，汉初因之，汉景帝六年（前151年）更名大行令，汉武帝太初元年（前104年）改称大鸿胪，王莽一度改为典乐。其主要职责是掌管边疆少数民族事务和诸侯王朝聘宴迎之事。西汉属官有行人、译官、别火、郡邸等。东汉属官仅有大行，其余均省。

宗正，由周代小宗伯演变而成，秦始置，职在管理宗族事务。汉代设有两丞和百余名属员，多由宗室和外戚充任。西汉属官有都司空、内官、诸公主家。东汉属官仅有诸公主家。

大司农，秦时为治粟内史，汉景帝更名大农令，汉武帝改名大司农，王莽改名为羲和，又改纳言，东汉复旧，有丞及部丞。主要职责是负责国家财政，涉及范围很广，举凡国家财政收支、军国用度、田租口赋、盐铁专卖、均输漕运、沽榷平准、货币管理等均归其管辖。西汉属官有太仓、均输、平准、都内、籍田、斡官、铁市、郡国诸仓农监、郡国诸都水等。东汉属官仅有太仓、平准令、导官。

少府，战国时设，主管官手工业和王家财政，秦汉沿置，王莽改为共工，东汉恢复旧称。主要职责是主管皇室财政，但也涉及皇室家务，故其下属组织庞大。西汉属官有尚书、符节、太医、太官、汤官、导官、乐府、若卢、考工室、左弋、居室、甘泉居室、左右司空、东织、西织、东园匠、胞人、都水、均官、上林中十池监、中书谒者、黄门、钩盾、尚方、御府、永巷、内者、宦者、仆射、署长、中黄门等诸多部门，还有上林诏、掖庭秘、共工、若卢、居室、保宫、内官、请室、导官、暴室等监狱。东汉属官仅有太医、太官、守宫、上林苑，其文属者则有掖庭、永巷、御府、祠祀、钩盾、濯龙监、直里监、中藏府、内者、尚方、尚书、御史中丞、兰台等，而侍中、中常侍、黄门侍郎、小黄门、黄门、黄门署长、画室署、玉堂署、丙署、中黄门冗从仆射、中黄门等也属于文属，即名义上属于少府，而实际上是独立的官署，直接听命于皇帝。东汉章帝、和帝以后，因为宦官增多，曾经增设尝药、太官、御者、钩盾、尚方、考工、别作监等。

（二）列卿

除了九卿之外，与九卿级别相同或稍低的一些部门，也称为卿，与九卿并称列卿，其增设废除不一，但影响到后世的职官设置。

中宫詹事、大长秋、中宫卫尉是皇后三卿，主管皇后宫的内务、政事、保卫等事务，也各自设有属官。其大长秋属官有中长秋、私府、永巷、仓、厩、祠祀、食官等。东汉有中宫仆、中宫谒者、中宫尚书、中宫私府、中宫永巷、中宫黄门冗从仆射、中宫署、中宫药等，都由宦官担任令、长、丞。有皇太后则设长信少府、长乐少府，还有长乐卫尉、长乐太仆，各有属官。

太子太傅、太子少傅的级别与诸卿同，太子太傅不领官属，太子少傅则主管太子詹事府。詹事府是专门负责有关太子教学的部门，属官有太子门大夫、庶子、先马、舍人等。东汉废去太子太傅，而以太子少傅担任辅导之职，其太子官属有率更令、庶子、舍人、家令、仓令、食官、仆、厩长、门大夫、中庶子、洗马、中盾、卫率等。魏晋复设太子太傅，不领太子官属。

典属国，秦始置，汉因之，汉成帝时省并入大鸿胪。主要职责是掌管边疆属国事务。

执金吾，秦时名为中尉，汉武帝时更名为执金吾，王莽改为奋武，东汉复旧。“吾者御也，掌执金革，以御非常”，主要职责是负责宫殿之外、京城之内的警卫和治安，皇帝出巡时充当护卫和仪仗队。西汉有两丞、候、司马、千人，属官有中垒、寺互、武库、都船、式道左右中候、右京辅都尉。东汉仅有丞一人、缇骑二百人。

水衡都尉，汉武帝时设。最初主管盐铁专卖，实行告缗钱之后，收入集中到上林苑，则专管上林苑事。西汉有属官上林、均输、御羞、禁圃、辑濯、钟官、技巧、六厩、辩铜、衡官、水司空、都水、农仓等，汉成帝时省技巧、六厩；王莽改称予虞，而将御羞、上林、衡官、铸钱归并少府。东汉初省，并其职于少府。

将作大匠，秦名将作少府，汉景帝时改称将作大匠，王莽改为都匠，东汉复汉景帝时旧称。主要负责宫室、陵寝及其土木工程的施工和监督。西汉属官有石库、东园主章（后更名木工）、中校、右校、前校、后校、主章等。东汉属官仅有左校、右校。

司隶校尉，汉武帝时置，领兵千余人，专门纠察包括丞相在内的京师百官和京师所在州郡地方官，能够受敕命领兵督捕大奸猾，权力甚大。后来罢其领兵，其职权也就与各州刺史相同，但级别仍高于各州刺史。东汉有属官从事史、假佐、门亭长、门功曹、孝经师、月令师、律令师、簿曹、都官、典郡等。

护军都尉，秦官，汉武帝时属大司马，汉哀帝时更名司寇，汉平帝时更名护军，东汉省。

城门校尉，汉武帝设，掌京师城门屯兵，属官有司马、十二城门候。东汉因之，掌雒阳城门十二所。

北军中候，汉武帝时设中垒、屯骑、步兵、越骑、长水、胡骑、射声、虎贲八校尉，东汉省并为屯骑、越骑、步兵、长水、射声五校尉，以北军中候监之。

上述诸卿级别都是中二千石及二千石、比二千石，由皇帝任免和调动，不能世袭。按规定，诸卿可以参加朝廷的集议，大规模的集议有时还扩大到职秩只有六百石的官员，这样，诸卿和他们的属官往往可以参与朝政。诸卿虽然有明确的分工，但又存在职无常守的混淆现象，皇帝可以随时不受规章制度的限制，对所有部门和臣僚进行调整派遣，重要政务只能取决于皇帝和身边少数人。在这种情况下，诸卿既可参加本部门以外事务的集议，又可以将兵作战，乃至处理本部门以外的事务。实际上是皇帝运用自己专有的最高用人权，随时调遣官吏，随意增减职权，使规章制度在实际运行中，呈现出千差万别的随意性。

（三）中朝官

汉武帝以后，中央政务体制发生变化，虽然在官制排列顺序上仍然是相府和诸卿，但本来在宫中充当侍从和文秘工作的尚书崛起，有少数权臣能以中朝官的身份而受命领录尚书事。当时的尚书已经成为政令中枢。随着尚书权力的扩大，尚书开始分曹治事，不但成为辅政机构，且因逐步侵夺了诸卿的权力而成为政务机构。

尚书开始只设左右曹，后来改为六曹，其具体名称和职掌是：三公曹，主管考课；吏部曹，主管选举及祭祀；民曹，主管修缮及建筑；客曹（东汉光武帝分出二千石曹，将客曹分为南、北主客曹），主管诸侯、少数民族及外交事务；二千石曹，主管司法辞讼事；中都官曹，主管治安事。

尚书机构扩大，已经承担部分政务，而这些政务原来是由诸卿主管的，其发展结果势必导致整个政务结构发生变化，变成中朝官尚书组织与外朝的三公九卿组织共同办理政务，形成既有分工又相互制约的双轨政务体制。东汉尚书正式以“台”为称，成为较为独立的机构，并不断扩大权力，乃至成为政务的中枢。双轨政务体制其实并不平衡，“众务悉归尚书，三公但受成事而已”①。在尚书发展扩大的同时，内廷宦官组织也在皇帝的信任和重用下，逐渐窃据权要，操纵朝政，对当时的政治产生了重大影响，也影响到后世的政务体制。

三公九卿虽然分工清晰，各有所掌，但职无常守的现象普遍存在，职名与实际责任有着很大的差别。例如，三公虽名为宰相，本来应该综理朝政，但皇帝的诏令可直达九卿，九卿上奏表章也无须通告三公，三公实际便被架空了。列卿承皇帝的命令，既可以本职兼领他职，又可以在两职或多职之间权责渗透，列卿原来分工的权责也被侵夺了。一切官吏只能服从于皇命，只对皇帝负责，这是古代政务体制发展变化的基本线索，也是君主专制政体的实质表现。

四、公省监台卿卫

曹丕代汉，丞相之职或置或废，而中书监掌管机要，起草和发布诏令，成为中枢，尚书的权力则转向政务。当时尚书设令、左右仆射及五曹尚书，号为“八座”，虽然地位提高了，但实际权力却不断发生变化。魏晋王朝都是由掌握军政实力的权臣逐步建立起来的，他们手下有一批忠心追随的人物，组成一套机构，可以在正规官制之外，自由地行使职权。在这种非常时期，军、民、财已经不可能是各成系统，一切都要服从军事需要，所有的常规都可以破坏。自从魏晋开此先例，一直到南北朝，这些掌握军政实力的权臣都采取“开府”的形式组成自己的幕僚机构，号称为“霸府”。霸府中心人物是权臣将领的骨干人物，是能够出谋划策的幕僚，也是权臣的死党。当霸府转变为王朝，这些幕僚组成的机构就变为行政中枢，“霸府”原来所统率的武力就变为常设军队，形成一种军政合一的管理制度。正是这种特异的管理制度，使魏晋南北朝官制既有承袭的形式，又有重大变动的特点，实际上是自汉武帝以来中央政务结构变化的继续，也是大变革的序曲。

从魏晋南朝中央官制排列顺序来看，一般是首列二相、八公、从公，其次是省监、台、卿、卫、东宫官，诸卿的地位和实际权责明显降低。

二相，即丞相和相国，不常设，一旦设置，充当者非权臣即贵胄，不但把持国家关

---

① 杜佑. 通典：卷22：职官四. 北京：中华书局，1992：592.

键的实权，而且多成为日后的篡位者。其篡位的道路大体上是先为丞相，次加相国、封王、加九锡，然后发动逼宫禅位，取皇权而代之；如果不成功，那就会尽丧身家性命。

八公，即太宰、太傅、太保、太尉、司徒、司空、大司马、大将军。设置这些官职，主要是为了优待世族高门，基本上是荣誉衔，但也因人而异。握有实权的，开府辟官，能够组成自己的势力集团；没有实权的，虽然开府，也只能得到礼仪上的优遇。

从公，即开府仪同三司，所谓开府就是可以开府设官，所谓仪同三司就是仪仗同于三公，故其在官方地位和公一样，享受公的政治待遇，谓之从公。凡骠骑、车骑、卫、伏波、抚军、都护、镇军、中军、征东、征西、征南、征北、镇东、镇西、镇南、镇北、龙骧、典军、上军、辅国等大将军，都是从公，而实际上这些头衔都是加衔，并不见得是真正的领兵将帅。

省监，即尚书省、中书省（监）、门下（侍中）省、集书省、中侍中省、秘书省（监）、殿中监（省）等。尚书省设令、左右仆射、左右丞、尚书郎等官，下设吏部、三公、客、驾部、屯田、度支六曹，曹的数目一直呈上升趋势，多时曾经有二十余曹，初步具有六部二十四司的规模。中书省设中书监、中书令、中书侍郎、中书舍人等官，中书省也一直呈发展扩大的趋势，属官曾经增设至二十一局，与尚书诸曹业务对口，而且凌驾于尚书诸曹之上。门下省源于汉代的侍中，是皇帝的侍从、顾问机构；该省以侍中为长官，另设给事黄门侍郎、散骑常侍、员外散骑常侍等官，职在顾问应对。集书省是南朝梁从门下省分出来的部门，主管皇帝身边日常事务，设有散骑常侍、通直散骑常侍、员外散骑常侍等官。中侍中省也是从门下省分出的部门，主管宫廷内的门阁出入，设有中侍中、小黄门等官。秘书省源于东汉桓帝所设的秘书监，掌管图书秘籍；曹魏以秘书监和秘书令掌管奏事，后将掌管奏事权归中书省，秘书监仍以掌管图书秘籍为任；晋时改为秘书寺，南朝梁改为省，设监、丞、著作郎、太史令等官。殿中监，主管乘舆及服御等事务。

台，即御史台、符节台、谒者台、都水台等。西汉成帝将御史大夫改为大司空之后，以原御史大夫的副职御史中丞主管监察，东汉始称御史台，形式上隶属于少府，自曹魏以后成为独立部门，以御史中丞为长官，下辖治书侍御史、治书执法侍御史、侍御史等官，分曹进行监察，“自皇太子以下，无所不纠”①。谒者台源于春秋时的谒者，秦汉在郎中令下有谒者令，少府下有中书谒者令，魏晋以后成为独立部门，设谒者仆射、谒者等官，掌管引见臣下，传达使命。都水台，汉代的太常、少府、水衡都尉下都有都水长、丞，西晋始专设都水台，设有都水使者、都水谒者等官，主管舟船及水运事务。

卿，即诸卿，此时主要有：太常，主管祭祀及文教事务；光禄勋，主管宫廷宿卫；卫尉，主管宫门屯兵；太仆，主管牧马；廷尉，主管司法；大鸿胪，主管导引赞礼；宗正，主管皇族事务；大司农，主管农业和仓储；少府，主管手工业制造；太府，主管国库金帛支纳；将作，主管土木工程；大长秋，主管宫闱事务；太后三卿，即少府、太仆、卫尉，主管太后宫中各种事务。

卫，即禁军诸卫，如武卫、羽林卫、骠骑卫等，各设将军以统领，时有增减，也与

---

① 杜佑. 通典：卷24：职官·中丞. 北京：中华书局，1992：663.

当时政治形势有关，负责宫殿都城宿卫及皇帝的仪仗队。

东宫官，即太子官属，如太子太傅、少傅、詹事等，有太子则设，没有太子则仅保留太子舍人以看守东宫。南朝齐的太子官属最多，有太子半朝廷之说。

北朝的官制既有与南朝相同之处，又有自己的特点，在不断发展变化的过程中，为隋唐的官制奠定了基础。

北魏建国之初，官分南北两部，置两部大人统摄之，另设都统长、幢将及外朝大人。都统长领殿内之兵，负责皇宫守卫；另有幢将六员，率领三郎卫士，分班值宿皇宫，凡是在禁中值宿者都归都统长统领。外朝大人无常员，随时接受皇命办理各种事务，可以出入禁中，参与国议。北魏早期国家的特征是官无常职，进入中原以后，国家体制便逐渐完善，开始仿照汉人制度，建立曹省，置备百官，使本民族制度与汉族制度相结合，出现八部大夫、散骑常侍、待诏等官，设立了尚书三十六曹及诸外曹等，各以大夫为主管，统领属官以分管各种事务，融合的特点非常明显。孝文帝改革，官制更全面汉化，基本设置已大体与魏晋南朝相同，但权力偏重于门下省。

这个时期的禁省官、宫中官、外廷官区分更为明晰。作为宫中官的尚书（台）省已经转化为外廷行政机构，而中书（监）省则变为新的宫中官，辅助皇帝披阅奏章，代为起草和宣布诏旨，所属多时有二十一局，“各当尚书诸曹，并为上司，总国内机要，而尚书唯听受而已”①。在宫中官发展的同时，禁省官的地位也日渐突出，以侍中为首长的门下（侍中）省，虽然在名义上仅是主管宫廷事务，但实际上已经起到辅佐皇帝决策的作用，进而与尚书省、中书省形成三省对峙的局面。在尚书省统领诸曹分管各种政务的情况下，诸卿事权被进一步侵夺，变为一般事务官后，地位也随之下降。

在世家大族把持大权，地方刺史、将军拥兵自重，直接威胁皇帝地位的情况下，有些皇帝便使用寒门士人掌管机要，用分化事权的办法以防止军政阀阅把持政权，但毕竟这些军政阀阅已经拥有了较大的实力，必然紧抓和扩大人事任免权，培植本身的势力，这就使各机构的设置和职权范围经常因人而设，因人而改，又因人而兴，因人而废，缺乏必要的稳定。政治制度源于人事，人治则左右政治制度，许多微妙变化看似是政治制度的兴废，实际上都是复杂的政治关系与政治斗争的结果。

五、三省六部为核心

隋代在前代的基础上更新了中央官制，确立了以三省六部为核心的中央政务体系，这套制度基本上为唐、宋所承袭，一直影响到明清。

三省：中书、门下、尚书省。中书省掌管草拟诏令文书，设中书令、侍郎、舍人等官。门下省“掌出纳帝命”，设侍中、黄门侍郎、给事中等官。尚书省综理全国政务，设尚书令（不常设）、左右仆射、左右丞、左右司郎中等官，下辖六部。

六部：吏、户、礼、兵、刑、工部，各设尚书、侍郎为正副长官。吏部掌管官吏的铨选、考课、勋封等事务。户部掌管户口、田土、财政、赋税等事务。礼部掌管礼仪、

---

① 魏徵，等. 隋书：卷26：百官志上. 北京：中华书局，1973：742.

祭祀、学校、贡举等事务。兵部掌管军事行政、后勤供应、武职铨选等事务。刑部掌管司法狱讼和司法行政等事务。工部掌管水利土木工程及工匠等事务。每部各辖四司，司设郎中、员外郎、主事等官，分管各项具体事务。

吏部四司：吏部司掌管文官阶品、朝集、禄赐、给告身、假使等，司封司掌管封命、朝会、赐予、承袭等事，司勋司掌管官吏勋级，考功司掌管文武百官考课事务。

户部四司：户部司掌管户口、田土、赋役、贡献、蠲免、优复、婚姻、继嗣等事，度支司掌管租赋、物产、岁计及水陆转运等事，金部司掌管库藏出纳、度量衡、市易、给赐等事，仓部司掌管仓廪、粮赐、平准物价等事。

礼部四司：礼部司掌管礼乐、学校、仪式、赠赙等事，祠部司掌管祀祠、天文、卜筮、医药、僧尼等事，膳部司掌管牲牢、酒醴、膳馐等事，主客司掌管前代帝王后代及藩属外国朝贡等事。

兵部四司：兵部司掌管兵卫、武选、车辇、甲械等事，职方司掌管地图、城防、镇戍、道里等事，驾部司掌管乘舆、车马、驿传、厩牧等事，库部司掌管卤簿、仪仗、戎器、供张等事。

刑部四司：刑部司掌管律法、按覆大理寺及州县奏谳之事；都官司掌管流徒、俘虏配籍，给囚衣粮、医药及诉免等事；比部司掌管勾稽中外账籍出纳之数，核其损耗债负逋欠等事；司门司掌管门关、津梁、道路之禁令，核其出入及违禁之籍。

工部四司：工部司掌管城池营缮、采伐材物、土木等工役程式，屯田司掌管屯田、职田、公廨田、营田等事，虞部司掌管山泽、苑囿、场冶、狩猎等事，水部司掌管舟津、渠堰、渔业、漕运、碾硙等事。

六部二十四司的政务体制延续很久，直到明代才打破每部各辖四司的体制。虽然各部、司的权限也经常发生增减变化，但基本结构和主要职权变化不大。

三省六部是行政事务的核心，整个中央行政体系的排列顺序是以三师（太师、太傅、太保）、三公（太尉、司徒、司空）为首，基本上是奖赏有功之臣的荣誉衔，如不兼他职，则不负责实际政务。以下依次是尚书、门下、内史（中书）、秘书、内侍等五省（唐加殿中，为六省；宋加入内内侍省，是为七省）；御史、谒者、司隶三台（唐裁谒者、司隶，而增司天台，宋只有御史台）；太常、光禄、卫尉、宗正、太仆、大理、鸿胪、司农、太府九寺；国子、将作、少府、都水、长秋五监（唐无长秋监而增军器监；宋改司天台为司天监，共六监）；左右翊、左右骑、左右武、左右屯、左右御、左右候、左右备身、左右监门十六卫（唐十六卫的名称略有变化，五代、宋则改为殿前司、侍卫亲军、环卫等）；以及东宫官、内官、王府官等。这种体制在唐代曾经编入著名的行政法典——《唐六典》之中，对后世影响很大。

从政务角度来看，除六部二十四司之外，九寺五监也负责许多实际事务，其具体职掌如下：

太常寺：掌邦国礼乐、郊庙、社稷之事。

光禄寺：掌邦国酒醴、膳馐之事。

卫尉寺：掌邦国器械文物之事。

宗正寺：掌九族六亲之属籍，以别昭穆之序。

太仆寺：掌邦国厩牧、车舆之政令。

大理寺：掌邦国析狱详刑之事。

鸿胪寺：掌宾客及凶仪之事。

司农寺：掌邦国仓储委积之事。

太府寺：掌邦国财货。

国子监：掌邦国儒学训导之政令。

将作监：掌供邦国修建土木工匠之政令。

少府监：掌供百工伎巧之事。

都水监：掌川泽津梁之政令。

军器监：掌营造甲弩。

从九寺五监的职掌来看，与六部的职掌有重复之处，但并不冲突，因为六部是负责行政，九寺五监负责具体事务，是“尚书制断，诸卿奉成”[①] 的政务体系，九寺五监要接受六部的指导，但九寺五监又可以直接向皇帝负责，对六部也有监督之责，乃是相互制约的关系。

六、一省制为中心

金、元时期，改三省制为一省制，由此又导致了中央政务体制再发生变化。

所谓一省，金为尚书省，元为中书省，是政务的主轴。一省既承秦汉以来以宰相“佐天子，理万机”的职权，又负有“典领百官，会决庶务”的责任，所以“凡军国重事无不由之”，是皇帝以下最高的政务机构。其首席长官是尚书令或中书令，不常设，如设则由皇太子或诸王兼领，以候补皇帝或皇亲的身份兼任最高行政长官，下设左右丞相、左右平章政事、左右丞、参政、参议省事等主要官员，分工管理各种事务。省直辖吏、户、礼、兵、刑、工六部，分管各种政务。有关的院、寺、监、卫、府等部门的事务也曾统归于中书（尚书）省调度。自金正隆元年（1156 年）确立一省制，一直到明代洪武十三年（1380 年）废除中书省（元代曾三次另立尚书省，与中书省分理政务，但时间长者 4 年多，短者仅数月），曾长期采用一省制为核心的政务管理结构。

金代“自省而下官司之别，曰院（枢密、翰林、宣徽等）、曰台（御史）、曰府（大宗正、侍正等）、曰司（都点检等）、曰寺（大理、太常等）、曰监（秘书、太府、少府等）、曰局（为二级机构）、曰署、曰所，各统其属以修其职”[②]。元代则明确规定：“其总政务者曰中书省，秉兵柄者曰枢密院，司黜陟者曰御史台。体统既立，其次在内者，则有寺、有监、有卫、有府。”[③] 由此可见，金、元虽然同是以一省制为中心，但在实际职任上并不尽相同。元代把几项政务加以突出，使有些部门相对独立，“得自选官”[④]，直接对皇帝负责，进而成为互不统属的几个系统。

---

① 房玄龄，等. 晋书：卷 46：刘颂传. 北京：中华书局，1974：1303.

② 脱脱，等. 金史：卷 55：百官志序. 北京：中华书局，1975：1216.

③ 宋濂，等. 元史：卷 85：百官志序. 北京：中华书局，1976：2121.

④ 宋濂，等. 元史：卷 22：武宗纪一. 北京：中华书局，1976：486.

枢密院（金在战争时改为都元帅府）是全国最高军事机关，设有知院（使）、同知、副枢（使）、佥院、同佥等官，分管军事行政、武官任命、军需供应等事务。元代在中央凡与军政事务有关的寺、院、卫、府，都要接受枢密院的调度安排；地方上的行枢密院和各地有关军务的组织，也直接统属于枢密院。

御史台是全国的最高监察机关，设有御史大夫、御史中丞、侍御史、殿中侍御史、监察御史等官，主管中央和地方的监察事务。元代在各地设有行御史台和诸道肃政廉访司，分管辖区内的监察事务。从中央到地方的监察官员都由御史台提名，奏请皇帝批准。这样自成系统，并享有相对的人事推荐和监管弹劾权，在历史上是罕见的，也说明元代对监察工作的重视和加强。

宣政院是全国最高的宗教和民族事务机关，“掌释教僧徒及吐蕃之境而隶治之”。实际上所有的宗教和民族事务均归其管辖，“其用人则自为选，其为选则军民通摄，僧俗并用”①。元代统治者尊崇道教和喇嘛教，赋予著名宗教人物很高的政治地位。无论中央和地方，凡与宗教和民族事务有关的部门，都要服从宣政院的调度指挥。充分利用宗教作为统治工具，又根据不同宗教信仰以划分统治支系，是元代政治的一个重要特点。

金、元虽然是实行一省制，但重要政务则必须奏请，皇帝往往会让朝臣集议，若不是权臣当道，中书省、尚书省的奏请，经常会被否决，特别是与省平行的部门，如枢密院、御史台、宣政院、中政院等。若是尚书省、中书省奏请之事涉及该部门，会招致强烈的反对，甚至认为尚书省、中书省侵权而奏请皇帝裁决。一省为中心，也并不意味着对该省失去监督，除御史台履行监督职责之外，金代设置登闻鼓院“掌奏进告御史台、登闻检院理断不当事”；登闻检院“掌奏御进告尚书省、御史台理断不当事”②。元代虽然不设此官，但重大事务都要相关部门集议，在特殊情况下，一些部门还被授予专决的权力，如燕公楠为大司农卿，“得藏匿公私田六万九千八百六十二顷，岁出粟十五万一千一百斛、钞二千六百贯、帛千五百匹、麻丝二千七百斤”③。各相对独立的部门，在其职权范围的事情，中书省在一般的情况下也不予以干预。

七、六部为主体

明洪武十三年（1380 年）撤销中书省和大都督府，废除丞相制度，六部一度成为直接对皇帝负责的最高行政机构。由大都督府分割改组成的五军都督府也成为分别对皇帝负责的最高军事行政机构。由皇帝一人直接领导六部五府以及其他国家机关，不论从国家政务抑或从皇帝本人的时间精力，都是难以持久实行的。明代中叶以后的皇帝，逐渐又依靠内阁作为辅政部门，丞相制度名废实存。清代除沿袭明内阁制度，雍正以后还另设立军机处，实行双轨辅政制，六部以及其他中央职能部门、省级行政长官，大部分政务还是分别呈报内阁和军机处转奏，皇帝大部分批示也经过内阁或军机处下达。因此，以六部为主体的政务机构，基本还是在辅政部门指导下行使权力。

① 宋濂，等. 元史：卷 87：百官志三. 北京：中华书局，1976：2194.
② 脱脱，等. 金史：卷 56：百官志二. 北京：中华书局，1975：1279.
③ 宋濂，等. 元史：卷 173：燕公楠传. 北京：中华书局，1976：4053.

明代六部的建制和职任划分，仍是仿照《周礼》的六卿制度，但不是完全照搬《周礼》，而是结合当时的政治需要而安排，并打破唐代以来的六部二十四司的传统框架，将主管税收的户部和主管司法的刑部改为按地区划分设置，对口管辖的司，俾有关管理工作更加深入。清代基本承袭明制，但也略有改变。六部分工大体如下：

吏部：掌管人事事务。下辖文选、考功、稽勋、验封四个清吏司，分管文官的铨选任免、考课处分、勋级丧养、封爵荫恤等事务。因为吏部掌管人事权，地位最高，“视五部为特重”，是当时公认的首席部。

户部：掌管民政财政事务。下辖浙江、江西、湖广、陕西、广东、山东、福建、河南、山西、四川、广西、贵州、云南十三清吏司（清代增加江南司，为十四司），每司下设民、度支、金、仓四科，分管各省户籍、田土、税粮、漕运、盐政、钱钞等事务，同时分工分管中央各衙门、卫所、边镇的俸禄及粮饷。此外还设有宝钞提举司、纸钞局、印钞局及各库、仓等机构，分管货币及仓储等事务。

礼部：掌管文教礼仪及部分对外关系事务。下辖仪制、祠祭、主客、精膳四清吏司，分管贡举、学校、宗教、军嘉礼仪、吉凶礼仪、宾客礼仪、典礼宴席等事务。另设铸印局，主管中央和地方官印的规制和制造。

兵部：掌管军事行政及武职任免等事务。下辖武选、职方、车驾、武库四清吏司，分管舆图、武官铨选、考察升调、荫恤、训练检阅、后勤给养、军籍、军器、驿站马牧、武学等事务。

刑部：司法行政事务。下辖浙江、江西、湖广等十三清吏司（清初为十四司，后相继增加江苏、安徽、直隶、奉天四司，加上明制十三司，共有十七司），分管各省刑名案件，兼管审核诉讼、朝审、秋审、刑具、狱政、答疑、决囚等事务。

工部：掌管工程修建事务。下辖营缮、虞衡、都水、屯田四清吏司，分管各种营缮工程、采办制造器材、修建水利河防、陵园修缮等事务。凡国家度量衡器、狱具、舟车、礼器、军需、织造等均归工部统一管理。工部兼领营缮所、文思院、皮作局、颜料局、鞍辔局、慎节库等官营的手工业和物料库。

由上可见，六部的职责管辖，大体上包括了当时国家的基本政务，体现出六部是执行政务的重心所在。

除了六部之外，当时还设置有其他政务部门，诸如院（都察、翰林、理藩、太医等）、寺（太常、光禄、鸿胪等）、监（国子、钦天等）、府（詹事、宗人、内务等）、司（通政使、行人等）等部门，除都察院、宗人府、内务府、通政使司等少数相对独立的部门之外，在政务上大都要接受六部的指导和安排。值得注意的是明代新增加的通政使司和清代增加的内务府、理藩院。

通政使司，始建于洪武十年（1377 年）。朱元璋曾经对通政使司的命名提出见解：“政犹水也，欲其常通，故以‘通政’名官”①，是上下沟通的机构。其长官为通政使，“掌出纳帝命，通达下情，关防诸司出入文书”②。下设左右通政、誊黄右通政、左右参

---

① 张廷玉，等. 明史：卷 73：职官志二. 北京：中华书局，1974：1781.

② 申时行，等. 明会典：卷 212：通政使司. 北京：中华书局，1989：1058.

议等官，分管各种具体事务。在朱元璋看来，设立通政使司，就可以“审命令以正百司，达幽隐以通庶务”①。故此在上朝奏事次序上排在六部及都察院前面，“凡晚朝，唯通政使司、六科给事中、守卫官奏事，其各衙门有军情重事者许奏，余皆不许”②。由此可以看出通政使司的地位，

内务府，是清代特设机构，专门管理皇室事务，其权力范围比较广泛，凡宫内典礼、仓储、财务、工程、畜牧、警卫、内官管理、刑狱等无不归其所辖；设在宫外的海关、织造、盐政等部门，实际上也是由内务府直辖，外廷行政系统无权干涉其事务。内务府的长官为总管大臣，无定员，由满族王、公或满族大臣兼任。所属有广储、会计、掌仪、都虞、慎刑、营造、庆丰等七司，上驷、奉宸、武备等三院，江宁、苏州、杭州等织造衙门，宫中及陵寝的管理等。

理藩院，是清代特设的机构，最早于崇德元年（1636 年）设立蒙古衙门，崇德三年（1638 年）改为理藩院，但隶属于礼部，入关以后则成为独立的衙门，历经康雍乾时期的完善，最终确定理藩院的职掌“外藩蒙古、回部及诸番部，制爵禄，定朝会，正刑罚，控驭抚绥，以固邦翰”。院设管理院务大臣、尚书、左右侍郎等主官，其直属有堂主事、领办处、司务；辖旗籍、王会、柔远、典属、理刑、徕远六清吏司，分掌爵禄、朝贡、定界、官制、兵刑、户口、耕牧、赋税、驿站、贸易、宗教等政令。除此之外，还曾经有内馆、外馆、蒙古学、唐古特学、托忒学、俄罗斯学、木兰围场、喇嘛印务处、则例馆等机构。

第二节　变通与变革中央政务体制

自汉武帝废黜百家、独尊儒术以来，经书成为历代治国的理念，也在很大程度上影响到制度。君主专制中央集权制度，赋予君主以决断的权力，但君主在很大程度上还要受到“祖制”与现行制度的束缚，在不违反祖制、不破坏现行制度的情况下，采取一些变通的方式，也在很大程度上改变中央政务体制。自秦以来，历代王朝都是多民族的国家，尤其是以少数民族为主体的政权，所面临的问题更多，因俗而治则成为必要的抉择。鸦片战争以后，迫于当时内外政治、军事形势，制度也进行调整与变革，以适应社会发展。这些变通与变革，使中央政务体制具有新的特点。

一、以《周礼》为本

西汉末年，王莽取代汉朝，建立了“新”朝（9—23 年），他杂采古礼，更改官制。北魏分裂为东、西魏之后，西魏在宇文泰当政之时也依照《周礼》改行六官之制，这套制度为北周（557—581 年）所承袭。当时出现过复古改官制的潮流，所本都是《周礼》，

---

① 明太祖实录：卷 113：洪武十年秋七月甲申条.

② 明太祖实录：卷 255：洪武三十年冬十月丁酉条.

但所收到的效果却截然不同。王莽改官制和北周设六官，虽然都是以复古为名，但内容和形式上却大不相同，社会效果也迥异。

王莽改官制是在不改变三公九卿制的基础上，只是添置了新官和更改了官名。例如，加设太师、太傅、国师、国将为上公，号为“四辅臣”。因袭西汉末年旧制，设大司马、大司徒、大司空为“三公”。立司马司允、司徒司直、司空司若为“三孤卿”。将大司农更名羲和（纳言），大理更名作士，太常更名秩宗，大鸿胪更名典乐，少府更名共工，水衡都尉更名予虞，号为“六卿”，与三孤卿合称为“九卿”，分属于三公，又按一卿辖三大夫，一大夫辖三元士的比例，构成九卿、二十七大夫、八十一元士的设官体系。又将光禄勋更名司中，太仆更名太御，卫尉更名太卫，执金吾更名奋武，中尉更名军正，与新设主管乘舆服御物和典领兵秩的“大赘官”，共称“六监”。还假造受命金匮，并根据金匮图示，“又置司恭、司徒、司明、司聪、司中大夫及诵诗工、彻膳宰，以司过”①。这套行政机构不是根据实际政治需要，而是机械地仿照《周礼》，按照所谓的符命祥瑞以设职用人，使一些投机门客和许多没有真才实学的人填充要职，更使这套具有空想性质的行政机构不可能发挥实际效用，在“新”朝政权覆灭的过程中，非但没有发挥统治效能，却起到迅速崩解的作用。

西魏时，相国宇文泰以汉魏官繁，思革前弊，乃命人按《周礼》制定六官制度。北周替代西魏之后，这套六官制度得以保留。六官即天、地、春、夏、秋、冬六个官府，分别以大冢宰卿、大司徒卿、大宗伯卿、大司马卿、大司寇卿、大司空卿为长官。北周初年，贵戚宇文护为大冢宰，五府总听于天官，宇文护实际把持着全国军政大权。北周武帝宇文邕即位，杀宇文护而夺回权力，五府不再总听于天官，由皇帝裁理日常政务，辅助决策权也收归皇帝信任的少数官僚负责，故研究者认为北周“在中央政府组织形式方面，表面上尽管是《周礼》的一套六官制度，实际上却还是依靠魏晋以来所形成的三省制度在发挥封建地主阶级专政的作用”②。更何况北周在实行六官制度的同时，并没有改动地方和军队的组织形式，因此政权相对稳定。这套行政机构在东灭北齐、南征陈朝的过程中发挥过重要作用，并为隋代统一以后的官制改革奠定了基础。

统治者往往“假古先圣贤以自重”，企图通过托古改制来加强自己的统治，完善政权机器，提高管理效能，以巩固本王朝的统治。然而，统治者托古改制动机不一，“有欲矫时弊而复古的，有想革命而反古的，有图一己之私而窃古的”③。王莽是图一己之私而窃古，北周是矫时弊而复古却赋予时代的内容，当然也会收到不同的政治效果。

王莽脱离社会现实，借古制以托言天命，假符命图谶而乱增机构，完全没有考虑统治效果，也就决定改制的命运只能是短暂而没有生命力的，所以在“新”朝灭亡后，对后世并没有留下任何影响。历史不可能倒退，以一己之私而欺世盗名，违反社会绝大多数人的利益，必然要遭受失败，王莽改制和“新”朝的迅速崩解充分说明了这一点。

在古代社会，传说中的古圣贤哲人定制，对于各阶层人士是有一定号召力的。因此，打着“复古”的旗号，糅合某些适应社会需要的新内容，可以给改制增加历史的理论依

① 班固. 汉书：卷99中：王莽传. 北京：中华书局，1962：4103.

② 王仲荦. 北周六典. 北京：中华书局，1979：4.

③ 沈泊刚. 方孝儒的政治学说. 大陆杂志，1961，22（5）：136.

据，也易为社会所接受，推行时也可以减少阻力，容易取得成功。在历史上，几乎每个朝代都有假古圣先王为名的改制或定制，比较突出而效果迥异的则是王莽和北周。

二、诸使差遣负责制

中国古代有一个难以改变的观念，凡是祖宗定下来的制度，子孙总是表示要“恪守成宪”，不敢轻率改变。然而，社会在不断发展，政治、经济、军事情况也在不断发生变化，祖宗的制度总是不能适应现实的需要。在这种情况下，统治者往往采用一些变通的方式，在不明显变更祖制的情况下，采取一些临时措施，以弥补制度上的不足，其最具代表性的措置就是派遣具有专责的特使，处理钦命政务，出现了诸使差遣负责制。

汉代曾经设置绣衣直指，主管督大奸猾；设都水使者，主领河堤。魏晋南北朝设置的都督诸军事，总领数州以至全国的军队；观风俗使者，主管巡查地方。此外，皇帝还常常随时派人去监管或处理某事。这种被差遣的诸使大都不在正规官制序列之内，但其实际权威却往往凌驾于正规官制之上，在现实政务中发挥极为重要的作用。

唐代将行政制度法典化，称为“祖宗不变之法”，但在社会发展的情况下，所谓“祖宗之制”显然不太适应国情的变化，也无法满足君主集权的需要。于是诸使差遣负责制就大为盛行，各种名号的诸使也随之遍布朝廷各个部门，侵夺甚至完全取代原有国家机构的职权。仅就唐代户部职掌范围来说，就有户口、租庸、盐铁、度支、支度、盐池、转运、出纳、粮料、税钱、青苗地钱、两税、劝农等十余种名号的诸使。诸使遍布朝廷各个部门的结果是造成正规职官丧失了规定的职守和权力，出现“兵部无戎帐，户部无版图，虞（部司）水（部司）不管山川，金（部司）仓（部司）不司钱谷，光禄不供酒，卫尉不供幕，秘书不校勘，著作不修撰，官曹虚设，禄俸枉请”[①] 的混乱现象，原有的三省六部、九寺五监等基本上名存实亡，实际上是诸使在发挥行政上的作用。

诸使本来是临时差遣的，由于长期沿用，有些便成为固定的职位，甚至演变成为国家正式机构和职官，如都水使者、枢密使、宣徽使、客省使、三司使等；但也有些由于差使任务的结束或改变，便因时因事因人而废止。

宋代在广置诸使的基础上，普遍实行差遣制，即官衔与实际职务相分离。差遣制原本是一种临时任官的方式，后来却成为任官的主要方法，也就形成“三省、六曹、二十四司，类以他官主判，虽有正官，非别敕不治本司事，事之所寄，十亡二三”的状况，以致“居其官不知其职者，十常八九”[②]。诸使差遣负责制的普遍推行，使典章规定的国家机构名实不符，甚至名存实亡，行政管理结构也就发生变化，国家机构处在不稳定的状况中，因此又需要进行大幅度的变革。

君主要集中权力，统治集团内部在争夺权力。集中权力必须加强对臣僚的控制，因此在行政上推行“分化事权”的方法，使各部门和人员之间互相牵制。争夺权力则需要扶植和重用自己的亲信，因此往往选择地位低下而便于控制的亲信以分割正规官制的权

---

① 董诰，等. 全唐文：卷510：上宰相表. 北京：中华书局，1983.

② 脱脱，等. 宋史：卷161：职官志一. 北京：中华书局，1977：3768.

力。长久以往，宁可多设冗官，也不愿意权力集中到某几个人的手中，这样，“昔以一官治之者，今析之为四五，昔以一吏主之者，今增而为六七”①。人浮于事，而事不能决于一人，工作效率虽然低下，但却达到了集权的目的。

广设临时差遣诸使，被认为是君主独操用人大权的良策。古代用人标准往往不是在于有才无才，而是在于是否能忠实为己用。因此，重用亲人、近人、佞人，就成为不可避免的现象。而用亲人、近人、佞人的最便捷方法莫过于差遣诸使。元代“额勒赤（使者）像雨点一样撒向各地”②。明代“军营厂狱，矿关采办，无一不以宦官领之”③。清代钦差大臣相望于道。中国自国家出现以来，诸使差遣始终与正规官制并存，有时甚至凌驾于正式国家机构和职官之上，原因就在这里。

三、“因俗而治”的设置

中国历史上各个王朝都是由多民族组成的，不论是以汉族统治集团为主，还是以其他民族统治集团为主建成的政权，出于对自身控制能力的估计，以及对民族地区实际存在的经济结构和传统生活方式的了解，历代统治者大都意识到强行将自己的习惯和现存的制度推行到民族地区，不但难以获得成效，而且还会激化矛盾。因此，历代王朝在确保自己最高尊荣和主权的情况下，往往实行一些特别制度以实行特殊管辖，进而形成“因俗而治”的政务管理。

（一）民族传统管理结构

少数民族建立的国家，往往特别注意保留本民族一些传统的管理方式，比较突出的是辽代的夷离堇和斡鲁朵制，金代的猛安谋克制，元代的怯薛制，清代的八旗制度等。

夷离堇制是辽代各部族的自治制度。耶律阿保机曾把契丹和臣属契丹的部落编为20部，圣宗耶律隆绪时扩展到34部，后来确定为48部。其中地位最高的是“内四部族”，其次是“四大部族”，即五院部、六院部、乙室部、奚六部。各部设首领，称为“夷离堇”或“大人”，太宗时改称为“大王”。五院部在朝廷为北大王院，六部院在朝廷为南大王院，乙室部在朝廷为乙室王府，奚六部在朝廷为奚王府。内四部族和四大部族是契丹统治的中坚力量，但各有独立的治理权力，部大王在世选之后由朝廷任命，大部族所辖的小部族首领（最初也称夷离堇，后改称令稳，再改节度使）世选后由王府任命。他们各按本部族习惯进行管理，在不违反统一政令的情况下，朝廷一般不干涉他们内部的事务。

斡鲁朵，译为“宫”。辽代皇帝即位以后都建有“斡鲁朵”，设立宫卫，老皇帝去世以后，宫卫依然保存，因此终辽之世共有12宫1府，其中9个先皇各设一宫，应天太后、承天太后各设一宫，圣宗时皇太弟耶律隆庆特设一宫，汉人宰相韩德让因得幸于承天太后而“拟诸宫例”置一府。诸斡鲁朵各有自己的辖区、部族、官府和兵马，相当于

① 毕沅．续资治通鉴：卷81：元祐三年（1088年）冬十月戊戌．北京：中华书局，1957.

② 志费尼．世界征服者史．何高济，译．北京：商务印书馆，1958：556.

③ 永瑢．历代职官表：卷38：内官．清光绪二十二年（1896年）广雅书局刻本.

西周时期的分封诸侯。这种宫卫对维护皇帝统治曾起过相当重要的作用，但由于因革替代而造成某些势力坐大，宫卫又往往成为威胁皇位的危险力量。

猛安谋克制原来是女真族在部落联盟时期的组织形式，猛安为部落单位，谋克为氏族单位。完颜阿骨打时规定 300 户为一谋克，10 谋克为一猛安。金王朝进入中原以后，在地方行政中保留这一制度，与州县形成互不统属的两个系统，施用范围除女真族之外，还有归附的契丹和部分汉人所在地区。猛安相当于防御州，谋克相当于县，主管休整军务、训练武艺、劝课农桑，是军事编制、生产单位、地方行政三位一体的组织。

怯薛制是成吉思汗时建立的番直宿卫组织，由成吉思汗时的四大功臣部落轮流担任，主要负责大汗殿帐护卫，是御前侍卫亲军。此外还有一些怯薛人员负责分管营帐内的各种事务，称为执事人或执事官，管理"冠服、弓矢、食饮、文史、车马、庐帐、府库、医药、卜祝之事，悉世守之"①。他们常常"奉旨署事，别无颁受宣命"②。"'怯薛'几乎就是当时的朝廷，但以仿照中国的内朝、外朝而言，则是由内朝官出任外朝官而仍保有本职，即具有'怯薛'身份"③。可见怯薛作为大汗身边的亲近侍从，可以直接奉命管理某些政务，到一定时候便会转化成政务官。蒙古太宗三年（1231 年），以耶律楚材为中书令，而耶律楚材原为怯薛执事官中的必阇赤（书写的人），一部分怯薛执事官开始转变为政事官。忽必烈在刘秉忠、许衡等的帮助下，建立了一整套内外官制度，怯薛组织的护卫职能得以保留。怯薛执事官除一部分转变为政务官之外，另一部分则在众多的皇族和皇室机构任职，如大宗正府中有怯薛三四十员，宣徽院中有怯薛丹万人。这些人除供役使之外，也常常奉旨署理某些事务。怯薛的四大怯薛长一直由成吉思汗时的四大功臣后代承袭。

八旗制度是在满族早期牛录制基础上建立起来的，"先是，满洲出兵校猎，各随族党屯寨而行，每人出一矢，十矢领以一长，称为牛录"④。明万历二十九年（1601 年），努尔哈赤在此基础上初建黄、白、红、蓝四旗，始编 300 人为一牛录，以牛录额真（满语，意为大箭主）为长。万历四十三年（1615 年），又增建镶黄、镶白、镶红、镶蓝（即黄、白、蓝旗镶红边，红旗镶白边）四旗，共为八旗，定编为"每三百人设一牛录额真，五牛录设一甲喇额真，五甲喇设一固山额真，每固山额真左右设梅勒额真"⑤。固山就是旗，当时每旗额编步骑 7 500 人，八旗总计 6 万人。天聪九年（1635 年）增编蒙古八旗，崇德七年（1642 年）又增编汉军八旗，编制与满八旗相同。顺治时定八旗各级官长的汉语名称，固山为都统，梅勒为副都统，甲喇为参领，牛录为佐领。以后人数增加，旗数不变，只是增加佐领数目。全盛时，满、蒙、汉 24 旗所属佐领有两千多个。

八旗也是集军事、生产、行政于一体的社会组织，平时生产，战时从征，就旗治众。入关以后，其生产意义日趋萎缩（因八旗有固定的饷银粮米）。以军事编制而言，八旗分"禁旅八旗"和"驻防八旗"，分别担任护卫京师和驻守全国各地，旗籍人员世代为兵。

---

① 宋濂，等. 元史：卷 99：兵志二. 北京：中华书局，1976：2525.
② 宋濂，等. 元史：卷 87：百官志三. 北京：中华书局，1976：2188.
③ 王明荪. 元代的士人与政治. 台北：台湾学生书局，1992：46.
④ 蒋良骐. 东华录：卷 1，辛丑年（1601 年）. 北京：中华书局，1980.
⑤ 蒋良骐. 东华录：卷 1，乙卯年（1615 年）. 北京：中华书局，1980.

以行政机构而言，八旗的各级衙署与州县系统并存，八旗所属旗人与州县所属民人实行分治。

（二）以统治民族为主导的管理结构

少数民族政权为了实现对人数众多的汉族及其他各族人民的统治，不得不依靠汉族地主阶级和其他各族贵族来增强统治力量，以扩大自身的统治基础。但在统治机构中，总是致力于确保本族统治阶层在政权中的优势地位。其采取的措置，主要通过两种形式：

一是设立蕃汉有别的两个系统统治机构，设立以蕃官体系为主导的部门，是在辽、夏、金、元时期都曾经实施过的。

辽太宗耶律德光（927—946 年在位）时，健全了北面官和南面官两套不同的行政体系。中央北面官大致分为两部分。一是政务系统，以北、南宰相府总领，北、南宰相都是由皇族直系血亲或舅氏担任。其下主要有北、南枢密院，北、南大王府、夷离毕院、宣徽院，敌烈麻都司和大林牙院等机构。“北枢密院视兵部，南枢密院视吏部，北、南二王视户部，夷离毕视刑部，宣徽视工部，敌烈麻都司视礼部”，林牙院“掌文翰之事”。二是皇帝及其亲族的诸帐官，由御帐和诸族帐组成。御帐包括侍卫司、北南护卫府、奉宸司、三班院、宿卫司、宿直司、硬寨司、皇太子惕隐司等机构，“出于贵戚为侍卫，著帐为近侍，北南部族为护卫，武臣为宿卫，亲军为禁卫，百官番宿为宿直。奉宸以司供御，三班以肃会朝，硬寨以严晨夜。法制可谓严密矣”①。诸帐的机构和人员因其职任重轻而依次递减，由大内惕隐司主管调整。南面官主要有枢密院、三省、六部、台、院、寺、监等机构，大体仿照唐制，但这些机构往往因人因事而置废，或暂设于一时，或偏设于一地，并不完全固定。南面官多由汉人充当，也参用契丹贵族。南面官的权力低于北面官，而且许多职位有名无实。两套行政系统的权责并不均衡，契丹族的北面官一直起着主导作用。

1038 年，元昊正式称帝而建立西夏王朝，仿照唐宋制度建立一套官僚制度。其官分文武班，由中书省主管行政，枢密院主管军事，三司使主管财政，御史台主管监察，另有开封府、翊卫司、官计司、受纳司、农田司、群牧司、飞龙院、磨勘司、文思院、蕃学、汉学等部门分管具体事务。同时还部分保留原来的“蕃官”体系，有宁令（大王）、谟宁令（诸王）、祖儒（大首领）、吕则（首领）、枢铭（副首领）等官衔。便形成了蕃汉有别的两套行政系统，既适应了对广大汉族居住地区统治的需要，又尊重了原有的传统，确保了党项贵族在朝廷的主导地位。

金代完颜阿骨打建国（1115 年），在不改易“旧俗”的情况下，把原有的部落联盟或酋邦机关改造为国家机构，建立了勃极烈制度，由皇帝近亲充当各种勃极烈，分管各项政务。都勃极烈就是皇帝；谙版（尊大之称）勃极烈是继承人，还有国论忽鲁勃极烈（贵总帅），国论左勃极烈（左国相），国论右勃极烈（右国相），国论勃极烈（贵大臣）；此外还有乙室勃极烈（主外事）、忽鲁勃极烈（总帅）、移赉勃极烈（部大臣）、阿买勃极烈（有专城）、阿舍勃极烈（副职）、昊勃极烈（助手）、迭勃极烈（佐贰）等，若

---

① 脱脱，等. 辽史：卷 45：百官志一. 北京：中华书局，1974：697.

是前面加上“国论”二字，则为重臣，可以参与国议。完颜阿骨打的弟弟吴乞买不断征伐，先后灭辽驱宋，进入辽代原统治区和中原地区以后，随即建立起汉官制度，使本朝制度与汉官制度并存。金熙宗天会十三年（1135 年），勃极烈制被废除，全面实行汉官制度。

蒙古建国以后，中央也存在两套行政机构。一套是建立在“部落野处，非有城郭之制”的游牧经济和“国俗淳厚，非有庶事之繁”①。体现阶级关系尚还是简单的蒙古制度，主要由“札鲁忽赤（断事官）”会决庶务，怯薛（番直宿卫）组织护卫大帐和管理营帐事务。太宗三年（1231 年），蒙古势力进入关内地区，为了适应被征服地区的社会经济和政治状况，建立了以中书省为主体的汉官制度。忽必烈（1260—1294 年在位）即位以后，实际统治已经包括蒙古本土和中原地区，才进一步勒定元代官制，确立了以中书省为主体的行政管理体制。

二是在统治机构中把重要职官和部门俱委派本族贵族掌管，以确保本族的主导地位，比较突出的是元代的“达鲁花赤”制和清代的满汉复职制。

“达鲁花赤”是蒙古语，意为镇压者、独裁者、掌印者。元代大多数中央机构和所有的地方机构都设有“达鲁花赤”，由蒙古人充任，地方上则参用色目人。“达鲁花赤”虽然不是管理实际事务的长官，但高居于本部门其他官员之上，拥有监督权，因此在政务运作中起着重要作用。“达鲁花赤”的设置，突出反映了元代官制的特点，就是在正常官制之上专门设置从事监督和镇压的人员，借以保证蒙古贵族的绝对统治地位。元代统治者把全国各族人口划分为蒙古、色目（中亚各族及西夏、维吾尔族）、汉（原金代统辖地区的各民族）、南（原南宋境内的各民族）人四等，在任职上明确规定着差别，在法律上也有同罪不同罚的规定。

清代把全国的重要官职分别定为宗室缺、满洲缺、蒙古缺、汉军缺和汉缺，其中又以满、汉缺为主，按缺补授。各族所得官缺不一，所处的地位也不平等。清初，凡是政权的重要部门都操持在满官之手，即使是在实行满汉复职的机构中设置不分正副，但在政事处理中，经常是满官“一人主之，则其余皆相随画诺，不复可否”②。地方督抚大员也多半由满人担任，只有在所谓“承平无事”之时，或贫僻边远冗散之缺才委任汉官担任，也多是汉军旗人。中叶以后，清王朝实际统治权威下降，基于有效镇压叛乱和对付外国侵略势力，督抚的汉员才有增加，但限制仍极严。清代有满洲、蒙古、汉军八旗，每旗设都统一人、副都统二人，参领、佐领若干人，诸旗壮丁约 20 万人，除少数留守辽东之外，约 10 万拱卫京师，其余 10 余万人分驻各省，由驻防将军、副都统、城守尉等统领，占领要地，监视绿营，其驻东北、蒙古、青海、西藏等边陲地区的驻防官员还负责当地的各种政务，直接对皇帝负责。地方府州县官大部分由汉人担任，是因为辖区所能动员的人力物力有限，更加之与八旗驻防衙门交错在一起，很难形成反清势力。清王朝在表面上虽不似元代那样界限森严的民族等级，但并未改变民族歧视的内涵，只是表现得比较隐蔽，运用得比较巧妙，统治者经常说什么“满汉一体”“满汉不分”，其实并

① 宋濂，等. 元史：卷 85：百官志序. 北京：中华书局，1976：2120.

② 赵翼撰，李解民点校. 檐曝杂记：卷 2：兼管部务. 北京：中华书局，1982.

未放弃防范戒备之心。

“因俗而治”的政务管理体制，是在适应不同地区经济文化发展水平的实际情况下，对各民族区别对待，在不改变原有的生产方式和生活习惯的前提下，允许各从其俗，在客观上维持了被征服地区社会生产力的发展，同时也有利于社会稳定，加强本民族的统治。“因俗而治”在一定程度上还起到缓和民族矛盾、促进民族融合的作用，是取得过一定成效的统治政策。

四、晚清中央政务变革

鸦片战争以后，清王朝“天朝”地位受到冲击，外国侵略者不甘以“外夷”身份与清廷交往，清王朝亦因战败而无力坚持旧体制，不得不对政务机关做必要的调整，增设新的中央政务机构，首先就是有关外交事务的部门。

1860 年，第二次鸦片战争失败后，恭亲王奕䜣为有效地办理洋务和外交事务，奏请建立“总理各国事务衙门”，1861 年 1 月 20 日得到批准。该衙门的规制仿照军机处，设总理大臣三员至十几员不等，由亲王一人总领，其余称大臣、大臣上行走、大臣学习上行走等；另设总办章京、帮办章京、章京若干人。该衙门直属机构有英国、法国、俄国、美国、海防五股，分管指定的某国或某几个国家有关交涉事务和江海防务、电信、铁路等“洋务”。该衙门下属机构有同文馆、海关总税务司署，还管辖南洋、北洋通商大臣，选派出国公使等。举凡外交及与外国有关的财政、军事、教育、矿务、交通等，无不归该衙门管辖。1901 年改名外务部，其具体职责基本相同。

同文馆主要是为培养与外国往来交涉的人才。1862 年，在上海和广州又设立广方言馆，主要为培养各官署衙门的翻译和学习外国生产技术的人才。

海关总税务司署于 1865 年成立，通管全国各海关事务。由于各种不平等条约和保证中国按期按额缴付巨额赔款，当时的关税大权一直被英国人所把持。

南洋、北洋通商大臣，简称南洋、北洋大臣。南洋大臣由两江总督兼任，驻上海；北洋大臣由直隶总督兼任，驻天津。这两个大臣不但是地方的最高长官，还着重管理对外交涉、通商、海防、军备、关税等方面的事务，下辖大批僚佐，权力远比其他总督大，因而后来逐渐形成地方官也有权处理外交问题的局面。这两个职务是晚清最重要的官职，一直为湘、淮两系军阀势力所据，李鸿章曾任北洋大臣达 20 年之久，北洋军阀系统就是在他任北洋大臣时期培养和发展形成的。

1898 年，在光绪皇帝的支持下，以康有为、梁启超为首的资产阶级改良派要求变法，一度得到光绪皇帝接纳，并允准试行，史称“戊戌变法”或“百日维新”。从 6 月 11 日到 9 月 21 日，光绪帝接连发布 100 多道上谕，涉及了经济、军事和文教领域的改革。在经济方面，中央设立农工商总局（省设分局）、矿务铁路总局、邮政局等；在军事方面，重点训练陆军、加强海军、强化保甲和团练；在文教方面，改革科举制度，建立全国由初级到高级的学堂制度；在官府机构方面，裁减一些机构和冗官冗吏，准备“开懋勤殿以议制度”。9 月 21 日，慈禧太后重新摄政，幽禁光绪帝，杀害谭嗣同、杨锐、林旭、刘光第、康广仁、杨深秀六君子，康、梁流亡海外，慈禧宣布废除新法，重新“训政”。维新运动虽以失败而告终，但毕竟揭开了清末政治改革的序幕。

1900 年，八国联军攻占北京，逃往西安的慈禧太后面对惨痛的败局，不得不寻求挽回大清王朝命运的办法，从几年前被自己镇压的维新变法运动中捡拾出一些内容，转为己用。1901 年 1 月 29 日，以皇帝的名义发布上谕，令高级官员“各就现在情形，参酌中西政要，举凡朝章国故，吏治民生，学校科举，军政财政”① 等情，均可向上陈述奏报，并于 4 月成立政务处，着手审议陈述，声言进行某些调整和改革。

1901 年，首先改组总理各国事务衙门，建立外务部，使之居各部之首。部内设大臣一名，副大臣二名。直属机构有承政厅、参议厅、司务厅，还有和会、考工、榷算、庶务四司。该部除职掌一般外交事务之外，还被授权签订和履行条约，负责派遣和管理驻外使节、保护外商教士、办理各种招工、贸易、关税、留学、国债、铁路、矿山、邮政、海防等事务。

1903 年，清王朝设立了商部，主管农、工、商等事务，这是中国历史上首次将商业正式纳入为国家的“政务”序列。1905 年，又设立巡警部和学部，企图模仿西方的警察制度和教育制度，同时宣布废除科举制度，建立学堂制度。

1906 年，清王朝迫于全国人民的压力，被迫宣布准备实行宪政，声言要进行更大规模的调整和改革。其具体的做法是，裁减合并职权重复的官署，增加一些新的机构，确定设立外务部、吏部、民政部、度支部、礼部、学部、陆军部（应设之海军部、军咨府，未设之前暂由陆军部兼理）、法部、农工商部、邮传部、理藩部等 11 部，以及大理院和都察院；原有的宗人府、内阁、翰林院、钦天监、銮仪卫、内务府、太医院、各旗营、侍卫处、步军统领衙门、顺天府、仓场衙门均不改变。各部院废除了沿用 200 余年的满汉两堂官制度，实行单一领导。

1911 年，臭名昭著的“皇族内阁”成立，再度调整，设立外务、学务、民政、度支、陆军、海军、司法、农工商、邮传、理藩等 10 部，各部首长为国务大臣。至此，原有军机处、内阁双轨辅政制与以六部为政务主体，寺监府院为辅的传统体制彻底瓦解。

五、中华民国中央政务调整

1911 年底在南京建立的临时政府存在仅 3 个月，所建立的中央政务系统既不完备，也没有长久的发展规划，基本仿照清末新政时的设置。北洋政府的中央政务系统变化不大，主要在于各派军阀和政治力量忙于争权夺利，没有精力进行政务调整。南京国民政府在社会变革和战争时期，所面临的问题很多，因此经常根据当时的形势调整政务系统。

（一）南京临时政府政务系统

根据《中华民国临时政府中央行政各部及其权限》规定，南京临时政府设置 9 个部，各部设总长一人，为国务员，协助大总统处理行政，并总理本部事务。各部次长一人，辅佐总长，整理部务，监督本部司、局，以及司局以下的处、科。各部一般设有秘书厅

---

① 清德宗实录：卷 476：光绪二十六年十二月丁未条.

处，有秘书长一人，参事和秘书若干人，协助总长处理部务。其9部设置及权限如下：

陆军部：管理陆军经理、军事、教育、卫生、警察、司法并编制军队事务，监督所辖军人军佐。

海军部：管理海军一切军政事务，监督所辖军人军佐。

外交部：管理外国交涉及关于外人事务、外侨民事，保护在外商业，监督外交官及领事。

司法部：管理民事、刑事诉讼事件，户籍、监狱、保护出狱人事务，并其他一切司法行政事务，监督法官。

财政部：管理会计、库币、赋税、公债、钱币、银行、官产事务，并其他一切财政事务，监督所辖财政官员。

内务部：管理警察、卫生、宗教、礼俗、户口、田土、水利工程，若善举公益及行政事务，监督所辖各官署及地方官。

教育部：管理教育、学艺及历象事务，监督所辖官署学校，统辖学士教员。

实业部：管理农、工、商、矿、渔、林、牧、猪及度量衡事务，监督所辖各官署。

交通部：管理道路、铁道、航路、邮信、电报、船舶并运输、造船事务，统辖船员。

南京临时政府的一些部还有直辖机关，如财政部有两淮盐政总理、南洋劝募公债总理、驻日募债特派员、驻日募集公债会办、造币厂等，内务部有旗产调查处、禁烟公所等，外交部有上海通商交涉使公署、捕获裁判所等。

（二）北洋政府政务系统

北洋政府的政务系统也是依照南京临时政府的规模而设，各部总长为国务员，所设部也大致相同，其间增减不大，其重要而有实权的部成为各派军阀和各种政治力量争夺的对象，一般而没有实权的部则成为拉拢名流和安抚反对派的缺位，所以各部总长变换频繁。其各部及权限如下：

外交部：管理外交事务，关于居留中国的外国人和外国在中国的侨民事务，保护中国在外国的商业，监督中国驻外的外交官和使、领馆工作。

内务部：管理地方行政、选举、赈恤、救济、慈善、感化、人口、户籍、土地、警察、著作和出版、土木工程、宗教、卫生等事务，并监督所辖官署和地方行政长官。

财政部：总辖国家财务，管理会计出纳、公债、租税、货币、政府专卖、储金保管、银行事务等，监督所辖官署和公共团体财务。

陆军部：管理陆军军政，统辖陆军军人，监督所辖官署及军队各种事务。

海军部：管理海军军政，统辖海军军人，监督所辖官署及海军各种事务。

司法部：管理刑事、民事诉讼事件及监狱、出狱人保释以及其他司法行政事宜，监督所辖官署和司法官。

教育部：管理教育、学艺、历象，监督所辖官署和全国学校。

农林部：管理农务、水利、山林、畜牧、蚕桑、水产、垦殖，监督所辖官署。1913年，农林部并入农商部，终北洋政府时期没有恢复。

工商部：管理工业、商业、矿务，监督所辖官署。1913年与农林部合并，改称农商部。

交通部：管理铁路、邮政、电政、航政，监督所辖官署和全国交通、电气事业。

军政部：是张作霖设立的，由陆军部、海军部、航空总署及总统府直属的参谋本部合并而成，负责管理陆、海、空三军的军政事宜，并负责军队的布防、调动、作战计划等军令事宜，以便集中军事权力、调动军队。

实业部：是张作霖从农商部中划分出来的，管理商业、矿业及其他实业行政事务；另设农工部以管理农业、林业、牧业、渔业、水利、工务等事务。

北洋政府基本保持在设置9～10个部，各部设有总长，在责任内阁时，总长都是国务员，参加国务会议；变为辅政内阁时，各部总长只能秉承命令办理部务，缺乏自主的权力。各部除次长之外，分别设有局、司、厅、署、处、科、室等下属机构，分别管理各种事务。

（三）南京国民政府政务系统

南京国民政府政务机构基本上都集中在行政院下属的各部委。1928年时，有内政、外交、军政、财政、农矿、工商、教育、交通、铁道、卫生等10个部，以及建设、蒙藏、侨务、劳工、禁烟等5个委员会。

南京国民政府的各部委经常进行调整，其中最大的有三次：一是在抗日战争时期，二是在抗战胜利以后，三是在实行总统制以后。

根据1938年1月的《中央机构调整案》，行政院下设内政、外交、军政、财政、交通、经济、教育等7个部，蒙藏、侨务、赈务等3个委员会。其中经济部规模很大，下辖总务、农林、矿业、工业、商业、水利、管制、企业、电业等9个司，还有会计处、统计室。随着经济部的设立，许多与经济有关的机构被接管，先后有农本局、中央农业实验所、江西农村服务区管理处、中央地质调查所、商品检验局、中央工业实验所、全国度量衡局、商标局、工矿调整处、矿冶研究所、资源委员会、导淮委员会、黄河水利委员会、扬子江水利委员会、华北水利委员会、江汉工程局、珠江水利工程局、泾洛工程局、湖北堤工专款保管委员会、中央水工试验所、金水河流域农场、水利设计测量队、采金局、燃料管理处、西昌办事处、平价购销处、金沙江工程处、物资局、日用必需品管理处、无线电台、中央调查所西北分所、技工训练处、煤焦管理处等30余个部门归属。

随着抗日战争的形势发展，行政院所属机构陆续有所增减，其中有：县政计划委员会（1939年6月—1941年9月）、农林部（1940年1月设）、卫生署（1940年4月改隶）、战时公债劝募委员会（1940年7月设，后改隶财政部）、社会部（1940年7月由中央党部改隶）、全国粮食管理局（1940年7月—1941年5月）、陪都建设计划委员会（1940年9月—1943年4月）、中央图书杂志审查委员会（1940年5月—1945年10月）、川康经济建设委员会（1940年11月设）、经济会议（1940年7月—1942年4月）、粮食部（1941年5月设）、水利委员会（1941年7月设）、敌产处理委员会（1942年1月—1945年7月）、国家总动员会议（1942年4月—1945年5月）、地政署（1942年6月设）、司法行政部（1943年1月由司法院改隶）、液体燃料管理委员会（1943年2

月—1946年1月）、敌人罪行调查委员会（1943年12月—1945年5月）、战时生产局（1944年11月—1945年11月）、兵役部（1944年9月—1945年11月）、善后救济总署（1944年12月设）。这样，截止抗战胜利前夕，行政院所属有内政、外交、军政、财政、教育、经济、交通、农林、社会、粮食、司法行政等11个部，蒙藏、侨务、赈济、水利等4个委员会和卫生、地政等2个署。

1946年初召开政治协商会议之后，国民党对“一党政府”进行“改组”，行政院则仿照美国的军事行政体制设立各部委，计有内政、外交、国防、财政、教育、司法行政、农林、交通、粮食、社会、经济、水利、地政、卫生等14个部，蒙藏、侨务、资源、全国经济、绥靖区政务等5个委员会，以及善后救济总署、新闻局、驻日代表团、主计处等。

1948年5月，行宪后首届行政院组成，其下设部委有内政、外交、国防、财政、教育、司法行政、工商、农林、交通、粮食、社会、水利、地政、卫生、主计、不管等16个部，资源、蒙藏、侨务等3个委员会，以及新闻局。

第三节　中央政务运行机制

中央政务机构主要职责是将国家各种事务予以落实，随着社会的发展，国家事务也日益增多，为适应政治、军事及社会发展的需要，各种政务机构不断调整，除了辅政机构之外，还设置分管军事、监察、人事、财经、司法、生产、文教礼仪等各方面的事务机构，随着社会发展也会增设新的政务机构，进而构成内外相维、职责有别、统率有序、有规章可循的全套国家机器。

一、相府与诸卿政务系列

相府与诸卿政务系列是秦汉时期的中央政务体制。相府分曹治事，诸卿各司其事。在政务往来处理上，相府诸曹有监督指导诸卿工作之责，诸卿在执行具体政务时要向相府有关部门呈报备查。相府诸曹没有得到皇帝的特许，不允许擅自干涉诸卿的事务，因此诸卿有较为独立的施政权力，直接对皇帝负责。西汉丞相陈平说：“陛下即问决狱，责廷尉；问钱谷，责治粟内史。”这种说辞，如实地反映出相府与诸卿的实际关系。宰相总其成以辅政，但不能包办和代替诸卿的职责，对诸卿监督指导的重点在于“使卿大夫各得任其职”①，考察诸卿的政绩和吏治，是“治其人而不治其事”。

相府与诸卿政务系列虽然有明确的权责分工，但亦普遍存在职无常守的现象。所谓职无常守，就是指皇帝不受规章的限制，可以随时随事地对所有部门和臣僚委用调遣。例如，相府虽然是各项政务的总汇，但它的所属人员并不仅限于在相府中办理文案，相府掾史经常会接受皇帝的委任出巡各地或监督某部门的具体工作，皇帝直接差遣到掾吏，

① 班固．汉书：卷40：陈平传．北京：中华书局，1962：2049.

足见丞相和相府的独立职权又是有限的，亦因此相府的规模也得到不断扩大，在汉武帝时期曾经有吏员 362 人的规模。诸卿虽然各有所掌，有明确的职守，但承皇帝旨令，既可以参加本部门所管理事务的集议，又可以将兵作战，乃至处理本部门以外的各种事务。这也是皇帝运用最高用人权的体现，皇帝可以随时调遣官吏，增减予夺其职权，使官吏既可以有职无权，也可以有实权而不具职衔；既可以兼及他职之事，也可以指令在两职或多职之间权责相互渗透。规章制度及其运用，有时是按照常规的，但有时又是可以随意变通的，一切都取决于皇帝的裁断。

对于专制主义中央集权制度来说，相府与诸卿政务系列并不是理想的政务管理体制，因为它不能充分体现集权的要求。诸卿属官规模庞大，事务分散，不便于集中处理政务，特别是宰相职权过滥过重，相府机构不断膨胀，插手事务过多，更是不利于君主集权。由此决定，相府与诸卿政务系列只能是一种暂时的过渡，一俟中央集权体制得到稳定巩固，便会被大幅度地修正。

二、相府、尚书诸曹与诸卿政务系列

相府、尚书诸曹与诸卿政务系列是西汉武帝主政到南北朝期间的中央政务体制。汉武帝以后，尚书权力不断扩大，以至于“虽置三公，而事归台阁”①。尚书之下设置有不同业务分工的诸曹，所管理的事务又逐渐增多，演至东汉，尚书台已经成为政务的中枢，中央政务运行机制出现重大的变化。

尚书权力扩大，宰相权力则趋于下降，相府属员只能退居在相府之内办理文案、汇编各种政务文书。当然，这一发展趋势也出现过反复，在权臣辅政时期，相府也曾经几度恢复成为政务的总汇。

本来是宫内侍从的尚书诸曹，实际上主管了各方面政务，大多数诏令奏章都要由尚书承传，不但侵夺了相府原有的职权，还导致诸卿职掌的变化和事权的削减。早期的尚书诸曹只是执掌政令，很少插手实际政务，诸卿权责也没有过多的变化；后来的尚书诸曹既执掌了政令，又插手实际政务，人事、财政、司法、礼仪、工程等事务大部分转移到尚书诸曹管理，诸卿的职掌就不得不随而变更，逐渐演变为只能处理具体工作的事务官。

在官制排列顺序上，这个时期的相府和诸卿还排在尚书的前面，相府主要官属和诸卿的阶品也还高于尚书，这不过是形式。尚书“任总机衡”，又是实职实权，为时人所重，随着权力的扩大，官制排位便超越到诸卿的前面，成为主管政务的部门。诸卿除在皇帝特许的情况下，参议国政的机会越来越少，逐渐被认为是闲曹闲职。以尚书瓜分和取代相府、诸卿的重要职权，是在深思熟虑的政治谋略中实行的，是体现中央集权政策的重要措施。

三、六部与寺监政务系列

六部与寺监政务系列是隋、唐、宋时期的中央政务体制。从地位上看，六部与寺监

---

① 范晔. 后汉书：卷 49：仲长统传. 北京：中华书局，1965：1657.

基本上是平行的，六部尚书为正三品，寺监长官从三品，相差不大；从职事分工来看，六部所掌与寺监所掌各有不同，但也有互相衔接之处。

按照典章规定：六部奉制命、掌制令，寺监则分掌具体事务。例如，户部“掌天下土地、人民、钱谷之政、贡赋之差”①，下辖户部、度支、金部、仓部四司，是朝廷的主要财经机构，凡国家户口田地数目、财政预算、仓库支纳等，无不经由户部。而与户部职掌密切相关的司农寺，则“掌邦国仓储委积之事”，“凡京都百司官吏禄给及常料，皆仰给之”。太府寺“掌邦国财货”，“凡四方之贡赋、百官之俸秩，谨其出纳，而为之节制焉。凡祭祀，则供其币”②。这样，财经行政归户部，粮谷收纳保管和支出则归司农寺，钱帛收纳保管和支出归由太府寺，形成管理财政者不直接管物品、管理物品者不能理财的管理体制。此外，礼部与太常寺、光禄寺、鸿胪寺、国子监，兵部与卫尉寺、太仆寺、军器监，刑部与大理寺、御史台，工部与少府监、将作监、都水监等，都是建立在这种总领与具体分管关系之上的。具体分管者要接受总领的指导，也可以对总领提出异议，直接听从君主指挥和向君主汇报政务，从制度上形成各部门和职官之间的相互牵制和监督，标志着中央集权制度的进一步完善。

从制度上看，六部与寺监是“职有常守，位有常员”③。然而，社会政治和经济头绪万端，事态复杂而多变，既要求政务管理体制有相对的稳定性，又要求有必要的机动能力。按照这样的要求，六部与寺监政务系列就显得协调不足，暴露出缺乏因机应变的能力，总领和具体分管部门往往未能有机地配合，彼此之间虽有分工，但划分过于笼统，界限和权责不分明，有些政务难以及时有效地统一处理，临事互相推诿，甚至互相扯皮，有利不顾一切地拼命去争，有害千方百计地进行规避。

古代统治者执政的特点之一是过分拘泥于祖宗成法，宁可照陈规旧例办事，也不愿因时改制。有时碍于政务纷繁，不得不有所匡正，于是便采用临时置使，随时设官的方法来应付。唐、宋时期的诸使和差遣制的普遍存在，在一定程度上反映出在六部与寺监政务管理体制不尽符合实际，需要采取这种变通的形式予以弥补和修整。

四、部院寺监府政务系列

部、院、寺、监、府政务系列是在金、元以至明、清逐渐形成的中央政务管理体制。部、院、寺、监、府是官制的排列顺序，其地位基本相同，在政务上也互有联系。

部是吏、户、礼、兵、刑、工六部。这个时期的六部已经不再拘泥于每部四司的旧制，而是根据事务的繁简而适当地增减司署，增加部直机关的编制，以适应日益增多的事务，承担分管中央重要政务的职责。

院是宣徽、宣政、枢密、翰林、都察、理藩、太医等院。从政务的角度上看，院与六部有一定的关系，但又是比较独立的政务机构，有自己专门的职任和政务管理体系，六部无权干涉院的政务。

---

① 欧阳修，宋祁. 新唐书：卷46：百官志一. 北京：中华书局，1975：1192.

② 刘昫. 旧唐书：卷44：职官志三. 北京：中华书局，1975：1889.

③ 欧阳修，宋祁. 新唐书：卷46：百官志序. 北京：中华书局，1975：1181.

寺和监在这个时期有所省并，与部院的政务关系明确，在部院的指导下分管具体事务，负责一定的礼仪、司法、教育、天文历象等业务，对部院的从属性比较强。

府是宗人府、侍正府、詹事府、内务府等，也是比较独立的政务机构，与部院有一定的关系，但部院不能干涉府的事务，因为府是由皇帝直接指挥调动的政务机构。

部、院、寺、监、府政务系列并不是一元化的体制，实际上是一种多元多轨的政务管理形式，同一方面的重大政务，细分为由若干部门，由不同的机构分别管理，既让它们彼此之间在政务上保持密切的联系，又分别赋予它们奏请皇帝裁定的独立职权，这是统治者有意识地使各种部门构成相互牵制监督的局面，以防止专擅独断。当然，多元多轨制的政务管理体制也是与当时的政治、经济和社会发展密切相关的，社会经济的日益进步，社会生活的日趋复杂，要求政务管理必须向严密深细的方向发展。财、账、钱、物各有专司，司法行政与司法审判各有专属，军事指挥与军令、后勤、马政等分辖于不同部门，正反映着政务管理体制的进步。至于皇族事务、宫廷事务机关，历来都是由君主直控，任何部门都无权干涉。在“朕即国家”的家天下社会里，皇家事务与国家事务又从来没有明确的分界线，因此在政务处理上也存在彼此互兼的现象。侍正府、内官衙门、内务府等机构庞大，具有特殊的地位，正从侧面反映出皇权独尊，君主专制乃是制度的轴心。

五、总统府部委及以党统政

中华民国的政务系统在总统制与责任内阁、五院制的变化下，在履行具体职能的时候也发生一些变化，在随权势转变的过程中，也显示出人治的特点，更因为归属不同，彼此之间难以协调，出现各种问题，为了统一指挥，也为了集中权力，在军阀更替及特殊时期则实行军事管理体制，还试图构建以党统政的政务体制。

（一）总统制下的政务系统

根据《中华民国临时约法》规定，临时大总统应该是虚位元首，虽设总统府，但只是总统的办公机构；其直属的参谋本部和国史馆也与政务关碍不大。袁世凯通过总统府暗中把持内阁和军事权力，在1914年初，约法会议炮制出《中华民国约法》以后，更把一切大权都集中在大总统身上，总统府上升到国家政务中枢的位置，进而导致中央政务体制发生重大变化。

总统府原有秘书厅、军事处、财政委员会等机构，已经染指国家主要的政务。1914年5月1日，北洋政府根据“袁记约法”下令废止国务院，设政事堂于总统府，“凡一切军国大事皆由政事堂议决施行”。设国务卿一人，承大总统令，监督政事堂政务。另设左右丞各一人，赞襄国务卿与闻政事；参议八人，审议法令。下设机要、法制、铨叙、主计、印铸五局及司务所，分掌一切具体事务，将各部的权力都集中在总统府，各部也就成为办事机构。

为集军权于大总统之手，原总统府的军事处撤销，成立海陆军统率办事处，把参谋总长、海军总长、陆军总长及一些高级军官网罗其中，以听命于大总统。海陆军统率办事处下设总务厅及一、二、三所，以及参议八人，所管辖的事务不仅是海陆军，还“包括了内政、外交、交通、财政等各个方面，从而成为新约法时期总统独裁制的一个重要机构”①。

在总统独裁制下，总统府规模毫无节制地扩大，隶属于总统府的各种官职多不胜数，诸如内史、书记官、洋务文案、政治顾问、政治咨议、外交咨议、翊卫处、承宣司、承宣官、指挥处、指挥使、交际厅、顾问厅、护卫司令、骑卫士、步卫士、校尉官、执法官、庶务司、总稽核处、礼官处、差遣委员、医官、监、少监、舍人、丞、郎等②。这样的政府体制与君主专制时代的皇帝—相府—部院体制几乎相同，袁世凯最终走上复辟帝制道路。

1948 年 5 月 1 日，南京国民政府公布了《中华民国总统府组织法》，由于在此之前有《动员戡乱时期临时条款》，赋予了总统不受任何限制的权力，也使蒋介石的总统制与袁世凯的总统制别无二致。

蒋氏总统府下设咨政、参议各若干人，参军长、秘书长、典玺官各一人，还有侍从室、机要室、统计室、第一局（掌法令文告宣达、文书撰拟与保管、印信典守、会议记录等事项）、第二局（掌理机要文件撰拟、机要案件查签及转递、调查材料研究与整理等事项）、第三局（掌理军事命令宣达、军事文件承转及有关军事报告等事项）、第四局（掌理各项典礼、阅兵、出巡、授勋、国际礼仪、外宾接待等事项）、第五局（掌理印信与关防及官章铸造、勋章与奖章及纪念章和奖旗制发等事项）、第六局（掌理府内庶务、出纳、来宾登记、交际、交通、卫生、医药等事项）、人事处、会计处、军乐队、警察总队等③。总统府直辖机构有中央研究院、国史馆、国策顾问委员会、战略顾问委员会、稽勋委员会、国父陵园管理委员会等。原来以国民政府主席的名义设在各地的“剿匪总司令部”则改为“绥靖公署”，直接归总统所辖。

总统府听命于总统，是总统的私家办事机构，秉承总统的意志直接参与政务，控制着五院，指挥着各部委，实际是总统蒋介石的一人独裁。1949 年 1 月 21 日，蒋介石宣布“引退”，副总统李宗仁代行总统，“他没有实权，其代总统和总统府的地位、权力，都不能与之前的蒋总统和总统府相比”④。在长达 20 余年的时间里，蒋介石把南京国民政府的权力集中在个人手里，他就是一切政务的中心。

（二）以军统政

在袁世凯死后，军阀混战，总统、内阁总理走马灯似的换人，各部依然在，但在具体政务运作上要看军阀脸色行事，而各军阀为了专权，各自设立“大帅府”“参军府”，设置相应的科、室、处、局，按照军阀的指令，直接指挥或干预各部的政务。在强权之下，各部也只能够唯命是从，否则自身难保。

1924 年 1 月，实现了国共合作，在联俄、联共、扶助农工的政策下，参照苏联制

---

① 郭剑林．北洋政府简史．天津：天津古籍出版社，2000：261.

② 钱实甫．北洋政府时期的政治制度：上册．北京：中华书局，1984：76.

③ 孔庆泰，等．南京国民政府政治制度史．合肥：安徽教育出版社，1998：755.

④ 陈瑞云．现代中国政府．长春：吉林文史出版社，1988：362.

度，于 7 月 11 日成立国民党中央军事委员会。据《军事委员会组织法》，军事委员会下设政治训练部、参谋团、军需局、海军局、航空局、兵工厂、秘书厅等机构。1928 年 11 月 10 日，因北伐完成而裁撤军事委员会。1932 年初因驻上海日军发动侵华战争，3 月初军事委员会恢复设置，蒋介石为委员长，其职权日益扩大。军事委员会直辖有办公厅和第一、二、三厅，还有参谋本部、训练总监部、军事参议院、航空委员会、军事长官惩戒委员会、资源委员会、禁烟总会、审计厅、铨叙厅、调查统计局、政训处、防空处、军法处和中央各军事学校毕业生调查处等众多机构，将党、政、军、财、法、教等诸权集中在身，听从委员长直接指挥，可以干预各部委的政务。

1937 年爆发全面抗战，军事委员会成为战时最高领导机构，军事委员会取消常务委员，而改行幕僚长制，下设参谋总长、秘书长，以及军令（第一部）、政略（第二部）、国防工业（第三部）、国民经济（第四部）、国际宣传（第五部）、民众组训（第六部）、管理、后方勤务、卫生勤务、警卫执行等 10 个部，还有秘书厅、侍从室等，相继设立军法执行总监部，农产、工矿、贸易调整委员会。

军事委员会所属部门不断调整，1937 年底，仅设政治部、军令部、军训部、作战部及直属机构。迁都重庆以后，军事委员会所辖机构有所扩充，增加战地党政委员会、运输统制局、后方勤务部、海军司令部、抚恤委员会等机构，直属机构有办公厅、审计厅、铨叙厅、军事统计局（简称军统）、侍从室等。太平洋战争爆发之后，陆续增加国防外事局、兵役部、军事参议院。除直辖机构之外，地方各战区除临时设行营、行辕之外，还有军事委员会特派机构，将触角深入到军队及各个地方。1946 年 5 月 31 日，因要实施宪政，军事委员会予以裁撤。

军事委员会存在 22 年，固然是以军事为主，但在战时实行军事体制，中央各部委及各战区、各司令部、各省都要服从军事管理，政务运作则以军事委员会为中心，军事委员会指令往往不通过五院下达，直接传达到各部委，委员长手谕则成为圣旨。这种政务运作方式，虽然有其客观存在的必然，但主观上却为独裁提供方便，政务运作也会以独裁为中心，即便是军事委员会取消，也没有更改这种政务运作方式。

（三）以党统政

孙中山在第一次国共合作中提出“以俄为师”，由革命政党指导和监督革命政府，即“以党建国”“以党治国”。孙中山明确地指出，“以党治国”是以国民党的三民主义治国，而不是以党员个人治国，在国民党“取得政权，克服民敌，至于既取得政权树立政府之时，为制止国内反革命运动及各国帝国主义压制吾国民众胜利的阴谋，芟除实行国民党主义之一切障碍，更应以党为掌握政权之中枢”①。南京国民政府借用孙中山的提法，推行国民党一党专政。

按《训政纲领》和《中华民国训政时期约法》规定，“中华民国于训政时期开始，由中国国民党全国代表大会代表、国民大会行使政权”；“中国国民党全国代表大会闭会时，以政权付托中国国民党中央执行委员会执行之”；“治权之行政、立法、司法、考试、监

① 《中国国民党第一次全国代表大会宣言》，1924 年 1 月 30 日。

察五项，付托于国民政府总揽而执行之，以立宪政时民选政府之基础”；“指导监督国民政府重大国务之施行，由国民党中央执行委员会政治会议行之”。这样国民党中央执行委员会政治会议指导政府，而国民党中央执行委员会掌握党权，国民党中央执行委员会是决策机构，中央执行委员会政治会议是指导机构，国民政府则是执行机构，国民党中央成为国民政府之上的政府，国民政府实际上是国民党中央的下属和执行机构。

国民党中央执行委员会政治会议初期下设政治报告、经济、财政、军事、法律、教育、地方自治等7个组，以分别监督国民政府的各项政务活动。1935年将组改为委员会，共设法制、内政、外交、国防、财政、经济、教育、土地、交通等9个委员会。此外，国民党中央党部还设有组织部、宣传部、民众训练部、调查统计部等，不但掌控着宣传、组织，还发展扩大特务组织，臭名昭著的“中统”特务组织就隶属于国民党中央党部。

国民党“以党治国”包括有三个层面：一是以中央执行委员会政治会议和政治分会指导中央和地方政府的政务，二是在各级政府部门设立党部以指导、指挥和监督其活动，三是全国各级政府官员主要从国民党党员中选拔任用。在这种情况下，党国、党政不分是不可避免的，而蒋介石在抗战前就已经攫取了党、政、军大权。1938年3月，蒋介石借抗战需要，通过国民党临时全国代表大会确立了国民党“总裁制”，自己当选为国民党总裁；1939年，又当上党、政、军一元化的最高领导机关——国防最高委员会的委员长；1943年重新出任国民政府主席；1948年再充任独裁制的总统。蒋介石一直集党、政、军权于一身，国民党的“以党治国”，实际上已经是“以蒋治国”了。

六、中央政务体制发展规律及特点

在几千年的发展过程中，有些中央政务机构的名称还在，但实际职权却变化了；有些机构名称相异，而职权却大致相同；有些虽有机构设置，却已没有什么实际职权；而有些没有机构设置，却拥有实职重权，显得十分凌乱和复杂。即便演变是如此繁复杂乱，还是有一定历史规律可循的。

第一，在生产力发展水平较低，人们的社会关系比较简单时，设官分职一般是采取军政合一、文武不分的方式，机构和人员的设置也比较简单。随着社会分工逐渐细化和事务的增多，官职的设置也日益增多，军政逐渐分途，文武各成一系，职责规定也逐渐具体。在职有常守、位有常员的情况下，不断加强对职官的管理，使官有所职、职有责任。这种由简及繁、由粗渐细的发展过程，反映着中央政务体制从低级向高级发展，也反映社会的不断进步。

社会发展导致阶级关系的变化，世袭贵族转变为食禄官僚。官僚群体的出现，基本打破了世袭罔替，赵高说服李斯时说：“未尝见秦免罢丞相功臣有封及二世者也，卒皆以诛亡。”① 官职不能世袭，也很少能终身一职。这种以流动的，可以升迁调动，甚至可以罢黜杀戮的官僚所组成的职官队伍，既是人事制度的一大进步，又是以职官管理为重要

---

① 司马迁．史记：卷87：李斯列传．北京：中华书局，1959：2549.

内容的中央政务机构不断扩大的重要原因。

当然，所谓进步仅是相对而言，主要是指它逐步代替了世袭为官的旧制度。在君主专制集权制度下，一切设官任职和机构的调整，总是首先从君主的统治利益出发，故意采取政务系统设置多轨多元化，故意造成它们之间的相互牵制和监督，一再以内侍、宫官代替外朝职官，虚职实官，虚官实职，有意使职、权相脱节等等，主要根源都来自有利于专制君主的控制。离开君主专制这一特点，就无法理解中国古代中央政务体制及其演变。

经济基础决定上层建筑，总体是上层建筑要适应经济基础，而上层建筑的强大反作用力也会制约经济基础。中国古代一直以农业为本业，在管理方面也多有侧重，采取抑制工商业的政策，在很大程度上限制了工商业的发展。今法律贱商人，商人已富贵，无论限制多么严厉，也不能够阻挡工商业的发展，只有去适应，官制当然也要进行适当的调整。如唐代的宫市使、市舶使、两税使、转运使、租庸使、度支使、盐铁使、铸钱使、榷茶使、榷酒使、市易使等的设置，都与工商业有关，则可见在顺应社会经济发展的情况下，中央也会做出针对性的调整。

第二，中国古代长期以钦定儒家思想作为设官分职的指导原则。《周礼》一书，原本是战国到秦汉时期的儒生托古改制所设计的理想蓝图，其设计同实际政务体系也有一定的距离。但是，在尊崇君主的原则基础上，有严格等级秩序、上下有别、职责分明的政务体制构思，完全符合历代当权者的利益，所以被后世百王推崇为值得效法的经典。每逢官制改革时，统治者往往从这一古老的文献中寻觅依据，生搬硬套到当时的官制上，产生过许多翻新复古的名称。但万变不离其宗，儒家的德治、礼治、法治、伦理纲常等基本理论总是贯彻始终，纵使在官名和解释上各有不同，但在应用上却是相同的。统治者碍于“祖宗成法”，往往在保留旧机构的同时设置新机构，或抽换旧机构、旧职官的实际职权而保留其衔名编制，乃是造成中央政务机构逐渐繁复冗杂、名不符实的重要原因。

在钦定儒家思想指导下，官制设置重点在于维护社会的稳定，对于社会发展缺乏基本的关注，以至于官制调整总是跟不上社会发展，即便是适应社会发展的调整，对社会的正面影响也是很少的，在某种程度上还会限制社会发展。如唐代为了打击私盐、私酒、私茶，除了出台严厉的法律之外，还让榷盐使、榷酤使、榷茶使督察州县查私，结果是群盗“以所剽物易茶盐，不受者焚其室庐，吏不敢枝梧，镇戍、场铺、堰埭以关通致富”①。强盗打劫，官府无可奈何，却利用查私之权而欺压百姓，各自因此致富，不但给社会带来极大的损失，也摧残社会经济，更重要的是逼迫人民反抗，其官制设置虽然在于维护社会稳定，最终却成为社会不稳定的因素，以至于人们有增置一官，便多一扰民者的认识。

第三，我国是一个多民族的国家，在历史上有鲜卑、匈奴、羯、氐、羌、契丹、党项、女真、蒙古、满等民族先后统治过中国部分或全部地区。这些民族原来的官制与汉族的传统官制有许多相异之处，在进入中原地区以后，为了有效地进行统治，多着力于对原有官制的调整和改革，在坚持以本民族统治为主体、保留本民族原有传统文化和制

① 欧阳修，宋祁．新唐书：卷54：食货志四．北京：中华书局，1975：1380．

度特点的同时，又大力吸收了各民族尤其是汉民族的传统文化和制度；在基本保留本民族固有治理形式的同时，又采取了其他民族某些治理形式。

汉民族为主导的政权对少数民族地区也根据不同的情况而采取不同治理形式，这种“因俗而治”的政务管理体制，曾经鲜明有效地反映在各该时期中央朝廷的体制，也促进了民族之间的了解和融合，是符合各该时期历史实际的。

中外交通的发达，海外贸易的发展，以及与各国之间的交往，在官制上也有反映，如秦汉的典属国，唐宋的市舶司，元代的宣政院，清代的理藩院和总理各国事务衙门，民国时期的外交部、蒙藏事务委员会等，都在一定程度上反映着当时与各民族和外国的交往关系。

第四，中国近现代中央政务体制是在外界刺激下发展起来的，加上中国原有的特殊性，就使近现代中央政务体制具有融合性和独特性。比如说，南京国民政府中央政务体制，就既继承了君主专制的传统特点，又采用了部分资本主义政权的政务管理方式，还融合了法西斯主义个人独裁制的特点，构成一种君主专制主义、资本主义和法西斯主义混合的中央政务体系。

中国的国情既特殊又复杂，国家特别大，人口特别多，历史特别长。国家特别大，社会发展就不平衡，需要集中统一的领导，而统一的领导又容易形成集权。人口特别多，人口的文化素质又比较低，缺乏民主意识，因此出现中国国民党充当“保姆”的“训政”体制。历史悠久，传统文化负面影响也很深远，而家长制的存在，也就决定了会出现许多大小独裁者，他们一言以立法，一言以废法，不但使政务机构本身缺乏稳定性，在具体运作过程中也唯权是尊，治人治法则缺少应有的稳定性。

第六章

地方行政体制

重点问题

1. 历代疆土与地方行政区划的关系。
2. 第一行政区设官原则及治理智慧。
3. 特别行政区设置的必要性及治理方式。
4. 中间层次行政承传区划设官与政务运作。
5. 县级行政区划长期稳定的原因及治理原则。
6. 基层组织构建与政权稳定的关系。
7. 地方行政体制的特点及利弊分析。
8. 因俗而治政治策略在民族地区的实践与探索。
9. 历代对蒙藏地区的治理及其特色。

中国国情的特点是民族众多、地域辽阔、地区的差别较大，中央政权要对之实行有效管理，就必须建立和健全便于加强控制的地方行政体制。地方行政体制的设计安排是否合理，既关系到国家的统治权力是否完整，也关系到全国疆土是否稳固，能否维护正常的地方社会秩序而促进地方经济的发展。

第一节　历代疆土与地方行政机构

将以血缘划分改变为按地区划分居民，按照一定行政区划进行管辖，是国家政权产生和臻于成熟的必然措置，没有行政管辖，国家就不具备存在的必要条件。夏、商曾经把全国划分为九州，西周又调整为九畿，春秋战国时期出现了郡县分级的行政管辖，其特点都是按照地域进行划分，也意味着行政管理逐渐走向完善。国家为了实现统治，必须在地方行政区普遍设置各级官吏，赋予一定的权力，推行政策和进行管理，构筑成网络状的结构。地方行政区划虽然因时而异，组织结构也随政治形势不断变化，但总的趋势是逐步严密。

一、历代疆土与行政区划

夏代是中国现今可以确定的最早国家，根据考古发现及古文献的记载，夏王朝活动区域主要在现在的河南登封县一带，王朝直辖区域大概在伊水和洛水流域，区域并不很大。《尚书·禹贡》提到禹划分别为豫、青、徐、扬、荆、梁、雍、冀、兖等九州，应该是后世所设想的，因为《禹贡》一书是出自战国时期，徐中舒和尹世积曾经进行过考释，认为禹之九州范围并不大，大体“北至太行，南至三涂，东至阳城太室，西至荆山中南”①。也就是说北至今山西太行山，南至豫西南部，东至河南登封，西至陕西秦岭一带。夏代的政治势力范围只是在今山西、陕西、河南三省的大部分地区。

商代政治势力范围比夏代要大，王朝直接控制地区号称“邦畿千里”（《诗·商颂·玄鸟》），而且不断扩展，全盛时“东不过江、黄，西不过氐、羌，南不过蛮荆，北不过朔方”②。也就是说商王朝的势力范围，东至今黄淮地区，西至太行山以西，北至今河北北部，南至长江流域。以外的地区，则仍为各个方伯所控制，在王朝强盛时期，方伯在名义上虽然保持臣附，但王朝并不能左右他们的内政。

西周经过军事征服和封邦建国，政治势力范围更有扩大，号称“溥天之下，莫非王土，率土之滨，莫非王臣”（《诗·小雅·北山》）。西周王朝全盛时，“我自夏以后稷、魏、骀、芮、岐、毕，吾西土也。及武王克商，蒲姑、商奄，吾东土也。巴、濮、楚、邓，吾南土也。肃慎、燕、亳，吾北土也”（《左传·昭公九年》）。也就是说，疆域东达今山东半岛、黄淮及沿海地区，西及今甘肃天水、灵台，南至今南阳盆地及湖北襄樊、随州，北逾今北京市以北的地域。

平王东迁，周在名义上虽然还是天下共主，但实际上已经降到诸侯国的地位。当时仅拥有成周一带约六百里土地，“南阳背泽、潞，富甲天下；轘辕、伊阙，披山带河”，是现今河南洛阳、原阳、济源、修武、孟县、温县、沁阳、武陟、偃师、巩县、嵩县、登封、新安、宜阳、孟津、汝阳、鲁山、临颍等地区。随着诸侯势力的崛起，周王室的领地再逐渐削减，春秋末期，“王所有者，河内、武陟二县，及河南府之洛阳、偃师、巩县、嵩县、登封、新安、宜阳、孟津八县，汝州之伊阳、鲁山，许州府之临颍县，与郑接壤而已”③。在王室衰微的同时，势力范围越来越小，诸侯的势力范围却越来越大。长达两三个世纪的兼并战争，出现齐、楚、秦、晋、鲁、吴、越、宋、卫、郑等地逾千里

① 徐中舒．再论仰韶与小屯．安阳发掘报告，1931 年 3 月。另见尹世积．禹贡新解．北京：农业出版社，1955.

② 班固．汉书：卷 64 下：贾捐之传．北京：中华书局，1962：2831.

③ 顾栋高撰．吴树平，李解民，点校．春秋大事表序．北京：中华书局，1993.

的大国，统治领域已经遍及今黄河、长江两大流域的中下游地区。值得注意的是，各诸侯国为集中权力和取得胜利，在兼并的同时都陆续取消了分封制，建立起由国君直接控制的县、郡管理体制（早期的建制是县辖郡），地方行政组织在战争中发挥了便于统一指挥、严格遵守诸侯命令的有力作用，显示出取代分封采邑制的优势。

战国时期，兼并战争更为激烈，齐、秦、楚、韩、魏、赵、燕七雄并立，还有十余个小诸侯国周旋于大国之间，活动领域较春秋时期更为扩大，今云南、贵州、甘肃、四川、江浙、辽宁西南部等地区都先后纳入诸侯国势力范围，为统一的多民族帝国疆域奠定了基础。战国时期的地方行政体制除保留少数分封采邑残余之外，普遍推行郡县制。值得注意的是，战国时期仍享有分封采邑名号的人已经不再拥有军政权力，采邑只作为受封者俸禄待遇的部分，与原来的分封采邑制有根本的区别。

秦是中国历史上第一个真正实行统一的王朝，它奠定了我国的疆域基础。秦当时疆域所辖的区域包括今天的晋、冀、鲁、豫、陕、苏、皖、浙、闽、赣、湘、鄂、粤、桂 14 省区的全部，以及甘肃东部、四川东部、云南东北部、辽宁西南部、内蒙古南部、宁夏东南部、越南东北部、朝鲜西北部等局部地区。在这广阔的疆域里，设立了 36 个郡级行政区，后增至 40 余郡。郡下辖县，县下有乡，实际上是郡县两级地方行政。郡的长官称“守”，因京师咸阳是京畿地区，地位特殊，所以称为“内史”。县的长官称“令”或“长”，京畿和重要地区县的长官级别较高。云贵部分地区未设郡而称属国，属于半独立性质的行政区。

西汉初年的疆域有所缩小，沿边地区多处于独立或半独立状态。汉武帝时国力强盛，领土也有所扩张，极盛时的疆域，曾东起库页岛，西到巴尔喀什湖以东及葱岭以西，北至贝加尔湖，南到两广及越南一部分。西汉末年到东汉初年，战争频繁，朝廷实际上可以控制的区域锐减，历经发展，也未恢复全部疆域，故东汉全盛时，也只是“东乐浪，西敦煌，南日南，北雁门，西南永昌，四履之盛，几于西汉”①。东汉末年，政治腐败，动乱不止，地方割据，朝廷实际控制的地区已经有限。两汉在朝廷直接控制的地区设立郡，分封地区设立王国，归属地区设立属国，边疆地区设立都护府、校尉、中郎将，这些都属于第一级行政区划。二级行政区划是县、国（诸侯王的封地）、邑（公主的封地和皇陵区、祭祀地）、道（少数民族聚居地区）。汉武帝时期曾经设立 13（部）州为监察区，州刺史治官不治民。东汉后期，州刺史有了固定的治所，并直接向皇帝奏事，州则变成高于郡的地方行政区，形成州郡县三级行政区划。

魏晋南北朝时期，魏、蜀、吴的疆域合计比东汉末年有所扩大，西晋统一后也未有更大的扩充，东晋十六国时期出现南北分裂，南北朝时期则南北对峙，疆域虽时有增减，但实际管治的疆域已经超过了西汉。魏晋南北朝时期的地方行政区划虽然基本承袭州郡县三级制，但在不断限制地方势力发展的情况下，三级行政区的实际管辖范围都在缩小。以州来说，三国时期有 20 州（魏 13 州、蜀 2 州、吴 5 州），西晋有 21 州，延至南北朝末期，南陈有 42 州，北周有 211 州，南北合计竟有 253 州。魏晋南北朝是战争和民族大融合时期，在战争和民族融合过程中，出现了适应这种形势需要的行政区划。如曹魏时

① 顾祖禹．读史方舆纪要：卷 2：历代州郡形势．北京：中华书局，1955．

期的屯田行政区；北魏时期的军镇行政区；晋南朝时期的侨置州县，为少数民族设立的左郡左县行政区，以及具有军事管制的行政区等。

581年，隋文帝杨坚篡夺北周政权，建立隋王朝，其后不断扩展，终于把分裂300多年的中国再度统一起来。至其子隋炀帝杨广时，隋朝达到极盛，在大业五年（609年），隋王朝的疆域“东西九千三百里，南北万四千八百一十五里，东南皆至于海，西至且末，北至五原（今内蒙古五原县南），隋氏之盛，极于此也”①，疆域超过秦汉，成为当时世界上最大的国家。“是时天下凡有郡一百九十，县一千二百五十五，户八百九十万有奇。”② 也是为了集中权力，隋代省并州一级，恢复郡县两级制。

隋末农民大起义使中国再次陷入战乱烽火之中。618年，李渊篡得政权，建立唐王朝，历经50年的发展，唐代的疆域达到顶峰。在唐高宗总章元年（668年），唐王朝的疆域“东极海，西至焉耆，南尽林州南境，北接薛延陀界，东西九千五百一十一里，南北一万六千九百一十八里”③。如果加上唐王朝以羁縻形式控制的周边少数民族地区，其势力范围已经东至日本海，西至咸海，南至越南中部，北至贝加尔湖北岸及叶尼塞河中游，是当时世界上无与伦比的强盛大国。唐代初期沿用隋代地方两级行政区划，或郡县，或州县，以州县为主。唐太宗贞观十年（626年），分天下为十道，派遣黜陟使或观风俗使分巡。十道是依据山川地理形势划分的，是监察区，还算不上一级行政区。开元二十一年（733年），唐玄宗李隆基改十道为十五道，置采访使、观察使等常驻，道开始向行政区转变，最终又回到三级地方行政区划。安史之乱爆发以后，唐王朝不但失去边疆许多领土，朝廷的力量也大为削弱。藩镇割据使朝廷失去对地方的控制，虽然中央多次企图改变藩镇割据的局面，但总是收效不大，“迄唐亡百余年，卒不为王土”④。藩镇拥有实权，又总是千方百计地谋取得到朝廷的任命，表面上尊奉唐朝正朔，却又总是自求扩张、自行其是，应该算是一种特殊的政治态势和特殊的地方管辖形式。

唐王朝灭亡，北方相继出现梁、唐、晋、汉、周五个朝代，史称五代。这时在巴蜀、江南、岭南和河东还存在前蜀、后蜀、吴、南唐、吴越、闽、楚、南汉、南平、北汉十个地方政权，史称十国。五代十国活动的疆域远不及隋唐，地方行政区划或三级或两级，各视自己的控驭势力和需要而定。分裂和战争使各政权都致力于加强对地方的控制，他们一方面努力消除骄兵悍将，一方面对所管辖的地区尽量严加控制，因此在相同的行政级别中出现不同的名称。如州一级中有府（重要之地）、军（冲要之地）、监（有矿产之地）等。在这种情况下，虽然总的形势是处在分裂状态，但局部政权对地方的控制力却得到加强。

从960年宋太祖赵匡胤在陈桥驿发动兵变而夺得政权，到徽、钦二帝被金俘虏北上，历经9帝165年，是为北宋。从1127年宋高宗赵构在南京应天府（今河南商丘）即位，到1279年末帝赵昺在崖山（今广东新会南40公里）投海身亡，是为南宋。两宋疆域虽然大有不同，但地方行政区划体制却是相同的。两宋地方行政区划实行路、府（州）、县

---

① 魏徵，等．隋书：卷29：地理志上．北京：中华书局，1973：808.

② 司马光．资治通鉴：卷181：隋大业五年（609年）．北京：中华书局，1956.

③ 欧阳修，宋祁．新唐书：卷37：地理志一．北京：中华书局，1975：960.

④ 欧阳修，宋祁．新唐书：卷210：藩镇魏博．北京：中华书局，1975：5921.

三级制。北宋极盛时的疆域，“东南际海，西尽巴僰，北极三关，东西六千四百八十五里，南北万一千六百二十里”。在这辽阔的领地里，划分为开封、河南、大名、应天 4 京府，开封府畿、京东东、京东西、京西南、京西北、河北东、河北西、河东、陕西、淮南东、淮南西、两浙、江南东、江南西、荆湖南、荆湖北、成都府、梓州、利州、夔州、福建、广南东，广南西 23 路。南宋强盛时，“东画长淮，西割商秦之半，以散关为界”①。划分为浙西、浙东、江东、江西、淮东、淮西、湖南、湖北、京西、成都、潼川、利州、夔州、福建、广东、广西 16 路。

辽王朝极盛时期的版图，北达今蒙古高原色楞格河、石勒喀河以北地区，东临日本海、黄海，南至今河北霸州市、雄县，西越阿尔泰山。基于多民族国家的实际，采取“因俗而治”的政策，地方行政区也采用双轨制。北方采取部落制，以部族为单位，这样的形式适合对游牧民族和汉民族的分别管理，汉人和渤海人所在的地区划分为道（府）、州（军、城）、县三级制。辽全盛时有 5 京（道、路）、6 府（五京府和黄龙府）、156 州（军、城）、209 县，52 个直辖部落，60 个附属部落。

金王朝极盛时期的版图，北至黑龙江、外兴安岭以北，东至大海，南与南宋沿淮河为界，西及大散关并与西夏为邻。地方行政区划则“袭辽制，建五京，置十四总管府，是为十九路。其间散府九，节镇三十六，防御郡二十二，刺史郡七十三，军十有六，县六百三十二。后复尽升军为州，或升城堡寨镇为县，是以金之京府州凡百七十九，县加于旧五十一，城寨堡关百二十二，镇四百八十八”②。实际上是路（府）、州、县三级制，第二级则分散府、节镇州、刺史州、防御州四等，第三级则分赤县（京都所在）、剧县（户口和地处要冲）、诸县三等。

西夏的疆域比较小，东临黄河，西尽玉门关（今甘肃敦煌西小方盘城），南迄萧关，北抵大漠。设有兴庆、西平、宣化三府及若干州县，基本上是两级制。

元王朝是一个幅员广袤的大帝国，它“北逾阴山，西极流沙，东尽辽左，南越海表”，疆域“有难以里数限者”③。以今日地理来说，帝国势力所及，北到北冰洋，南到越南、泰国北部，东南至海而达澎湖，西至东欧和西亚。在这样大的国土内，政治、经济、社会情况当然相差很大，元朝统治者便采用多种形式来实施管理，归纳起来，大概有四种形式：一是由大汗（皇帝）直接统辖的地区，这部分地区是原属于金、南宋、西夏、大理的部分领土。二是朝廷实际控制的地区，大约占元王朝领土的 60%以上，在京城大都周围（今河北、山东、山西及河南黄河以北地区）称为腹里，由中书省直接管辖，其余分为岭北（省城和宁，即今蒙古哈尔和林）、辽阳（省城辽阳）、河南江北（省城汴梁，即今开封）、陕西（省城奉阳，即今西安）、四川（省城成都）、甘肃（省城甘州，即今张掖）、云南（省城中庆，即今昆明）、江浙（省城杭州）、江西（省城龙兴，即今南昌）、湖广（省城武昌）、征东（省城王京，即今朝鲜开城）等 11 个行中书省。省以下有路、府（州）、县三级，实行的是四级地方行政区划。三是在吐蕃地区设立吐蕃等处宣慰司都元帅府（又称朵思麻宣慰司）、吐蕃等路宣慰司都元帅府（又称朵甘思宣慰司）、乌

---

① 脱脱，等. 宋史：卷 85：地理志一. 北京：中华书局，1977：2093-2096.

② 脱脱，等. 金史：卷 24：地理志一. 北京：中华书局，1975：550.

③ 宋濂，等. 元史：卷 58：地理志一. 北京：中华书局，1976：1346.

思藏纳里速古鲁孙三路宣慰司都元帅府（又称乌思藏宣慰司），这些元帅府实行半军事化的管理；畏兀尔地区则设立大都护府管理。宣慰司和都护府直属中央宣政院管辖。四是成吉思汗分封给四个儿子的钦察汗国（建帐在伏尔加河下游的萨莱）、察合台汗国（建帐在阿力麻里，即今新疆霍城县西北）、窝阔台汗国（建帐在科布多，即今蒙古吉尔格朗图）、伊儿汗国（建帐在大不里士，即今阿塞拜疆共和国南部）。这四大汗国基本上是独立的，其朝贡等事务归宣政院管辖。

明王朝疆土虽不及元代，但全盛时期疆域也北逾外兴安岭及贝加尔湖，南至安南，东达库页岛，西及中亚锡尔河和阿姆河上游，"禹迹所奄，尽入版图。近古以来，所未有也"。对这大片疆土，明代也实行多种管理形式，"洪武初，建都江表，革元中书省，以京畿应天诸府直隶京师。后乃尽革行中书省，置十三布政使司，分领天下府州县及羁縻诸司。又置十五都指挥使司以领卫所番汉诸军，其边境海疆则增置行都指挥使司，而于京师建五军都督府，俾外都指挥使司各以其方附焉"①。明初制定的疆土管理体制是分为两大系统，一是属于行政系统的六部—布政使司（直隶府州）—府（直隶布政司的州）—县（府属州），二是属于军事系统的五军都督府—都指挥使司（行都指挥使司，直隶都督府的卫）—卫（直隶都司的守御千户所）—千户所。两京都督府分统16个都指挥使司，5个行都指挥使司，2个留守司，所属493个卫，2 593个千户所，315个守御千户所。"明代军事系统的都司（行都司）、卫、所在绝大多数情况下也是一种地理单位，负责管辖不属于行政系统的大片明帝国疆土。"② 也就是说，朝廷直辖的地区同时采用行政和军政管理制度，即布政使司和行都指挥使司，它们为第一级行政区，直接接受王朝的控制。十三布政使司"分统之府百有四十，州百九十有三，县千一百三十有八。羁縻之府十有九，州四十有七，县六"。布政使司下是府（州）、县（州）两级。此外还有"土官宣慰司十有一，宣抚司十，安抚司二十有二，招讨司一，长官司一百六十有九，蛮夷长官司五。其边陲要地称重镇者凡九：曰辽东、曰蓟州，曰宣府，曰大同，曰榆林，曰宁夏，曰甘肃，曰太原，曰固原，皆分统卫所关堡，环列兵戎"③。对于归附地区，多不立即改变其原有的治理形式，而实行归属不定的朝贡制。明代朝廷直辖的地方行政区划是参照元代的四级制而改为三级制。

清代的疆域超过明代，全盛时，"东极三姓所属库页岛，西极新疆疏勒至于葱岭，北极外兴安岭，南极广东琼州之崖山"④，既有辽阔的陆疆，也有宽广的海疆。根据不同的情况，清王朝采取不同的管理方式。原来为明代朝廷所直接控制的地区设立18个行省（同治时台湾、新疆改为省，光绪时东北改为奉天、吉林、黑龙江省），东北和新疆、青海、外蒙地区设立将军、都统、参赞大臣、办事大臣等，西藏地区设立驻藏大臣，这些都是在清朝廷直接管辖之下的政区。行省之下有府（直隶州、厅）、县（散州、厅），西南少数民族地区则实行土官制，基本上是三级行政。乾隆以后，原为省直属的分守、分巡两道有了固定的辖区和驻地，也就成为一级行政区，变为四级制的地方行政体系。

---

① 张廷玉，等．明史：卷40：地理志序．北京：中华书局，1974：881.

② 顾诚．明帝国的疆土管理体制．历史研究，1989（3）.

③ 同①882.

④ 赵尔巽，等．清史稿：卷54：地理志一．北京：中华书局，1977：1891.

中华民国的疆域承继清王朝，按照《中华民国临时约法》第3条规定："中华民国领土，为二十二行省，内外蒙古、西藏、青海。"民国成立后，除保留清代旧制之外，另设京兆地方，以及察哈尔、热河、绥远、川边等4个特别区。南京国民政府厘定地方制度，将含有君主制意义的直隶改为河北，奉天改为辽宁；特别区中的察哈尔、热河、绥远改为省（抗战时期改川边为西康省），以南京、上海、北平、天津等为行政院辖市。据1941年8月内政部统计，全国共有28个省，1 955个县，17个省辖市，58各设治局，另有蒙古、西藏2个地方，东省铁路沿线、威海卫2个特别行政区，7个院辖市。抗日战争胜利后，台湾收复，并将东北地区原伪满19个省合并为9个省，蒙古地方因1946年1月承认外蒙独立而取消。这样，全国共计有35个省（江苏、浙江、安徽、江西、湖北、湖南、四川、西康、福建、台湾、广东、广西、云南、贵州、河北、山东、河南、山西、陕西、甘肃、宁夏、青海、绥远、察哈尔、热河、辽宁、安东、辽北、吉林、松江、合江、黑龙江、嫩江、兴安、新疆），12个院辖市（南京、北平、汉口、青岛、天津、广州、上海、大连、沈阳、哈尔滨、重庆、西安），57个省辖市、209个行政督察区，2016个县，132个旗，40个设治局（筹备设县的地方），1个管理局，1个地方以及康、滇边区的一些土司。

二、先秦地方行政机构

封诸侯、建藩卫，是夏、商、周三代地方管理体制的核心。夏代地方诸侯称为"君""伯"，而更多的则称为"某某氏"，这反映出当时是处在早期国家时期，聚居在各地的部落首领还具有酋长性质。"茫茫禹迹，画为九州，经启九道。"（《左传·襄公四年》）夏王朝对各部落已经具有一定控制能力，所以能够会诸侯于稽山。"禹乃行相地宜所有以贡"，说明夏代对各部落的控制是建立在朝贡关系之上的，是早期国家对各部落的统治形式。

商代的地方已经有内外服之分。内服是商王直接的统治区，外服是商王直接统治区外的臣服部落。内外服有侯、甸、男、卫、邦伯等，都是接受商王分封或册封的，按照商王控制程度的强弱和地域的远近，部落头目在自己的管辖领域内仍拥有大小不同的独立自治权，与王朝的关系"主要表现在政治和军事上。诸侯对殷的贡纳是诸侯政治上臣服的象征，而诸侯与殷在军事活动中，以殷为统帅，相互配合，相互救援，则是他们关系中最基本最广泛的内容"①。

侯是"为王者斥候"；甸是为王朝"治田入谷"，本来写作"田"；男是"任土作贡"或"任王事"，本来写作"任"；卫是"为王捍卫"②。四者分工不同，但他们都由王派遣到地方，从事武装守卫和农田畜牧等经济垦殖事业，配备有武装和从事生产的人员，较固定地驻守一地，职务世袭。由于所掌有的军政权力逐渐增长，尤其是侯、甸等，后来大都演变成为较为独立的诸侯，每当王朝势力衰弱的时候，他们便仅保留着对王朝名义

---

① 王冠英. 殷周的外服及其演变. 历史研究，1984（3）.

② 《国语·周语》韦昭注，《逸周书·职方解》孔晁注，《礼记·王制》贾逵注，《周礼·夏官·职方氏》。

上的臣属关系，不再承担甚至拒绝履行王朝“师田行役”的义务。

邦国的独立性较强，虽然臣服于王朝，接受王朝的册封，但距离较远，王朝势力也很难渗透到其管辖区域。邦伯与王朝的关系是视双方势力消长而定，在王朝强大时，邦国除保持朝贡关系外，还要亲自入朝觐见。如周文王为“西伯”，在入朝觐见时曾经被纣囚禁。邦伯自身的势力很大，附近的小国和部落都臣服于他，这些小国对邦国，就如同侯、甸对待王朝一样，顺从和从属的关系因形势而变。当王朝衰弱时，邦伯凭借自身的势力，常常与王朝分庭抗礼，甚至进攻王朝。周武王孟津之会，来会者八百诸侯，已经与商王朝势均力敌，周就是以邦国灭商而建立新王朝的。

西周初期采取分封诸侯制，周天子在分封时，除了赐给象征性的器物，还要“授民”和“授土”，诸侯带着天子所授之民，来到封地，与原来在封地居住的人民一起，组成新的诸侯国。西周初期，王朝曾经有效地对诸侯国实行管辖和控制，诸侯也曾经在很大程度起到屏藩王室的作用。诸侯国保留有相当的独立性，它们可以仿照王朝官制而设官分职，有自己的武装力量。虽然诸侯国的主要官职要得到王朝的批准，武装力量的数目也受到限制，但自主权很大，王朝也不干涉其内部事务。因此，在王朝中衰时，它们便无视王朝的禁约，大力发展势力，成为实际上独立的国家，甚至把“礼乐征伐自天子出”改变为“礼乐征伐自诸侯出”，周幽王烽火戏诸侯之后，周天子已经不能控制各诸侯国了。

春秋诸侯争霸，诸侯国一方面进行兼并，一方面还是沿袭西周制度，使卿大夫控制着各自的封地，在诸侯势力中衰或新旧交替时，卿大夫不但干涉国政，而且还相互攻击。在复杂的政治势力升降和重新组合的过程中，有些诸侯国开始取消或剥夺世袭权利，出现了新的地方管理体制，那就是由诸侯直接任命官吏去管辖某些指定的地区，取消了封邑，将它纳入国家行政控制之内，郡县制就是在这样的背景下出现的。

战国时期，郡县制已经较为普遍，郡县长官由国君任命，是概不世袭的官僚。在郡中设守，掌管全郡事务；设尉以分掌军事；设御史（有些国设丞）以监察郡守和尉的工作；三者直接向国君负责。县设令（大县）长（小县），另设丞、尉，分掌行政和军事。郡县各设有府署，有一批府属小吏分管各方面的具体事务，这些府属小吏由郡县长官自行选用。这样，比较完整的地方管理体制就逐步形成。

先秦的地方基层行政组织很有特点，对后世的影响很大。夏代没有基层组织的确切记载。商代则有“族尹”，也称之为“里君”“里尹”。里与族在当时是相通的，都是以宗族构成的基层社会组织。因宗族很多，所以称为“百姓”“多生”。“百姓”在当时都是贵族，只有贵族才能够有姓，与现在的“百姓”意义完全不同。这些“族尹”“里君”率领族内成员，为王国或侯国师田行役，负担军事、田猎、看守仓库以及承应各种徭役。在主要的政治、军事中心，是贵族聚居之处，称之为“邑”。邑有大小之分，大邑是各国宗庙、市、朝及官府所在地；国邑是小国或各部族的活动中心；小邑是各部贵族和平民的居住地；由众多宗族组成的基层行政组织主要分布在各种邑中。邑外是郊，为农田耕种的地方，广大的“众”在这里劳作耕种，一般由“小众人臣”进行管理。

周代的地方基层划分为国、都、邑和郊外。“国”是国都，“都”是大邑，“邑”是居民点，“郊外”是农村。在国、都、邑及四郊内以“五家为比，使之相保；五比为闾，使之相受；四闾为族，使之相葬；五族为党，使之相救；五党为州，使之相赒；五州为乡，使之相宾”（《周礼·地官·乡大夫》）。分别设有比长、闾胥、族师、党正、州长、乡大夫，这里居住的都是国人（即平民和贵族）。在广大的农村地区则以“五家为邻，五邻为里，四里为酂，五酂为鄙，五鄙为县，五县为遂”（《周礼·地官·遂大夫》），分别设有邻长、里胥、酂师、鄙正、县师、遂大夫，这里居住的是野人（即从事农业生产的平民和奴隶）。这就是所谓的“乡遂制度”，也称为“国野制度”“都鄙制度”。这种层层控制，相当严密而整齐划一的组织形式，说明政权的管辖已经深入到一家一户。古文献的具体记载，虽不可尽信，但郭沫若认为它“必然保存了古代的一部分制度”①。这一看法是切合实情和公允的，因为历史毕竟是在因循发展过程中演变过来的。由比较松散、笼统的统治进入层次分明的深入统治，乃是古代地方治理发展的必然轨迹。

春秋时期，诸侯国也有国野之分。齐国管仲进行改革，将全国按职业分工分为三个部分，分别为工商、士、农。“工商之乡六，士乡十五”，农民则在“五鄙”之内。工商乡和鄙乡的男子不服兵役，只交纳工商税和农田赋税。鄙乡的组织是：“三十家为邑，邑有司；十邑为卒，卒有卒帅；十卒为乡，乡有乡师；三乡为县，县有县帅；十县为属，属有大夫。”其目的之一就是将居住在鄙乡的农民组织起来，以应付大规模的战争，在大规模战争中，要在鄙乡抽调人员作为士乡的后勤。管仲的改革方案，对人民的控制力加强了。按照规定，士乡的男子要服兵役，故行政组织与军事组织紧密结合。士乡的行政组织是“五家为轨，轨为之长；十轨为里，里有司；四里为连，连为之长；十连为乡，乡有良人焉”。军事组织是“五家为轨，故五人为伍，轨长帅之；十轨为里，故五十人为小戎，里有司帅之；四里为连，故二百人为卒，连长帅之；十连为乡，故二千人为旅，乡良人帅之；五乡一帅，故万人为一军，五乡之帅帅之”（《国语·齐语》）。士乡的居民平时接受训练，战时出征。各乡人民不准迁移，不得混杂居住，这固然表现了国、鄙、工商的政治身份和应尽的义务不同，有明显的界限，但已经改变按血缘划分居民的传统。这一改革适应了当时的实际形势，能够有效地征调和使用人力物力，大大增强了齐国的国力，也是齐国成为霸主的主要原因。这种编制影响到其他诸侯国，许多诸侯国都进行基层组织的重新编组，尤其是鄙乡组织在充当士乡后勤的过程中，不免也要参加战斗，为军功受赏制的推行打下基础。

战国时期，各国普遍实行乡里制度，即在县之下设乡、里、聚或连、闾等基层组织。乡设三老、廷掾、乡师等，主管教化和纠察，其责任在“顺州里，定廛宅，养六畜，间树艺，劝教化，趋孝弟，以时顺修，使百姓顺命，安乐处乡，乡师之事也”（《荀子·王制》）；里设里正（秦称里典，并设监门），主管25—100家；聚是村落，设聚序以领之。除此之外，还普遍实行五家为伍、二伍为什的什五制度，设立什、伍长（秦称伍老）以领之，并推行什伍连坐制度。

基层行政组织的建立和完善，不但形成严密的统治网，而且担负起赋役征收、承担兵役、维护地方治安等重要职责，使国家的统治深入到每一个角落。连坐制度的推行，直接体现政权对全体人民的思想、行为的全面监控，因此被统治者长期推行。

---

① 郭沫若. 金文丛考周官质疑. 北京：人民出版社，1954：29.

三、秦以后的地方行政机构

秦统一中国后，将专制主义中央集权制度推向全国，将中央政权的权力集中掌握在皇帝手中，又将各级地方政权的权力集中到中央。按照这个原则，秦以后的历代王朝对地方的控制程度不断加强，地方官府组织机构和职权也相继发生变化，设官分职向着有利于中央集权的方面发展。

（一）省级主要长官和行政机构

元代的省设丞相一人、平章二人、左右丞和参政各二人，为省的主要长官；设郎中、员外郎、都事、掾史、蒙古必阇赤、回回令史、通事、知印、宣使等协助主官分管省衙内各项具体事务；设检校所、照磨所、架阁库、理问所、都镇抚司等机构，管理各项专门事务。因为行省“掌国庶务、统郡县、镇边鄙，与都省为表里”，“凡钱粮、兵甲、屯种、漕运、军国重事，无不领之”①，地位非常重要，所以主要长官都由中央朝廷的大臣兼衔，不轻易实授，实际上主持省务的是平章事，而平章事是二人并列，无分高下，为的是防止个人独断专行。

明代洪武九年（1376 年），朱元璋宣布废除行省制度，省一级由承宣布政使司、提刑按察使司、都指挥使司等三司（别称藩司、臬司、都司）分管行政、司法监察、军事行政，把一省的事权一分为三，以消除省级官员独揽全省的局面。

布政使司设左右布政使、左右参政、左右参议等主要长官，总管本省行政、民政、钱谷等事；下设经历司（主管司署文书和用印）、照磨所（勘理卷宗）、理问所（理问刑名）、司狱司（主管狱讼）、库、仓、杂造局、军器局、宝泉局、织染局等机构，分管各方面具体事务。

按察使司设按察使、副使、佥事等主要长官，主管本省的刑名按劾之事，并负责本省所辖府县的巡查和监察；下设经历司、照磨所、司狱司等机构，分管各项具体事务。

都指挥使司设都指挥使、都指挥同知、都指挥佥事等主要长官，主管本省军政；下设经历司、断事司、司狱司、仓库、草场等机构，分管各项具体事务。

三司各有分工，但在本身分管的政务中遇有问题，必须会同其他两司共议，不允许独断，而所议定的政务必须上报朝廷核准，使三司的权力受到限制和牵制。

一省之内取消统率全省政务的部门和官员，三司鼎立，分别垂直接受朝廷的领导，本意是为了加强中央集权，但也随之出现了无人主管全省性的大事，政务处理缓慢，互相推诿责任，乃至延误事机的现象。特别是遇到紧急军务、突发事变和复杂事件，三司分治就更显得难以及时裁定和迅速采取措置。明永乐间（1403—1424 年），派遣都察院都御史、佥都御史、御史及其他特委官员，到各地总督漕运。为完成任务，这些官员被授权统一指挥“三司”长官。明中叶以后，相继出现“总督某地事务兼理粮饷”“巡抚某地兼管河道”的官名，简称总督、巡抚。在蓟辽、保定、宣大、陕西等沿边要地，总督、

① 宋濂，等. 元史：卷 91：百官志七. 北京：中华书局，1976：2306.

巡抚已经成为固定的职位。明代后期，浙江、福建、四川、湖广、云南、贵州等地也普遍设立总督、巡抚、巡略、巡按等官，这些官虽是以监察官或军事长官的身份被临时差遣，但掌有总管一方的实际权力，说明地方政务需要有一定的集中处理权，完全撤销省级集中统率的部门和职官，并不符合政务的需要。

清代总督、巡抚是法定的省级封疆大吏。总督辖一省或数省，“掌厘治军民，综制文武，察举官吏，修饬封疆”，是地方最高军政长官，例兼兵部尚书、侍郎和都察院右都御史衔。巡抚辖一省，“掌宣布德意，抚安齐民，修明政刑，兴革利弊，考核群吏，会总督以诏废置”①，例兼都察院右副都御史或加兼兵部侍郎衔。总督和巡抚各有一定数量的直辖军队：总督之下为督标，设副将、参将等官统领；巡抚之下为抚标，设参将、游击等官统领。总督和巡抚各设有辕门以显示是朝廷派出人员，所以辕门内不设职能机构，仅设书吏、笔帖式若干人，辅助督抚办理一些文案工作。

中央朝廷对督抚们的工作和各种活动控制较严，较大的政务都必须奏报请示，恭候皇帝批示以后才能定案执行。皇帝通过内阁、军机处或直接指挥督抚，具体安排和指示他们的工作，如果督抚有越轨和不遵旨意办事，立即撤销职务予以法办。这样，即使督抚们被授予一省或数省的军政权力，由于没有自己的职能机构，再加上中央的严格控制，仍然不能恃权自重，缺少与朝廷对抗的能力和实力。因此，有清一代没有出现地方权重而与中央相脱离的现象。

各省还设有布政使司、按察使司、提督军门。布政使司设布政使一人，主管本省的民政和财政；衙门内设经历司、照磨所、理问所、库等职能部门，分管各项具体事务。按察使司设按察使一人，主管司法和监察；衙门内设经历司、照磨所、司狱司等职能机构，分管各项具体事务。提督军门设提督一人（有水师的省加设一人分管），主管一省军政；提督除直辖的提标之外，按军事行政管辖，分别有总兵、副将、参将、游击、都司、守备、千总、把总、外委等官。

从品级来看，布政使为从二品、按察使为正三品，低于巡抚（正二品）；提督为从一品，高于巡抚而与总督平级；但从政务上来看，他们都是督抚的下属和职能部门，需要接受督抚的领导；从统辖上看，他们都直接对中央负责，有权直接向皇帝奏报政务，乃至密报督抚的言行。由此可见，督抚虽然是各省军政事务的总负责人，但必须受到下属官员的监督和牵制，很难形成自己的势力团伙。

（二）道级主要长官和行政机构

汉代的道是少数民族地区，级别与县相同而略低，设长以辖之，级别四百石、三百石。唐代的道以节度使为主要长官，这一制度确立有一个发展过程。初期，道设采访处置使或观察处置使兼黜陟使，主管监察，从没有定所的巡视到有固定的驻地，渐渐成为地方行政长官。“安史之乱”爆发后，军事成为主要政务，逐渐把原来在边防实行镇守的节度使改用到诸道，进而形成“唐制，一道兵政属之节度使，民事属之观察使。然节度多兼观察、兵甲、财赋、民俗之事，无所不领，谓之都府。又各道虽有度支、营田、招

① 赵尔巽，等．清史稿：卷116：职官志二．北京：中华书局，1977：3336.

讨、经略等使，然亦多以节度使兼之。盖使名虽多，而其主事者，每道一人而已”①。因此，节度使俨然是一方之主，手握军、政、财、民大权，其僚属亦多自行辟署。

唐代的道和汉代的州都是由监察区演变成为行政区的，但两代情况也有所不同。唐代的道是以监察和军事合成演变的，具有很大的独立性，因此很快就成为坐镇一方的政治势力，“号令自出，以相侵击，虏其将帅，并其土地，天子熟视不知所为，反为和解之”②，形成以方镇割据势力为导向的分裂局面。唐代藩镇割据局面长达百余年，可是各藩镇没有号召全国的实力和威信，为了自保，他们“礼藩邻，奉朝廷，则家业不坠矣”③。只是黄巢起义打破藩镇之间的平衡，唐王朝才亡于强藩之手，是“弱唐者，诸侯也。唐既弱矣，而久不亡者，诸侯维之也”④。这种形成于割据的体制，反而成为“安史之乱”后的地方管理体制。

明及清初的道是监察分区，道的长官又分两种：由布政使左右参政、参议分兼，驻守某地，称为“守道”；由按察使副使、佥事分兼，巡察某地，称为“巡道”。还有一些专职道，如兵备道、提学道、清军道、盐法道等。分守和分巡道本来是定期或不定期巡视所属府县，后来有了专门管辖的区域，就颇具有地方行政区划的性质。因为分守、分巡道在明代尚无规定的驻所，《地理志》也就不记述道的具体情况。清人龙文彬编纂《明会要》则认为道是有固定的辖区，应纳入地方区划的范围，故对十三布政司分辖道有专门记载。据他统计：山东分济南、东兖、海右 3 道，山西分冀、河东、冀北、冀南 4 道，河南分大梁、河南、汝南、河北 4 道，陕西分关内、关西、关南、河西、陇右 5 道，四川分川西、川北、川东、川南、上川南 5 道，湖广分武昌、荆西、上荆南、下荆南、湖北、上湖南、下湖南 7 道，浙江分杭严、嘉湖、宁绍、金衢、温处 5 道，江西分南昌、湖东、湖西、九江、岭北 5 道，福建分福宁、武平、建宁、漳南 4 道，广东分岭南、岭东、岭西、海北、海南 5 道，广西分桂平、苍梧、左江、右江 4 道，云南分安普、临元、洱海、金沧 4 道，贵州分贵宁、威清、都清、思石 4 道。十三布政使司共编有 59 道，不包括南北直隶。这种有固定辖区的道，应该算是行政区划。明代中期，地方上普遍设置兵备道，有副使级、佥事级，自天顺八年至崇祯元年（1464—1628），计有整饬兵备副使、整饬兵备佥事，共有 219 处⑤。兵备道的普遍设立，也使地方行政体制发生一些变化。“在北部边境地区，形成了总督—巡抚—兵备道（含分巡、分守、兵粮等道）—府县、卫所的统属关系；在内地，则没有总督这一层，为巡抚—兵备道—府县的统属关系。”⑥ 兵备道与分守道、分巡道一样有巡视责任，也是属于“风宪官”，虽然在制度上没有被认可是一级行政区划，但从州县行文都要送一份给道备查来看，道在行政运作上发挥重要作用，事实上已经变为一级行政区。所以，明末张缙彦的奏疏中有云：“而道、府、州、县，实实亲民之官”⑦，已经把道当作一级地方行政单位了。

---

① 永瑢．历代职官表：卷 50：府县．清光绪二十二年（1896 年）广雅书局刻本．

② 欧阳修，宋祁．新唐书：卷 50：兵志．北京：中华书局，1975：1330．

③ 欧阳修，宋祁．新唐书：卷 211：王庭凑附绍懿传．北京：中华书局，1975：5962．

④ 脱脱，等．宋史：卷 442：尹源传．北京：中华书局，1977：13082．

⑤ 郭培贵．《明史·职官志四》兵备道补正．文史，2004（3）．

⑥ 方志远．明代国家权力结构及运行机制．北京：科学出版社，2008：306．

⑦ 张缙彦．绿居封事·确核官员疏．郑州：中州古籍出版社，1987．

分守道掌“派管粮储、屯田、清军、驿传、水利、抚民等事”①。分巡道掌“凡贪官污吏，蠹政害民，及一切兴利除害之事”②。从制度上看，守巡道有固定的辖区，经常往来于属下各州县巡视。州县官的政绩考核，官声行止，藩、臬二司通过守、巡两道和府、州掌握在案，纠举弹劾大权在握。明代初期，道作为藩、臬二司的分司，“故当时巡历所及，贪墨之吏伏首受法，民困为之一苏”③。明中后期的守巡各道气势更大，除州县库藏要造册送道以外，各种文书也都要送道备案。守巡二道对州县官的弹劾和庇护常见于史料。据记载，“守巡二道或滥用银两，府县亦借支应命。升任去，恳代者以词状纸赎抵补，此不知何令甲，载何典籍”④。从此情况来看，守巡两道对州县政务无不经手盘查，必要时还亲自督帅州县以完成某些要务，既是监察官又是政务官，具有双重身份。尤其是分巡道经常巡行所属州县，出告示，理刑狱，“分巡部属，剔濯奸垢，振挈纪纲”⑤，有权对不法的州县官进行弹劾，甚至对州县官进行杖责⑥。分守道不常出巡，分巡道则以巡行为任，以此之故，各州县的察院分司衙门修建维修要比守院分司衙门华美中度⑦。

清代乾隆时期，守道和巡道不但有了固定的辖区，也有了固定的治所，长官也不再由藩、臬二司的副职兼任，而以“道员”为专称，并明确规定守道主管民政和财政，巡道主管司法和监察，成为省级以下行政单位。除此之外，省级衙门还设有一些管理专门事务的道员，如督粮、督册、屯田、驿传、盐法、钱法、海关、实业、教育、河道等，都是辅佐督抚藩臬办理地方专门业务的，不是地方行政单位。清代的道员多兼兵备衔，有节制境内都司以下武官的权力。道员衙门一般不设职能机构（有些道设库、仓大使），只有典吏若干人协助办理政务。

清末官制在改革基础上，1908 年以后，各省陆续增设了巡警、劝业二道，分管地方警政和农工商业诸事。巡警道设置之后，裁撤原来的守、巡各道，道级行政区也就不存在了。劝业道是应振兴实业的要求下建立的，专管本省农工商业和交通事务。

（三）路级主要长官和行政机构

宋至道三年（997 年），在府州之上增加路一级行政单位，直接统属于中央。路设有

---

① 张廷玉，等．明史：卷 75：职官志四．北京：中华书局，1974：1839.

② 龙文彬．明会要：卷 40：职官十二．北京：中华书局，1956：716.

③ 孙承泽．天府广记：卷 23：都察院·按察司．北京：北京古籍出版社，1982：321.

④ 李乐．见闻杂记：卷 3 之一二五则．上海：上海古籍出版社，1986.

⑤ 焦竑．国朝献征录：卷 95：山东按察司佥事崔公碧墓志铭．台北：台湾学生书局，1965：4193.

⑥ “嘉靖初年，分巡官临桐邑，邑令蒋某，由甲科。分巡在司，而皂林河下又有一上司经过，蒋迎之。分巡开门，令不候，已而大怒，命皂加责。令曰：‘知县处两难之地，非敢慢老大人。’倔强而罢。”李乐．见闻杂记：卷 8 之三十七．上海：上海古籍出版社，1986：693.

⑦ 《菽园杂记》讲：“在各县者，按察分多宏敞整丽，布政分司多狭隘朴陋。初疑按察能纠察，官吏贪污者，惧致罪而然。后至各府县，遍览志书，见按察分司皆建自洪武年间，布政分司至正统七年以后始有之，乃得究知其所以然。盖国初纠察诸司，谳审庶狱，在内从各道监察御史，在外从按察司官处分。其时御史建员未广，有事则奉命而出，事竣即还。巡按亦未有专官。故按察之官，职重而权重。今分巡官各有印章，此可见矣。其后分遣御史巡按外藩，按察之体势，由是始轻。且御史所至，更无察院，每止宿按察分司而已。分司既创于经画官府之初，则广狭丰俭，得以如意为之，故其规制多宽广。又以御史所寓，礼宜致隆，故有司以时修饰，而华美中度。布政司职理民事，非奉部符不出。至宣德、正统以来，添官稍多，始议置分司。且其地率多即官府弃地为之，故规制不能如意。又分守官按临，不过信宿而去，故有司忽之，而修葺怠焉。此盖理势使然，非有意而优劣之。”陆容撰，佚之点校．菽园杂记：卷 10．北京：中华书局，1985：126.

帅、漕、宪、仓等司（这种简称是在南宋时形成的），官员均由皇帝直接委任，各司互不统属，各自对中央负责。

帅司即经略安抚司，以“使”为主官，简称“节帅”，“掌一路兵民之事”，“听其狱讼，颁其禁令，定其赏罚，稽其钱谷、甲械出纳之名籍而行以法”。帅司是路中最高级军政长官，多由文臣充任，但统辖所在的军队。

漕司即转运使司，以“都转运使”为主官，“掌经度一路财赋，而察其登耗有无，以足上供及郡县之费；岁行所部，检察储积，稽考账籍，凡吏蠹民瘼，悉条以上达，及专举刺官吏之事”，主管财赋和转运并兼有监察职责。

宪司即提点刑狱司，以“提点公事”为主官，简称“提点”，“掌察所部之狱讼而平其曲直，所至审问囚徒，详覆案牍，凡禁系淹延而不决，盗窃逋窜而不获，皆劾以闻，及举刺官吏之事”，主管司法和监察，本来是文武臣兼用，后专用文臣。

仓司即提举常平司，以“提举常平”为主官，简称“提举”，“掌常平、义仓、免役、市易、坊场、河渡、水利之法，视岁之丰歉而为之敛散，以惠农民”①，主管赈灾和专卖事务。

除四司之外，一度还设置提举学事司，主管本路学政。不常设的还有招讨使、招抚使、抚谕使、镇抚使等。此外，有些路还设有提举茶盐司、提举茶马司、提举坑冶司、提举市舶司、提举保甲司等，皆视各路不同情况而定。

各司除主官之外，均设有副职，如副使、判官等，这些副职除执行本司职权所辖事务之外，还兼有监视主官的职责，可以直接向朝廷奏闻，而各司的政令文书，必须有副职共同签署，因此副职与主官构成相互制约的关系。

各司还设有一些主管各项具体事务的属员，如参议官、主管文字、干办公事、文臣准备差遣、武臣准备差遣等，各有一定的员额。

路一级的各司互不统属，因此，地方的军、民、财、法和人事权都集中到中央。这种着眼于削弱地方权力、使之相互牵制的做法，必然造成官无专职、人无专责、办事效率低下、人浮于事等弊端，以至南宋“州县之地，不广于前，而陛下官五倍于旧，吏何得不苟进，官何得不滥除”②，除冗官冗吏充斥朝野之外，还使地方失去应付突发事变的能力。宋王朝之弱，与这种地方制度有一定关系。

辽代的上、东、中、南、西五京道，亦称为五路，设有宰相府、诸使、留守司等，主管本路政务，此外还有都总管府、都虞候司、警巡院、学校等专项事务机构。

金代的五京路设留守司负责各项政务，留守司设留守、同知留守、副留守、留守判官、推官、司狱等官。还有按察司，设使、副使、签事、判官、知事等官，分管详刑和监察，定期出外巡按所属州县。另有兵马都总管府，设总管、副总管等官，概由留守司长官、副长官兼任。其他 14 路则设都总管府，有都总管、同知都总管、副都总管、判官、府判、推官、知法官，分管各项政务。

元代的路是二级行政区，统属于行省。路设总管府，有达鲁花赤（蒙古语，意为镇压、制裁、掌印，转而为监临、总辖）、总管、同知、治中、判官等主要官员，规定“以

① 脱脱，等. 宋史：卷 167：职官志七. 北京：中华书局，1977：3960-3968.

② 宋祁. 景文集：卷 26：上三冗三费疏. 北京：中华书局，1985.

蒙古人充各路达鲁花赤，汉人充总管，回回人充同知，永为定制”①。路下设司狱司、织染局、杂造局、平准行用库、府仓、惠民药局、录事司等分管各项专门事务的部门。此外还有儒学教授、蒙古教授、医学教授、阴阳教授各一人，主管路学教育事务。

（四）府级主要长官和行政机构

地方上出现府的名称是在唐代，府有京府和散府之分，设官也有一定的区别。

唐代各府设府尹一人为长官，“掌宣德化，岁巡属县，观风俗、录囚、恤鳏寡”；设少尹二人为副长官，“岁终则更次入计”②，负责向中央汇报工作；另设司录、功、仓、户、田、兵、法、士等曹参军事及文学、医学等职能部门以分管各项事务。

宋代京府设知府事为长官，并兼京路留守司留守。后改京府长官为尹，设少尹而分左右厅治事；下属有诸曹分理各种事务。散府设知府事为长官，根据所在地处，分别兼任经略安抚使、马步军都总管、兵马钤辖、兵马巡检等职；府设通判为协理佐贰而分厅治事；亦各设诸曹分理各种事务。

辽代的府设府尹为长官，除因循唐代的诸曹而改名为案之外，还设置警巡院、府学等官署，负责本府各项具体事务。

金代的京府也是以府尹为长官，但兼任京路留守官，府事则由同知和少尹管理；另设总管判官、府判、推官、孔目官（一般分吏、户、礼、兵、刑、工等六案）、知法等官分管各种事务；京府设警巡院，设有使、副使、判官等员，主管司法和治安。散府职官设置大致如京府，但品秩低于京府，没有警巡院，以录事司担任警巡职务。

元代的京府和各行省所在地的首府，官员设置如路。散府设达鲁花赤、知府或府尹为主要长官，设同知、判官、推官、知事、提控案牍等官分管各项事务。

明清的京府［顺天府即北京，应天府即南京，奉天府即盛京（今沈阳市）］设府尹，“掌京府之政令”；并设有府丞、治中、通判、推官、儒学教授等官。“府丞贰京府，兼领学校。治中参理府事，以佐尹丞。通判分理粮储、马政、军匠、薪炭、河渠、堤涂之事。推官理刑名，察属吏。”③ 在府衙门内设有经历司（掌收发文书）、照磨所（核对文书用印）、司狱司（掌流徒羁押和发遣）等办事机构，有经历、知事、照磨、检校、司狱等官率书吏们具体承办各种事务。其余诸府是承上启下的地方行政单位，设知府掌一府之政令；设同知、通判、推官为协理佐贰官，并兼管一些具体事务。府衙门内的机构略如京府。各府根据本地方具体事务不同，还设有库、仓、盐课、税课、都税等大使、副使，分管专项事务，上述官员各府设置不一，但都是按国家规定编制配置的，地方官没有权力进行增减，但可以采取变通的方式，临时委派人办理某些事务。清制与明制大致相同，略有一些变化，如康熙六年（1667 年）裁撤推官、增加书吏等。

（五）州级主要长官和行政机构

汉武帝所派遣的 13 部州刺史，乃监察官员，还算不上行政区划。东汉时，州则成为

① 宋濂，等. 元史：卷 6：世祖纪三. 北京：中华书局，1976：106.

② 欧阳修，宋祁. 新唐书：卷 49 下：百官志四下. 北京：中华书局，1975：1311.

③ 张廷玉，等. 明史：卷 74：职官志三. 北京：中华书局，1974：1816.

地方最高级行政区，原为监察区长官的刺史便成为最高地方行政长官，级别也从原来的六百石提升为二千石。黄巾起义爆发后，刺史率领郡兵进行镇压，为提高刺史的地位而将之改为州牧，同时又加封监军、将军名号，从而使这些人合法地拥有一州的军事、行政、财政和司法大权。这些州牧不断发展自己的势力，甚至兼并他州郡县，成为割据一方的实际统治者和大小军阀。魏晋南北朝时，因世家大族势力雄厚，非但没有对州的行政体制进行调整，反而使刺史兼领军职制度化了，不兼军职的刺史被称为“单车”，意味着其地位和权利均不足观。

由于刺史身兼将军或都督等军职，其府属机构也渐渐形成军事和行政两套班子。

州府机关的行政组织，在东汉时就已经初具规模，当时州府设有别驾、治中、都官等从事史，以及主簿、门亭长等书佐。魏晋南北朝时期变化不大，只是分工更加细密，逐渐形成三个支系。一是别驾，“主吏及选举事”，“分掌诸曹兵、贼、仓、户、水、铠之属”①，因此“其任居刺史之半”②，地位最为重要，是刺史的重要助手。二是治中，“主众曹文书事”，统领州府机关诸曹的文书，与别驾构成相互制衡之势。三是主簿，主管刺史府的节杖文书，内传外宣，为喉舌耳目，统领门亭长、录事、记室等文秘承传机构。三个支系各有所属掾史和书佐等，既有一定分工，又相互制约，共同管理州府的行政事务。

加将军名号而统兵的刺史，还有一套军府行政组织。军府设长史、司马和西、东、户、贼、兵铠、士、营军、刺奸、帐下督等曹掾史，也是按辅政、政务、文书事务分工的。

军、政两套组织统归刺史一人指挥，必然造成令出一处而政行两端。然而，这种制度却在南北朝时得以确立，不但取消了单车刺史，而且使刺史身兼军政两职制度化。如北齐的刺史都设有军府，有长史、司马以及录事等参军和行参军等为军府的属员；有别驾、治中、主簿、诸曹掾史等为州府的属员。当时的州从上上到下下分为 9 个等级，规定上上州刺史军府属员和州府属员的吏员的定额为 393 人，依次每等减 51 和 50 人，每级减 10 人，至下下州刺史则只有 222 人③。这样就使军、政两套组织固定下来，确定了州一级的军、政组织规模。

魏晋南北朝的州属僚佐一般由长官自行委任，中央则控制了别驾、治中、长史、司马等高级僚佐的任命权，意在牵制和控制各州长官，不过州长官往往有推荐高级僚佐的权力，这要看朝廷对州长官的信任程度和州长官拥有的实力而定。

隋统一全国后，强化了中央集权制度，收回地方长官自行辟署僚属的权力，凡进入流内九品的官，概由中央任命，并规定了主要长官及府属的编制，改州为郡，降低地方官等级。唐代为加强地方统治，又改郡为州，仍以刺史为长官（重要地区加称州牧），主管一州政令；以长史、司马为之副，统领州府诸曹办理具体事务；诸曹设置因受南北朝制度的影响，虽无军府组织，但各曹主管都称参军事。唐代州府的僚属有长史、司马，被称为上佐，名义上掌贰州事，相当于副长官；录事参军事、司功参军事、司田参军事、

① 沈约. 宋书：卷 40：百官志. 北京：中华书局，1974：1257.
② 李昉，等. 太平御览：卷 263：答郭逊书. 北京：中华书局，1960：1231.
③ 魏徵，等. 隋书：卷 27：百官志中. 北京：中华书局，1973：762.

司仓参军事、司户参军事、司兵参军事、司法参军事、司士参军事等为诸曹负责人，诸曹各设有府、史等工作人员，其权责与朝廷的六部及九寺五监相对应。

宋代的府、州、军、监是同一级行政区，分别设知府事、知州事、知军事、知监事为长官；以通判为副长官，规定凡正长官批发的公事，要经过“通判签议连书，方许行下”，有意识地造成正副职之间的相互监视和牵制，防止一州之权归于一人。州府诸曹略如唐制，但有所省并。此外，由于科举制度完善，各州都设学校，添设教授以掌课试之事。

辽、金的州有节度州、防御州、刺史州等名目，等级不同，长官的名称和级别也不同。节度州设节度使，从三品，是以军事将领兼掌民事。防御州设防御使，从四品，责任重点是防捍不虞、御制盗贼，然后才是民事。刺史州设刺史，正五品，责任重点是在民事。各州都设有诸曹以分办各种具体事务。

元代的州有省领州、路领州、府领州之分，最初没有等级区分，至元三年（1266年），开始以管辖人口多少区分上、中、下，“上州：达鲁花赤、州尹秩从四品，同知秩正六品，判官秩正七品。中州：达鲁花赤、知州并正五品，同知从六品，判官从七品。下州：达鲁花赤、知州并从五品，同知正七品，判官正八品，兼捕盗之事”①。此外各州还设参佐官，上州设知事和提控案牍，中州设吏目和提控案牍，下州仅设吏目。

明代的直隶州如府，散州如县，按典制规定：每州设置主官、佐贰官、属官、教职、杂职、吏典、胥役等。主官为知州，无论直隶州还是散州，官阶都是从五品。佐贰官是州同知、判官，每州或三人，或两人，或一人，或不设，这要看该本州的事繁事简。事繁的设两人或多人，事简的设一人或不设。州同知官阶是从六品，州判官官阶是从七品，分掌粮务、水利、河防等事。州的直属官是吏目，官阶从九品，刚刚入流，以典文移出纳为主要职责，故称为幕职，但在明中叶以后，人们不再以首领官为幕职，而称之为属官，权责也主要承担缉捕盗贼。教职是学正、训导，没有官阶，是未入流。教职受双重领导，“凡学政遵卧碑，咸听于提学宪臣提调，府听于府，州听于州，县听于县”②。州教职既受提学政的节制，又受本州的主官领导。一些州还设有一些杂职，诸如巡检司、驿、税课局、仓、织染杂造局、河泊所、批验所、递运所、冶铁所、闸、坝等，分别设巡检、驿丞、大使、副使等官进行管理。其官高者为从九品，大多数则为未入流。杂职虽然各有所专掌，但是要接受所在州主官的领导。各州均设有一些不给俸禄的，也称为杂职的官。如医学典科、阴阳学典术、僧正司僧正、道正司道正等。这些人是列入在官籍的专门技术人员，国家虽不给俸禄，但他们可以靠自己的业务专长谋生。人在官籍就要接受官的考核，考满则有升迁降调。吏典是操办具体事务的人员，他们是经吏部注册，有工食银和任期，经考满可以进入官的行列。吏典分掌各房，一般设有吏、户、礼、兵、刑、工六房，故俗称“六房书吏”。胥役，主要指衙役，一般有三种：一是在州衙内站堂值班看守大门的皂隶；二是负责缉捕的快手，分马快和步快两种；三是负责治安和防卫的民壮。

---

① 宋濂，等．元史：卷91：百官志七．北京：中华书局，1976：2318.

② 张廷玉，等．明史：卷75：职官志四．北京：中华书局，1974：1851.

清代的州、厅分直隶州、厅和属州、散厅。直隶州、厅与府是同一行政区划等级，属州、散厅与县是同一行政区划等级。其州官设置略同明代，只是级别比明代高一级，知州为正五品，而大部分州不设佐贰官。州级的厅，则以同知、州判为长官。此外，各州、厅都有长官自聘的幕友，俗称师爷，至少有刑名、钱谷两名；还有自己带去的长随、家人，有如看门狗、暗探和爪牙，也分工管理一些事务。

（六）郡级主要长官和行政机构

秦设郡守为一郡最高行政长官，掌管全郡事务；设郡尉以辅佐郡守，分管军事；置郡监以为中央的耳目，主管监察。他们直接受朝廷的节制，郡守对丞相、郡尉对太尉、郡监对御史大夫，各有专门领导，又各自对皇帝负责，即所谓“秦变封建为郡县，恐其权重，故每郡但设一监一守一尉，以上别无统治之者”①，着重于分权制约。

汉代郡国并行，郡设守（太守，京师称尹）、国设相，为郡国的最高行政长官。郡尉（都尉）、国中尉，协助郡守、国相分管军事。郡丞、国内史，辅佐郡守、国相管理郡国的行政及刑狱事务。由于郡监改为郡丞，郡没有固定的监察官，则改为由中央不定期地派遣御史、丞相史等巡察，汉武帝时增设的十三部州刺史，在没有成为行政长官之前，负责监察郡国官吏。

东汉时，“省诸郡都尉，并职太守”②，只是在有军务的郡才临时设置都尉。这样，郡的主要长官只有太守一人，另设丞（边郡为长史）为太守的副职，辅助太守处理政务。太守和丞都是由中央委派，但二者地位悬殊（太守二千石，丞六百石），太守成为郡中的权威人物。

魏晋南北朝采取分州裂郡的方法，以期削弱地方权力，职官设置则基本如东汉，但太守身兼军职成为制度化。由于郡的数目增加，郡的大小区别很大，郡渐渐出现等级，如北魏郡分上中下三级，北齐郡分上上到下下九级，北周郡分五等。级别不同，长官的品级也不同，行政设置也有区别。

隋代的郡虽然仍以太守为长官，但加重副职的权力。先是设赞务一人为副贰，“其后诸郡个加置通守一人，位次太守；京兆、河南则谓之内史，又改赞务为丞，位在通守下”③。在命令文书承转上，必须有副职签署，形成一郡三位长官体制，不再是政决于一人了。

隋以后虽然没有郡行政区，但习惯上仍把府、州视为郡，太守成为知府的别称。

秦汉郡府直接对中央负责，郡府机构依照中央机构而对口设置，规模较大，府属除中央任命的丞、长史等高级官吏以外，大部分由郡长官自行辟署。郡府机构大概按辅政和政务两方面设置。辅政机构由郡丞主持，设有主簿、主记室、录事、奏曹、少府、门下督、门下贼曹、门亭长、门下议曹、门下掾等掾史和书佐，分管郡府内的各种事务。政务机构由长史主持，设有功曹、五官曹、督邮、户曹、田曹、水曹、时曹、比曹、仓曹、金曹、计曹、兵曹、尉曹、塞曹、贼曹、决曹、辞曹、法曹、集曹、漕曹、医曹、

---

① 王鸣盛. 汉书补注：卷19上：百官表上. 北京：中华书局，1983.
② 司马彪. 续汉书志：卷28：百官志. 北京：中华书局，1965：3621.
③ 魏徵，等. 隋书：卷28：百官志下. 北京：中华书局，1973：802.

学官、学经、文学、市掾等掾史和书佐，分管各项具体事务。当时郡守地位很高，府属视郡守为“君”，对郡守的依附性很强。

魏晋时，郡守多兼军职，郡府与州府一样设有军、政两套机构。东晋南北朝时，由于析郡过多，郡的辖区缩小，辖户减少，郡守无论是地位还是作用，都不如以前那样重要。由于军权集中，郡守虽然兼有军职，也不过是州所辖的属将，没有设置军府的资格，因此郡府只设有一套机构。如北齐的上上郡太守的“属官有丞、中正、光迎功曹、光迎主簿、功曹、主簿、五官、省事、录事，及西曹、户曹、金曹、租曹、兵曹、集曹等掾佐，太学博士、助教、太学生，市长、仓督等员”①，共有属官佐史 212 人，郡分九等，属官佐史员数递减，至下下郡为 103 人。郡府的规模分等级而定，在不改变基本职能的情况下，增减一些诸曹。在削弱郡守权力的同时，强化自上而下的监察制度，如州设州都，所属有光迎功曹、光迎主簿，与郡县的光迎功曹、光迎主簿相呼应，构成别成一系的监察系统。

隋代收回地方长官辟署府属的权力，将郡府属员和各曹归入固定编制，任用权由中央掌握。不久，改郡为州，郡的职官从此取消。

（七）县级主要长官和行政机构

自秦以来，县级政权的长官就是令（大县）、长（小县），至宋代官改为差遣以后，县的长官改为知县（元代为县尹，另设达鲁花赤以监管），明因此制。国家通过县来征敛赋税、募集兵源、倡导教化、推行政令和法令。历代县级长官的职责也变化不大，其“百里长吏，亲民之要”② 的说法也成为县官的代名词，他们把国家的统治直接加向人民。

秦汉县级政权设置丞、尉为佐贰，“丞署文书，典知仓狱，尉主盗贼”③，除为辅佐之外，还有一定分工。魏晋南北朝时，丞、尉设置不定，大多是长官一人负责制而不设副职；在这种情况下，原来不入官之行列而专管文书簿籍的主簿，位置渐渐提高，逐渐变为重要的佐官而改由中央任命。隋唐时确定的令、丞、簿（主簿）、尉的县级正佐官系列，在很长时期内没有变更。金、元在县级政权增设典史，以之统领掾史、主管刑狱，实际上兼领县尉之职。明清县级官的设置实际上也是令（知县）丞（县丞）簿（县主簿）尉（典史）的体制，仅是在权责方面稍有变化而已。

根据地理、交通、治安、物产等情况，一些县还设有一些杂职，如汉代“凡郡县出盐多者置盐官，主盐税。出铁多者置铁官，主鼓铸。有工多者置工官，主工税物。有水池及鱼利多者置水官，主平水收渔税”④。再如宋元以后的巡检司、驿、税课局、库、仓、织染杂造局、河泊所、批验所、递运所、冶铁所、闸、坝等，分别设巡检、驿丞、大使、副使等官进行管理。这些杂职虽然各有所专掌，随业务对本部门上级负责，但要接受所在地的地方官领导。明清时期的县还设有一些不给俸禄的杂职官。如医学（训

① 魏徵，等. 隋书：卷 27：百官志中. 北京：中华书局，1973：762.
② 虞世南，等. 北堂书钞：卷 78 引《晋起居注》. 北京：中华书局，1989.
③ 司马彪. 续汉书志：卷 28：百官志五. 北京：中华书局，1965：3623.
④ 同③3625.

科）、阴阳学（训术）、僧正会（僧会）、道正会（道会）等。这些是人在官籍的专门技术人员，国家虽不给俸禄，但他们可以靠自己的业务专长以谋生。人在官籍就要接受官的考核，考满也有升迁降调。

汉武帝时期在各地方建立了学校，各县开始设学官以管理教育。隋唐时期，各县设经学、医学博士助教，宋元以后各县设教谕、训导，由中央选派人员担任，称为教职。明清时期地方的教职既受本省学政的节制，又受本地方的正官领导。地方正官对教职虽有管辖考察之权，但对他们比较客气，讲究一些礼节。由于明清常以州县官“才力不及”而改调教职，教职的出身也多是举人以下，额外收入较少，因此实际地位低下，变成为受人尊敬的职位而不受人尊敬的斯文人物。

县衙门组织构成的变化也不太大。据考证，在东汉时期的县除令丞尉等官之外，还有功、户、奏、辞、法、尉、决、兵、金、仓、水、集、塞等曹，有主簿、廷掾、道桥掾、主记掾、录事史、祭酒、阁下书佐、阁下干、狱吏、骑吏、伍百、门士、街卒、县三老、孝者、悌者、力田等掾史①。这些人承担县里各种具体事务，称之为“吏”“史”“小吏”或“小史”。他们由本县长官任命当地人充当，统称为“吏属”；他们各有所司，辅佐县官以治理全县。吏属多少，设曹多寡，一般要视本县的大小和事务繁简而定。北齐时开始规定县属佐吏的员额，上上县 54 人，下下县 29 人。隋唐因之，“凡县有司功佐、司仓佐、司户佐、司兵佐、司法佐、司士佐、典狱、门事等，畿县减司兵，上县有司户、司法而已”②。宋代亦如之。这些县佐吏不入流品，但要接受考核，纳入流外官铨选系列中，表明中央对地方人事权控制较前代有所加强。金、元时期，县衙门组织基本定制为六曹（房），各曹设吏以理其事。明清在此基础上完善，定制为吏、户、礼、兵、刑、工六房，尚有承发房、架阁库等，故常常称为“诸房吏”。诸房吏的地位并不高，他们在名义上是“官役”，属于庶人在官者，“时以狗吏呼之，贱之也”③。长官对他们责罚打骂是寻常事。他们本来是“咸有事于官者也，治民者依以为用。然任重则权移，听信则谗入，狎匿则威亵，行弛则贿通，政刻则谤生，驭苛则怨作。苟如是，民受其害，官被其欺，一益而百损矣”④。由于这些人在衙门中主管文移簿书，明习法令，熟据政情，长官不得不依靠他们。于是，这些人凭借这些特长，往往“百端作弊，无所不至”⑤，乃至使本州县的士绅百姓“不知官府中内面文移是官府为主，吏书为主”⑥。这些人虽然没有什么社会地位，但在实际上握有很大的实权，也就不免有些专横跋扈。他们上欺官府，下压百姓，成为本县在在生事而举足轻重的一群人。

县府衙门内还有一些差役，最早是官府以力役之征取自民间，渐渐地改为雇佣，明清时这些差役成为县衙门的重要构成。日本学者宫崎市定先生认为这些人“在官厅工作，负责仓库保管、钱谷出纳，乃至看门守户及其他驱使奔走的库子、厅子、斗子等，种类

---

① 瞿兑之，苏晋仁．两汉县政考．中国联合出版公司，1944：79-81.

② 欧阳修，宋祁．新唐书：卷 49 下：百官志四下．北京：中华书局，1975：1319.

③ 陈义锺．海瑞集：上编：兴革条例．北京：中华书局，1962：51.

④ 张梯，等．嘉靖固始县志：卷 5：官师志·吏胥．天一阁藏明代方志选刊 51．上海：上海书店出版社，1982.

⑤ 同③56.

⑥ 同③152.

也最多”①。这是一个庞大而有体系的组织，“一般分为两大部分，一部分服役于班房，分为三班：即壮班——专司值堂、站班兼捕盗；快班——专管缉盗维护治安；皂班——司仪仗护卫。一部分服役于知县，下分七个部门：收发——管收发公文，前稿——管差标画，候稿——值签押房，班管——总管监督，值堂——司内庭事务，跟班——随侍左右，执帐——传递、通事、随同知县拜会”②。前一部分在习惯上称为三班衙役，一般州县约有二三十名，多者有竟达数百名的。此外还有非在编而谋充进来的白役。三班衙役的分工不甚明确，具体的工作基本上是以本县长官所发出的牌票为基准。后一部分是杂役，除上所讲的七个部门之外，尚有库子、仓老（仓夫）、仓斗级、门子、禁子、巡拦、厨子、膳夫、斋夫、馆夫等，分别管理各种具体事务或杂务。

由于县的事务繁多，又实行主官负责制，明代中叶以后，有些县官聘请了幕友，协助自己办理刑名钱谷等事，渐渐相沿成习，县官雇用幕友成为不成文的制度，在清代还有从幕友中选拔官员的事情，幕友实际上已经为国家所认可。官聘幕友，名为“赞治”，实际上是因为这些幕友熟悉地方行政有关司法和财政的业务，能够弥补出身于科举或捐纳县官知识能力的不足，而且还可用以监督吏胥的工作。除此之外，县官还可以自带家人上任。这样由县官私人组成的，有包括幕友、长随、家人乃至县官的亲戚（老爷、少爷、姑爷、舅爷）等组成的非正式队伍，便包办了县内事务，与正式机构共同起到管治地方的作用，导致地方治理形式也发生变化。

四、近现代地方行政组织

自太平天国运动以后，清王朝中央集权体制趋向松弛并逐渐瓦解，地方分权化和地方自治逐渐成为地方政治特点。中华民国是在各省纷纷宣布独立的基础上建立的，地方各省都设都督府，自行设官和制定法规。南京临时政府和北洋政府都曾经试图统一地方官制，但收效不大，1920—1924 年，还兴起了声势浩大的“联省自治”运动。南京国民政府在形式上完成统一之后，地方官制在形式上也达到统一，但地方政府，尤其是地方实力派控制的省级政府还是有比较大的自主权，可以说终中华民国之世，始终没有完成真正意义上的统一。

（一）省级行政组织

1913 年 1 月 8 日，临时大总统袁世凯颁布《划一现行各省地方行政官厅组织令》，要求各省设立行政公署，由中央任命民政长一人为首长，总理一省行政。省行政公署下设总务处及内务、财政、教育、实业四厅。实际上仅山西、湖北、江苏、江西、福建、四川等六省实行了民政长专任，其余各省还是都督兼任，其任命也仅仅是履行手续而已。

1914 年 5 月，袁世凯又公布了《省官制》，将省民政长改为省巡按使，省行政公署改为巡按使公署。公署内的组织改为政务、财政二厅。政务厅为政务机构，下辖总务、

---

① 宫崎市定．胥吏の陪备を中心として：中国官吏生活の一面．亚洲史研究．京都大学东洋史学会，1963：145.

② 王笛．跨出封闭的世界：长江上游区域社会研究．北京：中华书局，1993：362.

内务、教育、实业四科。财政厅管理全省财政，归中央财政部领导。

1916年7月，黎元洪接任大总统后，颁令改巡按使为省长，公署改为省长公署。1917年9月，北洋政府公布《教育厅暂行条例》和《实业厅暂行条例》，各省设教育和实业二厅，归教育部和农商部领导，原政务厅下教育、实业二科废除。1918年1月，北洋政府公布《各省区警务处组织章程》，各省设立警务处，受内政部领导。1918年以后，北洋政府的省级机构有省长公署、政务厅、财政厅、教育厅、实业厅、警务处，省长兼有军职的省增设军务厅。各厅、处直属于中央各部，长官由大总统任命，只是在执行政务时受省长的监督指导。北洋政府对地方控制能力有限，实际上各厅、处长官的选用和业务基本上归各省管理，中央不过履行手续，听取地方报告而已。

1921年6月，北洋政府批准各省设立省参事会，由省长任会长，于省长公署及各厅、处长官中委任三人，聘任有名望者三人，省议会选举六人为参事员，以备省长的参谋和咨询。

1925年7月，广州国民政府颁布《省政府组织法》，南方的一些省制开始发生重大变化。中国国民党取得全国政权后，进一步在全国推行“新省制”。根据南京国民政府先后公布的四个《修正省政府组织法》，省政府为地方最高行政机构，由国民政府任命的委员组成，并任命其中一人为省政府主席。

省政府委员多时曾经额设15名，后改为7～9名，实行委员合议制，委员兼任各厅、局长官。省政府委员会在不与中央法律相抵触的情况下，可以议决省的单行条例、规章，发布命令，中止或撤销所属机关的命令和处分，确定和变更省内地方行政区划，议决省预算、决算，处理省公产和管理省公产事业，任免省属官吏，弹劾省属各机关简任以上官吏，每月终将施政情况报告政治会议及国民政府等。

省政府主席有召集省政府委员会会议和特别会议之权；有监督全省行政机关公务，代表省政府，贯彻执行省政府委员会议决案，处理省政府日常工作和紧急事务等权力。

省政府委员会下一般设秘书、保安、会计三处，民政、财政、教育、建设四厅。根据中央各部的要求和本省的需要，各省还设立有警务、统计、卫生、地政、田赋管理、合作事业管理、社会、赈济、图书杂志审查、田粮管理、农林、工商业管理、矿务、交通管理、经济建设、水利、人事、粮食等数目不一的直属委员会、局、处。

省政府委员会制存在许多弊端，尤其是委员们常常互相推诿责任，各直属机构又上承中央各部命令而各自行事。1934年，蒋介石以军事委员会的名义下达训令，曾经要求一切收发公文均须经过省政府秘书处，由各主管厅、处等具体事务承办者副署或会同签署，再由省政府主席签字判行，并把各厅、处都集中在省公署之内。针对省政府委员会在运作方面的弊端，国民党四届四中全会决定，“取消省政府委员会制，改为省长制之原则，业经第三次会议（1932年12月）议决通过，应责成政治会议议定实施日期”①。但省长制迟迟没有实行，直到1944年4月再度修改《省政府组织法》时，还保留委员会合议制。1947年“制宪国大”炮制的《宪法》才规定：“省设省政府，置省长一人，省长由省民选举之。”但终国民党在大陆统治也没有得到实行。

---

① 陈之迈．中国政府：第3册．上海：商务印书馆，1947：36.

按照《省政府组织法》规定："现任军职者不得兼省政府主席或委员。"但蒋介石在"围剿"红军时，在南方一些省实行省主席兼总司令，1934 年，22 个省中有 20 个省的省主席是由军人兼任。抗日战争开始后，这种军人兼任虽然没有法律规定，却是普遍实行，这似乎是南京国民政府集中省政府权力的一剂妙药，但所带来的军人干政，更败坏了省政。

1938 年 9 月，《省临时参议会组织条例》公布，各省开始成立临时参议会，为过渡性的民意机关。然而，"省临时参议会对于省政，仅立于赞襄地位，一切责任均应由省政府负之，惟送经省参议会议决之事项，省政府立即受其约束，除请求复议及呈本院准免执行者外，应予执行，无复自由斟酌余地"①。看似是民意机关，实际上仅是省政府的咨询性机关，何况参议会的构成和产生方法也不代表民意。

（二）特别行政区行政组织

北洋政府的省级特别行政区有京兆，是 1914 年改顺天府而设的，其组织制度、职权与省略同，唯其长官称京兆尹，官署为京兆尹公署。

1913 年 5 月和 1914 年 7 月，北洋政府确立热河、察哈尔、绥远三个特别行政区，实行军政合一制度，设都统为该区的最高军政长官，都统府设军务、总务（后改政务）二处及财政厅、审判处，分管军政、民政、财政、司法等事务。川边特别行政区先后由四川都督兼任川边镇抚使、川边经略使加领川边都督事，川边镇守使、西康屯垦使兼管民政为该区最高军政长官。

辛亥革命期间，各省纷纷成立军政府，实行军政合一制度。其后在原则上实行军民分治，都督管军政，民政长管民政。1914 年 6 月，袁世凯颁令裁撤各省都督，在京师设将军府，分遣将军办理各省军政。1916 年 6 月以后，将军改为督军。1922 年 6 月，在"废督裁兵"的口号下，督军改为"督理""督办"，1924 年底则全部改称"督办"。1913 年底，北洋政府公布《护军使暂行条例》，在未设军政长官的省区派遣护军使管理该省军政事务。各省军政长官在名义上是管辖各省军队，实际上对地方乃至中央的政务都横加干预。更有甚者，地方军阀扩张势力，使中央不得不承认他们的特殊地位，特设巡阅使一职。按规定，巡阅使署为临时机关，直属于陆军部，但其拥有实权，根本不把陆军部放在眼里，在他们势力范围内，更是无所不管，横行霸道。该职在 1924 年由临时执政府取消。1919 年 6 月，北洋政府任命徐树铮为西北筹边使兼边防军总司令，"西北筹边使由大总统特任，筹办西北各地方交通、垦牧、林矿、硝盐、商业、教育、兵卫事宜，所有派驻该地各军队，统归节制指挥"②。

1930 年，南京国民政府从俄国和英国手中回收东省铁路沿线、威海卫设立特别行政区，设管理公署，以专员一人为最高长官，公署内设秘书处、警察局及若干科，由专员及各处、局、科长官组成的行政会议处理日常政务。

1928 年 7 月，南京国民政府颁布《特别市组织法》，1930 年 5 月废止，代之以《市

---

① 陈之迈．中国政府：第 3 册．上海：商务印书馆，1947：161.

② 中华民国政府公报：第 1239 号．1919-07-18.

组织法》。按照该法规定：首都，人口在100万以上者，在政治、经济上有特殊情形者，如具有后两种情形之市而恰逢是该省政府所在地，则应隶于省政府。据行政院内务部1941年8月统计，当时有南京、上海、北平、天津、青岛、西京（即西安）、重庆等7个院辖市，17个省辖市。市设市政府，采取市长负责制。设市长一人，领导所属机关总理市政。下辖社会、公安、财政、工务四局，必要时可经行政院批准增设教育、卫生、公用、港务等局。首都及省府所在地的市不设公安局，其事务由首都和省警察厅、局管理。1943年修订《市组织法》，市机构开始仿照省制，设民政、财政、教育、建设、警察、卫生、主计、秘书等局、处、科，并由市长与各局（处、科）首长及参政二人组成市政会议，为市长的辅助、参谋、咨询机构。1938年，院辖市设临时参议会与省参议会基本相同，省辖市临时参议会依县参议会规定，只是在名额和推举程序上略有变化。

抗日战争时期，中国共产党成立边区（省）政府或行政委员会。边区的行政领导体制采取集体领导与个人负责制相结合的形式。行政委员会委员由边区参议会选举产生，一般9～13人，设正副主席各一人。各边区（省）政府下设相同机构有民政、教育、财政、秘书等厅处，认为必要时由边区（省）政府决定，可以增设专管机关。

（三）道和行政督察专员公署行政组织

北洋政府于1913年1月公布《划一现行各省地方行政官厅组织令》，在省与县之间增设道一级区划。全国分90余道，按所辖地域广狭、事务繁简、地理位置、财赋多寡等条件区分为三等六类，设道尹（初为观察使）公署。道尹得颁布道令和单行法规，监督所属官吏，节制本道内的巡防、警务队，监督本道财务、司法事务并巡视所辖各县。道尹公署分设内务、财务、教育、实业四科。1924年6月，根据贿选《宪法》规定，裁撤道尹，但地方响应着寥寥，直到1930年春，国民党中央政治会议做出废道决议，道制才完全取消。道级军政机关为镇军使署。相当于道级的是蒙古地区的盟。数旗会而为盟，在会盟地设正副盟长各一人以办理盟务，另设哲里木盟长二人及其他自治官吏。

蒋介石出于“围剿”红军的需要，率先在江西设立行政长官公署。1932年8月，行政院颁布《各省行政督察专员暂行条例》；1936年10月，行政院再公布《行政督察专员公署组织暂行条例》，正式确定在各省划分若干行政督察区，设专员公署，为省政府的常设辅助机关。行政督察专员统筹和审核所在区各县市行政计划、预算、决算、单行法规，召集行政会议；巡视并指导所辖县市行政与自治工作，并考核其行政人员工作成绩，拟定奖惩意见；处理本区各县市有争议的事项；监督和指挥本区内保安队、水陆公安警察及一切武装自卫组织。1941年，行政督察专员公署和区保安司令部合并，专员同时兼保安司令，两个机关一个关防。行政督察专员公署内设秘书、科长、视察等员，非县长兼职的行政督察专员公署设秘书室，下辖民政、财政、教育、建设四科。

行政督察专员公署不是一级地方行政机构，省府没有将之视为下级，县府没有将之视为上级，政治运行依然是省统县，省府行文也不经该署。因此是徒增层次，少有实效，且经费不足，运转不灵，有人评论说“行政督察专员制实行之结果，与省政府合署办公制一样，与设计者之主观企望相反，并未能在‘整顿吏治、绥靖地方、增进行政效率’

上有多少展布"①。

抗日民主政权除设立行政督察专员公署（简称专署）外，还设行政公署（简称行署）。专署为边区政府或行署的派出机构，代表边区政府或行署领导和监督所属各县的行政工作。行署中有一种是边区政府的派出机构，有一种则是一级政权组织。作为政权组织的行署，由本区参议会选举产生的行政委员会组成，由正副主任、秘书长、各处处长、高等法院院长组成的政务会议处理日常行政事务。作为派出机构的行署正副主任和专署正副专员，均由边区政府或行政公署任命。行署和专署所设机构大同小异，一般设有民政、财政、教育、建设、实业、司法、治安、粮食、秘书等局、处、科。

（四）县区行政组织

北洋政府于1913年1月公布《划一现行各省地方行政官厅组织令》，确立县和蒙古的旗为初级行政区，取消原有的府、州、厅建制。根据1914年5月颁布的《县官制》，县行政长官为县知事，经内务部县知事实验委员会考试及格并由各部总长或各省最高行政长官保荐，方得取得任官资格，由省行政长官咨内政部任命。县知事的主要职权为管理本县行政，发布单行章程，监督任免所辖行政人员，指挥和调动本县警备队及地方武装，召集并主持县参事会审议预算、决算、法律各案，兼理司法审判等。县知事公署分设若干科，分管文秘、财政、民政、教育、实业等事务。由于县级实行首长负责制，公署内各科长、科员均为"佐治员"，由县知事自行任免并对其负责。蒙古旗的首长为世袭札萨克，实行自治；1930年改为县、旗双轨制，除札萨克外，还要设旗务委员，组成旗务委员会议议决行政事项。

1925年7月，广州国民政府曾经在所辖区内推行县制改革。1928年9月，南京国民政府公布《县组织法》，1929年6月和1930年7月曾经分别进行了修订。根据《县组织法》，县政府设县长一人，由该省民政厅提出合格人选2～3名，经省政府决定任用，任期三年，可以连任。县政府内设秘书2～4科，1929年减为1～2科。县政府下设公安、财政、教育、建设四局，必要时可以呈请省政府增设卫生、土地、社会、粮食管理等局，各局长从县长考试合格人员中遴选，由省政府委任。1933年采取县政府科、局合署办公，1934年除公安局外均裁局设科，县长可以对该县行政人员违法或失职者采取先令停职，并委员暂先代理，加强了县长的权力。1939年9月，南京国民政府公布《县各级组织纲要》，实行所谓的"新县制"，县长改为中央政府任命，并按土地、人口、经济、文化、交通等状况划分各县的等级。县政府可设民政、财政、教育、建设、军事、地政、社会等科。由县长起，所有县行政人员皆须依考试、甄审、训练、任用、考核等项规定办理。与县同级的是设治局，是尚未建立县的地区，为过渡性设置。每局设局长一人，另有佐理若干人。

按1932年8月公布的《县参议会组织法》，各县应该设立参议会，但未能普遍实行，直到1945年5月国民党第六次全国代表大会，才议决"在六个月内，后方各县、市临时

① 孔庆泰．国民党政府政治制度史．合肥：安徽教育出版社，1998：427.

参议会应依法选举，俾成为县、市正式民意机关”①，实际上也没有普遍实行。

国民党“新县制”重点是强化县以下的行政机构。最初县、市下设区，为“自治团体”，权力机关为区民大会，执行机关为区公所，区长由省民政厅任命，区调节委员会为准司法机关，区监察委员会为监察机关，均选举产生。实行“新县制”以后，县面积过大或情形特殊者，可以15～30个乡（镇）划分一区。区为“县政府的辅助机关，代表县政府督导各乡（镇）办理各项行政及自治事务”。区设区署，有区长一人，指导员2～5人，分掌民政、财政、建设、教育、军事等项。区署所在地设警察所，受区长领导，执行地方警察任务；设建设委员会，由区长兼任主席。城市中所设的区为市以下一级政权组织，设立区政府，由市长任命区长一人管理区政府所属各科。

抗日民主政权的区作为一级行政组织，或是县的派出机构。作为一级行政组织，由区民代表大会选举行政委员会组成机关；作为派出机构，由县长遴选区长，经县政府委员会通过，呈请县民政部门核准任命。区公署设助理员3～5人，分掌行政、教育、保安、经济建设等，另设自卫营长一人，在必要时可以临时设立分管事务的助理员。

第二节　特别行政区与基层组织

历代根据政治和地理环境的需要，往往设立一些特别行政区。这些特别行政区除京畿地区之外，还有实行“因俗而治”的少数民族和边疆地区，以及重要军事和新开发的地区，具有防卫及军队自给自足的屯田区，另外还有晋南朝时期特殊设置的侨置州县。地缘关系结合血缘关系是中国古代建立乡里组织的基础，这种组织一是靠自然形成的长老权威来推行教化，二是通过行政权威来进行组织，刑德兼用，再加上当时人们主要是依靠土地谋生，很少迁徙，因此乡里组织比较稳定，历代王朝在力所能及的情况下，总是要将乡里编组管理。中华民国在前代基础上有所修正，除特别行政管辖之外，赋予基层组织更多的政治功能。

一、京师行政机构

《公羊传·桓公九年》云：“京师者何？天子之居也。京者何？大也。师者何？众也。天子之居，必以众大之辞言之。”也就是说京师是天子所居，高大而人众，在这高大而人众之中要突出天子，故《尔雅·释丘》云：“卓绝高大为丘，而人力为作之者名京。”京师不仅仅是高大而人众，更是立国之本。“京师者，四方之腹心，国家之根本。”② 正因为如此，历代在京师地区的职官设置与其他地区有所区别，而且是实行多层次管理。

秦在京师设内史，掌治京师事。汉景帝二年（前155年），分置左、右内史。汉武帝太初元年（前104年），将右内史改名京兆尹，左内史改名左冯翊。秦主爵中尉，掌管列

---

① 《促进宪政实施之各种必要措施案》于1945年5月18日通过。

② 韩愈撰．唐莹中集注．东雅唐昌黎集注：卷37：御史台上论天旱人饥状．上海：上海古籍出版社，1993．

侯事，汉景帝中六年（前 144 年），改名主爵都尉，汉武帝太初元年（前 104 年），改名右扶风。自此以后三辅共同管理京畿地区，而将之视为中央官府，故此属官不同于各郡。如京兆尹属官有长安市令丞、厨令丞、都水长丞、铁官长丞，左冯翊属官有廪牺令丞尉、左都水长丞、铁官长丞、云垒长丞、长安四市长丞，右扶风属官有掌畜令丞、右都水长丞、铁官长丞、厩长丞、雍厨长丞。为了加强京畿地区的治安管理，汉武帝元鼎四年（前 113 年）更置三辅都尉、都尉丞，其京辅都尉治华阴，左辅都尉治高陵，右辅都尉治郿。汉武帝征和四年（前 89 年），因为治“巫蛊之狱”①，设司隶校尉，从中都官徒千二百人，捕巫蛊，督大奸猾。“巫蛊之狱”结束之后，罢去所领之兵，而使之察三辅、三河、弘农等七郡，“职在典京师，外部诸郡，无所不纠。封侯、外戚、三公以下，无尊卑”②。汉元帝初元四年（前 45 年），除去司隶校尉的持节。汉成帝元延四年（前 9 年），省此官；绥和二年（前 7 年），汉哀帝即位复置，冠进贤冠，以确定其监察官员的地位。京师的长安令级别为千石，“得壹切便宜从事”③，可以直接对皇帝负责，故可以“直法行治，不避贵戚”④。京兆尹、左冯翊、右扶风及司隶校尉，均能“特奉朝请”，参加朝廷集议。他们的级别高于地方，实际纳入中央官制系列。汉因秦制，京师有中尉，掌徼循京师，汉武帝太初元年（前 104）更名执金吾，“掌宫外戒司非常水火之事。月三绕行宫外，及主兵器”，率领缇骑二百人在长安巡逻，威武雄壮，故此汉光武帝到长安看到以后，其羡慕之情溢于言表，讲到“仕宦当作执金吾，娶妻当得阴丽华”。除此之外，汉武帝在京师设置城门、中垒、步兵、越骑、长水、胡骑、射声、虎贲等八校尉，与卫尉、光禄勋所属南军、北军，共同保卫京师安全。可见西汉京畿地区乃是多重管理，一旦发生冲突，均要奏请皇帝裁决。

东汉迁都雒阳，并没有更改京兆尹、左冯翊、右扶风的名称，但其与诸郡别无二致，而以河南、弘农、河内、河东四郡设尹，以重京畿地区，其余因西汉之制，机构进行省并。京师雒阳县令则为千石，曾经有董宣那样的“强项令”。

魏晋南北朝基本上因循汉制，京畿设官一直是多重管理。因为京师乃是达官贵人所聚，京畿官难为则成为普遍的认识，故此京师地区的府尹、县令多由权臣兼任，即便是没有兼任，他们也要依附权贵，在世家大族势力强大的情况下，不畏强暴的京畿官很少。

自新莽始建国四年（12 年）营建洛阳为东都以后，历代王朝常常实行两都或多都制。如东汉以洛阳为都，但没有改变长安三辅官的设置，实际上还是承认长安的京城地位。唐高宗显庆二年（657 年），以洛阳为东都，长安则为西都，实行两都制。唐肃宗宝应元年（762 年），以京兆府为上都，河南府为东都，凤翔府为西都，江陵府为南都，太原府为北都，实行五都制，不久则废除，则以长安为西都、洛阳为东都、太原为北都。

---

① 汉武帝晚年多病，怀疑左右有行巫蛊者，征和元年（前 92 年）便发兵大搜长安城。事情牵连丞相公孙贺父子、诸邑公主、阳石公主及卫青之子卫伉，株连后宫及大臣数百人，但并没有因此结束。汉武帝任命江充为直指绣衣使者，专门治理巫蛊狱，酷刑致死数万人，且牵连皇太子刘据，江充被刘据所杀，而刘据惧祸，矫旨持节与汉军激战，刘据兵败出逃后被杀。汉武帝并没有因此收手，设置司隶校尉以治巫蛊之罪。

② 司马彪．续汉书志：卷 27：百官志．北京：中华书局，1965：3614.

③ 班固．卷 90：酷吏尹赏传．北京：中华书局，1962：3673.

④ 班固．汉书：卷 90：酷吏义纵传．北京：中华书局，1962：3653.

辽代实行的是五京制，上京临潢府、西京大同府、南京析津府、中京大定府、东京辽阳府。金代有上京会宁府、中都大兴府、汴京开封府。元代有大都、上都、中都。明代有南京、北京、凤阳中都。清代有北京、盛京。

同样都是都城，因皇帝所在地不同，其设官也有一定区别。如唐代西都长安是建国确立的都城，东都洛阳是唐高宗确立的都城，北都太原乃是唐高祖李渊龙兴之地，故此三都设“牧”而以亲王兼领，各设尹以管理京畿事务。皇帝到其他的都去巡幸，中央各部门则派出一部分人随从，称之为“行”，而没有皇帝在，西都、东都则置“留守”“副留守”以主之，北都太原则以太原府尹为留守，少尹为府留守。留守所在之地称大都督府，有总领该都之事的权力。辽、金、元也是如此，权限则更加明确，所属机构也较各路、省为多。如元代大都留守司“掌守卫宫阙都城，调度本路供亿诸务，兼理营缮内府诸邸、都宫原庙、尚方车服、殿庑供帐、内苑花木，及行幸汤沐宴游之所，门禁关钥启闭之事”；上都留守司“品秩职掌如大都留守司，而兼治民事”①。因为责任重大，留守则不再是一人，如大都设留守五员，上都设留守六员，还有同知、副留守、判官等多员。同为留守，而无上下之分，故此常以亲王或权臣掌之。值得注意的是，自唐代以后，京县令几乎没有强项令，且不能够直接面对皇帝，在京城管理所发挥的作用越来越少。

明代虽有三都，设官却有所区别。自朱棣营建北京以后，在北京所设立的中央各部门都称为“行”，此后的皇帝不再回南京，北京的中央各部门则去掉“行”字，而南京的中央各部门却得以存留下来，称为南京官，却也不再是号令全国的中央官了，固然他们还是可以参与朝廷事务，但所管辖地区局限于南直隶。凤阳中都自营建之后，就没有皇帝在那里立朝办事理政，但都城的地位一直没有改变，故此在那里设置中都留守司“掌中都、兴都守御防护之事”。因为是皇陵所在，有中都镇守内官常驻，也曾经设立国子监等一些部门。北京、南京设官略同，府为顺天府、应天府。顺天府统领京畿五州、十二县，而大兴、宛平为京县，其知县为正六品，级别高于其他县。除了顺天府、大兴宛平二县之外，京城内设中、东、西、南、北五城兵马指挥司，各设正六品指挥一人，正七品副指挥四人，吏目一人，掌管“巡捕盗贼，疏理街道沟渠及囚犯、火禁之事。凡京城内外，各画境而分领之。境内有游民、奸民则逮治。若车驾亲郊，则率夫里供事”②。还有五城御史负责监督兵马司，并且受理词讼。另外锦衣卫缇骑对京城的盗贼奸宄，也有秘密侦缉，乃至于直接处置的权力。宦官衙门中东厂、西厂、内行厂的番役们，分瞰官府，深入民间，连夫妻密语都被他们打听到而上报皇帝。一个京城，多重管理，各自都有权力，一旦有好处，都想分得一杯羹；一旦出事，互相推诿则是在所难免。如明天启元年（1621 年），辽阳失守，京师紧张，传闻有后金的奸细，于是“五城及京营巡捕日以逻奸细为事，稍有踪迹，率论死。绝无左验者二百余人，所司莫敢谳，多徙官去，囚未死者仅四之一”③。所有部门都以不担责为时尚，当然是苦了百姓，富了缉拿的兵丁、缇骑、厂役们，而官也从中得到好处，更有甚者以此作为谋升迁的捷径。

清因明制，除北京之外，还有盛京，而盛京则仅设五部，没有吏部，则表明用人考

---

① 宋濂，等．元史：卷 90：百官志六．北京：中华书局，1976：2278、2298.

② 张廷玉，等．明史：卷 74：职官志三．北京：中华书局，1974：1814.

③ 张廷玉，等．明史：卷 244：顾大章传．北京：中华书局，1974：6341.

核大权要绝对集中到朝廷。清代京畿设官基本上因循明制，废除锦衣卫及东厂衙门，而设提督九门步军巡捕五营统领，简称“步军统领衙门”，俗称“九门提督”，掌京城守卫、稽查、门禁、巡夜、禁令、保甲、缉捕、审理案件、监禁人犯、发信号炮等事，维护京师社会治安是其要责。此外内务府下属慎刑司的番役处有正副头目率领的40名番役，负责缉捕之事，虽然在制度上明确头目主要负责缉捕在逃的太监，但也负责缉拿京师犯罪，诸如官员赌博暨私卖例禁物件，屠宰牛只，为民内监潜藏京师，回籍为民内监复行逃回，以及斗鹌鹑斗鸡及寻常案件，内务府番役拿获都有赏银，而且还时常奉命到外省缉拿人犯。也就是说，清王朝虽然没有锦衣卫和东厂，但锦衣卫和东厂原来发挥的作用并没有丢失。清代工部下还设有督理街道衙门，“掌道路沟渎”，也参与京师的管理，“街道旧规，铺户修房，每间与胥役钱二三百”①。因为在内外城建房、修路、挖沟、开铺面，都要街道衙门批准。

因为京师的特殊，历代都实行多重管理，其府尹也多兼有朝廷事务，经常参加朝廷的集议或奉旨办理某些事务。在多重管理难以统一的情况下，皇帝往往委任亲王、大臣进行督理、提督，而在更多的情况下，还是由皇帝亲裁。这里既有分权制约，也有权力集中，总的原则是在确保京畿地区安全的情况下，以实现有效治理，而且更便于皇帝掌控。

北洋政府时期北京市政府，南京国民政府时期南京市政府以及战时首都重庆市政府，其级别都与各省相同，机构设置与人员编制也比一般的院辖市要多，市长多由总统、总裁、委员长、行政院长提名，予以特任，且常常在中央有兼职。即便是有市政府，因为京城军、警、宪、特汇集，许多事情并不是市政府所能够管辖的，要由中央进行协调。

二、屯田与军政合一制度

屯田制度在汉代已经实行，汉文帝采取晁错“移民实边”的建议，曾经在西北进行屯田。汉武帝时在河西六郡开辟官田，发边塞士卒60万人戍屯。自此以后，自敦煌以至车师的西域道路上，一直是屯田的重点地区，除边郡设置农都尉专门管理屯田事务外，汉元帝初元元年（前48年）还设立戊己校尉，建立了以屯戍为主的特别行政区。

东汉末年连年战争，粮食缺少，人民逃亡，土地荒芜，建安元年（196年），曹操采纳枣祗、韩浩等议，“乃募民屯田许下，得谷百万斛。于是州郡例置田官，所在积谷”②。曹魏屯田分民屯、军屯两种。民屯由官府设置的农官管理，自成系统，设置典农中郎将（相当州级）、典农校尉（相当郡级）、典农都尉（相当县级）、屯司马（主管一屯）以管理地方民屯事务，直属中央的大司农。军屯有军队屯田和军户屯田两种类型。军队屯田由领兵将帅管理，主要在蜀、吴交界地区，军队采取分班轮流垦种的方法，“且耕且守”，管理是按军队的建制。军户屯田由度支中郎将、度支校尉、度支都尉等军事系统的农官管理，归“都督诸军事”管辖。蜀、吴也有屯田制度，与曹魏大致相同。

---

① 赵尔巽，等．清史稿：卷281：高遐昌传．北京：中华书局，1977：10176.

② 陈寿．三国志：卷1：魏书·武帝纪．北京：中华书局，1959：14.

曹魏咸熙元年（264年），实际把持国政的司马懿宣布："罢屯田官以均政役，诸典农皆为太守，都尉皆为令长"①。这是废除民屯，还保留有军屯。两晋南北朝，尚书设有屯田司，主管天下屯田事务，但除了军屯之外，没有专门的屯田区。北齐河清三年（564年），"缘边城守之地，堪垦食者，皆营屯田，置都使、子使以统之。一子使当田五十顷，岁终考其所入，以论褒贬"②。这应该是屯田区，其管理形式也是半军事化。隋炀帝曾经谪天下罪人，配为戍卒，在西域、北边大开屯田，则属于军屯性质。唐置诸屯监、丞，"掌营种屯田，句会功课及畜产簿账，以水旱螟蝗定课。屯主劝率营农，督敛地课"③。这是设官吏进行管理，诸屯则是屯田区。宋代也是广开屯田，曾经设屯田使督管屯田事，各路有屯田者也设屯田使，屯田有官屯和民屯，均设屯官以管理。

辽代沿边各置屯田戍兵。金代除沿边戍兵屯田之外，还移民屯田，在进入山东以后，就迁徙万家去屯田，而在屯田区实行猛安谋克制，迁徙来的女真人与当地民人肯定会发生冲突，金王朝定制，允许女真人与当地民人互婚，数十年后，山东移民废除猛安谋克制，而归州县管辖。元代"天下无不可屯之兵，无不可耕之地"④，实行军屯与民屯并举，诸路设有屯田总管府、屯田万户府以总领之，其军屯以军职千户、百户领之，民屯则设屯长领之。

明代"以兴屯之事责之边腹卫所之军兵，以垦荒之事听之百姓。屯者，官为政，授产有定数，耕之人皆官人也，所耕之田皆官用也，其事专为养兵设也。垦荒者任民自为政，曰尽力垦辟，产无定数矣"⑤。明代有军屯、民屯、商屯之分。军屯是由卫所管辖，朱元璋曾经令卫所军人十之七去屯田，故早期军屯数量庞大。明初曾经大规模迁徙人口，进而建立许多民屯，以后也曾经招募民人到边远地区屯田。商屯是招募盐商于各边开中，即以粮食换盐引，后来制度败坏，盐商撤出，在嘉靖年间再进行招商，商屯才得以延续。无论是军屯，还是民屯、商屯，其土地都是官田，故地方官的职责内都有管理屯田的规定，有的地方还设屯田副使、佥事专管。

清代屯田有多种形式，各省屯田早期多用来安置明退伍军人，后来开垦荒地而募民耕作。新疆的屯田除了军屯、民屯、商屯之外，还有犯屯、官屯，其犯屯是发遣的罪犯，官屯是官府主导的开垦。从康熙二十五年（1686年），以锦州、凤凰城等八处荒地分给旗民营垦，又遣徒人屯种盛京开始，到乾隆年间让八旗闲散到东北地区垦殖，此后流民（闯关东）不断涌入，最终在光绪七年（1881年）设立垦局，招募山东人民去开垦，东北垦地不断增加。乾隆时期，因为人口增长速度很快，为了生计，有许多人进入蒙古开垦荒地（走西口），到光绪七年（1881年）设乌里雅苏台垦局，官屯在蒙古地区发展很快。青海开垦始于雍正时年羹尧定议开屯，因为是民族交错，一直发展缓慢，光绪时制定开垦方针，最终也未付诸实施。清代屯田很多，多由军政部门管理，少有独立的屯田区。清末设立垦局之后，一些垦局有了管辖地域，逐渐向行政化转变，进而成为一种

① 陈寿．三国志：卷4：魏书·三少帝纪．北京：中华书局，1959：153.
② 魏徵，等．隋书：卷24：食货志．北京：中华书局，1973：678.
③ 欧阳修，宋祁．新唐书：卷48：百官志三．北京：中华书局，1975：1263.
④ 宋濂，等．元史：卷100：兵志三．北京：中华书局，1976：2559.
⑤ 黄宗羲．明文海：卷65：垦荒议．北京：中华书局，1987.

行政区。

军镇行政区是军队驻守情况下出现的，如北魏初期夺取后燕统治的大部分地区后，在那里设置8个军府，每府配兵5 000，主将以下军官有46名。随着统治区域的扩大，北魏在许多战略要地也设立了军镇，由拓跋宗室或亲信功臣统领鲜卑为中心的军队驻守，镇将兼理军民事务，实行军事统治。当统一北方的战争结束后，一些军镇开始改为州，实行军民分治，但北方的沃野镇（今内蒙五原北）、怀朔镇（今内蒙因阳南）、抚冥镇（今内蒙四王子旗东南）、武川镇（今内蒙武川西）、柔玄镇（今内蒙兴和北）、怀荒镇（今河北张北北）等六镇，以及敦煌镇、鄯善镇（今青海西宁）、薄古律镇（今宁夏银川）、御夷镇（今河北赤城北）等没有改为州。每镇有镇都大将（相当于州级）、戍主（大戍相当于郡级，小戍相当于县级），均开府置僚佐，只是部门及人员设置较州郡简单。

历代都有军民共治的军事管理政区，只是规模有大小不同的区别。如“明代军事系统的都司（行都司）、卫、所在绝大多数的情况下也是一种地理单位，负责管辖不属于行政系统的大片帝国疆土”①。其卫所有沿边、沿海、内地、在内四种类型，有固定的辖区，实行军民共治。随着社会的稳定，属于军事系统的一部分卫所逐渐改为州县，军事系统管辖的疆土也逐渐缩小，至清雍正年间大规模地改卫所为府州县，军民共治的区域越来越少，只是在沿边地区还保留少部分以屯垦为主的特别区域。

清太祖努尔哈赤首创八旗，即黄、白、红、蓝、镶黄、镶白、镶红、镶蓝，以资识别，后又增加蒙古八旗、汉军八旗。每旗设都统一人、副都统二人，参领、佐领若干人，诸旗壮丁约20万人。入关以后，除少数留守辽东之外，约10万人拱卫京师，其余10余万人分驻各省，由驻防将军、副都统、城守尉等统领，占领要地，监视绿营，其驻东北、蒙古、青海、西藏等边陲地区的官员还负责当地各种政务，这样“自畿辅达各省，东则奉、吉、黑，西回、藏，北包内外蒙古，分列将军、都统及大臣镇抚之”。先后有盛京、吉林、黑龙江、江南、福建、浙江、湖北、四川、广东、绥远城、陕西、甘肃、伊犁、乌里雅苏台等14个驻防将军，热河、游牧察哈尔驻防都统，直隶驻防副都统、山东驻防副都统、山西驻防城守尉、河南驻防城守尉。各处驻扎大臣先后有：乌里雅苏台定边左副将军、科布多参赞大臣、布伦托海办事大臣、库伦办事大臣、塔尔巴哈台副都统、西宁办事大臣、西藏办事大臣、川滇边务大臣、乌鲁木齐都统、吐鲁番领队大臣、巴里坤领队大臣、古城领队大臣、库尔喀喇乌苏领队大臣、哈密办事大臣、喀什噶尔参赞大臣、英吉沙尔领队大臣、叶尔羌办事大臣、和阗办事大臣、阿克苏办事大臣、乌什办事大臣、库车办事大臣、喀喇沙尔办事大臣等。按典制：将军、都统、专城副都统，“掌镇守险要，绥和军民，均齐政刑，修举武备。参赞大臣，掌佐画机宜。领队大臣掌分统游牧。总管、副总管，掌分理营务。城守尉、防守尉，掌本城旗籍。参领、协领，分掌驻防户籍，以时颁其教戒，仍隶京旗”②。驻防都建有满城，与民人隔离，若是有旗、民纠纷，则会同当地督抚处理。各处驻扎大臣，实际上是当地的最高军政长官。

---

① 顾诚．明帝国的疆土管理体制．历史研究，1989（3）．

② 赵尔巽，等．清史稿：卷117：职官志四．北京：中华书局，1977：3384、3383．

中华民国虽然没有实质上的统一，但基于军事与政治经济目的，在察哈尔、绥远、宁夏、甘肃、青海、新疆、外蒙古、四川、西康等地设立垦区，设立屯垦使、督办、总办等总管其事，垦区有军垦、退伍兵垦、难民垦，均由官方主持，碍于当时的政治形势，大部分地区只是试办，并没有取得令人瞩目的效果，而所制定的发展规划对后来屯垦事业有很大影响。

三、基层行政组织

秦自商鞅变法之后，将连坐纳入基层治理体系当中，县以下的都、乡、邑、聚等都进行编制，五家为伍，十家为什，实行什伍连坐，在统一六国之后继续推行。汉因之，而实行乡里制度，即县下分成若干乡，乡下有里，里下有什伍组织。

乡设有秩、啬夫、三老、乡佐、游徼等乡官。大乡设有秩，小乡设啬夫，是乡的主管，“皆主知民善恶，为役先后，知民贫富，为赋多少，平其差品”①。作为一乡之长，有权掌管一般性的民政事务和轻微诉讼以及赋税征收等事。三老掌教化，不是行政职务，以礼教劝民于善，有较高社会地位。乡佐是有秩、啬夫的助手，“主民收赋税”，分职承办县廷布置的各项事务。游徼主管乡中治安，直属于县尉。乡官秩达到“百石”的是“有秩”，要由郡府任命委用，百石以下则由县廷任命批准。

里设里魁或里正、里典，兼有官民双重身份，负责一里事务，按规定掌管百家。什设什长主十家，伍设伍长主五家，形成连坐关系，“以相检察。民有善事恶事，以告监官”。里魁、什伍长均由乡任命，报县廷备案。

秦汉除乡里什伍之外，在县以下还有亭一级组织，是郡派出的治安机构。亭设亭长，“主求捕盗贼，承望都尉”②。协助都尉管理治安，并负责接待往来官吏，兼管官府文书、物资承传转递等事。东汉废除郡都尉之后，亭仍然保留，除承担原有的事务之外，逐渐转向民事，并且纳入县的行政系统中。亭长之下有求盗、亭吏等属员。

魏晋南朝基本因循汉代的乡、亭、里体系，但此时民户多依附于世家大族，国家所控制的民户越来越少，乡里组织实际上遭到破坏。民户多以部曲身份被驱策以维护世家大族的庄园政治和经济利益，乡里组织的地位反在庄园坞堡之下。朝廷一再下诏检括民户，竭力恢复乡里功能，但收效不大。

北魏以北方游牧民族入主中原，初期还保留着比较稳定的氏族社会组织关系，基层组织是以宗族为单位，对汉族地主的庄园坞堡也没有过多地加以干预，让这些族长、大地主以宗主的身份管理部民，即所谓“宗主都护制”。北魏孝文帝改革时，其中比较重要一项就是实行“三长制”，即在给事中李冲提议下，“五家立一邻长，五邻立一里长，五里立一党长，长取乡人强谨者”③。他们的职责包括检查和审定户口、征发赋役、办理一般民事诉讼。三长制原本于《周礼》，故北齐改十家为邻，五十家为闾，百家为党族，各设邻长、闾正、党族以主管；北周则进一步改为邻、里、党、族，也是完全依照《周礼》。

---

①② 司马彪．续汉书志：卷28：百官志五．北京：中华书局，1965：3624.

③ 魏收．魏书：卷110：食货志．北京：中华书局，1974：2855.

隋代以百家为里，五百家为乡，设里长、乡正主管。唐代进一步完善乡里组织，对城区、郊区、乡村采取不同的方法进行编组。在城区，四户为邻，五邻为保，五保为坊；在郊区，四户为邻，五邻为保，五保为村；在乡村，五户为邻，五邻为保，五保为里，五里为乡。邻、保各设长，坊、村、里各设正，乡设耆老主教化及词讼。从这套行政编组来看，城、郊区离县治所近，县府便于控制，因此以百户为单位；乡村离县治所远，县府控制力较弱，所以设乡以协助县进行管理，设想是比较切合实际的。隋唐时期乡里拥有权力较大，其乡正、里长都可以审理词讼，甚至可以将当事人直接处死。这种制度一直延续到宋代初期，后来收回了乡里受理诉讼的权力，也没有把乡里列入行政机构范围。

宋代王安石变法，为加强兵政和增加财赋收入，实行保甲制度，以“民十家为一保，选主户有干力者一人为保长。五十家为一大保，选一人为大保长。十大保为一都保，选为众所服者为都保正，又以一人为之副”①。同时，以税户三十家为一甲，设甲长主管放贷青苗钱和收税。保甲组织与原有的坊里组织在职责上存在着重叠和冲突，在变法失败后，乡里或行保甲，或行坊里，保甲和坊里不再同时设置。宋代乡里虽然没有列入行政范畴，却起到辅助行政的作用。“五家为甲，甲有长，二十家为保，保有大长。凡一百二十五家，则揭其党里、姓名于都亭。其有不孝不支、不姻不恤，凡以泯彝败俗，合众而挞罪之。”对于这种乡里处罚，官府实际上是支持的，保甲长也成为州县衙门服役的半公职人员。乡里除负责征派赋税徭役、维护社会治安之外，教化民众的职能日益突显，各种乡规乡约在此时已经盛行。

辽、金、元在本民族和少数民族地区按民族习惯进行管理，保留部落家族的基层组织形式，只是略加编组。在汉族地区则实行村社制度。如金代在“京府州县郭下则置坊正，村社则随户众寡为乡置里正”②，在本族村寨设寨使。村社 50～300 户上下，设主首 1～4 人，村寨 50 户以上设寨使，各以五家为保，实行连坐。元代大体上因循金制，乡、都设里正，村社设主首、社长，二者是上下级关系。元代规定每社设立义仓，丰年每人交粟一斗，荒年用以接济各人食用，由社长主持。

明代在城市编坊、近郊编厢、乡都编里甲，“以一百一十户为一里，推丁粮多者十户为长，余百户为十甲，甲凡十人。岁役里长一人，甲首一人，董一里一甲之事。先后以丁粮多寡为序，凡十年一周，曰排年”③。里长的职责是追征钱粮、勾摄公事以及平息里内百姓争斗。除里甲之外，明初还在浙江、南直隶、湖广、江西、福建等省区设立粮长，负责田赋催征、经受和解运。此外，洪武二十七年（1394 年），朱元璋下令设置里老人，使之办理一乡之词讼。明代中叶，为配合当时军事需要，一些地区在里甲的基础上开始实行保甲，以十家为牌，设牌长，实行连坐；五至十牌为保，设保长。保甲的重点在于维持地方治安。

清初沿用明制，里甲和保甲并存，稍重于里甲，自康熙滋生人丁永不加赋、雍正摊丁入亩之后，里甲逐渐废弛，保甲渐渐取代里甲，使保甲不但具有维持地方治安的职能，

---

① 脱脱，等. 宋史：卷 192：兵志六. 北京：中华书局，1977：4767.

② 脱脱，等. 金史：卷 46：食货志一. 北京：中华书局，1975：1031.

③ 张廷玉，等. 明史：卷 77：食货志. 北京：中华书局，1974：1878.

而且具有督催钱粮的职能，承担起地方一应杂事公务。清代除了继续推行保甲制之外，还因地制宜，设置村社、寨、堡、联庄等组织，其作用与保甲相同。

明清乡里保甲长选用有一定的标准。明初里甲长采取轮流担任的方法，后来逐渐改为州县衙门选用，其大体标准是："乡长取乎年高有德而素行服人者充之，保长取乎年力精健才遒迈众者充之"，甲长应"于十一家之内，择其殷实老成者有子弟者充之"①。保甲长被选充之后要造册呈送按察使司稽核，乡里社长选充之后要呈送布政使司稽核，得到任命之后，举行隆重的任命仪式，颁发钤记，委以事权。

明清在国内动乱时期，曾经组织团练，特别是在太平天国时，团练、联庄会等完全替代保甲，一些士绅阶层借举办团练之机，权势得到空前的扩张，"借名办团，把持公事，恃符武断，干预钱漕及一切非分之事"②。"团总、团长借以渔利，凌弱暴穷，鱼肉一方。幸而胜贼，恃功骄横。小之狱讼赋税，官不得问。大之施虐吏民，法不得加。"③他们"藉盘查奸细为名，杀人夺货，行旅视为畏途"④。这种绅权的恶性膨胀，已经严重危及地方官府的行政职能，以至于出现失控。

晚清乡里制度在二十世纪初的立宪运动中曾经发生重大变化。光绪三十四年（1908年）颁行的《城镇乡地方自治章程》规定：凡府、厅、州县治的城厢地方为"城"，其余市镇村庄屯集等地方，人口满五万以上者为"镇"，不满五万者为"乡"。城镇设"议事会"和"董事会"，乡设"议事会"和乡董、乡佐，负责督办本城镇乡的教育、卫生、道路修建、农工商务和社会慈善公益事务。这种举措尚未推广，清王朝就灭亡了，不少地方"惟城议会、董事会次第成立，其余乡镇未及举办，而自治即奉令停止"⑤，实际上还是保甲组织在发挥作用。

北洋政府因循清末制度，以城、乡、镇为"自治团体"。20世纪20年代以后，有些省开始实行区（市）、村制。特别区（市）相当于县级，一般区（市）相当于乡镇。区（市）设公所，有区（市）长；村设村公所，设村长。村以下以五户为邻，五邻为闾，各设邻、闾长。

南京国民政府初期，以区（20村里）、村里（百户以上乡村为村，百户以上市镇为里）、闾（25户）、邻（3～5户）为县以下四级。1929年改村里为乡镇，20～50（后改10～50）个乡镇为一区。1934年再改为区（城市）乡镇（10闾以上）、闾（10邻）、邻（10户）三级制。之后在全国推行保甲制，区为县的派出机关；乡镇为一级"自治单位"，人口散居的地方为乡，人口密集的地区为镇；乡镇设公所，有乡镇长一人，兼本乡镇国民兵队队长和中心学校校长；设副乡镇长1～2人，襄助乡镇长；正副乡镇长任期二年，得连选连任，其资格具有五项之一者即可成为当选者，即：经自治训练及格者，普通考试及格者，曾任委任职以上者，师范学校或初中以上学校毕业者，曾办地方公益事务著有成绩者。乡镇公所设民政、警卫、经济、文化四股，为兼职或专职主任管理，还

---

① 黄六鸿．福惠全书：卷21：保甲部·选保甲长．北京：康熙三十八年（1699年）种书堂刊本．
② 李瀚章，等．光绪湖南通志：卷67：学校志六·学额．清光绪十一年（1885年）刊本．
③ 吴兆熙，等．光绪善化县志：卷32：续艺文志·论兵，清光绪三年（1877年）刻本，南开大学图书馆藏．
④ 陈其元．庸闲斋笔记：卷9：团练害民．上海：上海进步书局，1911．
⑤ 故宫博物院明清档案部．清末筹备立宪档案史料：上册．北京：中华书局，1979：728．

可以设各股干事。乡镇务会议由正副乡镇长、中心学校副校长、国民兵队副、各股主任及干事组成，讨论县政府委办事件和本乡镇重大行政事务。

保甲原来采用10进制，“新县制”实行后，采取6—15进制。保设办公处，有保长一人，受乡镇长监督指挥，办理本保自治事项及执行县政府委办事项，兼国民学校校长和国民兵队队长；副保长一人，襄助保长；正副保长任期二年，得连选连任，其资格具有四项之一者即可成为当选者，即：师范学校或初级中学毕业或有同等学力者；曾任公务人员或在教育文化机关服务一年以上著有成绩者；曾经训练及格者；曾办地方公益事务者。正副保长由保民大会选举，实际上都是由县长指派。凡乡镇编有三个保以上者，设保长联合办事处，由县政府或区公所指定保长一人为联保主任，并设书记1～2名。6～15户为一甲，由各户户长选举甲长一人，由保办公处报乡镇公所备案。

保甲组织“为一种比较落后的办法”，恢复保甲制度则“重新确定中国社会组织的形态”，标志着中国“社会的组织根本上发生变易，社会的组织变了质”①。保甲组织实行管、教、养、卫一体化，所谓“管”，即清查户口，制定保甲规约，推行联保连坐。所谓“教”，即进行“公民宣誓”，实行“党化”教育。所谓“养”，即摊派名目繁多的保甲经费。所谓“卫”，即抽选壮丁，编练民团，修筑工事，搜集情报，剿捕搜查。在一些有共产党活动的地区，还组织“铲共义勇队”，将18～45岁的男性保民编制在内；有的保还将妇女组织起来，成立“妇女救助队”，这意味着国民党法西斯统治深入社会的最基层，白色恐怖蔓延到各个角落。

自春秋战国开始到中华民国，基层组织不断演变，但万变不离其宗，构建毋庸置疑的、强大的、由官府控制的基层组织，乃是一个国家强大的重要标志。至于基层组织是否仅仅是职役而不是官僚系统的问题，权且可以不论，因为基层组织的权力来源乃是由国家赋予的，权力行使的目的也是贯彻执行国家指令，服务于国家，起到行政效能。至于在基层组织曾经出现宗族、长老、乡绅、豪强把持，并且相对独立地行使“自治”权，并不是国家所期待的，故此历代都奉行“抑豪强”的政策，在力所能及的情况下，希望将基层组织牢牢地掌控在官府的手中，以使国家权力深入每一个角落。

四、地方行政体制利弊及特点

在夏代以前，曾经存在过数目极多的部族，它们之间进行过长期的兼并战争，由于夏的势力扩大，一些邻近于夏的部族逐渐向夏臣服，相传禹时有万诸侯，在会稽会盟时，因为防风君来迟，而将之斩首，则可见早期国家是建立在以强制力凝聚各部族的基础上。当然，这种凝聚的结果是不可能牢固的，必然会出现反复，只有在王朝统治力量强大时才可以维持，一旦王朝势力衰落，各部族和诸侯必然会纷纷脱离其统治，甚至取而代之。这种共主身份必须有强大的军事力量为后盾，使其他部族或诸侯对自己负担象征性贡赋和臣服，实际上只是征服和慑服，君主权力受到很大的制约。

臣服于王朝的部族和诸侯国，称为甸、侯、绥、荒、要“五服”。甸服是王朝直辖

---

① 陈之迈．中国政府：第3册．北京：商务印书馆，1947：79.

地，侯服是王朝近亲部族，绥服是王朝远亲和姻亲部落，要服是臣属于王朝的非亲部落，荒服是名义上归属王朝的部落。在划为“九州”之后，这种“根据自然区划定了行政上的理想制度后，又就各州地域的远近，分为甸、侯、绥、荒、要五服；并规定各服内人民的负担及政教布施的情形，不失为我国最早的政治地理”①。“五服”对王朝有贡赋和提供军役的义务，有自己的领地和军队，有较独立的政治自主权，是相对独立的政治实体。在某种程度上，这些“五服”也具有一定的地方行政区划性质，与王朝直接控制的地区共同构成国家的地方政权。在这种被称为“服制”的地方行政区划体制下，地方诸侯与王朝构成一种不太牢固的臣服和贡纳关系，在历史发展过程中，作为统一国家的过渡形态，有其形成和存在的客观必然性。

早期国家君主为保持自己天下共主的地位，凭借手中的权力，致力于建立以暴力统治为主的关系，并利用宗法和思想等为君主专制服务。诸如，建立以宗法血缘关系为基础的分封制作为王朝的屏藩，扩大王国的联合体，不断兼并弱小国家，利用宗教观念和礼法来为本身统治服务等。因为分封诸侯各自拥有独立的政权机构和军队，经济自成体系，一旦羽毛丰满，便往往停止对王朝的朝觐纳贡，拒绝王的会盟，实际上成为独立的国家。

对于不服从王朝的诸侯国，王朝虽然可以使用兵力并会同其他诸侯国对其实行军事制裁，但这样做的前提是王朝必须强大。为此，王朝君主在精神上维持自己的崇高威望，“以德不以力”，“义立而王”，用道德和精神感染力来维系王国与诸侯的联合体，这就导致王朝无法实现绝对专制。如果君主专横暴虐，失去诸侯国的支持，就会造成诸侯国叛离对立的局面。诸侯国的强大称霸，极大地威胁王的共主地位，以致春秋时期没有任何实质上可以约束各诸侯国的君主，各诸侯国实际上各自为政，互争雄长。虽然在春秋时期出现过霸主，但各诸侯国都是独立的政治实体，霸主仅仅是以盟主的身份与邻近诸侯国建立会盟关系。在这种情况下，各诸侯国不断完善自己的制度，并逐渐摆脱来自盟主的制约，向高度的君主专制过渡。战国时期，这种过渡速度加快了，各国相继形成了本国的君主专制集权制度，并逐步消除了地方分封自治的封君封侯体制，改行郡县制。

从秦代开始，中央严格控制地方属郡，并建立起一套从郡县到乡里什伍，层层控制而又十分严密的地方统治网络，由皇帝提控主纲，递次铺向全国各个角落，要求将一切民户丁壮，包括其财产、人口等都纳入这个网络之内，以符合专制主义中央集权制的根本原则。秦以后的地方职官设置及管理方式，始终是依据这个基本原则而发展和修订充实的。

第一，中央严格控制地方行政权，不允许有相对独立的行政体系存在。

汉代在继承秦制的基础上，裂土封爵，欲以同姓诸侯王镇抚天下，诸侯王国有相对的独立性，从而形成郡国两制并存。建立诸侯王国，本意在拱卫中央，加强中央集权。然而却适得其反，诸侯王依恃本身政治、经济、军事实力来与中央对抗，对中央构成威胁。经过几十年的“削藩”努力，诸侯王实际权力被剥夺了，虽有王国之名，但却仅有衣食租税的利益，王国和郡县一样必须直接接受中央的领导，郡国两制便成为一制，加

① 尹世积．禹贡集解．北京：商务印书馆，1960：6.

强了中央集权。这一精神基本为以后各代所继承，虽然也曾经出现西晋初、隋唐初、蒙古初、明代初的大分封，但最终还是走上集权，不给诸王以治理地方的权力。

中央对地方实行严格控制，不仅对宗亲，对于地方官吏也是如此。历代政治制度都明确规定地方官的首要职责是“掌宣德化”，要求下级服从上级，地方服从中央，最后一切听命于君主，否则便是有违“行君之令”和“乖上”之责。各级官吏在君主面前，永远只能处于被管理、被驱策的地位，绝不能按自己的意图或根据客观条件运用独立的治理权。在设官分职上，有意造成职权重复，相互牵制，乃至一职数官，一官数职。无限制地将权力高度集中于上，必然会影响实际管理的功效，君主又派遣使臣作为自己的代表，以各种名义督促地方官的工作，事专则有诸使，事重则有钦差，在缺乏机动性的地方管理体制下，因事而定策，随事而订补，以权宜而不是以制度来完善地方的管理。

中央严格控制地方，这对形成一个强大的中央集权，维护幅员辽阔和多民族国家统一，曾经起到重要作用，但地方没有一定的自主权力就不能实行有效的治理。汉代诸侯王在持有独立行政权的情况下，曾经国用饶足，地方经济有很大的发展。当然，这些诸侯王是为了发展自己的势力，是出于“一己之私”，势必造成分裂。从另一方面来说，对地方管制过死，也必然会限制地方政治、经济和文化等方面的发展。给予地方一定的行政自主权力，不是地方分权。历史经验证明，中央集权制与君主专制是联系在一起的，而地方分权又几乎与军阀割据同义，对于人民来说，无论选择哪种都是痛苦的。只有人民当家作主的国家，才有可能解决这个矛盾。

第二，中央对地方实行多层次、多渠道的管理，不断调整地方管理层级，以实现对幅员广阔国家的有效管辖。

地方管理层级设置，历来是国家政权运行中的重要问题。秦以后的地方行政区划有过二级制、三级制、四级制，其中以三级制实行时间最长。

秦代为郡县二级制，汉代则以秦郡太大，不断分置，进而出现百余郡。中央对郡的管理出现困难，汉武帝时便设13部州刺史分部进行监察，演至东汉，州成为地方行政区划。由于东汉末年的地方割据，以后各朝代又采取分州析郡的方法以分割和缩小地方权力，地方区划增多则不便集中管理，便设置都督诸州军事进行集中，又造成地方割据。隋统一后，地方改为二级制，唐代则难以对三百余州进行管理，随后出现道一级，地方又变成三级制。道一级权力过大，形成藩镇割据，至宋代采取路级分权的方法完善三级制，消除了地方权重，却影响了行政效率。元代实行地方四级行政区划，明代则改为三级，清乾隆后又出现四级，北洋政府先是省县二级，后改省道县三级，南京国民政府开始也是省县二级，不久出现行政督察专员，虽不能算是一级行政区划，却也证明三级制的必要性。

为了加强中央集权，中央一直对地方行政采取分割权力的职官设置，从上到下按纵的方面采取系统监督考核，在横的方面则建立起相互制约关系。从历史上看，地方官府有采取平行的几套机构相互制约，各自对中央负责的；有实行主官负责制而采取层层监督控制，各自对主管上司负责；有主官负责制与职能机构分离，各职能机构分别与中央对口设置并自成体系；其基本方针都是以有利于中央集权为主要目的。问题是在固定行政区划上增加集中的层次，而这个层次最容易侵夺中央的权力，也容易形成地方割据。

无论是汉代的刺史制、魏晋南北朝的都督诸州军事制、唐代的藩镇制、金元行台行省制、明清的督抚制，还是北洋政府的巡阅使、南京国民政府的政治分会，都说明在高级地方行政区划上不宜增加直属中央的统治层次，而在高级地方区划与县级区划之间却应该设置层次。历史上长期实行地方区划三级制，则说明这个中间层次有存在的必要，可以收到中央使地方高级行政层次如臂，并以臂使指的功效。

第三，中央掌握对地方官的任免权力，不允许地方官形成自己政治势力，但以王朝的财政力量，只能控制地方官，却不能直接干涉地方具体管理形式。

从秦开始，地方主官就有自辟僚属权，虽然中央限制郡级只能辟署百石以下的掾史，县级只能辟署斗食以下的小史，但地方上设官除几位主官的官秩是在百石以上外，具体办事的诸曹掾史都在百石以下，这实际上承认了地方主官可以用自己的亲信组成官府人事体系。当形成地方割据时，由这些亲信组成的人事团伙，很快会变成割据政权的核心，成为掌握重要权力的职能机构。隋代以后，收回地方主官自辟僚佐的权力，流内九品以上的官均由中央任命，流外佐史小吏也有严格的考核制度，这就使地方主官难以组成自己的亲信体系。

王朝要对数目众多的官吏实施有效管理，就必须有足够的财政收入。古代王朝一直实行量入为出的财政体制，因此没有足够的财力解决日益扩大的官僚队伍薪金问题，支付日益增加的行政开支。没有财政，对官吏管理就会出现困难，也不得不默许或容忍官吏勒索。在“明主治吏不治民”的传统政治方针下，王朝只能加强对地方官的管理，却没有能力顾及地方官的具体治理方式，进而在地方上出现了王朝正式与非正式机构相结合的管理形式。地方官雇用幕友，自带家人，组成自己的参谋政务班子，与王朝规定的正式机构一起对地方实施管理，成为一种特有的政治现象。

第四，地方基础行政组织的超稳定与人身控制，地方官府严密控制基层组织，传统的社会结构发挥重要作用。

从秦代建立县级行政组织至中华民国的两千多年间，一直没有发生变化，其数目也总在1 500个左右。由于县控制的地域小，辖户也较少，本身难以形成独立势力，因此本级政权结构也相对稳定。除此之外，普遍建立的地缘关系结合血缘关系的乡里基层组织，不但有力地支持县级政权，还起到维护国家统治和社会稳定的重要作用。

地缘和血缘在先秦区别不大，只是在生产发展、人口迁徙，同一村落居住的人不一定同属一个宗族的情况下，地缘组织才相对独立起来。秦汉的乡里组织是在地缘与血缘相结合情况下建立的，这种组织一是依靠自然形成的长老权威来推行教化，二是通过行政权威来进行组织，再加上当时人们是依靠土地为生，很少迁徙，所以乡里组织比较稳定。由于中国一直是以农业为主的社会，秦汉以后的基层组织虽然在名称上有些变化，但基本结构没有多大的改变。地方政权对分散的农村社会实行治理好坏，在很大程度上取决于地方政权对“地方核心分子”的控制和利用。这些地方核心分子，是指在地方发挥政治经济作用的各种人物，通常是指有声望和影响力的“士绅与地方贤达”①。顾炎武

---

① 杨联升. 明代地方行政. 食货月刊，1970，5 (12).

认为乡宦、生员和胥吏，是“天下之病民者”[①]，不但影响地方治理，也关系到地方社会的稳定。从地方治理角度来看，地方绅士阶层涉及地方公共事务，导致地方行政职能的萎缩，“贪污是官僚的第一德行，官僚要如愿地发扬这德行，其起点为与绅士分润，地方自治事业如善堂、积谷、修路、造桥、兴学之类有利可图的，照例由绅士担任，属于非常事务的，如办乡团、救灾、赈饥、丈量土地、举办捐税一类，也非由绅士领导不可，负担归之平民，利益官绅合得，两皆欢喜，离任时的万民伞是可以预约的”[②]。这些绅士在日本及欧美学者的研究中被称为“精英”，这个表述为现在研究者普遍采用。“地方精英不但控制着半官方的和民间性的基层社会组织，而且他们在各类地方公共事务中也发挥着重要作用”[③]。且不管给这些“绅士”、“精英”如何定位，至少在地方治理方面发生很大变化。如费正清所讲：“地方士绅和农民凡事只靠自己打点，仅在紧急情况出现时需要请示朝廷”[④]。然而，官府权威始终存在，这种权威虽不经常去干涉民众的生活，但也是无事不管。

第五，正佐监督制与主官负责制的矛盾，一直是历代王朝难以解决的问题。

正佐相互监督机制是整饬吏治、督促各级官吏恪守朝纲法律的有效措施。一方面，同僚之间的相互监视，使彼此的行为都要有所检点，可以促进吏治，提高工作效率；一方面，以官制官，造成权力上的互相制约，有利于朝廷对他们的控制。然而，在专制政体下，正佐监督机制也存在着难以克服的弊病。专制政体是向上负责，正佐监督机制必须得到上峰的认可才能发挥效用，而在多头领导下，上峰往往会否认甚至破坏这种监督机制。

一个部门内分工，应该是以调动每一个工作人员的积极性为原则，这就要明确责任，严明奖惩，既要使他们按照一定的规章而有条不紊地完成本职工作，又要使他们对自己的前途充满信心。古代王朝正佐监督制度设置并没有按照这个原则。在权责规定上，主官权责规定具体，佐贰官权责规定含糊；在升进的仕途上，主官迁调比例较大，佐贰官则升进艰难。前程无望而事事受制于人，不但使他们对前途失去信心，而且使他们更加看重眼前利益，拼命地去谋私利，却不履行监督主官的责任。

主官负责制，容易导致主官权力膨胀，乃至于失控，因此历代王朝以监察权力控制主官，在某种程度上又导致监察权力的失控。将监察权力转化成为地方行政权力，不但导致原有的行政体制发生变化，而且使权力更加集中，成为与中央相抗衡的势力。东汉的刺史成为割据诸侯，唐代的节度使成为藩镇割据，都是显证。监察权力不能够取代行政权力，因为行政权力是实现统治所必须存在的权力，而监察权力则不是实现统治必须存在的权力，其性质有如润滑油，是保证国家机器正常运转，而不是取代国家机器。

秦以后的地方职官设置，一直是在实施正佐监督制与主官负责制之间徘徊，在不能够理顺关系的情况下，以监察权力来统领地方事务。正佐监督制在权力制约上起到重要作用，但在职权责利不明的情况下，办事效率低下则成为难以解决的问题。主官负责制

---

① 顾炎武．顾亭林文集：卷1：生员论．北京：中华书局，1983：21.

② 吴晗，费孝通，等．皇权与绅权．天津：天津人民出版社，1988：50.

③ 万明．晚明社会变迁问题与研究．北京：商务印书馆，2005：286.

④ 费正清．费正清论中国．台北：正中书局，1994：489.

使权力集中，便于政务的处理，但在权力集中的情况下，也导致权力无法制约。为了制约权力，以监察权力约束主官，却使监察权力凌驾于行政权力之上，最终也成为行政权力，却使权力更加集中，以至于难以控制。其实，正佐监督制、主官负责制、监察制，应该各有功效，既不能因为实施某种制度而忽略其他制度，也不能重视某种制度而轻视其他制度。如果能够以主官负责制来责其行政效率，以正佐监督制来控制权力的扩张，以监察权力来保证主官负责制与正佐监督制的正常运行，则会使地方行政管理更加顺畅。古代王朝并没有努力构建这种制度，完善与协调主官负责制、正佐监督制、监察权力之间的关系，常常是重此轻彼，因此产生种种弊端是值得深思的。

第三节　少数民族地区行政机构

中国历代王朝都是多民族国家，不论是以汉族统治集团为主，还是以其他民族统治集团为主建成的政权，出于对自身控制能力的估计，以及对民族地区实在经济结构和传统生活方式的了解，统治者大都意识到，边远少数民族聚集地区与内地相比，不论是发展程度，还是在风俗习惯等方面，都存在很大的差异，如果将推行于腹地的制度强行移用到民族地区，只会徒增阻力，而且难有实效，是不明智的。故此，历代王朝在确保最高尊荣和主权的情况下，往往对民族聚集地区实行比较特殊的管辖制度。

一、西域都护和民族校尉

汉武帝经营西域，有三十六属国内附，于是在中央设典属国以主管其事务，派使者、校尉进驻其地区以加强沟通和影响。汉宣帝时改设为西域都护，后又设立戊己校尉，统领屯田军与之联络。在行政方面，西域都护是西域地区的最高行政长官，有代表皇帝册封属国国王及官吏的权力，并负责调解各属国之间的纠纷。在军事方面，西域都护又是该地区最高军事指挥官，有调动属国军队抗击匈奴入侵、统领屯田驻军保护西域稳定、保证交通线路畅通的职权。在司法方面，西域都护对中级官吏的奖惩任免，有先决后奏权，对属国自身的司法事务也有参与权。

汉通西域，设立都护和屯田驻军，主要是为了防御匈奴和确保中西交通路线的畅通。因此，只要各属国相安无事，保证文化贸易等方面的联系，承认汉天子名义上的最高地位，汉王朝并不要求西域同内地一样划一管理，允许各属国完整地保留自己的治理方式，只是在首领与重要职官任命上通过西域都护呈报朝廷批准，并不干涉属国的内政。这种管理方式是符合当时历史发展需要，而且是行之有效的，对多民族统一国家的巩固，以及边疆地区的经济文化发展都起到积极作用。

汉武帝最初经营西域的时候，仅仅派使者及校尉领护，没有固定编制。汉宣帝地节二年（前 68 年），始以骑都尉、谏大夫为西域都护，作为加官，并没有纳入正规官制，但设有秩比二千石的副校尉，且有丞、司马、侯、千人等职，使西域都护具有了官府性质。汉元帝初元元年（前 48 年），置戊己校尉，下辖有丞、司马、前后左右中候，职掌车师前王庭的屯田事宜。戊己设置二校尉，还是一校尉，史家有分歧。《后汉书》认为是二校尉，即戊校尉、己校尉，颜师古则存二说，一是甲乙丙丁庚辛癸都有相应的方位，戊与己则无方位，因为戊己校尉驻地常有移动，故名；二是戊与己位在四方之中，因在西域各国之中，故名戊己校尉。从史籍所载来看，似乎就是一个校尉，东汉魏晋都曾经设置，至东晋咸和二年（327 年）废此官。西域都护设置一直与王朝兴衰息息相关，在王朝强大时，西域都护就能够较好地发挥领护西域诸国的作用，在王朝衰微的时候，非但不能够发挥领护作用，还会因此废除西域都护。

在西域都护的基础上，东汉魏晋南北朝也对少数民族地区实行特别管理，即设置校尉或中郎将。其中郎将名目有：护匈奴、护乌桓、护鲜卑、护羌、护西戎、护南蛮、护南夷、护东夷、护越、平越等。校尉名目有：护羌、南蛮、西戎、宁蛮、南夷、镇蛮、平戎等。这些中郎将、校尉都立有府，有规定的治所与辖区，除朝廷额设的长史、司马、参军事之外，府属都是自行辟署。在辖区内实行军事化或半军事化管理，进而代表朝廷对所部的少数民族实行管辖。在辖区趋于安定时，这些中郎将、校尉则成为州郡长官的加衔，或直接废置，改由州郡管理，纳入地方行政系列。

在治理方面，对边远地区的少数民族多采用笼络的手段，给那些民族以较大的自治权力；对内地的少数民族则基本上同内地之制。由于朝廷在内地的统治实力较强，故此对内地少数民族的压迫和歧视远远超过边远地区，因此常常引起少数民族的强烈反抗。

二、羁縻府州和都护府

羁縻，是笼络联系和怀柔牵制的意思，这是在汉代对西域管辖时形成的用语。“唐兴，初未暇于四夷，自太宗平突厥，西北诸蕃及蛮夷稍稍内属，即其部落列置州县”①，这就是唐代建立羁縻州县的缘起。

贞观四年（630 年），唐太宗李世民平定突厥，突厥愿意归附，唐太宗除将突厥十万户内迁到中原地区之外，又在突厥原所在地设置羁縻府州。在行政管辖方面，任命该族各部首领为都督、刺史、县令，责令他们统率原来的部众，允许保留本部族原有的治理形式，保持半独立状态。“首领眨于官署为刺史，一州所贡，悉以奉之，其或鱼肉斯人之甚。有来讼者，率以遐远阻险，非文法所及置之。”② 唐太宗在突厥族设置羁縻府州取得成功以后，又把这种制度推广到其他少数民族部落，见于史志的羁縻府州就有 856 个，“其大者为都督府，以其首领为都督、刺史，皆得世袭。虽贡赋版籍，多不上户部，然声教所暨，皆边州都督、都护所领，著于令式”③。也就是说，这些羁縻府州归朝廷设置的都督、都护管辖，它们之间有冲突，则由朝廷予以调节或处置。

羁縻府州虽有较大的自治权力，都督、刺史也多由原部族首领担任，并且可以世袭。然而，这些都督、刺史都必须由中央任命，同时还取消了少数民族上层分子原有的“可汗”称号，说明他们仅仅是大唐属下的特殊民族自治区。其后，为了加强对羁縻府州的

---

①③ 欧阳修，宋祁．新唐书：卷 43 下：地理志七．北京：中华书局，1975：1119.

② 董诰，等．全唐文：卷 784：京兆少尹李公墓志铭．北京：中华书局，1983.

管理，唐代又建立起名为“都护府”的行政区。

唐代最多时设置9个都护府（安东、东夷、安北、单于、安西、北庭、昆陵、蒙池、安南），后减为6个（安西、北庭、单于、安北、安东、安南）。都护府是中央与羁縻府州之间的纽带，它代表中央行使对羁縻府州的管理权，负责管理边防、行政和民族事务。都护府长官“都护”由汉人担任，由中央任命，不能世袭。都护府属官设置与内地府州相同，有长史、司马、录事参军事及功、仓、户、兵、法等曹参军事，分管各种行政事务以及人事、民政、财政、军事、司法等方面的事务。这些属官也由中央任命，所管辖事务要按中央的指令和政策进行。

都督、都护对羁縻府州管理松严也不一样，如唐德宗时，桂管观察经略使李佐，对部内羁縻州进行处置，“易之以中土温良之吏，越人之男女不为所鬻，资产不为所夺，悦而戴之，相与禀令，其移风俗如此者非一”①。总体上尽量保持相安无事，却不断进行渗透，使之逐渐接受朝廷政令，在适当的时候则改为州县，由朝廷直接管辖。

羁縻府州和都护府的设立，有助于唐王朝加强对边疆地区的管辖，也有助于汉族与各少数民族之间经济文化的交流，更有助于巩固国家的统一和促使多民族国家进一步团结壮大，增进各民族的融合和相互了解。虽然在“安史之乱”以后，羁縻府州制度大部分遭到破坏，原有的羁縻府州有些叛离，有些直接并入州县，最后因唐王朝的衰败而荡然无存。

唐代的羁縻政策为后世统治者所采纳。如宋代把边远地区的少数民族区分为“生番”和“熟番”，并实行不同的管理方式。“生番”仅要求保持臣属关系，朝廷不干涉其内政；“熟番”则按部落为单位进行编组，要听从朝廷的节制，甚至要服兵役。

羁縻政策还影响到一些少数民族政权。如辽代对分布于内地的各部族，以及松花江下游和黑龙江一带的五国部，就是采用羁縻方式，中央除保持对其部族首领（节度使）的任命权之外，不干涉其部族的内政，允许其按本民族的习惯管理部族。对分布于辽国腹里地区及其统治核心的部族，则在保持其原有风俗习惯的基础上，设立大王府进行管辖。这种方式为金代所承袭。

元代在少数民族和边疆地区设置宣抚使司、宣慰使司、安抚使司、招讨使司、宣慰司、都元帅府、诸蛮夷长官司等。从行政管理体系看，这些使司统属于中央的宣政院，在政务上要接受行省的指导，“行省有政令则布于下，郡县有请则为达于省”②。各种使司一般都设有使、同知、副使、经历、都事等员，由达鲁花赤担任最高监临官，官吏有时也兼用少数民族头人，称为“土官”。使司下有两个系统，一是军职的万户、千户、百户，任命民族的头人为之，为世袭之职，称为“土司”；二是行政的溪洞长官司、诸军州和州县，其长官大部分由该民族的头人担任，虽然也是世袭，因为是纳入行政系列，故称为“土官”。

三、土官制度与改土归流

土官和改土归流是明清两代对云、贵、川、桂等地区少数民族的管理和改革制度，

① 董诰，等. 全唐文：卷784：京兆少尹李公墓志铭. 北京：中华书局，1983.
② 宋濂，等. 元史：卷91：百官志七. 北京：中华书局，1976：2309.

这种制度与边疆地区的管理制度有很大区别。

明清的土官大致可以分为两个系统：一是由军事部门管辖的，如宣抚使司、宣慰使司、安抚使司、招讨使司、长官使司等。这些使司的长官又称为“土司”，其下设同知、副使、佥事等官，均由该民族的各级头人世袭其职，其任免袭替由兵部武选司负责，政务归各省军事部门统率。这类使司多设在边远地区或被军事征服不久的地区，土司们拥有一定数额的土司兵，协助该省军事部门维护该地区的社会秩序。二是由行政部门管辖的，即所谓的土府（军民府）、土州、土县、土巡检等，其主要长官也称土知府、土知州、土知县、土巡检，称为“土官”。这些土官衙门的编组略如内地府州县，但比较简略。其长官和佐贰官均由该民族的大小头人世袭，任免世袭事务由吏部验封司负责，政务由各省布政使司负责。这类土府州县多设在内地各省的民族地区。值得注意的是，针对土司与土官，朝廷派遣首领官或通事（译员），名为加强联系，实际上起到监督作用。

土司土官衙门的设置，是明清王朝军事镇压和怀柔政策的结合。王朝把各级土司土官衙门编组进地方行政序列之中，保持其特殊的治理方式。在实际运作中，只要土司土官不危害朝廷的利益，朝廷一般不干涉其内部事务，故一些土司土官在其属地横征暴敛，恣作威福，朝廷往往采取旁观纵容的态度，不但不绳之以法，而且还勾结土司土官对各族人民进行盘剥奴役，以谋取他们的贡纳。各土司土官在其境内放任自为，为争夺土地和财物，经常发生武装冲突，对王朝也常常是叛服不定，不但破坏王朝的统一，而且给当地人民的生活和生产造成损害。当背叛朝廷，举兵侵袭邻近州县掠夺人口，甚至弑官逐吏，对王朝的统治权威有损时，王朝便往往采取极端政策，实施血腥镇压。明清两代曾经多次对这些土司土官实行征剿，并在部分地区推行“改土归流”政策。说明王朝与担任各级土司和土官的头人们之间，既有相互利用勾结的一面，又有矛盾冲突和相互排斥的一面，而在土司土官之间，也常有利害冲突。

改土归流，就是废除土司土官制度，改行与内地府州县相同的行政管理，官员改为朝廷任免选拔流官充任而废除世袭。第一次改土归流是在明永乐十二年（1414 年），明在平定思州、思南两宣慰使司叛乱之后，下诏废除土司，改设贵州布政使司，分两宣慰司地为 8 府。此后，还曾经在局部地区推行过改土归流，但规模不大。清代雍正时，在云南、贵州、广西一带进行大规模的改土归流，收缴土司印信，改设府州县，实行同内地一样的制度，加强了对这些地区少数民族的统治。改土归流政策虽然有利于这些地区与内地经济文化的交流和发展，但文武将吏在执行此一政策时，往往滥杀无辜，焚毁村寨，引起了少数民族的不满和反抗。因此，部分地区，尤其是苗疆和四川大小金川地区的改土归流，都是经过残酷的军事镇压才得以实现的。

明清王朝在少数民族地区设置土司土官，并且任用少数民族部落首领或者酋长为长官，主要理念就是恩威并济，具体实施过程中则是“以夷制夷”。“以夷制夷”应该有两层含义：其一是因少数民族“蛮性未驯”，而流官又“不谙其俗”，故任用土酋为官，以确保对土民的治理，维护边境的稳定；其二是利用和周旋于少数民族各部落之间的复杂关系和矛盾斗争，不断削弱土司土官的实力，“鹬蚌相争，渔翁得利”，确保王朝在少数民族地区的统治地位。

中华民国初期对土司一直没有出台明确的政策法规，对于土司也没有能力进行改造，仅原则上规定设置译员，以便于沟通，也有改土归流方面的考虑，故此在国家层面上并没有使土司成为合法的制度，而实际上却有土司制度存在。南京国民政府改土归流的政策明确，试图全面废除土司制度，因抗日战争，也没有强行废除土司制度。抗日战争结束，在云南实验改土归流，设置设治局，让原土司任局长，而任命行政官员掌握所属机构，进而逐渐归为国家行政序列，所进行的探索及实践，为以后全面废除土司制度积累了经验。

历史上这种“以夷制夷”的治理策略，尊重了少数民族风俗习惯，土人治土，实际上是一种因俗而治。这种因俗而治的制度设计，不同于以往的羁縻制度，其目的除了保证朝廷所希望的“相安无事”之外，还要将少数民族地区纳入高度中央集权体系的监管之下，建立一种由国家能够控制的因俗而治制度，在民族交往与社会经济不断发展的情况下，纳入国家体制，实现各民族共同进步与发展。

四、蒙藏地区的特别管辖

蒙藏地区地域辽阔，为蒙古族、藏族等少数民族聚居之地，而且地处边疆，因此朝廷对这两个地区的管理一直异于其他少数民族地区。

忽必烈在进军西南时，招降了吐蕃诸部，将西藏归入元朝的版图。为了加强对西藏的控制，元代在中央设立宣政院，管理西藏事务是其主要职责之一，必要时还设立行院驻藏办理事务。忽必烈尊奉西藏喇嘛教首领为国师，并以八思巴为西藏的政治首领（终元之世共设国师 12 人，均由朝廷任命，常驻京师）。这样，既加强了在政治上的统治，又加强了对宗教的领导，而进行有效的管辖。

明清两代因袭元代这种政治和宗教相结合的管理原则，在蒙藏地区长期实行政治宗教合一的管辖制度。

在政治管理上，明代在西藏设立乌斯藏都指挥使司，主管西藏各宣慰、宣抚、安抚、长官司等土司官；在蒙古设立大宁卫（今辽宁宁城县西）、开平卫（今内蒙古正蓝旗东闪电河北岸）、东胜卫（今内蒙古托克托北）三个军事重镇以控制边陲，封瓦剌部、鞑靼部首领为王，使他们自统其众。清代在中央设有理藩院以综管蒙藏事务；把西藏分为前后藏，设驻藏大臣以监督统领；在内外蒙古分设诸旗，由各驻防将军、都统或大臣监督统领。

在宗教管理上，明代承认蒙藏地区宗教首领的地位，对其宗教活动不加干涉。清代的理藩院则对达赖、班禅及内外蒙古、青海各处的喇嘛及其所属信徒进行一定的管理，这种管理也是在尊重原有宗教习俗的基础上实施的。

清代对民族宗教实行进一步管理，有利于政治上的统一。如乾隆五十七年（1792年）颁行“金本巴（金瓶）掣签”制度规定，凡达赖、班禅转世，必须在驻藏大臣的监视下，抽签认定，遏制了从中舞弊的现象，也减少了僧俗人等为争夺继位人而引发的争执和冲突，取得藏族上下的认同。

为尊重少数民族的宗教信仰，在政治上实行协商管理，也是有利于维护统一。如清代规定：驻藏大臣与达赖喇嘛、班禅额尔德尼的地位平等，共同协商处理西藏事务。在蒙古，将各旗分组为盟，每三年会盟一次；会盟时，由中央选择其中某旗旗长为盟长、副盟长，或由中央派员担任；会盟的主要内容是清理刑名、编审丁籍、检阅旗兵，各方面政务尽可能通过会议协商处理。虽然这种会议协商共同处理政务的做法在实际执行中也存在许多争议，但从总体上来说，还是在很大程度上密切了清王朝中央与蒙藏地区的关系，同时也增进了蒙藏与国内其他民族之间的联系和了解，有效地巩固了西南、西北的边防，维护了国家的统一。

中华民国成立伊始，就宣布中华民国领土包括蒙古、西藏，并成立蒙藏院，由贡桑诺尔布出任总裁。1928 年，南京国民政府完成形式上的统一以后，成立蒙藏事务委员会，掌理审议关于蒙藏行政事项，计划关于蒙藏各种兴革事项；下设蒙事、藏事、总务三处。

中华民国对西藏地区的管理最初是沿清代旧制，由中央派遣的驻藏办事长官监督一切军政、民政、司法、外交事务；由世俗的唐古忒官和神职的喇嘛官分别处理具体的军政、民政、宗教、司法等事务。1930 年，达赖喇嘛于南京设立驻京办事处；1940 年，在西藏设立蒙藏委员会驻藏办事处。这样驻京办事处和驻藏办事处就成为中央与西藏日常事务的办事机构和联络机关。

因为俄国从中作梗，民国初年中央政府试图构建统一多民族国家的努力，在中、俄、蒙三方博弈的情况下，不得不允许外蒙古地区实行地方自治，于 1915 年 7 月 9 日公布《库伦办事大员公署章程》《乌里雅苏台、科布多、恰克图佐理专员公署章程》，由国民政府派遣办事大员，“总监视外蒙古自治政府及其属吏之行为”。通过在外蒙古地区设立行政机构，国民政府对外蒙古地方得以实现管理。在军阀混战的时代，国民政府并不是以国家认同为实现目标，仅仅为了保持外蒙古地方归属中华民国的合法形象而已。1921 年 7 月 11 日，蒙古王公宣布独立，成立君主立宪政府，中华民国再也没有能够派驻官员。1946 年 1 月 5 日，南京国民政府承认外蒙古独立，自此外蒙古从中国分离出去。

外蒙古的独立影响到内蒙古，1933 年，内蒙各盟旗长官在绥远百灵庙举行会议，要求成立自治政府。1934 年，南京国民政府通过《蒙古自治办法》，同意内蒙古各盟旗成立地方自治政务委员会，由中央委派蒙古地方自治指导长官（正副各一人）指导办理盟旗地方政务。地方自治政务委员会下设秘书、参事、民政、实业、教育、保安、卫生七处，设计、赈济、财务三委员会。在内忧外患的情况下，南京国民政府没有能力，也没有实力实行国家完全控制，只能够通过笼络蒙古上层以维护国家的统一。

第七章

司法审判制度

重点问题

1. 历代中央司法行政体制的演变及其特点。
2. 历代地方司法行政体制与司法权力的变化。
3. 司法运行机制利弊分析及其特点。
4. 不同的诉讼形式在诉讼中所发挥的效用。
5. 证据取得与勘验制度的关系。
6. 古代拘捕制度与现代拘留制度的区别。
7. 诉讼师诉状与律师辩护的区别。
8. 审判层级权限与刑讯制度设计的内涵与智慧。
9. 古代监狱制度与现代监狱制度的异同。

中国古代以刑法为主体的刑罚体系很早就建立起来了，有刑法就有司法。在君主专制政体下，不但要求君主“履道握要，以御海内”，而且要求“臣下奉宪，无所失坠”①。按照这样的理论，要求君主掌握最高的立法和司法权，由其控制一套从中央到地方的司法行政体系，按层次授予官员们不同级别的司法权力，使统治阶级的法律得以贯彻执行。“刑法者，国家之所贵重，而私议之所轻贱；狱吏者，百姓之所县（悬）命，而选用者之所卑下。王政之弊，未必不由此也”②。有司法审判就有弊端，因弊立法，防弊设制，也使制度不断完善。近代化进程使人们思想发生了翻天覆地的变化，经过痛苦的探索，历

① 范晔. 后汉书：卷34：梁统传. 北京：中华书局，1965：1167.

② 陈寿. 三国志：卷21：魏书·卫觊传. 北京：中华书局，1959：611.

经被迫、硬性、主动移植的发展阶段，司法审判制度有了现代化的特点。

第一节　司法行政机构

历代王朝在中央一直设有专门的司法行政机构，拥有一定的司法权，但司法权是有限的，它们不但要仰赖于君主的决定，还受制于辅政部门或权臣，更要受到行政权力的制约。将司法置于行政权力之下，在行政权力决定一切的情况下，司法缺乏应有的独立。清末改革，司法独立是一个主要方面，虽然这种改革难以摆脱帝国的范畴，但毕竟迈出了司法独立的艰难一步，而中华民国在司法方面的努力，也赋予了它现代的内涵。

一、中央司法行政

古文献记载夏有“大理”或“士”，主刑狱；商有司寇，主刑罚；西周金文中也有司寇，主管刑罚；这是上古三代司法行政方面的主要官员。三代的行政、军事、司法等权都由贵族掌握，权力集中到君主，没有明确的司法分职。古文献虽然也记载有专门管司法事务的司寇，但同时又规定冢宰主管行政处罚，宗伯主管宗族诉讼纠纷，司徒处理民事诉讼，司马处理军事刑罚，司空处理百工刑罚，都是职有专司，分别掌握一定范围的审判和刑罚，可见司寇的司法权力是很有限的。司法行政权力并不集中，担任其他高职的贵族，对自己下属都拥有独立的执行刑罚权力，并不受国家司法部门的约束。对于重大案件，君主也常常临时指定某些人去办理，因此没有完整的司法行政体系。

春秋战国时期成文法的公布，向人民展示了法律的内容。与此同时，司法行政事务逐渐增多，权限也随之扩大，有关制度则建立起来。这时的诸侯国大部分设有司寇以主管刑罚，此外，部分还设有野司寇、少司寇等官职，并设有士师，“掌国之五禁之法，以左右刑罚”①，协助司寇处理宫中、官府、城中、乡下、军伍五种范围内的刑罚。战国时，有些国家在中央设立廷理、大理或廷尉，主管全国的司法事务，初步建立起本国的司法行政机构。

秦统一全国后，将中央集权制度推向全国。中央集权制度要求权力集中，在权力集中的基础上建立起中央司法行政体系。

作为秦汉中央九卿之一的廷尉“掌刑辟”，负责审理诏狱，并审核从地方呈送上来的重大疑难案件，提出初步的处理意见以向皇帝申报，奏请皇帝裁夺。属官有正、监、平以及掾史，分管各项具体事务。两汉魏晋南北朝基本上因循此制，只是在北齐时定名为大理寺，设卿、少卿、丞等主要官员，其职责和属官都没有实质性的变动。隋唐以至明清，除元代废除大理寺以及对一些属官进行增减之外，大理寺一直作为中央的“法司”之一，直接对皇帝负责。

秦汉在御史大夫之下设有两丞，其御史中丞，外领监御史以督郡县，内领侍御史以

① 《周礼·秋官·士师》：“一曰宫禁，二曰官禁，三曰国禁，四曰野禁，五曰军禁。”

受公卿奏事、举劾案章。东汉时，御史中丞为御史台主官而成为独立部门，除负责监察百官之外，在司法方面“凡天下诸谳疑事，掌以法律当其是非”①。此后除明清改为都察院以外，御史台一直作为监察部门存在，并且成为“法司”之一。

西汉成帝时，尚书初置三公曹，主断狱；东汉尚书的二千石曹与三公曹都号称“贼曹”，其主要职责之一是“掌中都官水火、盗贼、词讼、罪法”，及“主岁尽考课诸州郡事”②，均有司法方面的职责。曹魏的尚书增设都官郎，主管军事刑狱；晋称三公尚书，掌刑狱；刘宋的尚书三公曹、比部曹，都主管司法，另设都官尚书，“领都官、水部、库部、论功四曹”③，主要责任是理刑罚；齐、梁、陈因而不改。北魏、北齐都设有都官尚书以主管刑罚；北周秋官大司寇卿下有刑部中大夫，掌五刑之法；隋代在此基础上完备了刑部的建制，自此以至明清，刑部一直作为主要“法司”，主管司法行政事务。

两汉魏晋南北朝初步形成廷尉、尚书台、御史台共同执管中央司法行政的规模，但还未形成固定的制度，审理重大案件也并非一律归这三个部门会审，而是采用“杂治”，即皇帝委派官员会同司法部门一起办理大案，有时甚至不经过司法部门，而直接组成审判团，这取决于皇帝对司法机关和主管司法人员的信任程度。

隋唐时期形成以刑部、御史台、大理寺为主的三大司法机关，它们之间有一定的分工。根据细则规定，大理寺负责审理中央百官犯罪和京师徒刑以上案件以及州县呈报的疑难案件，经过审定后，送交刑部复核，再申报中书门下，大案及死刑要奏请皇帝批准。刑部负责复核大理寺审定的流刑以下罪及州县判处的徒刑以上罪，死刑不论在京在外，都要由刑部覆奏，请示皇帝批准，再由大理寺复审判决。御史台负责监督大理寺和刑部的司法审判事务。遇有大案，由三个部门的长官共同审理，称为“三司推事”；地方大案则由刑部员外郎、大理评事、监察御史共同会审，称为“三司使”；京师大案由门下省给事中、中书省中书舍人、御史台侍御史共同组成临时法庭来审理，称为“小三司”。三个部门协同管理司法工作，既是为了加强司法工作的严谨性，又使它们相互牵制，进而在执法用法过程中能够保持相对的准确，同时也保证皇帝对司法权力的控制。司法部门虽各有专职，但皇帝常常根据案情，钦派司法部门之外的官员审理，在这种情况下，司法部门只有服从钦命，很难插手有关案件的判决。

宋代虽然保留“三法司”机构，但在君主集权的前提下，另在宫中设立了审刑院，“掌详谳大理所断案牍而奏之”，这是君主审断案件的顾问机关。此外，还增设纠案刑狱司，“凡在京刑禁，徒以上即时以报；若理有未尽或置淹恤，追覆其案，详正而驳奏之。凡大辟，皆录问”④。即便是设有层叠的司法机构，也不能够妨碍君主司法，宋代皇帝也常常亲自临决疑狱，做出终审判决。

辽代的南面官管汉人事，由大理寺主管狱讼。北面官的北南夷离毕（刑部）主管契丹和各部族的刑罚事务，后来北南枢密院也受命有听讼权，把司法权集中到权贵手中，

① 司马彪．续汉书志：卷26：百官志．北京：中华书局，1965：3599.
② 杜佑．通典：卷23：职官五．北京：中华书局，1992：643.
③ 沈约．宋书：卷39：百官志．北京：中华书局，1974：1235.
④ 脱脱，等．宋史：卷163：职官志三．北京：中华书局，1977：3858.

皇帝“犹虑其未尽，而亲为录囚”①。金代司法机构大体上如宋制，但设置有兵、刑、工三部检法司，“掌披详法状”，“检断各司取法文字”②，对刑部审判进行复核。

元代废除大理寺，因在中央“诸大小机务，必由中书，惟枢密院、御史台、徽政、宣政诸院许自言职”③。所以，中书省辖刑部“掌天下刑名法律之政令”④，为最高司法行政机构；而枢密院、宣政院、宣徽院、宗正府等机构都有一定的专门司法权，各自设有断事官以负责本部门具体的司法事务。此外，御史台的司法职能被强化，台内增设了监狱，使之不但负有监察的责任，而且兼有一定的司法处置权。

明清恢复隋唐“三法司”制度，以刑部、都察院、大理寺主管司法事务，但三者的分工已经发生变化，改为“刑部受天下刑名，都察院纠察，大理寺驳正”⑤。也就是说，自洪武十七年（1384 年）朱元璋命天下诸司：“刑狱皆属刑部，都察院详议平允，又送大理寺审覆，然后决之。其直隶诸府州刑狱，自今亦准此令，庶几民无冤抑”⑥。自此以后，刑部成为主要的司法机关，大理寺则是复核机关。由于刑部总管司法而事重，所以在洪武二十三年（1390 年），刑部按省区划分增设 12 属部，后定为 13 清吏司，分管中央各部门和各省刑名案件。清代增刑部下属为 17 清吏司，并规定外省刑案一律由刑部复核，非特旨允许，大理寺和都察院不必过问，三法司会审也要由刑部主稿。加重刑部的事权，是为了防止互相推诿，无所责成，但也使“大理寺衙门所管事务无多，不过三法司会议时少有事耳”⑦。

1906 年，清王朝把刑部改为法部，专门主管司法行政，不再负责审判事务。大理寺则改成大理院，主管最高审判和监督地方审判工作，实际上是最高法院。法部制定了《大理院审判编制法》，共有 5 节 45 条，即总纲、大理院、京师高等审判厅、城内外地方审判厅、城谳局。1907 年，法部又制定了《各级审判厅试办章程》5 章 120 条，即总纲、审判通则、诉讼、各级检察厅通则、附则。1909 年修律馆完成了《法院编制法》草案，16 章 164 条。在形式上完成向近代司法行政体系的转变，实行四级三审制，即初级审判厅、地方审判厅、高等审判厅、大理院。司法行政体系虽然是建立起来了，但行政权力包揽一切的情况并没有在根本上改变，而且这种体系还未来得及付诸实施，清王朝就灭亡了。

南京临时政府设立有司法部，主管民事、刑事诉讼事件、户籍、监狱、保护出狱人事务，并其他一切司法行政事务，监督法官。设立临时中央裁判所，即中央法院，法官由大总统和司法总长分别任命。根据《临时中央裁判所官职令草案》，法官必须经过考试合格才能任命。此外，还草拟了《法官考试委员会官职令》《法官考试令》等。由于南京临时政府仅存在三个月，这些制度和法案都没有来得及实行。

北洋政府中央司法机构由普通法院、行政法院、特别法院构成，这是在承袭清代司

---

① 脱脱，等. 辽史：卷 61：刑法志. 北京：中华书局，1974：939.

② 脱脱，等. 金史：卷 55：百官志一. 北京：中华书局，1975：1235.

③ 宋濂，等. 元史：卷 102：刑法志一. 北京：中华书局，1976：2617.

④ 宋濂，等. 元史：卷 85：百官志一. 北京：中华书局，1976：2143.

⑤ 张廷玉，等. 明史：卷 94：刑法志二. 北京：中华书局，1974：2305.

⑥ 明太祖实录：卷 167. 洪武十七年闰十月癸丑条.

⑦ 清世祖实录：卷 102. 顺治十三年六月癸巳条.

法机构和仿效西方司法机构后而形成的混合体。

普通法院，即大理院，由大总统任命院长一人管理全院事务。大理院下设书记厅，设书记长一人。书记厅下设民刑事处、总务处、编辑处，处下有科，科设推丞一人主管。民刑事处除下辖各科之外，还设若干民事和刑事审判庭，庭设庭长一人，由推事或推丞担任，推事和推丞都是最高法院法官。最高检察院附属于大理院，称检察厅，设检察长一人，检察官若干人。总检察厅下设书记处，处下有科，科设主任书记官一人为主管。

行政法院，即平政院，由大总统任命院长一人管理全院事务。平政院法官称评事，共计 15 人。平政院下设三个审判厅和书记处，处下有科。平政院按法律规定有弹劾和行政诉讼的权力，实际上操在各派系之手，偶尔用之，沦为派系斗争的工具。

特别法院即特别设置的中央一级法院，主要有军事法庭、陆军高等军法会审、海军军法会审等，由于是在军阀统治之下，军事法庭的地位特别重要，它可以凌驾于其他法庭之上，还可以秘密审讯，不发公告。

广州和武汉国民政府司法机构是在南京临时政府司法机构的基础上确定的，在武汉时增加控诉法院与最高法院并列，取消检察院，将检察官附设在法院之下，虽然规定检察官是独立行使检察权，但受制于法院。法院改变院长负责制，由“行政委员会”实行集体领导。“行政委员会”由各民、刑审判庭庭长、首席检察官、书记官担任委员。司法官必须由有社会名誉而又有三年以上司法经验的国民党党员担任，以保证“以党治国”的原则能够在司法上全面体现出来。

南京国民政府司法行政机构由司法院和审判机构构成，号称司法独立，但在机构设置上充分体现了国民党专制的特点。

司法院是五院之一，由院长、副院长、司法行政部、最高法院、行政法院、公务员惩戒委员会组成，院内设参事处、秘书处。

司法院设院长、副院长各一人。院长负责全院工作，对重要问题做出决定，并主持由院长、副院长、司法行政部部长和次长、最高法院院长和副院长、书记官长、检察署署长、行政法院院长、中央公务员惩戒委员会委员长、书记长、秘书长组成的司法院会议。副院长协助院长工作并兼公务员惩戒委员会委员长。

司法行政部设部长、政务次长、常务次长各一人，下辖民事、刑事、总务、监狱等司及监狱官审查委员会、法权研究委员会、法官训练所等直属机构，设秘书、参事、会计等直辖机构。该部 1931 年划归行政院，1934 年又划归司法院，1942 年再划归行政院。

二、地方司法行政

夏、商、周三代的地方司法由各诸侯国君和卿大夫自理，王朝很少干涉。春秋之际，乡遂中设有“士”，协助乡遂长官处理司法事务。战国时，郡县设有司寇、司空、治狱等，乡设廷掾等司法官吏，辅助地方长官处理司法事务。从秦代开始，地方行政区划等级同时也是司法审判等级，地方行政长官也是司法审判长官。地方的司法审判权执掌在各级主要行政长官之手，这乃是中国古代司法审判制度的重要特点。

唐代以前，乡里基层组织有“主听讼”、“捕盗贼”和连坐等职权和责任，它们有权接受诉讼、逮捕人犯、了解案情、实行刑讯，但人犯必须解押到县级机构进行审判。乡里官可以依照礼教和当地的风俗习惯，办理一些诸如分家、婚姻、家族争斗、土地纠纷等民事案件，如当事人不服，仍需上报县官进行裁决。乡、亭设有监狱，《汉官仪》载："乡亭之狱曰犴，县道之狱曰司空"。《急就章》载："变斗杀伤捕伍邻，亭长游徼共杂诊，盗贼系囚榜笞臀。"说明汉代乡、亭有关押罪犯并施以刑讯的权力，这虽然能够减少司法成本，但也容易导致权力滥用，如涪县令在经过郿县釐亭时，该亭长就将涪县令一家十余口杀害，"埋在楼下，悉取财货"①，若不是郿县令王忳详查破案，已经升任游徼的釐亭长，依然会逍遥法外。一些乡、亭长往往利用这些权力欺凌乡民，讹诈钱财，横行霸道，已经成为民害。故鲍宣上书讲到"民有七亡"之四"豪强大姓蚕食亡厌"，"民之七死"之三"冤陷亡辜"②，无不与乡、亭组织有关。魏晋南北朝及隋唐，乡里基层组织依然可以审理词讼，刑讯当事人，只是重罪才禀告官府，而官府对乡里基层组织审判也缺乏监督。宋代以后，乡里基层组织的辞讼和刑讯权被收回，但仍然有对民事纠纷进行调解的权力。由于宗法制度根深蒂固，宗族以家法族规处理民事纠纷，乃至用族规处死当事人，官府往往采取默许的态度，族权和政权结成一体。

县令长的主要职责之一是听讼理狱，秦汉时设县丞主管具体司法审判事务，并设有分管司法的属吏，如辞曹、法曹、狱吏等，但所有判罚都要经过县令长的判署。秦汉时的县令长权力比较大，有权判决死刑，虽然在原则上要把死囚解往郡中执行，但县令长也有就地执行的权力，如西汉美阳县令王尊，能够"取不孝子悬磔著树，使骑吏五人张弓射杀之"③。按照汉代制度，死刑应该解送郡论罪行刑，故河南太守严延年，"冬月，传属县囚，会论府上，流血数里，河南号曰'屠伯'"④。魏晋时，重大案件必须申报到郡，由郡守派员案验，方可定案。南北朝时，重大案件要由县解送人犯到郡就审，县的审判权力有所减缩。隋唐时明确规定县只能决断杖以下的刑罚，杖以上的刑罚均需上报，徒刑以上的案件在审问明白之后，送交上级审判机关复审、断决，县可以附上拟判意见。这种做法一直沿用到清代。

县以上的司法审判等级，历代不尽相同。秦汉时，县以上有郡，东汉魏晋南北朝则有州、郡两级，隋唐是州（郡），宋代则有州、府、军、监和路两级，元代增为府（州）、路、省三级，明清有府（州）、省两级，还有专管司法监察事务的分巡道。等级不同，其司法审判权限也不同。

秦汉魏晋南北朝时，郡设有主管司法的诸曹掾史，州设主管司法的诸曹从事史或参军事，分别办理本州属郡或本郡属县呈送上来的各种案件，负责具体审判拟罪工作，判决签署权则由州刺史和郡守掌握。对一般案件，州刺史和郡守可以全权处理，重大和疑难案件则要报请中央廷尉处理（设州后，郡要先报请州处理）。秦汉郡守和东汉魏晋南北朝州刺史权力较大，对一般案件可以做出终审判决。

隋唐州（郡）虽也设有司法、法曹等参军负责具体审判事务，但行政长官同时也是

---

① 范晔．后汉书：卷81：独行王忳传．北京：中华书局，1965：2681.

② 班固．汉书：卷72：鲍宣传．北京：中华书局，1962：3088.

③ 班固．汉书：卷76：王尊传．北京：中华书局，1962：3227.

④ 班固．汉书：卷90：酷吏严延年传．北京：中华书局，1962：3669.

司法长官，规定州只能决断徒刑以下的案件，中央司法部门只能决断流刑以下的案件，宰相有决断流刑的权力，但必须覆奏；死刑决定权则一律控制在皇帝手中。这种明文规定判级和逐级复核的做法，不但加强了中央对地方司法权的控制，也反映出司法权限渐趋周密和法律日臻成熟，其基本原则为后世所承袭。

宋代知州和通判职责之一也是理刑，州设判官、推官、司理参军、司法参军等具体负责司法事务。所有案件，先由司理参军审问调查情由，再交司法参军根据犯罪事实检定适用法规来拟定刑罚，判官或推官据司法参军送上来的拟定写成判稿，最后由知州或通判撰定判词进行宣判，这样不但增加审判程序，也使司法更加严谨。州以上的路设有提点刑狱官，负责稽查州、县有无积压案件，复核州、县所审案件判刑是否恰当，并规定各级案件情况递次以十天为度呈报上一级。

辽代北面部族官有大小部族，司法事务由本部族首领按照部族的习俗处置。南面的州官“冠以节度，承以观察、防御、团练等使，分以刺史、县令，大略采用唐制”，其司法事务由长官负责，但有时也设立一些专门主管司法的官，称为“南面分司官”，掌“平理庶狱，采摭民隐，汉、唐以来，贤主以为恤民之令典。官不常设，有诏，则选材望官为之”①。南面官办理司法事宜，采用汉法，即因俗而治。

金代节镇州、防御州、刺史州都设有判官“分判兵、刑、工案事”，知法“掌律令格式、审断刑名”，司狱等官，负责具体司法事务，设录事司或司候司以平理狱讼和警巡事务。府、路设推官、知法和警巡院，以及按察司或安抚司，“掌审察刑狱、照刷案牍、纠察滥官污吏豪猾之人、私盐酒麹并应禁之事”②。路一级有专门的司法机构，但各级行政长官仍有司法责任。

元代县以上各行政区划都设有推官“专治刑狱”，判官兼捕盗贼，录事（警巡院）司主管治安巡查，司狱主管狱政；行省还专设理问所以主管复核案件。各级行政长官对案件拥有决断权，由于元代地方官府均设只有蒙古或色目人才能充当的达鲁花赤，所以大部分案件的决断权多掌握在达鲁花赤手中。

明清规定正印官才有审判权，知府、知州、知县的重要职责之一就是“刑名”，虽然也设有主管刑狱的佐贰官和书吏，明中叶以后还聘有刑名师爷，但正印官要亲自问案定谳，并负主要责任。地方高级司法审判机关是各省的提刑按察使司，直接受皇帝和中央司法审判机关的领导；在清代则是在督抚领导之下的“两司”之一，主管一省刑名按劾之事。按察使司对全省各府州县的司法审判工作，不但有督促检查之责，而且还派出分巡道以分区检核刑名案件，就近处理当地的刑狱事务。此外巡按也有理刑之责，还负责核查各地方的刑狱。清代在外省设总督和巡抚总揽军政大权，督抚同时也成为地方的最高司法审判官，所谓“外省刑名，遂汇总于按察使司，而督抚受成焉”③，即督抚总负其责，很少实际管事，但题奏刑狱案件要由督抚领衔。

同中央一样，地方上也存在着多种途径的司法行政。这主要存在于京畿和少数民族聚居的地方。

---

① 脱脱，等. 辽史：卷48：百官志四. 北京：中华书局，1974：821.

② 脱脱，等. 金史：卷57：百官志三. 北京：中华书局，1975：1308.

③ 赵尔巽，等. 清史稿：卷144：刑法志三. 北京：中华书局，1977：4212.

京畿“内奉京师，外表诸夏”，是专制统治中心所在，有着特殊的地位。历代在京畿设官分职，其权限和级别都高于其他地方，这是由于京师百官云集，人文荟萃，政务集中，而且流动人口众多，在司法审判方面也远较他处繁难。京畿地区司法审判由首都各级行政长官负责，除处理本地区的诉讼之外，在一般情况下，“中都之狱讼皆受而听焉，小事则专决，大事则禀奏”①，直接对皇帝或中央司法机关负责。中央司法机关也兼管京畿一部分司法工作。京城治安机构一直多于地方，而这些治安机构都有兼理词讼的职责。从汉代的执金吾到清代的九门提督（步军统领）和五城察院及兵马司等，都是如此。此外，在京的中央机关，包括各部、院、寺、监、府、侍从、警卫等机构，在一定程度和一定范围内也拥有与本部门有关的司法权，京畿地区的司法行政总是多途并存。

少数民族聚居地区，不是地处“蛮荒”，就是该民族上层人士占统治地位。地处“蛮荒”者，有都护府、羁縻府州或土官土司的设置，司法审判大多是“汉人用汉法，夷人用夷法”。少数民族占主要地位时，各地方大都保留该民族原有的行政体系，在司法审判上也与其他地区不同。如辽代的夷离堇（部族）制，金代的猛安谋克制，元代的万户府、千户所和寺院住持，清代的八旗等，在地方上与州县并存，又有各自的系统，并拥有相对独立的司法审判权。在这种情况下，凡涉及本民族的诉讼则自理，而事涉地方的则与地方长官会审，不同人犯采取不同的处置方法。

清末官制改革，地方州县设初级审判厅，府设地方审判厅，省设高级审判厅，实行三级审判，二三级审决合议制度。虽然这种制度在当时还没有发挥实际效能，但已经向司法权独立迈进了一步。

北洋政府地方有省级的高等审判厅，距离省会较远的地方审判厅内设高等审判分庭。省设高等检察厅，有高等审判分厅的地方设检察分厅，高等审判分庭设检察官一名。大县设地方审判厅，一般的县设初级审判厅。1914 年裁撤初级审判厅，或并入地方审判厅，或改为地方审判分庭，有些地方还设立了刑事简易庭。不设法院的县，由县知事兼理司法，在县知事公署内设审检所，其所内的承审员办理一般刑、民事案件的初审。1914 年北洋政府公布《县知事兼理司法事务暂行条例》，1917 年公布《县司法公署组织章程》，规定没有地方审判分庭的县，一律由县知事兼理司法，可设承审员协助办理，但不是所有的县都有审检所和承审员。在热河、察哈尔、绥远设特别行政区法院，于都统府或将军府内设审判处。

南京国民政府县市设地方法院，未设地方法院的地方，由该县市司法处审理。司法处有审判官、司法警察等，其检察事务由县市长兼理或设检察官。省和特别行政区设高等法院，附设检察署。高等法院可以设置分院，分院设检察官。法院和检察署都是垂直领导，但都受司法行政部的监督。在一些地区还设立特别刑事临时中央法庭，主要审判共产党人及爱国人士。国民党虽然标榜司法独立，但军政官吏、警察长官、宪兵、特务都可以根据自己的需要行使司法职权，多种途径的司法在地方上也非常突出。

---

① 脱脱，等. 宋史：卷 166：职官志六. 北京：中华书局，1977：3941.

三、司法行政运行机制及特点

历代在中央一直存在多途径的司法行政，一是由于当时政治统治的需要，有意构成一种相互牵制和监督的司法体系，以便加强对司法工作的管理；二是为适应当时的政治形势，采用"因俗而治"，针对不同情况适用不同法规以维持政治上的统一；三是司法行政一直依附于政治权力，缺乏独立的能力。多途径的司法行政，一直是围绕着政治需要这根主轴。既然是多种途径，法出多门，在实际运行中就难免发生各种各样的冲突。

第一，君主及独裁者凌驾于国家机器之上。在这种情况下，司法权必然是依附于君权与独裁权。为了维护统治阶级特权，保护官僚贵族特殊的法律地位，君主及独裁者可以不通过主管司法的部门，使用非司法机关的人员进行审讯。这些由君主及独裁者直接委派的人员，只对君主及独裁者负责，而不接受司法机关的监督与管理，也不受现行法律的约束。如汉代有廷尉狱，还有属于大鸿胪的郡邸狱，宗正的都司空狱，执金吾的都船狱，少府的上林诏狱、掖庭秘狱、共工狱、若卢狱，也有属于宫内的居室狱、保宫狱、内官狱、请室狱、导官狱、暴室狱等。这些狱本来是为分别关押收审不同囚犯而设的，但任何一个狱在接受君主的旨意后，都可以捕押和审讯任何人犯，受理任何案件。在这种情况下，刑罚滥施、破坏法律是不可避免的。清代史学家赵翼指出，汉"武帝时，诏狱益多。二千石系廷尉者，不下百余人；其他谳案，一岁至千余章；大者连逮证案数百人，小者数十人；远者数千里，近者数百里。既到狱，吏责如章告，不服，则笞掠定之，于是皆亡匿。狱久者，至更数赦，十余岁犹相告言。大抵诋以不道，以上廷尉及中都，诏狱逮至六七万人，吏所增加，又十有余万。是可见当日刑狱之滥也。民之生于是时，何不幸哉！"①。其实何止是汉武帝时，其他朝代也莫不如此！如武则天时委派酷吏来俊臣、周兴治狱，或使用苦醋辣汤灌鼻、囚禁于地牢，或以瓮装人而四周燃火灸烤；或是剥夺囚徒衣粮，使囚徒饥饿寒冷难挨，以至抽破絮啖之充饥；或是采用泥耳、囊头、折肋、竹签钉爪、悬发于梁、毒烟熏耳、使卧秽溺、刻割肢体使其糜烂死于狱中等等酷刑。更专门制造出 10 号大枷，名曰：定百脉、喘不得、突地吼、著即承、失魂胆、实同反、反是实、死猪愁、求即死、求破家。这些枷一上，屈打成招，锻炼成狱，再据以定罪。再如明代的东厂、锦衣卫都拥有缉捕审判的大权。锦衣卫号称"诏狱"，"天下重罪逮至京者，收系狱中，数更大狱，多使断治，所诛杀为多"。明中叶以后，内官参与会审，"凡大审录，赍敕张黄盖于大理寺，为三尺坛，中坐，三法司左右坐，御史、郎中以下捧牍立，唯诺趋走惟谨。三法司视成案，有所出入轻重，俱视中官意，不敢忤也"。东厂作为特种镇压机关，设有掌刑千户、理刑百户，统领厂役以缉捕人犯，可以自行判决，不论罪之轻重，"皆决杖，永远戍边，或枷项发遣"，法司无权干涉，以至于"缉执于宦寺之门，锻炼于武夫之手，裁决于内降之旨"②。中华民国时期，军阀及独裁者根本不顾什么法律，可以随意派遣各种部门官员，采取军法处置与特殊刑罚，尤其在镇压革命的过

---

① 赵翼. 廿二史札记：卷 3：武帝时刑罚之滥. 北京：中华书局，1984：59.

② 张廷玉，等. 明史：卷 95：刑法志三. 北京：中华书局，1974：2332.

程中，根本没有什么司法程序，往往采取血腥的屠杀。这种超越司法部门而另派其他部门官员办案的做法，历代都有不同的表现，是君主与独裁者拥有最高司法权、随便施虐的表现。

第二，有些君主及独裁者直接处理案件，罔顾现行法律及法司的意见。在历史上，有些君主喜欢自己处理案件，亲自裁决而任意轻重，这样处理的结果，有一些成为事例，则成为专门的法律；有些没有成为事例，则显示出君主皇恩浩荡，既破坏现行法律，也使人们不相信法律，只相信君主圣明，一有冤屈便不顾一切地告御状。如隋文帝杨坚"性猜忌，素不悦学，既任智而获大位，因以文法自矜，明察临下。恒令左右觇视内外，有小过失，则加以重罪。又患令史赃污，因私使人以钱帛遗之，得犯立斩。每于殿廷打人，一日之中，或至数四。尝怒问事挥楚不甚，即命斩之"①。从《大诰》四编中，可以看到朱元璋先后使用许多酷刑，诸如族诛、凌迟、极刑、枭令、斩、死罪、墨面文身挑筋去指、墨面文身挑筋去膝盖、剁指、断手、刖足、阉割为奴、斩趾枷令、常枷号令、枷项游历、重刑、免死发广西拿象、人口迁化外、迁、充军、徒、籍没全家、戴罪还职、戴罪充书吏、戴罪读书、免罪工役及砌城准工、家财入官、人口流移等30余种，这些都是朱元璋亲自裁定的，许多并非法律规定的刑罚。再如，在中华民国时期，军阀独断专行，根本不讲什么法律，诸如张作霖杀害李大钊、国民党暗杀革命与民主志士。

第三，君主及独裁者重用权臣与酷吏，滥施刑罚而导致人人自危。从周厉王任用卫巫刺探民间隐事而防民之口，到国民党特务无孔不入。从《汉书》开始设立《酷吏传》，历代因循，可见酷吏一直存在。为什么会出现酷吏呢？一是出于政治的需要，"当是之时，吏治若救火扬沸，非武健严酷，恶能胜其任而愉快乎"②。二是君主利用酷吏打击豪强，排斥异己，"遂使酷吏之党，横噬于朝，制公卿之死命，擅王者之威力"③。酷吏们"专事威断，族灭奸轨，先行后闻"，一些"肆情刚烈，成其不桡之威。违众用己，表其难测之智"者则杀人如麻，而他们"揣挫强执，摧勒公卿，碎裂头脑而不顾，亦为壮也"④。三是酷吏望风承旨，借君主之威以逞凶恶，不惜扩大打击面以获得君主的信任，进而被称为幸臣、奸臣，被史家列入佞幸、奸臣传中，因为"刚明之主亦有佞幸焉，刚好专任，明好偏察，彼佞幸者一投其机，为患深矣"⑤。这些幸臣往往"口衔天宪，威福在手，天下士大夫靡然从风"⑥。奸臣则"壅阏上听，变易国是，贼虐忠直，屏弃善良"⑦，以至于"窃弄威柄、构结祸乱、动摇宗祏、屠害忠良"⑧。在国民党统治时期，军统、中统在蒋介石的纵容下，暗杀共产党及进步人士，设置中美合作所采取酷刑逼供，秘密处决，根本没有司法程序。究其原始，乃是君主专制及独裁体制所必然会出现的政治现象。

---

① 魏徵，等. 隋书：卷25：刑法志. 北京：中华书局，1973：713.
② 班固. 汉书：卷90：酷吏传序. 北京：中华书局，1962：3645.
③ 刘昫. 旧唐书：卷186上：酷吏传序. 北京：中华书局，1975：4836.
④ 范晔. 后汉书：卷77：酷吏列传序. 北京：中华书局，1965：2487.
⑤ 脱脱，等. 宋史：卷470：佞幸传序. 北京：中华书局，1977：13677.
⑥ 张廷玉，等. 明史：卷307：佞幸传序. 北京：中华书局，1974：7876.
⑦ 脱脱，等. 宋史：卷471：奸臣传序. 北京：中华书局，1977：13697.
⑧ 张廷玉，等. 明史：卷308：佞幸传序. 北京：中华书局，1974：7905.

第四，多种途径司法行政，既反映多民族国家的特点，也表现为事权分散和保护特权。在多民族方面专门设置办理民族刑事的机构，如汉代的典属国、元代的宣政院、清代的理藩院、民国时期的蒙藏事务委员会等，都是按照边远少数民族的习惯来处理司法案件，可以不受全国统一法律的限制。在事权分散方面，军事、刑事、财政经济等区分开来，如宋、元的枢密院主管军事刑罚，户部主管经济、户婚案件，工部主管环境保护及矿产开发等；再如中华民国时期的军事法庭、特别法庭等。在特权保护方面，历代内宫都设有专门的司法机构以主管宫内的刑罚，宗正主管皇族的刑罚。即使是在司法权力相对集中的清代，宗室犯罪也规定应由宗人府和刑部会审，徒刑以下即由宗人府全权处置，满人轻罪由内务府慎刑司审决。中华民国对议员、政府官员、国大代表、国民党员等，也有非经有关部门批准不许逮捕审讯的规定。

第五，历代在不同程度上存在对重大案件的“杂议”“集议”“会审”“朝审”等制度，这种议刑制度实际上是君主与独裁者掌握最高司法权的派生手段。如明代“每岁霜降后，三法司同公、侯、伯会审重囚，谓之朝审”，后来发展到以“司礼太监一员会同三法司堂上官，于大理寺审录，谓之大审”，再加以“内阁之与审”①。再如，国民党成立反省院，由中央党部直接控制，没有司法程序，将他们所认为应该“反省”的人，强制进行改造。君主与独裁者在各种政治势力中选择自己信任的势力参与司法，显示了君权与独裁权对司法权的绝对控制。

在中国的历史上，行政权力往往起决定的作用，行政权力决定一切是在君主专制制度下形成的，其影响也是根深蒂固的。比如说，在三法司中，职掌司法行政的刑部权力总是不断扩大，“国家设大理寺以审谳，盖付之以天下之平也。近闻该寺谳囚，非不间有参驳，苟见该部执拗，即以无词覆之。甚至狱辞已付廷评，而该部意有出入，辄复追改，寺臣亦径从之”②。面对行政权力，司法人员基于自身的利害，多采取顺从策略，更加大了行政权力的威势。再如，明清州县衙门审判的案件，常常被各上司更改，以致“但系申详上司之案，未有不驳者”。因此州县官们认为审案不难于引用律例，而是难于明白上司意图，所以在审案时往往以上官意志为转移，还“恐未当上官之意耳”③。另如，民国时期的司法行政部隶属问题，先是隶属于司法院，最终还是隶属于行政院，表明政府总体要将司法权控制在行政权之下。“司法行政部改隶于行政院，就系统上言，三级司法审判机关中之最高法院虽仍隶于司法院之下照常行使终审审判权，而高等法院与地方法院则隶于行政院，且检察署虽仍配置于最高法院内，然所属系统不同，最高法院部分判决案——如死刑类，得有行政系统之核准方可实行，系统割裂、事权分散、运转隔阂，由此而生！且司法职权大为削弱，不复能称之为国民政府最高司法机关，只能云为全国最高审判机关而已。”④ 在行政权干涉与司法党化的情况下，不但司法权力自身很难独立，而且司法工作也难以正常展开。

多种途径司法行政容易造成司法越权或过度分散，司法混乱往往会加剧社会的紧张。

---

① 张廷玉，等. 明史：卷94：刑法志二. 北京：中华书局，1974：2307.

② 孙承泽. 天府广记：卷24：大理寺. 北京：北京古籍出版社，1982：329.

③ 黄六鸿. 福惠全书：卷12：刑名部·看审赘说. 康熙三十八年（1699）种书堂刊本.

④ 谢瀛洲. 中国政府大纲. 上海：会文堂新记书局，1946：127.

如“汉武时，酷吏盛行，民轻犯法，盗贼滋起，大者至数千人，攻城邑，掠库兵。帝使光禄大夫范昆、九卿张德等，衣绣衣，持节发兵，斩首或至万数，并诛通行饮食者。数年，稍得其渠率，而散亡者又聚党阻山川。无可奈何，乃作沈命法，盗起不发觉，觉而勿捕满品者，二千石以下至小吏皆死。其后小吏惧诛，虽有盗不敢发，恐累府，府亦使不言，故盗贼益多”①。明代“巨恶大憝，案如山积，而旨从中下，纵之不问，或本无死理，而片纸付诏狱，为祸尤烈”②。有法不依，罗织罪名，而君主不受法律的约束，也就使法律缺乏基本的稳定，人们也只能够寄希望于君主圣明，清官为民做主了。国民党统治时期，“国民党中央调查统计局”（“中统”）、“国民政府军事委员会调查统计局”（“军统”）、“国防部二厅”（“国防部保密局”）、“中美特种技术合作所”（简称“中美合作所”），这些特务组织独立于正常司法系统以外，在蒋介石“宁可错杀一千，也不放过一个”的训令下，实行恐怖统治。周恩来说：“在南京国民政府管辖的后方，有的是宪兵、警察、军队、法庭和监狱，他们还要用暗杀的手段来镇压手无寸铁的民主人士，真是无耻卑鄙之极！”③ 历史似乎在诉说，无论是司法权力相对集中，还是司法权力过度分散，给社会带来的危害都是巨大的。

第二节 诉讼制度

《尚书·尧典》云：“放齐曰：胤子朱启明。帝曰：吁！嚚讼可乎？”孔颖达疏云：“有臣放齐者对帝曰：有胤国子爵之君，其名曰朱，其人心志开达，性识明悟。言此人可登用也。帝疑怪，叹之曰：吁，此人既顽且嚚，又好争讼，岂可用乎？言不可也。”嚚是顽固愚蠢、奸诈狡猾之意，后人据此认为是诉讼和裁判之始，虽然有些牵强，但毕竟讲到了争讼。从《云梦秦简》和汉代黄门令史游所作的《急就章》，可以看到在秦汉时期就已经形成了比较系统的诉讼制度。随着社会的发展，诉讼是不断得到充实和完善的，在历代各种法典中都有相应的规定。

一、诉讼程序与规定

中国一直是以农业为本，因此办理案件原则上要避开农忙季节，不能因拘传、审讯而误农时。如《大清律例·刑律·诉讼·告状不受理》条规定：“每年自四月初一至七月三十日，时正农忙，一切民词，除谋反、叛逆、盗贼、人命及贪赃坏法等重情，并奸牙铺户骗劫客货，查有确据者，俱照常受理外，其一应户婚田土等细事，一概不准受理；自八月初一以后方许听断。若农忙期内，受理细事者，该督抚指名题参。”也就是说，户婚田土钱债等民事案件，只准在农闲季节办理，而实际上农民在农忙季节，为了生计，也很少进行诉讼。

① 赵翼. 廿二史札记：卷3：两帝捕盗法不同. 北京：中华书局，1984：59.

② 张廷玉，等. 明史：卷93：刑法志一. 北京：中华书局，1974：2280.

③ 唐人. 金陵春梦. 上海：上海文化出版社，1981：10.

官府宣布可以接受民事投诉，称为“放告”。“放告”的时间则是根据各地具体情况来定，有规定为每逢三、八，也有规定为每逢三、六、九，更有规定为每逢五、十，但没有规定四、七的，原因是四的谐音为死，七的谐音为贼，被认为是不吉利，与迷信有关。这种放告只限于一般民事案件，如果遇到大案、盗案、命案，则不必按放告日期，立即办理。

放告具有一定的官式程序，体现着官吏的威严，至于是否予以立案，则要凭主官一人一时的认识而裁定。在受理词讼日内，“官坐卷棚，桌置墀砌上，安放重压纸一枚。东角门放告状人鱼贯而进，不许投文混入其内，逐名挨次，将状展开，亲压桌上，仍退跪阶下。随命值堂吏点明张数，高声报若干张。逐张唤名，点过甬道西，由西角门鱼贯而出，点名时有应名不对及举动可疑者，即取状审讯，如系顶替匿名，立时差牌拘拿雇倩之人，一并究惩”。收过状后，官进行审阅，确定准与不准。不准的词状发回原告，获准的词状则挂号登录在案。挂号分内外，“将朱语、原告被证姓名、批语、承行差役姓名填写后，列前件以便登填如何归结，是为内挂号。内挂号讫，随将各副状汇入封套，发承发房分发承行，承发科亦须挂号方发，是为外挂号”①。两者结合，便于以后查核。

《周易大传·讼第六·释文》云：“讼，争也，言之于公也。”说明古代诉讼必须告之官府，以寻求公断。从古代的诉讼形式来看，有书状、听讼、告事、问事、无告（无告状人）、原告、被告、首告、诬告、越诉、代诉、折证、约会（拘押人证）、停务、告拦、登闻鼓等方面的规定。清末法律改革，出现了专门的诉讼程序法，具有了现代的意义。按照历史的发展，可以把诉讼归纳为自诉、举诉、官诉（公诉）、自首、越诉和上诉等形式。

（一）自诉

自诉分口头诉讼和书状诉讼，在严格的程序下，必须有书状的形式，所以“西周的起诉制度规定自诉，告诉必须有‘剂’，剂即诉状。凡狱讼，有剂官府才受理，无剂则不理”②。诉讼要求有诉状，对于诉状的真实性则需要进一步确认。《周礼·秋官·司约》云：“若有讼者，则珥而辟藏，其不信者服墨刑。”郑玄注：“谓有争讼罪罚，刑书谬误不正者，为之开藏，取本刑书以正之。当开时，先祭之。讼，讼约，若宋仲几、薛宰者也。辟藏，开府视约书。不信，不如约也。珥读曰衈，谓杀鸡取血衅其户。”宋仲几、薛宰，是指公元前509年晋国会盟时出现争讼，因宋仲几违约而受到惩处。《周礼·秋官·司盟》云：“有狱讼者，则使之盟诅。”贾公彦疏：“此盟诅谓将来讼者，先使之盟诅，盟诅不信，自然不敢狱讼，所以省事也。”经过杀鸡取血、盟誓诅咒，官府便可以受理诉状了。在一般的情况下，涉讼的事情不大，口头诉讼也是可以的，但断决则以官府记录为准。如《周礼·地官·胥师》云：“各掌其次之政令，而平其货贿，宪刑禁焉。察其诈伪、饰行、假匿者，而诛罚之。听其小治小讼而断之。”这种小治小讼，则没有特别要求有诉状。

---

① 黄六鸿．福惠全书：卷11：刑名部·放告．康熙三十八年（1699年）种书堂刊本．

② 张晋藩．中国法制通史·夏商周．北京：法律出版社，1999：332．

早期的自诉对于诉状没有特别要求，可以接受口头诉讼。如《云梦秦简·封诊式》云：“爰书：某里士伍之妻甲控告说：‘甲已怀孕六个月，昨日白昼和同里的大女子丙斗殴，甲和丙互相揪住头发，丙把甲摔倒。同里公士丁来救，把丙、甲分开。甲到家就患腹痛，昨夜胎儿流产。现甲将胎儿包起，拿来自诉，并控告丙’。”[①] 这里提到的“爰书”，秦简整理者注释为：“《汉书·张汤传》注：‘爰，换也，以文书代替其口辞也。’王先谦《补注》：‘传爰书者，传囚辞而著之文书。’但简文中的爰书意义较为广泛，包括司法案件的供词、记录、报告书等。”可见这种口头诉讼要由官府转换为文书形式。

由于官府是以文书为主要依据，口头诉讼由官府来转换成文书，容易产生弊端，故在法律上开始规定必须有诉状。《唐律·斗讼·为人作辞牒加状》规定：“诸为人作辞牒，加增其状，不如所告者，笞五十；若加增罪重，减诬告一等。受雇诬告人罪者，与自诬告同，赃重者坐赃论加二等，雇者从教令法。若告得实，坐赃论；雇者不坐。”可见，由于官府对诉状的要求，而为人作辞牒则出现了专门书写诉状的人。这种书写诉状的人有官府允许的，也有非经官府允许的，在“宋代的代书写状人有两种，一种是由封建官府控制的‘写状钞书铺’户；另一种是以佣笔为业的‘珥笔之人’”[②]。为防堵弊端，官府对以佣笔为业者往往严禁和打击，将他们视为“讼师”或“讼棍”，一经查出，则严惩不贷，在法律上也严加限制，如明清律例中就有“教唆词讼”的罪名。即便法律严厉禁止、官府无情打击，以佣笔为业的合法与非法代书人还是普遍存在，因为这些人终究具有一定的法律知识，能够为人提出诉讼和寻求法律保护提供便利。

清末法律改革以后，自诉的形式有了很大的改变，一方面有律师可以代写诉讼状，一方面有检察官可以协助自诉或者担当自诉，自诉程序才逐渐近代化。

（二）举诉

举诉是被害人以外的人向司法机关举告犯罪人。自春秋战国开始，便普遍推行什伍连坐举告制度，其后各代都尽力推行这种制度。可以说，连坐告密是在商鞅变法以后长期实行的制度，一人犯法，往往株连家族，乃至于宗族，甚至居住地所在全部的人。如果罪犯在逃，藏匿或收留罪犯者称为“纵反”；知情不报者为“匿罪”；给罪犯以通行、住宿、提供饮食等方便者为“同谋”，都要与犯人同罪。这种方法与地方基层组织相结合，一旦出现大案、要案，常常是“以子及父，以弟及兄，一人有罪，州里惊骇，十家奔忙”[③]。而“盛开告密之门”，则会使“四方告密者蜂起，人皆重足屏息”[④]。连坐告密让全国臣民战栗自危，使人人心怀恐惧而相互不敢信任，人际关系紧张，也加剧了社会的动荡。这种制度利用了人们彼此之间生死攸关的利害，逼诱人们相互监视和告发，在一定时期能够起到制约、监视和震慑的作用，因此为历代统治者视为有用的统治术，并贯彻到法律当中。如《唐律·斗讼·密告谋反大逆》条规定：“诸知谋反及大逆者，密告随近官司，不告者，绞。知谋大逆、谋叛不告者，流二千里。知指斥乘舆及妖言不告者，

---

① 睡虎地秦墓竹简整理小组．睡虎地秦墓竹简．北京：文物出版社，1978：275．

② 郭东旭．宋朝法律史论．保定：河北大学出版社，2001：36．

③ 桓宽．盐铁论·申韩第五十六．上海：上海人民出版社，1974．

④ 司马光．资治通鉴：卷203：武则天垂拱二年（686年）．北京：中华书局，1956：6439．

各减本罪五等。”另“强盗杀人”条规定：“诸强盗及杀人贼发，被害之家及同伍即告其主司。若家人、同伍单弱，比伍为告。当告而不告，一日杖六十。”“监临知犯法”条规定：“即同伍保内在家有犯，知而不纠者，死罪，徒一年；流罪，杖一百；徒罪，杖七十。其家唯妇女及男十五以下者，皆勿论。”谋反、谋逆之案，连妇女、儿童、老人都不在“勿论”之列。

明清法律条文虽然取消了连坐密告的条目，但在实际上还是贯彻同样的法律意图。明清加强了保甲制度，奖举善恶是保甲的主要职责之一，一般的地方都规定：“如本保、本镇、集、村庄，有真正倚强凌弱之恶人，有真忤逆不孝之子弟，有巨憝势豪素行不法之匪类，许保长正镇集长等公举，本县严拿，申详各宪，执法纠惩。如保长正等有善隐蔽不举，有恶徇庇不报，一并重究。”① 故薛允升认为：“《明律》无文，恐未免有遗漏之处。”② 实际上在处理重大案件时，也是大肆诛连。

南京国民政府在 1932 年 8 月颁布《剿匪区内各县编查保甲户口条例》，1933 年 9 月颁布《剿匪区内整理保甲肃清零匪方案》，并于 1934 年在全国推行保甲制度，采用连坐告密，对俘获的共产党人，无须审判，由俘获之军事长官或兼军事法官的县长讯明，即可进行枪决。因为有《剿匪区内处置俘虏赤匪暂行办法》（1933 年 7 月），所以对苏区附近的保甲直接处决共产党人也给予默许或奖励。

举诉是有一定限制的，历代都有规定，除危害国家安全和犯有罪不容赦的大罪之外，禁止卑幼告尊长、奴婢告主人、老幼笃疾告他人，存在着等级和身份的严格限制，这是纲常礼制在法律上的明显反映。根据同一指导思想，古代法律又允许“亲亲相隐”，宁可屈法，或另从其他方面取证，也不肯损害那被视为社会稳定支柱的宗法制度。为防止缠讼谋私，捏造事实以损害他人，又规定对于诬告人实行反坐，严禁“投匿名书告人罪”，凡属匿名告发，除不予受理之外，对查出的匿名者和知情者也要进行处罚。

（三）官诉（公诉）

官诉是以官府的名义起诉，包括对官吏或官府部门的举劾。《周礼·秋官·布宪》：“禁杀戮，掌司斩杀戮者，凡伤人见血而不以告者，攘狱者，遏讼者，以告而诛之”。郑玄注：“攘狱者，距当狱者也。遏讼者，遏止欲讼者也。攘犹却也，却狱者，言不受也。”这里既有以官府名义“以告而诛之”，又有对官府不受理讼案的举劾。

在秦简《法律问答》中讲到“公室告”和“非公室告”。公室告是杀伤或盗窃他人，非公室告是家主擅自杀死、刑伤、髡剃其子或奴婢。在《封诊式》中有杀伤和盗窃案件，都是由游徼、求盗、亭长等基层官吏首告的。汉代是基层组织不但有举告的义务，还要承担法律责任。秦简《法律问答》讲：“有贼进入甲家，将甲杀伤，甲呼喊有贼，其四邻、里典、伍老都外出不在家，没有听到甲呼喊有贼，问应否论处？四邻确不在家，不应论处；里典、伍老虽不在家，仍应论罪。”③ 对盗贼和命案，基层组织应负责举告。《唐律·斗讼·监临知犯法》条也规定：“诸监主司知所部有犯法不举劾者，减罪人罪三

---

① 黄六鸿．福惠全书：卷 23：保甲部·奖举善恶．康熙三十八年（1699 年）种书堂刊本．

② 薛允升，唐明律．卷 24：官吏词讼家人诉按语．北京：商务印书馆，1937．

③ 睡虎地秦墓竹简整理小组．睡虎地秦墓竹简．北京：文物出版社，1978：193．

等。纠弹之官，减二等。”

举劾是对违法乱纪的官员进行弹劾，这是监察部门的主要职责。在监察制度不断完善的情况下，监察部门在很大程度上承担了提起诉讼和纠举犯罪的责任，称为“举劾”或“纠告”，是官诉的范畴。

公诉是以国家的名义将刑事嫌犯提交法庭审判。在清末司法改革以后，公诉基本上是由检察机关负责。由于多种途径司法行政的长期存在，承担公诉责任的不完全是检察机关，警察、监察、行政机关也常常根据形势的需要而担当公诉职责。

（四）自首

自首是犯罪人在罪行被发觉前主动向司法机关投案，坦白交代自己的犯罪事实和经过，表示愿意接受审判的行为。在春秋时期被称为“自系”或“自拘”，战国至秦汉称为“自出”“自告”，魏晋以后称为“自首”和“自觉举”，二者的区别在于自首属于私罪，自觉举属于公罪。在原则上，对自首者，轻罪可以免刑，重罪可以量刑减等，自首不实或不尽则不能减免刑罚。允许自首者遣人投告，但自首者本人最终还要赴官受审，不然则被遣人被视为包庇容留罪犯，自首者也不能原减其罪。按照自首的定义，自首必须具备主动投案、如实交代自己的罪行、接受司法机关的审查和裁判等三个条件。从中国古代到清末法律变革，都没有把自首三要件写入法律，因此在司法实施过程中常常存在争议。如宋神宗时，就因为登州妇阿云谋杀亲夫未遂自首问题引起争议，涉及面相当广泛，既渗入新旧党之争，又涉及律敕之争，史云：“王安石与司马光争议按问自首法，卒从安石议。”① 司马光等人认为阿云是在被捕以后，“将行拷捶，势不获已，方肯招承”，不是自首。王安石等人认为阿云是在将被逮捕时，“遂具实招通”，应该属于自首。司马光等人认为放宽自首条件，有失轻罪轻刑，重罪重刑，是“弃百世之常典，悖三纲之大义，使良善无告，奸凶得志”②。王安石等人认为放宽自首条件，可以给罪犯一条改恶从善之路，以免罪犯因走投无路，铤而走险，“虽宽一贼，必得数贼就法”③。本来这是法理之争，由于已经存在新旧党争，新旧两派代表人物对个案的辩论，就具有了政治背景，也使自首成立条件成为有宋一代争论不休的问题。

明清时期将自首分为投首、自首、闻拿投首。投首是主动自首，有立功表现，可以得到免罪处置，除回原籍安置之外，个别者还可以授以官职。自首则要看认罪态度，良好，可以免除死罪，但轻罪还要进行处罚；即便是主动自首，若是犯罪情节严重而造成重大伤害及影响者，则不用自首之律减刑，“若私越度关及奸者，并不在自首之律”，但其知人欲告及逃叛而自首者，减罪二等，虽不自首，能还归本所者，也减罪二等，可以免除死刑。闻拿投首，因为具有被动性质，所以只减一等。这样在处置上就形成轻重不同的四个级别，即完全免罪，免去重罪，减二等治罪，减一等治罪。

《中华民国刑法》第62条规定：“对于未发觉之罪自首而受裁判者，减轻其刑。但有特别规定者，依其规定。”对自首问题仍没有明确的解释，却以“特别规定”来限定，而

---

① 脱脱，等．宋史：卷201：刑法志三．北京：中华书局，1977：5011.

② 马端临．文献通考：卷170：刑考．北京：中华书局，2000：1476.

③ 李焘．续资治通鉴长编：卷246：熙宁六年七月己未条．北京：中华书局，1979.

这种“特别规定”的《共产党人自首法》，自1928年10月20日公布后，不断进行修订，不但自首的成立条件一直没有完全确立，而且随着国民党统治的强弱来回游移。

（五）越诉和上诉

按诉讼程序规定，诉讼要按照管辖和审级自下而上逐级进行，如果越级诉讼，便是“越诉”，就成为特别程序了。对于越诉，法律有严格的限制，如唐律规定越诉和受理越诉者各笞四十。宋敕规定“若从越诉，是紊旧章。自今应有论诉人等，仰所在晓谕，不得蓦越陈状。违者，先科越诉之罪，却送本属州县，据所诉依理区分”①。元律规定越诉者笞五十七。明清律规定越诉者笞五十，严重的还有充军之刑。但历代法律又有规定，在特殊的情况下可以越诉，乃至直诉。一般认为直诉的起源来自《周礼》所载的肺石和路鼓。肺石是传说中设在朝廷门外的赤色石头，如《周礼·秋官·大司寇》：“以肺石达穷民。凡远近茕独老幼之欲有复于上而其长弗达者，立于肺石三日，士听其辞，以告于上而罪其长”。登闻鼓，源于《周礼·夏官·太仆》所讲的“建路鼓于大寝之门外，而掌其政，以待达穷者与遽令”，是建在宫殿门外便于投诉的鼓。晋武帝时，悬鼓于朝堂和都城内，百姓可以击鼓鸣冤，有司闻而上奏，自此以后，登闻鼓制度一直沿袭到清代，不过有了许多限制。如唐律规定挝登闻鼓，以自身之事自理诉而不实者，杖八十；自毁伤者，杖一百；虽得实而自毁伤者，笞五十。汉代允许诣阙告诉，汉文帝时13岁女孩缇萦上书诉父冤，终于得到昭雪一事，便是显例。后世则允许邀车驾鸣冤告状，或上表诉事，但不属实或冲入仪仗内，便要受到重罚，不能阻拦告状人进入仪仗的官员，也要受到处罚。如明代“洪武末年，小民多越诉京师，及乃按其事，往往不实，乃严越诉之禁。命老人理一乡词讼，会里胥决之，事重者始白于官，然卒不能止。越诉者日多，乃用重法，戍之边。宣德时，越诉得实者免罪，不实仍戍边。景泰中，不问虚实，皆发口外充军，后不以为例也”②。对于越诉有严格限制，但有些朝代和君主却鼓励越诉，不但制定有越诉法，还曾经大张旗鼓地进行宣传。如宋代曾经增立越诉之法，大开越诉之禁，“越诉法的增设，无疑扩大了百姓的诉讼权。而准许越诉的内容，基本上是州县官吏私自科敛百姓的违法行为”③。再如，朱元璋颁布《大诰》，允许民陈有司贤否，凡“害民取财”“有司不才”，抑或“清廉直干”“抚民有方”等事关州县政事的，均许民连名上奏④，对民持诰擒拿奸恶官吏赴京的给以重赏⑤。同时重典治吏，“凡守令贪酷者，许民赴京陈诉，赃至六十两以上者，枭首示众，仍剥皮实草。府州县卫之左，特立一庙，以祀土地，为剥皮之场，名曰皮场庙。官府公座旁，各悬一剥皮实草之袋，使之触目惊心”⑥。所谓的“剥皮食草”乃是传闻，是否真有其事，尚需严加考证，但鼓励越诉，这在古代社会是难能可贵而值得称赞的事，不但具有广泛的社会意义，而且扩大法的社会属性。在专制政

① 宋敏求．宋大诏令集：卷198：政事·禁约上．北京：中华书局，1962：729.
② 张廷玉，等．明史：卷94：刑法志二．北京：中华书局，1974：2315.
③ 郭东旭．宋朝法律史论．保定：河北大学出版社，2001：349.
④ 朱元璋．大诰·民陈有司贤否第三十六．北京：科学出版社，1994：72.
⑤ 朱元璋．大诰续编·如诰擒恶受赏第十．北京：科学出版社，1994：110.
⑥ 赵翼．廿二史札记：卷33：严惩贪吏．北京：中华书局，1984：796.

体下，不治其本源，只专求其表面，虽可得到一时之治理，但难持久，“盖久则弊生”①，所带来的后果，往往是更坏。明人谢肇淛曾讲：“从来仕宦法网之密无如本朝者，上自宰辅，下至驿递巡宰，莫不以虚文相酬应，而京官犹可，外吏则愈甚矣。”② 弄虚作假之风随着专制程度的提高而手法也更加精巧了。

上诉是指诉讼当事人依照审级的规定由下级审判机关申诉于上级审判机关，也就是在原审机关判决后，若当事人不服，可要求由上级审判机关重审；国家在认定法官判决可能有错误的情况下，也允许对某些案件进行重审。《周礼·秋官·朝士》：“凡士之治有期日，国中一旬，郊二旬，野三旬，都三月，邦国期（音基，一年），期内之治听，期外不听。”郑玄注：“在期内者听，期外者不听，若今时徒论决满三月不得乞鞫。”由此，在汉代以前的上诉称为“乞鞫”，秦简《法律问答》有“以乞鞫及为人乞鞫者，狱已断乃听，且未断犹听也？狱断乃听之”。可见，必须先经过下级审判机关的判决方可上诉，也允许别人代为上诉。这种制度曾经有过反复，隋唐时期才制度化。隋代“有枉屈县不理者，令以次经郡及州，至省仍不理，乃诣阙申诉。有所未惬，听挝登闻鼓，有司录状奏之”③。《唐律疏议·断狱·狱结竟取服辩》条规定：“诸狱结竟，徒以上，各呼囚及其家属，具告罪名，仍取囚服辩。若不服者，听其自理，更为审详。违者，笞五十；死罪，杖一百。”其上诉程序是：“凡有冤滞不申欲诉理者，先由本司本贯，或路远而踬碍者，随近官司断决之。即不服，当请给不理状，至尚书省，左右丞为申详之。又不服，复给不理状，经三司陈诉。又不服者，上表。受表者又不达，听挝登闻鼓。若茕独老幼不能自申者，乃立肺（肺）石之下。”④ 这种制度为宋代所承袭，并放宽上诉的时限，最宽时曾经五年，少亦半年，一般是三年，是皇帝掌有最终裁决权的体现，具有“以敕代律”的特点。元代上诉除因循前代之外，对上诉的程序规定更加严格，如《大元通制·职制》规定：“未诉省部台院，辄经乘舆诉者，罪之。”明清上诉程序有一些变化，明确了审级，并且根据上诉案件情节轻重不同来确定受理机关。“凡审级，直省以州县正印官为初审。不服，控府、控道、控司、控院，越诉者笞。其有冤抑赴都察院、通政司或步军统领衙门呈诉者，名曰京控。”“其投厅击鼓，或遇乘舆出郊，迎驾申诉者，名曰叩阍。”“京控及叩阍之案，或发回该省督抚，或奏交刑部提讯。如情罪重大，以及事涉各省大吏，抑经言官、督抚弹劾，往往钦命大臣莅审。发回及驳审之案，责成督抚率同司道亲鞫，不准复发原官问，名为钦部事件”⑤。这种上诉程序看起来是井然有序，实际上却很难实现，因为有谕旨明文规定：“未告州县及已告州县不候审断辄行越诉者治罪，上司官准其越诉者议处”。只有出现“有机密重事或有重大冤抑，本管官不为受理者”，“其事干碍州县本官，不便控告者”，“词状经州县官无故不受理者”⑥，才允许上控或京控，而且上控案件还要发回原地审断，不但增加了上诉的风险，而且拖延时间也不可避免。

---

① 赵翼．廿二史札记：卷33：因部民乞留而留任且加擢者．北京：中华书局，1984：793.
② 谢肇淛．五杂组：卷14：事部二．上海：上海书店出版社，2001：278.
③ 魏徵，等．隋书：卷25：刑法志．北京：中华书局，1973：712.
④ 李林甫，等．唐六典：卷6：刑部．北京：中华书局，2014：192.
⑤ 赵尔巽，等．清史稿：卷144：刑法志三．北京：中华书局，1977：4212.
⑥ 张伟仁．清代法制研究．“中央”研究院历史语言研究所专刊之七十六，1983：306.

清末修律以后，上诉制度逐渐规范化，有了上诉程序规定，也有上诉时限规定。如《中华民国民事诉讼法》的上诉程序就有44条之多，《中华民国刑事诉讼法》中关于上诉的规定有58条之多，上诉制度趋于完备。

二、拘捕与证据

司法审判是司法制度的重要环节，无论是诉讼立案，还是官府侦查立案，都要进入审判程序。要进行审判，就必须将罪犯拘捕，收集相关证据，在弄清事实的基础上，依据现行法律予以裁断，然后付诸执行。若是犯人潜逃，就要缉拿人犯；若是犯人拒捕，还要非常处置。在进行初审之后，除了要对相关证据进行核实之外，还要勘验现场及尸伤。凡此种种，都有明确的法律规定，且有严格的程序。

（一）拘捕制度

审判机关在开始审案前要传唤原、被告及人证到庭，为防止与案件相关人逃避审判或毁灭、伪造证据，串联供词和藏匿财产，往往实施拘捕、囚禁等强制手段。

拘捕就是拘留逮捕，用现代语言来说，就是审判前的强制手段。拘具有制止、禁止、逮捕、囚禁、束缚等方面的含义，与司法有关的词语见于史籍者有拘引、拘囚、拘民、拘收、拘防、拘劫、拘作、拘役、拘究、拘押、拘制、拘刷、拘括、拘系、拘送、拘拿、拘唤、拘留、拘讯、拘责、拘问、拘提、拘禁、拘传、拘催、拘管、拘审、拘縻、拘锁、拘摄、拘缧等。捕是指捉拿，与司法相关的词语见于史籍者有捕告、捕治、捕拿、捕案、捕执、捕论、捕获、捕鞫、捕系等。囚禁就是把人犯关押拘禁起来，在古代经常称为囚拘、囚系、囚执、囚桎、囚录、囚絷等。古代囚禁的对象不仅是被告当事人，还包括原告和证人。从身份上看，被囚禁的对象有已决犯和未决犯，囚禁已决犯是属于执行措施，囚禁未决犯则是强制措施，属于羁押范畴。

按照现代意义，拘捕应包括拘传、拘留、逮捕等方面的内容。拘传是司法机关强制被告人到案接受讯问，是最轻的强制手段。拘留是对罪该逮捕的现行犯或重大嫌疑分子，依法限制其人身自由的一种临时性的强制措施；至于行政拘留、刑事拘留、民事拘留，则是一种处罚。逮捕是指司法机关依法剥夺被告人的人身自由并解送到一定场所予以羁押，是一种严厉的强制措施。古代的意义则不如现代意义那样明确，因为拘捕的对象并不限于被告人、现行犯、重大嫌疑分子、罪犯，还包括被告和罪犯的家属及有关人证。

《尚书·吕刑》云："两造具备，师听五辞。"两造是庭审的重要条件，西周应该有拘捕两造的强制手段。《尚书·酒诰》云："群饮，汝勿佚，尽执拘以归于周，予其杀。"《尉缭子·兵令下》云："卒逃归至家一日，父母妻子弗捕执及不言，同罪。"秦律中也有"执"，有研究者认为，执"是司法机关以强制手段拘传被告人，类似现代的拘留"①。其实这种强制手段并不仅限于被告人，还包括原告与人证。汉武帝时，"郡吏大府举之廷

① 刘海年. 秦的诉讼制度. 中国法学，1985（1）.

尉，一岁至千余章。章大者连逮证案数百，小者数十人；远者数千里，近者数百里”[①]。没有节制地随便拘捕人证，不但容易造成刑罚滥施，而且会引起社会的恐慌，所以古代法律对于拘捕罪犯与人证逐渐有了规定。

古代拘捕需要一定的手续，如《唐律·断狱·鞫狱停囚待对》条规定：“诸鞫狱官，停囚待对问者，虽职不相管，皆听直牒追摄。”一般拘捕管辖区以内的罪犯和人证，需要长官签署的票；拘捕管辖区以外的罪犯和人证，要有公文书，对于特别的人犯还要等候上级批准，甚至奏闻候旨。

古代对于官员、亲贵、妇女、老幼、病患等特殊人犯与人证的拘捕还有一定限制。如汉平帝元始四年（4年）诏：“妇女非身犯法，及男子年八十以上七岁以下，家非坐不道，诏所名捕，它皆无得系。”[②]《唐律·职制·长官使人有犯》条规定：“诸在外长官及使人于使处有犯者，所部属官等不得即推，皆须申上听裁。”另如《大明律·名例·应议者犯罪》条规定：“凡八议者犯罪，实封奏闻取旨，不许擅自勾问。”“应议者之父祖有罪”条规定：“凡应八议者之祖父母、父母、妻及子孙犯罪，实封奏闻取旨，不许擅自勾问。”“职官有犯”条规定：“凡京官及在外五品以上官有犯，奏闻请旨，不许擅问。”“军官有犯”条规定：“凡军官犯罪，从本管衙门开具事由，申呈五军都督府，奏闻请旨取问。”这些人除犯十恶不赦之罪以外，都可以享受一定的特权，这显示了在法律面前公开不平等的原则。

古代在拘捕一般被告与人证时有一定的时间限制。如唐代“囚二十日一讯，三讯而止”[③]，拘捕最多60天。宋代“诸鞫狱干证人无罪者，限二日责状先放，其告捕及被侵损人，唯照要切情节听暂追，不得关留。证迄，仍不得随司即证。徒以上罪犯人未录问者，告示不得远出”[④]。明清规定拘捕要严格按照程序进行，如《大明律·刑律·断狱·鞫狱停囚待对》条规定：“凡鞫狱官推问罪囚，有起内人伴见在他处官司，停囚专待对者，虽职分不相统摄，皆听直行勾取。文书到后，限三日内发遣。”清“依告状鞫狱”例规定：“凡鞫狱，止将状内有名人犯审拟。如光棍案件，伙党人多，仍行严拿究审。无干牵连者，即行释放。”《大清律例·刑律·断狱·原告事毕不放回》条规定：“凡告词讼，对问得实，被告已招服罪，原告人别无待对事理，随即放回。”这些规定比较笼统，也缺乏严格的拘捕对象和时间限制，因此常常会出现“滥拘”现象。

所谓“滥拘”，乃是“虚诞之词，累人众多，本无辜而捏称正犯，非知见而指作证人，蔓引枝牵，动至数十。各该问官只宜摘取紧关数名听审为得，至差人下逮尽致弗遗。捕捉叫呼，惊及鸡犬；束缚驰骤，无异犬羊。投到则累然满庭，供明则被笞过半，而诈欺凌虐无论也，是曰滥拘”[⑤]。这一方面有制度上的原因，另一方面也有司法人员的素质问题。

按规定，初审问案官除对户婚、田土、钱债等小事可以当堂决断之外，对重大案件

---

① 班固．汉书：卷60：杜周传．北京：中华书局，1962：2660.

② 班固．汉书：卷12：平帝纪．北京：中华书局，1962：356.

③ 欧阳修，宋祁．新唐书：卷56：刑法志．北京：中华书局，1975：1411.

④ 徐松辑．宋会要辑稿·刑法．北京：中华书局，1957.

⑤ 张萱．西园闻见录：卷97：听讼·前言．北京：哈佛燕京学社，1940.

尤其是刑事案件，一定要等待上司的批复。在法律上规定有官文书运行的期限，如《大清律例·吏律·公式·官文书稽程》条规定："内外衙门公事，小事五日程，中事十日程，大事二十日程，并要限内完结。"违反规定的，要按日对责任者进行处罚。即使如此，因为没有明确规定办案人员的职责和手续，便于上下推诿卸责。"凡公事迟延，通弊有二：曰支，曰展。支者推诿他人，如院仰司，司仰府，府仰县之类，一经转行，即算办毕，但求出门，不求了事是也。展者延迟时日，如上月展至下月，春季展至夏季，愈宕则愈松，担迟不担错者是也。"① 推诿拖延，下级一申详，上司一批驳；下级再一申详，上司再一批驳；文书运行虽然都没有超过期限，但这样一来一往，再加上路途运送的期限，就不可避免地拖延下去。如果再有地方官"担迟不担错"，拖延的情况更会加剧，常有数年，乃至十余年不能够结案，最终瘐毙监狱者。

户婚田土钱债等虽然是小事，但其中关系到很多人的利益，而且还涉及官厅衙吏借陋规陋习以取钱财，衙役下乡传案，向被告索要"鞋钱"；两造没有过堂，先索要使费，名为"差账"；自愿息讼，要有"和息费"；官府也有"罚纸"，书吏有"经承费"；贪官还要向差役收取"买票钱"，向书吏收取"承办钱"。上上下下，都要从这些"小事"中敲诈勒索一些非法利益，证实了"衙门口朝南开，有理没钱莫进来"古语不妄。如果是人命、盗贼、斗殴等刑事案件，更是这些人借口掠取钱财的好机会。"呈报之后，差役将被窃邻近之家资殷实而无预带者，扳出指为窝户，拘押索钱，每报一案，牵连数家，名曰贼开花。乡曲无知，慑于法网，出钱七八千至十数千不等，胥役欲壑既盈，始释之，名曰洗贼名。一家被贼，即数家受累，如此数次，殷实者亦空矣。"②

被拘到案的人犯与原告、证人，如果不能马上审讯或结案，就要被关押起来，这种关押一般是把不同的对象囚禁在不同的地方，这里既有正规的监狱，也有临时的羁押所。秦简《法律问答》整理者译文："押送在乡里作恶的人而将之放走，应如何论处？应当像所放走的罪犯那样拘禁劳作，直到罪犯被捕获为止；如果是有爵的人，可在官府服役。"③ 普通人拘禁在狱，还要进行劳作；有爵位的人拘禁在官舍，改在官府服役。汉制，凡人犯被捕后即送进监狱囚禁，直至执行刑罚。被囚禁的人除老小、废疾、孕妇和"爵五大夫、吏六百石以上及宦皇帝而知名者有罪当盗械者，皆颂系；上造以上及内外公孙、耳孙有罪当刑及当为城旦舂者，皆耐为鬼薪、白粲；民年七十以上若不满十岁有罪当刑者，皆完之（完刑，剃去须眉）"④。人犯一般要带桎梏刑具。"宦皇帝"是官而为皇帝所知名者，"颂"与"容"同，即宽宥，"颂系"即免带刑具关押。唐代被囚禁者带刑具称为"械禁"，"杻校钳锁皆有长短广狭之制，量囚轻重用之"⑤，不带刑具称为"散禁"。何者"械禁"，何者"散禁"，都有明确的规定。唐制基本为后世所沿袭，明清时的"锁收"与"散禁"区别更加明显。清末法律改革，"审判画归大理院，院设看守所，以

① 饶玉成. 皇朝经世文续编：卷16：吏政. 清光绪八年（1882）双峰书屋刊本.

② 伍丞乔. 清代吏治丛谈. 台北：文海出版社，1988：443.

③ 睡虎地秦墓竹简整理小组. 睡虎地秦墓竹简. 北京：文物出版社，1978：178.

④ 班固. 汉书：卷2：惠帝纪. 北京：中华书局，1962：85.

⑤ 欧阳修，宋祁. 新唐书：卷56：刑法志. 北京：中华书局，1975：1411.

羁犯罪之待讯者”①，未决犯与已决犯开始分开监禁，算是有意识地向开明办案迈出了一步。

按照规定，原、被告及证人被拘到案，问案官应该在规定的时限内审理。在古代，司法与行政不分，地方的问案官都是地方行政长官，问案仅是他们的职责之一，而且制度规定地方官每月仅有几天的时间可以办理诉讼事务，如果遇到上司巡视或委派、公出等事件，规定的时间也不能保证，更何况许多地方官并不熟悉法律，其身边的人又不能及时为他排忧解难，案件拖延也就成为常事，难免存在“滥禁”的现象。

所谓“滥禁”，即“人犯到官，审理宜速。然或才性迟慢未即审，或事势忙迫未暇审，又不分人数多寡，事情重轻，概行寄监、寄仓、寄铺。至于追赃之犯，有以斗粟贯钞久为拘系，有以家属姻党幽令代偿。忽慢因循，动淹岁月，被犯之人，坐井观天，悲叹抑郁；被诬之家，晨昏供给，生理俱废，是曰滥禁”②。这种滥禁现象是很普遍的，如秦代“赭衣塞路，囹圄成市”；汉武帝时“郡国被刑而死者岁以万数，天下狱二千余所，其冤死者多少相覆，狱不减一人”③；北齐“又妄相引，大狱动至千人，多移岁月”④。宋代“州县残忍，拘锁者竟无限日，不支口食淹滞囚系，死而后已。又以己私摧折手足，拘锁尉砦。亦有豪强赂吏，罗织平民而囚杀之。甚至户婚词讼，亦皆收禁。有饮食不充，饥饿而死者；有无力请求，吏卒凌虐而死者；有为两词赂遗，苦楚而死者。惧其发觉，先以病申，名曰‘监医’，实则已死；名曰‘病死’，实则杀之”⑤。明代“狱吏苛刻，犯无轻重，概加幽系，案无新故，动引岁时”⑥。清代“外省监狱多湫隘，故例有轻罪人犯及干连证佐，准取保候审之文。无如州县惧其延误，每有班馆差带诸名目，胥役藉端虐诈，弊窦丛滋。虽屡经内外臣工参奏，不能革也”⑦。对于这种“滥禁”，古代统治者也曾想方设法进行防范惩治，却也无法找到能够根治的方案。

进入中华民国以后，拘留成为临时性的强制手段，但现代意义的拘留与监禁的严格区分并没有完全确立起来。如国民党的监狱、集中营、看守所、拘留所、管收所、反省院、劳动营等名目繁多，看起来是有区别的，但“国民党时期的看守所与监狱，其界限很难区分。有些县的看守所，为‘区分’和便于管理，干脆在附近再设立‘看守所’，专门监禁已决犯。这虽然有悖法规，但也出于无奈。上头知道以后，也只能睁一眼闭一眼，毫无解决办法”⑧。不但滥拘和滥禁的现象非常突出，而且特务组织随便拘捕，根本就不履行什么法律程序。

（二）证据制度

证据是认定案情的根据。刑事诉讼的证据有物证、书证，证人证言，被害人陈述，

---

① 赵尔巽，等. 清史稿：卷144：刑法志三. 北京：中华书局，1977：4215.
② 张萱. 西园闻见录：卷97：听讼·前言. 北京：哈佛燕京学社，1940.
③ 班固. 汉书：卷23：刑法志. 北京：中华书局，1962：1109.
④ 魏徵，等. 隋书：卷25：刑法志. 北京：中华书局，1973：704.
⑤ 脱脱，等. 宋史：卷200：刑法志二. 北京：中华书局，1977：4997.
⑥ 张廷玉，等. 明史：卷94：刑法志二. 北京：中华书局，1974：2315.
⑦ 赵尔巽，等. 清史稿：卷144：刑法志三. 北京：中华书局，1977：4217.
⑧ 潘君明. 中国历代监狱大观. 北京：法律出版社，2003：196.

被告人供述和辩解，鉴定结论，勘验、检查笔录等多种。民事诉讼的证据有书证、物证、视听资料、证人证言、当事人陈述、鉴定结论、勘验笔录等。中国古代虽然没有严格的分类，但在案件审讯过程中非常注重收集证据，也有比较严谨的勘验制度。

1. 言证

言证是古老的证据形式，包括与案件有牵连的当事人、知情人、见证人所提供的供词，一般称为“言词证据”。

盟诅是古代诉讼过程中的一种言词证据。《周礼·秋官·司盟》云：“有狱讼者，则使之盟诅。”贾公彦疏：“此盟诅谓将来讼者，先使之盟诅，盟诅不信，自然不敢狱讼，所以省事也。”“对于违背盟誓的行为，只要提起诉讼，司法官可以不需要审判就直接判决：小事违誓当墨或鞭，大事违誓当杀。”① 秦以后的盟诅虽然没有先秦那样的法律效力，但也有证据的效力，只是盟诅必须有文字依据，也就成为书证了。如藏书家田涛收藏有一张两村械斗前的盟书，州县官在办理这个案件时就收录到卷宗中。

供词是古代诉讼过程中的主要言词证据，因此官府在问案时总是千方百计逼取供词，除要求有问案技巧之外，还使用刑讯作为取供的主要手段。

证人证词是古代诉讼过程中大力收集的言词证据。从《周礼·地官·小司徒》的“凡民讼，以地比正之”，到清代庄地呈报，邻里为证一直是诉讼过程的重要环节。古代法律允许在获取证人证词时使用刑讯手段，并对作证人的资格进行认定。证词真伪的确定，证词有效性的认定等，各有具体的规定。

对作证人的资格认定主要有两方面：一是亲属的证言不能作为证人证词。“亲亲相隐”是古代的诉讼原则，数千年来一以贯之。凡直系三代血亲、夫妻之间，除犯谋反、大逆等不赦之罪外，允许互相隐匿犯罪行为，也不允许亲属之间作证。这种“亲亲相隐”的原则在唐代还扩大到奴婢、部曲与主人，雇工与家长。二是老幼废疾的证言不能作为证人证词。《唐律疏议·断狱·八议请减老小》条规定：“其于律得相容隐，即年八十以上，十岁以下及笃疾，皆不得令其为证。”议曰：“其八十以上，十岁以下及笃疾，以其不堪加刑，故并不许为证。”不加刑讯便不能吐实，这是古人办案的普遍认识，老幼废疾例当免拷讯，认为不能对他们进行刑讯，也就无从取证，或有证言也不能采信。

2. 书证

书证是以文字或符号将人的思想表示在一定物件上，以其记载内容证明案件的事实，是诉讼证据的一种形式。追述中国在诉讼中使用书证的历史，都引用《周礼·地官·小司徒》“地讼以图正之”，及《周礼·秋官·士师》“凡以财狱讼者，正之以傅别、约剂”。从现在出土的西周金文来看，书证确实在诉讼和判决中起到重要证据的作用。

书证在古代广泛使用，而且书证的种类很多。《周礼·天官·小宰》：“以官府之八成，经邦治。一曰听政役以比居，二曰听师田以简稽，三曰听闾里以版图，四曰听称责以傅别，五曰听禄位以礼命，六曰听取予以书契，七曰听卖买以质剂，八曰听出入以要会。”这里出现比居（兵籍）、简稽（士卒兵器簿）、版图（户籍地图）、傅别（骑缝契据）、礼命（任命文书）、书契（符书）、质剂（合同之类）、要会（考核账簿）等文书形

① 李交发．中国诉讼法史．北京：中国检察出版社，2002：106.

式，这些都可以作为书证。

随着社会的发展，书证的种类也逐渐增多，诸如官私契约、告身、批书、账册、图籍、书信等。根据书证的制作主体不同，可以区分为公文书证和私文书证。在证据效力上，公文书证优于私文书证。为了证实书证的真伪，法律上还有检验的标准，如清代规定："凡造田园、房屋、坟墓、钱债、婚姻、承继、行账等事，不粘连契卷、绘图、注说、婚书、行单者，一概不准。"① 书证只有经过司法机关的认可或司法机关承认的公证机关认可，才具有证据的效力。

3. 物证

对案件事实有证明作用的物品与痕迹，都是物证，也是诉讼中的重要证据。中国古代对物证比较重视，尤其是在命案和盗案中，物证几乎是不可缺少的证据。《周礼·秋官·司厉》云："掌盗贼之任器货贿，辨其物，皆有数量，贾而楬之，入于司兵。"郑玄注："任器货贿，谓盗贼所用伤人兵器及所盗财物也。入于司兵，若今时伤杀人所用兵器、盗贼赃加责没入县官。"楬，音杰，是作标识的小木桩。可见，先秦在办理伤人及盗窃等案件时就已经注重物证，这些物证还要没入官府。历代沿用此制，并且作为取证的重要依据，并有严格的管理制度。

物证可能被伪造，又容易与疑似的物品相混淆，与案件之间的关系也不易判明，因此对物证有一定的审查规定。如清代"凶器已获，即问凶犯是否所持伤之器。如未获，即问凶犯提取，立限原差取到，仍问凶犯是否此器。若系金刃所伤、凶仗或有血痕，亦未可定也，须试看，然关系不在此。凶器验明，便摘取凶犯认凶器认状，亲笔花押，免其日后展辩。将认状附卷，凶器上用白棉纸裹束，上写某案某人凶仗，官用朱笔点过贮库，库吏随持贮库凶器赃物簿，注明某案某人某凶器，前件下于某年月日收贮讫"。"若死者年貌与状上不对，状上凶器与伤痕不对，要问尸亲。"② 既有验证，又有登记，还有罪犯的认状、尸亲的确认，十分慎重。

4. 勘验

勘验是司法或检察机关对与案件有直接关系的场所、人身、尸体等进行检查，获取犯罪证据的重要手段，早在先秦时就被采用。

《礼记·月令·孟秋》云："命理瞻伤、察创、视折、审断，决狱讼，必端平。"东汉蔡邕曰："皮曰伤，肉曰创，骨曰折，骨肉皆绝曰断。言民斗辨而不死者，当以伤、创、折、断、深浅、大小正其罪之轻重。"这种勘验是有记录的，秦简《封诊式》中有数件是关于勘验的文书，其中"封守"是查封财产的，"争牛"是检验有争讼中的牛，"夺首"是检验争讼中的首级和受伤人，"告臣"和"疠"是检验被告是否有病，"贼死"是检验被杀无名男子的尸伤，"经死"是检验上吊而死的尸体，"穴盗"是勘察被盗现场，"出子"是检验被殴流产的妇女，所有检验都有明确记录。

古代勘验最重视的是人命案件，宋代出现了《检验格目》，尤其是宋慈《洗冤集录》等有关检验的条法和著作出现之后，"诞生了当时世界上最为发达、完善的法医学"③。

---

① 白钢. 中国政治制度通史：第1卷. 北京：人民出版社，1996：526.

② 黄六鸿. 福惠全书：卷14：刑名部·印官亲验. 康熙三十八年（1699年）种书堂刊本.

③ 何勤华. 中国法学史：第2卷. 北京：法律出版社，2000：89.

宋代对死伤者的检验也制度化了，有了报检、初检和复检的程序。如果某处发生了杀伤案件，地邻、地保必须申报州县差官检验，州县接报后应立即差官进行初检，根据案件性质可以由上级或相邻州县复检。检验必须有笔录，填写尸伤格。元代因循此制，并明确了检验者的责任，“诸检尸，有司故迁延及检覆牒到不受，以致尸变者，正官笞三十七，首领官吏各四十七。其不亲临或使人代之，以致增减不实，移易轻重，及初覆检官相符同者，正官随事轻重论罪黜降，首领官吏各笞五十七罢之，仵作行人杖七十七，受财者以枉法论”①。

《大明律·刑律·断狱·检验尸伤不以实》条规定：“凡检验尸伤，若牒到托故不即检验，致令尸变，及不亲临监视，转委吏卒，若初复检官吏相见，符同尸状及不为用心检验，移易轻重，增减尸伤不实，定执致死根因不明者，正官杖六十，首领官杖七十，吏典杖八十。仵作行人检验不实，符同尸状者，罪亦如之。因而罪有增减者，以失出入人罪论。若受财故检验不以实者，以故出入人罪论；赃重者，计赃以枉法各从重论。”清律加入小注，而便于定罪量刑。

清代“凡检验，以宋宋慈所撰之《洗冤集录》为准，刑部题定《验尸图格》，颁行各省。人命呈报到官，地方正印官随带刑书、仵作，立即亲往相验。仵作据伤喝报部位之分寸，行凶之器物，伤痕之长短浅深，一一填入尸图”②。也就是说，凡是人命伤害案件，州县官都应该亲自进行检验尸伤，死者填写“尸格”。一般斗殴有伤者，只要仵作检验，出具伤证，即法医的证明。验尸事关人命和人身安全，更容易引起苦主的不满和不服，因此要求州县官必须亲临现场，如果是“正印官公出，壤地相接不过五六十里之邻邑印官，未经公出，即移往相验”。不在不得已的情况下，是不能委托佐贰官代行前往的，因此州县官是检验尸伤的主要责任者。

《大清律例·刑律·断狱·检验尸伤不以实》条规定：“大县额设仵作三名，中县额设二名，小县额设一名；仍于额设之外，再招募一二人，令其跟随学习。”州县官亲验，“止许带仵作一名，刑书一名，皂隶二名”。“临检时，须出一高脚牌，壁立验棚前，严禁闲人围看、拥挤、喧哗，并尸亲等凌辱凶身。仍着皂隶二人巡风，驱逐闲人，敢有拥近场内者，扭禀重责。”验尸时，州县官在上风设坐，亲自或令刑书填写“尸格”；对于致命伤，州县官要亲自验看确实。检验完毕，仵作要出具“并无隐漏扶同混报甘罪结状，并尸亲干证在事人等，照尸格后姓名花押，检官判日朱封带回”。然后就可以对尸体进行处置掩埋。由于是人命重案，允许再验，但不能超过三验，所以尸体掩埋，也需要地方保甲严加看管，等待案件了结。

检验不但事关已经死去人的冤屈，更关系到活着人的生命，因此在除法律有明确的责任之外，还有比较详细的条例规定，如清代“检验尸伤不以实”条下就有 7 条例，涉及检验、免检、检验方式、检验人员、检验程序等许多细节问题。死有他杀、自杀、老病死等，在检验上则区分出何者检验，何者不许检验，何者即使尸亲不让检验也必须检验等，为的是不扩大事端和不放过肇事人。这里面也有许多弄奸舞弊之道，仵作

---

① 宋濂，等. 元史：卷 102：刑法志二. 北京：中华书局，1976：2622.

② 赵尔巽，等. 清史稿：卷 144：刑法志三. 北京：中华书局，1977：4213.

受贿、官嫌尸臭、苦主害怕暴露骸骨、凶家试图隐匿等等，每一环节都会出现问题，再加上“每见大吏严为驳诘，不啻吹毛索瘢”，“上司实落意思，不在驳词之宽严，而在措意之轻重”①。不但牵扯到许多人的法律责任和经济利益，还包含着复杂的人际和政治关系。

近代以来，随着西方文化的传入，开始有了专门的法医。中华民国的法院、监察厅局则相继成立鉴定科室，在1934年还公开出版《法医月刊》，法医成为专门的职业，在司法案件处理过程中发挥重要的作用。在公检法的指定与委托下，一些具有资质的医院也可以承担检验与鉴定责任。有的高校及专门学校还开设法医学，培养专门的法医人才，使现代科学技术在勘验中发挥重要作用。

（三）缉捕制度

缉捕与逮捕是有区别的。《汉书·高帝纪》载：“贯高等谋逆发觉，逮捕高等，并捕赵王敖下狱。”颜师古曰：“逮捕，谓事相连及者皆捕之也。一曰，在道守禁，相属不绝，若今之传送囚耳。”《汉书补注》引刘攽曰：“予谓逮者其人存，直追取之；捕者其人亡，当讨捕也。故有或但言逮，或但言捕，知异物也。一云逮易辞，捕加力也。逮呼名召之，捕加束缚矣。”由此得知古代的逮和捕是有区别的，逮是对已在犯人所采取的强制措施，捕是对逃亡状态下的犯人采取的强制措施，与现代意义上的逮捕有一定区别，因此在《法经》上有囚法和捕法。为了区分上的方便，此处将在逃亡状态下的强制措施称为缉捕。

自李悝《法经》中出现《囚法》《捕法》以来，历代都有关于缉捕的法律。“盗贼须劾捕，故著网（囚）、捕二篇。”《捕法》的内容现在还无法得知，但从先秦缉捕人犯事例来看，缉捕人犯与逮捕人犯是有区别的。如《墨子·号令》云：“诸吏卒民有谋杀伤其将长者，与谋反同罪，有能捕告者，赐黄金二十金。”这是有奖赏的缉捕。楚昭王时国相石奢到地方视察，在路上遇到杀人事件，立即进行追捕，结果该杀人犯竟然是他父亲，碍于亲情，他放走父亲，将自己捆绑起来，派人向楚王报告说：“杀人者，臣之父也。夫以父立政，不孝也；废法纵罪，非忠也；臣罪当死。”楚王因喜爱石奢，便为他开脱道：“追而不及，不当伏罪，子其治事矣。”石奢不肯以身坏法，便说：“不私其父，非孝子也；不奉主法，非忠臣也。王赦其罪，上惠也；臣伏诛死，臣职也。”② 便自刎而死。由此可见，官员如果发现犯罪就有缉捕之责，能够缉捕而不缉捕就要承担法律责任。秦简《封诊式》中有偷盗犯捕获杀伤人犯来自首的，也有士伍捕获私铸钱人送官的，还有负责地方治安的亭长、求盗捕获强盗、窃盗送官的。对于这些捕获者，法律规定给予赏金，还可以给予爵位。

沈家本《汉律摭遗》考证汉代《捕律》有：收捕、诏捕、逐捕、疏捕、名捕、追捕、急捕等，在汉武帝时还出现《沈命法》，缉捕人犯是地方官考核的重点之一，捕获多的赏，蔽匿者罪之，因此出现“匿亡虏”“匿反者”“首匿死罪”“首匿罪人”“首匿亡命”等罪名③。

---

① 黄六鸿. 福惠全书：卷14：刑名部·检验. 康熙三十八年（1699年）种书堂刊本.

② 司马迁. 史记：卷119：循吏石奢列传. 北京：中华书局，1959：3102.

③ 沈家本. 历代刑法考. 北京：中华书局，1985：1503-1510.

缉捕人犯到案往往存在困难，所以历代《捕法》《捕律》《捕亡》等法律中都有比较详细的规定。如唐代《捕亡律》有将吏追捕罪人、罪人持仗拒捍、被殴击奸盗捕法、道路行人捕罪人、捕罪人漏露其事、邻里被强盗、从军征讨亡、防人向防、流徒囚役限内亡、宿卫人亡、丁夫杂匠亡、浮浪他所、官户奴婢亡、在官无故亡、被囚禁拒捍走、主守不觉失囚、容止他界逃亡、知情藏匿罪人等18条，捕亡的范围很广，既有盗贼及杀伤人者，又有出征在营的兵士、服役的丁夫杂匠、入籍的官户官奴婢，还包括无故私逃的现任官吏和无事流浪的人。这里既有治安方面，又有军纪方面，还有看守方面，捕亡的范围太广，因此《宋刑统》将之分为五门，即：将吏追捕罪人、被强盗邻里不救助、征人防人逃亡、被囚禁拒捍官司而走、部内容止逃亡。虽然还保留了《唐律》18条的内容，但捕亡范围已经有所缩小。《明律》将“从军”“防人”“宿卫”等3条归入《兵律》，“丁夫杂匠亡”归入《户律》，“在官无故亡”归入《吏律》，删去“被殴击奸盗”“浮浪他所”等4条，仅有“应捕人追捕罪人”“罪人拒捕”“狱囚脱监及反狱在逃”“徒流人逃”“稽留囚徒”“主守不觉失囚”“知情人藏匿罪人”“盗贼捕限”等8条。清代没有变更，但增加了《逃人法》和追捕逃人的督捕衙门。《逃人法》是清初满人入关后，以强力掠取汉族人口为奴婢，追捕这些奴婢逃亡的法律，建立在民族歧视和压迫的基础上，是清初四大弊政之一。督捕衙门是专职缉捕这些逃亡奴婢的部门，原归兵部所辖，康熙三十八年（1699年）转归刑部，改称督捕司，《逃人法》则逐渐废除。

缉捕罪犯是官府的责任，所以有缉捕期限。东汉灵帝时，有人在朱雀阙（南门）书写时政评论，“诏司隶校尉刘猛逐捕，十日一会。猛以诽书言直，不肯急捕。月余，主名不立；猛坐左转谏议大夫，以御史中丞段颎代之。颎乃四出逐捕，及太学游生系者千余人”①，可见，汉代缉捕期限是以一月为度。《唐律·捕亡·将吏追捕罪人》条规定：“三十日内能自捕得罪人，获半以上，虽不得半，但所获者最重，皆除其罪。”明清则根据案件轻重不同规定了缉捕期限，如《大清律例·刑律·捕亡·盗贼捕限》条规定：“凡捕强窃盗贼，以事发于官之日为始，限一月内捕获。当该捕役、汛兵一月不获强盗者，笞二十；两月，笞三十；三月，笞四十。捕盗官罚俸两个月。捕役、汛兵一月不获窃盗者，笞一十；两月，笞二十；三月，笞三十。捕盗官罚俸一个月。限内获贼及半者，免罪。若被盗之人经隔二十日以上告官者，去事发日已远，不拘捕限缉获，捕杀人贼，与捕强盗限同。”缉捕盗贼，不但官员、捕役、兵丁有责任，受害人违限告官也要承担责任。

纵观历代关于缉捕方面的法律，可以看出缉捕犯罪人，既是官府的责任，又是知见人的责任。官府缉捕不力有严厉的处罚规定，知见人不主动缉捕或不协助缉捕，也要承担刑事责任。如《唐律·捕亡·邻里被强盗》条规定：“诸邻里被强盗及杀人，告而不救助者，杖一百；闻而不救助者，减一等。力势不能赴救者，速告随近官司，若不告者，亦以不救助论。”“道路行人捕罪人”条规定：“诸追捕罪人而力不能制，告道路行人，其行人力能助而不助者，杖八十；势不得助者，勿论。”明清虽然没有限定邻里、行人必须救助，但有“知情人藏匿罪人”律例，在实际处置过程中，如果知见人不能协助捕役擒

① 司马光．资治通鉴：卷57：汉灵帝熹平元年（172年）．北京：中华书局，1956：1830.

拿罪犯，也要受到责罚，这样就为捕役借缉捕而敲诈平民敞开了方便之门。

中华民国法律虽然规定缉捕是警察、检察机关的责任，但受传统法律的影响，在很大程度上还保留传统的原则。如《中华民国刑事诉讼法》（1935 年 7 月 1 日施行）第 87、88 条规定："通缉经通知或公告后，检察官、司法警察官得拘提被告或径行逮捕之。利害关系人，得径行逮捕通缉之被告，送交检察官、司法警察官，或请求检察官、司法警察官逮捕之。""现行犯，不问何人得径行逮捕之。犯罪在实施中或实施后即时发觉者，为现行犯。"在这种情况下，任何人都有可能承担缉捕不力的责任。

三、辩护和检察

中国古代司法审判没有辩护制度，所有的诉讼都要听凭官府决断。对于官府，主要依靠国家监察的力量进行监督，诉讼者要寻求法律上的援助，也必须依靠官方。由于诉讼需要诉状，许多诉讼者不懂得诉状的格式，所以秦代有"以吏为师"的规定，官府控制着诉讼。随着国家制度的不断完善和法律的公开，不但官府的公文程式逐渐严格起来，对诉状格式也有严格的规定，而"以吏为师"的体制被破坏，也使一些私人涉身于司法行业，出现了代人书写诉状和包揽词讼的人。由于这些人不是官府指定的，官府予以禁止，将他们定性为"讼师"，并贬其为"讼棍"。官府办案需要诉状，并不是所有的诉讼人都会写诉状，既然官府不为代写，要禁止私人代写是比较困难的，也就出现官府指定"代书"制度。在清末修律过程中，出现了律师制度。随着法律的移植，审检分立，检察制度也逐渐确立。

（一）诉讼师与辩护

《周礼·秋官·司约》云："掌邦国及万民之约剂。治神之约为上，治民之约次之，治地之约次之，治功之约次之，治器之约次之，治挚之约次之。"剂是卷书，也就是诉状。《周礼·秋官·司盟》云："凡民之有约剂者，其贰在司盟。有狱讼者，则使之盟诅。凡盟诅，各以其地域之众庶，共其牲而致焉。既盟，则为司盟共祈酒脯。"从程序来看，诉状要经过官府审核，民间诉状也要经过官府认证，而且还要召集有关人等进行盟誓诅咒。

李斯认为："今天下已定，法令出一，百姓当家则力农工，士则学习法令辟禁"。怂恿秦始皇焚书坑儒，明令"若欲有学法令，以吏为师"[①]。一是为官者不谙律令，可以向习法之吏学习；二是庶民涉及词讼，以官吏为师以完成诉讼。由此可见，诉讼之事操之于官府，其诉讼文书也应该出自官府之手。

汉代官府对诉讼文书控制逐渐放松，在群臣"上书无忌讳"[②]的情况下，诉讼文书可以由私人撰写，如周勃、窦婴等都是自己上书言状的。汉以后对诉讼更加开放，如北魏太宗拓拔嗣曾经"诏守宰不如法，听民诣阙告言之"[③]。一般人民都不识字，这种告言

① 司马迁．史记：卷 6：秦始皇本纪．北京：中华书局，1959：255.

② 赵翼．廿二史札记：卷 2：上书无忌讳．北京：中华书局，1984：49.

③ 魏收．魏书：卷 3：太宗纪．北京：中华书局，1974：54.

的书写势必要找读书识字之人，也就是代写书状人。

代写书状人何时出现不详，大概已通行于隋唐之际，至宋代开始兴盛起来。“宋代写状代书人队伍的扩大，为百姓行使诉讼权和提供法律帮助，创造了便利条件。”宋代官府准许的写状铺户是“由官府发给营业执照和木印的个体写状专业户”。他们不是在官之人，但要接受官府的控制。也有一些人没有营业执照，专门以刀笔为生，“不单是代写诉状，而且也指教词讼”①。他们往往不受官府约束，钻法律的空子，教讼、唆讼、架讼，捏词编造伪证，增加混乱，所以是官府严厉打击的对象，乃是“教唆辞讼之恶人”。官府准许的“代书”，一定要接受官府的考试和监管，对未经允许而从事此业者，一经查出则严惩不贷，这种方针一直延续到明清。

明清代书人考试是有一定程序的，在地方“牧令初莅任，辄于放告之前考之，先期牌示，某月日招考代书。是日也，高官坐堂皇，应考者静候点名给卷，试以策论或告示，所命题率为清讼息争、奉公守法等语。揭晓所取八名或六名，给以戳记，盖书状时所钤以为证也。且诉讼者之状纸，无论谁某主稿，必有戳而始为合式，否则官必斥之曰白禀不收，或批曰违式特饬”②。考取代书也有资格限制，要求“词理明通，且验其状貌端良者，取定数名，开明年貌籍贯，投具认保状”③。若是代书诉状书写不实，地方官除了以笞杖责之，还会取消其代书的资格。

（二）律师制度

1906 年由沈家本、伍廷芳主持拟定的《刑事民事诉讼法》第 4 章“刑事民事通用规则”有“律师”一节 9 条，规定了律师资格、注册、登记、违纪处分、外国律师在通商口岸的公堂办案等内容。该法没有获得朝廷批准。1907 年颁布《各级审判厅试办章程》。1910 年颁布《法院编制法》，才首次在法律上确立律师活动的合法性。1911 年，修订法律馆编纂的《刑事诉讼律草案》和《民事诉讼律草案》也规定有律师的内容，但没有来得及实行，清王朝就灭亡了。

律师在中华民国被认为是司法上的三大职务之一，在初期便已经推行，但发展并不顺利；公证是国家司法制度的组成部分，在西方实行已久，中华民国在法律移植过程中，过了很久才得以推行，但并不普遍。

中华民国南京临时政府草拟了《律师法草案》，1912 年元月，出现中国历史上第一个由律师自发组成的社会团体——上海律师公会，其宗旨为“调和学说，保障人权，以宣扬法律精神，巩固民国之精神，巩固民国之始基”。孙中山在《律师法草案》饬令中提出“律师制度与司法制度相辅为用”，希望尽快完成《律师法》的制定。由于南京临时政府存在仅三个多月，最终还是没有完成《律师法》。

1912 年 9 月 16 日，北洋政府颁布《律师暂行章程》38 条，分律师资格、律师证书、律师名簿、律师职务、律师义务、律师公会、惩戒、附则等 8 个部分。中国律师制度自此正式建立起来，进入了艰难的发展历程。

---

① 郭东旭. 宋朝法律史论. 保定：河北大学出版社，2001：37.

② 徐珂. 清稗类钞：第 11 册：胥役类·代书须考充. 北京：中华书局，1986：5250.

③ 黄六鸿. 福惠全书：卷 3：莅任部·考代书. 康熙三十八年（1699 年）种书堂刊本.

北洋政府在颁布《律师暂行章程》之后，曾经进行过7次修改，并陆续颁行了《律师登录暂行章程》《律师甄别章程》《律师考试令》《律师应守义务》《律师考试规则》《律师惩戒会暂行规则》《甄拔律师委员会章程》《复审查律师惩戒会审查细则》《无领事裁判权国律师出庭暂行章程》等相关的法律和规章，律师业开始缓慢发展起来。据统计，1912年底，第一次律师全国考试，合格并获得司法部颁发的律师资格证书者有297人，1913年为2 716人。律师人数增长，逐渐改变了人们对律师的歧视态度，也加速了律师业的自我管理，在1921年成立了“中华民国律师协会”，分散各地的律师公会有了自己协调的组织。

南京国民政府在沿袭北洋政府的律师制度的同时，进一步加以完善，这种完善是以《律师法》（1941年颁布，1945年修订）公布为中心，以《律师法实施细则》《律师登录细则》《律师惩戒规则》（均在1941年公布）等为补充的，虽然没有确立律师是自由职业者，但也没有把律师纳入国家制度之中。正因为在法律上没有确定律师是自由职业者，所以律师要受到国家诸多的限制。比如说在资格考试、资格授予、惩戒检核、律师公会活动等方面，都由国家权力控制。

律师辩护制度是在特定情况下出现的，最初只在侵华租界内执行。1842年8月29日，清王朝与英国签订了不平等的《南京条约》，开放广州、福州、厦门、宁波、上海等五处通商口岸，可以设置领事馆。1845年，英国驻上海领事依据《南京条约》，胁迫上海道台宫慕久签订了《上海租地章程》，在华建立第一个租界。随后，法、美等国相继也建立租界，并在租界设立由领事直接控制的“工部局”和“巡捕房”，对租界内的华人和无约国人有司法处置权。

第二次鸦片战争，英、法、美、俄等国强迫清王朝签订《天津条约》，确立中国官员与外国领事的“会审制度”，即中国人与外国侨民之间发生争讼，双方会同审断。1864年，清王朝与英、美、法三国驻上海领事协议，在租界内设立“会审公廨”。1868年订立《上海洋泾浜设官会审章程》，于1869年4月正式实行。此后，在汉口、哈尔滨、厦门鼓浪屿等地也设立了会审机关。这些机关在名义上还是中国的司法机关，凡华人之间的诉讼，“即听中国委员自行讯断，各国领事官毋得干预”。但事实上，各种诉讼都有外国领事参与，而且是采用外国司法诉讼程序，是“外人不受中国之刑章，而华人反就外国之裁判”，会审权实际操在外国领事之手。

既然会审公廨采用外国的裁判方式，那么由律师当堂进行辩护的制度便得以实行。在公堂上，外国律师援引外国法律，强词夺理，常使中国官员难堪，“盖在英美律师出庭时得直接询问当事人。中国会审官在外人势力支配下，也时受外国律师蒙蔽及愚弄。外国会审领事也以国籍关系，并其法律知识薄弱之故，也多采纳外国律师意见。职是之故，外国律师之于法庭，直有左右裁判官之优越势力，几驾裁判官而上之。此种特殊情况，实开世界未有之恶例。而毫无凭藉之华人，无力委任外国律师者，其所受苦更深矣”①。可以看出，这些外国律师在会审公廨当庭辩护，颐指气使，足以左右审判，这既不是西方的辩护制度，也不是中国的诉讼制度，乃是在强权下的一种特殊制度。

① 赫立舆．上海公共会审公堂今昔情形之比较．法律杂志，1924（53）．

北洋政府颁布《律师暂行章程》，允许有辩护制度，但这个时期的律师辩护作用有限，更何况政府及司法官员对律师在很大程度上还停留在“讼师”的认识上，对他们的辩护不予重视，甚至极度轻视，乃至用无情打击来惩治不顺从的律师。如“二七大罢工”，施洋大律师为工人进行辩护，结果被军阀追杀。在这种情况下，辩护制度只是一种形式，很难发挥作用。

南京国民政府虽然承认辩护制度，但对律师的资格和管理控制较严，1945 年的《律师法》明文规定：“律师公会之主管官署，在中央为社会部，在地方为省、市、县社会行政主管机关。但目的事业之主管机关为司法行政部及所在地地方法院首席检察官之指挥、监督。”律师没有自主权，在受到各方面制约的情况下，其辩护作用不大，而且常常面临政治上的威胁。

（三）检察制度

北洋政府实行审、检分立制。总检察厅与大理院并立，独立行使检察权。设总检察长一人，检察员若干人，下设书记处及各科，科各设主任书记官一人。省设高等检察厅，有检察长一人、检察官若干人。地方有独立司法机关者设地方检察厅或初级检察厅，没有独立司法机关者，检察事务由县知事兼理或委派检察员。检察厅作为检察机关，其职权为：遵照刑事诉讼律或其他法令的规定，实行搜查处分，提起公诉，实行公诉，并监督判决的执行；遵照民事诉讼律或其他法律的规定，为诉讼当事人或公益代表人实行特定事项。

武汉国民政府曾经废除审检分立制，实行审检合一，仅在各级审判机关内设检察官以行使检察职权。

南京国民政府在各级法院内设立检察机构或官员，是附属于各级法院的半独立机关。在最高法院内设立检察署，有检察官若干人，以一人为检察长；高等法院和地方法院及其分院各设检察官若干人，以一人为首席检察官，若仅有检察官一人，则没有首席检察官之称；检察机关实行垂直领导，各级检察官是上下级关系，均有监督所属检察官的责任，共同接受司法行政部的监督。检察官虽附设在法院之内，但独立行使职权，不受法官干预。其职权为：实施侦察；提起和实行公诉，协助和担当自诉；指挥刑事判决的执行。由于审检机构合一，检察权往往不能独立行使，还常常相互勾结和利用，也就失去了检察制度制约和监督审判的效用，所以在 1947 年 11 月召开的全国第二次司法行政检讨会上，曾经提出加强检察机构、采取审检分立制的问题，但没有具体落实。

第三节　审判与执行制度

司法机关在公堂上对原告、被告以及证人进行讯问，取得口供，核实证据，然后依据事实进行判决的全部过程被称为审判，与审判相关的法律与具体程序规定就是审判制度。在具体审判过程中，不但有程序的规定，也有审讯的规范，最终要落实在执行。

一、审级制度

中国古代对于一般的诉讼案件，基本上是地方为初级审判机关，然后依据地方行政区划等级逐渐转至地方高级审判机关，中央的审判机关则为终审机关，最高裁判权始终掌握在君主手中。

古文献讲夏代地方有“士”或“理”，是地方司法审判官；中央有“大理”，是中央司法审判官。商代的地方司法审判官也称“士”，中央司法审判官为“司寇”，并且有“正”“史”等辅助人员。西周则根据《周礼》的记述，地方按照乡、遂、县、都，分别设乡士、遂士、县士、方士，“听其狱讼之辞，辨其死刑之罪而要之”，乡士一旬、遂士二旬、县士三旬、方士三月上报“司寇听之”，为第一审级。还有讶士“掌四方之狱讼”，朝士“掌建邦外朝之法”，监督地方和中央司法审判，不是审级。中央有大司寇、小司寇、士师，为中央的主要审判官员，为第二审级。重大案件要由周王或其与公卿集议进行裁决，为终审。

秦以后的地方行政区划等级基本上就是审判等级，如地方审级，汉、隋、唐是郡（州）、县两级制，东汉魏晋南北朝是州、郡、县三级制，宋、辽、金是路（道）、府（州）、县三级制，元代是省、路、府（州）、县四级制，明代是省、府、州县三级制。清代一说为州县厅、府州厅、按察司、督抚四级制，一说为州县厅、府州厅、道、按察司、督抚五级制，“严格说来，道不是一个正式审级单位，而是一个过渡性的审级单位”①。出现分歧的原因是“清代地方审级与四级政权不完全相符。基本审级是：院（督抚）、司、府、县四级；直隶厅、州的审级是：院、司、道、直隶厅州四级；直隶厅、州属县的审级是：院、司、直隶厅州、县四级”②。无论是几级制，它们都有审理词讼的权力。

值得注意的是乡里，在汉代乡里曾经是一个审级，魏晋以后则不是一个审级，在隋代又被作为一个审级，唐代以后则被取消。根据里甲制度的研究，明代初年的里甲确实担负一些司法审判事务，但到洪武末年，里甲的司法审判权就被剥夺，虽然里甲和宗族对一些户婚田土等民事纠纷有调节甚至裁定权，但它们的裁定不受法律保护，如果告到官府，还需要官府重新裁定。当然，在民不告则官不究的前提下，里甲和宗族的裁定，只要不告到官府，依然可以在局部发生效用，但绝不可以把里甲和宗族当作一个审级。

清末《法院编制法》规定京师是城（乡）谳局、地方审判厅、高等审判厅和大理院的四级三审制；地方则设初级审判厅、地方审判厅、高级审判厅，实行四级三审，二三级审决合议制度。

南京临时政府曾经准备实行四级三审制，但没来得及在全国推行，只得听任各省自行规定，在基本上还是沿用前清旧制的情况下，一些省已经根据宣统三年（1911年）颁布的《法院编制法》实行了四级三审制，如上海就有明文规定。

---

① 郭松义，等．清朝典制．长春：吉林文史出版社，1993：424．

② 张晋藩．清朝法制史．北京：中华书局，1998：594．

北洋政府法院实行四级三审制，即初级审判厅、地方分庭负责一般民事、刑事案件的第一审；地方审判厅负责较重民事、刑事案件的第一审，并负责不服初级审判厅裁决或判决而抗告或控诉案件的第二审；高等审判厅不受理第一审民事、刑事案件，只受理不服地方审判厅第一审和第二审的案件；大理院负责审理不服高等审判厅判决或裁决的控诉和抗告案件，并做出终审判决。初级审判厅、地方分庭由推事一人单独审理，地方审判厅由推事三人组成合议庭审理，高等审判厅和大理院由推事或评事组成合议庭审理。

北洋政府四级三审制并没有严格执行，据 1922 年的统计，当时全国设立大理院一所，总检察厅一所，高等审判厅 22 所，高等检察分厅 15 所，高等审检分厅 3 所，地方审检厅 60 所，地方分厅 5 所，另有司法筹备处、都统署审判处等特别地方司法机关 4 所，总共 111 所，初级审判厅基本上没有建立起来，“例由县知事兼理民刑两诉”①。根本就不可能普遍推行四级三审制，合议庭也只不过是停留在法规上，而县知事兼理司法、承审员助理，与前清县官和书吏办案相同，“知事及其僚佐要发财，全靠经手钱粮捐派，办兵差和在民刑诉讼上颠倒敲诈这几件事，尤以后一件为经常可靠的财源”②。

广州国民政府曾经酝酿对司法制度进行个别改造，到武汉国民政府时期才着手改制。鉴于四级三审制手续繁多，决定实行三级二审制。三级即最高法院（暂未成立）、控诉法院（冠以省名，设在省会）和地方法院三级。二审制即地方法院为第一审者，控诉法院为终审；控诉法院为第一审者，则最高法院为终审。

南京国民政府成立时，沿用北洋政府四级三审制，从 1932 年起，实行三级三审制，即地方法院及其分院为一般民事、刑事案件的第一审，高等法院及其分院为一般民事、刑事案件的第二审，最高法院为一般民事、刑事案件的第三审。第一审一般实行推事一人单独审判制，重大的民事、刑事案件则由推事三人组成合议庭审判；第二审由推事三人组成合议庭审判；第三审由推事三人或五人组成合议庭审判，合议审判有审判长一人主持。在实施上“以三审为原则，二审为例外”，“其诉讼以三审为原则者，求诉讼之详慎也”，“以二审为例外者，求诉讼之结果，减除人民缠讼之苦也”③。在这冠冕堂皇的解释之后，实际上隐藏着严格的限制，如规定民事案件的财产达不到一定的数额，不准上诉至三审；各种特种刑事法庭审理“内乱外患及妨害国交罪”，仅经过二审，还是由特种刑事法庭审理，不能上诉至最高法院。

二、审讯制度

中国古代对户婚、田土、钱债等有关民事案件采取不告不理的原则，民事案件受理后，诉讼双方，即“两造”必须到庭接受审问。至于盗贼、人命等有关刑事案件，则在案发后即行查缉追捕，人犯捕获立即进行审讯，并传有关人证到庭接受审问。如果不是重大刑事案件，王公贵族可以不亲自到庭，可以由其部属或亲属代替出庭。如《周礼·秋官·小司寇》云：“凡命夫命妇，不躬坐狱讼。”贾公彦疏：“古者取囚要辞，皆对坐；

① 阮湘. 第一回中国年鉴. 上海：商务印书馆，1924：251-255.

② 毛泽东. 毛泽东选集：第 1 卷. 2 版. 北京：人民出版社，1991：30.

③ 陈之迈. 中国政府：第 2 册. 北京：商务印书馆，1947：172.

治狱之吏皆有严威，恐狱吏亵尊者，故不使命夫命妇亲坐，若取辞之时不得不坐，当使其属或子弟代坐也。”这种精神为后世所沿袭，并扩大到妇女。如《大清律例·刑律·断狱·妇人犯罪》条规定：“妇女有犯奸盗、人命等重情，及别案牵连，身系正犯，仍行提审；其余小事牵连，提子侄兄弟代审。”妇女犯一般的罪是不到庭听审，由男性亲属出庭，所得罪责也由男性承担，称“罪坐夫男”。

中国古代在审讯过程中要求注重讯问方式，以收到最好的效果。诸如“用情讯之”，使用“五听”之术等等。《周礼·秋官·小司寇》郑玄注云：“辞听，观其出言，不直则烦；色听，观其颜色，不直则赧然；气听，观其气息，不直则喘；耳听，观其听聆，不直则惑；目听，观其眸子，视不直则眊然。”这种观察审讯方法还被写入法律，认为是易于收效的做法。如《唐律·断狱·讯囚察辞理》条规定：“诸应讯囚者，必先以情审察辞理，反覆参验。”根据法律规定，一些司法官还根据自己的审讯经验，提出“七术”的问案技巧，即用钩、袭、攻、逼、摄、合、挠等方法来问案。所谓钩，是用其他的话题来钩出人犯的实话；袭是乘人犯心虚而掩其不备；攻是因人犯的短处和空隙而突击之；逼是因人犯穷急之处而扼困之；摄是控制人犯的奸恶而不让他们狡展；合是把原告和被告的供词分别比对参详；挠是以众人的见证供词来挠服人犯①。

古代在审讯时，原、被告及证人都要“坐”“跪”于庭以接受讯问。在先秦时，一般采取“坐”的姿势，即双膝着地，臀部坐在双腿上。汉代以后则采取“跪”的姿势，即双膝着地，上身直立称“直跪”，双手据地低头称“伏跪”。在审讯中，人犯都要伏跪，回答问讯时方许抬头直跪回答。问官与人犯之间的地位迥异，气势不同，显然是为了炫示官威，在精神和心理上对当事人进行恫吓。这种跪供方式到清末才从法律形式上废除，《大清刑事民事诉讼法草案》规定：“凡审讯原告或被告及诉讼关系人，均准其站立陈述，不得逼令跪供。”中华民国则完全废除跪供制度，除陈述及宣判时站立，有被告人专座。

古代在审讯时允许原、被告进行庭辩。《尚书·吕刑》曰：“两造具备，师听五辞；五辞简孚，正于五刑。”司法官在听取双方供词之后进行判决，但这种法庭辩论不是审判的必需程序，因为古代断定是非曲直在很大程度上由司法官来决定，双方供词仅作参考。如汉武帝时，魏其侯窦婴与丞相武安侯田蚡不和，在灌夫获罪问题上发生争执，汉武帝则特许他们在“东朝廷辩之”。此事窦太后也参加进来，以绝食要挟汉武帝偏袒窦婴，汉武帝则说：“俱宗室外家，故廷辩之，不然，此一狱吏所决耳。”② 正因为在审讯过程中司法官起决定作用，正常审判程序中的庭辩才被忽略，代之而来的仅是“对质”。这种“对质”是一种“分而共证”，“唤原告进问供毕，令出；唤被告进问供毕，令出；唤原告干证进问供毕，令出；唤被告干证进问供毕，令出；如此逐名详问，则原告与被告所供合与不合可知也；原告干证与被告干证所供合与不合又可知也”③，并不一定是当庭对证和辩论。

审讯完毕，要书写供状，原、被告及证人都要在供状上画押。如《宋刑统·断狱·

① 黄六鸿. 福惠全书：卷11：刑名部·审讼. 康熙三十八年（1699年）种书堂刊本.

② 司马迁. 史记：卷107：魏其武安侯列传. 北京：中华书局，1959：2852.

③ 同①.

不合拷讯者取众证为定》条规定："诸问囚，皆判官亲问，辞定令自书款，若不解书，主典依口写讫，对判官读示。"具体做法是：审讯官在取得人犯供词以后，要人犯在供状上签字画押，人犯不会写字，书吏为其代写。人犯画押完毕，当场读示，人犯心服，审讯官与书吏再根据供词摘出几条要点，"仍示囚详认书字，能书者，亲书结款"①。务求人犯心服口服，要求人犯具结永不反悔的认状。

古代允许刑讯逼供，虽然法律规定不能随意使用刑讯，但在审讯过程中却经常使用刑讯，司法官们认为这是查案取供最便捷和有用的方法。所以虽然限制刑讯，而且对滥用刑讯还有处罚，但滥施刑讯的现象却是普遍存在的。例如《尉缭子·将理篇》讲："笞人之背，灼人之胁，束人之指，而讯囚之情，虽国士有不胜其酷而自诬矣。"秦简《封诊式》规定："诘问到犯人辞穷，多次欺骗，还改变口供，拒不服罪，依法应当拷打。拷打犯人必须记下。"② 而"赵高治（李）斯，榜掠千余，不胜痛，自诬服"③。对于丞相尚且采取严刑逼供，其他可想而知。审判者滥刑逼供，因为能够用这些刑逼而来的供词作为定案依据，当然可以邀功请赏，甚至可以保住乌纱帽，步入高升之道，以人犯的鲜血和生命换取自己的自得自安。廷尉史路温舒在上汉宣帝书中讲道："治狱之吏皆欲人死，非憎人也，自安之道在人死。""人情安则乐生，痛则思死，棰楚之下，何求而不得？故囚人不胜痛，则饰辞以视之；吏治者利其然，则指道以明之；上奏畏却，则锻练而周内之。盖奏当之成，虽咎繇听之，犹以为死有余辜。"④ 在奉上安下的体制下，官僚政治恶性发展，岂管囚人是否冤屈，酷吏比比皆是。

刑讯逼供，使人人怀恐惧之心，也不利于统治秩序的稳定，所以法律对刑讯的规定日趋严格。如《唐律》中规定"老幼不拷讯"，对"决罚不如法"和"监临以杖捶人"的官吏有一定处罚，即便是允许刑讯，也要求"拷囚不得过三度，总数不得过二百，杖罪以下不得过所犯之数。拷满不承，取保放之"。对于拷问过度和知道过度而不检举者，也都有一定的处罚。

宋代沿用唐制，但对有关刑讯的规定更加严格，一是不许状外勘事，二是拷问要书写"录问"状，三是案成以后上司检查"录问"状。"录问"状除审问官签字之外，被拷问人也要画押。如《宋刑统·断狱·不合拷讯者取众证为定》条规定："诸道、州、府，凡有推鞫囚狱，案成后，逐处委观察、防御、团练、军事判官，引所勘囚人面前录问，如有异同，即移司别勘。"发现不实，还要对推鞫官吏进行责罚。元代承袭此制，加强司法监察，御史鞫勘也成为制度。

明清对刑讯的规定更加严格，除因袭前代刑讯规定外，在用刑时间上有了许多规定。如明代禁刑时间是在立春以后，秋分以前；每月还有禁刑日期，即 1、8、14、15、18、23、24、28、29、30 等日，共计 10 天。如果在禁刑的月份和日期动刑，要受到查参处治⑤。除此之外，在国家规定的节假日和有大典礼的日子里也不能用刑。如《大清律

---

① 谢维新．古今合璧事类备要外集：卷 23：刑法门·款辨·刑法总论．上海：上海古籍出版社，1992.

② 睡虎地秦墓竹简整理小组．睡虎地秦墓竹简．北京：文物出版社，1978：247.

③ 司马迁．史记：卷 87：李斯列传．北京：中华书局，1959：2561.

④ 班固．汉书：卷 51：路温舒传．北京：中华书局，1962：2370.

⑤ 申时行，等．明会典：卷 177：刑部·决囚，北京：中华书局，1989：904.

例·刑律·断狱·死囚覆奏待报》条规定："凡遇庆贺穿朝服及祭享、斋戒、封印、上元、端午、中秋、重阳等节，每月初一、初二，并穿素服日期，俱不理刑名。四月初八不宰牲，亦不理刑名。"实际上所有上述烦琐的形式规定，并没有遏止大多数官吏滥用刑讯，他们往往以用刑作为办案的主要手段，借刑讯恫吓以掩盖自己的庸碌低能。朝廷既规定了什么日子不能用刑，便在准用刑的日期集中用刑，甚至刑上加刑，遍用刑具，所以在人们的眼中，官府于堂问案之日一定要用刑，那时肯定是刑杖声不绝于耳。

除了在规定的日期不准进行刑讯之外，有些审判官比较明白事理，知道滥用严刑必造成无可挽回的灾难，因此自己也有一些"不打"的约定，如"万寿圣节不可打，国忌不可打，年节朔望不可打，大风雪不可打，疾雷暴雨不可打，人走急方至不可打，盛怒不可打，酒后不可打，事未问明不可打，要枷不可打，要监不可打，要夹不可打，孝服不可打，孕妇不可打，年老废疾不可打，稚童不可打，人有远行不可打"①。这种约定应该是个别具有良知且通谙世情官吏的自我约束，并不是官场普遍的守则，并且是因人而异的，全凭审判官本人的认识和风格，并没有强制的约束力。

对刑讯的刑具，历代都有明文规定。如明清的刑具有笞、杖、讯杖、枷、杻、铁索、镣等，分别用于不同情况，更颁布有规定的图式和规格，各地方必须按照朝廷发下的样品统一制造。按《大明律直解·狱具图》规定：笞杖"大头径二分七厘，小头径一分七厘，长三尺五寸，以小荆条为之。须削去节目，用官降较板，如法校勘。毋令筋胶诸物装钉。应决者，用小头，臀受"。杖"大头径三分二厘，小头径二分二厘，长三尺五寸，以大荆条为之。亦须削去节目，用官降较板，如法校勘。毋令筋胶诸物装钉。应决者，用小头，臀受"。讯杖"大头径四分五厘，小头径三分五厘，长三尺五寸，以荆杖为之。其犯重罪，赃证明白，不服招承，明立文案，依法拷讯，臀腿分受"。枷"长五尺五寸，头阔一尺五寸，以干木为之。死罪重二十五斤，徒、流重二十斤，杖罪重一十五斤。长短轻重，刻志其上"。杻"长一尺六寸，厚一寸，以干木为之。男子死罪者，用杻。犯流罪以下及妇人犯死罪者，不用"。铁索"长一丈，以铁为之，犯轻罪人用"。镣"连环，共重三斤，以铁为之。犯徒罪者，带镣工作"。清代略有改动，将荆条改为竹板。《大清律例·名例·五刑》规定："竹板长五尺五寸。小竹板，大头阔一寸五分，小头阔一寸，重不过一斤半。大竹板大头阔二寸，小头阔一寸五分，重不过二斤。其强盗、人命事件酌用夹棍。"笞用小竹板，杖用大竹板。增加了明代规定不允许使用，但实际上却普遍使用的夹棍和拶指。"夹棍中梃木长三尺四寸，两旁木各长三尺。上圆下方，圆头各阔一寸八分，方头各阔二寸。""拶指以五根圆木为之，各长七寸，径圆各四分五厘，其应夹人犯不得实供方夹一次，再不实供许再夹一次。"所谓的"枷者，其人之罪有关纪纲法度，非一责可了，方暴之于众辱之于市"。铁索、镣铐"系以作工，盖防其兔脱耳。然钮铐惟重犯乃用"、"夹棍惟人命强盗重犯不招则用之"②。

朝廷还允许在刑讯中使用另外的手段，"凡问刑各衙门一切刑具，除例载夹棍、拶指、枷号、竹板，遵照规定尺寸式样，官为印烙颁发外，其拧耳、跪链、压膝、掌责等

---

① 黄六鸿. 福惠全书：卷11：刑名部·热审减刑. 康熙三十八年（1699年）种书堂刊本.

② 黄六鸿. 福惠全书：卷11：刑名部·用刑. 康熙三十八年（1699年）种书堂刊本.

刑，准照其常行用"①。这样的规定也一再有过调整，一般"凡讯囚用杖，每日不得过三十。热审得用掌嘴、跪链等刑；强盗人命酌用夹棍，妇人拶指，通不得过两次。其余一切非刑有禁"②。但"决罚不如法"例却讲："奉天地方，审理事件，人犯到案，先将锁链盘于地上，令其膝跪，又以荆条互击其背。"时而规定跪链为常刑，时而又禁止跪链，实际还是给行刑讯者以很大的空间。

根据朝廷规定，官府可以在刑具上采用一些变通的措施，如将规定的笞杖、刑杖、讯杖分出等级，即"竹板有三号，最大有毛头，谓之龙须板，偶一设之，所以威吓土豪衙蠹，非轻用之物也。其三号者，头号打强盗恶棍衙役犯赃私作弊者，二号乃常刑，三号则比较钱粮、暨乡愚小讼之类耳"③。虽然对那些"私立创设刑具，致有一二三号不等，及私造小夹棍、木棒锤、连根带须竹板，或擅用木架撑执、悬吊、敲踝、针刺手指，或数十斤大锁并联枷，或用荆条互击其背，乃例禁所不及概载，一切任意私设者，均属非刑"④；朝廷也三令五申地加以禁止，但在实际审判中，却从来禁止不住非刑，"严刑拷打的种类相当繁多，大部分不见于法典，但在通常做法上是全国人所共知的"⑤。而见于法典的也非常残酷，如南朝齐的"测罚"，采取"断食三日，听家人进粥二升。女及老小，一百五十刻乃与粥，满千刻而止"。南朝陈的"立测"，采取"以土为垛，高一尺，上圆，劣容囚两足立。鞭二十，笞三十讫，著两械及杻，上垛。一上测七刻，日再上。三七日上测，七日一行鞭。凡经杖，合一百五十，得度不承者，免死"⑥。

按照法律规定，官府是不能滥用刑讯手段的，所以自《唐律》将"决罚不如法"应受惩罚的规定写入律文以来，历代沿袭，并不断完善。如《大明律·刑律·断狱·决罚不如法》规定："凡官司决人不如法者，笞四十；因而致死者，杖一百，均征埋葬银一十两。行杖之人各减一等。其行杖之人，若决不及肤者，依验所决之数抵罪，并罪坐所由。若受财者，计赃，以枉法从重论。"但深明律例的官吏们总会找出一些理由来应付，"然例虽严，而巧于规避者，盖自若也"。何况笞、杖等罪都可以用钱来赎，行刑之人多视此为获取横财的大好时机，暗里掌握分寸，得财从轻，受仇雠买嘱者从重，甚至杖后致命，这样的陋规恶习，狡黠多端，其中的过节，仅能意会，不可言传。

古代除法律上规定的笞、杖、鞭、扑等刑讯手段外，还普遍存在法外用刑。如北魏"时法官及州郡县不能以情折狱。乃为重枷，大几围；复以缒石悬于囚颈，伤内至骨；更使壮卒迭搏之。囚率不堪，因以诬服。吏持此以为能"⑦。北齐"时有司折狱，又皆酷法。讯囚则用车辐𣘻杖，夹指压踝，又立之烧犁耳上，或使以臂贯烧车釭。既不胜其苦，皆致诬伏"⑧。武则天时，"推劾之吏，以深刻为功，凿空争能，相矜以虐。泥耳囊头，折肋签爪，悬发熏耳，卧邻秽溺，刻害支体，糜烂狱中，号曰'狱持'；闭绝食饮，昼夜

---

① 官修. 清会典事例：卷723：刑部. 清光绪二十五年（1899年）刊本.
② 赵尔巽，等. 清史稿：卷144：刑法志三. 北京：中华书局，1977：4213.
③ 黄六鸿. 福惠全书：卷11：刑名部·用刑. 康熙三十八年（1699年）种书堂刊本.
④ 官修. 清会典事例：卷839：刑部. 清光绪二十五年（1899年）刊本.
⑤ 孙中山，柯林斯. 中国之司法改革. 贺跃夫，周黎明，译. 中山大学学报，1984（1）.
⑥ 魏徵，等. 隋书：卷25：刑法志. 北京：中华书局，1973：703.
⑦ 魏收. 魏书：卷111：刑罚志. 北京：中华书局，1974：2877.
⑧ 同⑥704.

使不得眠，号曰‘宿囚’。残贼威暴，取快目前。被诬者苟求得死，何所不至”[①]。武则天任用酷吏来俊臣、周兴等来治狱，用枷还有美妙的名称，如“玉女登梯”“仙人献果”“凤凰晒翅”“驴驹拔橛”等。“玉女登梯”即使囚立于高木之上，引枷尾向后。“仙人献果”即跪地捧枷，在上面累砖加瓮。“凤凰晒翅”即以椽绑住犯人手脚而旋转之。“驴驹拔橛”即以物绊囚犯腰部，引枷向前。宋代“监司、郡守，擅作威福，意所欲黥，则令入其当黥之由，意欲所杀，则令证其当死之罪，呼喝吏卒，严限日时，监勒招承，催促结款。而又擅置狱具，非法残民，或断薪为杖，掊击手足，名曰‘掉柴’；或木索并施，夹两脰，名曰‘夹帮’；或缠绳于首，加以木楔，名曰‘脑匝’；或反缚跪地，短竖坚木，交辫两股，令狱卒跳跃于上，谓之‘超棍’，痛深骨髓，几于殒命”[②]。金代“州县立威。甚者置刃于杖，虐于肉刑。季年，君臣好用筐篋故习，由是以深文傅致为能吏，以残酷办事为长才”[③]。元代“百司断理狱讼，循用金律，颇伤严刻”，后来订正了法律，但“事类繁琐，挟情之吏，舞弄文法，出入比附，用谲行私，而凶顽不法之徒，又数以赦宥获免；至于西僧岁作佛事，或恣意纵囚，以售其奸宄，俾善良者喑哑而饮恨，识者病之”[④]。明代“酷吏辄用挺棍、夹棍、脑箍、烙铁及一封书、鼠弹筝、拦马棍、燕儿飞，或灌鼻、钉指，用径寸嫩杆、不去棱节竹片，或鞭脊背、两踝致伤”[⑤]。孙中山先生自述他在前清时，曾经“应邀参加一种新发明的名叫‘白鸟变形’的审讯方法。受刑者被剥光衣服，全身贴满五六寸长两寸宽的纸条，看上去像一只白鸟。然后点燃纸条。这一方法反复使用，直到身上起疱。随后将浓盐水涂满全身。受害人的痛苦非语言所能形容”[⑥]。历朝历代都使用过数不清的酷刑，存在过说不清的冤案，法外用刑是这方面的集中表现。

清末修订法律，没有将刑讯彻底废除，曾经议行以罚代刑。光绪三十一年（1905年）九月十六日，沈家本与伍廷芳曾经上过《轻罪禁用刑讯笞杖改为罚金请申明新章程折》，要求清廷谕令各地督抚，督同臬司，严饬所属州县，实力奉行新章程，但收效甚微，因为此时清廷政令已经很难再出都门，地方督抚视为具文，州县则依然如故。

1912年3月2日，孙中山发布《大总统令内务司法两部通饬所属禁止刑讯文》；3月8日，司法部发布《司法部咨各省都督停止刑讯文》：“不论行政司法官署及何种案件，一概不准刑讯。鞫狱当视证据之充足与否，不当偏重口供。其从前不法刑具，悉令焚毁。仍不时派员巡视，如有不肖官司，日久故智复萌，重煽亡清遗毒者，除褫夺官职外，付所司治以应得之罪。”[⑦] 同时规定严禁体罚，“不论司法行政各官署，审理及判决民刑案件，不准再用笞、杖、枷号及其他不法刑具，其罪当笞、杖、枷号者，悉改科罚金、拘留”[⑧]，进而全面否定沿袭数千年的刑讯制度。

---

① 欧阳修，宋祁．新唐书：卷56：刑法志．北京：中华书局，1975：1415.

② 脱脱，等．宋史：卷200：刑法志二．北京：中华书局，1977：4996.

③ 脱脱，等．金史：卷45：刑志．北京：中华书局，1975：1014.

④ 宋濂，等．元史：卷102：刑法志一．北京：中华书局，1976：2605.

⑤ 张廷玉，等．明史：卷94：刑法志二．北京：中华书局，1974：2315.

⑥ 孙中山．中国的司法改革．近代史研究，1984（2）.

⑦ 中国第二历史档案馆．中华民国档案资料汇编：第2辑．南京：江苏人民出版社，1981：110.

⑧ 近代史研究所史料组．辛亥革命资料．北京：中华书局，1961：271.

刑讯传统根深蒂固，要想全面废除是很难的。北洋政府则恢复刑讯制度，流遣、笞刑、掌责依然成为逼取口供的手段，县知事兼理司法，还和前清知县一样拥有任意刑讯、体罚和熬审的权力。南京国民政府虽然在法律上禁止了刑讯制度，但法外制裁、滥施酷刑的现象相当普遍，既继承了前代的非刑吊打、坐老虎凳、披麻戴孝、灌辣椒水、鞭打、棒捶、火烧、烙铁、下油锅、钉竹签等残酷的刑讯手段，又创造和学习了电椅、电手套、测谎器、站铁笼等新的刑讯手段，实施秘密刑讯，秘密处罚、秘密杀害，实行的是法西斯恐怖统治。

三、判决与执行

与世界历史的发展相同，中国古代也是从“神明裁判”发展为“法律裁判”的，所不同的是中国古代的“神明裁判”只适用于疑难案件，如果是案情清楚，便依照法律判决。例如传说中的皋陶断狱，使用獬豸以触不直。獬豸是传说中的异兽，据说能够明辨是非曲直，对于人间的争讼，能以角触有罪之人。这是在案情难决的情况下采取的办法，并不是所有的争讼都用獬豸来辨别。再如商代的贞卜，也是在疑难情况下使用的，如《左传・桓公十一年》讲：“卜以决疑，不疑何卜。”《礼记・曲礼上》讲：“卜筮者，先圣王之所以使民信时日，敬鬼神，畏法令也，所以使民决嫌疑，定犹与也。”《尚书・洪范》讲：“立时人作卜筮，三人占，则从二人之言。汝则有大疑，谋及乃心，谋及卿士，谋及庶人，谋及卜筮。”可见，卜筮是在难以决断的情况下使用的，但已经具有一定的人间因素。《左传・成公六年》讲：“三人占，从二人，众故也。”众多占卜者，在权力的作用下，必然也会窥探当权者的意图。

西方的神明裁判通常用水、火来考验，“这是一种用烧红的烙铁或开水考验被告人的做法”①。也就是看被烫人是否会烫伤，或烫伤后痊愈的情况来断罪，这种做法后来演变为酷刑。中国在三代时也使用过这种做法，至今研究者认为商纣王的“炮烙之刑”就是祈求神明裁判，而鼎烹、焚炙等刑罚也是从神明裁判发展而来的。如《韩非子・内储说上》讲：“李悝为魏文侯上地之守，而欲人之善射也，乃下令曰：‘人之有狐疑之讼者，令之射的，中之者胜，不中者负。’令下而人皆疾习射，日夜不休。”西方有些法学家还把流行于欧洲中世纪的司法决斗也纳入神明裁判之列，因为胜者无罪，败者有罪，与中国古代以射中的来争胜负有近似之处。

制定了法律，则主要依据法律的规定裁判，也就出现了“议决”制度。《周礼・秋官・小司寇》贾公彦疏云：“若有罪当议，议得其罪，乃附邦法而附于刑法也。”这种议决也只适用于疑难案件、死刑案件和事关“八议”人物的案件；一般案件，承审官就可以依照法律判决，无须再“议决”了。

议决一般由上级司法机关负责。《周礼・秋官・乡士》：“司寇听之，断其狱，弊（裁决）其讼于朝，群士司刑皆在，各丽其法，以议狱讼。”司寇偕众法官一起议决，议不能决，则“谋及庶人，谋及卜筮”，实际上是三次集议，所以《唐律疏议・断狱・疑罪》

---

① 费多罗夫．外国国家和法律制度史．叶长良，曾宪义，译．北京：中国人民大学出版社，1985：70．

讲："即疑狱，法官执见不同者，得为异议，议不得过三。"历代基本因循此制，所有疑案和重大案件，最多经过三审决断，类似于现代的三审终审。

本来一般案件是承审官判决，但在晋以后出现"鞫谳分司"制。"断决大狱，皆先牒明法，定其罪名，然后依断"。所谓"明法"是大理寺的律博士和刑部曹明法，隋文帝认为这种"鞫谳分司"是"为政之失"，"其大理律博士、尚书刑部曹明法、州县律生，并可停废"①，改由诸曹决事。宋代设"司理院"，由司理参军专管审判，称"鞫司""推司""狱司"；原来的司法参军则专管检法定刑，称"谳司""法司"；从中央到地方都实行这种"鞫谳分司"，使审问官员不能检法定刑，检法定刑官员不能审问，在互相监督的情况下，将权力集中于上。宋代以后，废除"鞫谳分司"制，仍由承审法官依法定刑。

按照古代法律，承审官只要取得口供和证据，便可以"问拟"了。"问拟者，问其所犯之由，而拟其罪也。"自宋代以后，地方初审官的判决权力不断被削减，以至只能够对户婚、田土、钱债等小事进行调解处分，可以当堂决断并宣读"审语"及判决笞杖以下的刑罚。"审语乃本县自准告词，因情判狱，救其两造之是非，而断以己者"。这种"审语"因为是"以主惟在我，直决之以为定案，而更书其判狱之词以昭示之也"。这类案件经原、被告签字画押，便可归入卷宗，以备上司不时或定期检查，每月都要造册上报。因此，"审语之难，不在合式，在原被之匿情肤诉，两证之左坦饰虚，而我能折之，使彼此输心允服，因笔之以为不可移易之为难也"。因为如果诉讼双方有不服的，可以上控，乃至到中央去京控，一旦弄得沸沸扬扬，就会影响到初审官的前程。

对于刑事案件，即使是笞杖之类的罪责，初审官在原则上都要开具事由并提出自己的看法上报给上司，等待上司乃至中央的覆批下来，才可以进行判决。这种上报叫作"看语"，也称"看审"。"夫所谓看语，乃上司批审与本县详宪之事，覆批究拟而审明具狱之情罪以谳者也。不曰审语而曰看语者，以所谳不敢自居成案，仅看其原情以引律拟罪，而仰候宪裁也。"因此"看语之难，不在引律，在词中之头绪烦多，情罪纷杂，而能使上官一目已了如指掌，固无俟详览招供之为难也"②。要求让上司看明罪行所在，因此开头语不是用"看得"，便是用"查得"，将案情如实汇报，由上司决定按哪条律例进行判决。上司批复下来，初审官便可以按批示撰写判词，再申报上司核准，然后负责具体实施。

初审官为了避卸责任，在拟罪时往往从重不从轻。"刑狱之拟，贵在明允，与其过求，毋宁过恕，故罪有惟轻之疑，杀有不经之失，盖一成莫易，君子慎之。奈何今之司理好事吹求，苛刻是务！以深文巧诋为能，以哀矜勿喜为拙。故入夫罪则旋添情节以合律妄，引夫例则摘去字句以从招，甚至请托徇人，通贿自鬻于以枉，其是非之实，又有不可胜言者。由是，扣胸之夫接踵于狱中，茹冤之妇不止东海一人而已，是曰滥拟。"③这种"滥拟"往往能够"使阅者诵之，其可喜、可怒、可泣、可悲之情，不觉油然而动，

① 魏徵，等. 隋书：卷25：刑法志. 北京：中华书局，1973：713.

② 黄六鸿. 福惠全书：卷12：刑名部·看审赘说. 康熙三十八年（1699年）种书堂刊本.

③ 张萱. 西园闻见录：卷97：听讼·前言. 北京：哈佛燕京学社，1940.

勃然而生”①，直接影响上级的批复。

判词要向犯人及其家属、人证宣读，先秦称“读书”，秦汉称“读鞫”，唐宋以后称“读判”“具告”“宣判”。当庭宣判之后，要取得当事人的“服辩”。《唐律·断狱·狱结竟取服辩》条规定：“诸狱结竟，徒以上，各呼囚及其家属，具告罪名，仍取囚服辩。若不服者，听其自理，更为详审。”明清则规定得更加详细，如《大明律·刑律·断狱·狱囚取服辩》条规定：“凡狱囚徒流死罪，各唤囚及其家属具告所断罪名，仍取囚服辩文状。若不服者，听其自理，更为详审。”“其囚家属远在三百里之外，止取囚服辩文状，不在具告家属罪名之限。”对判决不服的，准许依审级上诉。

先秦执行刑罚是采用公开的形式，“凡杀人者踣诸市，墨者使守门，劓者使守关，宫者使守内，刖者使守囿，完者使守积”②。汉代以前，县级判决执行的权力较大，正如《急就章》所讲：“闾里乡县趣辟论”。所有的处罚在县就可以“读鞫已乃论其罪”。魏晋以后，县的判决执行权力逐渐缩小，判决也有了等级。如《大明律·刑律·断狱·有司决囚等第》条规定：“凡狱囚鞫问明白，追勘完备，徒、流以下，从各府、州、县决配。至死罪者，在内听监察御史、在外听提刑按察司审录无冤，依律议拟，转达刑部定议奏闻回报。直隶去处，从刑部委官与监察御史；在外去处，从布政司委官与按察司官公同审决。”清代则改为“在内法司定议，在外听督抚审录无冤，依律议拟，法司覆勘定议，奏闻回报，委官处决”。一些被授予“王命旗牌”的督抚，则有专断的权力。

按照规定，笞杖刑的判决当庭执行，但是否认真，缺乏严格的监督，以致狱吏“冒夜秉烛杖罪人，至有雇人受杖者”③。这种代人受杖在清代曾经是一些社会流氓赖以套取钱财，作为谋生的一种勾当，“缘此等本是丐流，既得讼家钱，且解省时，沿途均官为之供食，狱结，照例充军，又可中途脱逃”，所以“为此者甚多”④。

徒刑和流刑的执行，在宣判以后即押往劳役场所和流放地。如汉代《急救篇》讲：“轮属诏作谿谷山，箛篍起居课后先。斩伐材木斫株根，犯祸事危置对曹。”犯罪者要在监督下从事沉重的体力劳动，若不能够完成工作，还要受到处罚。《唐律·断狱·徒流送配稽留》条规定：“诸徒、流应送配所，而稽留不送者，一日笞三十，三日加一等。”宋以后徒刑和流刑还要兼施杖刑，特别是宋代，还要在犯人面上刺字，集杖、黥、流、役等刑罚于一身。

死刑的执行，古代也是采用公开的原则，除特别的人犯和妇女之外，一般都押往市曹处决。《周礼·秋官·乡士》曰：“狱讼成，士师受中，协日刑杀，肆之三日。”要选择日期行刑，并且陈尸三日，称之为“弃市”。古代相信天时，认为秋天有肃杀之气，所以一般情况下死刑都在秋冬执行，但秋冬也有禁止执行的日期，即每月 1、8、14、15、18、23、24、28、29、30 为禁杀日；执行时间也要求在未、申时辰（下午 1—5 时）。如《唐律·断狱·立春后不决死刑》条规定：“诸立春以后、秋分以前决死刑者，徒一年。其所犯虽不待时，若于断屠月及禁杀日而决者，各杖六十。待时而违者，加二

① 黄六鸿．福惠全书：卷 5：莅任部·详文赘说．康熙三十八年（1699 年）种书堂刊本．

② 班固．汉书：卷 23：刑法志．北京：中华书局，1962：1091．

③ 李焘．续资治通鉴长编：卷 76．大中祥符四年（1011 年）．北京：中华书局，1979．

④ 徐珂．清稗类钞·狱讼类·叩阍．北京：中华书局，1984：975．

等。”《宋刑统·断狱·决死囚·准敕》曰：“决囚，准令，以未后者，不得过申时，如敕到府及诸司，已至未后者，即至来日，仍勒本司官，准旧例，与御史同监引决。”

古代在判决之后，往往还实行赎罚的处置。如明清律例规定有赎刑、准折及罚纸等项，其标准则分无力、稍有力、有力。“家贫不足以入锾者，谓之无力”。“家道略饶于无力者，谓之稍有力”。“饶裕之家，谓之有力”①。按照这个标准来确定做工，或纳工价、折银上库，称“折赎”；老幼、废疾、工役、乐户、妇女可以“收赎”；军职正妻、照例难以明确判刑者、妇女有力者，可以“赎罪”。除此之外，还有“罚纸”，即缴付官府的办公用度。明清律例规定：“其一应罚纸囚犯，追至三月不能完结者放免。”② 标准模糊，又主要取决于承办人的意见和追求财利，“滥罚”就习以为常。“拟狱有定议，自宜查照发落，间有以为情重律轻，罪外加谴，或指修理，或指修荒，或指作兴，或指军饷，巧立名色，重为厚利，遂使卖男鬻女，散之四方，破产荡家，委之沟壑者，往往如是，是曰滥罚。”③ 滥罚所得，进入朝廷府库者少，纳入官吏私橐者多。中华民国法律规定有罚款，虽然公布具体额度，但也给司法者以很大的裁量权，轻重也难以一概论之。

清末修律，将死刑执行改为在特定的行刑场所秘密执行，“凡杀人者踣诸市”的传统才被否定，但死刑公开执行在中华民国一直存在。如“二七罢工”的工人代表林祥谦被军阀当众砍掉手足处死，国民党施行白色恐怖，往往不经司法机关审判，就予以当众处死，以至于成千上万的革命工人和农民头颅被砍下来悬挂在城镇乡村。

四、监狱制度

中国古代监狱与现代监狱是有所区别的。现代意义上的监狱是关押已经判决的犯人的，“行刑限于徒刑与拘役之执行，以使受刑人改悔向上，适于社会生活为目的”④。古代监狱除了关押罪犯之外，对犯罪嫌疑人也进行收押，为了审讯上的方便，有时也收押原告和证人，包括了关押和羁押的功能。

据古籍记载，“皋陶造狱”，“三王始有狱”，所以在舜时就有“犴狱”。现在可考的三代监狱名称有：夏的夏台、钧台、圜土、丛棘、念室等，商的羑里、动止，周的囹圄、灵台，春秋战国的深室、楼台、石室、徒人城，等等。自秦以后，中央设有狱，地方也设有狱，中央的狱名不同，所关押的人犯也不同，如诏狱关押的是钦犯，宫中的狱关押的是宫廷服务人员或亲贵，御史台狱关押的是被弹劾犯法的官员，等等。

古代监狱的建筑形式和格局主要以当时推崇的天文理论为根据，并没有考虑使用上的方便。按照古代天文学说，主管狱事务的是昴星，“昴主狱事，典治囚徒也”，“昴者，天子之耳也，主西方”⑤。因此，监狱建筑地点总是坐落在皇宫或官署的西面，其建筑层次也是依照古天文理论来区分的，认为“杓端有两星：一内为矛、招摇；一外为盾、天

① 黄六鸿．福惠全书：卷12：刑名部·问拟．康熙三十八年（1699年）种书堂刊本．
② 申时行，等．明会典：卷159：刑部·名例上．北京：中华书局，1989：823．
③ 张萱．西园闻见录：卷97：听讼·前言．北京：哈佛燕京学社，1940．
④ 李甲孚．中国监狱法制史．台北：台湾商务印书馆，1984：183．
⑤ 李昉，等．太平御览：卷7：天部·袄星．北京：中华书局，1960：36．

锋。有句圜十五星，属杓，曰贱人之牢。其牢中星实则囚多，虚则开出”①。依此，牢狱有层次，如明清州县监狱“犴狴门内分为四层。第一层，近狱神祠者，为软监，一切重案内从轻问拟者，应追赃未完及拟徒候遣者居之。第二层，稍进者，为外监，流罪及人命窝逃正犯、偷窃未结者居之。其两层专令狱卒掌管。第三层，又进者，为里监，所谓重监是也，人命重犯已结拟辟及强盗审明情可矜疑者居之。第四层，最深邃者，为暗监，所谓黑狱是也，强盗历年缓决及新盗拟辟者居之”②。

监狱里设立狱神庙的历史也很悠久，至少在唐代就已经出现。狱神庙所供主神应该是蓐收，是传说中的西方之神，主管刑罚，一名司秋③。监狱大门上画有“狴犴”的图案。狴犴是野兽名，根据古代传说，龙生九子不为龙，九子的说法不一，传说狴犴是第四子，“平生好讼，今狱门上狮子头，是其遗像”。另一说狴犴也名“宪章”，“其形似兽，有威性，好囚，故立于狱门上”④。用这种图形主要是为了震慑罪犯，增加恐怖感。

有关监狱的法律出现也很早。《周礼·秋官·司圜》曰：“凡圜土之刑人也，不亏体；其罚人也，不亏财。”《周礼·秋官·掌囚》曰：“凡囚者，上罪梏拲而桎，中罪桎梏，下罪梏，王之同族拲，有爵者桎，以待弊罪。”《法经》中有《囚法》，随着法律制度的不断完善，有关监狱的法规也逐渐增多。如唐代的《捕亡》律有 18 条，有关监狱管理的有“流囚徒役限内亡”“被囚禁拒捍走”“主守不觉失囚”等 3 条；《断狱》律 34 条，有关监狱管理的有“囚应禁而不禁”“与囚金刃解脱”“死罪囚辞穷竟”“主守导令囚翻异”“囚给衣食医药”“囚引人为徒侣”“囚徒伴稽送并论”“领徒囚应役不役”等 8 条。明清律是在唐律的基础上修订的，其中断狱律增加最多，有关监狱的法规主要是集中在断狱、捕亡律中，此外在则例、事例、章程等法规中也有监狱的规定。可以说虽然没有专门的监狱法规，但是有关监狱的规定已经比前代具体。

明清断狱律有：囚应禁而不禁、故禁故勘平人、淹禁、凌虐罪囚、与囚金刃解脱、主守教囚反异、狱囚衣粮、功臣应禁亲人入视、死囚令人自杀、老幼不拷讯、鞫狱停囚待对、依告状鞫狱、原告人事毕不放回、狱囚诬指平人、官司出入人罪、辩明冤枉、有司决囚等第、检验尸伤不以实、决罚不如法、长官使人有犯、断罪引律令、狱囚取服辩、赦前断罪不当、闻有恩赦而故犯、徒囚不应役、妇人犯罪、死囚覆奏待报、断罪不当、吏典代写招草，共计 29 条。直接关系到监狱管理的只有囚应禁而不禁、凌虐罪囚、与囚金刃解脱、主守教囚反异、狱囚衣粮、功臣应禁亲人入视、死囚令人自杀、妇人犯罪等 8 条。

明清捕亡律有：应捕人追捕罪人、罪人拒捕、狱囚脱监及反狱在逃、徒流人逃、稽留囚徒、主守不觉失囚、知情藏匿罪人、盗贼捕限，共 8 条。有关监狱管理的实际上只

---

① 司马迁. 史记：卷 27：天官书. 北京：中华书局，1959：1294.

② 黄六鸿. 福惠全书：卷 12：刑名部·监禁. 康熙三十八年（1699 年）种书堂刊本.

③ 《国语·晋语二》：“虢公梦在庙，有神，人面白毛虎爪，执钺立于西河，……觉，召史嚚占之，对曰：‘如君之言，则蓐收也，天之刑神也。’”注曰：“蓐收，西方白虎金正之官也。”

④ 徐应秋. 玉芝堂谈荟：卷 33：龙生九子. 该条对龙的九子说法进行考证，居然列出：囚牛、睚眦、嘲风、蒲牢、狻猊、霸下、狴犴、赑屭、嗤吻（螭吻）、徒牢、宪章、蟋蜴、蛮蛉、饕餮、金猊、鴟尾、蚓蛥、椒图、鳌鱼、兽吻、金吾等十余种名目。实际上九子之说产生于明代，在当时还没有形成定说，以后也没有划一。清康熙四十二年（1703 年）修补明崇祯刻本。

有狱囚脱监及反狱在逃、主守不觉失囚2条。

古代监狱管理，有研究者总结为：禁系必须审视、鞫讯必须亲为、狱壁必须牢固、囚人衣食必须照料、囚人疾病必须察视、狱中疑似必须辨实、囚房出入必须检查、侦讯用刑必须慎重等8个方面，认为“古人在管理监狱上所采取之措施实至严密”①。也有研究者认为，古代在监狱管理固然有比较完善的规章制度，但“狱制规章还是很不周密，以致丛弊颇深”②。实际上这种弊窦丛生，百禁不止，究其基本原因，无非是两种：一种是来自制度上的，一种是来自人为的。来自制度上的，从不断修订的律例就可以看出。来自人为的则是官吏们的具体行为，而这些行为一方面表现在他们追求个人私利上，一方面也表现在法律缺陷上，使他们可以为奸作弊。

古代监狱管理人员大致分为官、吏、卒三等，官为管狱者，吏为办事者，卒为监管者。设置监狱的部门和地方，监狱事务则由该部门或地方的长官承担主要责任，号称“有狱官”。如清代“州县监狱，以吏目、典史为管狱官，知州、知县为有狱官，司监则设按司狱”③。

清末法律改革时，“别设已决监于外城，以容徒、流之工作，并令各省设置新监，其制大都采自日本。监房有定式，工厂有定程。法律馆特派员赴东调查，又开监狱学堂，以备京、外新监之用。然斯时新法初行，措置未备，外省又限于财力，未能遍设也”④。

北洋政府则依清末之例，建立了一些新式监狱。新式监狱建筑多呈扇形、十字形、一字形、三角形或放射形，以便于监视犯人。新式监狱仿效资本主义国家监狱制度，实行分房监禁制，对犯人实行劳役、教诲和教育。司法部下设监狱司，并有试行的监狱法规，明文规定了收监制度、给养卫生制度、释放制度等。新式监狱设典狱长、看守长、教诲师、教师、医士、药剂师、看守、技师等。北洋政府的新式监狱还保留了传统体制，犯人给养极差，卫生条件恶劣，劳役强度大，死亡率极高，教诲与教育制度形同虚设，对犯人常常实施肉刑和虐待。北洋政府除少数新监狱之外，基本上保留了清朝遗留下来的监狱，“莫不地狭人稠，空气不足，积污丛垢，疫疠繁兴”⑤。北洋政府时期，列强在有租界地的大城市设置监狱，其中大部分监房是为关押中国人所设的，不但条件极为恶劣，而且还滥施刑罚，百般虐待中国人，致使许多中国犯人死亡。

南京国民政府先后发布了《假释管束规则》《监狱作业规则》《监犯保外服役暂行办法》《疏通监狱暂行条例》《非常时期监所人犯临时处置办法》《非常时期监犯调服军役条例》《监狱行刑法》《行刑累进处遇条例》等8个有关监狱的法令，有关监狱的制度和管理进一步规范。然而，南京国民政府在正规监狱之外，还设立了许多法西斯的监狱机构，有关监狱的法规只停留在纸面上。

南京国民政府的正规监狱置典狱长一人，有副典狱长和秘书等协助工作，下设调查分类、教化、作业、卫生、戒护、总务六科，有科长、科员、调查员、教诲师、作业导

---

① 李甲孚．中国监狱制度史．台北：台湾商务印书馆，1984：5.

② 薛梅卿．中国监狱史．北京：群众出版社，1986.

③ 赵尔巽，等．清史稿：卷144：刑法志三．北京：中华书局，1977：4217.

④ 同③4218.

⑤ 同②226.

师、助理作业导师、医师、药剂师、护士、主任管理员、管理员等职位；有女监则设以妇女充任的女监主任，有劳役场则设劳役场主任；此外还有人事、会计、统计室或管理员。

除了监狱之外，还有集中营、反省院、劳动营等。集中营是国民党“军统”和“中统”两大特务组织在全国各地设立的，专门关押共产党员、爱国人士、进步青年的，比较著名的有上饶集中营、息烽集中营、洪坑集中营、白公馆、渣滓洞、西北青年劳动营、江西青年留训所等。反省院是1927年开始建立的，除首都反省院之外，在江西、安徽、浙江、江苏、山西、山东、河北等省也设置，专门监禁和迫害共产党人及进步人士，实行党政双重管理；此外，还有一些军人反省院，属于军事系统，专门关押国民党军人中的“亲共”和进步军人。

古代“狱”是一个非常可怕的字眼，因为这个字眼是和黑暗、残酷、草菅人命联系在一起的，就连统治者也认为：“其为司狱、狱典、狱卒，不观是囚之貌态，不度囚之忧心，又不以己推之，是致囚买生而离死。其主典者见利忘害，径受财而趋死焉。所以趋死者，教囚翻异，接受赃私，纵囚自在，走泄狱情，纵囚在逃，令服毒药，狱杀囚徒”①。“狱吏苛刻，犯无轻重，概加幽禁系，案无新故，动引岁时。意喻色授之间，论奏未成，囚骨已糜。又况偏州下邑，督察不及，奸吏悍卒倚狱为市，或扼其饮食以困之，或徙之秽溷以苦之，备诸痛楚，十不一生”②。苛刻、残忍、暴戾，“刑者甲兵焉，鈇钺焉，刀锯钻凿，鞭扑榎楚，陈乎原野而肆诸市朝，其所由来，亦已久矣”③。血腥的记录不绝于史册，有地狱之称。

北洋和南京国民政府虽然一直打着改革监狱制度的旗号，但在监狱里虐待犯人，使用野蛮酷刑，“如‘火攻’——用烧红的烙铁烫在胸部、背部或大腿上；‘水攻’——用辣椒水灌进鼻腔或嘴内；‘老鹰飞’——将犯人悬吊在空中，飞快地旋转；以及‘踩杠子’、‘坐老虎凳’等。最残酷的是‘站笼子’，笼子有木制的，也有铁制的，所以也叫‘站木笼’或‘站铁笼’。笼子仅有一人高，四周布满铁钉，人犯锁在笼内，只能挺直站立，不能有丝毫转动，如稍有转动，铁钉就会刺痛皮肉。犯人在笼内不消半天，就会刺得遍体鳞伤，鲜血淋淋。凡是锁在笼内的犯人，大都被折磨而死，很少有活着出来的”④。国民党监狱继承了古代所有的酷刑，又在新科学技术发展的情况下增加了电刑等新酷刑，可谓集古今中外酷刑之大全。

---

① 朱元璋．大诰续编·刑狱第四十．北京：科学出版社，1994：128.

② 张廷玉，等．明史：卷94：刑法志二．北京：中华书局，1974：2315.

③ 魏徵，等．隋书：卷25：刑法志．北京：中华书局，1973：695.

④ 潘君明．中国历代监狱大观．北京：法律出版社，2003：213.

第八章

监察制度

重点问题

1. 古代监察行政体制的发展过程及特点。
2. 隋唐时期御史台的台、殿、察三院分工与变化。
3. 明清科道官设置及对国家政务运作的影响。
4. 谏诤体制与谏诤形式在国家政务运作过程中的作用。
5. 监督弹劾的政治功能及其特点。
6. 监察法规修订过程及其特点。
7. 各种监察方法的特色及相互之间的关系。
8. 中华民国监察院的职权与实际监察效能。

监察制度是为巩固统治秩序、保证国家机器正常运转而设立的基本政治制度。监察制度不但可以使中央决策者减少失误，而且可以使中央决策者通过由上而下又由下而上的监督，及时地掌握信息，了解吏治民情，并对各级官府和官吏加强震慑作用，督导他们恪尽职守，保持吏治清廉，提高工作效能，以保证中央的政令顺利执行，维护吏治民生的稳定。可以说，监察制度在国家政治体系中具有制衡的作用，是一项带有根本性的制度。

第一节　监察行政

中国是最早建立监察制度并将其置于国家主要典制地位的国家之一。以御史执掌的纠举弹劾、以巡视考察为核心的监察制度，可以溯源于西周。秦始皇时确立君主专制中央集权制度，“惧宰官之不脩，立监牧以董之，畏督监之容曲，设司察以纠之；宰牧相累，监察相司，人怀异心，上下殊务”①。自此以后作为专制王朝的重要制度，一直在强化，进而形成了以监察军、政、法等方面为主，旁及国家其他事务，有明确分工和权责规定，从中央到地方单线垂直和层层监督的监察体系。

一、拾遗补阙的谏诤体制

《国语·周语上》：“天子听政，使公卿至于列士献诗（献诗以讽谏），瞽献曲（由失明的歌者奏曲以讽谏），史献书（用国家典章制度以规谏），师箴（箴刺王阙，以正得失），瞍赋（无眸子曰瞍，赋诗以讽谏），矇诵（有眸子而无正常视力曰矇，弦歌以讽诵），百工谏（用本身技艺以劝谏），庶人传语（民间流传的话语），近臣尽规（亲近侍从进行规谏），亲戚补察（父兄子弟以补察过失），瞽史教诲（用阴阳天时礼法以教诲），耆艾修之（耆艾，师傅也，辅佐大臣进行总结），而后王斟酌焉，是以事行而不悖。”要求君主广泛听取各方面的意见，慎重决策。

早在尧舜时期就有“谋于四岳”的拾遗补阙制度。据古文献载，对重大政务，尧舜都要咨询四岳的意见。如在继承人问题上，尧曰：“嗟！四岳：朕在位七十载，汝能庸命，践朕位。”舜在设官分职务上也“谋于四岳”，对四岳说：“有能奋庸美尧之事者，使居官相事？”② 夏有“三正”“四辅臣”“三老五更”等号称辅弼的宗亲贵族。《大戴礼记·保傅》云：“匡过而谏邪者谓之弼，弼者，拂天子之过者。”随着历史的发展，历代凡是居于辅政地位和位从“公”的大臣，都有拾遗补阙的谏诤责任。

历代都有朝会议政、廷议、集议、会议等制度，对内政、外交、军事、司法等重大事务进行议论，参加议论的人选视事情大小而定，或宰相会议，或九卿会议，或群臣集议，或有关部门商议，都对决策起到参考和监督作用。

除辅政群臣之外，一些专职从事拾遗补阙的谏诤官员也逐渐出现了。如管仲对齐桓公说：“犯君颜色，进谏必忠，不避死亡，不重富贵，则臣不若东郭牙，请置以为大谏臣。”王利器注：“楚有箴尹之官，亦谏臣。”③ 战国赵“武灵王少，未能听政，立博闻师三人，左右司过三人。”④ 董说《七国考》按：“司过乃谏官耳，博闻师当是备顾问者”，乃是专门的谏诤之臣。

秦置谏大夫，属郎中令，无常员，多至数十人，掌论议；另有大夫、郎、谒者等。“大夫掌论议。有太中大夫、中大夫、谏大夫，皆无员，多至数十人。武帝元狩五年（前 118 年）初置谏大夫（指汉初不设，此时复秦制），秩比八百石。太初元年（前 104 年）更名中大夫为光禄大夫，秩比二千石，太中大夫秩比千石如故。”议郎也掌论议，“谒者掌宾赞受事”。此外还有侍中、给事中、左右曹、诸吏、散骑、中常侍等加

---

① 陈寿．三国志：卷 9：魏书·夏侯玄传．北京：中华书局，1959：296.

② 司马迁．史记：卷 1：五帝本纪．北京：中华书局，1959：38.

③ 王利器．吕氏春秋注疏·审分览·勿躬篇．成都：巴蜀书社，2002.

④ 司马迁．史记：卷 43：赵世家．北京：中华书局，1959：1803.

官，“侍中、中常侍得入禁中，诸曹受尚书事，诸吏得举法，散骑骑并乘舆车”；给事中“掌顾问应对，位次中常侍”①。东汉改谏大夫为谏议大夫，掌顾问应对，随诏任使，无常员。这样，两汉的光禄大夫、太中大夫、谏议大夫、侍中、给事中、左右曹、诸吏、散骑、中常侍、议郎等都有论议之责，“实际是高级参谋，许多重要制度法令的谋议与制定多与他们有关”②。以上职官或加官都具有谏诤和监察的双重职能，但还未确立专门的谏诤机构。

专门谏诤机构应该是以设立侍中寺为始。汉灵帝熹平六年（177 年），献帝“初即位，初置侍中、给事黄门侍郎，员各六人，出入禁中，近侍帷幄，省尚书事”③。曹魏沿设侍中寺并改名为侍中省，对机构进行了较大的调整，设侍中 4 人，掌侍从及谏诤谋议；给事黄门侍郎 4 人，掌侍从左右，规谏政治得失。另置散骑省，设散骑常侍 4 人，掌骑从乘舆及规谏；员外散骑常侍无定员；给事中无定员，或加官，或正员，掌顾问应对；谏议大夫为加官，无定员，掌论议。

晋改侍中寺为门下省，并将散骑省归属其下。门下省以侍中、给事黄门侍郎为正副长官，除原有的散骑常侍、散骑侍郎、员外散骑常侍和侍郎、给事中之外，还增加通直散骑常侍和侍郎、奉朝请等，其职权除“平尚书事”之外，谏诤是主要职责，所以晋武帝称“古者百官，官箴王阙。然保氏特以谏诤为职，今之侍中、常侍实处此位”④。自此以后，谏诤机构主要设在门下省。

南朝刘宋把原属于门下省的散骑省分出来，设置集书省，专掌讽议左右，从容献纳，侍从顾问。集书省主要官员有散骑常侍、通直散骑常侍、员外散骑常侍、给事中、散骑侍郎、通直散骑侍郎、员外散骑侍郎、奉车都尉、驸马都尉、骑都尉、奉朝请等。北魏增设谏议大夫。终南北朝之世，集书省的职权变化不大，机构和人员编制则经常变化。隋代将集书省并入门下省。

隋唐门下省有侍中、门下侍郎、左散骑常侍、左谏议大夫、给事中、起居郎、城门郎、符宝郎等，武则天时增设左补阙、左拾遗。中书省有令、侍郎、舍人、右散骑常侍、右谏议大夫、起居舍人、通事舍人等，武则天时增设右补阙、右拾遗。中书和门下都有谏诤职责，但承担谏诤之责的主要是散骑常侍、谏议大夫、补阙、拾遗等，这些人左隶门下省，右隶中书省，号为谏官。唐人李肇《国史补》云：“谏院以章疏之故，忧患略同，台中则务苛礼，省中多事，旨趣不一，故言：‘遗、补相惜，御史相憎，郎官相轻’。”可见在唐代，谏诤已经被视为一个不可或缺的部门。

宋初以中书省的、门下省的两名官员判谏院事，以两省中的谏议大夫、补阙、拾遗中检选供职。天禧元年（1017 年），谏院在门下省内设立官署，直到宋仁宗明道元年（1032 年）才有了独立的官署。谏院是相对独立的部门，除 1129—1132 年曾经独立设局之外，一直隶属于门下中书省。谏院设左右散骑常侍、谏议大夫、司谏（补阙）、正言（拾遗）等官，由于宋代实行差遣制，其官例以他官知判。谏院职掌规谏讽喻，“凡朝

---

① 班固. 汉书：卷 19 上：百官公卿表上. 北京：中华书局，1962：739.
② 安作璋，熊铁基. 秦汉官制史稿：上册. 济南：齐鲁书社，1984：110.
③ 司马彪. 续汉书志：卷 26：百官三. 北京：中华书局，1965：3593.
④ 房玄龄，等. 晋书：卷 3：武帝纪. 北京：中华书局，1974：53.

政阙失，大臣至百官任非其人，三省至百司事有违失，皆得谏正”。其职责界限本来就不清楚，不但对上谏诤的权限规定含糊，而且也不知谏正百司何种违失，所以在建中靖国元年（1101 年），“言者谓谏官论事，惟凭询访，而百司之事，六曹所报外，皆不得其详。遂诏谏官案许关台察”①。这样的规定，实际上就是取消了谏官对上的谏诤职责，变成了只单纯对下的监察职能。

辽代南面官系统中有中书、门下省，939 年始置左右谏院，左隶门下省，右隶中书省，设谏议大夫、补阙、拾遗等官。因南面官系统在辽政治体系中作用不大，故谏诤职官也形同虚设。

金代设有审官院，“掌奏驳除授失当事”。有谏院，设左右谏议大夫、司谏、补阙、拾遗等官。有登闻鼓院，“掌奏进告御史台、登闻检院理断不当事，承安二年（1197 年）以谏官兼”。有登闻检院，“掌奏御进告尚书省、御史台理断不当事”。有益政院，“以学问该博、议论宏远者数人兼之。日以二人上直，备顾问，讲《尚书》《通鉴》《贞观政要》。名则经筵，实内相也”②。谏诤之职设置很多，但认真履行其职者少，谏臣提出谏诤者很少见于史册。

元代只有奎章阁学士院，“立于兴圣殿西，命儒臣进经史之书，考帝王之治”③，除了学士院学士承担一定的谏诤责任外，不再另设谏官。

明初曾经设置谏院，有谏议大夫、司谏、正言等官，不久废；由六科给事中承担起谏官的责任，建文时期在六科内曾经“增设拾遗、补阙。成祖初，革拾遗、补阙”。“六科，掌侍从、规谏、补阙、拾遗、稽察六部百司之事”④，确立了台谏合一的制度。清初沿明制设六科，雍正元年（1723 年）并入都察院，其职权是“掌言职，传达纶音，勘鞫官府公事，以注销文卷，有封驳即闻”⑤，基本上已经削除了谏诤的职责。即便是没有专门的谏诤之职，具有上奏资格的群臣都可以进行谏诤，而职司监察的科道官也有谏诤之责，但毕竟都不是专职，谏诤也就成为统治者的一种政治装饰，很难发挥作用。

中华民国参议院及国会的设置也具有谏诤意义，国家元首及各部门政务要向参议院及国会陈述，有义务听从参议院及国会的意见，虽然所发挥的作用不大，但毕竟还有对上实施监督的权力。

二、监督弹劾的监察体制

《尚书·胤征》云：“每岁孟春，遒人以木铎徇于路。官师相规，工执艺事以谏。”杜预注：“循于路，求歌谣之言。”也就是说，夏代派名为“遒人”的官员采访民意，兼有纠禁非违之责。甲骨卜辞中有“东吏”“西吏”，是“指派至于东或于西的使者”⑥。“吏”

---

① 脱脱，等. 宋史：卷 161：职官志一. 北京：中华书局，1977：3778.
② 脱脱，等. 金史：卷 56：百官志二. 北京：中华书局，1975：1280.
③ 宋濂，等. 元史：卷 88：百官志四. 北京：中华书局，1976：2223.
④ 张廷玉，等. 明史：卷 74：职官志三. 北京：中华书局，1974：1805.
⑤ 赵尔巽，等. 清史稿：卷 115：职官志二. 北京：中华书局，1977：3307.
⑥ 陈梦家. 殷虚卜辞综述. 北京：科学出版社，1956.

与“史”同，“也就是派驻东西两方面的大使，兼有驻防武官和监察东西两方方国的职任”①。这种派遣贵族或官员去监察地方的做法，在西周也是常见的。

《周礼·天官·宰夫》云：“掌百官府之征令，辨其八职。一曰正，掌官法以治要；二曰师，掌官成以治凡；三曰司，掌官法以治目；四曰旅，掌官常以治数；五曰府，掌官契以治藏；六曰史，掌官书以赞治；七曰胥，掌官叙以治叙；八曰徒，掌官令以征令。”这里的“正”职应该是监察之职，故《周礼·天官·宫正》云：“掌王宫之戒令纠禁”。在“史”职中有“内史掌王之八枋之法，以诏王治。一曰爵，二曰禄，三曰废，四曰置，五曰杀，六曰生，七曰予，八曰夺”。《周礼·春官·御史》云：“掌邦国都鄙及万民之治令，以赞冢宰。凡治者受法令焉，掌赞书。”这种“御史”职并没有监察的责任，只不过主管记事和文书，所以秦赵渑池之会，各召御史记录赵王鼓瑟、秦王击瓴的故事。以御史职司监察的制度应该是在战国时期才出现的。齐威王（前356—前320年在位）时，淳于髡说：“赐酒于大王之前，执法在傍，御史在后，髡恐惧俯伏而饮”②。可见，此时的御史已经有了监督殿堂威仪的职权。《战国策·韩策三》云：“安邑之御史死，其次恐不得也。输人为之谓安令曰：‘公孙綦为人请御史于王，王曰：彼固有次乎？吾难败其法。’因遽置之。”这说明御史已经被派到地方进行监察。《韩非子·内储说上》记魏国县令卜皮为摆脱御史的监视，使用美人计来刺探御史的隐私，并以此为要挟。由此可知，御史监察地方已经基本成为制度，秦代因袭了这样的制度，并进一步完善了御史监察制度。

秦汉在中央设御史大夫，掌管监察并担任副丞相，被授予“典正法度，以职相参，总领百官，上下相监临”③ 的重任和权力。

御史大夫任副丞相兼高级监察人，与丞相分别开府施政，能够洞悉丞相一切措置及用人行政，其监察当然能够抓住要害，会对国家政务起到辅助兼防弊的重要作用。御史大夫的主要职责既包括掌管法令规章、保管诏敕图籍秘书，又包括对官吏的功绩考课，所以他的属官分成两个部分：一是以御史丞为首，统领御史三十人及一些掾、史、属等，在御史府中协助御史大夫办理政务；二是以御史中丞为首，“在殿中兰台掌图籍秘书，外督部刺史，内领侍御史员十五人，受公卿奏事，举劾按章”④，分管皇帝直接交办的监察工作，因为办公地点设在宫中，故称中丞。

西汉末年改御史大夫为司空，东汉因之，监察之责也就落在御史中丞的身上，这时的御史中丞虽然还隶属于少府，但已经发展成为相对独立的监察机构，称“御史台”，号曰“宪台”。《中华古今注》卷上曰：“城门皆筑土为之，累土曰台。”《说文》则解释为：“观四方而高者”。皇宫内累土筑台，象征天子地位高大；在台上建殿阁，则称“台阁”，官署设在这里则以“台”为称。“汉官，尚书为中台，御史为宪台，谒者为外台，是为三台。”⑤ 实际上还有符节台、兰台等，都设在宫中。少府主管宫中事

① 白钢. 中国政治制度通史：第1卷. 北京：人民出版社，1996：542.

② 司马迁. 史记：卷126：滑稽列传. 北京：中华书局，1959：3199.

③ 班固. 汉书：卷83：朱博传. 北京：中华书局，1962：3405.

④ 班固. 汉书：卷19上：百官公卿表上. 北京：中华书局，1962：725.

⑤ 徐坚. 初学记：卷12：职官部. 北京：中华书局，1962：289.

务，所以汉代诸台多文属于少府，实际上少府并不管理它们的具体事务，这些“台”都直接对君主负责。

魏晋时，御史台脱离原来文属的地位，成为完全独立的部门，设在宫中，直接由皇帝控制。南北朝基本上因循。在北魏时，御史台迁出宫中，号为“外台”；宫中有殿中侍御史，号为“内台”。

御史台独立以后，原来御史中丞所统率的属官地位和权力也提高了，并根据所监察的主要事务而一分为三：治（持）书侍御史“掌以法律当其是非”①，主管监察司法；殿中侍御史“居殿内察非法”②，主管监察殿堂朝见威仪；侍御史“掌察举非法，受公卿群吏奏事，有违失举劾之”③，主管纠劾官吏失职滥权及其他违法事件，责任最重。为履行职责，需要分曹治事。汉代有五曹：令曹掌律令，印曹掌刻印，供曹掌斋祠，尉马曹掌厩马，乘曹掌护驾。随着御史监察权力的扩大，分工也日见细密，至两晋时，已经有吏、课第、直事、印、中都督、外都督、媒、符节、水、中垒、营军、算、法等十三曹。御史中丞三方面属官既各有独立的监察范围，又相互配合，反映出当时监察职权地位提高和权力扩大。

隋代在御史台内增加监察御史的员额，使之主管地方监察事务，逐渐导致御史台内部结构的变化。至唐代，御史台设御史大夫、御史中丞为正副长官，“掌持邦国刑宪典章，以肃正朝廷”④。台下分设台、殿、察三院。台院设侍御史若干员，官位虽然只是从六品，但是权势显赫，因为他们的主要职责是纠举百官，参与审判，弹劾官员也不必经御史台长官同意，有权直接向皇帝参奏。殿院设殿中侍御史若干员，从七品，主要职责是纠察朝会时百官仪态行止、言行队列，以维护朝仪的秩序和尊严，并且负责推按狱讼、监察和巡视京城仓库及驻屯京师的诸卫和禁军。察院设监察御史若干员，正八品，主管巡按州县，监察百官和在京的中央机关的工作和簿案。三院分工具体明确，组成一个严密的监察系统。隋唐的监察制度基本上为宋所承袭，并在很大程度上影响着辽、金之制。

元代提高了御史台的地位，使之与中书省、枢密院处于平行的地位，其长官御史大夫骤升为从一品，而且例由皇太子或贵戚兼任，不轻易授人。元代在中央设御史内台，设有御史大夫、中丞、侍御史、治书侍御史等员，“掌纠察百官善恶、政治得失”⑤，并设经历、都事、照磨等官吏分管具体文案工作。内台下辖殿中司，主管纠举弹劾；察院，司耳目之寄、任刺举之事；还附设监狱，可以羁押被弹劾的人犯。在外省设有江南、陕西两个行御史台，设官及品秩一同内台。内、外、行三台分辖二十二道肃政廉访司，构成庞大的监察网络。元代监察官自成系统，有直接奏请任免选用监察官吏之权，这在古代是特殊的制度。

明代改御史台为都察院，监察官的地位又进一步提高。都察院负责纠劾百官，整肃纲

---

① 司马彪. 续汉书志：卷26：百官志. 北京：中华书局，1965：3599.
② 沈约. 宋书：卷40：百官志. 北京：中华书局，1974：1251.
③ 同①.
④ 刘昫. 旧唐书：卷44：职官志三. 北京：中华书局，1975：1905.
⑤ 宋濂，等. 元史：卷86：百官志二. 北京：中华书局，1976：2178.

纪，“为天子耳目风纪之司”。设左右都御史、副都御史、佥都御史等主要长官，直辖经历、照磨、司狱三司，并按地方行政区划分为十三道，设监察御史若干人，分管全国各方面监察工作。明代承宋代御史分察六案（吏、户、礼、兵、刑、工）制度，设六科给事中，按六部的业务进行对口监察，“凡制敕宣行，大事覆奏，小事署而颁之；有失，封还执奏。凡内外所上章疏下，分类抄出，参署付部，驳正其违误”①。六部一应具体工作，均应受六科的检核，形成专职对口审查的制度，这样既达到对中央主要行政部门监督控制的效果，又调节了国家机器的运转，使工作更加严谨和制度化，以减少失误。六科给事中可奉敕审理或兼理一定事务，充任使臣，参加重大刑狱案件的审问，也有单独上奏言事、监督和弹劾百官的权力。六科给事中官品较低（正六品），但可以弹劾上至大学士、大将军，甚至亲王、郡王，下至州县各官，这是古代国家以内驭外、以轻制重、以贱察贵策略在监察体系中的妙用。

明代六科是独立的机构，被称为“风宪之司”，给事中身兼“言官”和“谏官”之职，可以风闻奏事，而不一定负核实的责任，所以当时的六部官员“无敢抗科参而自行者”②。清代则将六科并入都察院，作用明显降低。

清代都察院设官和职权基本同明制，只是院中的主要官员均以“左”职为任，其“右”职则为地方督抚藩臬的兼衔。此外，清代都察院不再设司狱司，将羁押人犯之权统归于刑部。

清末官制改革，曾经筹备设立资政院，使之拥有监督朝廷的虚名，规定其职责为：讨论全国收支预算、公债发行和关税，修订或废除法令，处理地方咨议局与督抚有争议的事项，议论由皇帝提交的其他事项；但所议决事务均要“具奏请旨裁夺”，如各部大臣认为不妥，还必须重新议决。由此可见，资政院根本无权真正监督朝廷，朝廷也不是资政院的执行机关，资政院不过是对朝廷毫无拘束作用的咨询机关，无权议决任何国家大政，也谈不上监督。资政院从 1910 年正式开院议事，共开过两次年会，虽然议论争执激烈，但毫无实效。

御史监察系统是单线垂直型的，涉及的方面也比较广泛。还另有一些带有监察职能的部门，并没有纳入御史监察系统，却直接向皇帝负责。如两汉魏晋南北朝时期，凡是带有“台”的部门，在职权范围内都有监察的事项。诸如，谒者台“掌受诏劳问，出使慰抚，持节察授及受冤枉而申奏之”。司隶台“掌诸巡察”③。尚书台监察公卿，其长官在朝会时“独坐”，并且“主殿上时节威仪”④。符节台主管察授符节玺印违失。隋唐以后的三省也各有“举稽违”“察稽失”的责任，还有“劾御史纠不当者”⑤ 的权力。宋代在尚书省专设御史房，“主行弹纠御史案察失职”⑥。明清时期，凡被弹劾的官员，有时可以奉诏于廷对质，有时也另派他官对监察官弹劾的情节进行复查核实，原弹劾人一般

① 张廷玉，等. 明史：卷 74：职官志三. 北京：中华书局，1974：1805.
② 顾炎武. 日知录集释：卷 9：封驳. 石家庄：花山文艺出版社，1990.
③ 魏徵，等. 隋书：卷 28：百官志下. 北京：中华书局，1973：797.
④ 司马彪. 续汉书志：卷 25：百官志. 北京：中华书局，1965：3578.
⑤ 欧阳修，宋祁. 新唐书：卷 46：百官志一. 北京：中华书局，1975：1185.
⑥ 脱脱，等. 宋史：卷 161：职官志一. 北京：中华书局，1977：3790.

不参加审讯，实际上也起到对监察人员进行监察的效用。

君主为了直接掌握情况，还经常派遣御史、使者、宦官、亲信等奉旨持节监督和处理各项事务，诸如拷问诏狱、督捕盗贼、刺举奸非、监军、监财税等。尤其是刺举奸非，权力极大，如汉代的绣衣直指，曹魏和东吴的校事官，北魏的候官，唐代的知匦使，明代的东厂、西厂、锦衣卫等，都是由君主直接委派的特别亲信，他们用公开或秘密的方式进行特别监察，造成恐怖政治。这些特别监察往往用于治理大狱、检举吏民奸罪、伺察密告。

《周礼·秋官·司寇》记有："掌察四方中士八人，史四人，徒十有六人。"但有关具体职权方面的记载却已经缺失了。仅从名称上看，这些掌察四方的士、史、徒类职官，应该是被派出监察地方的官员。"监御史，秦官，掌监郡。"① 这本来是中央派到地方的监察官，汉代则将之改为"丞"，纳入地方官序列。为加强对地方的控制，汉武帝把全国划分为13部（州）监察区，各部派遣刺史（京师地区为司隶校尉），专以"六条"监察郡国，年终回京汇报。所谓六条，即："一条，强宗豪右田宅逾制，以强凌弱，以众暴寡。二条，二千石不奉诏书遵承典制，倍公向私，旁诏守利，侵渔百姓，聚敛为奸。三条，二千石不恤疑狱，风厉杀人，怒则任刑，喜则淫赏，烦扰刻暴，剥截黎元，为百姓所疾，山崩石裂，妖祥讹言。四条，二千石选署不平，苟阿所爱，蔽贤宠顽。五条，二千石子弟恃怙荣势，请托所监。六条，二千石违公下比，阿附豪强，通行货赂割损正令也"②。这六条监察面是很广的，而且主要监察对象集中在郡一级的主要长官（郡守）。汉武帝认为，郡一级的官风正，持法平，不徇私枉法，不过分敲剥百姓，就可以国泰民安了。故此，在原有地方层层监察的基础上，再增加直属中央监察的内容，使中央直接控制的监察权力得以延伸。

东汉以后，州变成行政区，监察体制也纳入到各种层次的行政区域，有权察劾检举各级官员和地方豪强恶势力，也负责褒扬和推荐有德行和有才干的人物。中央对地方的直接监察，除采用不定期和不定官职的遣吏巡察之外，又扩大了原在京师地区"司隶校尉"的职权，使之成为"司隶台"，负责京畿及全国州县的巡察事务，以"六察"为标准。所谓六察，即："一察品官以上理政能不。二察官人贪残害政。三察豪强奸猾侵害下人，及田宅逾制，官司不能禁止者。四察水旱虫灾，不以言实，枉征赋役，及无灾妄蠲免者。五察部内贼盗，不能穷逐，隐而不申者。六察德行孝悌，茂才异行，隐不贡者"③。唐代改为由御史台的监察御史巡按州县，后又改为分道置使监察，以经过修订的"六条"察所属州县。唐代六条："其一，察官人善恶；其二，察户口流散，籍帐隐没，赋役不均；其三，察农桑不勤，仓库减耗；其四，察妖猾盗贼，不事生业，为私蠹害；其五，察德行孝悌，茂才异等，藏器晦迹，应时用者；其六，察黠吏豪宗兼并纵暴，贫弱冤苦不能自申者。"④ 由此可见，隋唐"六条"显然是从西汉"六条"演变而来的，但其覆盖面却大有扩充，即从比较注重对官吏个人品德政绩的监察，扩大到对辖区社会吏

① 班固．汉书：卷19上：百官公卿表上．北京：中华书局，1962：741.
② 同①742.
③ 魏徵，等．隋书：卷28：百官志下．北京：中华书局，1973：797.
④ 欧阳修，宋祁．新唐书：卷48：百官志三．北京：中华书局，1975：1240.

治、政情、治安、赋役、人才等方面。当然，所有这些政务都是在地方官职权范围之内，实际上还是以监察在职官吏为主。元代在地方建立正规的监察机构，设有22道肃政廉访司，专司监察，直属于御史台或御史行台，是中央的派出机构。明代以后，这种派出机构纳入地方行政范围。

明代巡按是都察院派遣出巡地方的监察御史，其“代天子巡狩，所按藩服大臣，府州县官诸考察，举劾尤专，大事奏裁，小事立断”①。论级别，巡按御史不过正七品，与知县级别相同，但其“任纪纲之职，受耳目之寄，纠劾百僚，肃清庶政。巡按一方，则御史朝廷所差，序于三司之上”②，礼仪森严，地位尊贵，权力很大。按照《出巡事宜》规定，巡按有倚重监司、分道巡历、委任府佐、审取官评、督责县令、整饬纪纲、详慎审录、亲审词状、拿问官员、严禁访察、躬行节俭、爱民实政、致虔祀典、申明职掌等十余种权力，几乎涉及所有地方事务。尤其是纠劾督责、拿问审评之权，不但直接关系到地方官的施政，而且直接关系到地方官的命运。如天顺朝，李纲“历按南畿、浙江。劾去浙江赃吏至四百余人，时目为‘铁御史’”③。嘉靖朝，胡宗宪巡按口北、湖广、浙江，所到无不举劾和荐举“有司官员”，且直接提出处理意见，并且对布政使以下的府州县官员施加评语、考定政绩④。嘉靖时期的《吏部考功司题稿》里，有不少是巡按题参地方官的事件。巡按权势显赫，直接干涉地方事务，以至“藩、臬、守、令，皆不得专行其职，而事皆禀命于巡按矣”⑤。巡按不但权势逼人，而且还可以对府州县官施行刑罚，以至调动当地驻军。如巡按直隶的李新芳因一次小误会竟鞭笞广平知县周谧，知府对李新芳这样责辱一县正堂表示不满，李新芳竟派遣府推官去擒拿知府，知府拒捕，李新芳居然调动驻军三千帮助，朝廷在巡抚与李新芳互参的情况下，也仅仅对李新芳施行革职处分⑥。巡按权重，进而形成民情迥隔、案牍太繁、趋承太过、耳目太偏、名实太淆、宪纲太峻“六弊”⑦，

---

① 张廷玉，等．明史：卷73：职官志二．北京：中华书局，1974：1768.

② 孙承泽．天府广记：卷23：都察院·巡按事宜．北京：北京古籍出版社，1982：318.

③ 张廷玉，等．明史：卷159：李纲传．北京：中华书局，1974：4343.

④ 胡宗宪．三巡奏议：卷2：题为举劾有司官员以昭劝惩事．古典研究会，1964.

⑤ 张萱．西园闻见录：卷93：巡按·前言．北京：哈佛燕京学社，1940.

⑥ 朱国桢著《涌幢小品》卷25《二御史》云：“嘉靖十三年（1534年），御史李新芳行部，至广平县城，城门发铳，惊而怒，笞铳手，并笞知县周谧，又用左右潛，连及典史田经，付推官杨经鞫讯，谧等不服。经以狱不就，恐新芳怒盛，重违其意，乃文致他事，诬谧、经侵分修城钱缗，坐以监守自盗律。广平知府李腾霄不能平，诣新芳辨折，辞气颇厉。新芳愧愤，遂诬腾霄主使谧谋害己，并奏之，而遣推官杨经、秦新民驰府执腾霄。腾霄拒之，稍集众自卫。新芳复劾其拒城为乱，檄兵备副使杨彝勒兵三千人往捕之。腾霄弃官走，通判吴子春、推官侯佩、经历吴尚质皆走，郡城一空。百姓奔走，争门，蹂躏死者甚众。新芳复遣数百人追腾霄等，下令得腾霄者予三百金。追至赵州及之，执腾霄系唐山县舍，而子孝佩、尚质归，皆笞之数十，尚质立毙。腾霄、谧、经屡讼于朝，巡抚周金亦奏新芳谬妄，及经、新民怙势作威，彝发兵激变之罪。上勒新芳回籍，遣给事中王祯、郎中李蘧，往勘得实，以闻，遂逮新芳、杨彝，诏下狱，俱夺官。”

⑦ 张萱著《西园闻见录》卷93《巡按·前言》万历六年刑部主事管志道曰：“守令贤否，责在监司。今之巡抚、巡按，监司之领袖也。而按臣实代天子巡狩，人尤重之。其流弊大略有六：古者天子亲自巡狩，尚令太师陈诗以观民风，司市纳价以观民之好恶。今以七品使臣为行方域，体貌严重，叩若帝阍，所恃以通民情者，不过投文放告而已，风化之盛衰，闾阎之疾苦，邈不相关。即有中年三异，其能知乎！故曰民情迥隔。洪武中敕令县自清理里甲，州清县，府清州，布政司清府，所属按察司清布政司所属。至按察司耳目存所不及，精神有所不至，遗下贪官污吏及无籍顽民，巡按御史方乃是清。故百司各得其职，而文移亦省。后来巡按不知大体，而好揽诸司之权，百凡大小刑名，俱令申详定夺。于是，簿书山积而精神疲检阅矣！且充军定卫自有巡抚官，遣徒定驿自有分巡官，如其不公，

也多有巡按本人以权谋私、擅作威福的事。诸如此类的负面影响，几乎与此一制度相始终。明代规定巡按任期只有一年，一年后或他调，或升迁。按照巡按升迁事例，他们当中大部分在将来是要外放为知府等官。也就是说，巡按现在有督察地方官之责，将来有可能成为这些地方官的同僚或下属，这就不能不使巡按在处置地方事宜上有所顾虑。虽然巡按外放，再低也不会低于府州县官（受处分者除外），但也不是主管一方的上级，故此昔日被督察者，有可能变成督察者，形成位置颠倒。在宦海风波变化莫测的当时，这种后顾之忧自然会影响巡按监察的效果。

清代取消巡按制度，地方监察基本上纳入行政体系，提刑按察使专管本省区官吏的监督弹劾，在督抚的领导之下进行工作，由督抚向皇帝负责。朝廷也常常派出钦差大臣，虽然是专为某事而派遣，但都负有监察的职权，直接奉命和向皇帝奏报情况。

三、各级官府的监察体制

自秦汉设官，便体现了从中央到地方分别构成按层次监督和相互制约的关系。皇帝亲自考察三公九卿，三公九卿督察郡县，每一层级都有监察下属的职责。这种监察主要通过文书运转和政绩考核来进行，在各上级部门都设有专门分管监察所属官吏的部门，用考校文书和巡察的方式，对下属部门和官吏实施监察。如丞相府设有东曹掾九人，他们“出督州为刺史”；西曹掾六人，则在内“领百官奏事”。诸卿则各自设有丞“总署众事”，根据本官署所管的事务，进行专门业务的监察。如西汉大司农设有部丞数十人，分

（续前）曷不论劾而奈之何，以展转文移困有司也！惟杂犯死罪当由按院详允，然亦稍简矣。以阅案批驳之余，功详激扬举劾之实政，不尤愈乎！故曰案牍太繁。朝廷设抚、按，本以纠察百司之职业，今致以职业为第二义，而惟事趋承。凡按臣巡历所至，则分巡、分守两道官必随之。两直隶既有抚、按，又有巡盐、巡江、清军、屯马等诸察院，则兵备等官东参西谒，朝送夕迎，碌碌奔走，迄无宁日。而各推官不复理本府之刑，专于答应巡按矣。府州县出郭送迎，远者至数十里外，当其按临之日，则百事俱废，多方逢迎。臣为诸生时，亲见一县官谄事按臣，至以貂皮饰溺器，以茵褥铺厕中，按臣受而安之晏如也。既以谄导有司，而复望其举劾之公，焉可得哉！故曰趋承太过。抚、按会同举劾，其耳目必有所寄，非不委司、府、州、县互相纠察，而其实皆起于所亲信之一官也。一官既开贤否，余官展转雷同，而流言且逮于京师矣。至于访拿凶恶，则宪臣委耳目于推官，推官委耳目于胥隶，各处水陆要冲多买卖于窝家，又胥隶之耳目也。朝通赂以买入，暮通风以卖出，大奸漏网，良善被诬，酿祸匪细。臣旧岁过淮阳，则闻理刑厅积年黠隶威焰薰灼，县佐官以侍教生之刺谒投者，其椓人可知矣。此辈如城狐社鼠，不可攻发；又如吴中之打行，齐燕之响马贼，江淮楚越之豪侠巨盗，有司以激变为虞，多遗于耳目之外，其何贵于宪访也！故曰耳目太偏。古所称循吏，类以息盗安民，务本抑末为首务。今贤守令之腾荐剡者不绝，而民穷盗起，风俗日敝，岂政事与民俗不相关耶？臣窃惑之。盖今宪臣督责有司，自送迎参谒之外，不过征钱粮、理词讼而已。有司方救过弥缝之不暇，奚暇及生民远图？间有务实政者，或以刚直见忤，或以悃愊启侮，多寘下等。而善事上官，起赫赫誉者，不久据要路，得以是非而荣辱之矣！此风不息，天下事臣不知所终也！故曰名实太淆。国初畀巡按以纠察之权，又虑其秩卑而为方面官所压，故令与都、布、按三司分庭抗礼，知府则相向长揖而让左，礼亦隆矣！今至两司素服而谒，知府屈膝而参，岂宪纲之旧哉！夫方面官大计京师，必以素服参部院堂上官，盖仿成周冕服朝天子，囚服归司寇之意；至于王官出使，虽序于诸侯之上，未闻诸侯以素服见也；太守等古诸侯，国初最不轻授，自屈膝按臣之后，京朝官始薄郡守矣，且两司之素服，非以听举劾之故乎，都御史曷尝不举？致仕官与劾京朝官，岂以素服见也？知府之屈膝，非以听考察之故乎，然五品堂卿、翰林、六科等官，曷不受察之吏部，何以无跪参之例也！虽礼数末节，不必深较，然缘此长谄曲之风，隳正直之气，且令人不乐久居其官，而吏治寝不如古，害岂小哉！又抚按出巡，不分府州县正佐官，跪迎道旁，倘值风雨，即知府亦陷膝圬泥中，尤为非礼。臣谓宪节过驿，则驿官迎之抵郊，则府州县首领官迎之足矣！掌印官民事库狱为重，俟其入公署而后参有何不可？而令仆仆于车尘马足间，岂所以示众庶见也！故曰宪纲太峻。”

行全国监管地方的农业、水利和财经工作，而其他诸卿也有专事监察的人员，自成体系，以督促下属完成本职工作，进行各种专业的监督。

秦汉设官分职的原则，基本上为后世所承袭。一般是宰相有责任考核中央各部门及其官吏的政绩，中央各部门又按不同业务分工监督下属和地方。监督的方法主要是听取察报，检查簿册，必要时派员前往督查。例如，清代各部都设有督催所，掌催办事务，督促部内各司完成承办的事件，检查其办理是否逾限、内容是否符合规章则例等。如吏部设当月处，户部设饭银处、减平处，礼部设养廉处、地租处，兵部设会同馆、捷报处，刑部设赃罚库、秋审处，工部设军需局、皇差销算处等，主管收受、交付地方承办的事务，检查并督促地方按章办事，如期完成本身职责。

地方政权结构也充分反映了有意设置交错监管和制约的关系，这是历代安排地区性行政、军事、监察职官的一贯原则。

秦在郡一级分设守、尉、监三名主官，三者之间既有分工，又相互监督。汉代基本因循此制，后改为长官负责制，层层监督下属，是长官的主要职责之一，但长官却不受下属的监督。东汉至南北朝，州、郡、县均设有功曹从事或者掾史等官，主管选署功劳、考课属吏；州设都官或者治中从事，郡设五官掾，县设五官史，主管察举所辖地区内官吏违法乱纪之事，监督所属诸曹的工作；州设部郡国从事，郡设督邮，县设监乡，主管督促文书，察举属下非法。这样，州、郡、县分别在本级长官的领导下，形成相对独立而只对本级长官负责的监察体系。

隋唐收地方权力归中央，以监察御史巡察地方，在地方负责监察的官吏是州县上佐，即主要的辅助官员，其重要职责就是要经常巡察辖区以察非违，每年上计簿于上级；州县设置录事，掌正违失；功曹掌考课；设道以后，以观察处置使主管辖区的善恶纲纪。这样，就把中央直控的监察与地方逐层监察结合在一起了。

宋代为加强中央集权，在路设监司（转运司、提点刑狱司、提举常平司等），职在监察所属州县而又互相监督。州设通判，号称“监州”，通判既非地方长官的属员，又非地方的副长官，实际上是专门监察地方长官的监察官，试图恢复秦汉同级相互监督的制度。此外，还有许多“走马承受”，是由中央或皇帝直接委派的耳目，负有监察地方行政的责任。由此，便达成收乡里之权归县、收县之权归州、收州之权归监司、又收监司之权归朝廷的目的，形成以监司为主，通判、走马承受为辅的地方监察体系，把前代的多元监察合而为一，直接由中央控制。

元、明、清在历代监察制度的基础上，使中央直控的监察体系与地方各级官府逐层控制的监察体系更紧密地结合在一起。元世祖忽必烈将御史台定位为医治中书省、枢密院的弊病。明太祖朱元璋认为：“国家立三大府，中书总政事，都督掌军旅，御史掌纠察。朝廷纪纲尽系于此。”① 在中央直控监察体系深入到各个部门的情况下，又确立各级官府自下而上的、以长官负责的监察制度，以保证下情能及时上达并尽快处理，上下结合，构成讯息收集和监察网络。以清代一省而论，有布政使、按察使、分守道、分巡道，职在监督府县各官，通称“监司”，并总成于督抚；总督和巡抚主持本省各官的“大计”

① 张廷玉，等. 明史：卷73：职官志二. 北京：中华书局，1974：1771.

考课。府县长官也有责任督察所属，同时直接对督抚负责。总督与巡抚之间也有责任互相监察，清代雍正、乾隆等帝也经常督责有关督抚“密奏”对方情况，在现存的《朱批奏折》中有许多这样的事例。这样，自督抚到府州县长官，均置身于被“密察”之下，在“密奏”的网络之中，不敢不有所检惕；而对其下属发生的违法违纪问题，要承担一定责任，视情节轻重和关联疏密，要受到一定处分，乃至革职议罪，所以不敢放松对各级属官的查核。这种上下级之间相互承担责任的规定，目的在于加强各级职官之间的相互稽查监督，以保证国家机器的正常运转，是立足于“防弊”之上的。道光皇帝在接见山西朔平知府张集馨时曾说：“州县流品甚杂，汝当明查暗访，告之督抚，若督抚欺饰，咎不在汝矣。”① 建立连带责任，区分情节轻重和关系密切程度，意图防止上下勾结庇纵，结党营私。

古代着力于推行正佐之间的相互监督机制。如《大明律·吏律·公式·封掌印信》条规定：“凡内外各衙门印信，长官收掌，同僚佐贰官用纸于印面上封记，俱各画字。若同僚佐贰官差故，许首领官封印。”“同僚代判署文案”条规定：“凡应行官文书，而同僚官代判署者，杖八十。”按照这样的规定，当时正佐互以文书契证为凭，组成制度化的相互监督是受国法保障和有规章依据的，在历史上也确发挥过相当效用。正佐相互监督机制是整饬吏治、督促各级官吏恪守朝纲国法的有效措施。一方面，同僚之间的相互监视，使彼此的行为都要有所检点，可以促进吏治，提高工作效率；另一方面，以官制官，造成权力上的互相制约，最有利于朝廷的控制。然而，在君主专制政体下，正佐监督机制也存在着难以克服的弊病。因为正佐监督机制都是向上负责，不论正官或佐贰之员都必须得到上峰的认可才能发挥效用，而在多头领导下，上峰往往会藐视甚至破坏这种监督机制。古代正佐相互监督机制未能持久实行的原因：一是正官与佐贰官地位悬殊，如汉代的郡守秩二千石，郡丞、长史的秩仅六百石；二是在主官负责制加强的情况下，佐贰官畏惧正官的权势，不敢实施监督，如韩愈讲唐代县丞“文书行，吏抱成案诣丞，卷其前，钳以左手，右手摘纸尾，雁鹜行以进，平立睨丞曰：‘当署。’丞涉笔占位署，惟谨，目吏问：‘可不可？’吏曰：‘得。’则退，不敢略省，漫不知何事”②。政务上以正官为中心，佐贰官便成为只能屈处的闲员，也就难以发挥相互监督的效用。

四、中华民国监察体制

中华民国建立以后，仿照西方“三权分立”制度，由议会兼掌监察，是一种“不统一，不独立”的监察体制，“代议制度之精神，即政党政治，政府党而操议会之多数，则政府议会，同属一体，官官相护，无监督之可言；反对党而操议会之多数，则吹毛求疵，肆意攻击”。而“议会本职，在于立法，以之监察，不独旷耗时日于行政之琐屑，抑且陷立法机关于政争之旋涡，失公正立法之真正义矣”③。所以，设行政监察机构以监督行政行为，设审计机构以监督社会经济活动。

---

① 张集馨．道咸宦海见闻录．北京：中华书局，1981：22.
② 韩愈．韩愈集：卷13：蓝田县丞厅壁记．长沙：岳麓书社，2000.
③ 监察院监察制度编纂处．监察制度史要．1933：110.

北洋政府有“察理行政官吏”的平政院和行使审计权的审计院。

平政院设于1914年，直隶于大总统，负责“察理行政官吏之违法不正行为”[①]。时人以为与前清的都察院职权略同，而实际负责监察的仅是该院下属的肃政厅。肃政厅长官都肃政史由大总统任命，下辖肃政史16名，负责纠弹上自内阁、下至司员的所有行政官吏的违宪、违法、行贿受贿、营私舞弊、溺职殃民事件，监督执行平政院对行政诉讼的裁决。肃政厅所提出的弹劾与监督，均呈明大总统核定后，交平政院审理，属于惩戒和司法审判者，再呈大总统批准，交各主管官署行之。1917年6月，张勋复辟后撤销肃政厅，以后再也没有恢复。平政院“以一组织而兼有现代监察院、行政法院，职权不为不大”，但“在军阀时代，法治未立，虽有此机关，实际仍等虚设耳”[②]。更何况负责监察的肃政厅仅存在两年余，袁世凯死后便裁撤，平政院也不过是管些行政审判之事，根本没有监察职权。

审计院始称审计处，1912年10月根据《审计处暂行章程》而设立，隶属于国务院，并在全国各省设立审计分处，负责会计监督事宜。1914年改为审计院，改隶属于大总统，并撤销各省审计分处。

北洋政府为了加强对地方的控制，1914年5月公布了《省官制》，将省民政长改为巡按使，设立了巡按使署，除管辖全省的民政官吏和巡防军、警备队之外，主要行使监察权，直接对大总统和中央政府负责；1916年7月，巡按使署改为省长公署，则为省级政府。1913年1月，北洋政府在省与县之间设观察使署，主要职责是监督所辖官吏，并节制驻扎于本道内的巡防、警务队；1914年5月，观察使署改为道尹公署，为地方政府序列。

国民党监察委员会是在1924年1月建立的，当时它不仅监察党内，也监察在政府任职的国民党员是否有失职和违法行为，实际上具有行政监察的职能；监察委员会调查核实党员失职和违法行为后，报告其隶属党部，由党部进行惩戒。

1925年8月，广州国民政府设立监察院，负责弹劾官吏的违法行为；另设惩吏院，负责监察院弹劾案件的审判与惩戒。1926年5月，裁撤惩吏院，并其职权于监察院。此外，监察院所辖第二局的审计科，负责审计中央和地方的财政收支。这样，监察院便集监察、惩戒、审计于一身。1928年2月，鉴于财政情况，设立了直隶于国民政府的审计院，单独行使审计权。

1931年2月，经过两年多筹备，五院制之一的监察院成立了。监察院是南京国民政府五院之一，受国民党中央监督指导，承国民政府的命令，依法律行使监察权。

构成监察院主体的是监察委员，因为主要监察权力由他们行使。监察院最初成立时，监察委员定为19～29人，以后逐渐增加至39～49人。抗战结束后，监察院进行了改组，开始吸收一些追随国民党的党派和“社会贤达”为监察委员，名额最多时达74人，均由监察院院长提请国民政府任命。

1946年，南京国民政府制定“宪法”之后，宣布进行“行宪监察委员”选举，改由

---

① 《平政院编制令》，1914年3月31日公布。

② 监察院监察制度编纂处. 监察制度史要，1933：132.

从各省市议会、西藏和蒙古地方、华侨团体中选举之，截至1947年底，监察委员当选者有223人，国民党统治区当选180人，而1948年6月在南京集会时，仅有148人出席。监察院根据行政各部会的设置，设立了内政地政、外交侨务、国防、财政粮政、经济资源农林水利、教育、交通、司法、社会卫生、蒙藏等10个委员会，分别监察各有关部会的工作。

监察院下设审计部，依《监察院组织法》（1947年12月25日修正公布），负责监督政府所属全国各机关预算之执行，核定其收入与支付命令，审核其计算与决算，稽查其财政上之不法或不忠于职务之行为。

南京国民政府监察院将全国划分为若干个监察区，最少时有14区，最多时有19区，各区设监察使署，由监察委员出任监察使，负责纠弹该区内地方机关和官吏，是监察院的派出机构。1940年，依据《监察院战区巡察团组织规程》，还设立战区巡察团，分赴各战区进行监察，1946年撤销。

1932年6月，南京国民政府出于"剿共"之目的，决定先在"围剿"区的省份设立专员公署，由"围剿"军司令部直接委派行政督察专员兼保安司令，对督察区的政治、军事实施考察、督促、指导。因为成效显著，故于1936年3月公布《行政督察专员公署组织暂行条例》后，行政督察专员公署成为省政府的辅助机关，督察专员虽然有了行政督察和军事指挥两项权力，但监察方面的职责明显减弱。

南京国民政府监察院的职权有弹劾、纠举、建议、监试、审计、调查等项。据国民政府公布的《弹劾法》（1929年5月29日公布，1932年6月24日修订公布），监察委员对于公务员违法或失职行为，应提出弹劾案于监察院，由院长交付监察委员3人加以审查立案，再以监察院的名义交付有关承接机关处理。据统计，1930年2月至1946年8月，监察院共提出弹劾案并经审查立案，移付有关部门惩戒的有1 509件，被弹劾者2 678人，其中包括行政院院长、部会首长、省政府主席、厅长、县长等。被弹劾的人不见得接受惩处，移送惩处者不足遭弹劾的一半，而弹劾往往是公开的，舆论界既可以公布弹劾的内容，又可以公布被弹劾者的反驳，在社会上吵得沸沸扬扬，往往使政府下不来台，所以在抗战期间"中政会"下令，未经惩戒机关做出处分的弹劾案，一律不许公布，使"弹劾权实际运用上失去了许多光彩"①。

依据《非常时期监察权行使暂行办法》（1937年12月公布），监察委员和监察使对于公务员违法或失职行为，认为有急速处理之必要时，可用书面提出纠举，送交各该主管长官或其上级长官，促其立即做出处分决定，而不必经监察院其他委员审查和惩戒机关决议。1938—1947年，监察院提出纠举案884件，被纠举达1 539人，违法案多于失职案。

依据《非常时期监察权行使暂行办法》，监察委员和监察使还有对中央和地方所有应兴应革事宜，就见闻所及，提出书面建议权，经监察院院长审核同意后，送交各主管机关，以便改造或参考的权力；1948年改为纠正权，其对象是行政院各部会。1938—1947年，经监察院院长审核同意的建议案有1 184件，大部分移交国民政府及行政院所属各部会，很少一部分移交地方各级政府。

① 陈之迈. 中国政府：第2册. 上海：商务印书馆，1947：246.

依据《监试法》(1930 年 11 月 25 日公布),监察院派监察委员担任监试委员,对考试院的考场内外进行监察,凡试卷密封、试题缮写、试卷收发、成绩审查及格人员榜示、考场内外纪律及作弊等,都在监察的范围。

依据《审计法》(1928 年 4 月 19 日公布),监察院所属审计部掌管全国各机关事前、事后审计和稽查。

依据《监察法》(1948 年 7 月 17 日公布),监察院还有调查权,可以派监察委员、监察使或专职调查员赴各机关进行调查档案册籍,遇有疑问,该机关主管人员应负责答复。此外,监察院还经常派员从事视察和接受并核阅人民的诉状。1948 年度,监察院共办理视察案 59 起,事项 157 件,调查案 2 109 件①。

第二节 监察的职能

从监察职能来看,主要有对上、对下、对左右三个方面。对上是谏诤,对下是监督弹劾,对左右是互相牵制监督。三者似乎是独立的,但在实际运作中往往相互关联。

一、对上谏诤

谏是规劝,诤是直言,谏诤也就是对君主或上司提出规劝性的意见。从性质上看,谏诤只是指出自忠诚,将对统治全局利弊考虑作为出发点,据以提出补阙和匡正意见。从中国古代治国理论看,明智的君主或高级官员应该有自省、纳谏、听受诤言的雅量,提倡兼听则明,虚怀改过,这被认为是"圣君贤辅"应该具有的美德之一。与此同时,又特别提出,这样做只能是为了维护统治阶级的根本利益,对整个统治秩序是有益无害的。不能为了私利、私怨而宣泄情绪,不能出自党争、帮派而相互攻击,要求尽可能地符合实际情况,敢于坚持"君纳言,臣死谏"。

从政治制度角度看,谏诤不仅可以为统治者装饰门面,而且还促使其从多角度来考虑问题,检点自己的行为活动,较慎重地做出决策,利用臣下的聪明才智,改善自己的形象和加强统治。然而,以上所述仅为一般的治国理论,哪一朝哪一个君主都没有宣布谏诤是坏事,也没有明确宣布撤销所有的谏诤职官和制度,但真正做到从谏如流则较为罕见。在君主专制主义集权制度下,监察部门本身就是官僚机构的有机组成部分,绝不可能自处于官僚制度整体弊端之外。"贤主所贵莫若士,所以贵士,为其直言也。言直则枉者见矣。"(《吕氏春秋·贵直论·贵直》)在君主和长官意志能够决定臣僚下属生死荣辱的情况下,逆耳之言往往会激成对进谏者的憎恶和嫉视,招来打击报复甚至杀身之祸,这也就决定难以收到谏诤制度真正的实效。

第一,谏诤涉及范围相当广泛,从军国大政到宫廷生活,以至宦官行为活动等等,在理论上都可以用谏诤的形式提出,但君主却没有必须听从谏诤的义务。

---

① 民国三十七年中华年鉴. 中华年鉴社,1948.

君主“生于深宫之中，长于妇人之手，未尝知忧，未尝知惧。况惑哀人之巧笑，迷阳阿之妙舞，重之以刳斩，囚之以逋逃。亦有倾天灭地，污宫潴社之罪；拔本塞源，裂冠毁冕之衅”。出于对君主的忠诚和国家的安危，历史上确实有许多人“冒雷霆，犯颜色，吐一言而终”①。君主不但要求谏诤者忠诚和尽心竭力，还要求臣下进行谏诤的内容要符合自己的私心私欲，更要求能善观风色，不可批逆鳞、直捅君主的丑处和痛处，触犯到他的尊严，否则就会被视为仇雠，给予打击，历史上因“拒谏”而遭驱贬以至杀害谏诤者的事例是很多的。当时的伦理理论是：“为人臣之礼，不显谏，三谏而不听，则逃之；子之事亲也，三谏而不从，则号泣而随之。”（《礼记·曲礼下》）君主鼓励臣民谏诤，设立专职谏官，但纳谏与进谏只是君臣之间一种道德上的契约，没有一套与谏诤相关的制度来约束君主必须听从，听与不听，从与不从，一切由君主自己决定，谏诤制度也就必然成为虚文。甚至在言谏和封驳制度比较完善的唐太宗时期，也曾经出现过“阿旨顺情，唯唯苟过，遂无一言谏诤”② 的反常现象，这足以证明没有制度约束君主听从谏诤，没有制度保护谏诤人员的安全，谏诤制度往往就会流于形式，成为摆设。

第二，谏诤的途径和方式比较多。按照规定，自公卿大夫、牧守县令，直到庶民男女，都可以提出谏诤，但在君主专制政体下，种种弊端也一直伴随着谏诤制度而存在。

《淮南子·主术》云：“古者天子听朝，公卿正谏，博士诵诗，瞽箴师诵，庶人传语，史书其过，宰彻其膳，犹以为未足也。”大臣可以通过奏疏上书陈情，出策献谋；公卿可以通过朝议发表或抒发自己的政治见解；侍从可以通过给君主讲经解义来阐明对政治和道德文化的看法，用文章辞赋、歌诗宴舞来巧妙地表达规讽的意图；职司谏诤之职的谏官和一定级别的大臣，也可以通过朝见或上奏章，正面地提出谏诤意见；臣民百姓也可以通过对策和上书来提出自己对时事的见解。从表面上看，似乎还保留着一定原始民主制的遗风，但这不是一个纯理论推理的问题，在极其复杂的人际关系和政治势力交错斗争的情况下，谏诤制度不可能置身局外。如明代有建言制度，“凡有利国利民之事”，“若官吏人等贪赃坏法，颠倒是非。酷虐良民，及婚姻、田土、军役等事，一体职掌榜文内事理”，臣民都可以用建言的形式“具状自下而上陈告”。建言之状由六部、都察院、给事中会议，定其可否而奏闻，“其间可行者，移各该衙门施行，若泛言不切，立案不行”③。然而，这种建言是由各级官府控制的，需要通过官府审查和用印，实际上限制了人民对朝廷的议论。更严重的是，皇帝和权臣往往违背《会典》的明文规定，对被认为已捅中隐私痛处、伤害到君上或权势尊严的谏者，采取极其强暴的镇压手段，拷掠、遣戍、廷杖，甚至杀戮，不一而足。明代历史上有过许多这样恶行的记载，可见，冠冕堂皇的表示，并不符合实情。

古代谏诤方式有五种：一为讽谏，即以旁敲侧击的方式提出；二为顺谏（一说为直谏），即以较为柔和的态度，并不正面顶撞而妥为劝说；三为规谏（一说为降谏、直谏），即依据祖制、纲常、法律来规劝；四为致谏（一说为争谏、指谏、戆谏），即以直接针对某种不法无道事件提出异议；五为陷谏（一说为谲谏、戆谏），即更不留情面地提出自己

① 欧阳询，等. 艺文类聚：卷34：人部·谏. 上海：上海古籍出版社，1965.

② 司马光. 资治通鉴：卷193：唐太宗贞观五年（631年）. 北京：中华书局，1956：6091.

③ 李东阳，等. 正德大明会典：卷78：礼部·建言. 东京：汲古书院，1989.

的意见，“言国之害，忘生为君，不避丧身”。五种方式，由轻及重，所以孔子说：“谏有五，吾从讽。讽也者，谓君父有阙而难言之，或托兴诗赋以见乎词，或假托他事以陈其义，冀有所悟而迁于善。”① 首先在保全自己的前提下委婉地提出意见，在不得已的情况下才使用更重的谏诤形式。“兴王赏谏臣，逸王罚之”（《国语·晋语六》），进谏者的命运完全取决于君主和上司的态度，在“世主之能识论议者寡”（《吕氏春秋·孝行览·遇合》）的情况下，才形成多种谏诤的方式。关逢龙因谏夏桀而遭杀；比干因谏商纣而被剖心；屈原因谏楚王而被流放汨罗江；伍子胥因谏吴王而被杀害，头颅被高悬于国门之上；司马迁因谏汉武帝而受宫刑之辱；等等。君主们使用过诸如诬上、招权、讳疾、承望、雷同、阻塞、欺罔、争胜、谀佞、乖戾等等借口来迫害进谏之人，“君臣自相忌，交口啐语”，“险诐者亦往往借以谋利”②。历史上留下了大量“谏臣死而谀臣尊”的记录。

第三，历代都规定主要文武大臣有谏诤之责，设有专职的谏官，但绝大多数文武大臣和谏官却为自身的利益不肯冒着危险进行谏诤，而专制君主也很少重视谏诤。

按制度规定，凡是位秩在“公”以上的官员，都有“导善”和“论道”等规谏之责，也设有专门从事谏诤的机构，但统治者往往是把这些用来装饰门面。崇其位而虚其权，“公”的位秩虽高，但没有实际的职责；设其职而虚其事，谏官地位虽荣，但没有进言的机会；在“貂不足，狗尾续”，“补阙连车载，拾遗平斗量”③ 的情况下，顾而不问，谏而不诤，阿谀奉承的现象便非常普遍。从谏诤的要求来看，只有具有政治正义和社会良心的人，才有可能成为称职的谏臣；只有真正理解为君之道，并且有虚怀若谷精神的人，才有可能成为贤明的君主。然而，“害身而利国，臣弗为也；富国而利臣，君不行也。臣之情，害身无利；君之情，害国无亲。君臣也者，以计合者也”（《韩非子·饰邪》）。以“计合”连接在一起的君臣和上下级，要求臣僚下级具有政治正义和社会良心，要求君主具有政治责任和虚怀若谷，也是很不实际的，只能是一种美好的企望。正是这种企望，使谏诤制度难以摆脱政治高压的现实关系，大多数成为精神和政治的粉饰。

二、对下监督弹劾

在监察制度中，能够较持久地执行，并受到君主支持的，就是对下监督弹劾方面的职能。所谓的监督，是指监察督促各级官吏。所谓的弹劾，也就是检举各级官吏的失职、渎职或其他的违法行为。正因为监督弹劾旨在维护中央制定的纲纪，是以全国官吏为主要对象，在君主的关注和支持下，历代对此的关注和运用才一直未衰，能够保持运作，甚至不断得到加强。

对下监督弹劾的范围十分广泛，“自皇太子以下，无所不纠”④。君主授予监察官很大的权限，并制定特殊而严肃的仪式以示隆重。如唐代的侍御史，“大事则冠法冠，衣朱

① 徐坚. 初学记：卷18：人部：讽谏第三. 北京：中华书局，1962：437.
② 焦竑. 澹园集：卷24：大司空余公传. 北京：中华书局，1999.
③ 张鷟. 朝野佥载. 北京：中华书局，1979：89.
④ 杜佑. 通典：卷24：职官·御史中丞. 北京：中华书局，1992：663.

衣、纁裳、白纱中单以弹之；小事常服而已”①。对五品以上官员弹劾采取当面指出的方式，在朝会仪式上宣读弹劾文字，“大臣为御史对仗弹劾，必趋出，立朝堂待罪”②，在等候处理的同时，要率先求免职务。

为了充分发挥监督弹劾的效用，有些朝代还有意识地赋予监察官“风闻奏事”的权力，对道听途说的事情，疑似之间的情节，也允许作为罪状上奏，据考证，“盖自晋、宋以下如此”③。自武则天下诏“许谏官、御史得以风闻言事”④，历代援引为故事，至清代《钦定台规》则明文规定：都察院奏劾贝勒等贵族大臣，“即所奏涉虚，亦不坐罪”。仅凭一些未经核实的迹象即可以弹劾，还不必承担诬告责任，目的是通过监察官以广收讯息和消除反侧，利用监察人员的言论和弹劾权给官僚贵族们不时敲响警钟。

历代王朝不断提高监察机构和监察人员的地位，赋予他们一定的特权，加大他们的权威，因为这是最符合本身统治根本利益的。例如，汉代御史中丞为“宪台”之主，在君臣朝会时享受“独坐”的待遇；魏晋以后，御史中丞行路，除皇太子以外，各级官员都要让路；隋唐以后，御史威仪虽然有所下降，但在朝中独行独立，往来巡查，令人瞩目。监察官的升迁速度也优于其他官员，六百石御史“出治剧州为刺史、二千石，平迁补令”⑤，以致“御史外迁，动据州郡”⑥。不但升迁速度快，实际权力也不断扩大，从开始只是泛泛地“察举非法，受公卿群吏奏事，有违失者举之”⑦，逐渐发展到“纠举百僚，推鞫狱讼”，“弹劾官邪，勘鞫官府公事”⑧，又发展到“凡大臣奸邪，小人构党，作威福乱政者劾；凡百官猥茸贪冒坏官纪者劾；凡学术不正，上书陈言，变乱成宪，希进用者劾”，他们“大事奏裁，小事立断”⑨。不但察举各级官吏违法乱纪事件，还受诏参与司法审判、监军、监财、监试等，权力涉及国家大政的各个方面。监察官们经常巡行地方，出告示，理刑狱，察贪官，除办理所属地方疑难案件之外，有时还亲自进行私访。个别监察官员为履行职责，有时“带了顶巾，骑了匹骡子，跟了一两个人，在那巡属十八州县里边不歇的私行，制服得那些州县也不敢十分放肆”⑩。在收集证据的基础上，采取突如其来的措施纠察官吏违法行为，使地方官不敢十分放肆、常存畏惧心理，因此在很大程度上起到澄清吏治和促进官吏工作的作用。

由于监督弹劾是向下的，旨在消除各种威胁政权的潜在因素，打击一切可能违反统治意图和异己的言行，所以受到历代统治者的大力支持，其功能得到加强，监督范围也不断扩大。当然，在君主专制政体下，监督弹劾的范围和作用大小，完全取决于君主和权臣，监察官也只能依附于君主和权臣来从事搏击，再加上监察人员素质不一，所起的

① 李林甫，等. 唐六典：卷13：御史台. 北京：中华书局，2014：380.
② 欧阳修，宋祁. 新唐书：卷109：宗楚客传. 北京：中华书局，1975：4102.
③ 洪迈. 容斋四笔：卷11：御史风闻. 上海：上海古籍出版社，1978.
④ 丘濬. 大学衍义补：卷8：重台谏之任. 台北：台湾商务印书馆，1971.
⑤ 司马彪. 续汉书志：卷26：百官志. 北京：中华书局，1965：3600.
⑥ 范晔. 后汉书：卷26：韦彪传. 北京：中华书局，1965：919.
⑦ 同⑤3599.
⑧ 同①379.
⑨ 孙承泽. 天府广记：卷23：都察院. 北京：北京古籍出版社，1982：303.
⑩ 西周生. 醒世姻缘传：第12回：李观察巡行收状，褚推官执法翻招. 上海：上海古籍出版社，1981：174.

作用终究是有限的。

三、对左右牵制监督

对左右的牵制监督融入到职官制度之中。秦汉官制是从中央至县乡组成四个垂直系统，即：丞相、郡守、县令长、乡有秩为政务系统，御史大夫、郡监（丞）、县丞、乡啬夫为辅助监察系统，太尉、郡尉、县尉、乡游徼为治安系统，国三老、郡三老、县三老、乡三老为教化系统。按系统从上到下实行监督考核，是为纵的系统。在横的系统上，三公和国三老，郡守、尉、监（丞）和郡三老，县令、丞、尉和县三老，乡有秩、啬夫、游徼和乡三老，既有主次之分又有互监之势。这种纵横有属、左右牵制监督的设官原则一直为各代因袭。

一个部门内分工，应该是以调动官吏们的积极性为原则，这就应该明确责任，严明奖惩，既要使官员们按照规章有条不紊地完成本职工作，又要使他们对自己的前途保持信心。中国古代纵横有属、左右牵制监督的设官制度并没有按照这个原则。首先，在权责规定上，主官的权责规定具体，佐贰官的权责规定则含糊不清，使左右牵制监督缺乏制度上的保障，也使佐贰官丧失监督的胆识和责任心。其次，在升进的仕途上，主官迁调比例较大，佐贰官则升进艰难。前程无望而事事受制于人，使佐贰官更加看重眼前利益。"今天下之凋敝，其最者莫若赃吏，而吏之犯赃者，多出于小官。自丞簿以下至杂流，其不贪者盖百之一二"①。这种现象的存在，应该说与这种责任不明、前途无望的职官管理制度有很大关系。

在纵横有属、左右牵制监督的设官制度遭到破坏以后，正佐相互监督的机制便基本失去效用，但并不能消除官僚们彼此勾心斗角、相互倾轧排挤的现象。官场是最集中的互用阴谋权术之所在，是最凶狠无情的内讧互相咬噬格杀之地，他们谋定而动。各部门正官在表面上是本部门唯一的权威，而实际上在他左右之人无不在窥测其短，更有欲谋取而代之者，而正官对僚佐也保持着高度的警惕和戒备。他们"瞻前顾后，寮寀之际，不敢自异，且以因习既久，可幸无罪。若我发之而我不能收之，则祸且不测"②。在这种情况下，各部门正官的一举一动都在左右监视之中，处于阴谋恐惧的气氛之下，当然不敢放开手脚，而是保持着高度防范的心理。

第三节 监察法规与方法

中国古代监察督核机制是由一整套自上而下、纵横交错的网络组织来保证实行的。监察督核的对象是各级文武官员和勋臣贵戚，也兼及普通人民。举凡政纪、法纪、军纪等国家大政之外，还深入到赋税、营造、漕运、盐铁茶马专卖、科举考试、学校教育等

① 袁褧．世纬：卷下：惜爵．文渊阁四库全书．台北：台湾商务印书馆，1986：16．

② 陈子龙．陈卧子先生安雅堂稿：卷 8：策·去欺蔽．上海：上海时中书局，1910：8．

多方面，监察督劾的权限无所不及。

一、监察法规

中国是最早建立监察制度的国家之一，至少在周代已经初具规模，历经春秋战国的发展，以御史为主体的监察制度形成了，自此以后监察作为独立的部门，成为国家不可或缺的机构。随着监察制度的完善，也出现相关的法规。

《周礼·天官·太宰》“以八法治官府：一曰官属，以举邦治；二曰官职，以辨邦治；三曰官联，以会官治；四曰官常，以听官治；五曰官成，以经邦治；六曰官法，以正邦治；七曰官刑，以纠邦治；八曰官计，以弊邦治。”小宰以善、能、敬、正、法、辨等“六计”，以弊群吏之治。宫正“掌王宫之戒令、纠禁”，掌察四方“督察邦国之事”；小司徒“掌士之八成”，即邦汋、邦贼、邦谍、犯邦令、挢邦令、为邦盗、为邦朋、为邦诬，郑玄注：“八成者，行事有八篇，若今时决事比”；而小宰被认为是“御史中丞之职”。《周礼》是春秋到汉代儒生所编纂的，不能够说在周代就有了监察法规，但也反映了一些实际情况。

春秋战国时期，在君主身边掌赞书的御史，经常被君主委派从事监察工作。《韩非子·内储说六》云：“卜皮为县令，其御史污秽而有爱妾，卜皮乃使少庶子佯爱之，以知御史阴情。”可见，御史已经到地方进行监察，而县令实行性贿赂，最终把御史扳倒。有监察则必有反监察，制定法规也就成为必要。《国语·晋语九》云：“赏善罚奸，国之宪法也。”由此可见，先秦的立法原则，赏善罚奸是常法，其监察权力也应该在常法的范围内予以规范。

汉武帝派遣绣衣直指持节不定期巡察地方，设13部州刺史巡察郡国，以“六条”察吏，这还不是针对监察人员设定的法规，而“监御史九条”① 的出现，则有一定规范，也涉及监察人员自身。魏晋南北朝监察基本上是按照汉代的制度增减，常常以诏令形式对监察予以规范。唐武则天一方面鼓励四方告奸，一方面强化监察，曾经推出“风俗廉察四十八条”。这乃是非常立法，武则天下台以后被废除，其内容也没有存留下来，但从四十八条推行的效果来看，“是时官爵易得而法网严峻，故人竞为趋进而多陷刑戮”②，显然是非常严厉的。

宋代监察体制出现了变化，允许谏官参与监察，其中央监察体制也是多轨多元化，还确立监察官互察制度；在地方上建立了路和府州军监二级监察体制，形成纵横交错的地方官监察网，监司出巡有比较完整的制度，既有出巡的时间规定，又有出巡的约法。主要是：监司出巡一般不得在州县住过三日；监司出巡时所带仆役吏卒等随从人员，不得超过规定的人数；监司出巡时不得大吃大喝；监司出巡时，不得纵容吏人诛求钱财；监司出巡，不准向州县打白条借钱；监司出巡，州县官不得倾城迎送；监司出巡，必须

① “惠帝三年，相国奏遣御史监三辅不法事：词讼、盗贼、铸伪钱、狱不直、徭役不平、吏不廉、吏苛刻、逾侈及弩力十石以上，作非所当服，凡九条。监者每二岁一更，常十一月奏事，三月还监焉。”李林甫，等. 唐六典：卷13：御史大夫. 北京：中华书局，2014：375.

② 司马光. 资治通鉴：卷205：则天后天册万岁元年. 北京：中华书局，1956：6501.

将所属州县巡视一遍。"宋代对监司出巡约法的种种规定，其主要目的是防止监司官擅权自用。但是，由于朝廷对监司的防范过严，从而影响了监司对州县的监察。"①

元代有关监察的法规也比较多，最初称《风宪宏纲》，后来陆续颁布新格例，直到元顺帝至元五年（1339年），臣下"以为《风宪宏纲》虽已颁布，然事之首尾，制之因革，犹未尽举。至若因事处宜，随时立制者，苟不备载沿革，无以详其本末，考其先后"②。由宪臣赵承禧汇编《宪台格例》36条，大致分为三类：一为御史台权责，二为各类监察细则，三为科罪入刑规定，涵盖了政务监察、司法监察、军事监察、廉政监察及人事监察等多个方面，而且周到细密。从文本上看，似乎无可挑剔，而在具体实施上，元代大多数风宪官也能够尽职尽责，弹劾纠察，不避权贵，其事例在《元史》内也屡见不鲜，但也有一些风宪官"恃势肆毒，徇私破法"③。特别是到了元末，那些"台宪官皆谐价而得，往往至数千缗。及其分巡，竟以事势相渔猎，而偿其直，如唐债帅之比。于是有司承风，上下贿赂，公行如市，荡然无复纪纲矣。肃政廉访司官，所至州县，各带库子检钞秤银，殆同市道矣"④。吏治的腐败，监察人员也很难置之度外，乃至于起到推波助澜的作用。

朱元璋非常重视监察，早在为吴王时，就"命按察司佥事周浈等定议按察事宜，条其宪纲所当务者以进"⑤。监察体制确立以后，就要颁行相关的法规，《宪纲》的制定，既使监察有法可依，也对监察人员进行规范。从吴元年（1367年），将台谏官巡历事宜纳入修纂，到洪武四年（1371年），"御史台进拟宪纲四十条。上览之，亲加删定，诏刊行颁给"⑥。此后的监察法规进行多次修订。正统四年（1439年）的《宪纲事类》是目前保存明代最为完整的监察法规。该法规共计95条，其中"宪纲"34条，"宪体"15条，"出巡相见礼仪"4条，"巡历事例"36条，"刷卷条格"6条，涉及监察的方方面面，既有明确的规定，又有处罚原则，其规范意义自不待言。

清承明制，不断修订监察法规。乾隆八年（1743年）颁行的《钦定台规》有八卷，分公署、官制、掌协、宪纲、卷白、纠弹、考覈、稽查、理刑、朝会、祭祀、监视、巡城、巡仓、巡漕、巡盐、巡察、考选、迁转、仪注、艺文、杂缀等22目。光绪十八年（1892年）印行的《钦定台规》已经有42卷之多，条目也有所增加，规定更加具体细腻。

北洋政府、南京国民政府在监察方面出台了许多单行法规，但直到1948年7月17日才公布《监察法》，监察才有了专门的法规，在当时的政治军事形势下，也没有认真予以实施。

监察立法是整个监察体制的灵魂，一方面给监察制度提供指导，体现出监察制度的精神；另一方面，反映出监察制度所存在的问题，有针对性地对某些问题进行修正。虽

---

① 贾玉英. 宋代监察制度. 开封：河南大学出版社，1996：319.
② 赵承禧，等. 宪台通纪·后序. 杭州：浙江古籍出版社，2002：5.
③ 宋濂，等. 元史：卷35：文宗纪四. 北京：中华书局，1977：795.
④ 叶子奇. 草木子：卷4下：杂俎篇. 北京：中华书局，1959：82.
⑤ 明太祖实录：卷19：丙午（1366）春正月是月条.
⑥ 明太祖实录：卷60：洪武四年春正月己亥条.

然说是一法立、一弊生，但立法是针对弊病而立、弊病因立法而生，总的原则是要保证制度的有效性。历代监察法规涉及的内容很多，值得思考的问题更多，通过具体条文进行静态分析，再结合具体实施进行动态研究，可以得到许多有意义的启示。认真总结经验教训，分析得失利弊，既是评价历史制度所应该持有的态度，也是基于适合人类发展，能够有更好的制度出现。基于历史，展望未来，才能够赋予历史制度生命力。

二、监察方法

有治人而无治法，历代统治者都强调人的主观能动性、治人在制度实施方面发挥重要作用，但也注意到方法的使用，采取了许多措施以保证监察能够落在实处，进而形成多种多样的监察方法，使监察权力渗透到各个领域，实行全方位的监控，并且对监察人员也进行规范。

（一）检核簿册法

检核簿册是进行监察的常规方法。古代各级官府部门在年终时汇集各种政务情况，制成簿册，逐级呈报审查，上级核对簿书，依此鉴定下级是否完成规定的任务。出于同等目的，监察人员也经常到各级官府部门去“督促文书”，在检核簿册过程中，除了检核文书中的错谬和失误之处以外，对于公文运转是否符合期限和程式、内容是否有弄虚作假等，都要进行监察。

检核簿册是按照朝廷和官府部门的“令”“格”“式”等法规进行的，有严格的工作程序。如明代规定检核簿册，一定要按照过、通照、稽迟、失错、埋没五等处置。照过是“刷出卷内事无违枉，俱以完结”的簿册；通照是“事已施行，别无违枉，未可完结”的簿册；稽迟是“事已行，可完而不完”的簿册；失错是“虽有违枉而无规避”的簿册；埋没是“事当行不行，当举不举，有所规避”的簿书。如果出现“文案不立，日月颠倒”，则要“推究治罪”；而“中间干碍追究改正事理，照依已定行移体式施行。如有迟错，其经该官员应请旨者，奏请取问。其余官吏，就便依照刷文卷律治罪”①。不但有专门的法律，还有具体工作的细则。

对公文簿册进行检核、驳正违失，可以减少失误，纠正工作中的偏差，清查积弊和督促官吏的工作，其积极作用明显。但古代检核簿册，必然要将当时起主导作用的宗法意识和官僚政治的内容放在重要位置，必须遵守的许多避讳，要严格按照纲常等级制度，有固定的公文书写格式。例如，遇与君主有关的字，必须另起一行书写的“抬头格”；遇有避讳的字，采取字义相同的字或增减笔画的“字讳”等，一不小心，就会牵连一大批人，酿成重大案件。清嘉庆二十三年（1818年），在顺天乡试科场所张贴的条例上，高宗（乾隆）庙号的“宗”字，误写为“祖”字。结果，现任礼部郎中被褫职；现任员外郎3人、主事2人，前任的郎中、员外郎、主事共4人，各降一级留任；礼部侍郎革职留任；连及考试监临官及刑部、大理寺、顺天府等兼管此事的刑部侍郎、大理寺少卿、

---

① 申时行，等. 明会典：卷210：都察院·照刷文卷. 北京：中华书局，1989：1051.

府尹、府丞等6人，或降调，或降级留用。这在现代被认为是无关重要的笔误，在古代却要被纠察为“大不敬”的头等大案。所以，各官于文书最为谨慎，逢皇帝徽号抬头处尤为紧要；而监察官员常常是察鱼索斑，专门寻找错字和避讳字，进而使监察流于形式，造成吞舟之鱼常漏网，短尾之虾难存活，难以遏制工作中的腐败。着重于簿册文牍中评定政绩，也易于徒作文字游戏，滋长官僚政治。

（二）举劾案章法

监察人员检举和揭发各种违反朝章礼法的人和事，称“案章”；对违法乱纪的人进行弹劾，称“举劾”。

举劾有一定的仪式和程序，可以当朝进行面劾，也可以用书面奏劾。官员接受弹劾以后，则要暂时离开自己的职任以避嫌，等候君主的批示和有关部门的处理意见。被弹劾的官员有申辩的权利，有时还允许与弹劾人员在朝廷或官厅进行对质辩争，使监察人员与被监察人员之间也构成相互监督的关系。然而，监察人员拥有举劾权，不管被举劾人员的辩争是否能够胜诉，都必须先离任受讯，是否能够官复原职则成为未知数。故此，各级官吏对监察人员都存在一种畏惮心理，“行行且止，避骢马御史”，监察人员一有行动，则“四方警动”。

监察人员拥有比较独立的举劾权，便于监察权力的行使。如明代正德时的给事中周玺，“中劾大寮贾斌等十一人，中官李兴等三人，边将朱廷、解端、李稽等三人”。“大同失事，（给事中许）天锡往核，具得其状，巡抚洪汉、中官刘云、总兵官王玺以下咸获罪”。张士隆为御史，“巡盐河东，劾去贪污运使刘愉”。《明史·卷188·列传》收录了监察官49人，各有事迹，史臣赞曰：“诸臣戒盘游，斥权幸，引义力争，无忝厥职矣”①。在历史上能够尽忠职守的监察官员不在少数，但也不乏滥用职权者。

君主授予监察人员以纠举弹劾，乃至“风闻奏事”之权，虽然在一定程度上起到维护朝廷纲纪和震慑臣属的作用，但经常是虎头蛇尾，以至人们认为“奉使宣抚，问民疾苦。来若雷霆，去若败鼓”②，抵消了应有的效果。此外，监察人员在考虑自身的利益时，也往往避重就轻，明代就有人认为：“迩者科道纠拾，先期合具小帖，密投匦中，临期然后开匦酌议，疏名以上。以朝廷至公之典，而乃暗昧为之，迹类匿名，事属用计。中间即挟私报复者，孰从而辩之”③。再加上有些君主和权贵常常示意监察人员运用手中的举劾权来制造舆论，用以打击在他们看来不忠顺的臣僚和政敌；有些监察人员也利用职权，甘心做某些权臣的打手和吠犬，卷入门户派系之争，乃至肆行招摇诬陷坑害，制造混乱。

（三）连坐告密法

连坐告密是在商鞅变法以后长期实行的制度，告密的范围包括逃避赋税兵役、非议君主吏师、私藏诗书和“盗贼”等项，涉及范围相当广泛；与此同时，上至公卿、下至

---

① 张廷玉，等. 明史：卷188：列传76. 北京：中华书局，1974：5004.

② 孙承泽. 天府广记：卷23：都察院·宪纲. 北京：北京古籍出版社，1982：312.

③ 孙承泽. 天府广记：卷23：都察院·事典. 北京：北京古籍出版社，1982：320.

什伍，都必须实行连坐，这样的做法经常被统治者贯彻到监察制度当中。

连坐与告密相结合往往使用十分残酷的手段，但取得效果却是一时的、短暂的，而且必然带来极坏的后果。例如汉武帝时，酷吏盛行，盗贼兴起，“乃使光禄大夫范昆、诸部都尉及故九卿张德等衣绣衣持节，虎符发兵以兴击，斩首大部或至万余级。及以法诛通行饮食，坐相连郡，甚者数千人。数岁，乃颇得其渠率”①。虽然这样的连坐曾收到过一定功效，但不久散亡者又啸聚山林。为此，汉武帝制定“沈命法”，责罚官吏，罪及小民，反而造成“上下相为匿，以避文法”，盗贼更多。对叛乱者采取瓦解的策略、对告密的内容有所甄别、适当收窄连坐的范围，是一些帝王明智的抉择，效果会好一些。如东汉初年，群盗并起，汉光武帝下令：“听群盗自相纠摘，五人斩一人者，除其罪。牧守令长界内有盗贼，及弃城者，皆不以为罪，但取获贼多少为殿最，唯蔽匿者罪之。”举发从严、惩处从宽、唯重实效的做法，反而对稳定统治有利，“同一捕盗也，一则法愈严而盗愈多，一则法稍疏而盗易散。此前事之师也”②。

前事的得失后者往往置于脑后。如武则天篡唐称帝，自知反对势力遍布朝野，因而全力诱发告密。设置知匦使，负责掌管延恩、招谏、伸冤、通玄四匦，以受理天下密奏，“盛开告密之门，有告密者，臣下不得问，皆给驿马，供五品食，使诣行在，虽农夫樵人，皆得召见，廪于客馆，所言或称旨，则不次除官，无实者不问。于是四方告密者蜂起，人皆重足屏息”。当时的文翰官员麟台正字陈子昂上疏云：“伏见诸方告密，囚累百千辈，及其穷竟，百无一实。”并引隋炀帝滥刑而亡为例，提出古人云“前事之不忘，后世之师”为劝③。本来唐代法律规定不许使用匿名的方式密告，如《唐律·斗讼·投匿名书告人罪》条规定：“诸投匿名书告人罪者，流二千里。得书者，皆即焚之。若将送官司者，徒一年。官司受而为理者，加二等。被告者，不坐。辄上闻者，徒三年。”武则天完全不顾现行法律，鼓励匿名密告，进而造成全国性的惊惶恐惧和反叛心理，引发烽火燎原，官民齐相声讨，说明告密之匦并没有什么实在的神奇力量，反而加速了她的垮台。

匿名告密的盛行，不但使全国臣民战栗自危，而且还给奸恶小人诬陷良善以可乘之机，破坏社会的稳定。基于此，明清法律加重对匿名告状行为的处罚。如《大明律·刑律·诉讼·投匿名文书告言人罪》条规定：“凡投匿隐姓名文书告言人罪者，绞。见者，即便烧毁。若将送入官司者，杖八十。官司受而为理者，杖一百。被告言者，不坐。若能连文书捉获解官司者，官给银一十两充赏。”然而，统治者制定的法律，总是由统治者率先破坏，在统治者认为需要的时候，往往又反而鼓励并受理匿名告状，一经立案，往往要“肃清逆党”，“株连蔓引，迄数年未靖”④。在君主专制统治之下，连坐告密必然如影随形，是无法根灭的。

（四）遣吏巡行法

遣吏巡行，就是派遣使臣出去，代表君主“巡狩”，对地方实施监察的方法，是由君

---

① 班固. 汉书：卷90：酷吏咸宣传. 北京：中华书局，1962：3662.

② 赵翼. 廿二史札记：卷3：两帝捕盗法不同. 北京：中华书局，1984：59.

③ 司马光. 资治通鉴：卷203：武则天垂拱二年（686年）. 北京：中华书局，1956：6440.

④ 张廷玉，等. 明史：卷308：奸臣胡惟庸传. 北京：中华书局，1974：7908.

主直接操作的监察手段，也是监察职能深入全国各地的表现。

早在汉代，即曾经不定期地派遣御史、丞相史等官吏分行各郡国，着重了解各地官员的政绩和社会动态，也是为了澄清吏治。在收到一定效果之后，汉武帝把全国划分为13部（州）监察区，各部派遣刺史（京师地区称司隶校尉），分巡各郡国，省察治状，黜陟能否，断治冤狱。与此同时，各郡国则派遣名为“督邮”的官巡行属县，各县派遣“监乡”巡行属乡，构成一套自上而下的监察体系。为了加强中央的控制能力，汉武帝还不时钦派名为“绣衣直指”的官员去“出讨奸猾，治大狱”。由于监察官的权力扩大和分区监察，刺史很快就上升为地方上的显要人物，在汉成帝绥和元年（前8年），刺史改为州牧，增秩至二千石，监察区转变为行政区，派遣之吏演变成正式职官。

汉代以后，在中央势力强大时，经常不定期地派遣一些官吏，以“使臣”的名义巡察某个地方或处理某项事务。这些“使臣”或“假节”，或“持节”，或“衣绣衣”，或“走马承受”，或“钦奉谕旨”，除享受特殊的礼遇之外，还拥有特别的监察权，有超越正规官僚机构的权力，号称“代天子出巡”，权威特重。这些有固定巡视区域的“使臣”，也逐渐成为地方行政长官，纳入地方行政序列，如唐代的“道”，宋、金的“路”，元代的“省”。

遣吏巡行在一定时期内曾经起到过澄清吏治、加强统治的效用。然而，因为所遣之吏拥有权力过大，又缺乏制约的机制，所以许多遣吏依恃特权而肆行威福，揽权蔑法，甚至贪赃索贿，有意制造冤狱。如唐代所遣使臣一出，“州县祗迎相望，道路牧宰祗候，僮仆不若，作此威福”①。明代“抚按出巡，不分府州县正佐官，跪迎道旁，倘值风雨，即知府亦陷膝圬泥中”，甚至“以貂皮饰溺器，以茵褥铺厕中，按臣受而安之晏如也”；而且是“好揽诸司之权，百凡大小刑名，俱令申详定夺”②，以致“使愈出而天下愈弊，使弥多而天下弥不宁”③。唐玄宗李隆基曾说：“向者屡遣使臣分巡诸道，察吏善恶，今因封禅历诸州，乃知使臣负我多矣。”④

有鉴于遣吏巡行的诸多弊端，导致君主对派遣官员的不信任，有些君主便改为委派自己的亲信宦官或幸臣充当耳目爪牙，直接插手监察事务，包括对监察系统的监察。但这种做法，不过是以弊除弊，其弊更巨。如唐代经常派遣宦官“持节传命，光焰殷殷动四方。所至郡县奔走，献遗至万计。修功德，市禽鸟，一为之使，犹且数千缗。监军持权，节度返出其下”⑤。明代“朝廷每遣一人出差，即是其人养活之计，诛求责取，至无限量”⑥。此后“以地方官不足信而假中朝之御史以为重，久之亦可为地方官矣。则又出中朝之尊贵以临之，礼节滋烦，文移滋费，而彼此牵制不得行其意。功成则众任之事，败亦不独加也。彼此相仗相委，视荫玩日”⑦。以宦官代替御史，是明代中期以后政局的

① 王溥．唐会要：卷62：出使．上海：商务印书馆，1935：1083．
② 陈子龙．明经世文编：卷399：直陈紧切重大机务疏．北京：中华书局，1962：4321．
③ 王溥．唐会要：卷78：巡察按察巡抚等使．北京：商务印书馆，1955：148．
④ 司马光．资治通鉴：卷112：唐玄宗开元十三年（725年）．北京：中华书局，1956：6768．
⑤ 欧阳修，宋祁．新唐书：卷207：宦者传序．北京：中华书局，1975：5865．
⑥ 陈子龙．明经世文编：卷21：奉天殿灾疏．北京：中华书局，1962：163．
⑦ 张萱．西园闻见录：卷96：政术·前言．北京：哈佛燕京学社，1940．

特点，凡“镇守、出征、督饷、坐营等事，无一不命中官为之”①。这些宦官出使，“络绎道路，恣为求索”②。所谓代行监察，实际上已成酝乱之源。

（五）牵制监督法

有意设置牵制监督机制，是中国古代官制的重要特点。比如说在中央辅政系列实行多轨辅政制，中央各政务系列的职权交叉重复，司法系列“三法司”并存，监察系列纵横交错，地方系列相互监视，长官系列正佐相互监督等。以明清地方官设置为例，明代在省一级设布政使司以管民政财政，设按察使司以管司法监察，设都指挥使司以管军事行政，要求他们分别奏报本职工作，不许共同商议，有意造成一省之政出于三门，以便分而治之。清代有些省既设总督，又设巡抚，有意让他们之间职权交叉重复，使他们彼此牵制、相互监督。统治者总是精于制造和充分利用官僚之间的内在矛盾，故意制造职权混淆，以达到自上而下的全面监控，并把这种相互牵制监督的行政体制通过监察制度有机地结合为一体。

牵制监督还表现在对监察人员的监察上。如唐代规定，尚书左右丞“掌辨六官之仪，纠正省内，劾御史举不当者”③。宋代给事中之下有谏官案，“主关报文书”；中书舍人下有谏官案，“掌受诸司关报文书”；尚书省有御史房，“主行弹纠御史案察失职”；“尚书都省弹奏六察御史，纠不当者”④。元代中书省左司有台院选科，右司有枉勘科，核实御史台选官和纠举案件。明代嘉靖六年（1527 年）《宪纲》规定：“都察院、按察司堂上官及首领官、各道监察御史、吏典，但有不公不法等事，许互相纠举。今后巡按御史弹劾三司不职者，吏部斟酌举行，按察司官果有能纠巡按失职者，亦应吏部查记，不许科道官挟私报复。其巡按、清军、巡盐、刷卷御史同事地方，固宜同寅协恭，亦须互相纠察，以清宪体。”⑤ 清代规定：“凡纠拾反坐言官。有坏吏治，塞言路，以后科道纠拾官员，照大计一例处分。有挟私妄纠者，吏部、都察院指实参奏。”对监察人员的监察，为的是减少或抑制监察人员“植党营私，辩言乱政，此倡彼和，颠倒是非”⑥。其实质是为了控制监察人员的言论动向，设置防止冲击到最高统治的堤防。当然，也是为了制裁与限制监察人员滥用权力。

（六）密察侦缉法

密察侦缉是君主为了直接了解情况而采取的特别监察手段。君主经常派遣御史、使者、宦官、亲信等奉旨持节以监督和处理各项事务，诸如拷问诏狱、督捕盗贼、刺举奸非、监军、监财税等。尤其是刺举奸非，权力极大。如汉代的绣衣直指，王莽的左右刺奸，曹魏和东吴的校事官、弹曲，北魏的候官，五代的中团，明代的东厂、西厂、锦衣

---

① 张廷玉，等．明史：卷 74：职官志三．北京：中华书局，1974：1827.
② 张萱．西园闻见录：卷 15：机权·住行·汪应轸．北京：哈佛燕京学社，1940.
③ 欧阳修，宋祁．新唐书：卷 46：百官志一．北京：中华书局，1975：1185.
④ 脱脱，等．宋史：卷 161：职官志一．北京：中华书局，1977：3790.
⑤ 孙承泽．天府广记：卷 23：都察院·宪纲．北京：北京古籍出版社，1982：312.
⑥ 官修．清会典事例：卷 998：都察院·宪纲．清光绪二十五年（1899 年）刊本.

卫等，都是由君主直接委派特别亲信，采用公开或秘密的方式进行特别监察，造成恐怖政治。

刺奸、校事、弹曲、候官等等，都是为专门刺举官吏兵民的“奸罪”而设的，君主授予他们很大的权限，可以“上察宫庙，下摄众司”①。监督检举的对象和范围都很广泛，大至于谋叛谋反，小至于饮酒醉言，无不在监视之中，其监视网“分布州郡，横兴事役，竞造奸利”②。这些人擅作威福，如北魏“增置内外候官，伺察诸曹外部州镇，至有微服杂乱于府寺间，以求百官疵失。其所穷治，有司苦加讯恻，而多相诬逮，辄劾以不敬”③。密察侦缉给社会带来很大的动荡，时人无不切齿为恨，痛心疾首地说：“夫校事，吏民之仇也。”④ 历朝历代，都有官民主张裁抑这类机构，但因为这种密察侦缉组织有利于君主掌控政治，所以不能裁撤，反而给予特殊的宠用和重视。

密察侦缉手段是多种多样的。例如，仅割据四川一隅的王蜀，也大量豢养专门缉访密告的人员，有些特务头目“所管中团百余人，每人各养私名十余辈，或聚或散，人莫能别，呼之曰狗。至于深坊僻巷，马医酒保，乞丐佣作，及贩卖儿辈，并是其狗。民间有偶语者，官中罔不知。又有散在州郡及勋贵家，当庖看厩，御车执乐者，皆是其狗，公私动静，无不立达”⑤。再如朱元璋对大臣们的一举一动都有监督，有一次，大臣宋濂在家与人饮酒，第二天朱元璋便问其“昨夜饮酒否，坐客为谁，馔何物”。当宋濂如实回答后，朱元璋则笑曰：“诚然，卿不朕欺。”⑥ 清代雍正时，翰林院修撰王云锦于元日时与几个朋友玩叶子戏，忽然丢失一张，节后上朝，“上问以元日何事，具以实对。上嘉其无隐，出袖中一叶与之曰：‘俾尔终局。’则即前所失也”⑦。对一个不掌任何实权的修撰官尚且如此严加侦缉，其他高官贵臣更不能逃脱于侦缉网之外了。

密察侦缉在明代发展到极端。当时的密察侦缉组织，除属于行政系统的锦衣卫之外，还另有庞大的宦官密察侦缉组织，如东厂、西厂、内行厂等，上至公卿百官，下至士农工商，无不在其监视范围之内。在诸多的密察侦缉组织中，东厂的地位最为特殊，“每月旦，厂役数百人，掣签庭中，分瞰官府”⑧，采取“听记”，即监视京府会审大案及拷讯重囚的口供和情况以奏报皇帝；“坐记”，即到各官府及各城门缉访监视；“打事件”，即由胥役打探的事件经由厂署修改润色汇报。除了用这些方式进行侦缉之外，还雇用“京师亡命”，设“档头”，分往各处进行刺探密访。厂卫还拥有特种司法权，凌驾于正规法司之上，滥用酷刑，“东厂番役横行，所缉访无论虚实，辄糜烂”。魏忠贤当权时，“民间偶语，或触忠贤，辄被擒僇，甚至剥皮、封舌，所杀不可胜数，道路以目”⑨。东厂奏事，无论何时都可以直接送到皇帝的手中，夜间宫门关闭，但密告之件却可以从东华门

① 陈寿．三国志：卷14：魏书·程昱附晓传．北京：中华书局，1959：430．
② 陈寿．三国志：卷65：吴书·贺邵传．北京：中华书局，1959：1458．
③ 魏收．魏书：卷111：刑罚志．北京：中华书局，1974：2875．
④ 陈寿．三国志：卷61：吴书·陆凯传．北京：中华书局，1959：1407．
⑤ 李昉，等．太平广记：卷126．北京：中华书局，1961：895．
⑥ 张廷玉，等．明史：卷128：宋濂传．北京：中华书局，1974：3786．
⑦ 赵翼．檐曝杂记：卷2：王云锦．北京：中华书局，1982．
⑧ 张廷玉，等．明史：卷95：刑法志三．北京：中华书局，1974：2333．
⑨ 张廷玉，等．明史：卷305：宦官魏忠贤传．北京：中华书局，1974：7820．

缝中塞进去，官场和社会的一举一动都可以立达于宫中，一旦得到皇帝的批示，厂卫即可肆行逮捕，使用酷刑拷问。

使用特务组织控制官僚系统和社会，目的是通过恐怖手段以对官民人等进行威慑，企图借此消除反侧。这种建立在血腥镇压基础之上的密察侦缉，是君主率先破坏原有法制的措置，只能激化矛盾和造成社会动荡，实际上是起到瓦解统治基础的作用。

蒋介石继承了古代专制政治的恐怖手段，不但设置警察、宪兵、保安队，还建立了庞大的特务组织，在反共反人民方面投入很大的力量。特务组织对任何不满南京国民政府和国民党统治的“嫌疑人”，即可不经任何法律手续，随意秘密逮捕、秘密刑讯、秘密杀害，实行白色恐怖，不但给当时的社会带来很坏的影响，而且遇到人民的强烈反抗，最终使国民党政权淹没在人民战争的汪洋大海之中。

（七）密奏传呈法

密奏传呈是经过特殊渠道将奏报的内容直接送呈君主，由君主亲阅，再朱批处理，并不通过各级军政部门，拥有最大的权威。本来批阅奏章是君主掌握全国军政情况和发布指示的基本途径。臣僚使用章、奏、表、启、议、疏、题、书、记、状等文书形式，通过一定的输送渠道送到君主手中，供作君主决策的参考；君主再以诏、令、谕、旨等形式将命令下达，这是历代王朝普遍沿用的文书运转常规。不过，有些君主出于对官僚的不信任，认为用公开渠道送上来的文件反映情况不够确实，而且多为官样文章，其中充满粉饰套语，而且又常有互相包庇和虚夸诿过的问题，很难及时掌握真正的情况，特别是反映官员相互勾结又相互攻击的有关机密文件，君主要进行核查处置，而又容易事先走漏风声，因此便采取特殊的渠道来进行处理。

汉代规定群臣可以“上封事”，即将所奏内容密封传进，不必通过正常的运转渠道，可以从皇宫南面的司马门投入，由宦官直接呈递给皇帝。自此以后，凡是事涉机密，均允许密封呈递，不必通过正常的文书传送渠道。如明代在京察大计时，允许科道官匿名纠拾，而《宪纲》规定：“诸御史纠劾，务明著实迹，开写年月，毋虚文泛诋，讦拾细琐”①。密奏和陈奏并行，是“念诸臣之欲进言者，或有所顾忌，或有恐招怨尤，或有牵制之情，或有不便显言之处”。而且“科道等官所密陈者，未见有裨政治之事”，以至于“徇私构党，彼此倾陷”②。针对以上情况，清康熙帝和雍正帝构思出一种既便捷可行，又能高度保密的密折制度。这套密折制度最早启用于康熙，其后由继位的雍正帝逐步加以充实和完备。

所谓的密折制度，就是采用君臣之间私人通讯的形式，由具有上奏资格的臣子，包括朝中的部院主官，地方的督抚两司，以及御史等官，允许将所具奏的内容写成折叠的文本，封存在特制的折匣之内上报；对比较重要的折本，还要加设特制的铜锁，用黄纸封口。折匣钥匙，君臣各持一把。折匣通过专门的运转渠道送到皇帝手中，由皇帝亲自开拆，用朱笔在折本上做出批示，再按上述办法和途径送还臣子手中。折本内容及皇帝

① 张廷玉，等. 明史：卷73：职官志二. 北京：中华书局，1974：1769.

② 官修. 清会典事例：卷998：都察院·宪纲. 清光绪二十五年（1899年）刊本.

的“朱批”，概不准泄露，更不准将“朱批”内容交任何上级和同僚传看，即使对父母妻子也不容泄露。凡得到“朱批”的奏折要在一定的时间内，通过特殊途径交回宫中保管。在这些“朱批”奏折中，既有皇帝命甲官奏报乙官的情况，同时又有命乙官奏报甲官的情况，更有众官之间相互揭告的材料。君主利用官僚集团内部的矛盾，亲自操纵他们，使他们互相监视和牵制，进而把监察功能与行政功能有机地结合起来，既扩大了获得讯息的途径，提高了情报的准确性，可以及时迅速下达指示，又能有效地防止大臣们擅权，使他们在相互防范时，对皇权始终保持恭谨畏惧的心态。

雍正加以完备的密折制度，将连坐告密、牵制监督、密察侦缉、遣吏循行等监察方法融为一体，具有绝密、准确、内容广泛而迅速的特点，是在认真吸取历代监察制度经验教训的基础上，具有开创性的措置，也是君主极端专制的产物。因此，自雍正以后，清代历朝皇帝总是郑重地加以沿用，并以之作为最重要的统治手段之一。现存数量浩繁的清代“朱批”奏折档案，保留了这方面的大量记录。

三、监察制度的利弊及特点

监察制度是中国政治制度史上最有特点的制度之一，它既关系到上层建筑的自我调节，是维护国家机器正常运转的必要措置，从某种意义上看，它是国家机器的一种润滑剂，是保证最高统治利益的特别手段，也是值得很好研究和汲取经验教训的重要政治制度。

第一，监察职能比较完善，作用也比较明显，但存在很大的局限。从历代监察制度发展历程来看，监察职能比较完善，作用也比较明显，但也存在着很大的局限。按照监察制度的官式规定，它是针对君主及全国官吏的，既有对上的谏诤和封驳，又有对下的监督弹劾，还有对左右的牵制监督，应该说是比较全面的。对上的谏诤和封驳，在一定程度上能够影响君主和上司的决策，减少一些不必要的失误。对下的监督弹劾，有利于君主控制国家机器，在一定程度上起到澄清吏治、维护政权稳定的作用。对左右的牵制监督，有利于规范吏治，提高工作的严谨与效率。但是，在君主专制主义中央集权制度下，监察制度又必然存在明显的缺陷。首先，对上谏诤和封驳取决于君主和上司个人的政治素质。如唐太宗虚心纳谏，谏官的意见就容易采纳；唐玄宗晚年纵情声色，倦于政事，谏官的意见就不容易被采纳；一些昏聩君主滥用威权，由个人爱憎决定政事处置，“忠直之辈人人钳口，而谗佞小人转为任意横行矣”①。其次，对下监督弹劾不但取决于君主和上司的政治素质，也取决于监察官员的政治素质，一些监察人员窥伺君主和上司的意图，或“遇事生风，肆行抨击，以致各分门户，挟制大臣”②；或是“虚应故事”，“尸位素飧”。最后，对左右的牵制监督是和主官负责制相冲突的，而且必然涉及官员的利害和恩怨，往往借此以为倾陷的机会，经常出现“私揭中伤者，造无根之谤”③，造成彼此勾心斗角者多，实心办事者少，不但起不到牵制监督的效用，而且还会造成办事效

① 官修．清会典事例：卷998：都察院·宪纲．清光绪二十五年（1899年）刊本．

② 官修．清会典事例：卷1001：都察院·宪纲．清光绪二十五年（1899年）刊本．

③ 张萱．西园闻见录：卷31：考察·前言．北京：哈佛燕京学社，1940．

率低下。

第二，监察人员使用比较合理，对监察人员也有一定的管理升迁机制，但授予监察人员的权力过大，不能有效地控制监察人员的腐败。历代对监察人员的使用，有特殊的安排，也有一定的管理升迁机制，但由于授予监察人员的权力过大，顾此失彼，不易有效地控制监察人员的腐败。首先，历代在监察人员选用上，多使用一些职位较低、年龄较轻的人在前沿工作。汉武帝时的刺史，秩仅六百石；隋唐以至明清，监察御史的级别一直是七品，选用也比较严谨。如明代科道官选用，“明初至天顺、成化间，进士、举贡、监生皆得选补”。后来提高选用的标准，从翰林院庶吉士“改授”，从进士出身而任满三年的京官中“考选”，从地方的推官、知县中“行取”①。这些人年纪比较轻，涉事尚浅，凭着一股血气和初涉官场的认真感，有初生牛犊不怕虎的气势，弹劾官员，无所顾忌。但是，在监察人员升迁问题上，往往是卸下监察官职之后，便奉调到各部门或地方充任部曹或中级地方行政官员，回到他们原来监察过，甚至是曾经检举奏劾过的对象手下任职，也不得不使这些监察人员瞻前顾后，畏首畏尾。其次，授予监察人员的权力过大，又缺乏有效监督。因拥有“风闻奏事”之权，对官吏具有震慑作用，能够使官场的各种腐败行为有所收敛。但是，权力过大则很难进行有效监督，经常发生监察人员本身的腐败失控的情况。如汉武帝时，“遣直指使者暴胜之等衣绣衣杖斧分部逐捕。刺史郡守以下皆伏诛”②。因为暴胜之等被授予“诛二千石以下”的非常权力，但在执法过程中居然与地方官“相结厚”③，一面打击诬陷，一面搜刮钱财。明代巡按在地方权势逼人，常常是“萧然而来，捆载而去”④。而且“身为执法，卖直沽恩，谤人惑众，起险言以眩众，听灭公义以济私恩”⑤。设置一个颐指气使的监察官，实际上是多了一个贪赃枉法的黑心官。虽然按照法律规定，监察人员犯法是要罪加二等的，但在实际运行中却极为罕见，常常受到庇护。

第三，多种途径的监察制度、多种方式的监察方法，是在中央集权制度不断完善的过程中形成的，在政治制度中发挥着重要的作用，同时也对当时的社会和政治风气产生过恶劣的影响。各种监察系列相互交叉渗透，本来是君主利用监察机构对臣民实施全面监控的手段，但这一切都以君主为中心，不但使当时的监察效果降低，而且有很大的局限。诸如，许多善于趋炎附势、逢迎拍马的人，一直以在君主面前承欢色笑为务，从来不敢批“逆鳞”⑥，从不得罪当权的达官巨室，一心追求荣华富贵，绝无是非善恶之念，以“多磕头，少说话”为箴言，善于见风使舵，回避矛盾，并因此得到高官厚禄。然而，一些耿介正直敢言之士，能够冒雷霆之威，敢批君主的逆鳞，斥奸佞之误国，不肯屈从俯就，反遭谗蒙毁，或贬降，或杀戮，使社会风尚日非，官场更加污浊。即便是认真履行监察责任，但在君主与官僚看来，这些监察官员也是心思不正，“古之谏者既忠于

---

① 张廷玉，等．明史：卷71：选举志三．北京：中华书局，1974：1717.

② 班固．汉书：卷6：武帝纪．北京：中华书局，1962：204.

③ 班固．汉书：卷66：王䜣传．北京：中华书局，1962：2887.

④ 方震儒．方孩未先生集：卷1：整饬吏治疏．清同治七年（1868）树德堂刻本，南开大学图书馆藏.

⑤ 杨一凡，田禾点校．皇明诏令：卷4：成祖文皇帝上·戒谕臣下慎刑敕．北京：科学出版社，1994.

⑥ 《韩非子·说难》：“夫龙之为虫也，柔可狎而骑也。然其喉下有逆鳞径尺，若人有婴（撄）之者，则必杀人。人主亦有逆鳞，说者能无婴（撄）人主之逆鳞，则几希。”

国，亦以求名，今之谏者为利而已”①，认为监察人员上者是为了求名，下者是为了求利，这也会使他们畏手畏脚。

古代监察制度恰似一把三刃剑，它曾经有效地维护了以君主为核心的统治秩序；也曾经用来在统治营垒内部进行倾轧斗争，锄灭异己，镇压正直力量，起到自乱营垒的作用；更曾经明确监察的定位，使之不能够完全取代行政。三刃剑的重点在于剑锋，而不是左右两刃的所谓既可以为利，又可以为害，剑锋所指乃是关键所在，那就是监察的定位问题，其应该在国家机器运转过程中充当润滑油，而不是用之替代国家机器。在历史上有些监察官在时局动荡、党争炽烈时，往往分成派系，成为政治斗争的附庸。现存历代监察官遗留下的奏疏评议，往往反映着各时期社会和政治危机的要害，以及派系政见歧异的焦点，也是双方或多方互相攻击的证据，既能够从不同角度提供研究监察制度的生动素材，也能够理解监察制度作为国家政治体制的有机构成，必然要受到根本政治制度的制约，不能超然于根本政治制度之外。

① 脱脱，等. 金史：卷7：世宗纪中. 北京：中华书局，1975：168.

第九章

军事制度

重点问题

1. 不同兵役制与战争和社会发展的关系。
2. 军事编制与军队管理原则。
3. 兵种配置与战争规模的关系
4. 军事装备与社会生产力的发展。
5. 军事管理制度主要内容及特点。
6. 军事指挥制度的特点及要求。
7. 军事后勤供应与战争胜负的关系。
8. 军事刑罚制度与一般刑罚制度的区别。
9. 军队建设与国家治理的关系。

军事制度是国家机器的重要构成，是统治的重要支柱，承担着对内维持统治秩序和镇压逆反，对外发动战争或防卫的重要职能。国家的存在要依恃军事力量，而建立一支强大的军队，形成高度集权统一指挥的军事管理体系，乃是国家政权的首要问题之一。军事不可能独立于国家政治和社会存在之外，在错综复杂的历史变化中，军事制度也不断得到发展和完善。

第一节　兵役制度

兵役制度是与社会政治经济的发展紧密地联系在一起的。政权的兴衰与更替，经济的充裕与匮乏，社会的进步与落后，战争的规模与战略战术，科学技术的发展与应用，都会影响到兵役形式的变化。

一、郡县兵役制

郡县兵役制主要有两种形式：

一是建立在郡县在籍男子都必须为国家承担徭役的基础上，普遍征发丁役充当军兵。如汉代的“践更”和隋唐的“府兵”，均属此类。

汉代男子在20岁开始“傅籍”，即开始服徭役；在23～56岁之间，必须服兵役两年。前一年为材官（步兵）、骑士、楼船（水军），充当“正卒”，即郡国的常备兵，在地方接受军事训练。后一年是经过训练的“正卒”，要到京师或边境屯守戍卫，称“卫士”或“戍卒”，期满以后回归乡里。如果有军事需要，朝廷还可以进行临时征发，到56岁以后才能免除兵役。民丁除服兵役之外，还必须服一定时间的徭役。在国家不处在战争状态的时期，因所需要的兵额减少，可以要求不去京师或边境屯戍服兵役的人，每人出300钱，称“更赋”，后来竟成为国家的固定税种，国家用此款养活征募上来的兵员，因此纳赋的年龄也逐渐扩大，如晋代“男女年十六已上至六十为正丁，十五已下至十三、六十一已上至六十五为次丁，十二已下六十六已上为老小，不事”①。除了老小，服役年龄已经达到13～65岁了。

隋文帝时规定：“凡是军人，可悉属州县，垦田籍帐，一与民同。”② 实现兵民同籍，寓兵于农。唐初沿袭隋制，分内外府而点充兵役，《唐律疏·拣点卫士征人不平》云：“拣点之法，财均者取强，力均者取富，财力又均，先取多丁。”点充的年龄在21～59岁之间，一经点充，即有军籍，同时免除本人的租庸调。府兵平时务农，农闲时接受军事训练，服役时自备兵器资粮。府兵制是以均田制为基础的，当均田制瓦解时，府兵制也走到了尽头。

二是以郡县为单位强行征发兵役的制度。如明代的“佥兵法”，就是以州县为单位，在列入兵籍的人户中“佥兵”，“大者千人，次六七百，小者五百”③。佥上来的兵由有关部门进行训练，官给衣粮，随时征调。这种“佥兵”制度，在军事需要时经常采用，“每有征伐及边衅，辄下令签军，使远近骚动，民家丁男若皆强壮，或尽取无遗，号泣动乎邻里，嗟怨盈于道路”④。这种强制性的“佥兵”制度，曾经给广大民众带来深重的灾难。

二、谪罪兵役制

谪罪兵役制即谪发刑徒和贱民充军的制度，历代沿袭采用。如战国时的魏王“命令将军：经营商贾和客店的，给人家做赘婿的，以及在百姓中带头不耕种，不修建房屋的，

① 房玄龄，等．晋书：卷26：食货志．北京：中华书局，1974：790.

② 魏徵，等．隋书：卷2：高祖纪．北京：中华书局，1973：35.

③ 张廷玉，等．明史：卷91：兵志三．北京：中华书局，1974：2250.

④ 脱脱，等．金史：卷44：兵制．北京：中华书局，1975：999.

我很不喜欢。要把他们杀掉，又不忍连累他们的同族弟兄。现在派他们去从军，将军不必怜惜他们。在杀牛犒赏军士的时候，只赏他们三分之一斗的饭就够了，不要给他们肉吃。攻城的时候，哪里需要人，就把他们用在哪里，将军可以叫他们去平填池壕”①。秦汉时期，滥用民力，使“兵不足用，而后谪发矣”②，就是在兵源枯竭的情况下，强迫刑徒和奴产子充军入伍。西汉还建立了谪发刑徒和贱民充军的制度，即七科谪：“吏有罪一，亡命二，赘婿三，贾人四，故有市籍五，父母有市籍六，大父母有市籍七，凡七科”③。除了真正的罪犯之外，还强迫被招赘的女婿、商贾或与商贾有血缘关系的人充军，这些人在当时被认为是“贱民”。

魏晋以后，由于户口亡失过多，官府多次检括人口，查出隐户，“皆以补兵”④。开始时，谪罪兵役还不是世代相袭，后来“官制谪兵，不相袭代，顷者小事，便从补役，一愆之违，辱及累世，亲戚傍支，罹其祸毒”⑤，不仅变为世代相袭，而且还牵连亲族。

战争需要兵员，在兵员不足时，国家经常强行征兵，强行征兵不足，便让罪犯去充军，当时只不过是一种权宜之计，但在宋元以后，谪罪兵役制却成为一种经常性的制度，如宋代的“配军”，明代的“恩军”和“充军”。

宋代的“配军”制是伴随着刺配刑而来的。宋代凡是杂犯死罪，均刺面、杖脊、配流，去充当军役和劳役。充当军役的称“配军”，主要从事杂役，被称为“杂役卒”，其地位非常卑贱，犯罪较一般营卒要加二等，其法律身份属于奴婢，承担苦役。

明代的“恩军”是指官民因罪而被谪发的，亦称“充军”。《大明律》中有关充军的条文有46条，还有专门的《充军条例》。其定制：“分极边、烟瘴、边远、边卫、沿海、附近。军有终身，有永远。”⑥ 终身仅罪犯个人，永远则要世代为军。虽然如此，“将军犯发入军队充作军人，对于非军籍人而言，罪犯改变了习惯的生活方式和生活环境，终身或甚至世代承担兵役或军中劳役；对于军官军人而言，充军军官被剥夺军职，充军军人一般要承担更为艰苦的军役，若无军功，原则上，充军多具有终身特征”⑦。一旦被充军，很难再改变身份，乃至于世代相袭。谪罪兵役在生活待遇及使用上都与其他兵役有很大差别，不但受到歧视，而且经常被押送到最危险的战场充当炮灰。

三、招募兵役制

招募兵役制是以雇佣的形式来招募兵员的制度，始于春秋战国时期，以后各代间或实行。主要有三种形式：

一是国家常备兵需要训练有素、娴于战阵的精锐士卒，以保证较强的战斗力。这种招募的士卒一般都要经过一定考选，又是自愿前来的，能较为稳定地长期在役，所以战

① 睡虎地秦墓竹简整理小组．睡虎地秦墓竹简．北京：文物出版社，1978：295.
② 陈傅良．历代兵制：卷1：秦．江苏广陵古籍刻印社，1990.
③ 班固．汉书：卷6：武帝纪．北京：中华书局，1962：205.
④ 房玄龄，等．晋书：卷81：毛璩传．北京：中华书局，1974：2126.
⑤ 房玄龄，等．晋书：卷75：范宁传．北京：中华书局，1974：1987.
⑥ 张廷玉，等．明史：卷93：刑法志一．北京：中华书局，1974：2301.
⑦ 吴艳红．明代充军研究．北京：社会科学文献出版社，2003：11.

斗力较强。例如，齐国的“技击”，“其技也，得一首者，则赐赎锱金”；魏国的“武卒”，“以度取之，衣三属之甲，操十二石之弩，负服矢五十个，置戈其上，冠胄带剑，赢三日之粮，日中而趋百里。中试则复其户，利其田宅”（《荀子·议兵》）。又如，西汉李陵率5000名被称为“勇敢士”的步卒，在匈奴数万骑兵的围攻下，仍能顽强作战，杀敌万余，在矢尽粮绝、敌骑冲阵、主将降敌的情况下，还有400余人杀出重围回归祖国。再如，东晋招募的“北府兵”，曾经以8万之众击破号称“百万”的前秦大军，使敌人“草木皆兵”。唐代的“长征健儿”也曾经横行一时。宋初的“禁军”在统一江南、对辽作战中都表现出良好的军事素质。明代以招募为主的戚家军、俞家军，在抗击倭寇的战斗中屡建功勋。清代后期招募的湘军、淮军，成为支撑清王朝的主要力量。清末招募的新军，成为中国仿照洋法练兵的开始。1933年6月，南京国民政府公布的《兵役法》规定有留备兵：“在地方自治未完成之区域，得就年龄合格志愿兵役之男子募充之”（第四条），这是一种募兵制。在抗日战争末期，因为兵源不足，国民党动员知识青年从军，以“十万青年十万兵”为口号，在数月间组成有近十万青年的青年军师，属于招募的志愿兵。

二是作为国家常备兵的普遍招募制。这种招募一般只对身体条件进行验看，带有自愿和半自愿的性质。如五代和宋，在招募时，“先度人材，次阅走跃，试瞻视，然后黥面，赐以缗钱，衣履而隶诸籍”①。士卒如果逃亡，由于面上刺字易识，很快就会被抓回营进行处置。在这种情况下，一般人民不是到生活难以维持的时候，是不愿主动当兵的。兵源不足，招募标准也必然下降，成分也必然复杂，也就不能保持良好的军事素质，如宋代“禁军”的招募，“多老疾不胜铠甲者”②，素质下降，以至“生于无事而饱于衣食也，其势不得不骄惰。今卫兵入宿不自持被，而使人持之；禁兵给粮不自荷，而雇人荷之；其骄如此，况肯冒辛苦以战斗乎”③。这样招募上来的兵，不但骄惰不习战事，而且老弱病残充斥其中，所以作战常常败北。清代的湘军、淮军渐渐蜕变，成为私兵性质，正如王闿运《湘军志》所讲，“其将死，其军散，其将存，其军完”，完全取决于将领的个人素质，当将领们荣华富贵到手，便瞻前顾后，所以在其后中法、中日战争中，几乎都是一触即溃，无力抵挡外侮，却成为军阀割据的本钱。

三是作为特殊兵种而招募的。这种招募除身体条件之外，还必须具备一定的专业技术和文化水平。如战国时期的“车士”需要“年四十以下，长七尺五寸（1.73米）以上，走能逐奔马及驰而乘之，前后左右，上下周旋，能束缚旌旗；力能彀八石弩，射前后左右，皆便习者”（《六韬·武车士》）。“骑士”则要求“壮健捷疾，超绝伦等，能驰骑彀射，前后左右，周旋进退，越沟堑，登丘陵，冒险阻，绝大泽，驰强敌，乱大众者”（《六韬·武骑士》）。对招募上来的兵员要加以训练，如秦代就曾经规定：车兵经过四年训练，不能熟练驾驭车马者，“罚负责训练的人一盾；驾驺本人应免职，并补四年内应服的徭役”④。清末以后，陆续兴办起的各种军事学堂，主要培养中下级军官，还成立专门的机构，对新兵进行训练。凡是那种技术含量高，经过较长时间训练才能用于战斗

① 脱脱，等. 宋史：卷193：兵制七. 北京：中华书局，1977：4799.
② 脱脱，等. 宋史：卷194：兵志八. 北京：中华书局，1977：4830.
③ 马端临. 文献通考：卷152：兵考四. 北京：中华书局，1986：1329.
④ 睡虎地秦墓竹简整理小组. 睡虎地秦墓竹简. 北京：文物出版社，1978：129.

的士兵，待遇要比一般士兵高，也就成为带有一定雇佣性质的专业化职业兵。

四、世袭兵役制

世袭兵役制亦称世兵制，是子孙世代相袭为兵的制度。主要有强制世兵制和限制世兵制两种类型：

强制世兵制，即士兵全家被强迫从普通户籍中分离出来，脱离民籍，变为军籍，士兵本人终身当兵，其子孙后代亦世代为兵。这种世兵制是在东汉末年大战乱后，郡县征兵制遭到破坏、招募兵源枯竭的情况下形成的。具体的做法是，采取强制性的手段，把现役、招降和检括逃亡的军士编为军户，迫令他们世代相袭，以保证基本兵源。对军户，给予军田，不纳赋税，但从军的衣粮要由军户负担。这种世兵制盛行于魏晋，渐衰于南北朝，再盛行于金、元，渐衰于明清。

限制世兵制是早期国家的兵役制度。早期国家的“公共权力在这里体现在服兵役的公民身上，它不仅被用来反对奴隶，而且被用来反对不许服兵役和不许有武装的所谓无产者”①。因此，奴隶、农民是不能服兵役的，服兵役的只有自由民。例如，西周的“乡遂”兵役制，“王国百里为郊，乡在郊内，遂在郊外，六乡谓之郊，六遂谓之野”②。也就是国都近郊为乡，郊外之野为遂，各设有六乡和六遂。六乡出兵役，六遂出军赋和劳役。乡是国人，即自由民居住的地方；遂是野人，即奴隶、农民居住的地方，因此也称“国野”。“国野”是在西周灭商以后形成的制度，是镇压商代遗族和东方各族的反抗，对他们进行监视，除了大封诸侯之外，还使这些被征服的部族，“一族一族地被分配给周的贵族，和周人一块去建立新的诸侯国家”③。这样，作为战胜者的周族和依附于周族的部族在一地而分别居住，形成周族和依附于周族的部族人民就是“国人”，被征服的部族人民就是“野人”。只有国人才享有服兵役的权利、享有军人的政治经济权力，在国有大事时，往往还要征询国人的意见。国人是周王室和诸侯国政治、军事的支柱；野人则主要从事生产劳动，向国家提供赋税和劳役。这种“国野”限制兵役制在春秋以前曾经严格地实行，国人是早期国家主要兵役来源。魏晋以后，一些少数民族政权为保证有足够的军队，以原有部落组编成军队，将领和士兵均世代相袭，而限制其他民族在其军队里当兵。如十六国时期的“族兵”，辽代的“宫卫御帐兵”，西夏的“擒生军”，金代的“猛安谋克”，元代的“怯薛军”，清代的“八旗兵”等，都属于这类。

限制世兵制在初期乃是朝气蓬勃的，在以军人为荣誉的当时，也保证了一定的战斗力。如清初的八旗兵，不仅可以实现骑兵的兵团作战，还能够运用炮火攻城拔寨，为清王朝的建立和巩固立下了卓越功勋。不过，世代相袭也必然导致素质下降，尤其是在享有特权的情况下，其寄生性和惰性也会日益增长，腐化和暮气也与日俱增，战斗力下降。八旗兵在康熙时期就已经“怠于武事，遂至军旅罴蔽，不及曩时”，“满洲官兵近来不及

---

① 马克思，恩格斯. 马克思恩格斯文集：第4卷. 北京：人民出版社，2009：147.

② 王应麟. 玉海：卷136：周兵制. 清嘉庆十一年（1806年）江宁藩署刻本.

③ 何滋全. 读史集. 上海：上海人民出版社，1982：137.

从前之精锐”①，所以当太平天国、捻军兴起，清王朝便束手无策，湘军、淮军等新的武装力量则逐渐取代八旗兵。

强制世兵制大多不是在自愿的情况下充当的，其社会地位不高，生活也常常得不到保障。如明代小军每月只有一担粮食，经仓官克减，到手只有七八斗，一家老小衣食全赖于此，“他那里再得闲钱与人。这些千百户们，直这等无仁心，他关了许多俸钱，倒又去科敛害军，料这穷军们的钞，回家去买酒买肉吃呵，便如将他身上的血来吃一般”②。经济收入有限，又遭军官克扣，社会地位低下，岂能期望这些强制的世兵能够保持旺盛的战斗意志！明代中期以后，大量军户逃亡，明王朝便采取“清军”，凡是曾经为军者都要押送各卫所，这成为当时的弊政之一。

五、发奴为兵制

发奴为兵制是特殊情况下出现的征兵制，主要有三种类型：

一是国家征发私家僮奴充当兵役。如西汉时，卫青、霍去病各自率领 5 万骑出塞，有“私负从马复四万匹”③，这是诸军将领和士兵的僮奴随同主人出战，还没有列入国家军事编制之内。西晋末年，因战事频繁，经常发私家僮奴助军，而且还单独编成军队。如晋太安二年（303 年），“又发奴助兵，号为四部司马”④。此后多次发奴为兵，直至南朝刘宋还不乏招集僮奴为兵的记载。这种发奴为兵，是属于朝廷向私人借用人力资源的形式，一般在战事结束便把所发僮奴归还其主人，对死难者则偿还其所值。如南朝刘宋就曾经对“先因军事所发奴僮，各还本主；若死亡及勋劳破免，亦依限还直”⑤。这种兵役制与当时的士族门阀政治有密切的联系，是特殊现象。

二是国家征调官府所有的僮奴为军，立功者可以免去僮奴身份。隋唐以前的官府手工业部门有许多籍没为奴的生产者，数量相当可观。如陈胜、吴广起义时，秦二世征发的刑徒和“奴产子”数达 30 余万。这样的征调主要用于应付紧急情况，故后世也常有征发刑徒、从奴的记载，但不会普遍采用。

三是在战争需要的情况下征发徒刑犯为军，立功者可以免去罪责。征发徒刑犯人不属于谪罪兵役，只是一种临时措施，所以在战场上有专门的督管人员进行监视。如汉武帝时，“遣楼船将军杨仆、左将军荀彘将应募罪人击朝鲜”⑥，是由正规军押送赴前线的。南京国民政府公布《徒刑人犯移垦暂行条例》（1934 年），强制一批徒刑犯到边疆屯垦驻防，在抗日战争时期也紧急输送徒刑犯赴前线修筑工事，充当敢死队。

此外，有些王朝还通过战争征服或掠夺的形式，收编一些降附军，胁迫被掠来的丁壮充军，或编为独立军伍，或分隶于各营。在战争时，强迫这些兵役在前冲阵，充当

① 赵尔巽，等. 清史稿：卷 7：圣祖本纪二. 北京：中华书局，1977：238.
② 朱元璋. 大诰武臣·科敛害军第九. 北京：科学出版社，1994：261.
③ 司马光. 资治通鉴：卷 19：汉武帝元狩四年（前 119 年）. 北京：中华书局，1956：640.
④ 房玄龄，等. 晋书：卷 4：惠帝纪. 北京：中华书局，1974：101.
⑤ 沈约. 宋书：卷 3：武帝纪下. 北京：中华书局，1974：55.
⑥ 班固. 汉书：卷 6：武帝纪. 北京：中华书局，1962：194.

“肉篱”。如北魏进犯南朝宋，建威将军柳元景所俘获的北魏兵多是河内人，俘虏皆曰：“虐虏见驱，后出赤族，以骑蹙步，未战先死，此亲将军所见，非敢背中国也”①。类似的情况在史书中多有记载。等战争结束时，就想方设法将这些降军剪除，如南宋政权在襄阳和崖山溃降的军队被元朝整编为“新附军”。这是一支拥有十几万兵员、训练有素的常备军队，留之恐为后患，杀之则恐失去民心，遣之又恐聚集山林为寇，于是，忽必烈命令这支军队远征日本和爪哇。宋降将范文虎率十万将士出征日本，遇风覆灭，幸存者仅十之一二。在如此损兵折将的情况下，忽必烈非但没有呵责，却对范文虎及残存将士大加赏赐。借用远敌和风涛之手而使降人自灭，元王朝统治者颇以为得计。

六、民壮兵役制

民壮兵役制是一种非正规军队的兵役制度，多用于乡里保甲间以维持治安，称“乡兵”或“民兵”。其主要来源又可区别为两种：

一是按户籍征调，依保甲编组，平时生产，农闲训练，国家不负担或很少负担费用，是乡兵的主要组成形式。如宋代的乡兵二丁和三丁抽一，四丁和五丁抽二，六丁和七丁抽三，八丁以上抽四。明代的民兵，“州县七八百里者，每里佥二名；五百里者，每里佥三名；三百里者，每里佥四名；一百里以上者，每里五名。春秋每月操二次，至冬，操三歇五，遇警调集，官给行粮”②。这些被称为民壮的民兵，在明中叶以后常常被调发到边疆沿海去作战，进而成为重要的军事力量，如“义乌兵”曾经常年驻守在九边，在抗击倭寇的时候也发挥了重要作用。再如，国民党的“民团”和壮丁队，把保甲中的18岁以上45岁以下的男子强行编制起来，进行军事训练，修筑工事，警戒守护，在国家需要时则成为补充兵员；其日常经费多由保甲居民负担，训练时的费用则由地方师、团管区负担。

二是招募而来，属于自愿，不带强迫性质，国家给予一定的报酬和减免赋税的待遇。如明代中叶以后的义勇、枪手、民兵等，是各州县为加强自身防卫能力而组成的地方武装，要分期分批到就近的卫所进行团练。民兵常常随国家军队出征转战，随征外出时享有加倍的工食银两；普通的义勇虽不享有工食银，但在集训和操练时会给以口粮及免差的优遇③。

这些乡兵虽非正规军队，但由于都是本乡本土的人，遇有外来侵略，多能拼死抗敌。如金人南侵，宋代的乡兵义勇曾进行大规模的抗金斗争。明代的民兵在倭寇入侵时也曾拼命抵抗。这些乡兵是国家的预备兵员，遇有紧急佥军，多从乡兵中征发。乡兵与保甲什伍连坐相结合，在维持地方治安和镇压人民反抗活动中起着相当重要的作用。

---

① 沈约. 宋书：卷77：柳元景传. 北京：中华书局，1974：1985.

② 顾炎武. 天下郡国利病书：卷102：广东上·民壮. 上海：上海书店出版社，1985.

③ 王琮，等. 嘉靖淄川县志：卷4：建设志·兵防：“义勇即今枪手，边虏为患，欲其募义勇战，以忠其上之谓也。为额一千，属之巡捕官与土官刘爵司世贤操习，而督察于兵宪，以听巡抚之调遣焉。”天一阁藏明代地方志选刊60. 上海：上海书店出版社，1982.

七、义务兵役制

《中华民国临时约法》第13、14条规定人民有依法纳税和服兵役的义务。以后颁布的《约法》《宪法》都有这样的规定，但真正实行是在公布《兵役法》（1933年6月17日公布，1936年3月1日实行）以后。按照《兵役法》的规定，兵役分国民兵役和常备兵役两种。

国民兵役属于预备役性质，“男子年满十八岁至四十五岁，在不服本法所定之常备兵役时，服国民兵役。平时受规定之军事教育，战时以国民政府之命令征集之”（第3条）。根据此法规定，在地方普遍组织“民团”，其目的是“务使平时能执行宪兵警察之职务，以保卫地方之治安，战时而为国家之征兵，足成御侮卫国之劲旅”①。这种“民团”与保甲组织相结合，与兵役法的精神相违背，所以国民政府行政院与军事委员会制定了《警察保甲及国民兵联系办法》（1940年1月10日公布），试图把“民团”和壮丁队纳入国民兵役中，以充实兵员，使这种义务兵役变成一种强制兵役。国民党这种抓壮丁的行为，引起广大人民的强烈不满。

常备兵分现役、正役、续役三种。“平时征集年满二十至二十五岁之男子，经检定合格者，入营服现役，为期三年，除上等兵及特种业兵，均满二年归休，辎重运输兵满五年归休。正役以现役期满退伍者充之，为期六年，平时在乡应赴规定之演习，战时动员招集回营。续役以正役期满者充之，其役期自转业之日起至四十岁为止，任务与正役同”（第4条）。“常备兵役在战时得延长其服务期限。”（第5条）南京国民政府自从公布《兵役法》以来，一直处在战争状态，需要大量兵员，兵役机关和部队拉兵、抓兵、买兵，从来就没有按照《兵役法》执行过。

第二节 军事编制与兵种配制

高度集权化的军事体系是建立在君主控制最高军事指挥权基础之上的，为了便于对军队的管理，不但需要有一套由中央到地方的军事管理体制，还需要建立结构严密的军事编制体系，按照一定的层次进行统一指挥。

一、军事编制

历代王朝都有一支庞大的军队，而且越到后来规模越大。据史书记载，商汤时就有“良车七十乘，必死六千人”（《吕氏春秋·简选》），再加上他所联合的“九夷之师”，攻夏时有3万余众。商王朝常备军有六师，每师约万人，战争时还可以动员和调动诸侯的军队，所以商纣在抵抗周武王进攻时，能够发兵17万。周武王伐纣时动员的军队是“戎

① 张宪文. 中华民国史纲. 郑州：河南人民出版社，1985：421.

车三百乘，虎贲三千人，甲士四万五千人”①。西周天子也辖有“六师”，在成周还有“八师”，依照《周礼》的编制，其常备军应该有 17.5 万人。春秋初期还保持大国三军、次国二军、小国一军的制度，随着兼并战争规模的扩大，各国纷纷扩军。首先晋国设置六军，以后各大国都拥有兵车数千乘，乃至万乘。战国七雄均有带甲之士数十万，其中魏国有“武力二十余万，苍头二十万，奋击二十万，厮徒十万”（《战国策·魏策一》），算是中等大国，而楚国和秦国都有带甲之士百余万。军队人数增加，战争频繁，春秋战国见于史册的战争就有 398 次之多。战争规模也逐渐扩大，公元前 300 年，秦伐楚，斩首 3 万；公元前 298 年，秦击楚，斩首 5 万；公元前 293 年，秦将白起败魏、韩联军，斩首 24 万；公元前 280 年，秦将白起败赵军，斩首 2 万；公元前 274 年，秦伐魏，斩首 4 万；公元前 273 年，秦将白起败魏军于华阳，斩首 13 万，再战赵军，沉赵卒 2 万于河；公元前 264 年，秦将白起伐韩，斩首 5 万；公元前 260 年，秦将白起坑杀赵卒 40 万，斩首 5 万；公元前 256 年，秦伐韩，斩首 4 万；公元前 244 年，赵将李牧杀匈奴十余万骑；公元前 242 年，赵败燕，斩首 2 万；公元前 234 年，秦伐赵，斩首 10 万；公元前 225 年，秦将王翦率 60 万军伐楚。

秦销天下兵，铸铜人 12 座，但所设常备军已经达到百万之众，自此以后，即使在隋、唐、宋升平之时也都保留常备军百余万。明代京军有 20 余万，分布全国各地的卫所军有 270 余万。清代八旗兵额 20 余万，绿营兵额 60 余万，清末编练的新军也有五六十万。这些仅是中央直属的军队，而郡县“民壮”和保甲“乡兵”等尚未计算在内。如遇有战争，便大量征兵，军队数量猛增，“盖有夫皆兵也”。隋炀帝征伐高丽，一次用兵就达 113.38 万人，加上卒徒转运，这次战争竟动员了 300 余万人。

要统率和指挥这样规模庞大的军队，就必须制定一定的编制，以适应各种规模战事的需要。为了便于层层控制，更是要集中统一指挥。

传说夏代天子有六军，军下有旅，一旅之众约 500 人。商代的王有三师，分左、中、右，最基层的编制是“什”，即十人一组。自周秦以来，长期实行“什伍之制”，以连坐的形式将居民编组，对人民进行管理和约束。这种居民组织与军队组织是密切结合的，所以军队基础编制也常从“什伍”开始，并以什伍为进位，递次扩大到四五百人为一基本单位。在实行过程中，什伍相保，什长以上至统兵将帅都要相保，实行连保连坐，用以维持军队纪律和战斗力。这种基层编制对于管理和指挥都是比较有效的，因此在历代王朝的军队编制内大体沿袭保持。至于基层以上的编制，各代则根据实际情况，不断地进行整编。如西周一军 12 500 人，其下有师、旅、卒、两、伍。春秋齐国有三军，编员 3 万人，其下有师、旅、卒、小戎、轨，一轨 5 人。战国齐国一军编员 3 200 人，其下有裨、校、部、曲、官、队、火、列，一列 5 人。秦王朝一军编员 4 万人，其下有国尉、偏裨、尉、五百、百、屯、伍。汉代一军编员 8 000 人，其下有裨、校、部、曲、官、队、什、伍。西魏北周府兵六军编员 48 000 人，其下有柱国军、军、开府军、军团、团、旅、队。唐代一军编员在一两万左右，其下有军府、军营、府、团、旅、队、火，一火 10 人。宋代一厢编员 25 000 人，其下有军、营、都、队、什。元代一卫或司编员万人

① 司马迁．史记：卷 4：周本纪．北京：中华书局，1959：121.

左右，其下有万户府、千户所、百户所、牌，一牌 10 人。明代一卫编员 5 600 人，其下有千户所、百户所、总旗、小旗，一小旗 11 人。清代八旗兵分旗、参领、佐领、领催，绿营兵分标、镇、协、营、汛。清末新军则以镇、协、标、营、队、排、棚为编制，一棚 14 人。

基层编制相对稳定，便于军队调动和大兵团的组建。如隋炀帝亲征高丽，百余万众分成前后两行。前行分为 24 军，军设大将、亚将，统领骑兵 40 队，步兵 80 队，每队 100 人；骑兵 10 队为团，步兵 20 队为团，设偏将统领。每军各配备辎重、散兵等 4 团，与步骑兵合计约 2 万余人，24 军约 48 万余众。后行是禁军，分为内外前后左右 6 军，每军编制约 10 万余众，也是以团、队为基本编制。正因如此，百余万众绵延排列千余里，“进止立营，皆有次叙仪法”①。又如辽代的军队在征战时，列骑为队，10 人为编组，以什将率领，每队 500～700 人，10 队当一道，10 道当一面，各有主帅，“最先一队走马大噪，冲突敌阵。得利，则诸队齐进；若未利，引退，第二队继之”②。以队为基本作战单位，而各有节制，在对宋战争中发挥了极大的作用。宋以后的基层编制也相对稳定，以营、千户所为单位，编员在 1 000～300 之间，特别的军队也可以扩大缩小。明清的营规模较大，如明代五军营、三千营、神机营，号称三大营，实际是军的编制，其营下分营（将官）、部（千总）、司（把总）、局（百总）、旗（旗总）、队（队长），有编员 2 699 人。三大营各辖 10 营，但各营编制人数有差别。

近代以来的湘、淮军也以营为基本单位，足 500 人的称大营，不足 500 人的称小营；其水师营为 400 余人，由桨、橹、舵工和炮手组成；水师后来分成副将营（560 人）、参将营（420 人）、游击营（280 人）三等；湘军后期组成的骑兵营有官勇 292 人，配马 292 匹。

清末新军的基本编制也是营，营下辖步队、马队、桥梁司队、地垒司队、地雷司队、修械司队、测绘司队、电雷司队、电报司队，编制开始适应近代战争装备。新军以镇（师）为战略基本单位，其下有协、标、营、队、排、棚等作战单位，基本编员有官兵 12 512 人。

北洋政府以师和混成旅为战略基本单位，张作霖改革军制，以旅为平时建制单位，战时再以师或军编组。北洋时期军事装备落后，重型火器缺少，炮、骑、工、辎重等特种部队不能分布在基本单位，有的旅仅拥有步兵。

南京国民政府在 1928 年时以军和独立师为战略基本单位，战时组成集团军，蒋介石在此前后直接指挥的有 50 个军和 20 个独立师。蒋、冯、阎大战前，在裁军的前提下，改以师为战略单位，军为战时指挥机构，当时额定有 60 个师，师分甲、乙、丙三种：甲种师有 3 旅，旅辖 3 团；乙种师有 3 旅，旅辖 2 团；丙种师有 2 旅，旅辖 2 团。1930 年，蒋、冯、阎大战后，编制有所变动，有的军为战略单位，有的师为战略单位。截至抗日战争前，陆军总共有 71 个军，175 个师，59 个独立旅，43 个独立团；10 个骑兵师，5 个独立骑兵旅，3 个骑兵独立团；4 个独立炮兵旅，18 个独立炮兵团，15 个独立炮兵营；1 个装甲兵团和相当于 2 个整编师的税警总团，相当于加强师的陆军军官学校教导

---

① 司马光. 资治通鉴：卷 181：隋炀帝大业八年（612 年）. 北京：中华书局，1956：5660.

② 脱脱，等. 辽史：卷 34：兵卫志上. 北京：中华书局，1974：399.

总队；还有2个独立工兵团，3个独立交通兵团，汽车、铁道、铁甲兵各1团，2个独立通信兵团，11个独立宪兵团，3个独立宪兵营；在中央军番号内的官佐有13万人，士兵189.31万人，合计202.92万人。抗日战争胜利后，军队进行压缩，军缩为师，师缩为旅，以整编师为战略基本单位。后因为内战，编制又恢复为军、师两级，取消旅的编制。随着战争的发展，陆军的特种兵部队逐渐发展，国民党时期先后组建有炮兵、高射炮兵、要塞工兵、交通兵（包括无线电、铁道、汽车）、交通警察、宪兵、装甲兵、伞兵等独立旅、团、总队。

清代以前，只有水师，没有海军，从同治元年（1862年）开始才筹建海军，由南、北洋大臣分管建立海军，到光绪元年（1875年），海军初步建成，北洋军舰有14艘，南洋军舰有17艘，福建军舰有11艘。光绪十一年（1885年），总理海军衙门成立，仅将北洋海军建立成军，南洋、闽粤方面因舰船缺少，未能成军。北洋海军在山东威海建立提督衙门，而在甲午一战，北洋舰队全军覆没，此后陆续拼凑了巡洋舰队（有15艘战舰）、长江舰队（有17艘战舰），其最大吨位的巡洋舰3400吨，最小吨位的鱼雷艇62吨。清朝灭亡前，海军已经有了舰队、港口、船坞厂及各种类型的学堂，形成了独立的体系。

北洋政府的海军是收编清末海军而成的，长期的军阀割据，海军没有多大的发展。北洋海军依托于北洋军阀，南洋海军依托于广东军阀，东北海军依托于奉系军阀。南京国民政府在形式上完成统一以后，海军并没有完全统一，分为中央海军（由中央补给）、第三舰队（由华北政务委员会补给）、广东海军（由广东省补给）。截至抗日战争前，中央海军辖第一舰队（13舰）、第二舰队（19舰艇）、练习舰队（2舰）、巡防队（14舰艇）、测量队（6舰艇）、直辖舰队（4舰艇，另2艘鱼雷艇未列入编制）、雷电学校（中央海军学校，17舰艇），共有77舰艇。第三舰队有12舰艇。广东海军有38舰艇。除此以外，还有各要港司令部、海道测量局、海军陆战队（2个旅）。总计全国有舰艇127艘，总吨位68 895吨左右（当时日本的总吨位1 153万吨），实有官兵20 780人。抗日战争爆发后，海军舰艇除战斗损失外，大部分沉于长江各要隘。抗日战争胜利后，接受日本炮舰十余艘，英、美支援军舰十余艘，外加一些辅助舰艇，组成2个舰队，1个江防舰队。

1915年，北洋政府购得外国教练机3架，在北京南苑成立航空学校，试图建立空军。1917年，段祺瑞购得法、意旧飞机十余架，于南苑航校培养航空人才。1920年，直、奉军阀瓜分这些旧飞机，直系军阀在保定成立航空司令部及直隶航空队。1922年，第一次直奉战争，航空队第一次进行侦察、轰炸任务，取得良好效果。奉系军阀因吃了航空队的亏，1922年在东北建立航空学校，以后陆续购买德、意飞机200余架，设立4个大队。1927年，张作霖任陆海军大元帅时，设立航空署，空军开始成为独立军种。

南京国民政府在军政部下设航空署，专司空军建设，并向国外购买飞机，建立机场、飞机修理厂、中央航空学校。1933年，在军事委员会下设立航空委员会，蒋介石自兼航空委员长。1936年，购入大批美国飞机，再加上原来的东北空军和广东空军，空军开始初具规模。在抗日战争前，空军共有辎轰炸机8队，重轰炸机1队，轻重轰炸机1队，驱逐机10队，侦察机9队，攻击机2队，共有9个大队和直属队。除学校所属的教练机、运输机、通信机及破旧飞机之外，共有飞机314架，飞行员1 268人，地勤人员2万左右。抗日战争开始后，苏联和美国在空军方面给予援助，在抗战中曾经发挥重要作用，除击落许多日军入侵飞机之外，中国飞行员还曾经远袭日本本土。抗日战争后，空军开始设立军区，组成 5 个特务旅以负责机场和机关的保卫，还有 2 个航空工兵团，外加空军通信队、汽车运输队等。

军事编制与各个时期的社会经济、政治、军事形势、战略战术理论的发展有着密切的关系，因此，军队的编组，尤其是大兵团的编组，总是在不断发展变化之中。

附：历代军事编制

西周军事编制：12 500 人为军，设将领之；军辖五师，各 2 500 人，设师帅领之；师辖五旅，各 500 人，设旅帅领之；旅辖五卒，各 100 人，设卒长领之；卒辖四两，各 25 人，设两司马领之；两辖五伍，各 5 人，设伍长领之。

春秋齐国军事编制：10 000 人为师，设师帅领之；师辖五旅，各 2 000 人，设乡良人领之；旅辖十卒，各 200 人，设卒连长领之；卒辖四小戎，各 50 人，设里有司领之；小戎辖十轨，各 5 人，设伍轨长领之。

战国齐国军事编制：3 200 人为军，设将军领之；军辖二裨，各 1 600 人，设裨将领之；裨辖二校，各 800 人，设校尉领之；校辖二部，各 400 人，设部司马领之；部辖二曲，各 200 人，设曲候领之；曲辖二官，各 100 人，设官长领之；官辖二队，各 50 人，设队长领之；队辖五火，各 10 人，设火长领之；火辖二列，各 5 人，设列头领之。

秦代军事编制：40 000 人为军，设大将领之；军辖四国尉，各 10 000 人，设国尉领之；国尉辖二偏裨，各 5 000 人，设将军领之；偏裨辖五尉，各 1 000 人，设主将领之；尉辖二五百，各 500 人，设五百主领之；五百辖百，各 100 人，设百将领之；百辖二屯，各 50 人，设屯长领之；屯辖十伍，设伍长领之。

汉代军事编制：8 000 人为军，设将军领之；军辖五裨，各 1 600 人，设裨将或大校领之；裨辖二校，各 800 人，设校尉或司马领之；校辖二部，各 400 人，设部司马领之；部辖二曲，各 200 人，设候或千人领之；曲辖二官，各 100 人，设五百将或将领之；官辖二队，各 50 人，设队将、队率、士吏领之；队辖五什，各 10 人，设什长或火子领之；什辖二伍，各 5 人，设卒长或伍长领之。

西魏北周府兵编制：8 000 人为柱国军，设柱国大将军领之；辖二军，各 4 000 人，设大将军领之；军辖二开府军，各 2 000 人，设开府将军领之；开府军辖二军团，各 1 000 人，仪同将军领之；军团辖二团，各 500 人，设大都督领之；团下有旅，设帅都督领之；旅下有队，设都督领之。

唐代军事编制：200 人为团，设校尉领之；团辖二旅，各 100 人，设旅帅领之；旅辖二队，各 50 人，设队正领之；队辖五火，各 10 人，设火长或火子领之。

宋代军事编制：25 000 人为厢，设都指挥使领之；厢辖五军，各 2 500 人，设都虞候领之；军辖五营，各 500 人，设指挥使领之；营辖五都，各 100 人，设军使或都头领之；都辖二队，各 50 人，设队将领之；队辖五什，各 10 人，设什将领之。

元代军事编制：10 000～3 000 人为万户府，设达鲁花赤、万户领之；1 000～

300 人为千户所，设达鲁花赤、千户领之；100 人为百户所，设百户领之；10 人为牌，设牌头领之。

明代军事编制：5 600 人为卫，设指挥使领之；1 120 人为千户所，设千户领之；112 人为百户所，设百户领之；56 人为总旗，设总旗领之；11 人为小旗，设小旗领之。

清末新军编制：镇设统制领之，额定 12 512 名，兵 10 436 名，官长及司书 748 名，夫役 1 328 名；协设协统领之，辖二标及直属营、队；标设统带，各辖 3 营；营设管带，各辖 4 队，炮营辖 3 队；队设队官，各辖 3 排，马队、辎重队各辖 2 排；排设排长，各辖 3 棚，马排辖 2 棚；棚设正目，辖目兵 14 名。

北洋东北甲种师编制：师设中将师长，设司令部，有参谋长、参谋、副官长、副官、军法官、军需官、军医官、兽医官等，辖步兵二旅及炮兵、骑兵旅；旅设少将旅长，辖 3 团以及直属的骑兵和炮兵团、工兵和辎重营，骑兵旅辖 2 团；团设上校或中校团长，辖 3 营以及直属的机关枪连、迫击炮连、骑兵连和辎重营以及通信班；营设营长，步兵营、辎重营、野炮营、山炮营各辖 3 连，工兵营辖连无定额；连设连长，步兵连、迫击炮连、辎重连、工兵连各辖 3 排，骑兵连辖 4 排，野炮连、山炮连各辖 2 排；排设排长，步兵排、辎重排、工兵排各辖 3 班，迫击炮排、野炮排、山炮排各辖 2 班，骑兵排辖 4 班，步兵加强排辖 5 班；班设班长，步兵每班辖士兵 14 名，迫击炮班和辎重班辖士兵 18 名，通信班辖士兵 32 名，野炮班辖士兵 23 名，山炮班辖士兵 31 名，工兵班辖士兵 20 名，骑兵班辖士兵 8 名。

抗日战争前新编陆军步兵师编制：师设师长、副师长、参谋长，设司令部，有官兵 128 人，马 33 匹。司令部直辖有参谋处、副官处、军需处、军医处、军械处、军法处，各处设主任。师设政治部，有主任和副主任各 1 名。师直属有炮兵团、工兵营、通讯营、辎重营、骑兵连、特务连、化学排、卫生队、探照排，每师辖 2 旅及补充团。有山炮团的师，官兵 17 584 人，马 3 387 匹。有野炮团的师，官兵 17 170 人，马 3 405 匹。旅设旅长、副旅长、参谋长，辖 2 团以及直属的特务排。旅部官兵 29 人，马 10 匹。全旅官兵 5 238 人，马 552 匹。团设团长、副团长、参谋长，辖 3 营以及直属的步兵炮连或迫击炮连（官兵 118 人，马 56 匹）、通信连（官兵 91 人，马 7 匹；炮兵团直属通信连官兵 237 人、马 106 匹）、特务排（官兵 53 人）。团部官兵 51 人，马 10 匹。全团官兵 2 578 人，马 271 匹。山炮兵团官兵 2 459 人，马 1 163 匹。野炮兵团官兵 2 045 人，马 1 181 匹。营设营长、副营长，辖步兵 3 连及机枪连（官兵 126 人，马 43 匹）、小炮排（官兵 71 人，马 20 匹）；营部官兵 23 人，马 3 匹；每营官兵 775 人，马 66 匹；野炮兵营官兵 561 人，马 348 匹；山炮兵营官兵 699 人，马 342 匹。工兵营官兵 622 人，马 89 匹；通信兵营官兵 372 人，马 129 匹；辎重兵营官兵 332 人，马 337 匹。连设连长、副连长，连辖 3 排；连部官兵 18 人，全连官兵 177 人；机关枪连官兵 126 人，马 43 匹；炮连官兵 118 人，马 56 匹；骑兵连官兵 237 人，马 259 匹；师级通信连官兵 237 人，马 106 匹；团级通信连官兵 91 人，马 7 匹；炮兵通讯连官兵 237 人，马 106 匹；师级通信营辖连官兵 131 人；工兵连官兵 184 人；辎重 1 连官兵 188 人，马 221 匹；辎重 2 连各官兵 107 人，马 110 匹，师辖特务连官兵 234 人。排设排长、副排长，辖 3 班及轻机枪 2 班，官兵 53 人；小炮排官兵 71 人，马 20 匹；特务排官兵 53 人；工兵通信排官兵 37 人；无线电排官兵 74 人；探照排官兵 21 人；化学排无正式编制。班设班长，辖士兵 12 名，其他兵种 7～20 人不等。

国民党青年军编制：新 22（廖耀湘）、38（孙立人）师。师设中将师长、少将副师长、少将参谋长，司令部直辖有参谋处、副官处、军需处、军医处、军械处，各处设主任；师设政治部，有少将主任 1 名，上校副主任 1 名；师直属有炮兵 2 营、工兵营、通讯营、辎重营、特务连、搜索排、防毒排、兽医所、卫生队、野战医院、修械队、军乐队；辖步兵 3 团，有军官 750 人左右，列兵 7 600 余人，征集兵（壮丁、杂役）4 000 余人。团设上校团长、中校副团长、少校团副，辖步兵 3 营以及直属的迫击炮连、战防炮连、输送 2 连、特务排、通信排；团部直属有军需官、副官、书记官、军械官。营设少校营长、上尉营副、中尉副官，辖 3 连及机关枪连。连设上尉或中尉连长，辖 3 排。排设中尉或少尉排长辖 3 班及 60 迫击炮班。班设上士班长，辖士兵 12 名。

二、兵种配置

兵种配置与战争的需要和社会生产力水平密切相关。一般来说，早期国家的兵种多以车兵和步兵组成，兵器是以一些贵金属戈矛和弓弩为主，还有一些石制的兵器。随着社会生产力的发展，车兵和带甲士卒成为作战主力，围绕着战车出现了甲士、马、射等兵种。一辆战车大致包括 4 匹马，甲士 3 名，左持弓，右持戈矛，御者居中，并配备有预备甲士以接替阵亡者，故此兵车 300 乘，虎贲 3 000 人。除作战的甲士之外，还有负责供应和辅助的徒兵（步兵），在必要时也能够参与作战。

随着社会的发展和战争规模的扩大，战斗方式也日趋复杂化。在战国时期，步兵和机动力较强的骑兵成为主要作战兵种，兵器则渐渐改用铁和钢来制造，军队后勤供应也成为当时胜负的关键。《孙子兵法·作战篇》云：“千里馈粮，则内外之费，宾客之用，胶漆之材，车甲之奉，日费千金，然后十万之师举矣。”军事与政治、经济的关系越来越为当时统治者所重视。在这种情况下，许多军事家不断涌现出来，并各自总结出指导作战的规律。诸如我国著名的《孙吴兵法》《孙膑兵法》《司马法》《尉缭子》《六韬》等军事著作的出现，其中很大一部分原理和原则，至今仍有很高的参考价值。

秦汉时期的军队规模更大，在兵种上则多以步兵、骑兵、车兵、辎重后勤兵混合编组，根据作战地形，有时还配合一些山地兵和水兵，在“平地用轻车，山阻用材官，水泉用楼船”① 的原则下，几个兵种按轻装和重装组合，配备使用弓弩兵。在较大的军团采用多兵种的编组，在小团队中采用轻重混合编组，这是当时作战最有效的编组方式。

魏晋以后，为适应内地作战需要，建立了一些特殊兵种，诸如工兵、攻坚兵，以及经过专门训练才能掌握的连弩车、撞车、抛石车等武器的特种兵。在冷兵器作战中，机

---

① 范晔. 后汉书：卷 1 下：光武帝纪. 北京：中华书局，1965：52.

动性最强的骑兵也得到进一步加强，出现用以冲锋陷阵的铁甲骑兵团队，加以黑云都、拦子马、铁浮图（拐子马）、铁鹞军等称呼，人马都带甲的“铁骑”被广泛应用到战场上。因此，马匹成为当时重要的军备，自《新唐书》以后，历代史家都把马政列入《兵志》之内，足以说明在这一时期骑兵的重要性。宋代以后，使用火器的军队作为特殊兵种，在与其他兵种配合作战中发挥了巨大威力，火器则渐渐编入军队。金、元时期，专门建立了以使用火器为主的“炮兵”，元代的“红衣大炮”与蒙古铁骑兵相配合，曾经使欧亚大陆为之震撼。

明清时期为冷兵器和火器并用时代，火器已经成为当时的重要武器，因此出现以火器装备为主的特种团队。如明代京军三大营中的神机营（后改神枢营），清代禁旅八旗军中的火器营、虎枪营等，都是用枪炮装备起来的军队。“明置兵仗、军器二局，分造火器”，在明中叶以后，已经把火器普遍装备到各地军队，但没有得到大规模的发展，因为害怕“枪炮皆为贼有，反用以攻城”，统治者对先进武器又用又怕，“恐传习漏泄，敕止之”，因而限制了军队装备的发展。直到鸦片战争时，大刀长矛加骑兵仍是清军主要作战兵种，这与统治者“利器不可示人”[①]、害怕先进武器为对手所有转而威胁到自己统治的心态有关。

在镇压太平天国的过程中，湘军、淮军不断发展，洋枪洋炮渐渐装备到军队中，出现洋枪队、开花炮队等特殊兵种。在编练新军时，洋枪洋炮已经成为主要作战武器，步、骑、炮、工程、辎重等兵种也开始混合编军，从编制到装备也有很大的进步，但武器基本上从外国进口，自己制造的也规格不一，很难达到诸兵种协调配合。

北洋军阀和地方军阀拥兵自重，军事编制混乱，兵种单一，虽然有小部分海军和为数不多的空军，但不能协调作战，而陆军中的火炮、马匹、器械缺乏，装备落后，常常是枪多于弹，作战时不得不依靠大刀、枪刺等冷兵器，实行人海战术。

国民党发展嫡系，限制杂牌军，因此中央军和地方军在装备上存在很大的差距。虽然在整编军队的过程中按照诸兵种合成来编制军队，配备火炮、机枪、通信、输送、特务等兵种，但装备存在很大差异。在抗日战争中，许多地方杂牌军常常使用大刀与敌寇搏斗。随着作战的需要和国内外军事工业的发展，国民党的军队除海军以外，还是有了一定的发展。在抗日战争中，陆军主力已经是诸兵种合成，还建立了独立的空军、炮兵、工兵、辎重兵部队，还有少部分装甲兵、伞兵、防空兵、防化学兵、通信兵等部队，但指挥系统思想陈旧，没有诸兵种合成作战经验，还不能达到诸兵种之间的有效配合，所发挥的效用不大。

魏晋南北朝至宋金时期，大规模的战争多在长江一带进行，这在客观上促进水军的发展。魏晋南北朝时，水军舟船就有艨艟、楼船、飞云、盖海、青龙、赤龙等名号众多、规制不一的战船，大者可载八九百人，不仅用于内河流域，而且还游弋于辽阔的海域。南宋为防止金军南下，大力发展水军，创制了大车船，船有两三层楼高，长90余米，两侧装有脚踏轮作为推动器，行驶快速，可载七八百人，称“轮船”，装备了管形火器，以“火炮之法”和“火箭环射”等战术配合轮船作战，在当时起到重要作用。元代曾数次组

① 张廷玉，等．明史：卷92：兵志四．北京：中华书局，1974：2264.

织大规模船队远征日本和爪哇，明代也有郑和下西洋的大船队出海贸易扬威。然而，明代中叶以后，对倭寇采取消极防御策略，清代也长期实行海禁，水师主要用于内海、内河，平时只负责巡查治安。从《明史·兵志》所载海舟之制，以及鸦片战争以前的舟船之制来看，主要兵船的装载量仅限于百余人，武器装备也仅限于小口径线燃前膛炮，航程和杀伤力都有限，已经不适应大规模海战的需要，更谈不上抵御外侮。

鸦片战争之后，清王朝开始购买一些外国铁甲舰船来装备水师，并且成立造船厂，以期防御日益丧失的海域，但在中法、中日战争中，水师屡遭败绩，大部分舰船沉没于海底。1909年，清王朝开始筹备新海军，1910年成立了海军部，设军制、军政、军学、军枢、军储、军法、军医7司及主计处，分辖23科，将水师学堂和造船厂等拨归海军部统辖，但尚无什么起色，清王朝便灭亡了。

北洋政府海军依附于各军阀，舰只陈旧，也没有多大发展。南京国民政府在形式上统一全国之后，海军有一定的发展，但在抗日战争时几乎损失殆尽。抗日战争后虽然拼凑起海军，也只能是在内河和近海游弋，既缺乏独立作战的能力，又没有配合其他兵种作战的经验。

自1922年直系军阀用飞机在涿州上空向奉系军阀投下第一颗炸弹起，中国战争史上开始有了空军作战，以后一直在配合地面作战上发挥着作用。在民国时期，空军虽然有了很大的发展，但由于国家工业落后，不能自制飞机，发展受到限制。

三、军事装备与制造

《孙子兵法·作战篇》云："凡用兵之法，驰车千驷，革车千乘，带甲十万。"说明军队在作战中必然需要大量军事装备，而装备的革新和制造就成为支撑军队的重要环节。

早期国家的军人都是由"国人"来担任，"赳赳武夫，公侯干城"；"赳赳武夫，公侯好仇"；"赳赳武夫，公侯腹心"（《诗·周南·兔罝》）。这些"国人"在应征入伍时，要自带衣粮，但武器装备由国家供给。如《周礼》中云"马质，掌质马。马量三物，一曰戎马，二曰田马，三曰驽马。"郑玄注："此三马质以给官府使之。"有"校人，掌王马之政"；"趣马，掌赞正良马"；"巫马，掌养疾马而乘治之"；"牧师，掌牧地"；"庾人，掌十有二闲之政"；"圉师，掌教圉人养马"。还有司甲，"司兵，掌五兵五盾，各辨其物，与其等，以待军事"；"司戈盾，掌戈盾之物而颁之"；"缮人，掌王之用，弓弩矢箙矰弋抉拾"；"槁人，掌受财于职金，以赍其工"。这样具体的记载说明早期国家已经拟订出较为完整的马匹管理和军器生产规制，能够适应当时战争的规模，以及支持一支较具规模军队的装备。

秦汉以后，马政和军事装备生产与管理都有专门的机构。从秦汉设太仆主马政以来，太仆一直作为主要的马政管理部门。自尚书省设立兵部以后，其下属的驾部司或车驾司一直是军备管理部门。至于马匹的饲养、采买也有专门的部门，如宋代的群牧司主管养牧，估马司主管市马，"辨其良驽，平其直，以分给诸监"①。养马和市马一直是古代国

① 脱脱，等. 宋史：卷198：兵志十二. 北京：中华书局，1977：4928.

家马政的重点，有专门的法律规定，如汉代的《厩律》、南北朝的《厩牧律》、隋唐以至明清的《厩库律》等。

汉代将作大匠负责部分军事装备制造，此外大司农、少府、执金吾的下属部门，如考工令、武库令、都船令、铁官、三工官等也负责一些军器生产，由于各有专责，生产与管理并不集中，比较混乱。隋唐时期的军事装备生产与管理逐渐规范，设立了专门的军器监，“掌缮甲弩，以时输武库”①。虽然少府监、将作监也生产一些军器，但有卫尉寺的武库署、武器署统一管理出纳。武器生产由工部统一管理，储备和发放则由兵部统一管理，生产与管理有了一定的规范。宋代以后，火器开始在战争中发挥作用，武器生产也有了进步。如宋代的军器监负责设计兵器的图样、规格、用料标准及工艺流程。宋代兵器工场的规模很大，仅军器监就有万全兵匠 3 700 人，其余工匠约 7 000 人，此外，还有南北作坊、诸州作坊，生产量也很大。如“南北作坊岁造涂金脊铁甲等凡三万二千，弓弩院岁造角弝弓等凡千六百五十余万，诸州岁造黄桦黑漆弓弩等凡六百二十余万”。宋代负责新式武器生产的作坊有：“广备攻城作”，负责生产攻城用具；“火药作”，负责生产火药；“猛火油作”，负责采集石油，制造燃烧战具；“火作”，负责制造火箭、火炮、火蒺藜等火器。其他陆续生产的新式武器还有床子弩（射程可及 700 步）、铁轮拨（首尾有刃，为马上格斗战具）、冲阵无敌流星弩、拒马皮竹牌、火镰石火纲三刃、黑漆顺水山字铁甲、野战拒马刀弩、寨脚车、冲阵剑轮无敌车、大风翎弩箭、独辕弩车、神臂弓（射程 340 步）、突火枪（以竹为筒，用火药推动，燃放如炮，声闻 150 步）、回回炮等，故史称“戎具精致犀利，近代未有”②。以后各代也注重兵器的生产，如“明置兵仗、军器二局，分造火器。号将军者自大至五。又有夺门将军大小二样、神机砲、襄阳砲、盏口砲、碗口砲、旋风砲、流星砲、虎尾砲、石榴砲、龙虎砲、毒火飞砲、连珠佛郎机砲、信砲、神砲、砲里砲、十眼铜砲、三出连珠砲、百出先锋砲、铁捧雷飞砲、火兽布地雷砲、碗口铜铁铳、手把铜铁铳、神铳、斩马铳、一窝锋神机箭铳、大中小佛郎机铜铳、佛郎机铁铳、木厢铜铳、筋缴桦皮铁铳、无敌手铳、鸟嘴铳、七眼铜铳、千里铳、四眼铁枪、各号双头铁枪、夹把铁手枪、快枪以及火车、火伞、九龙筒之属，凡数十种”③。清代初期从传统的冷兵器作战，逐渐发展成为拥有较大数量火炮枪支的军队，组建专门炮队来配合满蒙铁骑作战，很快统一全国。对于先进武器，统治者往往有本能上的畏惧，害怕利器资敌，也使先进武器很难获得发展。

鸦片战争以后，西方列强的船坚炮利促使国人猛省，在“师夷长技以制夷”的指导思想下，开始建立新型的工厂，模仿西方制造一些武器。然而，工业基础薄弱，钢铁生产量低且质差，重型火器基本不能生产，只能依赖进口。

北洋军阀和地方军阀各寻列强资助，以各地有限资源为担保，购买了各种类型的枪支弹药，由于规格不一、弹药缺少而不能通用，这些武器几乎成为世界武器的博览会，中看不中用。为了维修这些枪械，军阀们各自建立兵工厂，渐渐也生产一些武器。南京国民政府统一全国，军事装备生产依然分散，直到抗日战争前，军队装备的枪支许多还

① 欧阳修，宋祁. 新唐书：卷 48：百官志三. 北京：中华书局，1975：1275.

② 脱脱，等. 宋史：卷 197：兵志十一. 北京：中华书局，1977：4909.

③ 张廷玉，等. 明史：卷 92：兵志四. 北京：中华书局，1974：2265.

是前清和北洋军遗留下来的。弹药也不统一，虽然人人有枪，但是子弹与枪的口径不符，固然有高昂的士气，也难抵抗装备优良的日军。

抗日战争前后，南京国民政府从德、美、英等国进口许多武器，尤其是美式装备的机械化部队，在当时战争中逐渐发挥效用。随着部队机械化程度的提高，燃料问题凸显，曾经成立液体燃料管理委员会，专门负责采购、储运、分配。南京国民政府武器主要依靠进口，而且由于军队指挥不力，往往将有限的装备拱手交给共产党，共产党送给蒋介石一个美名——运输大队长。

第三节 军事管理制度

管理是军事制度的核心，包括军事领导、军事指挥、军事训练培养、后勤供应、军队人事任免及奖惩等一系列制度。历史发展证明，军事管理制度比较完善，军权能够被有效控制，国家统治秩序就比较稳定；反之，则军阀割据，无力抵御和反击外来势力的入侵。

一、军事领导与指挥

夏代已经有专门用于对外战争的军队。《尚书·甘誓》记载启与有扈氏“大战于甘，乃召六卿”。郑玄认为：“天子六军，其将皆命卿。”当时的军队有无固定的编制，至今尚难考证，但可以看出除王和贵族有一定数额的禁卫扈从之外，其余都是由各部族成员组成，六卿实际上是王族的主要贵族。在战争中，夏王朝往往征调地方侯伯部众从行。夏王对军队有指挥权，而实际统帅则是各部落的酋长。

为了保证王能够牢固地拥有最高军事统帅权，商周时期制定了固定的军队编制，商王三师，周王西六师、成周八师，在每一级编制都委派大小贵族主管部分军事行政事务，实行层层管理。从《尚书·牧誓》“王曰：嗟！我友邦冢君，御事：司徒、司马、司空，亚旅、师氏，千夫长、百夫长”的排列顺序来看，其军事管理体系已比较完整。

春秋战国时期出现了文武分职的官僚制度，军队的建制和管理在很大程度上得到加强，形成了比较严密的领导与指挥体系。

战国时期，每一级编制内都设有军官主管军事行政事务。在战时，君主命将出征，主管将领在一定程度上有指挥和管理所部的权力，但是这种权力是有限的。君主们不允许军权旁落，总是尽可能把持军队的调动部署权，所有的军队调动都要以君主行文命令为准，有一套严密的行文命令传递制度，如以兵符为凭信，以合简保证命令的真实。兵符，亦称甲兵之符或虎符，其状为伏虎，一分为二，以榫相合，上有铭文，右半存君主处，左半颁发给将领，凡调动军队 50 人以上，必须有王的右半符会合将领左半符，并以文书指令为准；文书指令以竹木简为之，书写后，中剖为二，分两使送达，以这样的方式使军队调动权牢牢地控制在君主手中。

秦统一全国后，建立起高度中央集权化的军事体系，在皇帝紧紧控制军队最高指挥权的基础上，强化了军队管理体制。沿循这个轨迹，历代王朝也不断完善军事管理体系，并制定严格的军法以保证推行。

军队调动权由皇帝亲自掌握，直接将命令下达给领兵的地方官和将帅，有比较完善的符节玺印制度。汉高祖刘邦曾说："吾以羽檄征天下兵。"[①] 除羽檄之外，地方长官以及领兵将帅都持有兵符，调兵羽檄必须会合兵符才能生效。节也是信物，用作号令赏罚，最初不能调兵，如汉武帝时，派遣严助以节发会稽郡兵，"会稽守欲距（拒）法不为发，助乃斩一司马谕意指，遂发兵"[②]。以后调兵羽檄和符节并用，文书上必须加盖皇帝的玺及各将军的印，不通过邮、亭系统投递，直接派遣专使持专用的"节"前往传达，以示慎重。宋元以后还建立专门由兵部或枢密院管辖的急递铺系统，承担专门传送军事文书的重要职责。近代以来，由于电信技术的发展，许多命令采取电话、电报传达的方式，在电讯方面则采取密码和暗号进行加密，而破译密码和暗号也成为专门的技术。

皇帝调兵有时还会同主管军事的大臣相商，共同制定作战方略。如汉武帝对匈奴用兵，大多数是与卫青、霍去病等少数将领密谋策划，汉武帝经常在禁中与他们商议，以至"大将军（卫）青侍中，上踞厕而视之"[③]，有意避开所有耳目，保持机要的秘密。又如元代，"以兵籍系军机重务，汉人不阅其数，虽枢密近臣职专军旅者，惟长官一二人知之"[④]。武装力量是政权最重要的支柱，历代统治者总是亲自掌握军权，其他辅政、将帅，只能作为参议爪牙而已。

原则上，凡调兵 50 人以上，必须有皇帝的亲自批准，为了军事的需要，便于把握战机，皇帝有时也给出征将帅以一定限度的调兵权，由皇帝赐以旌节，"旌以专赏，节以专杀"，凭此调动和控制本部军队，代表皇帝实行指挥和赏罚。旌节之中最高一级是"假黄钺"，凡拥有此号者，"则总统外内诸军矣"，因此"假黄钺则专戮节将，非人臣常器矣"[⑤]。当然，皇帝只在不得已的情况下，才会把"假黄钺"赐给人臣，总是在严加戒备基础上慎之又慎，一待战事结束，便立即收回，因为事实上，军权一旦转移，便极有可能引发政局巨变，历史上凡是长期据有"假黄钺"名号者，不是取代皇帝，就是把皇帝当作傀儡。

军队日常管理由各级编制的长官负责。地方行政长官在大多数朝代是兼有军衔的，因此也参与军务。在中央设有专门主管军事行政的部门，如兵部、枢密院（清末改官制时的陆军部、海军部）等。一般编制在百人以上的军官任命，可以由上一级军官层层推荐，将其履历和推荐连保书呈上，由中央军事行政部门拟定任命，报请皇帝批准。高级军官则由中央军事行政部门推举或由朝廷大臣合议公推，由皇帝最后选定和委任。百人以下编制的军官任命，可以由一定级别的统领批准，但需造册呈送到中央军事行政部门备案。各级军官的罢免也是一样，需要经过核准方能生效。军官违反军令，上一级军官

---

① 颜师古注："檄者，以木简为书，长尺二寸，用征召也。其有急事则加以鸟羽插之，示速疾也。"班固．汉书：卷 1 下：高祖纪．北京：中华书局，1962：68.

② 班固．汉书：卷 64 上：严助传．北京：中华书局，1962：2776.

③ 司马迁．史记：卷 120：汲黯传．北京：中华书局，1959：3107.

④ 宋濂，等．元史：卷 46：兵志序．北京：中华书局，1976：2510.

⑤ 沈约．宋书：卷 39：职官志．北京：中华书局，1974：1225.

有权临时先将其免职，指定他人代理。

士兵管理主要由编制内的军官负责，士兵除用军装来区别身份之外，还持有证明的牌。宋代的军队有一种传信牌，“其制，漆木为牌，长六寸，阔三寸，腹背刻字而中分之，置凿枘令可合；又穿二窍容笔墨，上施纸札。每临阵则分而持之，或传令，则署其言而系军吏之颈，至彼合契，乃书复命”①。这种信牌集身份证明和传达命令功能于一身，也便于对军人进行管理，以后各代都有类似的制度，并且更加严谨。

凡有军事行动，统帅军官都由皇帝任命，拥有一定的军队指挥权和军法处置权，可以视军情先斩后奏，但必须将详情向皇帝汇报，并附有自请治罪的文书，恭请皇帝裁定。军事行动结束以后，统帅军官要立即交回军队，罢归原职。

军营之内有严格的纪律，未经主帅批准，任何人都不能擅闯军营。如汉文帝刘恒亲至周亚夫军营劳军，因为事先没有通知，军门都尉竟以“军中闻将军令，不闻天子之诏”为理由，将汉文帝拒于军门之外。军中一般设有专门负责检察军纪的官员，有权对违反军纪者执行处罚，即使对比自己职位高的官员，也有先斩后奏权。如汉武帝时，胡建为守军正丞，“时监军御史为奸，穿北军垒垣以为贾区”，胡建便将该监军御史先行斩首，然后奏闻。按军法：“（军）正亡属将军，将军有罪以闻，二千石以下行法焉。”② 胡建所为，正说明皇帝对军队控制的严密。为了维护军营和军队的纪律，历代除设有军法官之外，还有专门的监军或监军御史。

历代军队体制，大致可以区分为中央军、地方军、边防军和民兵等四种。中央军通常由皇帝直接控制，除用于宫廷警卫和护卫京师之外，还具有战略预备队的性质。地方军则由地方的军政长官负责管辖，除承担地方守卫任务之外，中央可以调动，因此具有国家预备队的性质。边防军驻守边疆，除戍边守卫之外，常常进行屯田，在对外战争中配合大军作战。民兵是从当地人民中间征发的，主要维持当地社会治安，在该地区有军事行动时，也常常被用于配合军队作战。这样的军队体制，虽然各类军队各有专责，但在指挥上也有一定的困难，尤其是在魏晋南北朝、中唐五代，长期存在军阀割据，军事指挥体系一直存在问题，“兵骄则逐帅，帅强则叛上。或父死子握其兵而不肯代；或取舍由于士卒，往往自择将吏，号为‘留后’，以邀命于朝”③。宋太祖赵匡胤陈桥驿兵变黄袍加身之后，考虑到以上混乱和危机，采取了一系列措施收回兵权，加强中央集权。他将兵权一分为三，以“枢密掌兵籍、虎符，三衙管诸军，率臣主兵柄”，使“天下之兵，本于枢密，有发兵之权，而无握兵之重；京师之兵，总于三帅，有握兵之重，而无发兵之权；上下相维，不得专制，此所以百三十年无兵变也”④。采取地方分权、中央集权、臣僚互相牵制、皇帝专权的制度，消弭了持续200余年的兵祸，有效地维护了社会的稳定。然而，过分削减和分散将帅和地方军权，又会造成事不得专一，兵不识将，将不知兵，一切只能按照皇帝与文官设计的阵图进行指挥，无法应付战场上瞬息万变的情况，宋军即使装备精良，也常常因此在军事上失败。文官管军的原则为后代所因

---

① 脱脱，等．宋史：卷197：兵志十一．北京：中华书局，1977：4910．

② 班固．汉书：卷67：胡建传．北京：中华书局，1962：2910．

③ 欧阳修，宋祁．新唐书：卷50：兵志．北京：中华书局，1975：1329．

④ 范祖禹．范太史文集：卷26：论曹诵札子．台北：台湾商务印书馆，1969．

袭，意在限制武官擅权，却出现“文臣事虚文而无实用，武将狃小利而无远图”① 的现象，直接影响到军队的作战能力。

二、军事后勤供应

《孙子兵法·军争篇》云：“军无辎重则亡，无粮食则亡，无委积则亡。”军事后勤供应是战争胜负的关键，随着战争规模的扩大和作战方式的变化，后勤供应的重要性越来越突出。

早期国家的后勤供应主要是由甲士自己带的“徒”负责，按照《司马法》所讲的军赋制度：十井为一通，三十家提供马一匹、士一人、徒二人；十通为一成，三百家提供革车一乘、士十人、徒二十人；十成为一终，三千家提供革车十乘、士百人、徒二百人；十终为一同，方百里，三万家提供革车百乘、士千人、徒二千人。革车是辎重车，士是作战士兵，徒是辅助人员，后勤与战士是二比一。

随着国家军队常备化，军役与军赋逐渐分离，军役出人力，军赋出财力，后勤供应开始由国家负责，后勤便成为军事制度的重要组成部分。如秦派蒙恬攻胡，“使天下飞刍輓粟，起于黄、腄、琅邪负海之郡，转输北河，率三十锺而致一石。男子疾耕不足于粮饷，女子纺绩不足于帷幕。百姓靡敝，孤寡老弱不能相养，道路死者相望”②。大规模的军事行动，不但给后勤供应增加困难，也增加人民的负担。秦汉时期的后勤供应制度并不完善，军士自己还要负担部分军装食粮。如卫青、霍去病出征匈奴，“发十万骑，私负从马凡十四万匹，粮重不与焉”③。由此可见，在战争中，后勤供应往往决定胜负。

隋唐在府兵制度下，自备衣粮，后勤供应主要是马匹，因此马政是军事重点。在实行募兵制以后，“为农者出租税以养兵，为兵者事征守以卫民”④，国家必须有军事物资储备，而军事装备和物资供应成为后勤的重点。以宋军为例，当时行军以十日为极限，要人负六斗粮，驼负三石，马、骡负一石五斗，驴负一石，“若兴师十万，辎重三之一，止得驻战之卒七万人，已用三十万人运粮，此外难复加矣”⑤。后勤与战士比例为四比一。为此，宋军曾经研制了“麸”类的干粮及醋干、块盐、干豉等便于携带和运输的食品，军队出行，自身携带糜饼（如棋子大的饼干，食之味美而不渴）、皱饭、麸袋、杂饼之类，身负二斗，可保十日不饥。随着远程弓弩和火器的发展，军事消耗品逐渐增加，后勤供应更加困难，在与西夏作战时，曾经有近千万辆车参加转运，在灵州（宁夏灵武）遭西夏军袭击，“丁夫相踏籍，死者数万人”。可见，在大规模的战争中，切断敌军的补给线成为战略重点，也是胜败的关键因素之一。

为了确保军事后勤供应，除了国家要有一定的储备之外，沿边及军事地区也必须有储备，督运粮草，供应军备也成为要务，专职的后勤部门逐渐出现，成为既有管理又有

---

① 陈子龙. 明经世文编：卷 327：答王鉴川计处黄昆二虏. 北京：中华书局，1962：3493.
② 班固. 汉书：卷 64 上：主父偃传. 北京：中华书局，1962：2800.
③ 班固. 汉书：卷 94 上：匈奴传. 北京：中华书局，1962：3769.
④ 脱脱，等. 宋史：卷 194：兵志八. 北京：中华书局，1977：4840.
⑤ 沈括. 梦溪笔谈：卷 11：官政一. 北京：中华书局，1957.

供应，还督促军备物资生产的后勤系统。每逢战事，君主往往任命亲信之人主管粮草供应，并且建立输送中转站。如清代在西北用兵，沿途建立无数个粮台，在兰州设总台，不但有专职道员管理，还特派大臣督管负责供应军备粮草，协调各地物资粮饷运输，成为战争胜负的关键。

近代以来，新式武器不断出现，陆地战争立体化，战争消耗品与日俱增，而随着运输的逐渐机械化，后勤供应的重要性更加突出。抗日战争时，国民政府军事委员会专门设立后方勤务部（兵站总监），设参谋、秘书、副官、铁道运输、经理、军械、卫生等7个处，统一管理各地兵站及后勤供应。1945年1月改为军政部后方勤务总司令部，扩展为9个处。1946年成立国防部后，该司令部改为联合勤务总司令部，除司令部办公室之外，下辖8个处、9个署，统辖各补给区的司令部、供应局、专业学校、生产工厂（被服、兵工、汽车等）、各类仓库、独立的通信和工兵、辎重汽车兵、铁道兵、江海运输机构等。各部队也增设军械、军需、输送、辎重等专门管理部门，与后方勤务总司令部构成后勤供应网。

在战争中，后勤供应往往成为胜负的关键，立体化战争、远程炮火与空军袭击，不但给后勤供应带来新的难题，也改变了战略。在抗日战争后期，日本在南洋的海上交通线被切断，而在中国的长江补给线也常遭美国空军袭击。为了陆上交通线，日军发动豫湘桂战役，不但打通从华北到华南等地的通道，也切断国民党运输补给线。战争的发展趋势也决定了胜负取决于后勤供应。

三、军事刑罚制度

夏启在征伐有扈氏时发布诰誓，讲到位于车左的甲士不尽职守，是违反军令；位于车右的甲士不尽职守，是违反军令；位于车中间驾马的甲士使车偏离，是违反军令。尽力执行命令者要在祖庙给以赏赐，不尽力执行命令者要在社坛内斩杀。这是在军事行动中规定最严格的刑罚，当军事行动结束后即失去效力。

随着军事制度的逐渐完善，军内形成一整套自成体系的，有大量军律、法令为依据的，包括战时和平时的刑罚制度。这套军事刑罚制度包括死刑、肉刑、财产刑、自由刑、流刑等全部刑级在内，有独立刑名和特殊刑罚处置。

军事犯罪名目主要有：（1）战争失败，将领不能赴敌战死。（2）战争中士卒不能保护将领，将领率军伤亡过重。（3）战争中不服从或违反活动和统帅命令。（4）战场上脱离战斗行列、失期、贻误战机。（5）里通外国、泄露军机。（6）将领士卒不能恪尽职守。（7）训练效果不佳，教不得法，练不经心，考核不合格。（8）违反军队营区禁令。（9）什伍将帅连坐。（10）战时和平时犯有打劫、偷盗、强奸、收容妇女于军营、斗殴、闹事等罪行。

军事刑罚比一般刑罚要重，在情节相同的情况下要加一等。军法处置权也比一般刑法处置权大，而且执行迅速，审批手续简单。军事刑罚的执行权，在行营部伍内，上一级将领有权对自己所属的下一级军官和士卒实行肉刑（鞭、杖、墨、贯耳）以下的刑罚，然后报主管将领备案；死刑要上报皇帝和有关司法部门，将领无权自行处置。在战时，统兵大将掌握军中生杀大权，可以实施斩首以下的死刑；高级将领如犯有叛国、失期、怯阵等罪，统兵大将有先行斩决权；对其他犯罪名目，则应该将犯罪事实奏报皇帝，移交中央司法部门处理，统兵将领有先行将犯人解职和关押之权。凡死刑均要上报皇帝，交司法和军事行政管理部门备案。统兵将领根据皇帝授予的权限大小，拥有不同的刑罚处置权，“使持节为上，持节次之，假节为下。使持节得杀二千石以下；持节杀无官位人，若军事得与使持节同；假节唯军事得杀犯军令者”①。若军事犯罪涉及民事，军事长官应会同地方长官共同审理，然后各自上报，等待批示方能分别处理。

由于军事的特殊性，军事刑罚处置权渐渐独立，审判权也渐渐由军事行政管理部门独揽，不再通过中央司法部门。如宋代的枢密院设有刑房，三帅司各有后司，主管军队司法审判之事。元代枢密院有断事官，主管军人和军户的司法审判之事。明代的五军都督府所设断事官分稽仁、稽义、稽礼、稽智、稽信五司，分理军中刑狱。

清末改官制时，军事司法也纳入程序的范围，陆军部和海军部各设军法司“掌审判、监狱，勾检军事条约”②，专门的军事法庭与一般法庭区分开来。从清末新军的《简明军律》18条斩罪来看，根本没有什么司法程序。18条斩罪：(1) 临阵进退不候号令及战后不归伍者，斩。(2) 临阵回顾退缩及交头接耳私语者，斩。(3) 临阵探报不实，诈功冒赏者，斩。(4) 遇差逃亡，临阵诈病者，斩。(5) 守卡不严，敌得偷过，及禀报迟误，先自惊走者，斩。(6) 临阵奉命怠慢，有误戎机者，斩。(7) 长官阵殁，首领属官援护不力，无一伤亡；及头目战死，本棚兵丁并无伤亡者，悉斩以殉。(8) 临阵失火误事者，斩。(9) 行队遗失军械，及临阵未经受伤抛弃军器者，斩。(10) 泄露密令，有心增减传谕，及窃听密议者，斩。(11) 骚扰居民，抢掠财物，奸淫妇女者，斩。(12) 结盟立会，造言惑众者，斩。(13) 黑夜惊呼，疾走乱伍者，斩。(14) 持械斗殴及聚众哄闹者，斩。(15) 有意抗违军令及凌辱官长者，斩。(16) 半夜窃出，离营浪游者，斩。(17) 官弁有意纵兵扰民者，并斩。(18) 在营吸食洋烟者，斩。

北洋政府陆海军有军法会审制度，分高等军法会审、军法会审、临时军法会审，有《陆军审判条例》《海军审判暂行条例》等法规，实际上这些军事法庭仅办理一些较高级军官的审判，也不是公开进行的，而军队中各自设有军法官和督战队，一般士兵和下级军官根本没有什么审判程序，完全由军事长官决定处置。

南京国民政府军法会审分简易、普通、高级三种。简易军法会审可以在独立旅以上的编制设置，由该部队的军法官负责审判；普通军法会审在军以上的编制设置，审判校级以上军官，由该编制高于受审者军衔的军法官负责审判；高级军法会审在总司令部、军政部、海军部设置，审判将级军官，由该部高于受审者军衔的军法官负责审判。在抗日战争期间，国民党扩大了军事审判权限，颁布有《中华民国战时军律》《国军作战连坐法》等特别法规。

① 沈约．宋书：卷39：百官志．北京：中华书局，1974：1225．

② 赵尔巽，等．清史稿：卷119：职官志六．北京：中华书局，1977：3459．

第十章

财政经济制度

重点问题

1. 历代中央财政与皇家财政管理体制的异同。
2. 地方财政体制行政化与地方经济发展。
3. 中华民国中央财政与地方财政的矛盾与调和。
4. 经济管理体制与社会经济发展的关系。
5. 历代赋役制度变革与社会经济发展。
6. 徭役制度的内容与人民的负担。
7. 土贡制度的内容与地方经济发展。
8. 古代国家财政收支与管理的特点。
9. 财政经济管理与国家治理问题。

财经制度是保证国家对物产和资金的筹集、使用、分配、管理和监督等有关政务的规定，涉及生产、交换、分配和消费各领域，与社会发展有密切的联系。社会产品和国民收入分配是非常复杂的问题，在专制权力占支配地位的社会里，“权”和“利”不是等同的，官府有权，人民乏利。中国古代社会的社会产品分配总是以保证专制君主及其统属的庞大国家机器需要为重点，朝廷通过行政手段向人民征取赋税徭役，用于国防军事、城市建设、水利设施、文教卫生，特别用于维持宫廷、官僚和常备军的开支，以履行统治职能。如何量入为出，用得其所，如何开源节流，适当地注意培植生产力，维持人民的生计，借以保护税源，维护统治的稳定，是历代统治者、理财学者和官僚十分重视的问题。

第一节 财政行政体制

为了维护王朝统治，必然要加强财政管理，完善财政行政体制，在不断摸索完善的过程中，财政行政机构逐渐完善，进而构成庞大的财政管理体系。北洋政府和南京国民政府一直处在分裂割据和战争状态，强化财政行政体制以适应战争的需要，则成为当时财政工作的重点。

一、中央财政管理

在古文献中，先秦财政基本都是纳入司徒的职权范围。春秋战国，战争不断升级，需要大量的财富，在改革赋税制度的同时，财政机构逐渐增加，出现治粟内史、少府、司农等机构。

秦以治粟内史为中央最高财政官，西汉改为大农令，再改为大司农。大司农主管全国的财政收支，并对地方财政有监督的责任。另设少府主管皇室宫廷财政，少府所属机构比大司农更为庞大，因为“掌山海池泽之税”，所以少府主管的皇室收入与国家收入几乎持平，甚至超过国家收入。如汉元帝（前48—前33年在位）时，“都内钱四十万万，水衡钱二十五万万，少府钱十八万万”①。水衡即水衡都尉，是从少府分出的机构，东汉省去。水衡和少府都是皇帝私家财政机构，两者合计收入有43亿，而属于大司农的都内钱仅有40亿。这反映当时皇家财政和国家财政的分立，皇家垄断了大部分财源，财力竟超过国家财政，而国家财政还要另支付皇室的费用。国家财政40亿钱，不但要给官吏俸禄20多亿，还要另拿出13亿“以供宫室供养诸赏赐”②。东汉以后，所有财政都归于大司农，少府仅管皇室财政支出，财政行政逐渐归一，但皇家对财物的使用却不受限制。

东汉在尚书台设立民曹，监管大司农的财政工作。魏晋南北朝时，尚书台（省）相继设立度支、户部、民部、金部、仓部、虞曹、库部等机构，逐渐形成以户部为主体的财政行政管理结构。

隋唐时，户部下辖户部、度支、金部、仓部四司，成为“掌天下土地、人民、钱谷之政、贡赋之差”的财政机构；司农寺成为“掌仓储委积之事”，“凡京都百司官吏禄廪、朝会、祭祀所须，皆供焉”的存储支纳机构；太府寺成为“掌财货、廪藏、贸易、总京都四市、左右藏、常平七署。凡四方贡赋，百官俸秩，谨其出纳”③ 的钱物存储机构，进而形成户部主管财政行政、司农寺主管粮谷支纳、太府寺主管钱物支纳的财政管理体制。这种体制在很大程度上直接影响以后各代的财政管理。

为适应社会经济的日益发展和加强对全国重要财源的控制，唐代先后设立过许多专管某项财政工作的诸使司，仅见于史册的就有盐池、市舶、租庸、劝农、户口、转运、

① 班固．汉书：卷86：王嘉传．北京：中华书局，1962：3494.

② 马大英．汉代财政史．北京：中国财政经济出版社，1983：105.

③ 欧阳修，宋祁．新唐书：卷48：百官志三．北京：中华书局，1975：1263.

铸钱、出纳、河北海运、宫市、监左右藏、监太仓、盐钱、粮料、税钱、青苗地钱、常平、两税、和籴、催盐、榷茶、延资库、度支、催运等诸多名目的诸使司。这些诸使司奉皇帝的谕命，不受财政部门的节制，直接管理会计、征敛、造币、转运、专卖、支纳等事务。这种方法虽然构成政出多门、出现财政管理上的混乱，但有利于皇帝对财政的控制，因此不断得到发展。北宋在此基础上，在中央设立三司使司，“置使以总国计，应四方贡赋之入，朝廷之预，一归三司。通管盐铁、度支、户部，号曰计省，位亚执政，目为计相”①，把预算、收入、支纳分隶三司，实行统一管理。赵宋王朝有意使行政、军事、财政系统分立，形成“中书主民，枢密主兵，三司主财，各不相知”的局面，以防止任何部门或官员擅权，但却造成运转上的不够协调，“故财已匮而枢密院益兵不已，民已困而三司取财不已。中书视民之困，而不知使枢密减兵、三司宽财者，制国用之职不在中书也”②。收支不平衡，敛财者与用财者互不通气，必然造成各种混乱。故此，宋神宗元丰改官制时，重点对财政体制加以修订，先后设立三司账司会计、三司会计司，后来又废除三司，把其职权并入户部，财政体制和官府体制恢复为一体。

为加强对国内主要财源的控制和管理，宋代在地方设置许多由中央直接控制的固定专门机构，如发运使、提举常平、茶盐、茶马、坑冶、市舶、市易等司，使中央财政管理深入到不同的资源、生产部门和行业之中，扩大中央的财源。以后各代大都采取这种方法，也有类似的设置，如清代的税关就有数百处，户部直接统领的“户关”专征百货税，工部统领的“工关”专征竹木船只税。这些税关均由中央直接派官管辖，地方不能干预。

辽代主管财政的是北、南大王院，其职责如户部。金代基本因循宋制。辽金对重要财经事务都设有专门的管理机构，并根据民族统治原则，设立相对独立的、专门管理皇族和民族财政的机构，如诸族帐和夷离堇等。

元帝国疆域辽阔，各民族和地区之间的经济发展也不平衡，更兼统治者来自漠北，是以军事征服建立的政权，其财政管理也鲜明地反映出这个特点。元代中央的中书省左司主管全国财政收支，其户杂、科粮、银钞、应办四司分辖 17 科，分管各项财政汇总事务。户部“掌天下户口、钱粮、田土之政令”，下辖税课司及诸多的局、库、仓、坊，分管各项财政行政事务。大司农司掌“凡农桑、水利、学校、饥荒之事”，太府监“掌钱帛出纳之数”，度支监“掌给马驼刍粟”，利用监“掌出纳皮货衣物之事”等，在中书省总管财政事务的情况下，设有许多专门业务机构。元代皇室财政独立于中央财政之外，如中政院“掌中宫财赋营造供给”，内正司“掌百工营缮之役，地产孳畜之储”等，所有为皇室服务的部门都各自有经济收入，而且是单独核算③。

明清在高度集权的情况下，加强和统一了财政体制，以户部为主管全国的财政，举凡财政预算、收支以及户口、田土、税收、运输、钱钞、保管事宜，无不毕集该部，地方财政也在其监督管辖范围。

明代户部下辖十三清吏司（浙江、江西、湖广、陕西、广东、山东、福建、河南、

---

① 脱脱，等．宋史：卷 162：职官志二．北京：中华书局，1977：3807.

② 脱脱，等．宋史：卷 179：食货志一．北京：中华书局，1977：4353.

③ 宋濂，等．元史：卷 85—90：百官志．北京：中华书局，1976：2120-2345.

山西、四川、广西、贵州、云南），清代增至十四司（增加江南一司，主管江苏、安徽，实际上是替代明代南京户部之职），分别监核各该管地区的财政并分理本部各项财政。

明清户部还各有库、仓，以及钱钞等司局，实际上是将财务、存储、支纳合为一体，使财政得以集中管理。不过，明代宦官二十四衙门和清代内务府是专管皇帝宫廷和皇族财务的特殊部门，它们的财政是独立的，其收入、支出和账目都是单独制账和奏销的。如清代内务府所辖的江宁、苏州、杭州三织造，完全独立于国家财政之外，官员都是由皇帝亲信或"包衣世仆"担任，用人行政径自奏请批准，在政治上还拥有特权，对本地区的吏治民情、地方官治绩和官声，都可以直接向皇帝密奏。皇室拥有大量的皇庄、皇店，亦归内务府专管，赢利全归皇室所有，户部不得干预。嘉庆九年（1804 年），仅皇家控制的榷关输送到内务府的盈余银就有 90 余万两。设立专门庞大的机构，严密掌管皇家财政，并借以渗入到各级政权当中，涉及国家大政，是清代内务府的特点。

从上述财政管理体制的演变，可以看出古代国家为适应社会政治、经济形势的发展，曾经不断调整财政管理结构。由于统治规模的扩大，社会经济发展和赋税收入的增加，以及军政事务开支的增长，财政管理的重点相应转移。

首先，从初期国用和皇室"小府"私用大体各占一半，逐渐发展为国用占主要地位。当然，这绝不意味帝王知悭惜俭，而是由于国家的发展，财源迅速扩大，为维护帝王统治而建立的官僚机器和常备军也不断扩大，军政费用的支出呈上升趋势，国家财政因而比重增大。

其次，从简单的赋税徭役发展为多种赋役形式，盐、铁、茶、酒、矿及商税的收入比例逐渐增大，也促使统治者增加各种专门财政部门以进行管理。

最后，财政管理重点的转移和演变，是与国家政治体制日趋成熟而同步发展的，社会经济发展起到决定作用。如清末改官制时，将户部改为度支部，"掌主计算，勾会银行币厂，土药统税，以经国用"①。其下辖承政、参议二厅，田赋、漕仓、税课、管榷、通阜、库藏、廉俸、军饷、制用、会计等十司及金银库、收发稽察处。此外还有文属该部的清理财政处、大清银行、造币总厂等，无不是适应当时经济发展而变化的。

二、地方财政管理

管理地方财政，古代史籍习惯称"食货""钱谷"。"食谓农殖嘉谷可食之物，货谓布帛可衣，及金刀龟贝，所以分财布利通有无者也。"② 钱是货币，谷是粮食，明清习惯称钱粮。从以食在先到以钱在先，这与赋税征收形式和商品流通的演变有密切关系。

"可食之物"与"通有无者"，在农业社会里，对这两项管理实际上是财政工作的最主要方面，也是地方官府最重要的职责之一。

自秦汉以来，地方各级官府行政长官都要亲理财政，并设有专职的协理官吏和专门机构。如汉代县一级，除有丞掌署文书、典知仓狱之外，还有户曹，主民户祠祀农

① 赵尔巽，等. 清史稿：卷 119：职官志六. 北京：中华书局，1977：3454.
② 班固. 汉书：卷 24 上：食货志上. 北京：中华书局，1962：1117.

桑；有金曹，主货币盐铁事；有仓曹，主仓谷事；有水曹，主水利事。与此对口，郡一级也设置这些诸曹，东汉时的州也设置这些诸曹，构成了地方财政管理体系。隋唐以后，六部制度确立，地方各级行政区划依照中央六部，设置六曹或六房，其中户曹（房）协助地方官管理主要财政事务，各曹（房）也管理一些财政，总负责者是地方长官，因此海瑞讲“令萃有百责，大抵刑教十之一、理财十之九，百职惟令”①，承担着地方财政收支的主要责任。

从汉代大司农13部丞巡行地方监督各郡县的财政，到唐宋时期高层次的地方行政区划由中央直接派遣专官主理财政，渐渐形成承应中央的地方财政管理体制。如唐代在诸道派驻租庸、粮料、转运等使以督促地方财政。宋代则在路一级设置“漕司”，掌一路财赋。元代行省中的财政部门，主管一省钱粮、屯种、漕运等事关财政的事务。明清在省一级设置布政使，主管民政和财政。高层次行政区划的财政机关与中央相承应，受中央和地方长官的双重领导，而中央与地方在财政方面的矛盾日益突出。

各代根据地方经济物产情况和地理位置，以及国家经济的需要，在地方上还分别设立一些专门的财政机构进行管理。诸如盐铁、茶马、铜铅、市舶、织造、坑冶、市易、关津、漕运、河泊等部门，除大部分归中央直接统辖外，一些地方也设立相应的部门。如清末各省设置厘捐局，清廷明知“各省局卡林立，扰民病商”，需要加以整顿，可是“各省厘局中饱，弊在承办之员不肯和盘托出”②，实际对地方财政已失去控制。

按常规，每级地方官府都应该是一级财政核算单位，但古代对财政的管理却强调集中，规定地方的一切财政收入都要作为国家的收入。汉代地方对财政支配权力比较大，尤其是郡一级，既有常设的军队，又有独立的武库和仓储，除上缴额定的国家赋税之外，中央不太干涉郡县的财政。随着中央集权制度的加强，中央对地方财政的控制也日趋严格，地方财政收入与支出范围和数额必须遵照规定，多收与超支要经由中央批准。财政收入除中央规定可截留的数目外，都要上缴中央。地方存储的粮食财物要由中央调度安排，金库和粮仓的存储数量都要如实上报，地方不得随便挪用，不许有亏空。地方财政收入是按中央规定的数目征收，纳入国家正额收入项目内。征收赋税如有缺额，地方官要受到惩处；有盈余则必须如实上报，未经允许不准擅用。

地方官吏薪俸极为低薄，地方衙门行政费用也少得可怜，非但不能满足这些官吏的消费，而且不能应付日益增长的行政开支，这就迫使地方官府必须依靠自己创收来加以解决。以清代为例，据张仲礼估计，一些知县的平均收入每年约为三万两白银。书吏、衙役的实际收入虽然没有确切的资料，但官府和舆论常常指责这些人只知捞取钱财，而他们的收入也确实可观。幕友收入固定，年收入在200～2 000两白银之间，此外还有私收的贿赂。长随是地方官私人收款的代理人，在聚敛上最为凶狠，个别主管要务的长随，年收入可以达白银10 000～30 000两，一般也有几百两③。地方行政开支也是非常巨大的，如明清地方官仅四处送礼孝敬和招待过往宾客的开销，少者每年需要三千余两，多者竟达数万两，甚至有百万两者。

---

① 陈义锺．海瑞集：下编：赠黄村赵先生升靖安大尹序．北京：中华书局，1962：342．

② 赵尔巽，等．清史稿：卷125：食货志六．北京：中华书局，1977：3698．

③ 张仲礼．中国绅士的收入．上海：上海社会科学出版社，2001．

古代国家一直保持比较低的征税标准，没有足够财力来解决日益扩大的官吏队伍薪酬，支付日益增加的行政开支。中央朝廷明知所有地方官都在借端取财，用以维持行政运转和官吏的生活，既然无法拨给专款，也只好默许他们自行其是，容忍地方官吏苛取勒索，实际上是中央对地方财政的失控。

中央在财政上既然不能满足地方官吏的薪酬和行政开支，就迫使地方就地取财，想方设法榨取百姓，更使地方官与本地书吏、衙役勾结在一起谋财。流水的官，世守的吏役，朝廷委派而来的地方官不了解任职地区底细，就要通过这些地头蛇聚敛和解决困难，不能不对这些地方势力屈服，至少也要形成“猫鼠同眠”“蛇鼠一窝”的态势，进而增加人民的负担。

三、中华民国财政管理

中华民国临时政府设置财政部，北洋政府因之，以财政部来总辖国家的财务，管理会计出纳、公债、租税、货币、政府专卖、储金保管、银行事务，监督所辖官署及公共团体的财务。北洋政府的中央财政几近枯竭，控制中央政权的军阀，除在自己控制的地区增加苛捐杂税之外，只有靠借债度日，因此财政部的主要职能是经管内外债。

1917 年在广州成立护法军政府，财政部直属大元帅府。1925 年在广州成立的国民政府，其行政院下属有财政部，管理国民政府财务行政，处理决算、预算事务，机构也不断调整。1927 年，南京国民政府成立，财政部直隶于国民政府，《财政部组织法》也多次修正。1928 年，实行五院制，财政部改隶行政院，其组织法更是时常修订，不断明确职责，增加所属部门。

南京国民政府财政部掌理全国的财政事务，最初设立秘书、总务、烟酒税、印花税、煤油特税、禁烟、关务、盐务等八个署，赋税、钱币、公债、会计、国库等五个司，关税、盐税、关税税则等三个委员会，后来不断省并，总保持有 10～20 个司、署、局、委员会，截至 1943 年，财政部所属有国库署、直接税署、关务署、税务署、缉私署、钱币司、公债司、盐政司、专卖事业司、地方财政司、总务司、人事处、会计处、统计处。财政部在全国各地设有 32 处海关，各设海关监督。

与北洋政府一样，管理内外债是财政部的重要职责。随着南京国民政府控制能力的加强，以及经济的不断发展，其财政收入不断增加，即便是经过抗日战争，当时的南京国民政府还有总数超过 9 亿美元的黄金和外汇储备。这些巨额财富很快就被全面反共内战及四大家族消耗和窃取殆尽。为了弥补巨大的财政赤字，一方面加紧对人民的剥削，一方面滥发纸币，导致通货膨胀，货币贬值，物价飞涨，进而导致财政崩溃，逃亡海岛也是必然。

北洋军阀时期，各省设财政厅、市县设财政局，除了完成国税征收之外，各自管理地方财政。因军阀各自为政，中央与地方在财政方面的矛盾很大。南京国民政府成立以后，试图统一财政，各省与中央对应，设立财政厅，掌理本省财政事宜。最初各省财政厅下有四科：第一科，主办田赋；第二科，主办税收；第三科，主办地方预决算的审核及编制；第四科，主办债券、公产。1941 年，中央要求统一财政管理，各省财政厅有四科五室。四科：第一科主办总务，第二科主办征榷，第三科主办公库，第四科主办公粮、公债及公款。五室：秘书、会计、视察、人事、统计。与省相对应，市县设财政局，其下属机构则称股。

民国时期有国税与地税之分，除了中央政府要求上缴国税，各省市县有统税部门之外，还各自有管理税务的部门。主要税种有田赋、契税、盐税、厘金、统捐、货物税、营业税、直接税、地方捐税等项。因为省市县都是独立财政单位，除了在国家框架内征税之外，为了本地财政，时常有各种名目的苛捐杂税。除此之外，发行公债、举行外债为各级财政部门的主要工作，而随着国民党失败，大量内债成为废纸，人民的血汗钱被无情掠夺了。

第二节　经济行政体制

由于地理和气候的原因，中国在经济上一直是以农业为主导，统治者也一直把农业作为“本业”，而将其他生产行业作为辅助。随着社会经济的全面发展，作为“末业”的工商业不断发展，其经济地位渐渐地超过农业。鸦片战争后，外国侵略者利用他们在华获得的种种特权，其经济势力渐渐地深入到中国各地，中国自给自足的自然经济逐渐解体。在自强、自立和实业救国的前提下，民族资本主义经济和官僚资本逐渐发展起来，经济行政体制也发生了巨大变化。

一、先秦国家经济管理

夏代的人们已经掌握了人工灌溉技术，农业生产水平有所提高。《尚书·益稷》讲禹“决九川距四海，浚畎浍距川”，而《世本·作篇》则云“伯益作井”，在考古发掘中也发现有水井。根据古文献的记载，伯益是当时专管农业的“稷”，与农业有关的事情，应该在其管辖范围之内。

除农业之外，畜牧业在当时社会经济生活中也占有重要的比例。《吴越春秋》讲少康庶子拓殖于越，号称“无余”，“人民山居，虽有鸟田之利，租贡方给宗庙祭祀之费，乃夏随陵陆而耕种，或逐禽鹿而给食”。畜牧业为当时食物的重要来源，故有专门管理部门，称“虞”。

作为促进社会生产发展的手工业，是统治者控制比较严格的部门。考古发现的夏代器物，主要有玉戈、玉刀、玉圭等制造精美的玉器，漆制过的棺木和一些麻织品，此外传说中的“奚仲造车”“杜康造酒”等，无不是为统治者生活享受，共工、车正、酒正等官的设置，主要是为王家服务。

商代手工业已经很发达，以青铜器、陶器、瓷器、漆器、玉器、纺织、酿酒等为主的手工业部门号称“百工”。从考古出土文物的构造水平来看，许多制品的精美程度令人叹为观止，这些制品大多是官营手工业生产的。

西周手工业种类繁多，生产技术高超，分工也更加细密，据《考工记》记载，有木、金、皮、设色、刮摩、抟埴等工种。以造车来讲，有专制车轮的轮人、专制车箱的舆人、专制车辕的辀人等，是名副其实的“百工”。手工业也是以官营为主，《国语·晋语四》讲“工商食官”，说明工、商主要是由官府控制的，由司空总管其事。

春秋时期的工商大部分也由官府控制，有工正、工尹、工师等官。与此同时，春秋时期的私人工商业有很大的发展，齐国管仲在制定四民之居时，制国为 21 乡，工商就有 6 乡。私人工商业的发展，使他们的社会地位日益提高，有些商人还活跃在政治舞台上。如郑国商人弦高曾经诈以牛犒劳秦军而使郑国免遭兵火；越国大夫范蠡功成而退，以经商致富。《管子·国蓄篇》云：“万乘之国有万金之贾，千乘之国有千金之贾。”工商业的财富也开始引起官府的重视，以征税为主的“市长”“市令”也相继在各诸侯国中出现。

战国时期的官营工商业和私营工商业都有很大的发展，工商业在政治、经济和社会生活中的地位日趋重要。在这种情况下，官府一方面加强对官营工商业的管理，一方面加强对私营工商业的控制。考古勘探和发掘资料证明，不仅在各国都城内有规模很大的手工作坊遗址，而且在许多城邑也有规模较大的手工作坊遗址，可见官府手工业是占主导地位的。值得注意的是，私营手工业已具有很大的规模，《史记·货殖列传》记述了邯郸郭纵、蜀卓氏、宛孔氏都以冶铁致富。手工业与商业的发展是同步的，故此，这时期还出现了许多富可敌国的商人。面对工商业的发展，国家以其强制力加以控制和限制，在设官上则在重要的城邑设市长，并严格控制货币的发行，甚至想方设法没收私人工商业的资产，使工商业者只能向官府屈服。阳翟大商人吕不韦的父亲曾经和吕不韦探讨经营之道。吕不韦问：“耕田之利几倍?”其父回答：“十倍。”再问：“珠玉之赢几倍?”回答：“百倍。”又问：“立主定国之赢几倍?”回答：“无数。”从利润观来看，是“用贫求富，农不如工，工不如商”，但真正掌握工商业者命运的是专制王朝，故许多商人千方百计要进入政治领域。

二、秦以后经济管理

秦汉的官府工商业管理比较分散，从诸卿下设属官来看，大部分卿之下都设有工官和市长（令）。当然，这些工官和市长是依据诸卿的分工专管各种事务，如少府属下的尚方、织室、都水等令丞所管理的手工业事务，都是专为皇家服务的，而大司农属下的都水、盐铁官等，则是朝廷的主要收入来源，太常属下的都水、均官等，则是偏重于祭祀物品制造和运输。

工商业的发展使王朝意识到工商业税收和利润的重要性。基于此，王朝一方面把关系到国民生计的盐铁控制起来，实行专卖；另一方面在重要的商业区和交通要道设置市令和税关，对行商坐贾征收重税。因此出现许多均输、盐、铁、工官和关都尉，分布于全国主要手工业和商业区以及关口，除一部分直接隶属于中央之外，还有一些归属于地方。

随着尚书省综管国家事务的局面形成，工商业管理事宜也渐渐归口到尚书省，省设专门的“曹”管理具体事务，逐渐形成以工部（起部）为主体的管理体制，这种体制在隋唐时期得以确立，并且一直延续到清。

隋唐工部设尚书、侍郎为正副长官，“掌天下百工、屯田、山泽之令”。下辖工部、屯田、虞部、水部四司，具体分工如下：

工部司：掌经营兴造之众务。凡城池之修浚，土木之缮葺，工匠之程式，咸经度之。凡京师、东都有营缮，则下少府、将作，以供其事。

屯田司：掌天下屯田之政令。凡边防镇守，转运不给，则设屯田，以益军储。其水陆腴瘠，播种地宜，功庸烦省，收率等级，咸取决焉。

虞部司：掌京城街巷种植，山泽苑囿，草木薪炭，供顿田猎之事。

水部司：掌天下川渎陂池之政令，以道达沟洫，堰决河渠，凡舟楫灌溉之利，咸总举之。

工部所掌事务与少府监、将作监、都水监之间有相通之处，但工部是主管政令，是行政部门，少府监、将作监、都水监是具体实施部门，工部是总领，少府监、将作监、都水监是分管，他们都对皇帝负责，进而构成相互监督制约的关系。

工部一部四司体制一直延续到清代，只是四司名称略有变更，职掌有所增加。如明代的四司：营缮司典经营兴作之事，虞衡司典山泽采捕、陶冶之事，都水司典川泽、陂池、桥道、舟车、织造、券契、量衡之事，屯田司典屯种、抽分、薪炭、夫役、坟茔之事。行业的增多和所管事务的明显增加，既说明国家管理在不断地适应社会经济的发展，也说明王朝对工商业的控制日益加强。

随着社会经济的发展，工商业在社会生活中的地位也日趋重要，出于经济和政治利益的考虑，王朝对工商业的限制很严，尽量将之严格控制在官府手中。为了适应这种形势，工部所属有关机构也渐渐增多。如元代工部下辖梵像提举司、出蜡局提举司、铸泻等铜局、银局、镔铁局、玛瑙玉局、石局、木局、油漆局、诸物库、管领随路人匠都提领所、诸司局人匠总管府（领五局一库）、提举右八作司、提举左八作司、诸路杂造总管府（领帘网局、收支库）、茶迭儿局总管府（领诸司局、收支库）、大都人匠总管府（领绣局、纹锦总院、涿州罗局、尚方库）、随路诸色民匠都总管府（领织染人匠提举司、杂造人匠提举司、大都诸色人匠提举司、大都等处织染提举司、收支诸物库）、提举都城所（领左右厢）、受给库、符牌局、旋匠提举司、撒答剌欺（波斯纺织品）提举司、别失八里局（西域五城）、忽丹八里局（在今新疆，主染织）、平则门窑场、光熙门窑场、大都皮货所、通州皮货所、晋宁路织染提举司、冀宁路织染提举司、南宫中山织染提举司、中山刘元帅局、中山察鲁局、深州织染局、深州赵良局、弘州人匠提举司、纳失失毛段二局（主刺绣）、云内州织染局、大同织染局、朔州毛子局、恩州织染局、恩州东昌局、保定织染提举司、大名人匠提举司、永平路纹锦等局提举司、大宁路织染局、云州织染提举司、顺德路织染局、彰德路织染人匠局、怀庆路织染局、宣德府织染提举司、东圣州织染局、宣德八鲁局（今河北宣化市）、东平路疃局、兴和路荨麻人匠提举司、阳门天城织染局、巡河提领所等众多的机构。除此之外，皇家服务机构及一些军政部门也有自己掌握的手工业和税收机构。

明清工部所辖的机构有所省并，便于集中管理，同时随着社会生产力的提高，也增加了一些新的管理机构，如明代工部直辖的有营缮所、文思院、皮作局、鞍辔局、宝源局、颜料局、军器局、节慎库、织染所、杂造局、抽分竹木局、大通关提举司、柴炭司等机构，清代则有制造库、节慎库、硝磺库、铅子库、宝源局、皇木厂、琉璃窑、木仓、军需局、官车处、惜薪厂、冰窖、彩绸库、炮子库、皇差销算处、料估所、黄档房等机构，显然与社会生产的发展是相适应的。

三、近现代经济管理

中国近代工商业发端于19世纪60年代初期的洋务运动时期，“李鸿章、郭嵩焘诸臣以国权、商务、戎机所关甚巨，抗疏论列”，得到清廷的批准。1862—1894年，清王朝共投资几千万两白银，在全国各地开办了19家军用工厂，并以官办、官督商办和官商合办等形式，陆续开办一些纺织局、招商局、工矿企业和交通运输业。与此同时，一些民族资本也开始创办近代工业，截至1894年，民族资本在缫丝、棉纺织、面粉、火柴、造纸、印刷、榨油、工矿、船运、铁路等方面建立百余家企业和公司。1898年，清总理各国事务衙门还议定《振兴工艺给奖章程》12条，不但允许民间办厂，还鼓励商业流通。

鉴于工商业的发展，1903年，清王朝设立商部，主管农工商等事务，这是中国历史上首次把商业纳入国家“正业”，承认商业在社会中的作用，并以商部的名义先后颁布了《奖励华商公司章程》和《华商办理实业爵赏章程》等，不但扭转了数千年贱商的习俗，也引起社会的高度重视，认为“苟无商以运输之、交易之，则农工无可图之利，而其业荒矣。是故，富之本虽在农与工，而其枢纽则在商”①。商人们也提出“商兴则民富，民富则国强，富强之基础，我商人宜肩其责”的口号。

1906年，清廷取消工部，设立农工商部，下辖农务、工务、商务、庶务四司，“主农工商政令，专司推演实业，以厚民生”。将原来工部所管的事务与新设交通部门合并为邮传部，下辖船政、路政、电政、邮政等四司，“主交通政令，汽行舟车，电达文语，靡所不综，以利民用”②。虽然在权责上规定推进工商业的发展，但在具体工作中鲜见成效。

北洋政府的经济部门骤增，有农林、工商、农商、农工、实业、交通等部。农林部于1913年底并入农商部，有农务、垦务、山林、水产四司。工商部也于1913年底并入农商部，有工务、商务、矿务三司。农商部于1913年底由农林和工商部合并而成，有矿政、农林、工商、渔牧四司。农工部于1927年取消农商部而设，有农林、工务、渔牧、水利四司。实业部也于1927年取消农商部时设立，有劝业、商务、矿政三司。交通部初期有路政、电政、邮政、航政、邮传、经理、路工、铁路会计、邮传会计、综核等司，1916年10月改为路政、电政、航政、邮政四司制。北洋政府的经济管理部门变化频繁，制度也不完善，虽然在一定程度上促进社会经济的发展，曾经进入民族工业发展的“黄金时代”，但有很大的局限性，“在一定程度上限制了北洋政府工业政策对中国经济发展的促进作用”③。

南京国民政府的经济部门变化很大，先后有农矿、工商、实业、经济、农林、粮食、

---

① 孙宝瑄．望山庐日记．上海：上海古籍出版社，1983：799．

② 赵尔巽，等．清史稿：卷119：职官志六．北京：中华书局，1977：3467．

③ 郭剑林．北洋政府简史．天津：天津古籍出版社，2000：791．

交通、铁道、地政、水利、社会等部，建设、资源、全国经济、水利、赈款、赈灾、赈务、赈济等委员会，还有战时生产局、善后救济总署、善后事业委员会、物资供应局等政府直属机构。其中经济部是1938年1月1日成立的，是将实业部、建设委员会、全国经济委员会的水利部分、军事委员会的第三和第四部、资源委员会、工矿调整委员会、农产调整委员会的农产品出口等方面事务合一。南京国民政府经济部门设置和省并频繁，总的形势是将经济权力集中。如直属于蒋介石的军事委员长侍从室第二组，所管的业务有军政、军令、军训、国防设计、绥靖、兵役、军需、军医、兵工、后勤、补给、公路工程、交通、通信、运输、空军、海军、军法、人事、情报等；第四组所管的业务有政治、党务、秘书、行政、外事、财政、司法、铁路、交通、邮电、水利、教育、卫生、经济、侨务、蒙藏、人事、抚恤、情报、建议等事务，包括了党、政、军、财、经济等各方面的事务，是蒋介石的"'内廷'的幕僚工作单位"①，许多经济事务都是经过侍从室，由蒋介石直接决定的。

即便是南京国民政府经济部门设置混乱、权责重复、责任不明，也显示出了经济部门适应社会经济发展的趋势，自然也会在一定程度上促进经济的发展。1927—1937年，工业年均增长率为8.4%；公路增加近10万公里；铁路增加5 000公里；农业在1936年大丰收，农产品价值达法币56亿元（比前3年平均值增加17亿元）；1936年，全国登记厂矿2 441家，本年新增193家。

近现代的经济部门虽然不断增加，社会经济也有一定的发展，但因为战争频繁和官僚资本的垄断，发展速度还是很缓慢的，尤其是在国民党挑起内战时，各种经济部门不再是以促进经济发展为主要责任，而是杀鸡取卵地应付战争需要，甚至以不能"资敌"为理由，大肆破坏生产设施，使本来就不太发达的社会经济受到摧残。

第三节　财政收支制度

古代财政的主要来源是赋税、徭役、土贡等。征发军役、力役、军需品等称"赋"，征收实物和土地农产品称"税"，后来赋、徭、役逐渐分开。所谓赋，是指国家直接向人民征收实物、货币和农产品；所谓税，泛指工、商、矿业给官府上缴款项或实物。征发各种杂役称"徭"；强迫人民服劳役、兵役、吏役等称"役"；徭和役都是强迫人民从事无偿劳役，也就是所谓的"力役之征"。土贡也就是"任土作贡"。赋税、徭役、土贡，据说都是起源于禹，以后各代大多沿循。古代财政的主要支出是用于国防军事、城建、水利、文教，特别是用于维持宫廷、官僚和军队的开支，而在君主以天下为家的情况下，宫廷财政开支往往占最优先的地位和很大的份额。所谓"惟正之供"，是独立裁定、直接索取的，不受财政部门的审核限制。进入近现代以后，财政主要来源发生了比较大的变化，税收不但成为主要的收入，也成为财政制度管理的重点。

---

① 秋宗鼎. 蒋介石的侍从室纪实//文史资料选辑：第81辑. 北京：文史资料出版社，1982.

一、赋税制度

中国赋税制度在舜时就已经出现，至夏代开始完备。征收方法是："夏后氏五十而贡，殷人七十而助，周人百亩而彻。其实皆什一也。"也就是说，按土地的年产量约1/10征收土地税，其具体方法是"校数岁之中以为常"（《孟子·滕文公上》），以若干年的平均产量为基准。

除了土地税之外，还有各种杂税，称"赋"。《周礼·天官·大宰》云："以九赋敛财贿，一曰邦中之赋，二曰四郊之赋，三曰邦甸之赋，四曰家削之赋，五曰邦县之赋，六曰邦都之赋，七曰关市之赋，八曰山泽之赋，九曰币余之赋。"第一至第六可统归国家之赋，基本上是二十税一；关市之赋则是1%的关税和2%的市税；山泽是国君的私产，如交给民人开采则要交纳租税；币余是放贷利息。这种赋税制度在春秋战国得到较为充分的发展，由于统治者多以奢侈为尚，再加上战争规模越来越大，扩大税源、提高税率、增加税种，也成为当时的大趋势。

秦统一后，实行"黔首自实田"，规定的赋税有田租、口赋、力役三种形式。因此，以后各代的赋税在狭义上仅指土地税和户口税，而在广义上还包括商税、货税、物产税等，称征榷、杂税等。

汉代实行算赋、口赋、田租、徭役、算缗、关市等赋税形式，建立起一套比较完整的赋税制度。算赋是对成年人征收的人头税，开始于汉高祖四年（前203年），凡民人男丁年15～56岁，每人交120钱，贾人及奴婢加倍；惠帝六年（前189年），对民间女子15～30岁不出嫁者加收5倍算赋；汉文帝时减算赋额为每人40钱，每年八月纳征。口赋是对未成年人征收的人头税，始于汉武帝，从3岁起征，元帝时改为7岁起征，每人23钱。田租亦称田赋，是以土地物产为征收对象的赋税，汉高祖时规定十五税一，汉景帝时改为三十税一。徭役是成年男子必须服的劳役，如不服役，每人须交2 000钱。算缗是财产税，征收的对象是商人、高利贷者、手工业者及车船所有者，规定民车征一算（12钱），商车征两算，船五丈征一算；商贾财产缗钱（用绳串起来的钱，一缗为千钱）二千为一算，手工业者缗钱四千为一算；为推行这种赋税，汉武帝元狩四年（前119年）发布"缗钱令"；由于工商业者多匿而不报，在元鼎三年（前114年）又发布"告缗令"；对工商业者隐瞒财产或报而不实者，没收其财产，并奖励告密；凡告发经查实，奖给没收财产之半。关市是关卡和市易税。汉代的赋税体系在很大程度上影响以后各代。

东汉末年，曹操推行计亩而税、计户而征的赋税制度，即每亩征粟四升，每户征绢二匹、绵二斤。魏晋南北朝基本上沿循此制，只是数目略有增减。

北魏太和九年（485年）颁布的《均田令》规定：15岁以上男子授种植谷物的露田40亩，妇人20亩；男子每人授种植树木的桑田20亩，产麻地方授麻田10亩，妇人5亩。在均田制的基础上，次年颁布征收租调的法令，规定：一床（夫妇二人）年交租粟二石、帛一匹。之后相继建立的北齐、北周、隋、唐，都曾经颁布过类似的法令，只是在方法上略有变更。

唐代在均田制的基础上实行租庸调制，规定：每丁每年向国家交纳租粟二石；调随乡土所出，每年交纳绢或绫二丈、绵三两，不产绵的地区纳布二丈五尺、麻三斤；每丁每年要服徭役 20 日，闰月加 2 日，如无徭役，则纳绢或布替代，称庸。

租庸调制之后，赋役征收制度主要有三次较大的变化，即两税法、一条鞭法和摊丁入亩。

两税法是唐代根据宰相杨炎的建议，于德宗建中元年（780 年）在全国推行的。其主要内容是：根据国家财政支出制定总税额，各地按中央分配的数额向当地人户征收。两税项目主要有地税和户税两种，其余租庸全部废除。地税以大历十四年（779 年）的田亩数为准，户税按九等定高下，九等户不分主客，在现居地立户籍，以财产多寡定高低。流动商贾于所在州县按其收入交纳 1/30 的所得税。两税以实物为主，地税纳粮，户税纳钱或折绢帛，于夏秋两季征收，夏税限六月纳毕，秋税限十一月纳毕。这种以田产多少征收田亩税、以资产多少征收户税、以收入多少征收所得税的做法，改变了以人丁为课税的标准，转向按财产课税，是古代税法史上的进步。

一条鞭法是在明代内阁首辅张居正主持下，于万历九年（1581 年）在全国推行的。其主要内容是：以县为单位，将所有田赋、劳役、贡纳、杂差等一律折合成银两，分摊在本县田额之中，在法定意义上废除力役，所雇之役，均由所征的款项内支付。这种税法的实行，反映出商品经济的发展和劳动者对地主人身依附关系的削弱。清代在此基础上，继续对赋役制度进行改革，于康熙五十二年（1713 年）下令，以康熙五十年各地所报人丁数为丁银的固定税额，以后“滋生人丁，永不加赋”。雍正帝又实行“摊丁入亩”的地丁合一征赋方法，将丁赋摊入田亩，进而废除了延续两千余年的人头税。“摊丁入亩”成为古代赋役制度的最后形态。

历代王朝都把地、户、丁作为赋役的征调对象，尽管各代征收方法不同，实质并无大异。清代的地丁合一，把赋和役合并，将人头税归入财产税，使田赋成为国家的重要经济来源，也适应以农业为主的国情。人头税的取消也反映出人民对国家人身隶属关系的松弛，无地或少地的人民可以减免负担，也可以选择其他谋生手段，进而促进各方面生产的发展，使农业以外的税收比例逐渐增加。

对于其他生产部门，历代王朝也有严格的税收规定。诸如山海池泽之税、关税、市税、房产税、桑蚕牧养税等。对各种物产和生产交易也有一定的税收制度和管理，特别是对于商税、盐税、茶税、矿税、契税等关系到国家经济和人民生活必需品的管理，更为历代王朝所重视。随着社会经济和城市交通的发展，这些税收在国家经济中的地位日渐重要，成为国家财政收入的重要构成。如宋代“生财之术视前古为详矣。谷则有租，绢则有庸，酒则有榷，茶、盐则有征，又有坊场之钱、楼店河渡之钱，前世所以取于民者，今尽行之矣”①。又如清代的渔、芦、矿、茶、木、牙、煤、契、铺面行、农器、牲畜、烟酒、当等杂税名目很多，康熙二十四年（1685 年）国家账目有关杂税的收入仅为 67.3 万余两，到光绪十七年（1891 年）已增加到 281 万余两。

为了镇压太平天国，清王朝只好放任地方开辟财源，地丁、漕政、盐政、关税、厘

① 章如愚. 山堂先生群书考索续集：卷 5：财用门·宋朝财用. 日本京都：中文出版社，1982.

金、捐等六项，不但成为湘、淮军的主要饷源，也成为以后军阀割据的重要财源。地丁是国家的主要税收，有“正额”是上缴国家财政的，有“耗羡”是支付地方行政开支的，有“租粮”（旗租、地租、屯租）是国家正规税收。漕政是纳入国家运输预算的税种，“漕粮”是额定向京师和军队输送的食粮，“漕项”是按粮额征收的运输费用，“漕折”是按征粮额内的一部分改折为银两。盐政是国家专卖的收入，“盐课”是国家征收的食盐消费税，“盐羡”是各地征收的附加税，“盐厘”则是盐的转运和销售税。关税是关卡征收的商业税，其中“洋税”是洋货进口税，“常税”是户部 32 关、工部 14 关，计 46 处榷关征收的税，“关余”是各关征收的附加税。厘金是各地征收的商品转运税，其中“百货”是过境货物征 1/10 税，“洋药”是鸦片烟税（基本上是每百斤正税 30 两，厘金 80 两）。“厘金抽捐，创始扬州一隅，后遂推行全国”①。光绪十七年（1891 年）国家厘金在册总收入为 1 631 万余两，按规定地方可以截流一半，各厘捐局留取局用的部分则不计在内，这些类别的税收金额急遽上升，在财政收入中的比重日大，也使地方收入至少是国家总收入的两倍以上，官、吏、绅、中洋商人均视此为肥脔，无不伸手沾润，其弊端不可胜书。捐本是清廷财政困难时采取卖官鬻爵的办法，乾隆三十一年（1766 年），“常例捐输三百余万两”；雍正时期开始接受商人报效，之后凡有军事行动或什么圣寿华诞、重大修建或御驾巡游，莫不让商人捐银，“自数十万、百万以至八百万，通计不下三千万。其因他事捐输，迄于光绪、宣统间，不可胜举”②。这种捐已经不是商人报效了，而是摊派到人民身上，成为必须要交纳的苛捐杂税。

赋税本应有一定的限额，但古代国家往往视自己消费支出状况来增加税额，正赋不足，往往增加杂税。如汉武帝用兵而增加口钱，唐代税天下地亩青苗钱，宋代征收赡军钱，明代加征三饷（辽饷、练饷、剿饷），清代的厘金苛捐杂税等，只要是需要，统治者往往用各种名目增加税额。在北洋政府和南京国民政府时期，人民反抗运动多是由于不能忍受这种多如牛毛的捐。

北洋政府和国民政府曾经广借外债，大量发行公债，以解决当时军政的急需。外债大部分是以关税、盐税、铁路、矿山、企业等固定收入为确实担保的，也有不用确实担保而以国家名义借贷的。南京国民政府在 1927—1937 年举借外债四亿美元左右，发行公债 26 亿元。公债发行为四大家族带来丰厚的利润，它们以票面的 5—7 折押给银行，而它们控制的银行却以十足票面归还本息，1927—1931 年发行公债 10 余亿元，国家实际收入才 5 亿多元③。公债的偿还是以国家赋税收入来承担的，所以当时流传“官僚中饱，人民潦倒”的歌谣。

二、徭役制度

徭役制度是历代统治者征用人力资源的主要手段。《孟子·尽心下》云：“力役之征，君子用其一缓其二。用其二而民有殍，用其三而父子离。”主张节省民力，不夺农时，但

---

① 赵尔巽，等．清史稿：卷 125：食货志六．北京：中华书局，1977：3694.

② 赵尔巽，等．清史稿：卷 123：食货志四．北京：中华书局，1977：3613.

③ 千家驹．旧中国公债史资料（1894—1949）．北京：中国财政经济出版社，1955.

统治者往往为满足私利私欲而滥用民力。

古代国家一般规定 20～60 岁为服役年龄，这个基本数不时出现上下浮动，最少的为 23～56 岁，最多的则扩大到 12～65 岁。达到服役年龄的男丁，每年要为国家无偿服役 20～30 天，有时还要增加。

从历史记载看，徭役往往是强加在人民头上的最不堪忍受的负担。早在夏桀作瑶台、商纣起沙丘苑台时，就滥用民力，使民不堪重负。统治者采取“高台深池，撞钟舞女，斩刈民力”的做法，造成人民饥者不得食、寒者不得衣、劳者不得息、贫困潦倒，“百姓闻王钟鼓之声，管籥之音，举疾首蹙頞（鼻梁）而相告曰：吾王之好鼓乐。夫何使我至于此极也？父子不相见，兄弟妻子离散”（《孟子·梁惠王下》）。所以用苛政猛于虎来比喻统治者的残酷剥削，与滥用民力有关。后世的统治者虽口口声声讲“爱民”“恤民”，但在实际上却常常不珍惜民力。如秦始皇建皇陵、筑阿房宫，修长城、开驰道，滥用民力，使“百姓靡敝，孤寡老弱不能相养，道路死者相望，盖天下始畔秦也”①。隋炀帝营东都、凿运河、征高丽，苦役百端，使人民“填咽于道，昼夜不绝，死者相枕，臭秽盈路，天下骚动”②。这些都是因滥用徭役给当时社会造成巨大灾难的事例。其实，即使是在治平之世，徭役负担也是十分繁重的。如号称“文景之治”的汉初，“农夫五口之家，其服役者不下二人”③。唐初因“贞观之治”而被称为“盛世”，也是“供徭役，道路相继，兄去弟还，首尾不绝，远者往来五六千里，春秋冬夏，略无休时”④。这些被国家权力强行征用的人民劳作，虽然创造过一时鼎盛的国势和世罕其匹的物质文明，却是建立在广大人民世代辗转呻吟的重役压迫之上的。

中国古代的户籍和乡里制度紧密结合在一起，既加强了对全国人户的控制和管理，又保证了国家征调徭役的需要。因此，“凡有科差，州县下之里胥。里胥之所能令者，农夫而已。修桥道，造馆舍，则驱农以为之工役；远官经由，监司巡历，则驱农以为之丁夫，使之备裹粮以应州县之命，而坐困其力”⑤，以至于“差徭频繁，春季未完，而夏季又临，今年未解，而明年适至”⑥，甚至“民当农时，方将举趾，朝为轿夫矣，日中为杠夫矣，暮为灯夫矣。三夫之候劳而未止，而又为纤夫矣。肩方息而提随之，稍或失夫，驭而长鞭至焉。如此，民奔走之不暇，何暇耕乎！”⑦ 中国古代的民变和起义，往往起因于不堪繁重的徭役负担，被迫揭竿而起，啸聚山林，甚至直捣朝廷官府。因此，“轻徭薄赋”成为历代思想家所追求的政治理想境界之一。

自明代实行一条鞭法以后，人民的徭役转化成货币或实物，但统治者在需要劳役的情况下，仍然要强征滥派，乱抓民夫。如康熙年间平定三藩时，仅输送大炮路过黄梅县境，该县“每二十里为一站，每站用牛六头，牵牛夫六名，总而计之，用牛一千二百头，夫一千二百名。又随车长夫分为二站，以备上山下坡推挽拖拽之用。每车用夫二十名，

---

① 司马迁. 史记：卷 112：主父偃传. 北京：中华书局，1959：2954.
② 司马光. 资治通鉴：卷 181：隋炀帝大业七年（611 年）. 北京：中华书局，1956：5654.
③ 班固. 汉书：卷 24 上：食货志上. 北京：中华书局，1962：1132.
④ 吴兢. 贞观政要：卷 6：奢纵. 上海：上海古籍出版社，1978.
⑤ 徐松. 宋会要辑稿：第 121 册：食货一. 北京：中华书局，1957.
⑥ 陈子龙. 明经世文编：卷 175：兴革利弊疏. 北京：中华书局，1962：1779.
⑦ 顾炎武. 天下郡国利病书：卷 32：江南. 上海：上海书店出版社，1985.

每站用夫四百名，共用随车夫八百名。尚有扛抬檀木预备修车之杂夫，难以数计”①。这些都要从地方征集，一时间，“民闻令辄骇，欲乘家潜逃者有之，欲投河自尽者有之”②，给人民带来许多痛苦。

古代统治者在无偿地占有劳动力的同时，还尽可能把闲置不用的劳动力转化成财富。如汉代的“更赋”，限令不服劳役者每月纳钱两千（相当于一个县令的俸禄）；唐代的“庸”，如果不服徭役，每天应折纳绢三尺或布三尺七寸五分，每年应役 30 天，绢布合计超过每丁每年应纳“调帛”的 4 倍；明清以银代役，更是将徭役直接折变为国家的财政收入。这样无偿占有劳动力，正是古代国家的一种超经济强制形式，严重地阻碍生产力和社会经济的发展。

三、土贡制度

贡的本义为献，也就是人民在田赋以外再以特产入贡。《尚书·禹贡》中记，禹分天下为九州，各州以其特产上贡。其贡品名目有三：贡、篚、包匦。贡和篚是经过加工的手工业产品，包匦是本地的自然产品。《周礼》将各地的贡品归纳为祀、嫔、器、币、材、货、服、蝣、物等“九贡”。祀贡是祭祀的牺牲包茅之属；嫔贡一作宾贡，是丝枲皮帛之属；器供是宗庙祭祀用的礼器；币贡是绣帛皮张；材贡是建筑木材；货贡是珠贝等自然产物；服贡是祭祀服装之属；蝣贡是燕好珠玑琅玕等；物贡是杂物，包括鱼盐橘柚等物产。所谓“九贡”，其实已包括统治者奢侈糜烂生活所需要的全部物质。

以后各朝代都继承这个传统，从宫廷生活用品到官府公用物品，从花鸟虫鱼到各种手工制品，都被列入为上贡物品。“凡是列入贡品的，都是各州府的特殊物产和著名物产，不但包括各地方的重要生产品，而且包括各种自然产物，只要有一点可取，有一分可用，即使仅供观赏玩弄，亦都网罗无遗”③。如明正德时，“镇守太监进贡有古铜器、窑变盆、黄鹰、角鹰、锦鸡、猎犬、羔羊皮之类，皆假名科歛，自为取财之计。此外又有拜见银、须知银、图本银、税课司银、出办椿草银、扣除驿传银、马价银、甲首夫银、快手月钱银、河夫歇役银，动以数十万计，而左右用事之人，私于下属卖马、卖布、卖纸、卖钞、卖铺陈，又于沿河抽索客货，其弊甚多”④。进贡的规模很大，“嘉靖间进贡船只，一则司礼监，曰神帛、笔料。二则守备尚膳监，曰鲜梅、枇杷、杨梅、鲜笋、鲥鱼。三则守备不用冰者，曰橄榄、鲜茶、木犀、榴、柿、橘。四则尚膳监不用冰者，曰天鹅、腌菜、笋、蜜樱、藓糕、鹚鸪。五则司苑局，曰荸荠、芋、姜、藕、果。六则内府供用库，曰香稻、苗姜。七则御马监，曰苜蓿，后加以龙衣板方等项，而例外者亦多。夫物数以三十，而船以百艘，此固旧规也。今则滥驾者不减千计矣”⑤。除了这些之外，举凡宫中所用，无不以土贡名义上供。如“大内供御溷厕所用，乃川中贡野蚕所吐成茧，

① 李成梁．令梅治状：卷 1：护送炮车．日本国立大阪大学图书馆藏清刊本．

② 李成梁．令梅治状：卷 2：请免覆追详文．日本国立大阪大学图书馆藏清刊本．

③ 傅筑夫．中国经济史论丛．北京：生活·读书·新知三联书店，1980：652.

④ 明武宗实录：卷 139：正德十一年秋七月己丑条．

⑤ 顾起元．客座赘语：卷 6：供用船只旧例．北京：中华书局，1987.

织以为帛，大仅如纸。每供御用之物，即便弃掷”[①]。清雍正即位，“停止直省将军督抚提镇等官员献方物”[②]，但允许进贡地方特产。在雍正帝看来，“外任大臣，自古有进献方物之理。今仍准其进献，但所进之物，必令廷臣共知之，朕酌量收纳”[③]。既然收纳，则地方难免以此扰民，“乃朕向闻各省大员，采备贡物，有恃上司体势、发价减少者，以致民间受累，视为畏途。如榆次不敢种好瓜，肃宁畏植好桃，外间传为话柄”[④]。这种年例岁贡，所贡的物品有奇珍异物，也有土特产品，有黄金、白银、象牙、玉石，还有药材、竹木、器皿、各种手工艺品，可以说无所不有。贡品自然是来自劳动人民，而对贡献者的赏赐也是来自国库，也是人民的赋税。

贡品并不能够促进地方经济发展，因为一旦成为贡品，民间就以纳贡为主，很难进入市场，而官府以纳贡为名公开勒索，甚至让百姓贡献，地方官府也有很大负担，故此有些地方官不愿意本地有过多的贡品。如“各镇戍、镇守内官，竞以所在土物进奉，谓之孝顺。陕西有木，实名榅桲，肉色似桃，而上下平正如柿。其气甚香，其味酸涩。以蜜制之，岁为进贡。然终非佳味也。太监王敏、镇守陕西时，始奏罢之，省费颇多。敏，本汉府军余，善蹋鞠，宣庙爱而阉之。常熟知县郭南，上虞人。虞山出软栗，民有献南者，南亟命种者悉拔去，云：‘异日必有以此殃害常熟之民者。’其为民远虑如此，因类记之”[⑤]。因为成为贡品，就要运送至京，所需费用则由地方负担，故此地方官不愿意本地有特产，即便是有特产，也不愿意成为贡品。为了躲避土贡，许多土特产难以发展生产，当然也会影响地方经济的发展。

土贡是古代国家财政的重要组成部分，也是人民的极大负担，通过土贡制度，“统治阶级可以完全不通过商品程序来获得所需的一切物品，从而达到抑制工商业发展的目的”[⑥]。土贡制度阻碍工商业的发展，也加强了对人民的掠夺，是国家使用强制力控制社会分配的一种手段。如宋代的“花石纲”，一个船队为一纲，把从东南巧取豪夺来的奇花异石，舳舻相连地输送到汴京（河南开封），“一花费数千缗，一石费数万缗”[⑦]。纲运所过，往往大肆暴用民力，借端敲诈和劫掠百姓，地方官不敢违忤，噤若寒蝉。东南地区百姓为此风餐露宿，辗转沟壑。“花石纲”不但成为方腊起义的导火索，也摧毁了东南刚刚发展的经济基础。

土贡制度还影响到官场，地方大员以贡献为名，公开勒索；府州县官以进献为名，派累民间；下级官吏给上司和权贵送土特产被当作常例，以至于“今之部院诸臣有志者难行，无志者听令，是部院乃为内阁之府库矣。今之监司苞苴公行，称为常例，簠簋不饰，恬然成风，是监司又为部院之府库矣。抚字心劳，指为拙政，善事上官，率与荐名，是郡县又为监司之府库矣”[⑧]。府州县官进献上司的常例很多，“以献于一岁之节辰者五，

---

① 谢肇淛．五杂组：卷9：物部一．上海：上海书店出版社，2001：185.

② 清世宗实录：卷2：康熙六十一年十二月戊午条.

③ 清世宗实录：卷51：雍正四年十二月癸未条.

④ 清世宗实录：卷157：雍正十三年六月辛卯条.

⑤ 陆容．菽园杂记：卷1．北京：中华书局，1985.

⑥ 傅筑夫．中国古代经济史概论．北京：中国社会科学出版社，1981：210.

⑦ 周城．宋东京考：卷17：山岳．北京：中华书局，1988.

⑧ 陈子龙，等．明经世文编：卷177：应制陈言．北京：中华书局影印本，1962：1801.

谓之曰规礼。大数之外，以小数与其亲幸之仆人，谓之曰门包。小数之外，又与其传禀之蠹役，谓之曰茶仪。自太守以上皆取之州县，以转相馈送。至于州县之官，复有何项可取，若是而尚能毫发不累其民，愚以为非陶朱、猗顿之富，其势不能也”①。勒索属员以行进献，搜括百姓以行馈送，不但加剧吏治腐败，也破坏了正常的社会经济发展，更会失去民心。“以是百姓视上官如仇雠，一旦有事，可献城则献城，可从贼则甘心从贼，计不反顾也。”②

四、财政收支与管理

古代国家财政收入，除了赋税、徭役、土贡等主要财政收入之外，还有国家专控的盐、铁、茶、酒、矿等产品专卖和转运营利的收入，国有或皇（王）室所有土地租税和产品的收入，边远民族及外国贡献和馈赠的土特产品、金银珠宝等收入，捐卖官爵、罚赎罪犯以及抄没财产等收入，官府放贷和经商的利息收入，铸造钱币和官营手工业的收入，官府发放田契、典契、买卖契等契税收入及各项杂课，都是古代国家财政收入的组成部分。

古代国家的财政支出，基本上分为皇（王）室支出和国家政务事务支出两大部分。

皇（王）室支出，主要有属于帝王及其家属的膳食、舆服、器玩、后宫、娱乐、医药等生活费用的支出，宫室、园囿、陵寝、行在所的建筑和维修费用的支出，帝王巡幸、车驾出宫、朝会等卤簿仪仗费用的支出，帝王及后妃举行各种祭祀礼仪和赏赐的费用支出，皇族、宗室的俸禄和赡养费用支出，等等。以上各种开支构成皇（王）室支出的主体，在整个国家财政支出中占有很大的比例。例如，清乾隆三十一年（1766 年）的总收入银为四千八百余万两，上述皇室支出就占了 1/4，而清以前的各朝代的皇室支出比例更高，难以准确统计。

国家政务和事务费用的支出，是维持国家机器运转和履行职能的需要。主要有：用于官吏俸禄和官府办公、事务、行政等费用的支出，对内对外的军事行动和维持常备武装力量的军费支出，有关祭祀、登基、大婚、丧葬等重要典礼费用的支出，对官僚贵族进行赏赐费用的支出，用于审理刑讼、建立和维持监狱、囚粮执行流放等方面费用的支出，用于兴修水利、屯田垦殖、修建城池、驿传道路等基本建设费用的支出，用于外国使节往来招待和赏赐等方面费用的支出，用于仓储、转运、平准物价、造币等费用的支出，用于文教、科举、办理各级学校及士子廪食等方面费用的支出，用于赈济灾荒、赈恤高年和鳏寡孤独等费用的支出。诸如此类，构成若干方面必不可少的开支项目。经常费用的开支大体是有定额的，大部分可以纳入预算之中。如果发生战争、帝王巡幸和特大营建等事，或者遇上大灾之年，就必然突破预算，这就要加紧盘剥或动用储备以应付。

在上述各种开支中，官俸和军费开支所占的比重最大，常常是占国家财政收入的一半以上。人头费用开支过大，是中国古代财政制度的积弊之一。由于人头费用过大，用

---

① 贺长龄，等. 清经世文编：卷 15：吏政：吏议. 北京：中华书局，1992：371.

② 刘宗周. 刘子文编：卷 4：敬修职掌疏. 清道光二十八年（1848）袁江节署求是斋刊本，南开大学图书馆藏.

于社会生产、福利和文教等方面的费用就必然被压缩，以至只占财政的极少部分。由此可以看出，古代国家的财政目的不是促进经济发展，而是着重于维持统治的需要，受政治权力的支配。宋代蔡襄曾经痛切地指出："天下六分之物，五分养兵，一分给郊庙之奉国家之费，国何得不穷，民何得不困！"[①] 主要财政用于维持对社会的管制和供应君主官僚们的消费，其后果必然是严重损害社会经济和文化的发展。费用不足，加征摊派，继之以竭泽而渔、杀鸡取卵，就难免酿成一次又一次的社会动乱。财政问题直接关系着统治的安危，是一再被证明了的。

古代地方财政收入除了上缴国家正税的存留之外，还有很难见于账目的地方杂项征收，以及征收赋税时的加耗和陋规。以明清而言，国家正税分为起运、存留两项，起运是上缴部分，存留是留于本地的，因为是正税，地方官是不能够随意支配的。杂项收入也是属于国家正项，但所规定的额度有限，地方即便是多收了，也是以多报少，或者不报，也就成为地方主要收入，是地方可以支配的财政。在征收时的加耗其数额也难以统计收入，以明清而言，粮米征收加耗名目繁多。诸如，交粮以不干燥为名而加"湿耗"，晾晒时则加"雀耗"，扬场时加"扬耗"，运输时加"运耗"，入仓时加"仓耗""霉耗""鼠耗"等，这七耗、八耗在朝廷规定可以加收耗米二三成的基础上，地方官加至四五成为常态，加至七八成，甚至超过正项者有之。加耗使民众已经苦不堪言，而"官收之时，法重有秤头之积出，较阅有火耗之羡余，券票有纸笔之需伺"[②]。陋规更是多不胜数，如地方官府派人赴京到有关部门办事用印，京城各部门要收取一定费用，称"印规"；学官收取士子定期送礼，称"学规"；狱官收取犯人家属探监钱，称"监规"；本地商贾给地方官送礼，下级给上级送礼，称"年规""节规"，涉及范围相当广泛，是"有一衙门即有一衙门之规礼，有一规礼即有一规礼之杂费"[③]。可以说凡是涉及权力，都有金钱收入，而这些金钱收入，在天不能雨粟、地不能生金的情况下，必然取自于民间。这些收入既关系到应付上司、过客，又要支付本地的各种公费开支，还要满足自己所欲，乃是"上司于此分肥，京官于此勒索，游客于此染指。分肥则与为蒙蔽，勒索则与为游扬，染指则与交通关说"[④]，乃是"上下习闻，不以为怪"的事情。

古代地方财政支出项目也很多，在支出时也有缓急之分。清人黄六鸿认为驿递为支放中的急项，"盖以过差廪给口粮，及马夫工食草料，俱属不可缓者"。其次是铺司兵工食银，因为"皆系贫民，昼夜传送公文辛苦"。再次是养济院孤贫口粮，乃是仁政所需。其余文庙丁祭，各坛祠春秋祀，官属俸银，门斗佐贰役食，修理龙亭察院，宾兴乡饮，生员廪饩，本衙门工食，监仓禁卒工食，囚徒口粮等项，均要支放，这些都是存留项目之内的支出，其中"工食时有公用抵充"[⑤]。这里没有讲公用银两、羡余的支出，其实这部分支出乃是地方财政的大项，既涉及上司的规礼，又涉及地方官吏的个人所得，还有迎来送往的开销，当然也可以用于地方各种公益事业。是否将财政收入纳入自己腰包或

---

① 蔡襄．蔡忠惠文集：卷 18：强兵篇．明万历四十四年（1616 年）蔡善继双甃斋刻本．

② 焦竑辑．国朝献征录：卷 56：中宪大夫都察院右佥都御史文公森行状．台北：台湾学生书局，1965：2355．

③ 官修．世宗宪皇帝朱批谕旨：卷 24 上：条奏东省陋规．文渊阁四库全书．

④ 贺长龄，等．清经世文编：卷 20：户政：理财三策疏．北京：中华书局，1992：638．

⑤ 黄六鸿．福惠全书：卷 7：钱谷部·支放缓急．康熙三十八年（1699）种书堂刊本．

投入地方经济发展，也全凭地方官自行决定，而中央对地方财政失去控制，也使各地方经济发展难以平衡。贫困地区杂项与陋规数少，很难在地方经济发展方面投入，进而使地区差距拉大，贫富差距扩大，地方与地方、贫富之间的矛盾也会愈演愈烈，最终会影响整个社会的稳定。

第十一章

科教文卫与选拔制度

重点问题

1. 天文历象的科学性及与政治的联系。
2. 技术生产机构与生产技术的发展。
3. 图书管理、研究机构与中华传统文化。
4. 文教机构设置与管理对教育事业的影响。
5. 医药卫生管理体制与社会医疗事业。
6. 古代学校教育与现代学校教育的区别。
7. 荐举制度与科举制度的异同及对选拔制度的影响。
8. 多种途径选拔人才制度能够长期并存的原因及特点。
9. 文官考试制度设计的政治理念与影响。

科学技术、文化教育、医疗卫生、工程水利等制度，既关系到国家的发展，又与国家的历史密切相关，是社会生活的重要组成部分，当然要进行一些必要的管理。“学校用以教人，科举用以取士，朝廷用以资治。”① 教育与选拔人才结合在一起，既可以网罗天下人才，也可以确保统治机构持续运转，却不可避免地局限于狭小范围，直接影响到中国科技文化发展。

第一节　科技机构与管理

中国古代在科学技术方面曾经取得过许多成就，如铜铁的使用，指南针、造纸、活

① 陈子龙辑．明经世文编：卷76：访求遗书疏．北京：中华书局影印本，1962：649.

字印刷、火药等的发明。“由于中国过去的文化是那样地偏重于文学而轻视科学（除天文和气象由于被用来预卜未来而被列为‘正统’以外），所以在中国史书上，简直很难找到有关科学发展方面的最有价值的资料。”① 中国古代有关科学技术的管理机构也不发达，仅有的一些也是局限于御用品制造和天文历象方面，在很大程度上制约了科学技术的进步。

一、天文历象机构

以农业生产为主，季节变化至关重要，通过观察天象了解自然规律，则成为必要。相传夏代就设有“羲和”，“掌天地四时”，是主管天文历法的官（《尚书·胤征》）。后人专门整理的《夏小正》，其中有部分内容已被现代天文学者证实是综合夏代至春秋时期历法知识的古籍。既然有了系统的历法，就应该有主管这方面事务的官员。

商代的贞、卜、史、巫等官与天文历法有一定关系，他们的所作所为离不开天象。现在史学界对“史”的职权还存在一些争议，大体有两种观点：一是根据古文献传说的记载，认为“史”记录天子言行，草拟文诏，掌管图籍典制，负责天文历法和文字数学，与书册有关。二是根据甲骨文的记载，认为“史”是武官，主要职责是担任国家边防守卫。其实“史”是一种官职，人数众多，所管的事务也不划一，且分属各个部门，而且是职无常守。如西周的太史寮负责宗教祭祀和文书册命等事务，天文历法也在其职权范围内，但太史寮的官员常常接受王的指令去办理超过法定职权范围的事务，包括将兵打仗、审理狱讼，这是早期国家职官权责不明确和王权专制的体现。

秦汉时期，天文历象工作是太史职责之一，太史是太常下属的一个部门。魏晋南北朝时期，太史或隶秘书省，或隶太常，基本职责变化不大。隋代改为太史曹，隶于秘书省。唐代初因隋制，龙朔二年（662 年）改为秘阁局，久视元年（700 年）改为浑仪监，景云元年（710 年）则改为太史监，不久又降级为太史局，乾元元年（758 年）再改为司天台，掌观察天文，稽定历数，其长官监和少监与诸寺监同品（从三品），成为相对独立的机构，下辖太史令、春官正、夏官正、秋官正、冬官正、中官正、灵台郎、保章正、挈壶正等官，还有博士、书手、生等员，额定编制达 600 余人，成为较为庞大的机构；此外，还设有通玄院，以培养天文历法方面的人才，设有五官礼、天文观、天文、历等四科，额定学生有 210 名。宋代把天文测象之责归司天监，颁历之责归太史局（隶秘书省），太史局设有算学，收教算学生；另有天文院，收教天文学方面的学生；元丰（1078—1085 年）改官制，废去司天监，其权责归太史局。辽代有司天监，金代有司天台，权责大体如唐宋。元代设太史院以掌天文历数之事，设司天监以掌天文观测。明代将太史院和司天监合并为一，改称钦天监，主管察天文、定历数、占候、推步等事，除额定的官吏之外，还设有天文、漏刻、回回、历四科，以培养天文历法方面的人才。清代大体因循明制，但在康熙、雍正、乾隆时期吸收西洋科技人才，增加了西洋监副。明清两代钦天监在业务上要接受礼部的领导，考虑到是专门人才，官职升迁不离本署。

---

① 李约瑟．中国科学技术史：第 1 卷第 1 分册．北京：科学出版社，1975：160.

天文历法工作的技术性较强，在观测和推算上也有一定的科学性，然而，中国古代对于自然界的变化，往往是采用宗教迷信观念加以解释，认为天地灾变与世俗事务有关，以此之故，天文历象工作往往会影响当时的政治。负责天文观测的官员，对自然现象经常做出超自然的解释，甚至引起上层的政治斗争。如明洪武十三年（1380年），雷击皇宫谨身殿，正是朱元璋借口废丞相、诛除丞相胡惟庸等所谓“党人”之时，此事与雷击事件相结合，自然成为震惊全国的事。为了安定人心，朱元璋随后承认“朕思愚昧，乃得罪于人神”，但也归罪于“宰辅失寄，肆奸擅权”①。利用自然的变化，经天文观测人员的解释，朱元璋又玩弄政治手腕，在大肆杀戮之后，暂时停止更大范围的株连乱党，宣布大赦。

由于历代均设有天文历象机构，把天地自然界的变化都记录在案，并送到史馆保存，因此古代史籍中大都编有《天文志》和《五行志》，在剔除迷信糟粕内容之后，仍然是我国宝贵的古天文气象资料。

天文历象机构除观测天文、颁发历书之外，还有培养教育专门人才的职责。由于天文观象的专业技术较强，更兼被历代视为通玄之学，所以招收学生的范围极窄，大都是世代传授，家学相承，所以难以取得更大的发展。明清时期，曾经引进了一部分外国的天文理论和技术，并吸收了一些西洋技术人员进入钦天监工作，使我国的天文历象工作在古天文气象学的基础上有了进一步的发展。

由于天文历象工作人员人才难得，古代在法律上对他们有特别的保护。如《唐律·名例·工乐杂户》条规定：“若习业已成，能专其事，及习天文”的专门人才，在法律上犯罪有减等；《大明律·名例·工乐户及妇人犯罪》条则更明确地规定：“若钦天监天文生习业已成，能专其事，犯流及徒者，各决杖一百，余罪收赎。”清代则将此条析出为“天文生有犯”，条例规定这些人犯罪，“该为民者，送（钦天）监，仍充天文生身役”，使他们的才能可以继续发挥。

南京国民政府时期，成立中央研究院，1928年增设天文研究所，并且在南京紫金山修建天文台，于1934年9月1日竣工，有了在当时比较先进的科学仪器设备，天文历象研究才步入科学研究的正轨。

二、技术生产机构

据传说，在尧舜时期就有“百工”：“审曲面执以饬五材，以辨民器，谓之百工。”《周礼》所附的《考工记》记载有：攻木之工分为轮、舆、弓、庐、匠、车、梓等7种，攻金之工分为筑、冶、凫、栗、锻、桃等6种，攻皮之工分为函、鲍、韗、韦、裘等5种，设色之工分为画、缋、钟、筐、㡛等5种，刮摩之工分为玉、楖、雕、矢、磬等5种，搏埴之工分为陶、旊等2种，共计有30个工种。这些工被认为是“司空”之属，职掌各种器物的制造。

秦汉时，这些工匠分别隶属于各种部门，而大多又隶属于皇家服务系统。汉代的少

---

① 杨一凡，田禾点校．皇明诏令：卷2：雷震谨身殿肆赦诏．北京：科学出版社，1994．

府属下有考工室，主作兵器弓弩刀铠之属；左右司空，主制作陶瓦之器；东西织，主织作文绣郊庙之服；东园匠，主作陵内器物；尚方，掌上手工作御刀剑诸好器物；各设有令、丞，为六百石官署。汉武帝时置水衡都尉，其下的锺官、技巧、辨铜等三令丞主管铸钱，辑濯令丞主造船，都属于供应皇家需要的系统。国家系统的大司农铁官和将作大匠等也主要为皇家服务。

技术和生产从主要为皇家服务，到对国家与皇家各有所重，又必须兼顾，是在隋唐时期完成的。唐代的技术和生产行政管理部门是工部，掌土木、水利工程及农、林、牧（军马除外）、渔等政令，管理技术和生产的则有掌百工技巧之事的少府监，掌土木工程营建的将作监，掌修治甲弩的军器监，掌川泽、津梁、渠堰、陂池的都水监等。宋代因循唐制，但也增加了一些生产部门，如工部下辖的四司也有更加细致的分工，称之为“案”，其工部司分成工作、营造、材料、兵匠、检法、知杂六案及御前军器案；南宋时，将作、少府、军器三监改为直接隶属工部，以便集中管理；原归少府专供御用品制造的文思院（掌造金银玉器）、绫锦院（织纫锦绣）、染院、裁造院（裁制服饰）、文绣院（纂绣）等也隶属于工部，名为政令统一，实际上以供皇家用品为首务，所以在国家急需武器时，只好“别置作院造器甲”。

元代工部虽然“掌天下营造百工之政令”①，但取消四司，而代之以总管府和一些直辖的提举司、局、库制造所。其中诸色人匠总管府所属有十一个提举司、局、库、提领所；诸司局人匠总管府所属有六局、库；提举右八作司、提举左八作司各所属有八作；提控案牍所属有二局、库；茶迭儿局总管府所属有二局、库；大都人匠总管府所属有四局、院、库；随路诸色民匠都总管府所属有五提举司、库；提举都城所辖左右厢；还有受给库、符牌局、旋匠提举司、撒答剌欺（中亚锦缎）提举司、别失八里（西域工艺）局、忽丹八里（和阗玉作）局、平则门窑场、光熙门窑场、大都皮货所、通州皮货所、晋宁路织染提举司（所属有一所十一局）、冀宁路织染提举司（所属二局）、南宫中山织染提举司、中山刘元帅局、中山察鲁局、深州织染局、深州赵良局、弘州人匠提举司、纳失失毛段（织金锦）二局、云内州织染局、大同织染局、朔州毛子局、恩州织染局、恩州东昌局、保定织染提举司、大名人匠提举司、永平路纹锦等局提举司、大宁路织染局、云州织染提举司、顺德路织染局、彰德路织染人匠局、怀庆路织染局、别失八里局、宣德府织染提举司、东圣州织染局、宣德八鲁局、东平路曈局、兴和路荨麻人匠提举司、阳门天城织染局、巡河提领所等，有众多的直属机构和制造场、所。除此之外，分属其他中央各部门也辖管有一定的人匠和制造场、所，虽然显得凌乱，但也说明元代的手工业有较大的发展。

明代在元代的基础上完善机构设置，除恢复和完善工部四司体制外，还设立了营缮所、文思院、皮作局、鞍辔局、宝源局、颜料局、军器局、节慎库、织染所、杂造局、抽分竹木局、柴炭司等，对营造和工程实行统一管理。清代基本因循明制，但在工部四司之外，提高堂主事、司务厅、制造库、节慎库、硝磺库、铅子库的级别，所辖有宝源局、皇木厂、琉璃窑、木仓、军需局、官车处、惜薪厂、冰窖、彩绸库、炮子库、皇差

① 宋濂，等．元史：卷85：百官志一．北京：中华书局，1976：2144．

销算处、料估所等。清代专责管理皇家事务的内务府，设置有名目众多、分工很细的御用作坊，也吸收了一些西洋技术和艺术人才参加工作。

明清时期在各地还设有一些场、局，由中央或皇室直接管辖，如明代易州山厂由工部派人提督，苏、松、杭、南京等织造由宦官提领，许多矿产所在也由宦官督管。清代各省铁厂、矿山、木场等，也多由中央派人督管，而江宁、苏州、杭州三织造归内务府管理，还有诸多的皇庄、皇店等等，其内务府机构庞大，也渗透到各个生产领域，以确保御供。

北洋政府农林部有农务、垦务、山林、水产四司，工商部有工务、商务、矿务三司。1913 年 12 月，农林与工商合并为农商部，下设矿政、农林、工商、渔牧四司。1927 年 6 月取消农商部，分立农工部和实业部；农工部下设农林、工务、渔牧、水利四司；实业部下设劝业、商务、矿政三司。这些部曾经颁布许多法规、法令，在一定程度上促进了民族工业的发展。

南京国民政府在 1928 年设有农矿部，下辖总务、农民、农务、农政、矿业、矿政、林政七司；工商部（1930 年取消，1948 年恢复）下辖总务、工业、商业、劳工四司（1948 年辖总务、矿业、管制、工业、电业、商业、国际贸易司）。1930 年成立实业部（1938 年并入经济部），下辖总务、工业、矿业、商业、渔牧、农业、劳工七司（1936 年增合作司），商标、全国度量衡、国际贸易三局及林垦署。1938 年成立经济部，统一主管经济事宜。1940 年成立农林部，下辖总务、农事、农村经济、林业、渔牧五司。1928 年成立的建设委员会，最初只是针对无线电管理，后来偏重于各种工程建筑设计。1931 年成立的全国经济委员会，最初是棉业及军需品统制，后来扩大到公路、水利、蚕丝、卫生等，还管理内政、财政、实业、交通、铁路、教育六部事务。1946 年成立的资源委员会（原归经济部），主管钨、锑等金属矿业战略资源。这些部、会除进行管理之外，还各自成立一些研究所、试验所、工程局等，进行技术推广和研究，以适应当时社会经济发展的需要。

三、图书管理与研究机构

古文献认为商代有司理、典册、典命等官，职在记载王言、保管典册；在甲骨文中也有“作册”和“称册”等官的活动记载，可证《尚书·多士》所讲：“惟殷先人有册有典”之不妄。从现存数以十万计的甲骨契刻来看，作册负责保管图书典籍应是确切的。西周也有作册等官，隶于太史寮。自此以后，太史成为掌管历法、记载王言和国家大事，并且汇编成册和储藏保管档案的专职官。

汉代的图书管理，在宫内的图籍由御史中丞掌管，并设有专门的保管机构——兰台；在外的图籍归太常掌管，设有太史令、丞等专门机构和官员。东汉时，始设秘书监一官，专门主管典籍。在东晋时，秘书监（省）发展成为独立的机构，专门负责管理图籍典册和修撰著作。其后各代或称秘书监，或称秘书省，其基本职责变化不大，直到明代才由翰林院接替。

为“弘扬圣德”，“参正礼仪”，古代国家十分重视网罗具有声望和知识的人才，使用他们刊定图籍、修撰国史、厘定典章，并把他们作为重要官员的储备。如魏晋时的秘书省（寺）的著作佐郎就成为士人起家之选，有希望成为重要官员，使文翰修撰机关变成储才之地，也同时是高级教育和学术研究的学府。

唐代相继建立的秘书省、弘文馆、集贤院、昭文馆、崇文馆、史馆、翰林院等一系列学术研究机关，延纳了一批知名士人，任命他们为学士。这些馆院学士往往在君主的授意下参与政事，有些人还参与起草制诰和重要机密事务，成为政治上引人注目的人物。宋元之际，凡被加馆阁学士、直学士职名的，均以“得之为荣”。馆阁的学士、直学士虽然没有正式的职任，但在政界享有很高的荣誉，如包拯曾经加有龙图阁大学士的职名，“包龙图”便成为人们对包拯的尊称。

明清时期，翰林院、詹事府被认为是“储才之地”，科举考试成绩优秀者，可以进入这两个部门工作，经过一段时间的研究和深造，授予中级以上的职官。在当时，进入翰、詹者，无论是本人还是当时社会都以之为荣，因为他们已经登上步入统治高层的阶梯。

图书管理和修撰机构，历来都具有中央朝廷最高学术机关的地位，因此对古代文化事业的发展起到了促进作用。我国历史上的史书、类书、刑律、典章等，大部分是经过这些机构组织大量人力物力进行校订、编撰和刊行的。一些较为有名的书籍，如《唐六典》《大唐开元礼》《元典章》《明会典》《清会典》等典章，《北堂书钞》《艺文类聚》《太平御览》《永乐大典》《四库全书》《古今图书集成》等大型类书、丛书等，如果不是国家投入大量人力物力，是绝难编修刊行的。大规模的编书修撰，不但促进文化事业的发展，还造就一批专门人才。如清代的纪昀“久在馆阁。鸿文巨制，称一代手笔”①。古代许多有成就的文人、学者，都曾经在馆阁任过职，他们取得成就，除了本人刻苦努力等原因之外，与他们在馆阁中有机会阅读大量图书档案、有条件进行较为长期钻研的环境密不可分。

古代除编修国史和编撰图书算是有研究性质之外，可以说没有现代意义上的科学研究机构。北洋政府虽然在一些部里设置了一些研究机构，国家级的研究机构迟迟没有成立。1924 年 11 月，冯玉祥驱逐清废帝溥仪出宫，国务院成立“清室善后委员会”，对故宫的文物进行清点、登记、整理和保管。1925 年，故宫博物院成立，国家级的文物整理和研究机构才正式成立。故宫博物院下设古物、图书、文献三馆，掌理北平故宫及所属各处之建筑物、古物、图书、档案之保管与开放及传布事宜。1934 年 2 月，故宫博物院改名为国立北平故宫博物院，改隶于行政院。

1927 年 10 月，南京国民政府成立大学院为全国最高学术教育机关，其下设中央研究院、图书馆、美术馆、观象台等国立学术机构。1928 年 4 月，根据《修正国立中央研究院组织条例》，单独成立中央研究院。1928 年 10 月，根据《故宫博物院组织法》，故宫博物院直属于国民政府。1940 年 2 月成立国史馆筹备委员会，也直属于国民政府。1948 年 5 月“行宪”以后，中央研究院、国史馆、国父陵园委员会直接隶属于总统府。

中央研究院最初下设物理、化学、工程学、地质、气象、社会科学、历史语言等 7

---

① 纪昀．阅微草堂笔记·郑开禧序．北京：中华书局，1980.

个研究所，以后陆续增加天文、心理学、动植物（后分2所）、数学、医学等研究所，现代意义上的科学研究机构至此才正式建立起来，出任所长的都是著名学者和科学家，如李四光（地质学家）、竺可桢（天文气象学家）、傅斯年（历史学家）、蔡元培（社会学家）、张钰哲（天文学家）、姜立夫（数学家）、周仁（工程学家）、王家楫（动物学家）、丁燮林（物理学家）、吴学周（化学家）、汪敬熙（心理学家）等。

第二节　文教卫生机构与学校

文教是上层建筑的重要组成部分，古代国家文教制度的基本点在于强化君权，扩大统治基础，加强思想控制，提倡与专制统治相适应的学术文化，培养符合统治需要的人才。现代国家的文教制度在于提高民族科学、文化、教育水平，除培养符合社会发展需要的各方面人才之外，更重要的是提高全体人民的文化水平。医药卫生事业关系到人们的身体健康和生活条件的改善，古代国家医药卫生服务的主要对象是君主和官僚，现代国家医药卫生服务则面向社会，其机构设置和管理存在天壤之别。

一、文教机构

古代国家文化管理是以礼乐制度为中心。在古代，礼被认为是“所以总一海内而整齐万民”① 的重要制度。“人性有男女之情，妒忌之别，为制婚姻之礼；有交接长幼之序，为制乡饮之礼；有哀死思远之情，为制丧祭之礼；有尊尊敬上之心，为制朝觐之礼”②，进而形成吉、嘉、宾、凶、军的“五礼”体系。“乐者，圣人之所乐也，而可以善民心”③，与礼有共同的效用。“乐由天作，礼以地制”④，两者有密不可分的关系，管理机构的设置也基本合一。

传说时代的“秩宗”的主要责任之一就是管理礼乐，西周的太史寮则开始分部门进行管理。《周礼》春官是专门管理礼乐和教育的部门，其小宗伯“掌五礼之禁令，与其用等”，其大司乐“掌成均之法，以治建国之学政，而合国之子弟焉”，主要职责是“以乐舞教国子”，且有“禁其淫声、过声、凶声、慢声”之责。

秦汉时的太常（奉常）为九卿之首，“掌宗庙礼仪”，还兼管文化教育；属官有大乐、太祝、太宰、太史、太卜、太医等令丞，以及博士等官，机构很庞大，官吏约1 500余人。大鸿胪（典客、大行）掌宾礼。东汉以后，尚书事权渐重，部分礼乐文教事务归属尚书，演至北周，出现礼部之名，礼乐文教方面的政令则归属礼部。西晋时置国子祭酒博士，掌管国子学；北齐置国子寺，隋改为国子监。隋唐的礼部职责是掌礼乐、祭享、学校、科举以及外国贡使交聘等政令；太常寺则掌礼乐、郊庙、社稷等祭祀具体事务；

① 司马迁. 史记：卷23：礼书. 北京：中华书局，1959：1158.
② 班固. 汉书：卷22：礼乐志. 北京：中华书局，1962：1028.
③ 同①1036.
④ 司马迁. 史记：卷24：乐书. 北京：中华书局，1959：1191.

国子监则成为管理全国学校的机构。以礼部为主，以太常寺、鸿胪寺、光禄寺、国子监为辅的管理体制一直延续到明清，其间各部门职掌略有变化，但总体变化不大，一直以便于皇帝控制为根本。

与中央设置相适应，各级地方行政区划都设有礼曹（房）和主管本地学校的教职，最高级行政区常常设置由中央委派的提学使、学政等以总领文教事务。如明代“凡学政遵卧碑，咸听于提学宪臣提调，府听于府，州听于州，县听于县”①。府设教授、州设学正、县设教谕，各有训导为之佐，以管理本地学校教育事宜，接受提学与地方官的双重领导。

清末改官制，先是成立学部，将国子监并入，专门主管教育；后来将与礼部有关联的太常、光禄、鸿胪三寺也并入礼部；1911 年成立责任内阁时，将礼部改为典礼院，仅主管国家大典礼，以礼部为主的管理体制至此终结。

北洋政府教育部下辖普通教育、专门教育、社会教育三司，总领全国教育事务。在第一任教育总长蔡元培的领导下，进行一系列教育改革，提出公民道德教育、军国民教育、实利主义教育、世界观教育、美感教育等“五育”方针。虽然在袁世凯推行帝制的过程中出现过教育复古风潮，但终究因袁世凯的垮台而没有持续下去，教育进入现代化发展时期。与中央教育部相适应，省设教育厅（司），道和县设教育局科。

1927 年 10 月，南京国民政府仿照法国教育行政制度，在中央设立中华民国大学院，直接隶属于国民政府，管理全国学术和教育行政事宜。大学院设院长一人（蔡元培），综理全院事务，为国民政府委员。下设秘书处、教育行政处、中央研究院、国立学术机关和各种专门委员会。在地方按照教育、经济、交通等状况，设立若干大学区，每区设大学一所。大学区先在江苏、浙江、河北试行，下设高等教育处、普通教育处、扩充教育处、秘书处、研究院等机构。大学院制实行效果并不理想，1928 年 10 月 6 日，蔡元培去职，大学院改为教育部。

南京国民政府教育部管理全国学术及教育行政事宜，下设总务、高等教育、普通教育、社会教育、蒙藏教育五司及编审处（1933 年 4 月取消），1932 年增设国立编译馆，1940 年增设中等教育司和国民教育司，1941 年取消普通教育司，1945 年增设国际文化教育事业处，1947 年增加边疆教育司而撤销蒙藏教育司。与教育部设置相适应，省设教育厅，市县设教育局，掌理本省市县学校、图书馆、博物馆、公共体育场、公园及其他社会文化事项。

为了加强对文化领域的控制，1938 年 10 月 1 日成立中央图书杂志审查委员会，掌理全国图书杂志原稿、戏剧、电影之审查事宜，受国民党中央执行委员会宣传部、军事委员会政治部、行政院、内政部与教育部共同指导。1940 年 5 月改隶于行政院，下设一处（图书）、二处（杂志）和戏剧电影审查所。省市设图书杂志审查处，县市设置图书审查科。国民党实行文化专制政策，遭到全国人民的反抗，最终于 1945 年 10 月取消该委员会。

① 张廷玉，等. 明史：卷 75：职官志四. 北京：中华书局，1974：1851.

二、医药卫生机构

先秦时期，负责医药的是巫师，巫虽然多以降神占卜来医治病人，但也以能够利用传统的医疗知识和采用一些医药进行诊治，相传神农氏尝百草，说明以中草药治疗病人有悠久的历史。

以太医主管治疗始于战国时期，至秦汉便成为定制：少府属下的太医令负责宫廷的医疗保健，太常属下的太医令负责百官的医疗保健；与中央相对应，郡县也设有医官，负责地方官吏的医疗保健；中央的太医令为六百石，是中级官员，东汉时还有药丞、方丞；地方的医官多不入等级，但也有得到百石或斗食待遇、进入官吏行列的；中央的太医如果有经验良方，即通过行政以颁行于郡国；地方如果有经验良方，也应该呈送到中央以进行检验；由此，构成从中央到地方的医疗管理体系，这种体系基本为魏晋南北朝所承袭。

隋唐太医署隶属于太常寺，有太医令、丞、府、史等管理官吏，还有主药、药童、医监、医正、药园生、掌固、医药博士、医药助教、医师、医工、医生、典药、针博士、针助教、针师、针工、针生、按摩博士、按摩师、按摩工、按摩生、咒禁博士、咒禁师、咒禁工、咒禁生等300余名专门医师，医术分科和医务人员分工已有很大的发展，还有考核制度，“医师、医正、医工疗病，书其痊之多少为考课”①，作为根据以确定升迁罢免。与中央相呼应，地方州县也设有医药博士，负责地方的医药事务。这种制度基本为五代、宋所因袭。

元代开始设置太医院，为正二品衙门，成为独立的机构，“掌医事，制奉御药物，领各属医职”。其下有广惠司，“掌修制御用回回药物及和剂，以疗诸宿卫士及在京孤寒者”；回回药物院，“掌回回药事”；御药院，“掌受各路乡贡、诸蕃进献珍贵药品，修造汤煎”；御药局，“掌两都行篋药饵”；行御药局，“掌行篋药饵”；御香局“掌修合御用诸香”。此外还统领各地惠民局，“掌收官钱，经营出息，市药修剂，以惠贫民”；医学提举司，“掌考校诸路医生课义，试验太医教官，校勘名医撰述文字，辨验药材，训诲太医子弟，领各处医学”；官医提举司，“掌医户差役、词讼”②。进而形成从中央到地方的医疗管理体系，医学分大方脉、杂医、小方脉、风、产、眼、口齿、咽喉、正骨、金疮肿、针灸、祝由、禁等13科，“诸医人于十三科内，不能精通一科者，不得行医”③，还有较为严格的考试制度。

明清沿置，为正五品衙门，清代因有特简王大臣管理院事，地位有所提高，但太医院规模缩小。明代医学分大方脉、小方脉、妇人、疮疡、针灸、眼、口齿、接骨、伤寒、咽喉、金镞、按摩、祝由等13科，清代则分大方脉、小方脉、伤寒、妇人、疮疡、针灸、眼、咽喉、正骨等9科。宣统元年（1909年），太医院升为正四品衙门。太医院独立和级别提高，反映医药卫生渐渐成为社会生活的重要组成部分。与中央相

---

① 欧阳修，宋祁. 新唐书：卷48：百官志三. 北京：中华书局，1975：1244.

② 宋濂，等. 元史：卷88：百官志四. 北京：中华书局，1976：2220-2222.

③ 宋濂，等. 元史：卷103：刑法志二. 北京：中华书局，1976：2638.

承应，地方府州县都设有医学部门，府为正科，州为典科，县为训科，都是未入流的人员，国家不给俸禄，主要依靠行医维持生计，地方官府可以遴选熟谙医理者咨吏部给札，也有升迁制度。

从分工来看，中央的太医除主管宫廷和百官的医疗之外，还负责军营、监狱等处病患者的治疗。历代的太医都附设有医疗教育机构，招收学生，学生学业期满，经过考试，可以入补医官。与中央相应，地方上也设有医学，地方医学生中优秀者可以被推荐升补中央医学。由于医学专业性强，医官多由世传，其升迁亦不离本部门。

中央的太医设有专有药房和药库，医药的来源除自行采办之外，凡出产主要药材的地方也有定额定时贡送的义务，并设立与之相承应的机构和人员，如医曹、采药师等。

中央的太医也是医学研究机关，遇有疑难病症，往往数名太医会诊，他们所制作的药剂验方，多是参照历史上的名医著作和处方而定，而且还有亲自尝药的责任，故有一定的疗效和科学依据。中国第一历史档案馆现存有清代太医院的验方和帝王后妃诊治的病历，是很珍贵的医学档案。太医们制作的验方严禁外传，医疗效果仅局限于宫廷和官府，对医学发展的作用有限。

北洋政府的医药卫生行政事务归内务部卫生司管理，各军事部设有军医司，对医药卫生没有给予足够重视。1928 年，南京国民政府成立卫生部以管理全国卫生行政事宜，其下设总务、医政、保健、防疫、统计五司及中央卫生委员会、中央卫生试验所等机构。1930 年 12 月，缩编为卫生署，改隶于内政部，仅设总务、医政、保健三科。1935 年 2 月，升格为行政院卫生署，设总务、医政、保健、防疫四处，1936 年 12 月增海港检验处；所属有中央卫生实验所、麻醉药品经理处、中央医院、公共卫生人员训练所等。1947 年，再度升格为卫生部，下辖总务、医政、保健、防疫四司及会计处等机构。与中央相适应，省市县也各设相应的机构，随中央变化而有级别升降。

三、学校制度

随着阶级统治的确立，体力劳动和脑力劳动的分工愈加明显，便出现了以传授技能和知识为生的人，在贵族占统治地位的当时，以教育贵族子弟为中心的教育机构随之出现。

“夏曰校，殷曰序，周曰庠，学则三代共之，皆所以明人伦也。”校、序、庠是当时学校的名称，都是为贵族子弟进行教育而设置的。据甲骨文和古文献记载，自商代起便有层级分明的学校，王族的学校分成大学和小学，子族也有学校设置。西周时，国学和乡学体系得以确立。设在王都和诸侯国都的学校称“国学”，国学又分大学和小学；天子的大学称“辟雍”，诸侯的大学称“泮宫”。国学是培养大贵族子弟的学校，按规定，太子和诸侯世子在八岁时入小学，十五岁入大学；公卿大夫子弟十三岁入小学，二十岁入大学。“乡学”设在各地的邑镇，是一般贵族子弟的学校。

学校教育内容主要是传授宗教祭祀仪式和作战技能，以适应“国之大事，惟祀与戎”的要求，也传授一定的文化知识，“春秋教以礼乐，冬夏教以诗书”，必修科目就是“六艺”，即礼（礼节、仪式）、乐（音乐舞蹈）、射（射箭、投掷）、御（驾车、骑马）、书（识字和写字）、数（计算）。

担任教师的人，在商代是“祝、宗、卜、史”之类的人物，这些人固然主要从事宗教活动，但因为是当时拥有文化和具有一定专门知识的人，能够观察天文物候，掌握文字，厘定历法，通晓礼制，娴于乐舞，又具有官员身份，使用他们来教育贵族子弟，便成为“学在官府”。除这些专职任教的人员之外，夏商周三代多使用一些年老休致的贵族来担任教师，让他们把自己的统治经验传授给子弟，甲骨文中称“多老”或“多万”；《礼记·王制》云：“夏后氏养国老于东序，养庶老于西序。殷人养国老于右学，养庶老于左学。周人养国老于东郊，养庶老于虞庠。”根据这些贵族的不同等级，分配到不同级别的学校从事教育工作。

春秋时期，王室衰落，“礼崩乐坏”，社会政治和经济都发生了急剧的变化，在这种情况下，原来由官府垄断的学校渐渐衰落。由于战争，官府所藏的图书典籍也流散到民间，以至于民间聚徒讲学的风气逐渐盛行，出现了许多“私学”。

从学在官府到私人办学，使更多的人受到教育，是历史上的进步。例如孔子办学，有弟子 3 000 人，身通六艺的有 72 人。战国时期，凡著名学者都聚徒讲学，以传播自己的文化知识和政治见解。当时入学的目的主要是取得入仕资格，“仕而优则学，学而优则仕”（《论语·子张》）是主导思想。学优而入仕，正是当时士子梦寐以求的出路。为了控制这些私学，官府也尽力进行管辖。如战国时的齐国，在国都临淄的稷下设置学官，召集各国学者前来讲学，封以“大夫”名号。这些“稷下先生”深受优待，“皆命曰列大夫，为开第康庄之衢，高门大屋，尊宠之”①。一时间，儒家、法家、道家、名家、纵横家、兵家、阴阳家等各家学派的代表都汇集在此，生徒也有千余人。私学的发展引起官府重视，也形成官学与私学相互补充的局面。在战国后期，各国大多设置“博士”等官以管理官学，把官学的管理纳入政权系统，并且走向制度化。

官学教育虽然逐渐衰退，但官学生在学业结束以后应该在国君侍卫亲军和禁卫军中服务若干年的制度却得以保留，并且在一定程度上还得到加强，借以吸引更多的人才。春秋战国时期，各国普遍出现一种郎官制度，即有些官学生和官贵子弟以郎官的名义在国君身边充当侍卫或警卫，他们实际上是候补官员，故必须接受做官的基本知识教育，因此有许多郎官出身的人能够在政坛上显露头角。如秦国的公孙衍、李斯，就是由郎官出身而逐步上升为丞相的。

夏商周三代的官学，只对贵族子弟进行教育，表现出官学教育的狭隘性和封闭性。春秋战国时期的私学兴起，是与各国急于物色人才和改进用人制度紧密结合，以入仕为主要目的的教育，当然会被官府所注意，都着力加强对私学的管理，以完善候补官吏的教育。

秦统一全国，禁止民间私学，实行“以吏为师”的制度，加强思想控制，官学又成为唯一的教育途径。汉武帝罢黜百家，独尊儒术，在中央设立太学，以五经博士教育博士弟子。太学的学习科目是易、书、诗、礼、春秋等所谓“五经”。博士定期讲经，弟子听经而自学，每年按甲乙科进行考试，成绩优良者，便可以任用为官。此后又相继在郡

---

① 司马迁. 史记：卷 74：荀卿列传. 北京：中华书局，1959：2347.

设学，在县设校，在乡设庠，在聚设序，建立起各级地方学校，形成从中央到地方的官学系统，并设置相应机构实行管理。魏晋南北朝基本上承袭汉代这种官学系统。

隋唐以后实行科举制度，在很大程度上促进了学校教育制度的发展。如唐代中央设立国子监以掌管训导之政，以祭酒、司业为正副长官；下设国子学（学生限于文武官三品以上、国公子孙，二品以上曾孙）、太学（学生限于文武官五品以上及郡县公子孙，从三品曾孙）、四门学（学生限于文武官七品以上及侯伯子男之子）、律学（学生限于文武官八品以下及庶人子）、书学（学生限于文武官八品以下及庶人子）、算学（学生限于文武官八品以下及庶人子）等六学，额定学生员额为 1 410 人。各学均设有博士、助教以主管施教。地方州县也各设有经学和医学博士、助教，主管本州县学生的教育事务。这样就形成了从中央到地方的教育和管理网络。当时世族门阀遗风很盛，对学生的身份限制很严，入学资格存在着难以逾越的等级鸿沟，非仕家子弟不能入学，充分体现了官学的狭隘性和阶级特点。中央“六学”的学生在学业期满后，可以直接取得入仕的资格，通过吏部的考选，便可以被铨选为官。

宋代中央仅设国子学、太学、四门学，地方州县则各自设有州县学。由于此时世族门阀政治衰落，世族地主的特权相对削减，对学生的身份限制也比较宽松，本来专为高官子弟设置的太学也可以接收庶民子弟。北宋时期比较重视官学教育，曾经有三次大规模的兴学。第一次是宋仁宗庆历四年（1044 年），范仲淹任宰相时，普遍建立州县学，改建国子学和太学，实行“升贡”的办法，学生可以根据学习成绩由州县递次升到太学。第二次是宋神宗熙宁、元丰间（1078—1085 年），王安石为宰相时，创立太学三舍法，将太学分为外、内、上三等，初入学为外舍生，经年考月试及格的便能逐渐升为上舍生；上舍生毕业成绩优等的可以免试直接授官，中等的参加殿试，下等经吏部考试再经殿试也可以授官，官学教育与仕进途径衔接。第三次是宋徽宗崇宁年间（1102—1106 年），蔡京执政时，仿行王安石新法，增加太学学生名额，实行毕业授官，进而出现“天下取士悉由学校升贡”① 的局面。随着升贡制度的完善，至南宋时，国子学也并入太学，高官贵族子弟也被纳入竞争的行列。

辽、金、元的官学教育，大体上因循唐宋制度，但加强了本民族学的教育。如金代中央设立女真国子学，地方也设立女真学；元代中央设立蒙古国子学、回回国子监，有些地方也设立蒙古学和回回学。本民族子弟受正规教育后，入仕做官可以得到优待。

明清的官学有所变化，中央的国子监既是教育管理机关，又是培养官僚的最高学府；在地方上设府、州、县学。在入仕上，明初曾经是“府、州、县学诸生入国学者，乃可得官，不入者不能得也”，入国学成为当时主要的入仕途径。士子参加科举，必先经过“童试”合格，取得府、州、县学“生员”资格，才能进一步参加科举。所以，明清“科举必由学校，而学校起家可不由科举”②，官学控制着入仕的道路。

国子监学生通称“监生”，其来源有官生和民生两种。官生是品官子弟和土司、外国学生；民生是通过贡、举两途而来的。贡生有岁贡、选贡、恩贡、纳贡等区别。岁贡是

---

① 马端临. 文献通考：卷 43：学校考三. 北京：中华书局，1986：395.

② 张廷玉，等. 明史：卷 69：选举志一. 北京：中华书局，1974：1675.

府、州、县学每年按定额送诸生入监；选贡是三年或五年考选各地生员中“学行兼优”者充贡入监；恩贡是国有大庆大典时所增加的上贡监生；纳贡是生员出赀入监的，也称例监；举是举人会试落榜，择优者送入监就读的人。凡国子监生学业期满，送吏部学习吏事，并由吏部分派到各部门“历事”。所谓“历事”，就是参加一定的官府事务，借以增加知识，锻炼才干。只有经过“历事”，并根据表现评定为优等的，才可以取得铨选资格，通过铨选被委任为官。

历代对官学的管理十分重视，有严格的学规和考试制度，还有升降级和惩罚制度。如明清的府、州、县在学生员，在校学习考试不及格，要受到降级、除名或扣除廪粮的惩罚；毕业考试不及格，取消参加科举考试资格；诸生岁贡入监考试不及格，贡举的教官也要受到处分。明清时期，对于府、州、县在学生员均享受食廪待遇，“月廪食米，人六斗，有司给以鱼肉”，并且免除个人徭役，是“廪膳生员”。由于要求入学者逐渐增多，先是增加“增生”，名额与廪膳相同，没有廪食待遇，但免除个人徭役；接着增加“广生”，名额也与廪膳相同，既没有廪食，也不免个人徭役；后来增加“附生”，没有名额限制，既不给廪食，也不免除个人徭役，还要缴纳一定学费。凡初入学者均为附生，经过岁、科两试，成绩优秀者，才能依次递补广生、增生、廪生，等于是升等。拥有附、增、广、廪生资格者，都称“生员”，俗称“秀才”，可以参加“科考”，成绩合格，则可以参加科举考试。

古代虽然是以官学教育为主，但私学教育也普遍存在。私学开创于春秋战国时期，经过秦代一度禁止，到汉代又发展起来。隋唐以后实行科举，给读书人以博取功名的机会。由于官学名额有限，再加上报考科举的条件放宽，许多自学和私学学生得以通过科举考试而跻身于仕途，这就给私学提供了发展的条件。在五代、宋时出现了私人教育组织“书院”。书院本是唐代藏书和修书的地方，后来一些士大夫把自己治学之所也称为书院。五代以后，有些书院开始聚徒讲学，也就具有了学校的性质。书院多建在名胜之地，老师自由讲学，学生也着重自学。由于学生可以自己选择名师，所以渐渐兴盛起来，乃至名声高于官学，因此引起朝廷的重视，力图将之纳入国家管理范围，对其设立和发展，曾经多次加以限制。明代甚至一度禁止私学，然而，明中叶以后官学废弛，书院又逐渐发展起来，有些书院一时成为高等教育和社会舆论的中心，官学的声望和影响远不如这些著名的书院。

总的来说，私学虽然不由国家直接控制，但所学内容多还是局限于准备科举考试，与官学并无太大的区别。而且开办私学和担任教师的人大多是退职的官僚和士大夫，与官府并无本质上的冲突，所以能够与官学长期并存。

劝之以学，诱之以禄，是古代学校教育的指导思想。早在汉代就有“遗子黄金满籯，不如一经”① 的谚语，在宋代出现《劝学诗》：“富家不用买良田，书中自有千钟粟。安房不用架高梁，书中自有黄金屋。娶妻莫恨无良媒，书中有女颜如玉。出门莫恨无随人，书中车马多如簇。男儿欲遂平生志，六经勤向窗前读”②。所有这些说词，都把读书与个

① 班固. 汉书：卷73：韦贤传. 北京：中华书局，1962：3107.

② 绘图解人颐：卷1：劝学诗. 上海：上洋海左书局，1914.

人的政治经济利益结合起来。教育与入仕相结合，读书与做官联系在一起，是古代教育的中心思想，也是专制统治的重要手段，在这种前提下，从中央到地方以至村社都建立起学校，“盖无地而不设之学，无人而不纳之教。庠声序音，重规叠矩，无间于下邑荒徼，山陬海涯。此明代学校之盛，唐、宋以来所不及也”①。在朝廷大力推行之下，教育得到普遍发展。

1860 年，英法联军攻进北京，逼迫清王朝签订《北京条约》，“朝廷鉴于外交挫衄，非兴学不足以图强”，在“自强”的名义下，先后建立了同文馆、广方言馆、福建船政学堂、南北洋水师学堂、武备学堂等新式学堂，以培养当时急需的翻译、制造技术和陆海军人才，并在 1868 年以后向外国派遣留学生。此后，一些督抚也模仿西式公立学校制度建立了一些新式学堂。1898 年在北京建立了京师大学堂，地方的新式学堂也随之兴起。这种新式学堂吸收西方教育制度和课程设置，学习理、工、农、医等实用学科，开始摆脱与入仕制度相结合的旧模式，借以培养当时急需的各方面人才。面对这种新情况，各方面的反应也不一致，有人甚至称之为“无系统教育时期”。

1901 年，清王朝宣布废除八股文，改以《四书》、《五经》及论述中国历史、政治和西方政治及学术文章作为取士的标准，与此同时，给予学堂毕业生和留学归国学生以相当于科举中的举人、进士的资格待遇，这就促使新式学堂迅速发展起来。1902 年，清王朝颁布了《钦定学堂章程》，1904 年再颁《奏定学堂章程》，解决了各地兴学无章可依的矛盾，新式学堂教育开始发展起来。1905 年，清王朝又宣布废除科举，学堂毕业生直接取得功名，学堂成为当时教育的主流。

《钦定学堂章程》规定，学堂正规教育分初、中、高三级，7～12 岁（虚岁，下同）入初等小学堂，12～16 岁入高等小学堂，16～21 岁入中学堂，21～24 岁入高等学堂，24～28 岁入分科大学堂，分别采用升级制，最高可升入通儒院。通儒院和分科大学堂的毕业生授予进士，高等学堂的毕业生授予举人，中学堂和高等小学堂的毕业生授予生员功名，他们都可以取得入仕资格。为加强对学堂的管理，1905 年 12 月建立了学部，以之为全国教育行政管理机构。根据学部的统计，1904 年全国学堂总数为 4 222 所，学生有 92 169 名；1909 年全国学堂总数已经有 52 346 所，学生有 1 560 270 名。发展速度前所未有，教育已经开始向近代化迈进。

1912 年 9 月，北洋政府教育部参照日本学制，制定了民国学制，因是年为阴历壬子年，故称“壬子学制”。该学制为三段四级：初等教育段分初等小学校和高等小学校，学制 7 年；初等小学校 4 年，为义务教育，入学年龄为 6 周岁；高等小学校 3 年。中等教育段设中学校，学制 4 年。高等教育段设大学，大学分预科、本科、大学院三个层次；预科 3 年，本科 3～4 年，分文、理、法、商、医、农、工 7 科；大学院不定年限，招收各本科毕业生。除此之外，还有师范类，分师范学校和高等师范学校两级；实业教育类，分甲乙两种实业学校，与中学校和高等小学校平行；与大学平行的专门学校有法政、医学、药学、农业、工业、商业、美术、音乐、商船、外国语等，分预科、本科、研究科三个层次，预科 1 年，本科 2～3 年或酌情自定。

---

① 张廷玉，等．明史：卷 69：选举志一．北京：中华书局，1974：1686.

1922 年 11 月 1 日，以大总统令公布《学校系统改革案》，开始实行“新学制”，采取美国式的六三三分段法，因此也称“六三三学制”。“新学制”的小学为 6 年（义务教育仍为 4 年）；中学分初等中学和高等中学，各为 3 年；大学校为 4～6 年，大学院不定年。

1928 年 2 月，国民党二届四中全会宣言提出“普及国民教育”。5 月，中华民国大学院在“新学制”的基础上提出《整理中华民国学校系统案》，即“戊辰学制”。

“戊辰学制”学校系统没有太大的变化，教育则分为初等、中等、高等 3 级。初等教育为 6 年，其中 4 年为义务教育，为了“厉行国民义务教育”，曾经大力推行 2 年义务教育，使占 80%以上的不识字儿童和成年人受到一定教育。中等教育在 1932 年公布《师范学校法》《职业学校法》《中学法》后得以系统化，普通中学、师范学校、职业学校分立，高中不分文理科；据统计，1928 年有中等学校 1 339 所，学生 234 811 人；1936 年为 3 264 所，学生 627 246 人；1937 年因抗战爆发，减为 1 896 所，学生 389 948 人；1946 年 10 月为 4 226 所，学生 1 495 874 人，中等教育有了很大的发展。高等教育方面，1929 年公布《大学组织法》《大学规程》《专科学校组织法》《专科学校规程》以后，全国大专院校分为国立、省立、市立、私立 4 种。大学分科改为学院，分设文、理、法、医、农、工、商、教育 8 种学院，具备 3 个学院以上者，方可立为大学。大学除医学 5 年外，其余均为 4 年，采取学年学分制。大学和独立学院得设研究院或研究所。专科学校分甲（工业）、乙（农业）、丙（商业）、丁（医药、艺术、音乐、体育、市政、图书馆、商船等）4 类，学制 2～3 年。1928 年，全国公私立高等学校有 74 所，学生 25 196 人；1936 年为 108 所，学生 41 922 人；抗战爆发时减为 91 所，学生 31 188 人；1947 年则增加至 207 所，学生 155 036 人，高等教育也有了较大的发展。

1939 年，南京国民政府教育部公布《大学及独立学院各学系名称》规定，文学院设中国文学、外国语文、哲学、历史学等系；理学院设数学、物理学、化学、生物学、地质学、地理学、心理学等系；教育学院设教育原理、教育心理、教育方法等系。大学一年级不分系，注重专业基本训练；二年级分系，三四年级开设实用科目并撰写论文。

普及教育和实用教育是现代学校教育的指导思想，因此现代国家应该投入大量的人力、物力、财力推行普及教育和兴办注重实用科学的高等院校。中华民国虽然投入一定的人力、物力、财力进行普及教育，也兴办一些大学，国民教育也有了较大的发展，但主要的人力、物力、财力还是投入军阀混战、抗日战争和剿灭共产党的军事行动中，在很大程度上制约了国民教育的发展。

第三节　选拔与考试制度

国家机器在运转过程中，需要不断更新其行政人员，以保证统治素质和职能的延续，更新的过程就是官吏的任免选拔。人才选拔首先关系到国家行政的需要，又关系到统治效能，自然会受到重视，而且会随着政治、经济与社会的发展而进行调整。

一、荐举制度

荐举是古代重要的选官方法之一。从其发展过程来看，主要有制度荐举、私人荐举、官府荐举和自荐等形式。

（一）制度荐举

主要是指按照选贡士制、察举制、九品中正制等制度的规定，通过一定的途径和手续来选拔人才，向君主或有关部门推荐使用。

1. 选贡士制

夏商周三代都设有贵族学校，对贵族子弟进行早期教育。人毕竟有智能上的差别，并不是每一个贵族子弟都是俊才，也不是每一个贵族子弟都能够享受世袭特权。在这种基础上，为了维持国家机器的正常运转，一种新的选拔人才制度便应此需要出现了，那就是在周代出现的从“国子”和诸侯向天子贡献的“士”中选拔人才的制度。

国子是公卿大夫及诸侯的子弟，因为他们不是嫡长子或嫡子，所以没有继承权。他们经过学校教育，完成学业之后，在王的侍卫亲军或禁卫军中服役若干年，等到40岁以后，便可以取得入仕的资格，这就是“四十而仕”的根据。其入仕的途径是：先由乡选出“秀士”，乡大夫把他们的履历交到司徒处，即“选士”；司徒选中者，则称“俊士”。也有不经过乡和司徒选举而直接来投考的，称“造士”。俊士和造士要由司马考辨其才能，司马根据他们的才能，草拟出使用意见报告给王，由王确定官拜何职。上报给王的人才称“进士”。

贡士是由诸侯选拔的，由诸侯直接贡献给天子，经过天子考试合格者，可以依照他们的才能授予官职，有的还可以得到爵位及封土，跻身于世袭贵族的行列。

这种选拔制度给一些没有继承权的嫡子和庶子提供了入仕的机会，也使国家的统治基础得以扩大。由于这种制度的存在，春秋战国时期的“士”阶层十分活跃，在社会大变革中，“士”挟其知识和经验才能，发表过许多政纲论说，奔走于诸侯之间，活跃在政治舞台。

2. 察举制

察举，即经过考察后进行荐举，乃是在先秦乡里荐举选士制度基础上发展起来的选官制度。此制盛行于两汉，中衰于南北朝，而在其后历代王朝都有不同程度的存在。

春秋时期已经有通过基层逐级察举，由地方官向国君推荐人才的制度，正如《国语·齐语》所讲：“匹夫有善可得而举也”。在战国时期一些国家规定地方官在年终上计的时候，必须向中央推荐一定数量的人才，经过国君或有关部门的考核而授予官职，后来则演变为察举，也就是察廉举孝。

汉代察举的具体方法是：由皇帝下诏指定荐举的科目，由丞相、诸侯王、公卿和郡国守相等按科目的要求进行考察和荐举；应举者按不同的科目进行考试，或由皇帝出题策问，或由丞相、御史二府（东汉改由尚书）及九卿策试；根据对策的成绩高下，分别授予官职或选入郎官继续深造；考试地点在京城的太常寺或公车司马署等处。

两汉察举科目繁多，有孝廉、茂才、察廉、光禄四行、贤良方正、贤良文学、明经、明法、至孝、有道、敦厚、尤异、治剧、勇猛知兵法、明阴阳灾异等数十种，但经常举行的科目只有孝廉和茂才两种，并规定主要长官每年应该荐举的名额，这样就使察举仅局限于察廉（官吏廉洁）举孝（民间孝子秀士）。

为了人才的合理使用，察举人员在经过策试之后，还要经过主管部门加试一些熟悉官事和书法的内容，然后按“四科”的不同标准分别授予不同官职。据《汉官仪》讲：“四科，一曰德行高妙，志节清白。二曰学通行修，经中博士。三曰明达法令，足以决疑，能案章覆问，文中御史。四曰刚毅多略，遭事不惑，才任三辅令。”与此同时，还实行举者与被举者的连坐制度。

从制度看，国家对察举的管理还是比较重视的，在汉武帝时，“郡举孝廉，又有贤良、文学之选，于是名臣辈出，文武并兴”①。由于察举的标准过于笼统，由地方官府掌控，也缺乏严格的考试，长此以往，“今刺史、守相不明真伪，茂才、孝廉岁以百数，既非能显，而当授之政事，甚无谓也”②。以至于公卿守相举荐的多是门生故吏，在政治昏暗与权臣当政的时候，其弊病则日益突出，在具体实施过程中，经常出现弄虚作假，以至“窃名伪服，浸以流竞，权门贵仕，请谒繁兴”③，造成风气渐坏，使虚名伪进之徒经过钻营进入公门。此制在东汉后期已经败坏不堪，民间流传着“举秀才，不知书；察孝廉，父别居；寒素清白浊如泥，高第良将怯如鸡”④ 的谣言。

3. 九品中正制

九品中正制是察举制的发展。220 年，三国魏文帝曹丕采纳吏部尚书陈群的建议开始实行，亦称“九品官人法”，也是魏晋南北朝时期主要的取士制度。具体的做法是：请“贤有识鉴”的官员担任本籍州郡的大小“中正”，由他们按上上、上中、上下、中上、中中、中下、下上、下中、下下九品来评定人才等级，然后由小中正上报大中正核查，大中正再上报司徒核实，再交尚书吏部选用。

九品中正制使荐举之责不再属于中央和地方长官，改由专职举士的中正官负责，选用标准除因循汉代察举所要求的经学、德行、乡闾清议之外，又增加了家世、才实等内容。咸熙二年（256 年），“令诸郡中正以六条举淹滞：一曰忠恪匪躬，二曰孝敬尽礼，三曰友于兄弟，四曰洁身劳谦，五曰信义可复，六曰学以为己”⑤。除划分九品之外，还有根据士人德才表现所写成的评语，称“状”，选用人才要将“品”和“状”结合起来，这样就比汉代较为严密了，曾经收到“儒雅并进”的政治效果。然而，在实施过程中，中正官全由士族豪门所把持，品评人才也着重于门第，而被选用者也限于士族，推荐人与被推荐者之间又在政治、经济及生活等方面有密切的联系，所以，“至中正之法行，则评论者自是一人，擢用者自是一人，评论所不许，则司擢者不敢违其言”⑥。“台阁选举，

---

① 范晔．后汉书：卷 60 下：蔡邕传．北京：中华书局，1965：1996.

② 范晔．后汉书：卷 3：章帝纪．北京：中华书局，1965：133.

③ 范晔．后汉书：卷 61：左雄传论．北京：中华书局，1965：2042.

④ 葛洪．抱朴子外篇：卷 15：审举．北京：中华书局，1988.

⑤ 房玄龄，等．晋书：卷 3：武帝纪．北京：中华书局，1974：50.

⑥ 马端临．文献通考：卷 28：选举．北京：中华书局，1986：267.

徒塞耳目，九品访人，唯问中正。故据上品者，非公侯子孙，则当涂之昆弟也。”① 在以门阀士族为统治核心的背景下，“不顾才实，衰则削下，兴则扶上，一人之身，旬日异状。或以货赂自通，或以计协登进，附托者必达，守道者困悴。无报于身，必见割夺。有私于己，必得其欲。是以上品无寒门，下品无势族”②。进而出现“百辟君子，奕世相生，公门有公，卿门有卿”③ 的反常格局。官职成为高门华族的垄断物，在人才选用上存在着不可逾越的阶级鸿沟。九品中正制很快便成为维护门阀政治、阻塞寒素人才入仕的壁垒。再加上“士人皆厚结姻援，奔驰造请，浸以成俗”④ 的社会风气，九品中正制的社会基础日益狭窄，促成了政治上的腐败。

隋以后实行科举制度，荐举不再是常行选拔人才的途径，但仍作为科举制度的补充，以一种辅助的形式存在。由于建立荐举与被荐举者之间的连坐和考评制度，在实施过程中往往会收到一定的效果。特别是在一个政权初建之时，因人才不足，官吏缺员，往往使用荐举的方法以应急。例如，明初因实行荐举，“以故山林岩穴，草茅穷居，无不获自达于上，由布衣而登大僚者不可胜数”。科举制度恢复之后，在相当一段时期内，也是“两途并用，亦未尝畸重轻”⑤。清代虽然将荐举制度作为“历朝推恩之典，虽如例行，实应者寡”，但还是有不少循吏秀士“被荐膺显擢者，先后踵相接”⑥。在荐举不再是主要选拔官吏途径的情况下，少数被荐举的人才还是能够脱颖而出，这是由于科举内容僵化死板，限制住一些无意攻读时文八股而有才识的人入仕，而在政权实际运行中，终究还是需要一些具备真才实学的人进入仕途，荐举制度遂与科举制度并存，作为它的补充。荐举并不以时文八股为重点，多试以“时务策”，注意吸纳那些注意时局、关心政治实务并善于思考对策的人物。这类人才一旦受到荐举，往往会在政治上发挥作用。

（二）私人荐举

春秋战国时期的动荡和变革，使各诸侯认识到人才的重要性，选贤任能成为各国国君迫切的共同意愿，私人荐举的方法，往往能为各国国君提供优异人才。这种私人荐举通过有一定地位的官员向国君推荐，如鲍叔牙向齐桓公推荐管仲，使管仲的卓越才能得以发挥，成为促成齐国称霸的重要人物。私人荐举作为一种选拔人才的重要形式，经常被国君使用，后来则成为大臣的职责之一，他们必须向国君推荐人才，因此出现“外举不弃仇，内举不避亲”（《左传·襄公二十一年》）的荐举原则，要求举贤荐才，不避亲仇，其标准只是才能。

这种私人荐举仅是臣属以个人名义向君主举荐人才，亦称保举制，是在历史上实行最久而且是制度化的选拔人才方式。具体方法是：要求具有一定资格的大臣，在对下属考察的同时，从中发现人才，定期向君主保荐，由朝廷授以要职或破格升迁。如被荐的

① 房玄龄，等. 晋书：卷48：段灼传. 北京：中华书局，1974：1347.
② 房玄龄，等. 晋书：卷45：刘毅传. 北京：中华书局，1974：1274.
③ 房玄龄，等. 晋书：卷92：文苑王沈传. 北京：中华书局，1974：2382.
④ 杜佑. 通典：卷14：选举. 北京：中华书局，1992：335.
⑤ 张廷玉，等. 明史：卷71：选举志二. 北京：中华书局，1974：1713.
⑥ 赵尔巽，等. 清史稿：卷109：选举志四. 北京：中华书局，1977：3185.

人才不符实，或者是日后犯法，荐举人要负连带责任，要受到一定的惩处。

为了严格保举，古代常常是实行层层担保，大官举小官，小官举吏职，同时加强监督和限制。例如，允许控告保举徇私不公，对检举者，如所举属实，有官者给以优升，无官者授官或赏赐金钱；不实者则反坐。举人和被举人都要写具举状，作为君主和上级审定和考核的依据。有些朝代还严格限制保举亲故、同乡和门生，以期杜绝其中的弊端。

私人荐举建立在私人的人际关系和个人好恶爱憎基础之上，当然存在偏见和营私舞弊，很容易成为长官与部属之间的相互利用。部属为取得主官的保举，会使用阿谀奉承，或夸功掩短以邀取荣宠，或奔走行贿以求免缺失，使用走上层的办法以骗取信任；有些长官也往往利用保举进行笼络和发展自己的势力，有意夸大被荐举人的优长，掩盖其缺失，甚至借保举以纳贿，因而出现“不公不明，十郡而居三四”“政以贿成，聚敛无已”“或乏廉声而举充廉吏，或素昧平生而举充所知，或不能文而举可备著述”① 的现象，加剧了政治腐败。

从主流来看，保举不拘一格地发现人才，在历史上也确实为国家提供了一部分能承担重任而匡时济世的人才。有些官僚运用其多年的行政和人事经验，对下属进行多方面的考察，保举出的人多有实际办事能力，有些则操守才能皆备，在政治中发挥过重要作用。在近代，曾国藩、左宗棠、李鸿章等等能跃登高层，承担重任，都是受过“伯乐识人”逾格保举。曾经有人认为清代“能以维持其二百年之国祚者，赖有此法以选拔贤才耳”②。此一评价或嫌过高，但此一制度能在古代长期存在而弗替，说明它对历代王朝的统治还是利多于弊，有存在的必要。

（三）官府荐举

官府荐举是以官府的名义向君主和上级部门推荐人才，被推荐的人要参加一定的考试，若是考试不合格，荐举者也要承担一定的责任。这种方法也适用于地方学校向中央学校推荐，如《唐律·职制·贡举非其人》条规定：“诸贡举非其人及应贡举而不贡举者，一人徒一年，二人加一等，罪止徒三年。”明洪武二十一年（1388 年），朱元璋“命天下府州县学岁贡生员各一人，正月至京，从翰林院试经义、四书义各一道，判语一条。中试者入国子监，不中者所司论如律，教官、训导停其廪禄，生员罚为吏”③。《大明律·吏律·职制·贡举非其人》条规定：“凡贡举非其人，及才堪时用，应贡举而不贡举者，一人，杖八十，每二人加一等，罪止杖一百。所举之人知情，与同罪；不知者，不坐。若主司考试艺业技能，而不以实者，减二等。失者，各减三等。”这种制度保证当时学校升贡制度的严谨，以至明初“虽间行科举，而监生与荐举人才参用者居多，故其时布列中外者，太学生最盛”④。制度久则弊生，“旧制，监生止有二途，岁贡、乡贡是也。后增四十岁生员，又增上马纳粟，近增大臣勋戚子孙乞恩，共为五途。自此选期愈远，

---

① 脱脱，等. 宋史：卷 160：选举志六. 北京：中华书局，1977：2754.

② 官修. 清通考：卷 58：选举考. 杭州：浙江古籍出版社，2000.

③ 孙承泽. 天府广记：卷 16：设科之制. 北京：北京古籍出版社，1982：206.

④ 张廷玉，等. 明史：卷 69：选举志三. 北京：中华书局，1974：1679.

仕路愈塞矣”①。本来正常的贡举，扩大到四十岁以上生员，再增加以钱粮可以买的捐纳，以高官子孙便可以为之，贡举逐渐被人轻视，真才实学者不愿意走此路，各府州县学往往也是虚应故事，中央考试也是走形式，相关制度与法律，也就成为具文。清代因之，而府州县学亦轻，“若夫学校之官，阘茸猥琐，无一能举其职者，而顽钝嗜利者比比也”②。通过学校荐举者，难以出人头地，也使学校贡举制度虽行，而实效难见。

还有一种官府间接荐举的形式，如秦汉时期的郡国上计吏赴朝廷汇报政绩时，有的便被朝廷留任为官，称“计吏拜官”。这是因为地方官府所选用的上计吏大都是精明能干的人，既熟悉本地的情况，又能够应付朝廷的质问，故此容易被朝廷看中，渐渐成为一种入仕途径。那时，凡是被委派为上计吏的人，往往就是被荐举的先兆。计吏拜官是伴随着考核制度而形成的，当考核制度遭到破坏的时候，这种仕途也就随之堵塞。魏晋以后，以计吏步入仕途的情况显著减少。

（四）自荐

自荐是因循战国时期士人游说君主的习俗而形成的入仕制度。游说是士人通过在诸侯国君面前游说或上书，用自我推荐的方式以博得君主信任而被授予官职。春秋战国时期，士的阶层十分活跃，他们奔走于诸侯国之间，以自己的政治主张和才能求信于君主，以谋得官职和重用，成为当时常见的入仕途径，诸如孟轲、商鞅、吴起、苏秦、张仪等名人，都是通过此一途径而身登显位的。

汉代对这种游说形式在制度上予以肯定，允许吏民直接上书至公车司马门（皇宫的南阙门），由大臣评判上书内容的质量，以及识见的高低和可行性的大小，然后作出初步评定，有区别地奏告皇帝，“高者请丞相、御史，次者中二千石试事，满岁以状闻，下者报闻，或罢归田里”③。可见游说已经演变成自荐，而自荐必须再经过实际工作的考验，方能决定任用与否或如何使用，借以杜绝自我夸张。汉代许多人以这种方式进入仕途，不过，这种制度非但没有杜绝夸张，反而给污滥下流的人跻身官场带来机遇，变成了“自炫鬻”。汉武帝时，“四方士多上书言得失，自炫鬻者以千数”④，出现过许多不择手段跑官的江湖骗子。

东汉时，这种自荐式的仕途渐渐为世家所不齿，到魏晋南北朝时，更趋于没落。在世家看来，这些人“守门诣阙，献书言计，率多空薄，高自矜夸，无经略之大体，咸糠秕之微事，十条之中，一不足采”，遵守法度的君子“不足与比肩”⑤。本身的污秽，豪门的鄙视，朝廷的轻视，使这种入仕途径大为堵塞。隋唐以后，上书自荐往往仅作为君主“善政”的点缀，遇有天灾地变，君主下诏求直言，而直言上书的人也未必能够进入仕途，弄不好还会危及身家性命。上书自荐的人数减少，以此得官更不容易，自荐便成为狭窄的险途。

---

① 王琦撰．张德信点校．寓圃杂记：卷5：监生五途．北京：中华书局，1984．
② 贺长龄，等．清经世文编：卷2：学术：送张少渊试礼部序．北京：中华书局，1992：80．
③ 班固．汉书：卷78：萧望之传．北京：中华书局，1962：3273．
④ 班固．汉书：卷65．东方朔传．北京：中华书局，1962：2841．
⑤ 颜之推撰，王利器集解．颜氏家训集解·省事篇．上海：上海古籍出版社，1980：221．

还有一种是以本身有一技之长而投身自荐的。如汉武帝“博开艺能之路，悉延百端之学，通一伎之士，咸得自效，绝伦超奇者为右，亡所阿私”①。给一些持有特殊体力、工艺、方术、音乐、杂技等本领的人提供入仕机会，有些人因此对某些技术、艺术的发展起到促进作用。由于君主追求享乐，梦想长生，又使一些以阿媚取宠的佞幸之徒，以荒诞迷信声言能求长生、能通鬼神和追踪神仙的方士，或诡言有治国安邦之才的江湖骗子，经由此途径进入仕途。这些人无一不以惑君害民、危及政治获罪而告终。在骗局被揭穿之后，大多被贬斥杀戮，给自荐之途蒙上更多的污垢。

二、科举制度

科举制度是在荐举制度的基础上发展起来的，是以考试成绩为主要标准的选拔制度。

隋炀帝时开始设置进士科，以试策取士，经过唐代的发展，科举考试确立为一项重要制度。由于有了定期定额和定考的科目，士人们无须再经荐举就可以直接报名考试，经过逐级考试，由官府择优录取，再经由吏部试以“身、言、书、判”，就可以被授予官职。

科举制度确立之后，基本上改变了魏晋以来由世家大族垄断用人和权力的状况，也削弱了荐举的功能，表现出较为公开、公正的优越性，为士人入仕开辟出一条新的途径。科举制度的确立，适应了中央集权制度的需要，也有利于更广泛地吸收人才。因此，它一出现，便成为主要的官吏选拔制度，历代奉行不替，直到 1905 年才为学校制度所取代。

古代国家根据需要，设立若干科目，诸如秀才、进士、明经、明法、明书、明算等科，举行公开而统一的集中考试，择优选拔人才，命之为科举制度。

唐代科举取士，大体上可以分为贡举和制举两大类。贡举由礼部主持具体工作，常设秀才、进士、明经、明法、明书、明算等六科；武则天时开设武举，由兵部主持具体工作。制举亦名特科，由皇帝临时下诏设定科目，不定期举行。在众多科目中，进士和明经两科最受重视，唐代由此两途出身为宰相者有 142 人，占宰相登录总数的 38.6%。当时考试录取的名额很少，进士科最严格，“其进士大抵千人得第者百一二；明经倍之，得第者十一二”②。

宋代科举制度基本因袭唐制，但在贡举上仅以进士科为常科，其余诸科则不经常举行。宋代的士人经过科举考试及第便取得做官的资格，不必再经吏部加试身言书判。宋代的科举考试制度比唐代严格，范围和规模都有所扩大。如在省试之后，增加一场由皇帝主持的“殿试”，实行“糊名”“誊录”，不许朝廷官员推荐考生，食禄之家的子弟必须复试，对贵戚子弟另设考场和另派考官，实行“锁院”以减少作弊。与此同时，还扩大了录取名额，进一步减少门第限制，更广泛地吸收各阶层的知识分子，以扩大统治基础。由于不论何等阶层的知识分子，只要进士及第便被委派为官，而且“不数年，辄赫然显

---

① 司马迁. 史记：卷 128：龟策列传. 北京：中华书局，1959：3224.

② 杜佑. 通典：卷 15：选举三. 北京：中华书局，1992：357.

贵矣"[1]，科举便成为当时猎取功名的主要途径。宋代已经有了状元、榜眼、探花的名目，是作为高居榜首前三名的荣誉称号。凡中状元、榜眼、探花者，顿时成为当时朝野仰羡的人物，更加引起人们对科举的重视。

辽、夏、金、元虽然是少数民族为主导的政权，但也奉行科举取士制度。这些少数民族主导的政权，在科举实施过程中设严格的民族界限，从某种意义上讲，重点在笼络汉族地主阶级和知识分子。如："辽起唐季，颇用唐进士法取人，然仕于其国者，考其致身之所自，进士才十之二三耳"。金代除依唐、宋实行科举之外，还特设女真进士，故此"终金之代，科目得人为盛"[2]。科举在元代即便是没有得到足够重视，也是"士褒然举首应上所求者，皆彬彬辈出矣"[3]。

明清科举制度更加严格和程序化，但也进入僵化和衰朽时期。明清基本上是三年一科，故有明一代共开科 83 次，有清一代共开科 112 次。其科考的程序大致可以分为四级。

一是童试（府、县试），是科举考试的最初级。凡参加举业的读书人，在参加州县级考试时，均被称为"童生"，故这一级考试被称为童试。童试由州县长官主考，中试之后称为"生员"，通称"秀才"或"秀士"，也就是取得府、州、县学的学生资格，毕业后可以参加上一级考试。明正统元年（1436 年），为了对府、州、县学进行统一管辖，开始设立"提调学校官"，主管一省教育，并由该官主持考试，称"院试"。此后，凡是通过院试被录取的才能取得生员资格，否则依然是童生。"生员"虽不能直接授官，但有时也有从他们中间简拔，授予低级官职。

二是乡试，是省一级的考试，每三年举行一次，称"大比"，因在八月中旬举行，又称"秋闱"。乡试在省署（京府在府署）举行，由皇帝派出专门的主考官，以各布政使、按察使为监考官，清代则以巡抚为首席监考官，组成临时机构来主持。乡试共考三场，一场考经义，二场考礼乐论述，三场考经史时务策；三考及格后再面试骑、射、书、算、律等"五艺"。三考中试者称"举人"，面试"五艺"以后称"乙榜"，也称"乙科"。乡试第一名称"解元"，二名称"亚元"，五名以上称"经魁"，六名称"亚魁"，其余称"文魁"，都有资格进一步参加礼部考试。举人三考进士不中，即九年经过"大挑"可以直接铨选为官，并且作为正途出身。乡试录取名额有限，要按中央指定的数目录取，每省多者百余人，少者仅数十人，而考生多的省参加考试人数盈万，因此能够取得"举人"，已经是很不容易的了，一旦中举，阖县为之传报，地方官还送花红之礼，对其进京参试也有资助。

三是会试，是中央级的考试，在乡试后的第二年举行，由礼部主持。只有已取得举人身份的人才有参加考试的资格，相当于宋代的省（尚书）试。考试地点在京城，只是清末最后两次考试，因为八国联军烧毁贡院，改在河南开封举行。会试亦考三场，三场中式称"贡士"。会试第一名称"会元"，俗称"会魁"。会试于春季二月进行，故称"春闱"，因是礼部主持，又称"礼闱"。被会试录取的都可以参加最高层的殿试考试，并且

---

① 脱脱，等. 宋史：卷 155：选举志一. 北京：中华书局，1977：3611.

② 脱脱，等. 金史：卷 51：选举志一. 北京：中华书局，1975：1130.

③ 宋濂，等. 元史：卷 81：选举志一. 北京：中华书局，1976：2015.

取得做官的资格。如果没有参加，或没有被殿试录取的，仍然是举人。

四是殿试，凡会试中试者要由皇帝亲策于廷，实际上是由皇帝主持的复试，虽多为形式，但表明选拔权是由天子掌握并体现对人才的重视，以示“皇恩浩荡”，所取者都称“天子门生”，以期得到这些新贵的忠诚和感铭。殿试后分为三甲，一甲只有三人，称状元、榜眼、探花，赐给荣誉称号为“赐进士及第”。二甲无定额，称“赐进士出身”。余为三甲，称“赐同进士出身”。二、三甲第一名称“传胪”。殿试中进士称“甲榜”，也称“甲科”，可以被授予较为重要的官职，升迁也比较快。凡是进士都会将他们的姓名、籍贯、排名刻在石碑上，放在京师文庙之内，即今北京市国子监胡同的孔庙，进士题名录碑大多数保存完整。

殿试之后，一甲三人授翰林院修撰和编修，二、三甲者则参加“朝考”，一甲三人陪考，也称“馆选”，俗称“点翰林”。“朝考”成绩好的被派到翰林院、詹事府学习，称“庶吉士”，虽无实职，但可以参加朝廷的会议，如九卿、翰詹、科道集议，还可以上奏言事。庶吉士三年以后，也就是在下一次科考前，举行一次“散馆”考试，合格者优先授官。庶吉士的考选更加严格，明代“每科所选不过二十人，每选所留不过三五辈”，而且是“非进士不入翰林，非翰林不入内阁，南、北礼部尚书、侍郎及吏部右侍郎，非翰林不任。而庶吉士始进之时，已群目为储相”①。清代虽然增加入选名额，但也不过数十名，庶吉士虽然不再如明代那样享有特殊的待遇，但是在授官时，号称“老虎班”，无论任职还是升迁，都优于一般进士出身。

明清科举考试的纪律和场规可谓至密至严，对考官和应试者资格都有严格规定。如明代的“科举条格”规定：已入流品的在职官吏和已经科举入仕者不得参加科举，应考不论种族；被罢免的官吏、倡优、皂隶、居丧及学校训导者不得应试；考试未中者不得喧哗取闹，纠缠考官；考官应该遵守“回避”制度，不得担任本人子弟亲属的考务；笔试以后要加面试，因故未参加面试，三年以后要补加；违反条格者，一经查出，即使已经考中也要追查，考官处分，考生除名等等。考官都要经过严格挑选“明经公正者”充任，乡试主考、同考官都要由京官钦命简放，而监临官则由地方主要长官而具有科第功名者担任。在乡、会试中，“弥封、誊录、对读、受卷及巡绰监门，搜检怀挟，俱有定员，各执其事”②。对作弊及串通者都给以严刑处置。清代的《科场则例》有数万言，对各种细则都有明确的规定。

科举制度的实行，鼓励公开竞争，择优录取，确实曾为古代国家输送了大批人才，其中也不乏杰出人士。制度限制徇私舞弊，如清代屡兴科场案，对有舞弊行为的主考、同考官处以严刑，对已录取者进行甄别，甚至全场作废，所以吕思勉正确指出，“科举之善，在能破朋党之私”③。由于古代社会制度的局限性，在政治腐败的时候，其弊端总是防不胜防，“其贿买钻营、怀挟倩代、割卷传递、顶名冒籍，弊端百出，不可穷究，而关节为甚。事属暧昧，或快恩仇报复，盖亦有之”④。诸如卖题代笔、夹带小抄、通行贿

① 张廷玉，等．明史：卷70：选举志二．北京：中华书局，1974：1702.

② 同①1705.

③ 吕思勉．中国制度史．上海：上海教育出版社，1983：731.

④ 同①1705.

赂、徇私枉法、有章不循、有法不依等事件也屡禁不止。特别是由于考试内容与格式的日趋僵化、死板，与时代和实际政局脱节，限制着士人的思想，由科举入仕的人往往是一些徒知经籍、不谙世务的迂腐书生，缺乏实际任事的能力。一味地招引广大士子，全部集中在这条狭窄的出路上进行奔走竞争，更限制了人才的全面发展。

三、征辟制度

君主直接选拔人才称“征”，主要长官直接任用属吏称“辟”，这也是古代长期实行的一种用人制度。

战国时期，各国国君和一些重要大臣常常以“招贤”的形式公开延聘和招揽人才。如燕昭公筑黄金台，“卑身厚币以招贤者”①；齐威王也广招稷下学士。当时各国中的重要大臣，如信陵君、平原君、孟尝君、春申君等，都曾经养士三千余人。由于各级官府的主要长官都有在一定范围内任用下级官吏的权力，往往也通过招贤来笼络人才，招贤渐渐变为辟署。如魏冉为秦相国，大小官吏以及王的左右，都安插自己信任的人，像李斯这样的卓异人才，也曾经奔走在相国吕不韦门下以求官职。

征，也称征召，是君主采取的特别延聘的方式。如汉代有些君主时常选拔“吏民有明当世之务，习先圣之术者”，以及声名德望著称于当世者，朝廷为他们提供特殊待遇，“县次续食，令与计偕”②。就是说，这些被征召的人才，可以和上计的官员一起进京，沿途地方官负责迎送，有时还用公家的车马直接迎进朝廷。这种被征召的人在汉代被称为“征君”，是一种比较尊荣的仕途。以后各代也有些君主根据政局的需要，在全国范围内征召一些声名卓著的人士入朝做官，或专门指名征召某人来朝任职。从此途入仕的人虽然不多，但这些人往往对当时的政治产生一定影响。如蜀汉的诸葛亮、唐代的李泌、明代的宋濂和刘基、清代的范文程和冯铨等，都对一定时期的政治兴废起过重要作用。然而，却也有不少佞幸之人因昏君庸主的青睐而跻身显位，并因此危害社会的；也有一些君主只是借以作态，装模作样以表示重视选拔人才，例如，元代“皇帝一番求贤，不过为南人贪酷吏开一番骗局，趁几锭银钞，欺君误国莫大焉”③。明代“有司虽数奉求贤之诏，而人才既衰，第应故事而已”④。清代“皇上求贤若渴，应诏者寥寥，即有登诸荐牍者，或由他省督抚保举，必待本省给咨，始能赴部，非所以示虚怀延揽之道”⑤。若不是君主直接发现人才，想通过发布求贤诏的方式去发现与挖掘人才，乃是非常困难之事，毕竟这不是正常入仕，君恩在而众臣轻，他们在朝廷很难立足。如明崇祯时下诏求贤，黄道周、史可法、冯元飚、陈士奇四人被列入贤才，却得不到重用。黄道周被列入“朋党”而被贬官六级；史可法不能够在北京为官，发到南京为兵部尚书；冯元飚则是依靠其弟冯元飏掌中枢而得宠信；陈士奇“本文人，再督学政，好与诸生谈兵，朝士以士奇

---

① 司马光. 资治通鉴：卷3：周赧王三年（前312年）. 北京：中华书局，1956：93.
② 班固. 汉书：卷6：武帝纪. 北京：中华书局，1962：164.
③ 谢枋得. 叠山集：卷2：上丞相留忠斋书. 文渊阁四库全书.
④ 张廷玉，等. 明史：卷71：选举志三. 北京：中华书局，1974：1713.
⑤ 赵尔巽，等. 清史稿：卷421：罗惇衍传. 北京：中华书局，1977：12164.

知兵。及秉节钺，反以文墨为事，军政废弛”①。在政治腐败的情况下，君主是很难得到真正的人才的，即便是人才也会因不善于察言观色、经营政治关系网而得不到重用。

辟，也称为辟署、辟除、辟召、辟用等，是主要长官自行任用属吏的制度。在秦汉魏晋南北朝时期，是一种范围广泛而又十分重要的入仕途径。汉代规定：二千石以上的长官可以自辟掾属，可以直接任命百石以下的官吏，百石以上的官吏则须报中央核准。

辟署分为中央长官辟署和地方长官辟署两种，在中央公府辟署的掾属升迁最快，如东汉的鲁恭，“在公位，选辟高第，至列卿、郡守者数十人”②。按规定，中央长官辟署掾属不限地域，可以在全国范围内选用人才，地方长官则只能在其管辖地区内辟署。选辟的标准类似察举，要求被选者必须是有“才能操守者”，一般还需要经过一定的考试或试事。

辟署在隋以前是比荐举范围更广泛的仕途，因为按规定，公府、卿署、军府、州郡府的掾属佐史数目一般都在200人以上，即使是县署衙门也有几十甚至上百人，其中大部分是由长官辟召而来的。但人事权力是不容分散的，朝廷也不容许所属官僚组成自己的势力集团，故在隋代便收回了长官的辟署权，“海内一命之官并出于朝廷，州郡无复辟署之事”③。进入流品的官吏的选用权均收归中央，也就使辟署降为不重要的仕途。然而，对用人权的绝对控制又是不切实际的，所以，各级官署所辟用的“刀笔之吏”和以幕僚身份以及家人佐政的形式继续保留着，虽然这些人一般不能进入官的行列，但也有从此途步入官宦行列的，有些还名列史传。如清代的田文镜、李卫、林则徐等本是书吏出身；近代的左宗棠、李鸿章等虽都有科举功名，但也有过充当幕僚的经历，是由幕僚而逐渐受赏识得升为大臣的。为吏为幕的经验和知识，对他们日后掌权办事是有帮助的。

辟署权在主要长官手中，很容易形成私家党派。秦汉时，郡国掾史称守相为“君”，唐代僚属称辟用长官为“主”，关系恍如君臣。如东汉益州治中从事陈禅，“时刺史为人所上受纳臧赂”，他作为主要僚佐也被拷问，但在“笞掠无算，五毒毕加”的情况下，依然是“神意自若，辞对无变”④，愿为其主子刺史牺牲一切。又如凉州别驾从事杨阜，当刺史韦康被马超杀死时，他悲痛欲绝地说：“守城不能完，君亡不能死，亦何面目以视息天下！”遂赴疆场与马超决战，“身被五创，宗族昆弟死者七人”⑤。将刺史尊称为“君”，甘为长官赴死不辞，亦是一时风气。在这种情况下，当出现分裂割据，这些僚佐很容易成为割据势力和军阀的死党。

四、荫袭制度

所谓荫袭，是指勋贵子弟依靠父兄权位进入仕途的制度。古代国家长期保留这种选官方式，实际上是世袭制的一种变态遗留，但与世袭制有根本的区别。

---

① 张廷玉，等．明史：卷263：陈士奇传．北京：中华书局，1974：6809.
② 范晔．后汉书：卷25：鲁恭传．北京：中华书局，1965：882.
③ 马端临．文献通考：卷39：选举十二．北京：中华书局，1986：368.
④ 范晔．后汉书：卷51：陈禅传．北京：中华书局，1965：1684.
⑤ 范晔．后汉书：卷72：董卓传．北京：中华书局，1965：2344.

夏商周三代实行的是世卿制，官员由王任命，官职世代相袭。诸侯国的官员由诸侯任命，官职也是世袭。这种由贵族直接控制、封闭的人事制度，必然是阻塞贤路，带有强烈惰性的家长制和门第观念，反映到政治上则是“大人世及以为礼”（《礼记·礼运》），乃是亲贵合一、官贵合一。在宗法血缘关系下的官员世袭制，不但影响到国家公职人员的正常升贬和合理使用，且容易导致官员素质低下，妨碍国家行政机能的正常发挥。贵族们只有在出现过失或获罪于王和诸侯、被王和诸侯罢免或诛杀的情况下，才能导致撤免职务的处理，而这种变动也仅是限制在贵族之间，并无更新的意义。

王朝和诸侯国的主要行政长官既然是由至亲贵族充任，亲疏便成为能否胜任职务的标准。因此，当新王和新诸侯即位之后，原有的主要行政长官不再是至亲，便要辞去职务，回到自己的封土，另行起用新的至亲贵族。如商代伊尹摄政，当国三年，返政于太甲，退回自己的封地亳国为国君。西周初期周公摄政，待成王年长，便“反政成王，北面就群臣之位”①，卸任后回到自己的封地鲁国为国君。主要官员的更换，往往导致下面的官员变动，虽然这些变动都不过是贵族之间的调整，并不影响贵族在原有封地上的政治权益，但毕竟是揭开了新的政局。

春秋战国时期，世卿制逐渐被破坏，世袭也逐渐改为荫袭。荫袭虽然是世卿制的变态形式，但不同于世卿制，因为荫袭的子弟不是荫袭父兄的原有官职，而是只得到比原有官职低下的职务，甚至只任虚衔职称，或仅仅取得入仕资格。

汉代除皇室宗亲世袭王侯之外，还规定：“吏二千石以上视事满三年，得任（荫）同产若子一人为郎。”后来发展到荫及家人，既不限制视事三年，又不完全限制官秩，退休的官僚也可以享受这种待遇。唐代凡是三品以上官，可以荫及曾孙为七品官；五品以上官可以荫子为八品官，孙、曾孙依次各降一等，死后赠官降正官一等，死事者与正官同。宋代虽然有补荫之制，但要奏请补荫，而不是按照制度直接补荫。元代职官荫子只许一人，其制与唐代略同，而“凡军民官阵亡，军官袭父职，民官阵亡者，其子比父职降二等叙，其孙若弟复降一等”，其难荫之制不同于例荫。对于荫袭者还有一定的考核，“诸职官子孙承荫，须试一经一史，能通大义者免儤使，不通者发还习学，蒙古、色目愿试者听，仍量进一阶”②。明初因循元制，凡六品以上官可以荫子一人，以未入流叙用，后来进行限制，“京官三品以上，考满著绩，始荫一子曰官生，其出自特恩者曰恩生”③，仅仅是取得国子监之监生资格，铨选则入荫袭序列，其死于国事者，则不计其品，可以荫其一子为监生。至清代则区分为恩荫、难荫、特荫等三种。恩荫是京官四品、外官三品、军官二品以上，可送一子入国子监学习，或根据其父辈的级别授予一定官阶或职务。难荫是对因在战争阵亡、公差殉职以及病故于任所的官吏，准许送一子入国子监学习，或酌情授予官职。特荫是从功臣后裔或前世名人后代中选择一些人授予官衔或职务。

由于这种选官方法是为了照顾在职、退休、殉职官僚的利益，一方面为了换取官僚阶层对现政权的忠诚和支持，所以得到长期保留和发展，曾经起到稳定政权、笼络人心的实效；另一方面也可以避免官僚利用手中的权力，去与普通人争夺科举、荐举、学校

① 司马迁．史记：卷4：周本纪．北京：中华书局，1959：132.

② 宋濂，等．元史：卷83：选举志三·铨法中．北京：中华书局，1976：2061.

③ 张廷玉，等．明史：卷72：职官志一．北京：中华书局，1974：1736.

等资源。即便是如此，也难以遏制官僚们的贪欲，一些贵阀之家因累代受荫而保持甚至扩大权势，有些人还因为某种机缘受特殊恩宠，并未按照荫袭规定取得法定的职衔，得到破格擢升，再加上纳后、选妃、子女婚配和身为显官高爵等原因，形成了一些豪门勋贵家族，以至于出现“一门前后七封侯、三皇后、六贵人、二大将军、夫人、女食邑称君者七人，尚公主者三人，其余卿、将、尹、校五十七人”① 的现象。“任人及子弟为官，布满天下。”② 当权者任人唯亲，即便是较为公正的科举也被染指，如大学士杨廷和为首辅，其子杨慎为状元；张居正辅政，其长子张敬修为状元、次子张懋修为探花。长此以往，不但败坏吏治，而且阻塞正常仕进的道路。这些豪贵子弟，借助家庭的权势进入仕途，其中绝大多数是一些纨绔浮薄或庸碌无能之辈，他们占据要津，成事不足而败事有余，甚至酿成变乱。历史上这样的恶例是不少的。

五、其他入仕途径

古代官吏选拔是多种途径并行的，除上述几种主要途径之外，还有几种途径曾经在较长时期实行，简述如下：

（一）博士弟子和国子

这是通过教育系统培养人才，经过考试合格而入仕的途径。西汉武帝“立五经博士，开弟子员，设科射策，劝以官禄”。《汉书·儒林传赞》注引颜师古曰：“射策者，谓为问难疑义，书之于策，量其大小，置为甲乙之科，列而置之，不使彰显，有欲射者，随其所取而释之，以知优劣。”考试则有学童、博士弟子、明经、明法等区别，合格者分别授予官位。博士弟子初期为 50 人，至西汉后期曾达到 3 000 人。东汉初年修建太学，校舍和博士弟子员额也不断扩大，“凡所造构二百四十房，千八百五十室”③，弟子员额最多曾有三万余人。魏晋南北朝在此基础上加以整顿和完善，经过学校教育的国子、太学生等通过经学、文学、童子、策试、监试等途径，可以进入仕途。此外，设在各地方的学校也培养一些人才，为州郡长官辟署掾属提供大量人选。隋唐以至明清，从中央到地方都有学校，有一整套教育和管理体系，所培养的学生除部分参加科举考试，还有一部分通过学校升贡而进入仕途，也有极少数通过选拔而直接进入仕途。

（二）赀选世家

古代统治者认为，有恒产者才有恒心，有恒心者才有恒力，只有拥有一定财产的人才具备为官条件，也便于承担责任，因此便将家世和家庭财产状况作为选拔入仕的资格和条件。如秦及汉初都规定做官必须有一定财产，所以韩信虽然具有卓越的军事才能，却因为“贫无行，不得推择为吏”④。以财产多少为入仕的标准，称“赀选”。汉初规定，

① 范晔. 后汉书：卷 34：梁冀传. 北京：中华书局，1965：1185.
② 范晔. 后汉书：卷 54：杨秉传. 北京：中华书局，1965：1772.
③ 范晔. 后汉书：卷 79 上：儒林传序. 北京：中华书局，1965：2547.
④ 司马迁. 史记：卷 92：淮阴侯列传. 北京：中华书局，1959：2609.

家有财产十万以上才能仕宦，汉景帝（前156—前141年在位）时改为财产四万为最低标准。以家财多少作为授官条件，理所当然要受到各方面的非议，也缩小了选拔人才的范围，因此在汉武帝时把“赀选”废除，但没有从根本上改变以家世资财取人的观念。东汉以至隋唐，许多世家大族的子弟“释褐”，即脱去平民服装而换上官服，便可以为官，是所谓“世胄之家太优，禄利之资太厚”①，是统治集团顽固保持本身的政治特权，阻碍寒门仕进的流毒。

（三）军功

为了适应战争的需要和照顾军人的特殊利益，古代国家一直保留以军功授官的选官方式。军功是根据在战争中战功的大小来选拔官吏的制度，许多军官通过这种途径被选拔上来。秦商鞅变法曾经明确规定按军功大小授予爵位和官职，并且成为制度，此后各代奉行不替，尤其是在战争时期，“军功多用超等，大者封侯卿大夫，小者郎”②，成为官兵入仕和跻身于显宦的重要途径。如汉代以六郡良家子从军，积功而为将帅的著名人物就有李广、赵充国、傅介子、甘延寿、冯奉世等人，他们都是当时的名将。三国两晋南北朝由寒门而为将帅、三公的，也有张飞、关羽、陶侃、刘裕、高欢等驰名一时的人物。以后各代也是如此，“武职以行伍出身为正途，科目次之”③，在一定条件下可以文武职互换。例如晚清曾国藩领导的湘军、李鸿章领导的淮军，在镇压太平天国和捻军起义等活动中屡立军功，退役军官多有转为地方官的。这样做，一方面可以鼓励社会上有指挥韬略的人投笔从戎，有利于加强军力，提高军队素质；另一方面也有效地鼓舞士气，使军人为立军功而奋身于疆场。

（四）捐纳

亦称纳赀，是用财物向朝廷购买官爵的入仕途径。秦代鼓励入粟拜爵，开纳赀取官的先河，是卖官的先导。汉武帝因用兵匈奴，财用不足，“始令吏得入谷补官，郎至六百石”④。其中有名的如卜式，就因纳赀而升任御史大夫，成为当时显赫的副丞相。自此以后，各代在国家财政困难时，经常以卖爵、卖生员、卖监生来补充经费，特别时期也出卖实职官以解决一时的财政危机。如清代康熙十三年（1674年），因用兵戡平三藩，宣布开捐纳，仅3年时间，便有500多人捐为实职知县，占全国知县总额的1/3。以后规定，除了举人、进士的功名不能出卖之外，国子监生以下，京官各司郎中以下，外官道、府以下，均可以用银捐买。乾隆时曾经定价，道员16 400两，知府13 200两，甚至还可以打折扣以广招徕。这种做法虽然能解救一时性的财政危机，但也必然会变官场为市场。有些人多方筹措金钱以捐官，然后又借官位官权以捞取更多的金钱。如清代有个布商，因经营有道，赚了一些钱，他以这笔钱捐了一个州通判，按例要引见，皇帝

---

① 欧阳修，宋祁．新唐书：卷45：选举志下．北京：中华书局，1975：1178.

② 班固．汉书：卷24下：食货志下．北京：中华书局，1962：1159.

③ 赵尔巽，等．清史稿：卷110：选举志五．北京：中华书局，1977：3218.

④ 王应麟．西汉会要：卷45：选举下．上海：上海人民出版社，1977：526.

问他为什么要捐官，布商回答："窃以为做官较贩布生涯更好。"[①] 这个布商道出大多数捐官人的心愿，无非是将本求利。政以贿成，供捐得官，官随捐转，必然的恶果是从体制内严重腐蚀吏治。

（五）流外铨和吏员

这是一种各级官府低级办事人员积资累历而进入官员行列的选拔途径。"吏"在古代有两种含义，一是作为大小官员的通称；一是专指在官府司文簿、理庶事的具体工作人员。在秦汉时，这些管理文案的吏大部分不入秩等，称"斗食""佐史"，由国家按日支给食粮，但他们积累年资，却可以升入官的行列，这种入仕途径称"吏道"。由于这些人具有实际行政工作经验，进入官的行列后，往往能够胜任工作，有的还有出色表现，故在两汉时期，由"吏道"而官至公卿的人很多，有些还成为名臣。魏晋以后，官和吏的身份地位差距逐渐拉大，由"吏道"进入官的行列已经很难，更难指望升到高官。唐宋时期，把这些人归入"流外官"的行列。流外官有30个等级，每年一考，积考可以升入流内官，但宦途狭窄，积考不易，故此"六十未离一县尉"的现象非常普遍。他们即使有幸进入官阶，大多也在八、九品低官职就结束仕宦生涯，不但升入高官无望，而且为时人所轻。金、元以少数民族入主中原，对重用科举出身和以儒入政的传统不太重视，却比较重视在官府承担具体工作的吏，对吏员出职的规定比较从宽，改为90～120天为一考，积三考就可以除授六品以下各官，况且当时由各种途径选拔上来的人，大都先充任吏职，因此，"虽名卿大夫，亦往往由是跻要官、受显爵；而刀笔下吏，遂致窃权势，舞文法矣"[②]。元代社会上普遍流传"我大元制典，人有十等，一官，二吏，先之者，贵之也"[③] 的说法，正说明吏的实际身份地位较历代为高，由吏转为官甚至升迁为掌权大官的也比较常见。

明清虽然对吏员升迁有所限制，但吏员积考升迁为官的制度并没有废除，只是以六年为一考，故吏员作为一种出身，仍然是一种入仕途径。虽然这些人升入高官的可能甚小，但在中下级官中仍占相当比例。仅据河北11个县志所载清代487名知县名录来看，吏员出身的就有107名之多，而县丞、主簿、典史、巡检、盐、库、闸、坝等官，几乎都是吏员出身。

六、文官考试制度

1913年1月，北洋政府公布《文官考试法草案》《典试委员会编制法案》，标志着民国考试制度的建立。此后又相继公布《文官高等考试令》、《文官普通考试令》（1915年9月）和《文官高等考试法》、《文官普通考试法》（1919年8月）等。于1916年6月举行第一次文官高等考试，1917年4月举行第一次文官普通考试。

北洋政府的考试分文官、外交和领事、司法官三大类。其中文官考试分高等和普通

---

① 朱梅叔．埋忧集：卷8：捐官．笔记小说大观21．江苏广陵古籍刻印社，1984．

② 宋濂，等．元史：卷81：选举志序．北京：中华书局，1976：2017．

③ 谢枋得．叠山集：卷2：送方伯载归三山序．文渊阁四库全书．

两种。

文官高等考试由中央统一办理，在北京举行。考试时，国务总理在大学校长、大学法科学长、教授、法制局长、铨叙局长、法制局参事、各部参事、大理院推事、平政院评事等人员中选拔开列名单，呈请大总统任命，成立文官高等考试典试委员会，主持考试。参试者的条件是：年满 25 岁的中国男子，并在国立大学或高等专门学校、教育部指定的国外大学或高等专门学校学习三年以上，具有毕业文凭者。凡被褫夺公权，宣告禁治产业和破产，有精神病及其他法律特别规定者，不得参加考试。考试分四次：第一次为甄录试，笔试国文、历史、地理、算术；第二次为初试，笔试国法学、民法、刑法、国际公法、行政法、经济学、财政学、商法、政治学等；第三次为大试，笔试现行法令解释，如案例判断、草拟公文书等；第四次为口试，由典试委员就所考专业提出相应问题。凡中等以上学校毕业或具有相当资格者，可以免甄录试。初试合格者，授予学习员证书，送各官署学习二年，可以呈请直接参加下次大试。大试和口试及格，授予补官证书，按等第高下，依《文官任用法》任用。大试不及格，可以补习，期满再试，但以两次为限。第一次文官高等考试共录取 194 人，由于遇到袁世凯暴毙，政局混乱，许多人没有被任用。

文官普通考试由中央各部及各省分别组织的典试委员会负责。参试者的条件是：年满 20 岁的中国男子，并在教育部指定或认可的中等学校毕业有文凭、有高等文官考试资格、曾任委任以上官职，经地方官甄录及格者。其程序是：于考前一个月，登报公布考试科目，然后进行两次笔试、一次口试，合格者依《文官任用法》任用。第一次文官普通考试共录取 295 人，大部分分发到各官署进行学习，因为按规定，必须是学习二年且成绩优良者才能候补实职，实职出缺才能授实职。

1928 年 10 月，南京国民政府公布《考试院组织法》，次年公布《考试法》，并于 1930 年 1 月成立考试院，以公务员为主的考试制度遂开始推行。这种制度“虽导源于往古，而其精神技术则与往古者迥然不侔。初期多借镜日本，复采欧美新制，与我国旧制而糅合之”①。

南京国民政府考试范围极为广泛，仅从公务员考试来看，大致可以分为三种：公职候选人考试、任用人员考试、专门职业及技术人员考试。

公职候选人考试分为甲乙两种。《公职候选人考试法》（1940 年 12 月 16 日）、《省县公职候选人考试法》（1943 年 5 月 17 日）规定：甲种公职候选人考试及格，得为省县参议员候选人；乙种公职候选人考试及格，得为乡（镇）民代表和乡（镇）长及保长候选人。初期考试重点在省或县政府的审查资格，符合资格者转考试院备案，即视为合格；1943 年以后则在审查之后进行考试，方能视为合格。1941 年 6 月至 1947 年 6 月，甲种考试合格者 451 042 名，乙种考试合格者 1 439 833 名。“民意代表”要由政府考试挑选，当然受到社会民主人士的谴责，所以在“制宪国大”通过的《中华民国宪法》中，取消了公职候选人考试制度。

任用人员考试是除政务官以外的、自中央机关至乡镇保甲的公务员，是考试制度的

① 新闻局．考选制度．行政院新闻局，1947：14.

核心部分。任用人员考试分为三类：第一类是公务员高等考试，甄拔各项荐任职的公务员；第二类是公务员普通考试，甄拔各项委任职的公务员；第三类是公务员特种考试，是依实际需要而随时进行的考试，如选拔县长、司法审判官、边区行政人员、邮政人员等。

专门职业及技术人员考试，是“鉴别社会自由职业人员，如律师、会计师，农工、矿业技师，医事人员，河海航行人员等，其执行业务对人民权益及社会福利关系至为密切”人员的考试，是根据《专门职业及技术人员考试法》（1942 年 9 月 24 日）进行的，次第举办了律师、会计师、农业技师、工业技师、矿业技师、医事人员、中医等 7 类 28 科的考试，1942—1947 年，共有 35 536 名各类合格人员。

根据《考试法》，参加任用人员高等考试者，必须具备下述条件之一：（1）国内公立大学、学院、高等专门学校或教育部认可的私立大学、学院、高等专门学校毕业并有文凭者。（2）教育部承认的国外大学、学院、高等专门学校毕业并有文凭者。（3）具有大学或专科学校毕业的同等学力，经检定考试得有合格证书者。（4）确有专门学术技能或有专门译著经审查合格者。（5）经普通考试及格满四年者。（6）曾任委任官或与委任官相当职务三年以上者。

参加任用人员普通考试者，必须具备下述条件之一：（1）公立或经立案私立师范学校、高级中学、旧制中学或其他同等学校毕业得有证书者。（2）有上述同等学力并经检定考试及格者。（3）曾在教育行政机关服务三年以上有证明文件者。（4）曾任高级小学以上学校教职员，或在教育机关服务三年以上有证明文件者。

对于符合应考条件者，如果出现下列情况之一，则不得应考：（1）被褫夺公权者。（2）亏空公款者。（3）曾因赃私处罚有案者。（4）吸用鸦片或其代用品者。

自学成才具有同等学力者，参加任用人员考试之前，必须参加检定考试，检定考试合格并取得合格证书后，才有资格参加任用人员考试。检定考试合格证书只证明同等学力参加任用人员考试的资格，不能作为学历及充当文凭。

任用人员考试程序分筹备、进行、完成三个阶段。筹备阶段：组成典试委员会，公布考试种类、科别、地点、时间等。进行阶段：典试委员会负责分试卷、试题、阅卷、核算、审查；阅卷、核算、审查都密封进行，登录分数后方开封核对姓名。完成阶段：发榜公布，颁发及格证书。

任用人员考试时间和地点由考试院依法确定。高等和普通考试每年或间年举行，特种考试则随时举行。考试地点设在首都或各省区，考试须请监察院派员监试。

任用人员的考试科目按考试类别区分，如普通行政人员、教育行政人员、交通行政人员、建设人员、统计人员、经济行政人员、法院书记官等类。不同类别所考内容不同，但都必须考国父遗教，即《建国方略》《建国大纲》《三民主义》《中国国民党第一次全国代表大会宣言》等内容。除共同必考内容之外，各分科目，如普通行政人员高等考试的科目有国文、中国历史和地理、宪法、政治学、行政法、地方自治、民法及刑法、经济学及财政学等。

任用人员的高等和普通考试要经三试。一试考基础学科，一般高等考试为 6 门，普通考试为 4 门；二试考专业科目，高等考试为 7 门，普通考试为 5 门；三试为口试，由典试委员和监察委员组成口试组面试。一试不合格不能参加二试，二试不合格不能参加口试，若口试不合格者，其一试和二试成绩有效，下届考试可以免去一、二试中的一次考试。

除上述三种基本考试之外，还有一种“教育与考试密切配合”的铨选资格考试①。1942 年，考试院颁布《检覆大学学生毕业成绩铨定任用资格办法》规定：国立大学学生在教育部实行总考试中，毕业成绩在 80 分以上并列各该科、系前五名者，由考试院考选（试）委员会予以检覆，交铨叙部以委任职或相当职务分发任用，三年后成绩优良，经审查属实，则承认有荐任资格。这种考试后来扩大到法律类职业专科学校的毕业生，毕业后要经铨定资格考试，然后与毕业成绩平均计算，根据总成绩来铨定任职资格。

南京国民政府在推行考试制度过程中，虽然有意识将考试转换成维护专制统治的工具，但考试制度还是严密的，包含着公开、平等、择优的原则。然而，考试不能与任用相结合，尤其是任用人员考试通过的人数过少，任用人员考试实行多年，通过普通考试的不足 2 000 人，通过高等考试的只有 596 人，其中被任用为公务员的仅占半数。南京国民政府的公务员有数十万人，即便是通过考试制度的人员全部被任用，也是极少数，而绝大多数的公务员是没有通过考试、凭借各种关系而侧身于内的，更降低了考试制度的效用。

七、官吏选拔制度的特点

古代长期并存着多种选拔官吏途径，其目的在于扩大政治统治的基础，着眼点是维护统治阶级的长远根本利益，因此具有鲜明的特点：

第一，笼络各方面人才以收为己用。

历代多种官吏选拔途径并存，从各方面选拔人才，在当时的历史条件下，既有必要，又有可能。其所以必要，是因为国家政权的工作，必然需要经常地吸收和更新各方面的人才，以充实各级统治机构，补充各机构所需要的各种类型和级别的官吏。统治者从多方面选拔人才，把更多人的聪明才智引导到为统治阶级服务方面来，既扩大了统治基础，也易于抵消人们对专制的不满和对立情绪。如唐太宗李世民在玄武门城门上看到士人成群结队地进入考场，掩盖不住内心的喜悦地说：“天下英雄尽入吾彀中矣!”② 清代以少数民族入主中原，不失时机地以各种选拔途径拉拢汉族地主，百年间使全国拥有最低功名生员（秀才）以上的人约达 110 万。这些人绝大多数都成为清王朝的忠实支持者，并在不同层次中成为当时社会秩序的中坚，从而扩大了统治基础，也保证了“盛世”政治的稳定。其所以可能，是因为在历代士人中，都普遍存在着渴求入仕做官的愿望，企图通过入仕在政坛中施展自己的才能，追求“扬名声，显父母”，争取封妻荫子，改善本人和家庭的经济政治地位。统治集团从多渠道选拔官吏，是与士人的利益和愿望相一致的。

当然，开辟多种选拔途径也存在着一些副作用，产生过一些消极的后果。首先，易

---

① 新闻局. 考选制度. 行政院新闻局，1947：16.

② 王定保. 唐摭言：卷 1：散序进士. 上海：古典文学出版社，1957.

于造成官僚机构臃肿，官吏冗滥，素质降低和影响行政效率。其次，增加了国家的财政负担。以明清为例，每个生员每月有六斗廪食，还要免除他们的赋税徭役，百余万众，不但耗费大量资财，还直接影响国家财政收入。再次，助长了侥幸奔竞之风，一途不通则再奔他途。所谓入仕之门太多，实际上是“侥幸之门多，而方正之路塞”①。每逢有缺，“选人猥至，文簿纷杂，吏因得以为奸利，士至蹉跌，或十年不得官，而阙员亦累岁不补”②，更加剧了官场的腐败。

第二，所有的选拔途径都同荐举有一定关系，以期保证选拔的公正和严谨。

各种选拔途径都要有担保具结，如科举的初试，要由士人的姻亲、朋友或其他关系密切者五人具结保状，才能入考；以后的考试还要由学官和地方官保送，并把“贡举非其人”的处分和撰写保状的规定列入刑律之中，如发现有滥送者，要治保送人的罪。其他选拔途径也是如此，即使是荫袭、捐纳等非正途出身，在承荫、入捐时，也要找当权有地位的人具结担保，使选拔与一定的人际社会关系紧密地联结起来。

保荐也给世家门阀和权贵大臣们选用私人提供了方便，因为他们的保荐往往能够起到决定性的作用。由此也促使一些求仕之人，为了达到跻身官场的目的，不惜百般巴结送礼，钻营请托，以至于“奔竞门开，廉耻道丧，官以钱得，政以贿成”③，甚至“朋比贵势，妨平人道路”④。有才能而无关系的贤良正直之人，往往被排挤出入仕之门；无才能而有关系的庸劣佞幸之辈，却往往因此平步青云。

保荐和连坐在一定程度上又促使通同作弊。因为荐举双方关系不正和荣辱与共，必然形成一种互相拉拢和互相包庇的同盟关系，甚至狼狈为奸，虚夸成习，故有人认为“吏治之蠹，莫若保举一途”。以清代地方办理河工、军功缉盗、赋税征收等所谓三大政为例，河工成为封疆大吏调剂属员的肥缺；军功缉盗则成为地方官和军官谋取冒功请赏和升官发财的好机会，甚至“工厂之鼓噪，饥民之啸聚，辄浮夸其词曰大张挞伐。耳未闻鼙鼓，足未履沙场，而谬称杀敌致果、身经百战者，比比然也”⑤。至于劝捐赈济，既可以中饱，又可以炫耀成绩。凡此都成为保举选拔的捷径，一案保举常达数百人，其中弊端丛生，成为聚污集秽的环节。

在各种选拔途径中，存在着“名实不相符，求贡不相称，富者乘其财力，贵者阻其势要，以钱多为贤，以刚强为上”⑥ 的现象，是与古代官僚制度长期存在的任人唯亲、唯贵、唯财的现象成正比的。

第三，选拔权力逐步集中收归中央朝廷掌握，并与教育、考课等制度相结合，使选官制度成为加强中央集权的重要手段。

早期官吏选用权大部分控制在臣下之手，尤其是辟举，纯为长官个人所控制，标准不一，选举权力也不集中，被选中的人素质不一、鱼龙混杂，这与中央集权的人事制度

① 宋濂，等．元史：卷85：百官志序．北京：中华书局，1976：2121．
② 欧阳修，宋祁．新唐书：卷45：选举志上．北京：中华书局，1975：1179．
③ 朱舜水．朱舜水集：卷1：原阳九述略．北京：中华书局，1981．
④ 王谠．唐语林：卷3：识鉴．北京：中华书局，1958．
⑤ 赵尔巽．清史稿：卷110：选举志五．北京：中华书局，1977：3215．
⑥ 王符．潜夫论·考绩篇．北京：中华书局，1985．

是格格不入的，无可避免地要进行改革。其改革是分阶段进行的，“选举之法，一变而为辟举，再变而为限年（东汉时规定年龄40岁以上才能入察举），三变而为中正（九品中正制），四变而为停年（北魏时的停年格，即以年资为选用标准），五变而为科目（科举制度）”①。究其规律，无非是把选举用人之权逐渐收归中央。

古代人才选拔与教育的关系在很大程度上被颠倒了，由各种途径挑选上来的人才，除有些可以直接授官外，更多的是为郎或博士弟子，先入三署郎官署或太学深造一段时间再出任为官，这是先选士后教育。受过教育的人入仕为高官也不容易，西汉初期担任丞相或相当于丞相职务的47人当中，经过官府学校教育的仅4人。汉代以后，逐步演变为将受过教育的人作为优先任职的前提条件，甚至将一些经过科举等途径选拔上来的优秀人才，先送到翰林院、詹事府、秘书监等部门进行深造“储才”，将其作为培养高级官僚的阶梯，使选拔与教育紧密结合在一起。

最初察举与考课没有明显的区别，察举的项目往往也是考课的项目。随着国家制度的完善，察举逐渐与考课分开，考课成为对在职官吏的要求和标准，选举则成为对被选人的资历和才能的考察；考选分开而又紧密结合在一起，实行择优录取和知人善任的原则。

古代选拔官吏制度有其合理的内核，在维护社会稳定、扩大统治基础以及巩固中央集权制度等方面曾经起到过重要作用。然而，在权力私有和政治权力决定一切的情况下，其合理性又十分有限。实际情况是因循着“官不与势期而势自至，势不与富期而富自至，富不与贵期而贵自至，贵不与祸期而祸自至”（《说苑・敬慎》）的发展规律。以私家权益计而求仕，以君主家天下计而选官，无论如何严密的制度，最终都会被家天下和私家权益所破坏，以致贤能戮辱、便孽党进、妨平人道路等非正常现象与古代选拔官吏制度相伴始终。

① 章如愚．山堂先生群书考索续集：卷38引宋人章俊卿云．日本京都：中文出版社，1982.

第十二章
文书玺印符节制度

重点问题

1. 诏敕和奏章的种类与用途。
2. 官府之间公文的文种与政务运作的关系。
3. 历代文书管理与政务运作的关系。
4. 中华民国程式公文与非程式公文与政务运作。
5. 皇帝玺宝的用途与管理制度。
6. 官员印信区别与发放使用管理的特点。
7. 玺印制度在政务运行过程中的作用。
8. 符节种类功能与颁发使用制度。
9. 文书玺印符节与政务运作的关系。

为保证行政、军事、法律、财政经济等强制手段的贯彻执行，历代都有关于政令文书和玺印符节方面的规定，制定有严格的文书工作和政务运转程序，既加强了各级官府机构的管理，又保证君主和朝廷的政令顺利推行，是行政工作的重要环节。

第一节　文书制度

公文书是国家政令信息往来的重要形式。在古代国家，君主的诏令和臣工的奏章是国家最重要的公文，在各级官府之间，也存在上行、平行、下行等公文。文书运转在国家机器运行中起到血脉流通和承上启下的重要作用。为保证文书工作质量、效率和严谨，国家相继制定了严格的法规。文书制度是各时期政治制度的有机组成部分，是行政的重要环节。

一、诏敕与奏章

奏章是一种特定、专用的文书体裁，是臣下通过文书形式向君主奏报请示和反映情况的重要手段。阅读和批示奏章是君主统理全国政务的主要方法。秦始皇“衡石量书”，明太祖朱元璋和清康熙帝都自诩黎明即上殿“披览章疏”，雍正帝更在奏章上留下数十万字的手书批示，说明奏章在政治上具有特别的重要性。这种文书形成于各级官府和官员之手，通过一定输送渠道呈递到君主手中，由君主审议批示，再交有关部门执行。

总括历代的奏事文种，主要有章、表、书、启、议、疏、封事、奏、状、记、露布等。不同时期，针对不同问题，使用不同的文种，各自具有不同的使用范围和作用。

汉代“群臣上书通于天子者四品：一曰章，二曰奏，三曰表，四曰驳议”。根据不同的事务，应采用不同的文种上奏，不允许混淆使用，并且有严格的书写格式。“章者，称稽首上以闻，谢恩陈事诣阙通者也。奏者，上言稽首言，下言稽首以闻，其中有所谓；若罪法劾案，公府送御史台，卿校送谒者台通者也。表者，上言臣某言，下言臣某诚惶诚恐、顿首顿首、死罪死罪，左方下附曰某官某申上，以诣尚书通者也。公卿、校尉、诸将不言姓，大夫以下皆言姓。报章曰闻，报奏曰可，其表文尚书报所上云已奏如书。凡表章以启封，其言密事得皂囊。其有疑事，公卿百官会议而执异意者曰驳议，曰某主申议，可为如是，下言愚戆议异；其合于上章者，文报曰某官某申议可。”① 这一套规制严整的奏事制度为魏晋南北朝所因循，并且增加了文种，如用于军事的露版，用于弹劾的奏劾等。自汉武帝制定群臣“上封事”以来，这类文种也得到普遍使用。封事是将所奏的内容加封，通过专门传递途径送到君主手中，主要用于密奏和揭发告密。

唐代“凡下之通于上，其制有六：一曰奏抄，二曰奏弹，三曰露布，四曰议，五曰表，六曰状”②。“奏抄”用于祭祀，度支国用，授六品以下官，断流罪以下罪，除免官职等事务。“奏弹”是御史弹劾官员的专用文种，有密奏和公开弹劾之别。“露布”用于军事紧急事务，不加封启，以使沿途尽知，多作为报捷、请兵文书，由兵部负责上奏。“议”、“表”与汉代的驳议和表相同。“状”是官员的行状，即官员的履历书。除此之外，臣下还有一些应制文章和经义解诂等，也可以作为上奏文书送至御前。

宋代基本承袭唐制，但对不同官府的文书使用有进一步分类：从政务上看，三省、枢密院、六部及司、监等上奏称“奏牍”，京官文武近臣上奏称“奏疏”；地方诸路监司上奏称“章奏”；各级衙门常行政务汇报上呈称“案牍”。其文书形式与唐制基本相同，但增加一种“贴黄”。“贴黄”本来始于唐代，因为唐代的诏敕用黄纸，如有更改处，则剪黄纸贴补重写；宋代的贴黄则是宰相对百官奏章内容的补充，将补充内容或建议另写一纸贴于奏章之上进奏③。“贴黄”在明清则成为附在题奏之后的一种提要。如清初规

①② 李林甫，等．唐六典：卷8：侍中：注引蔡邕《独断》．北京：中华书局，2014：242.

③ 赵翼．陔余丛考：卷27：贴黄．北京：中华书局，1963：555.

定："将本中大意，撮为贴黄，以便览阅。其贴黄不许过一百字，如有字数溢额，及多开条款，或贴黄与原本参差异同者，该衙门不得封进，仍以违式纠参。"雍正时以"兴利除弊、奖善惩恶等事，正须详明，有裨政治。若限定字数，不许多开款项，必致遗略"[①]为理由，废去这一规定；此后贴黄仅限一纸，不计字数，用蝇头小楷写就，多者可达千余字。

明代把臣僚的奏事分为题、奏、表、讲章、书状、文册、揭帖、制对、露布、译等十类。"题"是内外衙门的例行公事，"奏"是内外官员申奏文书，"表"是内外官员陈情、建言文书，"讲章"是上奏御览的经义解诂，"书状"是官员行状履历，"文册"是有关部门呈送祭祀册文等文稿，"揭帖"是由内阁直达皇帝的机密文书，"制对"是应对皇帝的诗文和所提出问题的对答文书，"露布"是军情捷报，"译"是各种非汉文的翻译文书。清代基本承袭明制，仍保留上述文种，但值得注意的是，明清两代臣僚使用最多的是题和奏，也称题本和奏本。明代"凡内外各衙门，一应公事用题本，其虽系公事而循例奏报、奏贺、若乞恩、认罪、缴敕、谢恩，并军民人等陈情、建言、伸诉等事，俱用奏本"[②]。也就是说，有关钱粮、弹劾、兵马、刑名等具体政务都要用题本，钤印署名具题，是正式公文；凡到任、升转、谢恩、请罪、代军民伸诉陈情及官员本身的私事用奏本，不用钤印，仅署名具奏，是非正式的公文。题本和奏本的上呈，京官可以直接送至内阁，外官则经由通政使司转送内阁，然后上达皇帝。清代因循此制，也有"大小公事，皆用题本，用印具题"[③]的规定，但对题本和奏本使用范围和程式区别有了进一步的发展，在雍正时，"迨军机设，题本废，内阁益类闲曹，六部长官数四，各无专事"[④]。清末时，索性废除题本而改为奏折。

清代顺治年间，"有一种叫作奏折的公文出现，比起题本来，它不拘格式，书体自由又无贴黄、票拟那种手续；当然快捷很多；而且毋须经过通政司、内阁，由皇帝亲拆亲行，自然保密性强"[⑤]。其实这种奏折在明代嘉靖年间已经普遍使用，皇帝不见朝臣，全凭奏折掌握各种讯息，以牢牢地掌控全局。清代这种奏折最初是皇帝家奴（包衣）受命在外侦探情报，向皇帝报告时使用的形式，现存有康熙时期的"密缮小折"。到雍正时期，使用范围更加广泛，开始推广到具有一定身份地位或特许人员中去使用。雍正以后，凡文官自布政使、按察使以上，武官自总兵以上以及一些特许的道、府级官员，凡有见闻均可用奏折上奏，并有严格的运转交纳制度，强调保密，成为清代臣僚重要的上奏文书。

明清的题本和奏本都是一种折叠的文本，奏本的形制和奏事内容与奏折基本相似，二者很容易混淆，其区分的标志主要在使用范围和输送渠道上。奏本与题本都是按正常输送渠道，通过通政使司递入宫中的。奏折主要是督抚藩臬等大臣使用，规定应由臣子本人亲笔书写，装在特制的折匣内，派遣亲信家丁直接送到宫城的乾清门，交奏事处收

---

① 清会典事例：卷 13：内阁·职掌·进本．清光绪二十五年（1899 年）刊本．

② 申时行，等．明会典：卷 212：通政使司．北京：中华书局，1989：1059．

③ 清会典事例：卷 13：内阁·职掌·进本．清光绪二十五年（1899 年）刊本．

④ 赵尔巽，等．清史稿：卷 114：职官志一．北京：中华书局，1977：3264．

⑤ 杨启樵．雍正帝及其密折制度研究．香港：香港三联书店，1981：156．

呈；遇有紧急事件则派千总或把总级的军官乘驿专送。这种奏折称“密折”，可以将其作用归纳为：“一、官员间相互牵制，彼此监视。二、督抚等大员不能擅权。三、人人存戒心，不敢妄为，恐暗中被检举。四、露章有所瞻顾，不敢直言，密折无此顾虑。五、有所兴革，君臣间预先私下协议，不率尔具题，有缓冲余地。六、以朱批为教育工具，藉此训诲，开导臣工。七、臣工得朱批之鼓励，益自激励上进。八、人材之登进、陟黜，藉密折预作安排。九、自奏折中见臣工之居心制作。十、广耳目，周见闻，洞悉庶务”①。密折中的朱批只许大员自己阅读，不许泄露其中内容，若是泄露，哪怕是父母妻儿及同僚，都要予以重处。凡是朱批密折，在一定期限内必须交归宫中保管，不能够私藏，可以说是极端专制政治的产物。

君主通过臣工的奏事了解军政讯息后，通过口头或文书下达制命，称“诏敕”。其主要形式有诏、令、谕、旨、制、策、诰、戒等，不同的形式用于不同的政务，其中如谕、旨等是根据君主口头下达的指示，再加以文字整理；也有君主亲自书写“手谕”或“朱谕”。

秦始皇规定，皇帝的“命为制，令为诏”。汉代则进一步完善，制定皇帝的诏敕分为策书、制书、诏书、戒书四种，各有严格的书写程式和使用范围。

策书：“敕（策）者，以简为之，其制长三尺，短者半之，其次一长二短两编；下附篆书，题年月日，称皇帝曰。以命诸侯三公。”是用于册命高级官员和宗亲贵族的文书。汉代一尺约相当现在的 14 厘米。

制书：是“帝者制度之命也。其文曰：制诏三公。赦令、赎令之属是也。近道印付使，远道皆玺封尚书令即准。赦、赎令召三公诣朝堂受。制书司徒露布州郡”。是皇帝对全国范围的政治、法律等制度所公开使用的文书。

诏书：共有三种。“其文曰：告某官，某官如故事，是为诏书。群臣有所奏请，尚书令奏下之有制诏。天子答之曰：可；以为诏书。群臣有所奏请，无尚书令奏制，曰：之字；则答曰：已奏如书；本官下所当至，亦曰诏。”是君主处理朝廷常行政务所使用的文书。

戒书：亦称戒策或戒敕，是用于“戒敕刺史、太守及三边营官。被敕之曰：有诏敕某官”②。是君主用来指挥军政事务的文书。

汉代的诏敕制度一直为魏晋以后各代所因袭，其间也曾增加一些文种，至唐宋时则形成七种诏敕形式，名称和用途也略有变化。

册书：隋唐以之“立后、建嫡、封树屏藩、命尊贤、临轩备礼则用之”③。宋代则明确规定：“立后妃，封亲王、皇子、大长公主，拜三师、三公、三省长官则用之。”④ 这是最尊贵的册命文书。

制书：用于大赏罚、大除授、处分军国大事。使用时必须当廷宣布，交付宰相，然后再转交有关部门执行。

慰劳制书：用于褒赏勋劳，是恩赏性的文书形式。宋代改为“诰命”，用于文武官员

---

① 杨启樵. 雍正帝及其密折制度研究. 香港：香港三联书店，1981：179.

②③ 李林甫，等. 唐六典：卷 9：中书令. 北京：中华书局，2014：274.

④ 脱脱，等. 宋史：卷 161：职官志一. 北京：中华书局，1977：3783.

迁改职务及秩品，内外命妇除授及封叙、赠典。

发敕：用于废置州县、增减官吏、发兵、除免六品以上官爵。宋代改为“诏书”，只限于内官中大夫、外官观察使以上范围的奏章批答和发布令旨。

敕旨：用于百官奏请事务的批复施行。宋代改为“敕书”，仅限于内官少卿监、外官防御使以上官员奏事的批复施行。

论事敕书：用于布告和戒约臣下。宋代改为“御札”，用于布告登封、郊祀、宗祀及大号令。

敕牒：用于照章办事的例行公文。宋代改为“敕榜”，用于赐酺及戒励百官、晓谕军民，是常行的政务文书。

在唐宋的诏敕文书种类基础上，金、元又有所增加，至明清时则有诏、诰、制、册文、谕、书、符、令、檄等九种形式。诏，用于大政令；诰，用于法令、制度、戒约；制，用于赏罚、除授；册文，用于册立王公及后妃；谕，用于常行政务和批复奏章；书，用于庆贺表文及臣下酬答诗文；符，用于颁行符节玺印式样及规制；令，用于颁行更改各种制度；檄，用于军事。其常用的主要是诏、制、谕、令等形式，亦称诏敕、制敕、敕谕、谕旨、令旨等。

按照正常制度，皇帝的诏敕文书应通过辅政部门草拟，由皇帝审阅批准后，再由辅政部门按内容分发到各有关部门执行，并登录在案。不通过辅政部门，由皇帝的机要人员草拟，直接下达到有关部门执行的，在唐以前被认为是不正规的诏敕，被称为以“白麻”指挥公事，这在武则天时经常使用，以后则指为“内命”。还有一种“口宣”，按规定，“口宣”只用于遣使劳问臣下，不必经过辅政部门，表明皇权不能受到任何约束。“口宣”多由皇帝指派亲信或宦官来担任，其口宣的内容也往往超过劳问的范围，所以往往导致一些人权势过大，以致有些宦官成为“口含天宪”的擅权者。清代则出现一种新的诏敕形式——朱批谕旨，消除了代言代笔可能产生的弊端，使处理国政和驾驭官僚的大权控制在皇帝手中。

朱批谕旨是与密折并行的。密折缄封直达御前，皇帝亲自拆阅，于折后以朱笔手批，不用通过辅政部门，直接发回具奏人。清代自康熙以后各代皇帝都沿袭使用，尤以雍正和乾隆使用最多，他们每天亲阅密折数十甚至上百道，对一折的朱笔批示常常有数千字以上的。因此，他们虽然深居大内，却能够及时对全国政治、经济、社会动态及各地官僚所作所为有准确的了解。使用朱批处理公事，要求绝对遵照并确实执行，皇权发挥也达到前所未有的高度。通过朱批与全国高级官僚建立直接通信联系，有利于加强了解和随时随事地督责指导。皇帝时而严词切责，时而美言嘉奖，不必拘守官场公式，不但大大加强了对官僚的人身控制，而且将以驾驭为主的“君临之术”发挥得淋漓尽致，也达到君主专制的顶峰。

二、官府之间的公文

国家机关之间的政务往来十分频繁，产生了种类繁多的大量官文书。从政务往来和隶属关系上看，这些官文书可以分为上行、平行、下行三类。

（一）上行文书

上行文书是下级官吏和官府衙门向上级官员和官府衙门请示、汇报政务的文书。根据事务内容和性质的不同，又形成诸多的文种。诸如向上正式汇报、请示政务的申、详、呈、牒、状等，向上问候和非正式的行文如禀、帖等，以及向上密报揭发的揭帖、呈状等，其中最常使用的申上的文书形式有验、详、禀、册揭等文种。

验文是一种最普通的向上申报形式，主要用于立案备查事件，有一定的固定格式，其文中必有“伏乞照验施行，须至申者”的套话。由于是用于立案，因此不用书册。凡是在下级官府权限之内可决定的、不用等候上级官府批复的事务，均可使用之。

详文是下级官吏和官府衙门经常使用的申上文种。“夫详文者，详言其事而申之上宪者也。贵在源委清楚，词意明切而陈以可否之义，仰候宪裁。”① 凡是在下级官府衙门权限之内不能决定、必须请示上级官府衙门批准的事务，均可使用之。由于是需要得到上峰批复可否实行的事件，因此除要标明“伏乞照详施行，须至详者”的套话之外，还需要附上书册。详文是正式公文，需要备案，而且一经立案便成定规。

禀文是“详文有所不便言与不必见之详文，而乃以禀通之也”② 的文种。禀文多用于汇报政务和公事磋商。由于禀文不是正式的公文，也不入公文档案备案，办事也有回旋的余地，因此下级官吏经常使用，进而成为通行的文书形式。

册揭是对官员考核和对下属官吏的考语和参评，是一种定期向上汇报的文书形式。由于这些考语和参评事涉隐密，故其末尾称：“理合具揭，需至密揭者。”本来册揭只是用于考评，而且是需要定期上报的，但由于册揭属于机密文书，所以有些下级官员常常夹入密告的内容。

这些申上文书的写作是需要有一定的写作格式和技巧的。“申上之文必须委曲详明。然申上有三：曰验，曰详，曰禀。验止立案。详虽批回，而自道以上皆经承拟批，上官有无暇寓目者。禀则无不亲阅，遇有情节繁琐，不便入详及不必详办之事，非禀不可，宜措词委曲，叙事显明，上官阅之，自然依允。凡留意人才之上官，往往于禀揭审示疏密，惟事尚未定，勿向上官率陈。凡率陈之故有二：一则中无把握，姑餂上官意趣；一则好为夸张，冀博上官称誉。不知案情未定，尚待研求，上官一主先入之言，则更正不易。至驳诘之后，难以声说，势必护前迁就，所伤实多。”③ 大凡下级官吏都视申上文书为要务，无不在申上文牍上下功夫。下级官吏频繁地使用申上文书，使公文数量剧增，虚文多而实用价值少，弊端百出。正如明人谢肇淛所讲：“至于文移之往来，岁时之申报，词讼之招详，官评之册揭，纷沓重积，徒为鼠蠹薪炬之资，而劳民伤财，不知纪极。噫！弊也久矣。”④ 更何况“簿书文移，上下所凭以为信者也。然今上之施于下者，非必其尽行也，以应故事而已。下之申于上者，亦非必其尽行也，以应故事而已”⑤。文牍盛

---

① 黄六鸿. 福惠全书：卷5：莅任部·详文赘说. 康熙三十八年（1699年）种书堂刊本.

② 黄六鸿. 福惠全书：卷5：莅任部·禀帖赘说. 康熙三十八年（1699年）种书堂刊本.

③ 汪辉祖. 学治续说：事未定勿向上官率陈：官箴书集成5. 合肥：黄山书社，1997：303.

④ 谢肇淛. 五杂组：卷14：事部二. 上海：上海书店出版社，2001：278.

⑤ 贺长龄，等. 清经世文编：卷11：治体. 北京：中华书局，1992：276.

行，也就很难注重实事。

（二）平行文书

平行文书是同级官吏，以及同级和无隶属关系的官府衙门之间，相互通知、移送、质询等政务往来所使用的文书，诸如关、刺、移、咨、牒、公函、照会等文书形式，在不同场合和事项中应用，而又以牒、关、移、函等使用较多。“平行公文以交接，转行，会办商议等事件居多。若过事谨严，固易招侵越之忌，若专图诿卸，亦难免溺职之愆。盖同官相处，惟在和衷共济。故属词卑亢，但分之所宜。推敲考量，是在其人，非易言也。”① 说明平行文书不但要有应用技巧，而且还必须照顾到官场中复杂的人际关系。

牒是公文书的一种，上行、平行、下行均可用之，只是称呼和内容有所不同。如称牒呈，则是下行上的上行文书，文书结尾称“合行具牒呈请，伏乞施行”。单称牒或故牒，则是上行下的下行文书，文书结尾称“照牒文内事理，请勿迟延”；称平牒，则是同级或不相隶属的平行文书，文书结尾称“备去情由，请勿迟滞”②。就平行而言，“牒”是主官发给佐贰官的平行文书，“故牒”是没有统属关系部门之间使用的平行文书，“牒呈”是佐贰官给主官的平行文书。

关是平行文书最常用的一种，关文主要是用于同级衙门和官吏之间的政务往来，其格式套话为“合行移关，照验施行，须至关者”。

移文是平行文书的泛称，实际上也是平牒、平关的转称，所不同的是专用于不相统属的官署，以示尊重对方。

函属于私人信件，在文书运转过程中，一些官吏在公文书中夹带一些私人文书，用于商讨尚未定案的事、磋商解决的方法。这类函件可以用于上下行和平行诸种关系，特别在平行之间，互不统属或同僚，诸多事件在未定可否之前，也不宜使用公文官话，因此较便于使用这种不必立案、带有征询磋商性的函件。公函则需要加盖官府印信，官府要登记在案，以备随时查照。

同级或互不统属官署的文书往来，虽然顾忌较少，但同级和互不统属官署各自有通上的途径，“稍不留意，径情以行，则怨隙从此生矣”③。若被对方持以为凭而上告，或是寻机报复，则难免丢官受累。同僚之间以恭慎之道相处，既有防范之心，又有协同办事之意。“彼此同寅而大小协恭者，非求以免罪而远谤也，盖期以集事而尽人能也。”④ 虽然平行文书是正常政务，但彼此都存有免罪和远谤之心。

（三）下行文书

下行文书是上级官吏和官府衙门，向下级官吏和官府衙门布置任务和发布指示的文书，其形式有宣、札、谕、符、帖、移、牌、票、檄、告示等，分别用于不同的等级和不同的政务，其常行的主要有札付、帖付、批付、移付、牌票等文种，告示、禁谕、悬

① 徐望之．公牍通论．日本京都：中文出版社，1979：98．

② 李东阳，等．正德大明会典：卷 75：礼部·署押体式．日本汲古书院，1989．

③ 黄六鸿．福惠全书：卷 4：莅任部·交接寅僚．康熙三十八年（1699）种书堂刊本．

④ 张萱．西园闻见录：卷 98：寮寀·前言．李卓吾《贺同僚序》曰．北京：哈佛燕京学社，1940．

赏通缉等也是常见的形式。

札付是知照下属的公文，其固定的格式是："某衙门为某事，准某处咨呈，前事（云云）。准此，拟合就行，札付某衙门该管吏，即行（云云）。缴报施行，须至札付者。"[①]这是上级官府下达的命令，带有强制性，其实行的结果要求受札者具状呈报。

帖付是用于催取下属依限承办事务的公文，文中常有"显系该官吏视为泛常，以致违限，本应（云云），姑再行催"等词语，措辞较为强烈。帖付与札付一样是上级官府的命令，所不同的是在时间立限上：札付要求下属缴报施行，帖付则要求作速实行并依文内的时限回报。

批付是对一人一事的命令，既有指令承办，又有委任专责，多用于批给下属吏胥承办某些事务。如批差人递送公文、递解和逮捕人犯、传呼和拘唤人证等。批付是要求交回的，凡承办吏胥人等在办完批付规定的事件后，要到主官那里销批。销批要有回文，即在批上签字注明，如无回文，则不能销批。此外，批付还有期限，违限不交或限内未完事者，要受处罚。如《大明律·吏律·公式·官文书稽程》条规定："凡官文书稽程者，一日，吏典，笞一十，三日加一等，罪止笞四十；首领官各减一等。"《大明律·兵律·邮驿·公事应行稽程》条规定："凡公事有应起解官物、囚徒、畜产，差人管送而辄稽留，及一切公事有期限而违者，一日，笞二十，每三日加一等，罪止笞五十。"清律与此相同，且有处分则例规定，凡是笞杖罪责，以罚俸、降级、革职代之。

移付，又称付子，是官府衙门按事务归属而分类移交各级所属及各直属部门承行办理的公文。交付各直属部门办理者称"房付"，交与各级所属官吏办理者称"官付"。

牌票与批付的性质大体相同，都是用作命令和凭证的，种类繁多，用于不同的政务，办理完毕要交回官府衙门，称"销票"。"牌票行于外，所关甚大。郡县奉内部之文，转行闾里，虩虩然震也。或讨债，或争人，有必不可行之牌票。有行提而姓名宜省者，其可斟酌处甚多。"[②] 故此有登记存档制度，以便随时查核追责。

告示、禁谕，是官府衙门宣告事情和戒律的公文。告示意在公开，务使人人尽为知晓，影响面也广。因此，一些"新官到任，骋材逞能，先出告示几张，嗣出词状几纸，矫说仁言，虚立清规"[③]。更有甚者，这些告示是用来禁人而不禁己，非但不能起到实际效用，反而会使人们产生一种逆反心理。禁谕与告示相同，虽然有些禁谕是直接针对下属某人，但内容是公开的[④]。这正是"上官莅任之初，必有一番禁谕，谓之通行。大率胥曹照袭旧套以欺官，而官假意振刷以欺百姓耳。至于参谒有禁，馈送有禁，关结有禁，私讦有禁，常例有禁，送迎有禁，华靡有禁，左右人役需索有禁，然皆自禁而自犯之，朝令之而夕更之。上焉者何以表率庶职，而下焉者何以令庶民也"[⑤]。其实告示多并不能显示做官者的才能，有时还是一种虚弱无能的表现。明人谢肇淛曾讲到："每见郡县吏禁

① 黄六鸿. 福惠全书：卷6：莅任部·文移诸式. 康熙三十八年（1699年）种书堂刊本.

② 贺长龄，等. 清经世文编：卷94：刑政. 北京：中华书局，1992：2323.

③ 张萱. 西园闻见录：卷97：恤民·前言. 北京：哈佛燕京学社，1940.

④ 如叶春及收录自己在惠安知县任内的禁谕公牍61则当中，就有4则是直接针对儒士、孝子、节义、屯军等个人的。见石洞集：卷9：公牍二. 文渊阁四库全书。

⑤ 谢肇淛. 五杂组：卷14：事部二. 上海：上海书店出版社，2001：278.

约文告之词布满郊野，条陈利病之议连篇累牍，似自以为伯夷之清，龚、黄之才，而不知大贪大拙者伏于其中也。友人王百谷有言：庖之拙者则椒料多，匠之拙者则钲钉多，官之拙者则文告多。有味，其言之矣。"① 更何况告示往往是套语连连，"谕绅士者少，谕百姓者多。百姓类不省文义，长篇累牍，不终诵而倦矣"②。许多官员对此提出看法，认为"告示原不可少，然必其事实有关系，须得指出利弊，与众共喻，或劝或戒，非托空言，方为有益。若书吏视为故纸，士民目为常谈，抄录旧稿，率意涂饰者，尽可不必。非惟省事，亦可积福，每见贴示之处，墙下多有阳沟，及安设粪缸溺桶之类，风吹雨打，示纸堕落秽中，亵字造孽，所损正不细耳"③。对于告示的效果，连官员自己都不自信，认为"虽大张告示，严切晓谕，百姓亦唯有甘自隐忍，敢于告吏胥者，百无一二"④。不用说地方官的告示，就是朝廷的禁约，"在外不过行之督抚，督抚行之布政，布政行之道府州县，止有告示一张，挂于署门，遵依一纸，报于上司，州县奉行之事毕矣。原非家喻而户晓也，未几而告示损坏，案卷残缺。官员迁谪，父老凋谢，三十年中之禁约，后生子弟，谁能记忆为何事"⑤。因此对告示的作用不能够估计过高，但也不能够忽略其作用。

三、文书管理制度

文书是国家政令信息往来必不可少的形式，所以历代都设有专门部门和专职人员管理，有固定的工作程式和严格的法律规定。

国家机关的文书由各机关专门部门进行管理，设有吏、令史等专职文案工作人员以及专门的保管机构，构成从中央到地方，既相互关联又相对独立的文书工作与保管体系。如甲骨文中的"作册"，乃是双手供奉之形，有保管与提供文书之意；西周的内史录写副本"藏之王室"，小史保管文书"收之于府"；秦汉魏晋南北朝代的"兰台"、"秘阁"及各级官府的主簿；唐宋的通进司、进奏房，三省的开拆房、催驱房、章奏房、主事房等，以及保管文书的甲库；元代的中书省及行中书省的检校所、照磨所、承发司、架阁库；明代的通政使司，内阁的中书科、诰敕房、制敕房等，以及各部院的司务厅等；清代内阁的典籍厅、满汉本房、副本库等，吏、兵部的档房，户部的南档房，礼、刑、工部的清档房，皇宫内的奏事处等；清末官制改革时各部设置的承政厅（司）、总务厅（司）等。都有文书保管之责。与中央相对应，各地方也有相应的部门以管理文书。

文书工作程序和主要内容是拟制誊写、签押用印、负责人判署、照刷磨勘、投递驿传、登记立卷、移交和保管等，每一个工作程序都有专人负责，可以保证文书工作的质量和效率，同时也能够互相监督，完善保密制度。

文书工作制度是受法律约束和保障的。历代法律都明文规定文书工作程序、管理和保密制度，如有违反，一般要受刑事处罚。如《唐律·职制》中关于文书工作的律条，有漏

---

① 谢肇淛. 五杂组：卷15：事部三. 上海：上海书店出版社，2001：301.
② 汪辉祖. 学治臆说：告示宜简明：官箴书集成5. 合肥：黄山书社，1997：279.
③ 汪辉祖. 佐治药言：勿轻出告示：官箴书集成5. 合肥：黄山书社，1997：321.
④ 贺长龄，等. 清经世文编：卷13：户政. 北京：中华书局，1992：966.
⑤ 贺长龄，等. 清经世文编：卷13：礼政. 北京：中华书局，1992：1356.

泄大事、稽缓制书、被制书施行违者、受制忘误、制书误辄改定、上书奏事犯讳、上书奏事误、事应奏而不奏、事直代判署、受制出使不返、府号官称犯名、指斥乘舆、驿使稽程、驿使以书寄人、文书应遣驿、驿使不依题署、增乘驿马、乘驿马枉道、乘驿马赍私物、长官使人有犯、用符节事迄、公事应行稽留等 20 余条。明代则为《吏律·公式》，有讲读律令、制书有违、弃毁制书印信二条、上书奏事犯讳、事应奏不奏、出使不复命、漏泄军情大事、官文书稽程、照刷文卷、磨勘卷宗、同僚代判署文案、增减官文书、封掌印信、漏使印信、漏用钞印、擅用调兵印信、信牌等 18 条。清代除改为 14 条律文之外，还有诸多的事例、则例，其中《吏部处分例》就有：迎送诏书、遗失制书、积压本章、延搁誊黄、捏造钞报、遗漏行文、修书错误、年号地名官名人名不许率行减写、滥行出结、空白印信、本章违误、漏洩本章、遗失本章、遗失印信、误用印信、印信模糊、盗用印信、妄用印结牌文、给结冒领建坊银、隔属用印买人、挪移年月用印、禁止无印小票等二十多项百余条，分别予以罚俸、降级、革职等处分。

唐、宋时期对官吏考核有了“磨勘”之制，宋代审官院设磨勘司，专门主管此事。至元代，磨勘卷宗则成为监察官员的重要责任之一，御史台“岁遣监察御史刷磨各省文卷，并察各道廉访司官吏臧否，官弗称者呈台黜罚，吏弗称者就罢之”①。提刑按察司也有照刷各省文卷之责，对于违制者予以弹劾治罪。

《大清律·吏律·公式》有：讲读律令、制书有违、弃毁制书印信、上书奏事犯讳、事应奏不奏、出使不复命、官文书稽程、照刷文卷、磨勘卷宗、同僚代判署文案、增减官文书、封掌印信、漏使印信、擅用调兵印信等 14 条律，添加小注，前后还增加 50 条例、47 条事例，以及一些成案、则例、章程等，文书工作的法规体系日趋严密，管理也更加严谨了。

四、中华民国公文程式

1912 年 11 月 6 日，北洋政府公布第一个《公文程式条例》；1914 年 5 月 26 日，为适应袁世凯帝制的需要，又公布第二个《公文程式条例》；1916 年 6 月 6 日，袁世凯死去，黎元洪出任总统，在第一个《公文程式条例》基础上进行修订。

南京国民政府于 1927 年 8 月 13 日公布第一个《公文程式条例》，以后有一次补充规定；1928 年 11 月 15 日国民政府公布同日施行《公文程式条例》②，一直到国民党结束在大陆的统治也没有修改。

北洋政府第一个《公文程式条例》规定的文件名称有令、布告、状、咨、公函、呈、批 7 种，其中令分大总统令、院令、部令、委任令、训令、指令、处分令。北洋政府的第二个《公文程式条例》规定有大总统公文程式、大总统政事堂公文程式、官署公文程式。大总统公文程式有策令（任免）、申令（公布法律及训示等）、告令（宣示人民）、批令（批答各官署陈请）、咨（与立法院往复公文）等。大总统政事堂公文程式有封寄（国

① 宋濂，等. 元史：卷 102：刑法志一. 北京：中华书局，1976：2617.

② 1942 年曾经以行政院名义公布《公文程式条例》，不能作为整个政府的规范。

务卿面奉大总统谕与各部、各地方高级官署的行文)、交片(与封寄同，但不是正式行文)、咨呈(各部院及地方高级官署与政事堂的行文)、咨(国务卿对咨呈的答复)、公函(国务卿与各部院及地方官署商办事件的公文)等。官署公文程式有呈(官署或职官陈请报告，机密者可用密呈)、详(下级官署或职官对上级官署或长官的陈请报告，机密者可用密详)、饬(上级官署或职官对下级官署或职官的指挥、监督、委任)、咨(地位相等官署之间往复文书)、咨陈(地方最高官署对中央各部院的陈请报告)、示(官署宣示人民)、批(上级官署或职官对于下级官署或职官及官署对人民陈请的准驳)、禀(人民对官署的陈请)。

南京国民政府用于政务方面的公文主要有9种：令：公布法令、任免官吏及有所指挥者；训令：上级机关对所属下级机关的饬谕或差委者；指令：上级机关对所属下级机关的指示；布告：对公众宣布事实或劝戒者；任命状：分特任及简任官、荐任官、委任官等3种；呈：下级机关向上级机关及人民向官署的陈请；咨：同级机关公文往复；公函：不相隶属的机关往复公文；批：各机关对人民陈请的准驳。

中华民国虽然公布有《公文程式条例》，但没有完全统一，所以在条例以外存在许多非正规、却在政务运作过程中发挥重要作用的公文，如代电、手谕、告书、通告、牌示、条示、揭示、给示、榜示、说帖、意见书、节略、签呈、笺函、宣言、提议案、证书、广告等。尤其是手谕，一些重要的政务和机密问题都是用这种形式下达的，蒋介石就经常采用。这种手谕没有一定的格式，也不必经过会议讨论和任何部门的副署，直接送达各机关或官员手中，实际上是凌驾于国家机关之上的一种独裁形式。

第二节 玺印制度

玺是皇帝的印信，印是官员使用的印信。在古代，无论是君主的诏敕，还是各级官府之间使用的各种公文书，都必须加盖玺印作为凭信。玺印是权力的象征，也是权力的表现形式之一。

一、皇帝玺宝

秦汉的皇帝有六玺，加上传国(受命)玺，实际是7枚；隋以后确立皇帝使用8玺的制度。金、元以后，皇帝的玺(宝)陆续有所增加，至明初皇帝已经增至17枚玺(宝)。清初进一步增至39枚，乾隆时定制，确定为御宝35枚。其中25枚收于宫中的交泰殿，10枚收于盛京(今沈阳市)。

皇帝的御玺铭文不同，其用途也不同，进而将不同的诏敕区别开来，以保证诏敕内容的严谨。此制从汉代开始，历经发展，形成较为严谨的制度。

汉代受命玺，其文为“受命于天，既寿永昌”，传国用；皇帝行玺，封王公以下，遣使，授职等常行诏敕用；皇帝之玺，发下兵符，征发郡国兵用；皇帝信玺，发下竹使符，征召大臣，行郡国用；天子行玺，封拜外国及征召诸侯王；天子之玺，赐外国书；天子信玺，祭祀及发外国兵用。

隋代神玺，宝而不用；受命玺，封禅用；皇帝行玺，封命诸侯及三师三公用；皇帝之玺，赐诸侯及三师三公书；皇帝信玺，征发国内兵；天子行玺，封命蕃国君；天子之玺，赐蕃国君书；天子信玺，征蕃国兵。

唐代神玺，以镇中国，藏而不行；受命玺，以封禅礼神；皇帝行玺，以报王公书；皇帝之玺，以劳王公；皇帝信玺，以召王公；天子行玺，以报四夷书；天子之玺，以劳四夷；天子信玺，以召兵四夷。

宋代镇国之宝，不常用；受命宝，封禅用；皇帝行宝，常行诏敕用；皇帝之宝，答邻国书用；皇帝信宝，赐邻国书及物；天子行宝，封册用；天子之宝，答外国书；天子信宝，举大兵用。

辽代传国宝，宝而不用；玉印，藏随驾库；御前之宝，以印臣僚宣命；书诏之宝，凡书诏批答用之；契丹宝，受契丹册仪；尚有三枚金印，是从后晋缴获的。

金代有御前之宝，书诏之宝，赐宋国书及常例奏目则用之；大金受命万世之宝，宝而不用；宣命之宝，赐高丽、夏国诏并颁诏则用之；宣命之宝，宣一品及王公妃；礼信之宝；岁赐三国礼物缄封用之。

元代皇帝有八宝：受命宝，传国宝，天子之宝，皇帝之宝，天子行宝，皇帝行宝，天子信宝，皇帝信宝，用途大致同于宋代。

明清的玺宝很多，铭文各不相同，用途也不同，其划分更加细致。如明初 17 枚御宝：(1) 皇帝奉天之宝，传国玺，祀天地用。(2) 皇帝之宝，诏令与赦令用。(3) 皇帝行宝，册封、赐劳用。(4) 皇帝信宝，诏亲王大臣及调兵。(5) 皇帝尊亲之宝，上尊号用。(6) 皇帝亲亲之宝，谕亲王用。(7) 天子之宝，祭祀山川鬼神。(8) 天子行宝，封外国及赐劳。 (9) 天子信宝，以招外服及征发。 (10) 制诰之宝，用于诏书。(11) 敕命之宝，用于敕命。(12) 广运之宝，奖励臣工用。(13) 敬天勤民之宝，敕谕朝觐官用。(14) 御前之宝，文教方面用。(15) 表章经史之宝，图书文史用。(16) 钦文之宝（玺），文章辞赋用。(17) 丹符出验四方，公布祥瑞用。嘉靖皇帝增加 7 枚，即奉天承运大明天子宝、大明受命之宝、巡狩天下之宝、垂训之宝、命德之宝、讨罪安民之宝、敕正万民之宝，至此共计有 24 枚。

清代贮藏在交泰殿的 25 枚御宝，分别是：(1) 大清受命之宝，以章皇序。(2) 皇帝奉天之宝，以章奉若。(3) 大清嗣天子宝，以章继绳。(4) 皇帝之宝，以布诏敕。(5) 皇帝之宝，以肃法驾。(6) 天子之宝，以祀百神。(7) 皇帝尊亲之宝，以荐徽号。(8) 皇帝亲亲之宝，以展宗盟。(9) 皇帝行宝，以颁赐赍。(10) 皇帝信宝，以征戎伍。(11) 天子行宝，以册外蛮。(12) 天子信宝，以命殊方。(13) 敬天勤民之宝，以饬觐吏。(14) 制诰之宝，以谕臣僚。(15) 敕命之宝，以钤制诰。(16) 垂训之宝，以扬国宪。(17) 命德之宝，以奖忠良。(18) 钦文之宝，以重文教。(19) 表章经史之宝，以崇古训。(20) 巡狩天下之宝，以从省方。(21) 讨罪安民之宝，以张征伐。(22) 制驭六师之宝，以整戎行。(23) 敕正万方之宝，以诰外国。(24) 敕正万民之宝，以诰四方。(25) 广运之宝，以谨封识。至于盛京所藏的大清受命之宝（碧玉）、皇帝之宝（青玉）、皇帝之宝（碧玉）、皇帝之宝（檀香木）、奉天之宝（金）、天子之宝（金）、奉天法祖亲贤爱民（碧玉)、丹符出验四方（青玉）、敕命之宝（青玉）、广运之宝（金）等10枚，仅为收藏和敬祖，只有象征意义，别无实用。

二、官员印信

一切官员都必须按照其官品、官衔以区别其官印的型质、轻重、大小和文字，借以区分其地位高低和规定职权范围。

自汉代开始，所有官员都有印信，其质地以金、银、铜为区别。至唐宋时，除王公亲贵的印信使用金银之外，其他各办事部门都使用铜印，根据权能大小规定印的大小。如宋制“诸王及中书门下印方二寸一分，枢密、宣徽、三司、尚书省诸司印方二寸。惟尚书省印不涂金，余皆涂金。节度使印方一寸九分，涂金。余印并方一寸八分，惟观察使涂金”。由于宋代以差遣任职为多，特别制造了奉使印及朱记，这种印不是正方形，“其制长一寸七分，广一寸六分”。此外，还广泛使用“私记”，并规定“诸寺观及士庶之家所用私记，今后并方一寸，雕木为文，不得私铸”。由于伪造印记盗取官物的事件增多，在宋仁宗景祐三年（1036年）出现专门领用物品的圆形印记。印文皆用通篆籀体。赐给臣僚的印应该随葬，以表示所受赐印记已随本人身死而失去作用，“不即随葬因而行用者，论如律”①。

辽代部级以上用银印，其余诸司用铜印，诸税务用石印，还特别有一种“杓窊印”，“杓窊，鸷鸟之总名，以为印纽，取疾速之义。行军诏赐将帅用之”②。金代官印以金、镀金、金镀银、金镀铜、铜来区分级别，其杂职则用“朱记”，也是以铜为之，诸印以大小轻重以明等级。元代因循此制，但又加等赐印之制，如原本金印而加赐玉印，银印加赐金印，铜印加赐银印之类。

明代除正二品以上和正三品的顺天、应天二府使用银印以外，正三品以下均用铜印，并根据品级确定官印的方寸和厚度。未入流者和杂职用铜条记，是“阔一寸三分，长二寸五分”的长方形。初期，除官府常规印信之外，还有一些临时使用的印信，如有事征伐时的将军印，“其他文武大臣，有领敕而权重者，或给以铜关防，直纽，广一寸九分五厘，长二寸九分，厚三分，九叠篆文，虽宰相行边，与部曹无异”③。一些佐杂和临时差遣的职务则颁发钤记，这样便形成包括官印、条记、关防、钤记在内的官印体系，再加以各衙门内书吏个人的戳记，用印制度更加完善。

清代基本因循明制，不过印文改为满汉合璧，理藩院印还有蒙古文字。清代的官印制度更为具体，“凡印之别有五，一曰宝，二曰印，三曰关防，四曰图记，五曰条记，各辨其质与其文而铸焉，惟钤记不铸”④。凡正式衙门都用官印；佐贰、库仓、局所等官用条记；临时派遣的官用关防（督抚、镇守军职、府同知、府通判、各道等虽然已经是正式职官，但原来是派遣之职，所以也用关防）；各驻扎和管理大臣用图记；文职佐杂及无

---

① 脱脱，等. 宋史：卷154：舆服志六. 北京：中华书局，1977：3592.
② 脱脱，等. 辽史：卷57：仪卫志三. 北京：中华书局，1974：915.
③ 张廷玉，等. 明史：卷68：舆服志四. 北京：中华书局，1974：1663.
④ 官修. 清会典：卷34：礼部·铸印局. 清光绪二十五年（1899年）刊本.

兼管兵马钱粮的武职官，还有地方委派办事的机关和人员使用钤记；此外，需要签署衔名的人员有章记，文书责任人员有戳记，还有比较规范的官印制作、颁发、使用和管理制度。关防与官印的区别在于型制，关防是长方形，所用印泥是紫色的，俗称“紫花大印”；官印是正方形的，所用印泥是红色的。在关防中，钦差大臣、督抚、将军等关防权威最大，

三、玺印管理制度

玺印既是权力的凭证，又是权力的象征。因此，历代在保管、使用、发放、制作等方面都有严格的管理制度。

秦汉时期有少府属下符节令，下属有符玺郎中四人，其中二人主管皇帝的玺印，还有符玺御史以监督，除皇帝用玺之外他人是不能够使用的。如霍光专权，曾经召尚符玺郎索要皇帝玺印，尚符玺郎按剑曰：“臣头可得，玺不可得也。”① 在太后专权时，皇帝玺印常常由太后掌管，如汉元帝后王氏，在王莽派人索要传国玺时，逼不得已，“乃出汉传国玺，投之地以授”②，致使传国玺崩去一角。对于官印的发放也比较慎重，特别是高官的印绶，常常由皇帝亲自颁发。如汉高祖刘邦曾经“持御史大夫印弄之”③，再三犹豫授予何人。

魏晋以侍中保管皇帝玺印，一旦皇帝出行，侍中“负玺陪乘”。南朝也是由侍中保管，但设置治玺令史以负责收藏。北魏中侍中省有符玺郎中，还有符玺郎、掌玺郎。隋代门下省有符玺局，设监、直长掌之。唐门下省属有符宝郎，“掌天子八宝及国之符节，辨其所用。有事则请于内，既事则奉而藏之”④。宋代的符宝郎分为内外，“应合用宝，外符宝郎具奏，请内符宝郎御前请宝，印讫，付外符宝郎承受”⑤。这样做的目的是使内外互相牵制，以防止一些可能发生的弊端。辽代南面官门下省有符宝司，金代殿前都点检司有符宝郎四员，“掌御宝及金银等牌”。元代礼部所辖铸印局，“掌凡刻印销印之事”。典瑞院，“掌宝玺、金银符牌”。明代尚宝司是独立的部门，虽然仅是五品衙门，但掌管宝玺、符牌和印章，“稽出入之令，而辨其数，其职至近，其事至重也”。然而，“凡请宝、用宝、捧宝、随宝、洗宝、缴宝，皆与内官尚宝监俱”⑥。玺印都由礼部铸印局制作，印成，交付仪制清吏司颁发。清因之，其铸印“字样由内院撰发，金银硼砂于户部移取，物料于工部移取，祭物于光禄寺移取”⑦。“各印铸成，呈堂验阅，发司封固，钤以司印。在内各部院寺监遣官赍文赴领。在外文职府通判、武职总兵官以上，专差赍文赴领。文知县、武副将以下，发提塘邮寄，于印四角加柱，钤封如前，本官得印，去柱

① 班固．汉书：卷68：霍光传．北京：中华书局，1962：2933．
② 班固．汉书：卷98：元后传．北京：中华书局，1962：4032．
③ 班固．汉书：卷42：赵尧传．北京：中华书局，1962：2097．
④ 刘昫．旧唐书：卷43：职官志二．北京：中华书局，1975：1854．
⑤ 脱脱，等．宋史：卷154：舆服志六．北京：中华书局，1977：3586．
⑥ 张廷玉，等．明史：卷74：职官志三．北京：中华书局，1974：1804．
⑦ 官修．清会典事例：卷321：礼部·铸印．清光绪二十五年（1899年）刊本．

启封，以用印年月日报部存案。凡内外官接到新印，于旧印篆文中加镌缴字，送部销毁。”① 制度越来越严格，规定也更加细腻，每一环节都有监督，一旦出现问题就要逐级追究责任。

为严格宝玺的使用，在常行诏敕上还要经过辅政部门稽核驳正，加盖辅政印信。如汉代加盖丞相印，唐代加盖中书门下印，金代加盖尚书省印，元代加盖中书省印，明清加盖内阁印，都与诏敕御玺并施。为了防止擅权，明清甚至把辅政印信收归“大内”保管，有应用印的文书，要向内请印，用毕即行送归，“凡请印钥必以金牌为质”②。除有严格的请用制度外，辅政机构与内廷在使用玺印时都要分别登录，御史定期监察检核簿册时，要将内外登录相互对照，以防止任何私自启用的行为。

官印是官员任职的主要凭证之一，官印拥有者带有委任文书到任，表明是承皇帝之命来接管本部门的工作，拥有钦授的权限。如汉代的朱买臣被拜为会稽太守，“衣故衣，怀其印授，步归郡邸”。当时郡吏们正在饮酒，对原本相识的寒士朱买臣并不给予礼遇，但当他们一见到印绶，便“相推排陈列中庭拜谒”③。东汉以后，换官不换印，官员必须执有皇帝颁发的敕令以及主管部门发给的“官诰”或“告身”文书，才能赴任，到任后与旧任进行交接印信。只有经过交印、接印手续，才意味着完成了权力的交替。因此，接印、交印、用印，以及年节封印、启印，都有隆重的礼节仪式。如清代知县到任受印，“新官肃立，眼同佐贰官、吏房，送匙验封，启袱验封，开锁启匣，请印验封，呈印详看”④。不但事先要戒斋焚香礼拜，还要与见证者书写甘结文书存案，实质上是表示已完成了职权的交接。

宋代时规定，官印必须由官府保管，官员随身携带铜牌，上刻“牌出印入，印出牌入”，不许牌印同时在一处，以防印信遗失或滥用。为严格保管制度，官府设置专门的保管人员或机构，如清代各部院的当月处，除主管受事、付事之外，还兼掌堂引。为严格使用制度，历代都规定用印时要长官亲视，并登记用印缘由于簿，其簿还分内外两种，长官和保管印者分别各持一簿。在法律上还有明确的处罚规定，若是因为漏使印信而贻误军机者，还有斩刑。

玺印制度的完善，不但使官员任免有了严格的手续，也加强了文书工作的严谨性，更重要的是确立了权力体系。印章大小、文字不同，代表着不同的权限。一通官印命令，可以决定一些人的生死荣辱；一道玺印圣旨，可以决定国家的大政方针；一张红印诰命，可以决定权力和地位；一纸官印文书，可以证明谁清白谁有罪；玺印是政治权威的体现物。

根据《公文程式条例》规定，中华民国所有机关公文要依照性质盖用印信和签署。因此各机关都有印信（关防、官章），而各机关首长则有亲笔署名、盖职章、盖签字章区别。其主要机关印信由印铸局（南京国民政府总统府第五局）负责制造，一般机关的印信由上级机关批准制作。

---

① 官修. 清会典事例：卷 323：礼部・颁发. 清光绪二十五年（1899 年）刊本.
② 梁章钜，朱智撰. 何英芳点校. 枢垣纪略：卷 13：规制. 北京：中华书局，1984.
③ 班固. 汉书：卷 64 上：朱买臣传. 北京：中华书局，1962：2793.
④ 黄六鸿. 福惠全书：卷 2：莅任部・受印. 康熙三十八年（1699 年）种书堂刊本.

第三节　符节制度

符是政治和军事的凭证信物，它可以用于身份证明，作为出入国境、关卡、军营、要塞的凭证，又可以作为传达命令、调遣兵将的信物。节是君主派出使节所持的凭信，用于代表君主出征、节制方面、监察、办理重大案件、出使外国等重大事务的证明。

一、调动符节

调动符节主要分为两类：一是用作调兵，二是用于更换地方长官。这类符节在汉代称铜虎符和竹使符。铜虎符铸作成伏虎形状，中分为二，以榫相合，左符发给郡守或领兵将领，右符存放在中央。中央调动郡守和军队，派人执右符与执左符者相合，作为传达命令的信物。竹使符用竹制作，用途与铜符相同，但情况没有铜虎符紧急。魏晋以后基本因循此制，只是改为中央存左半而颁右半。

唐代用于调动的有铜鱼符，“所以起军旅、易守长”。还有一种木契，作为皇太子监国、王公大臣镇守地方时调动军队的符信。为了慎重起见，唐代的符制是以右一枚配置左数枚，以便调动命令有所变更时递次传令使用。

宋代军队调动有“铜兵符”，发给诸路总管主将，调动 300 人以上军队和指挥军事时用；另有“传信木牌”，除作为传达军令之外，还可以调动 300 人以下的军队；此外还有“字验”，是军队主将密定字号的身份证明；符牌使用时，要与“字验”一同参验。

铜兵符之制在元代以后取消，军队的调动主要凭皇帝诏敕和枢密院或兵部所发放的勘验（纸文书押骑缝印，亦称勘合），还有传达命令之人的身份符节。明代在军队内有调发符牌，铁制，上刻两飞龙，下刻两麒麟，上孔系以红丝带，后来带兵将领及督抚等都被授予王命旗牌，用以调军以行军令。

明代王命旗牌，“每旗用阔绢一幅，长四尺，阔一尺九寸，枪连桿长六尺五寸，围二寸三分。每牌连卧虎盖长八寸，厚七分”①。这种旗牌授予臣下，也就使之拥有一定的便宜权，在特殊的情况下可以“军法从事”。在弘治十一年（1498 年）王命旗牌有 300 面，授予内外镇巡等官，至明末，王命旗牌多达数千面，总督京营、协理京营、各边总督、挂印总兵、提督、赞理军务、总兵、副总兵、参将、游击及兵备道、分守道、分巡道等都授予，可以说是王命旗牌泛滥。

清代重新进行规范，其王命旗牌的固定格式：“旗蓝色，方广二尺六寸，两面销金，清汉令字各一，清汉令字上各钤兵部印。旗杆一，长如旗，木顶朱纬髦。牌椴木质，通高一尺有二分，圆径七寸五分，厚一寸，朱髹，上刻荷叶形，绿髹。牌两面刻清汉令字各一，悬于枪上，枪长八尺，榆木为之。铁枪枪冒髹以黄，绘龙，垂以朱髦。牌

① 申时行，等. 明会典：卷 193：工部·战车旗牌. 北京：中华书局，1989：978.

边枪杆，均刻清汉令字第几号，填以金。”① 乃是“颁发王命旗牌，所以重节镇之权，崇天室之威也”②。王命旗牌是官员行使便宜权的凭证，也是一种授权方式，在敕书规定的权限范围内，可以专征专杀。后来凡是督抚都被授予王命旗牌，拥有了“恭请王命，立即正法”的权力。

二、邮传符节

邮传符节是用于通过邮驿传达命令的凭信。主要分两类：一是普通邮传，二是专使邮传。

普通邮传是驿使和官员使用驿站车马和住宿的凭证。如汉代的“木传”，用木制而中剖为二，上面加有御史大夫印信，并写明该办事务的缓急和使用车马的等级，一半发给使用者，一半存御史府以备勘验；使用者的一半有各邮传的登记，使用完要交回御史府验证。以后各代除主管部门和形制有所变更之外，使用制度基本相同。如明清时期的半印勘合，就是与木传性质相同的凭证。其制是各有关部门从内府领取专门簿册，截为两半，于中缝用印，编成字码，一半给有关部门，一半存于内府，凭此驰驿往来。使用时，上面填写事由，内可以核外，外亦可以核内。

专使邮传除执有普通邮传的凭证之外，还另有特殊明显的标志，以示重要和紧急。如汉代的“棨信”，用绢制成，上书文字，用杆挑起，形如旗幡，由专使擎持以为凭信，还有随身携带的“棨”，刻木为合符，以备验证。“棨信”在魏晋时发展为“信幡”，分成五色，“东方郡国以青龙幡，南方郡国以朱鸟幡，西方郡国以白虎幡，北方郡国以玄武幡，朝廷畿内以黄龙幡，亦以麒麟幡”③；不同的方位使用不同的信幡以传达命令。唐代改为“传符”，分为左右，太子监国用双龙符，两京用麟符，东方青龙符，西方驺虞（白虎，唐人避先祖李虎讳改）符，南方朱雀符，北方元（玄）武符，作为专使传信的凭证。宋以后则称“符验”或“符信”，即以木牌或金属牌配合文书验证。当时有金字牌、青字牌、红字牌、黑漆白粉牌的区别，统称“檄牌”，均作为传递机密紧急文书的凭信，其中金字牌最为重要，需要由专使直接送达。

明清时期，除宣召王公用金符专使之外，“凡公差，以军情重务及奉旨差遣给驿者，兵部既给勘合，即赴内府，关领符验，给驿而去，事竣则缴”④。一般紧急事务，兵部加发火票（初为火牌），注明传递速度和天数，如日行四百里、六百里、八百里火急及限三日到之类。牌票要与勘合之类的传符一起使用，有时也可以单独使用，乃是“官则给以勘合，役则给以火牌；勘合之廪给按员，火牌之口粮按分”⑤。根据不同的等级，各驿站给予不同的接待。

---

① 官修．清会典事例图：王命旗牌图．清光绪二十五年（1899年）刻本．

② 清世宗实录：卷33・雍正三年六月乙亥条．

③ 崔豹．古今注：卷上．沈阳：辽宁教育出版社，1998．

④ 张廷玉，等．明史：卷68：舆服志四．北京：中华书局，1974：1663．

⑤ 黄六鸿．福惠全书：卷28：邮政部・总论．康熙三十八年（1699年）种书堂刊本．

三、身份符节

身份符节是作为身份证明和通行的凭证。在汉代有木制和帛制的“传”，称“符传”，用来证明身份和通行关卡。“符传”由各级官府发放，上面注明使用人的身份和事由，一半交使用人，一半由官府按使用人前去的方向逐关传送，以便前方核对检验，回来时交还所发官府验证。此外，在城市、皇宫、军营、要塞也有这种“符传”。东汉以后，这类“符传”改用纸张，上用官印，注明姓名、面貌、年龄、去往何方、所带物品等事项。汉代官员还有证明身份的竹节或帛书。

唐代为了“明贵贱，应征召”，发给五品以上官员以随身“鱼符”，上面镌刻有官员的品级，有的还要镌刻上姓名，“以防召命之诈，出内必合之”。因为是身份象征，不断赏赐，以至于“致仕者佩鱼终身，自是百官赏绯、紫，必兼鱼袋，谓之章服。当时服朱紫、佩鱼者众矣”①。

宋代除了因循唐制，还有一种“门符”，用于出入皇城和禁城，以缯裹纸板为之，或方或圆，称“宫门号”，总计发放一万五千道，以黄纸为之。辽代有一种木契，“正面为阳，背面为阴，阖门唤仗则用之”②。金代则有金牌、银牌、木牌，分别授予万户、猛安、谋克及蒲辇（队正），后来则成为空名宣头功赏。元代的符也是身份象征，有圆符、虎符之别。其圆符以玉、金、银区分等级。虎符“趺为伏虎形，首为明珠，而有三珠、二珠、一珠之别”③，之后还以金、银区分等级。

明代武臣悬带金牌，有龙、虎、麒麟、狮、云，以区别官的等级；双云龙、独云龙、双虎符、独虎符、素云符，以金银区别等差。其守卫金牌，名之为金，实际上是铜为之，按仁、义、礼、智、信分类，各自顺序编号。此外还有令牌，除禁门以申字排号之外，其五城按木、金、火、水、土排号。尚有铜符，以承、东、西、北排号，另外有铜牌、牙牌、祀牌、圆花牌等，也各有字号，上面注明执事、供事、朝参、入内府，“惟朝参牙牌，得朝夕悬之，非徒为关防之具，亦以示等威之辨也”④。文官用“牙牌”，以勋、亲、文、武、乐、官等字为区别；各卫所营兵有“字牌”“勇号”。这些字牌除作为身份证明之外，也兼作为通行证明。鱼符和字牌只在一定区域内使用，如果离开使用区域，则必须与符契、勘合等结合使用。

清代官员兵役出差，发给勘合，“在内由兵部，在外由督抚，核给勘合差牌，其应给夫马廪给，例有确数”⑤。除此之外，官员要有“官照”及作为简历的“给由”，兵丁、差役则要持火牌、火票及官府发放的印纸，以证明身份。

---

① 欧阳修，宋祁．新唐书：卷24：车服志．北京：中华书局，1975：526.
② 脱脱，等．辽史：卷57：仪卫志三．北京：中华书局，1974：915.
③ 宋濂，等．元史：卷98：兵志一．北京：中华书局，1976：2508.
④ 张廷玉，等．明史：卷68：舆服志四．北京：中华书局，1974：1666.
⑤ 清高宗实录：卷692．乾隆二十八年八月庚寅条.

四、专使符节

专使符节是皇帝派出的钦使所持有的信物和标志。凡持有专使符节者，在外可以代表皇帝和国家。如苏武出使匈奴，持汉节 19 年而不弃，作为派外专使，以其威武不屈的精神名垂青史。专使符节在国内，有代表皇帝出征、镇守、督领和传宣诏令的特权。

汉代专使符节是“以旄为之，上下相重，取象竹节，将命持之以为信”①。汉代初期节用纯红色，汉武帝时，因为戾太子发动宫廷政变，持赤节发兵，所以加黄旄以示区别。明人考证汉代“节柄长三尺，毛三重，以旄牛为之”，而东“汉光武时，以竹为节，柄长八尺，其毛三重”②。汉以后的节则三尺为多，饰以旄，故也称“节旄”。

魏晋南北朝时期，专使符节有 4 个等级：一是假节，可以在军事行动中专杀犯军令者。二是持节，可以专杀无官位者，在军事行动中则可以专杀二千石以下官。三是使持节，可以专杀二千石以下官，在军事行动中则可以专杀中二千石的官。四是假黄钺，可以专杀持节专使，凡持有此节者，必然是已掌握最重大权力的人，非领方面军事和主持朝政者不能持有。

唐代专使符节仅有两级，一为旌，二为节，“旌以专赏，节以专杀”，是专门赐给大将出征的。“旌以绛帛五丈，粉画虎，有铜龙一，首缠绯幡，紫缣为袋，油囊为表。节，县（悬）画木盘三，相去数寸，隅垂赤麻，余与旌同”③。后来则授予节度使，“得以专制军事，行即建节，府树六纛”。宋初“凡命节度使，有司给门旗二，龙、虎各一，旌一，节一，麾枪二，豹尾二”。在杯酒释兵权之后，则不再授予。南宋“建炎三年（1129年），表韩世忠之旗曰‘忠勇’。绍兴三年（1133 年），表岳飞之旗曰‘精忠’”④。这仅仅是一种旌表，而没有专赏专杀的权力。虽然还保留了专使之节，但所拥有权力的大小只限于皇帝诏敕规定的范围，节已经不能独立表示其拥有权力的大小了。

明代使节规制：“黄色三檐宝盖，长二尺（后改为三尺），黄纱袋笼之。又制丹漆架一，以节置其上。使者受命，则载以行；使归，则持以复命。”⑤ 由于使者权力大小的不确定性，就给使者以很大的游移空间。如明代派遣出来采办、监差的宦官，一出都门，“则欲快马船只，车辆装载；差去人员，则欲廪给马匹，军民应付。式样不过数纸，器用先如此其奢华；足迹犹未启行，声势先如此其张大；况在途之需索，到彼之供张，其薰天之势，又岂待言而后显哉”⑥。到万历时，矿使、税使横行，更是害遍天下。

历代还有一种特殊制度，为了明确他们的权力，除了旌节与敕书之外，还授予一些信物，如辽代东京留守耶律抹只，被“赐剑专杀”⑦；尚方剑西南招讨使耶律德威，被

---

① 班固. 汉书：卷 1 上：高祖纪：颜师古注. 北京：中华书局，1962：23.
② 张廷玉，等. 明史：卷 68：舆服志四. 北京：中华书局，1974：1667.
③ 刘昫. 旧唐书：卷 43：职官志二. 北京：中华书局，1975：1847.
④ 脱脱，等. 宋史：卷 150：舆服志二. 北京：中华书局，1977：3515.
⑤ 同②.
⑥ 张萱. 西园闻见录：卷 101：内臣中·前言. 北京：哈佛燕京学社，1940.
⑦ 脱脱，等. 辽史：卷 11：圣宗纪二. 北京：中华书局，1974：120.

“赐剑许便宜行事”[①]。金代内族完颜襄，被“赐宝剑，诏度宜穷讨”[②]。内族完颜白撒，被赐剑，“得便宜从事，决东平之策”[③]。灭南宋大将张弘范向忽必烈请赐剑甲，忽必烈说：“剑，汝之副也，不用令者，以此处之。”[④] 在明万历年间则有“赐尚方剑”制度，这些凭证与敕书相结合，使臣下拥有大小不同的便宜权与专杀权。

诸种符节虽然各有独立使用的性质，但彼此又有一定的联系，往往要诸种符节结合在一起来使用。如果只有调动符节，没有邮传和身份符节，在路上是不能通行的，调令也就归于无效。因为符节到达时，诸种符节要合在一起勘验，缺一不可。历代对符节的发放、使用、保管等，都尽可能制定一套较完备的管理制度，以保证皇帝诏令和朝廷的政令文书在承传运转过程中不发生伪冒和泄密，反映出当时文书工作的严谨。

---

① 脱脱，等．辽史：卷82：耶律德威传．北京：中华书局，1974：1291．
② 脱脱，等．金史：卷94：内族襄传．北京：中华书局，1975：2090．
③ 脱脱，等．金史：卷113：内族白撒传．北京：中华书局，1975：2490．
④ 宋濂，等．元史：卷156：张弘范传．北京：中华书局，1976：3682．

第十三章

行政辅助与特别授权制度

重点问题

1. 胥吏在中国古代政治体制中所发挥的作用。
2. 幕僚与幕友的区别及对地方官府治理形式的影响。
3. 明清长随家人的分工与府县政务运作形式的变化。
4. 书吏、幕友、家人、地方官彼此之间的关系与地方治理。
5. 行政辅助人员与官府政务运作的关系。
6. 中华民国公务员与事务员的区别及秘书政治。
7. 特别授权的内涵与政治运作。
8. 特别授权与现行制度的关系。
9. 特别授权的利弊分析与启示。

官府政务运作过程中大量具体事务都要由行政辅助人员协助办理，没有行政辅助人员，官府政务将无法正常运转。行政辅助人员一般都有额定编制，也有相应的管理制度，在事务日益繁多的情况下，也有许多没有编制的人员。在主官负责制的情况下，朝廷加强对主官的监督，为了政务和能够更好地应付上级的监督考核，主官往往自行雇用幕僚协助经手政务，充当参谋，幕僚在实际政务运作中也起到重要的作用。朝廷委派可靠而能够胜任的人员担任重要官职，各主要官员也同样需要使用可靠而能够胜任的人员协助处理政务，这也使行政辅助人员在政务运作中发挥不可忽略的作用。历代一直存在特别授权制度，以应付突发事件或紧急处理某些事务，也是政治体制自我完善的措施，但也容易导致权力的扩张，乃至于失控。

第一节 行政辅助人员

夏商周三代已经有行政辅助人员的记载，他们承担众多的具体事务，却少有具体事迹。历代官制都叙述官员的职掌，却很少讲辅助人员的职掌。这些被称为胥吏的辅助人员，其人数超过官员许多倍，与官员一起办理政务，成为密不可分的政务运作载体。春秋战国时期，除了朝廷设置的吏属之外，大多数官员都有私人门客，在官署、军幕中协助官员、将军办理各种事务。自此以后，除国家典制规定的吏属之外，也存在文武官员自行聘请的谋士。典制规定的辅助人员称僚属、幕府，非典制规定的则称僚友、幕宾，各自在实际政务运作中发挥作用。由于宗法与婚姻关系，以及奴仆雇工制度的存在，在官员纵容或指使下，亲戚与奴仆参与政务运作则成为特殊现象。

一、胥吏制度

古代官制主要讲官员等级和职掌，对于胥吏的等级地位职权则很少论及，实际上官员在履行职掌过程中，必须通过胥吏之手，才能够具体落实。胥吏不是官，却在官府职能上发挥不可忽视的作用。他们是官的辅助，也是官的爪牙，是古代官制不可缺少的重要组成部分。可以说“上自公卿，下至守令，总不能出此辈圈牢，刑名簿书出其手，典故宪令出其手，甚至于兵枢政要，迟速进退无不出其手，一刻无此辈，则宰相亦束手矣”①。胥吏是一种不容忽视的特殊群体，也是国家政务不可或缺的组成部分，在政治运作过程中起到重要作用，也因此出现许多弊端，被统治者称为“蠹吏”“蠹役”“奸胥”“猾吏”等，以至于“吏弊”丛生。

夏商时期的胥吏，至今尚未有确切的名目，但从甲骨卜辞中记载的“贞人”数目来看，他们似不应全是官，吏的职能在他们身上有所体现。《周礼》中所讲的府、史、胥、徒，后人注疏认为“府”是“掌官契以治藏”，“史”是“掌官书以赞治”，“胥”是“掌官叙以治叙”，“徒”是“掌官令以征令”。这些人可以统称为胥吏，是“庶人在官者”，身份则有实质上的区别。府和史主管文书档案，具有一定文化水平，“故官长以礼辟除，明不以役法征发之也”。胥和徒则不然，乃是“民给徭役者”，具有强迫性质。故“析言之，则府史尊于胥徒，亦得与不命之士同称士”。无论周代是否已有这样完整的划分和严整的制度，却不可否认有府、史为吏，胥、徒为胥的胥吏制度存在。

从春秋战国时期郡县吏属设置来看，有令史、丞史、尉史、司马令史、小史等名目，是属于府史之类，在官府负责文书档案，承办具体事务。至于狱吏、门士、伍伯、街卒等，是属于胥徒，为佣役之类。从级别来看，承办具体事务的掾史大部分有等级，即百石、斗食之类，而丞相、将军等高官的掾史级别更高，如丞相史可达六百石，乃至千石，已属于中高级官员。严格说来，他们还是承办具体事务的人，只是因任职部门级别高而

① 梁章钜．制义丛话：卷7：吏典．清咸丰九年（1859年）知足知不足斋精刻本．

决定高下。

《汉书·百官公卿表》记载："县令长，皆秦官，掌治其县。万户以上为令，秩千石至六百石。减万户为长，秩五百石至三百石。皆有丞、尉，秩四百石至二百石，是为长吏。百石以下有斗食、佐史之秩，是为少吏。"由此可见，秦汉的"长吏"也就是后世的官，"少吏"则是后世的吏典，所不同的是在制度上他们被列入官吏范围，这也是当时"吏"和"官"称呼难以严加区别的主要原因之一。

从制度上看，掾史与后世的吏典性质基本相同，他们在各级官府衙门中承办具体事务，而且有分工。如汉代丞相府有掾、史、属300余人，而诸卿衙门也有为数不少的掾、史、属。当时的制度，各级官府长官可以自辟百石以下的掾、史、属，百石以上要由朝廷任命。中央各衙门因为地位高和百石以上掾、史、属所负责的事务较多，故任命权归朝廷，而地方的百石以上掾、史、属数量也很多。如郡一级的掾、史、属有别驾、主簿、书佐、功曹掾、议曹掾、贼曹掾、决曹掾、贼捕掾、五官掾、门下督、郡掾祭酒、郡文学、郡文学史、郡文学卒史、学经师、宗师、舍人、史、从史、诸曹史、右曹掾史、卒史、百石卒史、直符史、狱小吏、小史、督邮、督邮掾、督邮书掾、都吏、少府、守属、给事太守府、郡司空等数十种。除别驾、主簿等少数掾属由朝廷任命之外，大多数均由长官自行聘用，长官的命运与他们息息相关，他们视长官为"君"，长官犯法，他们要连坐，与长官有荣辱生死与共的关系。这种关系很容易形成地方政治集团，故在东汉末年战乱之时，地方割据势力自立一方，这些掾、史、属也就成为割据势力的亲近谋士和党羽，进而称长官为"主公""府君"，自处于臣仆的地位，甚至还有"不事二主"的信守风气。掾、史、属之外还有一些役，称"卒"，由于以力为役，其地位显然低于掾史。秦汉时期，掾史也是一种入仕途径，从小史而为公卿者，史书中也有明确的记载，掾史在当时是有一定社会地位的，而胥卒除非有特殊贡献，否则是无法为官的。

魏晋以后实行九品中正制，掾史不再是主要的入仕途径，社会地位也明显降低。秦汉时期官与吏的区别还不是很大，而在九品中正制实行之后，官与吏便拉开了距离。以前的吏与官靠近，而且很容易进入官的阶层；后来的吏则与役靠近，常常是吏役、吏卒并称，且地位卑贱。如晋代易雄，"少为县吏，自念卑贱，无由自达，乃脱帻挂县门而去"①。如果没有世家为援，或手段的话，基本上失去了跻身高官的可能。身份虽然降低，但在官府工作，也难免假借官权以行己私。如在军祸天灾接连不断的情况下，"公卿已下出谷以助振给，奸吏因之侵割无已，虽有贷赡之名而无其实"②。他们也会利用手中的权力谋私利，故此出现"奸吏"的称谓。

隋唐时期实行科举制度，吏虽然有流外铨选制度，但很难进入官的阶层，即使能跻身于官的行列，也没有升为高官的可能。有研究者认为：隋唐"通过流外官制度，明确地把官与吏相区分，这是秦汉时期官吏不分以来，第一次从体制上明确他们的区别"③。实际上是吏的升进道路变得更窄，社会地位更加低下，胥吏合称，还不允许他们参加科举考试。"举人曾为官司科罚，曾任州县小吏，虽有辞艺，长吏不得举送，违者举送官停

① 房玄龄，等．晋书：卷89：忠义易雄传．北京：中华书局，1974：2314.
② 房玄龄，等．晋书：卷106：石季龙载记．北京：中华书局，1974：2764.
③ 赵世瑜．吏与中国传统社会．杭州：浙江人民出版社，1994：70.

任，考试官贬黜”①，也使他们沦为官场中低贱的层次。

宋代的吏职，无论是从名目，抑或人数都有增加，故有研究者把他们称为胥吏集团，这个集团有吏员、公人、役人等三个层次②。不但官与吏，而且吏与役的区分也更加明显。其吏员是各官府衙门办理文书事务者，公人是在官府衙门听差跑腿者，役人是在官府衙门承办各种事务之人。刑部所属都官司，“掌徒流，配隶。凡天下役人与在京百司吏职皆有籍，以考其役放及增损废置之数”。其下设有差次、磨勘、吏籍、配隶、知杂等五案。官府衙门办事离不开这些人，虽然朝廷规定了额度，但也挡不住各官府衙门招募，故此出现“冗滥”现象。如在蔡京掌权时，“吏员冗溢，节度使至八十余员，留后、观察下及遥郡刺史多至数千员，学士、待制中外百五十员”③。王安石变法之后，公人、役人改为招募，朝廷无法控制地方衙门扩充，这些在官之人欺压民众则在所难免，已经成为难以克服的弊病。

金、元时期，吏的地位空前提高，流行着一官二吏的说法。吏在当时的社会地位高，固然有民族的原因，因为他们入主中原，对汉族，特别是对江南士大夫集团不信任，有意重用地位较低的吏，以便在长官的指挥下行使统治机能；也有任官制度的原因，由于少数民族人士出任主官，有语言文字能力方面的限制，不熟谙衙门运作和各地风土人情，不得不更多地依靠吏以辅佐管理，吏在官府运作中的作用也越来越大，社会地位也大有提高，成为仅次于官的等级，以至于“吏权太重”④，而“吏权重而积弊深”⑤。金、元实行岁贡吏员制度，即各级官府每年向朝廷推荐吏员，而吏考制度也比较宽松，通过岁贡、考核都可以顺利地进入官的序列，因为熟悉政务，升迁也很快，为高官者也不在少数。

明代虽然承袭元代制度，有一套吏的考试升转制度，但恢复唐宋以来贱吏的旧习，吏职人员不但很难升到高官，而且官府普遍贱吏。升迁无望，社会又贱视，这些人既然没有可能升到高官，又很难在社会上受人尊敬，只有充分利用现有条件以满足自己的欲望，一是利用制度上的缺陷以达到掌握某一方面实际权力的目的，二是利用自己拥有的实际权力来发财致富，三是以本地人的优势所形成的人脉关系架空官，进而造成难以清除的“吏弊”，成为明代地方政治的困扰。

清承明制而又有所改，在试图清除吏弊的意愿下，一方面堵死吏的升迁之路，一方面裁减吏额，并采取许多防范吏弊的措施。但事与愿违，非但没有清除吏弊，反而与胥吏共天下，吏弊更加严重。

从胥吏发展历史来看，胥吏一直与官同时存在，其名目之多，难以统计。仅以唐代来说，就有令史、书令史、亭长、掌固、赞者、典谒、司驭、门仆、直长、亲事、帐内、典书、斋郎、谒者、主帐、佐史、录事、执刀、白直、府、史、典狱、问事、帐史、佐

① 刘昫. 旧唐书：卷14：宪宗纪. 北京：中华书局，1975：423.

② 梅原郁. 宋代官僚制度研究. 日本京都：同朋舍，1975：501；穆朝庆. 宋代中央官府吏制述论. 历史研究，1990（6）.

③ 脱脱，等. 宋史：卷179：食货志下一. 北京：中华书局，1977：4361.

④ 脱脱，等. 金史：卷96：黄久约. 北京：中华书局，1975：2125.

⑤ 脱脱，等. 金史：卷73：守贞传. 北京：中华书局，1975：1688.

等数十种。明清也有令史、书吏、司吏供事、堂吏、经承、攒典、承发、典吏等名目，以及地方的“三班六房”等。

无论胥吏名目如何繁多，按其职役的性质，实际上只有两大类，那就是胥和吏。

胥，也称胥役，是供官府驱使的劳役，负责催征赋税、维持治安、把守关卡、看守仓库、看管和押解犯人、站堂、看门、传唤、传送文移、押解官府物品等诸多杂事。吏，也称吏役，是在官府承办具体公务的人员，虽然也有役的性质，但毕竟不同于胥，其地位也高于胥，他们在官府中负责文书事务，承办具体事务，如收发公文、保管档案、誊录文书、造报账册、处理各种文书等文案事务。

胥役本来是被官役使的人，大体上可分为两种：一种是纯受役使，在官府督促下从事各种苦重的劳动，如河工、渡夫、纤夫、更夫等；另一种是在官府的指挥下从事听差跑腿等杂事。虽然他们都是被役使的人，但因其身在官府内外职掌的不同，性质上有很大的区别。前者是最底层，属于民役之在官者；后者则是走卒，属于在官之役；前者实际上就是普通人民，后者则是官的爪牙。本来杂役是由里甲轮流选壮丁充当，有规定的期限，这其中也有一部分是自愿充当的。自明代“一条鞭法”实行以后，充当走卒的役多改为由官府雇用，享有一定工食银米待遇，渐渐成为职业的役；这种职业的役则不再是普通被役使的人，而是成为普通人民的对立面。称得上政治力量的杂役，实际上就是指这样一批身为官府走卒的役，俗称三班衙役。这些役在官吏群体中的地位最低，他们不但受命于正官、佐贰、属官、教官、杂职官等，而且还要受制于吏典。职业的衙役，服务于官府是他们的经济来源；在解决生活问题的同时，把自己的性命也交给了官府。官府经常向他们施发官威，一事办的不妥或不力，除被辱骂之外，或被打板子，或被打棍子，挨打之后还要匍匐谢罪谢恩，装出满面羞愧而无地自容的样子。当官的尊贵和威严，就在这劈劈叭叭的板棍声中得以维护。然而，这些走卒之役毕竟是在官府中的人，虽然经常挨打受骂，但回过头来对贫民百姓却像野兽一样地疯狂。明人有诗云：“昨当租吏来，宰割充盘儿。吏怒反索金，黎民那有此?”一旦不遂意，仅仅是“薄诉吏转嗔，锁缚不复视”①，生动地刻画出这些“奴仆之体”的“奴仆皂隶人等”嘴脸。他们“自恃衙门情熟，因而包揽钱粮，把持行市，窝娼窝赌，无所不至。而犹未遂其欲，每与捕役上下其手，窝顿盗贼，发踪指示，名曰放线。所获之赃，盗得其三，彼得其七。且以语言恐吓事主，令勿报官，即使事发，而州县捕役，向为一线串通，或以强为窃，或故意纵放，有司为之掣肘，百姓被其扰害”②。“收强盗月钱之利，借侦逃缉贼之名，失事则擒获无闻，捉人则私刑酷拷，且多串贼而打诈，又藉贼口以扳诬”③。他们地位虽然低下，却是地方重要的政治力量，直接关系到地方治理的好坏。

吏是操办具体事务的人员，他们经吏部注册，有工食银和任期，经考满可以进入官的行列。从地位上看，吏也属于“官役”，是一种下贱的人，贤人君子应该“视吏卒如奴仆”④；在官的眼里，他们是奸贪的化身，“百端作弊，无所不至”，只知道贪利，以至于

① 沈德潜. 明诗别裁：卷7：钱嵘《悯黎咏》. 北京：中华书局，1975.

② 贺长龄，等. 清经世文编：卷24：吏政·吏胥. 北京：中华书局，1992：612.

③ 王庆成. 稀见清世史料并考释. 武汉：武汉出版社，1998：273.

④ 朱元璋. 大诰：胡元制治第三. 北京：科学出版社，1994：56.

"仁义礼智之道同于圣贤者，丧之尽矣"[①]。由于他们在各级官府衙门中主管文移簿书，明习法令，熟悉政务，所以讥斥归讥斥，但所有官僚都离不开吏，当然，这些吏也离不开官僚，进而与官构成一种既相互利用又相互防备的关系。从表面上看，吏的地位低下，官可以随意辱骂责打他们，但在实际上吏也在想方设法地愚弄官。官和吏在古代政治体制中都是最重要的主体，两者既不能合又不能分。论地位，吏也是国家征上来的劳役，但恃官势而作恶，时人以"狗吏"称之。论官与吏的关系，表面上地位悬殊，长官视之为奴仆则被目为贤官能臣，长官施之辱骂笞杖则被认为善驾驭。论职权，吏不过在衙门内负责抄写文书，查核案例，只有办事责任而无决策权力。其地位低下，权力微弱，却绝不是任人摆布，因为他们掌握实际操作的权力。官行使权力离不开吏，"流水的官，世守的吏"，以常换客乡之官而临常在土著之吏，本来就不是一件容易的事。若遇上吏胥"上恃官府之威，下怀肥己之奸"[②]，非但害民而且坏官。如果遇上险恶吏胥，"官之长短反为吏把持，噤莫敢出声"[③]，官反成傀儡。所谓"官看三日吏，吏看十日官"，是官与吏处在荣辱与共、驾驭与挟制的矛盾共同体中。从制度上看，"中国古代这套强化的中央集权制度，规定了从中央到地方有统一的行政管理体制。中央政府的吏、户、礼、兵、刑、工六部行政结构和州县吏、户、礼、兵、刑、工六房的行政结构是一个整体"[④]。在这个行政结构内，不但有官，而且还有吏，即便是"为官任事者，略不经心"或"临政之时，袖手高坐"，还可以"谋由吏出"[⑤]。吏存在的现实，给官施政带来许多便利，也带来许多问题。这些被认为是贱役走卒的吏，是"天下诸司所用走卒不可无者，持簿书亦不可无者。然良家子弟一受是役，鲜有不为民害者"[⑥]。吏缘为奸是古代朝野公认的现实，朝廷再三要求官严格驭吏，采用重惩贱视的办法，但吏缘为奸的现象非但没有消除，反而愈演愈烈，成为困扰古代政治的重大棘手问题之一。

明清两代胥吏在政治上所发挥的特殊作用是公认的。明人认为"以官府之衣冠临天下，以胥史之心计管天下"[⑦]。清人则认为"本朝则与胥吏共天下"[⑧]。正说明胥役在当时政治中发挥着难以代替的巨大效用。从理论上说，官员为长官，吏役为厮奴；官为主导，吏役为附从；官的地位高贵尊严，吏役则卑贱低下，甚至法律上"不齿于齐民"，非经三代之后，子孙不得应科举考试。理应由官员统率指挥吏役，驾驭之，使令之，必要时鞭鞑斥革法办之。吏役只有服从的义务，而无操纵或胁制官长的任何权力。但事实上并非如此，"这种制度和观念历来对胥吏的轻视和限制，却正好将州县胥吏们形成了地方政治中一个特殊的势力"[⑨]。吏胥为奸是朝野公认的现实，不但成为困扰当时地方的重大棘手问题之一，还成为影响地方治理的关键所在。

---

① 陈义锺．海瑞集：上编：吏书参评．北京：中华书局，1962：152．
② 朱元璋．大诰三编：巡阑害民第十六．北京：科学出版社，1994：224．
③ 林烃．林氏杂记：宦游纪//明史资料丛刊第五辑．南京：江苏古籍出版社，1986．
④ 李洵．论明代的吏//明史研究：第四辑．合肥：黄山书社，1994．
⑤ 朱元璋．大诰：胡元制治第三．北京：科学出版社，1994．
⑥ 朱元璋．大诰续编：戒吏卒亲属第十三．北京：科学出版社，1994：111．
⑦ 陈龙正．几亭全书：卷23：政书·乡筹·御吏．清康熙四年（1665年）云书阁刻本．
⑧ 徐珂．清稗类钞：胥役类·例吏例．北京：中华书局，1986：5251．
⑨ 张伟仁．清季地方司法：陈天锡先生访问记．食货月刊，1969：3（3）．

二、幕僚与幕友

幕僚又称僚佐、僚属、幕府、幕属、幕宾、幕友、幕客、西宾、西席、宾师，实际上分为两类：一是典制规定行政辅助人员，可以统称幕僚；二是军政长官聘请的助手、参谋，可以统称幕友。幕僚的出现很早，但由军政长官自行聘请却经过几起几落。

早在商周时期，君主和诸侯在正式职官之外，都使用一些谋士型的人物作为佐助，这些谋士渐渐演变成正式的职官。如太师、太保等，原来并不是正式职官，都是从参帷幄而逐渐成为尊贵职官的。

战国时期，各国君主争相延聘人才，许多公卿将相也竞相网罗名士，即使是鸡鸣狗盗之徒也都在网罗之列，如当时的春申君（楚国黄歇）、孟尝君（齐国田文）、信陵君（魏国无忌）、平原君（赵国赵胜）、靖郭君（齐国田婴）、文信侯（秦国吕不韦）等，各有食客三千以上，其中也不乏谋略之人为他们筹谋划策，开后世幕友的先河。

秦汉时期，各级军政长官自行辟署僚佐，实际上是自行组织本官府的政务体系，朝廷对之控制不严，军政长官的权力也相对集中。为消除这种尾大不掉的趋势，朝廷不断削弱军政长官的辟署权力，把一些高级僚属的任命权收归中央，但却未能完全消除军政长官本身的权力，重用门生故吏，借以把持官府的现象时有发生。

魏晋南北朝时期，虽然政局稳定的时间不长，实际上每个政权都在削夺军政长官的权力，尽可能地把他们的下属编入官制序列，以便朝廷分别控制，但在权臣当道之时，朝廷根本无力粉碎他们的谋士集团，也无力控为己用。

隋代把一命（官阶分九命，一命最低）以上的官吏均收归中央任命，从制度上取消了军政长官自行组成谋士集团的权力，并把正副长官相互牵制监督制度化，中央集权一度强化，但并未达到取消军事行动中领兵将帅自行辟署僚佐的权力，所以唐代中期以降，地方军政长官的权力逐渐膨胀，尤其是节度使、观察使、经略使等拥有实力的军政长官，无不延请幕宾以佐政。藩镇割据形成之后，各藩镇自辟僚佐，形成幕府制，乃至“各延名士，以光幕府”，自行组织政务集团，更形成风气。

宋代在削弱方镇势力的同时，把方镇的幕府体系纳入国家行政系统，不允许地方军政长官有自己的谋士。为此，朝廷专门设置“幕职官”，由中央直接任命，虽然称为幕职，实际上已经没有幕僚的性质，而具有了副职分权和监视长官的责任。在实际操作中，并未达到预期的效果，“宋初，内外小职任，长吏得自奏辟。熙宁间，悉罢归选部。然要处职任，如沿边兵官、防河捕盗、重课额务场之类，寻又立专法听举，于是辟置不能全废也”①。对于文武官员奏辟幕僚，只有宽准，虽然所用之人还要上报朝廷备案，但也难以限制文武官员自行延聘，故此有不少幕客活跃在各级官府之中。

元、明因循此宋制，幕职设置已经成为设官分职的制度。“夫幕所以赞政也。今内之府、部、南监，外而藩、臬、郡、邑皆置。幕，古也；然古之幕自方镇而下得自辟者，

---

① 脱脱，等．宋史：卷160：选举志六．北京：中华书局，1977：3755．

而今则命于朝，此其所以异也。”[①] 朱元璋认为地方官“受任方隅，所任之事，各必亲理之，所以视吏卒如奴仆，待首领官若今之参谋，善者礼之，不善者奏闻黜之”[②]。他认为把这个参谋之职纳入官的系列，是“恐各官吏才力不及，特设良法使行之”[③] 的重要一环。但他忽略了不是主官自择的幕职就很难得到主官信任的现实。幕职的胜任与否，主官也无权选择。因为“其命于朝也，则选用之权必委之吏部，吏部岁所铨注，动至数千人，岂暇一一详择！故居幕职者，贤不肖尝参半焉”。首领官的出身多是杂途，人才长短不一也是正常的，但是与主官出身相差悬殊，造成泾渭分明、尊卑显见之势，就使本来“幕于事无大小皆当闻”的古制，变为“今虽为幕宾，上下之际，直以分相临耳。至于郡邑之幕，其职尤卑。”这样一来，“其不肖者不假言矣。虽贤者亦惟谨修其常职。至于其长前，则亦唯唯而已，敢与之相异同者少矣”[④]。在主官负责制的情况下，身为幕职的首领官已经对长官起不到参谋作用，而长官也确实需要有人来帮助办理各项事务。请人就要花钱，国家是不会负担这笔钱财的。在俸禄日益减少的情况下，各级官府的长官确实也很难有这种经济能力。自明中叶以来，各种陋规增多，各级官府在管财过程中的收入也渐渐增多，官员收入不赀变成朝野公认的事实，以礼延聘幕友的经济条件具备了。在诸事必须由地方官办理，佐贰首领官唯唯是诺的情况下，地方官延聘幕友的政治条件也具备了。也就是说，明代地方幕友的出现与首领官的权责转变有密切联系，而这种转变的完成，应该是在嘉靖时期（1522—1566 年）。清代地方官聘用幕友虽然没有典制规定，但也为朝廷所认可。

明代中叶出现的幕友制，与以前的幕府制有本质上的区别。幕府制是要将所选幕僚的情况送到中央，享受国家的等级待遇。幕友制则属于私人聘请，不用申报中央，不享受国家的等级待遇，依靠官员个人支付的“束脩”、“馆谷”和委托信任。

清代地方官设置以主官负责制为前提，虽然在典章上也规定设置佐贰官，但不是全部设置。没有正佐监督机制，也就缺少政务的辅佐，而地方事务繁杂，非长官一人所能清理，因此聘用幕友以佐政事务，使用门丁办理各项事务，便成为有清一代特有的政治现象，对地方政治的影响也最为显著。

地方官聘用幕友，一是因为地方官或出身科举，或得官于捐纳、荫袭，又有回避制的规定，因是外省人，不熟悉任职地的民情风俗，“缺乏治国济民、办理政务之能力”。二是官府“本身组织不健全”[⑤]，又有书吏“控制了当地政府行政的知识”。长官高高在上，却大多数不熟悉行政工作，缺乏行政经验。高高在上，使一些长官“即使知道了个中三昧，也不宜事事亲自去和书吏多做交涉”。行政经验不足，未免事事受制于书吏。所以地方长官“上任时一定要带了幕友和门丁去。幕友供其咨商帮助治理重大的事情，并监督书吏的工作；门丁供其任使，担任他与书吏间交通的桥梁。有了幕友和门丁的辅助，

---

① 林文俊．方斋存稿：卷 6：送顾正甫赴遂安邑幕序．文渊阁四库全书．台北：台湾商务印书馆，1986.

② 朱元璋．大诰：官亲起蒿第二．北京：科学出版社，1994：55.

③ 朱元璋．大诰三编：臣民倚法为奸第一．北京：科学出版社，1994：177.

④ 同①.

⑤ 徐炳宪．清代知县职掌之研究．台湾东吴大学，1974.

主官对于书吏的指挥监督便有效多了"[①]。以此之故，在清代地方政治中的幕友、门丁（长随、家人）等依恃不同的特殊地位，串通书吏弄权舞弊的现象极为普遍。

幕友的来源和身份极为复杂，郑天挺教授归纳为：朝廷指派、随长官出差、特殊机会物色得来、国内著名学者、国内名流、地方人士、丁忧人员、退休或失意官吏、京官（未补缺者）、新贵（进士、举人）、秀才、门生故吏、亲属、专业幕宾（绍兴师爷）等14类[②]。幕友大多数是有功名的绅士，其中一些还拥有进士、举人功名。他们以行政管理专家的身份来负责管理和监督所有的行政程序，特别是熟习国家公文程式和制度，用以避免地方官因触犯法规而受处分。地方衙门通常设置幕友5～10人，分别管理各种具体的行政事务，其中以钱谷、刑名二职最为重要。幕友不是本地人，一般是由省、府官员或幕友之间推荐，因此上下级之间幕友关系密切，必要时能够给地方行政运作提供某些讯息和保护。乾隆时期，就查出全省相当一部分州县幕友均与府、道和省的布、按两司，甚至巡抚衙门的幕友都有亲眷或师生关系，形成一个组织严密的幕职网络，有些官员实际上是被笼罩在网络中而不自觉。幕友几乎不受朝廷的控制，他们对地方官的依赖完全是依靠他们的行政经验和个人交谊，合则留，不合则去。行政经验使他们获得比较高的报酬，个人自尊使他们获得很好的礼遇，并且经常能够与地方官商讨政务，参与政务的决策。

地方官必须聘用幕友，把"刑名、钱谷、发审、书启、征收、挂号、朱墨、账房及一切杂务之属"交给他们办理。因此，将幕友视为亲近腹心，是一般地方官普遍的认识和做法。官聘幕友，名为"赞治"，实际上是想通过幕友来监督吏胥的工作，精明的主官并不是让幕友拥有实权，"至于一定主意，须亲自裁决，庶事权不致旁落"[③]，是"权不尽在幕友，专在本官"[④]。且不论幕友制度也存在许多弊端，只以权在本官而言，则幕友只能够"赞治"，不能够有权，其立意是在佐助本官办理事务，则表明正官确实需要有人辅助。故此，官、幕、吏、役之间存在着既相互利用而又相互钳制的复杂微妙关系。大概会有三种可能：一是幕友绝对对本官负责，这当然会导致幕友与吏胥之间的对立；二是幕友采取调和的态度，既不触怒本官，也不得罪在本地拥有很大势力的吏胥，这当然是幕友求之不得的；三是幕友与吏胥沟通，共同来蒙蔽本官以谋取自身的利益，这当然不是本官所期望的，而在重视人品和声名的社会风气下，幕友也不愿走此一步。明嘉靖以后，"其贪墨奸佞阿卑谄者，安享荣禄。即有论劾，行贿得解，职任如故，旋复升转。以故今之大臣，实难展布。上为内阁劫持，下为言官巧诋，相率低头下气者以为循谨，千金双璧络绎道路，即以雄才大器著声矣"[⑤]。朝廷如此，地方更不可问，车载马驮输送上司，运往京城，总在各有所图。无论官还是吏，都在为自己谋利益，其幕友焉能处屋漏而不爽乎！幕友进入地方政治权力圈，使地方政治权力结构发生了显著的变化。以幕友为心腹而委以重托，则可能出现宾主同舟共济情况，因为官用幕以办事，幕以官为依

① 张伟仁. 清季地方司法：陈天锡先生访问记. 食货月刊，1969，3（3）.

② 郑天挺. 清代的幕府. 中国社会科学，1980（6）.

③ 黄六鸿. 福惠全书：卷1：莅任部：延幕友. 康熙三十八年（1699年）种书堂刊本.

④ 徐栋. 牧令书：卷4：用人：官箴书集成7. 合肥：黄山书社，1997：80.

⑤ 郑晓，撰. 李致忠点校. 今言：卷4之二百九十八条. 北京：中华书局，1984：171.

托，若是地方官因故受到处分，“幕友当然只有引咎辞馆了。虽然他（幕友）不是职官，不负行政责任，也不受法律惩处，但内心的歉疚是可以想见的”①。当然也会出现幕友把持地方政务而挟持本官的情况，因为“事经商酌，又耳目至近，苟不立品端正，宾主少有失意，辄操其短长，恐吓诈骗，往往有之”②。官场混浊，人情叵测，官幕之间有许多反目成仇的事例。

三、家人与官亲

战俘、罪犯和欠债不还的人沦为奴隶，曾经是中外历史的共同特点，从世界古代的奴隶制存在情况来看，无论是形式还是内容，都存在着差异。恩格斯指出：“奴隶制是古希腊罗马时代世界所固有的第一个剥削形式；继之而来的是中世纪的农奴制和近代的雇佣劳动制。这就是文明时代的三大时期所特有的三大奴役形式；公开的而近来是隐蔽的奴隶制始终伴随着文明时代”③。说明奴隶制既是一种经济制度，也是一种社会制度，在政治制度中也必然有所体现。

中国古代一直存在着奴婢，而且形成制度。历代奴婢的来源，一是通过战争抢掠的人口，二是迫于生计而投充豪强、地主、官僚、富商者，三是通过人口买卖而为奴婢者，四是罪犯及其家属被没为奴婢者，五是通过典雇而为奴婢者。奴婢的用途很广泛，既可以作为商品用来交换，还可以用之从事各种劳动生产，但主要还是用于家内服务，也就成为主人身边的人，若是取得主人信任，不但有可能改变身份，还可以假借主人权势而狐假虎威。

作为官员，其上任时，携带奴婢上任也是普遍的现象。如后汉的崔寔出为县令，因为家庭经济不太富裕，所以只带了一名从者，称“客庸”。古代的男性奴仆称呼很多，诸如仓头、苍头、长须、平头、僮奴、驱口、臧获、家奴等；女性则有青衣、丫鬟、丫头、婢妾等。女性婢妾等尚且不论，其男性奴仆中有僮奴、门人、苍头、家奴等，是听主人驱使的身边之人，在官员拥有权力的当时，就有可能染指权力，而得到主人信任的奴仆也会利用权力以谋私利。如西汉霍光当政，“爱幸监奴冯子都，常与计事”④。东汉辛延年《羽林郎》诗有云：“昔有霍家奴，姓冯名子都。依倚将军势，调笑酒家胡。”再如东汉广陵王刘荆，“令苍头诈称东海王强舅大鸿胪郭况书”⑤。让奴仆参与政事，委派奴仆办理与监督某事，则成为官员的常态。如曹魏时，各级官员“或有使奴客名作在职家人，冒之出入，往来禁奥，交通书疏，有所探问”⑥。汉魏两晋南北朝世家大族的僮奴厮养人数众多，奴仆参与政事也为常态。

隋唐至宋元明，官员都有私属的奴婢，让奴仆参与政事也是常有的事情。如隋青州

---

① 张伟仁．清季地方司法：陈天锡先生访问记．食货月刊，1969：3（3）．

② 黄六鸿．福惠全书：卷1：莅任部：延幕友．康熙三十八年（1699年）种书堂刊本．

③ 恩格斯．家庭、私有制和国家的起源//马克思，恩格斯．马克思恩格斯文集：第4卷．北京：人民出版社，2009：195．

④ 班固．汉书：卷68：霍光传．北京：中华书局，1962：2950．

⑤ 范晔．后汉书：卷42：广陵思王荆传．北京：中华书局，1965：1446．

⑥ 陈寿．三国志：卷14：魏书·董昭传．北京：中华书局，1959：442．

总管张威，“颇治产业，遣家奴于民间鬻芦菔根，其奴缘此侵扰百姓”①。唐“博州刺史琅邪王冲，责息钱于贵乡，遣家奴督敛”②。宋陈州知州石保吉，“大治廨舍，修城壁，不以闻，僮奴辈假威扰民”③。辽代投下军州“刺史以下皆以本主部曲充焉”④，故此朝廷鼓励奴婢告主，“制诸掌内藏库官盗两贯以上者，许奴婢告”⑤。即便是规定非谋反大逆不准奴婢告主，而实际上也容忍奴婢控告。如“郡王贴不家奴弭里吉告其主言涉怨望，鞫之无验，当反坐，以钦哀皇后言，竟不加罪，亦不断付其主，仅籍没焉”⑥。金代女真官上任多带僮奴，海陵王南征时，“命诸军渡江无以僮仆从行，闻者莫不怨咨”⑦，故此政务多委僮奴去办理，“家僮辈席势侵民”⑧。元代奴仆用事更多，如荆湖北道宣慰副使驴驹，“以修治沿江堤岸，纵家奴掊敛民财”⑨。有权有势的官员们，常常“纵家奴陵虐官府，为害百端”⑩。明代奴仆用事的现象也很普遍，如朱元璋的驸马欧阳伦，“有家奴周保者尤横，辄呼有司科民车至数十辆。过河桥巡检司，擅捶辱司吏”⑪。权相严嵩，“畜家奴五百余人，往来京邸。所至骚扰驿传，虐害居民，长吏皆怨怒而不敢言”。其中家奴严年，“尤为黠狡，（严）世蕃委以腹心，诸所鬻官卖爵，自世蕃所者，（严）年率十取其一。不才士夫，竞为媚奉，呼曰鹤山先生，不敢名也。遇（严）嵩生日，（严）年辄献万金为寿。彼一介仆隶，其尊大富侈若是”⑫。中官带参随，武将带家丁，官员带奴仆上任，乃是正常现象。可以说僮仆用事的现象一直存在，这与君主用近人的道理是相通的。

清代地方官带领家人上任乃是典章制度允许的，规定上限，知府只能够带 30 人，知县 20 人，贤能的地方官也要带上五六人。如于成龙那样只带一名家人上任的，乃是特殊现象，连于成龙自己也认为家人少而难办事，故此大多数地方官多超过典制规定，多带家人。这些家人也被称为长随，除了分管宅门内的各种事务之外，还被分派各房科去监管胥吏。家人大体有三种：一是家生奴，他们累世为家仆，终生与主相随；二是临时雇用的，不是终身，长官离任，不管官辞或自辞，一般是不再随官别任；三是“带肚子”或“带驮子”家人，是以官员的债主身份随官就任，欠债本利收回，即可离官而去。这些家人“只有伙食供应，而无薪水，其地位与倡优同等，不齿于齐民，不能应考入仕。但是他们所任的职务，如门上、稿案、钱粮、税契、监狱、监印、差总等都是公事，尤其是门上和稿案二者，特为重要”⑬。他们名为主官的随从，实际上乃是亲信，除了照顾

---

① 魏徵，等. 隋书：卷 55：张威传. 北京：中华书局，1973：1379.
② 欧阳修，宋祁. 新唐书：卷 113：徐有功传. 北京：中华书局，1975：4189.
③ 脱脱，等. 宋史：卷 463：外戚刘美传. 北京：中华书局，1977：13548.
④ 脱脱，等. 辽史：卷 37：地理志一. 北京：中华书局，1974：448.
⑤ 脱脱，等. 辽史：卷 21：道宗纪. 北京：中华书局，1974：256.
⑥ 脱脱，等. 辽史：卷 62：刑法志下. 北京：中华书局，1974：944.
⑦ 脱脱，等. 金史：卷 129：佞幸李通传. 北京：中华书局，1975：2786.
⑧ 脱脱，等. 金史：卷 110：程震传. 北京：中华书局，1975：2436.
⑨ 宋濂，等. 元史：卷 36：文宗纪五. 北京：中华书局，1976：800.
⑩ 宋濂，等. 元史：卷 205：奸臣铁木迭儿传. 北京：中华书局，1976：4579.
⑪ 张廷玉，等. 明史：卷 121：安庆公主传. 北京：中华书局，1974：3665.
⑫ 明世宗实录：卷 509，嘉靖四十一年五月壬寅条.
⑬ 张伟仁. 清季地方司法：陈天锡先生访问记. 食货月刊，1969：3（3）.

生活起居之外，还被派遣出去督管某些事情，以至于各房科都有长随监管，因此有人将之比作天子之宦官[①]，在地方也是令上下左右瞩目的一批人物。“每见州县胥役作弊，皆与家人连手瓜分，或有所闻见，则家人曲为掩饰弥缝；而胥役婪赃民间，皆面讲规礼；家人需索，则胥役为之传说。”[②] 这些家人应该是地方官的亲信，却也是最难让地方官放心之人，“此辈原从觅利起见，意到地方串通管家衙役，作弊取钱，并分常例小包；甚有外饰忠勤，内怀奸诈，希图信任，藉以行私；倘本官不察，辄堕其术中，贻害非浅”[③]。尤其是那些具有债主身份的家人，更是豪横，因为“外官以贫而不能赴任者，辄觅长随，向之假贷，藉以制冠裳，备舟车，一切费用皆取给焉。从之赴任所，派为司阍，任重事，数年而清偿子母，佣值必加丰，谓之带驮子，盖取马骡负重之意。世人讹驮为肚，已属费解，复以官有事故不能偿者，称为泻肚，尤讹之讹矣。若辈多有恃财傲上，难保其终者，器小易盈，无足怪也。同、光间，乃有以幕友而为带驮子之事者，账房是也”[④]。“当本官未经得缺之先，常代借银两，并言明得缺后，即派充门丁。需资人员往往嗜其小利，一经任用，则蒙蔽招摇，无所不至，本官受其挟制，平民被其讹索，实堪痛恨”[⑤]。长随虽然是家奴身份，但他们可以假官之势而横行。“长随之多，莫甚于乾嘉两朝；长随之横，亦莫甚于乾嘉两朝。捐官出仕者有之，穷奢极欲者有之，傲慢败事者有之，嫖赌殆尽者有之，一朝落魄至于冻饿以死者有之，或人亡家破男盗女娼者有之。据所见闻，已不一其人，皆由平生所得多不义之财，民脂民膏也。”[⑥] 那些当长随赚了钱以后捐官者，称“飞过海”，今日为奴仆，明日便可以官座堂皇，但总不如当长随风险更小，故此许多人还乐意为之。如乾隆四年（1739 年）状元庄有恭的父亲，在苏州府为司阍，庄有恭“及第后，仍执司如故，经太守婉谢不肯归”[⑦]。在嘉庆初年，昌平州“有司阍王诚者，顺天人，自言其曾祖已当长随，积赀巨万，家有质库八所。其为人也，老成练达，既无嗜好，亦不捐官，公事之暇，惟静坐一室而已”。钱泳“意此人以长随为乐者耶”[⑧]。袁枚借雷部三爷之奴，“小名阿三，惯倚势诈人酒食”，来嘲笑长随，“今长随中有称三爷、四爷者是矣”[⑨]。社会虽然贱视长随，但地方官也不得不倚重长随。清代“省外各府州县，皆有坐省家丁，驻会垣，以本官自派者为多，其有以藩司门丁兼之者，则由府州县给以工食，岁时亦有犒。通省大小文武官吏之黜陟、迁转、庆吊诸事，无不先日报告，曰坐省条子。间若干日，辄附辕门抄以寄之。且大吏及其父母夫人之寿辰，皆列一表，以红纸印之，年月为纲，以次叙列”[⑩]。让这些长随打探省中情况，随时准备行贿，长随办事则在所难免。如乾隆时某知县的长随高柏林，被称为“小高”，当钦差过境的时候，知县“召小高，付以千金，令办供应”。没有想到千金竟然丢失了，故此“供应铺设，一

① 宫崎市定．清代の胥吏と幕友//宫崎市定全集：第 14 卷．东京：岩波书店，1992.
② 徐栋．牧令书：卷 4：用人//官箴书集成 7．合肥：黄山书社，1997：85.
③ 黄六鸿．福惠全书：卷 1：筮仕部・募家丁．康熙三十八年（1699）种书堂刊本.
④ 徐珂．清稗类钞：奴婢类・长随带驮子．北京：中华书局，1984.
⑤ 王之春．椒生随笔：卷 6：带肚．长沙：岳麓书社，1983.
⑥ 钱泳撰．张伟点校．履园丛话：卷 21：笑柄・长随．北京：中华书局，1979.
⑦ 况周颐．餐樱庑随笔．太原：山西古籍出版社，1996.
⑧ 钱泳撰．张伟点校．履园丛话：卷 21：笑柄・长随．北京：中华书局，1979.
⑨ 袁枚．子不语：卷 8：雷部三爷．笔记小说大观 20．扬州：江苏广陵古籍刻印社，1984.
⑩ 徐珂．清稗类钞・奴婢类・坐省家丁．北京：中华书局，1984.

无所备。钦差故廉吏，一见大悦，以为此人是干仆，即令跟随”。这是歪打正着，后来高柏林因敲诈勒索而使“百姓哗然”①，最终还是被轻办了，故此有人认为他是有狐仙帮助。为长随也有专门的学问，在清同治年间，有人以庄有恭的名义出了一本名为《仕途轨范》的书，也称《偏途福》，俗曰《长随论》，专门讲为长随的学问，其中有十要、十不可、呈词分别刑钱、用印信条款、礼部铸印局、国家喜诏遗诏等，“皆文墨之要诀”；梆点金鼓、朝贺祭祀、柬帖称呼，“皆典礼之要诀”；接诏迎官、驿递差徭、彩觞宴会、铺垫亲随，“皆差务之要诀”；“至于监狱班馆，红衣督护，尤为防范攸关，不可稍涉疏忽。是书条分缕析，理明词达，令读者触目会心，易于效法者也”②。地方官信用亲随，自然难免为亲随所误。幕友出身的汪辉祖，可谓精通地方事务，也险些为这些人所累，故此驾驭家人，往往是当时地方官所面临的最困难的问题。

家人在地方衙门“宅门内用事者，司阍者曰门上，司印曰佥押，司庖曰管厨；宅门外则仓有司仓，驿有办差，皆重任也。跟班一项，在署侍左右，出门供使令”③。实际上是地方官具体事务的承办者，他们没有薪水，地位低下，不能够参加科举考试，但是地方官信任之人。这些人有诸多名目，诸如阍者、门上、稿案、钱粮、税契、监狱、监印、差总、厨役、房科等，也分为上中下三等，除了办理衙门之内的事，还经常被官派遣出去督管某些事情，是“长随非在官之人，而所司皆在官之事”④，在地方乃是令上下左右瞩目的一批人物，其陋规收入也是不少。“上等长随每年所得高达 10 000～30 000 两，余则不过几百两”⑤。

在宗法社会里，官吏周围最亲近的应该是他们的兄弟叔伯子侄和妻子儿女，以及通过婚姻结成的戚属。这些人是官吏的亲属，在朝章礼法上原没有参与官府政务的权力。然而，这些人等依恃身为官亲，却往往能参与政务，何况有些长官还认为亲属可靠，任人唯亲则在所难免。如西汉昭帝时，霍光秉政，其兄弟子侄、女婿外孙都被任命为官，以至于“党亲连体，根据于朝廷”⑥。东汉窦宪以外戚之宠，“窦氏父子兄弟并居列位，充满朝廷”⑦。北魏李冲乃是显贵门族，“务益六姻，兄弟子侄，皆有爵官，一家岁禄，万匹有余；是其亲者，虽复痴聋，无不超越官次”⑧。隋代杨素佐助杨广篡得帝位，因此受宠，其“所私皆非忠谠，所进咸是亲戚，子弟布列，兼州连县”⑨。唐代名将郭子仪有子八人，女婿七人，“皆朝廷重官”⑩。宋徽宗时“六贼”之一的朱勔，起运花石纲，“子侄承宣、观察者数人，厮役为横行”⑪。这些有权有势的人，都以宗亲、姻亲为重，即便是不能使他们为官，也会为他们谋利。如晋代冀州刺史刁弘，“兄弟子侄并不拘名行，以

① 钱泳撰．张伟点校．履园丛话：卷 16：精怪·高柏林．北京：中华书局，1979.
② 况周颐．餐樱庑随笔．太原：山西古籍出版社，1996.
③ 汪辉祖．学治臆说·用长随之道．官箴书集成 5．合肥：黄山书社，1997：270.
④ 徐栋辑．牧令书：卷 4：用人．官箴书集成 7．合肥：黄山书社，1997：85.
⑤ 施坚雅．中华帝国晚期的城市．叶光庭，等译．北京：中华书局，2000：446.
⑥ 班固．汉书：卷 68：霍光传．北京：中华书局，1962：2951.
⑦ 范晔．后汉书：卷 23：窦宪传．北京：中华书局，1965：819.
⑧ 魏收．魏书：卷 53：李冲传．北京：中华书局，1974：1187.
⑨ 魏徵，等．隋书：卷 62：梁毗传．北京：中华书局，1973：1480.
⑩ 刘昫．旧唐书：卷 120：郭子仪传．北京：中华书局，1975：3466.
⑪ 脱脱，等．宋史：卷 200：刑法志二．北京：中华书局，1977：5001.

货殖为务，有田万顷，奴婢数千人，余资称是”①。唐代权臣李义府，“贪冒无厌，与母、妻及诸子、女婿卖官鬻狱，其门如市”②。明成化年间大学士万安，在任二十年，“每遇试，必令其门生为考官，子孙甥婿多登第者”③，而“各边巡抚文臣，一有克捷，则以其子弟女婿冒滥升赏，要君欺天，无耻甚矣”④。这些宗亲、姻亲随官员到任，以“三爷”身份染指政治，谋取私利。

明清地方官携带亲友上任也是常事，故此有“三爷”之讥，即老爷（少爷）、姑爷、舅爷。“三爷”实际上是地方官自己带去的亲信，让他们涉及政事也是在情理之中。这些地方官“任内多用亲族，或以手足而充奴隶之事，托以腹心；或以子弟而作内幕之宾，任其喜怒；甚至女婿，娇客也，无事不管；郎舅，内亲也，无恶不为。更有封翁而下侵子权，嘱贪教谄；夫人而外兼官政，雷厉风行。房师、座师所荐之长随，皆视一官为孤注；母党、妻党所推之亲戚，咸以转斗为居奇”⑤。对于“三爷”，一些地方官认为是可以用的，关键在于如何用，因为“三者未必才无可用，第内有嘘云掩月之方，外有投鼠忌器之虑，威之所行权辄附焉，权之所附威更炽焉。任以笔墨，则售承行、鬻差票；任以案牍，则通贿赂、变是非；任以仓库，则轻出重入、西掩东挪，弊难枚举。即令总核买办杂务，其细已甚，亦必至于短发价值，有玷官声。故无一而可事，非十分败坏，不入于耳。迨入于耳，已难措手。以法则伤恩，以恩则坏法，三者相同，而子为尤甚”⑥。以血缘构成的宗族关系，以婚姻为纽带的裙带关系，一直在中国古代政治中发挥作用，地方官当然也不可能置身世外，因此重用官亲的现象非常普遍，有些官亲也确实能够为地方官排忧解难。如乾隆末年，派大将军福康安到西藏平叛，“声势赫奕，所过州县，以办差不善登白简者不一”。有一个地处偏远的知县“心切恐惶，日惟涕泣而已”。他的亲戚从知县那里要来该县仅有的三百两银，用来装修公馆。福康安来到时，正逢盛暑，因为有天棚及水降温，让他感觉舒适凉爽，不仅夸奖道：“天仙界水晶宫不是过矣，不意僻陋小邑竟有是耶？可见人以才能为贵也。”又因为所上菜肴没有肥腻之味，福康安“亦大醉饱乐甚，以二千金与令，以偿其费”。后来得到保荐，该知县官至按察使，被认为是“皆一官亲力也”⑦，亦可见时人对官亲的看法。虽然有不少是因为官亲而丢官卸职，甚至丢掉性命者，如汪辉祖所举诸暨知县黄汝亮、平阳知县黄梅，“并因子累，身干重辟，子亦罹刑”⑧。毕竟还是有许多地方官重用官亲，驾驭官亲，似乎也是地方官难以克服的问题。

清人认为在地方“其最为民害者，曰吏、曰役、曰官亲、曰仆隶。是四种人，无官之责，有官之权，官或自顾考成，彼则惟图牟利，依草附木，狐假虎威，足使人敲髓沥

① 房玄龄，等．晋书：卷69：刁协传．北京：中华书局，1974：1845.
② 刘昫．旧唐书：卷82：李义府传．北京：中华书局，1975：2767.
③ 张廷玉，等．明史：卷168：万安传．北京：中华书局，1974：4523.
④ 陆容撰．佚之点校．菽园杂记：卷12．北京：中华书局，1985.
⑤ 徐栋．牧令书：卷1：治原．官箴书集成7．合肥：黄山书社，1997：14.
⑥ 汪辉祖．学治臆说：卷下：至亲不可用事·官箴书集成5．合肥：黄山书社，1997：286.
⑦ 吴炽昌．客窗闲话：卷8：陬邑官亲．石家庄：河北人民出版社，1985.
⑧ 汪辉祖．学治臆说·至亲不可用事．官箴书集成5．合肥：黄山书社，1997：286.

膏，吞声泣血”①。这些亲族凭借血缘婚姻关系而得到长官的信任，参与官府政务，进而成为令上下瞩目的污浊势力，对地方治理影响甚大。

第二节 中华民国公务员制度

中华民国的成立，在形式上不同于传统的官僚体制，试图构建经过公开考试的文官制度，形成政务官与事务官系列。在引进西方制度的基础上，中华民国确立了公务员制度，有了现代的特点。行政辅助人员在公务员制度下，改变了仅有官的设置而无胥吏编制的传统体制，统一纳入国家体制之中，以期实现行政的统一。

一、公务员

北洋政府时期，模仿西方制度，试图建立文官制度，相继制定了一系列法规、章程，推行考选制度，将普通文官分为九等，在任用方面分为简任、荐任、委任三类。一二等为简任官，任免和叙任均由国务总理呈请大总统执行；三至五等为荐任官，由各部总长建议总理呈请大总统任命；六至九等为委任官，由直属部总长直接任命。这些都属于官，即便是在各部门担任科员之类职任，也进入文官系列，官与吏的区别在制度上不存在了，却也没有改变原有的政务运作方式。

北洋政府于1913年1月公布《文官甄别法草案》，依法对未经文官考试任用的官吏进行甄别。甄别由临时组成的高等甄别委员会（国务总理为会长，各部总长、次长为委员）、普通甄别委员会（各部及各省长官委派）负责，进行检验毕业文凭、调查经历、检查工作成绩、考查学识、考试工作经验等五个方面的甄别；合格者授予甄别合格证书，可继续任官职；不合格者应予罢免。因为没有认真执行，所以甄别工作成效不大。

从1929年10月29日南京国民政府公布《公务员任用条例》，到1933年4月1日开始实行《公务员任用法》，公务员制度逐渐推广，其任用方式有特任、简任、荐任、委任之别。由国民政府主席直接任命各部委首长为特任；由国民政府主席或行政院长任命为简任；由主管机关荐请任命为荐任；由各机关依法任命为委任。《公务员任用法》曾经多次进行修订，经过考试院公开考试录用者也有一定比例。

对任职官员，南京国民政府改称公务员，不再以传统官吏称呼。尽管还存在许多局限，在实际运作过程中也存在各种各样的问题，但也不能够否定其进步意义。如1933年至1936年，全国拟任合格公务员有14 001人，实际任用有简任官613人，荐任官2 547人，委任官12 057人②。这些人都有一定的学历，有些还有西方教育背景，在很大程度上提高了公务员的素质，但也有不合格者得以任用。

从文官制度到公务员制度，在法律上确定了政务官与事务官，其特任为政务官，其

① 梁恭辰. 北东园笔录三编：卷3：魔餐孽种. 笔记小说大观29. 扬州：江苏广陵古籍刻印社，1984.

② 考试院施政统计. 国民政府秘书处，1937.

余均为事务官，有了任用资格及相关程序。在行政序列出现外交、司法、技术、警察等，职业也纳入文官之中，任用资格也有了较为明确的标准和依据，从学校中选拔及专门培训制度也逐渐规范化。

中华民国在大陆存在38年，始终没有达到实质上的统一，无论是文官制度，还是公务员制度，在推行过程中都遇到相当大的阻力。就南京国民政府而言，1929年10月，南京国民政府公布《现任公务员甄别审查条例》10条，对各机关现任公务员予以甄别审查，以革命功勋、学历、经历、考试等为标准，按合格、降级、降等、不及格、不予甄别五种进行黜陟。甄别审查分资格和成绩两项，由考试院制定甄别项目并制定表格分发各官署，限令各所属公务员填写“资格”项，主管长官为其填写“成绩”项，拟定甲、乙、丙、丁四等，连同有关证明书，汇送考试院铨叙部的审查委员会审查。凡成绩在乙等以上为合格，丙等降级或降等，丁等为不及格。合格者由铨叙部给予证书，仍以原官任用；降级或降等者颁发降级或降等证书，以应降之官任用；不及格者，呈请国民政府或通知各该主管长官，即予免职。甄别工作原计划4年完成，但因本属长官与公务员有裙带、恩荫、行贿受贿等关系，迟迟不进行甄别，以至于时间已到，而“报送请甄别者甚少”①，所以在1933年颁布《公务员登记条例》，未经过甄别的公务员，只要进行“登记”，便取得“合法”资格。为时两年九个月，甄别人数还不到应甄别人数的40%。此后又进行公务员登记审查，陆续淘汰庸劣之人，在抗日战争之前，共计淘汰11 769人，占登记审查人数的21%②。甄别与登记审查工作并没有全面展开，各地方不是采取消极对抗，便是公然反对，甄别与登记审查没有实质性效果，国民政府也不得不将权力下放到各省自行办理，公务员制度也很难落到实处。各地方在用人时，往往以自治为名，建立同乡会，构建自身的政治势力，以至于时人指出：“乡土观念多为军阀所利用，要求政府封闭各地同乡会，尤应禁止大学生组织同乡会，各机关长官概不能用同省人。”③ 各割据势力在地方安插自己的亲信，传统的以血缘为纽带的宗族关系、以婚姻为纽带的裙带关系依然发挥重要作用。除此之外，各地军阀开办培训班、传习所、训练所、讲武学堂等，以师长自居，师生关系也成为任用人的标准，而国民党员及军人享有特权，他们往往不用甄别登记审查，就可以直接当官，亦可见南京国民政府也没有进行过认真的甄别。

北洋政府推行文官制度，南京国民政府推行公务员制度，进步意义是明显的，但在具体推行过程中，仍然没有改变传统旧俗。在用人方面经过考试任用的所占比例很少，大多数高级官员还是凭借家庭和政治关系而被任命。在铨叙方面也是非亲即故，以长官意志为进退④。在荐任上也以私人为主，任人唯亲、唯故、唯私、唯财、唯关系成为通行法则。所谓的选贤任能也只能够停留在口头上，非但没有工作效率，而且易于滋生腐败，连蒋介石也不得不承认：“如果我们不清除当前机构的腐败、受贿、敷衍塞责和无知，而代之以廉洁、有效的行政，有朝一日革命会很快起来反对我们，像我们过去反对

① 董霖．中国政府：下册．重庆：重庆商务印书馆，1941：822.

② 公务员甄别审查统计表．国民政府秘书处，1937.

③ 蒋廷黻．我的行政经验与感想．行政研究．1936，10（1）.

④ 孟广涵．国民参政会纪要．重庆：重庆出版社，1987：472.

满清一样。”① 他这些话很快就成为现实，国民党的腐败无能使其自身被人民推翻成为必然。

北洋政府文官制度及南京国民政府公务员制度，只是大概区分政务与事务两类，没有明确何者是行政辅助，而在实际运作上，作为行政辅助的文官、公务员还是占有相当大的比例，尤其是秘书的设置，将传统的书吏及幕友制度融合在一起，在行政上发挥重要的效能，秘书政治特点突出。除此之外，还有许多雇员、事务员，在各级政府自主招聘的情况下，承担着众多的日常政务工作。

二、事务员与雇员

民国时期各级政府的事务员也有额定编制，其科员以下的事务员及雇员，均由本级政府直接委任，他们不属于公务员序列，却承担许多具体工作，成为行政辅助人员。事务员及雇员也分等级，具体人数也有一定的限制。除了政府部门之外，司法、警察及各乡镇也有一定的编制，这些人多不在公务员之列，属于办事员、雇员及自治之列，均由各级政府自行招聘雇用，其薪饷也有额定，经过考绩也有升入公务员的可能。

就民国各县额定编制而言，各地情况不一。按照1939年国民政府颁布的《县各级组织纲要》，计有总则、县政府、县参议会、县财政、区、乡镇、乡（镇）民代表会、乡（镇）财政、保甲、附则等10章60条。按照《纲要》规定，以其面积、人口、经济、文化、交通等状况，各县分为三等至六等。如1940年，四川眉县为四等县，编制县长1员、秘书1员，科长4员，警佐1员，指导员4员，督学3员，技士1员，科员44员，事务员10员，雇员9员，公役8员，共计86员。1942年甘肃临夏县为三等县，设县长1员、秘书1员、科长6员、技士1员、检定员2员、督学4员、指导员4员、科员7员、管卷员1员、户籍员1员、事务员7员、合作指导员1员、合作助理员2员、雇员11员、工役9员、测绘员1员，共计59员；警佐兼队长1员、巡官2员、雇员1员、一级警长2员、二级警长2员、三级警长2员、一级警士23员、二级警士23员、三级警士23员，清道夫2员、伙夫2员，共计83员。宁定县为六等县，设县长1员、秘书1员、科长5员、技士1员、检定员2员、督学2员、指导员2员、科员7员、管卷员1员、户籍员1员、事务员4员、合作指导员1员、雇员8员、工役5员，共计39员；警佐兼队长1员、巡官1员、雇员1员、一级警长1员、二级警长1员、三级警长1员、一级警士9员、二级警士9员、三级警士9员、清道夫2员、伙夫2员，共计37员②。

县以下为乡镇公所、保办公处、甲长。乡镇除设长之外，还设民政、警卫、经济、文化四股；保除设长之外，还设民政、警卫、经济、文化干事；甲有户长会议。乡镇15～30个设区长1人，指导员2～5人，各自有任职标准，除县长、科长、警佐、区长、科员、乡镇长可以纳入公务员序列，其余都属于办事员、雇员，其任命方式由各科局选用报县政府备案，有一定薪饷待遇，属于吃行政饭者，而各地视自己财政及事务情

① 费正清. 剑桥中华民国史：下卷. 杨品生，等译. 北京：中国社会科学出版社，1993：185.
② 本书编纂委员会. 临夏回族自治州志. 兰州：甘肃人民出版社，1993：573.

况，可以增设名额，也给各级政府一定的自主用人权力。

根据1929年9月内政部公布的《县政府办事通则》，要求秘书、科长秉承县长办理规定事务，科员秉承秘书、科长办理事务，县政府事务员、雇员由长官分派佐理事务。县长可以调整、互换各科的事务，秘书、科长请假超过一个月应呈民政厅备案，请假期间县长可以派员代理。1935年国民政府颁布的《县行政人员任用条例》，将县行政人员定义为县政府秘书、科长或局长、科员及技术人员等四大类；其职位由县长遴选合格人员、呈请省政府核委，秘书选用则给予县长更大的自由，省政府直接任免其提出的人选①。为了统一事权，军事委员会允许各县佐治人员，一概由县长“自辟僚属”，以便指挥②。给予县长很大的权力，而实际上县长也要受到多方制约，来自上方权且可以不论，以县内政务运作而言，许多事务要通过县政会议、县行政会议决定。县政会议是由县长、秘书、科长、各局局长组成，审议县的预算与决算、县公债、县公产处分、县公共事业的经营与管理等，以及县长认为应该提交商议的其他事项，参加人数必须超过法定人数的2/3且须参加人员半数以上同意，决议方能够有效。县行政会议是由县长、各科科长、各局局长、各区区长、各地方团体首领、地方公正士绅、省民政厅特派员等组成，按规定每年召开2次，议决县长、各局及各团体提交的议决事项，到会者必须超过半数，议决必须超过到会者的半数，议决事项方能够有效。

民国时期地方官制不断调整，试图将用人权收回到中央或省，但也不得不给予地方一定用人权。地方的诸多事务都需要及时办理，在额定的公务员不敷使用的情况下，地方自主选用的事务员及雇员往往承担更多的事务，进而获得一些权力。办事员、雇员虽然与传统的胥吏名称不同，却有相同之处，乃是在官之人，可以假借官威以行己私，宗法、裙带、同乡、师生、金钱等关系依然发挥重要作用。

三、秘书政治

孙中山在建立南京临时政府时，仿照西方政治制度推行秘书制，使秘书成为合法的辅佐，以后虽然有所变革，但秘书体制还是得以确立，除了蒋介石构建侍从室类似幕府之外，秘书机构的设立还是将政务与事务明确区分开来，秘书主要承担服务工作。秘书体制通过立法的形式合法化，具有民主共和的形式，对秘书机构设置与运行也有相应的规定。

北洋政府省民政公署下设总务处，内设秘书、科长等；道公署内务科兼办秘书事务；县公署第一科掌办总务。没有建立专门秘书机构的，长官自行雇用人承办各种文书工作，号称佐治员，基本上还是清朝的幕友制。南京国民政府各院、部、会设置秘书厅局，各省设置秘书处，下辖四科五室，以秘书长领之；院辖市及省辖市设秘书处，县设秘书室，县以下各机构都有专职秘书，自上而下的秘书体制也就形成了。

构建秘书体制，与之相适应的选拔与任用制度也逐渐建立起来。如北洋政府文官制

---

① 屈武．国民党政府政治制度档案史料选编：下册．合肥：安徽教育出版社，1994：49．

② 军事委员会委员长行营．军事委员会委员长行营政治工作报告（民国二十四年）//沈云龙．近代中国史料丛刊三编第25辑．台北：文海出版社有限公司，1987：13．

规定秘书任用必须是现任委任文职；曾任委任文职满一年以上且有成绩；经文官普通考试及格，并且实习期满有成绩；属于委任职，而特殊秘书官是荐任职。南京国民政府高级秘书还有简任职，按照《国民政府秘书及科员任用规则》，秘书任用必须是国民党党员，具有国内外大学或专门学校以上的学历，具备已担任文职3～4年的资历，由两位国民党委员推荐或有主管长官保准，还要进行政治保密审查。民国时期的秘书制度虽然具有民主共和制度形式，但也没有摆脱传统的幕僚体制，既有长官自己支付薪饷、非编制内的秘书，也有在编制内的秘书，无论在编否，都要与长官共进退，对长官的依附性很强。正因为如此，秘书任用大多要依靠师生、亲友、同乡、故旧、人情关系。

民国时期官制的重要特色是将秘书列入文官与公务员序列，无论是中央还是地方，秘书成为必设机构。按照规定，秘书主要负责撰拟与收发文件、保存档案、做会议记录等文字处理工作，直接受命于长官，没有独立的行政权力。在中央设置的秘书厅、秘书处，并且分处、科、室以分理不同事务，有秘书长、秘书、科员、书记官等，均纳入文官或公务员序列，等级也视所在部门而分高下。1933年，蒋介石在南昌建立“剿共”行营，设立侍从室，有参谋、秘书、译电员等，负责处理各类函件公文。1940年在军事委员会下设侍从室扩展为三个处：侍一处负责军事、情报业务；侍二处负责党务、政务工作；侍三处负责人事调查、登记和考核等业务；外加侍卫长室、参事室，已经染指军政事务。

民国时期的秘书体制构建虽然具有现代秘书机构的特点，也有选拔和任用的程序，更有相应的法律法规，但没有完全摆脱传统的幕友制，没有独立的选拔、任用与晋升制度，只有依靠长官的庇护才能在权力体系中生存，缺乏稳定性和延续性。即便如此，秘书制度化也给秘书参与政治提供了便利，秘书政治特点突出。

从民国时期秘书体制发展来看，虽然有了新的气象，具有公务员的身份，但与长官共进退，也具有传统幕友制的特点，秘书成为当时令人瞩目的政治势力。有人总结清朝秘书政治有五大特点：“一是秘书代行领导权力，成为领导的化身或代言人；二是秘书与领导结成利益共同体，成为领导的经纪人或利益代理人；三是秘书职业成为入仕捷径，秘书在获得高官厚禄后，递延领导的权力；四是秘书群体掌握大量的社会经济和政治资源，掌握公共权力和利益的话语权或控制权；五是秘书与领导之间职责分界含糊，导致对秘书的监管难以到位。”① 这种特点在民国时期也很突出，除此之外，还有秘书之间的关系，在长官权力集中的情况下，秘书或奉长官之命，或私自与其他部门的秘书相互勾结，打探机密事宜，通风报信，以至于互相利用，甚至能够左右长官的决策，构成秘书网络。他们利用长官的权力，凡是有求于长官的人，往往要先通过秘书，进而成为中间商，可以从中谋取个人私利。长官为了自身的利益，往往利用权力给秘书安排职位，成为秘书升官的捷径。

民国时期，秘书政治几乎无处不在，他们不但活跃在政治舞台上，而且渗透到各个领域。在承平时期借长官之势以谋私利，战乱之时发国难财，应该说是变革的阵痛，有许多经验教训可以记取。

---

① 眭达明. 清朝秘书政治. 济南：山东人民出版社，2013：序言.

第三节　特别授权制度

在历史上职官除了规定的权限之外，在特殊的情况下还有特别授权制度，最为普遍的是专杀权与便（biàn）宜权。所谓专杀权，是授予特殊司法的权力。便宜则是方便、合适的意思，所谓“便宜者，盖谓便于公，宜于民也”①，即是以方便、适宜来斟酌处理的意思。古代设官都有一定的职掌规定，在职权范围内可以处理的事情，不能够称为“专杀”“便宜”，而超过自己职权范围，或者拥有某方面独断的权力，就要有朝廷授予的专杀权与便宜权。专杀权与便宜权授予本来是为了处理来不及上报的事情，所以多用于军事、司法及赈灾。按规定，专杀权与便宜权是有一定权限范围的，如果臣下没有得到应有的专杀、便宜授权而擅自处理事务，就要获得重谴，在规定的权限范围以外使用专杀、便宜权力，必须要获得殊勋才可以免罪，也只不过是功过相抵。经过历代的实践与发展，被授予专杀权者，其大者可以诛杀方面大员，小者也可以诛杀基层文武官吏，有相当大的司法权力。便宜权有便宜行事、便宜从事、便宜、从宜等形式。授予方式有听、命、令、诏、使、得、许、赐、可、权、假、以、请等区别。不同的形式与不同的授予，其专杀权与便宜权也有明显区别。

一、专杀权与专杀罪

中国古代一直存在特殊授权制度，在正常的司法程序下，根据不同情况使用不同刑罚手段，也会根据不同的情况授予臣下以专杀权，在授权与法律中明确专杀的范围。在法律允许的框架内，允许官员运用自主权力，而在严格的法律程序下，也不允许滥杀无辜。授权是有范围的，不允许超越权限而胡作非为。限制官吏的专杀权也是发展趋势，故此有专杀罪。

（一）专杀权的界定

古代在军事行动中往往采取特别措施以约束军队，实行特殊的法律。军法不同于普通法，在军事行动中主帅有较大的处置权力。如《周礼》讲，大司寇“大军旅，莅戮于社”，小司寇“小师莅戮”，可以看到在军事行动中，除授予领兵将帅以一定的军法专断权力，朝廷的司法部门也要介入。士师“大师帅其属而禁逆军旅者，与犯师禁者而戮之”；朝大夫“在军旅则诛其有司”；大司马“比军众，诛后至者”；遂人“若起野役，则令各帅其所治之民而至，以遂之大旗致之，其不用命者诛之”；掌戮“凡军旅田役斩杀刑戮亦如之”。根据不同的情况，给予指挥将领和司法部门一定范围的专杀权力，以便在军事行动或军事演习中使用军法来维持军队的纪律。

大司徒以不孝、不睦、不姻、不弟、不任、不恤、造言、乱民等“八刑纠万民”。各

---

① 萧子显. 南齐书：卷 46：陆慧晓传附顾宪之传. 北京：中华书局，1972：808.

种刑罚只要在司法和执法官员权力范围内，都有一定的处置权力。在特殊情况下，还有专杀的权力。如小司徒“掌其政教与其戒禁，听其辞讼，施其赏罚，诛其犯命者”，是协助大司徒总领八刑，对所谓“犯命”者有专杀之权。司虣“掌宪市之禁令，禁其斗嚣者，与其虣乱者，出入相陵犯者，以属游饮食于市者，若不可禁，则搏而戮之”，司稽“掌执市之盗贼以徇，且刑之”，在维持市场秩序时，对不遵禁令的暴乱者以及盗贼有专杀之权。乡士“凡国有大事，则戮其犯命者”，遂士“凡郊有大事，则戮其犯命者”，县士“凡野有大事，则戮其犯命者”；乡、遂、县的刑罚案件要依次上报，由司寇总领其事，但遇有大事，也就是特殊情况，他们也有一定的专杀权。还有讶士“居馆则帅其属而为之蹕，诛戮暴客者”；禁暴氏“凡国聚众庶，则戮其犯禁者以徇；凡奚隶聚而出入者，则司牧之，戮其犯禁者”；禁杀戮“凡伤人见血而不以告者，攘狱者，遏讼者，以告而诛之”；掌戮“杀其亲者焚之，杀王之亲者辜之”；等等，都有一定的刑罚处置权，甚至是处死权，而这些必须依照法律规定来行使。

在一定的范围内授予一些官员专杀权，是为了应付突发事件或紧急处理某些事务，但这种权力要由君主授予，其专杀范围也根据君主授予权力大小而定。如汉武帝时，“泰山、琅邪群盗徐勃等阻山攻城，道路不通。遣直指使者暴胜之等以绣衣杖斧分部逐捕。刺史郡守以下皆伏诛”①。这是授予直指使者以专杀二千石以下官的权力，而汉武帝元封五年（前106年）所置十三州刺史，假节巡行所属郡国，以“六条”察吏，因为拥有“假节”，所以有一定的专杀权。东汉末年，因为镇压黄巾军，授予地方臣僚和军事将领的专杀权力不断扩大，朝廷也渐渐对他们失去控制，他们进而成为地方割据势力。在朝廷集权的过程中，开始对专杀实行制度上的限制。如魏晋时，在外领军将帅以使持节、持节、假节来确定专杀权的范围，当时地方长官例兼军职，不兼军职的地方官被称为“单车”，所以大部分地方长官都有不同程度的专杀权。隋唐以后，朝廷基本收回地方这种权力，但以旌节授权专杀的制度却被延续下来。

（二）专杀权的实施

一方面，为了应付国内动乱和外患，授予一些将领和地方大员专杀大权，本来是迫不得已的事；另一方面，一旦局势稳定，收回专杀权便成为朝廷的当务之急。如南朝刘宋大明七年（463年）四月，孝武帝刘骏下诏曰：“自非临军战陈，一不得专杀。其罪甚重辟者，皆如旧先上须报，有司严加听察。犯者以杀人罪论”②。唐代自太宗时已经完全收回臣下专杀之权，即便是元勋贵戚妄杀一平民也不少贷。如开国元勋裴寂被唐太宗归纳为四大罪，其第四罪便是专杀所谓的“妖人”③。即便是“安史之乱”以后，专杀大权逐渐下放，对专杀权的控制还是相当严格的。如至德（756—758年）中，将军王去荣杀富平令杜徽，太子太师韦见素、文部郎中崔器等皆以为：“法者，天地大典，王者不敢专也。帝王不擅杀，而小人得擅杀者，是权过人主。开元以前，无敢专杀，尊朝廷也。今

---

① 班固．汉书：卷6：武帝纪．北京：中华书局，1962：204．
② 沈约．宋书：卷6：孝武帝纪．北京：中华书局，1974：132．
③ 欧阳修，等．新唐书：卷88：裴寂传．北京：中华书局，1975：3739．

有之，是弱国家也”①。他们因此主张严惩，但随着政治局势的发展，专杀大权便很难收回了。

唐代专杀大权的下放，一方面是将领跋扈，另一方面是君主姑息。将领跋扈，是因为“武夫战将，以功起行阵为侯王者，皆除节度使，大者连州十数，小者犹兼三四。所属文武官，悉自置署，未尝请命于朝，力大势盛，遂成尾大不掉之势”②。君主姑息，是因为有所顾忌，如镇国军节度使李元谅因小忿而斩杀降将徐庭光，“德宗以元谅专杀，虑有章疏，先令宰相谕谏官勿论”③。君主不但不治罪，还想方设法为其脱罪，也就难怪这些强藩宿将“以暴乱为事业，以专杀为雄豪，或父子弟兄，或将帅卒伍，迭相屠灭，以成风俗”④。君主不但是姑息，而且是纵容，也无怪乎藩镇强臣能够“擅诛刺举之使，专杀仪台之臣”⑤。

“专杀”既为罪名，本应治罪，但罪与不罪往往仅在君主喜怒之间。如五代后梁开平中（907—910年），“金吾街使寇彦卿入朝，过天津桥，市民梁现者不时回避，前导伍伯捽之，投石栏以致毙”。对于这种公开违反法律的行径，时为御史司宪的崔沂也只是“引斗竞律，以怙势力为罪首，下手者减一等。又斗殴条，不斗故殴伤人者，加伤罪一等”。原本是专杀罪，却引“斗竞律”，崔沂也不得不仰君主鼻息而办事，还被称为“刚正守法”⑥。这虽然是乱世臣僚所不得已之处，但在君主淫威之下能够一争也是难能可贵。朱温一世枭雄，欲责人以专杀之罪并不难，如他计诛手下悍将朱珍。朱珍擅杀朱温爱将李唐宾，若是治罪，恐怕其造反，故此朱温“初闻唐宾之死，惊骇，与敬翔谋，诈令有司收捕唐宾妻子下狱，以安珍心。太祖（朱温）遂径往萧县，距萧一舍，珍率将校迎谒。梁祖令武士执之，责其专杀，命丁会行戮”⑦。对于忠实的奴仆可以开恩，对拥兵将帅则不能错过夺回兵权的机会，其专杀与否，只在君主一念之间。

北宋王朝加强中央集权，如果官吏犯有专杀之罪，轻者贬官而终身不进，重者则难逃一死。如宋太祖赵匡胤以拥立功臣王彦升专杀，而“终身不授节钺”⑧。以西川行营都部署王全斌“专杀降卒”，而“令御史台于朝堂集文武百官议其罪”⑨。对这些征战元勋，赵匡胤虽然没有将他们“罪当大辟”，却以专杀罪名消解他们的兵权。南宋绍兴元年（1131年），“节制江夏军马李允文拥众数十万，跋扈不用朝命”⑩，虽无反叛之心，只是因为擅杀岳州守臣袁植，便“以李允文恣睢专杀，赐死大理狱”⑪。

宋代在特殊的情况下，还是允许专杀的。如北宋初年，知沧州刘涣专斩部卒，通判

① 欧阳修，等. 新唐书：卷119：贾曾传附贾至传. 北京：中华书局，1975：4299.
② 赵翼. 廿二史札记：卷20：唐节度使之祸. 北京：中华书局，1984：455.
③ 刘昫，等. 旧唐书：卷144：李元谅传. 北京：中华书局，1975：3917.
④ 刘昫，等. 旧唐书：卷143：李怀仙等传史臣曰. 北京：中华书局，1975：3908.
⑤ 魏徵，等. 隋书：卷1：高祖纪. 北京：中华书局，1973：9.
⑥ 薛居正. 旧五代史：卷68：崔沂传. 北京：中华书局，1976：900.
⑦ 薛居正. 旧五代史：卷19：朱珍传. 北京：中华书局，1976：261.
⑧ 脱脱，等. 宋史：卷250：王彦升传. 北京：中华书局，1977：8829.
⑨ 脱脱，等. 宋史：卷255：王全斌传. 北京：中华书局，1977：8922.
⑩ 脱脱，等. 宋史：卷404：汪若海传. 北京：中华书局，1977：12218.
⑪ 脱脱，等. 宋史：卷26：高宗纪三. 北京：中华书局，1977：488、491.

泾州尹源就上书曰："涣为主将，部卒有罪不伏，笞辄呼万岁，涣斩之不为过。"① 在非常时期和特殊情况下，朝廷还是允许臣下采取特别处置的。如宋太宗至道二年（996年），"许州群盗劫郾城县居民，巡检李昌习斗死，都巡检使王正袭击之，获贼首宋斌及余党，皆斩于市"②。对于这种特别处置，民众往往也是能够接受的。如知龙门县刘烨在群盗杀人的情况下，"捕得之，将械送府，恐道亡去，皆斩之。众服其果"③。宋代"无州县专杀之理，往往杀之而待罪"④。没有专杀之权而专杀之，以至于"跋扈者专杀而不敢诛，有功者见杀而不敢诉，彼知朝廷一用柔道而威断不施，乌保其不递相视效"⑤。朝廷的优柔寡断和不严格执法，无异是姑息养奸，必然使上行下效，以至巡检、县尉等微职也能够先杀而后报。如嘉泰年间（1201—1204年），身为莆田县尉的陈仲微，在"时岁凶，部卒并饥民作乱，仲微立召首乱者戮之"⑥。南宋时，一方面外患频仍，另一方面内乱频繁，朝廷既不能御强敌于国门之外，又不能平内患于萧墙之内，专杀之权不断下放，那些"总兵在外，专杀无忌"⑦。"监司帅守，未免少立威名，专行诛戮，此特以权济事而已。而偏州僻垒，习熟见闻，转相仿效，亦皆不俟论报，辄行专杀。"⑧ 已经失去权威的朝廷，"虽累诏切责而禁止之，终莫能胜，而国亡矣"⑨。

对专杀权失控，表明中央权力的软弱，而拥有专杀权的臣僚互相攻杀，不但使政局不稳，而且自毁长城，损失国力。如金宣宗时，中都留守苗道润与顺天军节度使李琛相攻，山东行枢密院虽然指出"百姓不安，皆由官长无所忌惮使之然也"⑩，也只能进行劝解，丝毫不起作用。兴定二年（1218年），苗道润又与永定军节度使贾仝、贾瑀等互相攻击，贾瑀以假和设计杀掉苗道润。枢密院认为："贾瑀等刺杀苗道润，乞治瑀等专杀之罪。"金宣宗则认为："道润之众亟收集之，瑀等是非未明，姑置勿问。"⑪ 这样便助长了地方军阀相互兼并，史家不无感叹地说："苗道润死，中分其地，靖安民有其西之半，中分以东者其后张甫有之，然无北境矣。"⑫ 金再也不可能抵御蒙古铁骑的进攻，亡国也指日可待。

蒙古王朝初期，因为法制未定，无论是领军将帅，还是断事官，以及奴隶主，都可以专断杀人，尤其是"断事官得专生杀，多倚势作威"。在窝阔台时期任燕南路断事官的布鲁海牙，因为"小心谨密，慎于用刑"，得到史家的赞扬，尤其是在"是时法制未定，奴有罪者，主得专杀，布鲁海牙知其非法而不能救，尝出金赎死者数十人"⑬，为元代

---

① 脱脱，等. 宋史：卷442：文苑尹源传. 北京：中华书局，1977：13081-13082.
② 脱脱，等. 宋史：卷5：太宗纪二. 北京：中华书局，1977：100.
③ 脱脱，等. 宋史：卷262：刘温叟传附子烨传. 北京：中华书局，1977：9074.
④ 脱脱，等. 宋史：卷200：刑法志二. 北京：中华书局，1977：4997.
⑤ 脱脱，等. 宋史：卷417：乔行简传. 北京：中华书局，1977：12492.
⑥ 脱脱，等. 宋史：卷422：陈仲微传. 北京：中华书局，1977：12618.
⑦ 脱脱，等. 宋史：卷360：赵鼎传. 北京：中华书局，1977：11286.
⑧ 脱脱，等. 宋史：卷420：徐清叟传. 北京：中华书局，1977：12572.
⑨ 同④.
⑩ 脱脱，等. 金史：卷118：苗道润传. 北京：中华书局，1975：2572.
⑪ 脱脱，等. 金史：卷15：宣宗纪中. 北京：中华书局，1975：337.
⑫ 脱脱，等. 金史：卷118：苗道润等传. 北京：中华书局，1975：2591.
⑬ 宋濂，等. 元史：卷125：布鲁海牙传. 北京：中华书局，1974：3071.

“主不能专杀奴婢”法律出台奠定了基础。

元代在战争期间没有限制方面将领专行杀戮，但在战事平缓和政权稳固的时候却不能容忍他们实行“专杀”，控制也日见严格。如元世祖忽必烈时，云南廉访使朵儿赤，当看到云南“行省丞相帖木迭儿贪暴擅诛杀，罗织安抚使法花鲁丁，将置于极刑”时，便对帖木迭儿说：“生杀之柄，系于天子，汝以方面之臣而专杀，意将何为？小民罹法，且必审覆，况朝廷之臣耶。”①

朱元璋不允许臣下专断，更怕臣下欺瞒，将权力全部集中在自己的手中，当然不允许臣下有专杀大权。如永城侯薛显因为专杀属下，朱元璋认为其“妄杀胥吏、杀兽医、杀火者及杀马军，此罪难恕，而又杀天长卫千户吴富，此尤不可恕也”②。以其是有功之臣，只是将其谪居海南，分其禄赡养被杀家属。名将韩观，在作战中“得贼必处以极刑”。朱元璋因为他作战有功，默许其所为，并没有追究其责任。永乐时，韩观被任命为征南将军，镇广西，朱棣便赐玺书戒之曰：“蛮民易叛难服，杀愈多愈不治。卿往镇，务绥怀之，毋专杀戮。”③ 为此，朱棣还派遣员外郎李宗辅前往，名为招抚，实际是监督。韩观的专杀行为并没有收敛，当庆远地方的诸生来迎接，他却认为：“此皆贼觇我也。”竟将诸生“悉斩之”。所以在出兵交阯时，只让他“主馈运，不为将，故功不著”。韩观专杀没有获罪还有一个原因，那就是府吏郑牢的作用，因为韩观每次醉酒“辄杀人，（郑）牢辄留之，醒乃以白”④，使韩观没有因为专杀而引起朝廷的过度不满。能否确定是专杀罪，也全凭君主的意志。正统十一年（1446年），宣宁王杖死王府校尉，巡抚请治王罪，正统帝则说：“此已有敕让王矣，其俱置勿问。”⑤ 右都督杨俊，被赐以令旗得专杀，就因为“被酒，执守备都指挥姚贵，杖之八十”，而被下都察院狱“严锢之”⑥。有专杀权者尚不能够随便专杀，没有专杀权者，更会治罪。嘉靖十九年（1540年），“保定府新城知县吴瑗，以部民唐刚告其子钺不孝，令屠者支解钺而燔之”，最终以“专杀惨虐”，免死发边卫永远充军⑦。其实治罪与否，全由皇帝决定。

皇帝专控权力，使中央和地方政、军、监各部门缺少独立办事能力，在和平安定时期，这种文书上下传递、待批审议只是耗费时日、浪费资财，还不至于出现大的祸乱。如果遇到紧急情况，这种制度的弊端就显露出来，因此在特殊情况下便授予臣下一定范围的专断乃至专杀权，也就成为必要，随着社会局势的动荡，专杀权的授予也越来越广泛，并形成相应的制度。

明代最初授予臣下旗牌，拥有者则有“军法从事”之权。旗牌最初仅有300副，后来增至数千，是授权太滥，所以万历年间出现“赐尚方剑”制度，这些凭证与敕书相结合，使臣下拥有大小不同的专杀权。这种制度为清王朝所因循，旗牌称为“王命旗牌”，

---

① 宋濂，等．元史：卷134：朵儿赤传．北京：中华书局，1974：3255.

② 明太祖实录：卷59，洪武三年十二月戊辰条.

③ 张廷玉，等．明史：卷166：韩观传．北京：中华书局，1977：4480.

④ 张廷玉，等．明史：卷166：山云传．北京：中华书局，1977：4483.

⑤ 明英宗实录：卷139，正统十一年三月甲午条.

⑥ 废帝郕戾王附录：卷44，景泰四年二月癸丑条.

⑦ 明世宗实录：卷234，嘉靖十九年二月丁亥条.

乃是“颁发王命旗牌，所以重节镇之权，崇天室之威也”[①]。王命旗牌是官员行使便宜权的凭证，也是一种授权方式，在敕书规定的权限范围内，可以专征专杀。

有关清代“王命旗牌”在司法上的应用，学者们已经有了关注[②]。但对在什么情况下可以“恭请王命”，论述上仅仅是从律例角度来分析，“因渊源于明律的‘处决叛军’律以及采用王命旗牌处以死刑等，在顺治帝时期能够得以确认，所以一般认为‘恭请王命’从清初开始就已经实行了”[③]。认为那个时候仅是“权宜”，而在乾隆时期，也就成为“定例”，乃是“乾隆中期以后由于帝国版图的扩大以及当时随之出现的诸多社会问题”[④]，才能够有“恭请王命”之制。从法律层面进行分析，固然能够解释“王命旗牌”的一些问题，但不从制度上深入了解“王命旗牌”，也很难了解“恭请王命”之制。

明清督抚任命，除了发给他们印信旗牌等凭证之外，都颁赐敕书，上面明写该督抚拥有的权限，特别是清代钦差大臣，在康熙、雍正时不断派遣，至雍正末有了“钦差大臣关防”，至乾隆年间，钦差大臣制度化了。除了朝廷钦命大员之外，一些督抚也被加以钦差之名。钦差除了拥有关防旗牌等凭证之外，也颁发敕书，而敕书内往往授予他们以专杀之权，也就无怪以后“恭请王命正法”的事情越来越多了。

（三）专杀权的争议

古代“开国承家，有法有制，家不臧甲，国不专杀”[⑤]。这是正常的司法，当国家遇到特殊情况，不下放一些权力，就很可能导致一些地方失控，甚至造成社会动乱。什么时候下放权力、下放到何种程度，是历史上颇有争议的问题。

主张不能随意授予臣下专杀权者认为：专杀破坏国家法律，最容易导致“俗之能吏，公以杀盗为威，专杀者胜任，奉法者不治，乱名伤制，不可胜条”。以为只有收回臣下专杀的权力，才能够“吏不专杀，法无二门”[⑥]。他们认为，对于擅自实行专杀的官吏应该治罪，因为“长吏无专杀之义”，这正是孔子所谓：“唯器与名，不可以假人。”[⑦] 对于那些“无所顾忌，怙乱专杀，虚假王命，虐害鼎臣，辱诸夏之望，败王室之法，是可忍也，孰不可忍”[⑧]。如果臣下用什么“专戮其尤者以止盗”，则“是开天下擅杀之路，害仁政甚大”[⑨]。希望朝廷不要下放专杀、专戮大权，收回臣下的专杀权。

基于社会发展和政治形势需要，适当地授予臣下专杀权，有时会有利于政局的稳定，

---

① 清世宗实录：卷33．雍正三年六月乙亥条：第7册．北京：中华书局，1985：501．

② 铃木秀光．恭请王命考：清代死刑判决的“权宜”与“定例”．吕文利，袁野，译．内蒙古师范大学学报（哲学社会科学版），2009（4）；张世明．乾嘉时期恭请王命旗牌先行正法之制的宽严张弛，内蒙古师范大学学报（哲学社会科学版），2009（4）；白京兰．清代对边疆多民族地区的司法管辖与多元法律的一体化构建：以新疆为例．贵州民族研究，2012（4）．

③ 铃木秀光．恭请王命考：清代死刑判决的“权宜”与“定例”．吕文利，袁野，译．内蒙古师范大学学报（哲学社会科学版），2009（4）：34．

④ 张世明．乾嘉时期恭请王命旗牌先行正法之制的宽严张弛．内蒙古师范大学学报（哲学社会科学版），2009（4）：56．

⑤ 班固．汉书：卷100：叙传．北京：中华书局，1962：4267．

⑥ 班固．汉书：卷23：刑法志．北京：中华书局，1962：1112．

⑦ 陈寿．三国志：卷11：魏书·袁涣传．北京：中华书局，1959：335．

⑧ 房玄龄，等．晋书：卷62：刘琨传．北京：中华书局，1974：1689．

⑨ 宋濂，等．元史：卷160：高鸣传．北京：中华书局，1974：3757．

或者是消弭祸乱于萌芽之中，是“苟利社稷，义有专断”[①]。如东汉永平中（58—75年），奉车都尉窦宪出击匈奴，其副职骑都尉秦彭“在别屯而辄以法杀人”，公卿朝臣在议秦彭之罪时，汉明帝刘庄认为：“军征，校尉一统于督。（秦）彭既无斧钺，可得专杀人乎？”公府掾郭躬对曰：“一统于督者，谓在部曲也。今（秦）彭专军别将，有异于此。兵事呼吸，不容先关督帅。且汉制棨戟即为斧钺，于法不合罪。”[②] 认为在特殊情况下，应该给予将领以特别专断的权力。再如北齐“时清河多盗，齐文襄以石恺为太守，令得专杀”[③]。在北齐与北周争战中，清河郡则成为稳定的后方基地。辽萧太后赐东京留守耶律抹只以“西南路招讨使大汉剑，不用命者得专杀”[④]。在辽宋战争中，诸将得各自为战，击败宋军，并取得了战争的主动权。基于此，史家认为“汉世户口殷盛，刑务简阔，郡县治民，无所横扰，劝赏威刑，事多专断，尺一诏书，希经邦邑，龚、黄之化，易以有成。降及晚代，情伪繁起，民减昔时，务多前世，立绩垂风，艰易百倍”，主张适当给予地方官以一定的专断权力，则会“用功寡而成器多”[⑤]。

其实统治者对专杀权的授予是非常慎重的，从不肯轻易放弃这种权力，因为放任臣下专杀，容易造成臣下“擅权以弱社稷”[⑥]，所以不在万不得已的情况下，是不可能授予臣下专杀权力的，以至于专杀与擅杀同样成为“逆天”的罪名。对于这种“逆天”之罪，朝廷在有能力的情况下，是不会坐视不理的，“国法专杀者死”[⑦]，但也要视犯者情节轻重给予处罚，即便是皇亲国戚也不能免于处罚。如唐初宗室长乐王李幼良，因“时有人盗其马者，幼良获盗而擅杀之，高祖怒曰：‘昔人赐盗马者酒，终获其报，尔辄行戮，何无古风。盗者信有罪矣，专杀岂非枉邪？’遣礼部尚书李纲于朝堂集宗室王公而挞之”[⑧]。唐代宗大历四年（769年）“宗室颍州刺史李岵专杀，法司以议亲，宜赐自尽”[⑨]。

辽阔的疆土，再加上交通和通讯工具的落后，在专制主义中央集权制度下，事事必须经由中央管理，经过君主核准，显然容易出现低效，特别是在发生边警、民变、灾荒等特殊情况时，如果处理得不及时，肯定会关系到王朝的安危。出于加强统治的目的，授予一些大臣专杀的权力，应该是这种体制的一种自我完善。

专杀之权，只有君主才能够拥有，授予臣下乃是权宜之计，即便是不得已而授之，也应该严格控制。南宋初谏议大夫郑瑴上书言：“军法便宜，止行于所辖军伍，其余当闻之朝廷，付之有司，明正典刑”[⑩]。认为军法从事不能够滥用，被授予专杀权力的人，只能够用此来约束部伍。四川安抚制置使余玠，被授予生杀黜陟大权，计除都统王夔，使

---

① 房玄龄，等．晋书：卷66：陶侃传附子称传．北京：中华书局，1974：1781.

② 范晔．后汉书：卷46：郭躬传．北京：中华书局，1965：1543. 棨戟是官吏出行的一种仪仗，用木做成，既可以证明身份，又可以作为通行凭证。

③ 李延寿．北史：卷24：崔逞传附休子传．北京：中华书局，1974：872.

④ 脱脱，等．辽史：卷10：圣宗纪一．北京：中华书局，1974：109.

⑤ 沈约．宋书：卷92：良吏传论．北京：中华书局，1974：2272.

⑥ 范晔．后汉书：卷69：何进传．北京：中华书局，1965：2249.

⑦ 刘昫，等．旧唐书：卷190中：文苑陈子昂传．北京：中华书局，1975：5024.

⑧ 刘昫，等．旧唐书：卷60：宗室长平王叔良传附弟幼良传．北京：中华书局，1975：2346.

⑨ 刘昫，等．旧唐书：卷11：代宗纪．北京：中华书局，1975：291.

⑩ 脱脱，等．宋史：卷399：郑瑴传．北京：中华书局，1977：12122.

蜀地获安，“遂来谗贼之口”，在朝廷召命到来，“愈不自安，一夕暴下卒，或谓仰药死”①。臣下拥有专杀权，握有只有皇帝才能够拥有的大权，皇帝的猜疑在所难免，而官僚们勾心斗角，肆意谗毁，不但使拥有专杀权的臣下不安，也使他们不敢随便使用专杀权力，往往“未尝一按军法行事，及出师望风而溃，未闻于军前戮一偏裨之将以肃其气”②。即便如此，也难免遭人忌妒，最终被治罪身死。如嘉靖年间倭寇侵犯沿海，提督浙闽海防军务巡抚浙江朱纨，因为拥有专杀权，“立钩连主藏之法，以双樯大舰走倭岛互市向导者长屿人林恭等若干人正典刑”，结果被科道官弹劾擅杀，只能够“仰药”死，“此浙立巡抚，杀巡抚之始也”。代之者王忬，“亦以他事死”。其后张经、李天宠“论死”，胡宗宪“逮系死”，以至于“十五年间，无巡抚得全者”③。他们都拥有军法从事的专杀权，却都被以专杀罪论死，也可见臣下拥有专杀权，是很难自保其身的。当然，功成而退，或许能够保住身家性命。如经略洪承畴在平定天下以后，“以目疾乞解任，命回京调理”，实际上是因为“桂王既入缅甸，不欲穷追，以是罢兵柄”。《清史稿》作者也不无贬低地说：“国初诸大政，皆定自太祖、太宗朝。世谓承畴实成之，诬矣。”④ 其没有被杀，乃是他自此不问朝政，而闭门不出。

从历史上看，被授予专杀之权的臣下，大都没有好下场。如果专杀权失控，君主的权力则会受到威胁，甚至造成分裂。东汉末年，各州刺史都有专杀权，便“天下大乱，雄豪并起”⑤。唐代藩镇都有专杀权，乃是“以乱救乱，跋扈者能之；以乱不能救乱，险贼者能之”⑥。清咸丰三年（1853 年），颁行《就地正法章程》，专杀权极度下放，也导致“吏治不可言矣”⑦。尽可能地集权于上而巧妙地分权于下，是君主专制政体的一贯原则。“在专制政体下，君主把大权全部交给他所委任的人们。那些有强烈自尊心的人们，就有可能在那里进行革命，所以就要用恐怖去压制人们的一切勇气，去窒息一切野心”⑧。不能够不给予臣下一些权力，又不能够让臣下有不受控制的权力，专杀权与专杀罪也就应运而生了。

偌大的帝国，深居九重深宫的君主，不可能到全国各地去施展他的权力，需要委派官员实施管理，特别授予一些人专杀权，也是出于特殊形势，在某种情况下，可以收到良好的效果。毕竟偌大的王朝，因交通地理环境等方面的制约，事事都要上报中央，等待皇帝批准，一是会影响办事效率，二是难以应付紧急，三是可能会使局面失控，因此授权虽然是无奈的选择，毕竟还能够发挥臣下的主观能动性。臣下的权力扩张，势必会威胁到皇权统治，而“专杀罪”又是悬在臣下头上的“达摩剑”，随时都有可能落在头上。专杀权向专杀罪转化，既是君主不得不授权于臣下的表现，也是君主必须防范臣下专权的体现。在这里，“君临之术”与“臣奉之道”表现得淋漓尽致，其中的政治内

---

① 脱脱，等．宋史：卷 416：余玠传．北京：中华书局，1977：12473.
② 陈子龙，等．明经世文编：卷 256．北京：中华书局，1962：2702.
③ 王士性撰．吕景琳点校．广志绎：卷 4：江南诸省．北京：中华书局，1981：76.
④ 赵尔巽，等．清史稿：卷 237：洪承畴等传论．北京：中华书局，1977：9488.
⑤ 陈寿．三国志：魏志：卷 1：武帝纪．北京：中华书局，1959：55.
⑥ 欧阳修，等．新唐书：卷 187：王重荣等传赞．北京：中华书局，1975：5450.
⑦ 赵尔巽，等．清史稿：卷 449：锡良等传论．北京：中华书局，1977：12543.
⑧ 孟德斯鸠．论法的精神：上册．张雁深，译．北京：商务印书馆，1961：26.

涵，是耐人寻味的。

二、便宜权与便宜行事

古代设官都有一定的职掌规定，在职权范围内可以处理的事情，不能够称为“便宜”，而超过自己职权范围，或者拥有某方面独断的权力，只有通过朝廷授予便宜权，被授予者才会有权处置某种事务。便宜权授予本来是为了处理来不及上报的事情，所以多用于军事、司法及赈灾。按规定，便宜权是有一定权限范围的，如果臣下在没有得到应有的便宜授权而擅自处理事务，就要获得重谴。在规定的权限范围以外使用便宜权力，必须要获得殊勋才可以免罪，也只不过是功过相抵，还必须申说明白。经过历代的实践与发展，便宜权有便宜行事、便宜从事、便宜、从宜等形式，授予有听、命、令、诏、使、得、许、赐、可、权、假、以、请等区别。形式不同与授予不同，其便宜权也会有明显区别。

（一）便宜权授予

将在外君命有所不受，这是古人普遍的看法，但是在君命不受是否擅权的问题上一直存在着不同的认识。如西汉赵充国在指挥对羌作战时，采取步步为营的策略，与朝廷最初战略相左，以为将任兵在外，便宜有守，以安国家，所以固当守；长罗侯常惠以便宜发诸国兵，乃为擅发兵。一个“固当守”，一个“擅发兵”，简直是天壤之别。正因在便宜权问题上存在不同的看法，就有必要明确便宜权限范围，所以有了便宜权的授予制度。

便宜权授予是有等级的，依据历史及典章制度记载，有便宜行事、便宜从事、便宜、从宜等名目。

“便宜行事”是根据事态可以独立处理，一般授予方面大员。如十六国时的姚兴所讲：“吾每思得廉颇、李牧镇抚四方，使便宜行事。然任非其人，恒致负败”[①]。授予方面便宜行事大权必须谨慎，故此权从不轻易外放。

“便宜从事”是在规定的职权范围内斟酌处理，主要授予军事将领或地方长官。在难治地区任官所授予的便宜从事权，有专行杀戮之权，也有不拘常制之权。在军事方面取得便宜从事权，其主动权也是很大的。

便宜行事与便宜从事的“行”“从”，虽然只是一字之差，但在权力行使上却有很大的区别。如清入关以后，授予多尔衮以一切赏罚俱便宜从事的大权，以后根据需要，不断授予总督、巡抚、将军等军政长官便宜权。顺治二年（1645 年），命洪承畴以原官总督军务，招抚江南各省，赐敕便宜行事。从授予便宜权的敕书来看，便宜权的大小是根据官职和责任而定的。摄政王是实际皇权的代理者，所以“一切赏罚俱便宜从事”。洪承畴是明朝的降将，第一次授予他便宜权是为了招抚江南，是以明人而进入明朝腹地，在制度没有确立和胜负尚难料定的情况下，授予便宜权既没有制度上的保障，又有所保留，

---

① 房玄龄，等. 晋书：卷 118：姚兴载记下. 北京：中华书局，1974：2995.

所以对满洲兵的处置要“会同固山额真叶臣及督、抚、镇等官，调遣约束。其有不法扰民，在各旗旗下者，即移文咨会，依法处治”，实际上对满洲人没有处置权。至于进止机宜，洪承畴也要与“平南大将军、贝勒勒克德浑参酌施行”，也没有单独决定权。在刑罚权上，虽然规定洪承畴对“文官五品以下，武官副将以下，皆以军法从事”，但是有“用兵之际”的先决条件，而且明令他是“便宜行事”，而不是“便宜从事”，其与对多尔衮的授权有明显的区别。第二次授予洪承畴便宜权是在清王朝基本控制了局势、制度建设也基本上走上正轨之时，所以有内三院的“便宜条款”，而且是“宣示中外”。这里既有其他总督要洪承畴请示而行，又有他可以便宜行事的权力，对“文官五品以下，武官副将以下，有所违命，听以军法从事”，也没有了先决条件，而“不从中制”又不受朝廷掣肘，既有用人权，又有财政权，其便宜行使的权力明确了，也制度化了，但还不是便宜从事，依然是便宜行事，因为便宜从事权只授予亲王、郡王等重臣。

“便宜”是在特殊的情况下运用本身拥有的权力来斟酌处理事务，这种便宜权力有特许的，也有先决而后奏的。根据需要，一些没有便宜权的官府和地方可以申请便宜权，特别是地方遇到天灾人祸以后，往往特别授予一些地方官便宜权。

“从宜”是根据现实情况，运用自己的权力来适当地处理事务。“《国语》曰：匏竹利制，议宜。谓便于事用从宜者也。”① 只要便于处理事务又无害于大局，就可以称为“从宜”。但何者无碍大局？如果没有明确的规定，则难以断定何者越权，宋、金则在制度上有了规定。是时“河北封九公，因其兵假以便宜从事，沿河诸城置行枢密院元帅府，大者有‘便宜’之号，小者有‘从宜’之名”。是“从宜”也是便宜权，大小仅是辖区和授予权限的区别。允许地方官在自主权范围内进行从宜，并且予以鼓励，因为“顺俗从宜，各因其便”，往往会收到更好的效果。

便宜与从宜也是一字之差，但二者也有明显的区别。便是从其便，其权操在官员之手，因此朝廷予以严加控制，如明代“惟巡抚得以便宜从事”。从者从其宜，是根据情况而灵活处理。虽然是官员应急处理，但顺应事务的发展规律，会取得良好的效果，所以朝廷予以鼓励。

（二）便宜权授予方式

便宜权一般都要经过朝廷授予，并且因此产生了不同的授予方式，如听、命、令、诏、使、得、许、赐、可、权、假、以、请等。不同的授予方式，所得到的便宜权也完全不同，并且因此出现便宜权的等差。

“听便宜”是便宜权中较大的。如苻坚重用王猛，不但六州内事可以处理，还拥有用人权。“听便宜”的权力范围要根据授予而定，如宋太宗时，李重诲为招安捉贼使，听便宜从事，其权力是在规定的区域以内，也在于平定叛乱。这种在区域内的平定叛乱所拥有的听便宜行事权力是很大的，既可以随机行事，又可以专杀。有重大的军政要务而在某些地区授予将领，或主要长官，以听便宜行事或从事的权力是历代通行的制度。听便宜是拥有自主权力最大者，也容易引起君主怀疑，所以被授予“听便宜”者，结局不是

① 房玄龄，等. 晋书：卷16：律历志上. 北京：中华书局，1974：484.

篡权，就是被杀。

“命、令、诏、使”的便宜权则要视情况而定，因才而授予，往往会收到较好的效果。“诏以”或“诏许”是授予最为正规的便宜权，因为有公开的诏书和明确的权力范围。“命、诏”便宜权，多用于军事方面，拥有选拔和任命官吏的权力。

“得、许、赐、可”的便宜权应用比较广泛，只要是需要，一般都可以授予，但其权力大小也是有区别的。拥有军事方面的便宜权，即有了在军事行动上的自主权，以及一定级别以下官吏的生杀处置权，还有征用地方财力物力权。

“赐便宜”既是出于一种恩典，也是对其功绩的肯定。赐便宜一般都有信物，如辽将耶律德威被“赐剑许便宜行事”。这种赐尚方剑而授予便宜权，在明代成为一种制度，有一定的程序和隆重的授予仪式。

“可便宜”是在职权范围内的便宜权，有朝廷认可的，也有臣下擅行的。即便是君主认可，若没有明确授权，也有擅权之嫌，特别在使用法律方面的便宜权，必须有明确的授权。

“权、假”便宜是临时因为某事，或在某种特殊情况下暂时授予的便宜权。

“以便宜”在特殊情况下以自己职权行使的便宜权，事后要奏报，得到认可则无罪，否则便是擅权。没有特许的便宜权在使用上是有风险的，需要即时上报，听候朝廷处置。对于能够稳定社会而不妨碍权力格局的“以便宜”，一般都会赦免专擅之罪，有时还会得到重用。

“请便宜”是臣下根据情况向朝廷请给便宜权，在请的过程中也可以在一定程度上行使便宜权，其权力大小则看授予的范围。请便宜并不见得批准，所得到的便宜权是有时效性的，过期使用则为擅权。“请便宜”有自请，也有别人代请。

（三）便宜权的行使

被授予便宜权乃是一种荣崇，一般会换取臣下的忠诚。在行使便宜权过程中，只要是无关于人事、军事、刑罚等重事，即便是违反常规，也很少受到处罚，有些还能够得到褒奖，其主要原因是这些便宜往往能够稳定社会，或者有利于朝廷。当然，如果这种便宜权的应用不是为了王朝的利益，而是擅行其私，擅征其利，则为王朝所忌。

地方官和负有方面责任的官员，使用便宜权来稳定社会和发展经济，朝廷一般还是认可的，有时还给予鼓励。以惠民为标准，实际上是以稳定社会为根本。违例赈灾，非但没有受到处罚，还给予留一年的奖励，是因为没有使灾民流离出境，破坏王朝的统治秩序。

在便宜权授予与使用过程中，除对用人权控制较严之外，就是对刑罚权的控制。在一般情况下，不允许臣下拥有刑罚上的便宜权，一旦臣下违规使用，往往要受到严厉的处罚。

虽然限制臣下的专杀便宜权，但在特殊的情况下，又不得不授予臣下专杀的便宜权。有的朝臣认为刑罚的便宜权不应该滥授，在力所能及的情况下，逐渐收回各地方官的刑罚便宜权，并严格控制起来。

明代不但将地方官的刑罚便宜权全部收回，连三法司也不能专断。这种高度集权于上的刑罚制度，显然不能应对复杂的社会，尤其是当社会发生动乱之时。所以在特殊的情况下，授予一些地方官吏及军事将领刑罚便宜权，就显得十分必要，而督抚能够便宜从事，也就成为制度。

清代督抚在刑罚方面拥有一定专断的便宜权，但必须有皇帝的敕命及“王命旗牌”。乾隆以后，对于谋反、大逆、恶逆、不道、劫狱、反狱、戕官，并洋盗、会匪、强盗、拒杀官差及各种“匪类”的处置权开始下放，凡是罪在立决以上的罪犯，都可以根据情况授予请旨即行正法、一面请旨一面正法、请王命正法、先行正法、立毙于杖、就地正法的权力。咸丰以后，这种本来用于特别重犯的先行正法，已经施用于普通罪犯，中央的死刑复核权逐渐减少，地方督抚的权力逐渐膨胀，不但道府州县等地方官拥有了“就地正法”权，就连乡绅团练也拥有了“格杀勿论”权。

三、特别授权利弊分析

凡是无须禀命就可以实行诛戮者，称为专杀权，这个权力要通过授予，或者在法律允许的范围实施。没有专杀权而擅自杀人者，则是专杀罪，不但法律有治罪条文，而且属于重罪。同样称为专杀，前者是权力，后者是罪名，也就使专杀权与专杀罪的界限不清，进而出现许多变数。拥有便宜权，一是可以在职权范围内办理各种事务的时候有较大的自主权力，因为不符合政务运行程序，所以要特别授予；二是可以拥有较大的专断权力，因为有较为独立的权力，必须经朝廷授予。由此产生的特殊授权制度，既是必要的，也是无奈的，还是必然的，而且是制度予以规范的，在具体政务上往往能够发挥官员的主观能动性。利弊得失，值得认真总结。

专杀权与便宜权的授予一般都是在特殊情况下实施的，若专杀、便宜权所授非人，容易使大权旁落。如南朝刘宋的刘义宣一直拥有专杀、便宜权，“朝廷所下制度，意不同者，一不遵承”。所以在兵败被擒之后，“反道叛恩，便宜专行大戮”①，就是大罪。再如清初，顺治皇帝授予多尔衮“大将军印，并御用櫜盖，敕便宜行事，率武英郡王阿济格、豫郡王多铎及孔有德等伐明”②。在成败难定之时，多尔衮不但获得全权指挥权，实际上是代行王政，奠定清王朝统一的基础，但这种大权在握，终究是功高震主，其死后被清算也是在情理之中。

拥有专杀、便宜权者容易招来谗毁，有时还会因谗毁而丧命。如南宋余玠为四川安抚制置使，“久假便宜之权，不顾嫌疑，昧于勇退，遂来谗贼之口”③。在猜疑中伤之下，只能够服毒自杀。再如明宣德五年（1430 年），周忱“巡抚江南诸府，总督税粮”。这位理财专家在得到明宣宗授权的情况下，实行一系列改革，“其因灾荒请蠲贷，及所陈他利病无算，小者用便宜行之，无所顾虑”。这样难免遭人非议，四方弹劾骤至，周忱上书自陈：“缘奉宣宗皇帝并太上皇敕谕，许臣便宜行事，以此支用不复具闻”④。虽然有圣旨

---

① 李延寿．南史：卷 13：南郡王义宣传．北京：中华书局，1975：376－378.

② 赵尔巽，等．清史稿：卷 218：睿忠亲王多尔衮传．北京：中华书局，1977：9024.

③ 脱脱，等．宋史：卷 416：余玠传．北京：中华书局，1977：12473.

④ 张廷玉，等．明史：卷 153：周忱传．北京：中华书局，1974：4215－4217.

可以开脱罪责，但抵挡不住言官的交章弹劾，若不是大臣的保护、宣德帝的偏爱，周忱则难免被正罪于朝。嘉靖时朱纨为提督浙闽海防军务巡抚浙江，拥有专杀权、便宜权，却因为“擅杀”被弹劾，也只能够慷慨流涕而“仰药死”[①]。既然授予专杀权、便宜权，又以“擅杀”治罪，实际上还是不能够享有自主的权力，乃是君主专制政体之必然。

专杀权、便宜权无论是通过什么方式取得，在朝廷尚有控制能力的时候，其专杀权、便宜权是要受到制约的，但朝廷如果失去控制能力，授出的专杀权、便宜权则容易失控。如靖康元年（1116 年），金兵入侵，所向披靡，朝廷不得不“下哀痛诏，命河北、河东诸路帅臣传檄所部，得便宜行事”[②]。在朝廷已经不能控制局面、权力不能出于国都的情况下，即便不授予臣下专杀权、便宜权，朝廷也不能掌控了。由于专杀权、便宜权授出，臣下名正言顺地运用专杀权、便宜权，进而导致朝廷失控，所以朝廷在有能力的情况下，一定要收回臣下的专杀权、便宜权。

授予专杀权、便宜权都是为了处理重大事务，尤其是人事、军事、刑罚方面的事务，事过境迁，都必须收回，或由臣下主动交回，因为这是权宜之计，不是长治久安之道。由君主收回，若是在任务还没有完成之时，则是一种处罚。如万历四十七年（1619 年），熊廷弼为辽东经略，万历帝“且赐尚方剑重其权”，但为言官所连章弹劾，有“荷戈之士徒供挑浚，尚方之剑逞志作威”之语，还有“无谋者八，欺君者三”，逼迫熊廷弼“遂缴还尚方剑，力求罢斥”[③]。臣下主动交回，则是避祸之道。如大将军徐达为开国元勋，朱元璋一直允许他在外以便宜行事，因为徐达每次征战，“功成而还，拜上印绶，待命于家，略无几微矜伐之色”[④]，才得以善终，而子孙也因此得到世袭爵位。再如，顺治二年（1645 年），洪承畴被“赐敕便宜行事”，招抚江南，经略西南，屡遭谗毁，多次申请致仕以求自保，因为平定事宜必须依靠洪承畴，几次申请才没有批准，但全国大体平定以后，洪承畴再提出申请，马上就得到批准，虽然是“特准解任，回京调理”[⑤]，但夺其专杀权、便宜权是真。洪承畴能够看到顺治帝不满意，以交出专杀权、便宜权为自保，才能够得以善终。

专杀权、便宜权的授予在君主专制政体下，既是必要的，也是无奈的，还是必然的，而且能够以制度予以规范，在具体政务上往往能够发挥官员的主观能动性。在君主专制集权制度下，一切设官任职以及机构的调整，无不先从君主的统治利益出发，故意采取政务系统的多轨多元化，造成他们之间的相互牵制和监督。君主一再以专杀权、便宜权授予臣下，也是便于君主控制，所以说是必要的。中国古代有一个难以改变的观念，凡是祖宗定下来的制度，子孙总是表示要“恪守成宪”，不敢轻率改变。然而，社会在不断发展，政治、经济、军事情况也在不断发生变化，祖宗制度总是不能适应现实的需要。在这种情况下，统治者往往采用一些变通的方式，在不明显变更祖制的情况下，采取一些临时措施，以弥补制度的缺失，所以说专杀权、便宜权的授予也是无奈的选择。因为

---

① 张廷玉，等．明史：卷 205：朱纨传．北京：中华书局，1974：5403-5405.

② 脱脱，等．宋史：卷 23：钦宗纪．北京：中华书局，1977：431.

③ 张廷玉，等．明史：卷 259：熊廷弼传．北京：中华书局，1974：6692-6703.

④ 明太祖实录：卷 171，洪武十八年二月己未条.

⑤ 清世祖实录：卷 129，顺治十六年十月庚戌条.

所有事情都要君主决定，而他本人又不能亲临其境，将君主才能够拥有的专杀权、便宜权授予臣下，也是君权得以顺利行使的必然措施。用制度进行规范，就能够在一定程度上保障君权不会旁落，因此有敕书、凭信等授予制度，也有收回的制度，在法律中还有明文规定。典章制度的严格规范，固然可以在一定程度上遏制权力腐败，但也制约了人的主观能动性发挥，特别是在水、旱、蝗等天灾，兵、乱、叛等人祸的情况下，也就难以进行应急处理，因此在制度上授予官员一定的专杀权、便宜权，对于应对突发事件、救援救助都有益处，也确保官员能够发挥主观能动性。

第十四章

职官管理制度

重点问题

1. 历代官员任用限制与实施效果。
2. 古代考课内容变化与考课制度设置理念。
3. 官吏奖惩制度实施效果与吏治的关系。
4. 中华民国公务员甄别与登记审查的效果。
5. 等级制度设置理念与社会政治发展。
6. 章服乘舆制度设置理念与政治体制的关系。
7. 俸禄制度与官吏实际收入及高薪养廉问题。
8. 退休制度的形成与退休者政治心理。
9. 历代抚恤制度内容及值得思考的问题。

所谓职官管理制度，主要包括明确职责、规定职权范围、选拔任免、教育培养、爵命等级、考核奖惩、退休抚恤等一系列与职官相关的制度，这些制度实际上也是政治制度的重要组成部分。

第一节　任用制度

经过选拔，有些人员便取得了做官的资格，而任官又有任期，任满之后是升是降，都是任用的范畴。对这些人如何使用，是临时使用还是长期使用、是试用还是实用、任命其担任何种职务、给予什么级别待遇等等，也是任用的范畴。

一、任用种类

古代对官吏任用，根据不同的种类、层次，不同职权范围、等级有严格的区别。见于史册记载的名目主要有：守、拜、领、录、平、兼、行、假、试、权、知、监、参、掌、典、署、督、护、待诏、检校、勾当、候补等等。虽然名目繁多，但按照任用差等，可以分为如下几种类型：

一是候补之类，主要有待诏、郎选、听选等任用方式。待诏是汉代的候补官制度，待诏人员有待诏于金马门、公车、殿中、黄门、宦者署等宫廷官署的，也有待诏于丞相、御史府的；他们在这些官署等待补官，有时也承担本署内的一些事务，类似现代的实习生。郎选是从三署官署的诸郎中选官，三署郎官署实际上是汉代的官吏储备学校，被选拔上来的人才中有许多先取得郎官资格，在三署经过一段时间的历练，先为外郎，再为中郎，之后为郎中，再出补为官。听选是将选人区分不同类别，让他们等待缺分补官。隋唐以后的听选人员按文、武分别于吏、兵二部候选。明清因候选人多，便把一些官分发到某一部或某一省去听候委用，称为候补。这些候补官有些也奉部、省差委去办理某些事务，但不是实缺，以至于出现谋缺求委而奔走权门的反常状况。在候补官行列中，还有许多因父母丧守制、病休和其他原因去职的人员，在期满以后等待复职。所以“各省之需次人员，自道府以逮佐杂，多者至数千人，每逢朔望，例有衙参，其情形大可发噱”，乃至于“候缺无期，补缺无期”①。滥授官额与实际需要脱节，乃是当时官场怪现象之一。

二是试用之类，主要有行、守、试、假、权、除等任用方式。试用有一定期限，一般以一年为限，多者长达 3 年。试用期间，俸禄稍低于实授官。试用期满，称职者转为实职，称为“真除”或“实授”，不称职者则罢归。试用官必须在试用期不出重大的差错，才能保住官职，争取实任，这在一定程度上可以促进官员忠于职守和认真办事，故大多数朝代保留了这种任用方式。

三是拜授之类，主要有拜、授、遗诏等任用方式。经过拜授的官员即是正式任命的实职官。拜有召拜、征拜、策拜等区别。召拜是君主特召，征拜是由外官转为朝官，策拜是任用重要大臣，都是比较高级的任用。授有铨授、敕授、制授、特授等区别。铨授是由人事管理部门任命的低级官员，敕授是报请君主批准任命的中级官员，制授是由君主批准任命的较为高级的官员，特授是君主直接任命的高级官员。遗诏是指新旧君主交替时期，由老君主在去世前遗命任命的辅政大臣，也称顾命大臣。

四是兼领之类，主要有兼、行、权、判、带、领、护、录、典、都、督、掌、监、护理、署理等任用方式。在某些官位缺员或某些重要事务需要重臣负责的时候，多采用兼领的方式。兼和领都是表示一身肩负两职以上，但内容和含义又完全不同。兼是兼职，有长兼和权兼之别，可以低官假行护理，也可以高官督领或同级判带，这都是权宜的办法，主要是避免官位缺员时耽误工作。领是主管，有一定的实际权力，能够起到主要负

① 徐珂. 清稗类钞·诙谐类. 北京：中华书局，1986：1806.

责人的作用，如领尚书事、领城门兵、领盐铁事等。此外，凡带有典、护、都、督、录、监等名者，一般都拥有实际权力，因此有些兼职便直接转变为正式官名，如典军、护军、录事、总督、都监等。

五是参知之类，主要有参、知、平、议等任用方式。有些重要的职事，往往任命一些参、知官去参加共同议事。这样做，一是为了加强集议，使工作更加严谨；二是为了达到相互牵制，以加强君权。这类官虽然不能起主导作用，但有时也可以负责某项事务，如左将军知殿内文武事、御史中丞参礼仪事等，实际负责所参知的事务。知有参知、兼知、权知、总知等区别；议有参议、专议、领议、平议等区别；不同的名称，地位和权限也有所不同。这类任命逐渐成为正式职官，具有实际职权，如知府、知州、知县、参知政事、平章政事等。

上述任用方式在实际运用中是有变化的。有些变为正式的官名，有额定的编制；有些则变换了名称，但实在职任未改变；有些虽然保留原衔，但职权已被抽换。故此，对这五种曾经长期并存的任用形式，必须结合该时期历史和政局的实际进行考察。

中华民国临时政府将官吏分为文官、武官。文官是指文职官吏，分简任、荐任、委任三等九级。武官分军人、军属、官佐三类。军人是佐官、士兵、军事院校学生。军属是军事官署、军事院校的文官及夫役。官佐按军衔分上、中、初三等，每等各分三级。

北洋政府中央官分特任、简任、荐任、委任四级九等。荐任以上为高等文职，委任为普通文职。军官为将、校、尉三等九级。

南京国民政府公务员的特任职不分等，简任职 8 级，荐任职 12 级，委任职 16 级，计四等 37 级。军官为将、校、尉三等九级。

二、任用方法

古代官吏有严格的等级，对不同等级采用不同的任命方式。如唐代，三品以上临轩册授，五品以上制授，六品以上敕授，六品以下旨授，九品及流外官判补。

高级官员由主管官吏人事部门提出候补名单，交朝廷大臣集议推选，称为“会推”或“廷推”，然后交君主最后裁决。清代废除会推制度，由主管官吏之人事部门开列名单上报皇帝裁决，称为“开列具题”“请旨定夺”。也有皇帝直接提名选授的，或大臣保荐的。不同入选渠道形成不同任用方法，诸如特简、特任、特拜、特召、召拜、征拜等等。

中高级官员由主管官吏人事部门选注拟定，开列名单呈报君主批准，并负责将名单上的人选开具履历，注明功过，依次引见给君主。君主接见之后，或批准或否决主管部门的注拟。得到批准的便由主管官吏人事部门按程序任命，否决的则要重新注拟更换新的人选。清代皇帝对用人权控制很严，中高级官员也要开列引见或推荐数人供皇帝选定，由皇帝直接选用。

中级官员由主管官吏人事部门拟定，报请君主批准，称为敕授或请旨。大部分的中级官吏不由君主直接面见，便可以赴任。清代则规定要由皇帝面见，才能赴任，称为“按例引见”。

低级官员有由主管官吏的人事部门直接任命的，其名单则具题上奏，称为“题授”；

有由各级官府衙门拟定的，交主管官吏的人事部门核准备案，称为“咨授”；有由主管官吏人事部门选定，不用上奏，称为“部选”。隋以前，各级官府主要长官任命一般掾属，仅由本官府备案即可，进入秩品的掾史才上报中央主管官吏的人事部门备案。隋以后，各级官府任用流外佐吏，除依次上报上级主管部门备案，还要得到上级的核准。

主管官吏的人事部门，在西汉是丞相、御史二府，在东汉是尚书台，在魏晋南北朝是尚书吏部，隋唐以后的文官归吏部、武官归兵部主管。历代辅政部门也有一定的人事权，有权核定主管官吏人事部门注拟的人选，推选重要的官员。

主管官吏的人事部门的职责是：制定内外各级官府衙门官吏的员额，办理各种任免手续；区分流品，按规定对官吏进行选授和考铨；管理官吏档案，进行考功稽过、升降、赏罚和官吏任期升补缺额事宜。主管官吏人事部门虽为人事管理机关，但用人行政的权力却十分有限，高级官员的选用握于君主之手，中级官员的确定由辅政部门掌握，下级官吏的任免又决定于各级官府大员，因此，主管官吏的人事部门大多只是办理任免手续、备案稽考而已。如唐代规定：选官要经过“三铨三注三唱”，即由吏、兵部司官（郎中或员外郎）、侍郎、尚书三次判卷铨衡，再由郎中或员外郎、侍郎、尚书分三次注拟官位、三次唱名；但最后决定权却不在吏、兵二部，要先“上于仆射，乃上门下省，给事中读之，黄门侍郎省之，侍中审之，然后以闻”①，听候皇帝的裁决，再由中书省草拟制敕，由门下省封驳转尚书省，由吏、兵部按制敕发给告身，然后将选官引进宫廷谢恩。整个过程，吏、兵部一直是办理具体事务，并无人事决定权。历代王朝对人事任免权管束很严，在提名铨拟过程中，不允许越级逾限，违反者要受到严厉的处罚。如南朝刘宋大明七年（463年），吏部举寒人张奇为公车令，这是中级官员的缺额，需要得到皇帝的敕旨批准，而孝武帝刘骏以为张奇资品不当，敕令另换人选，改张奇为市买丞；但其后发现吏部令史并未遵照敕令，暗底下“使（张）奇先到公车，不施行奇兼市买丞事”②。这是公然顶抗君主的人事任免权，在事发后，尚书令史二人弃市受极刑，六人受鞭杖一百，吏部尚书坐免官，尚书右仆射降职。

君主用人权一直不受限制，他既可以否定人事部门拟定的人选，也可以直接任命，令人事部门执行。如汉武帝刚刚即位，“丞相入奏事，语移日，所言皆听”，而当丞相田蚡“荐人或起家至二千石，权移主上”时，汉武帝则不无恼怒地说：“君除吏尽未？吾亦欲除吏。”③ 朱元璋让帐前亲军王兴宗为知县，当时丞相李善长及大将李文忠都认为不可以，朱元璋则说：“兴宗从我久，勤廉能断，儒生法吏莫先也。”④ 后还是任命王兴宗为知县，进而升为布政使。乾隆帝自称：“朕临御以来，用人之权，从不旁落。”⑤ 由君主掌握用人大权，乃是由君主专制中央集权制度所决定的。

中华民国临时政府的简任职是由临时大总统任命者，如各部总长、次长、各省都督、直辖局各局长、军总司令、大使、参赞及特殊地区军政长官。荐任职由总长任命，如各

---

① 欧阳修，宋祁．新唐书：卷45：选举志下．北京：中华书局，1975：1177.

② 沈约．宋书：卷77：颜师伯传．北京：中华书局，1974：1995.

③ 班固．汉书：卷52：田蚡传．北京：中华书局，1962：2380.

④ 张廷玉，等．明史：卷140：王兴宗传．北京：中华书局，1974：4005.

⑤ 清高宗实录：卷114：乾隆五年夏四月甲戌条.

部参事、秘书长、局长、军队团长以上及法制局编员等。委任职由总长、都督任命，如各部科长、科员、秘书官、法官等。

北洋政府特任官为大总统特令任命，简任职由各省部提名大总统任命，荐任职由各省部呈请大总统任命，委任职由所属长官直接委用。

南京国民政府特任职由国民党中央执行委员会特别任命，不属于铨叙部铨叙范围，如国民政府委员，各院院长、副院长及委员，各部部长，各委员会委员长，各省政府委员、主席及厅长，各特别市市长，驻外大使、特使、公使及文官长、主计长等。简任职由铨叙部审查合格，由国民政府任命，包括各直属局局长、各部次长、各会副委员长、副省特别市长、秘书长、参事等。荐任职由各主管部门呈送铨叙部审查合格即可任用，如国民政府秘书、省秘书长、市长、县长等。委任职由主管部门呈送铨叙部审查，再移交各主管部门任用，如国民政府会计员、统计员、省市县科处长、科员等。

三、任用限制

为保证对官员的任用得当，保持官阶品秩大体升迁有序，照顾到官僚群体中各种政治势力及各阶层的平衡，历代对官员的任用有许多限制。

秦汉以来，实行重农抑商政策，限制商人为官；魏晋南北朝时期，限制寒族为高官；历代都限制所谓的倡优皂隶之家不得为官。这些都是以贵贱区分为基础的阶级身份限制。在少数民族为主导的政权中，还有一定的民族限制。

在等级森严的官僚队伍中，出身和资历是任官优先考虑的条件之一，官僚制度越完善，出身和资历的限制就越严格。如明代把选人分为进士、举贡、吏员三途，号称“三途并用”，但在实际任用上，京官六部主事、中书、行人、评事、博士，外官知州、推官、知县，都先从进士中选用；其余佐贰副职和低级正官才可以按举贡（含举人、贡生、官生、恩生、功生、监生、儒士等）名目分别选用；而吏员（含承差、知印、书算、译字、通事等诸杂流）只能选为外府主管文案的“首领官”（经历、录事、吏目、典史等）和中外杂职。虽然在任职以后还有升迁的机会，但升迁时也重视出身，吏员出身的官员，很少能升为正印官。再如，清代规定：顺天府、京县及外官从六品以下佐贰官不授满洲，刑部司官不授汉军，道员以下不授宗室。在选缺时，要按满洲、蒙古、汉军、汉等缺额递补。在选班中，则按服满（守丧期满）、假满、俸满（规定任期已满）、开复（因罪免官又复职）、应补、降补、散馆庶吉士、进士、举人、贡生、荫生、议叙、捐纳、推升等顺序排列，位在前者优先选补。

任官之中，“身家清白”是重要条件，人事主管部门的重要职责也是“厘其流品”。如清代吏部审查任官条件有别其流品、观其身言、核其事故、论其资考、定其期限、密其回避、验其文凭等七项标准。所谓“别其流品”，即家奴、长随、倡优、隶卒、八旗户下人，非经三代不得为官，三代以后也不得为三品以上官。“观其身言”，即验看行止、出身、年龄、身体状况、家庭关系情况。“核其事故”，即检查考任前有无犯罪处分情况，在前任有无未结事件。“论其资考”，即检查他的资历，是否符合升迁、降调、补缺的条件。“定其期限”，即检查其出身获得时间，为官任职的期限。“密其回避”，即检查其所要任职官府和地方，有无亲属、籍贯、师生关系等应回避的情况。“验其文凭”，即检查其履历证明有无假冒不实之处。七项标准全部合格，方能够任官，其中一项不合格，即便有了任命，也需要更改或申明。

自东汉实行“三互法”以来，对官员任用又增加了籍贯和亲属回避限制。“三互法”的基本内容就是：本地人不得为本地长官，一些州的官司员要交错回避，目的是防止这些人在家乡徇私舞弊；婚姻之家要回避对方原籍；兄弟子侄及有婚姻戚属关系的人，不得在一个部门或地区为官，如果选在一个部门或地区为官，其中一人要申明回避，一般是职级低者回避职级高者，辈分晚者回避年尊者。自此以后，历代不断完善回避制度，除涉及回避籍贯、亲属之外，还包括回避师生、同乡等。

任用官员是体现国家权力如何分配和依靠什么人的大问题，也是关系到政权结构和素质的大问题。历代统治者对此都非常重视，先后制定过许多制度，做出许多规定，以期用人得当，使他们有效地贯彻执行统治意图，发挥统治功能，并保持各种政治势力的利益均衡。任用官吏权是统治阶级内部各种政治势力角逐的中心，一时得势的派别，总是根据自己的利益来权衡用人，也无不以“附顺者拔擢，忤恨者诛灭”① 为根本。外戚专权，“父子并为卿校，亲党充斥朝廷”②；宦官专权，任用群小，奢侈僭福，唯贿是图；权臣当道，“而虐用百姓，奢侈僭偪，诛戮无罪，肆心自快”③，其“门生宾客布在诸县”④；士族门阀把持朝纲，“上品无寒门，下品无势族”⑤；各方面的人为猎取官职，货赂公行，请托成风，在权贵门前，“吏人赍货求官请罪者，道路相望”⑥，他们“居权日久，天下辐辏，游其门者，爵位莫不逾分”⑦。即使是在极端专制的清代，官僚们也依然是“全不恪勤乃职，惟知早出衙署，偷安自便，三五成群，互相交结，同年门生，相为援引倾陷，商谋私事，徇庇私党，图取货赂，作弊营私”，朝廷虽然再三申谕严禁，但“大小官员，背公徇私，交通货贿”⑧。如此积弊，难以革除，而且是愈演愈烈。由于地主、贵族和官僚们的共同本能都是离不开私利，他们往往通过用人权以扩大本身的权势。所以，统治阶级所制定的任官制度，往往都是由自己率先破坏，难以自我约束。

中华民国文武各职任用都有一定的资格限制，主要是资历、学历、成绩、经验等。除此之外，对于被褫夺公权、亏空公款、曾因赃私处罚有案、吸食鸦片或其代用品者，均不能够任用。根据不同的职务，任用资格也另有细则规定，诸如司法官、外交官、警察官、行政督察、军队文职、技术、主计、统计等人员。这些资格及限制已经具有现代的特征，但也带有明显的传统痕迹。由于取消回避制度，私人、亲属、师生、同乡关系往往成为优先任用的条件。

---

① 班固. 汉书：卷 99 下：王莽传. 北京：中华书局，1962：4045.
② 班固. 汉书：卷 98：元后传. 北京：中华书局，1962：4018.
③ 范晔. 后汉书：卷 43：何敞传. 北京：中华书局，1965：1485.
④ 陈寿. 三国志：卷 21：魏书·满宠传. 北京：中华书局，1959：722.
⑤ 房玄龄，等. 晋书：卷 45：刘毅传. 北京：中华书局，1974：1274.
⑥ 范晔. 后汉书：卷 34：梁冀传. 北京：中华书局，1965：1181.
⑦ 沈约. 宋书：卷 77：颜师伯传. 北京：中华书局，1974：1995.
⑧ 清圣祖实录：卷 133：康熙二十七年二月壬子条.

第二节 考课制度

考课也称考绩、考核、考查，是对在职官吏的官箴政绩和功过的考核；通过考核，分出优劣加以奖惩黜陟，乃是历代统治集团约束内部成员的基本手段。

一、考课期限

如何对官吏群实行严密的监督和控制，是历代统治者驾驭统治机器的方略所在。《尚书·舜典》说："三载考绩，三考黜陟幽明，庶绩咸熙，分北三苗。"认为在舜时就有考核制度，而且远及三苗地区。这当然还不能说在舜时就形成严格的考核制度，却也反映了统治阶级要求建立健全考核制度的愿望，而三年一考，三考定成绩的方法也影响深远。

商周时，王朝对诸侯和地方官的考查，主要通过王本人的"巡狩"和诸侯的"朝觐"来实现。

王的巡狩一般是在农闲时进行，名义上是进行田猎活动，是《左传·隐公五年》中所讲的"春蒐、夏苗、秋狝、冬狩，皆于农隙以讲事也"。巡狩的规模很大，随行有车马、辎重、官吏、武装和侍从人员，相当于一次出征。巡狩并不是完全为了游玩享乐、捕获禽兽，而是一种经常性的军事训练，并寓有巡视考察地方政绩的意义，《礼记》所讲天子五年一巡狩，仅是理想，实际上是没有固定时间的。

在周代有诸侯朝觐述职的制度，按规定，诸侯定期要到王朝请安和汇报工作，所汇报的内容与王巡狩考查的标准大致相同，主要是土地垦殖和人口数目、社会治安和政治情况。按照规定：诸侯一年一小聘，遣大夫前往；三年一大聘，遣卿前往；五年一朝，诸侯亲自前往。若不定期朝觐，则以爵位、封土和军事征伐处罚之。巡狩和朝觐，作为了解下情和考察官吏的方式，则是比较粗浅的，也限于当时王朝力所能及的范围。

春秋时期，因王朝衰落，巡狩和朝觐制度实际已经不复存在。各诸侯国为加强对官吏的监督控制，采取了一些考察官吏的措施，如派遣亲信去各地巡视、监管某个地方、向君主汇报文武官员的情况等，听凭君主处置，没有固定的时间。

战国时期，对官吏的考核名义上还保留君主巡狩和诸侯朝觐的形式，但因君主出巡规模庞大，劳师动众，耗资甚巨，再加上从君主安全方面的考虑，出巡明显减少。这并不意味着君主放松对官吏的监控，因为君主可以经常派遣使者代替自己巡查地方，并出现负责监督各级官吏的监察官，形成初具规模的监察制度。诸侯朝觐则在中央集权的基础上成为固定的考核制度，称为"上计"，也就是地方主要长官每年要对所属进行考核，把情况汇编起来，写在木简上，称为"计书"，派遣专门人员送到中央，接受君主和朝廷的检查考核。计书涉及的范围较为广泛，通常包括户口赋税、盗贼多少、所属官吏执行政令的情况、监狱在押犯人和司法执行情况等有关地方官权责范围的事务。上计是诸侯朝觐述职制度的发展，但与朝觐有本质上的区别，因为这时的官吏是雇用的，没有诸侯那种相对独立的统治权，只有治理权，职务也不固定。每年对官吏实行考核，分优劣以进行黜陟，考课制度逐渐完备。

秦汉实行一年一考、三年一次总评定的办法。年考从秋天开始进行，至年底，各级官府将考课簿册集中到中央，于次年正月初一的群臣朝会时举行考课大典，然后按分工分别进行考课。魏晋基本因循此制，但由于战乱频繁，往往不能正常实行，便改由皇帝不定期的下诏考课百司。东晋南朝把考课与任期结合在一起，以三年为小满，六年为秩满。北魏孝文帝改革之后，实行三载考绩、三考黜陟的考课制度，并与官吏任用相结合，按在官年月长短而定任用先后，年资成为考课的重要依据之一。唐代实行一年一小考、四年一大考、大考按九等定黜陟的制度。宋代改为一年一考、三年大考、文官三年一任、武官五年一任的考任制。辽、夏没有定期的考课，经常是皇帝下诏实行大考。金代实行循资考课，称为“资考”，资考三十个月为期满。元代也实行资考，不同的是官和吏实行不同的考期，官一般三年一考，吏只有九十天一考。明清实行三年一考、九年考满的大计制、六年或三年一考的京察制、武官五年一考的军政制。

中华民国分年考与总考，如南京国民政府规定公务员年考于每年 6 月进行，称为“初履”；12 月进行覆核，称为“夏覆”。总考于次年 6 月进行，是对前一年考核的总评，要分出等级。

二、考课内容和标准

考课内容和标准是根据官吏不同的职务而分别制定的，历代根据本朝的具体情况也有所更改变化。

周代巡狩成为定制，巡查地方的意义加强，所以每当王“入其疆，土地辟、田野治，养老尊贤，俊杰在位，则有庆，庆以地。入其疆，土地荒芜，遗老失贤，掊克在位，则有让”（《孟子·告子章句下》）。也就是说，王在巡狩时考查诸侯卿大夫的治绩，以土地开垦、地方治理、养老尊贤等为标准，符合标准则加庆赏，最高的可以赏给土地；不符合标准的则加让罚，严重的则削夺爵位和封地。

《周礼》中出现的“太宰之职”，就是春秋战国时期对官吏考核的经验总结和设想。太宰“掌建邦之六典，以佐王治邦国”。所谓六典：“一曰治典，以经邦国，以治官府，以纪万民；二曰教典，以安邦国，以教官府，以扰万民；三曰礼典，以和邦国，以统百官，以谐万民；四曰政典，以平邦国，以正百官，以均万民；五曰刑典，以诘邦国，以刑百官，以纠万民；六曰事典，以富邦国，以任百官，以生万民。”此外，以官属、官职、官联、官常、官成、官法、官刑、官计等“八法治官府”，以祭祀、法则、废置、禄位、赋贡、礼俗、刑赏、田役等“八则治都鄙”，以爵、禄、予、置、生、夺、废、诛等“八柄诏王驭群臣”。另外，在“小宰之职”内，还详细规定了奖惩的具体内容，诸如治职、教职、礼职、政职、刑职、事职等“六职”的职责，祭祀、宾客、丧荒、军旅、田役、敛弛等“六联”之间的关系，还有作为听取各级官府汇报内容的政役、师田、闾里、称责、禄位、取予、买卖等“八成”，作为考课官吏标准的廉善、廉能、廉敬、廉正、廉法、廉辨等“六计”。当然，在当时还不可能按照所谓的六典、八法、八则、八柄、六职、六联、八成、六计这样详细的标准来考核官吏，但也反映出人事工作由浅入深、从粗到细的总趋势。

历代王朝的所有官吏都要接受考课，考核内容大体可以分为三类：一是对各级一般行政官吏的政务考核，主要是考核所属部门和地区的户口增减、垦田多少、钱谷出入、漕运水利、盗贼狱讼、教育选举、社会治安、督察下属等内容。二是对其他担任专门业务官吏的要求，考核的内容则根据不同的职事制定不同的标准。三是对所有官吏行为及道德的考核，其标准是统一的，在隋以前，以所谓的清正、治行、勤谨、廉能等；唐、宋则以德义有闻、清慎明著、公平可称、恪勤不懈；明清是清、慎、勤。这些被认为是所有官吏应该具备的品德，也是考核的基本内容。

明清以前，对担任各种业务的考课标准规定非常具体，如唐代的“二十七最”、宋代的“监司七事考”、金代的“十七最”等。

唐代“二十七最”是：(1) 献可替否，拾遗补阙，为近侍之最。(2) 铨衡人物，擢尽才良，为选司之最。(3) 扬清激浊，褒贬必当，为考校之最。(4) 礼制仪式，动合经典，为礼官之最。(5) 音律克谐，不失节奏，为乐官之最。(6) 决断不滞，与夺合理，为判事之最。(7) 统部有方，警守无失，为宿卫之最。(8) 兵士调习，戎装充备，为督领之最。(9) 推鞫得情，处断平允，为法官之最。(10) 雠校精审，明于刊定，为校正之最。(11) 承旨敷奏，吐纳明敏，为宣纳之最。(12) 训导有方，生徒充业，为学官之最。(13) 赏罚严明，攻战必胜，为军将之最。(14) 礼义兴行，肃清所部，为政教之最。(15) 详录典正，词理兼举，为文史之最。(16) 访察精审，弹举必当，为纠正之最。(17) 明于勘覆，稽失无隐，为句检之最。(18) 职事修理，供承强济，为监掌之最。(19) 功课皆充，丁匠无怨，为役使之最。(20) 耕耨以时，收获成课，为屯官之最。(21) 谨于盖藏，明于出纳，为仓库之最。(22) 推步盈虚，究理精密，为历官之最。(23) 占候医卜，效验多者，为方术之最。(24) 检察有方，行旅无壅，为关津之最。(25) 市廛弗扰，奸滥不行，为市司之最。(26) 牧养肥硕，蕃息孳多，为牧官之最。(27) 边境清肃，城隍修理，为镇防之最。

宋代监司“七事考”是专门考核路一级所设的“帅、漕、宪、仓”等司的标准，即举官当否；劝课农桑，增垦田畴；户口增损；兴利除害；事失案察；校正刑狱；盗贼多寡。

金代“十七最”是：(1) 礼乐兴行，肃清所部，为政教之最。(2) 赋役均平，田野加辟，为牧民之最。(3) 决断不滞，与夺当理，为判事之最。(4) 钤束吏卒，奸盗不滋，为严明之最。(5) 案簿分明，评拟均当，为检校之最。(6) 详断合宜，咨执当理，为幕职之最。(7) 盗贼消弭，使人安静，为巡捕之最。(8) 明于出纳，物无损失，为仓库之最。(9) 训导有方，生徒充业，为学官之最。(10) 检案有方，行旅无滞，为关津之最。(11) 堤防坚固，备御无虞，为河防之最。(12) 出纳明敏，数无滥失，为监督之最。(13) 谨察禁囚，轻重无怨，为狱官之最。(14) 物价得实，奸滥不行，为市司之最。(15) 戎器完备，捍守有方，为边防之最。(16) 议狱得情，处断公平，为法官之最。(17) 差役均平，盗贼止息，为军职之最。

明代认为上述考课标准本来是各官职责分内的事，具体功过按职责考核，完全有案可查，因此，就不再规定不同业务官吏的考课标准，而制定称职、平常、不称“三等”

和贪、酷、浮躁、不及、老、病、罢、不谨等“八法”。“三等八法”的确立，乃是从实际出发的，是考课制度的一大进步。首先，一反前代仅重视虚文和仅以一二评语确定考课等级的办法，而重视对官吏本身状况和工作能力的考察。其次，“三等八法”比较简单易行，重视现实表现，评定是根据事状，将事状造册上报，由主考长官评定等次。这样既重视到官吏实际工作的效果，又结合官吏本身工作能力，考核的基准较为明确。

清代在“三等八法”的基础上确定了“四格八法”。“四格”，即守（操守）、政（政绩）、才（才能）、年（年资），守分廉、平、贪，政分勤、平、怠，才分长、平、短，年分青、中、老，以守廉政勤才长年青为一等，守平政平才平年中为一等，以守贪政怠才短年老为一等。“八法”，即贪、酷、罢软无力、不谨、年老、有疾、浮躁、才力不及，涉及违纪违法或不称职，按情节给以惩处和降调处分。

中华民国考课内容在承清代的基础上，也融入一些新的内容。如南京国民政府以实绩、操行、学识、才能为主，其实绩占 50%，操行占 20%，学识占 15%，才能占 15%。60 分为及格线，但实绩不满 30 分，操行、学识各不满 15 分者，均以不及格论。

三、考课行政

两汉时期，由皇帝考核三公，如果皇帝不亲政事，考核则由尚书负责，交皇帝核准。东汉光武帝和明帝，“躬好吏事，亦以课覆三公”①。此外，尚书考核列卿，御史中丞考核刺史，丞相、三公、刺史考核郡国守相，郡国守相考核县令长、丞、尉，县令长考核乡三老、啬夫，实行分级负责，层层考核。另外，各级官府的官吏由本部门负责人事工作的功曹负责考核，由该官府主要长官核准。除此之外，中央各部门还按职能向全国实行单项考核，诸如民事、军事、农事、工程漕运、司法断狱、学校礼仪等方面，均制定有切合业务特点的考核条例，由列卿负责，有时还由列卿的副职分赴地方进行考核，如大司农就有部丞 13 人，专门主管全国各地的农事考核。推行这种纵横有序、层层考核的制度，其目的在于使“抱功修职之吏无蔽伤之忧，比周邪伪之徒不得即工，小人日销，俊艾日隆”②，以期人尽其能，赏罚分明，发挥振颓起衰的积极作用。然而，在实际执行中，考核的事权分散，执行又多流于形式，使考课权仅及长官而不及吏。于是，“郡国恐伏其诛，则择便巧史书，习于计簿，能欺上府者，以为右职”③。郡国“上计簿具文而已，务为欺谩，以避其课”④。每个考课单位都是一个群体，分别对本长官负责，主持人多不能秉公执法，破除情面。如东汉王符《潜夫论》讲：“尚书不以责三公，三公不以让州郡，州郡不以讨县邑，是以凶恶狡猾易相冤也。”考课制度的陋弊几乎是与该制度同步产生的。

魏晋南北朝时期，逐步集中考课权，由尚书和侍中统一负责考课，五品以上的官由皇帝和公卿评议，地方官的考课仍以上计和分层考核为主。但由于战事频繁，士族门阀

---

① 范晔. 后汉书：卷 33：朱浮传. 北京：中华书局，1965：1147. 李贤注：“课其殿最，覆其得失。”
② 班固. 汉书：卷 85：谷永传. 北京：中华书局，1962：3448.
③ 班固. 汉书：卷 72：贡禹传. 北京：中华书局，1962：3077.
④ 班固. 汉书：卷 8：宣帝纪. 北京：中华书局，1962：273.

把持大权，考课之法受到很大的破坏，虽然有些君主也曾三令五申，要求认真考课，并且一再增加课目，如南朝梁就有考课课目 58 种，但案牍虽多，公文上下，很难收到实效。当时崇尚玄学清名，如《颜氏家训·涉务篇》所讲，士族之家“多迂诞浮华，不涉世务，纤微过失，又惜行捶楚，所以处于清高，盖护其短也”。以清谈为时尚，以庇纵为宽厚，以严于督责为庸俗，考课制度仅具躯壳，很少有实际意义。

唐代的考课，三品以上的官员由皇帝亲自进行考核，四品以下官员分京官、外官两大类。每到考课时，“定京官望高者二人，分校京官、外官考，给事中、中书舍人各一人莅之，号监中外官考使。考功郎中判京官考，员外郎判外官考”，号为“知中外考使”。考课按“四善二十七最”进行评定，并当众宣读考评结果，然后归入官甲（本人档案）作为升迁奖惩的依据。这样的做法，标准比较划一，而且权力集中，与魏晋相比，当然有很大的改进。不过，考课仅凭簿书，很容易使“考簿朱书，吏缘为奸”①。单凭长官印象定评，也难以做到准确公正。例如，总章（668—670 年）初，吏部尚书卢承庆主管考课，“有一官督运，遭风失米，卢考之曰：‘监运失粮，考中下’。其人容止自若，无一言而退。卢重其雅量，改注曰：‘非力所及，考中中’。既无喜容，亦无愧词。又改曰：‘宠辱不惊，可中上’”②。只因主考官先后观感不同，便一再改变等级。也有因关系亲疏而评价有异的，这就必然会使许多规定成为虚文。此外，唐代考课还有所谓的“旧例”，就是清高的官职给上考，考级也按官职高低，如在太常寺担任太祝的裴充，因考课发生争执说：“本设考课，为奖勤劳，则书岂系于官秩？若一一以官高下为优劣，则（太常）卿合书上上考，少卿合上中考，丞合中上考，主簿合中考，协律合下考，某等合吃杖矣！”③ 裴充个人虽然因此争得上考，但这种旧例并没有改。考课按官职地位，实际上已经失去考课的真正意义。

宋代京官的考课由差遣院进行初考，磨勘院进行复核，审官东西院分别主管文武考课的具体事务。外官由考课院负责初考，由吏部侍郎主管的左右选主管外官文武考课具体事务。五品以上的文官由宰执负责，五品以上的武官由枢密院负责，三品以上由皇帝与宰臣裁决。宋初考课还有评语判词，元丰改制后除去判词，并全面确立磨勘制度。所谓“磨勘”，即指审核、推究。磨勘作为考课和铨选的一项制度，则包括审核、推究、勘验簿历文状等一系列工作和程序。簿历文状中有解状（又称解由，是选人解发赴阙的证明）、举状（推举者的荐举书）、家状（个人履历）、考状（功过成绩簿）等。对于官员的循资、转官也有明确的规定，如文臣京朝官三年一磨勘，选人三任六考循资，武臣五年一磨勘等。这样，考课注重磨勘，从簿状中查找是否有失职违纪的事情，实际的依据只有年限，只要是在任内不出现大的过失，到了年限便可以升迁，使许多官员不求有功，但求无过，以老成持重相标榜，唯恐承担责任，也使考课变成一种保护庸碌无能之人的环节，以至于“法令废弛，能否无辨，有善最者不赏，有过恶者无罚，吏治之不良，亦无足怪者”④。考课不公，或者成为具文，也就没有考课的真正意义了。

---

① 欧阳修，宋祁．新唐书：卷 46：百官志一．北京：中华书局，1975：1192.

② 李昉，等．太平广记：卷 176：器量一．北京：中华书局，1961.

③ 赵璘．因话录：卷 3：商部下．文渊阁四库全书．

④ 李心传．建炎以来系年要录：卷 100：绍兴六年夏四月庚子条．北京：中华书局，1956.

考课行政至明清有了较大的变化，考课层次更加分明，制度也日趋严格。明代京官四品以上，地方布、按五品以上；清代京官三品以上，地方督抚大员，都要“自陈”政事得失。所谓“自陈”，就是由官员本人自述功过得失，以候上裁。其余京官由吏部、都察院，外官在明代由布政使，清代由督抚负责注考。京官考课称“京察”，先由各部院的长官对所属进行考核，写出评语，按考课的标准评定等级。加注考语以后呈送吏部，由都察院监察，吏部复核，然后依例黜陟。京察在明代六年一次，清代三年一次，武官为五年一次，按部院长官历年评考等级分别等差。外官考课称“大计”，明代由布政使考核府，府考核州县，按年月定考，逐级呈上，至三年，布政使依据考簿事状，按照“八法”评定等差，由按察使核考，再由巡按查核，然后造册申报吏部，依例题奏等待处置。清代基本如明制，只是规定布政使、按察使、提督、总兵等地方文武大员应“自陈”政事，由督抚复查定考，综汇申报吏部转奏。为严格考课，地方考课总是先从高级官开始，这些“方面官”经过考课，“贤者留，否者黜，然后可以责令考察”①，以期做到正人先正己。这种长官负责考核下属，层层上报核准，自陈与长官考评相结合的考核制度，还辅以科道官的监察“拾遗”，对考评不公者实行纠劾，称为“察典”，本意是为起到澄清吏治、激励官吏的作用，使“士大夫廉耻自重，以挂察典为终身之玷”②。即便如此，也没有从根本上解决“徇情钻营，章奏繁扰”③ 的弊端，乃至“群臣水火之争”，往往以京察大计为“互相报复”④ 的手段。视考课为具文，通过考课以树党营私的现象，也始终伴随着考课制度而发酵滋长。

北洋政府没有公布官吏考绩方面的法规，但有《官吏服务令》（1913 年 1 月）进行规范，由于要求官吏“应竭尽忠勤，从法律命令所定以行职务”并把“服从长官命令”放在首位，所以考绩事项多由长官决定，以至于“官箴败坏，民政废弛，才俊不登，鬼气沉沉”⑤，欲求执行新的制度，难于上青天。

1929 年 11 月，南京国民政府公布《考绩法》，1935 年 7 月又公布较为详细的《公务员考绩法》9 条。该法规定，公务员的考核有年考、总考两种。年考成绩 90 分以上为特优，主管长官认为有升等必要时，要详叙理由，送铨叙部核定；80 分以上为一等，给予晋级；70 分以上为二等，给予记功；60 分以上为三等，不奖不惩；50 分以上为四等，给予记过；40 分以上为五等，给予降级或解职；不满 40 分为六等，给予解职。总考成绩 90 分以上为一等，80 分以上为二等，70 分以上为三等，60 分以上为四等，50 分以上为五等，40 分以上为六等，不满 40 分为七等；总考三等以上予以升等、晋级、记功；五等以下予以记过、降级、解除职务。

考绩的奖惩是有比例的，简任升职的不得超过总数的 1/3，荐任升职的不得超过总数的 1/10，委任升职的不得超过总数的 1/20；达不到上述比例单位的则允许有一人升职。1936 年，南京国民政府规定，年考解职的不得超过总数的 2%，总考解职的不得超

① 龙文彬．明会要：卷 46：职官・考课．北京：中华书局，1956：855.
② 张廷玉，等．明史：卷 71：选举志三．北京：中华书局，1974：1724.
③ 赵尔巽，等．清史稿：卷 111：选举志六．北京：中华书局，1977：3222.
④ 张廷玉，等．明史：卷 71：选举志三．北京：中华书局，1974：1724.
⑤ 正群社辑纂．北京官僚罪恶史序．近代稗海：第 3 辑．成都：四川人民出版社，1985：452.

过总数的4%。也就是说各种成绩都有一定的限制，要想取得考绩真正的效益则是很难的。再有，考绩初核由公务员所在机关长官办理，复核由上级长官办理，最后复核由主管长官办理，虽然规定主管考绩的长官如有徇私舞弊或遗漏舛错要实行惩戒，但一切都掌握在长官之手，也难说考绩能够公平进行。

第三节　奖惩制度

按照有功必赏、有过则罚的原则，战国时期各国针对各级官吏，采取了不同的奖惩手段。在奖励上多采用加禄、赏爵、赐金、升职等形式，减少了裂土分封，并且尽量避免加封世袭的封君。在惩罚方面，采用夺禄、贬爵、罚金、降职、收回封土，剥夺世袭权，严重的要加以刑罚，甚至处死。这就初步形成沿革清晰、层次分明而又相互联系的奖惩制度。

一、惩处规制

所谓对官吏的惩处，系指国家政权对在职官吏违反政纪、法纪、纲常、伦理等方面的罪行和过失的惩罚和处置。历代为了维护本王朝的根本利益，曾经陆续颁行过一系列以律、令、格、式、例等为主的法规，具体规定官吏不得违犯的规章条例。如果违犯，就要视情节轻重，给以行政、法律、经济等方面的处罚。这些规章条例及其执行的情况，称为官吏惩处制度。

从历代法规事涉官吏的惩处条文来看，历代对官吏的惩处，主要以职责政务、官纪文风、道德品行为主；其中对玩忽职守、贪赃枉法方面的惩处最为严厉。这些法规涉及官吏的各种行政和社会活动，目的在于整饬吏治，提高统治机器的运转效能。

从历代官吏犯罪种类来看，主要有公罪和私罪两种；从惩处上来看，主要有行政和刑事两个方面。

公罪，是指因“公事失错”；所谓私罪，是指“不因公事己所自犯”[①]。正因为公私犯罪的“失”与“犯”的区别，所以在惩处上也有一定的区别。所谓公罪“处分以励官职”，私罪“处分以儆官邪”。基于公私罪的区别，处分上也存在着明显的差异。原则上是公罪只以行政处分来惩处，其具体事宜由人事主管部门负责，实际执行和定罪则由各上级主管官员来决定。私罪则以刑事处罚来惩处，其具体事宜由刑罚部门负责，实际执行和拟定罪名也是上级主管官员。

就行政处罚而言，历代官吏的行政处分由各级主管长官拟定，由人事主管部门负责审核注拟，按级别大小，分别以请旨、部议、奏请、拟闻、提问等方式加以处置。在执行过程中，又有特旨、参奏、陈请、察议、议处、严加议处等区别。在处分中还注意到现任官、兼任官、借补官、出师官、候补官、休致官、宗室官、土官的区别。不同的情

① 申时行，等．明会典：卷160：刑部·名例上．北京：中华书局，1989：827．

况在处分过程中有轻重之别。

以刑事处分而言，历代官吏定罪主要依据律、条例、令、则例等法规。比如：明代“凡京官及在外五品以上官有犯，奏闻请旨，不许擅问；六品以下，听巡按御史、按察司、并分司，取问明白，议拟奏闻区处”①。其具体处置事宜由刑罚部门所属各部门按分工负责。因为是官，所以在定罪时，人事主管部门也要依据罪行轻重，进行相应的降调罢免事宜。

历代法规形式主要有律、令、格、式、例、诰、敕、令、则例等。这些法规有广泛的兼容性，它不但有惩治刑事犯罪的内容，还登载有关国家体制和行政管理方面的条款，也包括文武官吏的职责；不但详列了判决量刑标准，还包括具体处理诉讼、办案断狱的程序。正因为这种兼容性，所有法规都与官吏的惩处相关联。

综观历代法规中有关官吏的惩处规定，其主要围绕如下几个方面：

第一，政治方面的惩处。这是指威胁到王朝统治方面的罪行，如谋反、谋逆、谋叛等。这类罪责按律是处绞、斩二等死刑，但在具体实施上，还有赐死、赐自尽、监毙、枭首、凌迟、戮尸、锉骨扬灰等手段。一般来讲，这类犯罪除本人处死之外，还要伴以抄家、家族充军、妇女入官、子孙充军戍边、株连家族等附加刑。

第二，对不法行为的惩处。贪赃枉法是官吏不法行为的主要方面，是列入严惩不贷的范围。贪赃枉法严重的要处以死刑，尤其是在重典治吏的时候，往往要处以极刑，至于凌迟、车裂、锉骨扬灰、枭首等酷刑也时有使用。除死刑之外，这类犯罪也要伴以抄家、罚没家私、追比赃款、家属充军发卖等附加刑。罪责稍轻的，除交刑罚部门议定刑事处罚之外，在行政上也要给以降罚、革职，乃至永不叙用、子孙不得为官等处罚。

第三，对道德品行方面的惩处。在儒家思想体系中，“德治”和“操守”占有重要的地位，也是古代考核官吏的重要标准。对那些操守不佳、声名狼藉者，在行政上给予革职甚至永不叙用的处罚；对失察和隐忍不报的上级和同僚，也要给予一定的处分。对凡犯有恶逆、不道、不孝、不睦、不义、内乱等“十恶”罪行者，除绳之以法之外，有时还要榜示天下，增加一些附加刑。

第四，对职务工作方面的惩处。官吏在本身工作中出现的失误，称为“公罪”。按规定，公罪处罚要减私罪一等。公罪处罚以行政上的罚俸、降级、革职等为主。对于因工作失误而造成重大危害和影响的，也要追究刑事责任。对造成官府经济损失的，除勒令赔补之外，还要牵连家族；若赔补不上，子孙后代继续承担赔补责任，直至“勾补尽绝”②。

第五，对诬告和包庇方面的惩处。历代在惩处时实行连坐，知情不举则与犯人同罪，诬告不实则实行反坐。为加强官吏之间的相互监视，在法律上允许揭发检举。如《大明律·名例·公事失错》条规定：“凡公事失错，自觉举者免罪；其同僚官吏应连坐者，一人自觉举，余人皆免罪。”鼓励检举揭发，但对挟私报复，尤其是“诬告故入人罪已决者”③，也严惩不贷，最重可处以死刑。对包庇容隐，尤其是“交结安置”者，也绝不宽容。

---

① 申时行，等. 明会典：卷175：刑部·罪名三. 北京：中华书局，1989：890.

② 申时行，等. 明会典：卷161：刑部·名例下. 北京：中华书局，1989：829.

③ 同①891.

从历代官吏受到惩处的原因来看，有着各种各样的案情和千变万化的情节。在惩处过程中，经常比附律例，去轻从重，乃至奏请皇帝降旨，或九卿及部议，成为新的案例。有一点应引起注意：在实行惩处的过程中，人为因素往往起到至关重要的作用。这与中国传统政治文化密切相关，也说明政治斗争的复杂性，同时也使惩处制度在实行过程中变幻离奇。

北洋政府公布有《文官惩戒条例》，成立文官高等惩戒委员会、文官高等惩戒委员会、司法官惩戒委员会等，对违背职守义务、玷污官吏身份、丧失官吏信用者，给予褫夺公职、降等、减俸、记过、申诫等处分。文官高等惩戒委员会有委员长一人，委员十人，“凡行政官吏，除赃私案属刑事，应提交法庭外，其余渎职违法等情，凡当受处分者，皆由此会议决惩戒”。惩戒委员会中“有老官僚公事娴习，而不甚解新法律；有学生虽知新法律，而公事生疏；更有新留学归，全不知国内情伪，遇官吏以私罪付惩戒者，应轻应重都属茫然”，于官箴吏治毫无裨益。至于“司法官惩戒委员会，组织与文官高等惩戒会同，惟少一委员，法官舞文枉法，已成民国习惯，而不闻有置重典者”①。不难想象，在大小军阀横行的年月，这种本来就不健全的形式规定和机构设置，究竟能够起多大作用。

二、奖励规制

所谓对官吏的奖励，系指国家政权对在职官吏中政绩突出、有特殊贡献、遵守政纪与法纪、清廉有声、谨慎供职者给予奖赏和鼓励。历代王朝多把奖励与考课制度相结合，通过对官吏的考核，视其功劳大小，给以升职、加级、礼仪，赐给金钱和其他物质等方面的奖赏。这些规制和实施，称为奖励制度。

扬善惩恶是对立统一的孪生兄弟，所起的作用也是相同的。对一些官吏实行奖励，不但对所有官吏有激励作用，还可以起到行政督责的效应，而奖励所起到的鞭策激励作用，往往比重典苛责更容易见到成效。

历代法规都开列有奖励的条文，但实行起来却有一定的规制和条例。如在考课上有称职、平常、不称之分，称职则在奖励之列。如《大明令·吏令》规定，“凡在流品人员，果有文武长才，通晓治体，廉洁者，台宪官具实迹奏闻”，凭以奖励；在县考于州、州考于府、府考于省、省考于中央的上下监临考核体制中，上有上级的贤否考语，作为奖劝的依据；中有同僚的菲然谤议，以事相讦；下有吏民上书言美政、颂德政；上下左右都有可能影响到朝廷对官吏的奖励。

从历代对官吏奖励的形式来看，主要有行文或口头褒奖、加俸增秩、加封父母、遣使劳慰、保荐推升、授阶加敕、赏赐物品、恩荫后代、升职迁官等，其中以升职迁官为最大最实在的奖赏。这些奖励可以单独使用，也可以数种同时使用。

纵观历代对官吏奖励的原因，主要围绕如下几个方面：

第一，对官吏政治劳绩方面的奖励。对政绩突出的官吏进行奖励以鼓励更多的官吏

① 沃丘仲子. 民国十年官僚腐败史. 近代稗海：第8辑. 成都：四川人民出版社，1987：56.

尽职尽责，这是奖励的最大目的。这种奖励一般与考课制度相结合，也有不与考课相结合的。与考课相结合，就是对考课中成绩特别优异者给予重奖，其余则按优劣编排名次。对成绩优良的奖励大体上是按口头褒奖、行文褒奖、增加俸禄、赏赐财物奴婢、提升职务、赐爵封侯的顺序，由低到高地执行。如唐代的考课成绩分为九等，对称职及优异者给予晋等加俸，“中上以上，每进一等，加禄一季”①，四考以后，总评中中的进一阶，中上的进二阶，依次类推。又如，清代京察一等、大计卓异者予以重赏，优先提升；对称职者，一等称职纪录，二等称职赏赉，平常者留任。在必要的时候，往往采用数奖并行的办法。如西汉南阳太守召信臣，在郡“其行大化，郡中莫不耕稼力田，百姓归之，户口增倍，盗贼狱讼衰止”②，被认为各项考课皆优，成为全国之最，因此被厚赐金钱，提升为河南太守，并将其事迹通报全国。不与考课相结合的是对平常工作中成绩突出者不定期定规的奖赏。如明成祖朱棣对山东汶上知县史诚祖的奖赏，不但亲赐玺书，而且擢为济宁知州，“并赐内酝一尊，织金纱衣一袭，钞千贯”③。诸赏并行，还通行全国予以表彰，以达到劝善的目的。

第二，对官吏特殊行为和贡献方面的奖励。对某些官吏做出非同寻常的事，或在某些方面有特殊的贡献，往往要特别奖赏。如明天顺六年（1462 年），“知县李旺，系文职官员。当蛮贼猖獗之时，锋刃交接之际，乃能奋不顾身，与贼对敌，死于锋镝。比之世袭军职，尤为可嘉”。正因为这种行为超乎一般知县所能为，才给予特殊的奖励。为鼓励将来，在成化元年（1465 年）定例：“以后文职官员，有能奋勇杀贼，没于阵战者，不计职之大小，查照是实，一体褒赠录用，著为定例，庶使存没霑恩，人知激劝。”④ 清代对官吏“或死守土，或死临阵，备载出身、官阶、殉难时地，及予谥、建祠、赠官、荫后”⑤，其事迹都交送翰林院，编入《忠义传》。

第三，对官吏道德操守方面的奖励。道德操守是考课的重要内容，而廉洁奉公是对官吏的最基本要求。倘若官吏都能达到这种要求，对于这方面的奖励则是多余的。正因为有些官吏“在任不以生民为意，恣肆为恶，惟务赃贪害民”⑥，这种奖励才显得十分必要。若是真以廉洁获奖，对吏治当然会有一定促进作用。如明成祖朱棣嘉奖山东汶上知县史诚祖，不但为全国树立榜样，也使“诚祖既得旌，益勤于治，土田增辟，户口繁滋，益编户十四里”⑦。清康熙时因为靳让言及州县治理要点，康熙帝特命他为通州知州。靳让“布衣羸马之官，皇庄、旗庄恣肆病民，绳以法，不少贷”。其功绩一直为康熙帝所关注，不但亲自推举，并褒奖他说：“汝不负朕举，朕将用汝为巡抚。”⑧ 不但使靳让鞠躬尽瘁，而且起到澄清吏治的效用。这些廉能的官吏中有的政绩突出，在任时就博得“青

① 欧阳修，宋祁. 新唐书：卷 46：百官志一. 北京：中华书局，1975：1192.

② 班固. 汉书：卷 89：循吏召信臣传. 北京：中华书局，1962：3642.

③ 张廷玉，等. 明史：卷 281：循吏史诚祖传. 北京：中华书局，1974：7192.

④ 齐钧点校. 皇明条法事类纂：卷 7：文职奋勇杀贼没于战阵者本身褒赠行取子男或弟侄一人入监读书录用例. 北京：科学出版社，1994：292.

⑤ 赵尔巽，等. 清史稿：卷 487：忠义传序. 北京：中华书局，1977：13452.

⑥ 朱元璋. 大诰三编：有司逼民奏保第三十三. 北京：科学出版社，1994：234.

⑦ 陈梦雷，等. 古今图书集成：官常典：卷 647：县令部名臣列传：史诚祖. 上海：上海中华书局，1934.

⑧ 赵尔巽，等. 清史稿：卷 476：循吏靳让传. 北京：中华书局，1977：12992.

天”之名；有的被作为公案小说的传主，其事迹在普通民众中流传不衰，成为无所不能、群黎爱戴的理想清官，因此得到皇帝的特殊褒奖，被树立为廉能的楷模。能够融合上述情况于一体的，当属于成龙、彭鹏、陈瑸、陈鹏年、施世纶等五人，他们都是从州县官升迁为主管一省或数省的方面大员，都得到“青天”的美名，而且是上为康熙皇帝赞许、下为百姓传扬，成为《于公案》《彭公案》《施公案》等公案小说的传主，故此“闾巷咏其绩，久而弗渝”①，其影响也是深远的。

第四，对考课成绩为善最、考察为卓异者予以特殊礼遇及奖励。如西汉宣帝时，黄霸在扬州刺史任上被评为治行天下第一，汉宣帝下诏曰：“制诏御史：其以贤良高第扬州刺史霸为颍川太守，秩比二千石，居官赐车盖，特高一丈，别驾主簿车，缇油屏泥于轼前，以章有德。”刺史在当时是六百石官，加至比二千石，等于是连升五级。其在颍川太守任上又被评为治行天下第一，汉宣帝再发诏书云：“颍川太守霸，宣布诏令，百姓向化，孝子弟弟贞妇顺孙日以众多，田者让畔，道不拾遗，养视鳏寡，赡助贫穷，狱或八年无重罪囚，吏民向于教化，兴于行谊，可谓贤人君子矣。《书》不云乎？‘股肱良哉！’其赐爵关内侯，黄金百斤，秩中二千石。”② 太守是二千石，加秩中二千石还不算，还封爵赐金。历代都有这样的特殊嘉奖，以明代而言，从朱元璋对考察称职者赐宴于礼部，永乐帝赐敕褒谕，到正统时“各布政司、按察司及府州县等衙门朝觐官，治行超卓，即行褒赏，甚盛典也”③。自此以后，朝觐考察表彰贤能卓异，也成为常典。清代大计卓异有定额，“道、府、厅、州、县十五而一，佐杂、教官百三十而一，以是为率”。“卓异官自知县而上，皆引见候旨”④。被引见者大多数都能够予以不秩升迁。褒奖所收到的效果，往往比惩处更有效，不但有澄清吏治之功效，也会促进社会的发展。

历代对官吏奖励的事例很多，在奖励过程中，有大张旗鼓者，有旌表乡里者，也有通告全国者，总在尽力张扬，以使这种褒勤赏廉劝善行为发挥出最大的效能，这也是奖励所要达到的目的。有一点应该注意，若是奖非其功，这种张扬也将起到相反的作用。官吏受奖的原因很多，但是否公正，是否奖得其所、奖得其人，在君主专制政体下则有着很大的折扣。在追求个人私利、谋求升迁和奖励的情况下，“各官无不先期谋及，先期讲定行取，两衙门未判，争论纷然，市朝真同市井，臭秽万状”。还能有什么公正可言？也就无怪乎有人认为“普天之下，伶俐人也吃饭，痴呆人也吃饭”⑤。廉贪不分、好坏混为一体，就使原本为褒勤赏廉劝善而设的奖励制度失去其应有的功效。

1933 年 12 月，南京国民政府颁布《颁给勋章条例》（1941 年 2 月修改为《勋章条例》），对公务员有特殊勋劳者颁给采玉勋章。其程序是各主管机关呈请上级转递铨叙及审核，再经考试院呈请国民政府颁给。对考绩中成绩特优、应与升等，在没有实缺时，可以给高一级实缺的待遇。对于平日成绩突出的公务员，可以给予记功、记大功、嘉奖、升职等奖励；一年之内没有事假、病假的公务员，可以获得相当本

---

① 赵尔巽，等. 清史稿：卷 277：于成龙等传论. 北京：中华书局，1977：10098.

② 班固. 汉书：卷 89：循吏黄霸传. 北京：中华书局，1962：3631.

③ 明英宗实录：卷 125：正统十年春正月癸巳条.

④ 赵尔巽，等. 清史稿：卷 111：选举志六 • 考绩. 北京：中华书局，1977：3222.

⑤ 李乐. 见闻杂记：卷 10 之百六则. 上海：上海古籍出版社，1986.

人一月薪俸的奖金等。

三、奖惩制度的特点

在中国古代社会，官吏是进入特权等级的特殊阶层，虽然在当时曾经追求“王子犯法与庶民同罪”，但在实际上还是有所区别，所以在律例中明确规定有官可抵罪的条文。正因为如此，官吏无论是犯公罪和私罪，与庶民百姓都有很大的区别。这种区别在于：官吏犯罪，首先可以用处分当之，其次可以用官职抵之，再次可以用金钱赎之。官吏有此特权，在惩处问题上也必然会存在着很大的伸缩性和可变性。奖励本来是奖勤劝善的手段，与惩处有相同的效用，若赏非其人，则会与罚不当罪的效果一样。在中国古代政治中，常常存在因各种利益而结合的集团和帮派势力，统称为“朋党”，体现在奖惩制度中，则不可避免地存在许多人为因素。这种人为因素，使历代奖惩制度包含着许多复杂而又难以理喻的特点。

第一，历代奖惩制度与考课制度相结合，在澄清吏治、严肃政纪法纪、维持官吏正常工作秩序等方面曾经起到重要作用。

在考课中，成绩最差的被称为“殿”，明清称为“不称”。对那些被评为“殿”与“不称”者，要追究其刑事责任。例如，汉代的“吏有罪”为“七科谪”之首。明清把“贪、酷”列入严惩之列，处罚相当严厉。对其他不称职守或违反朝纲法纪者，则视情节轻重给予不同的处分。处分是按申诫、鞭杖、罚金、降秩、降职、罢官、判刑、抄家、处死、株连家族等顺序，由轻到重地执行，有时还数罪并罚。例如，清代对不谨、罢软者革职，浮躁、才力不及者降调，年老、有疾者休致，而贪、酷者题参之后，要交司法部门处置，严重者判刑、抄家、处死，甚至株连家族。在处罚中，一般是轻不兼重，重则兼轻，如鞭杖总是兼有申诫，处死又兼及抄家。

为使奖惩不至于过滥，历代都规定考课评定应有监察部门参加，对考课不实和被监察人员指控的官员，职位高者由皇帝亲自派人核实，允许当事人辩白申诉。一般官吏则由监察部门核实，情况属实者，奏请皇帝或交主管官吏人事部门和司法部门，依旨按例进行升赏黜罚；情况不实者，拟考和指控者要受处分。

第二，古代奖惩制度在很大程度上依赖于长官意志，因此存在许多不稳定的因素，也缺乏明确的标准。

家长制的君主专制统治，将奖惩制度自囿于狭窄的统治阶层之内，缺乏社会的广泛监督和支持。因此，在对官吏进行奖惩时，既难正常实行，又难惩当其罪，处当其责；更难奖得其劳，赏当其事。由于受到君主和长官的主观意志影响，必然带有许多感情上的因素，法规执行起来也具有很大的伸缩性。

以君主而言，他们虽然知道“各处有司，惟务奸贪，不问民瘼，政声丑陋”[①]，为此也曾经施行重典加以惩治，但却拿不出真正有效的办法，不但使严惩难以持久，就连制

---

① 朱元璋. 大诰初编·吏殴长官第十六. 北京：科学出版社，1994：61.

定的法规也变得难以正常持久实行，以至于出现讨债还债说①。君主虽然知道“此皆地方官吏，谄媚上官，苛派百姓，总督巡抚司道，又转而馈送在京大臣，以天生有限之物力，民间易尽之脂膏，尽归贪吏私橐，小民愁怨之气，上干天和，以致召水旱、日食、星变、地震、泉涸之异”②，反而采取“凡事不可深究者极多，即如州县一分火耗，亦法所不应取；寻常交际一二十金，亦法所不应受。若尽以此法，一概绳人，则人皆获罪，无所措手足矣”③。采取这种姑容态度，又如何分辨寻常交际与贿赂请托呢？

严惩不能持久，姑息无异养奸，养奸则必成患，成患又必危及君主的自身统治，更会影响到社会的治理。在奖惩上更是体现出君主的好恶，如朱元璋重典治吏，但一遇到“州县父老有诣阙上县官善政，当罢任而保留者”，便“手敕奖励复职，加赐衣币”。这种做法本来就缺乏明确的是非标准，而其自己又率先破坏既定的法规。如“有国子生初任陕西知县，或告其尝受民财。刑部逮问之”。朱元璋却推翻刑部拟定的罪名，召见该人面谕云：“尔以书生受民社之寄，不能廉洁律己，受污辱之名，为父母羞。朕念年少，更事未多，特宥还任，尔其改过自新，力行为善，庶有立于将来”④。严刑酷法曾为之，不秩封赏也为之，时而许人自新，时而不容悔恨⑤。是赏、是罚、是奖、是惩，本身就在自我矛盾中，更不能期望能拿出什么有效措置。

以长官而言，“官益久则气愈媮，望愈崇则谄愈固，地愈近则媚益工”⑥。在“上官之诛求，自府道，而司、而抚、而按、而过客、而乡绅、而在京之权要，递而进焉，肆应不给”⑦ 的情况下，“不肖州县，专事逢迎，于上司过境豫备供给，车马则有科派，食物则有官价，一切扰累地方”⑧。京官视外官为利薮，外官视京官为内援，彼此相互利用，非遇祸害临头，很难各自分飞。长官如此，地方官则全凭金钱为孔道，一次进京无万两白银难以交代。长官既然得到好处，在对地方官题参时，不能没有顾虑，大多数还会看在金钱的面子上给以保荐。这就是地方官所谓寻靠山的方法。“这靠山第一是财，第二才数着势。就是势也脱不过要财去结纳；若没了财，这势也是不中用的东西。所以这靠山也不必要甚么着己的亲戚，至契的友朋，合那居显要的父兄伯叔，但只有财挥将开去，不管他相知不相知，认识不认识，也不论甚么官职的崇卑，也不论甚么衙门的风宪，但只有书仪送进，便有通家侍生的帖子回将出来，就肯出书说保荐，说青目。同县的认做表弟表兄，同省的认做敝乡敝友，外省的认年家故吏，只因使了人的几两银子，凭人在那里扯了旗号，打鼓筛锣的招摇于市。”⑨ 至于那些会来事的地方官，表面上对上司毕

① 陆容著《菽园杂记》卷2中讲：“洪武间，秀才做官吃多少辛苦，受多少惊怕，与朝廷出多少力？到头来，小有过犯，轻则充军，重则刑戮。善终者十二三耳。其时士大夫无负国家，国家负天下士大夫多矣。这便是还债者。近来圣恩宽大，法网疏阔。秀才做官，饮食衣服、舆马宫室、子女妻妾，多少好受用，干的几许好事来？到头全无一些罪过。今日国家无负士大夫，天下士大夫负国家多矣。这便是讨债者。”

② 清圣祖实录：卷82：康熙十八年秋七月壬戌条.

③ 清圣祖实录：卷240：康熙四十八年十一月丙子条.

④ 徐学聚．国朝典汇：卷81：府州县．北京：书目文献出版社，1996.

⑤ 朱元璋．大诰续编：秦升等怙终第八十三．北京：科学出版社，1994：161.

⑥ 龚自珍．王佩诤校．龚自珍全集：卷2：明良论．上海：上海古籍出版社，1975：31.

⑦ 刘宗周．刘子文编：卷4：敬修职掌疏．清道光二十八年（1848）袁江节署求是斋刊本.

⑧ 清仁宗实录：卷197：嘉庆十九年九月己酉条.

⑨ 西周生．醒世姻缘传：第94回．上海：上海古籍出版社，1981：1335.

恭毕敬，钱财使用不少，但内心却是“道府收我节寿陋规，不为我弥缝罅漏，我之馈送究从何来?”把这些贿赂记录在案，“执有书信，故为切据”①，将上司各种劣迹私记在册，一旦遇上司题参，以据相抗，迫使上司不得不息事宁人。这也是史料中所见题参事例中，丁忧、病故、勒休地方官占大多数的重要原因，是他们已失去抗争的本钱。至于保荐的，多是进士、高官子弟、世家巨富的地方官，是因为这些人不是有前程，便是有钱势。奖强罚弱的做法，不但是虚应奖惩故事，而且体现出私利，欲使奖惩制度公正，则万般其难。

在奖惩过程中，许多长官毫无公道可言。“所劾者，纵非小官，则必负气倔强与为人快忿者也。所举者，纵非大官，则必多援善钻与亲且故也。然则人心又奚而得劝惩，公道又奚而得不塞也。”② 君主们深知其弊，也曾多次申戒，因大多数君主不亲政事，很难亲自督责，致使“风尚日下，仕路秽浊”③。清代君主虽然号称“稍暧昧之处皆洞悉之，人不能欺朕，亦不敢欺朕”④，大权从不旁落，但也不能够改变“钻营奔竞，以图侥幸”的官场风气，因为官员“每因仍旧习，借端科派，大小相循，私通交际。是察吏本以安民，而反以扰民”⑤。欲使奖惩制度正常实行，只能是可望不可得。

第三，奖惩制度本身也受到多方面的制约，这也是由主客观原因所造成的。在古代社会，宗法等级观念和传统的等级名分结构，都会从不同角度侵蚀奖惩制度。

君主可以言立法，也可以言废法；宗法等级是君主专制政体的支柱，也形成了各种体现共同经济和政治利益的团伙；等级名分结构则是维系官僚制的纽带，也造成大小不同的特权阶层和政治势力。这些权益的交错，构成在利害上有同有异的关系网络。这种网络在利益相同时，会绞结在一起；在利益不均时，也会彼此纠缠不休；在祸患来临时，又会各自解脱。这种只是为自己私利所构成的政治网络，或直接或间接地干扰奖惩制度，破坏其准则，损害其连续性和稳定性，甚至使制度成为拉帮结派、打击报复的工具。

历代奖惩制度，以其严格细密而著称，曾在多方面发挥过积极有益的作用。它既保证了皇权统治渗透到各个领域，起到协调国家管理活动、强化运行机制的作用；又在一定程度上澄清吏治，起到促进官吏工作、提高行政功效的作用。“朝廷黜陟，以昭劝惩”，果真惩当其罪，处当其失，“摈斥贪残”，使之“不敢纵肆”⑥，也会收到实际效果。果真奖当其事，赏当其实，也会收到贤者自励、廉者吐气的效果，使他们“殚公心以体国”⑦，从而使官风和官纪在一定程度上得到改善。但是，奖惩制度与政治现实之间经常存在着差距和矛盾，有时甚至截然相反。奖惩制度有时因过时而不再有效地促进官风官纪，只残存表面的躯壳；而政治现实却因不断破坏，乃至于嘲笑奖惩制度，也使有关奖惩的条文规定，有相当一部分只具有装潢的价值。

---

① 张集馨撰．杜春和，张秀清整理．道咸宦海见闻录．北京：中华书局，1981：54．

② 唐顺之．荆川集：卷5：答李中溪御史书．文渊阁四库全书．

③ 魏大中．藏密斋集：卷4：肃计典以励官常疏．四库禁毁书丛刊．北京：北京出版社，1997．

④ 清圣祖实录：卷275．康熙五十六年十一月丙子条．

⑤ 中国第一历史档案馆．康熙起居注，康熙二十五年二月．北京：中华书局，1984：1430．

⑥ 赵翼．廿二史札记：卷32：明祖晚年去严刑．北京：中华书局，1984：777．

⑦ 张廷玉，等．明史：卷153：周忱传．北京：中华书局，1974：4217．

由于影响奖惩制度的诸多因素存在，就使正常制度不能正常实行，其积极作用也不能正常发挥。尤其是官吏自身的保护网，在“口叙寒暄，两手授受”当中，将制度变为虚文。如“明代士大夫，师生结党，风俗相沿，徒顾私恩，而忘国义，大为恶习”①。清雍正帝则认为：“今之居官者，钓誉以为名，肥家以为实，而云名实兼收，不知所谓名实者，果何谓也。”② 乾隆帝也认为：“外省上下和同，官官相护，积习最为恶劣。”③ 在这种政治局面下，再加上立法方面的混乱，“因律起例，因例生例，例愈纷而弊愈无穷”。最终导致“因循日久，视为具文”，实际上由掌权者“任意轻重”，“任情生杀”④，使本来就不健全的制度更加百弊丛生。

第四，任何一项制度都是由人创造的，更需要由人来执行。奖惩制度本来是为了督责官吏的，使之遵纪守法，按照朝章典则行事。但这一制度能否有效执行，却取决于社会环境和执法者的政治素质。在政治清明、社会风气良好的情况下，奖惩制度实行起来的阻力较小，也容易收到预期的效果；在政治昏暗、社会风气败坏的情况下，奖惩制度实行起来的阻力很大，非但收不到实际的效果，反而会给社会带来恶劣的影响。

君主专制政体使权力本身蕴藏着许多政治副产品、附属物和潜在效应。权力在实现其自身的多元、多重、多层次、多侧面价值和社会政治裂变作用时，又具有等级性、变更性和竞争性的特点。官吏说不上有无上的权力，但也拥有一定的特权，而权力的等级性，使他们在保住自己权力的同时，千方百计地争取更大的权力。权力的唯上性，不仅表明君臣之间的主奴关系，而且加深了各级官吏对君主、下级官吏对上级官吏的依附关系。权力的变更性，既说明官吏自身权力在分布的秩序内经常流动，也表现出宦海沉浮、仕途叵测的恐惧和危机。权力的竞争性则包含着权力的独占性和排他性，进而表现出许多令人瞠目的激烈、残酷、奸诈、虚伪、苟且、曲从等现象。这些特点实际上又是由权力层本身构建“能源”的获得与补充、发展变化与运转的特定方式诸因素所导致和决定的。

历代奖惩制度的本身即存在利弊，兼有正负两方面的作用。因此，作为被制约、警戒、惩治、督促对象的官吏，一方面有着被动接受的消极心理，另一方面则有着寻求制度上不足的原因（借口）以自我解脱而谋求私利的心理。如明正德三年（1508 年）朝觐考察，“荆州知府王绶、武昌知府陈晦俱在黜列”，为了保官升职，便贿赂权宦刘瑾，因此没有被黜免，却“皆升参政，仍掌府事”。当时“各官皆贷于京师巨家，及回任，括敛民财倍价之。上下交征，莫有纪极”⑤。谢肇淛“每见贪官酷吏，剥民膏脂，以自封殖，而复峻刑法以箝其口，使百里之内，重足一息，重者亡身破家，轻者形残毁体，即洪水猛兽未足喻其惨也”⑥。这些贪酷之官之所以得不到惩处，乃是因为他们善于钻制度的空子，致力于逢迎。如清嘉庆初年，福建晋江县知县是进士出身，“贪与酷兼而才复足以济

① 姚莹撰．黄季耕点校．识小录：卷 7：门生名刺．合肥：黄山书社，1991.
② 清世宗实录：卷 3．雍正元年春正月辛巳朔条.
③ 清高宗实录：卷 775．乾隆三十一年二月辛酉条.
④ 张廷玉，等．明史：卷 93：刑法志一．北京：中华书局，1974：2280.
⑤ 陈洪谟．盛冬铃点校．继世纪闻：卷 2．北京：中华书局，1985.
⑥ 谢肇淛．五杂组：卷 15：事部三．上海：上海书店出版社，2001：311.

之”，因此善于逢迎，“适大吏以巡阅过境，距县尚数十里，即有村间民妇提筐跪献道左者”。这些民妇献上蔬菜瓜果，无不声称知县是个好官，而好官乃是大吏的恩赐。如此在路上有数十起，使大吏颇受感动，让这些村妇随同到县领赏。到县署之后，该知县“已代备银牌百面，随传命分给之，各欢声雷动而去，大吏又大称快，而不知皆此令所预为之也”①。这样的逢迎立见成效，很快就升官晋级，得到令人艳羡优缺。更有甚者以之作为打击报复、作恶犯法、追求名利的工具。如嘉靖末年，崇德县丞汪炎，“性迂癖，与同僚不协，被其构于上台，因得罪”。上司指派嘉兴知府徐必进审理，因为徐知府“素憎其倨，立意罗织之”。汪县丞儿子是汪雅堂，是个生员，要替父领罪，反而被徐知府凌辱。没有想到汪雅堂考中进士，被任命为嘉兴府推官，成为同僚，徐知府只好殷勤接待，汪雅堂则“伪与周旋，久之自谓忘故隙，且欢好矣”。表面上亲密，实际上汪雅堂一直在收集证据，“潜瞰其簠簋，默籍日月，纤毫不爽，及用事之司狱与衙役，俱备侦详记”，然后将这些证据送交巡按，上疏弹劾。徐知府已经升福建海道副使，还是被抓回来“提问追赃”，在证据面前，当然无以自辩，“久之赃完始发遣”②。随着社会政治环境的日益恶化，奖惩制度的负面效应越来越明显，不但其公正已令人怀疑，即便是不公正也令人难以置信。原本应是公正尺度的奖惩制度，却变成不公正的渊薮，这是制定这一制度的统治者所始料不及的，也是与统治者的初衷相背离的。

奖滥是无奖，罚滥是无罚，北洋军阀及国民党所倚仗的是惩罚，所以在惩罚方面的规定特别多。就国民党而言，既有党设“中央监察委员会”，又有国民政府设“政务官惩戒委员会”，还有司法院设“中央公务员惩戒委员会”。地方有“地方公务员惩戒委员会”，军队有“国民政府军事委员会军事长官惩戒委员会”。在具体实施过程中，监察院认为应该惩戒者，连同弹劾案和证据分送相应的惩戒机关。“中央监察委员会”负责选任官的惩戒，“政务官惩戒委员会”负责特任政务官与特派政务官的惩戒，“中央公务员惩戒委员会”负责荐任以上事务官、中央机关委任职公务员的惩戒，“地方公务员惩戒委员会”负责各省、各特别市委任职公务员的惩戒，“国民政府军事委员会军事长官惩戒委员会”负责军官和地方保安队官员的惩戒。在惩戒法规方面有《公务员惩戒法》（1931 年 6 月公布草案，1933 年 6 月修正为 6 章 28 条；另 1926 年 2 月，广东国民政府公布《惩治官吏法草案》）。该法规定：公务员有违法、废弛职务或其他失职行为，应该受到惩戒；惩戒分免职（至少要停止任用 1 年）、降级（依现任官级降 1、2 级，2 年之内不得晋级，无级可降则减月俸 2 年）、减俸（1 月以上、1 年以内，依最近 3 个月俸减 10%～20%）、记过（1 年内不得晋级，1 年内记过 3 次则按减俸论）、申诫（书面和言词）五种。虽然有严格的惩戒制度，但有很大的缺陷。如法规中的“降级”规定不适用于选任政务官、特任政务官、特派政务官、准政务官、立法委员、监察委员，“记过”不适用于选任政务官、立法委员、监察委员，这就突出了特权，也谈不上公正。惩戒机构职责重复，界限不清，很容易造成互相推诿责任，以至于网漏吞舟之鱼。如“中央监委会收受控案累累，陈果夫等既多方庇护于前，迨移交执委会处分，又复百端为之解脱”。出任财

---

① 梁恭辰．北东园笔录初编：卷 4：贪酷吏善逢迎．笔记小说大观 29．扬州：江苏广陵古籍刻印社，1984.

② 沈德符．万历野获编补遗：卷 2：汪徐相仇．北京：中华书局，1959：907.

政部长的宋子文，“徒以贵戚，得为援击，不数年立成巨富，其享用之盛，等于王公”，却丝毫不见惩戒，而且隆隆骤迁。奖惩不公，政治难清，“今日政治之弊端，半在制度，半在人事”①。

第四节　等级和俸禄制度

等级森严是中国古代社会最基本的特点之一，这在官阶上反映得尤为明显。大量的典章明文规定，不同的官阶等级应享有不同的政治和经济待遇，拥有不同的权力，绝对不允许僭越，亦不允许假借。统治者的意图是通过严格的官阶等级划分，从制度上保证上下有别、高低有序、主从有分的严格统属关系，从而责令不同等级的官吏各守其责，各行其权，各尽其责。俸禄大体上是依据官阶等级的高低来区分多寡，既是一种报酬标准，也是官阶等级标志，更是廉政的根本。

一、等级制度

古代官吏的等级划分非常明确，其具体差别和区分体现在政治荣誉和各种礼遇之上，主要有如下几种：

（一）官职事

职事是官吏的实在职务，是有实际职权的职官，诸如尚书、侍郎、寺卿、郎中、员外郎、督、抚、藩、臬、知府、知县等。职事与本人原来已具有的官品、荣誉称号等有一定的联系，但并不因此影响其任职。如某部尚书，自身有一定的秩品、班位，也可以得到一定的勋赐、爵位、封号，但没有这些品位和封号也不影响其实际任用和职权。

同等职事有上下的区分，如事繁者从上，事平者从中，事简者从下。一个部门设两名以上的同级官吏时，则有前后位置的区别。如清代地方缺分制中便分为冲（地当孔道）、繁（政事纷纭）、疲（多逋欠赋税者）、难（民刁俗悍、命盗案多者）所谓四字分缺，四方面都具备的划为最要缺，兼有三字者为要缺，兼有二字者为中缺，仅有一字及无字者为简缺。缺分虽不同，品级却是一样。职事繁简不同，补授的方式也不同，有拣（拣选有才能者）、有题（题请皇帝批准）、有调（调政绩突出者）、有留（继续留任），余则选（吏部铨选）。

（二）官秩品

《说文》曰：秩，积也。品，众庶也。秩品是一种秩序和等级的区别，也是不同官吏各自具有的基本等级。西周时，以“九命”划分内外官的等级。九命是在任命的基础上划分的，如《周礼·春官·大宗伯》云：“一命受职（职事），再命受服（官服），三命受

① 国民党党史史料编委会．对于政治报告之决议案（1947 年 3 月 15 日）．革命文献，1979：80．

位（列于臣位），四命受器（祭器），五命赐则（有封地），六命赐官（自设官属），七命赐国（封侯），八命作牧（得专征伐），九命作伯（为一方诸侯长）。”称之为“以九仪之命，正邦国之位”。这样，在内分为公、侯、伯、子男、公卿、大夫、上士、中士等九级；在外分为大国君、次国君、小国君、大国卿、次国卿、小国卿、大夫、上士、中士等九级，也称为“级品”。战国时期，各国相继以谷物多少为官吏的报酬，并以谷物多少区分若干秩等。秦汉因循，其秩从万石至斗食分成16～18个等级。曹魏时以九品定官级，一品至九品共九级。南北朝时逐渐改为正从九品十八级。以后除唐代实行九品正从上下阶三十阶制度之外，正从九品十八级是基本的官秩品级，一直延续到明清。

（三）官勋赐

勋赐是对有功和特定官员给予的一种荣誉性政治待遇。汉代对一些资深年老大臣和姻亲势重权贵，往往加上一些特别的封号，如给事中、奉朝请等，并给予一定的政治待遇，如诏书不名、剑履上殿等。至南北朝时，渐渐分出勋位和加赐两种等级。唐宋时则制定上柱国、柱国、上护军、护军、上轻车都尉、轻车都尉、上骑都尉、骑都尉、骁骑尉、飞骑尉、云骑尉、武骑尉等12勋级。宋代则明确规定剑履上殿、诏书不名、赞拜不名、入朝不趋、紫金鱼袋、绯鱼袋为加赐6个等级。明代有左右柱国、柱国、正治上卿、正治卿、资治尹、资治少尹、赞治尹、赞治少尹、修正庶尹、协正庶尹等文勋10级，分别授予五品以上的官员；左右柱国、柱国、上护军、护军、上轻车都尉、轻车都尉、上骑都尉、骑都尉、骁骑尉、飞骑尉、云骑尉、武骑尉等武勋12级，分别授予从六品以上的武官。清代把勋级归入爵位，其加赐的黄马褂、花翎、顶带、准在紫禁城乘轿、准在紫禁城骑马等，虽没有明确规定等级，但都表示享有一定的特殊荣宠。

勋和赐与官员秩品有一定的关系，几品官授予几等勋也有严格规定，但也不完全受秩品的限制，低品可授高勋，高品也有授低勋的。拥有勋级者，享受本勋的品级待遇。例如，唐代一般州刺史为正四品，护卫仪仗为三骑，如加勋为上护军，则视为正三品，享受三品的护卫仪仗，仪从增至五骑，但不加俸禄，在申报官职时，还应注明正四品某某州刺史，不过勋名可列在官衔之前，待遇也就高不就低。明代则几品官为几级勋，是与官品相结合的，但获得勋级必须经过两次考课，故勋级也表示该官的资历。赐则是既与品级相结合又与品级相脱离的政治待遇，随君主旨意而定，被认为是一种特殊的荣宠。

勋赐既作为一种政治待遇，又作为一种资历，获得者在平时各种活动中可以用一定的形式表现出来。如在上下行文书中注明勋级，在出行时的行路牌上标注勋名，就是在死后的墓碑上也可以将这些勋赐用抬头（提格或提行书写）的方式显示出来。

（四）官散阶

散阶是一种旨在提高官吏的等级，而与实际职务无关的官阶划分，实际上只是一种资历。汉代设一些大夫、议郎，掌侍从左右，顾问应对，只是作为朝官的加官，没有实际职务，但有荣宠之意。魏晋时因军事频繁，大小官员都加将军、校尉、中郎将、都尉等军职名号，实际上是一种武散阶；文散阶有特进、光禄大夫等诸多名号。南北朝时渐区分出文、武散官，顺序排列多达百余名号。唐代对这些名号加以厘正，从开府仪同三司到将仕郎为文散官 29 阶，从骠骑大将军到陪戎副尉为武散官 45 阶。宋代文散官 29 阶，武散官 31 阶。金、元文散官 42 阶，武散官 34 阶。明清文散官 42 阶，武散官 30 阶。文、武散官阶都是按九品定高下，每品有一至三阶不等。

散官既与考课相关，又与品级有密切的关系。按规定，凡入品之官均授予散阶，初入品或升品者开始授一阶，待考满或有功劳则升授一阶，职事不变，散阶可升。这种散阶的授予是要经过吏部核准，颁有正式敕书，由官方和个人各自保存。这种敕书除作为被授阶之人的凭证之外，还对获得人有简单的评价，以作为将来考核和升迁的凭证，故官吏对此非常重视。

散阶有特授、考绩授、覃恩授、请授等区别。特授和覃恩授是官在本品而受上官推荐的一种旌典；考绩授是官在本品的最普遍升阶方法，即在考绩合格之后授予；请授是授予本人已不在本品级而仍有升品可能的特例，需要提出申请。

（五）官爵位

“爵者秩也，位者威也”，秩是执序、等级，威是权威、地位。最早的爵位与政治权力紧密相连，以后逐渐与实际权力相脱离，仅反映出一定的政治地位。

按照一般说法，夏代有公、侯、伯、子、男五等爵位，因无实据，难以窥其详。商代也有公、侯、伯、子、男的爵称，分为三等；一等为公、侯，他们是王族或亲族，直属于商王朝；二等为伯，是远方部族的首领，如周族曾经为商的西伯，统辖 210 个小国；三等为子、男，在公、侯、伯之下，并分别隶属于王、公、侯、伯。商代虽有等级的划分，但制度并不健全。王国维考证认为：“自殷以前，天子诸侯之分未定也。”“盖诸侯之于天子，犹后世诸侯之盟主，未有君臣之分也。周初亦然。”① 这从侧面说明了当时爵位等级制度还处在分散向比较集中的过渡阶段。然而，依据血缘宗族关系和自身实力确定爵位等级，与实际政治地位和经济权益是结合在一起的。各级贵族的爵位高低与实际占有土地和拥有实力成正比，他们在所辖地区拥有统治权，只是向王朝纳一些贡赋。

周代的爵也分五等，有较大功劳而且是王的嫡亲者，封为“公”；庶亲而有功劳和非亲的功勋辅臣，则封为侯、伯；庶亲贵族及边远各族首领，则封为子、男。

春秋战国时期，官僚制的逐渐形成冲击着旧的爵位制。秦国自商鞅变法之后便确立了二十等军功爵，即：（1）公士，言异于士卒，为国君列士，有爵之步卒。（2）上造，言有成命于上，乘兵车（一说为步卒）。（3）簪袅，以组带饰马，御驷马车。（4）不更，不豫更卒之事，主一车，为车右（持矛）。（5）大夫，列位从夫，主一车，属三十六人，在车左（持弓）。（6）官大夫，加官示尊，领车马。（7）公大夫，加公示尊，领行伍兵。（8）公乘，得乘公家之车。（9）五大夫，有大夫之尊，可为官长、将率，有税邑三百家。（10）左庶长，为众列之长。（11）右庶长。（12）左更，主领更卒，部其役使。（13）中更。（14）右更。（15）少上造，主上造之士。（16）大上造，有赐邑三百家，赐税三百家。（17）驷车庶长，乘驷马之车而为众长。（18）大庶长，更尊，为大将军，将庶人和更卒。（19）关内侯，有侯号，无国邑而居京师。（20）列侯，一为彻侯，其爵

① 王国维．观堂集林：卷 10：殷周制度论．北京：中华书局，1959：461.

位上通于天子，有国邑。这些爵位无论在内容还是在形式，都与原来的旧爵不同，它主要用于奖励军功，同时又与官职、政治和经济权益相结合，而且不是世袭，从根本上否定了世卿世禄制。

汉代在秦二十等爵基础上增加诸侯王一级，作为奖赏有功人物和提高官吏等级待遇的依据，高等爵位还享有一定的食邑和世袭待遇。汉武帝时又增加武功爵 17 级，今可考的只有 11 级，即造士、闲舆士、良士、元戎士、官首、秉铎、千夫、乐卿、执戎、政戾庶长、军卫。武功爵可以买卖和顶替，使爵位在一定程度上可以与政治权力相分离。

魏晋以后，爵制逐渐改革，除王以外，还有公、侯、伯、子、男五等，每等再以郡、县、乡、亭来划分等级，带有封邑的则加“开国”之衔，如开国郡公、开国县公等。唐代制定九等爵，王为正一品，食邑万户；郡王为从一品，食邑五千户；国公为从一品，食邑三千户；郡公为正二品，食邑二千户；县公为从二品，食邑千五百户；县侯为从三品，食邑千户；县伯为正四品，食邑七百户；县子为正五品，食邑五百户；县男为从五品，食邑三百户。所谓的食邑，是被封人只能够得到封邑指定人口的租税，但不能统辖这些人户，若无职任，则更与政治权力不相关，爵位与政治权力完全分离了。宋代的爵增至 12 级，即王、嗣王、郡王、国公、郡公、开国公、开国郡公、开国县公、开国侯、开国伯、开国子、开国男。元代改为 8 级，即王、郡王、国公、郡公、郡侯、郡伯、县子、县男。明代宗室爵有亲王、郡王、镇国将军、辅国将军、奉国将军、镇国中尉、辅国中尉、奉国中尉，凡 8 等；功臣爵分为公、侯、伯、子、男五等，后改为公、侯、伯三等。清代宗室爵有和硕亲王、多罗郡王、多罗贝勒、固山贝子、奉恩镇国公、奉恩辅国公、不入八分镇国公、不入八分辅国公、镇国将军、辅国将军、奉国将军、奉恩将军，凡 12 等；功臣爵有公（分三等）、侯（分四等）、伯（分四等）、子（分四等）、男（分四等）、轻车都尉（分四等）、骑都尉（分二等）、云骑尉、恩骑尉，凡 9 级 27 等。

（六）官班位

汉代百官朝贺时分班上下，这种上下之分基本上是依照官秩的高低，但在同等官秩之内也有上下。例如，九卿同为中二千石，朝会时，太常卿在前，其他诸卿依次排列。汉武帝时增设了“加官”，得出入宫禁，朝会时又增加“独坐”，这是赐予有特殊身份或有功人员的特别优待，在朝会时，所在班位往往高于原来的秩等。南北朝时，在品级之外加上一种班秩，如南朝梁制定十八班，“以班多者为贵，同班者则以居下为劣”，“班即阶也，同班以优劣为前后”，在升转贬降上，“转则进一班，黜则退一班”①，实际上也是一种升迁排位顺序。唐宋以后，按与皇帝的远近，分成文、武、内侍等阶，不同的阶在朝会时位置也不同。朝会时的行立顺序，先以职位，后以爵位，职、爵相同则以班位，职、爵、班相同则以年龄，有着严格的等级界限。

班位还是对现行官制中的官员位置的排列。例如，汉代九卿官秩地位相同，因“国之大事，在祀与戎”，故以主持祭祀的太常卿为首，班位也在前；少府卿因是皇帝的“小府”，所以班位在后；在升转上，少府卿要经过几次升迁才能够当上太常卿，而太常卿改

---

① 魏徵，等. 隋书：卷 26：百官志上. 北京：中华书局，1973：738.

为他卿，则称为“左迁”，即降职。又如，吏、户、礼、兵、刑、工六部，吏部为六部之首，班位在前，工部为六部之末，班位在后，工部尚书要经过多次升转才可能当上吏部尚书。

（七）官封赠

封赠可以包括食封、封号、诰命、官衔等内容，通常加于皇族勋戚及有功、退休、殉职的官员及亲属。

食封是对拥有爵位和有功人员的一种特殊奖赏。如唐代有食封和食实封两种，食封者可以得到受封户数的2/3租税，食实封者才能得到受封户数的全部租税。宋代曾经规定食封有万户、八千户、七千户、六千户、五千户、四千户、三千户、二千户、千户、七百户、五百户、四百户、三百户、二百户，共计14等；食实封有千户、八百户、五百户、四百户、三百户、二百户、百户，共计7等。这种食封制通常与爵位相结合。

封号是褒奖有功的名号，原本没有详细的等级规定，直到宋代才确定加赐中书、枢密两府臣僚，分为推忠、佐理、协谋、同德、守正、亮节、翊戴、赞治、崇仁、保运、经邦等11种称号，加赐皇亲及文武臣僚的推诚、保德、翊戴、守正、亮节、同德、佐运、崇仁、协恭、赞治、宣德、纯诚、保节、保顺、忠亮、竭诚、奉化、效顺、顺化等19种称号，加赐禁军将士的拱卫、翊卫、卫圣、保顺、忠勇、拱极、护圣、奉庆、果毅、肃卫等10种称号，共40种功臣号；通常是在官员经过考课以后而加封，故当时的官员普遍有这些功臣号，初次加两字，可以依次增加，其称号越多，荣宠越高。明代以奉天靖难推诚、辅运推诚、宣力、守正为四等功臣号，只加封给功臣。清代则有忠勇、果毅及巴图鲁（勇士）等功臣号。得到这些功臣号的人，虽然并未因此改变原有的等级，但享有特殊荣誉，还可以用之抵罪。

诰命是对官员母妻的册命，一般分为九等。如唐宋除皇亲之外，外命妇则有国夫人、郡夫人、淑人、硕人、令人、恭人、宜人、安人、孺人等。明代命妇的九等顺序为公国夫人、侯国夫人、伯夫人、一品夫人、二品夫人、三品淑人、四品恭人、五品宜人、六品安人、七品孺人，因子孙封者各加“太”字以区别。凡是进入七品以上等级官员母妻都可以享受本品的册封，但必须要等到第一次考满之后请封，其顺序是先嫡母后生母，然后才是妻。

官衔是对休致、殉职或死去官员的赏赐。这种官衔没有实职，只是一种名义。休致人员于官衔前加“赐”，殉职或死去的则加“赠”。有特殊贡献或达到一定级别的官员去世，可报朝廷请恩赐谥号。这种官衔对死去的官员已经没有什么意义了，但对其家属则有很大的用处。官衔虽没有实职，但可以用之抵罪，若是犯法，无论生死，均予追夺。

在官员的各种等级之外，还有吏属等级。如汉代百石至佐史为吏属等级；魏晋以降，九品之外有内外诸色职掌人的等级；隋唐官在九品为“流内”，九品以下有“流外”等级，其职务是书、计、时务来区分，考满可以授官。宋以后有未入流的等级，是一些杂职官员的等级，在级别上附属于九品。值得注意的是，未入流也是官，与吏有根本区别。

不同等级应享有不同权力和待遇，这是一般的常规。国家试图通过等级划分，在制度上保证上下有别、高低有序、主从有分的严格统属关系，从而责令不同等级的官吏各守其职、各行其权、各尽其责。

在专制王朝，只有一个最高主宰——君主，围绕着这个主宰形成的统治阶层，按一定秩序各自排列在一定等级之内。编序原则：一是要看他们和君主的血缘姻亲及亲疏关系的远近，二是要看他们在国家政权创建和运转过程中的贡献和职权大小。各种成员之间以权力为中心，在政治和经济地位上拉开档次，形成严格而细密的等级序列。这个等级序列自官僚群体而及全社会和国家政权，运用行政、礼仪、宗法、习俗等方面的综合强制，把人们的衣食住行、称呼用语、婚丧嫁娶、交接仪式等一切社会生活内容，统统地按照身份地位的差异，用法律的手段严格规范起来。“天有十日，人有十等”（《左传·昭公七年》）的等级观念，长期牢固地支配着中国古代社会，规范着多少代人的生活。等级制度经过历代统治者不断修订完善，制定成为各种典章制度，竭力维护和不断加强，构成了当时社会的等级结构，也成为政治制度的重要方面，曾经起到过不容忽视的作用。

中华民国南京临时政府文官分简任、荐任、委任三等。北洋政府中央行政官分为特任、简任（1、2 级）、荐任（3～5 级）、委任（6～9 级）四等九级。南京国民政府公务员分特任、简任、荐任、委任四等 37 级。除此之外，还有授勋等级，如南京国民政府文职有采玉大、中山、中正、卿云、景星等五种勋章，军职有国光、青天白日、宝鼎、忠勇、云麾、忠勤等六种勋章。

二、章服乘舆制度

古代为了严格等级制度，还对不同级别官吏的服饰、住宅、轿舆、导从、称呼、礼节以及用具等，都有烦琐而严密的规定。

章服是官吏的服饰和所佩带的标志，意在“见其服而知贵贱，望其章而知其势”①。章服主要是以材质、颜色和装饰来区别高低贵贱。如唐代三品以上官员服紫色，四品服绯色，五品服浅绯色，六品服深绿色，七品服浅绿色，八品服深青色，九品服浅青色，流外官及庶人服土黄色。明代的公服：一品至四品绯色，五品至七品青色，八品以下绿色。公服的花饰：一品大独科花，二品小独科花，三品散答花，四品五品小杂花纹，六品七品小杂花，八品以下无纹。文官公服装饰有补服，俗称补子，其一品仙鹤，二品锦鸡，三品孔雀，四品云雁，五品白鹇，六品鹭鸶，七品鸂鶒，八品黄鹂，九品鹌鹑，杂职练鹊。清代略有变化，武官一品、二品狮子，三品、四品虎豹，五品熊罴，六品、七品彪，八品犀牛，九品海马。清代文官一品鹤，二品锦鸡，三品孔雀，四品雁，五品白鹇，六品鹭鸶，七品鸂鶒，八品鹌鹑，九品及未入流练雀。武官一品麒麟，二品狮，三品豹，四品虎，五品熊，六品彪，七品八品犀牛，九品海马。文官补服绣禽，武官补服绣兽，寓意“禽兽”，要官员们别禽兽不如。这些在历代礼典中有明确的规定。有一点应该加以注意，那就是“服色准散官，不计见职，于是所赐袍带亦并如之”②。由于这种规定的存在，一些官的章服被准高于本职应有等级，便成为引人注目的政治殊荣。章服还

① 贾谊. 新书：卷 1：服疑. 北京：中华书局，1912.

② 张廷玉，等. 明史：卷 67：舆服志三. 北京：中华书局，1974：1633.

包括冠、带、珠、伞等，形制和材质都有严格的规定，任何人都不能违反。如明嘉靖十六年（1537年），兵部尚书张瓒身着蟒服（诸王所服），嘉靖皇帝便怒责阁臣："尚书二品，何得蟒服！"当时阁臣夏言回答："瓒所服，乃钦赐飞鱼服，鲜明类蟒耳。"嘉靖皇帝大怒道："飞鱼何组两角？其严禁之。"① 导致礼部重新更定服色，而张瓒也被免官。

"天子车曰乘舆，诸侯车曰乘舆，乘舆，等也。"② 乘舆也是区别等级的重要标志之一，历代都有严格的规定。"天子以之表式万邦，而服车五乘，下逮臣民。"按照这种制度，除君主特制的车辂之外，各级官吏到庶民的车轿都有严格规格。如《大明集礼》中规定：京官三品以上乘轿，四品以下不许乘轿，车饰与鞍辔都有规制，违反者要受惩处。隆庆二年（1568年），"给事中徐尚劾应城伯孙文栋等乘轿出入，骄僭无状。帝命夺文栋等俸"③。清代规定："汉官三品以上京堂舆顶用银，盖帏用皂。在京舆夫四人，出京八人。四品以下文职，舆夫二人，舆顶用锡。直省督、抚，舆夫八人。司、道以下，教职以上，舆夫四人。杂职乘马。"④ 违反制度者除要受处分外，还要捣毁其轿。

仪从导引是官员在活动中的仪仗护卫制度。历代都规定不同级别的官吏享有不同的仪从导引。如明代的仪从：一品至三品6人，四品至六品4人，七品至九品2人。引导：京官四品以上出外用锡槊、钢叉、藤棍对仗为三对，七品以上用锡槊、藤棍对仗为两对，八品以下不许用；在外方面官导引与京官四品以上同，四品以上与京官七品以上同，七品以上则仅用藤棍一对，八品九品用竹篦，杂职不许用；外官有特例，府州县官外出执行公务可以用竹篦、荆杖对仗，巡捕官外出执行公务可以用叉刀之类对仗为导引。这种仪从导引不仅是为了保护官员的安全，主要还是为了突出官员的威仪。例如，清代知县出行鸣锣开道敲七声，寓意"闲杂人等，快闪开"；知府敲九声，即"官吏闲杂人等，快闪开"；督抚敲十一声，即"文武官吏闲杂人等，快闪开"；皇帝出行则十五声，即"王公贵族文武官吏闲杂人等，快闪开"。为此，朝廷还规定了相遇回避等第，基本上是以低官让高官、属官让上司官、同官均礼为原则。

中华民国成立以后，陆续颁布《军士服制令》（1912年1月5日）、《陆海军官佐礼服制令》（1912年10月23日）、《推事检察官律师书记官服制令》（1913年1月6日）、《外交官领事官服制令》（1913年1月11日）、《承发吏庭丁服制令》（1913年2月21日）、《地方行政官公服令》（1913年3月15日）、《监狱官服制令》（1915年6月14日）等等，在"易服"过程中，希望能够打破等级制度，以简便实用为上，而且以职业分工为标志。如当时文官的官服有黑礼帽、黑礼服、黑裤、黑靴，以帽横章、领章、袖章、胸章等区别等级。服饰从传统向现代化演进，剪辫易服成为有别于清王朝的重要标志。南京国民政府公务员、警察、外交官、法官等各种职业的服饰都有明文规定，在凸显职业特征的同时，更有等级的内涵。即便是明确等级，也寓意监督在其内，毕竟服装与身份相符，做事也要注意影响。

---

① 张廷玉，等．明史：卷67：舆服志三．北京：中华书局，1974：1640.

② 贾谊．新书：卷1：等齐．北京：中华书局，1912.

③ 张廷玉，等．明史：卷65：舆服志一．北京：中华书局，1974：1612.

④ 赵尔巽，等．清史稿：卷102：舆服志一．北京：中华书局，1977：3030.

三、俸禄制度

俸禄是古代国家给予在职官吏的固定报酬，在一定的时期内，以物质和货币形式支付，旨在满足官吏个人和家庭生活的需要。在不同的历史时期，还采用过免赋役、给力役、赐田土等形式作为补充。俸禄除了对官吏职务给以报酬以外，还表明受俸人已经成为公职人员，也是对其官方身份的认可。俸禄不是世袭待遇，而是随着职务的变动随时升降，其数额多寡也是根据职务的高低而定的。

俸禄制度是在早期国家的“世禄制”基础上发展起来的。早期国家按照等级高低，分别享有不同数额的封邑，也称“采邑”。采邑的土地和各种赋税收入作为本等级的“禄”，因此也称“食邑”。这种食邑是世袭的，所以称为“世禄制”。周代曾经规定采邑额按人口数目为计算单位，九命（诸侯长）为 2 880 口，一命（职事）为 18 口，最高和最低差额为 160 倍。这种食邑制是在人口和人均土地数额固定的情况下规定出来的固定赋税额，实际上是对各级官员的经济收入做了原则上的界定。由于封户的人身依附于被封者，故食封者对所封采邑也有统治权。战国时，各国对这种分封的“采邑”制进行根本的改革。首先，收回封君在自己封邑上的统治权，封邑同郡县一样，必须奉行国家统一的法令，由国君派官吏进行管理，封君仅享有封邑的赋税的部分收入。其次，削减封邑的规模，早期的封君多以都邑、城市或郡县为封邑，以后逐渐改为以征税户数为单位，使封君失去固定的势力范围。再次，减削封君的世袭权，在受封时明文规定是否世袭，限定世袭几代。

春秋战国时期，由于官僚制逐渐取代世卿制，俸禄制也就逐渐取代了世禄制。在当时的社会经济状况下，这种俸禄主要是以粮食多少为等差。秦汉相因，从丞相、太尉的万石到最低的佐史，分成若干等级，根据不同的等级，享受不同数目的“粟谷”。等级和粟谷数目随社会政治和经济变化而变化。这些等级大体分为三个级差，即万石至比二千石，级差在 20 斛（每斛约 14 公斤）以上；比二千石至四百石，级差为 10 斛；四百石以下，级差为 7～3 斛；最高俸禄是最低俸禄的 97 倍之强。自西汉起，俸禄支付物和级差就不断变化，支付物有钱、布帛、谷物等，逐渐集中到流通的货币。唐代会昌年间（841—846 年），以月俸钱为官俸，而除去各项杂给，试图以钱统一俸给，最高俸禄是最低俸禄的 700 余倍，低官俸薄，则增加各种补贴，以使差距不会太大。补贴制在宋代发展到极致，官员俸禄除因循唐代之外，还有匹帛、职钱、禄粟、傔人衣粮、厨料、薪炭诸物、增给、公用钱、给券、职田等诸多名目，俸禄虽然不高，但这些杂项却很可观，特别是增给，凡是兼职及有宫观衔者都给俸，而兼职与宫观衔在当时是常态，但官小则杂项少，故称官小禄薄，最高与最低之间差距明显。宋代除了俸禄之外，杂项更多，但最高级与最低级的差距也就在 30 倍左右。元代仅就俸银而言，最高与最低差距已经不足 9 倍；明代恢复到 17 倍以上，清代京官一品与从九品的俸禄差额已经不足 6 倍。中华民国实行薪水制，最高级与最低级的级差为 15 倍。级差的缩小，并不意味着高官与低官收入差不多，却显示出权力的作用，有实权的官与无实权的官收入也是天壤之别。明代一个知县，在任仅仅一年半，就带回家 20 余万两银，逢人便诉说自己所得太少，而一个府学教授，在任30年，带回家600两银，逢人便诉说自己所得很多。

从历代俸禄额的发展变化来看，额定的俸禄是不断减少的，但官吏们的生活却越来越奢侈。汉代的县令，“一月之禄，得粟二十斛（约280公斤）钱二千”，县令至少需要有从者一人，是县令出钱自雇的，“客庸一月千刍，膏肉五百，薪炭盐菜又五百，二人食粟六斛，其余才足给马”①。县令即使不带家属赴任，也已经很难维持生活。清代的知县月俸银不足四两，按当时的物价，只能买两担白米。实际上这些县太爷不但要供养父母妻子，还要支付幕宾的薪水、家人的用度、亲故的周济，还要置买产业。除此之外，还有送往迎来、孝敬上司、贿赂权贵等难以估算的开支。这些开支是从何而来的呢？

如果把历代官吏俸禄和当时物价及他们的消费水平做一比较，就可以看到所有官吏都不可能单纯依靠俸禄生活，必然要有其他收入，而这些收入又必远远超过俸禄。清代有人专门为当时的首府首县填了一首词云：“红，圆融，路路通，认识古董，不怕大亏空，围棋马吊中中，梨园子弟殷勤奉，衣服齐整言语从容，主恩宪眷满口常称颂，坐上客常满樽中酒不空。”② 从这首词中，可以看出三个问题：一是官吏在俸禄之外另有额外的补充，二是官吏可以把部分公费作为自己的应酬和生活开支，三是依靠贪污受贿和敲诈勒索获得额外收入。

历代官吏在俸禄以外的收入是相当可观的，这些收入可以分为两大部分：一部分是国家承认的各种补贴，另一部分是国家默许而听任官吏们赚取的“陋规”。

国家补贴是很多的，如汉代的官员，除了官供衣食之外，还有餐钱，以及四时杂缯、绵絮、衣服、酒肉、诸果物等，官员基本上没有生活费用开销，还有官府的公廨钱可以生息，公廨田可以收租。此后各朝代不断增加各种供给，如宋代官员有傔人（杂役奴仆）衣粮、傔人餐钱、茶、酒、厨料、薪、炭、蒿、盐、马料、纸笔、差费等诸多名目，对高级官员还有其他“增给”钱物的名目，这些收入实际上已经超过俸禄数倍，多者数十倍，还有专项的公用钱供官府借贷收息、专门的职田供官府收租，这些利息和租粮除由各级官府长官特殊支用之外，大部分发放给本部门的官吏，实际上也是官吏收入的重要补充。这种补充是国家认可的，在没有职田和放贷利息的情况下，朝廷也给官吏一些补助。如明代知县月俸七石五斗（内有食米二石，余每石折钞十五贯），钦给马一匹，柴薪皂隶四名（每名折银十二两）；县丞月俸六石五斗（内食米二石，余折钞），钦准给马一匹，柴薪皂隶二名；主簿月俸五石五斗（内食米二石，余折钞），钦给马一匹，柴薪皂隶二名；典史月俸三石，钦给马一匹，柴薪皂隶一名；教谕、训导月俸各二石，廪馔米各一石，斋夫各二名（每名折银十二两）③。这些补贴已经超过俸禄的收入，属于国家承认的。清代官俸之外发放养廉银和恩俸，京官一品年俸是180两，恩俸则是270两；外官总督年俸也是180两，养廉银则多至15 000两，养廉银竟是年俸的80多倍，也是朝廷承认的补贴。各地方的补贴更是难以统计，如清康熙年间，偏沅巡抚赵申乔曾经罗列羡余、火耗、解费、杂徭、米蔬、供应、器具、案衣、兴修、盖造、席面、酒肴、铺陈、供奉、

① 严可均．全后汉文：卷46：政论（崔寔撰）．北京：中华书局，1958.

② 独逸窝退士．笑笑录：卷5：十字令．笔记小说大观23．扬州：江苏广陵古籍刻印社，1983：232.

③ 李宗元，等．嘉靖沈丘县志：卷2：官制类．天一阁藏明代方志选刊续编58．上海：上海书店出版社，1990.

小饭、下程、打发、差钱、抽丰、供给、贺庆、礼仪、帮贴、工食、纸扎、心红、人夫、答应、喂养官马、走差、保甲牌籍、刊刷由单、报查灾荒、编审丈量等 34 项。此外还有新添津贴、月费、寿礼、差平色、帮贴公费等 34 项，已经有 68 项之多①。这些补贴已经可以让官员及家族过上比较富足的生活。如仅仅“茶果”一项，知县每年补贴就是 800 两，是其俸禄的近 9 倍，故明人谢肇淛认为：“官至九卿，俸禄自厚，即安居肉食，有千金之产，原不为过，盖不必强取之民，而国家养廉之资，已不薄矣。今外官七品以上，月俸岁得百金，四品以上倍之，糊口之外，自有赢余。”② 但他们还是口口声声说自己俸禄低薄，希望得到更高的薪酬。中华民国虽然没有众多名目的补贴，若是出差，也是按天补贴。如南京国民政府出差特任官 18 元，简任官 12 元，荐任官 8 元，委任官 6 元，事务员及雇员 2 元。除此之外，荐任以上都有厨子、保姆等服务人员，费用也由政府支出。

官员陋规收入更多，这些不在典章规定范围内的收入，是他们主要的经济收入。如西汉安定太守王尊曾经讲：“今太守视事已一月矣，五月掾张辅怀虎狼之心，贪污不轨，一郡之钱尽入辅家，然适足以葬矣。”③ 这是按贪污予以治罪，而实际上朝廷默许的陋规名目繁多。就明清而言，地方官府派人赴京到有关部门办事用印，京城各部门巧立名目以收取一定费用，称为“印规”；学官收取士子定期送礼，称为“学规”；狱官收取犯人家属探监钱，称为“监规”；本地商贾给地方官送礼，下级给上级送礼，称为“年规”“节规”，涉及范围相当广泛，凡是涉及权力问题，都有金钱收入。以明代的州县来说，各以其地处肥瘠不同，存在一些“公事”“羡余”“规礼”“罚赎”等非国家规定而又为国家默许的收入。这些收入不但远多于俸禄，而且成为州县的主要经济来源。如明代长洲知县俞集在任时，“首除税外羡银千余两”④；海瑞在淳安任上一次革去各项不正当收入 17 000 余两⑤。仅革除部分就如此之多，其未革者不知凡几。以地方征收钱粮加耗来说，“正额五升，若加六则正耗总八升。今一亩加耗一斗，则是纳一斗五升，已增一半矣。夫耗米反多于正额，其理已自不通”⑥。至于那些“八分纸价，赎罪、赃罚银钱，香钱、引契、鱼盐、茶酒等税，不系解库者”⑦，更是地方官吏的重要经济来源。他们“征收有羡余，又有额外之征；罚赎有加耗，又有法外之罚；扣差役工食，月赏牌票；减驿所站价，坐派里甲行户，无物不取，却一钱不给；市税私给行帖，又帖上加银”⑧。名目繁多，额度可观。

正因为各地方有不成文的陋规收入，有权有势的权臣、朝官、宦官等便经常“横索外官钱无计”⑨；地方官的上司们勒索常例，巧取“无实之费”；地方官却并未因这些横

---

① 贺长龄. 清经世文编：卷 20：吏政：禁绝火耗私派以苏民困示. 北京：中华书局，1992：510.

② 谢肇淛撰. 印晓峰标点. 五杂组. 上海：上海书店出版社，2001：301.

③ 班固. 汉书：卷 76：王尊传. 北京：中华书局，1962：3228.

④ 李化光，等. 万历新昌县志：卷 11：乡贤. 天一阁藏明代地方志选刊 19. 上海：上海书店出版社，1982.

⑤ 陈义锺编校. 海瑞集：上编：兴革条例. 北京：中华书局，1962：39-145.

⑥ 何良俊. 四友斋丛说：卷 13：史九. 北京：中华书局，1959：110.

⑦ 陈子龙，等. 明经世文编：卷 197：潘潢覆积谷疏. 北京：中华书局，1962：3037.

⑧ 张萱. 西园闻见录：卷 97：恤民. 北京：哈佛燕京学社，1940.

⑨ 查继佐. 罪惟录：卷 29：宦寺刘瑾传. 杭州：浙江古籍出版社，1986：2626.

索而倾家荡产，只不过将借陋规刮削而来的不义之财，“三分归自己，七分孝敬人”，与有权势者分润，借此以倚靠为保护伞，是“州县之陋规则取给于百姓，而道府之陋规取给于州县”①，这七分自道府，到督抚藩臬，以及中央部院各衙门都要分润。即便是三分归自己，也可以“初试为县令，即已买田宅，盛舆贩金玉玩好，种种毕具”②。这种收入与享乐，如果靠固定的俸禄及多于俸禄 10 余倍的养廉银，是不可能达到的，必须有额外收入。“很明显，官员的额外收入通常比固定收入要高很多，但额外收入的实际数字却没有记录下来。”③ 只要正常为官，州县官的年收入平均在 3 万两白银，缺分好的州县更多，道府官比州县官要多，藩臬比道府官多，督抚则最多。这些额外收入，主要来自陋规，而陋规的名目见于典籍者则难以统计，也使研究者望而却步。

历代官吏把公费开支化为己用是很普遍的。在当时，这种公费开支只要不直接转入私囊，就不算贪污，因此，所有的官吏对于挥霍公款都是内行。如唐代宰相在政事堂供膳，“供馔珍美”，有人认为此费太多，商议酌减，当时东台（中书）侍郎张文瓘却认为：“不可减削公膳，以邀求名誉也，国家之所以费，不在于此。”④ 削减公费开支被认为是邀名求誉，谁人还敢议减公费呢！公家之费可以靡费，因此许多官吏借此谋私，凡有上司过署，差官经由，必然是美酒佳肴，大肆铺张。就明清而言，官吏吃喝成风，大量靡费公款，已经成为官场痼疾。他们以为公家之费可以靡费，因此许多官吏借此谋私。“上司一到，有饮食矣，有日廪矣；又办下程，备极水陆。”⑤ 这种“梨园子弟殷勤奉”，“坐上客常满樽中酒不空”的开销，实际上是以公用为名而谋私人享乐，借“公宴”谋升官保职，所以“不怕大亏空”。为了限制官吏挥霍公费，清代一度将蔬菜烛炭、心红纸张、案衣什物、柴薪等四项规定了数额，折成银两，直接发给官吏，禁止他们另外索要，以后又发觉领款之后，索要如故，所以又革除之。在公费开支各项，地方官的膳食开支占很大部分。如清代地方官上任，要带去幕友、长随、家人乃至亲戚等前往，少者数十口，多者数百口，他们的吃喝拉撒睡都要由地方衙门负责，其开支已经可观，再加上这些人在消费的过程中，不遵守价值规律，甚至强行摊派，更加大人民的负担。如明人何良俊所见：“南京有印差道长（御史）五人，与巡视京城道长俱与上、江二县有统属。凡有燕席，俱是两县坊长管办。有一道长请同僚游山。适坡山一家当直，是日十三位道长，每一个马上人要钱一吊，一吊者千钱也，总用钱一万三千矣。尚有轿夫抬扛人等，大率类是”⑥。地方官把公费开支化为己用也是很普遍的，因为这种公费开支只要不直接转入私囊，就不算贪污，因此，所有的官吏对于挥霍公款都是内行。如明代“各上司按临，例有迎风饭、下马饭、阅操酒、送风饭，动以数金计”。这仅仅是常规，若是地方官别有用心，也会提高规格，以至于“每席用嗄饭四十味，糖食四十味，果品四十味，而攒盒暖盏之类无算”。按照古代制度，天子用膳 120 道膳食，宰相 81 道膳食，尚书、侍郎及地

---

① 中国第一历史档案馆藏．朱批奏折：内政类．山西学政陈官俊奏，嘉庆二十五年十月十二日．

② 程三省，等．万历上元县志：卷 10：名宦传序．天一阁藏明代地方志选刊 19．上海：上海书店出版社，1982．

③ 张仲礼．中国绅士的收入．费成康，王寅通，译．上海：上海社会科学出版社，2001：26．

④ 王溥．唐会要：卷 53：崇奖．北京：中华书局，1955：917．

⑤ 张萱．西园闻见录：卷 96：政术：前言．北京：哈佛燕京学社，1940．

⑥ 何良俊．四友斋丛说：卷 12：史八．北京：中华书局，1959：99．

方大员40道膳食。这里每次40道，前后120道，即不违反制度，还使之有天子的感觉。明万历十八年（1590年），华亭知县杨东野首创宴客动辄百金之例，“时五月，有肥紫蟹重斤余，鲜鲥鱼五六斤者”。这种超规格的招待，风宪官们不但吃得坦然，而且“按院啧啧叹赏曰：‘两年兄莅兹土，不可谓福人哉！’”他们当然是“争以杨令为能”①。吃吃喝喝已经所费不赀，问题是还要行贿。李乐巡按南直隶，在松江府，知府、同知、通判、推官除了一起宴请他，还分别宴请，“凡为盛筵者十，以一倍十，所费不赀。每送下程，用燕窝菜二斤一盘，郡中此菜甚少，至赂节推门子，市出而成礼焉”②。为了限制官吏挥霍公费，清末曾经规定各官的公费银，每年军机大臣24 000两，尚书10 000两，各部院司官员，从180至2 400两，共分7等，结余归该官所有。这形式上是为了控制公费开支的数目，实际上使公费开支合法转化为个人所有。

历代官吏贪污受贿和敲诈勒索的门道甚多，“凡百姓上仓交粮，正粮之外，有加耗，有茶果，有仓书、斗级、纸张、量斛、看仓诸费。及起运水次，又派有水脚、垫舱、神福等费”，“又有仓胥积恶，指称米色杂碎，措勒不收。或串同斗级，踢斛淋尖，指称欠数，停阁仓收，此仓蠹之为害也。甚至粮官不肖，轻信奸书受贿，不事晒扬，宽徇势豪面情，责偿良懦。种种弊陋，不可枚举”③。地方官吏利用手中的权力强占勒索，在征收钱粮时上下其手，大称小量，每逢夏、秋两次征收赋税，便认为是发财机会。在考课之年，则是京官发财的绝好机会，因为各级地方官为求取上考，或为顺利报销经费，求批准上报待批案件，等等，无不需要向中央有关部门的主管官吏送礼，进行疏通和拉关系。京官们“以外官为府库”，除按例的“冰敬”“炭敬”“节敬”之外，还广收贿赂，甚至敲诈索贿。各级官吏在国家财政支出和管理上，更是营私舞弊。诸如，修河者虚报费用，放赈者假造民册，管军者侵吞空额兵饷，监仓者谎报靡坏，发放费用者收取回扣，他们假公济私、侵吞财物的手段和疯狂程度令人瞠目。以清代工部和内务府承建的工程为例，一般只有30%的款项用到工程上，其余都被层层克扣和瓜分。当时，凡是有权的官吏，都有办法收受贿赂，尤其是掌有实权的高级官员和权臣，收受贿赂更是公开的秘密，“是可知贿随权集，权在宦官，则贿亦在宦官；权在大臣，则贿亦在大臣。此权门贿赂之往鉴也”④。谋求升迁者、求实缺者、打官司者、要报销账目者、要经营工商矿业者，几乎所有事务都要使用行贿的手段以成其事。政以贿成，难有不贪之官。

历代官员都享有免除赋税徭役的待遇，以明代而言，其《优免则例》规定：“京官一品免粮三十石，人丁三十丁；二品免粮二十四石，人丁二十四丁；三品免粮二十石，人丁二十丁；四品免粮十六石，人丁十六丁；五品免粮十四石，人丁十四丁；六品免粮十二石，人丁十二丁；七品免粮十石，人丁十丁；八品免粮八石，人丁八丁；九品免粮六石，人丁六丁。内官内使亦如之。外官各减一半。教官、监生、举人、生员，各免粮二石，人丁二丁。杂职、省祭官、承差、知印、吏典，各免粮一石，人丁一丁。以礼致仕

① 范濂．云间据目抄：卷4：纪赋役．笔记小说大观13．扬州：江苏广陵古籍刻印社，1984：123．

② 李乐．见闻杂记：卷8之三十五则．上海：上海古籍出版社，1986：691．

③ 黄六鸿．福惠全书：卷8：钱谷部·仓收陋弊．康熙三十八年（1699年）种书堂刊本．

④ 赵翼．廿二史札记：卷35：明代宦官．北京：中华书局，1984：843．

者免十分之七，闲住者免一半。”① 因为有了这些优免，官吏们就可以荫蔽户口，虚占田土。《儒林外史》所讲范进中举以后，“有许多人来奉承他；有送田产的，有人送店房的，还有那些破落户，两口子来投身为仆，图荫庇的。到两三个月，范进家奴仆丫鬟都有了，钱米是不消说了”②。送房、送地、投身，都是为了免赋役，使官吏增加许多额外收入。

从理论上讲，俸禄建立在“主卖官爵，臣卖智力”的特殊雇佣形式之上，君主可以赏赐给臣下官禄，如不合意，也可以随时另赏别人，这就决定官僚的地位并不稳固。在权力支配一切的情况下，官吏从君主那里得到暂时的权力，必然是尽最大可能发挥其效能，攫取最大的政治和经济利益。官吏们深知官场风高浪险，荣辱无常，升迁有望而机遇不多，任期有限而难保长久，当然不会坐失在职捞钱的利益，也就“无惑乎清白之吏不概见于天下也”③。

附录：

西汉官月俸禄：万石谷350斛（汉代一斛相当于14公斤左右），中二千石180斛，真二千石150斛，二千石120斛，比二千石100斛，千石90斛，比千石80斛，八百石月俸钱9 200，比八百石阙载，六百石70斛，比六百石60斛，五百石阙载，四百石50斛，比四百石45斛，三百石40斛，比三百石37斛，百石16斛，比百石11斛，斗食3.6斛，佐史阙载。西汉成帝阳朔二年（前23年），除去八百石及五百石。以谷为计却不完全以谷支付，如东方朔待诏公车，为八百石，月俸一囊粟，240钱；贡禹秩二千石，俸钱月万二千。

东汉官月俸禄：万石350斛，中二千石180斛、给72斛、9 000钱，二千石120斛、给36斛、6 500钱，比二千石100斛、给34斛、5 000钱，千石80斛、给30斛、4 000钱，比千石阙载，六百石70斛、给21斛、3 500钱，比六百石55斛，四百石50斛、给15斛、2 500钱，比四百石45斛，三百石40斛、给12斛、2 000钱，比三百石37石，二百石30斛、给9斛、1 000钱，比二百石27斛，百石20斛、给4.8斛、800钱，比百石16斛，斗食11斛，佐史8斛。东汉支钱与支谷往往视国家税收而定，丰年支谷，歉年支钱，平常钱谷各半。

两晋南朝官俸概数：一品年俸粮1 800斛，绢300匹，绵200斤，菜田10顷，占田50顷，禄力50人，总折粮19 800斛；二品年俸粮1 400斛，绢200匹，绵150斤，菜田8顷，占田45顷，禄力50人，总折粮12 230斛；三品年俸粮1 080斛，绢150匹，绵100斤，菜田6顷，占田40顷，禄力10人，总折粮10 260斛；四品年俸粮862斛，绢120匹，绵70斤，菜田5顷，占田35顷，禄力7人，总折粮8 752斛；五品年俸粮648斛，绢90匹，绵50斤，菜田4顷，占田30顷，禄力5人，总折粮7 678斛；六品年俸粮432斛，绢60匹，绵30斤，菜田3.5顷，占田25顷，禄力3人，总折粮5 892斛；七品年俸粮324斛，绢45匹，绵20斤，菜田3

① 申时行，等. 明会典：卷20：户部·赋役. 北京：中华书局，1989：133.

② 吴敬梓. 儒林外史. 北京：人民文学出版社，1977：47.

③ 张廷玉，等. 明史：卷226：丘橓传. 北京：中华书局，1974：5936.

顷，占田 20 顷，禄力 2 人，总折粮 4 604 斛；八品年俸粮 216 斛，绢 30 匹，绵 15 斤，菜田 2.5 顷，占田 12 顷，禄力 1 人，总折粮 3 531 斛；九品年俸粮 96 斛，绢 15 匹，绵 10 斤，菜田 2 顷，占田 10 顷，禄力 1 人，总折粮 2 346 斛。当时北方农作物主要是粟、麦、菽、秫、稻等，南方主要是粟、麦、秫、稻等，官俸视税收而定，故以粮为计。在正常年景，匹绢折粮四斛，斤绵折粮三斛，匹帛折 200～300 钱，平均 250 钱，粮斛 30～100 钱，平均 60 钱。

北魏官俸概数：一品年俸帛 1 300 匹，折粮 5 200 斛，折钱 260 000 文；二品年俸帛 800 匹，折粮 3 200 斛，折钱 160 000 文；三品年俸帛 600 匹，折粮 2 400 斛，折钱 120 000 文；四品年俸帛 400 匹，折粮 1 600 斛，折钱 80 000 文；五品年俸帛 300 匹，折粮 1 200 斛，折钱 60 000 文；六品年俸帛 200 匹，折粮 800 斛，折钱 40 000 文；七品年俸帛 80 匹，折粮 320 斛，折钱 16 000 文；八品年俸帛 60 匹，折粮 240 斛，折钱 12 000 文；九品年俸帛 45 匹，折粮 130 斛，折钱 9 000 文。北魏太和八年（484 年）开始实行官俸制，匹帛折粮四斛，折钱 200 文，在通常情况下，三者平均供给，一般则视年景而定。

北齐京官俸：一品年俸帛 800 匹，事力俸帛 472 匹；从一品俸帛 700 匹，事力俸帛 413 匹；二品年俸帛 600 匹，事力俸帛 472 匹；从二品俸帛 500 匹，事力俸帛 295 匹；三品年俸帛 400 匹，事力俸帛 236 匹；从三品俸帛 300 匹，事力俸帛 177 匹；四品年俸帛 240 匹，事力俸帛 142 匹；从四品俸帛 200 匹，事力俸帛 118 匹；五品年俸帛 160 匹，事力俸帛 94 匹；从五品俸帛 120 匹，事力俸帛 71 匹；六品年俸帛 100 匹，事力俸帛 59 匹；从六品俸帛 88 匹，事力俸帛 47 匹；七品年俸帛 60 匹，事力俸帛 44 匹；从七品俸帛 40 匹，事力俸帛 35 匹；八品年俸帛 36 匹，事力俸帛 21 匹；从八品俸帛 32 匹，事力俸帛 19 匹；九品年俸帛 28 匹，事力俸帛 17 匹；从九品俸帛 24 匹，事力俸帛 14 匹。北齐京官每品分繁、平、闲三个秩等，俸也有等差。如一品繁为 1 000 匹，平为 800 匹，闲为 600 匹。事力是用来充当职田的劳动者，供职官个人或家庭役使，由国家支付费用，而事力劳动收入所得归职官所有。俸禄发放折合帛、钱、粮各一份。北齐州郡县分为九等，其上上州刺史年俸帛 800 匹，依次递减，下下州刺史年俸帛 300 匹；上上郡太守年俸帛 500 匹，依次递减，下下郡太守年俸帛 220 匹；上上县令年俸帛 150 匹，依次递减，下下县令年俸帛 50 匹。

北周官俸：正九命年俸粮繁秩 10 120 石，平秩 10 000 石，闲秩 9 880 石；正八命年俸粮繁秩 8 100 石，平秩 8 000 石，闲秩 7 900 石；正七命年俸粮繁秩 6 100 石，平秩 6 000 石，闲秩 5 900 石；正六命年俸粮繁秩 4 080 石，平秩 4 000 石，闲秩 3 920 石；正五命年俸粮繁秩 2 080 石，平秩 2 000 石，闲秩 1 920 石；正六命年俸粮繁秩 1 060 石，平秩 1 000 石，闲秩 940 石；正七命年俸粮繁秩 560 石，平秩 500 石，闲秩 440 石；正八命年俸粮繁秩 290 石，平秩 250 石，闲秩 210 石；正九命年俸粮繁秩 165 石，平秩 125 石，闲秩 85 石。俸禄按年景发放，上年全颁，中年半颁，下年一成，凶荒年不颁。

隋开皇年间京官俸：正一品年俸粮 900 石，职分田 5 顷；从一品年俸粮 800 石，职分田 5 顷；正二品年俸粮 700 石，职分田 4.5 顷；从二品年俸粮 600 石，职分田 4.5 顷；正三品年俸粮 500 石，职分田 4 顷；从三品年俸粮 400 石，职分田 4 顷；正四品年俸粮 300 石，职分田 3.5 顷；从四品年俸粮 250 石，职分田 3.5 顷；正五品年俸粮 200 石，职分田 3 顷；从五品年俸粮 150 石，职分田 3 顷；正六品年俸粮 100 石，职分田 2.5 顷；从六品年俸粮 90 石，职分田 2.5 顷；正七品年俸粮 80 石，职分田 2 顷；从七品年俸粮 70 石，职分田 2 顷；正八品年俸粮 60 石，职分田 1.5 顷；从八品年俸粮 50 石，职分田 1.5 顷；正九品年俸粮不给，职分田 1 顷；从九品年俸粮不给，职分田 1 顷。俸粮以春秋两季发放，各官署另有公廨钱与公廨田，利息及田土收入为本官署公用。州郡县分为九等，其上上州刺史年俸粮 620 石，依次递减，下下州刺史年俸粮 300 石；上上郡太守年俸粮 340 石，依次递减，下下郡太守年俸粮 100 石；上上县令年俸粮 140 石，依次递减，下下县令年俸粮 60 石。

唐开元年间官俸： 正一品月钱 8 000 文，食料钱 1 800 文，杂用钱 1 200 文，防阁钱 20 000 文，年禄米 700 斛，职分田 12 顷，永业田 60 顷；正二品月钱 6 500 文，食料钱 1 500 文，杂用钱 1 000 文，防阁钱 15 000 文，年禄米 500 斛，职分田 10 顷，永业田 50 顷；正三品月钱 5 000 文，食料钱 1 100 文，杂用钱 900 文，防阁钱 10 000 文，年禄米 400 斛，职分田 9 顷，永业田 25 顷；正四品月钱 3 500 文，食料钱 700 文，杂用钱 700 文，防阁钱 6 667 文，年禄米 300 斛，职分田 7 顷，永业田 12 顷；正五品月钱 3 000 文，食料钱 600 文，杂用钱 600 文，防阁钱 5 000 文，年禄米 200 斛，职分田 6 顷，永业田 8 顷；正六品月钱 2 300 文，食料钱 400 文，杂用钱 400 文，庶仆钱 2 200 文，年禄米 100 斛，职分田 4 顷，永业田 2.5 顷；正七品月钱 1 750 文，食料钱 350 文，杂用钱 350 文，庶仆钱 1 650 文，年禄米 80 斛，职分田 3.5 顷，永业田 2.5 顷；正八品月钱 1 300 文，食料钱 300 文，杂用钱 250 文，庶仆钱 625 文，年禄米 67 斛，职分田 2.5 顷，永业田 2 顷；正九品月钱 1 050 文，食料钱 250 文，杂用钱 200 文，庶仆钱 417 文，年禄米 57 斛，职分田 2 顷，永业田 2 顷。唐防阁庶仆是给役人员，平均每人给钱 208.33 文，从品较正品减少，其等差介于上下之间，高品差额大，低品差额小。

唐会昌年间官俸： 按职事分为 45 级，分别是：200 万文、160 万文、150 万文、140 万文、100 万文、30 万文、15 万文、10 万文、8 万文、7 万文、6.5 万文、6 万文、5.5 万文、5 万文、4.5 万文、4 万文、3.7 万文、3.6 万文、3.5 万文、3.2 万文、3 万文、2.5 万文、2.3 万文、2 万文、1.8 万文、1.735 万文、1.7 万文、1.6 万文、1.5 万文、1.38 万文、1.3 万文、1.2 万文、1.1 万文、1 万文、0.8 万文、0.79 万文、0.617 4 万文、0.6 万文、0.505 万文、0.4 万文、0.371 2 万文、0.3 万文、0.285 万文，除此之外，还有一些杂给，而废除职分田及永业田，以货币为官俸，对后世影响甚大。

元代官俸： 正一品不录，从一品以下各有月俸银，从一品上 300 两，从一品中 250 两，从一品下 225 两；正二品上 225 两，正二品中 215 两，正二品下 200 两；从二品上 200 两，从二品中 185 两，从二品下 175 两；正三品上 175 两，正三品中 165 两，正三品下 150 两；从三品上 150 两，从三品中 135 两，从三品下 125 两；正四品上 125 两，正四品中 115 两，正四品下 100 两；从四品上 100 两，从四品中 95 两，从四品下 90 两；正五品上 90 两，正五品中 85 两，正五品下 80 两；从五品上 80 两，从五品中 75 两，从五品下 70 两；正六品上 70 两，正六品中 68 两，正六品下 65 两；从六品上 65 两，从六品中 63 两，从六品下 60 两；正七品上 60 两，正七品中 58 两，正七品下 55 两；从七品上 55 两，从七品中 53 两，从七品下 50 两；正八品上 50 两，正八品中 48 两，正八品下 45 两；从八品上 45 两，从八品中 43 两，从八品下 40 两；正九品上 40 两，正九品中 38 两，正九品下 35 两；从九品上 35 两，从九品中 32 两，从九品下 30 两。在至元二十三年（1286 年），官俸在此基础上增加 50%。大德七年（1303 年），改银米两给。至大二年（1309 年），改给元钞。延祐七年（1320 年），改银七分、米三分。外官有职田 1～16 顷，分为 12 等，无职田者给麦粟。

明代官俸：正一品岁俸 1 044 石，本色 331.2 石，折色 712.8 石，折银 266 两，折绢 53.2 匹，折布 356.4 匹，折钞 7 128 贯；从一品岁俸 888 石，本色 284.4 石，折色 603.6 石，折银 227 两，折绢 45.4 匹，折布 301.8 匹，折钞 6 036 贯；正二品岁俸 732 石，本色 237.6 石，折色 494.6 石，折银 188 两，折绢 37.6 匹，折布 247.2 匹，折钞 4 944 贯；从二品岁俸 576 石，本色 190.8 石，折色 385.2 石，折银 149 两，折绢 29.8 匹，折布 192.6 匹，折钞 2852 贯；正三品岁俸 420 石，本色 144 石，折色 276 石，折银 110 两，折绢 22 匹，折布 138 匹，折钞 1 760 贯；从三品岁俸 312 石，本色 111.6 石，折色 200.4 石，折银 83 两，折绢 16.6 匹，折布 100.2 匹，折钞 2 004 贯；正四品岁俸 288 石，本色 104.4 石，折色 183.6 石，折银 77 两，折绢 15.4 匹，折布 91.8 匹，折钞 1 836 贯；从四品岁俸 252 石，本色 93.6 石，折色 158.4 石，折银 68 两，折绢 13.6 匹，折布 79.2 匹，折钞 1 584 贯；正五品岁俸 192 石，本色 75.6 石，折色 116.4 石，折银 53 两，折绢 10.6 匹，折布 58.2 匹，折钞 1 163 贯；从五品岁俸 168 石，本色 68.4 石，折色 99.6 石，折银 47 两，折绢 9.4 匹，折布 49.8 匹，折钞 996 贯；正六品岁俸 120 石，本色 66 石，折色 54 石，折银 45 两，折绢 9 匹，折布 27 匹，折钞 540 贯；从六品岁俸 120 石，本色 56.4 石，折色 39.6 石，折银 37 两，折绢 7.4 匹，折布 19.8 匹，折钞 396 贯；正七品岁俸 90 石，本色 54 石，折色 36 石，折银 35 两，折绢 7 匹，折布 18 匹，折钞 360 贯；从七品岁俸 84 石，本色 51.6 石，折色 32.4 石，折银 33 两，折绢 6.6 匹，折布 16.2 匹，折钞 324 贯；正八品岁俸 78 石，本色 49.2 石，折色 28.8 石，折银 31 两，折绢 6.2 匹，折布 14.4 匹，折钞 288 贯；从八品岁俸 72 石，本色 46.8 石，折色 25.2 石，折银 29 两，折绢 5.8 匹，折布 12.6 匹，折钞 252 贯；正九品岁俸 66 石，本色 44.4 石，折色 21.6 石，折银 27 两，折绢 5.4 匹，折布 10.8 匹，折钞 216 贯；从九品岁俸 60 石，本色 42 石，折色 18 石，折银 25 两，折绢 5 匹，折布 9 匹，折钞 180 贯。明代官俸以粮米计算，支付则米物兼给，给米为本色，给物为折色。由于折色物品及纸钞日贱，官俸比例不变，故官员实际所得越来越少，以至于《明史·食货志六》称："自古官俸之薄，未有若此者。"这仅仅是官俸，实际上官员各种补贴名目甚多，高于官俸数倍，甚至成百上千倍。

清代京官文职俸禄：一品官年俸银 180 两，禄米折银 90 两，恩俸银 270 两；二品官年俸银 155 两，禄米折银 75 两，恩俸银 230 两；三品官年俸银 130 两，禄米折银 65 两，恩俸银 195 两；四品官年俸银 105 两，禄米折银 52 两，恩俸银 157 两；五品官年俸银 80 两，禄米折银 40 两，恩俸银 120 两；六品官年俸银 60 两，禄米折银 30 两，恩俸银 90 两；七品官年俸银 45 两，禄米折银 22 两，恩俸银 67 两；八品官年俸银 40 两，禄米折银 20 两，恩俸银 60 两；九品官年俸银 33 两，禄米折银 16 两，恩俸银 49 两；从九品及未入流官年俸银 31 两，禄米折银 15 两，恩俸银 46 两。

清代外官文职俸禄：总督年俸银 180 两，养廉银 15 000 两；巡抚年俸银 155 两，养廉银 10 000 两；布政使年俸银 155 两，养廉银 8 000 两；按察使年俸银 133 两，养廉银 6 000 两；道员年俸银 105 两，养廉银 4 000 两；知府年俸银 105 两，养廉银 2 500 两；知州年俸银 80 两，养廉银 1 500 两；府同知年俸银 80 两，养廉银 1 000 两；京府通判年俸银 60 两，养廉银 600 两；知县年俸银 45 两，养廉银 1 000 两；通判年俸银 45 两，养廉银 500 两；县丞年俸银 40 两，养廉银 150 两；儒学训导年俸银 40 两，养廉银 40 两；县主簿年俸银 33 两，养廉银 60 两；司狱年俸银 31 两，养廉银 40 两。

南京国民政府公务员薪金（1933 年 9 月定）：特任月俸 800 元；简任 1 级 640 元，2 级 640 元，3 级 600 元，4 级 560 元，5 级 520 元，6 级 490 元，7 级 460 元，8 级 430 元；荐任 1 级 400 元，2 级 380 元，3 级 360 元，4 级 340 元，5 级 320 元，6 级 300 元，7 级 280 元，8 级 260 元，9 级 240 元，10 级 220 元，11 级 200 元，12 级 180 元；委任 1 级 200 元，2 级 180 元，3 级 160 元，4 级 140 元，5 级 130 元，6 级 120 元，7 级 110 元，8 级 100 元，9 级 90 元，10 级 85 元，11 级 80 元，12 级 75 元，13 级 70 元，14 级 65 元，15 级 60 元，16 级 55 元。

第五节　休假、退休和抚恤制度

历代官员有休假制度，称“休沐”；父母去世应该守制，称“丁忧”；到一定年龄或有疾病要退休，称“致仕”；对因公伤病、殉职及退休人员有抚恤，称“恤典”。

一、休假制度

历代都规定官吏可以享受定期休假和年节休假，除此之外，还有特别休假，官吏因事因病也可以请假，也有严格的请假和销假制度。

定期休假：两汉魏晋南北朝的官吏基本上是 5 日一休沐，即 5 天休息一天。隋唐宋则改为旬日一休沐，时间上基本是旬末，即每月十、二十、三十日。元代改为每月初一、初八、十五、二十三，以及每 60 日一干支的乙亥日休沐；乙为“旃蒙”，亥为“大渊献”，元武宗时有术者推算“旃蒙作噩者长久”，又是元仁宗的“年干”①，所谓“年干”，

① 赵翼．陔余丛考：卷 34：干支．北京：中华书局，1963：721．

就是干支的有关日，不利于君上，所以在这一天休息，有避凶就吉之意，等于是一个月再增加休假一天。明代改为初一、十五休沐，一月仅休假两天。清代因之。民国改为周日休假。

年节休假：秦汉在正旦（正月初一）、立春、社日（二月和八月初一）、夏至、伏日（初伏）、十月旦（秦及汉初以十月为岁首，汉武帝改以正月为岁首后，依然有庆贺）、冬至、腊日等都有1～3日休假。隋唐时的元正、中和（正月晦日，后改二月初一）、寒食、清明、端午、七夕、重阳、冬至以及皇帝和太后诞辰、忌日等都休假1～3日。宋代元日、寒食、冬至、上元节（正月十五）、天庆节（皇帝诞辰）各有7天假，官府休务5天；天圣节（太后诞辰）、夏至、先天节（七月初一，宋祖先赵玄郎诞辰）、中元节（七月十五）、下元节（十月十五）、降圣节（皇太子诞辰）、腊日，各放假3天，官府休务一天；立春、人日（正月初七）中和节、春分、上巳（三月三）、天祺节（三月二十八，东岳圣帝诞辰）、立夏、端午、天贶节（六月六，天书降，崔府君诞辰）、初伏、中伏、立秋、七夕、末伏、社日（立春、立秋后第五个戊日）、秋分、授衣（霜降）、重阳、立冬，各放假一天；大忌日放假15天，小忌日放假4天；总共有76天休假①。元代天寿（皇帝诞辰）、冬至，各休二日；元旦、寒食，各休三日，中元、十月初一、立春、重午（端午）、立秋、重九，各休一日。明清元旦给假五天，冬至给假3天；明永乐七年（1409年）曾经赐元宵节假10天，弘治四年（1491年）取消。民国时期除了传统节日之外，国庆节、劳动节、孙中山诞辰、蒋介石诞辰各放假1～3天。

特别休假：两晋南北朝曾经在五月给田假15天，九月给衣假15天，父母在者3年给省亲假30天，父母不在者每5年给拜墓假10天，婚假9天。隋唐婚假9天，路程另计；周亲给婚假5天，大功亲3天、小功亲1天，不给路程；田假和授衣假各15天；父母在三千里外，三年一次省亲假30日，路程另计；父母不在，墓在五百里外，5年一次扫墓假15天，路程另计；凡省亲、扫墓，五品以上官须奏闻请旨。宋代非父母丧：期亲给假5天、闻哀（哭丧）2天；大功、小功给假3天，闻哀一天；缌麻亲给假一天。元代凡祖父母、父母丧给假30天，迁葬给假20天，路程以七十里为一日；汉官后来实行丁忧制度，实际上是不能够享受这种假期的。明清将这种特别休假都归入请假之列，不再享受带俸的特别休假。中华民国公务员服务年满一年可以有一个月带薪假，连续服务满3年有3个月带薪假，连续服务满5年有半年带薪假，连续服务满10年有一年带薪假，其前提是在同一机关服务，而病假、事假也计算在内。公务员婚假两个星期、产假6个星期，丧假3个星期，纳入请假之列。

请假：基本上有两类，一是事故假，是官吏因为个人私事请假；二是病假，是官吏因病请假。汉代“吏二千石告，过长安谒，不分别予赐”。因事请假乃是吉事，故称“告”，因凶事请假称“宁”。“汉律，吏二千石有予告，有赐告。予告者，在官有功最，法所当得也。赐告者，病满三月当免，天子优赐其告，使得带印绶将官属归家治病。至成帝时，郡国二千石赐告不得归家。至和帝时，予赐皆绝。”赐告与予告的区别在于是否

---

① 庞元英．文昌杂录．北京：中华书局，1958：4.

有功最，“三最予告，令也；病满三月赐告，诏恩也”①。如汉宣帝时，杨恽为中郎将，“其疾病休谒洗沐，皆以法令从事”②。无论官吏因为什么事情请假，为期不能超过三个月，若是违反则要追究责任，后来改为百日。如蔡邕遭人谗毁，其罪名就有其在河平县长任内，“属吏张宛长休百日，部为司隶”③，而蔡邕没有处置。曹魏时则病假以百日为限，超过百日，停发俸禄。晋以后则规定，凡是事、病假满三月免官，年累计请假不得过 60～100 天。隋唐以后，在一般情况下，官吏每月只许请假三天，超过三天就要罚俸；请假一月要奏请别人替代自己的工作；无论何种原因，请假满百日者停官，由他官递补，假满后再到主管部门听候重新安排职务，一般还要降级使用。请假必须有“状”，不能口头请假；无故不上班，按日扣薪俸，三次无故不上班，则要受处分。请假必须要得到批准。明清时还规定京官及进士请假完婚，要有同乡官员具结担保，勘问明白，才予以准假，对因祭墓、省亲、迁葬等事请假还有资格规定，祭墓要为官 10 年以上，省亲要为官 6 年以上，迁葬要为官 5 年以上，除给假之外，还给一些赏赐钱，违例的则要受到严厉的处分。清代对满族官员有特殊照顾，有病可以带职在家调治 6 个月，汉官还是病假 3 个月以上解职，特例也准带职调治。中华民国事假每年只许 3 个星期，病假每年只许 4 个星期，超过者则予以惩处或免职；请假一个月以上要报上一级政府批准。

官吏的父母去世，应立即奏报皇帝和上官，并离任守制，称“丁忧”。所谓丁忧，即遵照礼法的规定，在一定时间内不应担任官职，居家守墓以申孝思，具有一定强制性。丁忧时间历代规定不一，汉初官吏父母丧，给丧假，守制时间很短，如丞相翟方进“及后母终，既葬三十六日，除服起视事，以为身备汉相，不敢逾国家之制”④。这是后母，生母则要时间长一些。西汉末年虽行父祖三年终丧之制，但母亲“终汉之世，行丧不行丧迄无定制”⑤。魏晋南北朝至隋唐五代虽然也有终制三年的规定，但要求并不严格。宋代终制三年（实际 27 个月，以后各代同），只限于文职官员。元代在大德八年（1304 年）确定终制三年制度，实际上只限于汉人官吏。明清丁忧制度实行非常严格，明初规定百官闻父母丧，不待报即可奔丧，服制三年，后来改为闻丧以后即呈报主管上司，然后素服视事，待接替官员到任再启程赴丧。明清钦天监官生、太医院医官及清代的满员，只服丧百日。守制有给半禄者，也有给全禄者，视劳绩而定。丁忧期满后，归人事主管部门重新铨选安排。如果工作需要或特殊情况，大臣得到皇帝的特许，一般官吏得到上级或主管部门的核准，允许“夺情”继续任职，不过这很难做到，因为被“夺情”者不但要承担舆论上非议的压力，而且会在很大程度上失去威信。正如康熙时期的给事中彭鹏弹劾顺天学政李光地时所讲：“数日之内，长安道上，无不指光地为贪位而忘亲，斯文而丧行，大损其生平。”⑥ 中华民国废除丁忧制度，只给带薪丧假。

---

① 班固. 汉书：卷 79：冯奉世传. 北京：中华书局，1962：3304.
② 班固. 汉书：卷 66：杨恽传. 北京：中华书局，1962：2890.
③ 范晔. 后汉书：卷 60 下：蔡邕传. 北京：中华书局，1965：2001.
④ 班固. 汉书：卷 84：翟方进传. 北京：中华书局，1962：3417.
⑤ 赵翼. 陔余丛考：卷 16：汉时大臣不服父母丧. 北京：中华书局，1963：305.
⑥ 王锺翰点校. 清史列传：卷 10：彭鹏传. 北京：中华书局，1987：710.

按照古礼，父母八十岁以上可以“终养”，至晋代则逐渐形成制度，凡是父母八十岁以上，官员可以自请终养。西晋初，太子洗马李密，因为“祖母刘氏，躬自抚养”，且年纪96岁，便“愿乞终养”，得到晋武帝的批准，且表彰云：“士之有名，不虚然哉”①。此后凡是终养，都必须自己提出申请，称“自请终养”，批准与否也全凭君主上司的意志。如唐代梁文贞“少从征役，比回而父母皆卒。文贞恨不获终养，乃穿圹为门，磴道出入，晨夕洒扫其中。结庐墓侧，未尝暂离”②。而刘祎之“以母老固辞，太宗许其终养”③。礼部侍郎鱼崇谅，“以母老病乞终养，优诏不允”④。宋代以后，终养成为制度，也称“侍亲”，允许官员因父母或祖父母年老，请假回家侍养奉亲。如明代规定：“凡官员父母年七十之上，许令移亲就禄侍养。如果父母老疾，去官路远，户内别无以次人丁者，方许亲身赴京面奏，揭籍定夺。及吏员人等，父母年老别无人丁者，务要经由本部移文体勘是实，明白奏准，方令离役。俱候亲终服满、起复赴部听用。”⑤ 后来即便是有兄弟，只要父母年八十以上，也可以申请终养。清代则父母年七十，家无次丁，可以终养，父母年八十以上，即便是有次丁，也可以终养。凡是终养，给予半俸，但也有特例，给予全俸在家养亲者，终究是少数。因保留有原官资格，终养之后，按原级别进行铨选。民国时期废除终养制度，侍亲只能辞职。

请假、丁忧、终养等制度关系到尊亲孝道、哀痛怜病、纲纪人伦等礼制，也照顾到官吏的个人利益，既基于当时的社会风气和生活习惯，也维护着朝廷的纲纪，即便有些规定看似不尽合理，但总体上是符合当时人之常情的。那么，违反请假、丁忧、终养规定，除违背当时常情之外，个人的利益和政治的问题应该是主要原因。比如说，有些官员贪污受贿，“囊橐丰厚，冀娱晚景”，或因任职部门不好而希望转职，或畏惧临时监督考察，或避战乱灾害，“又有借名告病，而巧为规避者”⑥。在丁忧守制问题上，有些官员因为正任肥缺，或者有望升迁，或者爱惜俸禄，便“夤缘请托”“匿丧不报”“混称出继”，希望能够得到“夺情”或逃避，各种卑鄙恶劣行径屡见不鲜。尤其是“夺情”的背后，常常与政治斗争联系在一起，如明代张居正的“夺情”，虽然万历皇帝对他“赐赍慰谕有加礼”，但内心的怨恨却与日俱增；张居正也认为自己的做法有违礼制，所以“自夺情后，益偏恣。其所黜陟，多由爱憎”⑦。张居正死后，罗织他的罪名时，违制便是其中之一。侍亲终养要官员自己申请，其中也难免营私舞弊，如一些官员因为缺分不好，申请侍亲终养，“将来即可铨补他缺，藉以自便其私，是特为巧于规避者开捷径矣”⑧。规避者有之，避祸者有之，在官府难以出头者有之，宦海风波险恶、政治复杂多变，在请假、丁忧、终养方面也有明显的表现。

---

① 房玄龄，等．晋书：卷88：孝友李密传．北京：中华书局，1974：2275.

② 刘昫．旧唐书：卷188：孝友梁文贞传．北京：中华书局，1975：4934.

③ 刘昫．旧唐书：卷87：刘祎之传．北京：中华书局，1975：2846.

④ 脱脱，等．宋史：卷269：鱼崇谅传．北京：中华书局，1977：9248.

⑤ 申时行，等．明会典：卷11：吏部·侍亲．北京：中华书局，1989：69.

⑥ 清世宗实录：卷157：雍正十三年六月庚寅条.

⑦ 张廷玉，等．明史：卷213：张居正传．北京：中华书局，1974：5650.

⑧ 清高宗实录：卷352：乾隆十四年十一月戊午条.

二、退休制度

退休也称致仕、致事、致政，即“致其事于君而告老”的意思，表示把手中权柄交还给君主，请君主另选人替代。这种致仕制度早在夏、商时就已经存在，即所谓的“养老”。老是指70岁以上的人，当时卿大夫以上称“国老”，大夫以下称“庶老”，至老时就应该致仕。致仕以后，有一部分人可以到大学和小学任教，以保证他们的终身爵位。对功劳大及德高望重者，在政治上给予较高的待遇，如《礼记·文王世子》讲：“设三老、五更、群老之席位焉”，让他们参与国家或地方上的祭祀礼仪活动及谋议。据《尚书·伊训》记载，商初元老，太宰伊尹在“复政厥辟”后“将告归”。讲的是伊尹在太甲恢复王位以后，即致政告老还乡了。有关伊尹是否致政的问题，史学界尚存在分歧，但无论是伊尹篡夺王位，还是伊尹教育太甲三年而返政，伊尹最后回到自己的封地，这在甲骨文中是可以证实的。由此可见，那时的官员一旦致政于王，都回到自己的封地，这是由以血缘为纽带的宗法关系所决定的，亲者入朝辅佐王，疏者离朝回封地，就成为王朝官员的主要更新方式，年老致政只不过是其中一种更新方式而已。

《礼记·曲礼》：“大夫七十而致事。”《礼记·王制》：“五十而爵，六十不亲学，七十致政”。郑玄注：“五十而爵，命为大夫也；致政事，以其不能亲职任之劳也。”致事、致政的年龄定为70岁，这应该是先秦就已经形成的“礼”，乃是贯穿整个中国古代社会的一种社会现象。有关礼的观念和学说是中国传统文化的核心，它影响到社会生活的各个领域，调整着各种社会关系，成为人们生活的准则，同时也是国家设法立制的方针和原则，致仕就是根据礼制定的制度。首先，从年龄上看，礼制中的退休规定了“老”的标准。七十致仕，还政告归，这不仅是基于政务上的考虑，也是顺应了人的自然生理状况。其次，规定了“病”的标准。礼制中的退休规定了“病”的轻重，是以病休的时间为限。《礼记·丧大记》载：“君于大夫疾，三问之；在殡，三往焉。士疾，壹问之；在殡，壹往焉。”也就是说，大夫得病不能从政，一般病休以三个月为限，三月不能起而从政，便可以“礼而归之”；士则以一月为限，一月不能起而办事，便要“免其事”。再次，礼制中退休确立了“孝”的标准。《礼记·中庸》云：“仁者，人也，亲亲为大。”尊亲是仁中最大要事。亲亲之仁，尊贤之意，要在敬老尊贤的基础上奉老养亲。所以“八十者，一子不从政；九十者，其家不从政；废疾非人不养者，一人不从政”。在肯定以孝治天下的基础上，将奉亲养老纳入退休的范围。此外，礼制中退休明确了“等级”的标准。不同等级的官员，退休年龄也有明显区别，这是以尊卑等级差异为核心价值的礼制特点。《礼记·王制》中针对普通人采取“五十不从力政”的原则，而大夫则“七十致政”。大夫以上是世袭的，他们“七十曰老，而传”，即到七十岁可以致政而传其子孙。

礼制对中国古代社会产生了深远影响，历代各种典章制度的建立与实施无不以礼为准绳。在礼治视野中的自请退休，乃是一种自发、自为、自修的道德品行，被统治者认为是道德高尚的行为而加以赞扬和鼓励。在官僚制度中，仅靠官员道德自律来规范的政治行为，有其局限性，以礼入法也就成为带有强制性的制度。

官僚制出现以后，退休制度成为职官管理的重要内容之一。官僚不是世袭，退休就意味着辞去自己的职务，并随之放弃相应的权力和利益。退休是非常必要的，否则就无法解决官员的老化问题，也会影响统治的效能。如果退休官员缺少相应的政治和经济待遇，势必影响到退休官员的利益，也会给在职官员带来后顾之忧，更会影响到正常的新老交替。例如，秦王嬴政派将军王翦率 60 万大军伐楚，王翦说："为大王将，有功终不得封侯，故及大王之向臣，臣亦及时以请园池为子孙业耳。"① 这固然是王翦为消除秦王对他拥兵自重的疑虑，但也反映出在职官员的后顾之忧。所以，退休制度的完善与否，关系到官僚队伍是否能做到新有所进、壮有所用、老有所养，是保证国家机器正常运转和官员正常更新而不可回避的问题。

古代官员退休以后的待遇是根据不同情况而有不同安排的。西汉初期，因为做官者本身必须拥有一定的资产（家赀十万钱，后改四万钱），所以退休之后不给官俸，仅根据情况给一些赏赐，也属于特例。如汉宣帝时丞相韦贤以"老病乞骸骨"得到优礼，"赐黄金百金"，并"加赐第一区"②；太子太傅疏广，太子少傅疏受，在告老还乡时，"加赐黄金二十斤，皇太子赠以五十斤"③。汉成帝时丞相张禹，"以老病乞骸骨"，天子赐"安车驷马，黄金百金"，并以"列侯朝朔望，位特进，见礼如丞相。置从事史五人，益封四百户，天子数加赏赐，前后数千万焉"④。公卿大臣老病退休，朝廷均有优厚待遇，除了一次性的赏赐，或钱，或黄金，或粮谷，或牛、酒，或房屋，或车马，或给部属之外，还让地方官吏定期派人前往慰问，一些德高望重的退休老臣还可以参加大朝会，享受朝廷的最高礼遇。

官僚制不同于贵族世袭制，官僚没有世袭罔替的特权，只能是君主的臣仆，自跻身于宦途之日，就开始在君主那里合法地分享到一定政治权力和经济利益，拥有一定社会地位和身份，并且随着升迁不断扩大，一旦退休，丢掉官位，就意味着失去巨大的政治和经济利益。高级官僚可以得到一次性赏赐，退休以后有病也可以得到特殊照顾。如汉昭帝时御史大夫杜延年退休以后，"天子优之，使光禄大夫持节，赐延年黄金百金、牛酒、加致医药"⑤。得到这种特殊照顾者，毕竟是少数，即便有一次性的赏赐，但只出不进，若家庭没有财产，生活未免难以为继，退休官员的身后之忧是不可避免的。西汉元始元年（1 年），王莽假借汉平帝的名义下诏："天下吏比二千石以上年老致仕者，参分故禄，以一与之，终其身。"⑥ 王莽高举"复礼"旗帜，虽然是邀买人心，但毕竟是将退休制度化了。清代史学家赵翼认为："其时王莽专政，欲以收众心，故有此举也。"⑦ 自王莽初步确立官员退休制度之后，围绕着退休年龄、等级、待遇等问题，也开始出现制度规定。

东汉魏晋南北朝时期，"七十悬车"已成惯例。官员在五品以上，退休以后基本上可以享受半禄，一般还会在原品级的基础上进秩一等。对于功臣和特别大臣，可以加"恩

① 司马迁．史记：卷 73：王翦列传．北京：中华书局，1959：2340.
② 班固．汉书：卷 73：韦贤传．北京：中华书局，1962：3017.
③ 班固．汉书：卷 71：疏广传．北京：中华书局，1962：3040.
④ 班固．汉书：卷 81：张禹传．北京：中华书局，1962：3349.
⑤ 班固．汉书：卷 60：杜延年传．北京：中华书局，1962：2666.
⑥ 班固．汉书：卷 12：平帝纪．北京：中华书局，1962：349.
⑦ 赵翼．陔余丛考：卷 27：致仕官给俸．北京：中华书局，1963：550.

赐”，既可以得到全禄，又能够保留原有的散官勋爵，特殊的还可以另加恩给。对于功臣和一些老臣的特别加恩，是可以荫其子侄入学或为官，给予各种荣誉称号。已经退休的官员可以回原籍，本人和家庭享有优免赋税的待遇，他们当中多数成为地方缙绅阶层。有些退休官员还可以保留退休前官品的衣冠服饰穿戴，个别人还保留朝参和上奏的权力。

隋唐时期，官员退休纳入令典。《大唐令》规定：“诸职事官七十听致仕。”除年龄条件外，身体健康状况也是退休的重要条件。“年虽少，形容衰老者，亦听致仕。”① 此外，还有侍亲养老的规定，即至亲亲属中有年 80 岁以上及有重病在身者，可享受“侍丁”的待遇，即离职养亲，称“归侍”或“终养”。唐代五品以上官员退休要由皇帝批准，六品以下官员退休则由尚书省吏部统一登记向皇帝奏闻。在退休待遇方面，保留散官阶或加一级，五品以上官员退休给半禄和一次性的“赐帛”；六品以下官员退休原来只给半禄四年，天宝九年（750 年）以后，享受生前半禄，由居住所在地官府发放。唐德宗贞元五年（789 年）以后，还支给退休官员食料，即供给米、肉、调味料、蔬菜、薪炭等物，减现任官一半供给。唐代初期实行均田制，规定有永业田、口分田，永业田可以传子孙。按照规定：官员的永业田一品 60 顷，从一品 50 顷，从二品 35 顷，三品 25 顷，从三品 20 顷，四品 12 顷，从四品 10 顷，五品 8 顷，从五品 5 顷，六品、七品 2.5 顷，八品、九品 2 顷。总的说来，隋唐时期退休官员待遇还是较为优厚的。

宋代文臣年满 70 岁时，除少数勋臣元老可以留任外，都应主动申请退休。因昏老不能任事或自愿请退者，可奏请朝廷，准予提前退休，称“引年致仕”。在程序上，官吏到了退休年龄，应撰写表札，通过所在州府，向朝廷提出申请，获准后领取退休告敕，作为证明文书。宋代中高级官员退休待遇更为优厚，除了按制给俸之外，还可增秩或为宫观官，甚至恩加子孙。宋真宗咸平（998—1003 年）以后，文武官告老，皆升一级，授朝官并给半俸。宋仁宗景佑三年（1036 年）以后，“仍岁时赐羊酒、米面，令所在长吏常加存问”②，即羊二口，米一石，面一石，酒二瓶，并且规定郎中（五品）以上致仕赐子官。

宋代出现强制退休的规定。建隆四年（963 年），年过 70 岁而尚无退意的大理卿剧可久，被宋太祖赵匡胤下诏勒令致仕。景佑三年（1036 年）规定，年到 70 岁者，如果不主动请退，御史台进行纠劾，特令退休而不给子弟官职和本人全俸。到龄不退，官员切身利益受到损失，这算是比较严厉的制度了。此外，“文武官七十以上未致仕者，更不考课迁官”③。这些规定乃是退休由礼制向法制转变的重要标志，故王安石称：“大夫七十而致仕，其礼见于经，而于今为成法”④。退休官员的子孙可以荫补散官阶，经过考课可以取得实官的任命资格。

金、元确立了勒令退休的制度，金世宗大定二十八年（1188 年），命“应赴部求仕人，老病昏昧者，勒令致仕，止给半俸，更不迁官”⑤。元代“职官年及七十者，合令依

① 杜佑. 通典：卷 33：职官十五・致仕官. 北京：中华书局，1992：925.
② 脱脱，等. 宋史：卷 170：职官志十. 北京：中华书局，1977：4089.
③ 脱脱，等. 宋史：卷 12：仁宗纪. 北京：中华书局，1977：232.
④ 王安石全集：卷 53：外制・孙庆太子中允致仕制. 上海：九州书局印社，1912.
⑤ 脱脱，等. 金史：卷 8：世宗纪下. 北京：中华书局，1975：200.

例致仕”[①]，如果不按例致仕，则采取强制措施，称为“令致仕”。值得注意的是，在元代一些特殊职官是不准退休的。如天文学家郭守敬，当时任职于太史院，年 72 岁，按例请求致仕，不准，“翰林、太史、司天官不致仕者，咸自公（郭守敬）始”[②]。这些专门人才不受退休年龄的限制，是他们学有所长，非一般官员所能比。

明清是官员退休制度日益成熟和完善时期，有比较完整的制度规定，举凡退休条件、待遇，以及安置与管理，都有明确的规定。在年龄方面，除了遵循礼制七十而致仕的原则之外，根据当时的具体政治情况与实际政务，也进行过一些调整，文武官退休年龄出现区别。退休官员待遇主要有半俸、岁米、免徭役、升等、冠带、给诰敕，以及原籍所在地方官年节存问等。除了正常退休之外，在对官员进行考察时，凡是年老、有疾、罢软、不谨者，均采取勒令致仕，对已退休官员还有一定的管理制度。

从先秦的以礼致仕，到明清官员退休制度的完善，这种旨在规范和管理官员退出行为的制度也成为职官管理制度的重要内容，与其他职官管理制度构成一个整体，犹如人体一样，是一个有机的统一体，无论哪一部分出现问题，都会对整体产生影响。在职官管理制度中，退休制度主要是职官的退出。没有退出就没有新进，没有新进也就没有选拔，没有选拔就没有铨选，没有铨选也就没有任用，没有任用就没有考核，没有考核也就没有奖惩，没有奖惩就没有功过，没有功过也就没有善恶，每一个环节都是互相联系的。

古代官员基本上是年满七十而退休，但没有明确的法律规定，仅是礼制上的规定，也就不具有强制性。“世固有未七十而即须致仕者，即有已七十而不必致仕者。若元魏世祖时，侍中罗结，年一百七岁，除长信卿，年一百一十，听归老，年一百二十乃卒”。“本朝乾隆初，沈归愚（沈德潜）先生以六十六岁中戊午（1738 年）省试，六十七岁中己未（1739 年）会试，馆选，七十岁散馆授编修，七十一岁以大考二等，晋侍读学士，七十二岁典试湖北，七十四岁乞假归里，七十五岁还朝，直上书房，晋礼部侍郎，七十六岁为戊辰（1748 年）会试总裁，77 岁患噎疾，奉命许其归里，享林泉之乐（活到 98 岁）”[③]。再如明代“文臣京职七十、方面以下六十五致仕”，但从永乐到万历年间“过期而留任者”，其有名的就有 20 多人，最高年龄达 86 岁[④]。虽然有些特例，但为了官吏的正常更新，历代还是不断加强和完善官员退休制度。唐宋以后的官员退休制度主要有以下几种规定：

一是以礼致仕，即年满 70 岁（明清外官 65 岁、武官 60 岁），就可以正常退休，享受半俸或特例全俸待遇以及各种对退休官员的加恩之典。这种依礼制退休，高级官员要本人提出来，奏请皇帝批准，除了按照制度规定予以退休待遇之外，皇帝往往会格外加恩，给予各种政治礼遇与经济待遇。中级以下的官员也要本人提出，由吏部核准，按照制度规定予以退休待遇，在一定时期内汇总奏闻，乃是正常制度。

二是自请致仕，即因为疾病及父母年老而请“终养”等自己提出退休，则不限定年

---

① 官修．元典章：卷 11：吏部五・七十致仕．北京法律学堂，1908．

② 陶宗仪．南村辍耕录：卷 1：官不致仕．北京：中华书局，1959．

③ 梁章钜．于亦时点校．归田琐记：卷 6：文人奇遇．北京：中华书局，1981．

④ 王世贞．魏连科点校．弇山堂别集：卷 5：见任高年文臣．北京：中华书局，1985：80．

龄，称为“乞致仕”。如明代规定“乞致仕”者，55 岁以上者可以冠带致仕，享受退休的基本待遇；55 岁以下者冠带闲住，不享受退休的基本待遇；自请“终养”者保留原级别，待父母去世后，可以重新任命为官。凡是自请退休者，一般都可以复出任职。如梁章钜“于道光壬辰（1832 年，58 岁）引疾解组，虽归田而实无田。越四年，奉命复出。又七年，复以疾引退”①。乃是 58 岁以病乞致仕，62 岁再度为官，69 岁再次以病乞致仕，75 岁病死，这里“虽归田而实无田”则涉及退休官员自身的生活。

三是老疾致仕，即在考察过程中发现官员年老有病，令其致仕。如明清考察有贪、酷、素行不谨、浮躁浅露、才力不及、年老、有疾、罢软无为，称“八法”，其中考察为年老、有疾者致仕，乃是带有一定的强制性，可以享受冠带退休待遇，但没有退休半俸、岁米、食料等经济待遇。值得注意的是对于“年老”，并没有硬性规定年龄，其中有 30 多岁就被称为“老者”的，一般都有政治原因，特别是在政治腐败时，如果不会贿赂和奉承上官，“失于阿附者，发须微白，即目为老疾”②。有的官员已经超过 70 岁，可以“特旨”“特例”留用，即便是终生为官也是见怪不怪的。

四是勒令致仕，亦称“勒休”，带有惩罚性质，主要是不胜任职务、遭受弹劾、朝廷党争等原因，年龄和身体不是主要原因。以明清“八法”考察而言，凡是罢软、不谨者，均令致仕冠带闲住；监察官员弹劾百官，经过核实而罪责不足以追究刑事责任者，往往也被勒休；在朝廷党争、官府派系林立时，以各种借口打击对方，勒休往往是手段之一。这种勒令致仕乃是“解退回籍”，当然也不能享受退休的经济待遇，其冠带闲住也不过是承认退休前的级别，不能够参加朝廷及地方各种典礼祭祀活动。

退休制度取消了世袭特权，也取消了一旦为官而终身为贵的特权，这是人事制度的一大进步。面对这样的退休制度，被规范的官员心理与行为异常复杂，其退休原因、动机和目的往往诡秘难测，而且有纷纭复杂的政治因素。在退休的官员群体中，有功成身退，知止告归以避祸者；有老病难支，以悬车为名而求退者；有侍亲归养，以彰孝道为名而希进者；有志不得伸，愤怒无奈而求归隐者；有图谋再起，以退为进而迫人者；有人情不协，不能逢源而黯然求去者；有身被弹劾，以避贤为名而无奈乞退者；有为避灾祸，委曲求全以求自保者；有邀宠显功，以引咎为名而窥探上恩者；有被逼无奈，官场难留而被驱逐归里者。无论是自愿，还是被迫；无论是出自本心，还是出自无奈；无论是使用权谋，还是利用制度；这里面蕴含着错综复杂的人际关系，反映着瞬息万变的政治斗争，不但与政治有密切的关系，而且与社会、经济、文化等也有千丝万缕的联系。分析古代官员退休的利益行为、权力行为、个体心理行为，可以了解官员退休制度的实际运作。

从官员的利益行为来看，政治主体所处的具体条件不同，其利益愿望、追求、实现的方式也不同。作为即将退休的官员群体，其利益期望与追求，与正掌握权力官员群体有很大的区别。基于生理利益而请求退休的官员，多是在边远地区供职，虽然有些确实是在老病难支的情况下请退，但避难求易，躲祸求福的意图也较为明显。基于安全利益

① 梁章钜．于亦时点校．归田琐记：卷 1：归田．北京：中华书局，1981.

② 陈子龙，等．明经世文编：卷 122：修政弭灾疏略．北京：中华书局，1962：1177.

而请求退休的官员，在宦海风波险恶、君主上峰恩威难测、左右同僚争权夺利，稍有不慎即身败名裂险象环生的情况下，以求退休而保全自身，也不失为一种理性的选择。基于尊重的利益而请求退休的官员，一般深受儒学熏陶，看中自己的威望与声誉，他们请求退休，既有礼制的因素，也有自己的政治抉择。

从历代官员退休的权力行为来看，在权力的作用下，官员退休行为有不同的表现形式。畏避权力迫害的逃避行为，最明显的体现在功臣身上。鸟尽弓藏，兔死狗烹，知止告归，确实保证了一些人远离权力的迫害，安享荣华；但在君主专制的政治高压下，即使退出官场，也无法彻底摆脱政治身份和影响，能否远权避祸，也不是官员退休制度所能够保障的。利用权力的施暴行为则集中表现为外戚干政、宦官专权、权臣当道，他们的权力膨胀，往往导致官员退休制度的异化，制度不仅无法正常实施，而且成为他们施暴的工具。追逐争取权力的自我实现行为，是官员政治生命的表现，特别是精英人物对权力追逐和支配的过程中，不仅影响到其他官员的利益，也直接影响着制度的制定与实施。从这种意义上讲，官员退休对个人是离开权力，对他人则是剥夺权力，以剥夺他人权力的方式实现自我，在官员退休的政治行为中并不少见。

从官员退休的个体心理行为来讲，不同个性、心理的官员，对退休的看法和态度是不一样的，因此导致了他们行为的各异，大体可以分为主动积极、主动消极、被动积极、被动消极、混合复杂等五种类型。

主动积极型官员，热衷于追求权力，政治手腕高超，在官场上如鱼得水。他们乞求退休，只是一种试探君主与上司意图的政治谋略，目的是保官和升迁，并不是真想退出官场。退休制度对于他们来说是一种可以利用的工具。

主动消极型官员，尽管积极进取地追求权力，但并不觉得做官是件容易的事，对人生感到悲观。他们一方面为了家族及自己的社会关系利益，主动争取保官升迁；另一方面由于不信任和厌倦身边的人，又处于以退为进、消极防御的境地，以退休的方式退出官场，不失为一种精神的解脱。他们在遵循制度的同时也利用着制度。

被动积极型官员，身处被动的地位，用积极的态度去争取权力和利益。在这种情况下，庸碌之官往往会在争得利益的前提下争取平安退休；卫道之官，在被动的境遇中，舍生取义，却不能全身而退；“为民”之官，积极履行职责，即使全身而退，不是生活困苦，便是黯然终此一生。他们受到制度的制约，在制约的前提下，也可以选择有利于自己的制度。

被动消极型官员，一般是性格内向、保守，遇事容易后退，希望承担的责任越少越好。身处被动的地位，消极地对待权力，面对强权，他们有怨恨和不满，但更多的是无奈。一旦受到打击，在制度不允许他们公开辩白的情况下，只能成为政治的牺牲品。他们遵守制度并受到制度的制约，但不敢也没有能力利用制度，往往会成为制度的牺牲品。

混合复杂型的官员，没有显著特征的行为表现，往往随着政局、环境、条件的变化而不断调整自己的政治行为。在制度、权力、道德的纠缠中，他们退休政治行为表现形式多种多样。在他们看来，制度有时是依据，有时是手段，有时必须遵守，有时又废置不用，有时可以利用，有时又被利用，这都要依据不同的情况来判定。应该说，这种类型的官员在官场中占多数，也使官员退休制度容易出现变异。

应该承认古代官员退休制度有许多合理的内容，但在君主专制与官僚政治的影响下，其合理的部分往往被遮掩起来，不合理的部分却得以恶性发展起来。在君主专制体制下，有官位就意味着有特权，一旦失去则意味着要失去许多既得利益，以至于受世人白眼。如梁章钜在署理两江总督任上引病致仕，因英军攻打镇海，决定北上避难，"渡扬子江，抵邗上，沿途官吏，毫无见闻"，而这些官吏原来都是他的属下，曾经奉承百至，现在因为已经致仕，就再也无人关心他了，足见人情冷暖，一切官场应酬，无非是从功利考虑和利益交换的表演，故此，梁氏亦不胜浩叹："盖至此始愈信宦场之无味矣。"① 对于那些不肯放弃权位的官僚，国家虽然使用了政权的强制力、礼教和伦理道德的约束力，以及在政治和经济利益仍给予一定照顾的办法，但一些"何乃贪荣者，斯言如不闻。可怜八九十，齿堕双眸昏。朝霞贪名利，夕阳忧子孙。挂冠顾翠緌，悬车惜车轮"（白居易：《秦中吟》之一《不致仕》）的老官僚，仍然贪恋权位，不肯致仕，不但造成人员老化、难称其职，而且阻碍了官吏队伍的正常更新。

南京国民政府在1943年11月公布《公务员退休法》，使公务员退休有了法律依据。根据法律规定：退休当有一定资格，是限于各该机关组织法规定有的员额、等级，并经铨叙合格或准予任用、派用者为限，以及政务官。退休依年龄和服务状况，分为申请和命令退休两种：凡任职15年以上，年龄已达60岁；或任职25年以上，成绩昭著，得申请退休。凡年龄已达65岁，或心神丧失，或身体残废，而不胜任职务者，得命令退休。退休金可以按年支付，也可以一次支付；按年支付以服务年资计算，自50%起至65%止；一次性支付按每满1年给予退休时一个月俸计算。此外，退休人员及其直系亲属回原籍，可以酌给路费。《公务员退休法》对政务官有特别照顾，"政务官之退休，准援用本法除命令退休条文外之所有条文办理"。也就是说，政务官只要个人不提出申请，命令退休对他们不适用，他们可以不受年龄限制，长期享有政治权力和经济利益，以至于老死官位。

三、抚恤制度

抚恤被称为"恤典"，是国家对因公死伤在职官吏和死亡致仕官员给予的救济和抚慰。历代根据不同情况和官吏等级，采用不同的抚恤方法。

对于在职死亡的官吏，一般可以追赠官衔，取得比原品高一级或数级的丧葬待遇。对于殉职的官吏，除追赠官衔之外，还要抚慰其家属，有些可以荫子入学或为官；对那些功勋卓著的殉职人员，还可以建庙立祠，接受官方的祭祀。如清代规定："凡官员殁于王事者，均照本官应升品级加赠，并荫一子入监读书。"对一些全节公正大臣，还"特立贤良祠"以"永享禋祀"②。伤残的官吏可享受全部俸禄，有时还发给一次性的经济补偿。对在职死亡的官吏，国家提供送归家乡治丧的方便和一定的经济补贴。已致仕官员的死亡，在一定级别以上的，礼仪部门可以根据其生平事状奏请赐予谥号，其余官员则

---

① 梁章钜．于亦时点校．归田琐记：卷1：归田．北京：中华书局，1981.

② 官修．清会典事例：卷144：吏部・荫叙．清光绪二十五年（1899年）刊本.

给予一定的丧葬补贴，称“赠赙”。赠是官衔、名号、墓葬等；赙是给予金钱、衣帛等财物。凡此种种，都被称为“恤典”，其厚薄则历代不一，所收到的实际政治效果也不一。

《左传·僖公四年》讲：“凡诸侯薨于朝会，加一等；死于王事，加二等。”这是针对诸侯卿大夫的抚恤，在世袭制的情况下，不但有利于其后人，对在位之人也是激励。商鞅变法将这种具有激励作用的抚恤与严刑峻法相结合，在很大程度上提高了秦军的战斗力。以攻城来说，“陷队之士，知疾斗，不得，斩首。队五人，则陷队之士，人赐爵一级。死，则一人后。不能死之，千人环，规，黥劓于城下”（《商君书·境内第十九》）。对于死于战阵者赐其后人爵位，享受该爵位的政治经济待遇；不能死斗者，当着众人的面施以肉刑，故秦军被称为“虎狼之师”，为吞并六国奠定了基础。

西汉初因循秦制，凡作战有功可以封爵裂土以封诸侯，死亡也有较厚重赠赙。随着局势的稳定，抚恤制度实施也日趋严格。正如郎中署长冯唐对汉文帝讲，古者派遣将领，有制书云：“阃以内寡人制之，阃以外将军制之；军功爵赏，皆决于外，归而奏之。”如今将领军士在外，“终日力战，斩首捕虏，上功莫府，一言不相应，文吏以法绳之。其赏不行，吏奉法必用”，乃是“法太明，赏太轻，罚太重”①。将领军士立功尚且严格审查，若是死伤请求抚恤，则更难上加难，汉军威武不再，与此应该有些关系。汉武帝征匈奴，“恤录军功，裂三万户以封卫青，青子三人，或在襁褓，皆为通侯”②。另设武功爵17等，军士有功可得爵位，死伤则授其子弟，汉军所向皆捷，重振威武。因为战争而导致财政匮乏，武功爵成为朝廷出卖的商品，“诸买武功爵官首者试补吏，先除；千夫如王大夫；其有罪又减二等；爵得至‘乐卿’。以显军功”③。这样一来，武功爵势必贬值，“受爵赏而欲移卖者，无所流貤”④。受赏者将武功爵出卖，尚且可以再立军功，而死伤者出卖，所得有限，以至于伤无以养，死者家属生活难以为继，民从尚武而转向尚文，军人不再是受人尊重的职业，逃避军役者比比皆是。对于在官死亡而廉洁勤政者，则在原有抚恤基础上以特例的形式予以优恤。如大司徒司直宣秉，“所得禄奉，辄以收养亲族。其孤弱者，分与田地，自无担石之储”，在官去世，汉光武帝“敏惜之，除子彪为郎”⑤。号称强项令的董宣在任去世，汉光武帝以其廉洁，“赐艾绶，葬以大夫礼，拜子并为郎中”⑥。侍中戴凭在职十八年，在任去世，汉光武帝“诏赐东园梓器，钱二十万”⑦。治平重官守，乱世思循吏，褒功奖勤，历代王朝都比较重视对功勋卓著、勤于王事、廉洁奉公的官员优加抚恤，与之相关的抚恤制度也就逐渐建立与完善了。

存恤死伤乃是确保军队战斗力、使官吏将领能够尽心王事的重要举措。国难思良将，战阵重勇士，历代抚恤制度往往根据政治形势而不断变化。如东汉顺帝永和六年（141年），征西将军马贤率军征西羌，兵败与二子皆战死，“顺帝愍之，赐布三千匹，谷千斛，

① 班固. 汉书：卷50：冯唐传. 北京：中华书局，1962：2314.

② 班固. 汉书：卷99上：王莽传. 北京：中华书局，1962：4061.

③ 班固. 汉书：卷24下：食货志下. 北京：中华书局，1962：1159.

④ 班固. 汉书：卷6：武帝纪. 北京：中华书局，1962：173.

⑤ 范晔. 后汉书：卷27：宣秉传. 北京：中华书局，1965：928.

⑥ 范晔. 后汉书：卷77：酷吏董宣传. 北京：中华书局，1965：2490.

⑦ 范晔. 后汉书：卷79上：儒林戴凭传. 北京：中华书局，1965：2554.

封贤孙光为舞阳亭侯，租入岁百万。遣侍御史督录征西营兵，存恤死伤”①。这种措施果然见效，之后征西军接连获胜，基本上稳定了西羌的局势。东汉桓帝永寿三年（157年），九真蛮夷叛，“九真太守儿式战死。诏赐钱六十万，拜子二人为郎。遣九真都尉魏朗讨破之，斩首二千级”②。存恤死伤，能够稳定军心，即便是战败，也还有战斗力。三国时，蜀国姜维兵出祁山，在洮西大败魏军，司马懿矫诏抚慰，“令所在郡典农及安抚夷二护军各部大吏慰恤其门户，无差赋役一年；其力战死事者，皆如旧科，勿有所漏”③。能够这样抚恤，使将领军士减少后顾之忧，三国归晋也势在必然。南朝刘宋在与北魏对垒时，文武官员死伤很多，孝武帝刘骏下诏云：“近北讨文武，于军亡没，或殒身矢石，或疠疾死亡，并尽勤王事，而敛槥卑薄。可普更赙给，务令丰厚。”④北魏孝文帝“诏隐恤军士，死亡疾病务令优给”⑤，并且“亲行营垒，隐恤六军”⑥。这些措置使双方在战争中基本上能够势均力敌，故历代统治者在非常时期，无不加大抚恤力度。

抚恤制度化，若不随着社会经济发展而进行调整，也必然陷入僵死，非但收不到抚恤的效果，反而会影响到整个官场，甚至导致政治与军事危机。辽代凡是“有殁於王事者官其子孙”⑦，即便是年幼也不例外，如耶律那也，“以其父斡死王事，九岁加诸卫小将军，为题里司徒，寻召为宿直官”⑧。金代也如此，凡是“殒身行阵，没于王事者，厚恤其家，赐赠官爵务从优厚”⑨，以至于时人认为“身没王事，利及子孙”⑩。元代在战阵死伤者，除了给予金、银、钞、币、帛等钱物之外，“凡军民官阵亡，军官袭父职，民官阵亡者，其子比父职降二等叙，其孙若弟复降一等”⑪。其“军官阵亡者，其子袭职，以疾卒者，授官降一等”⑫。宋朝也很重视抚恤，几乎每个皇帝都曾经发布诏令，赙恤战死军人，将校阵亡者，其妻女无依者养之宫中，录其后人予以封爵，父母妻子赡养终身等，而实际上却是一种僵死的制度。如金军攻下开封，各地勤王之师纷纷前来，朝廷并没有抚恤措施，故李纲提出：“勤王之师在道路半年，擐甲荷戈，冒犯霜露，虽未效用，亦已劳矣。加以疾病死亡，恩恤不及，后有急难，何以使人乎。”⑬即便是有抚恤，其额度也有限。如四川总兵余玠在战胜金军之后，提出优恤，“其中创人各给缗钱百，阵没者趣上姓名，赠恤其家”⑭。要知道宋军主力召募的乃是禁军，军饷很高，禁军士兵月给五百钱，一年就是六缗，召募者更高，年至少十缗，负伤以后给缗钱百，这是特殊优待，而一般只给缗钱四五十。特例给十年军饷，非特例仅给四五年军饷，而伤残之人无以为生，

---

① 范晔．后汉书：卷87：西羌传．北京：中华书局，1965：2896．
② 范晔．后汉书：卷86：南蛮西南夷传．北京：中华书局，1965：2839．
③ 陈寿．三国志：卷4：三少帝纪．北京：中华书局，1959：134．
④ 沈约．宋书：卷6：孝武帝纪．北京：中华书局，1974：124．
⑤ 魏收．魏书：卷7下：高祖纪下．北京：中华书局，1974：173．
⑥ 同⑤183．
⑦ 脱脱，等．辽史：卷13：圣宗纪四．北京：中华书局，1974：141．
⑧ 脱脱，等．辽史：卷94：耶律那也传．北京：中华书局，1974：1384．
⑨ 脱脱，等．金史：卷74：宗翰传．北京：中华书局，1975：1679．
⑩ 脱脱，等．金史：卷128：循吏王政传．北京：中华书局，1975：2760．
⑪ 宋濂，等．元史：卷83：选举志三·铨法中．北京：中华书局，1976：2060．
⑫ 宋濂，等．元史：卷12：世祖纪九．北京：中华书局，1976：240．
⑬ 脱脱，等．宋史：卷358：李纲传上．北京：中华书局，1977：11255．
⑭ 脱脱，等．宋史：卷42：理宗纪二．北京：中华书局，1977：826．

坐吃山空，也未免沿街乞讨。军士死亡者可以收其子孙弟侄为兵，若不为兵，仅给粮饷两个月，其父母年在七十以上，才给衣廪之半，终其身。与辽、金、元军的抚恤相比，厚薄完全不同，也就无怪乎装备精良、后勤补给强大的宋军屡战屡败了，毕竟保命要紧，有命就有钱。你惩处逃兵，我就更改姓名，到别处的军队去应募，还是能够拿高军饷。可见一个不起眼的制度，往往会影响整个国家，甚至左右战争的走势。

明清时期的抚恤已经完全制度化了，所有应该予以抚恤者，均在国家典制之内。如《大明律·兵律·军政·优恤军属》条规定："凡阵亡病故官军回乡，家属行粮脚力，有司不即应付者，迟一日笞二十。每三日加一等，罪止笞五十。"还有专门的《优给则例》及《优养则例》，"凡故官子孙妻女，皆送入优给，后乃分子孙应袭、年未及者，曰优给。子孙废疾故绝，止遗母、若妻、若女及年老无承袭者，曰优养"。以军人而言，"军职阵亡，无子弟而有父母若妻者，给全俸，三年后给半俸。有子弟而年幼者亦同，候袭职，给半俸"；"军士阵亡，有妻者，月粮全给，三年后守节无依者，月给米六斗终身。病故，有妻者，初年全给，次年总小旗月给米六斗，军士给月粮一半，守节者给终身。将士守御城池，战没病故，妻子无依者，守御官计其家属，有司给行粮，送至京优给。愿还乡者，亦给粮送回。愿留见处者，依例优给"①。至于文武官员阵亡、殉职、在任亡故，都有相关细则规定。从各项规定上看，可谓是具体细致，优给、优养、封赠、因袭、赠谥、丧葬等，关注到方方面面，而且也相当优厚。清代因袭，纳入各部门相关则例之中，规定更加具体。不能够说规定不完善，但相关程序的规定，往往会导致抚恤不能够落在实处。如无论是军职、文职，还是军士、小吏，阵亡与殉职，都必须由该管卫所、旗营、地方造册，出具五人以上担保结状，逐级上报到中央各部，由各部再造册具奏，得到皇帝核准，再行移该管卫所、旗营、地方付诸执行。若是造册有不清楚或失误，被上司或监察官员磨勘出来，还要被驳回重造，并且承担失误的责任。故此，要得到抚恤，不但要经过漫长的等待，而且各级衙门都有可能因此受到处分或追究刑事责任，拖延则是在所难免。不能够及时得到抚恤的人，伤者难以得养，死者家属无以为生。为此明代曾经进行过一些修订，如嘉靖三十年（1551 年）题准："凡阵亡者，免行勘"；嘉靖三十一年（1552 年）题准："哨探被杀夜不收子孙，不愿升者，赏银三十两"②。这样便可以减少烦琐的程序，使死亡者家属尽快得到抚恤。作为明军精锐，负责侦防任务的夜不收军，被敌人杀害之后，家属只能够得到三十两银的抚恤，也难怪这些夜不收军收集不到敌方情报，却把情报送给敌方，明军屡次作战失利，也应该与抚恤制度有关。

朝廷实行抚恤制度目的在于笼络抚慰在职的文武官吏兵丁胥吏，减少他们的后顾之忧，以期使他们善始善终地为朝廷效力。然而，被抚恤的对象多是已经没有权势的人，因此在实施过程中往往不太认真，甚至被有关部门故意刁难。如明宣德二年（1427 年），在征讨交趾之役中，安远侯柳升、礼部仪制郎中史安、祠祭主事陈镛，都战死疆场；正统十四年（1449 年），按察司佥事王晟也死于征讨。这些人按照抚恤规定，除了给予一定抚恤之外，还应该立祠，故在景泰年间（1450—1457 年），"给事中叶盛，御史林廷举

① 申时行，等. 明会典：卷 122：兵部·优给. 北京：中华书局，1989：627.

② 申时行，等. 明会典：卷 123：兵部·功次通例. 北京：中华书局，1989：633.

奏立祠以祀之，不果行，亦至泯没”。郎瑛为此感叹道：“使四公之子孙有高官大爵者，吾知其叶、林之奏必行。”正因为这些死去的人，即便是功勋卓著，而子孙无权无势，也得不到应有的抚恤，“人心果无忠孝者耶？果专于势利也耶”①。中高级官员尚且如此，小官及士卒胥吏要想得到抚恤就更难了，因为层层申报，处处审核，主管官吏也难免借机对抚恤对象或其家属进行敲诈勒索，以至于清代出台条例云：“其有书吏舞弊索费者，准该故员之子孙指名控告，照例惩办”②。这不但说明无权无势的官员与士卒胥吏难以得到法定的抚恤，而且这原本不太优厚的抚恤，还要被敲诈勒索。应该得到抚恤却常常得不到，还需要用不正常的手段去争取，不但达不到抚恤以劝在职的目的，而且使更多的人因为抚恤难得而不愿意为朝廷效力，“一旦有事，可献城则献城，可从贼则甘心从贼，计不反顾也”③。历代王朝最后覆亡，都与抚恤制度不能够落实有一定的关系，因此不能够忽略抚恤制度在政治、军事上所发挥的作用。

1914 年 3 月，袁世凯公布《文官恤金令》24 条，规定文官的恤金有终身、一次、遗族等三种。如对年满 60 岁以上自请免官和因身体衰弱不胜职务依法休职者，给予终身恤金；还规定了恤金的数额、受恤金遗族的顺序、褫夺恤金等项。

1927 年 9 月，南京国民政府颁布《官吏恤金条例》；1934 年 3 月，公布《公务员恤金条例》23 条；1943 年 11 月，颁布《公务员抚恤法》，废止《公务员恤金条例》。《公务员恤金条例》规定公务员恤金分年恤金、遗族年恤金、一次恤金、遗族一次恤金 4 种发放。公务员因公受伤或致病，至成残废，或心神丧失，不胜职务；在职 15 年以上，身体残废，不胜职务；在职 15 年以上，勤劳卓著，年逾 60（长警年逾 50），自请退职；给予年恤金，其额度按原俸的 1/10、1/2 或全额计。《公务员抚恤法》因为与《公务员退休法》并行，其因法定退职而受年恤金或一次恤金的规定删除。

公务员因公受伤或致病，未达残废或心神丧失的程度，得给一次恤金，额度是 2～10 个月的原俸。公务员因公死亡，或在职 15 年以上病故，或受年恤金未满 5 年而亡故，均给予遗族年恤金，其额度依年恤金而定。因公死亡的公务员除给予遗族年恤金之外，可酌量再给遗族一次恤金。公务员在职 3 年以上、未满 15 年而死亡者，给予遗族一次恤金；其额度依一次恤金。公务员被褫夺公权无期，或褫夺公权尚未恢复，或丧失国籍，或受恤金后再度任职，均停止或丧失其领受恤金的权利。领受公务员年恤金或遗族年恤金者，自该公务员退职之日起，2～3 年内不请求时，其权利自然消灭。请恤金程序：由请恤人呈所在机关转请上级机关转铨叙部，经铨叙部审查认定，呈考试院转呈国民政府核准，填发恤金证书，层递原转机关颁给领受恤金人，凭证领取。

西汉贾谊《鹏鸟赋》有云：“贪夫殉财兮，烈士殉名。夸者死权兮，品庶每生。”也就是说，贪财者为财而死，刚烈者为名誉而死，以权势自夸者死于权势，一般者贪求生命。在人情莫不贪生而恶死，乐家室而重故乡的情况下，历代抚恤制度融名利生死于其中，意在能够激励生者，其制度设计也兼顾各个方面。“君子死义，小人死利，仗忠勤义之节，可责于缙绅士大夫，而不可责之细民；效死敢战之勇，可责于素教之士，而不可

---

① 郎瑛. 七修类稿：卷 17：史陈脱王失传. 北京：中华书局，1959.

② 官修. 清会典事例：卷 144：吏部·荫叙. 清光绪二十五年（1899 年）刊本.

③ 刘宗周. 刘子文编：卷 4：敬修职掌疏，清道光二十八年（1848）袁江节署求是斋刊本.

责于新集之佣夫。”[①] 针对不同的对象采取不同的抚恤方式，其意在调动各方面的积极性，让所有人都能够尽忠职守，在关键时候能够为国为民而慷慨赴义。抚恤制度中蕴含统治者的智慧，也难免有局限。国家统治由各种制度所构成，犹如一架机器，关键构件发挥主要作用，但也不能够忽略其他构件，一个不起眼的构件，有时候也可以影响到机器的正常运转，甚至导致整个机器报废。作为国家机器普通构件的抚恤制度，虽然不起眼，却很关键，值得人们深入思考。

首先，抚恤制度的实施，不仅关乎死者家属及伤残者本人是否能够得到尊重，以及能否维持生活，实际上是为了激励来者，使他们没有或减少后顾之忧。抚恤本身在于抚慰去忧，最终目的在于既去死伤者之忧，也要去生者之忧，若不能够达到这样的效果，抚恤制度就是失败的。以宋王朝而言，拥有当时世界上最优良的武器装备，除了神臂弓、神劲弓之外，还有火箭、火球、火蒺藜、火炮、车炮、回回炮、发烟枪、火枪、突火枪等火器，这些武器在冷兵器作战时能够发挥重要作用，而宋军的主力多是招募来的精壮，个人身体素质也很好，却在对辽、夏、金、蒙古作战时屡遭失败。这些失败当然有各种因素，抚恤制度不能够落实，应该是其中之一。因为“守边之臣，内忧家属之窘匮，外忧奸邪之憎毁。忧家则思为不廉，忧身则思为退迹，思不廉则官局不治，思退迹则庶事无心，欲其奋不顾身，令出惟行，不可得已”[②]。将士们都有后顾之忧，岂能够效死于疆场，常常是未战先溃，毕竟保命要紧，只要活着就有高俸禄，一旦受伤或死去，自己及家庭的生活则难以为继。不能够要求所有人都能够去慷慨赴义，但不能够解决其后顾之忧，慷慨赴义之人及家庭今后生活凄惨，使原本怀有慷慨赴义之心者也会心怀顾忌，乃是抚恤没有发挥安抚慰藉与排忧解难的功效。

其次，抚恤规定应该具体而便于实施，避免用含糊字眼，使抚恤不能够发挥实际的功效。如宋代规定：“诸军因战伤废停不能自存及死事之家孤老，月给米，人三斗。”[③]这里设定的条件是“不能自存”“孤老”，按照这个条件，能够得到月米者就非常有限了。因战而死的家属只能够是“孤老”才会给月米，与朝廷一般优恤“孤老”没有什么区别；受伤必须是“不能自存”，至少是丧失生活自理能力，残疾与废疾者不能够身在其列，将士岂能够没有后顾之忧？明清时期对于因战因公受伤，按残疾、废疾、笃疾，分别给予不同的抚恤，使制度趋于合理，但具体审核却有烦琐的程序，逼迫伤者去领一次性抚恤金，却不能够使他们今后生活无忧。死者分出阵亡、病亡，阵亡者家属可得全俸，病亡者家属可得半俸，但也有模糊之处，家属中的父母妻儿没有明确分配比例，容易使死者之家产生矛盾，一旦出现纠纷，官府也难以裁断。古代的俸禄一旦确定就很少有变更，为了维持文武官员体面的生活，有名目繁多的补贴，这些补贴远远超过俸禄所得。以清代知县为例，年俸银 45 两，各种补贴使他们“不贪不滥，一年三万”[④]。抚恤仅仅以俸禄为标准，显然难以慰藉死者家属，也难去掉伤者之忧，更使健在的文武官吏平增更多忧虑，非但不能够激励他们，反而使他们更不敢任事赴难。

---

① 陈子龙，等．明经世文编：卷 230：陈募兵便宜疏．北京：中华书局，1962：2411.

② 脱脱，等．宋史：卷 257：李继和传．北京：中华书局，1977：8972.

③ 脱脱，等．宋史：卷 11：仁宗纪三．北京：中华书局，1977：218.

④ 王闿运．湘潭县志：卷 6：赋役．清光绪十五年（1889）刻本.

再次，抚恤标准应该随着社会经济发展而进行调整，不能够使被抚恤者因物价上涨而实际所得减少。根据明代《优给则例》，明初阵亡一次性优给，是按米、麻布计算：一品米六十石，麻布六十匹；二品米五十石，麻布五十匹；三品、四品米四十石，麻布四十匹；五品、六品米三十石，麻布三十匹。以后则折色发给银两，而官价折色远远低于实际物价，如米一石折银二钱五分，折钞二十贯，实际上导致所得减少。清人赵翼考证明代米价，在正统以前银一两易米七八石，正统时一两银易米四石，后来涨到一两三石；在弘治时，因为榆林水灾，调外地粮米，每石取值八钱，运送到边境者，粮一石费银一两，丰年时候粮八九石方易银一两；北方二税折银，粮一石征银一两；贵州诸城购米，每银一两买米二石五斗；明代中叶以前，米的价格还是基本稳定，到了崇祯年间，“山东兵荒，米石二十四两，河南乃每石一百五十两”①。朝廷给予抚恤多在五石至一石之间，按价折色，被抚恤者则难以为生了。清代虽然没有折色，以银计算，但200余年没有调整，却没有考虑物价因素。如“顺治初，良田不过二、三两。康熙年间长至四、五两不等。雍正间，仍复顺治初价值。至康熙初年（1662年），田价渐长。然余五、六岁时（乾隆三十年左右，1765年），亦不过七、八两，上者十余两。今阅五十年（约嘉庆二十年，1815年），竟长至五十余两矣”②。物价上涨及货币贬值，“一旦物价腾踊，无所资籍”③。统治者并没有考虑这些，抚恤不但没有增加，而且还经常不能够按时发给，抚恤岂能够发挥作用。

此外，抚恤应该随着政治形势与军事态势进行调整，在充分发挥抚恤功效的情况下，尽可能解决后顾之忧，重点在于激励来者。历代抚恤往往会根据当时的情况进行适当的调整，以期发挥抚恤的安抚慰藉与排忧解难的效用。例如在战场上，为了鼓舞士气，则会加大抚恤的力度，在特殊时期也会增加抚恤额度。即便如此，这种应急措施若得不到有效实行，也难收到实际效果。本来身在战场，“明知身丧他乡，孤儿寡妇有所不顾者，亦望朝廷恤其后人，故弃一身以易世及之恩也”。但在战后落实时，“所有死事之兵，与应袭子弟，俱未蒙恩，而死事者于所劾劳地方，未有祀典”④。死者看不到其孤儿寡妇未能得到朝廷的看顾，但活者却看到死者孤儿寡妇的凄惨，也就无怪乎军队越来越没有战斗力了。

最后，完善抚恤制度管理是抚恤能够发挥政治与军事作用的保障。历代抚恤一般都规定，“凡因战阵物故及殁于王事，许官其子孙。又功臣绘像之家，如无食禄人，则许特奏子孙一人入官”⑤。这看上去是没有什么问题，却有烦琐的程序。难以克服的官僚政治，要想将这些落到实处，实际上也是很困难的。凡是要抚恤者，必须核对事迹，“军士损伤在背后者，即死事不得优恤，以其退走故也”⑥。这种细节已经使应得抚恤者难以尽快得到抚恤，而战场上拼杀时也难免后背有伤，即便是败退，也不应该让死伤者承担责

① 赵翼．廿二史札记：卷36：明朝米价贵贱．北京：中华书局，1984：881.
② 钱泳撰．张伟点校．履园丛话：卷1：旧闻·田价．北京：中华书局，1979：27.
③ 陈子龙，等．明经世文编：卷452：请罢榷税疏．北京：中华书局，1962：4968.
④ 陈子龙，等．明经世文编：卷347：应诏陈言乞晋恩赏疏．北京：中华书局，1962：3737.
⑤ 脱脱，等．宋史：卷159：选举志五．北京：中华书局，1977：8972.
⑥ 陈子龙，等．明经世文编：卷33：议处边计疏．北京：中华书局，1962：235.

任，应该追究带兵者的责任。舍本求末，死伤者难以得到抚恤，以至于“受伤无医药之资，死亡无棺衾之费，虽阵亡例有恩恤，而文报驳诘，具领何年，无怪其靡靡不振也”[①]。抚恤不能够尽快落实，直接影响到士气，最终导致军队失去战斗力，官员失去精忠报国之心，直接影响到政治统治。

应该承认历代抚恤制度有许多合理内容存在，在很大程度上起到安抚慰藉和排忧解难的作用，对所有人也起到一定激励作用。孟德斯鸠讲：“中国的皇帝知道，如果他统治得不好的话，就要丧失他的帝国与生命。”[②] 历代统治者无不关心其江山是否能够万世一系，对政治、经济、军事及文武官僚的关注，远远大过对制度与法律的关注，而对抚恤这样似乎无关大局的制度更缺乏关注，抚恤制度的功效就难以发挥。“在专制政治出现的瞬间，就必然会把政治权力把握在官僚手中，也就必然会相伴而带来官僚政治。官僚政治是专制政治的副产物和补充物。”[③] 官僚政治与君主专制相结合，不但导致抚恤制度难以落到实处，也使制度设计的缺陷暴露无遗，最终直接影响到整个政治体制作用的发挥。

---

① 贺长龄，等．清经世文编：卷85：兵政：上百制军筹办海匪书．北京：中华书局，1992：2117.

② 孟德斯鸠．论法的精神：上册．张雁深，译．北京：商务印书馆，1963：129.

③ 王亚南．中国官僚政治研究．北京：中国社会科学出版社，1981：23.

后　记

2009 年 5 月 11 日上午 8:50，我最崇敬的老师、犹如父亲的韦庆远教授离开这个世界。消息传来，虽说不上五内俱焚，却也是百感交集。恩师居然让后人将骨灰扬之海洋，使弟子欲祭奠而无凭借，岂不痛哉！与恩师合作编写《中国政治制度史》，有按朝代分章节的，于 1989 年由中国人民大学出版社出版；也有按专题编排的，于 1992 年由高等教育出版社出版；第二版则分上下两编，于 2005 年由中国人民大学出版社出版，这是与恩师 20 多年合作的成果。2011 年修订的第三版乃是独立完成的。

这次修订的第四版，在第三版基础上进行了较大的修改，共有 14 章 50 节，且设定了 125 个重点问题。在章节安排上也进行了较大的调整，使之更适合本科生教学，同时也对硕士、博士研究生论文选题有一定指导意义。在行文上尽量减少史料的引用，力求通俗易懂，也适合于对中国政治制度史感兴趣的读者阅读、研究。在重点问题方面，除了书中所谈及的内容，更多的是引导学生和读者进行思考。历代在政治制度方面有许多建树，其中既有政治制度设计者的智慧，也有被政治制度规范者的智慧，更有许多值得记取的经验教训，有待于进一步研究与总结。

《中国政治制度史（第四版）》的编撰计划，早在 2016 年就已经启动了，因为教学与研究工作繁忙，一直没有时间完成。2018 年从南开大学退休后，没有了教学任务，也就有较为充裕的时间，历时两年终于完成。之所以能够如期完成，还在于中国人民大学出版社编辑们的鼓励，他们持续不断地关注书稿进度，且提出许多宝贵意见，才能够使第四版得以呈现在读者面前。

与第四版在内容上相互配合的有《中国政治制度史教学参考资料》（中国人民大学出版社，2007 年）、“尔雅学术视频”名家讲坛《中国政治制度史前沿问题》，以及在中央电视台 12 频道《法律讲堂（文史版）》讲座的《明清妙判》《明清奇案》《明清御批案》等文字与序列影像，可以互相参照。在教学过程中，可以根据专业需要选择相关章节重点讲授，其余章节则可以作为参考。

基于教学应该尽可能地面面俱到，但又不能够事无巨细，因此在许多方面尚须进一步完善，更因为篇幅及内容限制，难免有疏漏之处。衷心希望有关专家及广大读者给予批评指正，以便今后修订。

图书在版编目（CIP）数据

中国政治制度史/柏桦著. --4 版. --北京：中国人民大学出版社，2022.2
新编 21 世纪政治学系列教材
ISBN 978-7-300-30201-0

Ⅰ.①中… Ⅱ.①柏… Ⅲ.①政治制度史-中国-高等学校-教材 Ⅳ.①D69

中国版本图书馆 CIP 数据核字（2021）第 281008 号

新编 21 世纪政治学系列教材
中国政治制度史（第四版）
柏桦 著
Zhongguo Zhengzhi Zhidushi

出版发行	中国人民大学出版社		
社　　址	北京中关村大街 31 号	邮政编码	100080
电　　话	010－62511242（总编室）		010－62511770（质管部）
	010－82501766（邮购部）		010－62514148（门市部）
	010－62515195（发行公司）		010－62515275（盗版举报）
网　　址	http://www.crup.com.cn		
经　　销	新华书店		
印　　刷	北京市鑫霸印务有限公司	版　　次	1989 年 5 月第 1 版
开　　本	787 mm×1092 mm　1/16		2022 年 2 月第 4 版
印　　张	34.75 插页 1	印　　次	2024 年 11 月第 6 次印刷
字　　数	794 000	定　　价	79.00 元

教学支持说明

（教学课件）

中国人民大学出版社政治与公共管理出版分社秉承“出教材学术精品，育人文社科英才”的出版宗旨，多年来，出版了大批高质量的公共管理、教育学、政治学、政治理论公共课教材和学术著作。

我们为本教材制作了相应的 PPT 教学课件，任何一位采用本书作为授课教材的教师均可免费获得该课件。为了确保该课件仅为授课教师获得，烦请您填写如下材料，并将相关信息通过 E-mail 发送给我们，我们将在收到相关信息后通过 E-mail 给您发送该课件。欢迎您加入我们的 QQ 群（全国政管教师交流群，群号为 236159213），或登录我社官方网站（www. crup. com. cn），注册并认证成为教师会员，以获得更好的服务。

我们的联系方式：

地址：（100872）北京市中关村大街甲 59 号文化大厦 1202 室

中国人民大学出版社政治与公共管理出版分社

电话：（010） 82502724　62514775（传真）

E-mail：ggglcbfs@vip. 163. com

QQ 群：236159213

兹证明__________大学/学院__________院/系__________专业__________学年第__________学期开设的__________课程，采用中国人民大学出版社出版的____________________（书名、作者）作为本课程教材。授课教师为__________，授课班级共______个、学生______人。授课教师需要与本书配套的教学课件。

联 系 人：____________________

通信地址：____________________

邮　　编：____________________

电　　话：____________________

E-mail：____________________

系/院主任：__________（签字）

（系/院办公室章）

______年_____月_____日